조선 시대 의궤 용어 사전 Ⅰ

-왕실 전례 편-

※ 이 사전은 2007년도 정부재원(교육인적자원부 학술연구조성사업비)으로 한국학중앙연구원의 지원에 의하여 연구되었습니다(AKS-2007-HZ-2003).

대구가톨릭대학교
한국전통문화연구소

조선 시대 의궤 용어 사전 I
-왕실 전례 편-

여 찬 영 외

景仁文化社

머 리 말

이 사전은, 한국학중앙연구원의 한국학진흥사업단에서 기획한 한국학 사전 편찬 사업의 하나로 이루어졌습니다. 대구가톨릭대학교 한국전통문화연구소에서 연구진을 꾸려서 2007년 11월부터 2010년 10월까지 연구 및 집필 작업을 하고 그 이후 수정・보완을 거쳐 이제 간행하게 되었습니다.

의궤가 가지는 문화사적 가치를 지속적으로 찾아내어 연구하고 대중화하려면 무엇보다 먼저 의궤에 수월하게 접근할 수 있어야 한다는 인식에서 이 사전 편찬을 구상하게 되었습니다. 의궤에 나오는 수많은 용어에 대한 이해 없이는 의궤가 품고 있는 숨어 있는 정보와 역사적 사실들을 찾아내기 어렵기 때문입니다. 그래서 사전 편찬의 기본 방향도 전문성과 대중성의 추구로 잡았습니다. 모름지기 의궤 용어 사전은, 융복합적 의궤 연구의 기본 도구 역할은 물론이거니와, 누구라도 우리 옛 문화를 쉽게 이해할 수 있도록 하는 길잡이가 되어야 한다는 생각에서였습니다.

이번에 펴내는 사전은, 전체 의궤 가운데 왕실 전례와 관련된 것을 대상으로 하였습니다. 연구진이 대상 의궤를 직접 윤독해 가면서 용어를 고른 뒤에, 전문가의 자문을 받아 최종 표제어를 선정하였습니다. 그리고 용어별로 관련 분야의 전문가에게 의뢰하여 집필을 하였습니다.

의궤 용어의 성격을 고려하여, 단순한 용어 풀이 중심의 주석만을 다는 방식에서 탈피하고자 사전의 구성을 주석항과 정보항으로 이원화하였습니다. 주석항에서는 우선 표제어를 일반 한자어와 차자 표기로 크게 구분하고, 건축, 음식, 의례, 복식 등의 범주를 규정한 다음 뜻풀이를 하였습니다. 차자 표기는 국어학적으로 해독을 하여 독음을 제시하고 이표기도 함께 넣어 두었습니다. 정보항에는 표제어와 관련이 있는 참조어와 관련어를 함께 제시함으로써 해당 표제어를 의궤 전체 어휘 체계 내에서 이해할 수 있도록 하였습니다. 나아가 표제어마다 대표적인 예문과 출전을 제시하여 쉽게 원문을 찾아가서 내용을 확인할 수 있도록 하였고, 의궤에서 제공하는 그림 자료도 함께 제시하여 시각적 이해도를 높였습니다.

사전을 내게 되기까지 많은 도움을 받았습니다. 우선 기존의 선행 연구가 없었다면 이 사전은 이루어질 수 없었을 것입니다. 관련 분야에서 이미 이루어진 선행 연구와 각종 사전이 큰 바탕이 되었습니다. 참고 문헌에 밝히기는 했지만 미처 챙기지 못한 경우도 있을 것입니다. 의궤 자료가 가지는 특수성 때문에 많은 어려움이 있었을 것임에도 먼저 연구를 해 주신 모든 분들께 감사를 드립니다. 의궤 자료를 제공해 준 서울대학교 규장각과 한국학중앙연구원의 장서각 측에 심심한 감사를 드립니다. 더욱이 규장각에서는 의궤 그림 자료를 활용할 수 있도록 해 주셨습니다. 집필에 동참해 주신 분들께 깊이 감사드립니다. 쉽지 않은 일이고 시간도 많이 드는 일임에도 기꺼이 집필해 주신 선생님들께 진심으로 감사를 드립니다. 맡은 직무와 상관없이 사전 편찬 과정의 모든 일에 함께해 주신 공동연구원 선생님, 전임 연구원과 연구 보조원 선생님들께도 깊이 감사드립니다. 자문위원 선생님들께도 감사의 말씀을 드립니다. 아울러 편찬 작업이 시작될 때부터 마무리 단계까지 많은 도움을 준 대구가톨릭대학교 국어국문학과 대학원생들께도 감사를 드립니다. 모든 분들의 수고에 감사의 마음을 잊지 않을 것입니다.

모든 분들의 수고에 크게 힘입으면서 애를 썼지만, 의궤 자료가 원천적으로 가지는 험난한 벽과, 제한된 시간과 한정된 연구 인력, 사전 편찬 작업의 어려움 등으로 인해 애초에 세웠던 기대치만큼의 성과가 나타나지 못했을 것입니다. 그리고 미처 발견하지 못한 오류도 적지 않으리라 생각합니다. 이 책을 보시는 분들의 조언을 빠트림 없이 경청하여 앞으로 하나하나 바로잡아 가도록 하겠습니다. 아낌없는 가르침을 모아 애초에 계획했던 대로 두 번째, 세 번째 사전도 만들 수 있게 되기를 기대해 봅니다.

끝으로 짧은 기간에 어려운 편집을 해야 함에도 소담한 책으로 만들어 주신 경인문화사에 고마움을 전합니다.

2012년 10월 15일

집필자를 대표하여 여찬영 씀.

일러두기

이 사전은 규장각과 장서각에 보존되어 있는 조선 시대 왕실 전례 관련 의궤를 대상으로 용어를 선정하여 그 뜻을 풀이하고 용례와 색인을 덧붙인 것으로 표제어항, 뜻풀이항, 정보항으로 구조화되어 있다. 특히 정보항은 표제어와 연관된 각종 정보를 구체적으로 제시하여 연구에 도움이 되도록 하였다.

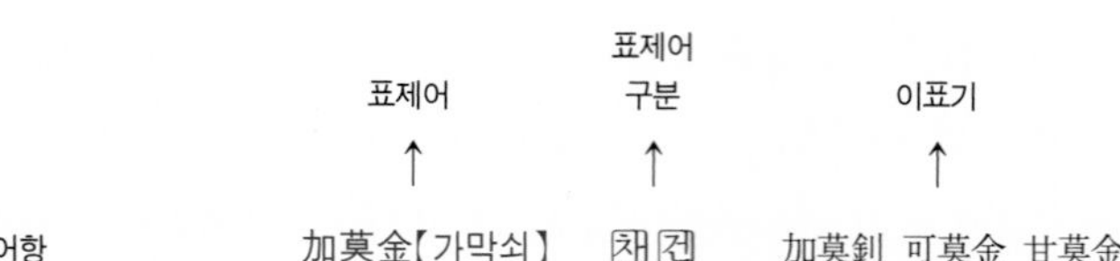

표제어항 加莫金【가막쇠】 채 건 加莫釗 可莫金 甘莫金

뜻풀이항

정의문 ① 갈고리쇠 모양의 못을 달아 배목排目[고리]에 걸어 문을 잠그는 쇠. ② 편경編磬이나 편종編鐘의 틀에 종을 걸기 위해 박아 놓은 쇠고리.

주석란 加莫金[가막쇠]는 악기와 관련한 표기와 건축에 소용되는 기물을 동시에 나타내는 동음이의어이므로 기물의 정확한 의미와 용도는 기물이 나타나는 전후 상황을 고려하여 파악할 수 있다. 의례 관련 의궤에서는 대부분 건축에 소용되는 기물로 기록되었다. 가막쇠 앞에 접두요소 大-, 中-, 小-, 長-, 五寸- 등이 결합하여 크기와 길이를 구별하였고 돌乭-, 신조新造-, 층교박이層橋朴只-, 용두龍頭- 등이 결합하여 가막쇠의 재료적 속성이나 사용처를 나타냈다. 또 땜납을 올린 납염소鑞染小-, 납염중鑞染中-이 있다. 이 밖에 가막쇠의 모양과 관련된 표기로 보이는 十字閣四隅七寸[십자각네모일곱치]-(『영녕전영건도감의궤永寧殿營建都監儀軌』)이 있으나, 쓰임새는 정확하지 않다.

정보항

참조1 가막쇠可莫金, 가막쇠加莫金, 가막쇠加莫釗, 배목排目

관련1 납염소가막쇠鑞染小加莫金, 납염중가막쇠鑞染中加莫金, 대가막쇠량배구大加莫金兩排具, 대가막쇠량배大加莫金兩排, 대가막쇠배구大加莫金排具, 박이중가막쇠朴只中加莫金, 소가막쇠小加莫金, 용두가막쇠龍頭加莫金, 장가막쇠長加莫金, 중가막쇠中加莫金, 층교박이가막쇠層橋朴只加莫金

관련2 다섯치가막쇠五寸甘莫金, 십자각네모일곱치가막쇠十字閣四隅七寸甘莫金

예문 本房所用加莫金七介用還次進排事別工作良中捧甘何如堂上手決內依(국장1701/173ㄴ12~174ㄱ01)

색인 (상호1848二/100ㄱ03)(상호1848二/108ㄱ11)(상호1848二/110ㄴ09)(존숭1752二/101ㄴ12)(존숭1752二/104ㄱ02)(존숭1752二/128ㄴ01)

1. 표제어항

1) 표제어는 의궤에 표기된 한자를 제시하였다.

2) 표제어의 배열은 현용 한자음의 가나다순으로 하였다.

3) 표제어의 구분은 일반 한자 용어는 일로, 차자 표기 용어는 차로 하였다.

4) 표제어의 발음은, 【 】안에 넣어 제시하였는데 일반 한자 용어는 한자음을, 차자 표기 용어는 해독 과정을 거쳐 현대 한국어의 대응형을 제시하였다. 해독에 대한 설명은 본문에 제시하여 전문적 이용을 고려하되, 표제어의 음가는 일반 사용자를 위해서 현대 표준어형을 제시한 것이다.

 예) **駕龜仙人旗**【가구선인기】 일 의

 加樑【덧보】 차 건

5) 차자 표기 용어가 한자음으로도 통용되는 경우는 재구음과 통용 한자음을 모두 제시하였다.

 예) **假地防**【덧지방/가지방】 차 건

6) 표제어의 항목 분류 정보를 약호로 표시하였다. 이는 해당 어휘가 의궤에서 자주 쓰이는 분야를 반영한 것으로 어휘의 체계를 살피는 데에 도움을 주는 정보이다. 의례 관련 어휘는 의, 건축 관련 어휘는 건, 복식 관련 어휘는 복, 음식 관련 어휘는 음 등으로 표시하였다.

 예) 의례 관련 표제어 : **嘉禮都監**【가례도감】 일 의

 건축 관련 표제어 : **擣鍊紙**【도련지】 일 건

 복식 관련 표제어 : **加文剌**【더그레】 차 복

 음식 관련 표제어 : **者朴只**【자배기】 차 음

7) 일부 표제어는 여러 분야에서 쓰이는 경우도 있는데, 이와 같이 두 분야에서 고르게 쓰일 때에는 둘 다 표시하였다.

 예) **唐大接**【당대접】 차 의 음

8) 차자 표기 용어는 이표기가 많은데 이를 함께 제시하였다. 전문적인 연구자는 물론이고 일반 사용자들도 의궤를 연구하려면 이표기에 대한 정보가 있어야 한다는 점을 고려하여, 추출되는 이표기를 모두 제시하였다. 이체자의 표기는 문헌에 나타나는 대로 제시하는 것이 원칙이지만, '흔글2007'에 없는 자형인 경우는 현재 통용되는 자형으로 바꾸어 제시하였다.

 예) **加莫金**【가막쇠】 차 건 加莫釗 可莫金 甘莫金

9) 이표기나 하위어의 경우 이미 제시되어 있는 상위어 또는 주석이 되어 있는 이표기로 찾아가도록 '☞' 표를 한 뒤 관련 표제어 정보를 제시하였다. 이때 일반 한자 용어는 한자음을, 차자 표기 용어는 재구음을 병기하여 이용자가 찾아가기 쉽도록 하였다.

예) **假監役【가감역】** 일 건 ☞ 가감역관假監役官

可莫金【가막쇠】 채 건 ☞ 가막쇠加莫金

10) 이표기나 하위어는 따로 뜻풀이를 하지 않았지만 필요한 경우 뜻풀이를 한 것도 있다.

예) **假地防【덧지방/가지방】** 채 건 加地枋 加枋 𢆯方

문설주 안으로 나무를 덧댄 문지방. 加地枋, 加枋, 𢆯方으로 표기하기도 하는데, 이 중 加枋, 𢆯方은 假地防의 地가 생략된 형태이며, 𢆯方의 표기를 통해 이들이 덧지방, 덧방의 표기임을 알 수 있다. 덧방은 덧지방[가지방]의 준말이다. 한편 假地防은 덧지방을 표기한 加地枋이 어느 시기에 [덧-] 음을 표기하는 加와 음이 같은 假가 加를 대신한 것으로 추정된다. 뒤이어 어원 의식이 점차 흐려지면서 덧지방의 假地防을 글자 표기대로 읽어서 가지방이 된 것으로 보인다. 그런데 덧지방과 가지방假地防 표기의 선후 관계는 확인하기 어렵다. 다만, 덧댄다는 뜻을 나타내기 위해 加자를 사용한 점을 고려하면 덧지방이 더 앞선 형태인 듯하다.

참조1 덧지방/가지방假地防

加地枋【덧지방/가지방】 채 건 假地防 加枋 𢆯方

문설주 안으로 나무를 덧댄 문지방. 加地枋이 가지방을 표기한 것인지 덧지방을 표기한 것인지 표기만으로는 명확하지 않다. 즉 加를 음으로 읽느냐 훈으로 읽느냐에 따라 가지방과 덧지방 둘 다 가능한데, 덧지방의 준말인 𢆯方[덧방]을 통해 加地枋이 우리말 덧지방을 표기한 것임을 알 수 있다. 현재 가지방으로 남아 있다.

참조1 덧지방/가지방假地防

2. 뜻풀이항

1) 정의문은 일반적인 사전과 마찬가지로 명사문 형식으로 제시하였다. 그리고 한 항목에 대한 뜻풀이가 두 가지 이상일 경우 ①, ②, ③과 같이 원문자로 구분하여 제시하였다. 그 순서는 의궤에서 가장 일반적으로 쓰이는 의미를 앞세웠다.

예) **甲冑匠【갑주장】** 일 건

① 갑옷과 투구를 만드는 공장工匠. ② 가죽이 붙는 명기明器를 다루는 장인. 부묘祔廟 때 가마의 선도 군사들이 입을 갑옷과 투구를 만들기도 하고, 국장 때는 각종 의장용 물품 가운데, 가죽이

붙는 명기明器를 다루기도 하였다. 갑甲과 주冑는 국장 등에 쓰이는 의례용 명기明器 중의 하나이다.

2) 주석란에서는 정의란에서 이루어진 표제어의 뜻풀이를 좀 더 자세히 서술하거나, 추가 정보를 제시하는 등 표제어와 관련된 사항을 설명하였다.

예) 甲胄匠【갑주장】 일 건

① 갑옷과 투구를 만드는 공장工匠. ② 가죽이 붙는 명기明器를 다루는 장인. 부묘祔廟 때 가마의 선도 군사들이 입을 갑옷과 투구를 만들기도 하고, 국장 때는 각종 의장용 물품 가운데, 가죽이 붙는 명기明器를 다루기도 하였다. 갑甲과 주冑는 국장 등에 쓰이는 의례용 명기明器 중의 하나이다.

3) 표제어와 동의어同義語 관계에 있는 어휘는 동으로 표시하고 주석란이 끝난 다음, 행을 바꾸어서 제시하였다.

예) 甲裹肚【겹과두】 차 복 裌裹肚

겹으로 만든 과두. 과두는 저고리보다 긴 백색 상의로 대부분 겹으로 만들거나 솜을 넣었다. 조선 후기로 오면서 명칭이 장의長衣로 바뀌고, 관의는 남녀의 시신 배와 허리 부분에 감싸 묶는 염습殮襲 용구를 가리키는 말이 되었다.

동 겹과의裌裹衣

4) 뜻풀이항에 쓰인 한자어는 한자음을 한글로 앞세워 표기하고 작은 글씨로 해당 한자를 병기하였다. 용어와 한자음이 일치하지 않는 경우에는 [ ]에 넣어 제시하였다. 문헌을 인용할 때에는 『 』를 이용하여 한자음과 한자를 모두 병기하였다.

예) 嘉禮【가례】 하 의

국가에서 거행한 관례冠禮, 혼례婚禮, 책례冊禮, 하례賀禮, 조회朝會, 연회宴會 등 경사스러운 의식. 가례는 국가 의례를 구분하는 오례五禮 중 하나이다. 『국조오례의國朝五禮儀國朝五禮儀』의 가례 부분에는 … 『가례도감의궤嘉禮都監儀軌』는 국왕과 왕세자의 혼례에 관한 것인데 현재 20여 종이 전한다. 『책례도감의궤冊禮都監儀軌』, 『대례의궤大禮儀軌』, 『진연의궤進宴儀軌』, 『진찬의궤進饌儀軌』 등이 넓은 의미의 가례에 해당하는 의궤들이다.

3. 정보항

정보항은 의궤 혹은 의궤에 나타나는 용어와 관련된 제 영역의 연구에 도움을 주기 위해 설정한 것이다. 여기에는 표제어와 연관성이 큰 참조어와 관련어를 비롯하여, 표제어가 나타나는 실제 문맥의 용례

그리고 표제어의 출전 정보 등 표제어와 관련된 연구를 위한 기초 자료를 제시하였다.

1) 참조어 : 뜻풀이가 끝나면 표제어를 이해하는 데 도움이 될 만한 참조어를 제시하였다. 이때 표제어로 선정이 된 용어일 경우에는 '참조1'로, 표제어가 아닌 경우에는 '참조2'로 구분하였다.

예) **命服含【명복함】** 일 의

책비나 책빈 의례 때 왕비나 왕세자빈의 명복을 담았던 함. 명복안에 명복함을 놓아 의례를 거행했다. 명복은 관계官階에 따라 입는 정복正服을 말한다.

참조1 명복命服, 명복안命服案, 명복함상命服函床.

참조2 명복관命服官, 명복여命服輿, 명복차비命服差備.

2) 관련어 : 해당 표제어의 하위어가 왕실 전례 관련 의궤에 출현할 경우는 '관련1'로, 그 밖의 의궤 자료에 나오면 '관련2'로 구분하였다.

예) **巨勿釘【거물못】** 채 건 *去勿釘 巨物丁 巨物釘 巨勿丁*

두 부재를 연결하거나 벌어지지 않게 하는 데 쓰이는 ㄱ자나 ㄷ자 형으로 구부려 만든 못. 거멀장식처럼 걸쳐 박아 꺾쇠의 역할을 하도록 했다. 주로 박공널 등의 두 부재를 연결하여 고정시키는 데에 쓰인다. 의궤에 보이는 거멀못은 길이와 크기에 따라 三寸-, 五寸-, 六寸-, 七寸-, 八寸-, 長七寸大-, 大-, 別大-, 小-, 中-으로 구분하고 있고, 이 밖에 모양과 쓰임새를 밝힌 粧餙鎖鑰籤子장식쇄약첨자-, 朴只大박이대-, 籤子첨자-, 龍頭朴只용두박이- 등이 있다.

관련1 대거물못大巨勿釘, 박이대거물못朴只大巨勿釘, 용두박이거물못龍頭朴只巨勿釘, 장식쇄약첨자거물못粧餙鎖鑰籤子巨勿釘, 중거물못中巨勿釘, 첨자거물못籤子巨勿釘.

관련2 대거물못大巨勿釘, 별대거물못別大巨勿釘, 세치거물못三寸巨勿釘, 소거물못小巨勿釘, 다섯치거물못五寸巨勿釘, 여섯치거물못六寸巨勿釘, 장일곱치대거물못長七寸大巨勿釘, 중거물못中巨勿釘, 일곱치거물못七寸巨勿釘, 여덟치거물못八寸巨勿釘

3) 용례 : 해당 표제어가 나타나는 문장을 의궤에서 추출하여 제시하였다.

예) **假床【가상】** 한 의

의례의 습의習儀 때 임시로 사용하던 상床. 직사각형의 천판天板에 네 개의 다리가 달린 구조로 조선 시대에는 주칠朱漆을, 대한제국 시기에는 황칠黃漆을 하였다. 다리가 낮은 것은 상床이라 하고 다리가 높은 것은 상탁床卓이라 하며 각종 의례에서 제상祭床이나 향상香床 등 다양한 용도로 쓰였다.

참조1 가상탁假床卓

예문 初二度習儀時則所屬各司良中假樻假床樻袱牀巾等措備待令爲有如可習儀之日各其

司官吏躬親進排爲有置依前例磨鍊後錄爲去乎擧行事捧甘何如(책례1667/029ㄴ06~08)

4) 출전 : 표제어가 나타나는 출전 정보의 일부를 제시하여 연구에 직접적으로 도움이 되도록 하였다.

(1) 서지적 정보는 문헌, 장차, 행차까지를 나타내었다.

(2) 해당 문헌은 약칭으로 나타내었다(약칭은 아래 참조).

(3) 장차(張次)는 아라비아 숫자로 나타내며, 앞면은 'ㄱ', 뒷면은 'ㄴ'으로 표시하였다. 원문의 장수가 100장이 넘을 경우에는 '001'로 시작하고, 100장이 넘지 않을 경우에는 '01'로 시작하였다.

(4) 하나의 항목이 양면에 걸쳐 있는 경우는 앞면의 면수를 수록하였다.

예) **假監役【가감역】** 헤 건 ☞ 가감역관假監役官

예문 分差監造官五員別工作繕工監假監役閔處重誌石所奉常寺副奉事(국장1681/005ㄱ03~05)

5) 그림 : 뜻풀이의 이해를 돕기 위해 필요한 경우 그림을 출처와 함께 제시하였다. 그림의 목록과 출처는 사전부 맨 뒤에 표로 제시하여 두었다.

6) 차자 표기 색인 : 차자 표기 표제항을 쉽게 찾을 수 있도록 찾아보기를 덧붙였다. 차자 표기가 어떻게 해독되는지를 일목요연하게 제공할 필요성이 있다고 보고 한자음과 우리말의 두 가지로 작성하여 덧붙였다.

예) 한자음 가나다순

加羅【가래】 3
加乃【가래】 4
加樑【덧보】 6
架樑【덧보】 6
加里麻【가리마】 6

예) 우리말 가나다순

【가래】加羅 3
【가래】加乃 4
【덧보】加樑 6
【덧보】架樑 6
【가리마】加里麻 6

4. 표제어 선정 대상 의궤 목록

문헌명	약호	제시 방법
懿仁王后尊號大妃殿上尊號中宮殿冊禮王世子冊禮 冠禮時冊禮都監儀軌	책례1610	(책례1610/001ㄱ01)
冊禮都廳儀軌	책례1634	(책례1634/001ㄱ01)
孝宗王世子及嬪宮冊禮都監儀軌	책례1645	(책례1645/001ㄱ01)
冊禮都監儀軌	책례1649A	(책례1649A/01ㄱ01)
顯宗王世孫冊禮都監儀軌	책례1649B	(책례1649B/01ㄱ01)
孝宗仁宣后中宮殿冊禮都監都廳儀軌	책례1651A	(책례1651A/01ㄱ01)
顯宗世子冊禮都監都廳儀軌	책례1651B	(책례1651B/01ㄱ01)
冊禮都監儀軌	책례1661	(책례1661/01ㄱ01)
肅宗世子受冊時冊禮都監儀軌	책례1667	(책례1667/001ㄱ01)
冊禮都監儀軌	책례1676	(책례1676/01ㄱ01)
冊禮都監廳儀軌	책례1690A	(책례1690A/001ㄱ01)
玉山大嬪陞后冊禮都監都廳儀軌	책례1690B	(책례1690B/001ㄱ01)
冊禮都監都廳儀軌	책례1694	(책례1694/001ㄱ01)
英祖王世弟受冊時冊禮都監儀軌	책례1721	(책례1721/001ㄱ01)
冊禮都監儀軌	책례1722A	(책례1722A/001ㄱ01)
景宗宣懿后復位冊禮都監儀軌	책례1722B	(책례1722B/001ㄱ01)
雍正三年三月日冊禮都監儀軌	책례1725	(책례1725/001ㄱ01)
雍正四年丙午十月日冊禮都監都廳儀軌	책례1726	(책례1726/001ㄱ01)
莊祖世子受冊時冊禮都監儀軌	책례1736	(책례1736/001ㄱ01)
懿昭世孫受冊時冊禮都監儀軌	책례1751	(책례1751/001ㄱ01)
正祖王世孫冊禮都監儀軌	책례1759	(책례1759/001ㄱ01)
文孝世子受冊時冊禮都監儀軌	책례1784	(책례1784/001ㄱ01)
文祖王世子冊禮都監都廳儀軌	책례1805	(책례1805/001ㄱ01)
王世子冊禮都監儀軌	책례1812	(책례1812/001ㄱ01)
王世子冊禮都監儀軌	책례1875A	(책례1875A/001ㄱ01)
純宗王世子受冊時冊禮都監儀軌	책례1875B	(책례1875B/001ㄱ01)
隆熙兩皇后復位時冊禮都監儀軌	책례1907A	(책례1907A/01ㄱ01)
高宗太皇帝上號英王皇太子冊禮儀軌	책례1907B	(책례1907B/001ㄱ01)
王世子冊封謄錄	책봉1744	(책봉1744/01ㄱ01)
義王英王冊封儀軌	책봉1900A	(책봉1900A/001ㄱ01)
義王英王冊封儀軌	책봉1900B	(책봉1900B/01ㄱ01)
淳妃冊封儀軌	책봉1901	(책봉1901/001ㄱ01)
獻懿大院王純穆大院妃完孝憲王義王妃追封冊封儀軌	추봉1907	(추봉1907/01ㄱ01)
昭顯世子嘉禮都監儀軌	가례1627	(가례1627/001ㄱ01)
仁祖莊烈后嘉禮都監儀軌	가례1638	(가례1638/001ㄱ01)
顯宗明聖后嘉禮都監儀軌	가례1651	(가례1651/001ㄱ01)
肅宗仁敬后嘉禮都監王世子嘉禮時都廳儀軌	가례1671	(가례1671/001ㄱ01)
肅宗仁顯后嘉禮都監都廳儀軌	가례1691	(가례1691/001ㄱ01)
景宗端懿后嘉禮都監儀軌	가례1696	(가례1696/001ㄱ01)
肅宗仁元后嘉禮都監儀軌	가례1702	(가례1702/001ㄱ01)
景宗端懿后嘉禮都監儀軌	가례1706	(가례1706/001ㄱ01)
景宗宣懿后嘉禮都監儀軌	가례1718	(가례1718/001ㄱ01)
眞宗孝純后嘉禮都監儀軌	가례1727	(가례1727/001ㄱ01)

문헌명	약호	제시 방법
莊祖獻敬后嘉禮都監儀軌	가례1744	(가례1744/001ㄱ01)
英祖貞純后嘉禮都監都廳儀軌	가례1759	(가례1759/001ㄱ01)
正祖孝懿后嘉禮廳都廳儀軌	가례1762	(가례1762/001ㄱ01)
純祖純元后嘉禮都監儀軌	가례1802	(가례1802/001ㄱ01)
文祖神貞后嘉禮都監儀軌	가례1819	(가례1819/001ㄱ01)
高宗明成后嘉禮都監儀軌	가례1866	(가례1866/001ㄱ01)
純宗純宗妃嘉禮都監儀軌	가례1906	(가례1906/001ㄱ01)
殯宮都監儀軌	빈궁1728	(빈궁1728/001ㄱ01)
純獻貴妃殯宮魂宮儀軌	빈궁1911	(빈궁1911/001ㄱ01)
英祖殯殿都監儀軌	빈전1600A	(빈전1600A/001ㄱ01)
懿仁王后殯殿魂殿都監儀軌	빈전1600B	(빈전1600B/001ㄱ01)
仁祖殯殿都監儀軌	빈전1649	(빈전1649/001ㄱ01)
孝宗殯殿都監儀軌	빈전1659A	(빈전1659A/001ㄱ01)
孝宗殯殿都監儀軌	빈전1659B	(빈전1659B/001ㄱ01)
仁宣后殯殿都監儀軌	빈전1674	(빈전1674/001ㄱ01)
顯宗殯殿都監儀軌	빈전1675	(빈전1675/001ㄱ01)
仁敬王后殯殿都監儀軌	빈전1680	(빈전1680/001ㄱ01)
明聖王后殯殿都監儀軌	빈전1683	(빈전1683/001ㄱ01)
仁顯王后殯殿都監儀軌	빈전1701	(빈전1701/001ㄱ01)
肅宗殯殿都監儀軌	빈전1720	(빈전1720/001ㄱ01)
景宗殯殿都監儀軌	빈전1724	(빈전1724/001ㄱ01)
宣懿王后殯殿都監儀軌	빈전1730	(빈전1730/001ㄱ01)
貞聖王后殯殿都監儀軌	빈전1757A	(빈전1757A/001ㄱ01)
仁元王后殯殿都監儀軌	빈전1757B	(빈전1757B/001ㄱ01)
英祖魂殿都監儀軌	빈전1776	(빈전1776/001ㄱ01)
正宗大王殯殿魂殿都監儀軌	빈전1800	(빈전1800/001ㄱ01)
貞純王后殯殿魂殿都監儀軌	빈전1805	(빈전1805/001ㄱ01)
孝懿王后殯殿魂殿都監儀軌	빈전1821	(빈전1821/001ㄱ01)
純祖大王殯殿魂殿都監儀軌	빈전1834	(빈전1834/001ㄱ01)
憲宗大王殯殿魂殿都監儀軌	빈전1849	(빈전1849/001ㄱ01)
神貞王后殯殿魂殿都監儀軌	빈전1886	(빈전1886/001ㄱ01)
明成皇后殯殿魂殿都監儀軌	빈전1895	(빈전1895/001ㄱ01)
孝定王后殯殿魂殿都監儀軌	빈전1903	(빈전1903/001ㄱ01)
殯殿都監明細書	빈전1904	(빈전1904/01ㄱ01)
仁顯王后魂殿都監儀軌	혼전1701	(혼전1701/001ㄱ01)
肅宗魂殿都監儀軌	혼전1720	(혼전1720/001ㄱ01)
景宗魂殿都監儀軌	혼전1724	(혼전1724/001ㄱ01)
宣懿王后魂殿都監儀軌	혼전1730	(혼전1730/001ㄱ01)
貞聖王后魂殿都監儀軌	혼전1757A	(혼전1757A/001ㄱ01)
仁元王后魂殿都監儀軌	혼전1757B	(혼전1757B/001ㄱ01)
宣祖國葬都監一房儀軌	국장1608A	(국장1608A/01ㄱ01)
宣祖國葬都監二房儀軌	국장1608B	(국장1608B/01ㄱ01)
宣祖國葬都監二房儀軌	국장1608C	(국장1608C/01ㄱ01)
宣祖妃仁穆后國葬都監儀軌	국장1632	(국장1632/001ㄱ01)
仁祖國葬都監都廳儀軌	국장1649	(국장1649/001ㄱ01)
孝宗國葬都監都廳儀軌	국장1659	(국장1659/001ㄱ01)
仁宣王后國葬都監都廳儀軌	국장1674A	(국장1674A/001ㄱ01)

문헌명	약호	제시 방법
顯宗國葬都監都廳儀軌	국장1674B	(국장1674B/001ㄱ01)
仁敬王后國葬都監都廳儀軌	국장1681	(국장1681/001ㄱ01)
明聖王后國葬都監二房儀軌	국장1684	(국장1684/001ㄱ01)
仁祖莊烈后國葬都監都廳儀軌	국장1688	(국장1688/001ㄱ01)
仁顯王后國葬都監都廳儀軌	국장1701	(국장1701/001ㄱ01)
肅宗國葬都監都廳儀軌	국장1720A	(국장1720A/001ㄱ01)
肅宗國葬都監都廳儀軌	국장1720B	(국장1720B/001ㄱ01)
景宗國葬都監都廳儀軌	국장1724	(국장1724/001ㄱ01)
宣懿王后國葬都監儀軌	국장1730	(국장1730/001ㄱ01)
仁元王后國葬都監二房儀軌	국장1757A	(국장1757A/001ㄱ01)
貞聖王后國葬都監都廳儀軌	국장1757B	(국장1757B/001ㄱ01)
英祖國葬都監都廳儀軌	국장1776	(국장1776/001ㄱ01)
正祖國葬都監儀軌	국장1800	(국장1800/001ㄱ01)
孝懿王后國葬都監儀軌	국장1821	(국장1821/001ㄱ01)
純祖大王國葬都監儀軌	국장1834	(국장1834/001ㄱ01)
憲宗大王國葬都監儀軌	국장1849	(국장1849/001ㄱ01)
哲宗國葬都監儀軌	국장1863	(국장1863/001ㄱ01)
哲宗大王國葬都監儀軌	국장1864	(국장1864/001ㄱ01)
哲仁王后國葬都監儀軌	국장1878	(국장1878/001ㄱ01)
神貞王后國葬都監儀軌	국장1890	(국장1890/001ㄱ01)
明成皇后國葬都監儀軌	국장1898	(국장1898/001ㄱ01)
孝宗王后國葬都監儀軌	국장1903	(국장1903/001ㄱ01)
純明王后國葬都監儀軌	국장1904	(국장1904/001ㄱ01)
國葬都監明細書	국장1905	(국장1905/001ㄱ01)
仁淑元嬪宮禮葬儀軌	빈궁1779	(빈궁1779/001ㄱ01)
元宗禮葬都監儀軌	예장1627	(예장1627/001ㄱ01)
昭顯世子禮葬都監都廳儀軌	예장1645	(예장1645/001ㄱ01)
孝章世子禮葬都監儀軌	예장1729	(예장1729/001ㄱ01)
孝純賢嬪禮葬都監儀軌	예장1751	(예장1751/001ㄱ01)
懿昭世孫宮禮葬儀軌	예장1753	(예장1753/001ㄱ01)
思悼世子禮葬都監都廳儀軌	예장1762	(예장1762/001ㄱ01)
文孝世子禮葬都監都廳儀軌	예장1786	(예장1786/001ㄱ01)
禮葬廳謄錄	예장1898A	(예장1898A/001ㄱ01)
禮葬廳謄錄	예장1898B	(예장1898B/001ㄱ01)
純獻貴妃禮葬儀軌	예장1911	(예장1911/001ㄱ01)
宣祖大王懿仁王后祔廟都監二房儀軌	부묘1610A	(부묘1610A/001ㄱ01)
宣祖大王懿仁王后祔廟都監三房儀軌	부묘1610B	(부묘1610B/001ㄱ01)
宣祖大王懿仁王后祔廟都監一房儀軌	부묘1610C	(부묘1610C/001ㄱ01)
恭聖王后祔廟都監儀軌	부묘1615	(부묘1615/01ㄱ01)
純宗孝皇帝純明孝皇后祔廟主監儀軌	부묘1629	(부묘1629/001ㄱ01)
仁祖大王仁烈王后祔廟都監都廳儀軌	부묘1651	(부묘1651/001ㄱ01)
祔廟都監都廳儀軌	부묘1661	(부묘1661/001ㄱ01)
祔廟都監都廳儀軌	부묘1669	(부묘1669/001ㄱ01)
祔廟都監儀軌	부묘1676	(부묘1676/001ㄱ01)
顯宗祔廟都監儀軌	부묘1677A	(부묘1677A/001ㄱ01)
祔廟都監都廳儀軌	부묘1677B	(부묘1677B/001ㄱ01)
祔廟都監都廳儀軌	부묘1686	(부묘1686/001ㄱ01)

문헌명	약호	제시 방법
祔廟謄錄	부묘1690	(부묘1690/001ㄱ01)
祔廟都監都廳儀軌	부묘1691	(부묘1691/001ㄱ01)
端宗定順王后復位祔廟都監儀軌	부묘1698	(부묘1698/001ㄱ01)
祔廟都監都廳儀軌	부묘1722	(부묘1722/001ㄱ01)
祔廟都監都廳儀軌	부묘1732	(부묘1732/001ㄱ01)
祔廟都監都廳儀軌	부묘1759	(부묘1759/001ㄱ01)
祔廟都監都廳儀軌	부묘1778	(부묘1778/001ㄱ01)
正宗大王祔廟都監儀軌	부묘1802	(부묘1802/001ㄱ01)
貞純王后祔廟都監儀軌	부묘1807	(부묘1807/001ㄱ01)
孝懿王后祔廟都監儀軌	부묘1823	(부묘1823/001ㄱ01)
祔廟都監儀軌	부묘1836A	(부묘1836A/001ㄱ01)
純宗大王翼宗大王祔廟都監儀軌	부묘1836B	(부묘1836B/001ㄱ01)
憲宗孝顯后祔廟都監儀軌	부묘1851	(부묘1851/001ㄱ01)
純元后祔廟都監儀軌	부묘1859	(부묘1859/001ㄱ01)
哲宗大王祔廟都監儀軌	부묘1865	(부묘1865/001ㄱ01)
哲仁王后祔廟都監儀軌	부묘1880	(부묘1880/001ㄱ01)
神貞王后祔廟都監儀軌	부묘1892	(부묘1892/001ㄱ01)
孝定王后祔廟都監儀軌	부묘1905	(부묘1905/001ㄱ01)
顯宗英祖上號都監儀軌	상호1772A	(상호1772A/001ㄱ01)
英祖四尊號上號都監儀軌	상호1772B	(상호1772B/001ㄱ01)
貞純后獻敬后上號都監儀軌	상호1778	(상호1778/001ㄱ01)
上號都監儀軌	상호1783	(상호1783/001ㄱ01)
上號都監儀軌	상호1784	(상호1784/001ㄱ01)
上號都監儀軌	상호1787	(상호1787/001ㄱ01)
上號都監儀軌	상호1795	(상호1795/001ㄱ01)
貞純后八尊號上號都監儀軌	상호1804	(상호1804/001ㄱ01)
上號都監儀軌	상호1805	(상호1805/001ㄱ01)
上號都監儀軌	상호1827	(상호1827/001ㄱ01)
上號都監儀軌	상호1841A	(상호1841A/001ㄱ01)
上號都監儀軌	상호1841B	(상호1841B/001ㄱ01)
上號都監儀軌	상호1848	(상호1848/001ㄱ01)
上號都監儀軌	상호1853A	(상호1853A/001ㄱ01)
上號都監儀軌	상호1853B	(상호1853B/001ㄱ01)
上號都監儀軌	상호1855	(상호1855/001ㄱ01)
純祖純元后上號都監儀軌	상호1858	(상호1858/001ㄱ01)
神貞后五尊號孝定后三尊號加上尊號都監儀軌	상호1863	(상호1863/001ㄱ01)
上號都監儀軌	상호1866	(상호1866/001ㄱ01)
上號都監儀軌	상호1875	(상호1875/001ㄱ01)
上號都監儀軌	상호1902A	(상호1902A/001ㄱ01)
文祖翼皇帝追上神貞翼皇后追上皇帝加上明憲太后加上明成皇后追上上號都監儀軌	상호1902B	(상호1902B/001ㄱ01)
宣祖懿仁后光海朝尊崇都監儀軌	존숭1624A	(존숭1624A/001ㄱ01)
仁穆王后尊崇儀軌	존숭1624B	(존숭1624B/001ㄱ01)
仁祖莊烈后尊崇都監儀軌	존숭1651A	(존숭1651A/001ㄱ01)
尊崇都監都廳儀軌	존숭1651B	(존숭1651B/001ㄱ01)
仁祖妃莊烈后二尊號尊崇都監儀軌	존숭1661A	(존숭1661A/001ㄱ01)
大王大妃殿王大妃殿尊崇都監都廳儀軌	존숭1661B	(존숭1661B/001ㄱ01)

문헌명	약호	제시 방법
仁祖莊烈后三尊號顯宗明聖后上尊號尊崇都監都廳儀軌	존숭1676A	(존숭1676A/001ㄱ01)
莊烈后明聖后尊崇都監儀軌	존숭1676B	(존숭1676B/001ㄱ01)
莊烈后尊崇都監儀軌	존숭1686A	(존숭1686A/001ㄱ01)
仁祖莊烈后四尊號尊崇都監儀軌	존숭1686B	(존숭1686B/001ㄱ01)
肅宗初尊崇都監儀軌	존숭1713	(존숭1713/001ㄱ01)
仁元王后尊崇都監都廳儀軌	존숭1722A	(존숭1722A/001ㄱ01)
尊崇都監都廳儀軌	존숭1722B	(존숭1722B/001ㄱ01)
肅宗尊崇都監都廳儀軌	존숭1726A	(존숭1726A/001ㄱ01)
仁元后端懿后宣懿后尊崇都監儀軌	존숭1726B	(존숭1726B/001ㄱ01)
惠順慈敬獻烈大王大妃殿尊崇都監都廳儀軌	존숭1739	(존숭1739/001ㄱ01)
尊崇都監都廳儀軌	존숭1740A	(존숭1740A/001ㄱ01)
尊崇都監儀軌	존숭1740B	(존숭1740B/001ㄱ01)
尊崇都監儀軌	존숭1747	(존숭1747/001ㄱ01)
尊崇冊禮謄錄	존숭1749	(존숭1749/001ㄱ01)
尊崇都監儀軌	존숭1751	(존숭1751/001ㄱ01)
尊崇都監儀軌	존숭1752	(존숭1752/001ㄱ01)
肅宗仁元后尊崇都監儀軌	존숭1755A	(존숭1755A/001ㄱ01)
肅宗尊崇都監儀軌	존숭1755B	(존숭1755B/001ㄱ01)
英祖仁元后淑嬪貞聖后尊崇都監儀軌	존숭1756	(존숭1756/001ㄱ01)
英祖四尊號上號都監儀軌	존숭1772	(존숭1772/001ㄱ01)
尊崇都監都廳儀軌	존숭1778	(존숭1778/001ㄱ01)
尊崇都監儀軌	존숭1802	(존숭1802/001ㄱ01)
純祖初上號都監儀軌	존숭1827	(존숭1827/001ㄱ01)
尊崇都監儀軌	존숭1837	(존숭1837/001ㄱ01)
純祖再尊文祖初尊上號都監儀軌	존숭1848A	(존숭1848A/001ㄱ01)
文祖上號都監儀軌	존숭1848B	(존숭1848B/001ㄱ01)
純祖純元后文祖神貞后孝定后尊崇都監儀軌	존숭1851A	(존숭1851A/001ㄱ01)
大王大妃王大妃大妃殿尊崇都監儀軌	존숭1851B	(존숭1851B/001ㄱ01)
大王大妃殿王大妃殿尊崇都監儀軌	존숭1859	(존숭1859/001ㄱ01)
大王大妃殿王大妃殿大妃殿尊崇都監儀軌	존숭1866	(존숭1866/001ㄱ01)
上尊號都監儀軌	존숭1873A	(존숭1873A/001ㄱ01)
文祖神貞后十二尊號憲宗孝定后七哲仁后高宗初尊 上尊號都監儀軌	존숭1873B	(존숭1873B/001ㄱ01)
文祖翼皇帝追上神貞翼皇后追上皇帝加上明憲太后 加上明成皇后追上上號都監儀軌	존숭1902	(존숭1902/001ㄱ01)
懿仁王后尊號大妃殿上尊號中宮殿冊禮王世子冊禮 冠禮時冊禮都監儀軌	존호1610	(존호1610/001ㄱ01)
宣祖大王懿仁王后尊號都監儀軌	존호1621	(존호1621/001ㄱ01)
肅宗仁元后加上尊號都監儀軌	존호1753A	(존호1753A/001ㄱ01)
仁元王后英祖大王加上尊號都監冊寶圖式	존호1753B	(존호1753B/001ㄱ01)
英祖貞純后四尊號莊祖獻敬后再尊號都監儀軌	존호1783	(존호1783/001ㄱ01)
英祖六尊號莊祖再尊號都監儀軌	존호1784	(존호1784/001ㄱ01)
英祖貞純后六尊號都監儀軌	존호1787	(존호1787/001ㄱ01)
英祖貞純后七尊號莊祖獻敬后四尊號都監儀軌	존호1795	(존호1795/001ㄱ01)
英祖貞純后八尊加上尊號都監儀軌	존호1804A	(존호1804A/001ㄱ01)
加上尊號都監儀軌	존호1804B	(존호1804B/001ㄱ01)
大王大妃殿加上尊號都監儀軌	존호1841A	(존호1841A/001ㄱ01)

문헌명	약호	제시 방법
純祖純元后尊號都監儀軌	존호1841B	(존호1841B/001ㄱ01)
純祖純元后六尊號都監儀軌	존호1852	(존호1852/001ㄱ01)
文祖再尊號憲宗追尊號都監儀軌	존호1853	(존호1853/001ㄱ01)
追上尊號都監儀軌	존호1858	(존호1858/001ㄱ01)
文祖三尊號憲宗哲宗再尊號都監儀軌	존호1866	(존호1866/001ㄱ01)
文祖神貞后十二尊號憲宗孝定后七哲仁后高宗初尊 上尊號都監儀軌	존호1873	(존호1873/001ㄱ01)
文祖神貞后太王再尊號憲宗孝定后八尊號加上尊號都監儀軌	존호1888A	(존호1888A/001ㄱ01)
文祖神貞后二十加上尊號都監儀軌	존호1888B	(존호1888B/001ㄱ01)
文祖十一尊號都監儀軌	존호1890A	(존호1890A/001ㄱ01)
文祖神貞后加上尊號都監儀軌	존호1890B	(존호1890B/001ㄱ01)
翼宗大王追上神貞王后追上大殿加上王大妃殿加上 中宮殿加上尊號都監儀軌	존호1892	(존호1892/001ㄱ01)
仁祖大王追上仁烈王后追上莊烈王后追上孝宗大王 追上仁宣王后追上皇帝加上明憲太后加上明成王后 追上尊號都監儀軌	존호1900	(존호1900/001ㄱ01)
眞宗孝純后追崇都監儀軌	추숭1776	(추숭1776/001ㄱ01)

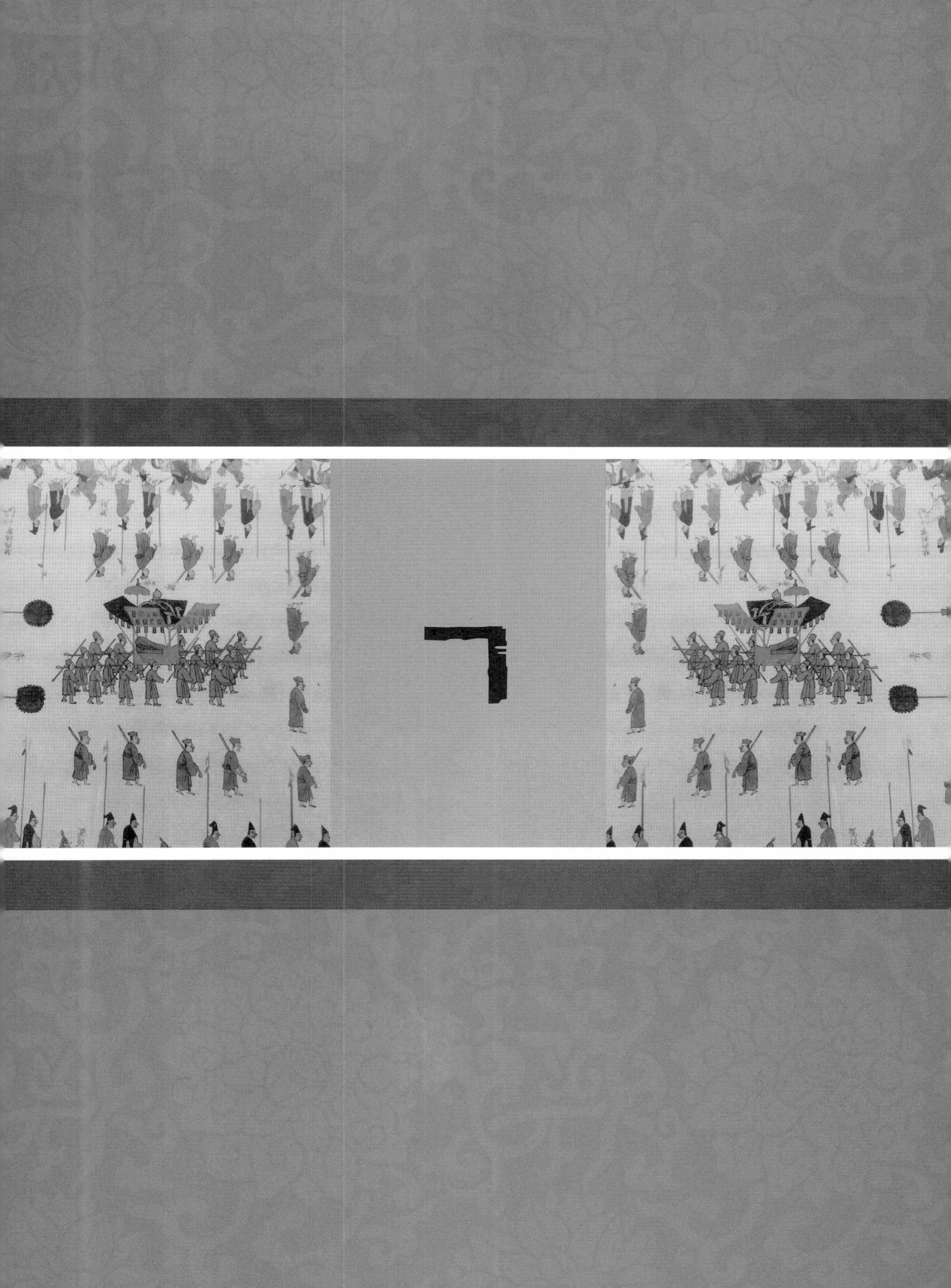
ㄱ

駕【가】 일 의

교외에 행차할 때 사용하는 가마. 임금이나 왕비, 세자 등이 교외에 행차할 때에는 가마꾼이 메는 가마 대신 말에 멍에를 매어 이동했는데, 이때의 가마를 가교駕轎라고 한다. 가駕는 행차에 쓰이는 가마의 범칭으로도 사용되었는데 어가御駕, 대가大駕, 법가法駕, 소가小駕 등이 그것이다.

참조1 대가大駕, 법가法駕, 소가小駕

예문 返虞時城門外祇迎之禮纔已稟定矣殿下出宮時王世子祇迎及隨駕行禮之節依例磨鍊乎敢稟傳曰依例磨鍊(국장1821/037ㄱ11~ㄴ01)

색인 (가례1802/상099ㄱ01)(가례1802/상125ㄴ11)(가례1802/상177ㄱ11)(가례1802/상177ㄱ12)(가례1802/상223ㄴ04)(가례1802/상223ㄴ06)

假家【가가】 일 건

행사나 공사를 위하여 임시로 지은 건물. 일반적으로 행사가 있을 때 의식을 진행하거나 임시로 사람이 머무를 수 있도록 하기 위해 사용하였다. 또한 공사장에서 장인들이 햇볕이나 비를 피하는 임시 거처로 쓰거나 건축 공사에서 치목 등의 공사에도 이를 지어 사용하였다. 가가는 임시로 지은 건물이기 때문에 상황에 따라 모두 다른 형태로 지었는데, 보통 한 칸으로 짓고 문짝이나 창이 따로 없다.

관련1 공방가가工房假家, 공상가가供上假家, 군보가가軍堡假家, 권로장가가權爐匠假家, 기수가가旗手假家, 나올장가가羅兀匠假家, 내숙설소가가內熟設所假家, 내자시가가內資寺假家, 대여가가大輿假家, 도청하인가가都廳下人假家, 두석장가가豆錫匠假家, 등촉방가가燈燭房假家, 목수가가木手假家, 무감파수가가武監把守假家, 방상씨장가가方相氏匠假家, 별감방가가別監房假家, 보계가가補階假家, 복병가가伏兵假家, 사기소하인가가沙器所下人假家, 사약방가가司鑰房假家, 소로장가가小爐匠假家, 소목장가가小木匠假家, 숙설가가熟設假家, 숙수가가熟手假家, 시탄소소목가가柴炭所燒木假家, 야장가가冶匠假家, 어상조과가가御床造果假家, 유장가가鍮匠假家, 은장동장가가銀匠銅匠假家, 은장두석장합가가銀匠豆錫匠合假家, 입번기수가가入番旗手假家, 전포소하인가가錢布所下人假家, 조각장가가雕刻匠假家, 조과가가造果假家, 주소가가酒所假家, 주장가가注匠假家, 죽산마가가竹散馬假家, 죽산마대가가竹散馬大假家, 죽책장가가竹册匠假家, 줄장가가乼匠假家, 지석가가誌石假家, 진칠장가가眞漆匠假家, 칠장가가漆匠假家, 탄가가炭假家, 탕소가가湯所假家, 표석가가表石假家, 하인가가下人假家, 허주가가虛廚假家

예문 本房諸色匠人入接假家十二間竹散馬排立假家六間冶匠假家二間漆室一間土宇一間依謄錄急(국장1688/005ㄱ06~07)

색인 (가례1627/005ㄴ02)(가례1627/005ㄴ11)(가례1627/005ㄴ13)(가례1627/005ㄴ13)(가례1627/023ㄱ09)(가례1627/071ㄱ02)

假監役【가감역】 일 건 ☞ 假監役官가감역관

예문 分差監造官五員別工作繕工監假監役閔處重誌石所奉常寺副奉事金瑜(국장1681/005ㄱ03~05)

색인 (가례1671/041ㄴ10)(국장1878一/007ㄱ11)(국장1878一/010ㄱ07)(국장1878一/010ㄱ08)(국장1878一/010ㄱ09)(국장1878一/010ㄱ10)

假監役官【가감역관】 일 건

감역관에 결원이 생길 때 임시로 충원되었던 관원 또는 관직. 가감역假監役이라고도 하였다. 가감역관假監役官은 감역관 아래 직위로 주로 문음門蔭이나 유일遺逸 중에서 충원되었으며, 감역관에 결원이 생기게 되는 경우 차례로 승진하여 감역관이 되었다. 감역관은 조선 시대 선공감繕工監에서 토목이나 건축 공사를 감독하던 참하관에 해당하는 종9품의 벼슬이다.

참조1 선공감繕工監, 가감역假監役, 감역監役, 감역관監役官

예문 瓦署別提成順錫殯殿別工作監造官繕工

監假監役官徐文溥權宮別工作監役官繕工監假監役官李義鎭(빈전1720/004ㄱ06~08)

색인 (가례1718/004ㄱ03)(가례1718/059ㄱ08)(존숭1624A二/007ㄱ04)(책례1690/006ㄴ08)(책례1690/007ㄴ01)(책례1690/045ㄱ05)

駕龜仙人旗【가구선인기】 일 의

국왕의 대가 의장大駕儀仗, 법가 의장法駕儀仗, 소가 의장小駕儀仗, 왕세자 의장에 쓰이는 깃발. 흰색 바탕에 거북을 타고 있는 신선 문양을 그린 의장기이다. 본래 청·홍·황·백 네 가지 색의 화염각을 사용했으나 인조대 이후로 붉은 색의 화염각을 썼다. 국장國葬 중의 길의장吉儀仗이나, 가례嘉禮, 부묘祔廟 의식 등과 같은 노부 의장鹵簿儀仗이 쓰이는 의례에 사용되었다.

가구선인기

참조1 각단기角端旗, 고자기鼓字旗, 군왕천세기君王千歲旗, 금자기金字旗, 백택기白澤旗, 벽봉기碧鳳旗, 삼각기三角旗, 영자기令字旗, 천하태평기天下太平旗, 현무기玄武旗, 현학기玄鶴旗, 홍문대기紅門大旗, 황룡기黃龍旗, 후전대기後殿大旗

참조2 백호기白虎旗

예문 駕龜仙人旗二改修補所入質次白擣鍊紬三十四尺八寸五分火焰脚紅紬十一尺長脚白紬四尺八寸(책례1651/041ㄴ13~14)

색인 (가례1627/068ㄱ05)(부묘1836A/156ㄱ08)(부묘1836A/161ㄱ04)(상호1827二/024ㄱ07)(상호1827二/041ㄱ06)(상호1827二/063ㄴ04)

假巹盃【가근배】 일 음

여벌로 준비하는 근배巹盃. 영조와 정순왕후 가례의 동뢰同牢와 습의習儀 때에는 가근배假巹盃 한 쌍을 준비하였는데, 가근배假巹盃의 대臺와 장식에는 모두 유납鍮鑞을 사용하였다. 근배는 혼례 때 합환주를 담는 잔으로 표주박으로 만들었다.

참조1 근배巹盃

예문 玉童子一雙假巹盃一雙以上平市醮戒時所用爵坫具一(가례1774/300ㄱ04~06)

색인 (가례1819/하079ㄴ09)

加乃【가래】 차 건 架乃 加羅

흙을 파내서 던지기 위해 삽날 모양의 가랫날에 자루를 달고, 가랫날에 만든 구멍에 끈을 연결하여 사용하는 도구. 주로 농사를 짓거나 건축을 위해 땅을 파낼 때 사용한다.

참조1 가래加羅, 가래架乃

관련2 가래날刃加乃, 나무가래木加乃

예문 硯匣三十一部書板三十九立剪板三十三部灰器九部刑板五部後機五部後加乃五部印家二部朱器二坐燭臺六坐光明臺八坐樻子八十二部(국장1821/ 093ㄱ05~07)

색인 (가례1671/215ㄴ11)(국장1903四/020ㄴ07)(빈전1895二/102ㄴ11)(책례1722/163ㄴ07)(혼전1720/175ㄱ06)(존숭1752二/127ㄴ06)

假讀寶床【가독보상】 일 의

임시로 시보諡寶 및 책보冊寶를 올려놓고 읽던 상. 직사각형의 천판天板과 호랑이 발[虎足] 모양인 네 다리에 운각雲角 장식을 덧붙인 구조이며 전면全面에 주칠朱漆을 하였다. 국왕·왕비·대비·왕대비·대왕대비 등의 책보를 올려놓고 읽었던 독보상讀寶床 대신 임시로 사용되었다. 주로 존호尊號를 올리는 의례나 책봉례冊封禮 또는 흉례凶禮에서 시보나 책보를 놓고 서서 읽기 위한 용도이다. 대부분 독보상으로 표기하며 독책보안讀冊寶案으로 적기도 한다.

동 독책보안讀冊寶案

참조1 독보상讀寶床, 독책보안讀冊寶案

예문 假函二部紅紬袱二件假排案牀二坐紅紬

袱二件假褥席各二件假讀寶床二坐紅紬袱二件假褥席各二件幷以各其習儀日待令事捧甘何如(존호1859/148ㄱ08~10)

색인 (가례1866/하083ㄱ07)(상호1827二/026ㄴ01)(상호1827二/027ㄱ07)(상호1848二/105ㄴ12)(존숭1713二/110ㄱ02)(존숭1752二/081ㄱ12)

假讀印床【가독인상】 일 의

임시로 인장印章을 올려놓고 읽던 상. 직사각형의 천판天板과 호랑이 발[虎足] 모양의 네 다리에 운각雲角 장식을 덧붙인 구조로 되어 있다. 사용자의 위계에 따라 왕과 왕비의 것은 주칠朱漆을, 세자와 세자빈의 것은 흑칠黑漆을 하였다. 국왕·왕비·대비·왕대비·대왕대비 등의 인장을 올려놓고 읽었던 독인상讀印床 대신 임시로 사용되었다. 주로 책례冊禮나 왕실의 혼인인 가례嘉禮 그리고 흉례凶禮 등에서 인장을 올려놓고 서서 읽기 위한 용도이다.

참조2 독인상讀印床

예문 差備忠贊衛四黑漆假讀印床二紅紬巾二(책례1721/129ㄴ08~10)

색인 (가례1762/상089ㄴ11)(책례1721/260ㄴ9)(책례1736/168ㄴ11)(책례1736/243ㄱ2)(책례1759/130ㄴ9)(책례1759/175ㄱ3)

假讀册床【가독책상】 일 의

임시로 옥책玉册을 올려놓고 읽던 상. 직사각형의 천판天板과 호랑이 발[虎足] 모양의 네 다리가 있으며 사용자의 위계에 따라 왕과 왕비의 것은 주칠朱漆을, 세자와 세자빈의 것은 흑칠黑漆을 하였다. 옥책玉册이나 죽책竹册을 옆으로 길게 펴 놓고 읽는 용도로 옥책과 죽책의 규모에 맞게 세로보다 가로가 긴 천판天板이 특징이다. 국왕·왕비·세자 및 세자빈의 책례册禮나 국왕·왕비·대비·왕대비·대왕대비에게 존호尊號를 올리는 의례 등에서 옥책을 올려놓고 읽었던 독책상 대신 임시로 사용되었다.

참조1 독책상讀册床

관련1 독책고족상讀册高足床

예문 今番乙良置各日習儀時依前例假函十部假排案牀七坐假讀册床三坐假袱十件等用後還下次以各其司所上以前排進排之意捧甘何如堂上手決內依(국장1674/116ㄴ05~07)

색인 (가례1681/334ㄱ12)(국장1674A三/078ㄴ12)(상호1848二/098ㄴ02)(상호1848二/103ㄴ07)(상호1848二/111ㄴ02)(존숭1713二/028ㄴ04)

加羅【가래】 차 건 架乃 加乃

흙을 파내서 던지기 위해 삽날 모양의 가랫날에 자루를 달고, 가랫날에 만든 구멍에 끈을 연결하여 사용하는 도구. 주로 농사를 짓거나 건축을 할 때 땅을 파는 데 사용한다. 가래는 가랫날과 자루, 그리고 가랫날 양쪽 옆면에 만든 구멍[군둣구멍]에 연결한 끈[군두새끼]으로 구성된다. 삽과 같이 흙을 파낼 때 사용하는 도구이지만 삽이 한 사람이 일을 할 수 있는 도구인 데 비하여, 가래는 여러 사람이 함께 일할 수 있는 도구로서 보다 높은 작업 능률을 올릴 수 있다. 가랫날은 쇠로 만드는 것이 일반적이지만 나무로 만드는 경우도 있는데 이를 나무가래[木加羅]라 부른다. 羅는 [래]의 ㅣ가 생략된 표기이다.

참조1 가래加乃, 가래架乃

관련2 나무가래木加羅, 세모가래三隅加羅, 세모가래參隅加羅

예문 權爐匠所用鍤刃加羅一吐木十五(책례1721/148ㄴ01~02)

색인 (국장1674二/027ㄴ05)(국장1681二/045ㄴ02)(국장1681二/057ㄴ12)(국장1684/042ㄴ08)(국장1684/055ㄱ01)(국장1688/042ㄴ11)

加樑【덧보】 차 건 加梁 假梁 假保 疊樑 架樑

들보 위나 옆에 보강으로 덧건 보. 대들보 옆에 하나 더 걸어 보에 걸리는 하중을 더는 역할을 한다. 추녀가 빠지거나 흘러내리는 문제를 보완할 수 있기 때문에 한옥의 수명과 밀접한 관계가 있다. 덧보는 일부 건축 사전이나 기존 연구에서 가량 또는 가보로 읽기도 한다.

참조1 덧보架樑, 덧보枷樑

예문 梓宮四面各加二尺以石灰塗其隙先排地方木于基上四方次立四柱於其上柱高五尺加樑施椽爲屋次以椵繩細木作壁虛其東以蘆簟及油芚貼其內三面及上用片竹(빈전1675/012ㄱ07~09)

색인 (국장1898二/101ㄱ05)(국장1903二/080ㄱ10)(국장1903二/093ㄱ11)(국장1903二/109ㄴ10)(국장1878二/074ㄱ10)(국장1878二/087ㄱ11)

架樑【덧보】 채 건 加樑 加枺 假樑 假保 枷樑

들보 위나 옆에 보강으로 덧건 보. 대들보 옆에 하나 더 걸어 보에 걸리는 하중을 더는 역할을 한다. 추녀가 빠지거나 흘러내리는 문제를 보완할 수 있기 때문에 한옥의 수명과 밀접한 관계가 있다.

참조1 덧보加樑

예문 架樑施椽爲屋次以椵繩細木作壁虛其東以蘆簟及油芚(빈전1683/012ㄴ06~07)

색인 (국장1800二/059ㄱ05)(국장1800二/059ㄱ10)(빈전1680/023ㄱ12)(빈전1680/383ㄱ07)(빈전1701/028ㄴ04)(빈전1701/363ㄴ09)

嘉禮【가례】 일 의

국가에서 거행한 관례冠禮, 혼례婚禮, 책례冊禮, 하례賀禮, 조회朝會, 연회宴會 등 경사스러운 의식. 가례는 국가 의례를 구분하는 오례五禮 중 하나이다. 『국조오례의國朝五禮儀』의 가례 부분에는 정삭正朔, 동지冬至, 탄일誕日에 국왕에게 올리는 하례, 조회, 반교頒敎, 교서나 향을 맞이하는 의식, 전시殿試와 방방放榜 등의 과거 의식, 왕, 왕비, 왕세자, 왕세자빈의 혼례, 관례, 책례 등의 통과 의례, 양로연養老宴, 향음 주례鄕飮酒禮, 음복연飮福宴의 연회 등 매우 다양한 의식들이 포함되어 있다. 그러나 좁은 의미로 가례는 혼례를 의미한다. 『가례도감의궤嘉禮都監儀軌』는 국왕과 왕세자의 혼례에 관한 것인데 현재 20여 종이 전한다. 『책례도감의궤冊禮都監儀軌』, 『대례의궤大禮儀軌』, 『진연의궤進宴儀軌』, 『진찬의궤進饌儀軌』 등이 넓은 의미의 가례에 해당하는 의궤들이다.

참조1 가례도감嘉禮都監, 오례五禮, 진연進宴, 진찬進饌, 책례冊禮, 하례賀禮

관련1 가례도감공장별단嘉禮都監工匠別單, 가례도감낭청嘉禮都監郎廳, 가례도감별단嘉禮都監別單, 가례도감사목嘉禮都監事目, 가례도감의궤嘉禮都監儀軌, 가례도감의궤목록嘉禮都監儀軌目錄, 가례도감의궤사목嘉禮都監儀軌事目, 가례도감의궤청嘉禮都監儀軌廳, 가례도목嘉禮都目, 가례별단嘉禮別單, 가례습의嘉禮習儀, 가례의궤嘉禮儀軌, 가례종사관嘉禮從事官, 가례차지별감嘉禮次知別監, 가례차지중사嘉禮次知中使

예문 本房所掌玉册匣當爲造成而取考各年謄錄則甲子用紅禾花紬壬戌尊崇時用多紅方紗紬嘉禮時用紅雲紋緞是如乎各年前例如是不同今番叚何以爲之乎指一(상호1827/092ㄴ12~093ㄱ02)

색인 (가례1627/001ㄱ02)(상호1827一/020ㄴ05)(상호1827一/092ㄱ01)(상호1827一/092ㄱ03)(존숭1713二/024ㄱ07)(존숭1713二/026ㄴ04)

嘉禮都監【가례도감】 일 의

조선 시대에 국왕이나 왕세자 등의 국혼 때 가례와 관련된 업무를 총괄하기 위해 설치된 임시 기구. 태조 6년(1397) 10월 왕세자 방석芳碩의 혼례를 위해 가례도감이 처음 설치된 것이 효시이다. 도감은 임시 기구이기 때문에 국혼의 의논이 확정되면 설치되었다가 모든 행사가 끝난 뒤에 해체되었다. 가례도감에는 도제조都提調(정1품) 1인, 제조提調(정2품) 3인, 도청都廳(정3~5품) 2인, 낭청郎廳(5~6품) 6인, 감조관監造官(9품) 6인, 그리고 정사正使(정1품) 1인, 부사副使(정2품) 1인, 전교관傳敎官(승지) 1인, 장축자掌畜者(掌苑署別提) 1인, 장차자掌次者(典設司官員) 1인 및 산원算員·녹사錄事·서리書吏·서사書寫·고직庫直·사령使令 등이 각각 임명되었다. 도제조는 삼정승

중에서 선임되었고, 제조 중 2인은 보통 예조판서와 호조판서가 당연직으로 임명되었다. 또 도청에는 보통 홍문관의 응교·교리가 임명되어 문한文翰의 일을 장악하였다. 이상의 관원들은 경우에 따라 증감이 있었는데, 특히 세손의 가례 때에는 도제조가 없고 제조는 2인, 낭청은 3인으로 감원되었다. 가례도감은 업무 분장을 위해 다시 1방·2방·3방·별공작別工作·수리소修理所 등으로 세분하여 조직되었다. 다만 세손의 가례 때에는 2방으로 조직되었다. 왕실 가례의 기간은 보통 2~6개월이 소요되었다. 이 동안의 주요 행사는 간택揀擇·납채納采·납징納徵·고기告期·책비冊妃·친영親迎·동뢰연同牢宴·조현례朝見禮였다. 가례도감은 국혼 등의 가례 행사를 주관하였는데 그 중 중요 업무는 교명敎命·옥죽책문玉竹冊文·금보金寶의 제찬과 사자寫字, 의례의 연습과 시행, 필요한 물자의 조달, 기록의 작성·보존 등이었다. 가례도감 설치 때의 조직·업무·예규·행사·결과 등 모든 사항은 의궤로 작성되어 궁중·의정부·예조·사고史庫 등에 보존되었다. 임진왜란 이전의 의궤는 남아 있지 않으나, 인조 이후의 가례도감의궤들은 대부분 잘 보존되어 있다.

참조1 도감都監, 가례嘉禮, 가례도감의궤嘉禮都監儀軌 가례의궤嘉禮儀軌

예문 王世子册禮時器皿嘉禮時造成事前已入啓蒙允爲有在果以此意移文于嘉禮都監何如提調手決內依(책례1651/031ㄱ03~05)

색인 (가례1627/001ㄱ10)(존호1610/021ㄴ05)(존호1610/021ㄴ08)(존호1610/021ㄴ09)(존호1610/021ㄴ12)(존호1610/055ㄱ04)

嘉禮都監儀軌【가례도감의궤】 일 의

조선 시대에 국왕이나 왕세자 등의 국혼 때 가례와 관련된 일체의 내용을 기록한 문서. 국가나 왕실에서 주관하는 큰 행사가 있을 때마다 임시 기구인 도감都監을 설치하여 이를 주관하게 하고, 행사를 마치면 도감을 해체하고 의궤청儀軌廳을 설치하여 의궤의 편찬을 맡아보게 하였다. 가례도감 설치 때의 조직·업무·예규·행사·결과 등 모든 사항에 대해 보통 필사하여 제작하였고, 이 중 한 부는 어람용御覽用으로 왕에게 올리고 나머지는 관련 기관과 사고史庫에 나누어 보관하였다. 임진왜란 이전의 의궤는 남아 있지 않으나, 인조 이후의 가례도감의궤들은 대부분 잘 보존되어 있다.

참조1 가례嘉禮, 가례도감의궤청嘉禮都監儀軌廳, 도감都監, 의궤儀軌, 가례의궤嘉禮儀軌

예문 嘉禮都監儀軌廳郎廳以都提調意啓曰本都監儀軌纔已修正奎章閣所上件(가례1819/124ㄴ10~11)

색인 (가례1718/084ㄱ03)(가례1762/상001ㄱ01)(가례1802/상002ㄱ01)(가례1866/상001ㄴ11)(가례1866/하001ㄱ01)(책례1610/057ㄱ02)

嘉禮都監儀軌廳【가례도감의궤청】 일 의

가례도감에서 주관한 행사 전반을 정리하여 의궤를 작성하는 기구. 조선 시대에 국왕이나 왕세자 등의 국혼 때 가례와 관련된 업무를 총괄하기 위해 임시 기구인 도감이 설치되는데, 행사가 완료되면 도감을 해체하고 의궤청을 설치한다. 의궤청은 도감에서 작성한 등록謄錄과 반차도를 바탕으로 의궤를 작성하였다.

참조1 가례嘉禮, 도감都監, 의궤儀軌, 가례의궤嘉禮儀軌

예문 嘉禮都監儀軌廳郎廳以都提調意啓曰本都監儀軌纔已修正奎章閣所上件(가례1819/124ㄴ10~11)

색인 (가례1718/083ㄱ01)(가례1819/상124ㄱ10)(가례1866/상113ㄴ09)(가례1866/상113ㄴ12)(가례1819/상121ㄱ02)(가례1866/상113ㄱ02)

嘉禮習儀【가례습의】 일 의

왕실의 혼례가 있을 때 원활한 행사 진행을 위하여 의례의 과정을 미리 익히는 것. 가례습의는 가례 행사를 주관하는 임시 기구인 가례도감에서 맡아 보았으며, 습의의 횟수에 따라 초도습의初度習儀, 재도습의再度習儀, 삼도습의三度習儀로 구분해서 부른다.

참조1 가례도감嘉禮都監, 습의習儀

관련1 삼도습의三度習儀, 재도습의再度習儀, 초도습의初度習儀

예문 今此嘉禮習儀時日議政府至漢城府行禮爲如乎(가례1718/138ㄴ12)

색인 (가례1718/138ㄴ12)(가례1727/065ㄱ01)(가례1727/268ㄴ11)(가례1744/500ㄴ06)

嘉禮儀軌【가례의궤】 일 의

조선 시대에 국왕이나 왕세자 등의 국혼 때 가례와 관련된 일체의 내용을 기록한 문서. 『가례도감의궤嘉禮都監儀軌』를 줄여 부르는 말이다. 조선 시대에 국왕이나 왕세자 등의 국혼 때 가례와 관련된 업무를 총괄하기 위해 임시 기구인 도감이 설치되는데, 행사가 완료되면 도감을 해체하고 의궤청을 설치한다. 의궤청에서는 도감에서 주관한 행사 전반을 정리하여 의궤를 작성하였다.

참조1 가례嘉禮, 가례도감의궤청嘉禮都監儀軌廳, 도감都監, 의궤儀軌

예문 都監啓曰寶筒朱筒今方造成中殿寶筒則依嘉禮儀軌例王世子寶筒(책례1610/094ㄱ06~08)

색인 (가례1681/084ㄴ05)(가례1802/상016ㄱ01)(가례1802/상129ㄱ03)(가례1819/상121ㄱ03)(가례1866/상113ㄱ03)(존호1610/095ㄱ07)

加里麻【가리마】 채 복 家麤馬 駕離馬 加利麻

조선 시대 부녀자들이 쓰던 쓰개의 일종. 차액遮額이라고도 한다. 정조 12년(1788)에 나온 『가체신금절목加髢申禁節目』에 의하면, 궁방의 무수리와 의녀, 침선비針線婢들과 여기女妓들이 쓰는 것이며, 내의녀內醫女의 경우 모단冒緞을 사용하지만 나머지는 흑삼승포黑三升布로 만들었다고 한다. 검은색 또는 자색 비단을 반으로 접어 두 겹으로 만들고 그 사이에 두꺼운 종이를 배접하여 만든다. 형태는 납작한 책갑冊匣 모양이다. 광해군 이후 가리마 가운데 솜을 두어 앞머리 부분을 족두리처럼 봉긋하게 만들기도 하였으나 인조대 이후에는 볼 수가 없다.

加利麻【가리마】 채 복 ☞ 加里麻가리마

家麤馬【가리마】 채 복 ☞ 加里麻가리마

駕離馬【가리마】 채 복 ☞ 加里麻가리마

加莫金【가막쇠】 채 건 加莫釗 可莫金 甘莫金

① 갈고리쇠 모양의 못을 달아 배목排目[고리]에 걸어 문을 잠그는 쇠. ② 편경編磬이나 편종編鐘의 틀에 종을 걸기 위해 박아 놓은 쇠고리. 加莫金[가막쇠]는 악기와 관련한 표기와 건축에 소용되는 기물을 동시에 나타내는 동음이의어이므로 기물의 정확한 의미와 용도는 기물이 나타나는 전후 상황을 고려하여 파악할 수 있다. 의례 관련 의궤에서는 대부분 건축에 소용되는 기물로 기록되었다. 가막쇠 앞에 접두 요소 大-, 中-, 小-, 長-, 五寸- 등이 결합하여 크기와 길이를 구별하였고 돌乭-, 신조新造-, 층교박이層橋朴只-, 용두龍頭- 등이 결합하여 가막쇠의 재료적 속성이나 사용처를 나타냈다. 또 땜납을 올린 납염소鑞染小-, 납염중鑞染中-이 있다. 이 밖에 가막쇠의 모양과 관련된 표기로 보이는 十字閣四隅七寸[십자각네모일곱치]-(『영녕전영건도감의궤永寧殿營建都監儀軌』)이 있으나, 쓰임새는 정확하지 않다.

참조1 가막쇠可莫金, 배목排目

관련1 납염소가막쇠鑞染小加莫金, 납염중가막쇠鑞染中加莫金, 대가막쇠량배구大加莫金兩排具, 대가막쇠량배大加莫金兩排, 대가막쇠배구大加莫金排具, 박이중가막쇠朴只中加莫金, 소가막쇠小加莫金, 용두가막쇠龍頭加莫金, 장가막쇠長加莫金, 중가막쇠中加莫金, 층교박이가막쇠層橋朴只加莫金

관련2 다섯치가막쇠五寸甘莫金, 십자각네모일곱치

가막쇠十字閣四隅七寸甘莫金

예문 本房所用加莫金七介用還次進排事別工作良中捧甘何如堂上手決內依(국장1701/173ㄴ12~174ㄱ01)

색인 (상호1848二/100ㄱ03)(상호1848二/108ㄱ11)(상호1848二/110ㄴ09)(존숭1752二/101ㄴ12)(존숭1752二/104ㄱ02)(존숭1752二/128ㄴ01)

可莫金【가막쇠】 채 건 ☞ 加莫金가막쇠

예문 高五尺四寸兩頭之上下各設排目二俜受隅機之可莫金上邊各設排目二俜受蓋兒之可莫金上下隅機各一長三尺(빈전1834/009ㄱ02~04)

색인 (가례1671/078ㄴ09)(가례1718/113ㄴ02)(빈전1895二/003ㄱ03)(빈전1895二/003ㄱ04)(빈전1895二/003ㄱ05)(빈전1895二/003ㄱ08)

假木劒【가목검】 일 의

조선 시대에 의례의 예행연습에 사용되던 기구. 조선 시대에는 의례를 시행하기 이전에 여러 차례에 걸쳐 예행연습[習儀]을 했다. 이때 실제 의식에 사용되는 의장물의 대용품을 사용했는데, 해당 의장물 앞에 假-를 붙여 습의에 사용된 대용품임을 나타냈다.

동 목가검木假劒

참조2 가검假劒

예문 色吏幕次鋪陳屛風日傘陽繖水晶杖金鉞斧遮帳褥席假床卓假木劒床巾木鴈木圭假冊寶函袱禿乎床香佐兒香串之香爐香盒燭臺假燭假羅照盤(가례1802/상196ㄴ02~04)

색인 (가례1802/상196ㄴ03)(가례1819/상185ㄱ10)

加文剌【더그레】 채 복

답호褡護·전복戰服·호의號衣·쾌자快子와 같이 포袍나 상의류 위에 덧입는 옷. 더그레[加文剌]는 조선 전기에 답호褡護를 지칭하는 말로 쓰였으나, 조선 말기로 오면 덧입는 옷인 답호褡護·전복戰服·호의號衣·쾌자快子가 모두 동일한 형태가 된다. 따라서 넓은 의미로 보면 더그레는 포나 상의류 위에 덧입는 의복을 총칭하였다. 답호는 왕과 사대부의 겉옷[表衣]이나 단령 안의 받침옷으로 착용되었으며 왕실에서 더그레라 불렀다. 깃이 달리지 않거나 배자깃에 섶이 없는 대금對衿이었다. 짧은 옆트임과 긴 뒤트임이 있으며, 반소매였다가 후대로 내려오면서 소매가 없는 긴 조끼 형태로 변했다.

참조1 전복戰服, 호의號衣, 흑호의黑號衣

참조2 답호褡護, 백호의白號衣

예문 袞龍袍次鴉青雲紋匹段一疋加文剌次大紅雲紋匹段一疋(가례1718/197ㄴ11~12)

색인 (가례1681/118ㄴ01)(가례1718/197ㄴ12)(가례1671/123ㄴ02)(가례1696/162ㄴ06)(가례1866/상269ㄴ01)(가례1866/상269ㄴ11)

加枋【덧방】 채 건

문설주 안으로 나무를 덧댄 문지방. 加地枋의 준말. 加枋은 이표기 㗟枋을 통해 기록 당시 현실음이 [덧방]이었을 것으로 추정이 가능하다.

참조1 가지방/덧지방假地防

예문 防草五十張春舌斜羅加枋次大椽木一介朴只一尺五寸釘二介(혼전1757/119ㄱ08~10)

색인 (국장1890二/017ㄴ05)(국장1890二/018ㄴ04)(국장1890二/019ㄴ01)(국장1903二/020ㄱ03)(국장1903二/022ㄴ09)

假寶【가보】 일 의

의례의 습의習儀 때 임시로 사용하던 왕 혹은 왕비의 인장印章. 국왕·왕비·대비·왕대비·대왕대비에게 존호尊號를 올리는 의례儀禮나, 책봉례冊封禮 그리고 흉례凶禮 등의 의례에서 본 예식에 앞서 연습하였던 습의 때에 사용하였던 왕·왕비 등의 인장이다. 궁중 의례에서 왕과 왕비의 경우 보寶를 사용하였고 왕세자 이하로는 인印을 사용하였다.

참조1 가인假印, 습의習儀

참조2 보寶, 책봉冊封

예문 辛巳七月初十日一二三房甘據習儀時所用假樻假牀假函假册假寶等造作所入物力後錄手本爲只爲題辭內依(국장1821/090ㄱ01~03)

색인 (가례1681/334ㄴ02)(국장1903四/048ㄴ06)(국장1903四/054ㄱ03)(국장1903三/024ㄴ03)(국장1904二/045ㄴ04)(국장1904二/051ㄱ07)

假保【덧보】 채 건 ☞ 架樑덧보

예문 假保次大椽二介椽次中椽十五介(혼전1720/348ㄴ173)

색인 (혼전1720/165ㄱ07)(혼전1720/173ㄴ01)

假椺【덧보】 채 건 ☞ 架樑덧보

加椺【덧보】 채 건 ☞ 架樑덧보

暇備脯【가비포】 일 음

고기를 말린 포의 일종으로 추정. 음식의 주재료 외에 조리 과정 등은 자세히 알 수 없다.

참조1 포脯

예문 手決內依後棗栗掌苑署暇備脯司宰監倭朱紅漆小四方盤(가례1819/상178ㄱ03~05)

색인 (가례1819/상178ㄱ05)(가례1819/상241ㄴ01)

假使令【가사령】 일 의

조선 시대 관아에 임시로 소속되어 심부름하는 사람의 범칭. 사령은 조선 시대 중앙관서 및 종친·관리에게 배속되어 심부름 등의 잡역에 종사하는 사람을 두루 가리키는 말이다. 『경국대전經國大典』 병전兵典에 의하면, 경아전京衙典 조예皀隸를 사령이라고 한 바와 같이 사령의 임무를 맡는 조예와 나장을 사령으로 불렀다.

예문 使令車益輅等十一名假使令五名自初度習儀曰加出守直軍士四名會(국장1674/005ㄴ09~11)

색인 (국장1878四/068ㄱ05)(국장1878四/075ㄴ05)(국장1878四/096ㄴ01)(국장1864一/140ㄴ12)(국장1864一/146ㄴ01)(국장1904一/136ㄱ04)

假床【가상】 일 의

의례의 습의習儀 때 임시로 사용하던 상床. 직사각형의 천판天板에 네 개의 다리가 달린 구조로 조선 시대에는 주칠朱漆을, 대한제국 시기에는 황칠黃漆을 하였다. 다리가 낮은 것은 상床이라 하고 다리가 높은 것은 상탁床卓이라 하며 각종 의례에서 제상祭床이나 향상香床 등 다양한 용도로 쓰였다.

참조1 가상탁假床卓

예문 初二度習儀時則所屬各司良中假樻假床樻袱牀巾等措備待令爲有如可習儀之日各其司官吏躬親進排爲有置依前例磨鍊後錄爲去乎擧行事捧甘何如(책례1667/029ㄴ06~08)

색인 (가례1762/상088ㄱ10)(국장1800四/062ㄱ09)(국장1800四/070ㄴ03)(국장1800四/078ㄱ01)(국장1800四/114ㄱ11)(책례1812/083ㄴ09)

加上尊號都監【가상존호도감】 일 의

왕이나 왕후의 존호에 다시 존호를 더하여 올리는 일을 맡은 임시 관아. 왕·왕후·대비 또는 선왕·선왕후 등에게 시호諡號·휘호徽號 등의 호를 높이기 위해 임시로 설치한 의례 담당 기구이다. 존호도감尊號都監·존숭도감尊崇都監·가상존호도감加上尊號都監·추상존호도감追上尊號都監이라고도 한다. 생존한 왕·왕후의 경우는 존숭尊崇 또는 가상으로 칭했고, 작고한 선왕·선왕후의 경우는 추상追上으로 불렀다. 왕을 낳은 후궁이나 일찍 죽은 세자 등에게도 존호를 올리는 경우가 있었다. 왕·왕후에 따라 개별적으로 존호가 행해지기도 하였다. 그러나 보통은 여러 명의 왕·왕후를 한꺼번에 존숭하였다. 부묘 때 상호도감은 부묘도감과 함께 설치되었는데, 일반적으로 부묘도감에서 겸하는 것이 관례였다. 기타 경우의 상호도감은 책례도감册禮都監과 같은 규모로 구성되는데, 보통 의정급 도제조 1인, 판서

ㄱ

급 제조 3인, 당하관인 도청 2인, 낭청 6인, 감조관監照官 6인 및 잡직·서리·군사 등으로 조직되었다. 남별궁南別宮 등에 임시 사무소가 개설되었다. 도감은 업무 분장을 위해 도청을 1방·2방·3방·별공작別工作 등으로 편제하였다. 1방은 옥책문玉册文·악장樂章·제술·서사書寫, 2방은 옥보玉寶 또는 금보金寶의 서사·제작, 3방은 각종 의장儀仗·문물의 준비, 별공작은 대소 기구의 제작과 영선 업무를 담당하였다. 상호도감의 주요 행사는 존호의 수여장격인 옥책玉册, 증표인 옥보 또는 금보의 제작과 그 증정식 및 이에 따르는 제반의례·연회의 준비와 진행이었다. 존숭·상호의 행사는 국가의 큰 행사로 여겨져 죄수가 사면되고 경과慶科인 증광시가 설행되기도 하였다. 상호도감의 행사 내용은 의궤儀軌에 수록, 보존되고 있다.

예문 上命書傳敎曰追上尊號都監加上尊號都監合(상호1875/007ㄱ07)

색인 (상호1787/047ㄱ02)(상호1848一/014ㄱ10)(상호1848一/017ㄴ07)(상호1848一/022ㄱ01)(존호1841/014ㄴ12)(존호1888B/010ㄴ11)

哥舒棒【가서봉】 일 의

조선 시대에 왕이 타던 수레인 법가法駕나 소가小駕 등에 쓰이는 노부鹵簿의 하나. 고려 시대와 조선 시대에 왕이 참석하는 조회나 연회 및 왕의 행차 때에 동원되는 의장 기구의 하나이다. 붉은 칠을 한 장대 위에 철사鐵絲를 연결하여 동전銅錢 22개를 꿰어 놓은 뒤에 자주색 비단자루[紫綃巾]를 씌운 다음, 중간을 같은 감의 띠로 묶고, 그 두 끝[兩脚]을 양쪽으로 늘어뜨린다. 고려 시대에 왕의 대가 의장大駕儀仗에는 20개가 동원되었으며, 조선 시대에는 왕의 대가 의장大駕儀仗에 10개, 법가 의장法駕儀仗에 6개, 소가 의장小駕儀仗에 4개를 사용하였다.

가서봉

관련1 가서봉우비哥舒捧雨備

예문 哥舒棒十紫紬袱新備軍十名靑衣皮笠餘軍三名(국장1800/167ㄴ09)

색인 (국장1800二/167ㄴ09)(추숭1776/019ㄱ05)(추숭1776/084ㄴ07)(부묘1836A/156ㄴ01)(부묘1836A/221ㄴ03)(상호1827二/023ㄴ01)

假床卓【가상탁】 일 의

의례의 습의習儀 때 임시로 사용하던 다리가 높은 상. 직사각형의 천판天板에 네 개의 다리가 달린 구조로 조선 시대에는 주칠朱漆을, 대한제국 시기에는 황칠黃漆을 하였다. 다리가 낮은 것은 상床이라 하고 다리가 높은 것은 상탁床卓이라 하며 각종 의례에서 제상祭床이나 향상香床 등 다양한 용도로 쓰였다.

참조1 가상假床

예문 習儀時所用假册印假明器假床卓及所裹紅紬袱各樣物種依前甘當日平明盡數待令以爲照數以用之(국장1757/199ㄱ07~08)

색인 (가례1802/상196ㄴ03)(가례1802/상162ㄴ11)(가례1866/상153ㄴ11)(가례1819/상171ㄴ05)

假素錦褚【가소금저】 일 의

왕실의 흉례凶禮 때 예행연습을 위해 임시로 만들었던 소금저素錦褚. 소금저素錦褚는 임금의 장례 때 재궁梓宮[임금의 관]을 덮을 때 사용하던 덮개이다. 소금저와 같이 궁실 모양으로 만들었는데, 『국조상례보편國朝喪禮補編』에 의하면 나무를 사용하여 집 모양과 같이 만든 다음 종이로 바르고 백방 주건白紡紬巾으로 덮는다.

참조1 소금저素錦褚

예문 贈帛外槓一裹袱具假素錦褚一魂帛腰輿內排座倚子各一件(국장1757/044ㄴ04~06)

색인 (국장1800二/022ㄴ12)(국장1849一/049ㄴ08)(국장1878一/051ㄱ12)(국장1878一/055ㄴ04)(국장1898二/089ㄱ02)(국장1903二/002ㄴ01)

假案【가안】 [일][의]
의례의 습의習儀 때 임시로 사용하던 안案. 직사각형의 천판天板에 네 개의 다리가 달린 구조로 조선 시대에는 주칠朱漆을, 대한제국 시기에는 황칠黃漆을 하였다. 보통 이동성이 큰 것을 상床이라 하고 이동성이 적고 일정한 위치에 놓고 사용하는 것을 안案이라 하였다.

참조1 가안상假案牀

예문 今番段置依前例以假函木袱假案假册寶預爲造備待令事捧甘何如題辭內依(국장1834/012ㄱ04~05)

색인 (국장1800三/009ㄱ08)(국장1898四/018ㄱ03)(국장1903三/024ㄴ03)(국장1821三/010ㄴ08)(국장1834三/012ㄱ05)(국장1890三/025ㄴ01)

假案牀【가안상】 [일][의]
의례의 습의習儀 때 임시로 사용하던 상. 네모반듯한 넓은 천판天板에 네 개의 다리가 달린 구조로 조선 시대에는 주칠朱漆을, 대한제국 시기에는 황칠黃漆을 하였다. 보통 이동성이 큰 것을 상床이라 하고 이동성이 적고 일정한 위치에 놓고 사용하는 것을 안案이라 하였으며, 부를 때는 상과 안을 구분하지 않고 모두 상이라고 부르기도 한다.

참조1 가안假案

예문 今番段置各日習儀時依前例假函十五部紅紬四幅單袱十五件假排案牀十一坐假讀册牀十一坐假案牀二坐等物用還次預爲造作待令事各該司良中捧甘何如(국장1730/196ㄴ12~197ㄱ02)

색인 (국장1702B二/213ㄱ11)(국장1702B二/366ㄴ06)(국장1702B二/366ㄴ11)(국장1724二/189ㄴ02)(국장1730二/197ㄱ01)

假有輪平床【가유륜평상】 [일][의]
국장의 의례 때 재궁梓宮을 받들어 올리고 내리기 위해 임시로 사용된 평상. 긴 각목 2개에 목재의 띠살 또는 대쪽을 직각으로 틈틈이 고정하여 만든 평상의 기본적인 구조를 가지고 있다. 유륜평상有輪平床은 윤여평상輪轝平床이라고도 하며, 재궁을 받들었던 윤여輪轝를 윤여평상輪轝平床, 윤평상輪平牀이라고도 하였다.

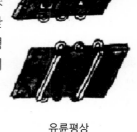

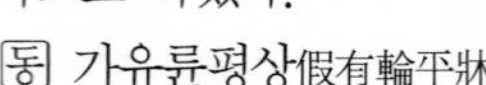
[동] 가유륜평상假有輪平牀

유륜평상

참조1 재궁梓宮

참조2 윤여輪轝, 윤여평상輪轝平床

예문 手段當下送計料是遣假素錦褙假有輪平床等物亦當先(국장1890/062ㄴ12)

색인 (국장1878一/051ㄱ12)(국장1878一/055ㄴ03)(국장1898二/002ㄱ05)(국장1898二/013ㄴ03)(국장1898二/013ㄴ07)(국장1898二/072ㄴ07)

假有輪平牀【가유륜평상】 [일][의] ☞ 假有輪平床가유륜평상

예문 木手段當下送計料是遣假素錦褙假有輪平牀等物亦當先期輸送逢授於貴都監別工作依此擧行爲旀(국장1890/062ㄴ11~063ㄱ01)

색인 (국장1890/062ㄴ12)

假醫女【가의녀】 [일][의]
조선 시대 부인들의 질병을 구호, 진료하는 여자 의원. 조선 시대에 간단한 의술을 익힌 뒤 내의원內醫院과 혜민서惠民署에 임시로 소속되어 궁녀들에게 침을 놓아 주거나, 비빈妃嬪들의 해산원에서 조산원 노릇 등의 심부름을 하였다. 이들은 때로 궁중의 크고 작은 잔치에서 기녀의 역할을 담당하기도 하고, 의장儀仗을 들기도 하였다.

관련1 가의녀집의장假醫女執儀仗

예문 中宮殿册禮是敎時儀仗差備實醫女及各司婢子假醫女等擇其年少端正者精潔衣裳爲有如可(책례1651/068ㄴ03~05)

색인 (가례1671/021ㄱ07)(상호1827二/022ㄴ

07)(상호1827二/030ㄴ01)(존숭1713二/141ㄱ01)(존숭1713二/141ㄱ07)(존숭1713二/141ㄱ10)

假印【가인】 일 의
의례의 습의習儀 때 사용하던 인장印章. 왕세자에게 존호尊號를 올리는 의례, 책봉례册封禮 그리고 흉례凶禮 등의 의례에서 본 예식에 앞서 열린 습의에서 쓰였다.

참조1 가보假寶, 가인갑假印匣, 인印

예문 木物假下實入一習儀時所用假印假函假樻假牀各五部以前排取用是如乎修補所入磨錬以上依此進排事捧甘爲只爲堂上手決內依(예장1762/076ㄱ10~12)

색인 (가례1627/116ㄴ04)(책례1667/055ㄱ07)(책례1667/055ㄱ07)(책례1667/055ㄱ09)(책례1667/055ㄱ09)(책례1721/129ㄴ04)

假印匣【가인갑】 일 의
가인假印을 담는 작은 상자. 왕세자에게 존호를 올리는 의례, 책봉례册封禮 그리고 흉례凶禮 등의 의례에서 본 예식에 앞서 행했던 습의習儀 때에 사용한 인장印章을 보관하였다.

참조1 가인假印, 갑匣

예문 各樣習儀時舊件儀仗及假册樻假印匣假床卓函袱巾炷香臺香爐香盒香佐兒平床彩花席褥席耳只(가례1802/162ㄴ10~12)

색인 (가례1802/상162ㄴ11)(가례1819/상171ㄴ05)(가례1866/상153ㄴ11)

假引儀【가인의】 일 의
조선 시대 통례원에 소속된 종9품의 임시 관직. 조선 시대에 통례원에 소속되어 대소 조회朝會의 의전을 담당한 인의引儀를 도왔다. 인의引儀는 통례원에 소속된 종6품직의 문관직의 하나이다. 이들의 직무는 크고 작은 조회 및 기타 의례 행사에 여창(식순을 적은 홀기에 따라 구령을 외치는 일)을 맡는 등의 의전 업무인데, 업무가 과다하고 빈번하여 많은 인원이 필요하였다. 그래서 행사 때마다 타 관원을 차출하여 활용하기도 하였으며, 중종 때에는 종9품의 겸인의兼引儀와 가인의를 각각 6인씩 증치하였다. 가인의직에 있는 관리는 근무 기간을 계산하지 않고 결원이 생기면 임용 차례에 따라 겸인의로 승진하며, 30개월을 근무하면 종6품직으로 승진하였다.

참조1 인의引儀

예문 禮貌官通禮院兼引儀許曬通禮院假引儀趙德敷同日(상호1795/103ㄴ02~04)

색인 (가례1696/058ㄱ07)(부묘1836/상083ㄴ07)(빈전1800一/120ㄴ05)(상호1827一/064ㄱ03)(상호1827一/064ㄱ04)(상호1827一/070ㄱ12)

架子【가자】 채 의
음식물이나 물건을 나르는 들것. 가자[架子]는 음식물이나 물건을 나르는 것 외에도 묘를 쓸 때 흙을 나르기도 하고 추수한 곡식을 실어 나르기도 하는 등 행사장이나 공사 현장의 형편에 따라 다양하게 쓰였다.

동 지거支莒, 지거枝擧, 지기支機

관련1 가자군架子軍, 가자우비架子雨備, 금욕가자衾褥架子, 금욕소성가자衾褥所盛架子, 담배가자擔陪架子, 담줄구가자擔乼具架子, 빈전악차소성가자殯殿幄次所盛架子, 영좌퇴평상가자靈座退平床架子, 윤대판소성가자輪臺板所盛架子, 초장가자綃帳架子

예문 一王世子冠禮時敎書安寶次明日早朝自都監陪進詣闕爲去乎架子軍四名引路軍二雙執事忠贊衛二員及所盛架子一部函袱紅綿紬大袱一等物明日罷漏時都監待令事捧甘各該司(책례1651/027ㄱ06~09)

색인 (가례1627/032ㄱ08)(국장1674A三/078ㄴ06)(국장1674A三/083ㄱ12)(국장1903四/008ㄱ06(국장1903四/026ㄱ01)(국장1903四/041ㄴ07)

茄子【가자】 일 의 ☞ 架子가자

예문 一取考謄錄則發靷時香爐所盛茄子灰司圃署進排是如爲有置依前例擧行之意預爲捧甘何(국장1659/305ㄱ152)

색인 (국장1800四/008ㄴ11)(혼전1720/073ㄱ03)(국장1800四/008ㄴ11)(혼전1720/098ㄱ06)(혼전1720/073ㄱ03)(추숭1776/186ㄴ03)

家豬毛【집돼지털】 채 건

붓이나 귀얄을 만드는 재료. 털의 굵기와 거친 정도에 따라 집돼지털 혹은 멧돼지털[山猪毛]을 이용한다. 붓은 족제비 털인 황모黃毛로 만든 것을 최상으로 치는데 주로 먹긋기[界畵]를 하는 데 사용하고, 단청용이나 풀을 바를 때 쓰는 붓은 일반적으로 돼지털로 만든 것을 쓴다.

예문 白苧布二尺家猪毛二兩白礬一兩(책례1651/023ㄴ10)

색인 (가례1671/175ㄴ01)(국장1903四/005ㄱ08(국장1903四/071ㄴ07)(국장1903三/013ㄱ11)(국장1903二/005ㄴ05(국장1903二/005ㄴ09)

假地防【가지방/덧지방】 채 건 加地枋 加枋 朷方

문설주 안으로 나무를 덧댄 문지방. 加地枋, 加枋, 朷方으로 표기하기도 하는데, 이 중 加枋, 朷方은 假地防의 地가 생략된 형태이며, 朷方의 표기를 통해 이들이 덧지방, 덧방의 표기임을 알 수 있다. 덧방은 덧지방[가지방]의 준말이다. 한편 假地防은 덧지방을 표기한 加地枋이 어느 시기에 [덧-] 음을 표기하는 加와 음이 같은 假가 加를 대신한 것으로 추정된다. 뒤이어 어원 의식이 점차 흐려지면서 덧지방의 假地防을 글자 표기대로 읽어서 가지방이 된 것으로 보인다. 그런데 덧지방과 가지방假地防 표기의 선후 관계는 확인하기 어렵다. 다만, 덧댄다는 뜻을 나타내기 위해 加자를 사용한 점을 고려하면 덧지방이 더 앞선 형태인 듯하다.

참조1 가지방/덧지방加地枋

예문 大廳於間隔板所入三立付座板六浮假地防次長大條里木二箇朴只四寸頭釘三十六箇五寸頭釘四箇白木十幅(가례1819/129ㄴ01~3)

색인 (빈전1659/279ㄱ07)(혼전1720/203ㄱ05)(가례1819/하129ㄴ02)(가례1819/하129ㄴ02)

加地枋【가지방/덧지방】 채 건 假地防 加枋 朷方

문설주 안으로 나무를 덧댄 문지방. 加地枋이 가지방을 표기한 것인지 덧지방을 표기한 것인지 표기만으로는 명확하지 않다. 즉 加를 음으로 읽느냐 훈으로 읽느냐에 따라 가지방과 덧지방 둘 다 가능한데, 덧지방의 준말인 朷方[덧방]을 통해 加地枋이 우리말 덧지방을 표기한 것임을 알 수 있다. 현재 가지방으로 남아 있다.

참조1 가지방/덧지방假地防

假燭【가촉】 일 의

의례의 습의習儀 때 임시로 사용했던 초. 촉燭은 보통 나무로 만들어 그 위에 황밀, 당주홍과 같은 안료를 섞어 만든 심홍촉心紅燭을 꽂아 사용하였다. 의례에서는 유제鍮製로 만든 촛대를 갖추고 다시 촉대부燭臺跗에 올려놓아 함께 배설하였다.

관련1 가촉반假燭盤

예문 假香牀一部假燭牀一部拭巾函一部(빈전1720/080ㄱ06~08)

색인 (가례1802/상196ㄴ04)(예장1753/005ㄴ15)

假漆匠【가칠장】 일 건

가칠假漆 작업을 전문으로 하는 도장공. 가칠은 단청 시공에서 단청을 칠하기 전에 미리 목재에 바탕칠을 하는 작업을 말한다. 가칠에는 뇌록磊綠, 석간주石礀朱, 정분丁粉, 육색肉色, 삼청三靑, 황토黃土 등이 사용되었으며, 가칠 단청은 가칠만으로 마무리하는 단청 방식으로 부재의 보전이 주목적이다. 가칠 작업의 책임자를 가칠변수假漆邊首라 한다.

관련1 가칠변수假漆邊首

예문 今番各都監方張之時豆錫匠假漆匠小木匠等憑籍都監徵索錢兩非一非再(혼전1776/050ㄱ10~11)

색인 (국장1659一/169ㄴ10)(국장1659一/254ㄱ07)(국장1659二/084ㄴ01)(국장1659二/178ㄴ08)(국장1659二/199ㄴ02)(국장1659二/201ㄴ01)

假香床【가향상】 일 의

의례의 습의習儀 때 임시로 향香을 올려놓았던 상. 직사각형이나 정사각형 또는 육각형의 천판天板에 4개 혹은 6개의 다리가 있다. 이동이 용이하도록 다리가 짧은 것은 향상香床, 다리가 긴 것은 향탁香卓으로 구분하기도 하나 둘의 용도는 같다. 진연進宴, 진찬進饌과 같은 궁중 연향에서는 육각형 천판天板에 호랑이 발[虎足] 모양의 다리가 달린, 조형미가 뛰어난 향좌아香座兒의 형태도 보인다. 향좌아香座兒는 香左兒라고 표기하기도 한다.

참조1 향좌아香左兒, 향좌아香座兒, 향탁香卓

예문 內醫院香炭繕工監香榼貳部工曹假香床貳繕工監禿平牀壹部尙方紫的大袱貳件濟用監(가례1727/129ㄱ01~03)

색인 (가례1696/120ㄴ08)(가례1718/148ㄱ06)(존숭1686A/071ㄴ04)(존숭1686/상089ㄱ04)(존숭1747/113ㄱ02)(존숭1747/115ㄱ12)

角端旗【각단기】 일 의

조선 시대에 임금이 참석하는 조회, 연회, 행차 등에 동원되는 의장기儀仗旗. 백색 바탕에 전설상의 동물인 각단角端과 구름을 그리고 청·적·황·백색으로 채색하였으며, 세 변의 가장자리를 불꽃무늬[화염각]로 둘렀다. 기 모양은 삼각형과 사각형의 두 종류가 있다. 기 바탕은 백주白紬를, 화염각火焰脚과 영자纓子는 홍주紅紬, 깃은 흑주黑紬를 쓴다. 천하태평기天下太平旗를 중앙에 두고 삼각기三角旗와 용마기龍馬旗 사이에 좌우로 선다.

참조1 가구선인기駕龜仙人旗, 고자기鼓字旗, 군왕천세기君王千歲旗, 금자기金字旗, 백택기白澤旗, 백호기白虎旗, 벽봉기碧鳳旗, 삼각기三角旗, 영자기令字旗, 천하태평기天下太平旗, 현무기玄武旗, 현학기玄鶴旗, 홍문대기紅門大旗, 황룡기黃龍旗, 후전대기後殿大旗

각단기

예문 黑紬八尺纓子紅紬一尺五寸角端旗一五幅付火焰脚쨩改造所入質白紬二十尺火焰脚紅紬十八尺(국장1903/038ㄱ07~09)

색인 (국장1800二/162ㄱ02)(부묘1836/상156ㄱ02)(부묘1836/상159ㄴ10)(상호1827二/023ㄴ03)(상호1827二/040ㄴ04)(상호1827二/056ㄴ05)

脚踏【각답】 일 의

국왕 노부 의장의 하나. 은교의銀交椅와 함께 쌍을 이루는 의장으로 교의에 앉을 때 사용하는 발판이다. 어답御踏이라고도 한다.

관련1 은각답銀脚踏, 주칠각답朱漆脚踏

예문 座子倚子前排仍用銀脚踏二前排仍用每坐改鑞所入鍮鑞三兩(국장1834/143ㄱ07~09)

색인 (국장1659二/043ㄱ09)(국장1659二/043ㄴ11)(국장1659二/065ㄴ07)(국장1659二/075ㄴ02)(국장1659二/075ㄴ04)(국장1674二/023ㄴ03)

角帶【각대】 일 복

백관의 관복에 두르던 띠의 총칭. 품계品階에 따라 소재와 장식에 차등을 두었다. 옥으로 만든 옥대玉帶는 왕과 왕세자·왕비가 둘렀고, 무소뿔로 만든 서대犀帶는 세자와 일품관一品官이, 비취대翡翠帶와 수정대水晶帶는 왕세자와 왕세손이 둘렀다. 이 밖에 구리에 금물이나 은물을 입혀 만든 금대金帶와 은대銀帶 등이 있다. 『영조정순후가례도감의궤英祖貞純后嘉禮都監儀軌』와 『철종철인후가례도감의궤哲宗哲

人后嘉禮都監儀軌』, 『고종명성후가례도감의궤高宗明星后嘉禮都監儀軌』에 보면 빈자賓者의 공복에 각대를 사용한 기록이 있다.

참조1 오각대烏角帶

참조2 금대金帶, 서대犀帶

예문 諸執事官及祭官竝以黑團領烏沙帽黑角帶其日早朝會于議政府謚册寶內出行禮節次幷以習儀事知委(국장1903/102ㄴ05~07)

색인 (가례1762/상030ㄴ09)(가례1802/상046ㄱ04)(가례1819/상044ㄴ02)(가례1866/상043ㄱ03)(국장1849一/111ㄱ05)(국장1898二/035ㄱ08)

刻刀【각도】 일 건

새김질을 하기 위해 사용하는 칼의 일종. 종이나 천, 가죽, 나무 등을 베거나 자르고 깎는 도구로, 쇠로 만든 칼날과 나무로 만든 손잡이로 구성된다. 의궤에서 칼은 도자刀子로 통칭하고 있으며, 앞에 접두어를 붙여 크기와 용도를 구분하였다. 칼은 목수뿐만 아니라 조선 시대 사람들의 중요한 소지품이기도 했다.

참조2 곡도曲刀, 대도자大刀子, 도자刀子, 삭도削刀, 소도자小刀子, 예도銳刀, 오내도五乃刀, 울도蔚刀, 주도注刀, 줄도乼刀, 중도자中刀子, 찬도鑽刀, 횡도橫刀, 협도挾刀

예문 三房大小無齒鉅大主乙無齒刀道里主乙中主乙刻丁刻刀段別音時所入炭五石諸色工匠等方亇赤次眞椽木一介(국장1701/316ㄴ07~09)

색인 (가례1627/072ㄱ14)(가례1627/111ㄱ04)(가례1627/125ㄴ04)(가례1671/218ㄱ04)(가례1671/218ㄴ11)(가례1681/317ㄱ10)

刻手【각수】 일 건

새김칼로 새김 일을 전문으로 하는 사람. 각공刻工이라고도 한다.

예문 本房所掌誌石二片及謚册哀册等正鍊後當爲入刻而京刻手善手者尹吉等只是六名以此數少刻手萬無推移入刻之路是乎等以取考謄錄(국장1701/153ㄱ02~04)

색인 (가례1627/076ㄴ08)(가례1671/102ㄴ03)(가례1671/218ㄴ09)(가례1671/222ㄴ08)(가례1681/197ㄱ09)(가례1696/062ㄴ04)

干【간】 일 의

간

왕실의 흉례凶禮 때 명기明器로 사용되었던 방패. 간은 피나무[椵木]를 사용하여 단판으로 만들며 앞면에는 다섯 가지 색깔로 짐승의 머리를 그려 넣는다.

예문 禮曹爲相考事節啓下教曹單子喪禮補編戒令條兵曹勒諸衛謹守內外門及應宿衛之所禮曹凡干喪事啓聞(국장1821/102ㄱ03~04)

색인 (국장1800二/158ㄴ03)(국장1800二/187ㄴ03)

看役【간역】 일 건

국가적인 행사나 건축, 토목 공사 등이 있을 때 별도로 구성되는 도감都監에서 가장 낮은 직급의 관리. 간역은 패장牌將 등을 통솔하면서 기술적인 업무를 포함한 실무적인 일을 담당하였다.

관련1 도감별간역都監別看役, 별간역別看役

예문 國葬都監郎廳以總護使意啓曰本都監別看役始興縣令方天鏞前縣監吳顯耆差下使之看役何如(국장1890/013ㄴ11~12)

색인 (국장1659一/164ㄴ12)(국장1659二/131ㄱ07)(국장1674二/135ㄱ06)(국장1681一/130ㄴ06)(국장1684/003ㄱ04)(국장1684/021ㄴ03)

揀擇【간택】 일 의

왕비·왕세자빈·부마駙馬 등 왕실의 배우자를 뽑는 의식. 왕실의 혼례가 있으면 국가에서는 금혼령을 내리고 결혼 적령기에 있는 처자를 대상으로 처녀단자를 올리게 하였다. 이 단자에서 일정한 수의 후보를 뽑아 궐내에서 직접 관찰한 후 신부를 뽑았는데 초간택初揀擇, 재간택再揀擇, 삼간택三揀擇의 절차로 이루어졌다. 간택을 받은 사람은 별궁에서 왕실 예법을 교육받으며 혼례를 준비하였다.

관련1 삼간三揀, 삼간택三揀擇, 재간再揀, 재간택再揀擇, 초간택初揀擇

예문 中宮殿嬪宮揀擇後進往本宮之時都監堂上皆陪進矣(책례1721/017ㄱ11~12)

색인 (가례1681/005ㄱ08)(가례1681/006ㄱ09)(가례1681/028ㄴ02)(가례1681/044ㄴ11)(가례1681/048ㄴ01)(가례1681/144ㄱ01)

乫乃【가래】 채 건 加乃 加羅

흙을 파내서 던지기 위해 삽날 모양의 가랫날에 자루를 달고, 가랫날에 만든 구멍에 끈을 연결하여 사용하는 도구. 주로 농사를 짓거나 건축을 할 때 땅을 파는 데 사용한다. 가래는 가랫날과 자루, 그리고 가랫날 양쪽 옆면에 만든 구멍[군둣구멍]에 연결한 끈[군두새끼]으로 구성된다. 삽과 같이 흙을 파낼 때 사용하는 도구이지만 삽이 한 사람이 일을 할 수 있는 도구인 데 비하여, 가래는 여러 사람이 함께 일함으로써 보다 높은 작업 능률을 올릴 수 있다. 가랫날은 쇠로 만드는 것이 일반적이지만 나무로 만드는 경우도 있는데 이를 나무가래[木加乃]라 부른다. 乫은 상하통합으로 조자된 고유한자로 [갈]과 함께 [덜] 음을 나타낸다. 의궤에서는 대부분 [갈]음 표기로 나타나며, [덜]음 표기는 인명 표기에 주로 나타난다. 加乃:乫乃의 대응을 통해 乫은 ㄹ이 중철 표기되었음을 알 수 있다. 이는 뒤에 오는 乃가 [래]음 표기임을 의식한 표기이다.

참조1 가래加乃, 가래加羅

예문 大小輿假家等造作時役軍所用乫乃三柄光伊十柄者光伊衝光伊各二柄斧子五柄貿用爲只爲(국장1898/047ㄱ10~11)

색인 (국장1890四/005ㄱ07)(국장1890四/049ㄴ10)(빈전1834三/104ㄴ09)(빈전1886三/127ㄴ05)(국장1898五/047ㄱ10)(국장1898五/062ㄱ09)

甘結【감결】 일 의

상급 관청에서 하급 관청에 내리는 공문이나 지시. 오늘의 훈령과 같은 것이다.

관련1 감결질甘結秩

예문 甲午十一月日禮曹爲相考事本都監甘結據各年册寶數爻後錄牒報爲只爲(국장1834/106ㄱ06~08)

색인 (가례1627/005ㄴ07)(가례1627/023ㄱ02)(가례1627/025ㄴ14)(가례1627/026ㄱ04)(가례1627/026ㄱ07)(가례1627/026ㄱ13)

監董【감동】 일 건

국가적인 행사나 건축, 토목 공사가 있을 때 구성하는 임시 부서인 도감都監에서 노역勞役 등과 관련된 일을 감독하는 관원이나 그 행위. 조선 시대에는 국가적인 행사나 건축, 토목 공사가 있을 때 임시로 도감이라는 관청을 구성한다. 이때 감동은 도감의 실제적인 총괄 지휘를 맡았던 도청都廳 아래 직급으로서, 실질적인 공사나 노역 등과 관련한 일을 감독하는 실무 차원의 가장 높은 직책을 담당하였다. 감동은 부사나 군수, 내금위장, 현감 등을 역임한 후 현직에서 물러난 사람들이 임명되는 경우가 많았다.

참조1 감역監役, 감조監造

예문 都監禮曹中樞府吏曹郎廳分三房監董堂上郎廳監造官上直(가례1819/상009ㄱ09~11)

색인 (가례1681/066ㄴ12)(가례1802/상010ㄴ02)(가례1819/상009ㄱ10)(가례1866/상009ㄴ06)(국장1849一/010ㄴ02)(국장1898一/101ㄱ10)

甘頭【감투】 채 복 甘土

왕의 가례 때 귀유치[歸遊赤]와 내관內官이 쓰던 모

자. 『영조정순후가례도감의궤英祖貞純后嘉禮都監儀軌』에서부터 『고종명성후가례도감의궤高宗明星后嘉禮都監儀軌』에 이르기까지 왕의 가례 때 귀유치와 내관 등이 홍주의紅紬衣나 자적주의紫的紬衣, 녹주의綠紬衣를 입고 감투를 쓴 것으로 나온다. 감투는 모정이 둥글며 검정색이다. 감두匵頭를 전통 한자음대로 읽어 감두라고도 하고, 감투[甘土]로 표기하기도 하는데 『상방정례尙方定例』에 귀유치와 내관의 복식에 대한 기록이 나오는데 철릭 항목에 甘土가 기록되어 있다.

예문 歸遊赤內官紅紬衣紫的紬衣匵頭多繪豆錫吐環靑木行纏黑緞雲鞋(가례1819/하025ㄴ01~02)

색인 (가례1681/226ㄱ09)(가례1696/220ㄴ08)(가례1718/212ㄱ10)(가례1762/상029ㄴ08)(가례1802/상045ㄱ06)(가례1802/상252ㄴ12)

甘莫金【가막쇠】 [채] [건] 加莫釗 可莫金

① 갈고리쇠 모양의 못을 달아 배목排目[고리]에 걸어 문을 잠그는 쇠. ② 편경編磬이나 편종編鐘의 틀에 종을 걸기 위해 박아 놓은 쇠고리. 甘莫金[가막쇠]는 악기와 관련한 표기와 건축에 소용되는 기물을 동시에 나타내는 동음이의어이므로 기물의 정확한 의미와 용도는 기물이 나타나는 전후 상황을 고려하여 파악될 수 있다. 의례 관련 의궤에서는 대부분 건축에 소용되는 기물로 기록되었다. 한편 가막쇠의 표기로 加莫釗, 可莫金, 加莫金가 일반적이라 할 만하고 甘莫金는 아주 드문 편인데 甘은 후행 음절의 첫 음 ㅁ과 중첩된 중철 표기로 [가]음을 나타낸다. 가막쇠 앞에 접두 요소 大-, 中-, 小-, 長-, 五寸- 등이 결합하여 크기와 길이를 구별하였고, 乭돌-, 新造신조-, 層橋朴只층교박이-, 龍頭용두- 등이 결합하여 가막쇠의 재료적 속성이나 사용처를 나타냈다. 또 땜납을 올린 鑞染小납염소-, 鑞染中납염중-이 있다. 이 밖에 가막쇠의 모양과 관련된 표기로 보이는 十字閣四隅七寸[십자각네모일곱치]-(『영녕전영건도감의궤永寧殿營建都監儀軌』)이 있으나, 쓰임새는 정확하지 않다.

참조1 가막쇠可莫金, 가막쇠加莫金, 가막쇠加莫釗, 배목排目

관련1 납염소가막쇠鑞染小加莫金, 납염중가막쇠鑞染中加莫金, 대가막쇠량배구大加莫金兩排具, 대가막쇠량배大加莫金兩排, 대가막쇠배구大加莫金排具, 박이중가막쇠朴只中加莫金, 소가막쇠小加莫金, 용두가막쇠龍頭加莫金, 장가막쇠長加莫金, 중가막쇠中加莫金, 층교박이가막쇠層橋朴只加莫金

관련2 다섯치가막쇠五寸甘莫金, 십자각네모일곱치가막쇠十字閣四隅七寸甘莫金

예문 右手本爲上下事樑板七坐甘莫金七介定絃所入松煙五兩綿絲二兩地排空石十立進排事(국장1659/161ㄱ02~03)

색인 (국장1659一/161ㄱ02)(국장1659一/161ㄴ04)(국장1659一/167ㄱ06)(국장1659一/168ㄴ05)(국장1659一/194ㄱ11)(국장1659一/194ㄴ04)

監試落幅紙【감시낙폭지】 [일] [건]

조선 시대에 성균관에 들기 위한 예비 자격시험인 감시監試에서 떨어진 자들의 답안지 종이. 감시의 답안지로 사용된 종이는 백지白紙로 다양한 용도로 재활용되었다. 병풍장屛風匠이 국장이나 가례용 병풍을 만들 때와, 보통장寶筒匠이 가례嘉禮 때 금보金寶를 담는 통을 만드는 과정에서 사용되었는데, 대개 초배지로 활용된 듯하다. 또 국장 때 시체를 묻은 뒤에 혼백魂帛과 신주神主를 모시고 돌아오는 작은 가마인 요여腰輿를 만들 때나, 국장용 버들고리[柳箕]나 버들상자[柳笥], 가례용 궤[樻子]를 만드는 과정에서도 사용되는데, 이들 용구의 내외부에 바르는 초배지로 사용된 것으로 보인다. 등록謄錄의 임시 겉표지 싸개[假衣]에도 자주 활용된다. 그 밖에 보장寶匠, 보소이장寶召伊匠, 보찬혈장寶鑽穴匠, 열쇠를 만드는 쇄약장鎖鑰匠 등이 국장이나 가례 때 사용한 것으로 되어 있으나 그 정확한 용도를 알 수 없다.

참조1 낙폭지落幅紙

참조2 동당낙폭지東堂落幅紙

예문 手巾布三尺手巾綿紬三尺五味子一升所羅二介鐵絲五尺破油芚一浮槓子一部具鎖鑰監試落幅紙一張(가례1762/024ㄱ02~03)

색인 (가례1802/상077ㄴ10)(가례1802/상156ㄴ04)(가례1802/상157ㄴ11)(가례1802/상202ㄴ08)(가례1819/상144ㄴ02)(가례1819/상165ㄱ06)

監役【감역】 일 건

조선 시대에 토목土木이나 영선營繕을 맡아 보던 종9품의 벼슬 또는 벼슬아치. 선공감繕工監에 속하였다.

참조1 가감역관假監役官, 감역관監役官, 선공감繕工監

예문 孝懿王后國葬時分差繕工監監役李相琮辛巳三月十五日分差九月十四日計士韓宜直(국장1821/082ㄱ02~04)

색인 (가례1627/002ㄴ10)(가례1681/059ㄱ02)(가례1696/275ㄱ11)(가례1762/상060ㄱ03)(가례1762/상081ㄱ03)

監役官【감역관】 일 건

조선 시대 선공감繕工監에서 토목土木이나 영선營繕, 건축 공사를 감독하던 종9품의 벼슬 또는 벼슬아치. 선공감繕工監의 최하위직으로 감역監役이라고도 하였다.

동 감역監役

참조1 가감역관假監役官, 감역監役, 선공감繕工監

예문 一都監分差別工作監役官李觀夏(빈전1649/016ㄴ03)

색인 (가례1627/003ㄴ12)(가례1627/071ㄴ07)(가례1627/073ㄴ11)(가례1627/078ㄴ08)(가례1671/004ㄱ07)(가례1671/005ㄴ03)

甘伊白休紙【감이백휴지】 채 건

감는 용도로 사용하는 흰색의 휴지. 휴지는 훼손되거나 잘라내어 원래의 용도로 사용할 수 없게 된 종이를 말한다. 백휴지 앞에 붙어있는 감이[甘伊]는 감는다는 뜻을 지니고 있다. 따라서 감이백휴지는 감는 데 사용하는 백휴지라는 뜻이다. 백휴지는 도배를 할 때 초배나 재배용으로 사용하였다.

예문 鑞染廣頭丁二介下莫只桶金一介丁具圜里鐵一介別工作甘伊白休紙一張半膠末五夕青染紙一張(책례1789/165ㄴ05~07)

색인 (가례1819/하006ㄱ06)(가례1866/하017ㄴ06)(국장1800二/174ㄴ05)(상호1827二/062ㄴ04)(존호1892/234ㄴ11)(존호1892/238ㄴ06)

甘伊厚白紙【감이후백지】 채 건

감는 용도로 사용하는 두꺼운 흰 종이. 백지는 닥나무 껍질을 도련擣鍊하여 얇게 만든 흰색을 띠는 종이이다. 그 앞에 후厚-는 일반적인 백지에 비하여 두껍게 만들었음을 의미한다. 또한 감이[甘伊]는 감는다는 뜻을 나타낸다. 따라서 감이후백지는 감는 용도로 사용하는 후백지이다. 후백지는 도배를 할 때 재배 용도로 많이 사용하였다.

예문 紅綃一尺四寸二片內裹苧布一尺四寸三片苧絲五分機甘伊厚白紙半張紅染紙一張膠末五夕回繩次草綠眞絲四戔甘伊及鳥足次白眞絲二戔(상호1873/226ㄴ03~05)

색인 (가례1819/하005ㄴ07)(가례1866/하007ㄱ10)(상호1827二/057ㄴ12)(상호1848二/058ㄴ10)(상호1875/140ㄱ09)

監造【감조】 일 건

국가에서 필요로 하는 물건을 만들거나 건축, 토목 공사를 감독하는 일, 또는 그 관원. 국가적으로 중요한 행사나 건축, 토목 공사가 있을 때 임시로 구성하는 관청인 도감都監에서 패장牌將을 거느리고 실질적인 노역이나 공사를 감독하는 역할을 하는 관원을 감역관이라 하는데, 감역관 대신에 감조관監造官이라는 명칭을 사용하기도 하였다.

동 감조관監造官

참조1 감동監董, 감역監役, 감역관監役官

예문 八月之間依前啓稟鱗次設局預造册寶儀物堂上郞廳監造官依舊仍存祔廟禮畢之後稱以尊崇册禮兩都監次第擧(책례1651/001ㄱ05~07)

색인 (가례1802/상051ㄱ04)(가례1802/상070ㄱ12)(가례1819/상119ㄱ06)(국장1800四/001ㄱ03)(국장1898五/001ㄱ03)(국장1898一/198ㄱ03)

甘佐非【감자비】 채 건 甘佐伊 甘執非 甘執只 甘執伊

① 띠쇠를 ㄷ자형으로 꺾어 만든 보강하는 철물. ② 해금의 통밑에 대어 통을 보호하는 구실을 하는 ㄴ자 모양의 쇠붙이. 감자비는 문맥에 따라 지시하는 기물이 달라진다. 가령 대문이나 문장부에 감아 박거나 기둥이나 대들보에 겹쳐 대고 박는 쇳조각으로, 대문 널 밑과 같은 곳을 감아주는 데 사용될 때는 대부분 건축 관계 기물과 함께 제시된다. 또 이 경우 크기와 길이에 따라 大-, 中-, 小-, 長-으로, 사용처에 따라 架子-, 欄干平床- 모양에 따라 四隅-, 鳥足-, 廣鳥足-으로 구분하였다. 甘佐非丁具는 감자비쇠와 못을 통칭하여 나타내는 말이다. 감자비의 주된 기능이 짜임이나 접합부위를 양면으로 튼튼히 잡는 것임을 감안하면 감자비(>감잡이)는 감아서 잡아준다는 의미에 기인한 것으로 보인다. 특히 감자비의 여러 표기 중 甘執伊, 甘執只, 甘執非의 표기에서 執이 선택된 이유도 같은 맥락에서 해석된다.

관련1 가자감자비架子甘佐非, 광새발감자비廣鳥足甘佐非, 난간평상대감자비欄干平床大甘佐非, 납염감자비鑞染甘佐非, 납염대감자비鑞染大甘佐非, 납염장감자비鑞染長甘佐非, 납염중감자비鑞染中甘佐非, 대감자비大甘佐非, 박이대감자비朴只大甘佐非, 소감자비小甘佐非, 소소감자비小小甘佐非, 소새발감자비小鳥足甘佐非, 장감자비長甘佐非, 장식새발감자비粧餙鳥足甘佐非, 새발감자비鳥足甘佐非, 중감자비中甘佐非, 평상네모감자비平床四隅甘佐非, 평상네모대감자비平床四隅大甘佐非

관련2 곡갈감자비曲乫甘佐非, 개판감자비蓋板甘佐非, 걸쇄감자비乬鎖甘佐非, 고색감자비古索甘佐非, 곡감자비曲甘佐非, 납염감자비鑞染甘佐非, 납염정자감자비鑞染丁字甘佐非, 대감자비大甘佐非, 대곡감자비大曲甘佐非, 대성갑감자비大性匣甘佐非, 대정자감자비大丁字甘佐非, 대판감자비臺板甘佐非, 동개감자비同介甘佐非, 동자감자비童子甘佐非, 두석감자비豆錫甘佐非, 별장감자비別長甘佐非, 봉지랑감자비捧支郞甘佐非, 사족감자비四足甘佐非, 소감자비小甘佐非, 소성갑감자비小性匣甘佐非, 십자감자비十字甘佐非, 십자박이일척감자비十字朴只一尺甘佐非, 양척감자비兩尺甘佐非, 연봉감자비蓮峯甘佐非, 연통감자비烟桶甘佐非, 올자감자비兀字甘佐非, 우감자비隅甘佐非, 여섯치감자비六寸甘佐非, 이감자비耳甘佐非, 이척오촌감자비二尺五寸甘佐非, 장감자비長甘佐非, 장일척감자비長一尺甘佐非, 전후면대감자비後面大甘佐非, 정자감자비丁字甘佐非, 새발감자비鳥足甘佐非, 주감자비柱甘佐非, 주목감자비柱木甘佐非, 주상하감자비柱上下甘佐非, 중감자비中甘佐非, 중곡감자비中曲甘佐非, 층교주박이장다섯치광두치오분곡감자비層橋柱朴只長五寸廣二寸五分曲甘佐非, 여덟치감자비八寸甘佐非, 평상난간감자비平床欄干甘佐非, 하평상대감자비下平床大甘佐非

예문 薄椵板二立半魚膠一張漆次槐花水三合明油二合一寸釘四十箇小小甘佐非釘具四十八箇二層食欌一坐所入(가례1802/104ㄴ06~08)

색인 (가례1627/031ㄱ02)(가례1627/124ㄱ10)(가례1627/124ㄴ08)(가례1671/061ㄱ11)(가례1671/078ㄴ08)(가례1681/109ㄴ05)

甘佐伊【감자비】 채 건 甘佐非 甘執非 甘執伊 甘執只 甘執伊 ☞ 甘佐非감자비

참조1 감자비甘佐非, 감자비甘執非

관련2 납염대감자비鑞染大甘佐伊

甘執非【감자비】 채 건 甘佐非 甘執伊 甘佐伊 甘執

只 甘執伊 ☞ 甘佐非감자비

참조1 감자비甘佐非, 감자비甘執只, 감자비甘執伊, 감자비甘執只

관련1 가자감자비架子甘佐非, 광새발감자비廣鳥足甘佐非, 난간평상대감자비欄干平床大甘佐非, 납염감자비鑞染甘佐非, 납염대감자비鑞染大甘佐非, 납염장감자비鑞染長甘佐非, 납염중감자비鑞染中甘佐非, 대감자비大甘佐非, 박이대감자비朴只大甘佐非, 소감자비小甘佐非, 소소감자비小小甘佐非, 소새발감자비小鳥足甘佐非, 장감자비長甘佐非, 장희새발감자비粧餙鳥足甘佐非, 새발감자비鳥足甘佐非, 중감자비中甘佐非, 평상네모감자비平床四隅甘佐非, 평상네모대감자비平床四隅大甘佐非

관련2 곡갈감자비曲乫甘佐非, 개판감자비蓋板甘佐非, 걸쇄감자비乬鎖甘佐非, 고색감자비古索甘佐非, 곡감자비曲甘佐非, 납염감자비鑞染甘佐非, 납염정자감자비鑞染丁字甘佐非, 대감자비大甘佐非, 대곡감자비大曲甘佐非, 대성갑감자비大性匣甘佐非, 대정자감자비大丁字甘佐非, 대판감자비臺板甘佐非, 동개감자비同介甘佐非, 동자감자비童子甘佐非, 두석감자비豆錫甘佐非, 별장감자비別長甘佐非, 봉지랑감자비捧支郎甘佐非, 사족감자비四足甘佐非, 소감자비小甘佐非, 소성갑감자비小性匣甘佐非, 십자감자비十字甘佐非, 십자박이일척감자비十字朴只一尺甘佐非, 양척감자비兩尺甘佐非, 연봉감자비蓮峯甘佐非, 연통감자비烟桶甘佐非, 올자감자비兀字甘佐非, 우감자비隅甘佐非, 육촌감자비六寸甘佐非, 이감자비耳甘佐非, 이척오촌감자비二尺五寸甘佐非, 장감자비長甘佐非, 장일척감자비長一尺甘佐非, 전후면대감자비後面大甘佐非, 정자감자비丁字甘佐非, 새발감자비鳥足甘佐非, 주감자비柱甘佐非, 주목감자비柱木甘佐非, 주상하감자비柱上下甘佐非, 중감자비中甘佐非, 중곡감자비中曲甘佐非, 층교주박이장오촌광이촌오분곡감자비層橋柱朴只長五寸廣二寸五分曲甘佐非, 팔촌감자비八寸甘佐非, 평상난간감자비平床欄干甘佐非, 하평상대감자비下平床大甘佐非

예문 粧飾接貼二介落目一介排目菊花童三介甘執只二十四介朴排丁頭釘四十八介以上黃銅一斤泥金一錢一里(가례1627/085ㄴ05~07)

색인 (가례1627/085ㄴ06)

甘執伊【감자비】 채 건 甘執非 甘佐非 甘佐伊 甘執只 ☞ 甘佐非감자비

참조1 감자비甘佐非, 감자비甘執只, 감자비甘佐非

관련2 대중소감자비大中小甘執伊, 새발감자비鳥足甘執伊, 족감자비足甘執伊

예문 沙魚皮半令巡威礪石半塊太末一升骨灰二升甘執伊三十六介小頭釘七十二介接貼二部頭釘十六介(책례1651/060ㄱ02~04)

색인 (가례1627/055ㄴ13)(책례1651/060ㄱ03)

甘執只【감자비】 채 건 甘執非 甘佐非 甘執伊 甘佐伊 ☞ 甘佐非감자비

참조1 감자비甘佐非, 감자비甘執伊

예문 粧餙接貼二落目一排日菊花童三甘執只二十八(책례1610/066ㄴ12)

색인 (가례1627/085ㄴ06)(존호1610/067ㄴ12)(존호1610/068ㄱ11)(존호1610/070ㄱ12)(존호1610/072ㄱ03)(존호1610/073ㄱ11)

甘土【감투】 채 복

왕의 가례 때 귀유치歸遊赤와 내관內官이 쓰던 모자. 『영조정순후가례도감의궤英祖貞純后嘉禮都監儀軌』에서부터 『고종명성후가례도감의궤高宗明星后嘉禮都監儀軌』에 이르기까지 왕의 가례 때 귀유치와 내관 등이 홍주의紅紬衣나 자적주의紫的紬衣, 녹주의綠紬衣를 입고 감투를 쓴 것으로 나온다. 감투는 모정이 둥글며 검정색이다. 감투는 甘頭로 표기하고, 전통 한자음대로 읽어 감두라 하기도 한다.

참조1 감투甘頭

예문 上項唐甘土四箇加上下進排事平市署良中捧甘爲只爲堂上手決內依戶曹平市署(국장

1674/ 135ㄴ06~07)

색인 (가례1671/154ㄴ03)(가례1681/211ㄱ04)

匣【갑】 일 의

물건을 담아 보관하는 작은 상자. 중요한 물건을 보호하기 위해 보호할 물건을 감싸 안듯이 만들어 사용하였다. 가령 죽책을 보관할 때 죽책을 갑匣에 싸서 흑칠한 내궤와 외궤에 넣어 보관하였는데, 이 때 사용한 갑匣을 죽책갑이라 한다. 이 밖에 용도에 따라 도장을 보관했던 것은 호갑護匣이라 하고, 책이 상하지 않도록 보호하는 용도로 사용한 것은 포갑包匣이라 하였다.

참조1 가인갑假印匣, 호갑護匣

관련2 죽책갑竹册匣

예문 鈇水晶杖方相氏珥子等鑄成時所用匣一用楸木磨造黑漆臺一(국장1903/059ㄱ07~09)

색인 (가례1681/334ㄴ02)(가례1819/하039ㄱ04)(가례1819/하058ㄱ11)(가례1866/하027ㄱ05)(가례1866/하054ㄱ02)(국장1800三/029ㄴ05)

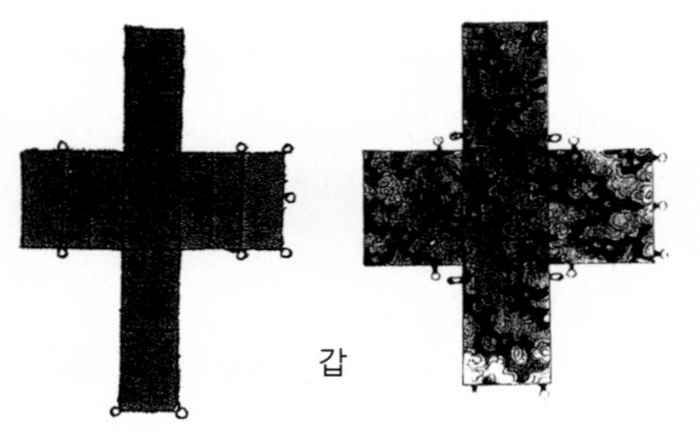
갑

甲【갑】 일 의

왕실의 흉례凶禮 때 명기明器로 사용되었던 갑옷. 갑甲은 푸른 마름꽃 무늬가 있는 종이인 청릉화青菱花를 아홉 번 잇대어 미늘[札]을 만들고, 채색을 사용하여 두정頭釘을 그려서 표현하였으며 녹피鹿皮를 사용하였다.

예문 手巾參端甲揮巾貳件中鏡壹面(가례1727/084ㄱ07~09)

색인 (존호1753二/086ㄱ04)(존호1753二/111ㄴ08)(존호1753二/112ㄱ06)(가례1627/056ㄴ13)(가례1627/056ㄴ13)(가례1627/057ㄱ04)

갑

甲裹肚【겹과두】 치 복 裌裹肚

겹으로 만든 과두. 과두는 저고리보다 긴 백색 상의로 대부분 겹으로 만들거나 솜을 넣었다. 조선 후기로 오면서 명칭이 장의長衣로 바뀌고, 관의는 남녀의 시신 배와 허리 부분에 감싸 묶는 염습殮襲 용구를 가리키는 말이 되었다.

동 겹과의裌裹衣

참조1 과두裹肚, 과의裹衣

甲冑【갑주】 일 의

국장 등에 쓰이는 의례용 명기 중 하나. 갑甲은 청릉화를 아홉 번 잇대어 미늘[札]을 만들고, 채색을 써서 두정頭釘을 그리며, 단의 장식은 녹피鹿皮를 쓴다. 주冑는 가판으로 틀을 만들고 납鑞을 입힌다. 두 개의 갓끈이 있다.

주

참조1 갑주장甲冑匠

예문 旗匠李起成甲冑匠趙㖋男土藤箱匠金龍福居羅州(국장1659/048ㄴ08~10)

색인 (국장1659/048ㄴ09)(국장1659二/084ㄴ09)(국장1659二/202ㄴ02)(국장1674一/120ㄴ04)(국장1674二/052ㄴ04)(국장1724二/096ㄱ01)(국장1834二/211ㄴ01)

甲冑匠【갑주장】 일 건

① 갑옷과 투구를 만드는 공장工匠. ② 가죽이 붙는

명기明器를 다루는 장인. 부묘祔廟 때 가마의 선도 군사들이 입을 갑옷과 투구를 만들기도 하고, 국장 때는 각종 의장용 물품 가운데, 가죽이 붙는 명기明器를 다루기도 하였다. 갑甲과 주冑는 국장 등에 쓰이는 의례용 명기明器 중의 하나이다.

참조1 갑주甲冑

참조2 조갑장造甲匠

예문 旗匠李起成甲冑匠趙悉男土藤箱匠金龍福居羅州(국장1659/048ㄴ08~10)

색인 (국장1659二/084ㄴ09)(국장1659二/202ㄴ02)(국장1674一/120ㄴ04)(국장1674二/052ㄴ04)(국장1724二/096ㄱ01)(국장1834二/211ㄴ01)

枷樑【덧보】 채 건 加樑 假樑 假保 架樑

들보 위나 옆에 보강으로 덧건 보. 대들보 옆에 하나 더 걸어 보에 걸리는 하중을 더는 역할을 한다. 추녀가 빠지거나 흘러내리는 문제를 보완할 수 있기 때문에 한옥의 수명과 밀접한 관계가 있다. 여러 이표기 가운데 제1음절에서 가장 완전한 표기는 枷이다. 이 글자는 합성 표기 차자로 윗부분의 한자와 아랫부분의 한자 둘 다 음차音借된 자字이다. 따라서 이 표기는 제1음절이 ㅅ으로 끝남을 말해준다. 덧보는 일부 건축 사전이나 기존 연구에서 가량 또는 가보로 읽기도 하는데, 지시하는 기물의 기능이 덧대는 것임을 감안하면 덧보를 표기한 것으로 보인다.

참조1 덧보架樑

枷方【덧방】 채 건 加地枋 假地防 加枋

문설주 안으로 나무를 덧댄 문지방. 덧지방의 준말로 현재 덧방으로 남아 있다.

참조1 가지방/덧지방假地防, 가지방/덧지방加地枋

관련2 적첩덧방赤貼枷方, 적첩덧방박이네치두정赤貼枷方朴只四寸頭釘

絳紗袍【강사포】 일 복

왕의 조복朝服으로 착용되는 붉은 비단으로 만든 포袍. 왕이 삭망朔望·조강朝降·진표進表·조현朝見·조참朝參 등에 착용한 조복朝服은 원유관遠遊冠과 강사포絳紗袍, 규圭, 관冠, 의衣, 상裳, 중단中單, 패佩, 수綬, 폐슬蔽膝, 대대大帶, 말襪, 석舃이 일습一襲을 이룬다. 강사포는 강색絳色, 즉 붉은색 비단으로 만들고 깃·도련·수구에도 붉은색 선을 둘렀다. 세종 20년(1438) 명明에서 사여 받은 원유관과 강사포의 제도는 조선 말기까지 왕의 조복으로 수용하였다. 고종 34년(1897) 대한제국으로 바뀌면서 고종황제 즉위 후 중국 천자가 쓰던 통천관通天冠을 원유관 대신 썼으나 강사포는 변화가 없었다.

참조1 조복朝服

예문 以白紡紬一幅折其兩端爲三橫者取足以周身相結縱者取足以掩首至足而結於身中次鋪衾次鋪衣次鋪絳紗袍一襲用綵緞畵珮玉凡斂衣十九稱皆用複衣複衾前一刻監察典儀贊儀引儀(빈전1600/ 149ㄱ10~12)

색인 (가례1627/009ㄱ05)(가례1627/029ㄱ14)(가례1671/033ㄱ05)(가례1671/034ㄴ01)(가례1671/113ㄱ03)(가례1671/120ㄱ11)

舡匠【강장】 일 건

배를 만드는 것을 전문으로 하는 장인. 평상시에는 배를 만들다가 국장 때는 의례용 수레나 옹가甕家, 녹로轆轤 등을 만드는 과정에서 부재에 구멍 뚫는 일을 담당하였다. 선장船匠으로도 표기한다.

동 선장船匠

예문 舡匠林啓雲申景漢(예장1786/222ㄴ09)

색인 (국장1800一/145ㄱ01)(국장1849一/145ㄱ10)(빈전1800一/118ㄱ12)(빈전1800一/118ㄴ04)(국장1821二/107ㄱ12)(국장1821四/024ㄴ01)

强鐵【강철】 일 건

철의 한 종류로 비교적 강한 성질을 지니도록 만든 것. 주로 돌을 가공하는 정釘 등을 만드는 데에 사용하였던 것으로 보인다.

예문 鍮鑞一斤鬆脂相雜用還別音强鐵二十斤炭三石四斗(상호1787/112ㄴ04~05)

색인 (가례1627/044ㄱ12)(가례1627/050ㄱ12)(가례1671/215ㄴ06)(가례1671/215ㄴ12)(가례1671/221ㄱ01)(가례1681/275ㄴ02)

開金【열쇠】 채 건

자물쇠를 열거나 잠글 때 사용하는 물건. 열쇠.

참조1 쇄약鎖鑰

예문 落目一介排目菊花童具三介鎖鑰開金具一部豆錫三斤松煙一兩(책례1651/060ㄱ05~06)

색인 (존숭1739/143ㄱ09)(국장1864一/018ㄴ11)(존숭1739/133ㄱ05)(존숭1739/134ㄱ04)(존호1753二/206ㄴ08)(존호1783/245ㄱ08)

改銘旌【개명정】 일 의

상례喪禮 때 명정銘旌을 고쳐 쓰는 일. 명정은 장례 때 죽은 사람의 품계, 관직, 본관, 성씨 등을 기록하여 관 앞에 세우는 붉은 깃발이다. 국왕의 국장에는 붉은 비단에 전자篆字로 대행왕 재궁大行王梓宮이라 세로로 쓰고, 내상內喪이면 예자隷字로 대행왕비 재궁大行王妃梓宮이라 쓴다. 만약 존호尊號가 있으면 대행 위에 존호를 쓴다. 명정을 쓴 후에도 시호를 올린 뒤에나 중국으로부터 시호를 받게 되면 명정을 고쳤는데 이를 개명정이라 하였다. 시호를 올린 뒤 명정을 고칠 때에는 묘호廟號, 존호, 시호諡號의 순서로 쓰고 대행의 글자를 생략한다.

관련1 개명정고유改銘旌告由, 개명정고유전改銘旌告由奠, 개명정서사관改銘旌書寫官, 개명정식改銘旌式

예문 禮曹爲相考事節啓下敎大行王妃諡寶改銘旌虞主式依乙亥年例磨鍊後錄爲去乎相考施行爲只爲(국장1681/065ㄱ09~11)

색인 (국장1659一/016ㄱ09)(국장1659一/096ㄴ08)(국장1659一/097ㄴ03)(국장1659一/107ㄱ04)(국장1659一/123ㄴ03)(국장1674一/020ㄴ04)

蓋兒匠【개아장】 채 건 箇兒匠

뚜껑 만드는 일을 전문으로 하는 장인. 가례나 책례, 국장, 예장禮葬 때 의례용 요여腰輿나 채여彩輿·연여輦輿의 뚜껑을 만들었다. 여輿의 뚜껑[蓋兒]은 가운데에서 네 모서리로 만충연彎衝椽을 걸고 그 위에 비단천인 모단冒段이나 아청鴉靑을 대개 덮는다. 그 외에도 유개아油蓋兒, 청개아靑蓋兒, 지개아紙蓋兒를 사용하기도 한다. 개아는 유개아鍮蓋兒, 유대개아鍮大蓋兒, 유소개아鍮小蓋兒, 유중개아鍮中蓋兒처럼 용기류 뚜껑을 가리키기도 한다.

개아

참조2 개아蓋兒, 개아蓋也, 개아蓋子

관련1 개아만충연蓋兒彎衝椽, 개아모단蓋兒冒段, 개아아청蓋兒鴉靑, 개아우비蓋兒雨備, 개아주철蓋兒鑄鐵, 대개아大蓋兒, 소개아小蓋兒, 유개아油蓋兒, 유개아鍮蓋兒, 유대개아鍮大蓋兒, 유소개아鍮小蓋兒, 유중개아鍮中蓋兒, 중개아中蓋兒, 지개아紙蓋兒, 청개아靑蓋兒

예문 蓋兒匠趙二萬等二名(국장1724/136ㄱ02)

색인 (가례1671/139ㄴ06)(가례1671/186ㄱ02)(가례1681/197ㄱ06)(가례1681/266ㄱ03)(가례1696/228ㄴ06)(가례1762/상076ㄴ02)

箇兒匠【개아장】 채 건 ☞ 蓋兒匠개아장

예문 一兩備匠金命元一假漆匠李一男金命輝一矢匠崔㐫龍一箇兒匠金萬儉一針線婢日花月娥楚仚翠仚一大引鉅軍李成吉朴士元等二牌一磨造匠尹貴賢一小引鉅軍禹任善令(가례1696/229ㄱ12~ㄴ02)

색인 (가례1696/229ㄴ01)

蓋襖【개오】 채 복 盖襖

저고리나 포袍로 추정. 『국혼정례國婚定例』 등의 기록에 의하면 가례嘉禮 때 숙의淑儀·공주公主·옹주翁主 등 왕실 여인의 의복으로 흰색 비단으로 만들고 솜을 넣은 개오[白鼎紬襦蓋襖]를 마련하였다. 기록 순서나 사용 재료를 보았을 때 이의裏衣·활삼아闊衫兒·삼아衫兒·말군袜裙과 마찬가지로 기본적으로 갖춰 입은 속옷류로 보인다.

예문 蓋襖一次大紅廣織三十尺別單中減下內拱大紅水紬一匹縫作大紅眞絲一戔六分景衣一次藍廣紗十二尺縫作藍眞絲五分(가례1759/091ㄴ08~10)

색인 (가례1681/015ㄱ05)(가례1759/091ㄴ09)

盖襖【개오】 채 복 ☞ 蓋襖개오

蓋瓦【개와/기와】 채 건

기와를 잇는 행위 또는 기와. 지붕을 덮어 마감하는 재료인 기와는 그 종류가 매우 다양한데, 크게 일반 기와와 장식 기와로 나눌 수 있다. 일반 기와에는 암키와와 수키와, 암막새와 수막새 등이 있으며, 크기에 따라 대와大瓦, 중와中瓦, 소와小瓦 등으로 구분하기도 한다. 장식 기와는 그 용도에 따라 다양한 기와를 만들어 사용하였는데, 용두龍頭와 토수土首, 취두鷲頭, 잡상雜像 등을 그 예로 들 수 있다.

관련2 상암수키와常女夫瓦, 상와常瓦, 파와破瓦

예문 山陵都監爲相考事丁字閣旣已蓋瓦丹青之役今當次第擧行乙仍于(국장1681/193ㄴ10~11)

색인 (가례1866/하117ㄱ06)(혼전1720/146ㄱ01)(혼전1720/146ㄴ05)(혼전1720/147ㄴ04)(혼전1720/167ㄴ02)(혼전1720/168ㄱ01)

蓋瓦匠【개와장(이)/기와장(이)】 채 건

조선 시대에 선공감繕工監에 딸린 공장工匠의 하나. 기와를 굽거나 기와나 이엉 잇는 일을 맡아 하였다. 다른 장인들이 대체로 하루 단위로 공임을 받았던 반면, 개와장은 일의 분량에 따라 임금을 받았다. 가령 오량각五樑閣은 매 간間마다 돈 6전을, 행각行閣의 경우에는 매 간마다 돈 4전을 받았고 밥값으로 매일 돈 3전과 사흘마다 짚신 값으로 7푼을 받았다.

참조1 선공감繕工監

예문 泥匠李錫伊蓋瓦匠磨申今乭磨造匠李春根(가례1866/133ㄱ04~06)

색인 (가례1866/하133ㄱ05)

蓋匠【개와장(이)/기와장(이)】 채 건 ☞ 蓋瓦匠개와장(이)/기와장(이)

예문 籩笠匠趙應桓扇蓋匠文禧柱(국장1821/74ㄴ01~02)

색인 (가례1671/150ㄱ05)(가례1718/080ㄱ02)(가례1718/245ㄱ02)(가례1762/상076ㄴ08)(가례1802/상123ㄴ05)(빈전1800一/118ㄱ09)

蓋板【개판】 채 건 盖板 箇板

부재 사이를 막아 덮는 널의 총칭. 넓은 의미로 개판蓋板, 箇板은 덮어 대는 판이라는 의미를 지니지만 일반적으로는 지붕의 서까래 사이나 부연 사이를 막아 덮는 널을 가리키는 좁은 의미로 쓰인다. 지붕에서 서까래와 서까래 사이의 빈 공간을 막아 덮는 방법으로는 산자엮기와 개판깔기의 두 가지 방법이 있다. 그 중에서 개판을 까는 방법이 보다 고급의 기법에 해당한다. 우리나라 건축에서는 널을 서까래와 같은 방향으로 길게 덮어 까는데, 이를 특별히 골개판이라 부르기도 한다. 또한 겹처마를 만들 경우에 부연과 부연 사이는 산자엮기를 하지 않고 반드시 개판을 깐다.

참조2 고대개판高臺盖板, 방연개판方椽盖板, 부연개판付椽盖板, 부연개판婦椽盖板, 부연개판浮椽盖板, 상하단연개판上下短椽盖板, 선연개판扇椽盖板, 선자개판扇子盖板, 연개판椽盖板, 장연개판長椽盖板, 중단연개판中短椽盖板

예문 蓋板次薄椴板二立(상호1853/169ㄱ08)

색인 (가례1866/하045ㄱ06)(가례1819/하125ㄴ07)(국장1800二/171ㄱ12)(국장1903二/204ㄴ04)(상호1848二/065ㄱ12)(국장1659一/046ㄴ01)

盖板【개판】 채 건 ☞ 蓋板개판

예문 臘染付朴只殿門鎖鑰具開金一介望㙻位盖板乼沙一部排目具(빈전1680/305ㄴ11~12)

색인 (국장1898三/089ㄱ02)(빈전1895二/019ㄱ04)(혼전1720/138ㄴ11)(혼전1720/172ㄱ09)(존호1783/236ㄱ05)(존호1783/236ㄴ03)

箇板【개판】 채 건 ☞ 蓋板개판

예문 遠音童子次楸木長七寸方一寸二箇板次薄椵板長四尺五寸廣六寸五片蓋兒廉隅赤貼次薄椵板(국장1834/012ㄴ10~11)

색인 (국장1674一/201ㄱ02)(국장1757B一/164ㄱ04)(국장1757B二/243ㄱ12)(국장1776二/260ㄴ11)(국장1821二/080ㄱ03)(국장1821四/107ㄱ12)

羹墻【갱장】 일 의

고인을 추모하여 잊지 못하는 것을 가리키는 말. 갱장羹墻은 국과 담장을 가리키는 말에서 앉을 때나 밥 먹을 때나 늘 고인의 생각에서 벗어나지 못하는 추모의 상황을 묘사하는 것으로 변하였다. 이 말은 『후한서後漢書』 이고전李固傳에 옛날 요堯 임금이 죽은 뒤에 순舜 임금이 3년 동안 사모하여, 앉았을 때에는 요 임금이 담장[墻]에서 보이고 밥 먹을 때에는 요 임금이 국[羹]에서 보였다고 한 데에서 유래하였다. 한편 조선 시대 선왕의 업적을 기린 책을 『갱장록羹墻錄』이라 하였다. 이러한 예로 영조대 이세근李世瑾이 찬撰한 『성조갱장록聖朝羹墻錄』과 이를 본떠 편찬한, 정조대 각신 이복원閣臣李福源이 찬撰한 『갱장록羹墻錄』이 있다.

예문 帝王曾閔行五册首揄揚長樂無晨夕喬陵每露霜羹墻追遠篤風草化民長尙憶元春慶親傳太廟(국장1776/083ㄱ02~03)

색인 (국장1659二/121ㄱ09)(국장1684/202ㄱ10)

擧敎命册寶命服案者【거교명책보명복안자】 일 의

왕비 또는 왕세자·왕세제·왕세손 및 그 빈을 책봉할 때 교명敎命·옥책·금보, 명복을 올려놓은 책상을 드는 관원. 왕비 또는 왕세자·왕세제·왕세손 및 그 빈을 책봉할 때에 의식을 치른다. 『세종실록世宗實錄』 「오례의五禮儀」 가례의식조에 의하면, 이 의식을 진행할 때 내직별감이 교명안敎命案(책봉에 관한 임금의 교서를 놓은 책상)·책안册案(왕이나 왕비 등의 존호를 올릴 때 함께 올리던 옥책을 놓은 책상)·보안寶案(왕이나 왕비 등의 존호를 올릴 때 함께 올리던 금보를 놓은 책상)·명복안命服案(예복을 놓아둔 책상)을 들고 의식에 따라 진행한다. 이때 매 안案마다 2인이 공복을 입고 마주 든다. 따라서 교명·옥책·금보·명복을 놓아 둔 책상을 든 2인의 내직별감이 거교명책보명복안자擧敎命册寶命服案者이다.

예문 由東門出擧敎命册寶命服案者由正門前行使者以敎命册函寶綬(가례1802/220ㄴ11~12)

색인 (가례1802/상220ㄴ11)

擧敎命册寶案者【거교명책보안자】 일 의

책봉 의식을 행할 때 교명敎命·옥책·인金寶을 올려놓은 책상을 드는 관원. 왕비 또는 왕세자·왕세제·왕세손 및 그 빈을 책봉할 때에 의식을 치른다. 『세종실록世宗實錄』 「오례의五禮儀」 가례의식조에 의하면, 이 의식을 진행할 때 내직별감이 교명안敎命案(책봉에 관한 임금의 교서를 놓은 책상)·책안册案(왕이나 왕비 등의 존호를 올릴 때 함께 올리던 옥책을 놓은 책상)·인안印案(왕이나 왕비 등의 존호를 올릴 때 함께 올리던 인[金寶]을 놓은 책상)·명복안命服案(예복을 놓아둔 책상)을 들고 의식에 따라 진행한다. 이때 매 안案마다 2인이 공복을 입고 마주 든다.

예문 使者不答拜謁者引使者入門而右擧敎命册寶案者從之主人入門而左至中門外各就位擧敎命(가례1802/222ㄱ03~05)

색인 (가례1802/상222ㄱ03)(가례1802/상222ㄱ04)(가례1866/상087ㄴ03)(책례1676/024ㄴ05)(책례1726/043ㄴ06)(가례1802/상220ㄱ12)

擧敎命冊印命服案者【거교명책인명복안자】 일 의

책봉 의식을 행할 때 교명敎命·옥책·인金寶·명복을 올려놓은 책상을 드는 관원. 왕비 또는 왕세자·왕세제·왕세손 및 그 빈을 책봉할 때에 의식을 치른다. 『세종실록世宗實錄』 「오례의五禮儀」 가례의식조에 의하면, 이 의식을 진행할 때 내직별감이 교명안敎命案(책봉에 관한 임금의 교서를 놓은 책상)·책안冊案(왕이나 왕비 등의 존호를 올릴 때 함께 올리던 옥책을 놓은 책상)·인안印案(왕이나 왕비 등의 존호를 올릴 때 함께 올리던 인[金寶]을 놓은 책상)·명복안命服案(예복을 놓아둔 책상)을 들고 의식에 따라 진행한다. 이때 매 안案마다 2인이 공복을 입고 마주 든다.

예문 引儀引使者由東門出擧敎命冊印命服案者前行使者(가례1718/175ㄱ01)

색인 (가례1718/175ㄱ01)

擧敎命冊印案者【거교명책인안자】 일 의

책봉 의식을 행할 때 교명敎命·옥책·인金寶을 올려놓은 책상을 드는 관원. 왕비 또는 왕세자·왕세제·왕세손 및 그 빈을 책봉할 때에 의식을 치른다. 『세종실록世宗實錄』 「오례의五禮儀」 가례의식조에 의하면, 이 의식을 진행할 때 내직별감이 교명안敎命案(책봉에 관한 임금의 교서를 놓은 책상)·책안冊案(왕이나 왕비 등의 존호를 올릴 때 함께 올리던 옥책을 놓은 책상)·인안印案(왕이나 왕비 등의 존호를 올릴 때 함께 올리던 인[金寶]을 놓은 책상)을 들고 의식에 따라 진행한다. 이때 매 안案 마다 2인이 공복을 입고 마주 든다. 따라서 교명·옥책·인을 올려놓아 둔 책상을 둔 2인의 내직별감이 거교명책인안자이다.

예문 使者不答拜謁者引使者入門而右擧敎命冊印案者從之(가례1718/176ㄱ01)

색인 (가례1627/009ㄴ04)(가례1671/034ㄴ07)(가례1671/114ㄱ12)(가례1671/114ㄴ12)(가례1671/115ㄱ01)(가례1696/038ㄱ03)

擧敎書束帛案者【거교서속백안자】 일 의

가례嘉禮 때의 교서와 속백을 올려 둔 상자를 든 관인. 가례를 행할 때 왕이 내리는 교서와 속백束帛(납폐에 쓰던 양단. 검은 비단 여섯 필과 붉은 비단 네 필)을 들고 따르는 집사관의 하나이다.

참조1 속백束帛

참조2 교서敎書

예문 正使南向立副使立於正使東南擧敎書束帛案者(가례1802/214ㄱ07~08)

색인 (가례1802/상214ㄱ06)(가례1802/상214ㄱ07)

擧敎書案者【거교서안자】 일 의

왕이 내리는 교서를 올려 둔 책상을 드는 집사자. 가례를 행할 때 왕이 내리는 교서를 올려 둔 책상을 드는 집사자로서 내시별감이 공복을 입고 교서안을 마주 들고 전교관傳敎官을 따르면서 교지를 주고받는 의식에 참여한다.

참조1 교서안敎書案

참조2 교서敎書

예문 主人就庭中北向四拜擧敎書案者以案進副使前副使取敎書(가례1866/242ㄱ01~03)

색인 (가례1802/상214ㄱ09)(가례1802/상216ㄴ04)(가례1866/상242ㄱ02)(가례1866/상244ㄱ06)

擧讀寶案者【거독보안자】 일 의

왕이나 왕비 등의 존호를 올릴 때 함께 올리던 인[金寶]을 놓은 책상을 든 관리. 왕비 또는 왕세자·왕세제·왕세손 및 그 빈을 책봉할 때에 그에 걸맞는 의식을 치른다. 그때 내직별감이 인[金寶]을 올려둔 책상을 2인이 잡고 드는데, 그 관인을 거독보안자擧讀寶案者라고 한다.

예문 擧讀寶案者一員忠贊衛一人(국장1890/019ㄱ02)

색인 (가례1802/상086ㄴ11)(가례1802/상117ㄱ01)(가례1802/상159ㄴ07)(가례1866/상074ㄱ06)(가례1866/상102ㄱ06)(가례1866/상173ㄴ07)

擧讀諡寶案者【거독시보안자】 일 의

시호諡號를 새긴 인[金寶]을 올려놓은 책상을 드는 집사자. 조선 시대에 임금과 왕비, 종친, 실직에 있었던 정2품 이상의 문무관과 공신에게 내린 시호를 새긴 인을 올려놓은 책상을 든 집사자로서 시호를 선포할 때의 의식에 참여한다.

참조1 보안寶案

참조2 시호諡號

예문 擧讀諡寶案者氷庫別提權彝性忠贊衛一人(국장1776/040ㄱ08)

색인 (국장1757A/126ㄴ07)(국장1776一/123ㄴ02)(국장1776二/040ㄱ08)(국장1821一/160ㄱ04)(국장1821一/177ㄴ01)(국장1821三/026ㄱ05)

擧讀諡冊案者【거독시책안자】 일 의

시호諡號를 올릴 때의 송덕문을 새긴 옥책을 올려둔 책상을 드는 집사자. 국왕·왕비·대비·왕대비·대왕대비 등에게 시호諡號를 올릴 때 송덕문頌德文을 옥玉에 새겨 놓은 간책簡冊을 올려둔 책상을 든 집사자로서 시호를 선포할 때 옥책안을 내시별감 두 사람이 마주 들고 따르면서 의식에 참여한다.

참조1 옥책玉冊

참조2 시호諡號, 옥책안玉冊案

예문 擧讀諡冊案者氷庫主簿鄭軒時(국장1890/178ㄴ06)

색인 (국장1757A/126ㄴ05)(국장1776一/123ㄱ07)(국장1776二/040ㄱ01)(국장1821一/159ㄴ09)(국장1821一/177ㄱ12)(국장1821三/025ㄴ10)

擧讀哀冊案者【거독애책안자】 일 의

국장 때 애도문을 새긴 간책을 올려둔 책상을 든 집사자. 국왕·왕비·대비·왕대비·대왕대비 등의 국장 때 애도문을 옥玉에 새겨 놓은 간책簡冊을 올려둔 책상을 든 집사자로 애도문을 읽을 때 애책안을 내시별감 두 사람이 마주 들고 따르면서 의식에 참여한다.

예문 擧讀哀冊案者司僕寺判官金碩根(국장1890/185ㄴ07)

색인 (국장1757A/127ㄱ04)(국장1757A/128ㄴ04)(국장1776一/124ㄴ04)(국장1776二/040ㄴ07)(국장1776二/044ㄱ12)(국장1821一/160ㄴ01)

擧讀冊案者【거독책안자】 일 의

존호尊號를 올릴 때 송덕문頌德文을 새긴 간책을 올려둔 책상을 드는 집사자. 조선 시대에 국왕·왕비·대비·왕대비·대왕대비 등에게 존호尊號를 올릴 때 송덕문을 옥玉에 새겨 놓은 간책簡冊을 올려둔 책상을 든 집사자이다. 세자·세자빈을 책봉하는 글은 대쪽에 새기고 죽책竹冊이라 하였다. 존호를 선포할 때 옥죽간책안을 내시별감 두 사람이 마주 들고 따르면서 의식에 참여한다.

예문 擧讀冊案者一中部主簿尹後益都已上數(책례1651/023ㄴ01~02)

색인 (가례1802/상086ㄴ03)(가례1802/상116ㄴ05)(가례1802/상159ㄴ05)(가례1866/상073ㄴ10)(가례1866/상101ㄴ10)(가례1866/상173ㄴ06)

巨勿釘【거물못】 채 건 去勿釘 巨物丁 巨物釘 巨勿丁

두 부재를 연결하거나 벌어지지 않게 하는 데 쓰이는 ㄱ자나 ㄷ자 형으로 구부려 만든 못. 거멀 장식처럼 걸쳐 박아 꺾쇠의 역할을 하도록 했다. 주로 박공널 등의 두 부재를 연결하여 고정시키는 데에 쓰인다. 의궤에 보이는 거멀못은 길이와 크기에 따라 三寸-, 五寸-, 六寸-, 七寸-, 八寸-, 長七寸大-, 大-, 別大-, 小-, 中-으로 구분하고 있고, 이 밖에 모양과 쓰임새를 밝힌 粧餙鎖鑰籤子-, 朴只大-, 籤子-, 龍頭朴只- 등이 있다.

관련1 대거물못大巨勿釘, 박이대거물못朴只大巨勿釘, 용두박이거물못龍頭朴只巨勿釘, 장식쇄약첨자거물못粧餙鎖鑰籤子巨勿釘, 중거물못中巨勿釘, 첨자거물못籤子巨勿釘, 별대거물못別大巨勿釘, 세치거물못三寸巨勿釘, 소거물못小巨勿釘, 다섯치거물못五寸巨勿釘, 여섯치거물못六寸巨勿釘, 장일곱치대거물못長七

寸大巨勿釘, 중거물못中巨勿釘, 일곱치거물못七寸巨勿釘, 여덟치거물못八寸巨勿釘

예문 竹散鞍馬十二匹馬蹄以椽木磨造後排立則間多引風太半破拆是如乎勢將以巨勿釘及二寸釘朴排然後可無盡折之患是置同巨勿釘及二寸釘各四十箇(국장1776/284ㄴ03~05)

색인 (가례1681/324ㄱ12)(가례1696/264ㄴ09)(가례1718/267ㄱ05)(가례1866/상161ㄴ09)(국장1674A三/053ㄴ12)(국장1800二/178ㄱ12)

去勿釘【거물못】 채 건 ☞ 巨勿釘거물못

예문 中落目兩排具一箇去勿釘十六箇中鎖鑰一部(국장1834/076ㄱ11~12)

색인 (국장1800四/085ㄱ05)(국장1800四/092ㄱ08)(국장1800四/094ㄴ01)(국장1800四/096ㄱ01)(국장1800四/104ㄱ04)(국장1800四/104ㄱ06)

巨物丁【거물못】 채 건 ☞ 巨勿釘거물못

예문 松板半立式槊次材木小條里木一介式于里次薄松板半骨士尺式巨物丁八介式所入鐵物炭幷以急速進排事捧甘爲只爲手決內依(빈전1701/195ㄱ05~07)

색인 (국장1898二/033ㄴ05)(국장1898二/122ㄱ01)(빈전1701/195ㄱ06)(빈전1701/200ㄴ06)

巨物釘【거물못】 채 건 ☞ 巨勿釘거물못

예문 外梓宮上粧所入積貼十八部朴只一寸頭釘三百八十介斜木朴只巨物釘十六介巨乙甘莫金四介排目八介鳳朴只四寸釘八介(국장1701/210ㄴ03~ 05)

색인 (국장1701一/210ㄴ04)(국장1701一/210ㄴ12)(국장1701一/211ㄱ05)(국장1702B二/007ㄴ01)(국장1702B二/069ㄱ05)(국장1702B二/069ㄱ08)

巨勿丁【거물못】 채 건 ☞ 巨勿釘거물못

관련1 박이거물못朴只巨勿丁, 박이중거물못朴只中巨勿丁

예문 鑾鐵一部所入鐵炭依橫看上下庫間修補所入三寸丁六介巨勿丁三介上下印(국장1720/373ㄴ12~374ㄱ01)

색인 (존호1753二/200ㄴ02)(존호1753二/203ㄱ03)(존호1753二/203ㄴ07)(존호1753二/204ㄱ07)(존호1753二/205ㄴ09)(존호1753二/205ㄴ11)

舉寶案者【거보안자】 일 의

조선 시대에 국왕·왕비·대비·왕대비·대왕대비 등에게 존호尊號를 올릴 때 금보金寶를 올려둔 책상을 드는 집사자. 존호를 선포할 때 보안을 내시별감 두 사람이 마주 들고 따르면서 의식에 참여한다.

예문 擧册案者擧寶案者入就位謁者進領議政(빈전1800/033ㄱ04)

색인 (국장1659一/066ㄱ11)(국장1659二/170ㄴ07)(국장1674一/074ㄴ06)(국장1674一/086ㄴ01)(국장1674一/086ㄴ12)(국장1674一/087ㄱ06)

擧束帛案者【거속백안자】 일 의

속백束帛을 올려 놓은 책상을 든 집사자. 가례를 행할 때 속백束帛(납폐에 쓰던 양단. 검은 비단 여섯 필과 붉은 비단 네 필)을 들고 따르는 집사관의 하나이다.

예문 擧束帛案者以案進副使前副使取束帛(가례1866/242ㄱ06)

색인 (가례1671/110ㄱ12)(가례1671/110ㄴ04)(가례1671/110ㄴ05)(가례1681/166ㄱ01)(가례1681/166ㄴ06)(가례1696/138ㄴ09)

擧案者【거안자】 일 의

책봉册封 의식 때 책인册印 등을 바치고 난 뒤의 남은 책상을 든 집사자. 책봉 의식 때 옥책玉册과 금보金寶를 올려놓은 책인안册印案을 받든 사람이 부사 앞에 당도하면 부사가 책인을 받고 안을 받든 사람, 즉 봉안자[擧案者]가 물러나 제 자리로 돌아가므로 거책인안자擧冊印案者와 동일인이다. 내시별감이 책상을 마주 들고 의식에 참여한다.

동 봉안자奉案者

참조1 금보金寶

참조2 옥책玉冊, 책봉冊封

예문 擧案者儀賓府都事鄭昌耆(가례1802/084ㄴ09)

색인 (가례1627/007ㄴ03)(가례1627/007ㄴ07)(가례1627/015ㄴ05)(가례1627/017ㄴ09)(가례1627/017ㄴ10)(가례1627/036ㄱ01)

擧哀【거애】 일 의

부고訃告를 듣고 고인의 죽음을 슬퍼하며 곡을 하는 의식. 의궤에 자주 나오는 거애는 국왕 또는 왕비의 상喪을 당하여 백관과 서민들이 거행하는 것이다. 이때에 종친과 문무백관은 천담복을 입고 오사모와 흑각대를 착용하고 궐내에서 거애하고, 서민은 백의와 흑립을 착용하고 궐외에서 거애하였다. 한편 『국조오례의國朝五禮儀』 흉례조凶禮條에는 중국 황제, 국왕의 외조부, 왕비의 부모, 왕자와 그 부인, 공주, 옹주, 내명부內命婦, 종척宗戚, 귀신貴臣 등의 상喪을 당했을 때, 국왕 이하 사람들이 거애하는 의식이 실려 있다.

예문 一參外一遣奠時讀哀册官女官捧哀册官女官擧哀册案者女官讀哀册空案者女官(국장1730/080ㄱ05~07)

색인 (국장1674一/074ㄴ10)(국장1674一/084ㄱ07)(국장1674二/209ㄱ04)(국장1681一/067ㄴ07)(국장1681一/068ㄱ01)(국장1681一/080ㄱ11)

車匠【거장】 일 건

수레를 만드는 일을 전문으로 하는 사람. 수레장이라고도 한다. 『화성성역의궤華城城役儀軌』에 의하면 일반 인부의 경우 매일 2전 5푼 정도가 지급된 데 비해 수레장을 비롯하여 목수, 미장이, 조각장, 화공 등의 경우는 매일 4전 2푼씩 지급된 것으로 기록되어 있어 일반 단순노동자들보다 임금을 더 많이 지급함으로써 전문 장인에 대한 예우를 하였음을 알 수 있다.

예문 本房各樣工役今已完畢諸色工匠幷皆放送就中竹散馬邊首方相氏邊首小木匠邊首豆錫匠邊首車匠邊首各一名有待令之例今亦依此待令何如手決內依(국장1890/188ㄱ04~06)

색인 (국장1800二/105ㄱ07)(국장1800一/143ㄱ04)(국장1800一/143ㄴ04)(국장1800一/144ㄴ12)(국장1903四/060ㄱ07)(국장1903二/113ㄴ09)

去滓生布【거재생포】 일 복

성복成服이나 최복衰服, 교명敎命을 만드는 데 사용하거나 찌꺼기를 거르는 데 사용되는 베. 거재저포去滓苧布는 칠장漆匠이 칠의 찌꺼기를 제거하기 위해 사용했던 거친 베를 뜻한다. 생포生布는 아주 거친 베를 뜻하는데 장례 때 성복成服이나 최복衰服을 만드는 데 사용하거나 교명을 만드는 데 사용한다. 걸레감으로 백포白布와 생포生布를 사용하였다.

참조2 거재저포去滓苧布, 칠거재포漆去滓布

예문 炭末伍合太末伍升去滓生布捌尺去滓苧布貳尺肆寸眞末貳升(가례1727/090ㄴ04~06)

색인 (가례1627/123ㄱ07)(가례1627/123ㄱ07)(가례1671/059ㄱ07)(가례1696/082ㄴ08)(가례1718/099ㄱ03)

擧箋函者【거전함자】 일 의

나라의 길흉사 때 수하壽賀에 올리던 글인 전문箋文을 담은 상자를 든 집사자. 나라에 길사·흉사가 있을 때 신하가 임금께, 또는 임금이 그 어버이의 수하壽賀에 써 올리던 사륙체四六體의 글인 전문箋文을 담은 상자를 든 집사자를 말한다.

동 봉전함자奉箋函者

예문 主人受雁退而授左右北向立擧箋函者進立於主人(가례1691/160ㄴ11~12)

색인 (가례1681/160ㄴ11)(가례1802/상210ㄱ

12)(가례1802/상214ㄴ03)(가례1802/상217ㄴ08)(가례1866/상238ㄱ09)(가례1866/상242ㄱ08)

擧册寶案者【거책보안자】 일 의

책봉册封 의식을 행할 때 옥책·금보를 올려놓은 책상을 드는 집사자. 조선 시대에 왕비 또는 왕세자·왕세제·왕세손 및 그 빈을 책봉할 때에 임금이 내리던 옥책玉册·금보金寶를 올려둔 책상을 드는 집사관의 하나이다. 내시별감 두 명이 양쪽에서 든다.

예문 殯殿中門外之東西向捧册寶官及擧册寶案者在南差退西向說尙傳位於領議政(상호1805/024ㄴ10~11)

색인 (국장1674一/085ㄱ05)(국장1674一/088ㄱ03)(국장1674一/088ㄱ06)(국장1674一/090ㄱ04)(국장1681一/083ㄱ06)(국장1681一/083ㄴ02)

擧册案者【거책안자】 일 의

책봉册封 의식을 행할 때 옥죽책玉竹册을 올려놓은 책상을 드는 집사자. 조선 시대에 국왕·왕비·대비·왕대비·대왕대비 등에게 존호尊號를 올릴 때 송덕문頌德文을 옥玉에 새겨 놓은 간책簡册을 올려둔 책상을 든 집사자이다. 세자·세자빈을 책봉하는 글은 대쪽에 새기고 죽책竹册이라 하였다. 죽간책안을 내시별감 두 사람이 마주 들고 따르면서 의식에 참여한다.

예문 捧册官捧寶官擧册案者擧寶案者位於領議政(국장1890/133ㄴ04~05)

색인 (국장1659一/066ㄱ07)(국장1659一/066ㄴ08)(국장1659一/103ㄱ10)(국장1659二/133ㄱ07)(국장1659二/170ㄴ05)(국장1674一/074ㄴ06)

擧鐵【걸쇠】 채 건 去乙金 擧乙金 乬鎖 乬沙 馬腰金 乬沙 乬鐵 乬鐵

분합[들어걸개]을 처마 밑에 들어 올려 거는 쇠. 분합문은 한옥의 대청 앞쪽 전체에 드리는 긴 창살문으로 대개 대청이나 대청과 방 사이에 분합문을 달아 제례 때는 활짝 열어 놓는다. 이 분합문을 들어 걸기 위해 필요한 것이 걸쇠이다. 擧는 [걸]음 표기로 말음 ㄹ이 생략된 표기이고, 鐵은 훈차訓借되어 [쇠]음을 나타낸다. 의궤 중 건축 관계 문서인 『영건의궤營建儀軌』에는 건축 관련 기물이 다수 보이는데, 그 중 철물류 표기에 鐵이 훈차되어 주로 쓰였다.

참조1 걸쇠乬金, 걸쇠乬鐵, 걸쇠乬沙

예문 所排紅絲大索玖把擧鐵壹大圓還貳鐵絲柒柒錢等物依例進排于二房之意幷以捧甘何如(혼전1724/105ㄱ10~11)

색인 (혼전1724/105ㄱ10)

擧麾【거휘】 일 의

음악의 시작을 알리기 위하여 휘麾를 드는 일. 휘는 아악雅樂을 연주할 때 협률랑協律郎이 그 시작과 끝을 지휘하던 기旗로 누런 바탕에 용을 그렸다.

예문 設寶案於座前近東香案二於階上左右掌樂院展軒懸於庭近南北向陳而不作設協律郎擧麾位於西階下近西東向司僕寺陳輿輦於中道陳御馬(빈전1659/013ㄱ11~ㄴ01)

색인 (빈전1659/013ㄱ12)(빈전1659/013ㄴ03)(빈전1834一/092ㄴ03)(빈전1834一/092ㄴ06)(상호1827一/055ㄴ03)(상호1848一/058ㄱ09)

巪金【꺾쇠】 채 건 巪釗

목조 건축에서 두 부재를 연결하기 위하여 양끝을 꼬부려서 두 부재에 쳐서 박아 보강하는 철물. 주로 ㄷ자 모양으로 만들며 잇댄 두 물체가 서로 벌어지지 않도록 하는 데 쓰인다.

예문 乫江金十五箇曲長金五箇巪金一箇穿穴刃四箇槓子一部所入上同(국장1805/090ㄴ04~05)

색인 (국장1800四/102ㄴ11)(국장1800四/103ㄴ07)(국장1800四/116ㄱ12)

巪釗【꺾쇠】 채 건 巪金

목조 건축에서 두 부재를 연결하기 위하여 양끝을 꼬부려서 두 부재에 쳐서 박아 보강하는 철물. 꺾쇠. 주로 ㄷ자 모양으로 만들며 잇댄 두 물체가 서로 벌어지지 않도록 하는 데 쓰인다. [쇠]음 표기에 釗가 쓰였는데, [쇠]는 의궤에서 金, 釗, 鎖, 鐵 등으로 다양하게 표기되었다. 다만, 여러 의궤에서 -金 형태가 두드러지는 것으로 보아 -金형을 보편적인 표기형으로 볼 수 있다.

참조1 꺾쇠巪金

예문 一中使金熙明聽傳敎據內入加乃巪釗具二柄中鎌子五柄大鎌子五柄小侍郎五柄大斧子六柄(빈전1809/193ㄱ03~04)

색인 (빈전1886三/192ㄱ03)(빈전1886三/196ㄱ11)

乬鉅匠【걸거장】 채 건

걸톱[乬鉅]으로 반입된 원재를 소요 길이로 자르는 두절頭切 공역工役을 전문으로 하는 장인. 가례嘉禮나 책례冊禮, 빈례賓禮, 국장國葬 등에 소요되는 각종 의례용 물품이나 부재 가운데 나무로 된 것을 적정 길이로 자르는 일을 맡았다. 즉 가례에서 연여輦輿용 재목이나 목부재를, 빈례에서 빈전殯殿 수리 및 새로 조성하는 집에 소요되는 목물을, 국장에서 옹가甕家, 수도각隧道閣, 구봉틀拘捧機, 별녹로別轆轤 조성에 필요한 재목을 소요 길이로 자르는 일을 하였다.

참조1 기거장歧鉅匠, 인거장引鉅匠

참조2 거鉅, 걸거乬鉅, 기거歧鉅, 인거引鉅

예문 本殿修理及新造家造成時所用木物軍頭斫伐次以乬鉅匠二牌及小引鉅軍三牌斯速起送事手決內依(빈전1683/223ㄴ11~224ㄱ01)

색인 (가례1718/210ㄴ05)(가례1802/상206ㄴ07)(가례1819/상193ㄴ01)(가례1819/하037ㄴ10)(국장1800二/105ㄱ05)(국장1800一/144ㄴ11)

乬金【걸쇠】 채 건 去乙金 擧乙金 㐦鎖 乬沙 馬腰金 㐦沙 㐦鐵 擧鐵

분합[들어걸개]을 처마 밑에 들어 올려 거는 쇠. 분합문은 한옥의 대청 앞쪽 전체에 드리는 긴 창살문으로 대개 대청이나 대청과 방 사이에 분합문을 달아 제례 때는 활짝 열어 놓는다. 이 분합문을 들어 걸기 위해 필요한 것이 걸쇠이다.

참조1 걸쇠擧鐵, 걸쇠㐦鐵, 걸쇠㐦沙

참조2 휘장거리두석걸쇠揮帳巨里豆錫乬金

예문 添次磻朱紅四兩三節中乬金兩排具一部鎖鑰開金具一部(혼전1776/106ㄴ03~05)

색인 (책례1736/182ㄴ10)(책례1736/183ㄴ04)(책례1812/136ㄱ04)(책례1721/153ㄱ09)(책례1721/162ㄴ02)(책례1721/254ㄱ02)

㐦沙【걸쇠】 채 건 去乙金 擧乙金 乬金 㐦鎖 乬沙 㐦鐵 擧鐵

분합[들어걸개]을 처마 밑에 들어 올려 거는 쇠. 분합문은 한옥의 대청 앞쪽 전체에 드리는 긴 창살문으로 대개 대청이나 대청과 방 사이에 분합문을 달아 제례 때는 활짝 열어 놓는다. 이 분합문을 들어 걸기 위해 필요한 것이 걸쇠이다. 㐦은 한자와 한자의 상하합자인 고유한자로 擧를 훈으로 읽느냐 음으로 읽느냐에 따라 [걸]과 함께 [들]도 가능한데, 지시하는 기물의 주요 기능이 들어 올리는 데 있고, 이표기 관계에 있는 乬金을 통해 擧가 음가자音假字로 쓰여 [걸]음 표기에 쓰였음을 알 수 있다.

참조1 걸쇠乬金, 걸쇠乬沙, 걸쇠乬鎖

예문 㐦沙排目具十八部加莫金排目具十介(혼전1701/350ㄴ174)

색인 (혼전1701/350ㄴ174)

乬沙【걸쇠】 채 건 去乙金 擧乙金 㐦鎖 乬金 馬腰金 㐦沙 㐦鐵 擧鐵

분합[들어걸개]을 처마 밑에 들어 올려 거는 쇠. 분합문은 한옥의 대청 앞쪽 전체에 드리는 긴 창살문으로 대개 대청이나 대청과 방 사이에 분합문을 달아 제례 때는 활짝 열어 놓는다. 이 분합문을 들어 걸기 위해 필요한 것이 걸쇠이다. 乬은 한자와 한자의 상하합자인 고유한자로 [걸]음을 나타낸다. 沙는 음가자音假字로 쓰여 [쇠]음을 나타내는데, 차자의 표기상의 한 특징인 표기법의 불완전성을 감안하면 [ㅣ]음이 생략된 표기로 볼 수 있다.

참조1 걸쇠乬金, 걸쇠巪沙, 걸쇠乬鎖

예문 沙立門一隻所入小椽木二介眞長木二介雜長木三介後乬鎖兩排具二介馬要乬沙一介(국장1724二/332ㄱ11~12)

색인 (국장1701一/308ㄴ01)(국장1724二/332ㄱ12)(빈전1659/268ㄴ06)(빈전1680/263ㄱ07)(빈전1680/296ㄱ01)(빈전1680/305ㄴ01)

乬鎖【걸쇠】 채 건 去乙金 擧乙金 巪鎖 乬沙 乬金 馬腰金巪沙 巪鐵 擧鐵

분합[들어걸개]을 처마 밑에 들어 올려 거는 쇠. 분합문은 한옥의 대청 앞쪽 전체에 드리는 긴 창살문으로 대개 대청이나 대청과 방 사이에 분합문을 달아 제례 때는 활짝 열어 놓는다. 이 분합문을 들어 걸기 위해 필요한 것이 걸쇠이다. [쇠]음 표기에 鎖가 쓰였는데, [쇠]는 의궤에서 金, 釗, 鎖, 鐵 등으로 다양하게 표기되었다. 다만, 여러 의궤에서 -金 형태가 두드러지는 것으로 보아 -金형을 보편적인 표기형으로 볼 수 있다. 巪은 한자와 한자의 상하합자인 고유한자로 擧를 훈으로 읽느냐 음으로 읽느냐에 따라 [걸]과 함께 [들]도 가능한데, 지시하는 기물의 주요 기능이 들어 올리는 데 있고, 이표기 관계에 있는 乬金을 통해 擧가 음가자音假字로 쓰여 [걸] 음 표기에 쓰였음을 알 수 있다.

참조1 걸쇠乬金, 걸쇠乬沙, 걸쇠巪沙

예문 叚姑先取用矣正殿分閤排目乬鎖遠山等物改鑞染已是己丑所無叚不喩殿內前排(빈전1659/259ㄴ04~06)

색인 (국장1674一/129ㄱ10)(국장1674二/224ㄴ05)(국장1681一/122ㄴ03)(국장1681二/227ㄴ08)(국장1681二/249ㄱ11)(국장1684/225ㄴ08)

巪鎖【걸쇠】 채 건 ☞ 乬金걸쇠

예문 都廳後門馬要巪鎖排具一箇二房間中門馬要巪鎖兩排具一箇(국장1834/051ㄴ06~07)

색인 (국장1834 051ㄴ06)

乬鑰【걸쇠】 채 건 ☞ 乬金걸쇠

예문 實入秩乬鑰兩排具三十八箇落目兩排具一百五十九箇五寸頭釘八十二箇一寸釘一千八百二十九箇(국장1800/111ㄴ01~03)

색인 (국장1800四/111ㄴ02)

乬音金【걸쇠】 채 건 ☞ 乬金걸쇠

예문 密剪刀二箇西道里二箇中刀子二箇巨里金八箇作金二箇乬音金一箇松明其乙音鐵(국장1805/088ㄴ11~12)

색인 (국장1800四/102ㄱ01)(국장1800四/116ㄴ01)

肩輿【견여】 일 의

장례 행렬에서 좁은 길을 지날 때 잠시 쓰는 간단한 가마. 대방상大方牀을 쓰는 행상行喪에서만 동원되었다. 대방상은 삼공三公과 구경九卿(삼정승과 육조의 판서, 좌참찬, 우참찬, 한성판윤을 아울러 이르던 말)이 죽었을 때 사용한다. 두 사람이 앞뒤에서 맨다.

관련1 견여개아肩輿蓋兒, 견여기두肩轝機頭, 견여담배군肩轝擔陪軍, 견여담줄肩轝擔乼, 견여마목肩轝馬木, 견여마목군패장肩輿馬木軍牌將, 견여배행장수肩轝陪行匠手, 견여변수肩轝邊首, 견여복색肩輿服色, 견여봉배군肩轝奉陪軍, 견여부책별감肩轝扶策別監, 견여상개肩輿上蓋, 견여상개肩轝上盖, 견여상개우비肩轝上盖雨備, 견여상개우비봉조차肩輿上盖雨備縫造次, 견여소방상肩輿小方牀, 견여소방상내배만화肩輿小方牀內排滿花, 대여견여군大轝肩輿軍

예문 弘仁門賓陽門出由明政殿後門復由明政殿正門出至月臺排設輪輿自月臺移奉於肩輿至弘化門外自弘化門外移奉於大輿至宗廟前路排

設所少駐進發(빈전1921/068ㄱ06~08)

색인 (국장1659一/020ㄱ06)(국장1659一/041ㄴ03)(국장1659一/042ㄱ03)(국장1659一/045ㄴ02)(국장1659一/051ㄱ11)(국장1659一/051ㄱ12)

견여

肩輿小方牀【견여소방상】 일 의 ☞ 肩輿견여

관련1 견여소방상내배만화肩輿小方牀內排滿花

예문 肩輿小方牀內排彩花二張付單席一件(국장1821/145ㄱ03)

색인 (국장1659一/176ㄱ03)(국장1821四/145ㄱ03)(국장1834四/110ㄴ09)(국장1890四/108ㄴ12)(국장1800四/127ㄴ08)(국장1864四/112ㄴ12)

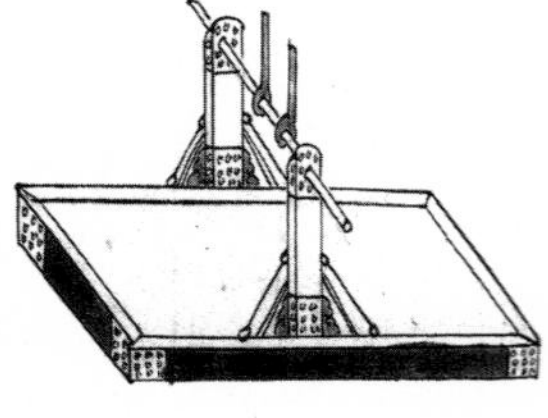

소방상

遣奠【견전】 일 의

상례喪禮에서 발인에 앞서 망자에게 지내는 전의奠儀. 견전은 망자의 시신을 빈소에서 묘소로 옮길 때 거행하는 송별 의식이다. 『주자가례朱子家禮』에서는 관을 상여에 실은 후 전을 거행하지만 국장에서는 견전의 의식을 거행하고 재궁을 상여에 옮긴다. 『국조오례의國朝五禮儀』에 「견전의遣奠儀」의 의주儀註가 실려 있다. 이에 의하면 견전은 빈전 뜰에 대여를 비롯한 상여와 여기에 실을 물품들을 준비한 상태에서 행하는데 곡哭, 분향焚香, 작주酌酒, 독축문讀祝文, 독애책문讀哀册文, 곡哭의 순서로 되어 있다. 견전 의식이 끝나면 재궁을 상여에 싣고 발인한다. 국장 관련 의궤 중 『국장도감의궤國葬都監儀軌』에 「견전의遣奠儀」 의주가 실려 있으며 『빈전혼전도감의궤殯殿魂殿都監儀軌』에 의주가 실린 경우도 있다.

예문 遣奠時捧哀册差備二捧册案差備二讀册牀差備一(국장1903/133ㄱ10~11)

색인 (국장1659一/030ㄴ09)(국장1659一/066ㄴ02)(국장1659一/108ㄱ07)(국장1659一/108ㄱ11)(국장1659一/108ㄴ03)(국장1659一/109ㄴ11)

結繩匠【결승장】 일 건

끈을 매는 일을 전문으로 하는 사람.

예문 本房使役結繩匠九名習儀時及發引教是時大小結繩之役專爲擔當俱不暫雙是如乎(국장1724/ 219ㄴ01~02)

색인 (국장1659一/169ㄴ10)(국장1659一/254ㄴ03)(국장1659二/199ㄴ04)(국장1659二/201ㄴ08)(국장1674一/118ㄱ11)(국장1674一/119ㄱ05)

裌裹肚【겹과두】 일 복 甲裹肚

겹으로 만든 과두. 과두는 저고리보다 긴 백색 상의이다. 대부분 겹으로 만들거나 솜을 넣었다. 조선 후기로 오면서 기존의 상의를 가리키는 말로 장의長衣가 쓰이고, 과두는 남녀 시신의 배와 허리 부분에 감싸 묶는 염습殮襲 용구를 가리키게 되었다.

동 겹과의裌裹衣

참조1 과두裹肚, 겹과두甲裹肚

裌裹衣【겹과의】 일 복 ☞ 裌裹肚겹과두

동 겹과두甲裹肚

참조1 과두裹肚

예문 白紬絲八分裌裹衣一次白水紬一匹(가례1819/225ㄴ04~06)

색인 (가례1819/225ㄴ05)

裌裙【겹군】 채 복

겹으로 만든 치마. 조선 전기 왕비·왕세자빈의 법복法服인 적의翟衣 차림을 구성하는 복식 품목의 하나이다. 『인조장렬후가례도감의궤仁祖壯烈后嘉禮都監儀軌』를 보면 적의는 대삼·배자·단삼·말·군·하피·옥대·패옥·대대·규·적말·적석으로 구성되어 있다. 이 중 군裙은 꽃무늬의 검푸른색 비단[花紋鴉青匹段]을 가지고 겹으로 만들었다.

동 겹군夾裙

예문 裌襖一花紋大紅匹段裌裙一花紋鴉青匹段依前代以藍段付標啓下(가례1718/011ㄴ08~09)

색인 (가례1627/051ㄴ03)(가례1671/009ㄴ06)(가례1671/129ㄱ03)(가례1718/203ㄱ01)(가례1681/088ㄴ11)(가례1696/010ㄱ09)

裌大衫【겹대삼】 채 복 夾大衫

예복 포袍. 조선 전기 왕비·왕세자빈의 법복法服인 적의翟衣 차림을 구성하는 복식 품목의 하나이다. 대삼은 중국 명明의 친왕비나 군왕비의 예복禮服이었으며, 황후나 황태자비의 상복常服이었다. 중국에 비해 두 등급을 낮춘 이등체강원칙二等遞降原則에 따라 명의 군왕비복을 조선 왕비의 예복으로 사여 받아 입었다. 『인조장렬후가례도감의궤仁祖壯烈后嘉禮都監儀軌』를 보면 적의는 대삼·배자·단삼·말·군·하피·옥대·패옥·대대·규·적말·적석으로 구성되어 있다. 이 중 대삼의 재료가 대홍색의 필단 1필에 안감은 대홍색 필단 5척 5촌으로 기록된 것으로 보아 홑옷에 안감용 옷감으로 단처리만 마무리한 것으로 보인다.

예문 裌褙子一無紋鴉青匹段依前減付標啓下裌大衫一無紋大紅匹段單衫一雲紋草綠匹段(가례1718/011ㄴ05~07)

색인 (가례1627/051ㄱ14)(가례1671/009ㄴ05)(가례1696/010ㄱ07)(가례1718/011ㄴ06)

裌褙子【겹배자】 채 복

겹으로 만든 배자褙子. 배자는 포나 짧은 상의上衣 위에 덧입는, 소매가 짧거나 없는 상의를 말한다. 고름이 없고, 섶이 달리지 않아 앞이 여며지지 않는 대금형對衿形이므로 겹쳐져 여미는 것이 아니라 마주 닿게 입는 옷이다. 조선 전기에는 네모난 방령깃이 달린 배자가 많았으나 후기가 되면서 깃이 달리지 않거나 원삼깃 또는 배자깃이라고 하는 둥근 깃이 달린 배자가 많아진다. 또 앞길을 더 짧게 만들기도 하였는데, 이는 좌식坐式 생활을 염두에 둔 것이라 할 수 있다. 『가례도감의궤嘉禮都監儀軌』에 기록된 겹배자는 조선 전기 왕비·왕세자빈의 법복法服인 적의翟衣 차림을 구성하는 복식 품목의 하나이다. 무늬가 없는 검푸른색 비단[無紋鴉青匹段]으로 만들었다.

참조2 배자褙子

예문 翟衣一件裌褙子一無紋鴉青匹段依前減付標啓下裌大衫一無紋大紅匹段單衫一雲紋草綠匹段(가례1718/011ㄴ04~06)

색인 (가례1671/009ㄴ04)(가례1696/010ㄱ07)(가례1718/011ㄴ05)

裌袱【겹보/겹보자기】 채 복

겉감과 안감을 붙여 만든 겹보자기. 초綃·단緞·주紬·세목細木 등의 직물로 겉감과 안감을 붙여 만든 겹보자기이다. 의궤 기록을 보면, 겹보는 작은 물건을 싸거나, 대함이나 명복함의 안에 있는 것을 싸는 것으로 크기는 한 폭幅에서 열 폭에 이르기까지 다양하며, 색상은 홍紅·다홍多紅·자적紫的·주朱 등이다. 무늬는 없는 것이 많으나 운문雲紋도 보인다. 세종 6년(1424)에는 황제를 위한 제문을 쌀 때 금으로 그린 황초黃綃 겹보를 사용하였다.

관련1 과홍세목삼폭겹보자기裹紅細木三幅裌袱, 과홍세목이폭겹보자기裹紅細木二幅裌袱, 과홍정주삼폭겹보자기裹紅鼎紬三幅裌袱, 과홍주목삼폭겹보자기裹紅紬木三幅裌袱, 과홍초겹보자기裹紅綃裌袱, 납징소과홍초삼폭단겹보자기納徵所裹紅綃三幅單裌袱, 내과다홍단겹보자기內裹多紅段裌袱, 내과대홍방사주소김겹보자기內裹大紅方絲紬銷金裌袱, 내과대홍운문대단일폭반겹보자기內裹大紅雲紋大緞一幅半裌袱, 내과륙폭겹보자기內裹六幅裌袱, 내과삼폭겹보자기內裹三幅裌袱, 내과오폭겹보자기內裹五幅裌袱, 내과이폭겹보자기內裹二幅裌袱, 내과일폭반겹보자기內裹一幅半裌袱, 내과자적십폭겹보자기內裹紫的十幅裌袱, 내과자적십폭부겹보자기內裹紫的十幅付裌袱, 내과자적정주팔폭겹보자기內裹紫的鼎紬八幅裌袱, 내과자적주십폭겹보자기內裹紫的紬十幅裌袱, 내과자적주팔폭겹보자기內裹紫的紬八幅裌袱, 내과초금겹보자기內裹綃金裌袱, 내과팔폭겹보자기內裹八幅裌袱, 내과홍경광주삼폭보자기內裹紅輕光紬三幅袱, 내과홍경광주오폭겹보자기內裹紅輕光紬五幅裌袱, 내과홍경광주이폭겹보자기內裹紅輕光紬二幅裌褓, 내과홍광주삼폭겹보자기內裹紅光紬三幅裌袱, 내과홍운문단일폭반겹보자기內裹紅雲紋緞一幅半裌袱, 내과홍정경주삼폭겹보자기內裹紅鼎輕紬三幅裌袱, 내과홍정주륙폭겹보자기內裹紅鼎紬六幅裌袱, 내과홍주륙폭겹보자기內裹紅紬六幅裌袱, 내과홍주사폭겹보자기內裹紅紬四幅裌袱, 내과홍초겹보자기內裹紅綃裌袱, 내과홍초삼폭겹보자기內裹紅綃三幅裌袱, 내과홍초일폭겹보자기內裹紅綃一幅裌袱, 내과홍초일폭반겹보자기內裹紅綃一幅半裌袱, 내외과홍주사폭겹보자기內外裹紅紬四幅裌袱, 내재홍경광주삼폭겹보자기內齋紅輕光紬三幅裌袱, 대함내과육폭겹보자기大函內裹六幅裌袱, 대홍화화주소금삼폭겹보자기大紅禾花紬銷金三幅裌袱, 명복함내과삼폭겹보자기命服函內裹三幅裌袱, 사폭겹보자기四幅裌袱, 삼폭겹보자기三幅裌袱, 세목이폭겹보자기紅細木二幅裌袱, 소과홍주三幅裌袱, 소금진홍화화주삼폭겹보자기銷金眞紅禾花紬三幅裌袱, 소금홍화화주삼폭겹보자기銷金紅禾花紬三幅裌袱, 이폭겹보자기二幅裌袱, 자적유보자기紫的襦袱, 자적주일폭유보자기紫的紬一幅襦袱, 척홍세목이폭겹보자기裹紅細木二幅裌袱, 홍방사주소금겹보자기紅方絲紬銷金裌袱, 홍세목삼폭겹보자기紅細木三幅裌袱, 홍세저포사폭갑보자기紅細苧布四幅甲袱, 홍운문단겹보자기紅雲紋緞裌袱, 홍화주겹보자기紅禾紬裌袱, 홍화주소금겹보자기紅禾紬銷金裌袱, 홍화주이폭유보자기紅禾紬二幅襦袱, 홍화화주겹보자기紅禾花紬裌袱

예문 勿相磨致傷所入多紅大段三尺雪綿子三兩紅眞絲五分內裹銷金裌袱二付用紅綃長唐方二尺五分用布帛尺(국장1688 /101ㄴ07~09)

색인 (가례1627/032ㄱ09)(가례1627/041ㄴ12)(가례1627/060ㄴ05)(가례1627/115ㄱ09)(가례1718/127ㄱ03)(가례1718/128ㄱ03)

裌襖【겹오】 일 복

겹으로 만든 오襖. 오襖는 저고리나 포袍로 추정된다. 『국혼정례國婚定例』에 의하면 왕비·왕세자빈·왕세손빈의 가례嘉禮 때 의대衣襨의 하나로 붉은 색 비단으로 만든 겹오[大紅廣的裌襖]를 마련했다. 숙의淑儀·공주公主·옹주翁主의 의복에는 겹오裌襖 대신 개오盖襖를 갖춘 점으로 보아 형태는 동일하되 겹오가 개오보다 품격이 높은 복식임을 알 수 있다. 『진종효순후가례도감의궤眞宗孝純后嘉禮都監儀軌』에 의하면 세자빈의 겹오 하나를 만드는 데 겉감으로 대홍화문필단大紅花紋匹段 30척, 안감으로 목홍초木紅綃 21척이 들었다.

예문 大紅廣的裌長衫一大紅廣的裌襖一以上二種己卯擧行(가례1802/029ㄱ11)

색인 (가례1627/051ㄴ02)(가례1671/009ㄴ06)(가례1671/128ㄴ12)(가례1696/010ㄱ08)(가례1696/169ㄱ04)(가례1718/011ㄴ08)

裌馳馬【겹치마】 채 복

겹으로 지은 치마. 치마는 여자의 하의로 문헌에 쳐마[赤亇], 츄마[裳], 치마 등 다양하게 표기되었다. 조선 시대에는 예복용으로 스란[膝襴]치마·대란[大襴]치마·전행웃치마가, 일상복으로 대슘치마·무지기 등이 있었다. 한편 치마는 신분에 따라 입는 방법이 달랐는데, 양반은 좌左로, 평민은 우右로 여미어 입었다. 또 출가하여 아이를 낳을 때까지는 다홍치마, 중년이 되면 남치마, 노년이 되면 옥색·회색 계열의 치마를 주로 입었다.

참조1 대란치마大襴赤亇, 스란치마膝襴赤亇, 핫/솜치마襦赤亇, 홑치마單赤亇

磬【경】 일 의

경석磬石을 깎아 만든 타악기打樂器인 편경編磬과 특경特磬의 약칭. 보통 편경을 가리킨다. 편경은 음정이 다른 16개의 돌磬石을 깎아 8개씩 2층의 틀[거리]에 매달아 뿔로 된 방망이로 쳐서 소리를 내고, 특경은 얇게 깎은 돌을 하나 매달아 채로 친다. 원래는 중국 악기였지만 고려 예종 때 들어와 각종 제례악祭禮樂이나 연례악宴禮樂 등에 쓰였다.

예문 木賊五戔樂器瓦鍾十六機一瓦磬十六機一瓦特鍾一機一瓦特磬一機一瓦方響一機一等所入(국장1730/012ㄴ02~04)

색인 (국장1800二/158ㄴ02)(국장1800二/185ㄱ03)(국장1800二/195ㄱ08)(국장1898三/012ㄱ08)(국장1898三/094ㄴ07)(국장1903二/169ㄱ05)

輕光紬【경광주】 일 복

진상용 책의 표지나 의복에 사용되는 직물. 경광주는 평직으로 제직한 견직물의 하나이다. 영·정조 때부터 보이기 시작하며, 특히 초록 경광주草綠輕光紬는 어람용 의궤의 장황용, 옥책문의 장책용, 어간의 휘장용으로 사용되었다. 분홍·남경광주는 중치막·창의·도포·사규삼 등의 겉감으로 사용되었으며, 두록 경광주豆綠輕光紬는 쾌자의 안감으로 사용되었다. 이 외에 자적 경광주紫的輕光紬는 보자기를 만드는 데 사용되었다.

관련1 남경광주藍輕光紬, 자적경광주紫的輕光紬, 초록경광주草綠輕光紬, 홍경광주紅輕光紬

참조2 두록경광주豆綠輕光紬, 분홍경광주粉紅輕光紬, 백경광주白輕光紬, 생경광주生輕光紬

예문 一本都監御覽謄錄一件二丹衣次草綠輕光紬題目次白輕光紬面紙次草注紙後褙次白休紙豆錫召伊菊花童朴鐵具分上(국장1757A/148ㄴ04~06)

색인 (가례1802/상053ㄱ09)(가례1819/상048ㄴ08)(가례1819/상048ㄴ09)(가례1819/하077ㄱ08)(가례1866/상046ㄱ12)(국장1898一/215ㄴ01)

景衣【경의】 일 복

국혼國婚 때 왕비·왕세자빈이 법복法服인 적의翟衣를 입고 면사포처럼 머리 위로 덮어썼던 쓰개. 궁중 혼례에서 왕비가 본댁本宅이나 별궁別宮에서 친영례親迎禮를 마치고, 동뢰연同牢宴을 치르기 위하여 왕을 따라 대궐로 행차하기 위해 연輦을 탈 때 유모가 씌워주었다. 남색 비단[藍廣紗] 12자[尺]를 써서 넓은 사각형[方巾形]으로 만들었다.

예문 藍廣紗景衣一(가례1866/026ㄱ11)

색인 (가례1627/051ㄴ10)(가례1671/009ㄴ11)(가례1671/129ㄴ09)(가례1681/017ㄴ02)(가례1681/087ㄴ11)(가례1681/116ㄴ03)

擎執忠義衛【경집충의위】 일 의

명정銘旌을 받들고 가는 충의위. 명정銘旌은 죽은 사람의 관직과 품계, 본관, 성씨 등을 적은 기旗를 말하는데, 보통 붉은 바탕에 분가루나 은물 등 회색으로 글씨를 쓰며, 상여 앞에서 길을 인도한 후 관 위에 씌워 묻는다.

참조1 개명정改銘旌, 명정銘旌

예문 擎執忠義衛一翣扇青陽繖青扇奉陪(빈전1724/146ㄴ10~11)

색인 (국장1674一/075ㄴ06)(국장1681一/068ㄴ01)(국장1701一/101ㄴ09)(국장1702B一/106ㄱ06)(국장1730一/081ㄱ08)(국장1834一/110ㄱ05)

啓目紙【계목지】 일 건

임금에게 올리는 계목을 작성할 때 사용하는 종이. 『영조정순후가례도감의궤英祖貞純后嘉禮都監儀軌』에 의하면 계목지는 한 권의 무게가 11냥 이상이어야 한다는 규정이 있다.

예문 己亥八月初九日甘結一都監行用啓目紙前進排已盡用下前頭繼用次啓目紙一卷進排事(빈전1659/239ㄴ06~08)

색인 (국장1674一/068ㄴ04)(국장1681一/063ㄱ07)(국장1701一/087ㄱ06)(국장1702B一/092ㄱ10)(국장1702B一/093ㄱ06)(국장1724一/071ㄱ11)

啓殯【계빈】 일 의

빈전殯殿에 모셔 둔 재궁梓宮을 능陵으로 옮기기 위해 찬궁攢宮을 철거하는 의식. 국장에서 재궁을 빈전에 둘 때 찬궁을 만들어 그곳에 안치하는데 발인發靷을 위해 찬궁을 허물고 재궁을 꺼내는 의식을 계빈이라 한다. 계빈의 의주儀註는 『국장도감의궤國葬都監儀軌』에 주로 실려 있지만 『빈전혼전도감의궤殯殿魂殿都監儀軌』나 『천봉도감의궤遷奉都監儀軌』에서도 볼 수 있다. 계빈의 순서를 살펴보면 먼저 국왕 이하 백관과 종친이 빈전에 모여 곡을 하고 영좌靈座에 향과 술을 올리며 축문을 고한다. 다음으로 우의정이 찬궁에 이르러 찬궁을 열겠다고 아뢴 후 선공감繕工監 관원이 찬궁을 철거한다. 철거를 마치면 우의정이 수건으로 재궁을 닦고, 관의棺衣를 덮고 난 후 예찬禮饌을 진설하고 향과 술을 올린다. 국왕이 여차廬次에 들어가면 백관이 위로하는 것으로 의식을 마친다.

참조1 재궁梓宮, 찬궁攢宮

참조2 국장도감의궤國葬都監儀軌, 빈전혼전도감의궤殯殿魂殿都監儀軌

예문 啓殯時梓宮拭巾苧布一疋函具尙衣院濟用監(빈전1674/158ㄱ12)

색인 (국장1659一/068ㄱ09)(국장1659一/108ㄱ02)(국장1659一/108ㄱ06)(국장1659一/121ㄱ03)(국장1659一/122ㄱ05)(국장1659一/122ㄱ06)

啓辭【계사】 일 의

계사는 신하가 임금에게 품의하는 글월. 의궤 목록을 보면 좌목座目·계사啓辭·예관禮關·의주儀註·이문 및 내첩移文及來牒·품목稟目·감결甘結·부의궤附儀軌·서계書啓·논상論賞·일방一房·이방二房·삼방三房·별공작別工作 등의 순으로 구성되어 있다. 계사에는 의호議號, 도감별단都監別單, 감조관별단監造官別單, 옥책玉册, 옥보玉寶에 소용되는 옥편玉片의 채취 문제, 옥책문玉册文과 악장문樂章文의 제술관製述官 및 옥보전문서사관玉寶篆文書寫官의 차출과 그 별단別單, 연여진설의輦轝陳設儀 등이 수록되어 있다.

관련1 계사질啓辭秩

예문 一禮曹爲相考事節啓下敎曹單子敦寧府啓辭(빈전1724/139ㄴ12)

색인 (가례1802/상006ㄱ01)(가례1802/상092ㄱ09)(가례1802/상093ㄱ10)(가례1802/상100ㄱ02)(가례1802/상100ㄱ08)(가례1802/상100ㄴ05)

鷄彝【계이】 일 의

그릇의 표면에 닭 모양이 그려진 술을 담는 항아리. 계이鷄彝는 종묘 제향 때 존소尊所에 술을 담아 두는 제기 중 하나이다. 그릇의 표면에 새긴 닭은 동방東方을 상징하며 인仁을 나타낸다. 종묘의 봄과 여름 제사 때에 조이鳥彝와 함께 사용하였다. 봄에는 계이에 명수明水를, 조이에 울창주鬱鬯酒를 담고, 여름에는 조이에 명수를, 계이에 울창주를 담았다. 울창주는 신을 부르는, 자줏빛이 도는 향기로운 술을 말한다.

계이

참조2 조이鳥彝

예문 鷄彝一重七斤八兩五戔(혼전1701/105ㄴ04)

색인 (국장1800三/063ㄴ05)(국장1800三/076ㄴ04)(국장1898四/006ㄱ02)(국장1898四/067ㄴ10)(국장1898四/075ㄱ04)(국장1898一/016ㄱ06)

鼓【고】 일 의

고

북, 둥근 통에 가죽을 씌운 타악기의 총칭. 가죽 부분을 채로 쳐서 소리를 낸다.

예문 中木火爐小木火爐時牌所枕紅漆二層機紅漆午正鼓機紅漆假函懸盤木水桶斜立門後機(가례1819/하137ㄴ08~10)

색인 (국장1800二/158ㄴ02)(국장1800二/171ㄱ04)(국장1800二/187ㄱ03)(국장1800二/195ㄱ08)(국장1898三/095ㄴ09)(국장1903二/210ㄴ11)

告期【고기】 일 의

왕실 혼례에서 혼인 날짜를 신부의 집에 알리는 의식. 고기는 왕실 혼례의 육례六禮 중 세 번째 절차에 해당한다. 고기의 절차를 살펴보면 먼저 궁궐에서 혼례의 날짜를 알리는 교서를 반포하고 신부의 집에 교지를 전달할 사신을 파견한다. 그리고 사신이 신부의 집에 이르러 교지를 전하면 집 주인이 답문答文을 읽고 사신에게 드린다. 마지막으로 사신이 궁궐에 돌아가 복명復命한다.

참조1 고기의告期儀, 고기일告期日, 고기례告期禮, 육례六禮

참조2 고기정사告期正使

예문 啓曰嘉禮都監郞廳來言今日納采納徵告期習儀都監提調以下百官齊會而都提調有病不得進參故未卽擧行云何以爲之(책례1727/023ㄱ05~07)

색인 (가례1627/007ㄴ05)(가례1627/008ㄴ12)(가례1627/009ㄱ02)(가례1627/016ㄱ02)(가례1627/016ㄴ01)(가례1627/039ㄴ08)

告期禮【고기례】 일 의

고기告期하는 예. 왕실 혼례 때 대궐에서 길일을 택해 가례일로 정하여 이를 별궁別宮에 알려주는 의식이다.

참조1 고기告期, 고기의告期儀, 고기일告期日

예문 妃受册親迎初度二度內習儀十月初一日早朝兼行於別宮三度內習儀同月初三日行於別宮告期禮後仍行同牢宴朝見禮初度二度內習儀十月初二日兼行於大內(가례1802/138ㄱ01~03)

색인 (가례1671/073ㄱ04)(가례1671/111ㄴ07)(가례1671/112ㄱ01)(가례1671/112ㄴ01)(가례1681/169ㄱ11)(가례1681/170ㄴ07)

告期儀【고기의】 일 의

왕실 혼례에서 혼인 날짜를 신부의 집에 알리는 의식. 고기는 왕실 혼례의 육례六禮 중 세 번째 절차에 해당한다.

참조1 고기告期, 고기일告期日

예문 儐使者及使者復如告期儀(가례1819/207ㄱ01)

색인 (가례1627/010ㄱ11)(가례1671/115ㄴ04)(가례1681/167ㄴ01)(가례1681/170ㄴ01)(가례1681/174ㄴ04)(가례1681/177ㄱ05)

告期日【고기일】 일 의

왕실 혼례에서 혼인 날짜를 신부의 집에 알리는 날. 고기 절차는 먼저 궁궐에서 혼례의 날짜를 알리는 교서를 반포하고 신부의 집에 사신을 파견하여 임금의 교지를 전한다. 그리고 집 주인이 답문答文을 읽고 사신에게 드리면 사신이 궁궐에 돌아가 복명復命한다.

참조1 고기告期, 고기의告期儀, 고기례告期禮

예문 副使改服黑團領進詣殿庭復命以上四禮日禮房承旨次知外宣醞於嬪本家本家又行酒禮而告期日宣醞則以減膳因傳敎權停(가례1819/131ㄴ04~05)

색인 (가례1762/상054ㄱ06)(가례1819/상131ㄴ04)

誥命【고명】 일 의

황제가 작위를 반사하거나 관리를 임명할 때 사용하는 문서. 고誥는 윗사람이 아랫사람에게 내리는 경계의 말인데 송대 이후에는 관리를 임명하거나 작위를 줄 때 황제가 내리는 글을 가리켰다. 명·청대에 관리를 임명할 때 1품에서 5품까지는 고명誥命, 6품에서 9품까지는 칙명勅命을 내렸다. 조선 시대에 왕, 왕비, 왕세자로 즉위 또는 책봉될 때에 중국으로부터 고명을 받았기 때문에 중국 황제의 고명은 왕의 정당성을 확보하는 데에 매우 중요한 역할을 하였다. 고명은 임명장과 같은 것이므로 발인 또는 부묘 때에 책보와 함께 등장한다. 한편 왕이 훙서薨逝한 경우 중국에서는 시호諡號와 함께 고명을 내려 주었다. 중국에서 내린 시호를 받는 의식을 사시의賜諡儀라고 하는데 이것은 혼전에서 중국에서 받은 고명을 영좌靈座에 올리는 것이다. 이 의식이 끝나면 고명을 황지黃紙에 전사傳寫한 후 사본을 요소燎所에서 불사르는데 이를 분황의焚黃儀라고 한다.

예문 發引時捧誥命諡册諡寶執事各二文臣參外擧誥命諡册諡寶案者各二參外執事者各二忠贊衛已上自發引至山陵返虞魂殿仍行(국장1834/109ㄱ07~09)

색인 (국장1659一/025ㄱ09)(국장1659一/025ㄱ11)(국장1659一/135ㄱ03)(국장1659二/060ㄴ08)(국장1659二/060ㄴ08)(국장1659二/061ㄴ05)

告由【고유】 일 의

국가에 경조사慶弔事나 중대한 일이 발생하였을 때 종묘와 사직 등의 신에게 아룀. 고유제告由祭 절차 중의 한 의식儀式으로, 국가의 경조사가 있을 때 종묘와 사직에 신하를 보내어 그 사실을 아뢰는 일을 말한다. 『국조오례의國朝五禮儀』 시일時日조에는 나라에 수재, 한재, 질병, 병충해, 전쟁 등이 일어나면 기제祈祭를 지내고 책봉, 관례, 혼례 등 대사가 있으면 고제告祭를 지낸다고 하였다.

참조1 고유제告由祭

예문 漆布上加漆時無告由及百官會哭之禮是遣其後梓宮全體兩度加漆時則有告由(빈전1680/042ㄱ10~11)

색인 (국장1681一/065ㄴ10)(국장1702B一/084ㄱ12)(국장1702B一/103ㄱ09)(국장1730一/074ㄱ08)(국장1776一/023ㄱ09)(국장1776一/023ㄱ10)

告由奠【고유전】 일 의

국장國葬에서 중요한 사건이 있을 때 음식을 준비하여 올리면서 그 사실을 아뢰는 의식. 고유告由는 중요한 일이나 사건을 윗사람 또는 신에게 아뢰는 것을 말한다. 반면 전奠이란 음식을 올리는 것을 가리키는데 대개 상례喪禮에서 초종初終부터 반우虞祭 이전까지 망자에게 음식을 올리는 의식을 전이라고 하였다. 그러므로 고유전은 상례에서 반우返虞 이전 망자에게 음식을 준비하여 올리면서 사유를 아뢰는 의식을 가리킨다. 대표적인 것으로 빈전에 있는 국왕에게 시호를 올리기 전에 그 사실을 아뢰는 고유전이 있다. 고유전의 진설은 습전襲奠과 동일하다.

예문 魂殿堂上郞廳次知告由奠別奠都監提調郞廳及該寺提調各一員眼司監膳朝夕奠兼行於大祭之時則都監提調郞廳禮曹堂上該寺(빈전1701/026ㄱ09~11)

색인 (국장1659一/123ㄴ02)(국장1674一/073ㄱ11)(국장1674一/073ㄱ12)(국장1702B一/103ㄱ09)(국장1702B一/103ㄱ10)(국장1724一/086ㄴ10)

告由祭【고유제】 일 의

국가에 경조사慶弔事나 중대한 일이 발생하였을 때 종묘와 사직 등의 신에게 아뢰는 제사. 『국조오례의國朝五禮儀』 시일時日조에는 나라에 수재, 한재, 질병, 병충해, 전쟁 등이 일어나면 기제祈祭를 지내고 책봉, 관례, 혼례 등 대사가 있으면 고제告祭를 지낸다고 하였다. 그리하여 국가의 경조사가 있을 때에는 종묘와 사직에 신하를 보내어 그 사실을 아뢰었다. 고제는 비정기적인 제사로서 일반 제사와 달리 단헌單獻이며 또한 음복례飮福禮가 없었다. 한편 제단이나 사당에 변고가 발생하거나 개보수改補修가 있을 때에도 해당 신에게 고제를 지냈다. 그리고 국장에서 산릉을 조성할 때에는 해당 산신에게 고제를 지냈다.

동 고유告由

예문 梓宮加漆時告由祭祝文弘文館副校理臣朴天衡製(빈전1600/117ㄱ03)

색인 (국장1702B一/084ㄴ04)(빈전1600/117ㄱ03)(빈전1680/152ㄱ02)(빈전1680/152ㄱ04)(빈전1800二/162ㄴ10)(빈전1800二/165ㄴ06)

古衣【고의】 채 복 串衣

자적색紫的色 깃이 달린 여자 상의上衣. 『가례도감의궤嘉禮都監儀軌』에 왕비에서 현빈賢嬪에 이르는 최고 신분의 여성만이 착용했으며, 영조대 『상방정례尙方定例』에 고의[串衣]를 만드는 데 당돈피唐獤皮를 사용하였다는 기록이 있는 것으로 보아 덧저고리류로 착용되었을 가능성이 있다. 구성 방법에 따라 겹袷, 누비[衲], 솜[襦]으로 구분되었다.

참조1 고의串衣

예문 草綠吐紬襦長古衣一雀(국장1632/140ㄴ12)

색인 (국장1890三/112ㄱ06)(국장1632/140ㄴ12)

鼓字旗【고자기】 일 의

국왕의 대가 의장大駕儀仗, 법가 의장法駕儀仗, 소가 의장小駕儀仗, 왕세자 의장에 쓰이는 깃발. 붉은색 바탕에 세 개의 붉은색 기각旗脚이 있으며 중앙에 고鼓자를 쓴다. 기각의 모양은 『세종실록오례의世宗實錄五禮儀』 서례序例의 도설에서 확인할 수 있다. 일반적인 의장기에 비해 크기가 작다. 거둥 할 때에 징[金]과 북[鼓]으로써 동작을 지시하는데, 북을 울리면 앞으로 나아가고 징을 울리면 서도록 하였다. 의장 내에 금고가 배치되지만 의장기로도 배치하여 행렬의 동지動止를 지휘함을 상징하였다. 국장 중의 길의장, 가례, 부묘 의식 등 노부 의장이 쓰이는 의례에 사용되었다.

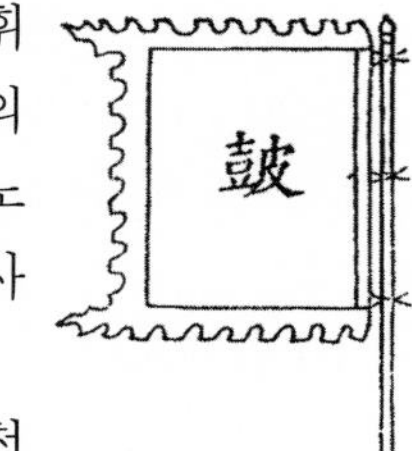

고자기

참조1 각단기角端旗, 군왕천세기君王千歲旗, 금자기金字旗, 백택기白澤旗, 벽봉기碧鳳旗, 삼각기三角旗, 영자기令字旗, 천하태평기天下太平旗, 현무기玄武旗, 현학기玄鶴旗, 홍문대기紅門大旗, 황룡기黃龍旗, 후전대기後殿大旗

참조2 백호기白虎旗

예문 鼓字旗一厚油紙一張半(국장1903/068ㄱ06)

색인 (국장1659二/068ㄱ06)(국장1659二/074ㄱ10)(국장1674二/022ㄴ09)(국장1674二/044ㄴ11)(국장1674二/058ㄴ10)(국장1702B二/063ㄱ04)

高足床【고족상】 일 의

궁중 연향 때 음식을 놓았던 다리가 높은 상. 궁중 가례의 하나였던 진연進宴, 진찬進饌에서 행사의 주빈主賓과 왕, 대왕대비 등 왕실 어른에게 올리는 음식을 놓았다. 왕과 대왕대비의 상은 주칠朱漆을 하고, 세자의 경우 흑칠黑漆을 하였다. 고족상은 진연이나 진찬 때 보자기를 씌우고 그 위에 음식을 올려놓는 용도로 사용되었으며 서열에 따라 대왕대비, 왕, 중전에게 올린 상은 고족상, 세자와 세자빈의 상은 저족상의 구분을 두어 사용하였다.

참조1 저족상低足床

참조2 주칠고족찬안朱漆高足饌案, 주칠저족찬안朱漆低足饌案

관련1 고족대안판高足大案板, 독책고족상讀册高足床, 석간주칠고족상石間硃漆高足床

예문 行禮時册寶權安幄次內排設高足床床巾等物合典設司紫門監繕工監濟用監長興庫豐儲倉等合該司色官員(상호1787/029ㄴ01~02)

색인 (가례1627/037ㄱ07)(가례1627/117ㄴ06)(가례1671/017ㄴ11)(가례1671/149ㄴ02)(가례1671/196ㄱ10)(가례1671/196ㄱ12)

高柱【고주】 일 건

기둥을 높이에 따라 구분하여 건물 외곽에 사용하는 기둥인 평주平柱에 비하여 주로 건물 안쪽에 사용하는 높은 기둥. 보방향[樑通] 규모에 따라 건물의 평면 구성과 기둥의 배열이 달라진다. 양통의 칸수가 커질수록 건물 내부에 기둥을 사용하는 경우가 많으며, 그 사용된 수도 증가한다. 이때 건물 내부에 사용하는 기둥은 건물 외곽에 사용하는 기둥인 평주에 비하여 기둥의 높이를 높게 하는 경우가 많다. 이렇듯 평주에 비하여 기둥이 높다는 뜻에서 고주라는 명칭이 사용되었다.

관련2 방고주方高柱, 원고주圓高柱, 이고주耳高柱

예문 諸色工匠假家合十九間所入高柱次貿大椽木十箇柱次大椽木二十箇(국장1890四/062ㄱ02~03)

색인 (국장1681二/236ㄴ02)(국장1701二/277ㄴ12)(국장1701二/279ㄴ09)(국장1757B一/218ㄱ11)(국장1776二/270ㄱ01)(국장1776二/272ㄴ11)

曲光耳【곡괭이】 채 건 ☞ 串光屎곡괭이

曲廣耳【곡괭이】 채 건 ☞ 串光屎곡괭이

曲丁【곱정/갈고리못】 채 건 ☞ 曲釘곱정/갈고리못

예문 鑞染道乃曲丁二十二介(혼전1730/158ㄱ10)

색인 (가례1866/상167ㄱ03)(가례1866/상168ㄱ09)(가례1866/하064ㄱ01)(가례1866/하083ㄴ03)(가례1866/하110ㄱ01)(가례1866/하110ㄴ06)

曲釘【곱정/갈고리못】 채 건 曲丁

갈고리못. 대가리가 직각으로 구부러졌다. 종류로는 땜납을 올린 납염곱정鑞染曲釘과 사용처를 밝힌 휘장거리곱정揮帳巨里曲釘이 있다.

관련1 납염곱정鑞染曲丁, 납염곱정鑞染曲釘, 휘장거리곱정揮帳巨里曲丁, 휘장거리곱정揮帳巨里曲釘

예문 手本請得爲有在果前頭修理時殿內所排地衣上朴排所入廣頭釘及牧丹屛風造排時曲釘考見謄錄則二寸廣頭釘四百四十八介曲釘三十介是乎旀(혼전1701/141ㄱ01~03)

색인 (국장1821二/087ㄴ08)(국장1821二/092ㄱ06)(국장1821二/104ㄱ12)(국장1821四/099ㄱ05)(국장1821四/099ㄱ12)(국장1821四/099ㄴ06)

曲尺【곡척/곱자】 채 건

ㄱ자 모양으로 생긴 자. 직각을 그리는 데 사용한다. 건축에서 작도를 위해 사용하는 가장 중요한 도구로는 규구規矩를 꼽을 수 있다. 규規는 원을 그리는 데 사용하는 것으로 오늘날의 컴퍼스에 해당하는 것이며, 구矩는 직각을 그리기 위해 사용하는 것으로 직각자에 해당한다. 곡자는 필요에 따라 다양한 크기의 것을 만들어 사용한다.

참조1 목척木尺, 영조척營造尺, 주척周尺

예문 一爲行下事玉印篆刻時所用小小鐵曲尺一介小小鐵尺(책례1690/016ㄱ03)

색인 (국장1674二/097ㄱ05)(상호1787/059ㄱ02)(존숭1686A/062ㄱ11)(책례1722/181ㄴ09)(추숭1776/166ㄱ04)(존숭1739/080ㄴ07)

袞龍袍【곤룡포】 일 복

조선 시대 왕과 왕세자의 평상 집무복인 상복常服으로 착용된 단령포團領袍. 여름에는 사紗로, 겨울에는 단緞으로 만들었다. 곤룡포를 착용할 때는 익선관翼善冠을 쓰고, 옥대玉帶를 띠며, 검은 녹피화鹿皮靴를 신었다. 깃은 둥근 단령이며, 가슴과 등 그리고 어깨에 지름 21cm의 둥근 자색紫色 비단에 용을 금사로 수놓은 보補를 붙였다. 이때, 왕의 용이 발톱 5개[五爪龍]인 데 비해, 세자의 용은 발톱 4개[四爪龍]를 수놓아 구분했다. 조선 역대 왕의 상복은 세종 26년(1444) 명나라로부터 사여 받은 이래 다홍색 곤룡포였으나, 고종과 순종은 7조룡七爪龍을 수놓은 보가 달린 황색의 곤룡포를 착용하였다.

참조1 상복常服

예문 出宮時袞龍袍還宮時絳紗袍(상호1795/034ㄱ06)

색인 (가례1681/016ㄱ03)(가례1718/007ㄱ07)(가례1762/상015ㄴ01)(가례1762/상038ㄱ10)(가례1762/상038ㄴ02)(가례1762/상053ㄱ07)

公服【공복】 일 복

조선 시대에 관원이 조정에 나갈 때 입던 예복. 공사公事로 임금께 알현하거나 사은할 때 또는 재외在外 문무관이 공사에 임할 때 입었는데, 복두幞頭를 쓰고, 단령포團領袍를 입었으며, 홀笏을 들었다. 포袍의 색, 대帶의 장식, 홀의 재료에 따라 품계를 구별하였다.

참조1 단령團領

예문 王世孫服同公服布圓領衣用生布布裹帽笠亦裹布布裹角帶白皮靴凡干喪事服衰服十三月(빈전1600/156ㄴ03~04)

색인 (가례1627/008ㄱ03)(가례1627/008ㄱ03)(가례1627/008ㄱ06)(가례1627/008ㄱ06)(가례1627/008ㄴ02)(가례1627/008ㄴ05)

公事紙【공사지】 일 건

『비변사등록備邊司謄錄』에 각사공사지품점호各司公事紙品漸好라는 말이 있어서 관아에서 공문서 등을 작성하는 데 사용하는 종이로 추정할 뿐 정확한 내용은 알 수 없다.

예문 本房所用前上下公事紙已盡用下爲有置白紙一卷加上下進排事捧甘何如提調手決內依(빈전1680/066ㄴ12~067ㄱ01)

색인 (가례1718/064ㄱ06)(가례1671/047ㄱ10)(가례1681/067ㄱ04)(국장1702B二/353ㄱ07)(빈전1600/086ㄱ07)(빈전1680/066ㄴ12)

公事下紙【공사하지】 일 건

관아에서 공적인 문서를 작성하는 데 사용하는 질이 낮은 종이.

예문 本房計士看審後處之何如題辭內計士看審後擧行一參奉二員忠義一員進止二員奠禮一人公事下紙黃筆眞墨硯面硯匣書案及守僕書員日記紙黃筆眞墨依例進排(빈전1921/115ㄴ09~11)

색인 (가례1671/047ㄱ02)(가례1671/050ㄴ12)(가례1671/056ㄴ08)(가례1671/064ㄱ12)(가례1671/152ㄱ06)(가례1671/153ㄱ12)

供上紙【공상지】 일 건

조선 시대에 각 지방에서 왕실에 상납하던 재질이 부드럽고 두터운 종이. 책례冊禮, 가례嘉禮, 산릉표석영건山陵表石營建, 산릉山陵, 어용도사御容圖寫, 빈전殯殿 등 의례나 각종 공사에서 다양한 용도로 사용되던 부드럽고 두터운 질 좋은 종이의 하나이다. 책례나 산릉표석영건에서 임금에게 올리는 초본草本을 정서正書할 때 쓰였고 어용도사에서 임금의 모습을 초안해 그린 그림의 밑바탕에 덧대는 용도로도 사용된다. 가례에서 양녀涼女의 비단 모자 속에 덧대는 바탕으로도 쓰인다. 빈전에서 병풍을 만드는 과정에서 옥색릉화공상지玉色綾花供上紙, 즉 푸른빛 능화가 그려진 공상지가 쓰이고 있어 병풍의 마감용으로도 사용된 듯하다. 공상지도 동일한 것이 아니라 색깔과 무늬에 따라 구별이 있었음을 알 수 있다. 공상지 중 두께와 질이 다소 떨어지는 공상초주지供上草注紙도 있었다.

참조1 공상지계供上紙契, 공상지공인供上紙貢人, 공상지미供上紙米, 공상초주지供上草注紙, 옥색릉화공상지玉色綾花供上紙, 장흥고공상지공인長興庫供上紙貢人

예문 啓下今當草本正書入啓事是置草圖書實預次供上紙二張依前例進排事捧甘何如提調手決內依(책례1651/028ㄴ01~03)

색인 (가례1671/135ㄴ02)(가례1696/177ㄱ12)

(가례1819/상230ㄱ09)(가례1819/상232ㄱ03)(가례1819/상233ㄴ12)(가례1819/상234ㄱ06)

空石【빈섬】 채 건

짚으로 거적처럼 짜고, 반으로 접어 꿰맨 자루의 일종. 곡식을 갈무리하거나 건축 현장에서 흙이나 나무토막, 부재 등을 담아 나르는 데 쓰인다. 擧子-, 無網-, 付(叱)心-, 負土- 등 空石 앞에 다양한 요소가 앞서 종류를 구분하기도 하는데, 정확한 모양이나 쓰임새는 알 수 없다.

예문 員役地排次空石二十立網石五立文書入盛次柳笥二部堂上大廳所排大地衣一浮都廳大廳所排中地衣一浮(국장1903 /089ㄱ08~10)

색인 (가례1627/108ㄴ05)(가례1671/158ㄴ11)(가례1671/191ㄴ07)(가례1671/216ㄱ04)(가례1671/217ㄱ05)(가례1671/217ㄴ01)

貢膳【공선】 일 음

조선 시대에 중앙과 지방의 관청에서 왕실王室에 물건을 진상하던 일. 조선 정조(1776) 때 간행된 『공선정례貢膳定例』에 보면 각종 공선貢膳 진상품의 물목物目과 수량, 진상 방법 등이 자세히 규정되어 있다.

예문 先王庇覆兆民惠徽猷萬世芳宮禯重廓掃邦籙益靈長鴻藻颺徽牒龜蓮上壽觴撝謙蠲貢膳昭儉練衣裳弓泣(국장1890/134ㄴ03~05)

색인 (국장1898三/270장134ㄴ04)

空輦【공연】 일 의

임금이 거둥[擧動]할 때 임금이 탄 수레[車駕]보다 앞장서서 가는 빈 연輦. 부연副輦이라고도 한다. 공연을 메는 사람을 공연군空輦軍, 공연담배군空輦擔陪軍, 부연배副輦陪라고 한다.

동 부연副輦

관련1 공연군空輦軍, 공연담배군空輦擔陪軍

예문 一今此發靷教是時所用神輦空輦平轎子出用事既已入啓蒙允爲有如乎陪進(국장1674/152ㄱ03~04)

색인 (국장1659一/030ㄴ08)(국장1659一/031ㄱ04)(국장1659一/031ㄱ09)(국장1659一/031ㄱ12)(국장1659一/109ㄱ08)(국장1659一/119ㄱ03)

貢人【공인】 일 건

조선 후기에 대동법大同法을 시행하면서 대동미를 대가로 받고 국가에서 필요한 물품을 조달하던 사람.

예문 當之役興各邑所當之役自有定式則到今諉以十里之地各邑萬民所當之役專責於疲殘貢人則其所難堪勢所固然今番段置陵所(국장1724/052ㄱ06~08)

색인 (가례1802/상088ㄴ10)(국장1800四/021ㄴ04)(국장1800二/142ㄴ07)(국장1800一/044ㄴ02)(책례1736/075ㄱ09)(책례1736/090ㄴ12)

空頂幘【공정책】 일 복

관례 전 책례 때 사용되는 관모. 공정책은 면冕과 같지만 판이 없고 류旒가 없으며 모라帽羅로 싸고 금종이로 장식한다. 양쪽에는 주조朱組가 있다. 현종顯宗이 『두씨통전杜氏通典』과 『문헌통고文獻通考』에 있는 공정흑개책을 모방하여 공정책을 만들도록 하였으며, 『국조속오례의보國朝續五禮儀補』 서례에 쌍옥도가 있는 공정책의 도설이 있다.

참조2 공정흑개책, 쌍계雙紒, 쌍옥도雙玉導

예문 上曰衣則用七章服冠則用空頂幘可也但空頂幘既無舊件詳其制令儒臣考出文憲通考等書依倣古制而爲之可也事(책례1667/011ㄴ05~07)

색인 (존숭1739/026ㄱ03)(책례1667/011ㄴ01)(책례1667/011ㄴ04)(책례1667/011ㄴ05)(책례1667/011ㄴ05)(책례1667/012ㄱ02)

裹肚【과두】 일 복 裹肚

저고리보다 길이가 긴 백색 상의上衣. 과두는 대부분 솜을 넣어 만들기 때문에 유과두[襦裹肚]라고도 한다. 『가례도감의궤嘉禮都監儀軌』에 의하면 왕실의

ㄱ

의대衣襨 중 저고리에 해당하는 상의류로는 과두裹肚, 장삼아長衫兒, 단삼아短衫兒가 있는데, 이 중 삼아류의 재료가 대부분 백정주白鼎紬 한 필로 기록된 것에 비해 과두는 겉감은 백토주白吐紬 한 필, 안감은 백정주白鼎紬 한 필로 되어 있다. 조선 후기로 오면서 이러한 상의를 가리키는 말로 장의長衣가 대신하게 되고, 과두는 수의[襲衣]를 입히고 배와 허리를 감싸 묶어주는 염습殮襲 용구를 가리키게 된다.

참조1 과의裹衣, 유/솜/핫과두襦裹肚

예문 畵玉佩眞紅貢緞內下以上尙方造入裹肚一白綃長衫一(빈전1886/072ㄴ05~07)

색인 (가례1671/077ㄱ01)(가례1681/210ㄱ11)(가례1696/107ㄴ10)(가례1718/012ㄱ12)(예장1989一/007ㄴ04)(예장1989一/036ㄴ04)

裡肚【과두】 일 복 ☞ 裹肚과두

예문 團領三鴉靑雲紋匹段一藍匹段二一依前減付標啓下裡肚三加文剌二貼(가례1706/010ㄴ05~06)

색인 (가례1706/010ㄴ05~06)

褁肚【과두】 일 복 ☞ 裹肚과두

예문 帖裏一次草綠吐紬褁肚三次白吐紬衫兒長短二次白鼎紬(가례1866/상269ㄴ04~06)

색인 (가례1866/상269ㄴ05)

裹盝匠【과록장】 일 건

궤나 그릇 따위에 헝겊이나 종이를 바르는 일을 맡아 하는 장인.

예문 屛風匠丁奉伊林四達裹盝匠李㐂俊金尙葢耳只匠金阿只乭宗元(국장1720/226ㄱ03~05)

색인 (가례1671/223ㄴ01)(가례1681/080ㄱ11)(가례1681/326ㄱ08)(가례1696/272ㄴ11)(가례1718/298ㄱ07)(가례1762/상075ㄱ05)

果盤【과반】 일 음

연회에서 과일을 담는 쟁반. 과일이나 다과를 놓을 수 있는 소반小盤으로 차를 마실 때 사용하기도 한다.

예문 器脯饌非如宴禮時盛備果盤明矣且會賓客時酒與饌品亦無禮文所載(책례1651/028ㄱ01~02)

색인 (가례1681/220ㄱ05)(가례1681/221ㄱ09)(가례1802/상023ㄱ11)(가례1802/상254ㄱ11)(가례1802/상256ㄱ04)(가례1802/상256ㄱ04)

褁衣【과의】 일 복 ☞ 裹肚과두

참조1 과두裹肚, 과두褁肚, 유/솜/핫과두襦裹肚

예문 三甲所八把每褁各四把褁法如紅綃帳但分作兩褁衣廛市民持去擧行因山時內出遺衣函一部竝諸具函三部(빈전1921/058ㄱ09~11)

색인 (빈전1821二/058ㄱ10)(책례1667/070ㄴ05)(가례1696/168ㄱ03)

果瓢【과표】 일 의 음

박으로 만든 바가지. 과표는 기존 연구에서 과일을 담는 표주박으로 풀이하기도 하나 급수차목과표각이汲水次木果瓢各二라는 기록을 통해 과果가 용도가 아니라 바가지의 재료를 나타내는 것임을 알 수 있다.

동 과표자果瓢子

참조1 과표자果瓢子

예문 油遮日一浮木果瓢各二箇以上用前排大釜子一坐(빈전1921/108ㄱ09~11)

색인 (가례1819/하125ㄴ04)(가례1866/하050ㄴ10)(가례1866/하110ㄱ07)

果瓢子【과표자】 일 의 ☞ 果瓢과표

예문 一本所匠人炊飯食鼎壹坐陶東河所羅各壹木瓢子果瓢子各壹小桶壹用還次進排事捧甘爲只爲堂上手決內依(혼전1724/129ㄱ12~ㄴ02)

색인 (가례1681/252ㄴ11)(가례1696/185ㄱ02)(가례1696/201ㄱ10)(가례1696/215ㄱ04)(가례

1696/215ㄴ03)(가례1696/263ㄱ11)

串鏍伊【곡괭이】 채 건 串光伊 直光耳 串廣伊 串光耳 曲廣耳 曲光耳 串銑伊 串光屎

단단한 땅을 파는 데 사용하는 가늘고 뾰족한 연장. 지금의 곡괭이를 말한다. 串, 曲, 直은 모두 음차音借되어 [곡]음을 표기한다. 이 중 曲은 굽, 곱, 곡으로 다양한 음을 표기하는데 여기서는 이표기를 통해 [곡]음 표기에 쓰였음을 알 수 있다. 鏍伊는 괭이의 다른 말인 과이를 표기한 것이다. 과이에 대해서는, 광이가 괭이로 동화현상을 거치지 않고, 동음 생략된 과이를 반영한 것이라는 견해가 있는데, 鏍伊가 영건의궤의 초기 자료인 『영녕전영건도감의궤永寧殿營建都監儀軌』에 光伊와 함께 나타나고 있어 鏍伊와 光伊가 공존했을 가능성이 있다. 현재 남아 있는 광이의 방언 형태를 보더라도 과이와 광이의 공존 가능성이 더 크다.

참조1 곡괭이串光屎

예문 馬尾篩二生布豆里木二中椽木二松板山猪毛地排宝石串鏍伊二道乃金鐵木器巨里金(가례1651/117ㄱ01)

색인 (가례1681/314ㄴ09) (가례1651/117ㄱ01)

棺槨匠【관곽장】 일 의

시체를 넣는 속 널棺과 겉 널槨인 관곽을 만드는 일을 전문으로 하는 장인. 국장, 예장禮葬, 빈례殯禮, 상례喪禮, 천봉遷奉, 장례葬禮 등과 관련한 행사의 기록에 보인다.

예문 甲胄匠姜承立杻骨匠徐㐎立等二名土騰箱匠趙國伊棺槨匠朴五三等三名笣匠張士一等十三名(국장1674/120ㄴ04~06)

색인 (국장1674一/120ㄴ05)(국장1674一/229ㄴ09)(국장1681一/113ㄱ07)(국장1681一/259ㄱ12)(국장1701一/295ㄱ08)(국장1702B一/298ㄴ09)

串光屎【곡괭이】 채 건 串光伊 直光耳 串鏍伊 串廣伊 串光耳 曲廣耳 曲光耳 串銑伊

단단한 땅을 파는 데 사용하는 가늘고 뾰족한 괭이. 지금의 곡괭이를 말한다.

참조1 곡괭이串鏍伊

예문 同日一行下事修理時所用加乃五介廣光屎串光屎錨各五介曲錨五介排地乃二介小蒙同一介串釘五介(빈전1680/312ㄴ09~11)

색인 (가례1671/216ㄱ04)(가례1681/324ㄱ04)(가례1696/261ㄱ08)(가례1718/283ㄱ08)(가례1718/296ㄴ10)(빈전1680/312ㄴ10)

串光伊【곡괭이】 채 건 ☞ 串光屎곡괭이

예문 加乃串光伊錨各五介斧子夢同伊各四介立丁十介等物用還次上下進排事依謄錄該司良中捧甘(국장1730/275ㄱ03~04)

색인 (국장1684/235ㄱ02)(국장1730二/275ㄱ03)(국장1730二/315ㄴ09)(국장1834一/048ㄴ08)(국장1834一/081ㄴ06)(빈전1800二/048ㄱ12)

串光耳【곡괭이】 채 건 ☞ 串光屎곡괭이

예문 冶匠三名串光耳三箇加乃迲具二箇(빈전1921/078ㄴ06~08)

색인 (빈전1921/078ㄴ07)

串廣伊【곡괭이】 채 건 ☞ 串光屎곡괭이

串銑伊【곡괭이】 채 건 ☞ 串光屎곡괭이

冠帶【관대】 일 복

관복官服 일습一襲. 통상적으로 사모紗帽·단령團領·품대品帶로 이루어지는 관리들의 상복常服을 의미한다.

예문 啓曰都監郞廳敦寧府判官任遾既遞本職時無職名令該曹依例口傳付軍職冠帶常仕何如(국장1757A/027ㄴ12~028ㄱ01)

색인 (가례1671/005ㄴ07)(가례1681/011ㄴ05)(가례1696/006ㄱ07)(가례1696/024ㄴ10)(가례

1718/030ㄱ08)(가례1802/상013ㄴ01)

盥盤【관반】 일 음

손을 씻는 대야를 받쳐 놓는 소반. 나무로 만들었다. 종류로 수랍루삼관반粹鑞累三盥盤, 적동루삼관반赤銅累三盥盤, 적동루오관반赤銅累五盥盤, 적동삼관반赤銅三盥盤 등이 있으나 각 기물의 정확한 용도는 알 수 없다.

예문 殯殿外庭設牀卓加紅袱置改書諸具筆硯泥金盥盤盥匜拭巾等各樣所入預待於其內其日時至都監堂上郎廳各一員具衰服(국장1659/107ㄱ06~08)

색인 (국장1800四/004ㄴ12)(국장1800四/008ㄱ11)(국장1800一/091ㄴ01)(국장1800一/098ㄴ06)(국장1898一/160ㄴ06)(국장1903一/107ㄱ05)

盥盆【관분】 일 의

예식 때 헌관獻官이나 집사자가 손을 씻는 대야. 제사祭祀, 관례冠禮, 제주題主 등의 의식 때 헌관獻官, 빈자賓者, 제주관題主官, 집사執事 등이 의식에 앞서 손을 씻도록 마련한 대야를 세洗 또는 관이盥匜라고 하며 손을 씻는 것을 관세盥洗라고 한다. 관분盥盆 역시 손을 씻는 대야를 가리킨다. 그러나 관분의 용례는 많지 않다. 중국 명나라 전례집인 『대명집례大明集禮』에 관분이라는 용어가 보인다. 그리고 대한제국 성립 이후에 편찬된 명성황후의 『국장도감의궤國葬都監儀軌』에 관분의 그림과 제식制式이 나온다. 이에 의하면 관분은 주석으로 만든 원형의 그릇인데 주둥이에 12모서리가 있어 꽃이 핀 모양 같다. 높이가 3촌 6푼이고, 위 부분 지름이 1척 2촌이며 주둥이 주변에는 꽃 무늬와 팔보八寶를 새겼다. 지름이 1척인 바닥 안쪽에도 화문花紋을 새겼으며, 측면에는 봉황을 새겼다.

참조1 관분군盥盆軍, 관분방궤盥盆方几

예문 部將一人盥盆軍二名方几軍四名(국장1898/105ㄴ03~05)

색인 (국장1898三/053ㄱ01)(국장1898三/086ㄱ08)(국장1674二/034ㄱ03)(국장1681一/073ㄱ05)(국장1681二/057ㄱ05)(국장1684/054ㄱ02)

串衣【고의】 채 복 古衣

자적색紫的色 깃이 달린 여자 상의上衣. 『가례도감의궤嘉禮都監儀軌』를 보면 왕비에서 현빈賢嬪에 이르는 최고 신분의 여성만이 착용했으며, 영조대 『상방정례尙方定例』에 고의[串衣]를 만드는 데 당돈피唐獤皮를 사용하였다는 기록이 있는 것으로 보아 덧저고리류로 착용되었을 가능성이 있다. 구성 방법에 따라 겹裌, 누비[衲], 솜[襦]으로 구분되었으며, 형태에 따라 小, 唐이 결합되었다. 또 길이가 짧은 단저고리형의 왕비용 저고리인 소고의[小古衣, 小串衣]와 당의의 별칭인 당고의[唐古衣, 唐串衣]가 있다.

예문 紫的匹段小串衣一草綠鄕織裌長衣一白綃裌小串衣一(국장1632/038ㄴ10~12)

색인 (가례1762/상016ㄴ12)(가례1802/상029ㄴ04)(가례1819/상026ㄱ07)(가례1866/상026ㄴ02)(가례1762/상017ㄱ02)(가례1802/상029ㄴ05)(가례1819/상026ㄱ08)(가례1866/상026ㄴ03)

貫子匠【관자장】 일 건

관자貫子를 만드는 장인. 관자는 망건의 좌우에 달아 줄을 꿰는 작은 고리로 금金, 옥玉, 호박琥珀, 마노, 대모玳瑁, 뿔, 뼈 등으로 만드는데 품계에 따라 재료와 새김 장식을 달리하였다.

예문 蹄屐匠宋時明鍼線婢翠伊等十二名畵員咸宗健等七人貫子匠金斗延等三名蓋兒匠李貴鐵等二名屛風匠金實等二名(국장1681/113ㄱ02~04)

색인 (가례1671/139ㄴ10)(가례1671/154ㄱ04)(가례1671/185ㄴ03)(가례1671/223ㄴ08)(가례1681/079ㄴ12)(가례1681/223ㄴ04)

廣頭釘【광두정/대갈못】 채 건 廣頭丁

대가리 부분이 둥글넓적한 못. 장식 겸용으로 쓰며, 대갈못, 대두정大頭釘이라고도 한다. 크기에 따라 대광두정大廣頭釘, 중광두정中廣頭釘, 소광두정小廣頭釘, 소소광두정小小廣頭釘, 일촌광두정一寸廣頭釘이 있고, 용도에 따라 지의박이광두정地衣朴只廣頭釘, 탁의박이광두정卓衣朴只廣頭釘, 국화동박이광두정菊花童朴只廣頭釘, 평상상배석자박이광두정平床上排席子朴只廣頭釘, 가만충연박이광두정加彎衝椽朴只廣頭釘, 개아압죽박이소광두정盖兒壓竹朴只小廣頭釘, 개아편죽박이소광두정盖兒片竹朴只小廣頭丁, 과피박이광두정裹皮朴只廣頭丁, 과피박이광두정裹皮朴只廣頭釘, 쇠주지박이광두정金注之朴只廣頭釘, 등철과피박이광두정鐙鐵裹皮朴只廣頭釘, 난간내외배석자박이광두정欄干內外排席子朴只廣頭釘, 난간내외석자박이광두정欄干內外席子朴只廣頭丁이 있다. 또, 납을 도금한 납염광두정鑞染廣頭丁과 놋쇠로 만든 두석광두정豆錫廣頭釘이 있다.

관련1 가만충연박이광두정加彎衝椽朴只廣頭釘, 개아압죽박이소광두정盖兒壓竹朴只小廣頭釘, 과피박이광두정裹皮朴只廣頭釘, 국화동박이광두정菊花童朴只廣頭釘, 난간내외배석자박이광두정欄干內外排席子朴只廣頭釘, 납염광두鑞染廣頭, 납염광두정鑞染廣頭釘, 납염소광두정鑞染小廣頭釘, 납염중광두정鑞染中廣頭釘, 두석광두정豆錫廣頭釘, 등철과피박이광두정鐙鐵裹皮朴只廣頭釘, 목광두정木廣頭釘, 박이광두정朴只廣頭釘, 박이납염광두정朴只鑞染廣頭釘, 박이소광두정朴只小廣頭釘, 소광두정小廣頭釘, 소소광두정小小廣頭釘, 쇠주지박이광두정金注之朴只廣頭釘, 중광두中廣頭, 지의박이소광두정地衣朴只小廣頭釘, 탁의박이광두정卓衣朴只廣頭釘, 평상상배석자박이광두정平床上排席子朴只廣頭釘, 합납염광두정合鑞染廣頭釘

예문 磨造匠所用乼牛皮廣三寸二片木賊二兩眞油一升及夢同伊汗亇赤柄頭朴只廣頭釘十三箇進排事(국장1776/197ㄱ11~12)

색인 (가례1681/240ㄴ03)(가례1681/336ㄱ11)(가례1696/205ㄱ03)(가례1819/하014ㄴ11)(가례1819/하015ㄴ05)(가례1819/하071ㄴ03)

廣頭丁【광두정/대갈못】 채 건 ☞ 廣頭釘광두정/대갈못

관련1 개아편죽박이소광두정盖兒片竹朴只小廣頭丁, 납염광두정鑞染廣頭丁, 납염대광두정鑞染大廣頭丁, 박이광두정朴只廣頭丁, 박이납염광두정朴只鑞染廣頭丁, 소소광두정小小廣頭丁, 일촌광두정一寸廣頭丁, 중광두정中廣頭丁, 탁의박이광두정卓衣朴只廣頭丁, 탁의박이납염광두정卓衣朴只鑞染廣頭丁, 홍조소중원환광두정紅條所中圓環廣頭丁

예문 破不用鳳頭圓環十一介破不用廣頭丁二百八十介破不用鳥足鐵三(국장1701/290ㄴ08~10)

색인 (국장1674二/224ㄴ12)(국장1701一/290ㄴ09)(국장1702B一/194ㄴ12)(국장1702B一/196ㄱ11)(국장1702B一/196ㄱ12)(국장1702B一/196ㄴ01)

橋梁祭【교량제】 일 의

국장國葬의 발인發靷 때 대여大輿가 지나갈 교량에 지내는 제사. 국장에서는 발인할 때면 발인의 긴 행렬이 능원陵園에 무사히 도착할 수 있도록 상여가 지나가는 곳의 여러 신들에게 미리 제사를 지냈다. 여기에는 교량제를 비롯한 문오십신위제門五十神位祭, 명산대천제名山大川祭 등이 있었다. 동구릉 원릉東九陵 元陵으로 가는 정순왕후貞純王后 국장을 예로 들면 신석교新石橋, 이석교二石橋, 초석교初石橋, 소송계중천교小松溪中川橋, 대송계대천교大松溪大川橋 등에서 교량제가 거행되었다. 교량제에 관한 의주儀註는 전례집이나 의궤에 보이지 않으며 제사 대상도 아직 알려진 것이 없다. 다만 『세종실록世宗實錄』에 왕세자빈 권씨王世子嬪 權氏가 졸하였을 때 거행한 교량제 의주가 실려 있다. 이에 의하면 교량제는 교량의 왼쪽 편에 남향으로 신위를 모시고 제사를 지내는데 사배四拜-상향上香-헌작獻爵-독축讀祝-사배四拜의 순서로 되어 있다.

참조2 명산대천제名山大川祭, 문오십신위제門五十

神位祭, 발인發靷

예문 靈廞旣啓蹕路逶迤哀薦泂酌尙冀徐遲橋梁祭祝文弘文館副修撰朴鍾淳製進庚申十一月初三日行(빈전1800/165ㄱ11~12)

색인 (국장1800一/081ㄴ03)(빈전1800二/165ㄱ12)

敎命【교명】 일 의

왕비·왕세자·왕세자빈·왕세제·왕세제빈·왕세손 등을 책봉할 때 내리는 임금의 명령을 적은 문서[訓諭文書]. 오색실의 비단에 황금축을 둔 두루마리 형태로 만들어서 당사자에게 내렸다. 왕비를 책봉할 때에는 교명과 책보冊寶(옥책玉册과 옥보玉寶)를, 왕세자와 왕세자빈을 책봉할 때에는 교명과 책인册印(죽책竹册과 옥인玉印)을 함께 내렸다. 조선 후기 교명의 용례를 살펴보면 왕비와 왕세자빈 외에 후궁을 들일 때에도 교명을 내렸다. 다만 후궁의 경우에 책문册文과 인수印綬는 생략하였다.

관련1 교명직조식敎命織造式, 교명집사敎命執事, 교명차비敎命差備

예문 閣臣具無紋黑團領烏紗帽黑角帶捧敎命册寶各置於腰綵輿細仗前導至崇政殿階上捧敎命册寶官各捧敎命册寶安於幄次內內入(빈전1834/048ㄱ04~06)

색인 (가례1627/009ㄴ09)(가례1627/010ㄱ01)(가례1627/010ㄱ07)(가례1627/022ㄱ03)(가례1627/027ㄴ14)(가례1627/028ㄱ03)

敎命案【교명안】 일 의

왕비·왕세자 등을 책봉할 때 내리는 교명敎命을 놓았던 상. 국왕이 왕비·왕세자·왕세자빈·왕세제·왕세제빈·왕세손·왕세손빈 등을 책봉册封할 때 책보册寶와 함께 내리는 임명장인 교명敎命을 놓았다. 두루마리 형태인 교명이 펼쳐질 수 있도록 가로가 세로보다 긴 형태이다.

참조1 교명敎命

참조2 교명책보안敎命册寶案

예문 彩花席縇紫的吐紬椅上所排修理契敎命案一內備(빈전1921/083ㄱ11~12)

색인 (가례1671/011ㄴ07)(가례1671/112ㄴ05)(가례1671/113ㄴ06)(가례1681/171ㄱ11)(가례1681/173ㄱ08)(가례1696/012ㄴ01)

敎命輿【교명여】 일 의

교명문敎命文을 실은 가마[輿]. 교명敎命은 조선 시대에 왕비·왕세자王世子·왕세자빈王世子嬪·왕세제王世弟·왕세제빈王世弟嬪·왕세손王世孫·왕세손빈王世孫嬪을 책봉할 때 임금의 명령을 적은 문서를 말한다.

참조1 교명敎命

참조2 교서여敎書輿, 금화륜여禁火輪輿, 여輿

관련1 교명책보여敎命册寶輿,

예문 册函寶綬及命服函各置于腰綵輿敎命及册盛於腰輿寶及命服盛於綵輿細仗鼓吹備而不作前導次敎命輿次册輿次寶輿次命服輿次輦次儀仗次使者以下隨行引儀(가례1866/248ㄱ10~12)

색인 (가례1671/114ㄱ02)(가례1681/173ㄴ12)(가례1696/146ㄴ12)(가례1718/175ㄱ05)(가례1802/상221ㄱ01)(가례1819/상205ㄱ09)

敎命腰輿【교명요여】 일 의

교명을 실어 옮기던 요여. 요여는 왕실에 의식儀式이 있을 때 귀중한 물건을 주로 옮기던 작은 가마로 국상 때는 신주神主와 혼백魂帛을 옮기는 데도 쓰였다.

참조1 교명죽책옥인요여敎命竹册玉印腰輿, 신백요여神帛腰輿, 요여腰輿

예문 諡册腰輿册寶腰輿敎命腰輿哀册彩輿服玩彩輿各一明器彩輿五合假家九間各長十五尺高十尺(국장1701/057ㄴ01~03)

색인 (가례1819/상179ㄱ10)(책례1651/052ㄱ09)(책례1736/079ㄴ02)(책례1751/062ㄴ12)(책례1751/ 079ㄴ08)(책례1759/063ㄱ04)

교명요여

敎命竹冊玉印腰輿【교명죽책옥인요여】 일 의

교명, 죽책, 옥인을 실어 옮기던 작은 가마. 요여는 왕실에 의식儀式이 있을 때 귀중한 물건을 주로 옮기던 작은 가마를 말한다. 국상 때 신주神主와 혼백魂帛을 옮기는 데도 쓰였다.

관련1 교명요여敎命腰輿, 교명죽책요여敎命竹冊腰輿, 요여腰輿, 신백요여神帛腰輿

예문 諡玉冊金寶腰輿一冊嬪時敎命竹冊玉印腰輿一冊妃時敎命玉玉寶腰輿一(국장1757/135ㄱ10~12)

색인 (국장1757B一/135ㄱ11)(국장1757B一/192ㄴ08)(국장1757B二/144ㄴ09)(국장1834三/010ㄴ09)(국장1834二/032ㄴ05)(국장1800一/151ㄱ08)

敎命竹冊腰輿【교명죽책요여】 일 의

교명과 죽책을 실어 옮기던 작은 가마. 요여는 왕실에 의식儀式이 있을 때 귀중한 물건을 주로 옮기던 작은 가마로 국상 때 신주神主와 혼백魂帛을 옮기는 데도 쓰였다.

참조1 교명요여敎命腰輿, 교명죽책옥인요여敎命竹冊玉印腰輿, 신백요여神帛腰輿, 요여腰輿

예문 魂帛腰輿前排仍用敎命竹冊腰輿前排仍用玉印諡印腰輿前排仍用(예장1762/065ㄱ09~11)

색인 (국장1724一/179ㄴ02)(예장1762一/058ㄱ08)(예장1762一/065ㄱ10)(예장1762一/088ㄴ03)(예장1762一/099ㄴ12)(국장1701一/057ㄴ02)

敎命織造式【교명직조식】 일 의

교명문敎命文을 적는 비단의 직조 방식에 관한 규정. 왕비·왕세자·왕세손·빈 등을 책봉할 때 내리는 교명은 오색실의 비단에 황금축을 둔 두루마리 형태로 되어있다. 교명문을 쓸 바탕은 같은 크기의 홍색·황색·남색·백색·흑색 비단을 연결하여 만든다. 이때 교명이 시작되는 홍색 비단에는 승강하는 두 마리 용과 그 사이에 전문篆文으로 교명敎命이라는 글자를 직조한다. 교명의 마지막 부분에 해당하는 흑색 비단에도 두 마리 용을 직조하였다. 오색 비단의 사방은 옥색 바탕에 봉황과 운문雲紋을 직조한 비단으로 테두리를 하였다. 이렇게 교명을 쓸 오색 비단과 그 테두리를 직조하는 방식에 대한 기록을 교명직조식이라 하였다. 여기에는 비단의 색상, 문양, 문양의 개수, 문양의 위치, 교명문의 글자 배열 등을 기록하였다. 교명직조식은 교명직조형敎命織造形이라고도 하였다.

동 교명직조형敎命織造形

예문 以此排字書草圖書而草圖書則只書某字敎命織造式(책례1759/049ㄱ01~02)

색인 (가례1802/상135ㄱ05)(가례1819/상128ㄱ07)(가례1866/상121ㄱ05)(책례1610/053ㄱ12)(책례1759/049ㄱ02)(책례1812/058ㄴ03)

敎文【교문】 일 의

임금이 내리는 글. 국왕의 명령을 교敎라고 한다. 그리고 왕이 발하는 명령서나 훈유서, 선포문 등을 교서敎書라고 한다. 특히 관직, 관작, 시호 등을 내려줄 때 쓰는 문서를 교지敎旨라고 하며, 왕비·왕세자·왕세자빈 등을 책봉할 때 내리는 훈유 문서를 교명敎命이라고 한다. 교문은 이러한 왕의 명령서를 지칭하기도 하며 교서, 교지, 교명의 글을 나타내기도 한다. 의궤에 보이는 교문은 행사를 위해 왕이 발한 명령문이나 책봉과 관련된 교명, 행사를 마치고 백관과 백성에게 반포한 교서 등을 가리키는 말로 사용되었다.

관련1 교문전문敎文箋文, 교문지敎文紙

예문 不至賴景廟友愛深摯后扶翊甚勤陰計終未售逆鏡又以不忍聞之兇言謄之教文播諸八方誑惑人心甲辰大喪後其徒(국장1730/226ㄱ10~12)

색인 (가례1681/037ㄴ12)(가례1681/161ㄴ12)(가례1681/167ㄱ05)(가례1681/170ㄴ08)(가례1762/상011ㄴ01)(가례1802/상067ㄴ04)

交拜席【교배석】 일 의

가례에서 교배례를 행하였던 자리. 가례에서 신랑과 신부가 서로 절을 하는 교배례를 행하기 위해 깔았던 자리이다. 보통 한 장의 장석長席으로 준비한다.

예문 傳敎分付內嘉禮時例有交拜席以紅草作字用之故所以邊兒寢席段既自尙方(가례1727/140ㄴ07~08)

색인 (가례1762/상012ㄴ12)(가례1802/상075ㄱ04)(가례1802/상075ㄴ06)(가례1802/상142ㄱ09)(가례1802/상192ㄱ11)(가례1802/상192ㄴ02)

敎書束帛案【교서속백안】 일 의

의례 때 교서敎書와 속백束帛을 놓았던 상. 주로 왕세자가 왕세자빈을 맞이하는 납빈의納嬪儀와 같은 왕실 가례에서 임금이 내린 교서敎書와 속백束帛을 놓았다. 교서는 함函에 담아 안案 위에 올려놓았으며 검은 비단과 붉은 비단으로 구성된 속백 또한 함에 담아 안 위에 놓아두면 의례 때 집사가 교서속백안을 들고 나아가 예를 행하였다.

참조1 거교서속백안자擧敎書束帛案者, 교서안敎書案, 속백안束帛案

예문 敎書束帛案者從之主人入門而左使者陞自東階至堂中正使南向立副使立於正使東南擧敎書束帛案者(가례1866/241ㄴ11~12)

색인 (가례1681/164ㄱ05)(가례1802/상212ㄴ07)

敎書案【교서안】 일 의

의례 때 교서敎書를 놓았던 상. 왕비, 왕세자 등을 정하는 책봉례나 왕실 가례에서 임금이 내린 교서敎書를 놓았다. 교서는 함函에 담아 안案 위에 올려놓아두면 의례 때 집사가 교서안을 들고 나아가 예를 행하였다.

참조1 교서속백안敎書束帛案, 속백안束帛案

관련1 교서안자敎書案者

예문 前一日掖庭署設御座於仁政殿北壁南向設敎書案於殿內近南掌樂院展軒懸於殿庭近南北向設協律郎擧麾位於西階上(책례1800/031ㄱ03~05)

색인 (가례1681/158ㄱ11)(가례1681/158ㄴ08)(가례1681/162ㄴ06)(가례1681/164ㄴ02)(가례1681/167ㄴ07)(가례1681/169ㄱ04)

交椅【교의】 일 의

왕실 의례 때 휴대와 이동이 편하게 고안된 접이식 의자. 궁중 의례가 있을 때나 사신과 관련한 접대가 있을 때 사용했다. 교의의 원류는 중국의 호상胡床이다. 왕과 왕비가 쓰던 것은 용교의龍交椅, 세자가 사용하던 것은 평교의平交椅라 하였으며 재료에 따라서도 금교의金交椅, 은교의銀交椅으로 구분하였다. 또한 직접 사용하지 않고 신주神主나 혼백함魂魄函 등을 모셔 두는 의장물로 사용되기도 하였다.

동 교의交倚

참조1 은교의銀交椅

참조2 금교의金交椅, 용교의龍交椅, 평교의平交椅

관련1 교의하배방석交倚下排方席, 무질교의無跌交椅, 방상씨교의方相氏交椅, 주교의朱交椅

예문 魂帛腰輿一內排無趺交椅一諡册腰輿一(국장1724/138ㄴ05~07)

색인 (국장1702B一/122ㄱ12)(국장1702B一/151ㄱ11)(국장1702B一/166ㄴ04)(국장1724一/138ㄱ09)(국장1724一/138ㄱ10)(국장1724一/138ㄴ06)

交倚【교의】 일 의 ☞ 交椅교의

관련1 교의우비交倚雨備, 교의차비交倚差備

예문 肩輿上粧諸具方相氏交倚四竹散馬二疋童車具(국장1903/041ㄴ03~05)

색인 (가례1819/상045ㄱ11)(국장1800二/003ㄴ11)(국장1800一/110ㄱ02)(국장1898五/066ㄴ09)(빈전1800一/021ㄴ10)(상호1848二/075ㄴ11)

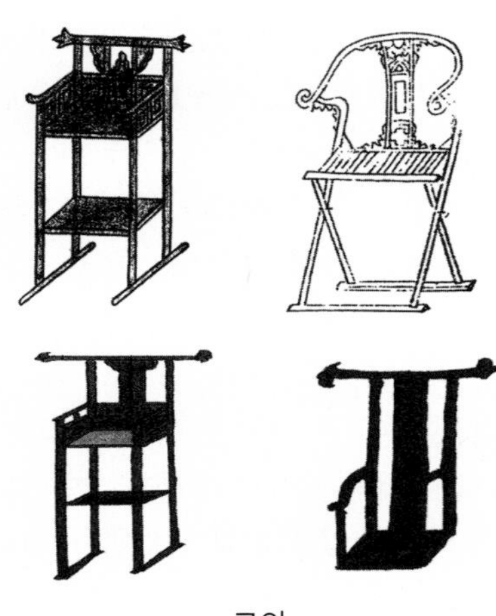

교의

九鳳盖【구봉개】 일 의

봉황을 그린 일산日傘. 자루가 긴 큰 양산으로 보통 한 쌍으로 사용한다. 황제黃帝는 황색으로, 왕·황태자는 붉은색, 왕세자는 검은빛의 비단으로 만들었다. 비단 위에는 보통 두 마리의 봉황, 구름, 꽃을 금색으로 그리며 크기는 1척이다.

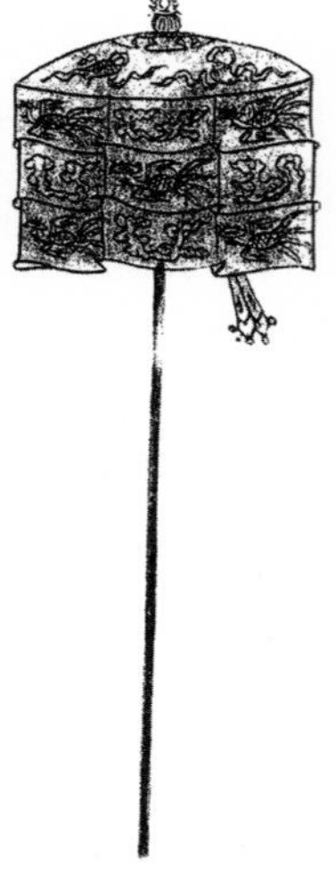

구봉개

참조2 봉개鳳盖

예문 土金一錢項子朴只二寸釘二箇九鳳蓋十柄新造所入(국장1898/2240ㄱ03~04)

색인 (국장1898三/050ㄱ04)(국장1898三/056ㄱ08)(국장1898三/056ㄱ12)(국장1898三/058ㄴ08)(국장1898三/069ㄴ04)(국장1898三/087ㄴ07)

九鳳曲盖【구봉곡개】 일 의

봉황을 그리고 자루가 구부러진 일산日傘. 아홉 마리의 봉황을 그린 일산日傘으로 자루가 구부러진 형태이며 보통 한 쌍으로 사용한다. 비단 위에는 아홉 마리의 봉황 사이에 구름, 꽃 등을 금색으로 그린다. 일산의 규모는 높이가 2척, 지름이 5척 2촌이다. 구부러진 우산 자루의 윗부분은 금으로 용을 그리고 아래의 자루는 주칠을 하였다.

예문 紅貢綾長三尺廣二寸紅眞絲一錢九鳳曲蓋一柄新造所入(국장1898/239ㄴ08~09)

색인 (국장1898三/049ㄴ09)(국장1898三/087ㄱ12)(국장1898三/087ㄴ07)(국장1898五/083ㄱ11)

柩衣【구의】 일 의

출상出喪하기 위하여 관棺을 집 밖으로 모실 때 관 위에 덮는 홑이불 같은 베. 수보관의라고도 한다. 관의는 피륙으로 관에 맞추어 입히는 것으로 도끼 모양을 그렸다.

예문 取考戊申謄錄則假梓宮柩衣以青木二十七尺造作是如爲有旀(국장1659/142ㄱ11~12)

색인 (국장1800一/148ㄴ07)(국장1898一/243ㄱ03)(국장1898一/243ㄱ04)(국장1903一/164ㄴ02)(국장1903一/164ㄴ03)(국장1903一/187ㄴ10)

鳩杖【구장】 일 의

임금이 공신에게 하사하였던 비둘기 장식의 지팡이. 임금이 70세 이상의 대신이 벼슬에서 물러날 때 하사하였다. 비둘기가 음식을 먹을 때 잘 체하지 않는 점에 착안하여 체하지 말고 건강하라는 의미로 손잡이 꼭대기를 비둘기 모양으로 장식한 구장을 주었다고 한다. 구장의 길이는 7척 7촌이다.

참조2 궤장几杖

예문 傳敎以常御鳩杖用樻長六尺七分廣三寸四分高四寸四分用周尺黑眞漆用塗紅紺(국장

1776/259ㄴ09)

색인 (국장1757B二/095ㄴ08)(국장1757B二/124ㄱ07)(국장1776一/259ㄴ09)(국장1776二/069ㄱ01)(국장1776二/078ㄴ01)(국장1776二/079ㄱ08)

口傳【구전】 일 의

임금이 말로 내린 전교.

예문 同日都監郞廳以都提調意啓曰本都監都廳李鼎軍時無職名令該曹口傳付軍職冠帶常仕何如(예장1786/010ㄴ02~04)

색인 (가례1671/005ㄴ06)(가례1671/021ㄴ12)(가례1681/004ㄴ01)(가례1681/004ㄴ09)(가례1681/005ㄴ05)(가례1681/011ㄴ04)

國葬都監【국장도감】 일 의

고려 시대와 조선 시대에 왕이나 왕비의 장례를 주관하기 위해 설치한 임시 관청. 국왕이나 왕후의 상사喪事가 있을 때 그 장례 행사를 주관하기 위해 설치되었던 임시 기구인 국장도감은 보통 국상 당일에 조직되어 장례 뒤 혼전魂殿(왕이나 왕비의 국상 뒤에 종묘에 배위할 때까지 신위를 모시던 사당)에 반우返虞(장사 지낸 뒤 신주를 집으로 모셔옴)해 우제가 끝날 때까지 약 5개월간 두었다. 이 기간 동안의 상·장례에 따르는 모든 의전·재정·시설·문한文翰 등의 업무를 총괄하였다. 단, 빈전殯殿과 산릉山陵에 관한 일만은 별도의 도감이 설치되어 담당하였다. 이 기구가 처음 설치된 것은 공민왕 14년(1365) 공민왕비였던 노국대장공주魯國大長公主의 상사 때이다. 조선 시대의 경우 내부 조직과 운영 방식은 시대에 따라 조금씩 변했다. 조선 후기의 정제에 의하면 보통 도청都廳과 1·2·3방房으로 조직되었다. 여기에 분전설사分典設司·분장홍고分長興庫·지석소誌石所·우주소虞主所·별공작소別工作所 등이 부설되어 장의 업무를 분담하였다. 도청은 의전의 집행과 전체 업무·우휘, 1방은 상여·주렴朱簾·평상平床 등의 제작, 2방은 각종 의장儀仗·기명器皿의 준비, 3방은 애책哀册·인문印文·만장輓章 등 문한의 일을 맡았다. 분전설사·분장홍고 등은 각각 시설·재정 등의 업무를 취급하였다. 소속 인원으로는 총호사摠護使로 지칭된 도제조 1인, 예조판서·호조판서·선공감 제조 등으로 임명하는 제조 4인, 3·4품의 도청都廳 2인, 4~6품의 낭청 6인, 감조관監照官 6인 등의 정규 관원이 소속되었다. 이외에도 독책관讀册官·독보관讀寶官·상시책보관上謚册寶官 등 50여 인의 유사有事로 구성되어 있었다. 왕후의 상일 경우에는 독책관 이하에 고위 내시들이 임명되었다. 왕세자·세자빈 등 중요 왕족의 장례에는 예장도감禮葬都監이 설치되었는데 그 규례는 거의 국장도감에 준하였다. 국장의 시말, 각종 예규, 도감에서의 업무와 행사 내용 등은 일일이 기록되어 기타 자료들과 함께 의궤儀軌로 편찬, 보존되었다.

예문 尙方次知擧行內外中排設廳所排則別工作次知出給於國葬都監別工作行用於各站自是前例是如乎(빈전1834/050ㄴ06~07)

색인 (국장1800四/001ㄱ01)(국장1800四/009ㄴ09)(국장1800四/011ㄴ02)(국장1800四/015ㄱ01)(국장1800四/035ㄱ01)(국장1800四/058ㄱ01)

菊花童【국화동】 채 건 菊花同

문고리나 문짝 등에 끼워 박는 국화 모양의 쇠로 만든 장식. 크기에 따라 대국화동大菊花童, 중국화동中菊花童, 소국화동小菊花同으로 구분하였고, 납을 도금한 납염국화동鑞染菊花童이 있다.

관련1 납염국화동鑞染菊花童, 소국화동小菊花同, 중국화동中菊花童

예문 別工作軍器寺戶曹工曹一灌池箚黑漆松板爲蓋豆錫菊花童小圓環鼠目釘具自工曹鑄成廳依謄錄進排事手決內依(빈전1683/197ㄱ07~09)

색인 (국장1864四/066ㄱ02)(국장1864四/090ㄴ01)(국장1904四/026ㄱ05)(부묘1836B/166ㄱ07)(부묘1836B/176ㄴ12)(부묘1836B/181ㄱ04)

菊花同【국화동】 채 건 ☞ 菊花童국화동

예문 一房稟目內改銘旌時大紅無紋大段九尺泥金六錢螭頭一貼金一貼一張豆錫小圓環菊花同具二雙玉軸一雙大紅索眞絲一兩五錢眞墨半張豆錫大圓環一白漆函二(빈전1659/067ㄴ03~05)

색인 (가례1671/163ㄴ09)(가례1671/163ㄴ10)(가례1671/163ㄴ11)(가례1671/164ㄱ01)(가례1681/240ㄱ05)(가례1681/240ㄱ06)

國恤【국휼】 일 의

나라의 슬픈 일이라는 의미로 국상國喪을 가리킴. 국휼은 대상大喪, 내상內喪, 소상小喪, 소내상小內喪으로 구분된다. 대상은 국왕의 상을 가리키며 내상은 왕비의 상이다. 왕세자의 상을 소상이라고 부르며 소내상은 왕세자빈의 상이다. 국휼이 나면 일정 기간 동안 제사·음악·혼인·도살 등의 일들이 금지되고 사람들은 직분에 맞추어 상복을 입고 애도하였다. 국휼 때에 거행하는 의식을 흉례凶禮라고 하는데 그 구체적인 의절과 법식은 『국조오례의國朝五禮儀』, 『국조상례보편國朝喪禮補編』, 『춘관통고春官通考』에 자세히 실려 있다.

예문 今此國恤敎是時殯殿禁火所用座板一坐以廣厚板造作內入所入廣厚板二立屯太次長大條里木一(혼전1776/213ㄱ10~11)

색인 (국장1659一/028ㄱ11)(국장1659一/029ㄱ10)(국장1659一/029ㄱ12)(국장1659一/030ㄴ06)(국장1659一/053ㄱ05)(국장1659一/065ㄴ07)

軍器寺【군기시】 일 의

조선 시대 병조의 병기, 기치, 집물, 융장戎仗 등의 제조 업무를 관장하기 위해 설치되었던 관서. 고려 시대에는 군기감軍器監과 군기시가 몇 번 교대로 바뀌어 불렸다. 조선 시대에 들어와서 태조 1년(1392)에 군기감이 설치되었다가 세조 12년(1466)에 군기시로 개칭되었다. 관원은 병조판서나 병조참판 중에서 1인, 무장武將 중에서 1인을 선발하여 도제조都提調와 제조를 두어 감독하게 하였다. 그 밑에 정正·부정副正·첨정僉正·별좌別坐·판관判官·별제別提·주부主簿·직장直長·봉사奉事·부봉사副奉事·참봉參奉등이 있었다. 『경국대전經國大典』에 나와 있는 기술 직종을 보면 여기에 딸린 공장工匠으로는, 칠장漆匠 12인, 마조장磨造匠 12인, 궁현장弓弦匠 6인, 유칠장油漆匠 2인, 주장鑄匠 20인, 생피장生皮匠 4인, 갑장甲匠 35인, 궁인弓人 90인, 시인矢人 150인, 쟁장錚匠 11인, 목장木匠 4인, 야장冶匠 130인, 연장鍊匠 160인, 아교장阿膠匠 2인, 고장鼓匠 4인, 연사장鍊絲匠 2인이었다. 세종 때에는 서북 변경의 개척으로 화기 사용이 빈번해지자 군기시에서의 화약 기술의 확보를 위해 화약장火藥匠의 전지 전출을 견제했고, 군기시 안에 화기를 전담하는 10여 인의 관원을 두기도 하였다. 이들은 양반 자제 중에서 기술이 정교하고 무략武略이 뛰어난 자를 뽑은 것으로 일명 겸군기兼軍器라 불렀다. 그러나 세조 이후 오랜 기간 전쟁이 없게 되자 군기시의 기능은 차츰 해이해져서 본래의 기능을 제대로 발휘할 수 없었다. 고종 21년(1884) 군기시가 폐지되자 그 직무는 기기국機器局으로 옮겨졌다.

관련1 군기시주부軍器寺主簿, 군기주부軍器主簿

예문 神榻方交倚付接所用魚膠六兩依謄錄進排事捧甘何如手決內依戶曹軍器寺(혼전1701/044ㄴ10~11)

색인 (가례1627/004ㄱ04)(가례1627/081ㄱ13)(가례1627/082ㄴ08)(가례1627/084ㄱ02)(가례1627/084ㄴ08)(가례1627/085ㄱ03)

君王千歲旗【군왕천세기】 일 의

국왕의 대가 의장大駕儀仗과 법가 의장法駕儀仗에 쓰이는 깃발. 백색의 바탕에 군왕 천세君王千歲라는 글자를 한복판에 쓴다. 천세千歲는 제후왕에게 올리는 산호山呼로 조선의 국왕이 중화中華 중심의 예제 질서를 수용하면서 의장에서도 이를 드러내었다. 일반적으로 20척의 면주綿紬를 사용하여 만드

ㄱ

는 의장기와 달리 35척의 면주가 소요되는 큰 기이다. 청색·적색·황색·백색의 네 가지 빛깔의 화염각을 달았는데, 조선 후기에는 적색의 화염각만 달았다. 국장 중의 길의장吉儀仗, 가례嘉禮, 부묘 의식祔廟儀式 등 노부 의장이 쓰이는 의례에 사용되었다.

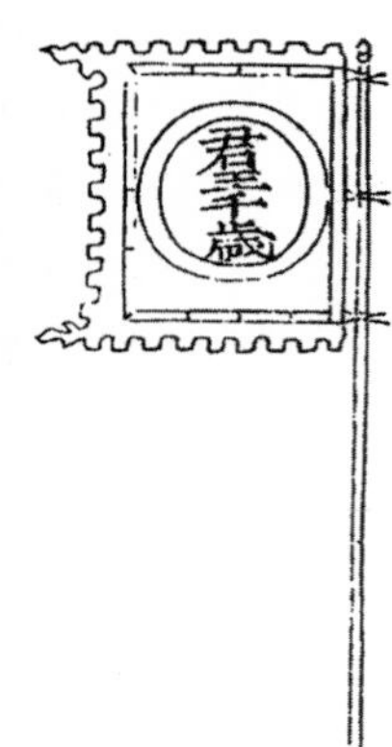

군왕천세기

참조1 가구선인기駕龜仙人旗, 가례嘉禮, 각단기角端旗, 고자기鼓字旗, 금자기金字旗, 백택기白澤旗, 벽봉기碧鳳旗, 부묘祔廟, 삼각기三角旗, 영자기令字旗, 천하태평기天下太平旗, 현무기玄武旗, 현학기玄鶴旗, 홍문대기紅門大旗, 황룡기黃龍旗, 후전대기後殿大旗

참조2 길의장吉儀仗, 노부의장鹵簿儀仗, 백호기白虎旗

예문 黑紬四尺纓子紅紬七寸五分君王千歲旗一五幅付所入質白紬三十五尺火焰脚紅紬三十尺衿(국장1903/039ㄱ01~03)

색인 (국장1800二/164ㄱ10)(부묘1836A/156ㄱ09)(부묘1836/상161ㄱ10)(존숭1713二/163ㄴ09)(추숭1776/019ㄱ03)(추숭1776/084ㄱ12)

弓非排刃【활비비날】 채 건 弓飛排刃 弓非非刃

활비비의 날. 활비비는 활같이 굽은 나무에 줄[시위]을 메고 그 줄에 가는 송곳 자루를 걸어 앞뒤로 회전시켜 구멍을 뚫는 연장이다. 송곳을 손으로 빨리 돌리면 손이 아프기 때문에 줄을 감아 그 회전력으로 구멍을 뚫은 것으로 주로 돌이나 나무에 작은 구멍을 낼 때 사용한다. 찬궁鑽弓 또는 활송곳이라고도 한다.

예문 鞍子匠所用弓非排刃一箇二房各樣假家及器皿秩(국장1800/090ㄴ08~10)

색인 (국장1864四/087ㄱ10)(존호1852/155ㄱ02)(국장1800四/090ㄴ09)(국장1800四/116ㄱ06)(존호1841/155ㄱ02)(상호1848이/098ㄱ10)

弓飛排刃【활비비날】 채 건 ☞ 弓非排刃활비비날

예문 乶江金七箇圓刀三柄錐子七箇中了赤二箇半月刀一柄强鐵七兩四分錯一箇弓飛排刃八箇弓飛排金一箇三分錯二箇刻刀二十五柄刻釘三(상호1853/198ㄴ05~07)

색인 (상호1853/198ㄴ06)

弓非非刃【활비비날】 채 건 ☞ 弓非排刃활비비날

弓匠【궁장】 일 건

예전에 군기감軍器監의 궁전색弓箭色에 속하여 활 만드는 일을 맡아하던 장인. 조궁造弓장이, 조궁장造弓匠, 궁방弓房장이, 궁자이 등으로도 불렀다.

예문 莫古里次長松板六尺弓匠所用剪板十二介每介所入薄松板半半骨三尺一片(예장1786/203ㄴ04~06)

색인 (가례1627/066ㄱ01)(가례1671/139ㄴ04)(가례1671/154ㄱ04)(가례1671/184ㄴ11)(가례1681/223ㄴ04)(가례1696/064ㄱ04)

闕闥馬【궐달마】 일 의

왕세자 노부에 사용되는 의물儀物. 왕세자 노부에 배치되는 의물 중 2필의 말이 있는데 이를 궐달마闕闥馬라 한다. 국왕 노부 중 장마仗馬에 해당하는 의물이다. 안장을 얹고 각각 2인이 청의靑衣에 입笠, 운혜雲鞋를 착용하고 끌었다.

예문 一闕闥馬二匹鞍粧具工曹司僕寺次知造作擧行油鞍籠二部長具庫進排(책례1651/004ㄱ10~11)

색인 (책례1610/124ㄴ12)(책례1610/171ㄴ09)(책례1651/048ㄱ10)(책례1651/049ㄱ11)(책례1651/050ㄴ06)(책례1651/051ㄴ09)

簋【궤】 일 의

국가 제례 때 메기장[黍]과 찰기장[稷]을 담는 둥근 모양의 제기. 궤簋는 구리로 주조하여 만든 둥근 모양의 제기이다. 궤는 보簠와 짝을 이루는데 보가 사각형 모양인 반면 궤는 원형 모양이다. 보에는 쌀[稻]과 기장쌀[粱]을 담으며, 궤에는 메기장과 찰기장을 담는다. 보와 궤 모두 뚜껑이 있다. 사전祀典의 제사 때 보궤는 가운데 각각 2개씩 놓이지만 기고제祈告祭나 보사제報祀祭 때에는 한 개씩 놓고 지냈다. 그리고 속제俗祭에는 사용하지 않았다.

예문 簠蓋具二內一重二十五斤一重二十三斤十四兩簋蓋具二內一重十一斤四兩一重十一斤八兩牛鼎一重四十八斤(혼전1776/174ㄱ09~11)

색인 (국장1800二/158ㄱ11)(국장1800二/183ㄱ09)(국장1800二/194ㄱ06)(국장1898三/012ㄱ07)(국장1898三/091ㄴ12)(국장1903二/169ㄱ04)

궤

歸也【귀얄】 채 건

솔의 한 가지. 옻칠을 하거나 풀을 바를 때 쓴다. 주로 돼지털이나 말총을 묶어 만든다.

예문 平市署納家猪毛三斤一兩內十二兩屛風匠歸也實入十五兩丹靑畵師實入一斤六兩漆匠所用實入(혼전1701/084ㄴ10~12)

색인 (가례1819/상164ㄱ07)(가례1866/상180ㄴ09)(가례1866/상232ㄴ02)(가례1866/상234ㄱ09)(가례1866/하012ㄴ07)(국장1849一/173ㄱ05)

圭【규】 일 복

길례, 가례 등의 의례에 사용되는 예기禮器. 왕이나 왕세자가 길례, 가례 등의 의례를 행할 때 손에 들었다. 따라서 규圭는 왕의 표신으로 상하에 신信을 통하고 조하朝賀를 받으며 군신에 임하고 사신을 대할 때에 잡는다. 규圭의 형태는 12장문의 산에 해당하는 것으로 하늘을 오르는 길을 의미하며, 규圭의 날카로운 형상은 봄에 물건이 새롭게 나오는 것을 상징한다고 하였다. 왕의 규圭는 백옥규白玉圭로 만들며, 왕세자의 것은 청옥규靑玉圭로 만든다.

규

참조1 백옥규白玉圭, 옥규玉圭, 청옥규靑玉圭

관련1 규벽圭璧

예문 啓請降輿殿下降輿左通禮跪啓請執圭近侍跪進圭(가례1802/212ㄱ11~12)

색인 (가례1671/026ㄱ08)(가례1671/026ㄱ10)(가례1671/026ㄱ12)(가례1671/107ㄱ02)(가례1671/107ㄱ03)(가례1671/107ㄱ03)

巹杯【근배】 일 음

혼례 때 신랑과 신부가 서로 바꾸어 마시는 합환주를 담는 잔. 표주박으로 만들며 왕실의 혼례에 쓰인 근배는 은으로 장식하고, 홍사紅絲를 갖추도록 되어 있다. 이외에도 근배 한 쌍을 만드는 데에는 수은, 붕사, 비상, 오미자, 홍화수紅花水, 홍정주紅鼎紬 끈감으로 쓸 홍진사紅眞絲, 가는 끈 세겹바[三甲所]가 소용된다. 그리고 근배차비관巹杯差備官으로 세 명을 두었다.

동 근배巹盃

참조1 가근배假巹盃

예문 含錫伍斤貳兩貳戔硼砂貳兩伍戔巹杯標子參介內入紅眞絲參兩壹戔伍分纓次紅眞絲伍戔內入(가례1727/305ㄴ03~05)

색인 (가례1671/013ㄱ10)(가례1671/017ㄱ10)(가례1671/197ㄴ04)(가례1671/214ㄴ04)(가례

1681/034ㄱ11)(가례1681/275ㄱ04)

근배

쫄盃【근배】 일 음 ☞ 쫄杯근배

예문 銅末飛箇一戊戌姑減癸亥抹去啓下쫄盃二銀粧飾銀鍍金臺各具(가례1744/ 023ㄴ07~08)

색인 (가례1718/281ㄴ09)(가례1718/248ㄴ05)(가례1718/257ㄴ07)(가례1718/257ㄴ08)(가례1718/281ㄴ09)(가례1762/상020ㄴ05)

近侍【근시】 일 의

임금을 측근에서 모시는 신하. 주로 왕명의 출납出納을 담당하는 승정원承政院의 승지承旨나 사실史實의 기록과 왕명의 대필 등을 맡은 검열檢閱, 환관宦官 등을 말한다.

예문 跪各差備官各以教命册寶跪進總護使以次受之以授近侍近侍受之以授內侍內侍以次受之以入爲白齊(국장1701/104ㄴ10~12)

색인 (가례1671/106ㄴ10)(가례1671/107ㄱ02)(가례1671/107ㄴ05)(가례1671/113ㄱ03)(가례1671/113ㄱ08)(가례1671/113ㄱ09)

琴【금】 일 의

고려 시대 대성 아악大晟雅樂이 유입될 때 전래된 일곱 개의 줄과 휘徽를 가진 현악기. 앞판은 오동나무, 뒷판은 밤나무로 상자식으로 짜서 제작한다. 현絃을 올려 놓는 괘 또는 안족雁足이 없다. 흰색 조개껍질로 만든 13개의 휘가 있다. 일곱 줄을 의미하는 칠현금 또는 휘가 있어 휘금으로도 명명된다. 오른손으로 줄을 뜯거나 튕기며, 왼손은 13개 휘의 자리에 해당하는 줄을 짚어가며 연주한다.

예문 洞簫一唐觱栗一鄕觱栗一大琴一唐琵琶一鄕琵琶一玄琴一伽倻琴一拍一笙一竽一和一琴一羽一籥一瑟一大箏一牙箏一(국장1757/004ㄴ02~04)

색인 (국장1800二/158ㄴ02)(국장1800二/185ㄴ03)(국장1800二/195ㄱ08)(국장1898三/013ㄱ05)(국장1898三/095ㄱ01)(국장1903二/170ㄱ02)

금

金鐙子【금등자】 일 의

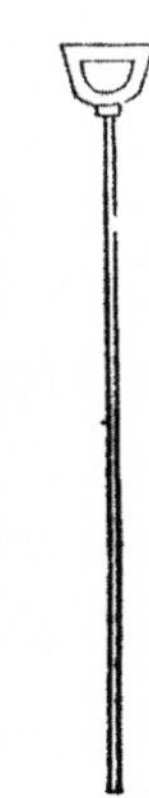

금등자

국왕, 왕비, 세자, 세자빈, 세손빈 의장으로 사용되는 기구. 금등자金鐙子는 주칠을 한 자루 위에 나무로 틀을 만든 후 도금鍍金한 말 등자를 걸고 자루 아래의 끝은 쇠로 장식한 의장이다. 국왕의 대가 의장大駕儀仗에는 10개, 법가 의장法駕儀仗에는 6개, 소가 의장小駕儀仗에는 4개의 금등자가 사용되었다. 왕비 의장에는 모두 4개씩의 금등자와 은등자가 사용되었다. 세자와 세자빈, 세손빈의 의장으로도 2개의 금등과 2개의 은등이 사용되었고, 세손의 의장에는 각 1개씩의 금등과 은등이 사용되었다.

동 금등金鐙

예문 儀仗差備二十九靑蓋二雀扇四麒麟旗二白澤旗二金鐙子二銀鐙子二金粧刀一銀粧刀一金立瓜一銀立(상호1827/ 149ㄱ03~05)

색인 (가례1681/222ㄱ06)(가례1681/245ㄴ10)(가례1696/209ㄴ01)(가례1718/221ㄱ03)(가례1762/상027ㄱ12)(가례1802/상041ㄴ11

金立瓜【금립과】 일 의

조선 시대 노부 의장에 사용되는 기구. 금립과金立瓜는 나무로 외[瓜]의 모양을 만든 후 도금하고 붉은 칠을 한 자루에 세워서 붙인 의장이다. 조선 시대에 들어와 사용된 의장이며 국왕의 대가 의장大駕儀仗에 금립과 2개, 법가 의장法駕儀仗에 2개, 기우제 소가 의장祈雨祭小駕儀仗에 1개가 사용되었다. 왕비 의장에도 금립과 2개와 은립과 2개를 사용하였다. 세자 의장에는 금립과와 은립과 1개씩, 세자빈 의장에는 금립과 2개, 왕세손빈의 의장에 금립과와 은립과 1개씩을 사용하였다.

금립과

예문 明油一合五夕金立瓜二前排仍修補柄竹改漆付金二十張眞末五合阿膠二兩(국장1688/035ㄴ03~05)

색인 (가례1627/068ㄱ07)(가례1627/068ㄴ03)(가례1627/093ㄱ04)(가례1627/096ㄴ04)(가례1627/099ㄴ07)(가례1671/012ㄴ07)

金寶【금보】 일 의

금으로 제작된 왕과 왕비의 의식용 도장. 왕과 왕비의 도장인 어보御寶는 재질에 따라 금보와 옥보로 구분된다. 금보는 왕과 왕비의 시호, 존호, 묘호, 휘호 등을 새기며 주로 거북 혹은 용이 조각되어 있다.

참조1 금보장金寶匠, 옥보玉寶

참조2 가금보假金寶

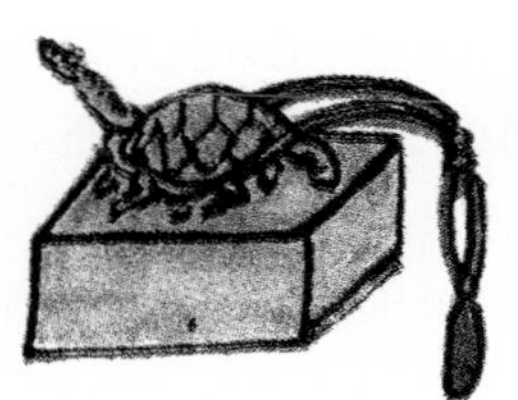
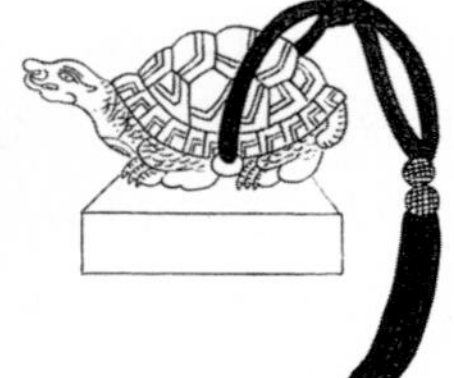
금보

예문 庚戌七月初九日總護使請對入侍時上曰金寶玉印玉册竹册敎命等凡八件皆有奉安牀可以改漆用之而讀册牀傷弊不堪用分付改造可也(국장1730/009ㄴ06~08)

색인 (가례1681/039ㄴ12)(가례1681/068ㄱ10)(가례1681/135ㄱ03)(가례1681/140ㄱ07)(가례1681/142ㄱ07)(가례1681/148ㄴ03)

金寶匠【금보장】 일 건

조선 시대에 선왕先王이나 선비先妃에게 올리는 추상 존호追上尊號를 새긴 도장을 만드는 일을 전문으로 하는 사람.

참조1 금보金寶

예문 玉匠炭五斗金寶匠炭七斗多繪匠炭三斗漆匠(상호1853/147ㄴ12)

색인 (가례1866/하051ㄱ12)(책례1726/057ㄴ12)(책례1726/118ㄱ10)(존호1858/048ㄱ09)(존호1858/048ㄴ08)(존호1858/129ㄱ04)

金盂【금우】 일 의

가례의 동뢰연同牢宴 때 사용된 그릇.

예문 金大甁代鑄甁蓋鎖具一部依前減付標啓下金小甁代鑄高毛介蓋鎖具一部依前減付標啓下金盂代鍮盂臺蓋具一部依前減付標啓下(가례1718/027ㄱ04~05)

색인 (가례1696/018ㄱ08)(가례1718/027ㄱ05)(가례1802/상037ㄱ06)(가례1819/상032ㄴ12)(가례1866/상034ㄱ05)(가례1681/289ㄴ08)

金鉞【금월】 일 의

금색을 칠한 도끼 모양의 의장儀仗. 나무로 만든 도끼를 붉은 창대에 꿰었다. 금월부金鉞斧보다 약간 작다.

참조1 금월부金鉞斧, 은월부銀鉞斧

참조2 금월차비金鉞差備

예문 班劍兩備鐙杖兩備金鉞兩備(국장1898三

/061 ㄱ05~07)

색인 (국장1776一/251ㄴ08)(국장1898三/044ㄱ12)(국장1898三/080ㄴ12)(국장1898三/080ㄴ12)(국장1898五/084ㄱ12)(존숭1713二/164ㄴ08)

金鉞斧【금월부】 일 의

금색을 칠한 도끼 모양의 의장儀仗. 나무로 만든 도끼를 붉은 창대에 꿰었다. 금월金鉞보다 약간 크다.

참조1 금월金鉞, 은월부銀鉞斧

관련1 금월부차비金鉞斧差備, 소금월부小金鉞斧, 월부우비鉞斧雨備

예문 別軍職六員宣傳官四員武臣兼宣傳官八員日傘差備兼司僕陽繖扇水晶杖金鉞斧以上差備忠義衛行路則輿士軍偃月刀差備內禁衛形(국장1834/091ㄱ12~ㄴ02)

색인 (가례1681/222ㄱ09)(가례1681/223ㄴ12)(가례1802/상196ㄴ02)(가례1802/상199ㄴ02)(가례1819/상185ㄱ10)(가례1819/상186ㄴ03)

금월부

金字旗【금자기】 일 의

조선 시대 의장기儀仗旗의 하나. 붉은 바탕에 흑색으로 금金 자를 쓴 사각형의 깃발로 붉은색의 화염각火炎脚과 기각旗脚이 달려 있다. 고자기 뒤에 따라간다.

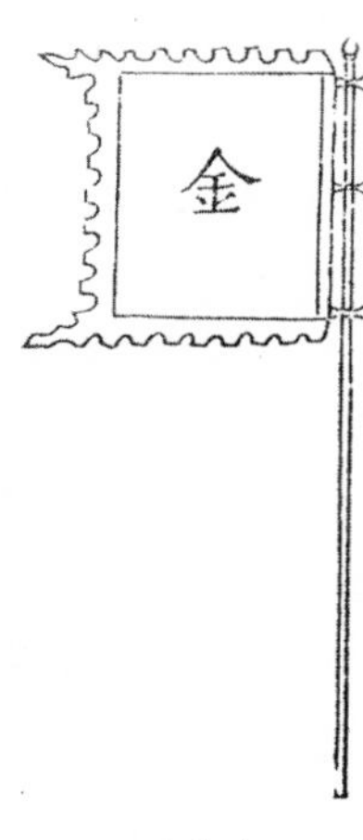

금자기

참조1 가구선인기駕龜仙人旗, 각단기角端旗, 고자기鼓字旗, 군왕천세기君王千歲旗, 백호기白虎旗, 백택기白澤旗, 벽봉기碧鳳旗, 삼각기三角旗, 영자기令字旗, 천하태평기天下太平旗, 현무기玄武旗, 현학기玄鶴旗, 홍문대기紅門大旗, 황룡기黃龍旗, 후전대기後殿大旗

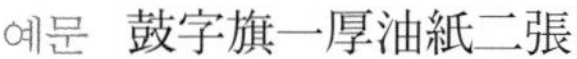

예문 鼓字旗一厚油紙二張金字旗一厚油紙二張碧鳳旗二厚油紙四張(국장1720/330ㄱ03~05)

색인 (국장1674二/022ㄴ10)(국장1674二/044ㄴ10)(국장1674二/058ㄴ11)(국장1702B二/330ㄱ04)(국장1724二/045ㄱ10)(국장1724二/068ㄴ10)

金爵【금작】 일 의

가례嘉禮 때 사용하는 의식용 술잔. 『국조오례의國朝五禮儀』와 의궤에 나오는 용례를 볼 때 금작金爵은 왕세자의 혼례인 납빈례納嬪禮 중 임헌초계의臨軒醮戒儀에서 사용하였다. 임헌초계의는 왕세자가 왕세자빈을 맞이하러 가기 전에 국왕으로부터 금잔에 술을 하사받아 마시고 계명誡命을 듣는 의식이다. 『국조오례서례國朝五禮序例』와 『춘관통고春官通考』에 금작의 그림이 나오는데 길례에서 사용하는 작爵과 유사한 모양이다. 원통의 몸체에 배 모양의 아가리가 있는데 한쪽이 뾰족하다. 양 옆에 손잡이가 달려 있고, 아래에 3개의 다리가 있다. 의궤에 의하면 금작은 구리로 만들어 도금하였다.

예문 金盂代鍮盂臺蓋具壹部依前減付標啓下金爵代銅鍍金爵壹部鑄爵坫壹部(가례1727/023ㄱ06~07)

색인 (가례1696/018ㄱ08)(가례1718/027ㄱ06)(가례1762/상020ㄴ04)(가례1802/상037ㄱ07)(가

례1819/상033ㄱ01)(가례1819/상208ㄱ09)

金斫子【금작자】 일 의

금색을 칠한 도끼 모양의 의장儀仗의 하나. 양쪽에 날이 있는 나무 도끼를 붉은 창대에 꿰었다.

참조1 은작자銀斫子

예문 金橫瓜二厚油紙一張金斫子四厚油紙四張銀斫子四厚油紙四張(국장1720/331ㄱ06~08)

색인 (국장1674二/024ㄴ03)(국장1674二/046ㄱ06)(국장1702B二/331ㄱ07)(국장1724二/046ㄴ07)(국장1724二/070ㄴ01)(국장1724二/092ㄱ07)

금작자

金粧刀【금장도】 일 의

금색을 칠한 칼 모양의 의장儀仗. 나무로 만들며 겉에 무늬를 새기고 금칠을 하여 끈을 달았다. 임금이나 왕비, 세자의 행차 때 은장도 다음으로 행렬 좌우에 각각 2개씩 가지고 따랐다.

참조1 은장도銀粧刀

예문 銀粧刀二前排修補金粧刀二前排修補銀罐子一前排(국장1834/187ㄴ08~10)

색인 (가례1627/068ㄱ10)(가례1627/068ㄴ02)(가례1627/092ㄴ06)(가례1627/096ㄱ01)(가례1627/099ㄴ08)(가례1671/012ㄴ08)

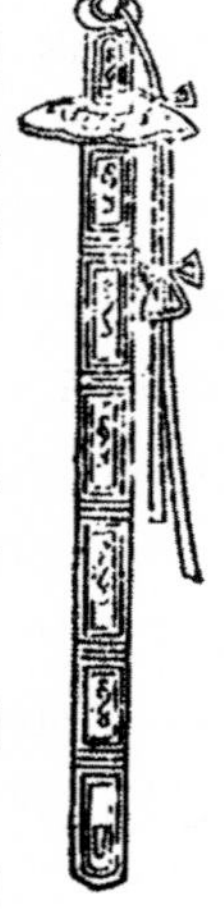
금장도

金箋紙【금전지】 일 뵘

보자기를 꾸밀 때 사용하는 금종이. 금전지는 상을 덮거나 함을 싸는 보자기의 가장자리를 꾸밀 때 사용한다. 금종이를 세모나게 접어 남융사藍絨絲와 함께 갖춘다. 『숙종인원후가례도감의궤肅宗仁元后嘉禮都監儀軌』에 보면 왕비의 겹너울[裌汝火]에 3장의 금전지가 들어가며, 『순조순원후가례도감의궤純祖純元后嘉禮都監儀軌』의 왕비 자적립紫的笠과 『순종순명후가례도감의궤純宗純明后嘉禮都監儀軌』의 왕세자빈 청초립靑綃笠에 금전지 3장반이 각각 소용되었다.

동 금전지金錢紙

참조1 금전지장金箋紙匠

예문 縫造鴉青紫的紅眞絲各二錢金花紋次貼金一束五貼二張金箋紙次紙金七十二張五色絨絲各一兩六錢香囊纓子次藍眞絲八錢衣(국장1834/040ㄴ01~03)

색인 (가례1627/035ㄱ02)(가례1627/035ㄱ03)(가례1627/035ㄱ04)(가례1627/035ㄱ05)(가례1627/035ㄱ05)(가례1627/035ㄱ07)

金箋紙匠【금전지장】 일 건

조선 시대에 조지서造紙署에 속하여 금전지 만드는 일을 맡아 하던 사람. 금전지는 보자기를 꾸밀 때 사용하는 금종이로, 상을 덮거나 함을 싸는 보자기의 가장자리를 꾸밀 때 사용한다.

참조1 금전지金箋紙

예문 每緝匠鄭春業金箋紙匠安大成針線婢鳳喜桃花鳳心(존호1863/124ㄴ09~11)

색인 (가례1866/상108ㄴ12)(가례1866/상189ㄴ04)(국장1898四/077ㄱ11)(국장1898三/109ㄴ02)(국장1903二/220ㄴ01)(국장1903一/183ㄱ06)

金節【금절】 일 의

대한제국 시기 황제 의장에 사용된 기물. 금절金節은 황제 의장 가운데 하나로, 주홍칠을 한 나무 자루 위에 금으로 용 모양의 머리 장식을 씌우고 그 아래로 원반을 설치하여 상모 끈을 8층으로 늘어뜨리고 그 위에 용을 수놓은 황색 비단 자루를 씌운 것이다. 절節은 상벌의 규칙을 호령한다는 의미[號令賞罰之節]를 담고 있다. 1897년 고종의 황제 즉위

식에서 제작, 사용되었다.

예문 廡罕百王嚴廬攀器六時長躬陪寶翣流金節淚濕天題刻琬章新寢尊罍仍昔薦內頒銀綺値年荒傷心坤御應先導彷彿晨昏響珮璜(국장1757/075ㄴ09~11)

색인 (국장1898三/051ㄱ05)(국장1898三/085ㄱ01)(국장1898五/084ㄱ09)(국장1904二/081ㄱ01)

金井【금정】 일 의

무덤에 관곽을 안치하기 위해 판 구덩이. 뫼의 구덩이를 팔 때에는 먼저 정井자 모양의 틀을 놓고 그 안쪽을 파내려가기 때문에 뫼 구덩이를 금정金井이라 하였다. 금정은 퇴광退壙이라고도 부른다. 왕릉의 경우 구덩이의 깊이는 10척으로 규정되어 있으나 상황에 따라 변하였다. 너비는 대관大棺[外梓宮]보다 3척 정도 더 크게 하였다. 조선 초기 왕릉은 석곽으로 조성하였지만 세조 이후 회격묘灰隔墓로 바뀌었다. 이에 따라 금정의 바닥과 외벽에 석회, 황토, 세사細沙를 섞은 삼물三物로 채워 굳게 만들었다.

참조1 금정틀金井機

참조2 개금정開金井

예문 作甕家同月十二日卯時開金井同月二十一日卯午時穴深八尺二寸用營造尺(예장1762/027ㄱ08~10)

색인 (국장1681一/064ㄴ03)(국장1688/030ㄱ12)(국장1688/061ㄱ04)(국장1701一/094ㄱ04)(국장1701二/035ㄴ09)(국장1724一/082ㄴ01)

金井機【금정틀】 채 의

관을 모시는 구덩이[壙中]를 팔 때 길이와 너비를 정하기 위하여 오리나무로 만든 정자井字 모양의 나무틀. 금정틀이라고도 하며 외外금정틀과 내內금정틀이 있다. 이 금정을 파고 들어가는 것을 개금정開金井이라고 한다.

참조1 금정金井

참조2 개금정開金井

예문 辛巳十月十三日一爲行下事三房分付據誌石磨正時金井機二部造作進排亦爲乎旀一房分付據長剪板二介造作進排亦爲有等(국장1701/320ㄴ06~08)

색인 (국장1701一/320ㄴ07)(국장1701一/320ㄴ12)(국장1701一/323ㄱ08)(국장1701二/214ㄱ10)(국장1702B二/337ㄱ01)(국장1702B二/373ㄱ06)

金橫瓜【금횡과】 일 의

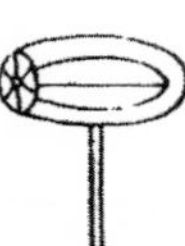

금횡과

금색을 칠한 참외 모양의 의장儀仗. 나무로 만든 참외 모양의 표면에 금칠을 하고 붉은 장대 위에 가로로 꽂았다. 『국조오례의國朝五禮儀』에 의하면, 대가大駕의 행렬 다음에 금횡과 두 개와 은횡과 네 개가 사용되었다.

참조1 은횡과銀橫瓜

예문 銀盂子一奉持軍一名以上紫衣紫巾金橫瓜二奉持軍三名銀橫瓜二奉持軍二名(국장1684/068ㄴ09~11)

색인 (가례1681/222ㄱ08)(가례1681/224ㄱ02)(가례1802/상042ㄱ11)(가례1866/상039ㄱ10)(가례1866/하002ㄴ11)(가례1866/하009ㄴ01)

岐鉅匠【기거장】 일 건

톱질을 전문으로 하는 사람. 기거는 톱의 일종이다. 기거장은 의궤에 걸거장, 대인거장, 소인거장 등 다른 종류의 톱을 다루는 장인들과 함께 언급되어 있어 기거가 걸거, 대인거, 소인거와는 구분이 되었음을 알 수 있지만, 어떤 종류의 톱이었는지는 확인이 어렵다.

동 기거장歧鉅匠

예문 大引鉅軍文世與等五名岐鉅匠金老味等四名小引鉅軍金夢等二名(국장1757/245ㄴ01~03)

색인 (가례1819/상193ㄴ02)(가례1866/상189ㄱ11)(국장1898三/108ㄴ12)(국장1898五/058ㄱ03)(국장1898二/134ㄱ11)(국장1898一/237ㄱ10)

歧鉅匠【기거장】 일 건 ☞ 岐鉅匠기거장

예문 册匠金載運金龍華李石龍林源根安仁壽歧鉅匠尹得海判仁得茵匠鄭望得李卜喆(상호1827/118ㄱ08~10)

색인 (가례1802/상206ㄴ04)(가례1819/하036ㄱ12)(가례1819/하088ㄱ11)(국장1800一/144ㄴ10)(국장1903四/059ㄴ05)(국장1903二/113ㄴ01)

祈穀祭【기곡제】 일 의

국가에서 한 해의 농사가 잘 되기를 기원하는 제사. 조선 시대 기곡제는 두 가지가 있었다. 첫째는 정월 상신일上辛日(처음으로 辛자가 들어간 간지일)에 원구단圜丘壇에서 지낸 제천의례이다. 이 기곡제는 고려 시대부터 있었던 것으로 조선 초기에도 거행하였지만 천자의 예로 간주되어 폐지되었다. 또 하나는 조선 후기 사직단에서 거행하였던 기곡제이다. 이것은 숙종 9년(1683)에 비정기적인 기곡제로 처음 등장하였다. 영조대에 이르러 친행으로 거행하는 사직기곡제가 대사로 정해졌으며, 정조대에는 섭행 기곡제도 대사로 승격되었다. 정조대에 편찬되고 계속 추록되었던 『사직서의궤社稷署儀軌』에서 조선 후기 사직에서의 기곡제의 성립과 변천을 살필 수 있다. 대한제국기에 이르러 사직기곡제는 폐지되고 환구단에서 기곡제가 거행되었다.

참조2 사직기곡제社稷祈穀祭, 원구제圜丘祭

吉服【길복】 일 복

상喪을 마친 후 입는 평상시의 복식. 국상國喪의 경우 발인發引 때에는 포단령布團領, 포직령布直領, 최질복[衰絰服], 삼베융복[麻布戎服], 백두건白頭巾에 백호의白號衣 등 각자의 신분과 역할에 맞는 상복喪服을 착용하였다가, 반우返虞 때에는 상례常例에 의해 길복吉服으로 갈아입게 된다. 즉 흑단령黑團領·오사모烏紗帽·흑각대黑角帶 차림이나 흑두건黑頭巾에 흑호의黑號衣 등 각자의 평상시 복장을 가리킨다. 한편 발인 때라도 길의장吉儀仗 주변의 행렬인들은 길복吉服을 착용한다.

참조1 백호의白號衣, 오사모烏紗帽, 융복戎服, 포단령布團領, 흑각대黑角帶, 흑단령黑團領, 흑호의黑號衣

참조2 백두건白頭巾, 흑두건黑頭巾

예문 攝左通禮分差記殯殿門外二員魂帛車前吉服大輿前衰服禮曹正郎柳頲(국장1903/070ㄴ02~04)

색인 (국장1659一/070ㄴ03)(국장1659一/110ㄱ08)(국장1659一/126ㄴ04)(국장1659一/156ㄴ11)(국장1659一/174ㄴ01)(국장1659二/133ㄱ08)

吉禮【길례】 일 의

국가에서 거행하는 제사의 다른 이름. 길례吉禮라는 용어는 『주례周禮』 「대종백大宗伯」에 나오는데 신에 대한 제사를 가리킨다. 길례와 더불어 흉례凶禮, 가례嘉禮, 빈례賓禮, 군례軍禮를 오례五禮라고 하였다. 오례는 유교 국가의 예제를 분류하는 기본 범주이다. 길례는 국가의 제사 법식이란 의미인 사전祀典이라고도 하였다. 조선 시대 길례의 종류와 구체적인 내용은 『국조오례의國朝五禮儀』에 실렸다. 길례는 제사의 대상에 따라 대사大祀, 중사中祀, 소사小祀로 구분되는데 조선 시대에는 사직과 종묘가 대사에 속하였다. 중사에는 풍운뇌우風雲雷雨, 악해독嶽海瀆, 선농先農, 선잠先蠶, 우사雩祀, 문선왕文宣王, 역대시조歷代始祖에 대한 제사가 있으며 소사에는 영성靈星, 마조馬祖, 명산대천名山大川, 사한司寒, 선목先牧, 마사馬社, 마보馬步, 마제禡祭, 영제禜祭, 포제酺祭, 칠사七祀, 독제纛祭, 여제厲祭 등이 있었다. 한편 대군·왕자·왕손·공주·옹주 등의 관례冠禮와 혼례婚禮를 길례라고도 하였다.

예문 本房所掌各樣儀仗擔持桶十三介以前排改漆仍用事是乎矣舊件擔持桶吉禮時所用眞僞

亦未可必毋不喩腰彩輿旣已新造(책례1690/124ㄴ01~03)

색인 (가례1627/028ㄱ13)(가례1671/108ㄴ06)(가례1671/118ㄱ02)(가례1681/041ㄱ03)(가례1696/020ㄴ04)(가례1696/087ㄱ05)

吉帷宮【길유궁】 일 의

재궁을 안장한 후 우주목虞主木에 제주題主하기 위해 임시로 지은 장막. 영장전靈帳殿이나 정자각丁字閣의 서쪽에 임시로 만든다. 길유궁은 대나무를 묶어 만든 기둥에 동·서·북 삼면으로 휘장을 늘어뜨리고, 남쪽으로는 유문帷門을 내고, 그 아래에 보계補階를 만든다. 휘장과 유문의 둘레에 청색의 선을 두르고, 남쪽 계단에는 붉은 색을 칠하였다. 재궁을 현궁에 안치하는 것이 끝나면 길유궁에서 미리 준비한 우주목虞主木을 향탕香湯으로 씻기고 제주관題主官이 아무개 대왕이라 쓰고 광칠을 내어 우주虞主를 만들었다. 길유궁에 관한 그림과 설명은 『산릉도감의궤山陵都監儀軌』에 실려 있다.

참조2 입주전의立主奠儀, 제주題主

예문 山陵國葬都監檢飭爲白齊一下玄宮封鎖卽爲題虞主於吉帷宮時殿下陞詣題主卓前西向立設席(국장1757A/089ㄴ10~12)

색인 (국장1849一/005ㄱ11)(국장1849一/067ㄱ08)(국장1849一/099ㄴ01)(국장1898一/135ㄴ02)(국장1800四/005ㄱ01)(국장1800四/008ㄱ09)

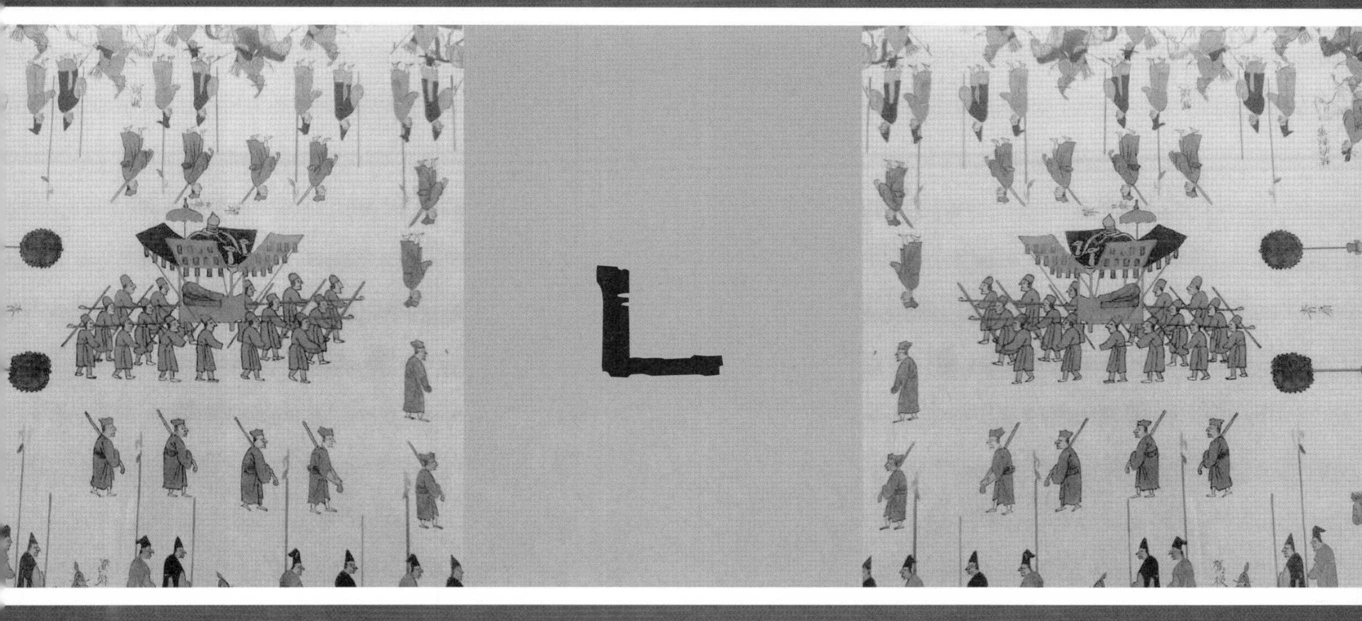

ㄴ

羅兀【너울】 채 복 汝火

조선 시대 부녀자들이 외출할 때 얼굴을 가리기 위해 착용하던 대표적인 내외용內外用 쓰개. 고려 시대의 부녀자용 쓰개인 몽수에서 유래하였으며 원립圓笠 위에 검은색 라羅를 드리워 얼굴을 가리는 형태이다. 『오주연문장전산고五洲衍文長箋散稿』에 따르면 궁녀들도 그 직책에 따라 남색, 검은색 너울을 착용했다고 한다. 너울은 초기에는 입모笠帽·개두蓋頭로 통칭되었다가 인조 5년(1627)～영조 20년(1744) 사이의 의궤 10책에는 汝火로, 영조 35년(1759)～광무 10년(1906)의 의궤 10책에는 羅兀로 쓰고 있다. 국상 때 사용한 것을 조선 말기까지 개두蓋頭로 표기하였다. 의궤에는 소재와 형태에 따라 겹너울[裌羅兀], 조라너울[皁羅羅兀]이 보인다.

동 개두蓋頭, 입모笠帽

관련1 겹너울裌羅兀, 조라너울皁羅羅兀

예문 一取考謄錄則內人及內官以下白皮鞋布紗帽布角帶白靴子羅兀笠竹釵白紬結紒等自工曹濟用監直爲進排是如乎依此捧甘何如堂上手決內幷依甘(빈전1600/181ㄱ04~06)

색인 (가례1802/상079ㄴ09)(가례1802/상079ㄴ10)(가례1802/상079ㄴ12)(가례1802/상148ㄱ02)(가례1802/상247ㄴ03)(가례1802/상249ㄱ09)

落幅紙【낙폭지】 일 건

과거에 떨어진 사람이 쓴 시험 답안지. 낙폭지는 과거의 종류에 따라 정시낙폭지庭試落幅紙, 감시낙폭지監試落幅紙, 동당시낙폭지東堂試落幅紙 등으로 구분한다. 낙폭지는 종이가 귀하던 시절에 여러 용도로 재활용하였다. 낙폭지는 과거 응시자들이 준비해 온 종이이므로 그 질이 여러 가지였으며, 건축에서는 도배를 할 때 초배지로 활용하거나 장의 안쪽을 바르는 데 사용하였다.

관련1 감시낙폭지監試落幅紙, 동당시낙폭지東堂試落幅紙, 정시낙폭지庭試落幅紙

예문 一本房郎廳逐日開坐時溫堗燒木每日一丹式柤木每十日一丹式各該司進排爲乎旀謄錄假衣次落幅紙一張亦爲進排事捧甘何如手決內依(혼전1701/094ㄱ12~ㄴ02)

색인 (가례1627/046ㄱ07)(가례1627/077ㄴ13)(가례1681/065ㄴ06)(가례1696/181ㄴ08)(가례1696/232ㄱ02)(가례1696/267ㄴ06)

欄干平床【난간평상】 일 건

난간평상

난간으로 두른 평상. 평상의 주변을 둘러가면서 난간이 설치되어 있는 평상이다. 평상은 왕실의 국장이 있을 때 교의를 안치하는 용도로 설치하였다. 주로 주칠朱漆을 한다.

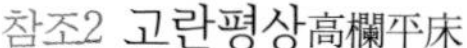

참조2 고란평상高欄平床

관련1 난간평상군欄干平床軍, 난간평상군패장欄干平牀軍牌將, 난간평상배설금야지군欄干平床排設金也只軍, 난간평상변수欄干平床邊首, 난간평상욕欄干平床褥, 난간평상차자군欄干平床車子軍

예문 一卽接二房稟目則輪臺板一欄干平床一箭平床一等所排褥席三件則載於二房謄錄故造作計料是如爲有旀(국장1701/193ㄱ02~04)

색인 (국장1800四/085ㄴ05)(국장1800四/119ㄴ02)(국장1800二/012ㄱ08)(국장1800二/022ㄴ07)(국장1800二/032ㄱ07)(국장1800二/033ㄴ02)

藍輕光紬【남경광주】 일 복

쪽빛 경광주. 경광주는 주로 진상용 책의 표지나 의복에 사용한 평직平織으로 제직한 견직물이다. 특히 남경광주藍輕光紬는 중치막·창의·도포·사규삼 등의 겉감으로 사용되었다.

참조1 경광주輕光紬, 자적경광주紫的輕光紬, 초록경광주草綠輕光紬, 홍경광주紅輕光紬

참조2 두록경광주豆綠輕光紬, 백경광주白輕光紬, 분홍경광주粉紅輕光紬, 생경광주生輕光紬

예문 條所五艮衣畫本出草楮注紙油紙各十六張上下縇次藍輕光紬長一尺五寸廣三寸各五分八片又長一尺五寸廣二寸六分八片後褙藍扇子紙二張(가례1819/156ㄱ07~09)

색인 (국장1864四/027ㄱ06)(가례1802/상201ㄱ06)(가례1819/상156ㄱ08)(가례1819/상157ㄴ01)(가례1819/상180ㄴ03)(가례1866/하068ㄴ08)

藍廣紗【남광사】 일 복

경의景衣에 사용되는 직물. 남광사는 인접한 2올의 경사經絲가 서로 꼬이면서 아주 성글게 제직되어 얇게 비쳐 보이는 익조직의 평직물이다. 특히 직물의 폭이 넓은 남색의 견직물을 남광사라고 한다. 『영조정순후가례도감의궤英祖貞純后嘉禮都監儀軌』에 보면 중궁전의 의대衣襨 안에 있는 경의景衣를 만드는 데 남광사 12자가 사용되었다.

참조1 경의景衣, 남광사藍廣紗, 남사藍紗, 다홍유문사多紅有紋紗, 자적광사紫的廣紗, 자적운문사紫的雲紋紗, 황광사黃廣紗

참조2 백광사白廣紗

예문 露衣帶一次藍廣紗八尺貼金漆貼(가례1819/226ㄱ12~ㄴ02)

색인 (가례1866/상262ㄴ10)(가례1802/상238ㄱ11)(가례1819/상222ㄴ02)(가례1819/상226ㄴ01)(가례1802/상029ㄴ01)(가례1819/상026ㄱ04)(가례1866/상026ㄱ11)

藍廣紗露衣帶【남광사노의대】 일 복

남광사로 만든 노의대. 남광사노의대藍廣紗露衣帶는 인접한 2올의 경사經絲가 서로 꼬이면서 아주 성글게 제직되어 얇게 비쳐 보이는 익조직의 평직물로 직물의 폭이 넓은 견직물로 만든 허리띠이다. 『순종순명후가례도감의궤純宗純明后嘉禮都監儀軌』에 보이는 남광사노의대에는 남광사 8자, 첩금 7첩, 남진사 8푼이 사용되었다. 노의에 사용하는 대는 자적라로 만들며 길이가 4자, 넓이가 8치이다. 한편 노의대가 대요, 대와 함께 기록된 것으로 보아 별도의 허리띠로 생각될 수도 있으며, 노의의 색과 보색으로 된 허리띠를 사용했다고도 볼 수 있다. 아직까지 정확하게 밝혀지지 않았다.

참조1 노의대露衣帶

예문 大紅鄕織帶藍廣紗露衣帶一自紫的羅首紗只之此十七種判付內自內備置之青綃笠一部除眞珠(가례1819/026ㄴ07~09)

색인 (가례1819/상026ㄴ10)

藍金絲紬【남금사주】 일 복

남색사와 금사로 짠 주紬. 주紬는 경위사에 짧은 방적사를 썼거나 또는 실이 균질하지 못하고 짧고 굵은 중품이나 하품의 견사로 제직하여 촉감이 부드러우나 광택이 적고 두꺼운데, 견사의 품질品質과 밀도密度, 생산지生産地에 따라 명칭을 달리하였다.

참조1 남주藍紬, 다홍주多紅紬, 대홍주大紅紬, 면주綿紬, 백주白紬, 색주色紬, 자적주紫的紬, 자주紫紬, 초록주草綠紬, 태주남주苔紬藍紬, 홍염주紅染紬, 홍주紅紬, 황염주黃染紬, 황주黃紬, 흑주黑紬

참조2 수주水紬, 생주生紬, 정주鼎紬, 토주吐紬

예문 鍍金次十分金二戔破皷皮五條里藍金絲紬半骨四尺五寸魚膠二兩(가례1718/204ㄱ07~08)

색인 (가례1718/204ㄱ08)

藍金線匹段【남금선필단】 일 복

쪽빛[남색] 바탕에 특정 무늬에만 금사나 은사를 넣어 화려하게 제직한 수자직繻子織/주자직朱子織의 견직물. 금선단은 흉배나, 여자들의 차마단, 저고리의 회장감, 원삼 등의 예복에 사용되었다. 『경종선의후가례도감의궤景宗宣懿后嘉禮都監儀軌』에 보면 왕세자빈의 단저고리[短赤古里]의 겉감으로 대홍금선 2척과 함께 남금선필단藍金線匹段 8척 5촌이 소용되었다.

참조1 남필단藍匹段, 남필단藍匹緞, 남화문필단藍花紋匹段, 다홍운문필단多紅雲紋匹段, 다홍필단多紅匹

段, 대홍금선필단大紅金線匹段, 대홍금선필단大紅金線疋段, 대홍무문필단大紅無紋匹段, 대홍소운문필단大紅小雲紋匹緞, 대홍운문필단大紅雲紋匹段, 대홍필단大紅匹段, 대홍화문필단大紅花紋匹段, 무문대홍필단無紋大紅匹段, 아청운문필단鴉靑雲紋匹段, 유청무문단柳靑無紋緞, 유청무문필단柳靑無紋匹緞, 자적필단紫的匹段, 초록육화문필단草綠六花紋匹段, 초록운문필단草綠雲紋匹段, 초록필단草綠匹段, 초록화문필단草綠花紋匹段, 필단匹段, 필단匹緞, 화문대홍필단花紋大紅匹段, 화문아청필단花紋鴉靑匹段

예문 短赤古里一次藍金線匹段八尺五寸大紅金線匹段二尺內拱黃熟綃十尺五寸厚貼金二束(가례1718/201ㄱ06~08)

색인 (가례1718/201ㄱ07)

藍大段【남대단】 일 복

중국에서 생산된 남색[쪽빛] 비단. 중국산 비단으로 왕의 면복 대대大帶의 겉감과 치맛감에 주로 사용되었다.

참조1 남운문대단藍雲紋大緞, 남화문대단藍花紋大段, 다홍대단多紅大段, 다홍운문대단多紅雲紋大段, 아청운문대단鴉靑雲紋大段, 아청화문대단鴉靑花紋大段, 유록운문대단柳綠雲紋大緞, 유청대단柳靑大段, 초록대단草綠大緞, 초록운문대단草綠雲紋大緞, 침향운문대단沈香雲紋大段, 현색운문대단玄色雲紋大緞, 황대단黃大緞, 훈색문대단纁色紋大緞, 훈색운문대단纁色雲紋大緞

예문 箭次大竹一介多紅大段六寸藍大段六寸袱家前排仍用柄木前排仍用內外鈒釘鐵前排仍用(국장1720/031ㄱ04~06)

색인 (가례1671/068ㄱ01)(가례1671/076ㄱ11)(가례1671/136ㄴ02)(가례1681/118ㄱ10)(가례1681/122ㄴ08)(가례1681/193ㄱ05)

藍羅【남라】 일 복

쓰개류, 나울, 수사기, 대 등에 쓰인 자주색의 얇은 견직물. 나羅는 사紗와 같이 경사經絲가 익경되어 제직된 옷감으로 경사 4올이 일조가 되어 익경된 것을 말한다.

참조1 대홍라大紅羅, 자적라紫的羅

예문 冒緞二尺五寸內拱藍羅二尺縫作鴉靑眞絲一錢(가례1819/220ㄴ07~09)

색인 (가례1819/상220ㄴ08)(가례1671/129ㄴ07)(가례1696/170ㄱ02)(가례1718/204ㄴ06)(가례1802/상236ㄴ07)(가례1866/상260ㄴ12)

藍綾【남릉】 일 복

진상하는 옥책문의 책가위감 및 보자기감으로 사용되고 의복용으로는 중치막, 소오자 등에 사용되는 직물. 쪽빛의 사문직으로 짜여진 얇고 세밀한 비단으로 삼국 시대 이래로 귀인 계급에서 사용되었다. 통일 신라의 능綾은 고려 시대 것보다 더 섬세하여 능조직과 평조직이 조합된 것도 있다. 조선 시대에는 경공장 가운데 능라장綾羅匠이 있어 능을 전문적으로 제직하였던 것으로 보인다. 그러나 실제 조선 시대 각종 문헌에서 능에 대한 기록은 적다.

예문 紅紬三幅袱二件金錢紙具藍綾五十四尺白綾三十五尺(국장1674/093ㄱ11~ㄴ01)

색인 (가례1627/048ㄴ11)(가례1671/137ㄱ07)(가례1681/031ㄴ08)(가례1681/120ㄴ06)(가례1681/193ㄴ05)(가례1696/104ㄱ04)

藍紗【남사】 일 복

아주 성글게 제직하여 얇게 비쳐 보이는 남색[쪽빛]의 견직물. 사紗는 인접한 경사끼리 꼬임을 주어 직물의 투공 효과를 내는 익조직이다. 별문, 운학문雲鶴紋, 화문花紋, 매란문, 칠보문七寶紋, 수복문壽福紋, 화접문花蝶紋 등 다양한 무늬를 짜 넣기도 한다.

참조1 다홍유문사多紅有紋紗, 자적운문사紫的雲紋紗

예문 紅紬長一尺八寸廣一寸一片/雲頭所湯次紅紬方三寸一片表次藍紗長二尺五寸廣七寸一片內供靑染紙半張多大次藍紗方四寸一片(가례

1819/154ㄱ06~08)

색인 (가례1627/049ㄴ10)(가례1627/051ㄴ10)(가례1671/009ㄴ11)(가례1671/128ㄱ03)(가례1671/129ㄴ09)(가례1696/168ㄱ02)

藍絲【남사】 일 복

왕의 평천관平天冠, 상궁·시녀·유모·보행나인의 겹저고리 봉제용과 너울의 매듭에 사용되는 남색 실. 종묘제례 무원舞員의 복장을 보면 홍주의紅周衣에 남사로 만든 남사대藍絲帶를 띠었다.

참조1 목홍사木紅絲, 아청사鴉青絲

예문 草綠絲一錢藍絲一錢以上尙衣院(빈전1659/203ㄴ05~06)

색인 (가례1671/129ㄴ04)(가례1671/129ㄴ08)(가례1671/133ㄴ11)(가례1681/202ㄱ10)(가례1681/203ㄴ04)(가례1681/209ㄱ04)

藍紗帶【남사대】 일 복

비모妃母·상궁尙宮·시녀侍女·나인內人이 띠는 남색의 사紗로 만든 허리띠. 『가례도감의궤嘉禮都監儀軌』에 보면, 남사가 반폭씩 7자가 들어가며 남진사는 2푼이 사용되었다. 장삼을 입은 기행騎行 나인의 복식에는 남사대가 들어 있지만, 보행步行 나인이나 본댁本宅 나인에게는 남사대가 없는 것으로 보아 저고리나 삼아만을 착용하는 경우에는 대가 필요 없음을 알 수 있다.

예문 白鼎紬袜裙四白鼎紬兒衫四藍紗帶四(가례1802/044ㄱ06~08)

색인 (가례1681/015ㄴ01)(가례1762/상028ㄱ02)(가례1762/상028ㄱ12)(가례1762/상028ㄴ12)(가례1802/상043ㄱ06)(가례1802/상043ㄴ07)

藍細紬【남세주】 일 복

남주藍紬보다 더 고운 평견직물. 『설문說文』에서 주紬는 굵은 실로 짠 비단이라 한 것으로 보아 세주는 주紬보다 가는 실로 짠 고운 견직물로 보인다.

참조1 반홍세주磻紅細紬, 백세주白細紬, 자적세주紫的細紬, 초록세주草綠細紬, 홍세주紅細紬, 흑세주黑細紬

예문 黃花席二紋藍細紬覆單袱一件進獻青苧布帕一件(국장1821/033ㄱ01~03)

색인 (가례1718/204ㄴ04)(가례1718/205ㄱ07)(가례1718/205ㄱ12)(가례1718/205ㄴ07)(가례1718/205ㄴ12)(가례1718/206ㄴ01)

藍垂紬【남수주】 일 복

쪽빛[남색] 수주. 수주水紬는 품질이 좋은 비단의 일종으로 일명 수화주水禾紬라 한다. 삼팔주三八紬와 같이 평직의 견직물이다. 水紬는 秀花紬, 水禾紬로도 표기하였다. 염색에 따라 종류를 구분하는데 의궤에는 대홍수주大紅水紬, 초록수주草綠水紬, 백수주白水紬, 홍수주紅水紬 등의 쓰임이 보인다.

동 남수주藍水紬

참조1 남수주藍水紬, 황수주黃水紬, 대홍수주大紅水紬

예문 白鼎紬二十疋一尺八寸黑苧布揮巾三件藍垂紬十疋實栢子三合(가례1718/189ㄴ03~04)

색인 (가례1718/189ㄴ04)

藍水紬【남수주】 일 복

쪽빛[남색] 수주. 수주水紬는 품질이 좋은 비단의 일종으로 일명 수화주水禾紬라 한다. 삼팔주三八紬와 같이 평직의 견직물이다.

동 남수주藍垂紬

참조1 남수주藍垂紬, 황수주黃水紬, 대홍수주大紅水紬

예문 覆巾一白禾紬內下尙衣院造入仰帳白水紬縇藍水紬內下尙衣院造作烏竹六二預備繕工監(빈전1921/087ㄱ07~09)

색인 (가례1866/상177ㄱ03)(국장1800三/050ㄴ04)(상호1827一/112ㄱ03)(상호1848一/137ㄱ12)(상호1875/090ㄱ04)(존호1841/084ㄴ03)

ㄴ

藍熟綃【남숙초】 일 복

쪽빛 물을 들인 숙초. 숙초는 삶아 익힌 명주실로 짠 견직물이다. 초綃는 생사生絲로 짠 얇은 비단의 총칭으로 조선 시대 문무백관들의 조복朝服·제복祭服의 옷감으로 사용되었다.

참조1 대홍숙초大紅熟綃, 백숙초白熟綃, 아청숙초鴉青熟綃, 자적숙초紫的熟綃, 훈색숙초纁色熟綃

예문 正筋一斤四兩魚膠一斤四兩全漆五合每漆一合大冒段十四尺內拱藍熟綃八尺五寸覆巾次分合金牋紙一張(책례1651/ 004ㄴ04~06)

색인 (가례1627/048ㄱ08)(가례1627/049ㄱ14)(가례1627/051ㄱ11)(가례1819/상221ㄱ08)(책례1651/048ㄴ05)(책례1736/154ㄱ06)

藍雲紋甲紗【남운문갑사】 일 복

날실은 생사, 씨실은 연사를 써서 바탕을 평직과 사직의 혼합으로 짠 남색 순인純仁의 구름무늬가 있는 직물.

예문 加文刺一次大紅雲紋大緞一匹代藍雲紋甲紗一匹帖裏一次(가례1802/245ㄴ01~03)

색인 (가례1802/상245ㄴ02)

藍雲紋緞【남운문단】 일 복

구름무늬가 놓인 남색 비단. 운문단은 철릭, 저고리, 곤룡포와 같은 의복과 각종 보자기를 만드는 데 두루 쓰였다.

참조1 다홍운문단多紅雲紋緞, 대홍운문단大紅雲紋緞, 백운문단白雲文緞, 아청운문단鴉青雲紋緞, 진홍운문단眞紅雲紋緞, 초록운문단草綠雲紋緞, 현색운문단玄色雲紋緞, 홍운문단紅雲紋緞, 훈색운문단纁色雲紋緞

예문 上下邊兒藍雲紋緞長四(가례1819/175ㄴ06~07)

색인 (존호1852/059ㄴ01)(존호1852/084ㄱ10)(존호1858/062ㄴ01)(존호1858/087ㄱ10)(상호1841/088ㄱ10)(상호1855/059ㄴ01)

藍雲紋大緞【남운문대단】 일 복

구름무늬가 있는 쪽빛의 두꺼운 비단. 대단은 중국산 비단으로 일명 한단漢緞이라 한다.

참조1 다홍운문대단多紅雲紋大段, 대홍운문대단大紅雲紋大緞, 아청운문대단鴉青雲紋大段, 유록운문대단 柳綠雲紋大緞, 유청대단柳青大段, 초록대단草綠大緞, 초록운문대단草綠雲文大段, 초록운문대단草綠雲紋大緞, 침향운문대단沈香雲紋大段, 현색운문대단玄色雲紋大緞, 훈색운문대단纁色雲紋大緞

참조2 남색운문대단藍色雲紋大緞, 다홍운문대단多紅雲紋大緞

예문 五色帶子一介鐵次豆錫二兩藍雲紋大緞長四尺七寸廣三寸五分(가례1762/ 026ㄱ02~03)

색인 (가례1802/상245ㄱ12)(가례1802/상245ㄴ04)(가례1802/상246ㄱ05)

藍雲紋紗【남운문사】 일 복

구름무늬가 놓인 쪽빛의 가벼운 비단. 사紗는 생사로 발을 살핏하게 짠 비단으로 얇고 가볍다. 운문사의 문양인 구름무늬는 다른 길상무늬와 결합되어 쓰이며 자적운문사는 자주색으로 짜인 익경 견직물이다.

참조1 남사藍紗, 다홍유문사多紅有紋紗, 자적운문사紫的雲紋紗, 홍람운문사紅藍雲紋紗, 홍운문사紅雲紋紗

예문 多紅雲紋紗一尺六寸內拱藍雲紋紗一尺六寸縫造紅眞絲五分藍眞絲五分衣香二封纓子藍眞絲一兩香囊次草注紙一張(가례1762/092ㄴ11~12)

색인 (가례1802/상201ㄱ11)(가례1819/상180ㄴ06)(가례1819/하028ㄱ12)(가례1819/하108ㄴ09)(존숭1752二/101ㄱ12)(존숭1752二/118ㄱ06)

藍戎糸【남융사】 일 복

쪽빛으로 물을 들인 융사. 융사는 꼬지 않은 수실로, 주로 주렴 만드는 데 쓰인다. 의궤 자료에서 융사는 戎糸, 戎絲, 絨絲 등 여러 표기가 보인다.

동 남융사藍絨絲

참조1 다홍융사多紅戎糸, 다홍융사多紅絨絲, 진홍융사眞紅絨絲, 초록융사草綠絨絲, 홍융모사紅絨帽絲, 홍융사紅戎糸, 홍융사紅絨絲, 황융사黃絨絲, 흑융사黑絨絲

예문 黃戎絲一兩五戔藍戎糸一兩八戔五分白戎絲一兩金錢紙七貼二張(가례1706/ 14ㄴ11~12)

색인 (가례1696/206ㄱ09)(가례1696/225ㄱ05)(가례1718/217ㄴ01)(가례1718/237ㄴ02)(가례1718/240ㄴ07)(가례1718/099ㄱ11)

藍絨絲【남융사】 일 복

쪽빛으로 물을 들인 융사.

동 남융사藍戎糸

참조1 남융사藍戎糸, 다홍융사多紅戎糸, 다홍융사多紅絨絲, 진홍융사眞紅絨絲, 초록융사草綠絨絲, 융모사紅絨冒絲, 홍융모사紅絨帽絲, 홍융사紅戎糸, 홍융사紅絨絲, 황융사黃絨絲, 흑융사黑絨絲

예문 眞絲二分紙金二張藍絨絲一戔磁器籩豆樂器安器板三次合薄椵板長五尺全漆一合每漆五夕唐朱紅三戔阿膠二戔(국장1821/146ㄱ10~12)

색인 (국장1864四/023ㄴ02)(존숭1866/134ㄱ09)(존호1890/077ㄱ04)(존호1890/077ㄱ08)(존호1890/077ㄴ02)(존호1890/077ㄴ04)

藍鼎紬【남정주】 일 복

쪽빛으로 물들인 정주. 정주鼎紬는 고급 명주를 뜻한다. 『조선왕조실록朝鮮王朝實錄』에 연산군과 중종 때 정주를 진상하게 하고 대비전에 사급한 기록이 있다. 가례 때 삼간택 이후 왕비 측에 보내는 별궁 예물에 대홍정주 10필이 남정주, 백정주, 초록정주, 연초록정주, 백토주 각 10필과 함께 포함되었다.

참조1 다홍정주多紅鼎紬, 대홍정주大紅鼎紬, 백정주白鼎紬, 백협백정주白挾白鼎紬, 선홍정주縇紅鼎紬, 아청정주鴉靑鼎紬, 자적정주紫的鼎紬, 청정주靑鼎紬, 초록정주草綠鼎紬, 홍정주紅鼎紬, 흑정주黑鼎紬

참조2 반홍정주磻紅鼎紬

예문 大紅鼎紬十匹藍鼎紬十匹草綠鼎紬十匹(가례1819/056ㄴ07~09)

색인 (부묘1851一/018ㄱ11)(부묘1851一/019ㄴ05)(부묘1851一/041ㄱ02)(부묘1859/111ㄱ07)(부묘1859/112ㄱ05)

藍紬【남주】 일 복

꼬임이 없는 중·하등품의 견사絹絲를 사용하여 평직平織으로 제직한 평견 직물. 주紬는 조선 시대 가장 보편적인 견직물로 견사의 품질品質과 밀도密度, 생산지生產地에 따라 명칭을 달리하였다.

참조1 남금사주藍金絲紬, 다홍주多紅紬, 대홍주大紅紬, 면주綿紬, 백주白紬, 색주色紬, 자적주紫的紬, 자주紫紬, 초록주草綠紬, 태주남주苔紬藍紬, 홍염주紅染紬, 홍주紅紬, 황염주黃染紬, 황주黃紬, 흑주黑紬

예문 內拱藍紬十二尺庥絲五錢紅紬絲一錢藍紬絲一錢(가례1627/087ㄴ03~04)

색인 (가례1627/061ㄱ08)(가례1627/061ㄴ02)(가례1627/062ㄱ03)(가례1627/062ㄱ06)(가례1627/062ㄱ12)(가례1627/063ㄴ01)

藍紬絲【남주사】 일 복

남색[쪽빛]의 명주실.

참조1 대홍주사大紅紬絲

예문 別奠祭牀所排十一幅牀巾四件每件所入紅紬絲一錢三分藍紬絲三分合朴只豆錫廣頭釘八十箇添補高足牀所排十一幅牀巾八件每件所入紅紬絲一錢(빈전1886/046ㄴ10~12)

색인 (가례1627/044ㄱ02)(가례1627/049ㄴ06)(가례1627/052ㄱ13)(가례1627/061ㄱ10)(가례1627/061ㄴ04)(가례1627/062ㄱ07)

藍眞糸【남진사】 일 복 ☞ 藍眞絲남진사

예문 多紅有紋紗一尺六寸內拱藍紬二尺四寸縫造紅眞糸五分藍眞糸五分衣香二封纓子藍眞糸一兩香裹次草注紙一張(가례1696/207ㄱ05~07)

색인 (가례1718/218ㄱ11)(가례1718/237ㄴ04)(가례1718/240ㄴ09)(가례1718/254ㄱ11)(가례1718/270ㄱ06)(가례1718/270ㄱ09)

藍眞絲【남진사】 일 복

쪽빛의 명주실. 각색 옷감의 바느질용으로 사용되었다. 『조선왕조실록朝鮮王朝實錄』에 태종 17년(1417) 양잠을 장려하면서 전라도, 풍해도[황해도]의 채방판관採訪判官이 황진사, 백진사 및 누에고치를 바쳤다는 기록이 있다. 따라서 진사眞絲는 조선 시대 초기 혹은 그 이전부터 사용된 것으로 보인다.

동 남진사藍眞糸

참조1 남진사藍眞糸, 남홍황진사藍紅黃眞絲, 다홍진사多紅眞糸, 다홍진사多紅眞絲, 대홍진사大紅眞絲, 백진사白眞絲, 아청다홍진사鴉青多紅眞絲, 아청진사鴉青眞絲, 오색진사五色眞絲, 유청진사柳青眞糸, 유청진사柳青眞絲, 자적남진사紫的藍眞絲, 자적남홍진사紫的藍紅眞, 자적진사紫的眞絲, 조족백진사鳥足白眞絲, 주홍진사朱紅眞絲, 청진사青眞糸, 청진사青眞絲, 초록진사草綠眞絲, 흑진사黑眞絲

예문 青眞絲一兩伍錢紫的眞絲八錢藍眞絲二兩二鈔白眞絲一兩金錢紙七貼二張眞末二合(책례1667/074ㄱ10~12)

색인 (국장1849三/043ㄱ01)(국장1849三/046ㄴ12)(국장1849三/047ㄱ12)(국장1849三/050ㄱ09)(국장1849三/072ㄴ01)(국장1864三/051ㄱ08)

藍綃【남초】 일 복

생사로 짠 얇은 쪽빛 비단. 초綃는 생사生絲로 짠 얇은 비단의 총칭으로 조선 시대 문무백관들의 조복朝服·제복祭服의 옷감으로 사용되었다.

참조1 대홍초大紅綃, 백초白綃, 아청유문초鴉青有紋綃, 자적초紫的綃, 중층홍초中層紅綃, 중층흑초中層黑綃, 초록초草碌綃, 현색문초玄色紋綃, 홍초紅綃, 훈색초纁色綃, 흑초黑綃

예문 朱漆今番前排取用故不爲磨鍊所入黑潞洲紬三尺五寸纓子藍綃五寸磻朱紅三錢阿膠五錢明油一合柄楸木一條里(국장1903/046ㄴ07~09)

색인 (가례1627/048ㄱ12)(가례1627/052ㄱ11)(가례1627/064ㄴ05)(가례1671/087ㄱ08)(가례1671/137ㄱ01)(가례1671/229ㄱ12)

藍吐紬【남토주】 일 복

쪽빛의 토주. 토주는 실을 굵게 자아서 짠 바닥이 두꺼운 명주로 색깔에 따라 종류가 다양하다. 액주음[腋注音], 유과두[襦裹肚], 겹과두[裌裹肚], 핫바지[襦把持], 요[褥] 등을 만들 때 사용되었다. 가례 때 현색운문대단玄色雲紋大緞 2필이 훈색운문대단纁色雲紋大緞, 현색화단玄色禾緞, 훈색초纁色綃 각 2필과 대홍토주, 황토주, 초록토주, 남토주 각 5필, 백토주 20필, 홍염주 2필, 황염주 5필, 백면주 10필과 함께 본방 예물本房禮物로 쓰였다.

참조1 대홍토주大紅吐紬, 백토주白吐紬, 선자적토주縇紫的吐紬, 자적토주紫的吐紬, 초록토주草綠吐紬, 황토주黃吐紬

참조2 연초록토주軟草綠吐紬, 유청토주柳青吐紬

예문 黃吐紬五匹藍吐紬五匹白吐紬二十匹(가례1819/062ㄴ11~063ㄱ01)

색인 (가례1627/049ㄴ05)(가례1671/137ㄱ03)(가례1681/031ㄴ10)(가례1681/120ㄴ07)(가례1681/193ㄴ06)(가례1696/104ㄱ06)

藍匹緞【남필단】 일 복

쪽빛[남색]의 수자직繻子織/주자직朱子織 견직물. 궁중 여인들의 흑웅피온혜黑熊皮溫鞋에 쓰는 장식용 과피휘踝皮揮감에 홍색 필단匹緞, 금선필단金線匹緞과 함께 사용하였다. 匹緞은 원래 疋段, 匹段이던 것이 피륙이라는 뜻을 분명히 나타내기 위해 緞으로 바꿔 표기한 것이다.

참조1 남금선필단藍金線匹段, 남필단藍匹段, 남화문필단藍花紋匹段, 다홍운문필단多紅雲紋匹段, 다홍필단多紅匹段, 대홍금선필단大紅金線匹段, 대홍금선필단大紅金線疋段, 대홍무문필단大紅無紋匹段, 대홍소운문필단大紅小雲紋匹緞, 대홍운문필단大紅雲紋匹段, 대홍필단大紅匹段, 대홍화문필단大紅花紋匹段, 무문대홍필단無紋大紅匹段, 아청운문필단鴉靑雲紋匹段, 유청무문단柳靑無紋緞, 유청무문필단柳靑無紋匹緞, 자적필단紫的匹段, 초록육화문필단草綠六花紋匹段, 초록운문필단草綠雲紋匹段, 초록필단草綠匹段, 초록화문필단草綠花紋匹段, 필단匹段, 필단匹緞, 화문대홍필단花紋大紅匹段

예문 戊申謄錄則內塗以藍匹緞擧行矣今番段何緞擧行是乎旀紅漆則唐朱擧行乎倭朱擧行乎竝以分付爲只爲堂上手決(예장1786/173ㄱ02~04)

색인 (국장1800二/192ㄴ01)(책례1651/044ㄴ03)(책례1651/048ㄱ03)(책례1651/053ㄴ13)(책례1667/087ㄴ01)(책례1667/091ㄴ11)

藍匹段【남필단】 일 복

쪽빛[남색]의 수자직繻子織/주자직朱子織 견직물. 순변사巡邊使가 파견 나갈 때 입는 무관복인 철릭을 만드는 데 쓰였다. 필단은 匹段, 匹緞, 疋段 등으로 표기한다.

참조1 남금선필단藍金線匹段, 남필단藍匹緞, 남화문필단藍花紋匹段, 다홍운문필단多紅雲紋匹段, 다홍필단多紅匹段, 대홍금선필단大紅金線匹段, 대홍금선필단大紅金線疋段, 대홍무문필단大紅無紋匹段, 대홍소운문필단大紅小雲紋匹緞, 대홍운문필단大紅雲紋匹段, 대홍필단大紅匹段, 대홍화문필단大紅花紋匹段, 무문대홍필단無紋大紅匹段, 아청운문필단鴉靑雲紋匹段, 유청무문단柳靑無紋緞, 유청무문필단柳靑無紋匹緞, 자적필단紫的匹段, 초록육화문필단草綠六花紋匹段, 초록운문필단草綠雲紋匹段, 초록필단草綠匹段, 초록화문필단草綠花紋匹段, 필단匹段, 필단匹緞, 화문대홍필단花紋大紅匹段

예문 引紋楮注紙十張長興庫衿二次藍匹段各七尺二寸自紋白方絲紬以下十種自內備用冒一多紅雲紋匹段七尺內下尙衣院造作進排(빈전1683/141ㄱ02~04)

색인 (가례1627/044ㄴ14)(가례1627/045ㄱ09)(가례1627/045ㄴ02)(가례1627/048ㄱ08)(가례1627/050ㄴ07)(가례1627/051ㄴ14)

藍鄕織【남향직】 일 복

우리나라에서 짠 쪽빛 비단. 당직唐織과 달리 향직鄕織은 우리나라에서 짠 비단으로 가례 때 왕비의 적의 및 폐슬, 대대, 상裳의 끈감纓子, 수綬, 적말赤襪과 별의別衣, 내의內衣, 노의露衣, 겹장삼袷長衫, 겹오袷襖, 겹저고리[袷赤古里], 겹치마[袷赤亇]에 사용된다.

참조1 대홍향직大紅鄕織, 자적향직紫的鄕織, 초록향직草綠鄕織

예문 藍熟綃二十四尺苔袖圓紋藍鄕織三尺六寸帶子次紫的羅長四尺廣八寸(가례1819/221ㄱ08~10)

색인 (가례1819/상221ㄱ09)(가례1866/상261ㄱ12)(가례1802/상237ㄱ08)(가례1866/상264ㄱ11)(가례1866/상260ㄱ09)(가례1802/상236ㄱ01)

藍紅匹緞【남홍필단】 일 복

흑웅피온혜黑熊皮溫鞋의 과피휘踝皮揮에 사용되는 직물. 남홍필단藍紅匹緞은 경사와 위사의 조직점을 될 수 있는 대로 줄이고 분산시켜 표면이 많이 나타나게 하는 수자직繻子織/주자직朱子織으로 제직된 남색과 홍색의 견직물이다. 상궁·유모·시녀·기행 나인·보행 나인·본궁 나인이 신는 흑웅피온혜의 뒤축을 장식하는 과피휘 감으로 사용되는 직물이다.

참조1 남필단藍匹緞, 대홍소운문필단大紅小雲紋匹緞, 유청무문필단柳靑無紋匹緞, 필단匹緞

참조2 단緞, 단段, 홍필단紅匹緞

예문 藍雲紋紗溫鞋踝皮揮次藍紅匹緞次金線匹緞白水紬(가례1802/상201ㄱ11~12)

색인 (가례1802/상201ㄱ11)(가례1819/상155ㄱ05)(가례1802/상167ㄱ12)(가례1866/상152ㄴ

03)(가례1819/상180ㄴ07)

藍紅黃眞絲【남홍황진사】 일 봄

남색, 홍색, 황색의 명주실. 각색 옷감의 바느질용으로 사용되었다. 대전 가례 때 교명敎命에 쓰이는 실로, 제1 홍색 바탕에 용이 올라가고 내려가는 문양 사이에 교명敎命 2자를 황진사로 짰다. 『조선왕조실록朝鮮王朝實錄』에 태종 17년(1417) 양잠을 장려하면서 전라도, 풍해도[황해도]의 채방판관採訪判官이 황진사, 백진사 및 누에고치를 바쳤다는 기록이 있다. 따라서 진사眞絲는 조선 시대 초기 혹은 그 이전부터 사용된 것으로 보인다.

동 남홍황진사藍紅黃眞糸

참조1 남진사藍眞糸, 남진사藍眞絲, 다홍진사多紅眞糸, 다홍진사多紅眞絲, 대홍진사大紅眞絲, 백진사白眞絲, 아청다홍진사鴉青多紅眞絲, 아청진사鴉青眞絲, 오색진사五色眞絲, 유청진사柳青眞糸, 유청진사柳青眞絲, 자적남진사紫的藍眞絲, 자적남홍진사紫的藍紅眞絲, 자적진사紫的眞絲, 조족백진사鳥足白眞絲, 주홍진사朱紅眞絲, 청진사青眞糸, 청진사青眞絲, 초록진사草綠眞絲, 흑진사黑眞絲

예문 箭次中竹一箇纓子次紫的吐紬長一尺五寸廣三寸二片都土落次紅紬長六寸廣四寸二片小太甘伊次藍紅黃眞絲各一錢(가례1866/151ㄴ08~10)

색인 (가례1819/상154ㄱ05)(가례1866/상151ㄴ09)(가례1802/상168ㄱ06)

藍花紋大段【남화문대단】 일 봄

화문을 짜 넣은 남색[쪽빛] 대단. 대단은 윤이 나고 색실로 무늬를 넣어 짠 비단으로 한단漢緞이라고도 한다. 주로 치마를 만들어 입었다.

참조1 남대단藍大段, 남운문대단藍雲紋大緞, 다홍대단多紅大段, 다홍운문대단多紅雲紋大段, 대홍운문대단大紅雲紋大緞, 아청운문대단鴉青雲紋大段, 아청화문대단鴉青花紋大段, 유록운문대단柳綠雲紋大緞, 유청대단柳青大段, 초록대단草綠大緞, 초록운문대단草綠雲紋大緞, 침향운문대단沈香雲紋大段, 현색운문대단玄色雲紋大緞, 황대단黃大緞, 훈색문대단纁色紋大緞, 훈색운문대단纁色雲紋大緞

예문 大紅有紋大段道袍一藍花紋大段道袍一草綠有紋紗唐衣一(빈전1649/126ㄱ06~08)

색인 (가례1671/077ㄴ09)(가례1681/031ㄱ12)(가례1681/120ㄱ03)(가례1681/120ㄱ09)(가례1696/103ㄴ07)(가례1696/108ㄴ07)

藍花紋匹段【남화문필단】 일 봄

쪽빛[남색] 바탕에 꽃문양이 있는 수자직繻子織/주자직朱子織 견직물. 필단은 匹段, 匹緞, 疋段 등으로 표기한다.

참조1 남금선필단藍金線匹段, 남필단藍匹段, 남필단藍匹緞, 다홍운문필단多紅雲紋匹段, 다홍필단多紅匹段, 대홍금선필단大紅金線匹段, 대홍금선필단大紅金線疋段, 대홍무문필단大紅無紋匹段, 대홍소운문필단大紅小雲紋匹緞, 대홍운문필단大紅雲紋匹段, 대홍필단大紅匹段, 대홍화문필단大紅花紋匹段, 무문대홍필단無紋大紅匹段, 아청운문필단鴉青雲紋匹段, 유청무문단柳青無紋緞, 유청무문필단柳青無紋匹緞, 자적필단紫的匹段, 초록육화문필단草綠六花紋匹段, 초록운문필단草綠雲紋匹段, 초록필단草綠匹段, 초록화문필단草綠花紋匹段, 필단匹段, 필단匹緞, 화문대홍필단花紋大紅匹段

예문 槊裹草注紙一張尙衣院函內塗藍花紋匹段三尺五寸戶曹魂魄交倚坐子一草綠雲紋匹段全廣一尺五寸(빈전1659/192ㄱ02~04)

색인 (가례1681/203ㄴ02)(빈전1659/192ㄱ03)(빈전1675/141ㄱ05)(빈전1675/149ㄴ02)(빈전1680/182ㄴ11)(빈전1680/196ㄴ01)

藍禾紬【남화주】 일 봄

솜치마와 전대戰帶에 사용되는 직물. 남화주藍禾紬는 남화화주藍禾花紬라고도 한다. 상등품의 견사를 사용하여 평직으로 제직하였으며, 지질이 치밀하고 촉감이 부드러운 남색의 견직물이다. 화화주는 방사주를 대신하여 사용되었으며, 방사주는 노주주를 대신하여 사용되었다. 화주禾紬는 화주花紬로도 표기하였다.

참조1 대홍화화주大紅禾花紬, 홍남화주紅藍禾紬

참조2 노주주潞洲紬, 방사주方糸紬, 화문릉花紋綾

예문 衣外拱多紅貢緞內拱欽賜藍禾紬纓次多紅貢緞以上製造內下(빈전1800/067ㄱ10~12)

색인 (가례1819/하039ㄱ04)(가례1819/하050ㄱ01)(가례1819/하058ㄱ12)(가례1819/하083ㄴ02)(국장1800三/074ㄱ01)(국장1898四/072ㄱ06)

藍禾花紬【남화화주】 일 복

솜치마와 전대戰帶에 사용되는 직물. 남화화주는 남화주藍禾紬라고도 한다. 상등품의 견사를 사용하여 평직으로 제직하였으며, 지질이 치밀하고 촉감이 부드러운 남색의 견직물이다. 화화주는 방사주를 대신하여 사용되었으며, 방사주는 노주주를 대신하여 사용되었다. 남화화주는 『순종순명후가례도감의궤純宗純明后嘉禮都監儀軌』에 보면 왕세자빈 솜치마[襦赤亇]의 겉감으로 18척이 소용되었다. 화주花紬는 화주禾紬로도 표기하였다.

참조1 대홍화화주大紅禾花紬, 백화화주白禾花紬

참조2 노주주潞洲紬, 방사주方糸紬, 화문릉花紋綾

예문 世子宮入達笏記五十件每件衣次藍禾花紬長六寸廣二寸(가례1819/164ㄱ02~03)

색인 (국장1864四/024ㄴ01)(국장1864四/027ㄱ04)(국장1864四/037ㄴ06)(부묘1859/112ㄱ05)(국장1864四/022ㄴ11)(국장1864四/033ㄴ06)

鑞染巨釘【납염거정】 일 건

땜납을 올린 못의 한 가지. 납염거정鑞染巨釘의 납염鑞染은 쇠붙이로 된 그릇 따위에 땜납을 올리는 것을 말하고, 거정巨釘은 큰 못을 말한다. 따라서 납염거정鑞染巨釘은 납염을 한 큰 못을 뜻한다.

예문 紅綿絲三甲所鑞染巨釘小廣頭釘袱次紫的鼎紬紫的眞絲座子次別紋席縇次紫的鼎紬(국장1898三/010ㄱ01~03)

색인 (국장1898三/010ㄱ01)

鑞染匠【납염장】 일 건

납염에 종사하는 장인. 납염은 쇠붙이로 만든 그릇이나 물건에 납을 올리는 일을 일컫는다.

예문 以上艌義洞鑞染匠曺戒男東大門外鞍子匠朴有信(빈전1659/211ㄴ08~10)

색인 (가례1696/216ㄴ04)(가례1696/229ㄱ04)(가례1718/230ㄴ10)(가례1718/244ㄴ12)(가례1802/상122ㄴ03)(가례1819/상115ㄴ09)

鑞匠【납장】 일 건

예전에 백철을 다루어서 갖가지 물건을 만드는 장인.

예문 屛風匠李流元趙成一朴吉伊鑞匠李白云眞漆匠成忠立金承龍兪天洪成龍宋孝元(빈전1680/364ㄱ09~11)

색인 (가례1671/154ㄱ05)(가례1671/175ㄴ06)(가례1671/184ㄴ09)(가례1671/231ㄴ08)(가례1681/079ㄱ09)(가례1681/223ㄴ04)

納徵【납징】 일 의

국혼에서 왕비 또는 왕세자빈으로 간택된 신부집에 예물을 보내어 혼사가 정식으로 이루어졌음을 통보하는 의식. 납징은 『의례儀禮』에 나오는 혼례의 육례六禮[납채納采, 문명問名, 납길納吉, 납징納徵, 청기請期, 친영親迎] 중 하나인데 『주자가례朱子家禮』에서는 납채納采라고 하였다. 국혼에서는 『의례儀禮』를 따라 납징이라는 용어를 사용하였다. 납징은 예물을 사신에게 전하는 납징의納徵儀, 사신이 가져온 예물을 신부집에서 받는 비씨제수납징의妃氏第受納徵儀로 이루어졌다. 납징 때 예물은 검은색과 홍색의 폐백을 예물로 사용하였는데 왕비의 경우 현색모단玄色冒緞 6필과 훈색광적 4필을 사용하였다.

참조1 납채納采, 육례六禮, 친영親迎, 납징예물納徵禮物

참조2 납길納吉, 문명問名, 청기請期

관련1 납징예물함納徵禮物函, 납징소과홍초삼폭단겹복納徵所裹紅綃三幅單袱袱, 납징왜주홍칠속백함納徵倭朱紅漆束帛函, 납징의納徵儀, 납징의주納徵儀註, 납징일納徵日, 납징정사納徵正使, 납징중함納徵中函, 납징함納徵函, 납징함상納徵函床

예문 手巾參三幅付單袱納徵袱各參(가례1727/011ㄴ09)

색인 (가례1627/007ㄴ02)(가례1627/008ㄱ14)(가례1627/008ㄴ09)(가례1627/009ㄱ02)(가례1627/016ㄱ01)(가례1627/016ㄴ01)

納徵禮【납징례】 일 의

국혼에서 왕비 또는 왕세자빈으로 간택된 신부집에 예물을 보내어 혼사가 정식으로 이루어졌음을 통보하는 의식. 납징과 같은 말이다. 납징은『의례儀禮』에 나오는 혼례의 육례六禮[납채納采, 문명問名, 납길納吉, 납징納徵, 청기請期, 친영親迎] 중 하나인데『주자가례朱子家禮』에서는 납채納采라고 하였다.

참조1 납징納徵, 납징예물納徵禮物, 납징의納徵儀, 납징일納徵日

예문 本房次知六禮中納采禮納徵禮册妃禮告期等(가례1691/103ㄱ11~12)

색인 (가례1671/110ㄱ07)(가례1671/111ㄱ02)(가례1681/021ㄴ09)(가례1681/092ㄱ06)(가례1681/103ㄱ11)(가례1681/103ㄴ09)

納徵禮物【납징예물】 일 의

납징 때 사용하는 예물. 납징 때 예물은 검은색과 홍색의 폐백을 예물로 사용하였는데 왕비의 경우 현색모단玄色冒緞 6필과 훈색광적 4필을 사용하였다.

참조1 납징納徵, 납징례納徵禮, 납징의納徵儀, 납징일納徵日

예문 嬪父母前輸送禮物納徵禮物各日感架子(가례1819/142ㄱ02~03)

색인 (가례1671/071ㄱ08)(가례1671/072ㄱ07)(가례1671/079ㄱ07)(가례1681/097ㄱ09)(가례1681/189ㄱ11)(가례1696/104ㄴ02)

納徵儀【납징의】 일 의

국혼에서 납징 예물을 사신에 전하는 의식. 납징은 왕비 또는 왕세자빈으로 간택된 신부집에 예물을 보내어 혼사가 정식으로 이루어졌음을 통보하는 의식으로 예물을 사신에 전하는 납징의納徵儀와 사신이 가져온 예물을 신부집에서 받는 비씨제수납징의妃氏第受納徵儀로 이루어졌다.

참조1 납징納徵, 납징례納徵禮, 납징예물納徵禮物, 납징일納徵日

예문 腰綵輿腰綵輿各二鼓吹細仗如納徵儀爲白乎旀禮曹正郎捧敎命函册函印綬及命服函各置於案爲白乎矣(가례1762/ 054ㄴ07~09)

색인 (가례1671/114ㄱ11)(가례1681/162ㄴ01)(가례1696/135ㄴ04)(가례1696/147ㄴ03)(가례1718/169ㄱ05)(가례1718/170ㄴ06)

納徵日【납징일】 일 의

국혼에서 납징 의식을 거행하는 날. 납징은 왕비 또는 왕세자빈으로 간택된 신부집에 예물을 보내어 혼사가 정식으로 이루어졌음을 통보하는 의식이다.

참조1 납징納徵, 납징예물納徵禮物, 납징례納徵禮

예문 嘉禮都監郎廳以都提調意啓曰納徵時禮物別單書入而納徵日擧行之意敢啓傳曰知道嘉禮都監別單(가례1866/057ㄴ05~07)

색인 (가례1718/087ㄱ08)(가례1802/상196ㄱ11)(가례1866/상057ㄴ06)(가례1866/상183ㄱ08)

納采【납채】 일 의

국혼에서 왕비나 왕세자빈으로 간택된 집에 왕비 또는 빈으로 삼는다는 교서敎書를 선전관을 통해 신부의 집에 전하는 의식. 채采는 택하다라는 뜻으로 신랑 측에서 신부 측에 결혼할 의사를 전달하면서 예물을 보내는 절차이다. 국혼의 납채는 궐내에서 국왕이 교서를 전교관을 통하여 사자使者에게 전하는 의식과 사자가 신부의 집에 도착하여 교서를 선포하고 답서인 전문箋文을 받아오는 의식으로 구분된다. 사가私家의 혼례와 달리 교서와 함께 기러기를 신부 집에 전달한다. 납폐納幣라고도 한다.
동 납채納彩, 납폐納幣

참조1 납징納徵, 육례六禮, 친영親迎

참조2 납길納吉, 문명問名, 청기請期

관련1 납채답전문함納采答箋文函, 납채습의納采習儀, 납채일納彩日, 납채정사納采正使, 납채중함納采中函

예문 啓曰取考丙子戊戌兩謄錄則納采納徵等行禮時正副使主人儐者所着公服自都監措備其餘執事及宮官竝令以黑團領行禮今亦依此爲之何如(가례1727/031ㄱ07~09)

색인 (가례1696/122ㄱ03)(가례1627/007ㄱ13)(가례1627/007ㄴ05)(가례1627/007ㄴ14)(가례1627/008ㄱ06)(가례1627/008ㄴ03)

納彩【납채】 일 의 ☞ 納采납채

예문 腰彩輿各一部案床軍龍亭軍依納彩日例待令擧行事(가례1866/184ㄱ09~10)

색인 (가례1627/007ㄴ05)(가례1627/007ㄴ14)(가례1627/008ㄱ06)(가례1627/008ㄴ03)(가례1627/008ㄴ13)(가례1627/008ㄴ14)

納采答箋文函【납채답전문함】 일 의

납채에 대한 답서인 전문箋文을 담은 함函. 국혼에서 사자가 왕의 왕비나 왕세자빈으로 삼는다는 교서를 신부측에 전하고 답서인 전문을 받아 오는 의식을 납채라 한다.

참조1 납채納采, 납채습의納采習儀

예문 內塗內外裹袱納采答箋文函(가례1866/상126ㄱ07)

색인 (가례1866/상126ㄱ10)(가례1802/상140ㄱ07)

納采習儀【납채습의】 일 의

납채의 절차를 미리 익히는 것. 납채는 국혼에서 왕비나 왕세자빈으로 간택된 집에 왕비 또는 빈으로 삼는다는 교서敎書를 선전관을 통해 신부의 집에 전하는 의식이다.

참조1 납채納采, 납채답전문함納采答箋文函

예문 册妃親迎初度二度三度習儀納采習儀受册親迎 初度二度三度內習儀(가례1866/상124ㄱ02~04)

색인 (가례1802/상137ㄴ12)(가례1866/상124ㄱ03)

納彩日【납채일】 일 의

국혼에서 납채 의식을 거행하는 날. 국혼의 납채는 궐내에서 국왕이 교서를 전교관을 통하여 사자使者에게 전하는 의식과 사자가 신부의 집에 도착하여 교서를 선포하고 답서인 전문箋文을 받아오는 의식으로 구분된다. 사가私家의 혼례와 달리 교서와 함께 기러기를 신부 집에 전달한다.

참조1 납채納采, 납채습의納采習儀, 납채답전문함納采答箋文函

예문 腰彩輿各一部案床軍龍亭軍依納彩日例待令擧行事(가례1866/184ㄱ09~10)

색인 (가례1681/051ㄱ12)(가례1802/상196ㄱ11)(가례1819/상145ㄴ04)(가례1819/상186ㄴ01)(가례1866/상151ㄱ11)(가례1866/상183ㄱ07)

臘享【납향】 일 의

섣달 납일臘日에 지내는 제향. 납일臘日은 시대와 나라에 따라 차이가 있다. 고려 시대에는 대한大寒 전후로 가까운 진일辰日을 납일로 하였다가 고려 중기에는 동지冬至 후 세 번째 술일戌日로 하였다. 조선 시대에는 동지 후 세 번째 미일未日을 납일로 하였다. 국가 사전祀典에서 납향제는 사직과 종묘, 영희전, 경모궁에서 거행하였다. 종묘에서 납향은 사시제四時祭와 함께 대향大享으로 간주되었다. 상기喪期 동안에 혼전魂殿에서도 납향을 거행하였다. 납제臘祭, 납향제臘享祭, 납향대제臘享大祭라고도 한다.

동 납제臘祭, 납향대제臘享大祭, 납향제臘享祭

참조1 납향대제臘享大祭

예문 魂殿山陵朔望俗節四時臘享凡別祭奉常寺一各門各處橋梁名山大川祭奉常寺(빈전1724/144ㄴ06~07)

색인 (국장1659一/123ㄱ02)(국장1659一/123ㄱ03)(국장1701一/018ㄱ02)(국장1730一/077ㄴ01)(국장1821一/122ㄱ05)(국장1834一/125ㄴ03)

臘享大祭【납향대제】 일 의

동지 후 셋째 미일未日인 납일臘日에 한 해 동안 일어난 모든 일이나 농사農事 결과를 하늘에 보고하고 감사하는 제사. 납일은 납향臘享을 지내는 날로 종묘宗廟와 사직社稷에서 대제大祭를 지냈다. 이때 고기로는 멧돼지와 산토끼를 주로 사용했으며 경기도 산간 지방에서는 납향에 쓸 멧돼지를 상납했다. 또 이날 민간에서는 마마를 깨끗이 한다 해서 참새를 잡아 어린아이들에게 먹이기도 했다. 납평제臘平祭, 팔사八蜡, 사蜡라고도 한다.

참조1 납향臘享

예문 一魂殿入番宗親依前例返虞日爲始輪次入直爲白齊一虞祭卒哭祭湅祥禫祭四時大享臘享大祭依前例用尊罍瓚爵爲白齊(빈전1649/150ㄴ02~04)

색인 (국장1800一/080ㄱ02)(빈전1800一/039ㄱ03)(상호1875/026ㄴ06)(상호1875/029ㄱ11)(상호1875/033ㄱ09)(상호1875/033ㄱ10)

囊子匠【낭자장】 일 건

주머니를 만드는 장인.

예문 魚膠二兩膠末五升炭一斗囊子匠所用山猪毛一兩空石三立(상호1805/087ㄴ10~12)

색인 (가례1819/상116ㄴ04)(가례1819/하089ㄱ10)(국장1800三/079ㄴ04)(상호1827二/037ㄴ05)(존숭1802/132ㄴ01)(책례1812/047ㄱ06)

郎廳【낭청】 일 의

조선 후기 비변사·선혜청·준천사·오군영 등에 두었던 실무 담당 관직. 조선 후기 실록청·도감都監 등의 권설아문權設衙門에 각 관서로부터 차출, 겸임시켰던 당하관 실무 관직으로 정3품부터 종9품에 이르기까지 임명될 수 있었다. 조선 시대에는 특별한 행사가 있을 때마다 각종 도감이 설치되었던 바, 여기에도 실무 담당의 낭청이 임명되었다. 책례도감冊禮都監·가례도감嘉禮都監·존호도감尊號都監·국장도감國葬都監에는 각각 6인의 낭청이 임명되었고, 빈전도감殯殿都監에는 4인, 산릉도감山陵都監에는 8인이 임명되었다.

관련1 낭청방郎廳房

예문 工曹判書申汝哲郎廳八副護軍李濡吏曹正郎李秀彦(가례1691/006ㄴ11~007ㄱ01)

색인 (가례1627/001ㄴ10)(가례1627/002ㄱ12)(가례1627/002ㄴ06)(가례1627/002ㄴ11)(가례1627/004ㄴ02)(가례1627/022ㄱ04)

來關【내관】 일 의

각지의 관청으로부터 보내온 문서. 각 의궤의 내용은 대개 목록에 이어 좌목座目·시일時日·승전承傳·이문移文·내관來關·예관禮關·의주儀註·감결甘結·재용財用·상전賞典, 그리고 소임에 따라 구분한 일방一房·이방二房·삼방三房·표석소表石所·조주소造主所·별공작別工作 등의 순으로 수록되어 있다.

관련1 내관질來關秩

예문 入爲有置使役使令軍士等朔布前文書相考計日磨鍊上下宜當事來關秩(책례1721/045ㄴ01~03)

색인 (가례1762/상001ㄱ06)(가례1802/상001

ㄱ06)(가례1819/상001ㄱ06)(가례1819/상072ㄱ01)(가례1866/상001ㄱ05)(가례1866/상064ㄱ01)

內贍寺【내섬시】 일 의

조선 시대 각 전殿과 궁宮에 제공할 음식물과 제물 등과 2품 이상 벼슬아치에게 주던 술과 일본인·여진인女眞人에게 주던 음식과 필목疋木 따위를 맡아 보던 관아. 태조 1년(1392)에 설치한 덕천고德泉庫를 태종 3년(1403) 관제 개혁 때 내섬시로 고친 뒤, 1405년 육조의 분직과 소속을 정하면서 호조의 속사屬司가 되었다. 인조 15년(1637)에 양난을 겪고 난 뒤의 재정 궁핍을 타개하려는 의도로 용관冗官을 줄이면서 일시적으로 내자시內資寺를 병합했다가 얼마 뒤에 다시 분리하였다. 정조 24년(1800) 다시 국가의 재정 지출을 줄이기 위해 의영고義盈庫에 병합하였다. 관원으로는 제조提調, 정正, 부정副正, 첨정僉正, 판관判官, 주부主簿, 직장直長, 봉사奉事 등을 각 1명씩 두었다. 이 밖에 이속으로 서원書員 6명과 군사 1명이 있었다. 각 궁과 전에 대한 공상과 직조 등의 일을 맡아 보았으며, 옹장瓮匠 8명, 방직장紡織匠 30명, 성장筬匠 2명의 공장이 소속되어 있었다. 이들은 모두 도자기 생산과 직조에 관련된 장인들로, 조선 후기에 사회·경제적 변화에 따라 없어졌다.

관련1 내섬시직장內贍寺直長

예문 一祖奠內資寺一遣奠內贍寺一殯殿解謝祭奉常寺(국장1730/076ㄴ08~10)

색인 (가례1627/015ㄴ07)(가례1627/015ㄴ12)(가례1627/058ㄴ06)(가례1627/081ㄱ11)(가례1627/117ㄴ08)(가례1671/103ㄴ07)

內燒廚房【내소주방】 일 음

조선 시대에 왕과 왕비의 수라를 마련하는 곳. 방과 창으로 구성된 몸채가 있고, 이를 청, 방, 부엌, 곳간으로 구성된 행랑이 둘러싸고 있다. 주방 나인들이 왕과 왕비의 수라를 장만하는 곳으로 화재의 우려가 있어 왕의 침전과 떨어진 곳에 설치하였다. 내소주방에서는 일상식을 장만하였고 궁중 연회 음식은 외소주방에서 장만하였다.

예문 癸亥十二月二十二日一中使分付內殯殿內燒廚房前面懸薦所入從實入次以亂簾條所三甲所中竹大竹等優數待令亦是置(빈전1683/037ㄱ11~ㄴ01)

색인 (빈전1683/037ㄱ12)(빈전1800一/069ㄴ10)(빈전1800一/074ㄱ11)(빈전1834一/015ㄴ10)

內熟設所【내숙설소】 일 음

조선 시대에 궁중의 연회 때에 임시로 가가假家를 지어서 설치한 주방. 헌종 14년(1848)의 『진찬의궤進饌儀軌』 찬품조에 의하면 헌종 14년(1848)에 창경궁 통명전通明殿에서 거행된 진찬 준비를 위해 처소 옆 상문祥門 안 추경원秋景苑에 내숙설소용 가가假家 190칸을 지었다고 한다.

예문 殯殿內熟設所所用牧丹屛二坐十四幅牀巾三件紅紬四幅袱五件高足牀五坐擔桶三坐木把槽三坐(빈전1821/129ㄱ07~08)

색인 (가례1819/하118ㄴ09)(가례1819/하122ㄱ03)(가례1819/하125ㄴ02)(빈전1821三/114ㄴ05)(빈전1821三/129ㄱ07)(빈전1834三/075ㄴ09)

內外司醫女【내외사의녀】 일 의

내의원, 혜민서 등의 여자 의원. 조선 시대에 궁궐에서 쓰는 의약을 제조하던 내의원과 백성의 질병을 치료해 주는 혜민서의 관청에 소속된 간단한 의술을 익힌 여자 의원이 의녀이다. 내의원을 약방이라고 하기 때문에 약방기생이라고도 하는데, 출신이 기생이기 때문이다.

예문 儀仗差備又爲五十名都合爲爲一百十一名以內外司醫女針線婢等元差備外餘數三十餘名及刑曹婢子(가례1802/109ㄱ07~08)

색인 (가례1802/상109ㄱ07)(상호1848/014ㄴ06)

ㄴ

內外醫女【내외의녀】 일 의

내의원內醫院, 혜민서惠民署 등에 속하여 간단한 의술을 익힌 여자 의원.

동 내외사의녀內外司醫女

예문 同日今此上號教是時各差備內外醫女針線婢當爲磨鍊而傳教內若抄女伶則慮有爲弊於民間依今春例擧行之意(상호1853/134ㄴ05~07)

색인 (가례1671/039ㄴ02)(가례1671/156ㄱ09)(가례1671/156ㄴ02)(가례1681/068ㄴ09)(가례1681/147ㄴ02)(가례1696/121ㄱ09)

內資寺【내자시】 일 의

조선 시대 왕실에서 소용되는 각종 물자를 관장하기 위하여 설치되었던 관서. 조선 시대 왕실에서 쓰는 쌀·국수·술·간장·기름·꿀·채소·과일 등의 물자를 공급하고, 연회宴會와 직조織造에 관한 사무를 맡아보던 관청이다. 태조 1년(1392)에 처음 내부시內府寺라는 이름으로 설치되었다가, 태종 1년(1401)에 내자시로 개칭되었다. 1403년 의성고義成庫에 병합되어 담당 직무가 늘었으며, 1405년에는 6조六曹 가운데 호조戶曹에 속하게 되었다. 관원으로 정3품 정正, 종3품 부정副正, 종4품 첨정僉正, 종5품 판관判官, 종6품 주부主簿, 종7품 직장直長, 종8품 봉사奉事 등을 각 1명씩 두었다. 또 왕실에서 필요한 물품을 직접 제작하기 위하여 옹장瓮匠 8인, 화장花匠 2인, 방직장紡織匠 30인, 성장筬匠 2인의 공장工匠이 소속되었는데 이들은 도자기 생산과 직조에 관련된 장인이었다. 양란兩亂 뒤 재정난으로 인조 15년(1637) 내섬시에 병합되었다가 곧 다시 회복되었다. 그 뒤 사온서司醞署를 병합했다가 고종 19년(1882)에 폐지되었다.

관련1 내자시봉사內資寺奉事, 내자시직장內資寺直長, 내자직장內資直長

예문 一路祭禮賓寺一發靷時晝停奠內資寺一返虞時晝停奠內贍寺(국장1903/122ㄱ10~12)

색인 (가례1627/002ㄱ08)(가례1627/030ㄱ04)(가례1627/030ㄱ11)(가례1627/031ㄴ06)(가례1627/031ㄴ10)(가례1627/036ㄱ12)

內酒房【내주방】 일 음

조선 시대에 대비大妃와 중전中殿의 식사를 만들던 기구. 왕과 왕비의 수라를 만드는 곳을 주방 혹은 소주방이라 하는데 대비와 중전의 수라를 만드는 곳을 내주방內酒房이라 한다.

예문 丹覆紙長興庫味數司饔院酒味內酒房畫龍燭貳雙及廳排紅燭紅六燭等義盈庫(가례1727/118ㄴ10~11)

색인 (가례1696/106ㄴ07)(가례1718/138ㄱ02)(빈전1659/112ㄴ01)(빈전1659/156ㄱ12)

鹵簿【노부】 일 의

고려와 조선 시대 왕실의 의장 제도儀仗制度. 궁중의 의례나 임금의 외부행차 때 동원된 각종 의장 물품과 그 편성 및 운영 제도를 말한다. 우리나라에서 의장 제도가 쓰인 것은 고려 시대부터이고, 조선 시대 노부는 세종 때 정비되어 『국조오례의國朝五禮儀』에 수록되어 있다. 노부는 규모에 따라 대가大駕·법가法駕·소가小駕로 구분되는데, 이 중 대가 노부는 사직社稷과 종묘宗廟에 제향할 때 쓰이고, 법가 노부는 문소전文昭殿·선농先農·문선왕文宣王의 제사와 열병閱兵·무과전시武科殿試 참관 때, 소가 노부는 능행陵行이나 기타 행차에 사용되었다. 또 신분에 따라 세자 노부·왕비 의장·왕세손 의장이 있고, 용도에 따라 길의장吉儀仗·흉의장凶儀仗·황의장黃儀仗·홍의장紅儀仗 등으로 구분되었다. 노부에 사용된 의장 물품은 160여 가지에 달했고, 각급 노부에 동원되는 병력과 취타대吹打隊 및 기타 인원들의 수 그리고 그들의 임무는 규정되어 있었다.

예문 王世子次於仁政門外道東近北西向展軒懸陳鹵簿半仗輿輦等事如册嬪儀爲白乎旀(가례1727/046ㄱ07~08)

색인 (가례1627/008ㄱ03)(가례1627/008ㄴ02)

(가례1627/009ㄱ06)(가례1627/010ㄴ03)(가례1671/033ㄱ02)(가례1671/033ㄱ07)

露衣帶【노의대】 일 복

왕비와 왕세자빈의 노의露衣에 띠던 허리띠. 『인조장렬후가례도감의궤仁祖壯烈后嘉禮都監儀軌』에 보면, 왕비의 금원문노의金圓紋露衣에 자적라紫的羅 6자 7치와 금박으로 사용할 금 7첩이 사용된 노의대를 띠었으며, 『숙종인현후가례도감의궤肅宗仁顯后嘉禮都監都廳儀軌』에는 왕비의 흉배금원문노의에 자적라로 만든 노의대를 띠었다. 『소현세자가례도감의궤昭顯世子嘉禮都監禮都監儀軌』의 왕세자빈의 자적유주라紫的潤州羅 노의대는 길이는 4자, 넓이는 2치가 사용되었으며, 그 후 『문조신정후가례도감의궤文祖神貞后嘉禮都監儀軌』 이후에는 별도의 노의대가 보이기 시작하며, 남광사 8자, 금 7첩, 남지사 8푼이 사용되었다.

참조1 남광사노의대藍廣紗露衣帶

예문 大紅鄕織帶紫的羅露衣帶紫綃笠部(가례1802/030ㄱ06~08)

색인 (가례1681/017ㄴ01)(가례1681/087ㄴ10)(가례1681/116ㄴ02)(가례1802/상242ㄱ06)(가례1819/상226ㄱ12)(가례1866/상265ㄱ12)

蘆簟【노점】 일 건

갈대로 만든 자리. 삿자리라 부르기도 한다. 자리는 짚이나 갈대, 부들, 골풀 등을 이용하여 넓은 바닥을 깔기 위해 만든 것으로 일반 백성에서 상류계층에 이르기까지 널리 사용되었다. 고급 건축에서는 도배를 한 온돌이나 마루, 전바닥에 자리를 포진하기 전 밑깔개로 사용하였다. 자리 중에서 짚으로 만든 것을 초석草席, 부들로 만든 것을 인석[부들자리]이라 부른다.

참조1 인석茵席, 초석草席

관련1 개복로점蓋覆蘆簟, 내외로점內外蘆簟, 내외배로점內外排蘆簟, 앙차로점仰遮蘆簟, 위배로점圍排蘆簟, 합개복로점合蓋覆蘆簟, 합로점合蘆簟

예문 本房小爐匠所用毛狗皮三令用後還下次以今春前排進排事捧甘該司爲乎旀爐冶時禁火所用蘆簟三立用還次亦爲捧甘爲只爲堂上手決內依(국장1674/130ㄴ06~08)

색인 (가례1696/215ㄴ04)(가례1762/상091ㄴ08)(가례1819/하109ㄴ07)(가례1819/하121ㄱ11)(가례1819/하123ㄴ11)(가례1819/하128ㄴ01)

路祭所【노제소】 일 의

국장國葬의 발인 때 성문 밖 노제路祭를 거행하는 장소. 상여가 혼전을 출발하여 능원으로 가는 길에 잠시 멈추어 지내는 노제는 능소까지 가지 못하는 관원과 백성들이 올리는 송별 의식이다. 성문 밖에 위치한 노제소路祭所에서는 도성에 남는 관원과 기로耆老, 유생儒生 등의 백성들이 상여를 기다렸다 노제를 지내며 하직 인사를 올렸다. 이런 노제소는 능의 위치에 따라 변하는데 동구릉 쪽으로 가는 경우 홍인문 밖 보제원普濟院, 서오릉이 위치한 경기도 고양 쪽으로 가는 경우에는 영은문 북변迎恩門北邊에 노제소를 설치하는 경우가 많았다. 노제소에는 영좌靈座를 모시는 영장전靈帳殿을 설치하고 그 서쪽에 대여大轝를 두는 유장帷帳을 설치하였다.

예문 初嚴前弘化門門外一會分東西序立大駕至鞠躬祗迎以次侍衛爲白乎矣留都百官先就路祭所奉辭如儀後仍留爲白有如(예장1786/065ㄴ04~06)

색인 (예장1989一/066ㄱ06)(국장1800一/068ㄱ06)(국장1800一/067ㄱ07)(국장1800一/085ㄱ09)(국장1800一/037ㄴ07)(국장1674A三/101ㄱ06)

轆轤【녹로】 일 의

긴 장대 끝에 도르래를 달고 높은 곳으로 무엇을 달아 올리는 데 사용하는 도구. 도르래. 거중기와 마찬가지로 높은 곳으로 물건을 끌어 올릴 때 사용하였다. 화성 축성 때 2좌를 만들어 쓴 후 각종 건축 공사에 이용되었다.

참조1 녹로기목두轆轤機木頭, 녹로기두轆轤機頭

예문 下玄宮時以小輿奉詣於隧道閣移奉陪詣轆轤之際小輿機頭轆轤機頭連接平夷小無高低然後如儀奉陪是如乎(국장1821/080ㄱ01~03)

색인 (국장1674一/100ㄱ02)(국장1674一/156ㄱ06)(국장1681一/095ㄱ02)(국장1681一/152ㄴ12)(국장1681一/167ㄴ07)(국장1681一/243ㄴ03)

轆轤機頭【녹로기두】 일 의 ☞ 轆轤녹로

참조1 녹로轆轤, 녹로기목두轆轤機木頭

예문 到山陵後下玄宮教是時例以肩輿奉陪於隨道閣移奉於轆轤是乎矣肩輿與轆轤機頭接連平夷少無高低然後可以如儀移奉是如乎(국장1724/199ㄱ02~04)

색인 (국장1724一/199ㄱ03)(국장1757A/197ㄱ03)(국장1757B一/202ㄴ04)(국장1776一/060ㄴ10)(국장1776一/201ㄱ06)(국장1821一/061ㄴ07)

轆轤機木頭【녹로기목두】 일 의 ☞ 轆轤녹로

참조1 녹로轆轤, 녹로기두轆轤機頭

예문 一取考謄錄則下玄宮教是時例以肩輿陪奉於轆轤是乎所肩輿與轆轤機木頭連接平夷小無高低然後可以如意奉陪是如乎同(09~11)

색인 (국장1800二/016ㄱ10)

鹿醢【녹해】 일 음

제례에 쓰인 젓갈. 사슴고기가 주재료이다.

예문 退壙埋安明器所用八穀及鹿醢醓醢清酒醴酒薑桂屑等諸種詳考謄錄與補編後後錄以稟爲去乎(국장1821/151ㄱ04)

색인 (국장1800二/134ㄱ06)(국장1800二/146ㄴ09)(국장1800二/210ㄱ09)(국장1898三/027ㄱ06)(국장1898三/027ㄱ11)(국장1898三/027ㄴ01)

磊綠【뇌록】 일 건

산화된 동광 지대에서 나는 회록색의 광물성 안료顏料. 단청의 바탕칠에 많이 쓰인다. 조선 시대에는 경상도 장기현에서 독점 공급하였으며, 현재 경상북도 장기읍 뇌성산磊城山에 뇌록을 채광하던 굴이 남아 있다.

동 뇌록磊碌

磊碌【뇌록】 일 건 ☞ 磊綠뇌록

예문 三碌四錢式合三斤六兩磊碌五合式合六斗七升五合殿內栿及昌防道里草工幷六間改漆所入每一間(빈전1675/198ㄴ08~10)

색인 (가례1681/323ㄴ02)(가례1718/114ㄱ03)(가례1718/187ㄱ01)(가례1627/031ㄱ05)(가례1627/059ㄴ08)(가례1671/078ㄴ04)

陵所丁字閣【능소정자각】 일 의

능원陵園에 제향을 위해 건립한 丁자 모양의 집. 건물 모양이 丁자와 같아서 정자각이라 부른다. 정자각은 능원에 제향을 위해 세워지는 것이 일반적이므로 산릉정자각山陵丁字閣, 능소정자각陵所丁字閣으로도 부른다.

참조1 산릉정자각山陵所丁字閣, 정자각丁字閣

예문 强礪石各五塊及陵所丁字閣所上弓箭鎗劍正齋室所上弓箭鎗劍等依例造備進排于陵(빈전1674/095ㄱ01~02)

색인 (국장1674一/079ㄱ10)(국장1702B一/108ㄴ07)(국장1730一/249ㄴ06)(국장1776一/097ㄱ03)(국장1821一/031ㄱ04)(국장1821一/096ㄱ06)

泥匠【니장】 일 건

건축 공사에서 벽이나 천장, 바닥 따위에 미장 마름재(흙, 회 등)를 바르는 일을 직업으로 하는 사람. 『화성성역의궤華城城役儀軌』에 의하면 니장은 한 사람당 매일 돈 4전 2푼의 품삯이 지급되었고, 니장 10명마다 화정火丁 한 사람을 두어 매일 돈 2전 5푼씩을 지급하였다.

예문 修理所下細繩參拾把柒匠及泥匠猪毛筆造作實入丁粉貳拾斗捌升正殿以下各處仰壁丹靑及木層橋實入(혼전1724/079ㄴ11~080ㄱ01)

색인 (가례1671/150ㄱ01)(가례1681/078ㄴ05)(가례1696/065ㄴ06)(가례1762/상074ㄱ04)(가례1762/상076ㄴ09)(가례1802/상123ㄴ04)

ㄷ

茶甫兒【차보아】 [차] [의] [음]

김치찌개 등 국물이 있는 음식을 담는 반찬 그릇의 하나. 현대어 보시기, 보아에 해당한다. 甫兒 앞에 다양한 접두어가 와서 종류를 구분하는데, 茶甫兒는 용기의 주된 용도를 밝힌 표기이다. 보아甫兒는 용기명 외에 부재명으로도 쓰이는데, 의궤의 기술방식이 대체로 기물의 성격이나 용도가 비슷한 종류끼리 제시하고 있는 점을 감안하면 기물이 제시되어 있는 전후 문맥을 살피면 두 기물의 구분이 어느 정도 가능하다. 가령, 의궤에서 용기명 甫兒는 東海, 沙鉢, 大貼 등 용기류와 함께 제시되어 있고, 부재로서 甫兒只는 건축 부재들과 나란히 제시되어 있어 지시하는 기물을 분명히 구분할 수 있다.

참조1 보아甫兒, 당보아唐甫兒

예문 地衣一浮登每一坐毛方席一坐黃筆眞墨各一陶東海所羅各一方文里二介茶甫兒沙盞臺具各一溫堗燒木每日一丹或茶炭三升式(혼전1701/029ㄱ08~10)

색인 (가례1671/057ㄱ02)(가례1671/152ㄴ05)(가례1696/200ㄴ07)(가례1718/064ㄴ02)(가례1718/242ㄴ09)(국장1800二/002ㄴ04)

茶食板【다식판】 [일] [음]

다식茶食을 찍어 내는 틀. 위판과 아래 판으로 이루어져 있다. 아래판은 위판에 꼭 맞게 둥근 구멍이 뚫려 있고, 아래 위의 판 사이에 끼는 받침대가 있다. 다식茶食을 박을 때 위판을 올려 괴고 구멍에 반죽을 넣어 눌러 찍으면 판에 새겨져 있는 문양이 반죽에 찍혀 나온다. 궁중의 다식판에는 팔괘八卦를 새긴 것도 있었다. 영조와 정순왕후의 가례에 쓰인 다식판은 자작나무 널빤지로 만든 것이었으며 길이 3자, 너비 3치의 크기였다.

예문 茶食板五所入自作板木半半立校書館進排(빈전1659/325ㄴ04)

색인 (가례1696/015ㄴ08)(가례1718/022ㄱ10)(가례1762/상026ㄱ01)(가례1762/상081ㄴ05)(가례1762/상084ㄱ01)(가례1802/상040ㄱ10)

多紅貢緞【다홍공단】 [일] [복]

의대衣襨의 겉감과 보로 사용된 붉은색의 주자직 견직물. 공단은 직문 되지 않은[천의 겉면이 날실로 덮인 수자(繻子) 조직] 경주자 조직으로 광택이 좋고 화려하다. 문양과 색상에 따라 이름이 다양하다. 다홍 공단은 진한 홍색으로 도포道袍, 단도포單道袍, 습도포襲道袍, 배자背子의 겉감으로 사용하였고, 유록대설문향단 답호柳綠大揲紋鄕緞褡護에는 안감으로 사용하였다. 이 외에도 안상案床을 덮는 보袱감으로도 사용하였다.

참조1 중층다홍공단中層多紅貢緞, 진홍공단眞紅貢緞, 홍공단紅貢緞

참조2 남공단藍貢緞, 흑공단黑貢緞

예문 襪一以上白貢緞以上內備網巾一表鴉靑甲紗裏多紅貢緞貫子常時所御環玉圈翼善冠(빈전1834/062ㄱ08~10)

색인 (가례1866/하005ㄱ10)(가례1866/하016ㄴ01)

多紅廣的【다홍광적】 [일] [복]

다홍색의 폭이 넓은 견직물. 재궁의 안을 바르거나 홍양산의 덮개로 쓰였으며, 교명의 열쇠 집을 만드는 데에도 사용되었다. 다홍은 『조선왕조실록朝鮮王朝實錄』에서 1596년 등장한 이후 대홍大紅을 대신하여 많이 사용된 어휘이다. 원래 중국의 색명인 대홍이 조선에서 되홍, 다홍으로 읽히다가 다홍 발음이 우세를 차지하면서 한자 표기도 다홍으로 변하여 정착된 것으로 보인다. 『숙종인현후가례도감도청의궤肅宗仁顯后嘉禮都監都廳儀軌』에 보면, 대대大帶를 만드는 데 다홍광적 5척 2촌이 소용되었다.

참조1 대홍광적大紅廣的, 초록광적草綠廣的, 홍광적紅廣的, 훈색광적纁色廣的

예문 同日本都監郞廳以總護使意啓曰取考謄錄則梓宮內塗多紅廣的四角塗草綠廣的七星板

內外塗多紅廣的棺衣多紅廣的粉彩畵黼矣今番則何以爲之乎(빈전1886/012ㄱ01~03)

색인 (가례1681/125ㄴ12)(가례1681/126ㄱ12)(가례1681/194ㄱ03)(가례1681/231ㄱ09)(가례1681/262ㄴ09)(가례1681/263ㄱ07)

多紅廣織【다홍광직】 일 복

소렴의대로 조복, 공복, 도포 등에 사용되는 직물. 다홍광직은 직물의 폭이 넓은 다홍색의 견직물이다. 영조 52년(1776) 소렴할 때 왕의 소렴의대로 다홍광직공복多紅廣織公服, 다홍광직조복多紅廣織朝服, 다홍광직도포多紅廣織道袍가 쓰였으며, 재궁에 채워 넣는 의대로 다홍광직도포가 사용되었다. 교명 안싸개로 다홍광직 겹보자기가 쓰였으며, 익장翼帳의 안감으로도 사용되었다.

참조1 초록광직草綠廣織, 훈색광직纁色廣織

참조2 남광직藍廣織, 대홍광직大紅廣織, 분홍광직粉紅廣織, 유록광직黝綠廣織

예문 紫的鹿皮纓子二件多紅廣織匣一件內拱藍廣織灑金紅綃裌袱二件(국장1890/036ㄱ04~06)

색인 (가례1802/상190ㄱ03)(가례1866/상122ㄱ10)(가례1866/상176ㄴ09)(존숭1747/123ㄱ02)(존숭1747/125ㄴ09)(존숭1747/193ㄱ08)

多紅錦線【다홍금선】 일 복

세자빈 아청 적의鴉靑翟衣의 안감으로 사용된 직물. 다홍금선은 다홍색 바탕에 여러 색사를 이중으로 덧걸어 무늬를 제직한 중조직의 직물이다. 금선金線으로도 사용되는데 이는 금사를 사용하여 무늬를 제직한 것이다. 다홍금선은 태종 6년(1406) 세자빈의 소오자小襖子를 만드는 데 사용하였으며, 임오년 2월 동궁의 가례 때 빈궁 의대衣襨인 세자빈 아청적의의 안감으로 사용되었다.

참조2 남금선藍錦線, 홍금선紅錦線

예문 明膠二戔咨文紙一張多紅錦線一尺七寸白紙一卷熟銅鐵一斤八兩擣鍊紙二張(예장1729/099ㄴ06~08)

색인 (존숭1739/072ㄱ06)(존숭1739/072ㄱ06)(존숭1739/111ㄱ04)(존숭1739/118ㄱ04)(가례1671/222ㄱ04)(가례1696/265ㄴ11)

多紅錦綵【다홍금채】 일 복

여러 색의 색사를 사용하여 중조직으로 문양을 제직한 견직물. 다홍금채는 다홍색의 바탕에 선염한 여러 색의 색사를 사용하여 중조직으로 문양을 제직한 견직물이다. 조직법에 따라 경금과 위금, 특결금으로 구분하며, 무늬의 표면은 평직이나 능직, 수자직繻子織/주자직朱子織으로 나타난다. 『해동역사海東繹史』에 당고조가 금채 3백단을 하사하였다는 기록이 있다. 숙종 16년(1690)의 기록에는 아름다운 것을 나타낼 때 비유적 표현으로 쓰인 예가 있다.

참조2 금채錦采

예문 多紅方系紬二十六尺九寸多紅潞洲紬一百十三尺二寸草綠潞洲紬二十五尺多紅錦綵一尺(가례1718/292ㄱ12~ㄴ01)

색인 (가례1718/292ㄴ01)

多紅潞洲紬【다홍노주주】 일 복

장옷, 저고리, 치마 등의 겉감으로 사용되는 직물. 다홍노주주多紅潞洲紬는 중국의 유명한 견직물 산지인 산서성山西城 노안路安 지방에서 생산한 고급 주紬인데, 상등품의 견사를 사용하여 평직으로 제직한 것으로 지질이 치밀하고 촉감이 부드러운 다홍색의 직물이다. 노주주에는 화문, 운문, 유문 등의 무늬가 있는 것도 있으며, 장의長衣·저고리·치마 등의 겉감으로 사용되었다. 다홍노주주는 담紞에 사용되었다.

참조1 초록노주주草綠潞洲紬

참조2 운문노주주雲紋潞洲紬, 유문노주주有紋潞洲紬, 화문노주주花紋潞洲紬, 화문릉花紋綾

예문 一取考謄錄則自內別奠時添補排設次大祭牀貳坐尙衣院造作進排爲乎旀多紅潞洲紬衿

具草綠潞洲紬揮帳壹件草綠潞洲紬衿具紅綃揮帳壹(혼전1724/048ㄴ06~08)

색인 (가례1671/078ㄱ07)(가례1671/137ㄱ05)(가례1671/182ㄴ11)(가례1671/184ㄱ12)(가례1681/108ㄴ12)(가례1681/192ㄱ11)

多紅段【다홍단】 일 복

초록원삼의 안감이나 휘건에 사용되는 직물. 경사와 위사의 조직점을 될 수 있는 대로 줄이고 분산시켜 표면이 많이 나타나게 하는 수자직繻子織/주자직朱子織으로 제직된 다홍색의 견직물이며, 저사紵絲라고도 부른다. 다홍단은 『정미가례시일기丁未嘉禮時日記』에 보면 순화궁의 휘건揮巾을 만드는 데 사용하였으며, 후궁 삼간택三揀擇 후보가 입는 초록원삼의 안감으로 쓰였다. 한자 多紅段은 多紅緞으로도 표기한다.

참조1 초록단草綠段, 홍금단紅錦段

참조2 대홍단자大紅段子, 홍단자紅段子

예문 朱紅內函一部用柏子板長一尺五寸廣高各五寸用禮器尺內塗紅綾銅鍍金粧餙鑰匙家用多紅段(국장1730/128ㄱ03~04)

색인 (가례1696/090ㄴ07)(가례1718/112ㄱ05)(존숭1713二/147ㄴ07)(책례1725/053ㄴ11)(책례1651/040ㄱ01)(책례1690/119ㄱ06)

多紅大段【다홍대단】 일 복

다홍색 대단. 더그레[加文剌]를 만드는 겉감으로 사용되었다. 대단은 윤이 나고 색실로 무늬를 넣어 짠 비단으로 한단漢緞이라고도 한다.

동 한단漢緞

참조1 남대단藍大段, 남운문대단藍雲紋大緞, 남화문대단藍花紋大段, 다홍운문대단多紅雲紋大段, 대홍운문대단大紅雲紋大緞, 아청운문대단鴉靑雲紋大段, 아청화문대단鴉靑花紋大段, 유록운문대단柳綠雲紋大緞, 유청대단柳靑大段, 초록대단草綠大緞, 초록운문대단草綠雲紋大緞, 침향운문대단沈香雲紋大段, 현색운문대단玄色雲紋大緞, 황대단黃大緞, 훈색문대단纁色紋大緞, 훈색운문대단纁色雲紋大緞

참조2 대단자大緞子, 진홍대단광대眞紅大緞廣帶

예문 勿相磨致傷所入多紅大段三尺雪綿子三兩紅眞絲五分內裹銷金裌袱二付用紅綃長唐方二尺五分用布帛尺(국장1688/ 101ㄴ07~09)

색인 (가례1671/202ㄱ10)(가례1671/205ㄱ06)(가례1681/125ㄴ12)(가례1681/126ㄱ10)(가례1681/191ㄱ04)(가례1681/278ㄱ08)

多紅方糸紬【다홍방사주】 일 복

두석 자물쇠와 열쇠를 담을 주머니감으로 사용된 직물. 다홍방사주는 다홍색 견방사의 일종인 방사로 짠 평견직물로 중국 호주湖州(지금의 남경)의 특산물이다. 방사주方糸紬는 方絲紬, 方紗紬, 紡絲紬 등의 이표기로 나타난다. 두석 자물쇠와 열쇠를 담을 주머니감으로 길이 3치, 너비 2치의 다홍 방사주가 사용되었다. 『만기요람萬機要覽』에는 방사주를 대신하여 화화주를 사용하기도 하는데, 방사주의 폭은 화화주보다 넓다.

참조1 대홍방사주大紅方絲紬

참조2 남방사주藍方絲紬, 자적방사주紫的方絲紬, 홍방사주紅方絲紬, 화화주禾花紬

예문 內裹綃金裌袱多紅方糸紬付金五貼明膠丁粉(가례1718 270ㄱ02~04)

색인 (가례1718/270ㄱ03)(가례1718/270ㄴ08)(가례1718/270ㄴ09)(가례1718/292ㄱ12)(가례1718/293ㄴ12)(가례1671/201ㄴ03)

多紅雲紋緞【다홍운문단】 일 복

구름무늬가 놓인 다홍색 비단. 운문단은 철릭, 저고리, 곤룡포와 같은 의복과 각종 보자기를 만드는 데 두루 쓰였다.

참조1 남운문단藍雲紋緞, 대홍운문단大紅雲紋緞, 백운문단白雲文緞, 아청운문단鴉靑雲紋緞, 진홍운문단眞紅雲紋緞, 초록운문단草綠雲紋緞, 현색운문단玄色雲

紋緞, 홍운문단紅雲紋緞, 훈색운문단纁色雲紋緞

예문 黃金三戔水銀二兩粧飾次鍊黃銅一斤多紅雲紋緞三尺泥金二戔倭朱紅一兩(국장1701/118ㄴ01~03)

색인 (가례1802/상190ㄱ05)(가례1819/하017ㄴ05)(가례1866/상123ㄱ02)(가례1866/상176ㄴ08)(국장1800三/049ㄴ10)(국장1800二/097ㄴ11)

多紅雲紋大段【다홍운문대단】 일 복

구름무늬가 있는 다홍색의 두꺼운 비단. 중국산 비단으로 왕의 면복 대대大帶의 겉감에 사용되었다. 多紅雲紋大緞으로도 쓴다.

참조1 대홍운문대단大紅雲紋大緞, 아청운문대단鴉青雲紋大段, 유록운문대단 柳綠雲紋大緞, 유청대단柳青大段, 초록대단草綠大緞, 초록운문대단草綠雲文大段, 초록운문대단草綠雲紋大緞, 침향운문대단沈香雲紋大段, 현색운문대단玄色雲紋大緞, 훈색운문대단纁色雲紋大緞

참조2 남색운문대단藍色雲紋大緞, 다홍운문대단多紅雲紋大緞

예문 裹襦袂一件用有紋紅緞長廣方七寸所入多紅雲紋大段七寸槊雪綿子五錢紫的綃纓子長二尺廣二寸紅眞絲一分金錢紙二張(국장1903/092ㄴ08~10)

색인 (가례1671/076ㄴ02)(가례1671/204ㄱ12)(가례1681/118ㄴ02)(가례1696/100ㄴ03)(가례1696/107ㄱ10)(가례1696/250ㄴ04)

多紅雲紋匹段【다홍운문필단】 일 복

다홍색의 구름무늬가 놓인 수자직繻子織/주자직朱子織 견직물. 필단은 匹段, 匹緞, 疋段 등으로 표기한다.

참조1 남금선필단藍金線匹段, 남필단藍匹段, 남필단藍匹緞, 남화문필단藍花紋匹段, 다홍필단多紅匹段, 대홍금선필단大紅金線匹段, 대홍금선필단大紅金線疋段, 대홍무문필단大紅無紋匹段, 대홍소운문필단大紅小雲紋匹緞, 대홍운문필단大紅雲紋匹段, 대홍필단大紅匹段, 대홍화문필단大紅花紋匹段, 무문대홍필단無紋大紅匹段, 아청운문필단鴉青雲紋匹段, 유청무문단柳青無紋緞, 유청무문필단柳青無紋匹緞, 유초록화문필단穠草綠花紋匹段, 자적필단紫的匹段, 초록육화문필단草綠六花紋匹段, 초록운문필단草綠雲紋匹段, 초록필단草綠匹段, 초록화문필단草綠花紋匹段, 필단匹段, 필단匹緞, 화문대홍필단花紋大紅匹段

예문 多紅雲紋匹段覆巾一件多紅雲紋匹段揮帳一件回繩具草綠花紋匹段褥一件(빈전1683/057ㄱ12~ㄴ02)

색인 (가례1671/087ㄴ11)(국장1674A三/033ㄴ01)(가례1681/113ㄱ04)(가례1696/093ㄴ03)(가례1718/103ㄱ06)(가례1718/105ㄱ02)

多紅有紋紗【다홍유문사】 일 복

세자빈의 홍장삼과 자적원삼의 안감, 치마 등에 사용되는 직물. 다홍유문사多紅有紋紗는 인접한 경사끼리 꼬임을 주어 직물의 투공 효과를 내는 익조직이다. 아주 성글게 제직하여 얇게 비쳐 보이는 다홍색의 견직물로 별문別紋, 운학문雲鶴紋, 화문花紋, 매란문梅蘭紋, 칠보문七寶紋, 수복문壽福紋, 화접문花蝶紋 등 다양한 무늬가 있다. 임오년 2월에 행해진 동궁의 가례 기록을 보면, 세자빈의 홍장삼과 자적원삼의 안감, 치마 등에 다홍유문사가 사용되었으며, 『정미가례시의궤丁未嘉禮時儀軌』에는 순화궁의 치마에 사용된 것으로 나타난다.

참조2 다홍매란문사多紅梅蘭紋紗, 다홍별문갑사多紅別紋甲紗, 다홍별문사多紅別紋紗, 다홍운학문갑사多紅雲鶴甲紗, 아청사鴉青絲

예문 內拱次白正布十七尺八寸簾內拱次多紅有紋紗十三尺(책례1690/139ㄴ03)

색인 (가례1671/166ㄱ03)(가례1671/182ㄴ10)(가례1671/184ㄱ12)(가례1681/242ㄴ09)(가례1696/207ㄱ05)(가례1696/224ㄱ10)

多紅戎糸【다홍융사】 일 복

섬유의 끝을 끌어내어 털이 일어나게 만든 다홍색 실. 주렴을 만드는 데 사용한다. 융사 자체로 장식을 할 때 사용하기도 하며, 평직이나 능직으로 옷감을 짜기도 한다. 영조와 정순왕후의 가례 때에는 경經감으로 초록융사草綠戎絲 1근 5냥 3돈, 다홍융사多紅戎絲 3돈을 사용하였다. 『몽경당일사夢經堂日史』에 보면, 중국에서는 조관들의 모자 위를 두꺼운 진홍색 융사로 덮는데, 그 빛깔이 아주 곱다고 하였다. 의궤 자료에서 융사는 戎糸, 戎絲, 絨絲 등의 여러 표기가 보인다. 다홍융사의 다른 표기로 多紅絨絲가 있다.

참조1 남융사藍戎糸, 진홍융사眞紅絨絲, 초록융사草綠絨絲, 융모사紅絨冒絲, 홍융모사紅絨帽絲, 홍융사紅戎糸, 홍융사紅絨絲, 황융사黃絨絲, 흑융사黑絨絲

예문 纓子紫的吐紬參尺參寸經次草綠戎糸壹斤伍兩參戔縫造草綠眞糸貳戔多紅戎糸參戔一捲簾紅戎糸三甲繩捌介所入(가례1727/224ㄱ10~12)

색인 (가례1696/205ㄴ09)(가례1718/216ㄴ12)(가례1718/237ㄱ10)

多紅鼎紬【다홍정주】 일 복

다홍색의 고급 명주 직물. 『조선왕조실록朝鮮王朝實錄』에 연산군과 중종 때 정주鼎紬를 진상하게 하고 대비전에 사급한 기록이 있다. 다홍은 『조선왕조실록朝鮮王朝實錄』에서 1596년 등장한 이후 대홍大紅을 대신하여 많이 사용되었다. 원래 중국의 색명인 대홍이 조선에서 되홍, 다홍으로 읽히다가 다홍 발음이 우세를 차지하면서 한자 표기도 다홍으로 변하여 정착된 것으로 보인다.

참조1 남정주藍鼎紬, 대홍정주大紅鼎紬, 백정주白鼎紬, 백협백정주白挾白鼎紬, 선홍정주縇紅鼎紬, 아청정주鴉靑鼎紬, 자적정주紫的鼎紬, 청정주靑鼎紬, 초록정주草綠鼎紬, 홍정주紅鼎紬, 흑정주黑鼎紬

참조2 반홍정주磻紅鼎紬

예문 白眞絲壹里同正白熟綃長壹尺伍寸廣貳寸伍分拾壹升多紅吐紬參拾伍尺內拱多紅鼎紬參拾捌尺(가례1727/095ㄱ09~10)

색인 (가례1671/076ㄴ04)(가례1681/118ㄴ05)(가례1681/120ㄱ12)(가례1718/114ㄴ12)(가례1718/117ㄴ01)(빈전1834三/064ㄱ05)

多紅紬【다홍주】 일 복

유모와 시녀의 장치마에 사용되는 직물. 다홍주는 꼬임이 없는 중·하등품의 견사絹絲를 사용하여 평직平織으로 제직한 다홍색의 평견직물이다. 주紬는 조선 시대 가장 보편적인 견직물로 견사의 품질品質과 밀도密度, 생산지生産地에 따라 명칭을 달리하였다. 『영조정순후가례도감의궤英祖貞純后嘉禮都監儀軌』에 보면, 다홍주는 유모乳母와 시녀侍女의 장치마를 만드는 데 사용한 것으로 되어있다.

참조1 남금사주藍金絲紬, 남주藍紬, 대홍주大紅紬, 면주綿紬, 백주白紬, 색주色紬, 자적주紫的紬, 자주紫紬, 초록주草綠紬, 태주남주苔紬藍紬, 홍염주紅染紬, 홍주紅紬, 황염주黃染紬, 황주黃紬, 흑주黑紬

예문 白紬袱一件多紅紬袱一件殿內大地衣三浮(빈전1675/107ㄴ01~03)

색인 (가례1671/171ㄱ09)(가례1671/183ㄴ01)(가례1681/092ㄴ07)(가례1681/191ㄱ08)(가례1681/248ㄱ09)(가례1696/105ㄴ07)

多紅眞絲【다홍진사】 일 복

다홍색의 명주실. 각색 옷감의 바느질용으로 사용되었다. 『조선왕조실록朝鮮王朝實錄』에 태종 17년(1417) 양잠을 장려하면서 전라도, 풍해도[황해도]의 채방판관採訪判官이 황진사, 백진사 및 누에고치를 바쳤다는 기록이 있다. 따라서 진사眞絲는 조선 시대 초기 혹은 그 이전부터 사용된 것으로 보인다. 한자 多紅眞絲는 多紅眞糸로도 표기하였다.

참조1 남진사藍眞糸, 남진사藍眞絲, 남홍황진사藍紅黃眞絲, 대홍진사大紅眞絲, 백진사白眞絲, 아청다홍진사鴉青多紅眞絲, 아청진사鴉青眞絲, 오색진사五色眞絲, 유청진사柳青眞糸, 유청진사柳青眞絲, 자적남진사紫的藍眞絲, 자적남홍진사紫的藍紅眞, 자적진사紫的眞絲, 조족백진사鳥足白眞絲, 주홍진사朱紅眞絲, 청진사青眞糸, 청진사青眞絲, 초록진사草綠眞絲, 흑진사黑眞絲

예문 一匙纓子所入多紅眞絲一錢五分(책례1651/025ㄴ13)

색인 (가례1671/087ㄴ06)(가례1671/147ㄴ06)(가례1671/164ㄴ09)(가례1671/165ㄴ11)(가례1671/220ㄱ11)(가례1681/107ㄴ10)

多紅眞糸【다홍진사】 일 복 ☞ 多紅眞絲다홍진사

예문 五色纓帶子所入今番不爲織造以牀廛造納多紅眞糸藍眞絲柳各二錢五分籤子豆錫二兩三甫半半月乃炭三斗(책례1759-053ㄴ08~11)

색인 (가례1718/122ㄱ03)(가례1718/271ㄱ03)(가례1718/290ㄱ02)(책례1726/125ㄱ09)(혼전1720/056ㄴ01)(책례1610/074ㄱ02)

多紅吐紬【다홍토주】 일 복

다홍색 토주. 토주는 실을 굵게 자아서 짠 바닥이 두꺼운 명주로 색깔에 따라 종류가 다양하다. 액주음[腋注音], 유과두[襦裹肚], 겹과두[袷裹肚], 핫바지[襦把持], 요[褥] 등을 만들 때 사용되었다. 다홍은 『조선왕조실록朝鮮王朝實錄』에 1596년 등장한 이후 대홍을 대신하여 많이 사용되었다.

참조1 남토주藍吐紬, 대홍토주大紅吐紬, 백토주白吐紬, 자적토주紫的吐紬, 선자적토주縇紫的吐紬, 초록토주草綠吐紬, 황토주黃吐紬

참조2 연초록토주, 유청토주柳青吐紬

예문 同正白熟綃長一尺五寸廣二寸五分土升多紅吐紬三十五尺(가례1691/108ㄱ12)

색인 (가례1681/120ㄴ07)(가례1681/193ㄴ06)(가례1696/104ㄱ05)(가례1696/181ㄴ04)(가례1718/115ㄱ07)(가례1718/117ㄴ02)

多紅匹段【다홍필단】 일 복

다홍색의 수자직繻子織/주자직朱子織 견직물. 필단은 匹段, 匹緞, 疋段 등으로 표기한다.

참조1 남금선필단藍金線匹段, 남필단藍匹段, 남필단藍匹緞, 남화문필단藍花紋匹段, 다홍운문필단多紅雲紋匹段, 대홍금선필단大紅金線匹段, 대홍금선필단大紅金線疋段, 대홍무문필단大紅無紋匹段, 대홍소운문필단大紅小雲紋匹緞, 대홍운문필단大紅雲紋匹段, 대홍필단大紅匹段, 대홍화문필단大紅花紋匹段, 무문대홍필단無紋大紅匹段, 아청운문필단鴉青雲紋匹段, 유청무문단柳青無紋緞, 유청무문필단柳青無紋匹緞, 자적필단紫的匹段, 초록육화문필단草綠六花紋匹段, 초록운문필단草綠雲紋匹段, 초록필단草綠匹段, 초록화문필단草綠花紋匹段, 필단匹段, 필단匹緞, 화문대홍필단花紋大紅匹段

예문 滿花席三張付地衣一長興庫紫的縇尙衣院欑宮內所排彩花席一長興庫多紅匹段縇尙衣院玉燈一部戶曹懸鑞染圓環四介紫門監(빈전1659/209ㄱ02~04)

색인 (국장1674A/043ㄴ05)(가례1671/087ㄴ07)(존호1610/074ㄴ07)(책례1610/073ㄴ07)(책례1651 /048ㄱ02)(책례1667/081ㄱ12)

多紅花紋大段【다홍화문대단】 일 복

다홍색 바탕에 꽃무늬가 있는 폭이 넓은 견직물. 다홍화문대단은 수자직繻子織/주자직朱子織으로 제직된 견직물로, 다홍색 바탕에 꽃무늬가 놓인 폭이 넓은 단이다. 단은 바탕은 경수자직이고, 무늬는 위수자직으로 직조하였으며, 조직의 차이에서 나타나는 음영으로 무늬를 표현하는데 무늬가 있는 것을 문단紋緞 혹은 화문단이라고 한다. 조선 시대에 주로 사용된 무늬는 모란·당초·매화·난초·국화·대나무 등의 사군자 문과 연꽃·불수·도류문 등의 기쁨을 상징하는 무늬이다.

참조1 대홍화문필단大紅花紋匹段

참조2 다홍화문필단多紅花紋匹段

예문 藍花紋大段貳疋多紅花紋大段貳疋(가례1727/106ㄱ06)

색인 (가례1681/120ㄱ09)(가례1718/114ㄴ09)

多繪【다회】 일 복

주머니, 매듭, 띠, 노리개, 유소 등에 사용하는 끈. 『대전회통大典會通』에는 짜는 끈을 다회라고 하였는데 폭이 넓고 납작한 광다회와 끈이 둥근 동다회가 있다. 광다회는 도포띠나 허리띠로 사용되었고 동다회는 노리개, 유소, 주머니끈 등으로 사용되었다. 多繪는 多廻, 多悔, 多懷, 多會, 多檜로도 표기하였다.

참조1 다회장多繪匠

관련1 광다회廣多繪, 남다회藍多繪, 남동다회藍童多繪, 동다회童多繪

예문 沈香有紋段豆錫籤子長一寸三分五色眞絲多繪纓子長一尺六寸第二花紋白綾(책례1651/023ㄱ02~04)

색인 (가례1627/044ㄱ11)(가례1627/074ㄱ01)(가례1627/126ㄱ11)(가례1627/126ㄱ14)(가례1671/154ㄴ02)(가례1681/226ㄱ09)

多廻【다회】 일 복 ☞ 多繪다회

多悔【다회】 일 복 ☞ 多繪다회

多懷【다회】 일 복 ☞ 多繪다회

多會【다회】 일 복 ☞ 多繪다회

多檜【다회】 일 복 ☞ 多繪다회

多繪匠【다회장】 일 건

예전에 다회多繪를 만드는 일을 맡아 하던 장인. 끈목장이라고도 한다. 다회는 여러 올의 실을 꼬거나 짜서 만든 끈을 통틀어 일컫는 말이다.

참조1 다회多繪

예문 磨鏡匠承大元金以上京居多繪匠李承男申義男李忠元以上京居銅匠金奉金兄守以上京居(국장1903/253ㄴ12~254ㄱ02)

색인 (가례1627/065ㄴ14)(가례1627/100ㄱ13)(가례1627/128ㄱ12)(가례1671/140ㄱ03)(가례1671/154ㄱ03)(가례1671/185ㄱ11)

單巨里【단거리】 일 복

천막 따위의 가를 장식하기 위하여 대는 헝겊 조각.

관련1 백목단거리白木單巨里

예문 今此吉帷宮遮帳今方造作是如乎白布遮日一浮白木甲小次一浮白木落照四浮白木帳四浮單巨里四浮每浮縫造軍各四名式依例定送事捧甘該署爲只爲(국장1834/118ㄴ05~07)

색인 (국장1776二/156ㄴ04)(국장1776二/175ㄱ01)(국장1821四/161ㄴ07)(국장1821四/162ㄴ02)(국장1821四/163ㄱ11)(국장1821四/166ㄴ10)

團領【단령】 일 복

문무백관文武百官의 대표적인 관복冠服이었던 둥근 깃의 포袍. 단령은 공복公服, 시복時服으로도 착용되었고 흉배胸背를 붙여 상복常服으로도 착용하였다. 임진왜란 이전에는 관직이 없는 남자들도 혼례나 제례 등의 의례복으로 허용되었다. 단령은 깃이 둥근 데서 유래된 명칭이며, 시대에 따라 깃의 너비나 깊이에 차이가 있다. 옆이 트였으며 앞뒤 길의 옆선에는 커다란 무가 달렸고, 시대가 내려오면서 소매가 점차 넓어졌다. 임진왜란 이전에는 직령, 답호 위에 홑단령을 입었으며, 이후 홑직령과 홑단령을 겹쳐 입다가 조선 후기에는 단령 안에 직령의 깃만을 덧붙여 간편하게 입었다.

참조1 곤룡포袞龍袍, 공복公服, 상복常服, 흑단령黑團領

예문 柳綠雲紋大緞團領藍雲紋大緞(가례1802/상245ㄱ10~12)

색인 (가례1627/043ㄴ05)(가례1671/007ㄱ12)(가례1671/010ㄱ02)(가례1671/076ㄱ08)(가례1671/103ㄴ09)(가례1671/123ㄴ01)

椴木尺【단목척】 일 건

자작나무로 만든 자. 목척은 영조척을 달리 이르던 말로 모양이 T자형으로 생겨 정자척丁字尺이라고도 한다.

單袱【홑보/홑보자기】 채 복

홑으로 만든 보자기. 이불·요·궤·함 등의 겉과 안을 싸는 데 사용한다. 초綃·주紬·정주鼎紬·면포綿布·목木·세목細木·면주綿紬 등을 두 폭에서 여덟 폭까지 붙여서 만들며, 색상은 대홍大紅·홍·청·자적·흰색 등이 있다. 무늬가 없는 것부터 인문引紋·운문雲紋 등의 무늬가 있는 것도 있다.

참조2 겹보/겹보자기裌袱, 유보/솜/핫/보자기襦袱

관련1 개복오폭홑보자기蓋覆五幅單袱, 과홍경광주삼폭홑보자기裹紅輕光紬三幅單袱, 과홍목칠폭홑보자기裹紅木七幅單袱, 과홍정주육폭홑보자기裹紅鼎紬六幅單袱, 과홍정주사폭홑보자기裹紅鼎紬四幅單袱, 과홍정주오폭홑보자기裹紅鼎紬五幅單袱, 과홍주육폭홑보자기裹紅紬六幅單袱, 과홍주사폭홑보자기裹紅紬四幅單袱, 과홍주삼폭반홑보자기裹紅紬三幅半單袱, 과홍주오폭홑보자기裹紅紬五幅單袱, 과홍주이폭홑보자기裹紅紬二幅單袱, 과홍초삼폭홑보자기裹紅綃三幅單袱, 과홍화주삼폭홑보자기裹紅禾紬三幅單袱, 궤외과홍주홑보자기樻外裹紅紬單袱, 금욕소과팔폭부홑보자기衾褥所裹八幅付單袱, 금침함소과건폭부홑보자기衾寢函所裹巾幅付單袱, 금홍촉함내외과오폭홑보자기金紅燭函內外裹五幅單袱, 내과다홍대단홑보자기內裹多紅大段單袱, 내과다홍대단삼폭홑보자기內裹多紅大段三幅單袱, 내과다홍운문대단홑보자기內裹多紅雲紋大段單袱, 내과홑보자기內裹單袱, 내과대주주오폭홑보자기內裹大紬紬五幅單袱, 내과대홍주오폭홑보자기內裹大紅紬五幅單袱, 내과사폭홑보자기內裹四幅單袱, 내과의대단겹보자기內裹衣襨單裌袱, 내과팔폭홑보자기內裹八幅單袱, 내과홍정주사폭홑보자기內裹紅鼎紬四幅單袱, 내과홍정주오폭홑보자기內裹紅鼎紬五幅單袱, 내과홍주육폭단겹보자기內裹紅紬六幅單裌袱, 내과홍주사폭홑보자기內裹紅紬四幅單袱, 내과홍주칠폭홑보자기內裹紅紬七幅單袱, 내외과사폭홑보자기內外裹四幅單袱, 내외과홍정주사폭홑보자기內外裹紅鼎紬四幅單袱, 내외과홍정주오폭홑보자기內外裹紅鼎紬五幅單袱, 백면포인문단복구白綿布引紋單袱具, 백면포인문육폭홑보자기白綿布引紋六幅單袱, 백면포인문팔폭홑보자기白綿布引紋八幅單袱, 복홍정주삼폭홑보자기覆紅鼎紬三幅單袱, 복홍정주오폭홑보자기覆紅鼎紬五幅單袱, 사폭홑보자기四幅單袱, 삼폭홑보자기三幅單袱, 소과홍주육폭홑보자기所裹紅紬六幅單袱, 소과홍주사폭홑보자기所裹紅紬四幅單袱, 십폭홑보자기十幅單袱, 오폭홑보자기五幅單袱, 왜주홍칠외과홍주육폭홑보자기倭朱紅漆外裹紅紬六幅單袱, 외과홑보자기外裹單袱, 외과육폭홑보자기外裹六幅單袱, 외과백정포인문칠폭홑보자기外裹白正布引紋七幅單袱, 외과사폭홑보자기外裹四幅單袱, 외과십폭홑보자기外裹十幅單袱, 외과오폭홑보자기外裹五幅單袱, 외과자적주십폭홑보자기外裹紫的紬十幅單袱, 외과팔폭홑보자기外裹八幅單袱, 외과홍목십폭홑보자기外裹紅木十幅單袱, 외과홍정주육폭홑보자기外裹紅鼎紬六幅單袱, 외과홍정주사폭홑보자기外裹紅鼎紬四幅單袱, 외과홍정주삼폭홑보자기外裹紅鼎紬三幅單袱, 외과홍정주십폭홑보자기外裹紅鼎紬十幅單袱, 외과홍정주오폭홑보자기外裹紅鼎紬五幅單袱, 외과홍정주팔폭홑보자기外裹紅鼎紬八幅單袱, 외과홍주홑보자기外裹紅紬單袱, 외과홍주육폭홑보자기外裹紅紬六幅單袱, 외과홍주사폭홑보자기外裹紅紬四幅單袱, 외과홍주삼폭홑보자기外裹紅紬三幅單袱, 외과홍주십폭홑보자기外裹紅紬十幅單袱, 외과홍주오폭홑보자기外裹紅紬五幅單袱, 외과홍주팔폭홑보자기外裹紅紬八幅單袱, 외과홍초홑보자기外裹紅綃單袱, 외과홍초팔폭홑보자기外裹紅綃八幅單袱, 육폭홑보자기六幅單袱, 이폭홑보자기二幅單袱,

이홍정주이폭홑보자기裏紅鼎紬二幅單袱, 자적주오폭홑보자기紫的紬五幅單袱, 자적주칠폭홑보자기紫的紬七幅單袱, 자적초삼폭홑보자기紫的綃三幅單袱, 책내함외궤과자적초삼폭홑보자기冊內函外樻裹紫的綃三幅單袱, 과홍정주사폭홑보자기裹紅鼎紬四幅單袱, 과홍정주삼폭홑보자기裹紅鼎紬三幅單袱, 과홍주팔폭홑보자기裹紅紬八幅單袱, 청목면사폭부홑보자기靑木綿四幅付單袱, 청정주사폭홑보자기靑鼎紬四幅單袱, 청정주삼폭홑보자기靑鼎紬三幅單袱, 칠폭홑보자기七幅單袱, 홍경광주삼폭홑보자기紅輕光紬三幅單袱, 홍육촉홍팔촉함과오폭홑보자기紅六燭紅八燭函裹五幅單袱, 홍목사폭홑보자기紅木四幅單袱, 홍정주홑보자기紅鼎紬單袱, 홍정주사폭홑보자기紅鼎紬四幅單袱, 홍정주오폭홑보자기紅鼎紬五幅單袱, 홍정주이폭홑보자기紅鼎紬二幅單袱, 홍주육폭홑보자기紅紬六幅單袱, 홍주사폭홑보자기紅紬四幅單袱, 홍주삼폭홑보자기紅紬三幅單袱, 홍주오폭홑보자기紅紬五幅單袱, 홍주이폭홑보자기紅紬二幅單袱, 홍초삼폭홑보자기紅綃三幅單袱, 홍초삼폭복紅綃三幅袱, 홍초일폭반겹보자기紅綃一幅半裌袱, 홍화주홑보자기紅禾紬單袱, 홍화주삼폭홑보자기紅禾紬三幅單袱, 화룡촉함내외과오폭홑보자기畫龍燭函內外裹五幅單袱

예문 一掌苑署爲行下事次知中使分付內祭果蓋覆紅糯袱白苧布單袱各四件新造進排事手決內一依三寺例進排戶曹濟用監渝色後更報改造(빈전1683/058ㄱ09~11)

색인 (가례1627/032ㄱ10)(가례1627/124ㄱ07)(가례1627/124ㄱ12)(가례1627/124ㄴ09)(가례1718/128ㄱ04)(가례1718/128ㄱ05)

單衫【단삼】 채 복 團衫

명明에서 사여 받은 왕비의 상복常服 중 하나. 부녀자의 포의袍衣로 난삼襴衫의 일종이다. 저고리와 치마가 이어져 있고 녹색의 단령에 같은 색의 선을 둘렀다. 깃과 선에는 화운문을 직금織金하였다.

예문 裌大衫壹無紋大紅匹段單衫壹雲紋草綠匹段裌襖壹花紋大紅匹段裌裙壹花紋鴉靑匹段依前代以藍段付標啓下(가례1727/014ㄱ01~02)

색인 (가례1696/010ㄱ08)(가례1718/011ㄴ07)(존호1610/074ㄴ01)

團衫【단삼】 채 복 ☞ 單衫단삼

예문 團衫一雲紋草綠匹段長三十五尺(가례1627/051ㄴ01)

색인 (가례1627/051ㄴ01)(가례1671/009ㄴ05)

短衫兒【단삼아】 채 복 單衫兒

남자의 백색 짧은 저고리. 남자의 삼아衫兒는 바지[袴/把持]와 한 벌을 이루는 상의上衣이다. 남자는 포袍 안에 삼아衫兒나 과두裹肚 등을 받쳐 입었고, 길이에 따라 장삼아長衫兒와 단삼아短衫兒로 구분된다.

참조1 삼아衫兒, 삼아장단衫兒長短, 장삼아長衫兒

예문 白鼎紬長衫兒白鼎紬短衫兒白吐紬襦把持(가례1802/028ㄱ01~03)

색인 (가례1802/상233ㄴ03)(가례1819/상217ㄴ04)(가례1866/상258ㄱ10)

單衫兒【단삼아】 채 복 ☞ 短衫兒단삼아

예문 尙宮參阿之壹單衫兒肆次(가례1727/120ㄱ12)

색인 (가례1671/090ㄱ12)(가례1696/110ㄱ09)(가례1718/121ㄱ05)

單席【단석】 일 의

홑겹으로 만든 작은 자리. 꽃문양이 들어간 단석單席은 만화단석滿花單席, 채화단석彩花單席이라 하여 가례가 있을 때 주로 사용하였다.

참조1 만화단석滿花單席, 연화단석蓮花單席, 용문단석龍紋單席, 채화단석彩花單席

관련1 내배별문단석內排別紋單席, 답장별문단석踏掌別紋單席, 면단석面單席, 배위채초단석拜位彩草單

席, 별문단석別紋單席, 별문이문부단석別紋二紋付單席, 별문일장부단석別紋一張付單席, 상배룡문단석上排龍紋單席, 상배채화단석上排彩花單席, 상배채화일장부단석上排彩花一張付單席, 상배황화단석上排黃花單席, 소룡문단석小龍紋單席, 소배면단석所排面單席, 욕상배채화반장부단석褥上排彩花半張付單席, 욕하배채화단석褥下排彩花單席, 용문단석龍紋單席, 자주욕욕하배채화단석상紫紬褥褥下排彩花單席床, 전안배위만화단석奠雁拜位滿花單席, 전후배채화삼문부단석前後排彩花三紋付單席, 좌우배채화단석左右排彩花單席, 채화반장부단석彩花半張付單席, 채화삼문부단석彩花三紋付單席, 채화일문부단석彩花一紋付單席, 채화일장부단석彩花一張付單席, 포룡문단석鋪龍紋單席, 황화면단석黃花面單席

예문 銀交倚踏掌上排別紋單席一坐紫的縇長興見樣造作進排(책례1651/059ㄱ11~12)

색인 (가례1681/053ㄴ11)(가례1681/177ㄴ02)(가례1718/128ㄱ08)(가례1802/상223ㄴ03)(국장1800四/127ㄴ05)(국장1800四/127ㄴ06)

腶脩棗栗盤案【단수조율반안】 일 의

왕실의 가례 때 육포와 대추 및 밤을 올리던 상. 단수腶脩는 생강과 계피가루를 뿌려 길게 쪼개어 말린 포로, 세자빈이 시어머니인 왕비에게 공경하고 노력하여 배우고 익히며 시어머니의 장수를 빈다는 의미로 올리는 것이며, 조율棗栗은 시아버지인 왕께 공손하게 갖추어 진심어린 마음을 드린다는 의미로 올리는 음식이다.

참조2 단수안腶脩案

예문 同牢宴時杯樽饌案及嘉禮習日王大妃殿大殿中宮殿嬪朝見禮時酒饌腶脩棗栗盤案楮事都監(가례1819/094ㄴ07~08)

색인 (가례1696/040ㄱ01)(가례1718/054ㄴ10)(가례1671/036ㄱ09)(가례1819/상094ㄴ08)(가례1819/상098ㄴ02)

腶修脯【단수포】 일 음

조현례[폐백] 때 상에 올리는 말린 고기. 고기에 생강과 계핏가루를 뿌려 길게 쪼개어 말린 포이다. 조현례 때 밤, 대추와 함께 모반에 담아 주칠朱漆한 상 위에 올린다. 밤과 대추는 시아버지에게 올리는 것이며, 단수포腶修脯는 시어머니를 공경하고 잘 모시도록 노력하며 시어머니의 장수를 빈다는 의미로 올리는 것이다.

예문 三殿朝見禮果盤床饌品同牢宴果盤腶修脯司宰監小小四方盤(가례1866/상278ㄴ03~06)

색인 (가례1681/131ㄴ09)(가례1696/106ㄴ09)(가례1819/상021ㄱ01)(가례1866/상278ㄴ05)(가례1866/ 하061ㄱ06)

端午節扇【단오절선】 일 의

단오절에 공조工曹에서 만들어 임금에게 진상한 부채. 그림을 그리지 않은 것을 백첩白貼이라 하고, 옻칠을 한 것은 칠첩漆貼이라 하는데 재상을 비롯한 여러 신하들에게 나누어 주었다. 부채를 받으면 주로 금강산金剛山 일만이천봉을 그려 넣는다. 영호남의 감사나 통제사統制事도 부채[節扇]를 진상進上하였으며, 조정朝廷의 신하나 친지親知들에게도 선사하였다. 전주全州, 나주羅州 지방의 부채를 최고로 꼽았다. 부채의 종류는 재질과 모양, 문양紋樣 등에 따라 다양한데, 승두선僧頭扇·어두선魚頭扇·사두선蛇頭扇·합죽선合竹扇·반죽선斑竹扇·외각선外角扇·내각선內角扇 등이 있다.

예문 王世孫冊封後端午節扇三名日諸道方物物膳似當封進而無前例可考者何以爲之乎(책례1751/004ㄴ09~10)

색인 (책례1751/004ㄴ09)(책례1812/008ㄴ10)

單赤亇【홑치마】 차 복

여자들이 입는 하의. 문헌에 쳐마[赤亇], 츄마[裳], 치마 등 다양하게 표기되었다. 조선 시대에는 예복용으로 스란[膝襴]치마, 대란大襴치마, 전행웃치마가,

일상복으로 대슘치마, 무지기 등이 있었다. 한편 치마는 신분에 따라 입는 방법이 달랐는데, 양반은 좌左로, 평민은 우右로 여미어 입었다. 또 출가하여 아이를 낳을 때까지는 다홍치마를, 중년이 되면 남치마를, 노년이 되면 옥색·회색 계열의 치마를 주로 입었다.

참조1 겹치마裌馳馬, 대란치마大襴赤亇, 스란치마膝襴赤亇, 핫/솜치마襦赤亇

예문 長赤亇次黃紬各二十七尺黃紬絲各九分單赤亇次白紬各二十七尺白紬絲各九分赤古里次草綠細各二十尺內拱穡紅紬各二十尺(책례1727/077ㄱ05~07)

색인 (가례1627/063ㄴ12)(가례1627/064ㄱ12)(가례1671/093ㄴ03)(가례1681/019ㄱ06)(가례1681/019ㄱ12)(가례1681/089ㄴ02)

丹樞匠【단추장】 일 건

예전에 단추 만드는 일을 맡아하던 장인.

예문 竹綱匠金東柱帖加丹樞匠金敬雲册匠金光善等四名(국장1890/202ㄱ11~ㄴ01)

색인 (가례1802/상120ㄴ08)(가례1802/상122ㄱ12)(가례1819/상115ㄴ06)(가례1819/하089ㄱ09)(가례1866/상109ㄱ07)(가례1866/하075ㄱ07)

短卓子【단탁자】 일 의

가례 때 각종 기명을 올리던 짧은 탁자. 가로의 길이에 따라 단탁자短卓子, 장탁자長卓子로 나뉘며 크기에 따라 대탁자大卓子, 중탁자中卓子, 소탁자小卓子로 나누기도 한다.

참조2 대탁자大卓子, 소탁자小卓子, 장탁자長卓子

예문 乷只次㯖皮所十六艮衣內熟設所二立付懸盤四坐短卓子四坐所入(가례1819/118ㄴ08~09)

색인 (가례1819/하118ㄴ09)(가례1819/하126ㄴ07)(가례1819/하116ㄴ06)

單卓子【단탁자】 일 의

왕실 가례 때 단자單子를 올려놓았던 탁자. 왕실의 행사가 있을 때 필요한 품목稟目 및 수량을 적어 기록하였던 단자를 놓았으며, 주로 소나무 판자를 이용하여 제작하였다.

예문 單卓子四坐每坐所入薄松板一立足槊竝小條里木二箇(가례1819/126ㄴ07~08)

색인 (가례1819/하126ㄴ07)

單把持【홑바지】 개 복

홑겹으로 만든 바지. 조선 전기에는 남녀가 모두 밑이 막힌 바지(합당고)와 밑이 트인 바지(개당고)를 겹쳐 입는 것이 일반적인 바지 착장법이었다. 임진왜란 후 중국 군인들이 조선에 들어오면서 중국인의 바지 즉 현재의 사폭바지가 전해지면서 남자들의 바지 문화가 변화한 것이다. 왕의 의대衣襨 중에는 솜을 둔 바지[襦把持]와 홑바지[單把持]가 있고 모두 백색이다.

참조1 바지把持, 핫(솜)바지襦把持

예문 白吐紬襦把持一白鼎紬單把持一(가례1762/015ㄴ08~09)

색인 (가례1802/상234ㄱ01)(가례1866/상258ㄴ06)(가례1762/상015ㄴ09)(가례1802/상028ㄱ04)(가례1819/상024ㄴ04)(가례1866/상025ㄱ02)

㯖皮索【달피색】 일 건

달피나무 껍질로 꼬아 만든 밧줄. 우리나라 전역에서 자생하고 있는 피나무과 낙엽광엽고목인 달피나무의 껍질로 꼬아 만든다. 㯖皮索은 㯖皮所와 같은 말이다.

예문 紅鄕絲七分白麻絲一戔五分一本房次知竹散馬六匹車子乷只條所㯖皮索數爻後錄爲去乎用還次進排事捧甘何如堂上手決內依甘(국장1757/028ㄴ12~ㄱ02)

색인 (가례1802/상153ㄴ05)(가례1802/상195ㄱ09)(가례1802/상204ㄴ11)(가례1819/상146ㄱ11)(가례1819/상155ㄱ12)(가례1819/상184ㄱ03)

韃皮所【달피바】 채 건 ☞ 韃皮索달피색

예문 熟麻造作誠爲有弊杻籠十隻所用乙良韃皮所造作而其餘三十隻則以細蒿草造作急速進排事捧甘(빈전1649/086ㄱ05~07)

색인 (가례1819/상124ㄱ05)(가례1819/하030ㄴ04)(가례1819/하072ㄴ03)(가례1819/하077ㄴ10)(가례1819/하085ㄴ09)(가례1819/하087ㄱ03)

擔軍【담군】 일 건

① 공사현장에서 돌과 같이 무거운 짐을 지어 나르던 잡역부. ② 각종 행사 때 연輦이나 여轝를 메는 사람.

참조1 담배군擔陪軍

관련1 요여담군腰輿擔軍, 홍목복담줄담군紅木袱擔乼擔軍

예문 糯袱二件三幅糯袱一件北心去核三斤入盛櫃子具鎖鑰二部大鹿皮大囊三部架子三部擔索擔軍油芚草席空石北心草杻籠于里具二馱依例進排之地爲只爲堂上手決內依(빈전1886/110ㄱ10~12)

색인 (가례1819/상170ㄱ01)(국장1800四/022ㄱ12)(국장1800二/048ㄱ01)(국장1800二/048ㄱ12)(국장1800二/073ㄴ01)(국장1898四/013ㄱ05)

擔陪軍【담배군】 일 건

각종 행사 때 연輦이나 여轝를 메는 사람. 행사의 규모나 종류, 연과 여의 규모에 따라 동원되는 담배군의 규모에는 차이가 있는데 『명성황후국장도감의궤明成皇后國葬都監儀軌』 일방의궤一房儀軌 품목에 보면, 대여를 메는 담배군이 다섯 팀으로 각 팀마다 190명씩 모두 950명이나 동원된 예가 있다.

참조1 담군擔軍

관련1 견여담배군패장肩輿擔陪軍牌將, 요여담배군腰輿擔陪軍

예문 啓下日子亦爲急迫從速制進事捧甘藝文館何如手決依取考軌錄則玉册所盛腰輿等諸具三房擧行是遣擔陪軍所著紅衣紅巾鶴氅(상호1787/058ㄴ07~09)

색인 (가례1671/079ㄴ02)(가례1671/093ㄴ10)(가례1671/100ㄴ10)(가례1681/097ㄱ10)(가례1681/097ㄴ03)(가례1681/129ㄴ06)

禫祭【담제】 일 의

상례喪禮에서 초상으로부터 27개월 되는 때에 지내는 제사. 초상에서 윤달을 계산하지 않고 27개월째에 지내는 제사이다. 다만 상제祥祭 후 있는 윤달은 계산한다. 내상인 경우에는 초상에서 15개월이 되는 달에 거행하는데 이때에도 상제 이후 윤달은 달수에 넣는다. 담제 때에는 상제祥祭 때 입었던 담복을 길복吉服으로 갈아입는데 국왕은 현포玄袍에 익선관, 오서대, 백피화를 갖추어 입고, 백관은 검은색의 원령圓領을 입는다.

예문 一魂殿入番宗親依前例返虞日爲始輪次入直爲白齊一虞祭卒哭祭練祥禫祭四時大享臘享大祭依前例用尊罍瓚爵爲白齊(빈전1649/150ㄴ02~04)

색인 (국장1701一/113ㄱ06)(국장1757A/092ㄱ12)(국장1757B一/086ㄱ02)(빈전1600/147ㄴ02)(빈전1600/155ㄴ05)(빈전1600/155ㄴ11)

擔乼匠【멜줄장】 채 건

멜줄을 만드는 장인. 멜줄은 멜빵의 끈을 말한다.

예문 裹盔匠金呂光朴東郁擔乼匠李守行宋金囊子匠金宗謙千一昌張守簡(국장1800/070ㄴ02~04)

색인 (국장1800三/079ㄴ03)

擔桶【멜통】 채 건

아래가 좁고 위쪽이 넓은 여러 조각의 기다란 쪽널을 물샐틈없이 연이어 대고 칡넝쿨이나 대오리로 튼튼하게 동여 맨 다음, 통의 아가리 쪽에 가로세장을 대어 손잡이를 만든 원통형 운반 도구. 주로 물을 져 나를 때 사용하며, 물을 담는 멜통이라는 뜻으로 水桶 또는 水擔桶이라고도 하였다. 한글의궤인 『ᄌᆞ경뎐진쟉졍례의궤』와 『뎡니의궤』에는 각각 멜통, 멜통으로 기록하고 있어 擔桶은 의궤를 기록할 당시 현장에서는 멜통으로 불렸던 것으로 보인다.

예문 餠簾次大竹二生麻四兩鐵烽爐三雨傘二擔桶二水桶三以上繕工監案板七(빈전1675/034ㄴ08~10)

색인 (가례1627/054ㄱ08)(가례1671/159ㄱ08)(가례1671/172ㄴ03)(가례1671/174ㄴ11)(가례1681/252ㄴ10)(가례1681/292ㄱ06)

踏掌【답장】 일 의

오르내리거나 앉거나 할 때 쓰는, 평상처럼 된 판자板子. 주로 임금의 의자 앞에 놓고 오르내릴 때 발을 딛거나, 의자에 앉은 후 발을 올려놓는 용도로 사용되었다.

예문 今番亦爲依此擧行乎稟堂上手決內草記稟定一冊樻寶樻各一坐具二層踏掌及香樻當爲知委等待而取考各年謄錄則或新備排設或前排取用是乎所(빈전1834/ 033ㄱ05~07)

색인 (가례1681/328ㄴ04)(가례1681/332ㄴ07)(가례1819/상045ㄱ11)(가례1819/하117ㄴ10)(가례1866/상044ㄱ08)(국장1674A三/059ㄱ02)

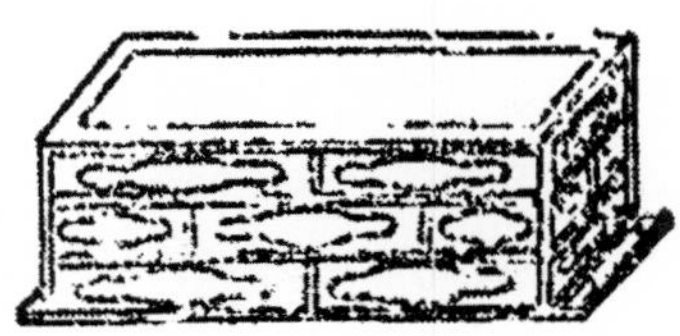

답장

唐大接【당대접】 채 의 음

음식을 담아내는 비교적 큰 청화백자류 그릇. 당唐은 대개 당하엽唐荷葉, 당주홍唐朱紅 등에서처럼 후행하는 지시물의 원산지가 중국임을 뜻하지만 당대접唐大楪, 당보아唐甫兒, 당사발唐沙鉢, 당접시唐楪匙, 당종자唐鍾子, 당첩시唐貼匙처럼 후행하는 요소가 용기류일 때는 청화백자青華白瓷류임을 나타내기도 한다.

참조1 대접大楪

참조2 당사대접唐砂大接, 당주홍唐朱紅, 당하엽唐荷葉, 당황단唐黃丹

예문 串釘三十箇唐磁盌六箇唐大接三箇五分一用還中東垈四十七艮衣六分一用還(국장1857/028ㄴ02~03)

색인 (국장1890四/025ㄱ05)(국장1898五/016ㄴ06)(국장1904二/018ㄱ04)(추숭1776/147ㄱ07)

唐甫兒【당보아】 채 의 음

김치찌개 등 국물이 있는 음식을 담는 반찬 그릇의 하나. 현대어 보시기, 보아에 해당한다. 대부분의 의궤 자료에 甫兒의 형태만 나타난다. 唐甫兒처럼 甫兒 앞에 다양한 접두어가 와서 종류를 구분한다. 唐荷葉, 唐黃丹, 唐朱紅처럼 唐-은 대개 원산지가 중국임을 뜻하지만, 唐-이 붙은 것은 청화백자青華白瓷류이고, 沙-가 붙은 것은 백자白瓷류라는 견해도 있다. 唐-이 청화백자류의 뜻으로 쓰일 때는 대개 지시물이 용기류로 한정된다.

참조1 보아甫兒, 차보아茶甫兒

관련1 사보아沙甫兒, 사보아砂甫兒, 상보아常甫兒, 자보아磁甫兒, 죽보아竹甫兒, 채문보아綵紋甫兒, 청보아青甫兒

관련2 대보아大甫兒, 소보아小甫兒

예문 無齒鉅一介白休紙一卷唐甫兒五立工匠秩(책례1721/115ㄱ07~09)

색인 (가례1762/상064ㄱ07)(가례1802/상105ㄴ11)(가례1866/상116ㄱ12)(부묘1836A/193ㄴ08)(빈전1800一/105ㄴ03)(빈전1800一/110ㄱ10)

唐朱紅【당주홍】 일 건

중국에서 수입한 붉은 빛깔의 안료顔料. 황화수은이 주성분이다. 원산지가 일본일 경우 왜주홍倭朱紅

이라고 한다.

관련1 당주홍칠대함唐朱紅漆大函, 당주홍칠배안상唐朱紅漆排案床, 당주홍칠상唐朱紅漆床, 당주홍칠소궤唐朱紅漆小樻, 당주홍칠소원반唐朱紅漆小圓盤, 당주홍칠소함唐朱紅漆小函, 당주홍칠안唐朱紅漆案, 당주홍칠안상唐朱紅漆案床, 당주홍칠제상唐朱紅漆祭牀, 당주홍칠중함唐朱紅漆中函, 당주홍칠촉함唐朱紅漆燭函, 당주홍칠탁상唐朱紅漆卓床, 당주홍칠팔각반唐朱紅漆八角盤, 당주홍칠평상唐朱紅漆平床, 당주홍칠함唐朱紅漆函, 당주홍함唐朱紅函

예문 白木三疋十四尺布手巾八件紬手巾三件已上用監所在取用唐朱紅四兩一錢五分一半用監所在一半都廳所在薄白紙四十卷落幅紙一度三條里中眞墨一同唐墨七丁(국장1890/027ㄱ05~07)

색인 (가례1627/031ㄱ03)(가례1627/059ㄴ05)(가례1627/084ㄴ09)(가례1671/051ㄱ12)(가례1671/051ㄱ12)(가례1671/057ㄴ11)

唐朱紅漆床【당주홍칠상】 일 의

중국산의 붉은 빛 칠을 한 상. 주로 왕실 혼례인 가례嘉禮 때 왕실의 여인으로 채택하여 예물을 드리는 납채納采와 혼인의 증거로 폐백을 받는 예인 납징納徵의 물목物目 가운데 하나이다. 당주홍칠상 위에는 홍색 물을 들인 명주를 깔고 사용하였다. 당주홍칠안상唐朱紅漆案床, 당주홍칠안唐朱紅漆案과 혼용되어 표기되며, 칠漆의 종류에 따라 중국산 칠은 당주홍칠상, 일본산은 왜주홍칠안상倭朱紅漆案床이라 구분하여 표기한다.

동 당주홍칠안唐朱紅漆案

참조1 왜주홍칠안상倭朱紅漆案床

참조2 당주홍칠안상唐朱紅漆案床

예문 祭牀四坐唐朱紅漆床巾具坐面紙具香牀唐朱紅漆下同四面牀八面牀(국장1805/062ㄴ03~04)

색인 (가례1802/상026ㄱ08)(가례1802/상065ㄱ10)(가례1866/상058ㄱ06)

唐朱紅漆案【당주홍칠안】 일 의

중국산의 붉은 칠을 한 안案. 주로 왕실 혼례인 가례嘉禮 때 납채納采와 납징納徵의 물목物目 가운데 하나로 포함된다. 당주홍칠안唐朱紅漆案 위에는 홍색 물을 들인 명주를 깔아서 사용하였다. 당주홍칠안상唐朱紅漆案床, 당주홍칠상唐朱紅漆床과 혼용하여 표기되며, 칠漆의 종류에 따라 중국산 칠은 당주홍칠상, 일본산은 왜주홍칠안상倭朱紅漆案床이라 구분하여 표기한다.

동 당주홍칠상唐朱紅漆床

참조1 가안假案, 교명안敎命案, 상床, 안案, 왜주홍안倭朱紅案, 왜주홍칠고안倭朱紅漆高案, 왜주홍칠안상倭朱紅漆案床, 왜주홍칠안倭朱紅漆案, 인안印案, 책안册案

예문 紅水紬單袱一件唐朱紅漆案一坐靑木裌袱一件(국장1821/033ㄴ01~03)

색인 (국장1800三/027ㄱ09)

唐朱紅漆祭牀【당주홍칠제상】 일 의

제례에 사용하는 중국산의 붉은 칠을 한 상. 당주홍칠제상唐朱紅漆祭牀 위에는 상 보자기와 함께 상 위에 까는 유지油紙인 좌면지座面紙를 깔아 사용하였다. 칠漆의 종류에 따라 중국산 칠은 당주홍칠상, 일본산은 왜주홍칠안상倭朱紅漆案床이라 구분하여 표기한다.

예문 唐朱紅漆祭牀四坐合排而牀坐面紙具(빈전1834/053ㄱ12)

색인 (가례1681/103ㄴ06)(가례1762/상011ㄴ08)(가례1802/상016ㄱ12)(가례1802/상017ㄱ03)(가례1802/상017ㄱ10)(가례1802/상017ㄴ10)

唐朱紅漆卓床【당주홍칠탁상】 일 의

붉은 칠을 한 다리가 긴 상. 왕실의 흉례에서 사용하였던 중국산의 붉은 칠을 한, 다리가 비교적 긴 상이다. 좌식 생활로 인하여 다리가 짧은 상床이 널리 사용되었으나 왕실에서는 다양한 기물을 올려놓고 의례를 행하기 편리하도록 비교적 다리가 긴 상을 사용하였으며 탁상卓床이라고 구분하기도 하였다. 칠漆의 종류에 따라 중국산 칠은 당주홍칠상, 일본산은 왜주홍칠안상倭朱紅漆案床이라 구분하여 기록한다.

예문 唐朱紅高足床三十部唐朱紅漆卓床三坐(국장1776/251ㄱ11~12)

색인 (국장1800四/070ㄱ03)

唐荷葉【당하엽】 일 건

중국에서 전래된 회록색 안료顔料. 우리나라 안료의 명칭에서 당唐을 붙여 부른 것은 중국에서 수입된 것을 의미한다. 하엽의 주성분은 크롬의 산화물로 석영보다 단단하며 열이나 공기, 물에 의해 변색되지 않는다. 하엽은 크롬에 열 등을 가하여 얻은 안료를 곱게 분쇄하여 만든다. 단청을 할 때 녹색이 필요한 곳이나 바탕색 등에 사용된다. 『세종지리지世宗地理志』와 『조선왕조실록朝鮮王朝實錄』의 황해도 해주목편에서 하엽록을 채취하여 사용하였다는 기록으로 보아 우리나라에서도 채취하여 사용하였던 것으로 보인다.

예문 唐朱紅七分式十二兩九戔五分每介都廳減三分式唐荷葉二戔式二斤五兩每介都廳減一戔式臙脂三分式五兩五戔五分每介都廳減一分半式(혼전1730/061ㄴ08~10)

색인 (가례1671/058ㄱ02)(가례1671/062ㄱ08)(가례1671/063ㄱ03)(가례1671/063ㄴ06)(가례1671/135ㄴ11)(가례1671/211ㄴ11)

唐黃丹【당황단】 일 건

중국산 황단. 황단은 납과 석유황石硫黃을 끓여 화합하여 만든 황색 안료顔料로 성질이 차고 독성이 약간 있다.

예문 出草次白休紙一斤阿膠七兩唐朱紅八戔靑花三兩片臙脂一片唐黃丹一兩楮注紙七卷十七張畫筆七柄黃筆三柄眞墨二丁膠末六合(국장1821/047ㄱ02~04)

색인 (가례1866/상179ㄱ12)(국장1800二/082ㄱ03)(국장1800二/099ㄴ02)(상호1787/102ㄴ09)(상호1875/145ㄱ04)(존숭1802/099ㄱ12)

帶【대】 일 복

상의上衣에 두르는 허리띠의 총칭. 조선 시대 『가례도감의궤嘉禮都監儀軌』에 보면 왕을 비롯하여 왕세자·종친문무백관·왕비·왕세자빈·상궁 등의 법복과 의대衣襨에 띠던 허리띠이다. 띠돈의 소재에 따라 옥대玉帶·서대犀帶·오각대烏角帶 등으로 불리며, 옷감에 따라 남사대·대홍향직대 등으로 불린다. 이 외에도 왕세자빈·상궁·나인 등의 허리띠를 대帶·대자帶子·대요帶腰라고 부른다.

참조1 대요帶腰, 오각대烏角帶

참조2 대자帶子, 서대犀帶, 옥대玉帶

예문 蓋覆次草飛乃二馱網兀一介合圍排十二面每面所入柱帶次眞雜長木各四介草把子四浮網兀一介(예장1786/206ㄱ12~ㄴ02)

색인 (가례1627/048ㄱ09)(가례1627/061ㄴ12)(가례1627/062ㄴ07)(가례1627/063ㄱ10)(가례1671/091ㄱ09)(가례1671/092ㄱ05)

大駕【대가】 일 의

행차할 때 임금의 가마 혹은 노부 등급 가운데 가장 큰 등급을 지칭하는 말. 국왕의 노부에는 대가大駕, 법가法駕, 소가小駕의 세 등급이 있다. 『국조오례의國朝五禮儀』에 따르면 대가 노부는 조칙詔勅을 맞이할 때나, 종묘·사직에 제사할 때 쓰이는 가장 큰 형식의 노부이다. 대가 노부에 배치되는 의물은 전정에서의 대장大仗과 같고 대가 의장大駕儀仗이라고 한다. 이러한 노부 등급상의 명칭 이외에도 행차할 때 세자의 가마 등과 구분하여 임금의 어가를 지칭할 때 대가라고 부르기도 한다.

참조1 가駕, 법가法駕, 소가小駕

예문 初嚴前弘化門門外一會分東西序立大駕

至鞠躬祇迎以次侍衛爲白乎矣留都百官先就路祭所奉辭如儀後仍留爲白有如(예장1786/065ㄴ04~06)

색인 (가례1681/049ㄴ10)(가례1681/053ㄴ08)(가례1681/053ㄴ10)(가례1681/054ㄴ12)(가례1681/055ㄴ06)(가례1681/063ㄴ11)

大角【대각】 일 의

고취악鼓吹樂과 행악行樂에 주로 사용된 신호용·의식용 관악기. 큰 뿔나발로 해석할 수 있으며, 고구려 고분 벽화에도 등장한다. 크기에 따라 대각·중각·소각으로 구분한다. 『악학궤범樂學軌範』 정대업 정재 의물 편에 대각이 소개되어 있다. 『세종실록世宗實錄』 권25, 『대열의주大閱儀註』에는 군대에서 명령을 전할 때는 대각을 불어 집중하게 하며, 전투에서 전진과 후퇴시에 대각을 급하게 불고, 왕이 행사장에 도착하여 자리를 잡을 때에는 어전에서 대각을 불고 북을 한 번 친다는 내용이 있다.

예문 三貼紙五卷京大角二十四張綿角十六張(빈전1895/022ㄱ01~03)

색인 (부묘1610/096ㄴ11)

大斛【대곡】 일 건

부피를 재는 데 사용하는 목재로 만든 네모진 용기. 크기는 가로와 세로 각 1.12자[尺], 높이 1.72자로 부피는 20말[斗]에 해당한다.

참조1 목곡木斛, 소곡小斛

예문 長房內官所用大斛一鐵火桶雜物入盛豆之一前減文書入盛樻二(가례1691/292ㄴ03~05)

색인 (가례1681/292ㄴ04)(가례1802/상046ㄱ11)

臺工【대공】 채 건 大工

종보[宗樑] 위에 설치하여 종도리를 받도록 하는 받침 부재. 시대와 건물 유형에 따라 솟을[人字]대공, 포대공, 화반대공, 동자대공, 판대공 등 여러 유형의 것이 사용되었다. 그러나 조선 시대, 특히 후기의 대공은 그 형태가 단순화되는 경향을 보이는데, 여러 개의 판재를 겹쳐 만든 판대공을 사용하는 것이 일반적이었다. 대공 중에서 전체적인 형태를 사다리꼴 모양으로 한 제형판대공梯形板臺工이 가장 일반적으로 사용되었다.

관련1 대공목臺工木

예문 柱次木椽木二十介道里次大椽木十八介褓次大椽木十介樑次大椽木九介臺工次大椽木二介半每間椽次大眞長木十巨里西芚雜長木五(국장1776/258ㄱ12~ㄴ02)

색인 (국장1776二/258ㄴ01)(국장1776二/287ㄴ12)(국장1776二/296ㄴ02)(국장1821四/094ㄴ08)(국장1821四/095ㄴ01)(국장1821四/125ㄱ03)

大工【대공】 채 건 ☞ 臺工대공

예문 假家七間所入柱次中椽木十六箇栿次中椽木八箇道里次中椽木十四箇樑次中椽木七箇大工次小椽木二箇半蓋覆次薬葍七十束式椽次雜長木八巨(里)(국장1681/229ㄴ11~230ㄱ01)

색인 (국장1659一/070ㄱ11)(국장1659一/223ㄴ03)(국장1659一/245ㄱ12)(국장1674一/130ㄱ11)(국장1674二/215ㄱ06)(국장1681二/229ㄴ12)

大帶【대대】 일 복

왕·왕세자·왕세손·종친·문무백관·왕비·왕세자빈의 법복과 의대衣襨에 띠는 큰 띠. 증繒이나 나羅로 만들어 옷 앞에 길게 맺어 늘어뜨렸던 허리띠로 왕·왕세자·왕세손의 면복, 왕·왕세자의 원유관복, 종친 및 문무백관의 조복·제복, 왕비와 왕세자빈의 적의에 띠던 큰 띠이다. 『국조오례의國朝五禮儀』에 보면, 왕과 왕세자의 대대는 비백증緋白繒을 합하여 만들며, 원유관복의 대대는 비백라緋白羅를 합하여 만들며, 문무백관의 대대는 적백라赤白羅를 합하여 만들었다. 왕비와 왕세자빈이 적의에 사용하는 대대는 초록광직 6척, 대홍광직 반폭 6척, 안감으로 백라 반폭 6척, 초록진사 1전, 청조靑組 한 부감으로 남진사 2량 6전이 소용되었다.

참조1 대帶

관련1 초록향직대대草綠鄕織大帶

예문 衿次藍雲紋匹段六尺八寸戶曹大帶一多紅廣的都多益泥金槊擣鍊紙一張以上尙衣院(빈전1659/193ㄴ01~03)

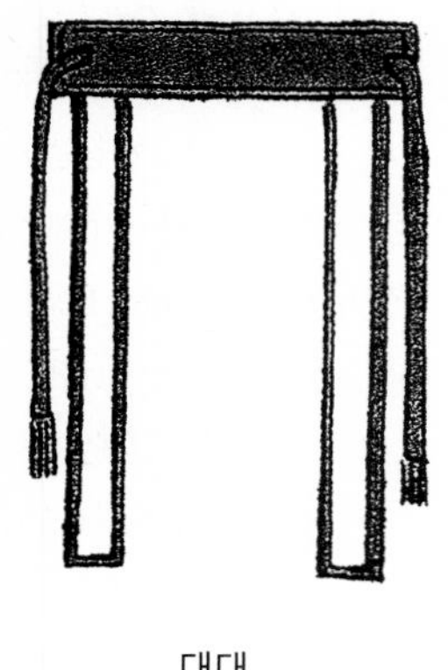

대대

색인 (가례1802/상235ㄱ04)(가례1819/상219ㄴ01)(국장1800二/074ㄱ07)(국장1800二/076ㄱ02)(국장1800二/158ㄱ08)(국장1800二/189ㄴ10)

大襴赤亇【대란치마】 채 복

치마 아랫부분에 스란[금박(金箔) 또는 금직(金織)의 단]을 두 층으로 댄 치마. 왕비나 세자빈의 예복으로 스란치마와 모양이 같다. 다만, 대란치마가 스란단이 두 층인 데 비해 스란치마는 한 층이고, 스란치마는 소례복으로 대란치마는 대례복으로 입었다. 신분에 따라 스란단의 무늬가 달랐는데 왕비는 용무늬를, 공주나 옹주는 봉황을, 사대부 여자는 글자나 꽃무늬를 넣었다.

참조1 겹치마裌馳馬, 스란치마膝襴赤亇, 적마赤亇, 홑치마單赤亇

大樑【대량/대들보】 채 건

건물에 사용된 보 중에서 가장 길이가 길고 단면 크기가 큰 보. 大栿로도 표기하며, 대보 또는 대들보라고 한다. 가구架構 유형에 따라 건물에 사용된 보의 수가 달라진다. 예를 들어 3량 건물에는 하나의 보를 사용하며, 5량 건물에는 두 개의 보를 아래위로 중첩하여 사용하고, 7량의 건물에는 세 개의 보를 중첩하여 사용한다. 또한 1고주 5량가의 건물에는 2개의 보, 2고주 5량가의 건물에는 1개의 보, 1고주 7량에는 2개의 보, 2고주 7량에는 3개의 보를 중첩하여 사용한다. 이렇듯 가구 유형에 따라 중첩해서 사용하는 보의 수가 다른데, 그 중에서 가장 아래에 위치한 보를 대들보 또는 대량[大樑, 大栿]이라 부른다.

참조1 대들보/대보大栿

예문 木物取用於京山近處矣近年以來京山無不濯濯聞見諸處實無取用之處故如甕家材木丁字閣大樑不得已旣已分定於黃海江原等道而大輿肩輿長杠取見(국장1701/008ㄱ08~10)

색인 (국장1701一/008ㄱ09)(국장1903二/016ㄱ04)(국장1903二/105ㄱ02)

大碌【대록】 일 건

단청에 사용되는 녹색 안료. 대록은 천연의 염기성 탄산구리로 중국 윈난의 후이쩌·둥촨·궁산에서 나오는 것이 가장 좋다. 표면이 거칠고 색이 고른데 명암이 없고 체가 가벼워서 쉽게 부서진다. 맑은 교수에 넣고 일면 비중에 따라 침전되어 두록豆綠, 이록, 삼록, 지조록, 백록의 다섯 단계로 나누어진다. 대록은 미세하게 갈아서 수비하여 사용하는 것으로 잘 말랐을 때 갈아야 매우 미세한 대록을 얻을 수 있다. 이 대록 중에서 외형이 괴상하고 짙고 옅은 무늬가 동심원으로 배열되어 마치 공작 깃털 같은 무늬를 보이는 것이 공작석이다.

동 공작석孔雀石, 대록大綠, 석록石碌

예문 荷葉一斤十五兩大碌十二兩三碌九兩(빈전1800/043ㄴ06~08)

색인 (가례1718/198ㄱ08)(가례1802/상180ㄱ04)(가례1802/상181ㄱ06)(가례1802/상203ㄱ09)(가례1819/상156ㄴ11)(가례1819/상158ㄱ02)

大綠【대록】 일 건 ☞ 大碌대록

예문 荷葉五峯山屛五兩牧丹屛十二兩丹靑十斤二兩大綠五峯屛六兩五戔二靑五峯山屛七兩

(빈전1649/171ㄴ06~08)

색인 (국장1834三/076ㄱ08)(빈전1649/171ㄴ07)(빈전1649/180ㄱ07)(빈전1659/247ㄴ05)(빈전1659/252ㄴ11)(빈전1659/256ㄴ07)

大梂【대보】 채 건

건물에 사용된 보 중에서 가장 길이가 길고 단면 크기가 큰 보. 大樑으로도 표기하며, 대들보 또는 大樑을 전통한자음 대로 읽어 대량이라고도 한다. 가구架構 유형에 따라 건물에 사용된 보의 수가 달라진다. 예를 들어 3량 건물에는 하나의 보를 사용하며, 5량 건물에는 두 개의 보를 아래위로 중첩하여 사용하고, 7량의 건물에는 세 개의 보를 중첩하여 사용한다. 또한 1고주 5량가의 건물에는 2개의 보, 2고주 5량가의 건물에는 1개의 보, 1고주 7량에는 2개의 보, 2고주 7량에는 3개의 보를 중첩하여 사용한다. 이렇듯 가구 유형에 따라 중첩해서 사용하는 보의 수가 다른데, 그 중에서 가장 아래에 위치한 보를 대들보 또는 대량[大樑, 大梂]이라 부른다.

참조1 대들보/대량大樑

예문 假家六間所入柱木十四大梂木七首里木三十上下中方十六等材木幷爲借用於訓局禁衛營御營廳(국장1724/156ㄱ05~06)

색인 (국장1724一/156ㄱ05)

大沙用【대새옹】 채 의 음

큰 새옹. 새옹은 무쇠나 놋쇠로 만든 작은 솥이다. 일반 솥과 모양은 비슷하나 바닥과 배가 대체로 평평한 편이다. 또 크기가 매우 작아 적은 양의 밥이나 음식을 만들 때 사용하였다. 차자 표기 沙用은 현대어뿐만 아니라 옛 문헌 자료에도 새용으로 기록이 남아 있어 차자의 표기상의 한 특징인 표기법의 불완전성을 감안하면 모음 [ㅣ]가 생략된 표기로 볼 수 있다. 새옹의 표기로 沙用이 일반적이나 드물게는 沙龍(鍮沙龍, 大沙龍, 中沙龍) 등이 쓰이기도 하였다. 鍮-, 鑄-, 中-, 小- 등이 선행하여 새옹의 종류를 재료와 크기별로 구분하였다.

참조1 새옹沙用

예문 以上同饔院多人沙器城上常沙鉢五竹貼匙十竹大貼鍾子甫兒各二竹以上內贍寺內資寺禮賓寺木麥匠鍮東海一鍮大沙用蓋具一水剌間鍮小蓋兒五(국장1681/ 152ㄴ07~09)

색인 (가례1718/193ㄱ07)(국장1674A三/091ㄴ10)(국장1849一/030ㄱ11)(국장1849一/031ㄴ06)(국장1849一/032ㄱ02)(국장1849一/032ㄴ02)

大膳床【대선상】 일 의

왕실의 혼례나 잔치에서 참연자들에게 차려지던 음식을 놓았던 상. 왕실의 혼례나 잔치에 참여했던 대비·왕·왕비·빈·세자·세자빈에게 차려지던 대선大膳이나 소선小膳의 상차림을 놓았던 상이다. 대선의 찬품은 돼지, 오리, 소고기 등으로 구성되어 있다. 선상膳床은 홍색 명주로 만든 상보를 깔아 사용하였다.

참조1 대소선大小膳, 소선상小膳床

참조2 대선大膳

관련1 왜주홍칠대선상倭朱紅漆大膳床

예문 座面紙具倭朱紅漆大膳床二坐紅水紬床巾二件(가례1866/033ㄴ11~034ㄱ01)

색인 (가례1819/상237ㄱ04)(가례1819/하076ㄴ05)(가례1819/하066ㄱ07)(가례1819/하041ㄴ08)(가례1866/하060ㄱ09)(가례1866/하033ㄴ12)

大輿【대여】 일 의

국상國喪 때 사용한 큰 상여. 『명성황후국장도감의궤明成皇后國葬都監儀軌』 일방의궤一房儀軌 품목에 보면, 대여를 메는 담배군은 다섯 팀으로 각 팀마다 190명씩 모두 950명이나 된다. 그 밖에 예비군이 각 팀마다 예속되었다. 백의白衣와 백학창의白鶴氅衣를 입고, 백건白巾을 쓰고 백행전白行纏을 두르며, 백말白襪과 승혜繩鞋를 신는다.

참조2 백건白巾, 백의白衣, 백행전白行纏, 승혜繩鞋,

여輿, 학창의鶴氅衣

관련1 대여가가大轝假家, 대여군大輿軍, 대여금주지大轝金注之, 대여단강大輿短杠, 대여담배大轝擔陪, 대여담배군大轝擔陪軍, 대여담줄大轝擔乼, 대여담지군大轝擔持軍, 대여대합大輿大榼, 대여로제소大輿路祭所, 대여마목大轝馬木, 대여막차大輿幕次, 대여목합大輿木榼, 대여변수大轝邊首, 대여부책별감大轝扶策別監, 대여상개大輿上蓋, 대여상개大轝上盖, 대여상개우비大轝上盖雨備, 대여소방상大轝小方牀, 대여숙소大輿宿所, 대여시위大輿侍衛, 대여여사군大輿輿士軍, 대여외재궁여장강大轝外梓宮轝長杠, 대여외재궁장강大轝外梓宮長杠, 대여우비大轝雨備, 대여우비배설군大轝雨備排設軍, 대여우비소성가자大輿雨備所盛架子, 대여월대大輿月臺, 대여작로大輿作路, 대여장강大轝長杠, 대여주교大輿舟橋, 대여주정소大輿晝停所, 대여주지서반련구大轝注之西盤蓮具, 대여청유장사부군大轝靑帷障四浮軍, 대여치장류청초大轝雉帳柳靑綃, 대여필단大輿匹緞, 대여하배백문이십오장부지의大輿下排白紋二十五張付地衣, 대여행궁大輿行宮, 대여행장大轝行障, 대여행장차비大轝行幛差備, 대여향정자집사大輿香亭子執事, 대여혼백연大輿魂帛輦, 대여횡강大輿橫杠, 대여휘장大輿揮帳

예문 啓曰今日習儀時輿仁門廣挾高下依例尺量比準於大輿則其廣可容短橫杠之出入而其高之不足幾至二尺五寸必須掘去門下礡石(국장1674/019ㄱ10~12)

색인 (가례1681/156ㄴ12)(국장1800四/058ㄱ08)(국장1800四/070ㄱ02)(국장1800四/121ㄱ07)(국장1800四/121ㄱ10)(국장1800四/121ㄴ02)

大輦【대연】 일 의

왕과 왕비의 가장 큰 가마. 왕실의 가마를 지칭하는 말로 연輦과 여輿가 있는데, 연은 지붕이 있는 가마이고 여는 지붕이 없는 가마이다. 궁궐 안에서는 여를 타지만 정전 바깥으로 나갈 때에는 지붕이 있는 가마인 연을 이용했다. 연은 국왕·왕비·왕세자의 연이 있고, 국왕과 왕비가 타는 연은 다시 크기에 따라 대연과 소연으로 구분되었다. 대연에는 기둥 바깥쪽으로 난간을 설치하였고, 소연에는 난간이 없다.

동 정연正輦

참조1 연輦

예문 至鞠躬在都群官進香奉辭如別儀訖靈駕進發前銜宰樞及耆老學生僧徒序立道旁大輦將至皆俯伏哭四拜(빈전1800/ 042ㄴ03~05)

색인 (가례1671/106ㄴ05)(가례1696/132ㄱ04)(가례1696/140ㄱ12)(가례1802/상207ㄴ06)(가례1866/상235ㄴ05)(상호1848一/058ㄱ01)

대여

대연

帶腰【대요】 일 복

대홍라나 자적라로 만드는 왕비나 왕세자빈의 허리띠. 『순조순원후가례도감의궤純祖純元后嘉禮都監儀軌』, 『헌종효현후가례도감의궤憲宗孝顯后嘉禮都監儀軌』에 보면 왕비의 대요를 만드는 데 대홍라 7척과 대홍진사 6푼이 소용되었다. 『문조신정후가례도감의궤文祖神貞后嘉禮都監儀軌』에 보면 왕세자빈의 대요 한 감으로는 자적라紫的羅의 길이가 1척 5촌, 넓이가 2촌이며, 자적진사紫的眞絲 8푼이 바느질을 위한 실로 소용되었다.

참조1 대帶

관련1 대홍라대요大紅羅帶腰, 자적라대요紫的羅帶腰

예문 發引敎是時魂帛侍衛及返虞時虞主侍衛依禮文用吉服儀仗差備官竝吉服黑團領烏紗帽黑角帶腰彩輿擔持人別監各差備官幷吉服到山陵立主(국장1730/370ㄴ07~09)

색인 (국장1674一/080ㄱ05)(국장1701一/108ㄱ12)(국장1821四/009ㄴ08)(가례1681/014ㄴ12)(책례1690/010ㄱ03)(가례1866/상027ㄱ03)

大銀匠【대은장】 일 건

예전에 대은병大銀甁을 만드는 장인. 대은병은 은으로 만든 큰 병으로 가례에 쓰인다.

참조1 소은장小銀匠, 은장銀匠

예문 一立足次小椽木一箇槓子一部所入上同大銀匠所用中迲二箇亇赤二箇大亇赤一箇中執介二箇刃(국장1821/116ㄴ05~07)

색인 (가례1696/061ㄴ11)(가례1696/063ㄱ07)(가례1696/065ㄱ09)(가례1696/236ㄱ01)(가례1696/272ㄱ09)(가례1718/076ㄴ10)

大引鉅匠【대인거장】 일 건

큰 끌톱을 써서 목재를 자르는 일을 하는 사람. 인거引鉅는 두 사람이 마주 잡고 밀고 당기면서 나무를 켜는 톱을 말한다. 의궤에는 대인거장 외에 톱을 다루는 장인으로 걸거장, 기거장, 소인거장 등이 보이는데 이들은 조선 초기 『경국대전經國大典』의 공장 항목 등에서는 볼 수 없다. 鉅는 鋸로도 쓴다.

참조1 소인거장小引鉅匠

관련1 대인거大引鉅, 대인거군大引鉅軍, 인거引鉅

예문 磨造匠李尙一大引鉅匠千之福等一牌李巳立等一牌尹命建等一牌崔廷云等一牌崔切壁等一牌乫福伊等一牌(빈전1724/236ㄴ11~237ㄱ01)

색인 (가례1671/140ㄱ06)(가례1671/150ㄱ07)(가례1671/231ㄴ09)(가례1681/196ㄱ07)(가례1681/266ㄱ05)(가례1681/327ㄱ08)

大楪【대접】 채 의 음 大貼 大接

음식을 담아내는 비교적 큰 그릇. 의궤 자료에서 大楪과 大貼의 두 표기가 함께 나타나다가 후대 자료에는 접楪이 집중적으로 나타나는 것으로 보아 어느 시기를 기점으로 첩貼과 교체되어 쓰인 것으로 짐작된다. 대접 앞에 沙-, 唐-, 白-, 常-, 綵紋- 등이 쓰여 대접의 다양한 종류를 구분해 준다. 이 중 沙-도 후대 자료에서 砂-로 나타난다.

참조1 대접大接, 대접大貼

관련1 당대접唐大楪, 당대접唐大貼, 사대접砂大楪, 사대접沙大楪, 사대접沙大貼, 채문대접綵紋大貼

예문 畵水筆各八柄唐大楪二竹唐楪匙一竹(빈전1921/047ㄴ02~04)

색인 (가례1819/하012ㄱ09)(가례1866/상148ㄴ05)(가례1866/하011ㄴ05)(가례1866/하021ㄴ04)(국장1800一/159ㄱ05)(국장1898三/023ㄱ09)

大接【대접】 채 의 음 ☞ 大楪대접

참조1 대접大楪

예문 畵水筆各八柄唐大接二竹唐楪匙一竹(빈전1921/047ㄴ02~04)

색인 (존호1888B/135ㄴ08)(존호1888B/143ㄱ04)(존호1892/252ㄴ04)

大酒亭【대주정】 일 의

큰 주정酒亭. 주정은 왕실의 혼례나 진연 및 진찬 등에서 왕세자에게 올리던 술병과 술잔 및 술과 관련한 기물을 올려놓던 탁자이다. 주정酒亭은 직사각형의 천판天板에 마치 정자亭子와 같이 난간을 두르고 호랑이 발[虎足] 모양의 긴 다리로 구성되어 있다. 전면에 흑칠黑漆을 하였다. 주정과 비교하여 왕에게 술을 올리는 데 사용하던 것은 수주정壽酒亭이라 하고 주정에 비해 크기가 약간 크고 전면에 주칠朱漆을 한 차이가 있다.

참조1 소주정小酒亭, 주정酒亭

관련1 왜주홍칠대주정倭朱紅漆大酒亭, 왜주홍칠소주정倭朱紅漆小酒亭, 왜주홍칠주정倭朱紅漆酒亭, 홍칠주정상紅漆酒亭床

예문 白磁青畵酒海壹雙花樽壹雙依前減付標啓下黑漆大酒亭壹黑漆小酒亭壹黑漆饌案牀貳部黑漆樽臺壹雙(가례1727/ 023ㄴ09~11)

색인 (가례1671/194ㄴ03)(가례1671/194ㄴ06)(가례1681/023ㄴ12)(가례1681/276ㄱ05)(가례1681/289ㄴ04)(가례1681/306ㄱ06)

大次【대차】 일 의

의례에서 임시로 설치했던 왕과 왕비의 자리. 기둥을 세우고 천막을 사용하여 만들었던 임시 가건물로 연향과 같은 국가의 의례가 있을 때 왕과 왕비가 임시로 머물던 처소이다. 왕세자의 처소는 소차小次라고 하여 구분하였다.

참조1 소차小次

예문 一殯殿門外大次遮日二浮肩輿及魂帛輿駐次闕門外大次遮日三浮大輿陸降及魂帛輿駐次宗廟洞口大次遮日一浮大輿小駐次(국장1903/ 172ㄴ12~173ㄱ02)

색인 (가례1681/177ㄱ11)(가례1681/177ㄴ05)(가례1802/상223ㄱ10)(가례1802/상223ㄴ09)(가례1802/상223ㄴ10)(가례1802/상226ㄱ02)

帶鐵【띠쇠/띠철】 채 건

목재가 결구되는 부분을 잡아 죄어서 벌어지지 않도록 하는 띠 모양의 보강철물. 이를 띠철 또는 띠쇠라고 부른다. 목재에 띠쇠를 감싸 돌린 다음 광두정廣頭釘 등으로 박아 고정하여 목재가 벌어지는 것을 방지해 준다. 띠쇠는 주로 사괘맞춤의 결구가 이루어지는 기둥머리나 동자주 머리 등에 사용한 경우가 많다.

참조2 기둥띠쇠/기둥띠철柱帶鐵, 행자띠쇠行者帶鐵

관련1 마목띠쇠/마목띠철馬木帶鐵, 속띠쇠/속띠철束帶鐵, 이척육촌띠쇠/이척육촌띠철二尺六寸帶鐵, 장강내외띠쇠/장강내외띠철長杠內外帶鐵, 기둥띠쇠/기둥띠철柱帶鐵

예문 一誌石監造官一員騎卜馬各一匹次知書員邊首石手各一名所騎馬各一匹帶鐵等雜物載持馬一匹一虞主陪往時色吏所騎馬一匹雜物載持馬一匹(국장1903/ 054ㄴ01~03)

색인 (국장1659一/054ㄴ02)(국장1659一/095ㄴ08)(국장1659一/190ㄴ01)(국장1659一/191ㄴ11)(국장1659一/193ㄴ12)(국장1659一/196ㄱ08)

大貼【대접】 채 의 음 大楪

음식을 담아내는 비교적 큰 그릇. 의궤 자료에서 대접 표기에 大楪과 大貼의 두 표기가 두루 나타난다. 그런데 楪이 후대 자료에 집중적으로 나타나는 것으로 보아 어느 시기를 기점으로 貼과 교체되어 쓰인 것으로 짐작된다. 대접 앞에 沙-, 唐-, 白-, 常-, 綵紋- 등이 쓰여 대접의 다양한 종류를 구분해 준다.

참조1 대접大楪, 대접大接

예문 鍾子二竹大貼三竹以上平市署白骨小盤三竹內資寺內贍寺禮賓寺(혼전1701/ 119ㄱ11~ㄴ01)

색인 (가례1627/117ㄴ04)(가례1718/095ㄱ01)(가례1802/상155ㄴ09)(가례1819/상148ㄴ01)(국장1674A三/092ㄴ04)(국장1674A三/092ㄴ06)

大祝【대축】 일 의

종묘나 문묘 제향에 축문을 읽는 사람, 혹은 그 벼

슬. 종묘나 문묘 제향 때에 초헌관初獻官이 술을 따르면 신위神位 옆에서 축문을 읽었는데 이때, 축문을 읽는 사람이나 그런 일을 맡아보던 벼슬을 말한다.

예문 禮文內發靷時大祝捧魂帛函安於腰輿虞主匱置其後後倣此至外門外大祝捧魂帛函安於車返虞時大祝捧虞主匱安於腰輿魂帛函置(국장1720/108ㄴ11~109ㄱ01)

색인 (국장1659一/030ㄴ10)(국장1659一/030ㄴ11)(국장1659一/067ㄱ08)(국장1659一/067ㄱ11)(국장1659一/103ㄴ12)(국장1659一/104ㄴ02)

大婚【대혼】 일 의

국왕 또는 왕세자의 혼례. 천자나 제후의 혼례를 대혼大婚이라 하였는데 이는 나라의 큰 혼례라는 의미를 지닌다. 유교 사회에서 혼례는 두 가문의 결합을 통해서 위로 조상을 섬기고 아래로 후세를 잇는 매우 중요한 의식이다. 나아가 국혼은 나라의 국모國母를 정하는 것이므로 다른 혼례보다 더욱 중요시되었다. 국혼國婚인 대혼을 위해서는 먼저 삼간택三揀擇을 통해 왕비 또는 왕세자빈을 뽑고 납채納采, 납징納徵, 고기告期, 책빈冊嬪, 친영親迎, 동뢰연同牢宴 등의 육례六禮 절차에 따라 거행하였다. 이러한 의식은 신랑과 신부의 혼례이면서 동시에 한 여인을 왕비 또는 왕세자빈으로 봉하는 책례의 과정이기도 하였다.

예문 欲沮敗先王已定之大婚老臣忠愛之語發於前席三揀不爲之說行於(국장1834/034ㄱ12~ㄴ02)

색인 (가례1627/119ㄴ04)(가례1681/001ㄴ04)(가례1681/035ㄱ01)(가례1681/035ㄱ06)(가례1762/상005ㄱ10)(가례1762/상036ㄴ01)

大紅廣的【대홍광적】 일 복

대홍색의 폭이 넓은 견직물. 대홍은 1596년 『조선왕조실록朝鮮王朝實錄』에 다홍이 등장하면서 대홍을 대신하여 많이 사용되었다. 대홍은 원래 중국의 색명色名이었는데 조선에서 되홍, 다홍으로 읽히다가 다홍이 우세를 차지하면서 한자 표기도 다홍多紅으로 정착된 것으로 보인다. 대홍광적은 주로 재궁梓宮 안을 바르거나 교명敎命의 열쇠 갑匣을 만드는 데 사용되었으며, 홍양산의 덮개로도 쓰였다.

참조1 다홍광적多紅廣的, 초록광적草綠廣的, 홍광적紅廣的, 훈색광적纁色廣的

예문 冒段三尺紫的吐紬三尺槊次擣錬紙一丈大帶一大紅廣的都多益泥金槊擣錬紙一丈(빈전1649/119ㄱ01~02)

색인 (가례1627/057ㄱ03)(가례1681/201ㄱ09)(가례1718/198ㄴ12)(가례1802/상018ㄱ07)(가례1802/상018ㄴ06)(가례1802/상019ㄱ07)

大紅廣織繡【대홍광직수】 일 복

적의에 붙이는 수원적繡圓翟을 만드는 데 사용되는 직물. 대홍광직에 수를 놓는 것은 숙종과 인현후의 가례에서부터 시작되었다. 『숙종인원후가례도감의궤肅宗仁元后嘉禮都監儀軌』에는 大紅廣的繡로 기록되어 있고, 『영조정순후가례도감의궤英祖貞純后嘉禮都監儀軌』에는 大紅廣織繡로 기록되어 있다. 수를 놓기 위한 옷감으로 대홍광직 5척 5촌이 소용된다.

참조2 대홍광적수大紅廣的繡

예문 藍鄉織裳一大紅廣織繡一紫的羅面紗一(가례1866/025ㄴ10~12)

색인 (가례1866/상025ㄴ11)

大紅金線【대홍금선】 일 복

왕세자빈의 단저고리[短赤古里]에 사용되는 직물. 대홍금선필단大紅金線匹段은 대홍색 바탕에 특정 무늬 부분에만 금사나 은사를 넣어 화려하게 제직한 직물이다. 금선단은 흉배나, 여자들의 차마단, 저고리의 회장감, 원삼 등의 예복에 사용되었다. 세자빈 등이 받는 명복으로 대홍단자노의大紅段子露衣, 아청단자대의鴉靑段子大衣, 금배견화대홍단자장삼金背肩花大紅段子長杉과 함께 대홍금선단자대大紅金線段子帶가 포함되었다.

참조1 대홍금선필단大紅金線匹段

예문 短赤古里一所入織金靑匹段八尺五寸大紅金線二尺內拱黃熟綃十尺五寸(가례1671/127ㄱ04~05)

색인 (책례1726/145ㄱ12)(가례1627/049ㄱ01)(가례1671/127ㄱ05)(가례1696/166ㄴ12)

大紅金線匹段【대홍금선필단】 일 복

왕세자빈의 단저고리[短赤古里]에 사용되는 직물. 대홍금선필단大紅金線匹段은 대홍색 바탕에 특정 무늬 부분에만 금사나 은사를 넣어 화려하게 제직한 직물이다. 금선단은 흉배나, 여자들의 치마단, 저고리의 회장감, 원삼 등의 예복에 사용되었다.『경종선의후가례도감의궤景宗宣懿后嘉禮都監儀軌』에 보면 왕세자빈의 단저고리[短赤古里]의 겉감으로 남금선필단藍金線匹緞 8척 5촌과 함께 대홍금선 2척이 소용되었다. 이것으로 보아 대홍금선은 회장감으로 사용되었을 것이다. 大紅金線匹段은 대홍금선필단大紅金線疋段과 같다.

참조1 남금선필단藍金線匹段, 남필단藍匹段, 남필단藍匹緞, 남화문필단藍花紋匹段, 다홍운문필단多紅雲紋匹段, 다홍필단多紅匹段, 대홍무문필단大紅無紋匹段, 대홍소운문필단大紅小雲紋匹緞, 대홍운문필단大紅雲紋匹段, 대홍필단大紅匹段, 대홍화문필단大紅花紋匹段, 무문대홍필단無紋大紅匹段, 아청운문필단鴉靑雲紋匹段, 유청무문단柳靑無紋緞, 유청무문필단柳靑無紋匹緞, 자적필단紫的匹段, 초록육화문필단草綠六花紋匹段, 초록운문필단草綠雲紋匹段, 초록필단草綠匹段, 초록화문필단草綠花紋匹段, 필단匹段, 필단匹緞, 화문대홍필단花紋大紅匹段

예문 短赤古里一次藍金線匹段八尺五寸大紅金線匹段二尺內拱黃熟綃十尺五寸厚貼金二束(가례1718/201ㄱ06~08)

색인 (가례1718/201ㄱ07)

大紅金線疋段【대홍금선필단】 일 복 ☞ 大紅金線匹段대홍금선필단

참조2 대홍필단大紅疋段, 대홍화문필단大紅花紋疋段

大紅羅【대홍라】 일 복

쓰개류, 나울, 수사기, 대 등에 쓰인 자주색의 얇은 견직물. 나羅는 사紗와 같이 경사經絲가 익경되어 제직된 옷감으로 경사 4올이 일조가 되어 익경된 것을 말한다.

참조1 남라藍羅, 자적라紫的羅

예문 赤金眞珠粧扇子一部所入大紅羅圓徑一尺三寸十品金五錢十品銀八兩大眞珠三枚中眞珠八枚(가례1671/133ㄴ05~07)

색인 (가례1681/202ㄱ06)(가례1718/199ㄴ06)(가례1802/상242ㄱ01)(가례1627/050ㄱ02)(가례1671/133ㄴ06)(가례1696/175ㄱ03)

大紅羅帶腰【대홍라대요】 일 복

왕비·왕세자빈의 겹장삼, 세수장삼 등에 두르는 대홍색의 첩금 장식 허리띠.『국혼정례國婚定例』중궁전법복中宮殿法服과『길례요람吉禮要覽』,『영혜옹주길례등록永惠翁主吉禮謄錄』등에 보면 공주 의복과 옹주 의복인 대홍광적단노의, 대홍광적겹장삼 등에 두르는 대홍색의 비단 허리띠[腰帶]를 말한다.『인조장렬후가례도감의궤仁祖壯烈后嘉禮都監儀軌』,『숙종인현후가례도감의궤肅宗仁顯后嘉禮都監儀軌』,『순조순원후가례도감의궤純祖純元后嘉禮都監儀軌』에 왕비와 왕세자빈의 겹장삼과 세수장삼 등에도 대홍색의 대요를 두르며『헌종효현후가례도감의궤憲宗孝顯后嘉禮都監儀軌』에는 삼아衫兒에도 대홍라 대요를 두른다.

참조1 자적라대요紫的羅帶腰

참조2 겹장삼裌長衫, 단로의單露衣, 대홍라요대大紅羅腰帶

예문 白綃闊衫兒大紅羅帶腰大紅鄕織帶(가례1866/027ㄱ02~04)

색인 (가례1802/상030ㄱ05)(가례1866/상027

ㄱ03)(책례1690/010ㄱ03)

大紅無紋匹段【대홍무문필단】 일 복

왕세자빈의 겹대삼과 겹장삼의 겉감에 사용되는 직물. 대홍색의 바탕에 무늬가 없는 수자직繻子織, 朱子織의 견직물이다. 무늬가 없으므로 대홍필단이라고도 하며, 『소현세자가례도감의궤昭顯世子嘉禮都監儀軌』에는 왕세자빈의 겹대삼裌大衫에 사용된 대홍필단의 길이가 25척 5촌이었다. 『경종단의후가례도감의궤景宗端懿后嘉禮都監儀軌』와 『경종선의후가례도감의궤景宗宣懿后嘉禮都監儀軌』에는 왕세자빈의 겹장삼裌長衫 겉감으로 무문대홍필단 39척 5촌이 소용되었다.

참조1 남금선필단藍金線匹段, 남필단藍匹段, 남필단藍匹緞, 남화문필단藍花紋匹段, 다홍운문필단多紅雲紋匹段, 다홍필단多紅匹段, 대홍금선필단大紅金線匹段, 대홍금선필단大紅金線疋段, 대홍소운문필단大紅小雲紋匹緞, 대홍운문필단大紅雲紋匹段, 대홍필단大紅匹段, 대홍화문필단大紅花紋匹段, 무문대홍필단無紋大紅匹段, 아청운문필단鴉靑雲紋匹段, 유청무문단柳靑無紋緞, 유청무문필단柳靑無紋匹緞, 자적필단紫的匹段, 초록육화문필단草綠六花紋匹段, 초록운문필단草綠雲紋匹段, 초록필단草綠匹段, 초록화문필단草綠花紋匹段, 필단匹段, 필단匹緞, 화문대홍필단花紋大紅匹段, 대홍필단大紅疋段, 대홍화문필단大紅花紋疋段

예문 所用大紅無紋匹段九尺濟用監泥金參戔參分(빈전1649/019ㄱ04~06)

색인 (가례1718/202ㄴ07)(존호1610/074ㄱ11)(책례1610/073ㄱ11)(존호1610/074ㄱ11)

大紅方絲紬【대홍방사주】 일 복

옥책의 안싸개용으로 사용되는 직물. 대홍방사주는 대홍색 견방사의 일종인 방사로 짠 평견직물로 중국 호주湖州(지금의 남경)의 특산물이다. 방사주는 方絲紬, 方紗紬, 紡絲紬 등으로 표기되었다. 인조 15년(1637)에 당하관은 방사주의 표의를 착용하지 말라고 하였으며, 『영조정순후가례도감의궤英祖貞純后嘉禮都監儀軌』에 보면, 대홍방사주大紅方絲紬는 옥책의 안싸개용으로 사용되었으며, 일방의궤一房儀軌로 대홍방사주 15필이 실입되었다.

참조1 다홍방사주多紅方糸紬

예문 同牢宴排設褥二件內一件大紅方絲紬十七尺一寸半骨五尺七寸(가례1718/ 205ㄱ05~06)

색인 (가례1718/205ㄴ06)(가례1718/205ㄱ06)(가례1718/206ㄱ12)(가례1819/상014ㄱ03)(가례1802/상018ㄴ07)(가례1819/상014ㄱ04)

大紅絲【대홍사】 일 복

대홍색의 견직물. 사絲는 인접한 경사끼리 꼬임을 주어 직물의 투공 효과를 내는 익조직이다. 아주 성글게 제직하여 얇게 비쳐 보인다. 영조와 정순왕후의 가례 때 중궁전 법복의 폐슬蔽膝 1감에 안감으로 대홍사大紅絲 2척이 쓰였다. 또 여름에 입는 임금의 곤룡포를 대홍사大紅紗로 만들었다. 大紅絲는 大紅紗로도 표기한다.

참조1 남사藍紗, 다홍유문사多紅有紋紗, 자적운문사紫的雲紋紗

참조2 다태남사, 홍사紅絲

예문 回繩次多紅眞絲五兩縫造大紅絲五戔滿頂骨一體制如日傘半月形別工作朱紅漆尙衣院(빈전1701/185ㄱ03~05)

색인 (가례1627/057ㄱ06)(가례1627/057ㄴ04)(가례1671/123ㄴ03)(가례1671/126ㄴ01)(가례1671/129ㄴ02)(가례1671/133ㄴ11)

大紅小雲紋匹緞【대홍소운문필단】 일 복

왕의 곤룡포, 세자의 더그레에 사용되는 직물. 대홍색의 작은 구름무늬가 있는 수자직繻子織/주자직朱子織의 견직물이다. 존숭, 진영 등의 의식에 입는 왕의 곤룡포감으로 진상되었고 왕세자의 가례나 관례, 책례 때 왕세자의 더그레 겉감에 사용되었다.

참조1 남금선필단藍金線匹段, 남필단藍匹段, 남필단

藍匹緞, 남화문필단藍花紋匹段, 다홍운문필단多紅雲紋匹段, 다홍필단多紅匹段, 대홍금선필단大紅金線匹段, 대홍금선필단大紅金線疋段, 대홍무문필단大紅無紋匹段, 대홍운문필단大紅雲紋匹段, 대홍필단大紅匹段, 대홍화문필단大紅花紋匹段, 무문대홍필단無紋大紅匹段, 아청소운문필단鴉青小雲紋匹緞, 아청운문필단鴉青雲紋匹段, 유청무문단柳青無紋緞, 유청무문필단柳青無紋匹緞, 자적필단紫的匹段, 초록육화문필단草綠六花紋匹段, 초록운문필단草綠雲紋匹段, 초록필단草綠匹段, 초록화문필단草綠花紋匹段, 필단匹段, 필단匹緞, 화문대홍필단花紋大紅匹段

참조2 남필단藍匹緞, 도홍필단陶泓匹緞, 아청필단鴉青匹緞, 유청필단柳青匹段, 홍필단紅匹緞

예문 加文刺一次大紅小雲紋匹緞一匹翼善官一部(가례1819/216ㄱ12~ㄴ02)

색인 (가례1819/상216ㄴ01)

大紅水紬【대홍수주】 일 복

가례 때 왕의 면복의 말襪의 안감, 중궁전의 겹장삼 및 겹저고리의 안감과 요에 사용되는 직물. 수주水紬는 품질이 좋은 비단의 일종으로 일명 수화주水禾紬라 한다. 삼팔주三八紬와 같이 평직의 견직물이다. 대홍수주는 가례 때 중궁전 의대衣襨의 안감에 주로 사용되었는데 그 용처를 보면 겹장삼과 겹저고리의 안감과 요감으로도 사용되었다. 『조선왕조실록朝鮮王朝實錄』에 의하면 호조와 상의원에 명하여 대궐에 들인 수주의 양은 특히 연산군 대에 집중되어 있다. 水紬는 秀花紬, 水禾紬로도 표기하였다.

참조1 남수주藍水紬, 백수주白水紬, 수화주水禾紬, 초록수주草綠水紬, 홍수주紅水紬

예문 魂殿移安廳半月滿頂骨及大紅水紬覆巾三面揮帳前面帳具以上國葬都監新備(빈전1800/043ㄴ05~07)

색인 (가례1718/199ㄱ02)(가례1866/상261ㄱ11)(가례1866/상261ㄴ05)(가례1866/상261ㄴ12)(가례1866/상262ㄴ05)(가례1866/상262ㄴ10)

大紅熟綃【대홍숙초】 일 복

여름철 강사포를 만드는 데 한때 쓰였던 직물. 숙초는 삶아 익힌 명주실로 짠 견직물이다. 초綃는 생사生絲로 짠 얇은 비단의 총칭으로 조선 시대 문무백관들의 조복朝服·제복祭服의 옷감으로 사용되었다.

참조1 남숙초藍熟綃, 백숙초白熟綃, 아청숙초鴉青熟綃, 자적숙초紫的熟綃, 훈색숙초纁色熟綃

예문 白熟綃中單一錦衣匹段纁次一大紅熟綃前三後四大紅熟綃蔽膝一(빈전1720/ 026ㄱ11~ㄴ01)

색인 (가례1718/200ㄴ11)(가례1819/상216ㄱ07)(가례1819/상223ㄴ06)(가례1718/198ㄱ04)(가례1718/200ㄴ11)

大紅雲紋緞【대홍운문단】 일 복

구름무늬가 놓인 붉은색 비단. 운문단은 철릭, 저고리, 곤룡포와 같은 의복과 각종 보자기를 만드는 데 두루 쓰였다.

참조1 남운문단藍雲紋緞, 다홍운문단多紅雲紋緞, 백운문단白雲文緞, 아청운문단鴉青雲紋緞, 진홍운문단眞紅雲紋緞, 초록운문단草綠雲紋緞, 현색운문단玄色雲紋緞, 홍운문단紅雲紋緞, 훈색운문단纁色雲紋緞

예문 內拱藍雲紋緞同道里草綠雲紋緞絡纓草綠雲紋緞[罒/馬]罟大紅雲紋緞回繩具竝依見樣造製內下豆錫帳巨里鴨項曲釘本所帳巨里所懸五色多繪纓子尙方(빈전1834/027ㄴ05~07)

색인 (국장1800二/061ㄴ03)(국장1800二/061ㄴ08)(국장1800二/061ㄴ11)(국장1800一/125ㄱ05)

大紅雲紋大緞【대홍운문대단】 일 복

왕의 면복 대대大帶의 겉감에 사용된 직물. 구름무늬가 있는 대홍색의 두꺼운 비단으로 중국산 비단이며 일명 한단漢緞이라 한다. 대홍운문대단에 대한 기록은 극히 적으며 왕의 대례복 대대의 겉감으로 사용되었다.

참조1 남운문대단藍雲紋大緞, 다홍운문대단多紅雲紋大段, 아청운문대단鴉青雲紋大段, 유록운문대단 柳

綠雲紋大緞, 유청대단柳靑大段, 초록대단草綠大緞, 초록운문대단草綠雲文大段, 초록운문대단草綠雲紋大緞, 침향운문대단沈香雲紋大段, 현색운문대단玄色雲紋大緞, 훈색운문대단纁色雲紋大緞

참조2 남색운문대단藍色雲紋大緞

예문 加文剌一次大紅雲紋大緞一匹代藍雲紋甲紗一匹帖裏一次(가례1802/245ㄴ01~03)

색인 (가례1671/068ㄱ12)(가례1671/095ㄱ02)(가례1802/상245ㄴ02)(가례1802/상246ㄱ03)(가례1819/상236ㄱ06)(가례1671/068ㄱ11)

大紅雲紋匹段【대홍운문필단】 일 복

대홍색의 구름무늬가 있는 수자직繻子織/주자직朱子織의 견직물. 왕의 곤룡포, 세자의 더그레[加文剌]에 사용되었다. 존숭, 진영 등의 왕의 곤룡포 감으로 진상되었고 왕세자의 가례나 관례, 책례 때 왕세자의 더그레 겉감에 사용되었다. 필단은 匹段, 匹緞, 疋段 등으로 표기한다.

참조1 남금선필단藍金線匹段, 남필단藍匹段, 남필단藍匹緞, 남화문필단藍花紋匹段, 다홍운문필단多紅雲紋匹段, 다홍필단多紅匹段, 대홍금선필단大紅金線匹段, 대홍금선필단大紅金線疋段, 대홍무문필단大紅無紋匹段, 대홍소운문필단大紅小雲紋匹緞, 대홍필단大紅匹段, 대홍화문필단大紅花紋匹段, 무문대홍필단無紋大紅匹段, 아청운문필단鴉靑雲紋匹段, 유청무문단柳靑無紋緞, 유청무문필단柳靑無紋匹緞, 자적필단紫的匹段, 초록육화문필단草綠六花紋匹段, 초록운문필단草綠雲紋匹段, 초록필단草綠匹段, 초록화문필단草綠花紋匹段, 필단匹段, 필단匹緞, 화문대홍필단花紋大紅匹段

예문 絞白綃三匹已上尙衣院複衾一大紅雲紋匹段二十五尺內拱無紋花系紬六十七尺二寸衾衿一藍雲紋匹段七尺五寸(빈전1649/121ㄴ10~12)

색인 (가례1627/043ㄴ06)(가례1681/209ㄴ12)(가례1718/198ㄴ04)(존호1610/075ㄱ11)(존호1610/076ㄱ12)(존호1610/081ㄱ02)

大紅絨冒絲【대홍융모사】 일 복

왕비, 황태자비의 너울과 립笠의 매듭에 사용되는 푼사. 진사전眞絲廛의 백성들이 상의원尙衣院에 진배進排하는 물목 중의 하나였는데 중국의 융모사絨冒絲를 진배해야 했는데, 북경에서조차 사기가 매우 어렵기 때문에 매년 정조正朝, 단오제端午祭에 바치는 가죽신과 진홍원대眞紅圓帶 2조, 자적원대紫的圓帶 2조를 대신 진배하게 해 주기를 요청하기도 하였다.

예문 每緝次大紅絨冒絲一兩五錢金戔紙三張半月了只次紫的綃(가례1866/265ㄴ11~266ㄱ01)

색인 (가례1866/상265ㄴ12)(가례1866/상265ㄴ05)(가례1866/상265ㄴ12)(가례1866/상265ㄴ05)

大紅鼎紬【대홍정주】 일 복

대홍색의 고급 명주 직물. 『조선왕조실록朝鮮王朝實錄』에 연산군과 중종 때 정주鼎紬를 진상하게 하고 대비전에 사급한 기록이 있다. 가례 때 삼간택 이후 왕비 측에 보내는 별궁 예물에 대홍정주 10필이 남정주, 백정주, 초록정주, 연초록정주, 백토주 각 10필과 함께 포함되었다. 大紅鼎紬는 多紅鼎紬와 같다.

참조1 남정주藍鼎紬, 다홍정주多紅鼎紬, 백정주白鼎紬, 백협백정주白挾白鼎紬, 선홍정주縇紅鼎紬, 아청정주鴉靑鼎紬, 자적정주紫的鼎紬, 청정주靑鼎紬, 초록정주草綠鼎紬, 홍정주紅鼎紬, 흑정주黑鼎紬

참조2 반홍정주磻紅鼎紬

예문 紫的匹段十尺六寸內拱紅綃十尺六寸軟草綠吐紬十九尺一寸內拱大紅鼎紬二十尺三寸紫的絲七分紅紬絲二錢四分(가례1802/127ㄱ08~09)

색인 (가례1627/043ㄴ08)(가례1627/048ㄴ09)(가례1627/049ㄱ04)(가례1671/136ㄱ04)(가례1681/031ㄴ02)(가례1696/103ㄴ10)

大紅紬【대홍주】 일 복

대홍색으로 물들인 명주. 꼬임이 없는 중·하등품의 견사絹絲를 사용하여 평직平織으로 제직한 대홍색의 평견직물이다. 주紬는 조선 시대 가장 보편적인 견직물로 견사의 품질品質과 밀도密度, 생산지生産地에 따라 명칭을 달리 하였다. 가례 때 대홍주 16필이 초록주 16필을 납징하는 날 납징예물納徵禮物로 보냈다. 大紅紬는 多紅紬와 같다.

참조1 남금사주藍金絲紬, 남주藍紬, 다홍주多紅紬, 면주綿紬, 백주白紬, 색주色紬, 자적주紫的紬, 자주紫紬, 초록주草綠紬, 태주남주苔紬藍紬, 홍염주紅染紬, 홍주紅紬, 황염주黃染紬, 황주黃紬, 흑주黑紬

예문 纓子及方兀蘇兀次合紅眞絲三錢紙金半半張內塗大紅紬二十二尺膠末七合楮注紙八張內裹(가례1866/139ㄴ02~03)

색인 (가례1627/046ㄱ04)(가례1627/057ㄴ02)(가례1627/057ㄴ07)(가례1671/072ㄱ12)(가례1681/022ㄱ09)(가례1681/104ㄱ04)

大紅紬絲【대홍주사】 일 복

대홍색의 명주실. 왕비의 고의[串衣], 치마[赤亇] 상궁의 너울 매듭에 사용되었다.

참조1 남주사藍紬絲

예문 汝火纓子五次柳靑彭段每緝五次大紅眞絲闊汗衫白綃汝火纓子大紅紬絲袜裙五次白紬長赤亇五次紅紬(가례1671/ 010ㄱ10~12)

색인 (가례1627/044ㄴ06)(가례1627/049ㄴ04)(가례1627/061ㄴ09)(가례1671/124ㄱ05)(가례1696/163ㄴ02)

大紅眞絲【대홍진사】 일 복

대홍색의 명주실. 각색 옷감의 바느질용으로 사용되었다. 『조선왕조실록朝鮮王朝實錄』에 태종 17년(1417) 양잠을 장려하면서 전라도, 풍해도[황해도]의 채방판관採訪判官이 황진사, 백진사 및 누에고치를 바쳤다는 기록이 있다. 따라서 진사眞絲는 조선 시대 초기 혹은 그 이전부터 사용된 것으로 보인다. 大紅眞絲는 多紅眞絲와 같다.

참조1 남진사藍眞糸, 남진사藍眞絲, 남홍황진사藍紅黃眞絲, 다홍진사多紅眞糸, 다홍진사多紅眞絲, 백진사白眞絲, 아청다홍진사鴉靑多紅眞絲, 아청진사鴉靑眞絲, 오색진사五色眞絲, 유청진사柳靑眞糸, 유청진사柳靑眞絲, 자적남진사紫的藍眞絲, 자적남홍진사紫的藍紅眞絲, 자적진사紫的眞絲, 조족백진사鳥足白眞絲, 주홍진사朱紅眞絲, 청진사靑眞糸, 청진사靑眞絲, 초록진사草綠眞絲, 흑진사黑眞絲

예문 草綠眞絲五錢七分大紅眞絲七錢柳靑眞絲七錢麻絲六兩眞粉五錢藍眞絲七錢(가례1671/087ㄱ09~10)

색인 (가례1671/087ㄱ01)(가례1627/044ㄱ14)(가례1627/047ㄴ07)(가례1627/047ㄴ13)(가례1627/047ㄴ14)(가례1627/048ㄱ09)(가례1627/048ㄱ13)

大紅綃【대홍초】 일 복

대홍색의 초綃. 초는 생사生絲로 짠 얇은 비단의 총칭으로 조선 시대 문무백관들의 조복朝服·제복祭服의 옷감으로 사용되었다.

참조1 백초白綃, 아청유문초鴉靑有紋綃, 자적초紫的綃, 중층홍초中層紅綃, 중층흑초中層黑綃, 초록초草碌綃, 현색문초玄色紋綃, 홍초紅綃, 훈색초纁色綃, 흑초黑綃

예문 筲樻一長二尺四寸廣二尺一寸七分高七寸五分所入松板一立內塗大紅綃五尺厚白紙五張全漆六合每漆一合五夕豆錫十二兩魚膠二兩(국장1684/051ㄱ02~04)

색인 (가례1627/030ㄴ03)(가례1627/030ㄴ04)(가례1627/043ㄴ10)(가례1627/059ㄴ02)(가례1627/059ㄴ04)(가례1819/상222ㄱ06)

大紅吐紬【대홍토주】 일 복

대홍색 토주. 토주는 실을 굵게 자아서 짠 바닥이 두꺼운 명주로 색깔에 따라 종류가 다양하다. 액주음[腋注音], 유과두[襦裹肚], 겹과두[袷裏肚], 핫바지[襦把持], 요[褥] 등을 만들 때 사용되었다. 가례 때 현색운문대단玄色雲紋大緞 2필을 훈색운문대단纁色雲紋大緞, 현색화단玄色禾緞, 훈색초纁色綃 각 2필과 대홍토주, 황토주, 초록토주, 남토주 각 5필, 백토주 20필, 홍염주 2필, 황염주 5필, 백면주 10필을 본방 예물本房禮物로 보냈다. 大紅吐紬는 多紅吐紬와 같다.

참조1 남토주藍吐紬, 다홍토주多紅吐紬, 백토주白吐紬, 선자적토주縇紫的吐紬, 자적토주紫的吐紬, 초록토주草綠吐紬, 황토주黃吐紬

참조2 연초록토주軟草綠吐紬, 유청토주柳靑吐紬

예문 玄色禾緞二匹纁色綃二匹大紅吐紬五匹草綠吐紬五匹黃吐紬五匹(가례1802/065ㄴ09~11)

색인 (가례1627/043ㄴ08)(가례1627/044ㄴ06)(가례1627/049ㄴ03)(가례1671/007ㄴ04)(가례1671/124ㄱ04)(가례1671/137ㄱ09)

大紅匹段【대홍필단】 일 복

대홍색의 수자직繻子織/주자직朱子織 견직물. 『인조장렬후가례도감의궤仁祖莊烈后嘉禮都監儀軌』에 보면 왕비의 적의에 대홍필단 1필, 안감으로 대홍필단 5척 5촌이 들었다. 필단은 匹段, 匹緞, 疋段 등으로 표기한다. 大紅匹段은 多紅匹段과 같다.

참조1 남금선필단藍金線匹段, 남필단藍匹段, 남필단藍匹緞, 남화문필단藍花紋匹段, 다홍운문필단多紅雲紋匹段, 다홍필단多紅匹段, 대홍금선필단大紅金線匹段, 대홍금선필단大紅金線疋段, 대홍무문필단大紅無紋匹段, 대홍소운문필단大紅小雲紋匹緞, 대홍운문필단大紅雲紋匹段, 대홍화문필단大紅花紋匹段, 무문대홍필단無紋大紅匹段, 아청운문필단鴉靑雲紋匹段, 유청무문단柳靑無紋緞, 유청무문필단柳靑無紋匹緞, 자적필단紫的匹段, 초록육화문필단草綠六花紋匹段, 초록운문필단草綠雲紋匹段, 초록필단草綠匹段, 초록화문필단草綠花紋匹段, 필단匹段, 필단匹緞, 화문대홍필단花紋大紅匹段

예문 衫兒白綃付標啓下囊子大紅匹段繡付標啓下帶大紅匹段裡衣四單袷五指付標啓下赤金眞珠粧扇子(가례1706/009ㄱ09~11)

색인 (가례1627/039ㄱ11)(가례1627/046ㄴ03)(가례1627/048ㄱ11)(가례1627/048ㄱ11)(가례1627/049ㄴ10)(가례1627/050ㄴ05)

大紅鄕織【대홍향직】 일 복

가례를 올릴 때 중궁전 법복에 사용되는 직물. 당직唐織과는 달리 향직鄕織은 우리나라에서 짠 비단으로 가례 때 왕비의 적의 및 폐슬蔽膝, 대대大帶, 상裳의 끈감[纓子], 수綬, 적말赤襪과 별의別衣, 내의內衣, 노의露衣, 겹장삼袷長衫, 겹오袷襖, 겹저고리[袷赤古里], 겹치마[袷赤亇]에 사용된다. 세자빈의 경우 별의, 내의, 수, 대대, 겹저고리, 대에 사용된다. 세손비는 별의와 노의에 사용되며 왕세자비 이하에서는 사용하지 않는다.

참조1 남향직藍鄕織, 자적향직紫的鄕織, 초록향직草綠鄕織

예문 鴉靑鄕織翟衣大紅鄕織別衣大紅鄕織內衣(가례1819/025ㄱ05~07)

색인 (가례1802/상234ㄱ11)(가례1802/상234ㄴ04)(가례1802/상234ㄴ08)(가례1802/상234ㄴ12)(가례1802/상236ㄱ08)(가례1802/상236ㄴ06)

大紅鄕織帶【대홍향직대】 일 복

대홍향직으로 만든 허리띠. 『헌종효현후가례도감의궤憲宗孝顯后嘉禮都監儀軌』에 보면 왕비의 흉배겹장삼胸背袷長衫에 대홍향직대大紅鄕職帶를 두른다. 대홍향직대를 만드는 데에는 대홍향직 7척, 대홍진사 6푼이 사용되었다. 『문조신정후가례도감의궤文祖神貞后嘉禮都監儀軌』와 『순종순명후가례도감의궤純宗純明后嘉禮都監儀軌』에 보면, 왕세자빈의 대홍향직대에는 대홍향직 6자 9치, 대홍진사 7푼이 사용되었다.

참조1 대요帶腰

예문 大紅羅帶腰大紅鄕織帶紫的羅露衣帶種

尙方別單(가례1866/027ㄱ03~05)

색인 (가례1802/상030ㄱ06)(가례1819/상026ㄴ09)(가례1866/상027ㄱ04)

大紅花紋匹段【대홍화문필단】 일 복

가례 때 왕비·왕세자빈·후궁 비빈의 의대衣襨를 제작하는 데 사용된 직물. 여러 가지 화려한 무늬가 있는 대홍색의 수자직繻子織/주자직朱子織 견직물로 가례 때 왕비의 적의翟衣, 별의別衣 및 겹장삼裌長衫의 겉감, 치마[赤亇]의 겉감으로 사용된 직물이다. 특히 세자빈의 의대衣襨에 사용된 예가 더욱 많은데 별의, 내의內衣의 겉, 안감을 비롯하여 노의露衣, 흉배 겹장삼 등에 사용되었다.

참조1 남금선필단藍金線匹段, 남필단藍匹段, 남필단藍匹緞, 남화문필단藍花紋匹段, 다홍운문필단多紅雲紋匹段, 다홍필단多紅匹段, 대홍금선필단大紅金線匹段, 대홍금선필단大紅金線疋段, 대홍무문필단大紅無紋匹段, 대홍소운문필단大紅小雲紋匹緞, 대홍운문필단大紅雲紋匹段, 대홍필단大紅匹段, 무문대홍필단無紋大紅匹段, 아청운문필단鴉靑雲紋匹段, 유청무문단柳靑無紋緞, 유청무문필단柳靑無紋匹緞, 자적필단紫的匹段, 초록육화문필단草綠六花紋匹段, 초록운문필단草綠雲紋匹段, 초록필단草綠匹段, 초록화문필단草綠花紋匹段, 필단匹段, 필단匹緞, 화문대홍필단花紋大紅匹段

예문 草綠花紋匹段褥一坐上下花紋席具大紅花紋匹段滿頂巾一件缸上板屋靈座滿頂骨平牀具(빈전1674/199ㄴ03~05)

색인 (가례1627/045ㄱ05)(가례1627/045ㄱ12)(가례1627/048ㄱ14)(가례1671/126ㄱ09)(가례1671/129ㄱ10)(가례1681/198ㄴ08)

大紅禾花紬【대홍화화주】 일 복

대홍색의 화화주. 화화주는 상등품의 견사를 사용하여 평직으로 제직하였으며, 지질이 치밀하고 촉감이 부드러운 견직물이다. 『영조실록英祖實錄』에 영조가 승하하자 광직廣織과 공단·화화주禾花紬로 다홍색 도포 24벌을 지어 넣었다는 기록이 있다.

참조1 남화화주藍禾花紬

예문 彩花單席滿花單席滿花方席紫的水紬褥半月滿頂骨大紅禾花紬覆巾揮帳前面帳具以殯殿所排(빈전1805/039ㄱ01~03)

색인 (가례1819/상219ㄱ09)(가례1819/상222ㄱ05)(가례1819/상224ㄴ10)

都監【도감】 일 의

고려·조선 시대 국가의 중대사를 관장하기 위해 설립한 임시 관서. 고려와 조선 시대에 국장國葬, 가례嘉禮, 궁궐의 영건營建, 도성의 수축修築 등 나라의 중요한 일을 주관할 목적으로 수시로 설치한 임시 관청을 일컫는다. 비상설적인 기구이기 때문에 설치와 폐지 시기 및 기능은 일정하지 않았다. 도감은 비록 임시 관청이었지만 때로 상설 기구보다도 권력이 비대해져 실질적인 국가의 최고통수기관으로 군림하기도 했다. 관원과 품계는 도감의 성격에 따라 다르나 주로 겸직이나 임시직의 성격을 가지고 있었다. 관직으로 별감別監·사使·판사判事·판관判官·부사副使·녹사錄事·중감重監·제조提調가 있었고, 이속으로 기사·기관·서자書者·산사算士 등이 있었다. 조선 시대에는 도제조都提調·제조提調·도청都廳·낭청郎廳·감조관監造官·정사正使·전교관傳敎官 등이 있고, 기타 직책을 품계에 따라 결정해 현직 관리가 겸직하여 일을 처리하였다.

참조1 가례도감嘉禮都監, 가상존호도감加上尊號都監, 국장도감國葬都監, 부묘도감祔廟都監, 빈전도감殯殿都監, 산릉도감山陵都監, 상존호도감上尊號都監, 상호도감上號都監, 선시도감宣諡都監, 영건도감營建都監, 영접도감迎接都監, 원소도감園所都監, 존숭도감尊崇都監, 책례도감冊禮都監, 책봉도감冊封都監, 천원도감遷園都監, 혼전도감魂殿都監

예문 都廳軍器寺正都監單子都廳承文院判校(가례1627/004ㄴ10~12)

색인 (가례1627/001ㄱ02)(가례1627/001ㄱ04)(가례1627/001ㄱ06)(가례1627/002ㄱ05)(가례1627/002ㄴ04)(가례1627/003ㄴ01)

陶罐【도관/도가니】 채 의 陶灌 陶罐伊
쇠붙이를 녹이는 데 쓰는 그릇. 도관陶罐을 질주전자로 풀이하기도 하는데 도가니[陶罐伊]와 도관陶罐이 각각 별개의 기물을 지시할 개연성이 있다. 그런데 의궤에서 陶罐伊와 陶罐은 함께 나타나는 어휘들이 크게 차이가 나지 않아 이들이 제시된 문맥만으로는 두 기물을 구별하기가 쉽지 않다. 다만, 陶罐을 도가니의 표기로 보면 명사형에서 말음[ㅣ]가 흔히 생략되는 차자 표기의 한 특징으로 설명이 가능하다.

참조1 도관/도가니陶罐伊

관련1 큰(대)도관/도가니大陶罐

예문 風物匠所用各色風物修粧次魚膠煮取付接陶罐炭一日二升式取用而些少之物續續手本事涉煩瑣乙仍于(국장1903/ 025ㄱ07~09)

색인 (가례1681/097ㄱ07)(가례1681/195ㄱ08)(가례1696/077ㄱ03)(가례1696/184ㄴ12)(가례1696/215ㄴ08)(가례1696/262ㄱ05)

陶灌【도관/도가니】 채 의 ☞ 陶罐도관/도가니

참조1 도관/도가니陶罐

예문 木瓢二箇果瓢二箇硯一面破五十兩稱子一部網席二立陶灌一部破地(국장1681/249ㄴ11~12)

색인 (가례1671/217ㄱ02)(가례1671/217ㄴ02)(가례1671/218ㄴ02)(가례1681/316ㄱ08)(가례1681/316ㄴ03)(가례1681/317ㄴ07)

陶罐伊【도가니】 채 의 ☞ 陶罐도관/도가니

참조1 도관/도가니陶罐

관련1 큰(대)도관/도가니大陶罐

예문 小木匠所用方文里一箇陶罐伊一箇炭一斗(상호1853/170ㄴ03~04)

색인 (가례1866/상180ㄴ06)(국장1898四/009ㄱ07)(국장1898四/009ㄴ06)(국장1898四/009ㄴ12)(국장1898四/010ㄱ04)(국장1898四/010ㄴ07)

道乃頭釘【도내두정】 채 건 道乃頭丁 道乃釘 道乃丁
머리 부분의 가운데가 솟아 꺾인 두툼한 형상을 한 못의 일종. 道乃丁이라고도 한다. 조선 시대에는 용도에 따라 다양한 형태의 못을 사용하였는데, 머리 모양에 따라 정丁, 두정頭丁, 도내두정道乃頭釘, 광두정廣頭丁, 압항정鴨項丁 등이 사용되었다. 도내두정은 못의 머리 부분 가운데가 솟아 두툼한 모습을 한 것으로 머리가 장식의 역할을 겸하도록 하기 위해 머리를 크고 넓게 만든 광두정과는 구분된다. 못은 의궤에 釘 또는 丁으로 표기되어 있다.

참조1 광두정/대갈못廣頭釘, 오리목못鴨項釘

참조2 머리못頭釘, 정丁, 정釘

관련1 세치도내두정三寸道乃頭釘, 용두박이두석도내두정龍頭朴只豆錫道乃頭釘

예문 斜木鐙鐵十二介前排叉丁十六介揮帳巨里曲丁二十八介三寸道乃頭丁十六介欄干三排目八部內二部前排六部新備長釵丁四介內二介前排二介新備圓環兩排(국장1890/076ㄱ07~09)

색인 (가례1819/상122ㄴ10)(가례1819/상122ㄴ11)(국장1800二/102ㄴ08)(국장1890二/098ㄱ06)(부묘1836A/088ㄴ12)(부묘1836A/222ㄱ04)

道乃釘【도내정】 채 건 ☞ 道乃頭釘도내두정

예문 圓環排具二部欄干小菊花童三十朶朴只廣頭釘三十箇荷葉朴只七寸道乃釘二十箇龍頭朴只五寸釘十六箇加莫金八箇(국장1834/074ㄴ12~075ㄱ02)

색인 (국장1821二/079ㄴ03)(국장1821二/079ㄴ06)(국장1821二/092ㄱ07)(국장1834二/075ㄱ01)(국장1834二/082ㄱ12)(국장1898三/038ㄴ11)

道乃釵釘【도내차정】 채 건 道乃叉釘

못의 머리가 홈에 파고 들어가도록 머리를 두툼하게 만든 비녀 모양의 못. 조선 시대에는 용도에 따라 다양한 형태의 못을 만들어 사용하였는데, 머리 모양에 따라 정丁, 머리못頭丁, 도내두정道乃頭釘, 광두정/대갈못廣頭丁, 오리목못/압항정鴨項丁 등이 사용되었다. 도내차정은 도내두정과 비슷한 용도로 사용되었으나 홈에 파고 들어가는 못 머리가 도내두정보다 커서 비녀 형상으로 생긴 것을 말한다. 못은 의궤에 대부분 釘 또는 丁으로 표기되어 있고 드물게는 錠의 표기도 보인다.

참조1 도내두정道乃頭釘

참조2 광두정廣頭釘, 머리못頭釘, 오리목못鴨項釘, 정丁, 정釘, 정錠

예문 木維結圓環四介前排修補引분大圓環四介前排修補大菊花童八介斜目鐙鐵十二介釵釘二十介服色巨里曲釘二十八介三寸道乃釘十八介道乃釵釘十六介(국장1821/079ㄴ01~03)

색인 (국장1898三/039ㄱ06)(책봉1901/061ㄴ03)

道乃叉釘【도내차정】 채 건 ☞ 道乃釵釘도내차정

예문 草葉叉釘二十箇巨里曲釘二十六箇三寸道乃釘十六箇道乃叉釘十二箇菊花童十四箇朴只廣頭釘十四箇踏板朴只四寸頭釘八箇(국장1821/087ㄴ08~10)

색인 (국장1821二/087ㄴ09)(국장1821二/079ㄴ03)

都多益【도투락】 채 복

조선 시대 원삼이나 활옷의 혼례복을 입고 족두리나 화관을 쓴 뒤 쪽 뒤에 길게 늘이는 댕기의 일종. 다홍색이나 검정색 사絲 또는 단緞으로 만든다. 형태를 보면 10~12㎝폭으로 만들어 중앙에서 제비 부리 형으로 접어 두 가닥이 되게 한다. 가운데 뾰족한 부분에서 가로선이 있는 곳까지 공그르기를 하고 안쪽으로 두 가닥의 끈을 달아 댕기를 고정시킬 수 있도록 만든다. 완성된 겉면에 금박을 찍고 두 폭 사이를 석웅황, 밀화, 칠보 등으로 달아 연결한다.

관련1 화금도투락畫金都多益

예문 冒段三尺紫的吐紬三尺褁次擣鍊紙一丈大帶一大紅廣的都多益泥金褁擣鍊紙一丈(빈전1649/119ㄱ01~02)

색인 (가례1819/상154ㄱ04)(존숭1747/082ㄱ09)(가례1681/242ㄱ02)(빈전1649/119ㄱ02)(빈전1659/193ㄴ02)(빈전1675/142ㄴ09)

陶東海【도동이/질동이】 채 의 음

진흙으로 만든 동이. 동이는 모양이 둥글고 배가 부르며, 아가리가 넓고, 양쪽에 손잡이가 있는 그릇이다. 동이는 대개 진흙으로 만들지만 함석과 놋쇠로도 만드는데 각각 양동이[凉東海]와 유(놋)동해[鍮東海]로 구분하여 부른다. 대부분의 의궤 자료에서 東海로 나타나는 것으로 보아 東海의 표기가 일반적으로 쓰였음을 알 수 있다. 陶는 기물이 질그릇임을 뜻한다.

참조1 동이東海, 양동이凉東海

참조2 물동이水瓮

관련1 유동이鍮東海, 주동이鑄東海, 주소동이鑄小東海

예문 一石鹽五升大盤二立陶東海三坐手巾布五尺纓子裹袱縫造次紫的眞絲(책례1651/045ㄱ01~02)

색인 (가례1627/023ㄱ03)(가례1627/054ㄱ06)(가례1627/058ㄴ03)(가례1627/108ㄱ12)(가례1627/109ㄴ12)(가례1671/047ㄱ07)

擣鍊紙【도련지】 일 건

도련, 즉 종이를 겹겹이 쌓아 다듬잇돌로 다듬질하여 만든 종이. 도련지는 유지와 같이 반질반질한 성격을 지니며, 주로 도배지로 사용한다.

관련1 청염도련지靑染擣鍊紙

예문 改銘旌書寫官分付內銘旌字樣墨寫御覽所用擣鍊紙二張竹淸紙四張自都監分付待今亦

是如乎前日進排是在大好紙一張還下(빈전1701/055ㄴ03~05)

색인 (가례1627/045ㄱ03)(가례1627/045ㄱ10)(가례1627/045ㄴ03)(가례1627/062ㄱ01)(가례1627/062ㄴ11)(가례1627/063ㄱ06)

道里【도리】 채 건

보 위에 놓여서 서까래를 받기 위해 사용하는 부재. 서까래를 받기 위해 사용하는 도리는 일반적으로 보 양쪽 끝에 놓인다. 도리는 가구의 양수樑數에 따라서 하나의 건물에 여러 개가 사용되며, 위치에 따라 평주 중심선상에 사용한 것을 주심도리[柱心道里], 삼각형 구조로 된 지붕의 꼭지점, 즉 가장 높은 곳에 사용한 것을 종도리(마루도리)[宗道里], 그리고 주심도리와 종도리 사이에 사용된 도리를 중도리[中道里]로 구분한다. 또한 도리는 방형 단면으로 된 것과 원형 단면으로 된 것이 있는데, 방형 단면으로 된 것을 납도리, 원형 단면으로 된 것을 굴도리로 구분하여 부른다.

예문 原閣橫閣道里樑方椽朴工御間直閣(국장1800四/069ㄱ08~10)

색인 (가례1627/064ㄴ12)(국장1674A三/137ㄴ11)(국장1674A三/138ㄱ10)(국장1800四/068ㄱ10)(국장1800四/068ㄱ11)(국장1800四/069ㄱ09)

刀磨【도마】 채 음 刀ケ 刀馬 屠ケ 都ケ

음식의 재료를 썰거나 다질 때 밑에 받치는 나무토막. 廣-, 中-, 小-는 기물을 크기에 따라 구분한 것이다.

관련1 광도마廣刀磨, 소도마小刀磨, 중도마中刀磨

예문 穿穴匠例以磨只刀磨出錬正而此非渠輩常用器械是如乎同磨只刀陸介用還次依謄錄進排事別工作良中捧甘何如堂上手決內依(가례1727/275ㄱ08~10)

색인 (가례1681/026ㄱ12)(가례1681/027ㄱ02)(가례1681/292ㄱ04)(가례1681/292ㄴ07)(가례1762/상026ㄴ07)(가례1802/상039ㄴ04)

刀馬【도마】 채 음 ☞ 刀磨도마

예문 馬尾篩一部刀馬一坐油紙三張(빈전1921/118ㄴ05~07)

색인 (가례1671/148ㄴ12)(가례1762/상087ㄱ07)(혼전1720/234ㄴ04)(혼전1720/234ㄴ08)(혼전1720/235ㄴ01)(혼전1720/235ㄴ11)

刀ケ【도마】 채 음 ☞ 刀磨도마

관련1 소도마小刀ケ, 중도마中刀ケ

예문 枕木二箇槐木四立來往板二立刀ケ四部眞長木五百箇雜長木一千六百九十箇大椽木四十三箇(국장1681/250ㄱ05~07)

색인 (국장1681二/228ㄱ12)(국장1681二/250ㄱ06)(국장1684/226ㄱ08)(국장1701一/298ㄱ12)(빈전1600/220ㄴ01)(빈전1600/221ㄴ04)

陶所湯【질바탕】 채 의 음 陶所湯伊

오지그릇의 한 종류. 所湯은 건축 부재와 그릇명을 동시에 지시하는 동음이의어로, 제시되는 전후 환경에 따라 해석을 달리 해야 한다. 所湯이 용기를 지시할 때는 대개 재료적 속성을 나타내는 陶-가 와서 기물의 속성을 분명히 하는 경우도 있다. 바탕이는 현재 바탱이로 남아 있어 바탕이>바탱이의 변화를 거친 것으로 보인다. 陶所湯은 말음 [ㅣ]음이 생략 표기되었으며, 陶所湯伊로 쓰기도 한다.

참조1 바탕所湯

예문 一諸色工匠等赴役時地排空石五立及炊飯所用食鼎一坐木果瓢各二箇平桶二部陶東海二坐法油所盛陶所湯一坐等用還次進排事手決內依戶曹工曹司䆃寺兩倉(빈전1683/238ㄱ05~07)

색인 (가례1696/077ㄱ01)(가례1718/093ㄱ10)(국장1878四/069ㄴ07)

陶所湯伊【도바탕이/질바탕이】 채 의 음 ☞ 陶所湯질바탕

참조1 바탕所湯

예문 巨亇金八介道乃板二立項木一介爭機四部雙絲機一坐陶所湯伊一坐陶東海五介方文里五介陶所羅二介中鼎二坐陶罐四介木波槽一介(책례1667/094ㄴ03~05)

색인 (가례1671/081ㄱ02)(가례1681/097ㄱ06)(가례1696/262ㄴ02)(가례1718/285ㄱ03)(존숭1713二/134ㄱ07)(혼전1720/137ㄴ09)

刀子匠【도자장】 일 건

예전에 도자를 만드는 일을 맡아 하던 장인. 도자는 작은 칼, 창칼, 소도小刀를 말한다.

예문 刀子匠盧應祿裵業李難金銅匠鄭義賢(책례1651/037ㄱ12~13)

색인 (가례1627/066ㄱ03)(가례1627/128ㄴ04)(가례1671/154ㄱ06)(가례1671/186ㄱ07)(가례1671/224ㄱ05)(가례1681/223ㄴ05)

都提調【도제조】 일 의

조선 시대 육조의 속아문이나 군영 등에 두었던 겸직 제도의 하나로 활용된 정1품 자문직. 조선 전기에 육조 속아문 가운데 왕권이나 국방·외교 등과 연관되어 중요하다고 생각되는 기관에 도제조를 두어 인사나 행정상 중요한 문제 등에 관하여 자문에 응하도록 하였는데, 겸직제를 활용하였다. 조선에서는 관원의 포폄褒貶이나 관사 업무를 왕에게 보고하는 일 등은 당상관들이 할 수 있었다. 따라서 당상관이 없는 아문에는 관서의 장 이외에 타부서의 당상관 이상의 고관으로 제조를 임명하여 관서의 일을 총괄하게 했다. 도제조는 제조 중에서도 가장 높은 자로 정1품관이 임명된다. 주로 전직·현직 의정議政이 맡았다. 이들은 보통 휘하에 제조·부제조를 여럿 거느리며, 제조들의 활동을 규찰하는 일까지도 맡았다. 그런데 실제로는 제조가 당상관이 있는 관서나 군영軍營에도 설치되어 그 관서의 사무에 관여하는 경우가 많았는데, 특히 정1품관이 담당하는 도제조는 이런 점에서 중요한 역할을 했다. 조선 초기에는 『경국대전經國大典』 이전吏典의 중요한 각 속아문에 한하여 채택하였으나, 후기에 군영 체제가 확립되면서 국방이나 재정 등의 중요 기관에도 두었는데, 조선 시대 전·후기를 통하여 도제조가 있었던 기관은 다음과 같다. 조선 전기에는 승문원에 3인, 봉상시·종부시·군기시·군자감·사옹원·내의원·사역원·수성금화사修城禁火司·전함사典艦司·종묘서·사직서에 각 1인, 문소전文昭殿(뒤에 폐지)에 2인을 두었으며, 조선 후기에는 선혜청宣惠廳·준천사濬川司에 각 3인, 훈련도감·양향청糧餉廳·금위영·어영청·경리청(뒤에 폐지)에 각 1인을 두었다.

예문 上曰依爲之丁丑三月初八日司饔院官員以都提調意啓曰卽接國葬都監移文則誌石監造官以本院燔造(국장1757/014ㄴ04~06)

색인 (가례1627/001ㄴ06)(가례1627/014ㄴ09)(가례1627/014ㄴ12)(가례1627/021ㄱ02)(가례1627/041ㄴ04)(가례1627/072ㄴ10)

都廳【도청】 일 의

조선 시대 가례도감嘉禮都監·책례도감冊禮都監·존호도감尊號都監 등 국가의 중요 의례 행사를 위하여 설치하였던 임시 관서의 관직. 정원은 2인이었다. 품계는 3~5품관을 차출하였는데, 보통은 홍문관의 응교·교리가 임명되었다. 그들은 도감의 실무 책임자들로서 행사의 준비와 시행을 총괄하는 구실을 담당하였고, 특히 문한文翰의 일을 관장하였다. 그리고 그 아래에 5·6품의 낭청郎廳 6인이 있었다.

관련1 도청방都廳房

예문 一郎廳八員內司僕寺正閔鎭遠弘文館副校理權尙游都廳稱號爲白齊一應役工匠及該用雜物令各該司推捉進排爲白齊(빈전1701/006ㄱ03~05)

색인 (가례1627/002ㄴ07)(가례1627/002ㄴ11)(가례1627/002ㄴ14)(가례1627/003ㄴ07)(가례1627/003ㄴ10)(가례1627/004ㄱ04)

搗砧石【도침석】 일 건

다듬잇돌을 궁중에서 이르던 말. 도침은 종이나 피륙을 다듬잇돌로 다듬질하여 반드럽게 하는 일을 말하며, 도련이라고도 한다.

참조2 도침搗砧

예문 搗砧石二塊每塊價錢一兩式自都監貿用小毛老一箇小亇赤一箇小執介一箇(가례1819/129ㄴ09~10)

색인 (가례1819/하129ㄴ09)(가례1819/하136ㄱ07)

桃黃【도황】 일 건

삼록三碌 중에서 약간 누른빛을 띤 도료. 동황同黃이라고도 한다.

참조1 동황同黃

예문 班次圖及各樣儀物起畫時所用唐朱紅四戔唐荷葉五戔桃黃二戔五分二青三青各五戔青花眞粉各二兩黃丹五戔片燕脂五片三碌二戔五分阿膠四兩(국장1720/ 134ㄴ09~11)

색인 (가례1627/031ㄱ05)(가례1627/059ㄴ07)(가례1671/167ㄱ08)(가례1671/169ㄴ07)(가례1671/172ㄱ03)(가례1671/180ㄴ03)

讀寶床【독보상】 일 의

시보諡寶 및 책보를 올려놓고 읽던 상. 사각형의 천판天板과 호랑이 발[虎足] 모양의 네 다리에 운각雲角 장식을 덧붙인 구조이며 전면에 주칠朱漆을 하였다. 국왕·왕비·대비·왕대비·대왕대비 등의 책보를 올려놓고 읽는 데 사용되었다. 대부분 독보상讀寶床으로 표기하며 독책보안讀册寶案으로도 표기한다.

참조1 가독보상假讀寶床, 독책보안讀册寶案

예문 尊崇所用排案讀寶床具已爲磨鍊造作爲去乎册禮時排案讀牀何以爲之稟提調手決內(책례1651/040ㄱ03~05)

색인 (가례1681/278ㄴ03)(가례1681/279ㄴ11)(가례1681/280ㄴ02)(가례1681/304ㄱ05)(가례1866/하040ㄴ07)(가례1866/하061ㄴ04)

독보상

禿小簪【독소잠】 일 복

작은 비녀. 머리의 형태를 만드는 고정용 비녀인 흑각잠黑角簪은 길이와 크기에 따라 흑각장잠黑角長簪, 흑각대잠黑角大簪, 흑각중잠黑角中簪, 흑각소잠黑角小簪, 흑각독소잠黑角禿小簪, 흑각차소잠黑角次小簪, 흑각소소잠黑角小小簪으로 나뉜다. 독禿은 무늬가 없다는 뜻이지만 비녀에 있어서는 문맥상 소小보다도 작은 크기를 나타내는 것으로 보인다.

참조1 잠簪, 흑각잠黑角簪

관련1 흑각독소잠黑角禿小簪

관련2 국화잠菊花簪, 매죽잠梅竹簪, 매화잠梅花簪, 목련잠木蓮簪, 봉잠鳳簪, 쌍조잠雙鳥簪, 오두잠烏頭簪, 용잠龍簪, 죽절잠竹節簪, 흑각대잠黑角大簪, 흑각독소잠黑角禿小簪, 흑각소소잠黑角小小簪, 흑각소잠黑角小簪, 흑각장잠黑角長簪, 흑각중잠黑角中簪, 흑각차소잠黑角次小簪

예문 黑角中簪三箇黑角小簪二箇黑角禿小簪二箇黑角次小簪二箇黑角小小簪三箇(가례1762/017ㄴ11~018ㄱ01)

색인 (가례1802/상146ㄱ11)(가례1819/상138ㄱ09)(가례1866/상132ㄴ02)(가례1762/상017ㄴ12)(가례1802/상031ㄱ12)(가례1819/상028ㄱ03)

讀册高足床【독책고족상】 일 의

옥책玉册이나 죽책竹册을 올려놓고 읽던 다리가 높은 상. 직사각형의 천판天板에 네 개의 호랑이 발[虎足] 모양의 다리가 있으며 사용자의 위계에 따라 왕과 왕비의 것은 주칠朱漆을 세자와 세자빈의 것은 흑칠黑漆을 하였다. 옥책玉册이나 죽책竹册을 옆으로 길게 펴 놓고 읽는 용도로써 옥책과 죽책의 규모에 맞게 세로보다 가로가 긴 천판天板이 특징이다. 국왕·왕비·세자 및 세자빈의 책례册禮나 국왕·왕비·대비·왕대비·대왕대비에게 존호를 올리는 의례 등에서 옥책을 올려놓고 읽는 데 쓰였다.

참조1 고족상高足床, 독책상讀册床

讀册寶案【독책보안】 일 의

시보諡寶 및 책보册寶를 올려놓고 읽던 상. 직사각형의 천판天板과 호랑이 발[虎足] 모양의 네 다리에 운각雲角 장식을 덧붙인 구조이며 전면에 주칠朱漆을 하였다. 주로 존호尊號를 올리는 의례나 책봉례册封禮 또는 흉례凶禮에서 시보나 책보를 놓고 서서 읽기 위한 용도이다. 대부분 독보상으로 표기한다.

참조1 가독보상假讀寶床, 독보상讀寶床

예문 擧讀册寶於臨時設讀册寶案於香案前禮儀使跪奏請執圭俯伏興少退北向跪皇帝執圭俯伏興少退北向跪捧册官進(상호1902/062ㄱ12~ㄴ02)

색인 (국장1898一/092ㄴ04)(존호1892/069ㄴ03)(존호1892/072ㄱ11)(존숭1802/053ㄴ07)(존숭1624A一/011ㄴ07)(존숭1624A一/037ㄴ05)

讀册床【독책상】 일 의

옥책玉册이나 죽책竹册을 올려놓고 읽던 상. 직사각형의 천판天板과 네 개의 호랑이 발[虎足] 모양의 다리를 가지고 있으며 사용자의 위계에 따라 왕과 왕비의 것은 주칠朱漆을 세자와 세자빈의 것은 흑칠黑漆을 하였다. 옥책玉册이나 죽책竹册을 옆으로 길게 펴 놓고 읽는 용도로써 옥책과 죽책의 규모에 맞게 세로보다 가로가 긴 천판天板이 특징이다. 국왕·왕비·세자 및 세자빈의 책례册禮나 국왕·왕비·대비·왕대비·대왕대비에게 존호를 올리는 의례 등에서 옥책을 올려놓고 읽었던 용도이다.

참조1 가독책상假讀册床, 독책고족상讀册高足床

관련1 황칠독책상黃漆讀册床

예문 捧褥席差備忠贊衛讀册床差備忠贊衛捧寶差備忠贊衛(가례1691/269ㄱ03~05)

색인 (가례1671/187ㄱ03)(가례1671/190ㄱ07)(가례1671/193ㄱ09)(가례1681/274ㄴ06)(가례1681/279ㄴ05)(가례1681/280ㄱ10)

독책상

禿平床【독평상】 일 의

의례의 습의習儀 때 사용했던 문양과 난간이 없는 평상. 왕실의 각종 의례를 행하기 전에 미리 의식을 익히는 것을 일컬었던 습의習儀 때 사용했던 문양과 난간이 없던 평상이다. 의례에서 평상은 교의交椅를 안치하는 용도로써 주로 삼면이 난간으로 둘러싸이고 왕실의 위계에 맞게 주칠朱漆 혹은 흑칠黑漆을 사용하여 제작되었는데 습의 때 사용한 독평상은 임시로 문양과 난간이 없는 형태로 제작하여 사용하였다.

예문 香樌貳部工曹假香牀貳繕工監禿平床壹部尙方紫的大袱貳件濟用監彩花席貳張下排假褥席各拾件(가례1727/129ㄱ02~04)

색인 (가례1696/120ㄴ09)(가례1718/063ㄱ12)(가례1718/063ㄴ04)(가례1718/063ㄴ08)(가례1718/148ㄱ07)(가례1802/상195ㄴ06)

頓遞使【돈체사】 일 의

국상國喪이 났을 때나 산릉도감山陵都監이 설치되었을 때 길을 닦고 다리를 놓는 등의 특사 사무를 관장하는 임시 벼슬. 한성판윤을 돈체사頓遞使로 삼아 겸임케 하였다.

예문 甲寅十一月二十四日吏曹爲相考事頓遞使漢城府判尹金宇享启下爲有置相考施行爲只爲堂上手決內(국장1674/061ㄱ02~04)

색인 (국장1659一/039ㄱ09)(국장1659一/064

ㄴ09)(국장1659一/074ㄴ11)(국장1659一/075ㄱ04)(국장1659一/094ㄴ07)(국장1659二/196ㄱ04)

乭廸耳【돌쩌귀】 채 건 乭赤耳 道廸歸 石廸耳 道乙的歸 道乙廸歸 道乙廸耳 道狄耳 突廸耳 夫道乙摘歸 夫道乙的歸 女道的歸

경첩. 돌쩌귀. 문짝을 문설주에 달아 여닫는 데 쓰는 창호 철물로 철판을 둥글게 감아 구멍을 내고 다른 하나는 구멍에 꽂아 창문을 돌려 연다. 수톨쩌귀와 암톨쩌귀가 한 벌로 되어 있으며, 수짝은 문짝에, 암짝은 문설주에 박아 맞추어 꽂는다. 접두어가 다양하게 결합하여 돌쩌귀의 종류를 구분한다. 먼저 별대돌쩌귀[別大乭迪耳], 대돌쩌귀[大乭迪耳], 중돌쩌귀[中乭迪耳], 소돌쩌귀[小乭迪耳]는 크기에 따른 구분이고, 수돌쩌귀[雄道廸歸], 암돌쩌귀[女道廸歸], 수돌쩌귀[夫道廸歸], 암돌쩌귀[雌道廸歸]는 기물의 모양을 구분하였다. 신조돌쩌귀[新造道乙迪耳], 전배돌쩌귀[前排道乙迪耳]는 기물의 생산 시기에 따라 구분한 것이고, 연봉돌쩌귀[蓮峯乭迪耳], 판문돌쩌귀[板門乭迪耳], 박이납염대돌쩌귀[朴只鑞染大乭迪耳], 분합문박이련실돌쩌귀[分閤門朴只蓮實乭廸耳], 연실돌쩌귀[連實乭迪耳], 연실돌쩌귀[蓮實乭迪耳], 박이련실돌쩌귀[朴只蓮實乭廸耳], 박이납염중돌쩌귀[朴只鑞染中乭迪耳], 박이중돌쩌귀[朴只中乭迪耳] 등은 돌쩌귀의 기능과 사용처에 따른 구분이다. 이 밖에 도금을 하지 않은 흑골돌쩌귀[黑骨乭赤耳]와 납을 도금한 납염돌쩌귀[鑞染乭赤耳]가 있고, 연실돌쩌귀[蓮實乭廸耳]는 상하부가 연밥 모양으로 약간의 장식줄을 넣은 돌쩌귀를 말한다.

참조1 돌쩌귀乭迪耳, 암돌쩌귀女乭迪耳

관련2 박이연실돌쩌귀朴只蓮實乭廸耳, 분합문박이연실돌쩌귀分閤門朴只蓮實乭廸耳

예문 上下邊鐵用鍊黃銅召伊鍍金每貼乭廸耳次次連接而邊鐵內以多紅廣的纏頭上下衣用多紅廣的(책례1759/050ㄱ09~10)

색인 (존호1841/059ㄱ01)(책례1875/132ㄱ02)(책례1875/136ㄴ04)(책례1875/142ㄴ04)(책봉1901/076ㄴ09)(책봉1901/083ㄱ12)

乭迪耳【돌쩌귀】 채 건 ☞ 乭廸耳돌쩌귀

참조1 암돌쩌귀女乭迪耳, 돌쩌귀乭赤耳, 돌쩌귀乭廸耳

관련2 납염대돌쩌귀鑞染大乭迪耳, 대돌쩌귀大乭迪耳, 박이납염대돌쩌귀朴只鑞染大乭迪耳, 박이납염중돌쩌귀朴只鑞染中乭迪耳, 박이중돌쩌귀朴只中乭迪耳, 별대돌쩌귀別大乭迪耳, 소돌쩌귀小乭迪耳, 연봉돌쩌귀蓮峯乭迪耳, 연실돌쩌귀連實乭迪耳, 연실돌쩌귀蓮實乭迪耳, 중돌쩌귀中乭迪耳, 판문돌쩌귀板門乭迪耳

예문 正鐵打造鐵物實入秩大乭迪耳十四部中沙巨沙兩排目具一百六十一介中乭迪耳一百九十五部三排目叉釘具一百九十六部(혼전1730/217ㄱ05~07)

색인 (상호1855/148ㄱ06)(상호1902/115ㄱ01)(상호1902/120ㄱ01)(존숭1739/209ㄱ07)(존숭1866/062ㄴ04)(존호1753二/201ㄴ05)

乭赤耳【돌쩌귀】 채 건 ☞ 乭廸耳돌쩌귀

참조1 돌쩌귀乭迪耳, 암돌쩌귀女乭迪耳

관련1 납염돌쩌귀鑞染乭赤耳, 대돌쩌귀大乭赤耳, 흑골돌쩌귀黑骨乭赤耳

예문 油芚一番馬尾篩二部竹篩六部障子十二隻次于里及箭竝廣厚板十五立鑞染中乭赤耳二十四部鑞染中圓環兩排具四箇鑞染中遠山八箇鑞染中(빈전1800/148ㄴ01~03)

색인 (국장1757B一/161ㄱ02)(국장1757B一/165ㄴ10)(국장1757B一/178ㄱ08)(빈전1600/201ㄴ10)(빈전1800三/148ㄴ02)(빈전1834三/029ㄱ01)

彤弓【동궁】 일 의

왕실의 흉례凶禮가 있을 때 명기明器로 사용되었던 활. 동궁彤弓은 대나무를 사용하여 몸체를 만들었으며 주척周尺을 이용하여 길이는 4촌으로 하고 안팎에 힘줄을 덧대었다. 등에는 왜주칠倭朱漆을 하고 배에는 흑진칠黑眞漆을 하였다. 그러나 소상小喪일 경우에는 순흑칠純黑漆만을 사용하였다. 더불어 현絃을 갖추었다.

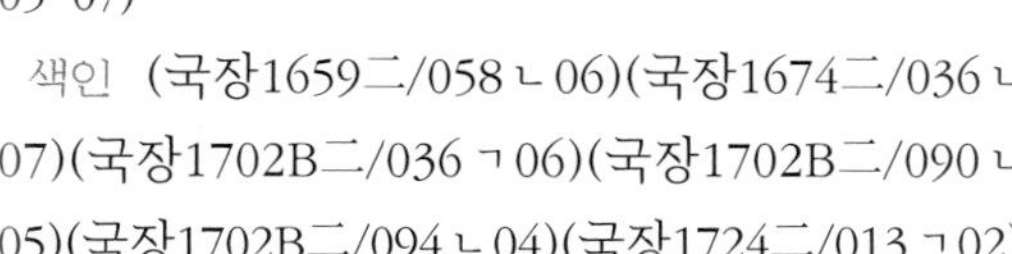

동궁

예문 一牙箏一節鼓一杖鼓一于一戚祝一敔一楯一戈一甲一彤弓一彤矢一笮一冑一等所入梧桐板半立都廳上下栗木長一尺廣三寸(국장1720/036ㄱ05~07)

색인 (국장1659二/058ㄴ06)(국장1674二/036ㄴ07)(국장1702B二/036ㄱ06)(국장1702B二/090ㄴ05)(국장1702B二/094ㄴ04)(국장1724二/013ㄱ02)

東堂落幅紙【동당낙폭지】 일 건

동당시東堂試에서 낙방한 사람이 쓴 답안지. 조선시대 과거제도의 하나로 예시豫試에 합격한 성균관 유생인 생원을 대상으로 치르던 본고시를 동당시東堂試라고 했는데, 과장科場으로 이용되었던 중국 진晉나라의 궁전 이름 동당東堂에서 나온 말이며, 이 시험에서 떨어진 자들의 답안지 종이를 가리킨다. 본래 감시監試의 답안지로 사용된 종이는 백지白紙였다. 물자가 귀하던 시기에 다양한 용도로 재활용되던 종이이다. 가례嘉禮, 책례冊禮, 국장國葬 등에서 두루마리 공문의 심목인 축軸을 감싸는 종이로, 등록謄錄이나 문서의 임시 겉표지 싸개[假衣]용으로 주로 사용되었다.

참조1 감시낙폭지監試落幅紙, 낙폭지落幅紙

예문 一本房各處移文及文書所用白紙一卷白休紙一斤謄錄假衣次東堂落幅紙一張各該司良中進排事捧甘何如堂上手決內依甘(빈전1600/026ㄱ11~ㄴ01)

색인 (가례1696/200ㄱ11)(가례1718/240ㄱ06)(가례1819/하003ㄱ08)(가례1819/하029ㄱ08)(빈전1800一/101ㄱ07)(상호1787/090ㄱ03)

東道里【동달이/동도리】 채 건 同道里

① 옛날 군복의 한 가지. 검은 두루마기에 붉은 소매를 달고, 뒷솔기를 텄다. ② 군인의 등급(계급)에 따라 군복의 소매 끝에 가늘게 댄 선(줄). ③ 휘장의 아랫단에 댄 선.

참조2 초록동도리회승/초록동달이회승草綠同道里回繩

예문 多紅雲紋匹段五幅各長六尺東道里次多紅雲紋匹段八尺落纓六箇次多紅雲紋匹段四尺五寸(빈전1730/181ㄱ04~06)

색인 (가례1696/206ㄴ07)(가례1718/217ㄴ11)(가례1819/상165ㄱ08)(가례1819/상167ㄴ05)(가례1819/하016ㄴ01)(국장1800四/066ㄱ07)

同道里【동달이/동도리】 채 건 ☞ 東道里동도리/동달이

예문 一魂殿所排雉尾篇一雙令軍器寺造作進排事捧甘何如一取考謄錄則正殿三門所揭紅綃單帳絡纓同道里回索具唐家前面紅綃甲帳絡纓同道里回索具例自尙方造作(빈전1800/036ㄱ09~11)

색인 (국장1904四/037ㄱ08)(국장1904四/038ㄴ09)(부묘1851一/099ㄴ11)(존호1888A/219ㄴ11)(가례1627/057ㄱ12)(가례1627/059ㄴ02)

同牢【동뢰】 일 의

국왕과 왕비가 술과 음식을 같이 맛보는 의식. 동뢰同牢란 제사의 희생을 같이 먹는다는 의미로 이를 통해 신랑과 신부가 결합하였음을 보여준다. 고대 동뢰연에서는 부부의 합일을 상징하기 위해 반으로 갈라놓은 새끼 돼지, 합근合巹, 준餕 등을 사용하였다. 그리고 후대에는 신랑과 신부가 상호 절을 하는 교배례交拜禮가 추가되었다. 의궤에 나타난 왕비의 동뢰의同牢儀를 살펴보면 왕이 왕비를 인도하여 실내로 들어오면 동서로 마주 선 후 음식과 입가심 잔을 세 번 먹고 마시는 합근례를 행하였다.

그러나 왕과 왕비가 상호 절하는 절차는 보이지 않는다.

참조1 동뢰상同牢床, 동뢰연同牢宴, 동뢰의同牢儀

관련1 동뢰연근배주同牢宴巹杯酒, 동뢰연물목질同牢宴物目秩, 동뢰연배설同牢宴排設, 동뢰연배설욕同牢宴排設褥, 동뢰연사방반同牢宴四方盤, 동뢰연상同牢宴床, 동뢰연상기同牢宴床器, 동뢰연상숙설同牢宴床熟設, 동뢰연설리내관同牢宴薛里內官, 동뢰연설리同牢宴薛里, 동뢰연습의同牢宴習儀, 동뢰연욕同牢宴褥, 동뢰연종사관同牢宴從事官, 동뢰연청同牢宴廳, 동뢰연청욕차비同牢宴廳褥差備, 동뢰연청화초대병풍同牢宴廳花草大屛風, 동뢰욕석同牢褥席, 동뢰청同牢廳, 동뢰청십첩대병풍同牢廳十貼大屛風, 동뢰청욕同牢廳褥, 동뢰친영책빈욕同牢親迎册嬪褥

예문 奠鴈拜位滿花單席下排面席同牢紫的吐紬褥上下排席(가례1819A 015ㄴ07)

색인 (가례1671/094ㄴ02)(가례1671/095ㄱ08)(가례1671/095ㄴ01)(가례1671/095ㄴ05)(가례1681/126ㄴ09)(가례1681/136ㄱ03)

同牢床【동뢰상】 엡 의

혼례 의례상. 대례상大禮床, 초례상醮禮床, 친영상親迎床, 혼례상婚禮床이라고도 한다. 장방형의 천판天板을 가늘고 둥글거나 네모진 네 개의 다리가 받치고 다리의 지지支持 부분에 운각雲脚을 대었다. 대례상은 생칠生漆이나 주사朱砂의 붉은 칠을 한다.

참조1 동뢰同牢, 동뢰의同牢儀, 동뢰청同牢廳

관련1 동뢰연상同牢宴床, 동뢰연상기同牢宴床器, 동뢰연상숙설同牢宴床熟設

예문 嘉禮都監郞廳都提調啓同牢床各樣花子草記批旨命下謄錄次知中使監造差備(가례1802/상070ㄱ10~12)

색인 (가례1802/상070ㄱ10)

同牢宴【동뢰연】 엡 의

조선의 왕실 혼례인 가례의 여섯 절차 중 마지막 의식. 신랑과 신부가 절을 주고받은 뒤 술잔을 서로 나누는 잔치이다. 동뢰연의 뇌牢는 짐승 뇌를 가리키는 것으로, 동뢰연이란 돼지의 오른쪽 반을 신랑에게, 왼쪽 반은 신부에게 차려 줘 나눠 먹게 함으로써 서로 다른 두 사람이 동체同體가 되게 한다는 의미다. 일반 민가에서는 이를 초례醮禮라 했다.

참조1 동뢰同牢, 동뢰의同牢儀, 동뢰청同牢廳

관련1 동뢰연근배주同牢宴巹杯酒, 동뢰연물목질同牢宴物目秩, 동뢰연배설同牢宴排設, 동뢰연배설욕同牢宴排設褥, 동뢰연사방반同牢宴四方盤, 동뢰연상同牢宴床, 동뢰연상기同牢宴床器, 동뢰연상숙설同牢宴床熟設, 동뢰연설리내관同牢宴薛里內官, 동뢰연설리同牢宴薛里, 동뢰연습의同牢宴習儀, 동뢰연욕同牢宴褥, 동뢰연종사관同牢宴從事官, 동뢰연청同牢宴廳, 동뢰연청욕차비同牢宴廳褥差備, 동뢰연청화초대병풍同牢宴廳花草大屛風

예문 同牢宴所用器皿金鳳甁代銀鳳甁蓋鎖具壹部起畵鍍金(가례1727/923ㄱ01~02)

색인 (가례1627/011ㄱ13)(가례1627/018ㄱ13)(가례1627/019ㄱ06)(가례1627/025ㄱ12)(가례1627/026ㄴ09)(가례1627/030ㄱ05)

同牢儀【동뢰의】 엡 의

동뢰연의 의식. 왕실의 혼례에서 왕과 신부가 술과 음식을 같이 맛보는 의식으로 동뢰라고도 한다. 의궤에 나타난 왕비의 동뢰의同牢儀를 살펴보면 왕이 왕비를 인도하여 실내로 들어오면 동서로 마주 선 후 음식과 입가심 잔을 세 번 먹고 마시는 합근례合巹禮를 행하였다. 그러나 왕과 왕비가 상호 절하는 절차는 보이지 않는다.

참조1 동뢰同牢, 동뢰상同牢床, 동뢰연同牢宴, 동뢰청同牢廳

관련1 동뢰연근배주同牢宴巹杯酒, 동뢰연물목질同牢宴物目秩, 동뢰연배설同牢宴排設, 동뢰연배설욕同牢宴排設褥, 동뢰연사방반同牢宴四方盤, 동뢰연상同牢宴床, 동뢰연상기同牢宴床器, 동뢰연상숙설同牢宴床

熟設, 동뢰연설리同牢宴薛里, 동뢰연설리내관同牢宴薛里內官, 동뢰연습의同牢宴習儀, 동뢰연욕同牢宴褥, 동뢰연종사관同牢宴從事官, 동뢰연청同牢宴廳, 동뢰연청욕차비同牢宴廳褥差備, 동뢰연청화초대병풍同牢宴廳花草大屛風, 동뢰욕석同牢褥席, 동뢰의同牢儀, 동뢰청십첩대병풍同牢廳十貼大屛風, 동뢰청욕同牢廳褥, 동뢰친영책빈욕同牢親迎册嬪褥

예문 受册儀册妃親迎儀親迎後王妃詣闕儀同牢儀三殿朝見禮儀合七件書入而所入上品擣鍊紙七張(가례1866/232ㄴ06~08)

색인 (가례1671/119ㄱ01)(가례1681/179ㄴ05)(가례1696/156ㄱ01)(가례1802/상225ㄴ12)(가례1819/상212ㄱ03)(가례1866/상232ㄴ07)

同牢廳【동뢰청】 일 의

동뢰연을 베푸는 장소. 왕실 혼례의 여섯 절차 중 마지막 의식인 동뢰연을 치르는 장소를 말한다. 동뢰는 신랑과 신부가 절을 주고받은 뒤 술잔을 서로 나누는 잔치로 술과 음식을 서로 나눔으로써 다른 두 사람이 동체同體가 되게 한다는 의미다. 일반 민가에서는 이를 초례醮禮라 했고, 초례를 치르는 장소를 초례청醮禮廳이라 하였다.

참조1 동뢰同牢, 동뢰상同牢床, 동뢰연同牢宴, 동뢰의同牢儀

관련1 동뢰연근배주同牢宴巹杯酒, 동뢰연물목질同牢宴物目秩, 동뢰연배설同牢宴排設, 동뢰연배설욕同牢宴排設褥, 동뢰연사방반同牢宴四方盤, 동뢰연상同牢宴床, 동뢰연상기同牢宴床器, 동뢰연상숙설同牢宴床熟設, 동뢰연설리同牢宴薛里, 동뢰연설리내관同牢宴薛里內官, 동뢰연습의同牢宴習儀, 동뢰연욕同牢宴褥, 동뢰연종사관同牢宴從事官, 동뢰연청同牢宴廳, 동뢰연청욕차비同牢宴廳褥差備, 동뢰연청화초대병풍同牢宴廳花草大屛風, 동뢰욕석同牢褥席, 동뢰청同牢廳, 동뢰청십첩대병풍同牢廳十貼大屛風, 동뢰청욕同牢廳褥, 동뢰친영책빈욕同牢親迎册嬪褥

예문 別宮所排汾陽行樂圖屛風一坐裹白綿布引紋袱一件翎毛圖屛風一坐裹白綿布引紋袱一件同牢廳所用無彩苧布屛風一坐裹白綿布引紋袱一件(가례1802/178ㄴ07~09)

색인 (가례1627/068ㄴ09)(가례1627/069ㄴ01)(가례1627/082ㄱ08)(가례1627/083ㄱ05)(가례1627/087ㄱ06)(가례1627/089ㄱ03)

銅ケ飛箇【동마날개/구리마날개】 채 의 ケ飛箇 了飛介 末乙飛介 銅ケ飛介 銅了飛介 銅今飛乃

구리로 만든 마날개. 마날개는 지금의 주전자를 말한다. 『행용이문行用吏文』에 銅今飛乃 구리마늘개 酒煎子也라는 풀이가 나온다.

참조1 마날개ケ飛介

예문 中使金羲明聽傳教知委內魂殿所用睿飮福爵一坐睿盤匜各一坐銅ケ飛箇一坐中火爐一坐耳大也一坐新造事手決內分付三房卽速鑄成(국장1890/033ㄱ07~09)

색인 (국장1898一/017ㄱ07)(국장1898一/017ㄴ01)(국장1898一/019ㄴ12)(국장1898一/020ㄱ10)(국장1903三/008ㄱ11)(국장1903三/008ㄴ05)

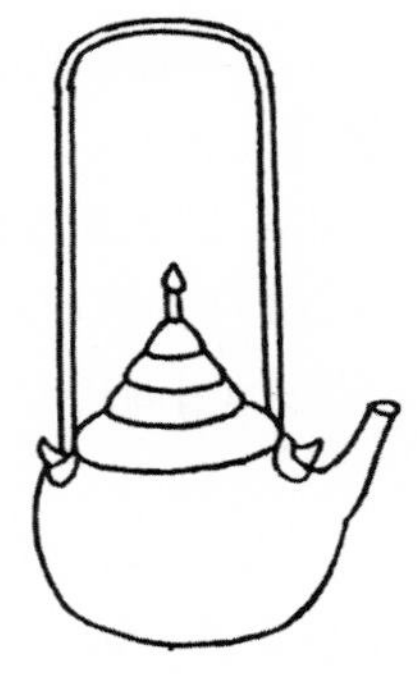
마날개

銅ケ飛介【동마날개/구리마날개】 채 의 ☞ 銅ケ飛箇동마날개/구리마날개

참조1 마날개ケ飛介

예문 璜臺具一著樽壺樽山罍各二龍勺只八花峯勺只二盥洗罍臺具二鍮大也銅ケ飛介各一酌洗罍臺具一剪燭器一中燭臺三雙大燭臺一(빈전1600/090ㄱ12~ㄴ02)

색인 (가례1671/209ㄱ06)(가례1819/하091ㄴ06)(국장1821一/025ㄱ05)(국장1821一/027ㄴ04)(국장1821三/013ㄱ06)(국장1821三/064ㄱ09)

銅亇要【동매화/구리매화】 채 의 銅馬腰

구리로 만든 매화. 매화는 궁중에서 사용하는 이동식 변기를 뜻하기도 하고, 궁중에서 변을 달리 일컫는 말로도 쓰인다. 이동식 변기로 쓰일 때는 재료와 색깔에 따라 구리매화[銅馬腰], 황칠매화[黃漆亇要] 등이 있다.

참조1 매화亇腰

예문 中卓子一洗手鍮分之一銅亇要一都亇具(가례1718/023ㄴ06~08)

색인 (가례1627/105ㄱ04)(가례1627/120ㄴ08)(가례1671/013ㄱ04)(가례1671/015ㄴ09)(가례1671/209ㄱ04)(가례1671/210ㄴ11)

銅馬腰【동매화/구리매화】 채 의 ☞ 銅亇要동매화/구리매화

참조1 동매화銅亇要, 매화亇腰, 매화틀亇腰機, 황칠매화黃漆亇要

예문 工曹嘉禮敎是時別宮進排銅馬腰一坐三十斤稱子一部(가례1866/076ㄱ03~05)

색인 (가례1866/하076ㄱ04)

同磨只刀【동마기도/동마기칼】 채 건

칼[刀]의 한 가지. 날밑이 있는 작은 칼 또는 뚜껑이 있는 작은 칼을 말한다. 同磨只刀의 형태적 구성은 同+磨只+刀인데, 먼저 磨只는 날밑[칼날과 칼자루 사이에 끼워서 칼자루를 쥐는 한계를 삼으며, 손을 보호하는 테]과 두겁[가늘고 긴 물건의 끝을 씌우는 물건]의 또 다른 고유어이다. 同은 작다, 짧다의 뜻으로 추정된다. 차자 표기에서 작다, 짧다의 의미로 童, 童子가 흔하게 쓰이지만 의궤 자료에서는 同도 빈번하게 쓰인다.

예문 穿穴匠例以磨只刀磨出鍊正而此非渠輩常用器械是如乎同磨只刀陸介用還次依謄錄進排事別工作良中捧甘何如堂上手決內依(가례1727/275ㄱ08~10)

색인 (가례1718/261ㄴ05)

銅莫大也【동맛대야/구리맛대야】 채 음 銅味鐥

구리로 만든 대야의 일종. 어떤 용도로 어떻게 쓰인 것인지 정확히 알 수 없다. 크기는 大, 中, 小로 구분되었다. 銅은 재료를 나타낸 것이며 미선味鐥이 기명器皿의 명칭이다. 味鐥은 고유어 맛대야를 차자 표기한 것으로, 味는 맛을 鐥은 다야/대야를 표기한 것이다. 헌종과 경빈 김씨의 가례와 관련된 발기[件記]를 모은 『뎡미가례시일긔』에 동맛대야로 나타난다. 헌종경빈김씨憲宗慶嬪金氏 순화궁 가례 때 절차에는 銅莫大也로 나타나는데, 莫은 맛, 大也는 대야를 표기한 것이다. 『뎡미가례시일긔』에 침방針房, 진지간進止間, 싱것방[生物房], 셰슈간洗水間 물품으로도 동맛대야가 제시되어 있다.

참조1 동미선銅味鐥

銅末飛介【동마날개/구리마날개】 채 의 亇飛箇 了飛介 末乙飛介 銅亇飛介 銅了飛介 銅仐飛乃

구리마날개(동마날개). 지금의 주전자로 『행용이문行用吏文』에 銅仐飛乃 구리마ᄂᆞᆯ개 酒煎子也라는 풀이가 나온다.

참조1 마날개亇飛介

예문 銅北鐥一重二斤十三兩銅末飛介代銅北甁一重二斤九兩(책례1721/146ㄱ11)

색인 (가례1627/102ㄴ05)(가례1627/104ㄴ14)(가례1627/120ㄴ10)(가례1671/013ㄱ09)(가례1671/015ㄴ07)(가례1681/023ㄴ02)

銅味鐥【동맛대야/구리맛대야】 채 음 ☞ 銅莫大也 동맛대야/구리맛대야

참조1 동맛대야銅莫大也, 유맛대야/놋맛대야鍮味鐥

예문 銅北鐥一重二斤十三兩銅末飛介代銅北甁一重二斤九兩銅味鐥一重五斤八兩銅圓燈提一重一斤二兩(책례1721/146ㄱ10~11)

색인 (가례1671/209ㄱ04)(가례1696/256ㄴ11)(가례1718/277ㄴ11)

銅北鐥【동뒷대야/구리뒷대야】 [채] [음]

구리로 만든 대야의 일종. 대변을 받아내는 요강의 기능을 하는 대야였을 것으로 추정된다. 北은 뒤를, 鐥은 대야를 각각 훈독 표기한 것이다.

예문 減鍮榼三減召兒一減小盞兒七減銅北鐥一銅亇要一銅圓提燈一鑄盞具銅和者一銅馬飛一減銅和者二減鐵器等物工曹措備進排(책례1651/030ㄴ07~09)

색인 (가례1627/102ㄱ09)(가례1627/104ㄴ13)(가례1627/120ㄴ09)(가례1671/013ㄱ03)(가례1671/015ㄴ06)(가례1681/023ㄱ12)

同宣醞床【동선온상】 [일] [의]

임금이 신하에게 술을 내릴 때 잔을 놓던 상. 왕실 행사 가운데 가례嘉禮나 진연進宴, 진찬進饌 등의 의례 때 임금이 신하에게 친히 술을 내릴 때 잔을 놓았던 상이다.

참조1 선온상宣醞床

관련1 외선온상外宣醞床

예문 各差備官都監堂郎應參員四度合一百五十二員故同宣醞床一百五十二床(가례1802/087ㄴ12~088ㄱ01)

색인 (가례1802/상087ㄴ12)

彤矢【동시】 [일] [의]

왕실의 흉례凶禮 때 명기明器로 사용되었던 화살. 동시彤矢는 대나무로 만들고 왜주칠倭朱漆을 하는데 소상小喪의 경우 흑진칠黑眞漆을 하였다. 나무로 만든 목촉에는 백칠白漆을 하였으며 총 길이는 주척周尺을 사용하여 4촌에 1촌 되는 깃털을 달았다.

예문 彤弓一以竹爲槊加筋背朱漆內黑漆具絃長六寸用周尺彤矢八以竹爲之鏃粉漆羽間朱漆長五寸用周尺入笮笮一以竹編結六面箭筒容箭八介豆錫粧飾有臺(국장1903/058ㄴ06~08)

동시

색인 (국장1659二/058ㄴ07)(국장1674二/036ㄴ08)(국장1702B二/036ㄱ06)(국장1702B二/090ㄴ05)(국장1702B二/094ㄴ05)(국장1724二/013ㄱ02)

童子柱【동자주】 [채] [건]

집을 지을 때 종보를 지지하는 부재. 오량 건축에서 대들보 상부에 위치해 상부의 종보를 지지하거나, 칠량 건축에서 대들보 상부에 위치해 상부의 중종보를 지지하거나, 중종보의 상부에 위치해 종보를 지지하는 부재를 말한다. 일반적으로 짧은 기둥을 세워 사용하기 때문에 동자주라 한다.

예문 爲行下事一房甘內大輿假家木物今方措備輸入是在果中褓及大工童子柱所入與蓋覆所入從實入次以依例進排亦爲有置(국장1720/393ㄴ10~12)

색인 (국장1659一/208ㄴ02)(국장1659一/218ㄱ06)(국장1659一/223ㄴ03)(국장1659一/245ㄱ11)(국장1674一/196ㄱ10)(국장1674一/198ㄴ10)

銅匠【동장】 [일] [건]

구리로 여러 가지 기물을 만드는 사람. 다른 말로 퉁장이라고도 하는데, 이때의 퉁-은 동기銅器를 의미한다.

예문 豆錫匠金順徵銅匠李福輝石手鄭尙得(국장1776/135ㄱ12~ㄴ02)

색인 (가례1627/026ㄴ02)(가례1627/059ㄱ05)(가례1627/065ㄴ07)(가례1627/066ㄱ02)(가례1627/127ㄴ11)(가례1671/154ㄱ06)

東海【동이】 [채] [의] [음]

물 긷는 데 쓰는 질그릇의 하나. 지금의 동이이다. 대부분의 의궤 자료에서 東海로 나타나는 것으로 보아 東海의 표기가 일반적으로 쓰였음을 알 수 있다. 陶東海, 鍮東海, 鑄東海, 凉東海는 東海 앞에 접두어 陶-, 鍮-, 鑄-, 涼- 등이 와서 기물의 재료적 속성을 분명히 한 예이며, 大-와 小-가 와서 크기에 따라 분화되기도 한다. 또 청주십오동이清酒十五東海, 숙탕십오동이夙湯十五東海, 수아교십사동이반水阿膠十四東海半에서처럼 東海가 단위어로 쓰이기도 한다.

동이

참조1 놋동이鍮東海, 동이장東海匠, 양동이涼東海, 주동이鑄東海, 질동이陶東海

참조2 주소동이鑄小東海

예문 右甘結本都監郎廳一員逐日坐起所用礌朱紅馬鬣各一兩雨傘一柄茶甫兒沙鉢陶東海土火爐等進排事右甘結(예장1762/046ㄱ11~ㄴ01)

색인 (가례1671/174ㄴ11)(가례1819/하114ㄴ08)(가례1866/하050ㄴ10)(가례1866/하070ㄴ09)(가례1866/하100ㄴ02)(국장1800三/060ㄱ09)

東海匠【동이장】 채 건

동이를 만드는 장인.

참조1 놋동이鍮東海, 동이東海, 양동이涼東海, 주동이鑄東海, 질동이陶東海

참조2 주소동이鑄小東海

예문 一宗廟祭器今當來到守直軍士二名定送事兵曹衛將所一本房所掌祭器鑄成時東海匠所用盥洗罍機山罍機各一小爐匠所用浦土板一坐鍮匠所用毛老臺一治(빈전1680/266ㄴ01~03)

색인 (가례1671/224ㄱ12)(가례1681/080ㄱ10)(가례1681/326ㄱ02)(가례1696/062ㄱ08)(가례1696/064ㄴ11)(가례1696/228ㄱ06)

同黃【동황】 일 건

자황雌黃보다 약간 짙은 색이 나는 안료. 도황桃黃이라고도 한다. 동남아시아(타이, 스리랑카, 베트남)의 해동나무라는 식물의 나뭇가지를 잘랐을 때 흘러내리는 교질膠質의 누런 즙을 채취하여 대나무통에 넣어 굳힌 것이다. 베트남산이 가장 좋다. 독성이 있어 흡입하거나 먹으면 위험하다. 동황은 물에 담아두면 색의 선명도가 떨어지고 붉은 빛을 띠면서 딱딱해진다. 기름을 전색제로 사용하면 풍부한 황금색이 나오며 거의 영구적이다.

동 도황桃黃, 등황藤黃, 자황雌黃

예문 眞粉一斤二兩眞三靑一斤二兩二靑十兩靑花三兩荷葉三斤三碌十兩同黃四兩唐黃丹十兩倭朱紅五兩洋靑三斤洋碌四斤石雌黃三(빈전1886/049ㄴ10~12)

색인 (가례1627/081ㄱ06)(가례1627/082ㄱ11)(가례1627/083ㄱ10)(가례1627/092ㄱ14)(가례1627/095ㄱ10)(가례1627/096ㄱ05)

肚【두】 일 복 ☞ 裹肚과두

예문 粧餙月乃前後所叱同修補取色仍用爲遣鹿皮緣坐兒周皮三巨里諸具肚帶汗於赤海㺚皮鞍匣鹿皮鞍匣牽馬陪所着草笠二立鞍籠一部黑氈一浮(책례1690/092ㄴ07~09)

색인 (빈전1800一/065ㄱ06)(빈전1805一/065ㄱ06)

頭巾【두건】 일 복

가례 때 하급 관원이 머리에 쓰는 건. 비단이나 베로 만든 쓰개의 하나이다. 별감別監, 의장군儀仗軍, 정련군正輦軍 등 하급 관원이 썼다. 『영조정순왕후가례도감도청의궤英祖貞純王后嘉禮都監都廳儀軌』에 별감 16인의 복장에 대해 면주 16필, 백목면 16필과 함께 자적두건 16건이라 기록되어 있다. 2방 의궤에 정차군 40명이 홍의紅衣를 입고 두건을 쓰며, 의장군儀仗正 57명은 청두건을 쓴다고 하였으므로 소속에 따라 두건의 색을 달리 하였음을 알 수 있다. 두건은 본래 고구려 시대부터 널리 쓰던 것이었는데 통일신라 시대 단령과 복두가 관원의 복으로 착용되면서 두건은 하급 관원의 쓰개가 되었다.

참조1 자적두건紫的頭巾, 청두건青頭巾, 흑목두건黑木頭巾, 흑주두건黑紬頭巾

예문 陶小所羅四以上工曹熟手赤亇十頭巾十淨衣十巨乃布十五尺三幅付袱一(빈전1649/034ㄱ02~04)

색인 (가례1627/026ㄴ13)(가례1627/031ㄱ13)(가례1681/124ㄱ06)(가례1696/088ㄴ02)(가례1696/117ㄴ03)(가례1696/219ㄴ02)

斗栱【두공】 채 건 枓栱 杜空 枓工 頭工

전통 목조건축에서 주두나 대접두(대접받침) 위에 짜이는 공포 부재의 총칭. 공청空廳, 불벽佛壁에 장화반長花盤 대신으로 쓰는 나무을 지칭하기도 하고, 큰 규모의 목조 건물에서, 기둥 위에 지붕을 받치며 차례로 짜 올린 구조물을 지칭하기도 한다.

예문 前後各一乃作蓋兒加於方木之上先設機木前後設斗栱栱上設內外樑其形如屋先補竹網冒以鴉青綿布樑端分設禿龍頭四角設鳳頭口含錫環垂以流蘇四面設上(국장1834/084ㄱ04~06)

색인 (국장1776一/150ㄴ04)(국장1834二/084ㄱ05)(국장1890二/088ㄴ05)(국장1800二/074ㄱ05)(국장1898二/118ㄴ05)(국장1903二/098ㄴ05)

豆毛【두멍】 채 의 음

물을 담거나 음식을 저장하는 용기. 지금의 두멍을 차자 표기한 것으로 대부분의 의궤 자료에서 일관되게 豆毛의 표기로만 나타나고 있다. 陶豆毛(『빈전도감殯殿都監』), 鐵豆毛(『정순후빈전도감의궤貞純后殯殿都監儀軌』)처럼 陶-, 鐵-이 선행하여 두멍의 재료적 속성을 밝히기도 하고, 祭器庫禁火所用塩水豆毛(『진전중건도감의궤眞殿重建都監儀軌』)와 禁火豆毛처럼 염수塩水와 금화禁火가 선행하여 두멍의 쓰임새를 구체적으로 제시하기도 한다.

관련1 금화두멍禁火豆毛, 대두멍大豆毛, 대중두멍목개大中豆毛木蓋, 두멍개豆毛蓋, 두멍소침豆毛所枕, 중두멍中豆毛

예문 甲寅十月十六日殯殿守僕手本內殿內禁火所用豆毛四坐蓋臺方席網具空石藁草和水鹽等物依大內和水鹽例(빈전1675/077ㄱ06~08)

색인 (가례1627/114ㄴ03)(가례1681/025ㄴ12)(가례1681/029ㄴ07)(가례1681/272ㄱ06)(가례1681/291ㄱ11)(가례1681/291ㄴ04)

豆錫鎖鑰匠【두석쇄약장】 일 건

두석자물쇠 또는 놋쇠자물쇠를 만드는 일을 전문으로 하는 장인. 가례를 비롯한 책례, 국장, 예장禮葬, 빈례殯禮, 상례喪禮, 천봉遷奉, 장례葬禮 등에 쓰이는 각종 궤櫃나 함函, 물품집家의 두석자물쇠를 만드는 일에 종사하였다.

참조1 두석豆錫, 두석장豆錫匠, 쇄약鎖鑰, 쇄약장鎖鑰匠, 정철쇄약장正鐵鎖鑰匠

참조2 두석쇄약豆錫鎖鑰

관련1 정철쇄약장正鐵鎖鑰匠

예문 多繪匠金尙行李次福金興世尙方豆錫鎖鑰匠鄭忠大訓局穿穴匠千好生私匠(국장1776/316ㄱ03~05)

색인 (국장1776一/316ㄱ04)(국장1776二/051ㄴ04)(국장1821三/081ㄴ08)(국장1834三/076ㄴ01)(국장1890三/083ㄴ04)(국장1849三/077ㄱ05)

豆錫匠【두석장】 일 건

구리에 함석(아연)을 섞어, 건물과 기물에 필요한 놋쇠 장식 철물을 만드는 일을 전문으로 하는 장인. 국장 등 의례를 행할 때 각종 의례용 여轝, 함과 궤, 문, 의궤, 기물 등을 제작하는 데 들어가는 두석 철물과 장식을 제작하는 일을 맡았다.

참조2 두석豆錫, 두석장식豆錫粧餙

예문 册匠所用油紙三張布手巾綿紬手巾各二件豆錫匠所用炭三石多繪匠所用木梳二箇絲機一坐剪刀交刀各一箇(국장1834/024ㄱ07~09)

색인 (가례1627/035ㄱ10)(가례1627/100ㄴ08)(가례1627/128ㄱ02)(가례1671/140ㄱ10)(가례

1671/154ㄱ06)(가례1671/177ㄴ12)

頭釘【두정/머리못】 채 건 頭丁 頭錠
머리가 볼록하게 된 못. 크기에 따라 大頭釘, 中頭釘, 小頭釘, 三寸頭丁, 四寸頭丁, 五寸頭丁, 六寸頭丁, 七寸頭丁으로 구분한다. 평상박이네치두정/머리못平床朴只四寸頭釘, 촉롱기박이다섯치두정/머리못燭籠機朴只五寸頭釘, 염우박이네치두정/머리못廉隅朴只四寸頭釘, 용두박이다섯치두정/머리못龍頭朴只五寸頭釘, 이피박이두정/머리못裏皮朴只頭釘, 입답판박이네치두정/머리못立踏板朴只四寸頭釘 등은 기물의 용도에 따라 구분한 것이다. 일부 건축 사전에는 大頭釘을 대갈못으로 설명하기도 한다. 頭釘은 頭丁, 頭錠으로도 표기한다.

관련1 박이일곱치두정朴只七寸頭釘, 세치두정三寸頭釘, 소두정小頭釘, 염우박이네치두정廉隅朴只四寸頭釘, 용두박이다섯치두정龍頭朴只五寸頭釘, 여섯치두정六寸頭釘, 이피박이두정裏皮朴只頭釘, 입답판박이네치두정立踏板朴只四寸頭釘, 촉롱기박이다섯치두정燭籠機朴只五寸頭釘, 일곱치두정七寸頭釘, 평상박이네치두정平床朴只四寸頭釘

예문 正殿及御齋室所入鴨項釘廣頭釘菊花童鐵染次鍮鑞肆斤用還次進排爲旀松脂參斤進排事(혼전1724/051ㄱ03~04)

색인 (가례1627/123ㄴ07)(가례1681/295ㄱ04)(가례1819/하102ㄱ07)(가례1866/하102ㄱ05)(국장1674A三/009ㄱ08)(국장1674A三/009ㄴ08)

頭丁【두정/머리못】 채 건 ☞ 頭釘두정/머리못

관련1 대머리못/두정大頭丁, 박이여섯치머리못/두정朴只六寸頭丁, 박이네치머리못/두정朴只四寸頭丁, 박이세치머리못/두정朴只三寸頭丁, 박이촌머리못/두정朴只寸頭丁, 세치머리못/두정三寸頭丁, 소머리못/두정小頭丁, 용두박이다섯치머리못/두정龍頭朴只五寸頭丁, 여섯치머리못/두정六寸頭丁, 중머리못/두정中頭丁, 촉롱기박이다섯치머리못/두정燭籠機朴只五寸頭丁, 일곱치머리못/두정七寸頭丁

예문 一爲行下事素衿褚一坐所入樓柱半條三寸丁五十介椽次中竹半介朴只一寸廣頭丁四十五介塗次草注紙十六張膠末五合長板二立次不等板二立等物依謄錄進排事各該司(빈전1701/193ㄴ06~08)

색인 (국장1681二/046ㄱ09)(국장1684/149ㄴ05)(국장1684/225ㄴ10)(국장1684/226ㄱ08)(국장1684/240ㄱ09)(국장1688/101ㄴ04)

頭錠【두정/머리못】 채 건 ☞ 頭釘두정/머리못

斗之【두지】 채 의 斗庋 豆之
곡식을 담아두는 뒤주. 쌀과 같은 곡식을 담아 두는 통으로 나무 궤짝과 같은 모양이며 네 기둥과 짧은 발이 있다.

관련1 대두지大斗之, 중두지中斗之

예문 癸亥十二月二十五日一殿內排設所用及各樣牀卓欌斗之樻子案板涼板褙板爭機等物造作之役極其浩多乙仍于(빈전1683/283ㄱ06~08)

색인 (가례1762/상092ㄱ04)(가례1762/상092ㄴ01)(국장1800四/092ㄴ12)(책례1610/011ㄴ07)(국장1757B二/221ㄴ05)(국장1757B二/227ㄱ06)

燈檠苔席【등경태석】 일 의
등경 아래에 까는 태석. 등경은 등잔을 얹어 놓는 기구이며, 태석은 궁중 가례 등과 같은 국가적인 행사가 있을 때 배설排設되었던 기물들의 아래 깔았던 자리이다. 자리가 쓰이는 곳에 따라 종류가 다양하다.

참조1 태석苔席

관련1 등경겹태석燈檠裌苔席, 등경백태석燈檠白苔席, 분지별문태석分之別紋苔席, 분지태석分之苔席, 세수겹태석洗手裌笞席, 세수백태석洗水白苔席, 세수태석洗手苔席, 세수태석洗水苔席, 세족단태석洗足單苔席, 세족태석洗足苔席, 의대단태석衣襨單苔席, 의

대태석단衣襨苔席單, 중태석中笞席, 화로겹태석火爐裌笞席, 화로단태석火爐單苔席, 화로백태석火爐白苔席, 화로태석火爐苔席

예문 裹八幅付白木綿引紋袱壹衣襨苔席單壹燈檠苔席單壹依前減付標啓下洗手苔席裌壹(가례1727/107ㄱ09~10)

색인 (가례1762/상018ㄴ03)(가례1762/상019ㄴ01)(가례1802/상032ㄴ09)(가례1802/상035ㄱ04)(가례1802/상054ㄴ12)(가례1802/상062ㄴ03)

登每【등매】 일 건

백문석 아래 세초석이나 부들자리를 대고 가장자리에 헝겊으로 갓선을 돌려 만든 방석의 일종. 방석은 돗자리와 달리 특정한 인물이 앉을 자리에 까는 것으로 안쪽에 푹신한 재료를 넣고 아래위를 막아 만든다. 등매방석 외에 방석에는 짚으로 만든 초방석草方席과 꽃무늬를 넣어 만든 만화방석滿花方席, 용수초龍鬚草를 재료로 하여 만든 고급 화문석 등이 있다.

참조1 방석方席, 별문등매別文登每

참조2 초방석草方席

예문 一都監軍職堂上一員都廳二員坐起時所用黃筆眞墨各一登每方席各三座書案硯匣各三坐紫硯三面唾口要江各三坐大也二坐茶甫兒具三箇(국장1674/066ㄱ03~05)

색인 (가례1627/023ㄱ05)(가례1671/047ㄱ05)(가례1671/048ㄱ09)(가례1671/048ㄴ01)(가례1671/057ㄱ03)(가례1681/064ㄴ09)

燈子金【등자쇠】 채 건 登子鐵 鐙子金 登子金 凳子金

띠쇠를 ㄷ자형으로 꺾어 만든 보강 철물. 감자비라고도 한다. 대문이나 문장부에 감아 박거나 기둥이나 대들보에 겹쳐 대고 박는 쇳조각으로, 대문 널밑과 같은 곳을 감아주는 데 사용되었다. 크기에 따라 대등자쇠[大鐙子金], 중등자쇠[中鐙子金], 소등자쇠[小鐙子金], 소소등자쇠[小小鐙子金]가 있고 납염등자쇠[鑞染鐙子金], 납염등자쇠[鑞染鐙子釗] 등은 납도금을 한 등자쇠이다. 이 밖에 면룡상박이대등자[面龍上朴只大鐙子], 견등자쇠[筧登子釗], 부봉급채운박이소등자쇠[浮鳳及彩雲朴只小鐙子金]가 있다. 의궤에는 登子金, 鐙子金 등의 표기도 있다.

관련1 납염등자쇠鑞染凳子金, 중등자쇠中鐙子金, 진약등자쇠鎭鑰登子金

예문 于里次薄松板二立腹板次薄松板一立朴只四寸頭釘十六箇中巨勿釘四箇大燈子金十箇漆次磻朱紅四兩阿膠六兩明油三合五夕所入(국장1776/262ㄴ05~07)

색인 (가례1866/하112ㄱ05)(가례1866/하112ㄴ11)(국장1776二/262ㄴ06)

登子金【등자쇠】 채 건 ☞ 燈子金등자쇠

예문 巨勿釘四箇鑞染赤貼釘七箇式具四箇鑞染曲釘四箇登子金十箇鑞染甘佐非釘三箇式具三十箇鑞染長甘佐非釘五箇式具四箇(국장1834/056ㄱ11~ㄴ01)

색인 (부묘1836B/195ㄱ09)(부묘1851一/077ㄴ03)(부묘1851一/088ㄱ08)(존호1783/140ㄴ02)(존호1852/073ㄱ04)(존호1852/155ㄴ07)

鐙子金【등자쇠】 채 건 ☞ 燈子金등자쇠

예문 落目兩排具三十箇中落目兩排具三十三箇大落目兩排具五十九箇鐙子金四十箇燭串之三十二箇鐵提燈二坐平鐵火桶二箇香匙一箇(빈전1834/196ㄱ01~03)

색인 (국장1864四/063ㄱ04)(국장1864四/063ㄴ03)(국장1864四/063ㄴ08)(국장1864四/063ㄴ12)(국장1864四/064ㄱ07)(국장1864四/064ㄴ06)

ㄷ

磨鏡匠【마경장】 일 건

거울을 만드는 장인.

예문 都監爲相考事貴都監關內節該磨鏡匠洪善姑爲勿侵爲在果(빈전1649/157ㄱ03~04)

색인 (가례1627/065ㄴ11)(가례1627/128ㄱ01)(가례1671/139ㄴ12)(가례1671/154ㄱ06)(가례1671/177ㄴ05)(가례1671/185ㄴ05)

馬鬣入染匠【마렵입염장】 일 건 ☞ 入染匠입염장

馬尾頭冕【마미두면】 일 복

가례를 행할 때 왕·왕세자·왕세손·황태자 등의 의대衣襨에 들어가는 갓. 마미두면은 말총으로 만든 갓이다. 1651년 『현종명성후가례도감의궤顯宗明聖后嘉禮都監儀軌』에는 왕세자 가례 때 의대 물목에 마미두면 1부에 마미 6량이 들어간다고 하였으며, 부속으로는 모자 1부와 모단으로 만든 갓끈, 층저이끈과 함께 양태 1부와 어교 2량, 탄 1두, 매칠 1합, 자적사 1전이 들어간다고 하였다. 『영조정순후가례도감의궤英祖貞純后嘉禮都監儀軌』 일방의궤一房儀軌 의대 항목을 보면 말총망건 1부와 함께 마미두면 1부가 기록되어 있고 흑칠한 집을 갖추도록 하였다. 또한 『상방정례尙方定例』에 정조正朝, 단오端午에 대전에 각각 1부를 진상하며 세자궁에는 탄일에 진상하는 물목으로 정해져 있다. 『만기요람萬機要覽』의 기록을 보면 탄일에 진상하는 품목 중 모라익선관 1부와 마미두면 1부, 마미망건 2부, 사립 1부 등이 포함되어 있는데 마미두면 1부의 값이 7냥 1전 8푼이라 하였다.

참조1 마미립馬尾笠, 입모라笠毛羅

예문 馬尾頭冕一部黑漆家一部裹紅紬四幅單袱一件(가례1762/015ㄴ11)

색인 (가례1671/123ㄱ06)(가례1696/162ㄱ07)(가례1718/197ㄴ09)(가례1762/상015ㄴ10)(가례1802/상028ㄱ05)(가례1802/상234ㄱ04)

馬尾笠【마미립】 일 복

말총으로 만든 흑립. 조선 초기에는 당상관 이상이 착용하였으나 후에는 구분 없이 사족士族들의 대표적 쓰개가 되면서 양태의 크기와 모옥의 높이 등에 변화가 있었다. 연산군 4년 6월에는 입자笠子 착용에 대한 구분이 지켜지지 않자 말총으로 만든 마미립 착용을 금지하기도 하였다.

예문 翼善冠壹笠毛羅代馬尾笠壹小烏巾壹(가례1727/011ㄱ05~06)

색인 (가례1627/027ㄱ10)(가례1627/034ㄴ10)(가례1627/043ㄱ14)(가례1627/060ㄱ11)(가례1671/007ㄱ10)(가례1696/007ㄴ08)

馬尾篩【마미체】 차 음

술이나 장을 거르거나 가루를 곱게 칠 때 사용되는 말총으로 만든 체. 얇은 나무로 쳇바퀴를 만들고 바닥에 망을 친 것이다. 쳇불의 크기나 재료에 따라 어레미, 도드미, 중거리, 가루체, 고운체, 말총체, 깁체 등으로 나뉜다. 체에 술이나 장 또는 가루를 칠 때 잘 빠질 수 있게 받는 그릇 위에 갈래진 나무를 걸치는데 이를 쳇다리라고 한다.

예문 落幅紙一張陶東海五雜物入盛小甕二大所湯伊二馬尾入染時所用大釜一瓢子馬尾篩各一陶所羅二漆匠所用綃篩一漉漆機一土宇所用破油芚二浮破地衣一(국장1681 003ㄴ10~12)

색인 (가례1627/058ㄴ04)(가례1671/065ㄱ01)(가례1671/070ㄴ09)(가례1671/176ㄴ06)(가례1671/216ㄱ02)(가례1681/027ㄴ04)

亇飛箇【마날개】 차 건 了飛介 末乙飛介 銅亇飛乃

오늘날의 주전자. 『행용이문行用吏文』에 銅亇飛乃 구리마늘개 酒煎子也라는 풀이가 나온다. 의궤에는 재료와 크기에 따라 동소마날개[銅小亇飛介], 동마날개[銅亇飛介], 동마날개[銅亇飛箇], 동마날개[銅亇飛介], 동마날개[銅末飛介] 등의 종류가 보인다. 의궤에서 [마]음 표기에 주로 亇가 쓰인 점을 감안할 때 예외적인 표기라 할 수 있는데, 의궤에서 了가 [마] 음을 표기하는 예는 마치[了赤], 방마치[方了赤], 솜마치[綿了赤], 무른마치[水丹了赤], 인출마치[印出了赤], 큰마치[大了赤], 중마치[中了赤] 등이 있다. ケ飛箇는 ケ飛介, 了飛介로도 표기한다.

참조1 마날개ケ飛介

예문 鑄中所羅一匙一鍮東海五鍮斗一銅ケ飛箇二鍮涼盆一鑄沙用三鍮煮一鋤乙煮二(혼전1776/030ㄱ06~08)

색인 (혼전1776/030ㄱ06~08)

ケ飛介【마날개】 [차] [건] ☞ ケ飛箇마날개

참조1 동마날개銅了飛介, 동마날개銅ケ飛介, 동마날개銅ケ飛箇, 동마날개銅末飛介

관련1 동소마날개銅小ケ飛介

예문 御槃一坐御匜一坐耳饍一坐洗罍一坐小朴桂于里臺具四坐ケ飛介一箇長箸一每伊鑄瓶二坐大耳只一箇涼東海一坐鍮大也一坐(국장1776/020ㄴ08~10)

색인 (국장1776一/020ㄴ09)(빈전1776/175ㄱ08)(빈전1800三/089ㄱ02)(빈전1800三/098ㄱ02)(빈전1800三/098ㄱ03)(빈전1800三/128ㄱ06)

了飛介【마날개】 [차] [건] ☞ ケ飛箇마날개

참조1 마날개ケ飛介

ケ腰【매화】 [차] [건] 馬要 馬腰 銅ケ要 銅馬腰

① 궁중에서 사용하는 이동식 변기. 재료와 색깔에 따라 구리매화[銅馬腰], 황칠매화[黃漆ケ要] 등이 있다. ② 매화는 궁중에서 변을 달리 일컫는 말이다. ケ腰는 馬腰, 馬要로도 표기한다.

참조1 구리(동)매화銅ケ要, 구리(동)매화銅馬腰, 구리(동)매화銅ケ要, 매화틀ケ腰機

참조2 황칠매화黃漆ケ要

참조1 동매화銅ケ腰

예문 紅紬絲二兩四錢紫的紬絲三錢五幅綿布單袱ケ腰十七尺五寸以上次以別宮進排(가례1706/168ㄴ12~169ㄱ02)

색인 (가례1706/168ㄴ12~169ㄱ02)

馬腰【매화】 [차] [건] ☞ ケ腰매화

예문 工曹嘉禮教是時別宮進排銅馬腰一坐三十斤稱子一部(가례1866/076ㄱ03~05)

색인 (가례1627/060ㄴ04)(가례1866/하047ㄴ10)(가례1866/하067ㄴ03)

馬要【매화】 [차] [건] ☞ ケ腰매화

예문 一馬要機壹部所入厚板壹立半(가례1727/318ㄴ08~09)

색인 (가례1681/328ㄴ04)(혼전1720/246ㄱ05)(국장1702B二/369ㄴ12)(국장1702B二/396ㄱ01)(국장1702B二/396ㄱ09)(국장1702B二/402ㄱ05)

ケ腰機【매화틀】 [차] [건]

궁중에서 사용하는 이동식 변기. 대개 매화라 일컫는다.

참조1 동매화銅馬腰, 동매화銅ケ要, 매화ケ腰, 황칠매화黃漆ケ要

예문 中刀馬二坐ケ腰機踏板具一部黑漆中槓一部銀器八感(가례1718/301ㄱ02~04)

색인 (가례1718/301ㄱ03)

ケ赤【마치】 [차] [건] 了赤 ケ致

못을 박거나 단단한 물건을 두드리는 데 쓰는 연장. 모양은 망치와 비슷하나 훨씬 작고 가벼우며 자루도 짧다. 의궤에는 ケ赤에 다양한 요소가 선행하여 용도에 따라 분화한 예가 보이는데 솜마치[綿了赤], 무른마치[水丹了赤], 한마치[汗ケ赤], 방마치[方ケ赤], 인출마치[印出了赤] 등이다. 또 크기에 따라 구분한 大中小ケ赤이 보이고, 목마치[木ケ赤], 곡두마치[曲頭ケ赤]는 각각 기물의 재료와 모양에 따른 구분이다.

관련1 곡두마치曲頭ケ赤, 대마치大了赤, 대마치大ケ

赤, 대중소마치大中小亇赤, 목마치木亇赤, 소마치小亇赤, 인출마치印出了赤, 중마치中了赤

예문 一槊匠所用汗亇赤二介執巨伊二介熟麻一斤生麻二斤(책례1651/074ㄱ09~10)

색인 (가례1627/103ㄴ13)(가례1819/하073ㄴ09)(국장1800四/072ㄱ11)(국장1800四/080ㄴ07)(국장1800四/087ㄴ02)(국장1800四/089ㄱ04)

磨造匠【마조장】 일 건

경공장京工匠의 일종으로 연자매를 만들던 장인. 세종 때 편경編磬을 만드는 일에 마조장이 동원된 것으로 보아 돌이나 쇠붙이 따위를 갈아서 물건을 만드는 일에 폭 넓게 종사하였음을 알 수 있다. 『화성성역의궤華城城役儀軌』에 의하면 마조장은 매일 4전 2푼의 돈을 지급 받았는데, 이는 차장車匠, 화공畵工, 가칠장假漆匠과 같은 품삯이다.

예문 小木匠石戒福等八名雕刻匠金天龍等二名磨造匠朴有明等二名豆錫匠姜立等二名結繩匠李保仁注匠安起永等二名(국장1674/118ㄱ09~11)

색인 (가례1627/065ㄴ11)(가례1627/100ㄴ10)(가례1671/150ㄱ04)(가례1671/154ㄱ04)(가례1671/231ㄴ09)(가례1681/079ㄱ10)

莫子【막자】 채 음 砂莫子 沙莫子

가루를 만드는 데 사용하는 작은 방망이. 주로 유리나 사기로 만든다.

관련1 사막자砂莫子, 사막자沙莫子

예문 木枕次椵木半尺鐵煙爐鐵烽爐各壹磁貼匙磁甫兒盆子莫子各貳木果瓢子各壹雉尾箒壹倭刀壹(국장1776/243ㄴ09~11)

색인 (가례1819/상151ㄱ06)(가례1819/하012ㄱ10)(가례1866/상153ㄱ04)(가례1866/하011ㄴ05)(국장1800四/007ㄴ01)(국장1800四/036ㄱ11)

幕次【막차】 일 의

막幕을 쳐서 임시로 만들어 머물던 곳. 의식을 행하거나 왕의 거둥이 있을 때에 임시로 장막을 쳐서 왕이나 고관들이 잠깐 머물던 곳이다.

관련1 내전막차內殿幕次, 대여막차大輿幕次

예문 一發靷時宗廟前路魂帛車及靈駕小駐節次依禮文擧行爲白乎矣各處幕次及一應排設等事令各該司擧行十里外則亦令京畿監司分定各官使之前期排(국장1730/084ㄴ07~09)

색인 (가례1819/하012ㄱ10)(가례1866/상153ㄱ04)(가례1866/하011ㄴ05)(국장1800四/007ㄴ01)(국장1800四/036ㄱ11)(국장1800一/159ㄱ05)

輓章【만장】 일 의

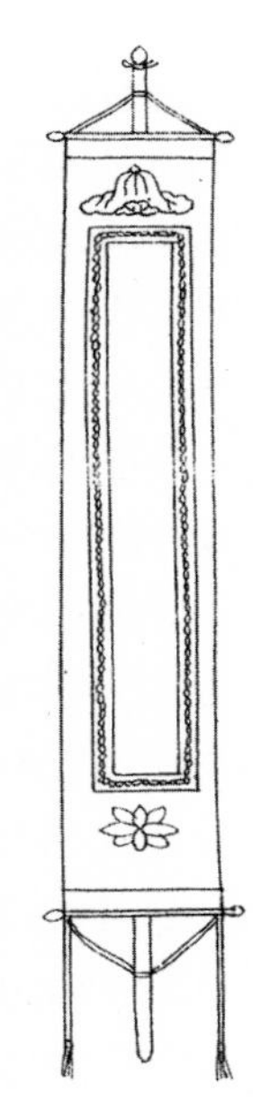

만장

죽은 이를 애도하며 쓴 시가詩歌, 또는 그 글을 종이나 천에 써서 기旗처럼 만든 것. 국장이 나면 대소 관료들은 만사輓詞를 지어 올리는데, 이것을 족자처럼 만들어 깃대에 걸어 발인發靷 때 대여와 같이 능소陵所까지 들고 갔다. 국왕이나 왕비의 발인 때에는 만장을 100축 내로 만들고 소상에서는 80여 축을 사용하였다. 만장의 만사는 『국장도감國葬都監』에 수록되어 있으며 별도의 책으로 만들어 보관하기도 하였다. 국장에서 사용하는 만장은 도련지擣鍊紙 2장을 붙여 족자를 만드는데 길이는 7척이고 넓이는 1척 9촌이다. 족자의 상단에는 복련엽覆蓮葉, 아래에는 수파련水波蓮을 그리고, 그 사이에 만사를 적었다. 축을 지탱하는 자루는 오죽烏竹 또는 소죽小竹을 사용하였다.

예문 吏曹爲牒報事虞主書寫官實預差誌文草圖書書寫官實預差輓章製述官實預差輓章書寫官實預差幷爲啓下後錄牒報相考施行爲只爲題辭內知委(국장1821/ 069ㄴ06~08)

색인 (국장1681一/104ㄴ09)(국장1702B一/048

ㄴ03)(국장1702B一/048ㄴ04)(국장1724二/263ㄴ04)(국장1776一/042ㄴ06)(국장1776一/042ㄴ07)

滿花單席【만화단석】 일 의

꽃문양이 들어간 단석. 단석은 홑겹으로 만든 자리를 말한다. 만화단석은 가례가 있을 때 주로 사용하였다. 꽃문양이 들어간 단석을 연화단석, 채화단석이라고도 하였다.

참조1 단석單席, 연화단석蓮花單席, 용문단석龍紋單席, 채화단석彩花單席, 황화단석黃花單席

관련1 내배별문단석內排別紋單席, 답장별문단석踏掌別紋單席, 면단석面單席, 배위채초단석拜位彩草單席, 별문단석別紋單席, 별문이문부단석別紋二紋付單席, 별문일장부단석別紋一張付單席, 상배룡문단석上排龍紋單席, 상배채화단석上排彩花單席, 상배채화일장부단석上排彩花一張付單席, 상배황화단석上排黃花單席, 소룡문단석小龍紋單席, 소배면단석所排面單席, 욕상배채화반장부단석褥上排彩花半張付單席, 욕하배채화단석褥下排彩花單席, 용문단석龍紋單席, 자주욕욕하배채화단석상紫紬褥褥下排彩花單席床, 전안배위만화단석奠雁拜位滿花單席, 전후배채화삼문부단석前後排彩花三紋付單席, 좌우배채화단석左右排彩花單席, 채화반장부단석彩花半張付單席, 채화삼문부단석彩花三紋付單席, 채화일문부단석彩花一紋付單席, 채화일장부단석彩花一張付單席, 포룡문단석鋪龍紋單席, 황화면단석黃花面單席

예문 一取考謄錄則移安廳所排牧丹屛一坐及半月平牀彩花席地衣彩花單席滿花單席滿花方席紫的水紬褥半月滿頂骨大紅水花紬覆巾揮帳面帳具以殯殿所排移用於(빈전1921/036ㄱ06~08)

색인 (가례1627/069ㄴ03)(가례1627/069ㄴ09)(가례1627/075ㄴ02)(가례1627/091ㄱ08)(가례1681/124ㄴ09)(가례1718/144ㄴ05)

滿花方席【만화방석】 일 의

꽃문양이 들어간 방석. 방석은 혼례나 연향과 같은 궁중에서 행사가 있을 때 내외빈이 사용했던 일인용 자리이다. 꽃문양이 수놓인 방석을 만화방석滿花方席, 채화방석彩花方席, 연화방석蓮花方席이라고 한다.

참조1 방석方席, 별문방석別紋方席, 연화방석蓮花方席, 채화방석彩花方席

관련1 문만화방석紋滿花方席, 봉여내배황만화방석鳳輿內排黃滿花方席, 영좌평상상배만화방석靈座平床上排滿花方席, 황만화방석黃滿花方席

예문 白文席四百八十九張彩花席十九張別文席二十一張滿花方席半張草席一百九十張黃花席一張(국장1720/331ㄴ10~12)

색인 (가례1681/020ㄱ02)(가례1681/090ㄱ09)(가례1681/094ㄱ01)(가례1681/101ㄴ11)(가례1681/114ㄱ03)(가례1681/124ㄱ12)

滿花席【만화석】 일 의

여러 떨기의 꽃무늬로 된 자리. 궁중 혼례나 연향과 같은 큰 잔치에 왕실의 진상품 등으로 사용되었던 자리이다.

관련1 황만화석黃滿花席

예문 內供白紋席半張紅鼎紬縇席倚子一件滿花席一紋紫的紬縇內供白紋席半張紅紬縇纓子紫的紬(국장1890/110ㄱ01~03)

색인 (가례1627/075ㄱ13)(가례1671/138ㄱ04)(가례1681/105ㄴ05)(가례1681/114ㄱ04)(가례1681/124ㄴ10)(가례1681/191ㄴ01)

襪【말】 일 복

버선. 조선 시대 대전 법복인 면복 및 강사포에는 적색 단緞으로 겉을 하고 비색緋色 초綃로 안을 댄 말을 착용하고, 중궁전 내전 법복에는 대홍광적 적말을 착용한다. 대한제국 시기 고종 황제 12장복의 말은 주단朱緞으로 하였고, 황후의 적의翟衣에는 청색 나羅로 만든 말을 신었다. 문무백관의 말은 모두 백포白布로 하였다. 고려 시대 왕의 말襪은 백색에 끈이 달려 있었다.

예문 衣次紅染布五十四尺裙次黑染布四十五尺襪次紅染布十六尺行纏紅染布六尺休紙五斤眞末五升(국장1720/033ㄴ04~06)

색인 (가례1627/051ㄴ09)(국장1800四/004ㄱ07)(국장1800四/013ㄴ08)(국장1800二/176ㄱ05)(예장1989一/007ㄴ06)(예장1989一/036ㄴ06)

襪裙【말군】 채 복 袜裙

폭이 넓은 여자용 속바지. 비妃, 빈嬪, 상궁尙宮, 나인[內人]에 이르기까지 착용하였으며, 백색으로 만들었다. 홑말군, 겹말군, 스란말군 등의 종류가 있다. 《안릉신영도安陵新迎圖》 등 회화에는 남자들이 말을 탈 때 말군을 포袍 위에 착용한 모습도 발견된다. 襪裙은 袜裙으로도 표기한다.

예문 首飾一紅綾裌長衫一粉紅紵絲繡甫老一紅紵絲衣一藍羅裳一白綾裌襪裙一青羅帶一白襪一青履一手衣一副同靴一溫鞋一高飛籠一等物依謄錄造作進排事尙(국장1684/003ㄴ05~07)

색인 (가례1819/상229ㄴ05)(가례1819/상231ㄱ11)(가례1819/상233ㄱ09)(책례1690/010ㄱ07)(책례1721/074ㄴ10)(책례1721/075ㄴ07)

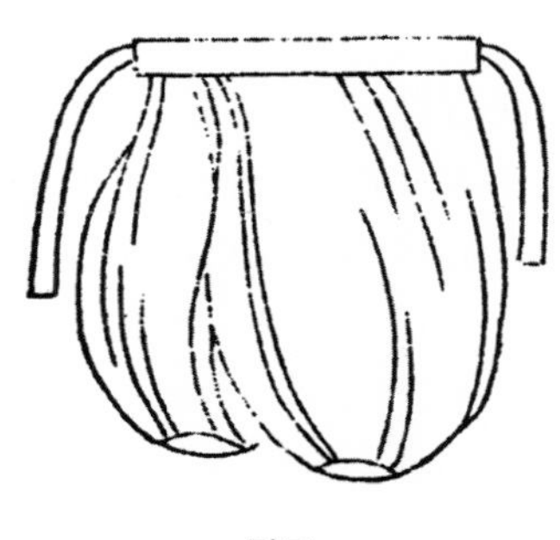

말군

袜裙【말군】 채 복 ☞ 襪裙말군

예문 赤亇五次藍紬甫乙只五白紬汝火纓子次柳青彭段袜裙五次白紬長赤亇五次紅紬濶衫兒五次白綃(가례1706/011ㄱ08~10)

색인 (가례1627/048ㄴ05)(가례1627/061ㄴ09)(가례1627/062ㄴ04)(가례1627/063ㄱ08)(가례1671/008ㄴ07)(가례1671/091ㄱ05)

末端木【말단목】 일 건

원목에서 일정 크기의 목재를 잘라낸 다음 남은 끝단의 나무.

예문 一房甘據輪臺板內入時下排凳木二箇所入末端木二箇守禦廳所在丁粉一升阿膠三兩進排事捧甘爲只爲(국장1821/ 086ㄱ12~ㄴ01)

색인 (국장1681二/239ㄱ09)(국장1702B一/257ㄴ08)(국장1702B一/259ㄴ03)(국장1702B一/274ㄱ04)(국장1702B二/044ㄴ12)(국장1702B二/044ㄴ12)

末木【말목】 채 건 抹木 末乙木

어떤 것을 표시하기 위해 박는 말뚝. 나무를 가늘게 다듬어 깎아 다른 것과 구별이 되도록 하는 데 사용하였다. 의궤에서 末木은 抹木, 末乙木으로도 표기하였다.

참조1 말목末乙木

예문 竹散馬假家徑雨體重恐有傾側之慮不得不撑支故貿大椽八箇朴只一尺釘八箇末木次小椽四箇取用以爲撑支之地爲只爲題辭內依(국장1834/055ㄱ01~03)

색인 (가례1696/215ㄱ06)(가례1696/216ㄱ10)(가례1718/228ㄴ03)(가례1819/하010ㄱ01)(국장1898五/099ㄱ09)(국장1898五/100ㄱ01)

抹木【말목】 채 건 ☞ 末木말목

예문 一取考謄錄則闕內及陵所輪輿排設時馬木足條所與抹木連結是良沙可無動搖之患是旀又以白正布連結是如爲有置(국장1757/179ㄱ03~05)

색인 (가례1718/231ㄴ10)(추숭1776/134ㄱ05)(가례1819/하118ㄴ07)(가례1718/259ㄴ02)(가례

1718/285ㄴ02)(가례1819/하124ㄱ11)

末飛介【마날개】 채 건 ☞ 亇飛介마날개

예문 炬子五柄式一中排設時牀卓長牀入量一遮帳庫庫排設鍮大也末飛介各一陶東海所羅各一筆墨各一手巾二件次苧布二尺白布二尺瓤子一汲水軍士三名本殿軍士移(빈전1659/071ㄴ09~11)

색인 (빈전1659/071ㄴ10)(빈전1674/077ㄱ07)(빈전1675/072ㄴ01)(빈전1680/100ㄴ06)(빈전1680/102ㄱ02)(빈전1683/069ㄱ11)

末乙木【말목】 채 건 抹木 末木

어떤 것을 표시하기 위해 박는 말뚝. 나무를 가늘게 다듬어 깎아 무슨 표가 되도록 하는 데 사용하였다. 末乙은 상하합자인 乼로 나타나기도 한다.

참조1 말목末木

예문 大剪板三箇木斗三部大末乙木三十五箇木升三部中末乙木六十五箇隅板二部(국장1681/228ㄱ01~03)

색인 (가례1718/230ㄴ02)(존숭1686A/107ㄴ03)(존숭1713二/083ㄱ11)(책례1667/051ㄱ07)(책례1690/132ㄱ02)(책례1690/133ㄴ03)

末乙飛介【마날개】 채 건 ☞ 亇飛介마날개

예문 鑄香爐蓋具一坐鍮香榼蓋具一鑄所羅蓋具一坐鍮大也一銅末乙飛介蓋具一灌池筒一部(국장1659/176ㄴ03~04)

색인 (국장1659/176ㄴ03~04)

望哭禮【망곡례】 일 의

국상을 당하여 빈소나 의례가 행해지는 장소에 나가지 못하고 그곳을 바라보며 곡을 하는 의식. 상례의 의식에 참여하지 못하는 사람들이 의례 장소가 있는 방향을 바라보며 거행하는 것을 망곡례望哭禮라고 한다. 국장 관련 의궤에 보이는 망곡례는 상례 의식에 국왕이 직접 참석하지 못하여 설행한 것이 대부분이다. 그 대표적인 것으로 산릉에서 재궁을 현궁에 내릴 때나 행궁行宮에서 초우제初虞祭를 지낼 때 궁궐에 있는 왕이 거행하는 망곡례이다. 대왕대비, 왕대비 등이 의식에 참여하지 못할 때에도 망곡례를 행하였다.

예문 一下玄宮時設殿下位於內庭行望哭禮褥席排設等事司鑰指揮擧行爲白乎矣留都群官則一會于殿庭俯伏哭四拜爲白齊(국장1730/086ㄱ05~07)

색인 (국장1701一/113ㄴ05)(국장1724一/098ㄱ08)(국장1730一/086ㄱ06)(국장1757B一/083ㄱ08)(국장1821一/142ㄱ11)(국장1821一/142ㄴ07)

網席【망석】 일 의

짚으로 촘촘히 엮어 만든 자리. 궁중 혼례나 연향과 같은 행사가 있을 때 야외에 깔았던 자리이다. 짚을 촘촘히 엮어 바닥에 깔아 사용하였다.

관련1 지배망석地排網席, 지배망석地排網石

예문 本房各樣匠手入接假家八間竹散鞍馬排立假家十二間土字一間依庚申謄錄造作而所排空石三十立分料網席一立依例進排事捧甘何如題辭內依廣興倉別工作軍資監(국장1834/133ㄱ02~04)

색인 (가례1627/035ㄱ10)(가례1671/047ㄴ07)(가례1671/047ㄴ07)(가례1671/176ㄴ09)(가례1671/178ㄴ04)(가례1671/199ㄱ01)

望瘞位【망예위】 일 의

지신地神 또는 인귀人鬼에게 지내는 제향에서 제물, 축문, 폐백을 땅에 묻는 것을 지켜보는 자리. 『국조오례의國朝五禮儀』에 의하면 지신과 인귀에 대한 제사에는 제물이나 축문과 폐백을 땅에 묻는 망예 의식을 통하여 신이 흠향하도록 하였던 반면 천신에게는 태워올리는 망료의望燎儀를 거행하였다. 그러나 망예의 경우 땅에 묻은 것들이 썩거나 지저분해지고 도둑을 맞는 경우도 발생하여 영조 33년(1757) 이후에는 폐백을 태우고 축문과 서직반黍稷飯은 구덩이[坎]에 묻었다가 연말에 태우는 것으로 바뀌었다. 망예는 제향에서 헌작獻爵, 음복례飮福禮, 철변두徹邊豆의 의식을 끝내고 행하는 마지막 의식이다. 초헌관初獻官 또는 아헌관亞獻官이 망예위에서 북향하여 서면 집사자들이 제물을 구덩이에 두고 흙으로 반쯤 덮었다.

예문 方磚望瘞位設於正殿北庭而細熟石則啓詳堂前排取來仍用築四面內鋪方甎松板爲蓋鎖鑰具(빈전1675/189ㄴ01~03)

색인 (국장1674一/090ㄱ01)(국장1702B一/114ㄴ04)(국장1702B一/117ㄱ06)(국장1724一/102ㄴ03)(국장1724一/105ㄱ06)(국장1730一/092ㄴ01)

每緝匠【매듭장】 채 건

조선 시대에, 공조工曹와 상의원에 속하여 각종 의복의 매듭을 만드는 일을 맡아 하던 사람. 每緝은 매듭의 차자 표기이다.

예문 兩傘匠金福興每緝匠鄭寬宅裵皮匠方致厚(상호1827/069ㄱ10~12)

색인 (가례1627/128ㄱ11)(가례1671/140ㄱ05)(가례1671/154ㄱ05)(가례1671/185ㄴ06)(가례1671/224ㄱ09)(가례1681/079ㄴ09)

冕【면】 일 복

대례大禮의 제관祭冠. 임금이 종묘, 사직 등에 제사지내고, 정조, 동지, 조회, 수책, 납비 등에 착용하던 제복祭服 및 대례복大禮服에 곤복袞服과 함께 착용한다. 하대夏代에는 수收, 은대殷代에는 후冔라 하던 것이 주대周代에 와서 면冕이라 하였다. 면관은 앞이 뒤보다 1촌 정도 숙다고 하여 생긴 명칭이다. 앞, 뒤로 주옥을 꿰어 늘어뜨렸는데 황제는 7채옥의 12류, 왕은 5채옥의 9류, 왕세자는 3채옥의 7류 혹은 8류 면관을 썼다. 고종이 황제로 오르던 광무원년1897에 비로소 12류 면관이 제정되었다.

참조1 평천관平天冠

참조2 면관冕冠, 면류관冕旒冠

예문 一本房次知服玩諸具取考謄錄則苔衣一手巾一冕一圭一衣一紅襪一裳一中單一蔽膝一佩玉一綬一大帶一赤舃一內外袱等物乙自尙衣院造作進排是遣(국장1903/003ㄴ03~05)

색인 (국장1659二/003ㄴ03)(국장1659二/052ㄴ07)(국장1674二/004ㄱ05)(국장1674二/029ㄴ10)(국장1702B二/008ㄱ01)(국장1702B二/087ㄴ01)

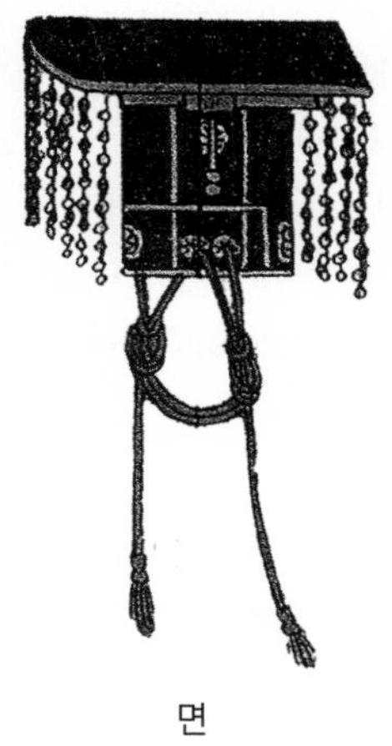

면

冕服【면복】 일 복

길례·가례·흉례에 착용했던 왕·왕세자·왕세손의 법복法服. 면복은 길례 때에는 종묘, 사직, 영녕전, 선농제, 기우제 등에 제복祭服으로 착용하였고, 가례嘉禮 때에는 백관조하의, 납비의, 수책의, 정조, 동지, 조하 시에 착용하였다. 국장인 흉례 때에는 대렴大斂에 사용되었다. 규圭, 면冕, 의衣, 상裳, 중단中單, 패佩, 수綬, 방심곡령方心曲領, 폐슬蔽膝, 대대大帶, 말襪, 석舃 등이 일습一襲을 이루었다. 면류관冕旒冠과 장복章服 또는 곤복袞服을 아울러 면복冕服이라고 한다. 곤복에는 황제나 왕을 상징하는 장문章紋을 옷에 장식하여 제왕이나 군왕의 위엄을 상징적으로 표현하였는데, 장문이 몇 종류가 직조되느냐에 따라 칠장복, 구장복, 십이장복으로 구분한다. 면복은 중국에서 구류면 구장복을 사여 받아

ㅁ

입다가 영조 20년(1744) 『국조속오례의國朝續五禮儀』 서례에서 국속제의 면복을 제정하게 되었다. 이때 제정된 것이 중단을 제외하고는 조선말까지 큰 변화 없이 적용되었다. 1897년 고종이 황제로 즉위한 후 중국의 황제 면복과 동격인 십이류면 십이장복을 입었다.

참조1 법복法服

참조2 곤복袞服, 면류관冕旒冠, 제복祭服

예문 稟定矣更考二房乙亥謄錄則御押櫝臨時受出奉置于冕服函之意具時入啓蒙允矣今番則都監稟啓只有誥命之敎則其必無冕服函從可(국장1903/135ㄱ01~03)

색인 (가례1627/008ㄱ01)(가례1627/010ㄱ06)(가례1627/010ㄱ14)(가례1627/010ㄴ01)(가례1627/029ㄱ13)(가례1627/044ㄱ10)

面紗【면사】 일 복

① 왕비 가례嘉禮 때와 세자비 가례 때 신부가 덮어 쓰고 뒤로 늘이는 사각 보자기 모양의 사紗. ② 조선 시대 부녀자들이 외출할 때 쓰던 쓰개. 면사面紗에 관한 기록은 조선 초부터 나타나기 시작하는데, 대체로 너울과 혼용되다가, 조선 후기에 와서야 너울과 뚜렷하게 구별되기 시작했다. 의궤에서도 너울과 면사의 구별이 분명한데, 의궤의 기록에 의하면 너울은 의대衣襨에 포함되어 기마행차騎馬行次에 사용되었던 것에 비해, 면사는 법복法服에 속하여 예장용禮裝用이었다. 또 면사는 사용의 범위를 비, 빈으로 제한하였다. 『국혼정례國婚定例』에 보면, 왕비의 가례嘉禮와 세자비빈궁 가례 때 법복法服인 적의에는 길이 9자의 자색 라로 만든 면사가 들어 있고, 의대衣襨인 노의露衣에는 길이 10자의 자색 광사廣紗로 만든 겹면사가 들어 있다. 공주와 옹주의 가례에도 노의에 길이 10자의 남색 광사로 만든 전면사前面紗가 들어 있다고 나와 있어 면사의 사용이 상궁이나, 나인들에게는 해당이 되지 않았음을 알 수 있다. 이 밖에 면사는 검은 색 사로 만들어 내외용 쓰개로도 이용하였다.

관련1 겹면사裌面紗, 면사포面紗布, 자적라면사紫的羅面紗, 전면사前面紗

예문 紫的綃金都多益眞珠粧笠青綃金都多益眞珠粧笠青綃眞珠粧笠織金紫的紗裌面紗雌黃都多益單面紗赤金眞珠粧扇子(가례1691/014ㄴ06~08)

색인 (가례1802/상236ㄱ12)(가례1819/상220ㄴ01)(책례1676/075ㄱ08)(책례1690/011ㄱ04)(책례1722/171ㄴ07)(책례1726/135ㄱ01)

綿絲【면사】 일 복

가례 때 요여腰輿, 유소流蘇, 홍양산紅陽繖의 속넣기용, 모절旄節, 은교의銀交椅 등에 사용되었다.

참조1 홍면사紅綿絲

예문 釵釘纓子綠鄕絲五錢裹索紅布六十八尺五寸縫造紅麻絲二兩槊入紅綿絲一斤橫結白木二疋朴排連接白紙六張朱紅二兩(국장1903/152ㄴ05~07)

색인 (가례1802/상202ㄱ01)(가례1819/하008ㄱ11)(가례1819/하029ㄱ05)(가례1819/하072ㄴ11)(가례1819/하084ㄱ12)(가례1819/하108ㄴ10)

面席【면석】 일 의

자리 2장을 면에 붙여서 만든 돗자리. 혼례나 연향과 같은 궁중 행사를 거행할 때 자리 2장을 면에 붙여서 제작한 돗자리이다.

관련1 만화이장부면석滿花二張付面席, 채화면석彩花面席, 채화삼장부면석彩花三張付面席, 하배면석下排面席, 하배채화면석下排彩花面席, 하배채화삼장부면석下排彩花三張付面席, 하배채화이장부면석下排彩花二張付面席

예문 彩花席肆張綃紫的紬十六尺八寸紅麻絲八戔絲紙次楮注紙四張小輿上排彩花席二張付面席一浮所入彩花席二張綃紫的紬漆尺貳寸(국장1730/339ㄴ08~10)

색인 (가례1627/069ㄴ06)(가례1627/075ㄱ14)(가례1671/082ㄱ10)(가례1718/120ㄱ02)(국장1898五/007ㄴ04)(국장1904/068ㄱ09)

綿紬【면주】 입 복

사약司鑰, 별감別監의 복장에 사용되는 직물. 면주는 얇은 평견직물이다. 삼국 시대에는 주紬, 고려 시대에는 면주綿紬라 부르고 조선 시대에는 생산지의 명칭이 붙은 각종 주가 사용되었다. 현재는 명주明紬라 한다. 『세종실록지리지世宗實錄地理志』에 경상도의 궐공厥貢으로 표기되어 있다. 의궤 중에는 사약司鑰 2인의 복장에 면주 2필, 별감 16인의 복장에 면주 16필을 배정하고 있다.

동 명주明紬

예문 濟用監尙衣院官員躬親進排爲旀洗水段地方官待令事一一知委而下玄宮時拭巾綿紬六尺亦令濟用監待令是在果凡係拭梓宮事段三物所專掌擧行事關是置(국장1834/090ㄴ02~04)

색인 (가례1627/030ㄱ02)(가례1762/상031ㄴ08)(가례1802/상045ㄱ12)(가례1802/상045ㄴ03)(가례1802/상047ㄴ02)(가례1802/상144ㄴ06)

綿布【면포】 입 복

무명실을 써서 재래식 베틀로 짠 평직물. 무명 또는 무명베라고도 하며, 우리나라의 전통 직물로서 의복, 침구, 기타 생활용품에 가장 많이 쓰였다.

참조1 백면포白綿布, 홍면포紅綿布

예문 同日一取考謄錄則大輿障塵庚申則以鴉青綿布用之是乎旀乙丑則青三升用之是如乎今番則以何年例爲之是乎喩(국장1821/007ㄱ05~07)

색인 (가례1627/051ㄱ08)(가례1627/060ㄴ04)(가례1627/061ㄱ02)(가례1671/060ㄱ11)(가례1671/085ㄴ12)(가례1671/135ㄴ06)

明器【명기】 입 의

죽은 이를 위하여 일부러 만들어 무덤에 넣는 그릇이나 악기, 생활 용구 따위의 기물. 무덤에 함께 묻어야 하기 때문에 실물보다 작게 만든다. 귀기鬼器라고도 한다.

참조1 안기판安器板

예문 本房次知服玩明器各樣槓函到山陵後八穀及醯醢淸醴酒等入盛於各其槓函內器皿中是如乎(국장1776/291ㄱ04~05)

색인 (국장1674A三/095ㄱ06)(국장1800四/128ㄱ10)(국장1800四/155ㄱ07)(국장1800四/156ㄴ02)(국장1800四/156ㄴ03)(국장1800三/007ㄱ02)

命服【명복】 입 의

각 품品 관원이 입던 정복正服.

참조1 명복관命服官, 명복안命服案, 명복여命服輿, 명복차비命服差備, 명복함命服含

예문 以白綃一幅裂爲三片次鋪衾次鋪命服一襲次鋪散衣凡斂衣九十稱皆用裕衣袷衾(빈전1674/010ㄴ08~09)

색인 (가례1627/010ㄱ02)(가례1627/027ㄴ14)(가례1627/028ㄱ03)(가례1627/036ㄴ02)(가례1627/041ㄴ02)(가례1627/041ㄴ14)

命服案【명복안】 입 의

왕실 혼례에 사용되었던 명복을 놓았던 상. 왕실 혼례 때 왕비나 왕세자빈이 입었던 법복인 명복을 놓았던 상이다. 책비나 책빈 의례 때 왕비나 왕세자빈의 명복을 담았던 함인 명복함을 명복안에 놓아 의례를 거행했다.

참조1 명복命服, 명복함命服含, 명복함상命服函床

관련1 명복관命服官, 명복여命服輿, 명복차비命服差備

예문 一教命案册案寶命服案具牀巾函袱及彩輿等段都監措備爲白在果(책례1651/012ㄱ10~12)

색인 (가례1671/112ㄴ05)(가례1681/171ㄱ12)(가례1696/144ㄱ06)(가례1718/173ㄴ08)(가례1802/상219ㄴ01)(가례1819/상203ㄴ11)

命服含【명복함】 일 의

책비나 책빈 의례 때 비나 왕세자빈의 명복을 담았던 함. 명복안에 명복함을 놓아 의례를 거행했다. 명복은 관계官階에 따라 입는 정복正服을 말한다.

참조1 명복命服, 명복안命服案, 명복함상命服函床

참조2 명복관命服官, 명복여命服輿, 명복차비命服差備

예문 紫的吐紬褥上排席倭朱紅漆命服含內裹紅綃三幅袱袱(가례1819/상013ㄴ08~10)

색인 (가례1819/상013ㄴ09)

命服函床【명복함상】 일 의

왕실 혼례에 사용되었던 명복을 담았던 함과 함을 놓았던 상. 왕실 혼례 때 왕비나 왕세자빈이 입었던 법복인 명복을 담았던 함과 함을 올려놓았던 상이다. 책비나 책빈 의례 때 왕비나 왕세자빈의 명복을 담았던 함인 명복함은 교명함, 책함, 인수함들과 함께 설치되어 예를 행하였다.

참조1 명복함命服含

예문 函牀柒部內陸部黑漆壹部朱紅漆命服函床以進排黑漆壹部納徵函牀以進排紅紬伍幅牀巾柒件金錢紙具(가례1727/082ㄱ06)

색인 (가례1671/055ㄴ05)(가례1696/069ㄴ12)(가례1718/110ㄱ12)

銘旌【명정】 일 의

죽은 사람의 관직과 품계, 본관, 성씨 등을 적은 기旗. 보통 붉은 바탕에 분가루나 은물 등 회색으로 글씨를 쓰며, 상여 앞에서 길을 인도한 후 관 위에 씌워 묻는다.

예문 朝上食幷行於巳時諡册寶內出及上諡殯殿差退於巳時而改銘旌亦依政院啓辭退定於未時則似無窘速之患以此時分付擧行何如(국장1674/020ㄴ07~09)

색인 (국장1659一/104ㄴ08)(국장1659一/107ㄱ05)(국장1659一/107ㄱ09)(국장1659一/107ㄱ10)(국장1659一/107ㄱ11)(국장1659一/109ㄱ01)

明紬【명주】 일 복 ☞ 綿紬면주

예문 所入松板半立炭末二升阿膠三兩明紬五合松煙二升(예장1729/116ㄴ01~03)

색인 (가례1718/191ㄴ04)(가례1718/219ㄴ06)(가례1718/220ㄴ03)(가례1718/220ㄴ11)(가례1718/221ㄱ08)(가례1718/222ㄱ10)

冒緞【모단】 채 복 冒段 毛緞

중궁전 법복의 하피霞帔에 사용되는 직물. 주자직으로 제직된 단층의 문단으로 조선 시대에 중국에서 유입된 단직물 중 하나. 바닥은 경주자 조직으로 짜고 무늬는 위주자 조직으로 짜서 단층으로 무늬를 나타낸다. 가례 시 납징納徵에 현색 모단玄色冒緞 6필, 훈색 모단 4필이 배정되며, 적의 하피 1감에 모단 6자가 소용된다. 습례 때 조모早帽, 익선관翼善冠, 화靴 등을 흑모단黑冒緞으로 싼다. 이외에 각 궁방의 무수리·의녀·침선비針線婢와 각 영읍營邑의 기녀들은 제 머리를 머리 위에 얹는 가리마를 만드는 데 모단을 사용하였다. 冒緞은 冒段, 毛緞으로도 표기한다.

참조1 아청모단鴉靑冒緞, 현색모단玄色冒緞

예문 圍里次正鐵六斤甘只次白休紙五張質次冒緞九尺八寸芝只次鴉靑眞絲白眞絲各一兩五錢(책례1759/101ㄴ09~11)

색인 (책례1759/101ㄴ10)

冒段【모단】 채 복 ☞ 冒緞모단

예문 一端廣三寸長七尺大冒段九十九尺冒段三十一尺五寸合一百三十尺五寸(국장1903/224ㄴ07~09)

색인 (가례1627/030ㄴ02)(가례1627/030ㄴ03)(가례1627/043ㄴ03)(가례1627/051ㄱ13)(가례1627/056ㄴ12)(가례1627/057ㄱ03)

毛緞【모단】 채 복 ☞ 冒緞모단

예문 大杉次大紅無紋匹段一匹內拱紅綃一匹背子次鴉青無紋匹段代毛緞二匹內拱藍綃二匹(존호1610/074ㄱ11~12)

색인 (존호1610/074ㄱ12)

冒緞雲鞋【모단운혜】 일 복

중국에서 생산되는 검은 색 비단으로 만든 신. 모단은 중궁전 법복中宮殿法服의 하피감, 양이엄涼耳掩감, 익장翼帳에 들어가는 물품, 고영자罟纓子감, 싸개, 동도리東道里, 청선靑扇, 정旌 바탕감, 덮개용, 각 궁방 내의녀 머리쓰개, 전투용 군모의 안감과 갑머리망건 등에 다양하게 사용되었다.

참조1 모단冒段, 모단하피冒緞霞帔, 현색모단玄色冒緞

참조2 훈색모단纁色冒緞, 흑단黑團

예문 豆錫吐環十箇冒緞雲鞋十部(가례1819/235ㄱ01~02)

색인 (가례1819/상235ㄱ02)

冒緞霞帔【모단하피】 일 복

중국에서 생산되는 검은색 비단으로 만든 하피霞帔. 중궁전 법복 의대衣襨 중 한 가지로 대홍광직 적의와 함께 입는다. 하피는 적의를 입을 때 어깨의 앞뒤로 늘이는 것을 말한다. 길게 한 폭으로 되어 있어 목에 걸치게 되어 있다. 모단은 하피의 바탕감으로 사용되었고 여기에 꿩이나 닭으로 문양을 꾸몄다.

참조1 하피霞帔

참조2 남청소하피藍靑素霞帔, 자하피紫霞帔

예문 錦衣鄕織段一冒緞霞帔一藍鄕織裳一(가례1762/016ㄱ09~11)

색인 (가례1762/상016ㄱ09)(가례1802/상028ㄴ11)(가례1819/상025ㄱ11)(가례1819/상025ㄴ01)(가례1866/상025ㄴ09)

冒緞黑襪【모단흑말】 일 복

중국에서 생산된 직물로 만든 검은색 비단 버선. 모단冒緞은 각 궁방의 무수리·의녀·침선비針線婢와 각 영읍營邑의 기녀들이 머리 위에 얹는 가리마를 만드는 데 사용하였다. 흑모단은 두의頭衣와 족의足衣에 사용되는데, 조선 시대 왕족의 장례 때 조모皁帽나 익선관翼善冠, 화靴, 악수握手에 흑모단黑毛緞을 사용한다.

참조1 적말赤襪

참조2 말자襪子, 백공단버선白貢緞襪, 백말白襪, 백포말白布襪, 비단버선羅襪, 솜버선, 수놓은 버선, 융단버선絨襪, 포말布襪, 혜말鞋韈

예문 冒緞黑襪一佩玉一件(가례1762/016ㄴ01~02)

색인 (가례1762/상016ㄱ12)(가례1819/상025ㄴ03)(가례1819/상025ㄴ06)

帽帶黑靴【모대흑화】 일 복

모자와 신. 즉 신분에 따른 의대衣襨를 갖춤을 뜻한다. 협의의 의미로 모대帽帶는 두식을, 흑화黑靴는 신을 뜻한다. 즉 위와 아래를 나타냄으로써 광의의 의미로 의관을 갖추고 있음을 말하는 것으로 추정할 수 있다. 『인정人政』에 보면 모대帽帶가 벼슬아치들이 쓰는 사모와 관대라고 하고 있다. 여기에 신발까지 포함되므로 신분을 표시하는 의미의 복식을 나타내는 것이라 할 수 있다.

예문 轎子一坐尙衣院軍十名兵曹靑衣靑巾濟用監雨傘一柄繕工監函員持支架四部尙衣院軍司僕寺帽帶黑靴工曹(가례1819/168ㄴ10~11)

색인 (가례1819/상168ㄴ11)(가례1866/상164ㄱ03)

毛羅【모라】 채 복

익선관, 사모, 입 등 관모류를 만드는 데 사용되는 직물. 세종 23년(1441) 공조에서 사신이 나올 때 야인野人들이 겨울철에도 죽모竹帽를 쓴다고 웃으니 하사하는 사모紗帽는 겨울철에는 모라毛羅를 사용하게 하고 여름철에는 죽모를 쓸 것을 청하니 허락하였다고 한다. 毛羅는 冒羅로도 표기한다.

예문 畵次泥銀尙衣院假翼蟬冠一次毛羅一尺七寸戶曹槊擣鍊紙半張豐儲倉(빈전1659/192ㄴ09~11)

색인 (가례1671/123ㄱ04)(가례1696/162ㄱ04)(국장1659二/052ㄴ07)(빈전1649/006ㄴ09)(빈전1649/122ㄴ01)(빈전1649/125ㄱ03)

冒羅【모라】 채 복 ☞ 毛羅모라

예문 槊花綿伍斤以上尙衣院假平天冠壹冒羅壹尺伍寸內拱鴉青熟綃壹尺伍寸(빈전1724/214ㄱ03~05)

색인 (가례1802/상162ㄴ06)(가례1866/상152ㄴ11)(빈전1600/187ㄱ05)(빈전1600/193ㄴ06)(빈전1600/198ㄱ09)(빈전1600/201ㄱ01)

冒羅帽頭【모라모두】 채 복

가례 때 정사正使, 부사副使, 주인主人, 빈자賓者가 공복과 함께 쓰는 관모. 얇은 비단인 모라帽羅로 겉을 싼 복두로 납채納采, 납징納徵, 고기告期, 책비冊妃 때 정사, 부사, 주인 각 1원은 홍방사주 공복紅方紗紬公服에 모라복두冒羅幞頭를 쓰고 야자서대也字犀帶와 흑화자黑靴子를 신는다. 빈자는 초록정주공복에 모라복두, 각대, 흑화자를 착용하고 행사에 참여한다. 복두의 제도는 통일신라 시대 중국에서 유입된 것으로 고려의 복두가 조선에 전승되어 세종 10년(1428) 정월 종묘제향 시 세자궁 특위별감과 소친시 등이 자의紫衣에 복두를 쓰도록 하고, 이어 12년에는 예조에서 조회朝會를 할 때 악공이 복두를 쓰게 하였다.

참조2 상건上巾, 절상건折上巾

예문 紅方紗紬公服二件內拱藍方紗紬濟用監冒羅帽頭二件也字犀帶二件戶曹貿易出給工曹造作(가례1866/137ㄱ01~03)

색인 (가례1866/상137ㄱ02)

冒羅幞頭【모라복두】 채 복

가례 때 정사·부사·주인·빈자 등이 쓰는 관모. 『영조정순후가례도감의궤英祖貞純后嘉禮都監儀軌』를 보면, 납채, 납징, 고기, 책비 시에 정사, 부사, 주인, 빈자 등이 홍방사주로 만든 공복을 입고 그 위에 모라복두를 착용하였다. 복두는 모정이 이층으로 되어 있으며, 각이 지고 위가 평평하다. 머리 뒤 양쪽에 각이 달려 있으며, 얇은 비단인 모라로 싼다.

참조2 홍방사주공복紅方紗紬公服

예문 草綠鼎紬公服一件也字帶四件從品職冒羅幞頭黑靴子各四部等(가례1802/046ㄱ02~03)

색인 (가례1802/상045ㄴ10)(가례1802/상046ㄱ03)(가례1802/상150ㄴ09)(가례1802/상151ㄱ02)(가례1802/상151ㄱ07)(가례1819/상044ㄱ08)

毛面紙【모면지】 일 건

등나무나 뽕나무 껍질, 마 등을 이용해 만든, 약하지만 밝고 얇으며 부드러운 특성을 지닌 종이. 일반적인 종이가 닥나무로 만들어지는 반면에 모면지는 등나무와 뽕나무 껍질, 마 등으로 만든다. 질은 약하지만 얇고 밝으며, 부드러운 것이 특징이다. 주로 중국에서 수입되는데 지질이 섬세하여 서책을 인쇄하거나 붓글씨를 쓰는 데 적합한 것으로 알려져 있다. 또한 그림의 밑그림을 그리거나 배접지로 사용한다. 毛面紙는 毛綿紙, 毛邊紙로도 표기한다.

관련1 회장모면지繪粧毛面紙, 후배모면지後褙毛面紙

예문 本房所掌諡哀册及諡寶印出時所用毛面紙二卷中眞墨十丁紫帽子五立白毛精三隻白帽子五立(국장1757/075ㄱ04~05)

색인 (가례1718/272ㄴ08)(가례1718/290ㄱ06)(가례1802/상202ㄴ06)(가례1819/상182ㄱ01)(가례1819/하077ㄱ01)(가례1819/하083ㄱ12)

毛邊紙【모변지】 일 건 ☞ 毛面紙모면지

관련1 후배모변지後褙毛邊紙
예문 膠末六升毛邊紙五卷十九張行子赤亇四件乫介白正布五尺艮水一甁(예장1729/119ㄱ10~12)
색인 (가례1627/082ㄴ05)(가례1627/083ㄴ04)(가례1671/067ㄴ04)(가례1671/135ㄴ12)(가례1681/122ㄱ08)(가례1681/193ㄴ09)

毛衣匠【모의장】 일 건

경공장京工匠의 하나. 조선 시대에 상의원尙衣院에 소속되어 갖옷[毛衣] 만드는 일을 전문으로 하는 장인을 가리킨다.
예문 每緝匠高德華毛衣匠朴繼康尙方刀子匠金業山池次萬(국장1720/109ㄱ05~07)
색인 (가례1627/066ㄱ05)(가례1681/267ㄱ01)(가례1762/상075ㄱ10)(가례1802/상122ㄴ01)(가례1819/상115ㄴ07)(가례1819/하037ㄱ06)

旄節【모절】 채 의 毛節

조선 시대 의장儀仗의 하나. 홍색으로 물들인 짐승의 털 다섯 뭉치를 층층으로 이어서 깃대 끝에 있는 용머리에 늘어뜨렸다. 기우제의 소가 의장이나 왕비·왕세자빈·왕세손·황태자의 의장 등으로 썼다.
참조1 모절장旄節匠
예문 紅蓋二靑蓋二鳳扇二雀扇二龍扇二金鉞斧一銀鉞斧一旄節一旌一金斫子一銀斫子一金横瓜二銀立瓜二金粧刀一銀粧刀一(상호1827/148ㄱ10~12)
색인 (가례1627/068ㄱ09)(가례1627/068ㄴ04)(가례1627/093ㄱ12)(가례1627/097ㄱ05)(가례1627/099ㄴ06)(가례1671/012ㄴ07)

毛節【모절】 채 의 ☞ 旄節모절

관련1 중모절中毛節
예문 金粧刀二銀盂子一銀灌子一銀立瓜二金立瓜二銀横瓜二金横瓜二毛節四內二仍修補銀鉞斧二金鉞斧二雀扇六內四仍修補二新造(책례1651/061ㄴ02~04)
색인 (가례1671/151ㄱ05)(가례1671/153ㄱ08)(가례1671/154ㄱ11)(가례1671/170ㄱ09)(가례1671/174ㄴ09)(가례1696/198ㄱ06)

旄節匠【모절장】 채 건 毛節匠

모절을 전문으로 만드는 사람. 모절은 조선 시대 의장儀仗에 사용한 기旗로 홍색으로 물들인 상모象毛 뭉치와 이 뭉치 위에 금동으로 도금한 덮개를 씌워 만든 털뭉치 7개를 차례로 늘어뜨려 대나무 장대의 끝에 장식되어 있는 주칠朱漆을 한 용의 입속 고리에 매달아 만들었다. 기우제 소가의장祈雨祭小駕儀仗이나 왕비의장, 왕세자빈의장, 왕세손의장, 황태자의장 등에 쓰였다.
예문 册匠金雲得崔春得旄節匠金仁得金卜金假漆匠崔龍伊崔昌吉許有福(상호1827/203ㄱ07~09)
색인 (가례1627/100ㄱ11)(가례1681/223ㄴ04)(가례1681/266ㄴ06)(가례1802/상123ㄱ07)(가례1819/상116ㄴ01)(가례1819/하011ㄴ02)

毛節匠【모절장】 채 건 ☞ 旄節匠모절장

관련1 죽산마모절장竹散馬毛節匠
예문 木手金義善等十名冶匠鄭善明等四名彫刻匠金明元等二名毛節匠白一龍漆匠鄭應龍等五名小木匠禹已賢等四名(국장1681/112ㄱ05~07)
색인 (가례1671/154ㄱ05)(가례1671/185ㄴ08)(가례1696/064ㄴ08)(가례1696/201ㄱ03)(가례1696/216ㄴ06)(가례1696/228ㄱ11)

毛湯【모탕】 채 건 隅湯

나무를 패거나 물건을 바닥에 쌓을 때 밑에 괴는 나무토막. 모탕판/모탕널[毛湯板]이라고도 한다.
참조1 모탕판毛湯板
예문 本房木手二名所用量板二部加莫金具毛

湯四介各色匠人功役置簿匠牌二介泰仁礪石一片(국장1688/027ㄱ11~12)

색인 (국장1688/027ㄱ11)(국장1701一/301ㄴ05)(국장1701一/303ㄱ05)(국장1701二/030ㄱ04)(국장1702B一/259ㄱ10)(국장1702B一/296ㄴ02)

毛湯板【모탕판】 채 건

나무를 패거나 물건을 바닥에 쌓을 때 밑에 괴는 나무토막. 모탕毛湯과 같은 말이다.

참조1 모탕毛湯

예문 樑板二立毛湯板二加莫金二松煙一兩(책례1721/235ㄱ01~02)

색인 (가례1696/217ㄴ08)(가례1718/232ㄱ11)(책례1721/235ㄱ01)(책례1736/171ㄱ01)

毛皮匠【모피장】 일 건

모피毛皮를 다루는 장인.

예문 茵匠蜜塑匠鑞匠弓人多繪匠每緝匠雨傘匠笠匠竹網匠眞漆匠付金匠毛皮匠裹皮匠涼太匠毛節匠付鑞匠杻骨匠周皮匠(국장1821/189ㄱ12~ㄴ02)

색인 (국장1800一/131ㄴ07)(국장1821一/189ㄴ01)(국장1834一/164ㄴ08)

木【목】 채 복

천막이나 수건, 의복에 사용되는 무명. 품질이 좋은 정목正木과 품질이 나쁜 지목地木, 품질이 가장 나쁜 하지목下地木이 있고, 물들인 빛깔에 따라 青木, 紅木, 藍木, 紫木, 黑木 등이 있다.

참조1 홍목紅木

예문 次知擧行三人例爲陪行山陵而所騎驛馬只是二匹故今春國恤時段置自都廳雇馬價正木一匹上下爲有置今亦依此上下何如提調手決內依(빈전1675/059ㄱ09~11)

색인 (가례1681/025ㄱ02)(가례1681/245ㄴ03)(가례1681/290ㄴ08)(가례1696/053ㄴ04)(가례1696/053ㄴ05)(가례1696/053ㄴ06)

木假劍【목가검】 일 의

조선 시대 의례의 예행연습에 사용되던 기구 중 하나. 조선 시대에는 의례를 시행하기 이전에 수차례에 걸쳐 예행연습[習儀]을 했다. 이때 실제 의식에 사용되는 의장물의 대용품을 사용했는데, 가목검 또는 목가검은 이를 위한 임시 의장물이다.

동 가목검假木劍

참조2 가검假劍

예문 同牢宴朝見禮初二三度習儀兼行於大內爲有置床卓床巾函袱木圭木假劍假羅照沙盞沙甫兒沙罇各一雙(가례1802/199ㄱ11~ㄴ01)

색인 (가례1802/상199ㄱ12)

木加羅【나무가래】 채 건

날이 나무로 된 가래. 가래는 흙을 파내서 던지기 위해 삽날 모양의 가래날에 자루를 달고, 가래날에 만든 구멍에 끈을 연결하여 사용하는 도구로 농사를 짓거나 건축을 위해 땅을 파낼 때 사용한다. 가래는 가래날과 자루, 그리고 가래날 양쪽 옆면에 만든 구멍[군둣구멍]에 연결한 끈[군두새끼]으로 구성된다. 삽과 같이 흙을 파낼 때 사용하는 도구이지만 삽이 한 사람이 사용할 수 있는 도구인 데 비하여, 가래는 여러 사람이 함께 사용함으로써 보다 높은 작업 능률을 올릴 수 있다. 의궤 자료에는 加乃, 加乃의 표기도 보인다.

참조1 가래加乃, 가래加乃

예문 權爐匠所用木加羅二豆錫匠磨鏡匠和匠匙匠等所用登几牀各一等物用還次各該司良中捧甘何如(혼전1701/100ㄱ04~06)

색인 (빈전1649/056ㄱ07)(빈전1659/276ㄱ07)(빈전1680/266ㄴ11)(빈전1683/257ㄴ03)(혼전1701/099ㄱ05)

木刻匠【목각장】 일 건

나무판에 그림이나 글자 따위를 새기는 일을 하는 사람.

예문 雨傘匠曹春根崔宗根木刻匠全明國李萬祚每緝匠高永植崔錫佑(국장1890/103ㄴ08~10)

색인 (가례1802/상206ㄱ11)(가례1819/상114ㄴ12)(국장1898二/134ㄴ09)(국장1903二/113ㄴ11)(국장1890二/103ㄴ09)

木斛【목곡】 일 건 ☞ 大斛대곡

예문 鍮升鍮合各一木斗木升各二料米捧上時所用木斛一炭斛一庫所用鎖鑰具三部陶甕所羅陶東海陶耳鐥各一(국장1903/088ㄴ04~06)

색인 (가례1681/026ㄴ11)(가례1681/328ㄴ02)(가례1681/333ㄱ11)(가례1762/상082ㄱ02)(가례1762/상085ㄴ06)(가례1819/하107ㄱ09)

木果瓢【목과표】 일 의 음 ☞ 果瓢子과표자, 木瓢子목표자

예문 本所諸色工匠所用食鼎二坐木果瓢各二箇陶東海水桶各二强礪石延日礪石各一塊松煙五兩定絃次綿絲三兩(국장1684/226ㄴ07~08)

색인 (가례1696/078ㄴ07)(가례1718/095ㄴ03)(가례1819/하136ㄴ09)(가례1866/상063ㄱ06)(가례1866/하097ㄱ01)(가례1866/하112ㄱ12)

木果瓢子【목과표자】 일 의 음 ☞ 果瓢子과표자, 木瓢子목표자

예문 空石十立草芚四浮柳笥柳箕各一部木果瓢子各一剪板書板各一紅紬袱四件淨衣淨裳淨袖頭巾襪各二件(국장1776/242ㄱ04~06)

색인 (국장1776二/242ㄱ05)(국장1776二/242ㄱ09)(국장1776二/243ㄴ11)(국장1821四/004ㄴ03)(국장1821四/008ㄱ05)(국장1821四/011ㄴ04)

牧丹屛風【목단병풍】 일 의

목단을 그려 넣은 병풍. 병풍은 그림이나 글씨를 8폭, 10폭, 12폭 등의 나무틀에 비단과 함께 발라 장황한 것으로 가례나 책례, 국장 등의 행사를 행할 때 의례용으로 쓰였다. 목단은 부귀를 의미하는 꽃으로 여겨져 가례 때 목단병풍이 주로 사용되었다.

참조1 병풍屛風, 오봉산병풍五峯山屛風

관련1 개복청목단십첩중병풍改服廳牧丹十貼中屛風

예문 興化正門及殿內排設遮日揮帳地衣登每以素縇新件待令爲旀牧丹屛風三坐枕木二雙具北心常毛氈六浮用還次待令爲旀殯殿所用上下枕木二部(빈전1600/213ㄱ02~04)

색인 (가례1671/058ㄱ12)(가례1866/하036ㄱ03)(국장1800一/057ㄴ05)(국장1849一/064ㄱ06)(국장1903四/006ㄱ07)(국장1904二/005ㄱ08)

木麥匠【목맥장】 일 건

메밀 요리를 담당하는 사람. 목맥은 메밀의 열매로 전분이 많아 가루를 내어 국수나 묵 따위를 만들어 먹는다.

예문 以上同甕院多人沙器城上常沙鉢五竹貼匙十竹大貼鍾子甫兒各二竹以上內贍寺內資寺禮賓寺木麥匠鍮東海一鍮大沙用蓋具一水剌間鍮小蓋兒五(국장1681/152ㄴ07~09)

색인 (국장1681二/152ㄴ08)(국장1684/135ㄱ08)(국장1701二/165ㄱ10)(국장1730二/155ㄱ03)(국장1757B二/084ㄱ10)(국장1776二/024ㄱ12)

木梳【목소】 일 복

나무로 만든 빗. 『영조정순후가례도감의궤英祖貞純后嘉禮都監儀軌』에는 체발 10단을 다시 물들이고 묶는 데 소요되는 물품으로 목소 10개와 용환질用還秩에 목소 5개를 도감청에 올린 기록이 있으며, 『국역승정원일기國役承政院日記』 인조 원년(1623)에도 참빗[眞木梳]을 내려 주라는 전교의 기록이 있다. 『만기요람萬機要覽』에 있는 왕대비전王大妃殿, 혜경궁惠慶宮과 가순궁嘉順宮의 목소는 각각 가격이 달라 그 장식과 나무 재료에 차이가 있는 것으로 보인다.

궁중에서는 목소에 따로 자개로 만든 빗집[螺鈿梳函]을 쓰기도 하였으며 조선 시대에는 목소장木梳匠을 따로 두었다.

참조1 대빗竹梳

참조2 나전소함螺鈿梳函, 소첩梳貼

관련1 진목소眞木梳

예문 內資寺供槃尙衣院供沐浴巾浴巾二沐巾一而鑷明衣及方巾一櫛竹木梳各一內備內侍以粱米潘淅米汁(빈전1600/145ㄱ06~07)

색인 (가례1627/045ㄴ09)(가례1627/050ㄴ14)(가례1671/007ㄴ07)(가례1671/009ㄱ04)(가례1681/017ㄴ11)(가례1681/019ㄴ11)

木梳匠【목소장】 일 건

경공장京工匠의 하나. 조선 시대에 공조工曹, 상의원尙衣院 등에서 얼레빗 만드는 일을 전문으로 하는 사람을 일컫는다.

예문 注匠金建尙衣院所屬是遣小木匠鄭貴男觀象監所屬是遣木梳匠金海善禹貴賢工曹所屬是遣漆匠盧戒善姜善元車貴成訓鍊都監所屬是如爲有等(빈전1680/290ㄴ09~11)

색인 가례1671/139ㄴ08)(가례1671/154ㄱ07)(가례1671/185ㄴ02)(가례1671/223ㄴ05)(가례1681/079ㄱ05)(가례1681/326ㄱ09)

木尺【목척】 일 건

나무로 만든 자. 영조척을 달리 이르던 말이다. 영조척은 목수들이 쓰던 자로 나무를 T자형으로 잘라 만들었기 때문에 정자척丁字尺이라고도 한다.

참조1 단목척椴木尺

예문 一本房雜物捧上時所用鍮斗升合木斗升各一分數稱子五十兩稱子三十斤稱子木尺各一各色匹段入盛大樻二彩色入盛中樻一畵員所用二層大樻一並具鎖鑰用(국장1674/003ㄴ01~03)

색인 (가례1696/052ㄱ09)(가례1696/078ㄴ06)(가례1696/234ㄴ06)(가례1718/095ㄴ02)(가례1718/250ㄴ10)(가례1762/상092ㄴ05)

木把曹【목파조】 일 의

나무로 만든 물통. 손잡이가 있는 나무로 만든 물통으로, 가례와 상례 등의 의례에 사용되었다. 木把曹는 木波槽, 木把槽로도 표기한다.

예문 大無齒鉅二樑迲具尺釘八介中ケ赤二箇木把曹二於只條所二巨衣無齒刀二箇方迲一箇中菖浦迲一箇小串釘四箇(존숭1661/055ㄴ09~11)

색인 (가례1718/193ㄱ06)(가례1696/270ㄱ10)(가례1718/138ㄴ06)(가례1696/127ㄴ02)(가례1696/214ㄴ02)(가례1696/263ㄱ11)

木把槽【목파조】 일 음 ☞ 木把曹목파조

예문 二十幅袱巾三件紅紬四幅袱五件六油芚二番四油芚二番擔桶三坐木把槽三坐瓢子二箇草省二箇柳箕二部柳笥二部(빈전1834/095ㄴ10~12)

색인 (국장1674二/101ㄴ01)(국장1681二/105ㄴ02)(국장1681二/126ㄱ05)(국장1681二/132ㄴ03)(국장1684/095ㄱ11)(국장1701二/114ㄱ06)

木瓢【목표】 일 의 음

표주박. 木은 용기容器의 재료를 분명히 나타내기 위해 쓰였다.

동 목표자木瓢子

예문 大輿假家禁火所用豆毛四坐大木瓢四介擔桶一部等用還次進排事捧甘何如(국장1724/202ㄱ03~04)

색인 (가례1671/216ㄱ10)(가례1696/185ㄱ09)(가례1696/261ㄴ02)(가례1718/283ㄴ04)(가례1819/하125ㄴ04)(가례1866/하050ㄴ08)

木瓢子【목표자】 일 의 음 ☞ 木瓢목표

예문 小索漆艮衣山猪毛壹兩羔鬚參兩木瓢子壹箇綃篩壹部柳箕壹部馬鬣半斤(국장1757/090ㄱ

11~12)

색인 (가례1718/296ㄱ08)(가례1819/상154ㄱ10)(가례1819/하008ㄴ11)(가례1819/하009ㄴ01)(가례1819/하012ㄱ07)(가례1819/하031ㄱ03)

木鞋匠【목혜장】 일 건

나막신을 만드는 장인. 목혜는 나무를 파서 만든 것으로 앞뒤에 높은 굽이 있어 비가 오는 날이나 땅이 진 곳에서 신었다.

예문 雨傘匠金仁守木鞋匠金致文徐得福磨造匠姜德柱李永文(국장1890/084ㄱ12~ㄴ02)

색인 (가례1762/상075ㄴ09)(가례1762/상093ㄱ12)(가례1802/상123ㄴ02)(가례1819/상116ㄴ10)(가례1819/상194ㄱ03)(가례1819/하037ㄴ03)

木紅絲【목홍사】 일 복

왕의 평천관·상궁·시녀 및 유모·보행나인의 겹저고리 봉제용과 입笠, 너울의 매듭에 사용되는 붉은색 실. 소목蘇木으로 염색하였다.

참조1 남사藍絲, 아청사鴉靑絲

예문 中綿子參兩內拱藍細紬肆幅各長伍尺鄕絲參兩木紅絲參戔(가례1727/197ㄴ07~08)

색인 (가례1681/198ㄴ06)(가례1681/205ㄴ08)(가례1681/206ㄱ02)(가례1681/206ㄴ05)(가례1681/207ㄱ05)(가례1802/상246ㄴ05)

木紅鄕絲【목홍향사】 일 복

시녀·유모·기행나인의 너울 매듭에 사용되는 붉은색 실. 소목蘇木으로 염색하였다.

예문 赤亇肆藍紬甫乙只肆次白紬每緝肆次木紅鄕絲步行內人肆(가례1727/015ㄴ03~05)

색인 (가례1627/062ㄴ03)(가례1671/091ㄴ12)

木靴【목화】 일 복

관복을 입을 때 신는 가죽으로 만든 목이 긴 신. 겉은 검은 녹피鹿皮나 아청공단, 융으로 만들고 안은 백공단으로 만들었으며, 가장자리에 붉은색 선을 둘렀다. 조선 시대 문무백관들이 흑단령黑團領에는 흑화黑靴를 신었고, 시복時服에는 백화白靴를 신었는데 화자는 순전히 가죽을 가지고 만들었다. 그러나 뒤로 오면서 속에 털을 장식하고 겉에 비단 천을 둘렀다. 木靴는 靴子와 같다.

참조1 화자靴子

관련1 목화장木靴匠

예문 木靴匠龍成宅李興福李永郁陳萬元李龍福冶匠李昌彬朴完金禹宗奉鄭國良完金禹宗奉(국장1800二/103ㄴ08~09)

색인 (국장1800/103ㄴ08)

木靴匠【목화장】 일 건

목화를 만드는 장인. 목화는 예전에 관복과 함께 착용하는 가죽으로 만든 목이 긴 마른신으로 왕 이하 문무백관들이 관복을 입을 때 신었다. 겉은 검은 녹피鹿皮나 아청공단, 융으로 만들었다. 안은 백공단으로 만들고 가장자리에 붉은색 선을 둘렀다. 조선 시대 문무백관들이 흑단령黑團領에는 흑화黑靴를 신었고, 시복時服에는 백화白靴를 신었는데 목화를 만드는 방식은 순전히 가죽을 가지고 만들었다. 그러나 뒤로 오면서 속에 털을 장식하고 겉에 비단 천을 둘렀다. 화자靴子라고도 한다.

예문 木靴匠龍成宅李興福李永郁陳萬元李龍福冶匠李昌彬朴完金禹宗奉鄭國良(국장1800二/103ㄴ08~09)

색인 (가례1866/상109ㄱ10)(국장1800二/103ㄴ08)(국장1890二/104ㄴ01)

蒙同【몽둥】 채 건 ☞ 夢同伊몽둥이

예문 同日一行下事修理時所用加乃五介廣光屎串光屎鍤各五介曲鍤五介排地乃二介小蒙同一介串釘五介(빈전1680/312ㄴ09~11)

색인 (국장1674A三/125ㄱ04)(존숭1713二/005ㄴ10)(존호1753二/053ㄴ04)

夢同伊【몽둥이】채 건 蒙同 蒙同伊 蒙同耳

조금 굵고 긴 막대기. 몽둥이는 크기에 따라 小-, 中-이 있고, 외양에 따라 四隅[네모]-로 구분된다. 召乙小蒙同伊, 乭小蒙同은 크기에 따라 분화한 小蒙同伊에 쪼다[召乙-, 乭-]의 기능이 보태진 것으로 보인다. 夢同伊는 蒙同, 蒙同伊, 蒙同耳로도 표기한다.

관련1 소몽둥이小夢同伊, 중몽둥이中夢同伊

관련2 네모몽둥이四隅夢同伊, 쫄소몽둥이召乙小蒙同伊, 쫄소몽둥乭小蒙同

예문 生葛乼中束乼各四艮衣地乃木枕木各四箇已上運來用還夢同伊六箇召乙釘四十五箇串釘三十五箇汗亇赤八箇已上治石參半用還(예장1786/169ㄴ09~11)

색인 (가례1819/하110ㄴ07)(국장1800四/143ㄴ01)(존숭1747/092ㄱ05)(존숭1747/209ㄴ01)(존숭1747/233ㄱ04)(국장1800四/027ㄱ07)

蒙同伊【몽둥이】채 건 ☞ 夢同伊몽둥이

예문 石手十名所用乭釘四介式串釘四介式汗亇赤一介式小蒙同伊一介式排地乃三介片子釘五介斧子三介加乃三介光伊五介鍤三介(혼전1701/267ㄴ11~268ㄱ01)

색인 (존숭1739/191ㄴ08)(존숭1739/211ㄴ02)(존호1753二/066ㄱ03)

蒙同耳【몽둥이】채 건 ☞ 夢同伊몽둥이

廟司【묘사】일 의

종묘 제사를 위해 종묘를 청소할 때, 쓰이는 각종 도구의 설치 및 정리를 담당한 종묘서의 관원. 종묘에서 제사가 있을 때, 제사 전날 종묘를 청소하고 제삿날에는 제기와 찬구 등을 갖추어 놓았다. 제사 후에는 폐백 묻는 것을 감시하고 예찬을 거두는 일을 하였다.

예문 一掖庭署設殿下展謁版位於宗廟廟庭永寧殿殿庭道東俱西向廟司設祭器位於東側階上執禮設牲榜於廟東門外西向設殿下省牲位於廟東門(상호1853/036ㄱ08~10)

색인 (국장1674一/088ㄱ08)(국장1674一/088ㄴ01)(국장1674一/088ㄴ05)(국장1674一/090ㄱ08)(국장1674一/090ㄱ10)(국장1702B一/114ㄴ03)

無角斧【무각부】일 의

모가 없는 도끼.

예문 貼匙二竹鍾子一竹沙亇子五介沙板二無角斧一一本房所掌外梓宮長杠二隻車子一輛輪輿(국장1674/133ㄴ08~10)

색인 (가례1671/216ㄱ06)(가례1696/261ㄱ10)(가례1718/283ㄱ11)(책례1751/136ㄱ04)(국장1659一/240ㄴ12)(국장1674一/133ㄴ09)

貿大椽【무대연】일 건

서까래의 하나. 추녀를 말한다.

예문 房知委據大輿假家撐支次貿大椽五箇朴只一尺釘五箇入用爲去乎緣由手本爲只爲題辭內依(국장1834/055ㄴ09~10)

색인 (가례1866/하097ㄱ08)(가례1866/하123ㄴ03)(가례1866/하130ㄱ07)(가례1866/하131ㄴ08)(국장1898五/061ㄱ03)(국장1903四/051ㄱ05)

無名石【무명석】일 건

바위에 붙어 있는, 흑갈색의 윤기가 있는 작은 덩이의 광물. 지혈제나 진통제로 쓰인다.

예문 本房所用明油煮煎次法油四斗則載在已丑謄錄是乎等以前已磨鍊爲有如乎明油所入無名石白磻黃丹等物不書於謄錄爲有臥乎所(국장1903/147ㄱ01~03)

색인 (가례1627/031ㄱ07)(가례1627/059ㄱ09)(가례1627/084ㄴ08)(가례1627/123ㄱ01)(가례1671/059ㄱ12)(가례1671/070ㄴ07)

無紋大紅匹段【무문대홍필단】일 복

대홍색의 바탕에 무늬가 없는 수자직繻子織/주자직朱子織의 견직물. 왕세자빈의 겹대삼과 겹장삼의 겉감에 사용되었다. 무늬가 없으므로 대홍필단이라고도 하며, 『소현세자가례도감의궤昭顯世子嘉禮都監儀軌』에는 왕세자빈의 겹대삼裌大衫에 사용된 대홍필단의 길이가 25척 5촌이었다. 『경종단의후가례도감의궤景宗端懿后嘉禮都監儀軌』와 『경종선의후가례도감의궤景宗宣懿后嘉禮都監儀軌』의 기록에 의하면 왕세자빈의 겹장삼裌長衫 겉감으로 무문대홍필단 39척 5촌이 소용되었다. 옷감의 이름은 색깔을 기록하고 문양을 기록하고 마지막으로 재료를 표시하는 것이 일반적이나 무문대홍필단無紋大紅匹段에서는 문양이 제일 앞섰다. 大紅無紋匹段과 같은 말이다.

참조1 남금선필단藍金線匹段, 남필단藍匹段, 남필단藍匹緞, 남화문필단藍花紋匹段, 다홍운문필단多紅雲紋匹段, 다홍필단多紅匹段, 대홍금선필단大紅金線匹段, 대홍금선필단大紅金線疋段, 대홍무문필단大紅無紋匹段, 대홍소운문필단大紅小雲紋匹緞, 대홍운문필단大紅雲紋匹段, 대홍필단大紅匹段, 대홍화문필단大紅花紋匹段, 아청운문필단鴉靑雲紋匹段, 유청무문단柳靑無紋緞, 유청무문필단柳靑無紋匹緞, 유초록화문필단繻草綠花紋匹段, 자적필단紫的匹段, 초록륙화문필단草綠六花紋匹段, 초록운문필단草綠雲紋匹段, 초록필단草綠匹段, 초록화문필단草綠花紋匹段, 필단匹段, 필단匹緞, 화문대홍필단花紋大紅匹段

예문 裌大衫壹無紋大紅匹段單衫壹雲紋草綠匹段(가례1727/014ㄱ01)

색인 (가례1627/051ㄱ14)(가례1671/009ㄴ05)(가례1671/129ㄱ01)(가례1696/010ㄱ07)(가례1696/169ㄱ02)(가례1718/011ㄴ06)

無足平牀【무족평상】 일 의

발이 없는 평상. 평상은 국장國葬과 같은 국가적인 행사가 있을 때 야외에서 사용되었던 상으로 넓은 널로 된 천판天板을 가지고 있으며 난간은 없다.

참조1 평상平床

관련1 고란평상高欄平牀, 상평상上平牀, 어간래왕란간평상둔태박이사촌두정御間來往欄干平牀屯太朴只四寸頭釘, 어간평상군패장御間平牀軍牌將, 영좌평상靈座平牀, 영침평상제구군靈寢平牀諸具軍, 하평상下平牀, 회남수평상回南首平牀

예문 磚與地防木齊次鋪蘆簟次鋪油芚次鋪地衣于欑宮內設無足平牀鋪竹簟及褥席于其上時至內侍以連幅油紙重褁用於大斂時所覆繡黼棺衣上用白綃縱橫結之遂共擧(빈전1600/154ㄱ11~ㄴ01)

색인 (국장1800一/034ㄱ02)(국장1821一/043ㄴ08)(국장1821一/044ㄴ03)(빈전1600/154ㄱ12)(빈전1600/187ㄱ01)(빈전1649/007ㄴ08)

無齒鉅【무치거】 일 건

톱날에 이가 없는 톱. 무치거는 『인정전영건도감의궤仁政殿營建都監儀軌』에서 톱의 길이가 2척으로 기록되어 있다. 또 다른 기록에서 옥장玉匠이 옥을 자를 때 금강사와 함께 사용했다고 한 것으로 보아 무치거는 마감 공사 등에서 돌이나 방전方甎을 정교하게 자르는 데 사용하였던 것으로 보인다.

예문 强礪石一塊延日礪石一塊無齒鉅十三箇有齒鉅二箇汗丫赤二箇刀鐦一箇霓(상호1827/090ㄱ06~07)

색인 (가례1681/273ㄴ03)(가례1718/138ㄴ06)(가례1802/상155ㄱ12)(국장1674A三/057ㄱ02)(국장1674A三/067ㄴ10)(국장1674A三/086ㄱ11)

無齒刀【무치도】 일 건

이가 없는 칼. 형태나 용도를 알 수 있는 기록은 없다. 다만, 도刀 앞에 선행한 접두어 無-의 의미를 통해 이가 없는 칼로 짐작된다.

예문 本房打造鐵物用餘及用後還丁秩鐵板二十二箇無齒刀八箇汚亇赤三箇尺釘六十九箇小心釘二箇小刀一箇小亇赤五箇飛排刃六箇(국장1674/097ㄱ02~04)

색인 (가례1718/138ㄴ07)(국장1800四/040ㄴ05)(국장1903四/019ㄱ06)(국장1903三/015ㄱ02)(존숭1686A/059ㄴ04)(존숭1686A/092ㄱ04)

墨氈【묵전】 일 복

전모氈帽, 석席 등을 만드는 재료. 전氈은 서양의 펠트felt에 해당되는 용어이다. 기록에 의하면, 태종 8년(1408) 8월 1일에 전 서운관승書雲觀丞 김협金浹을 보내어 대내전大內殿 다다량덕웅多多良德雄에게 보빙報聘하게 하고, 『대장경大藏經』 1부部, 나옹 화상懶翁畫像·중종中鍾 1건件과 홍묵전모紅墨氈帽·호표피虎豹皮·암수 염소[雌雄羔] 2쌍雙, 발합鵓鴿 5대對, 안자鞍子 1면面, 화靴·혜鞋·송자松子·화석花席·주포紬布·면포綿布를 주었다고 되어 있다.

참조1 백모전白毛氈, 백전白氈, 우모전牛毛氈, 혜전鞋氈, 홍모전紅毛氈, 홍전紅氈, 흑모전黑毛氈, 흑전黑氈

참조2 모방석毛方席, 양모전羊毛氈, 우모전계牛毛氈契, 청색모전靑色毛氈(靑氈)

예문 燒木紫的系黃丹明油松煙墨氈三靑唐朱紅石紫黃眞粉(가례1718/290ㄴ04~08)

색인 (가례1718/290ㄴ06)

紋匠【문장】 일 건 ☞ 着紋匠착문장

예문 敎命第一軸衣紅質靑花紋匠段內面沈香有紋段豆錫鑞子長一寸三分(책례1651/023ㄱ01~02)

색인 (빈전1724/203ㄱ02)(빈전1724/203ㄱ06)(빈전1724/207ㄱ08)(빈전1724/207ㄴ03)(빈전1724/207ㄴ05)(빈전1724/216ㄱ05)

密剪刀【밀전도】 일 건

가위의 일종. 기물의 정확한 형태나 용도를 알 수 있는 기록은 없다.

예문 二箇密剪刀二箇西道里二箇中刀子二箇巨里金八箇作金二箇乶音金一箇松明其乙音鐵(국장1805/178ㄴ88)

색인 (국장1800四/101ㄴ12)(국장1800四/115ㄴ05)

ㅂ

朴串【바곳】 채 건 所串

몸이 네모로 된 길쭉한 송곳. 허리 부분을 접었다 폈다 할 수 있다. 바곳[所串]은 흔히 송곳으로 해독하는데 이표기 朴串을 통해 송곳이 아니라 바곳의 표기임을 확인할 수 있다. 또 所串에 비해 朴串이 여러 의궤 자료에 두루 쓰이는 것으로 보아 朴串이 보편적인 표기로 추정되는데, 이는 박거나 뚫는다는 기물의 기능적 유연성이 작용하여 朴이 선택된 것으로 보인다. 朴串 앞에 鬫鳥-가 선행한 형태가 보이는데, 이는 후행하는 기물의 모양에 따른 분화로 짐작되나 여러 자료에서 鬫鳥朴串을 찾기 어려워 정확한 의미와 쓰임새를 알기 어렵다.

관련1 대바곳大朴串

예문 初六日以流伊內入是在木鐵物區別手本爲去乎掌道里錐子朴串各一介大沙乼鎖兩排具七部大乼迪耳十二部乼加莫金兩排具十四介牽馬鐵丁具七(빈전1600/222ㄴ12~223ㄱ02)

색인 (국장1776二/255ㄱ03)(국장1776二/271ㄱ10)(국장1776二/282ㄱ09)(국장1776二/284ㄴ06)(국장1776二/307ㄱ06)(국장1834四/061ㄴ04)

朴達木【박달목/박달나무】 채 건 朴橽木

자작나무과에 속하는 낙엽 활엽 교목으로, 재질이 치밀하고 견고하며 비중이 큰 나무. 박달목朴達木은 재질이 단단하여 각종 공사에 다양한 용도로 쓰였는데, 쓰임새에 따라 그 규격도 다양하였다. 운반기기인 윤여輪輿나 수레[車子] 등을 제작하는 과정에서 대여大輿의 기둥隻柱과 초엽草葉, 현주懸柱, 횡량橫樑, 소여小輿의 바퀴축[輪軸], 횡강橫杠, 납장鑞匠의 방망이[方ケ赤]감 등으로 사용되었다. 의궤에는 朴橽木의 표기도 보인다.

참조2 대박달목大朴達木, 박달진목朴達眞木, 소박달목小朴達木

예문 取考謄錄則元無載錄是乎矣此則不可無者是白置同朴達木一條許急速進排事捧甘何如稟堂上手決內他謄錄相考更稟(책례1721/132ㄱ07~09)

색인 (가례1627/123ㄱ06)(가례1718/239ㄴ07)(가례1762/상091ㄱ03)(국장1800二/005ㄱ08)(국장1800二/042ㄴ06)(국장1800二/043ㄱ05)

朴橽木【박달목/박달나무】 채 건 ☞ 朴達木박달목/박달나무

예문 槐木皮貳丹東堂落幅紙貳張毛狗皮壹令半及半半令朴橽木壹尺紅布拾參尺柒寸唐朱紅壹兩陸戔伍里(가례1727/247ㄱ02~04)

색인 (가례1727/247ㄱ03)

朴ケ赤【방마치】 채 건 ☞ 方了赤방마치

예문 眞長木二百五十介以上水剌間醬庫兩處排設作門圍排所入朴達木一條半內修理所造成所別工作等木手及小木匠朴ケ赤所用半條抹樓諸具所用(빈전1649/224ㄴ12~225ㄱ01)

색인 (국장1776二/198ㄱ06)(빈전1649/225ㄱ01)(빈전1659/273ㄱ06)(빈전1680/316ㄱ06)(빈전1680/316ㄱ07)(빈전1680/337ㄱ09)

朴排【박배】 채 건

문짝에 돌쩌귀, 고리 등을 박아서 문얼굴[문틀: 문짝을 달 수 있도록 문의 양옆과 위아래를 이어 댄 테두리]에 끼워 맞추는 일.

참조1 박배장朴排匠

예문 別工作依例朴排把子圍排爲旀綵緞彩色入盛樻子三部具鎖鑰大斗之一部及庫間鎖鑰(가례1819/145ㄱ06~07)

색인 (가례1671/201ㄱ05)(가례1681/295ㄴ10)(가례1696/241ㄴ08)(가례1718/265ㄴ08)(가례1866/하039ㄱ03)(국장1674A三/010ㄴ05)

朴排匠【박배장】 채 건

문짝에 돌쩌귀, 고리 등을 박아서 문얼굴[문틀: 문짝을 달 수 있도록 문의 양옆과 위아래를 이어 댄 테두리]

에 들이 맞추는 일을 전문으로 하는 장인. 『표준국어대사전』에서 문짝의 고리나 돌쩌귀를 만드는 장인으로 풀이하고 있다.

참조1 박배朴排

예문 鑞匠李義彬史修巻以上私匠朴排匠朴萬大金重喆以上私匠鞍子匠李好得訓局朴枝景工曹(예장1786/161ㄱ01~03)

색인 (가례1671/224ㄱ11)(가례1671/231ㄴ08)(가례1696/065ㄴ04)(가례1696/272ㄴ12)(가례1696/283ㄱ04)(가례1718/080ㄱ06)

薄白紙【박백지】 일 건

닥나무 껍질을 재료로 도련擣鍊하여 얇게 만든 흰색 종이. 일반적인 백지에 비하여 얇다. 도배를 할 때 초배지로 많이 사용되었다.

예문 貼作貼十二件每件所入粉唐紙一張戶曹薄白紙四張白紙十五張繪粧次毛面紙一張戶曹上下空張次粉唐紙半張戶曹冊衣次藍(상호1827/107ㄴ08~10)

색인 (가례1802/상136ㄱ02)(가례1802/상189ㄴ02)(가례1802/상202ㄴ03)(가례1819/상129ㄱ04)(가례1819/상175ㄴ08)(가례1819/상181ㄴ10)

盤【반】 일 음

식기나 음식을 받치는 쟁반의 총칭. 모양과 크기에 따라 소반小盤, 방반方盤, 사방반四方盤, 평반平盤, 원반圓盤, 운족반雲足盤 등 종류가 다양하다. 방반은 정사각형의 각이 진 소반小盤을 일컫는데, 8각의 소반을 팔우반八隅盤이라 지칭했다. 또 3폭의 홍색 비단 보자기를 덮은 소소사방반小小四方盤이 있는데 크기에 따라 大, 小, 小小로 나뉘기도 한다. 이 밖에 운족반雲足盤은 다리에 구름 문양을 새겨 넣은 것이다.

참조1 방반方盤, 사방반四方盤, 소반小盤, 왜주홍칠평반倭朱紅漆平盤, 운족반雲足盤, 쟁반錚盤, 흑칠반黑漆盤

참조2 평반平盤

예문 柳箕一長興庫手盤一竹內資寺常沙器各種竝十竹禮賓寺內資寺(빈전1649/026ㄱ11~ㄴ01)

색인 (가례1627/122ㄴ10)(가례1627/122ㄴ11)(가례1671/073ㄴ07)(가례1671/073ㄴ07)(가례1671/158ㄱ08)(가례1681/021ㄱ08)

班劍【반검】 일 의

대한제국 시기 황후 의장에 쓰이는 기구. 나무를 깎아 검 모양을 만들고 그 위에 가죽 손잡이가 있다. 아래에는 용 문양을 새기고 첩금으로 장식한다. 붉은색 실로 분탑帉鎝을 만들어 드리운다. 모두 3쌍 6병이 제작되어 사용되었다. 1897년 명성황후 국장 시에 길의장吉儀狀으로 처음 제작, 사용되었다.

참조2 가검假劍

예문 儀刀六柄班劍六柄每柄新造所入(국장1898/234ㄱ04)

색인 (국장1898三/044ㄱ04)(국장1898三/080ㄴ04)(국장1898五/084ㄴ02)(국장1898三/061ㄱ05)

班首【반수】 일 의

의례 때 수석의 자리에서 여러 관원의 명단을 받아 봉위奉慰를 거행하는 우두머리. 백관이 졸곡제卒哭祭나 성복成服, 빈전殯殿에 전을 올리는 등의 의례를 행할 때 통례문이 여러 관원을 인도하여 동편 가까이로 반열을 옮기면 관원들은 반수班首에게 이름을 내놓고 봉위奉慰하기를 끝낸다. 반수는 여러 관원을 대표하여 그 명단을 올려 받들고 위로하고 향을 올리므로 반수는 의례 때 여러 관원을 대표하여 위문하는 우두머리라고 할 수 있다.

예문 殿下還幄次宗親文武百官詣幄次前序立跪班首進名奉慰訖宗親文武百官出爲白乎矣(국장1903/116ㄴ08~10)

색인 (가례1696/159ㄱ09)(가례1696/159ㄱ10)(가례1696/159ㄱ12)(가례1696/159ㄱ12)(가례1696/159ㄴ02)(가례1696/159ㄴ03)

返虞【반우】 일 의
국장에서 시신을 능묘에 묻은 후 신주를 모시고 혼전魂殿이나 혼궁魂宮으로 돌아오는 의식. 상례에서 시신은, 염습을 마치고 재궁에 입관하면 빈전에 모셔졌다가 국장 때 현궁에 안치된다. 하관을 마치면 준비해 간 우주목虞主木을 씻긴 후 아무개 대왕[왕비의 경우 아무개 왕후]이라고 쓴 후, 이 우주를 혼전에 모셔와 영좌에 안치하는데 이를 반우라고 한다. 반우 때 지내는 제사를 우제虞祭라고 한다. 우虞는 돌아가신 혼령을 편안히 한다는 의미이다. 국왕과 왕비의 경우 우제를 일곱 차례 지내는데 초우제初虞祭는 현궁에 내린 당일에 지냈다. 우제 때부터 죽은 자에 대한 제사가 시작된다. 반우의 절차는 『국조오례의國朝五禮儀』, 『국조상례보편國朝喪禮補編』, 『국장도감의궤國葬都監儀軌』 등에 실려 있는데 산릉에서 우주를 가마에 태우는 절차, 주정소晝停所에 마련된 장전帳殿에 들어갔다가 다시 출발하는 절차, 혼전에 도착하여 영좌에 우주를 모시는 절차로 되어있다. 소상인 경우에는 신주를 혼전이 아닌 혼궁魂宮에 모셨다.

참조1 반우습의返虞習儀, 반우연返虞輦, 반우일返虞日, 초우제初虞祭

참조2 우제虞祭

관련1 반우습의返虞習儀, 반우연返虞輦, 반우의返虞儀, 반우일返虞日, 반우지영의返虞祇迎儀

예문 贊儀唱止哭興四拜興平身宗親及文武百官止哭興四拜興平身引儀分引以出就洞口外序立以俟返虞時至攝左通禮進當吉帷宮前俯伏跪啓請(국장1834/150ㄱ04~06)

색인 (국장1659一/002ㄱ03)(국장1659一/030ㄴ08)(국장1659一/031ㄱ03)(국장1659一/031ㄱ05)(국장1659一/031ㄴ10)(국장1659一/031ㄴ11)

返虞習儀【반우습의】 일 의
반우 의식의 과정을 미리 익히는 것. 반우습의는 국장의 과정을 주관하는 임시 기구인 국장도감에서 맡아 보았다. 반우는 국장에서 시신을 능묘에 묻은 후 신주를 모시고 혼전魂殿이나 혼궁魂宮으로 돌아오는 의식을 말한다.

참조1 반우返虞, 반우연返虞輦, 반우의返虞儀

관련1 반우연返虞輦, 반우의返虞儀, 반우일返虞日, 반우지영의返虞祇迎儀

예문 仍行返虞習儀矣追慕峴素稱險峻大輿陪奉不容不另加愼重在前返虞習儀自慕華館還入而大輿則仍令輿士大將陪蹕追慕峴以爲先試之地曾有已例(국장1834/038ㄴ06~08)

색인 (국장1659一/094ㄴ01)(국장1659一/100ㄱ08)(국장1659一/126ㄱ03)(국장1674一/055ㄴ01)(국장1674一/055ㄴ07)(국장1674一/070ㄴ10)

返虞輦【반우연】 일 의
반우 의식 때 신주를 모시고 돌아오는 가마.

참조1 반우返虞, 반우습의返虞習儀, 반우의返虞儀

관련1 반우습의返虞習儀, 반우의返虞儀, 반우일返虞日, 반우지영의返虞祇迎儀

예문 返虞儀攸司進吉仗於帷門外左右攝司僕寺正進返虞輦於帷門外南向(국장1757A/119ㄴ11~120ㄱ01)

색인 (국장1757A/119ㄴ12)(국장1757B一/108ㄱ07)(국장1776一/119ㄱ11)(국장1821一/107ㄱ01)(국장1821一/150ㄴ06)(국장1821二/150ㄴ05)

返虞儀【반우의】 일 의
국장國葬에서 시신을 능묘에 묻은 후 신주神主를 모시고 혼전魂殿이나 혼궁魂宮으로 돌아오는 의식. 반우의 절차는 『국조오례의國朝五禮儀』, 『국조상례보편國朝喪禮補編』, 『국장도감의궤國葬都監儀軌』 등에 실려 있는데 산릉에서 우주를 가마에 태우는 절차, 주정소晝停所에 마련된 장전帳殿에 들어갔다가 다시 출발하는 절차, 혼전魂殿에 도착하여 영좌靈座에 우주虞主를 모시는 절차로 되어 있다. 소상小喪인 경우에는 신주를 혼전이 아닌 혼궁魂宮에 모셨다.

참조1 반우返虞, 반우습의返虞習儀, 반우연返虞輦

관련1 반우습의返虞習儀, 반우연返虞輦, 반우일返虞日, 반우지영의返虞祗迎儀

예문 返虞儀攸司陳吉仗於帷門外左右攝司僕寺正進返虞車於帷(빈전1730/124ㄴ06~07)

색인 (국장1674一/101ㄴ10)(국장1681一/096ㄱ05)(국장1701一/130ㄱ08)(국장1702B一/130ㄱ09)(국장1724一/118ㄱ08)(국장1730一/107ㄱ08)

返虞日【반우일】 일 의

반우를 행하는 날. 반우는 국장에서 시신을 능묘에 묻은 후 신주를 모시고 혼전魂殿이나 혼궁魂宮으로 돌아오는 의식을 말한다.

관련1 반우습의返虞習儀, 반우연返虞輦, 반우의返虞儀, 반우지영의返虞祗迎儀

예문 本房庫直自返虞日至于今三所還下雜物晝夜守直劳不喩許多謄錄文書亦多看護是去乎白(국장1674/121ㄴ04~05)

색인 (국장1659一/005ㄴ11)(국장1659一/086ㄴ03)(국장1659一/122ㄴ11)(국장1659一/243ㄱ11)(국장1659二/144ㄱ07)(국장1674一/082ㄴ03)

返虞祗迎儀【반우지영의】 일 의

국장國葬에서 시신을 능묘에 묻은 후 신주神主를 모시고 혼전魂殿이나 혼궁魂宮으로 옮길 때 맞이하는 의식. 『명성황후빈전도감의궤明聖皇后殯殿都監儀軌』의 의주에 의하면 경복궁에 있던 빈전을 경운궁 별전으로 옮기는 의식은 세 종류가 있는데, 이봉의식移奉儀式과 고종이 경운궁 대문 밖에서 빈전을 맞이하면서 영곡迎哭하는 의식이 있고, 태자가 빈전을 대문 밖에서 맞이하는 지영의식祗迎儀式이 있다.

참조1 반우返虞, 반우일返虞日, 반우의返虞儀, 반우습의返虞習儀

예문 青紅蓋各一於左右有趺扇在北蓋次之宗親及文武百官各之次返虞祗迎儀前一日掖庭署設殿下幄次於城門外道左向右祗迎位(국장1821/153ㄱ08~10)

색인 (국장1864一/135ㄴ07)(국장1800一/119ㄴ12)(국장1849一/133ㄴ08)(국장1821一/153ㄱ09)(국장1834一/152ㄱ05)(국장1890一/160ㄱ05)

半仗【반장】 일 의

국왕이 궁궐의 전정殿庭에서 의례를 거행할 때 진열되는 의장. 국왕이 행차할 때 의례의 중요도에 따라 대가大駕, 법가法駕, 소가小駕로 차등화된 노부를 사용한다. 전정에서 의례를 거행할 때에도 그 중요도에 따라 세 등급의 차등화 된 노부를 배치한다. 대가의 등급으로 의장과 시위를 배치할 때에는 노부 대장鹵簿大仗, 법가의 등급으로 배치할 때에는 노부 반장鹵簿伴仗이라 칭한다.

참조1 법가法駕

참조2 대장大仗

예문 昨日緱鶴遽昇仙三殿何辭慰百身有恨纏書屛餘玩在遺架尺衣懸半仗移雲外崇岡(예장1786/062ㄱ01~02)

색인 (가례1627/008ㄱ04)(가례1627/008ㄴ02)(가례1627/010ㄴ03)(가례1671/033ㄱ02)(가례1671/033ㄱ07)(가례1671/034ㄴ02)

磻朱紅【반주홍】 일 건

녹반을 태워서 만든 붉은 빛깔의 안료顔料. 조선 시대 영건의궤에는 당주홍, 반주홍, 주홍, 왜주홍, 석간주石磵朱, 주토, 연지, 편연지 등의 적색 계열의 안료가 나오는데, 이 중 당주홍과 반주홍은 거의 모든 건물에서 사용되다가, 20세기가 되면서부터 주홍과 석간주로 대체된 것으로 보인다. 磻朱紅은 燔朱紅이라고도 쓴다.

예문 朱杖十六前排仍修補用之所入磻朱紅一兩二戔阿膠一兩明油五合白滓旗二此則自豐呈都監修補移來用之(국장1684/037ㄱ02~04)

색인 (가례1627/031ㄱ06)(가례1627/069ㄱ05)(가례1671/078ㄴ06)(가례1671/137ㄱ06)(가례

1671/149ㄱ12)(가례1671/174ㄱ12)

班次圖【반차도】 일 의
의식을 행할 때 여러 문무관과 의장 등이 늘어서는 차례와 위치를 적어 놓은 그림.

예문 取考謄錄則御覽班次圖所用潔白搗鍊紙十張草圖次楮注紙十張太染太五升畵筆六柄各種彩色(국장1903/133ㄴ05~06)

색인 (가례1627/133ㄱ01)(가례1671/025ㄴ12)(가례1671/051ㄱ12)(가례1671/099ㄱ09)(가례1681/042ㄱ12)(가례1681/070ㄱ01)

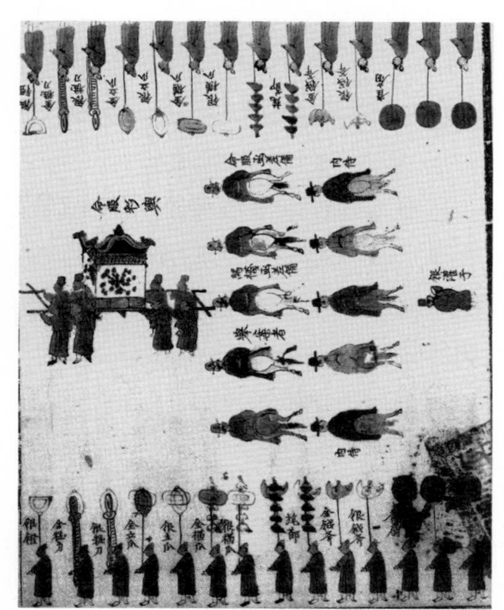

반차도

半紅【반홍】 일 복 ☞ 磻紅細紬반홍세주

예문 金錢紙三張半紅鄕絲五戔裌家靑木綿十九尺八寸(책례1721/218ㄱ01~02)

색인 (국장1776二/048ㄴ05)(국장1890三/030ㄱ08)(국장1890三/080ㄴ10)(빈전1834三/041ㄱ02)(빈전1886三/043ㄴ08)(빈전1886三/045ㄱ02)

礬紅【반홍】 일 복 ☞ 磻紅細紬반홍세주

磻紅細紬【반홍세주】 일 복 礬紅 半紅 番紅

왕비, 상궁, 기행나인, 보행나인 옷의 안감으로 사용되는 직물. 반홍은 심황[울금] 혹은 괴화와 소목, 백반을 재료로 하여 염색한다. 세주는 얇은 명주이다. 주로 왕비의 유호수襦胡袖·상궁·아지·시녀 및 유모·기행나인·보행나인의 겹저고리의 안감으로 사용한다.

예문 袱秩支架函所裹六幅裌袱六件磻紅細紬三百二尺四寸草綠絲一兩二戔(가례1718/197ㄱ06~08)

색인 (가례1718/197ㄱ07)(가례1718/197ㄱ12)(가례1718/197ㄴ07)(가례1718/206ㄱ06)

磻紅紬【반홍주】 일 복
심황[울금] 혹은 괴화와 소목, 백반을 재료로 하여 염색한 견직물. 주는 꼬임이 없는 중·하등품의 견사絹絲를 사용하여 평직平織으로 제직한 평견직물을 말한다. 주로 왕비의 유호수襦胡袖·상궁·아지·시녀 및 유모·기행나인·보행나인의 겹저고리의 안감으로 사용한다.

참조1 남주藍紬, 다홍주多紅紬

예문 白漆紫門監今番段朱紅平牀一內出花紋席登每內拱白紋席長興庫表拱磻紅紬紫的土紬縇尙衣院鑞染圓環十介(빈전1701/174ㄱ11~12)

색인 (가례1627/062ㄱ09)(가례1627/063ㄱ12)(가례1627/064ㄱ06)(가례1627/064ㄴ05)(가례1718/190ㄱ09)(가례1718/197ㄱ11)

鉢里【바리】 채 의 음
놋쇠로 만든 여자용 밥그릇. 모양은 남자 밥그릇인 주발과 비슷하나, 주발의 몸체가 직선형이고 밑바닥이 약간 좁으며 아래가 벌어진 모양인 데 비해 바리는 아가리가 조금 좁고 뚜껑에 꼭지가 있어 주발과 구분된다.

예문 銀子一千一百五十兩曾所留意者合三千二百五十兩下之付諸該曹以補一分用度銀器鉢里蓋具茶椀蓋具匙楪蓋具匙一箸一雙釵匙一尖

一盒一蓋具(혼전1776/005ㄴ01~03)

색인 (가례1696/237ㄴ09)(가례1866/하070ㄴ11)(국장1849一/033ㄱ01)(국장1878一/032ㄱ05)(국장1878一/064ㄴ07)(국장1878一/065ㄱ12)

發引【발인】 일 의

장례에서 빈소에 모셔진 시신을 무덤으로 옮기는 의식 또는 그 행차. 국장이 나면 소렴과 대렴 후 빈전 또는 빈궁에 재궁梓宮을 안치하였다가 정한 기간이 지나면 능원陵園으로 옮겼다. 발인 당일 견전遣奠이 끝나면 순輴에다 재궁을 싣고 문 밖으로 나와 대여大轝로 옮겨 실어 출발한다. 발인 때 행렬의 순서를 발인반차發引班次라고 하며 그림으로 나타낸 것을 반차도班次圖라고 한다. 발인 때에는 재궁을 실은 대여 외에도 신백神帛, 고명誥命, 책보冊寶, 명기明器, 복완服玩, 증옥贈玉, 증백贈帛, 애책哀冊 등을 실은 요여腰轝가 같이 나아간다. 그리고 왕의 일반 행차 때 볼 수 있는 의장儀仗 외에 방상씨方相氏, 죽산마竹散馬, 죽안마竹鞍馬 등의 흉의장凶儀仗이 등장한다. 능소陵所에 도착하면 재궁을 영악전靈幄殿에 모셨으나 조선 후기에는 정자각丁字閣 또는 가정자각假丁字閣에 모셨다.

예문 發引初二度習儀及三度習儀時本都監堂上郎廳竝爲進參是如乎依幕鋪陳等節自各其所帶衙門着實擧行(빈전1800/068ㄱ07~08)

색인 (국장1800四/137ㄱ06)(국장1800四/138ㄴ03)(국장1800四/157ㄱ12)(국장1800四/157ㄴ06)(국장1800三/024ㄱ01)(국장1800一/083ㄴ02)

方古里【방구리】 채 의 음 方器里 方文里

물이나 술을 담는 데 쓰는 질그릇의 하나. 동이와 비슷하나 좀 작다. 현재 방구리로 남아 있다. 방구리의 차자 표기로 方文里가 압도적으로 많지만 드물게는 方古里와 함께 方器里의 표기도 나타난다. 이는 개인의 언어 습관이 표기를 분화시킨 경우로 현실음에서는 방구리와 함께 방고리, 방기리 등으로 불렸을 가능성이 있다. 陶方文里, 陶方古里, 陶方器里는 方文里, 方古里, 方器里에 陶가 선행하여 후행하는 기물의 재료적 속성을 분명하게 밝힌 표기이다. 인명에 금쇠방구리[金鐵方九里]가 있어 생활도구를 그대로 인명으로 삼은 재미있는 작명법을 엿볼 수 있다. 다른 표기로 方器里가 있다.

참조1 방구리方文里, 방구리方器里

예문 加時木一介小木匠所用小涼板一加莫金具延日礪石二片漆匠所用方古里六介大所羅三坐等物用還次依謄錄進排事別工作及各該司良中捧甘爲只爲(혼전1776/102ㄱ05~07)

색인 (존호1783/186ㄴ05)

方器里【방구리】 채 의 음 ☞ 方古里방구리

참조1 방구리方古里, 방구리方文里

예문 右手本爲行下事假漆匠所用木瓢子二介陶大所羅三介方器里十介等用後還下次以進排事捧甘爲只爲提調手決內依甘戶曹工曹司䆃寺(빈전1675/256ㄱ08~10)

색인 (빈전1675/256ㄱ09)

方了赤【방마치】 채 건 方ケ赤 朴ケ赤 方馬赤 方麻赤 鉼ケ赤

무엇인가를 두들겨 박는 데 사용하는 망치 또는 방망이. 망치는 머리와 자루로 구성되는데, 머리는 쇠 또는 나무로 만들어지며, 자루는 참나무나 박달나무로 만든다. 나무망치는 머리와 자루를 별도의 나무로 만들거나 하나의 나무로 만들어 사용하기도 한다. 망치는 용도와 형태에 따라 끌을 때리기 위한 끌망치[錯ケ赤], 머리가 네모 모양으로 생긴 네모망치[四方ケ赤] 등으로 세분하여 부르기도 하였으며, 크기에 따라 大·中·小 망치로 구분하기도 하였다. 또한 나무로 만든 망치임을 강조하기 위해 나무방망치[木方ケ赤]라는 말을 사용하기도 하였다. 이 밖에 기물의 재료를 구체적으로 밝힌 박달소방마치[朴達小方ケ赤]와 특별한 쓰임새에 따른 어물방마치

[魚物方ケ赤], 인출방마치[印出方ケ赤]가 있다. 方了赤의 赤이 [치]로 읽히는 것은 고려 시대 이후의 관습적인 표기이다. 한자에 의한 몽고어 표기에서 赤은 항상 치[ci]를 나타내는데 이런 관행에 따라 우리말 표기에도 쓰인다. 또 汗ケ赤, 汗丫赤의 경우 이표기로 汗磨致(『상방정례尙方定例』)가 있어 赤이 [치]음 표기에 쓰였음이 더욱 분명해진다. 赤의 [치]음 표기는 靑兀赤 청올치(『증건도감의궤增建都監儀軌』)에서도 그 쓰임을 찾을 수 있다. 의궤에는 方了赤의 다른 표기로 方ケ赤, 方馬赤, 方麻赤, 鉼ケ赤 등이 있다.

참조1 방마치方ケ赤

관련1 대방마치臺方ケ赤, 박달소방마치朴達小方ケ赤, 소방마치小方ケ赤, 어물방마치魚物方了赤, 인출방마치印出方ケ赤, 홍개방마치紅介方ケ赤

관련2 마이ケ伊, 마이ケ二, 목마木ケ, 목마이木ケ伊, 목방마치木方ケ赤, 사방마치四方ケ赤, 착마치錯ケ赤, 착방마치錯方ケ赤

예문 白休紙四十卷圍排五間廣刀磨一坐椵板一立裁折用還方了赤一箇書板三箇紫硯三面延日礪石一塊尾帚三柄沙大楪五箇(상호1805/039ㄱ11~ㄴ01)

색인 (상호1805/039ㄱ12)

方笠匠【방립장】 일 건

방립을 만드는 사람. 방립은 상제가 밖에 나갈 때 쓰던 갓이다. 겉은 가는 대오리를 엮고, 속은 왕골로 받혀 삿갓 모양으로 만들었다.

예문 笠匠金世長方笠匠李春得刀子匠嚴敬亨(국장1834/212ㄱ02~04)

색인 (국장1834二/212ㄱ03)(국장1890二/210ㄱ04)(국장1898三/109ㄱ05)(국장1903二/220ㄱ04)

方ケ赤【방마치】 채 건 ☞ 方了赤방마치

참조1 방마치方了赤

관련1 대방마치臺方ケ赤, 박달소방마치朴達小方ケ赤, 소방마치小方ケ赤, 어물방마치魚物方了赤, 인출방마치印出方ケ赤, 홍개방마치紅介方ケ赤

관련2 마이ケ伊, 마이ケ二, 목마木ケ, 목마이木ケ伊, 목방마치木方ケ赤, 사방마치四方ケ赤, 착마치錯ケ赤, 착방마치錯方ケ赤

예문 磨釘含木二十箇支乃木八箇散輪木十四箇印出方ケ赤四十箇隅湯四箇假函假樻十七坐假牀二十坐大登牀二十六坐小登牀六十一坐(국장1834/060ㄴ01~03)

색인 (가례1718/267ㄱ05)(가례1802/상131ㄱ04)(가례1819/상123ㄱ06)(가례1819/상124ㄱ07)(가례1866/상116ㄱ10)(국장1800四/059ㄴ10)

方馬赤【방마치】 채 건 ☞ 方了赤방마치

方麻赤【방마치】 채 건 ☞ 方了赤방마치

예문 本所木手所用槐木次材木壹株方麻赤次眞椽木貳介長涼板加莫金具參坐泥匠所用土(혼전1724/154ㄴ07~08)

색인 (국장1702B一/259ㄴ03)(국장1757B二/176ㄱ09)(혼전1724/154ㄴ07)(혼전1724/189ㄱ07)

方文里【방구리】 채 의 음 ☞ 方古里방구리

참조1 방구리方器里, 방구리方古里

예문 地衣一浮登每一坐毛方席一坐黃筆眞墨各一陶東海所羅各一方文里二介茶甫兒沙盞臺具各一溫堗燒木每日一丹或茶炭三升式(혼전1701/029ㄱ08~10)

색인 (가례1671/081ㄱ02)(가례1671/174ㄴ12)(가례1671/217ㄱ05)(가례1671/218ㄱ11)(가례1671/218ㄴ02)(가례1671/218ㄴ07)

方盤【방반】 일 음

궁중 의례용으로 쓰인 각이 진 소반. 주로 정사각형의 소반을 방반方盤이라 한다. 8각의 소반은 팔우반八隅盤이라 지칭한 것처럼 각이 진 소반을 우반隅

ㅂ

盤이라 하였다. 특히 3폭의 홍색 비단 보자기를 덮은 소소사방반小小四方盤은 삼전三殿께 조현례朝見禮를 행할 때에 올렸다. 크기에 따라 대사방반大四方盤, 소사방반小四方盤, 소소사방반小小四方盤으로 나누어지기도 한다. 대사방반大四方盤은 넓이 2척, 두께 1촌, 다리 높이 5촌, 다리 넓이 1척 5촌이었으며, 소사방반小四方盤은 대사방반大四方盤과 모양은 같으나 길이, 넓이, 높이에서 5촌을 감했다. 소소사방반小小四方盤은 넓이 7촌 2푼, 다리 높이 5푼의 크기였다.

관련1 대사방반大四方盤, 소사방반小四方盤, 소소사방반小小四方盤, 왜주홍칠대사방반倭朱紅柒大四方盤

예문 一大小酒亭各一大四方盤三小四方盤四小小四方盤二樽臺二香案二香佐兒三雙饌案床二高足床八等造作所入椴木(가례1817/281ㄱ08~09)

색인 (가례1671/190ㄱ11)(가례1681/310ㄱ03)(가례1718/063ㄴ01)

방반

方相氏【방상씨】 일 의

구나驅儺 때 악귀를 쫓는 나자儺者의 하나. 붉게 칠한 가면에 금빛의 네 눈[目]을 만들고 붉은 옷에 검은 치마를 입고 손에는 삼지창과 방패를 들었다. 장례식에서 장례 행렬 맨 앞에 서서 악귀나 잡귀를 쫓는 역할을 한다. 방상씨재인方相氏才人이라고도 한다.

참조1 방상씨가면方相氏假面, 방상씨거자方相氏車子, 방상씨과철方相氏戈鐵, 방상씨재인方相氏才人

예문 香合竝燭於其前奠祝文於靈座之左設尊於戶外之東置盞三於尊所方相氏先至退壙上以戈擊四隅明器服玩贈玉贈帛等至陳於隧道閣內東南北上監察典儀(국장1834/145ㄱ11~ㄴ01)

색인 (국장1659一/128ㄱ05)(국장1659一/150ㄴ02)(국장1659一/214ㄴ11)(국장1659一/251ㄴ01)(국장1659二/006ㄱ05)(국장1659二/024ㄴ01)

방상씨

方相氏假面【방상씨가면】 일 의

금빛의 네 눈[目]이 있고, 붉게 칠을 한 탈[假面]. 방상씨가 쓰는 가면이다. 방상씨는 곰가죽을 덮어쓴 채 붉은 옷에 검은 치마를 입고, 삼지창과 방패를 들고 장례 행렬 맨 앞에 서서 악귀나 잡귀를 쫓았다.

참조1 방상씨方相氏, 방상씨거자方相氏車子, 방상씨과철方相氏戈鐵

관련1 방상씨가면지方相氏假面紙, 방상씨가면유지方相氏假面油紙, 방상씨가면투색方相氏假面渝色

예문 草席肆張付雨備陸浮首土木陸箇頭雨備油紙陸張耆首木陸箇方相氏假面肆部耳環具熊皮衣肆件紅布衣貳件紅布行纏貳件紅布裙貳件(국장1757/049ㄱ08~10)

색인 (국장1702B二/106ㄴ09)(국장1724二/087ㄴ08)(국장1730二/024ㄱ01)(국장1730二/102ㄱ01)(국장1757B二/049ㄱ09)(국장1821一/050ㄴ02)

方相氏車子【방상씨거자】 일 의

방상씨가 탄 수레. 방상씨는 흉의장의 선두로 각기 네 대의 수레를 타고 발인 행렬 양 앞에서 길을 안내하였다.

참조1 방상씨方相氏, 방상씨가면方相氏假面, 방상씨과철方相氏戈鐵

관련1 방상씨차자군패장方相氏車子軍牌將, 방상씨차자사량군方相氏車子四輛軍, 방상씨차자인줄方相氏車子引乼

예문 方相氏車子四輛自一房前期造作移送(국장1800二/129ㄴ12)

색인 (국장1800二/129ㄴ12)(국장1903二/047ㄱ06)(국장1903二/051ㄱ11)

方相氏戈鐵【방상씨과철】 일 의

방상씨가 들고 있는 삼지창과 방패. 방상씨는 발인 행렬 맨 앞에서 삼지창과 방패를 휘두르며 상여를 인도하였다.

참조1 방상씨方相氏, 방상씨가면方相氏假面, 방상씨거자方相氏車子

예문 新備預備衣五件前排雨備四十件內三十五件前排五件新備方相氏戈鐵四箇畵盾四箇衣裳行纏襪各四件熊皮衣四件鍮鈴八箇內七箇前排一箇(국장1821/190ㄴ02~04)

색인 (국장1800二/212ㄱ07)(국장1821二/190ㄴ03)(국장1834二/208ㄴ10)(국장1890二/207ㄴ10)

方相氏交椅【방상씨교의】 일 의 方相氏交倚

방상씨方相氏가 앉는 교의. 방상씨는 구나驅儺 때 악귀를 쫓는 나자儺者의 하나이다. 교의는 제사 지낼 때 신주神主나 혼백 상자 등을 놓아두는 다리가 긴 의자인데, 교상交牀이라고도 한다. 方相氏交倚와 같은 말이다.

참조1 교의交椅

예문 外梓宮輿服色及上粧諸具方相氏交椅四坐踏板具以上到山陵後燒火靈座交椅座倚子(국장1821/057ㄱ10~12)

색인 (국장1800一/040ㄱ12)(국장1898二/073ㄱ06)(국장1898二/081ㄱ05)(국장1903二/038ㄴ02)(국장1903二/065ㄱ10)(국장1821二/057ㄱ11)

方相氏交倚【방상씨교의】 일 의 ☞ 方相氏交椅방상씨교의

참조1 교의交椅

예문 方相氏交倚四竹散鞍馬十二匹諸具輪桶(국장1674/028ㄴ01~02)

색인 (국장1659一/041ㄴ04)(국장1674一/028ㄴ01)(국장1674一/230ㄱ12)(국장1681一/027ㄴ11)(국장1681一/260ㄱ07)(국장1701一/041ㄴ08)

方相氏才人【방상씨재인】 일 의

방상씨를 달리 이르던 말.

참조1 방상씨方相氏, 방상씨가면方相氏假面, 방상씨거자方相氏車子, 방상씨과철方相氏戈鐵

예문 別工作打造等待之意捧甘何如題辭內依別工作本房所掌方相氏才人四名及預差二名所在官中預先知委爲有如可初度習儀及良定送爲有矣(국장1834/176ㄱ07~09)

색인 (국장1724二/026ㄴ05)(국장1724二/053ㄴ10)(국장1724二/088ㄱ04)(국장1730二/051ㄱ11)(국장1834二/176ㄱ08)(국장1834二/181ㄱ03)

方席【방석】 일 의

궁중에서 행사가 있을 때 사용했던 일인용 자리. 혼례나 연향과 같은 궁중 행사 때 내외빈이 사용했던 일인용 자리이다. 무늬와 소재에 따라 연화방석蓮花方席, 별문방석別紋方席, 만화방석滿花方席, 황만화방석黃滿花方席, 황화방석黃花方席, 황화단방석黃花單方席, 채화방석彩花方席, 채화사문부단방석彩花四紋付單方席, 산양피방석山羊皮方席 등이 제작되었고, 쓰임새에 따라 영좌교의상배채화단방석靈座交倚上排彩花單方席, 영좌평상상배만화방석靈座平床上

ㅂ

排滿花方席, 봉여내배황만화방석鳳輿內排黃滿花方席, 영좌교의상배채화단방석靈座交倚上排彩花單方席 등으로 구분하기도 했다.

관련1 내배황별문방석內排黃別紋方席, 단방석單方席, 독대방석櫝臺方席, 만화방석滿花方席, 면주방석綿紬方席, 모방석毛方席, 문만화방석紋滿花方席, 별급단방석別給單方席, 별급방석別給方席, 별문단방석別紋單方席, 별문방석別紋方席, 별문석방석別紋席方席, 봉여내배황만화방석鳳輿內排黃滿花方席, 산양피방석山羊皮方席, 안식방석案息方席, 양비방석兩備方席, 연화방석蓮花方席, 영좌교의상배채화단방석靈座交倚上排彩花單方席, 영좌평상상배만화방석靈座平床上排滿花方席, 채화방석彩花方席, 채화사문부단방석彩花四紋付單方席, 초방석草方席, 하배별문단방석下排別紋單方席, 혼백요여내배무질교의상배채화방석魂帛腰輿內排無跌交倚上排彩花方席, 황만화방석黃滿花方席, 황별문석방석黃別紋席方席, 황화단방석黃花單方席, 황화방석黃花方席

예문 本房監造官一員時無職名依幕所用方席紫硯匣具書板白筆眞墨火爐各壹等物依例進排事捧甘何如手決內依(국장1890/003ㄴ03~04)

색인 (가례1627/023ㄱ03)(가례1627/114ㄱ14)(가례1627/125ㄱ05)(가례1671/047ㄱ05)(가례1671/057ㄱ03)(가례1671/099ㄱ05)

方心曲領【방심곡령】 일 복

왕의 면복冕服이나 백관의 제복祭服에 덧다는 깃. 흰색 비단[羅]으로 만들며 형태는 천원 지방天圓地方에 근거하여 둥근 깃 모양[曲領] 아래에 네모난 모양[方心]이 달려 있다. 조선 후기에는 제복의 단령 깃에 방심곡령을 부착한 모습으로 만들어져 시대를 구분하는 요소가 되기도 한다. 왕이 같은 면복을 입더라도 제복祭服으로 입을 때에는 방심곡령을 가했고, 대례복大禮服이나 조복朝服으로 입을 때에는 방심곡령을 제除하였다.

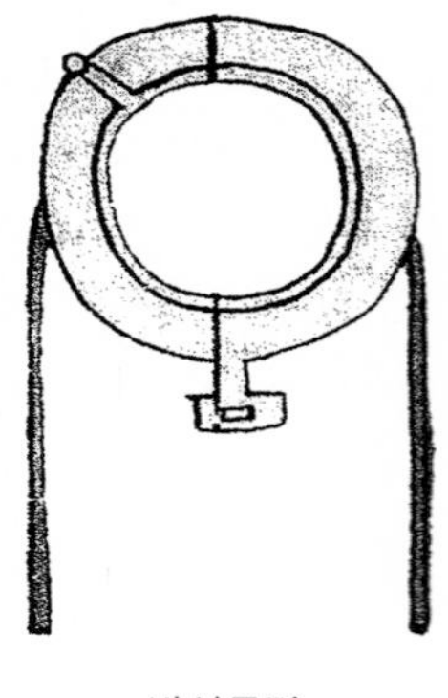
방심곡령

참조2 제복祭服

예문 表裏及網綬同佩制具金環如常制方心曲領用白熟綃兩傍有纓左綠右紅領右當肩處安團樞蔽膝一用(국장1834/ 196ㄱ10~12)

색인 (국장1776一/258ㄴ07)(국장1776一/289ㄱ05)(국장1834一/015ㄱ03)(국장1834二/196ㄱ11)(국장1800二/190ㄴ01)(국장1849一/014ㄴ12)

方椽【방연/네모서까래】 채 건

단면이 사각형인 서까래. 굴도리 밑에 받치는 나무로 네모서까래라고도 한다. 의궤에서 방연을 사용해 건립한 문을 이목지문二木只門이라고도 하는데, 이때 서까래는 모끼연[木只椽]과 같은 방형의 서까래를 사용하나, 서까래를 일반 건물과 같이 경사지게 조립하는 것이 아니라 수평으로 얹어 경사가 없는 모습을 하고 있다.

예문 崇化門外行閣掩家一間蓋板一立次厚松板五立方椽及合覆木幷材木一條兩詹間水桶次樓柱一條(빈전1683/237ㄱ02~03)

색인 (국장1800四/069ㄱ09)(국장1800四/069ㄱ12)(국장1898二/112ㄴ05)(국장1903二/091ㄴ05)(국장1890二/082ㄴ05)(빈전1683/237ㄱ02)

方兀【방울】 채 의

유소 및 다회를 장식했던 방울. 유소 및 다회의 구성을 더욱 돋보이게 하기 위해 장식했던 방울이다. 일반적으로 연봉 매듭을 맺고 끈목을 늘어뜨린 다음 금색이나 배색이 잘되는 색실로 감아 장식하였다.

예문 鎭鑰匙具一部前排用正鐵銀入絲匙纓子以紅眞絲多繪方兀蕪兀每緝具外樻所鎖(상호1787/053ㄱ03~05)

색인 (가례1819/상152ㄴ03)(가례1819/하051

ㄴ11)(국장1898四/034ㄱ12)(국장1898四/037ㄱ04)(국장1898四/045ㄴ04)(국장1898四/047ㄴ04)

排目【배목】 채 건

문고리나 삼배목三排目에 꿰는 쇠. 못처럼 생겼으나 대강이에 구멍이 있어 자물쇠를 꽂게 되어 있다. 크기에 따라 대배목大排目, 소배목小排目으로 구분되고, 배목쇠[排目鐵]로 부르기도 한다. 排目鐵와 같은 말이다.

관련2 대배목大排目, 배목쇠排目鐵, 소배목小排目

예문 裹以沙魚皮魚膠付接初着全漆再着唐朱紅漆上下四面粧飾俱用豆錫而染三甫水左右各設圓環排目菊花童具前面以泥金畫雙龍左右畫雙龍蓋上四隅(상호1902/198ㄴ01~03)

색인 (가례1627/055ㄴ14)(가례1627/056ㄱ03)(가례1627/056ㄱ05)(가례1627/056ㄱ07)(가례1627/056ㄱ10)(가례1627/056ㄱ12)

排設房【배설방】 일 의

궁중에서 행사가 있을 때 필요한 물품과 도구를 배치 정렬하는 일을 담당한 관서. 차일이나 휘장 치는 일 등 행사에 필요한 물품과 도구를 배치·정렬하는 일을 하였다. 排設房은 排設所, 排設廳과 같은 말이다.

예문 諸事前期聞見待令趁卽擧行事各該司良中捧甘爲只爲堂上手決內依戶曹工曹繕工監排設房典設司別二作長典庫(국장1724/319ㄱ11~12)

색인 (국장1724二/319ㄱ12)(국장1730二/371ㄴ12)(국장1776一/214ㄱ05)(국장1821二/167ㄴ06)(국장1821四/131ㄱ04)(국장1890一/063ㄱ06)

排設所【배설소】 일 의 ☞ 排設房배설방

예문 本房虞主所誌石所表石所排設所本房謚册謚寶哀册贈玉贈帛翣扇輓章祭器(국장1898四/002ㄱ01~02)

색인 (국장1659一/248ㄱ03)(국장1674二/144ㄱ03)(국장1674二/144ㄴ03)(국장1674二/145ㄱ04)(국장1674二/145ㄱ08)(국장1674二/145ㄱ11)

排設從事官【배설종사관】 일 의

가례 의식 때 쓰는 물건을 차려 놓는 일에 종사하는 관리.

예문 尙傳崔泓排設次知金夢祥各兒馬一匹嬪宮出入番朴重昌等八人員排設從事官呂起陽元厚基各上弦弓一張排設司鑰康信興曺孝彬金斗澤(책례1721/058ㄴ10~12)

색인 (가례1696/067ㄱ12)(가례1718/082ㄱ09)(가례1802/상127ㄱ03)(가례1819/상120ㄱ05)(책례1721/058ㄴ11)

排設廳【배설청】 일 의 ☞ 排設房배설방

예문 其中完實者二十五坐段卽今所排於殯殿中排設廳是如二十坐亦出送爲有臥乎所(국장1724/347ㄱ06~07)

색인 (국장1724二/347ㄱ07)(국장1730二/300ㄱ04)(국장1730二/307ㄴ07)(국장1757B二/240ㄴ09)(국장1776二/158ㄱ07)(국장1821一/058ㄱ09)

排案床【배안상】 일 의

의례를 행할 때 필요한 기물을 배설했던 상. 각종 의례가 있을 때 의례에서 사용되는 기물을 배설했던 상을 배안상으로 통칭한다. 기물의 크기에 따라 상의 크기가 다양하다.

관련1 교명배안상敎命排案床, 교명배안상봉지군敎命排案床奉持軍, 교명책인배안상우비敎命册印排案床雨備, 금보배안상金寶排案床, 배안상군排案床軍, 배안상담배군排案床擔陪軍, 배안상봉지군排案床捧持軍, 배안상욕排案床褥, 배안상우비排案床雨備, 배안상질排案床袟, 배안상차비관排案床差備官, 배안상칠좌군排案床七坐軍, 배안상하배욕排案床下排褥

예문 傳曰允同日都監堂上八侍時傳曰慈殿內讀案床排案床排案床褥席巾袱該堂旣已祗受勿

爲改色以此用之今番都監(상호1787/018ㄴ11~019ㄱ01)

색인 (가례1627/086ㄱ11)(가례1627/090ㄱ03)(가례1627/116ㄴ11)(가례1671/012ㄱ07)(가례1671/055ㄱ04)(가례1671/061ㄴ04)

배안상

白廣席【백광석】 일 의

흰색의 넓은 돗자리. 주로 가례에서 만화석滿花席, 별문석別紋席, 채화석彩花席 등과 함께 제작하여 사용하였다.

예문 白廣席八立縇次白木十三尺搗鍊紙一張四張付油芚五浮黃有靑眞絲一兩二錢(책례1721/158ㄱ05~07)

색인 (국장1724一/260ㄴ02)(국장1730一/265ㄴ09)(빈전1600/187ㄱ03)(빈전1600/192ㄴ04)(빈전1600/193ㄱ12)(빈전1600/198ㄱ02)

白搗鍊紬【백도련주】 일 복

백택기白澤旗의 바탕감으로 쓰인 견직물로 다듬이질을 올려 매끄럽고 윤기 나게 만든 흰색의 주紬. 도련은 종이나 피륙을 다듬잇돌에 다듬질하여 반드럽게 하는 일로 도침擣砧이라고도 한다. 백도련주白搗鍊紬는 이렇게 도련 작업을 하여 매끄럽고 윤기 나게 만든 흰색의 견직물로 국혼 때 의장儀仗에 필요한 깃발인 백택기白澤旗 등을 제작할 때 바탕감으로 사용되었다. 도련擣鍊으로 표기하기도 하며 도련된 종이는 책 제작에 사용되었다.

참조2 건색주乾色紬, 도련擣鍊, 도련주搗鍊紬, 반홍도련주磻紅擣練紬

예문 銅鐵九斤三兩貼金米十七張裹襦袱紅紬七尺一寸去核木花一斤內拱白搗鍊紬七尺一寸雪綿子一兩阿膠二錢黃毛大筆則大輿付金筆兼用(국장1903/198ㄴ03~05)

색인 (상호1787/053ㄴ09)(상호1787/054ㄱ11)(가례1671/137ㄱ09)(가례1671/180ㄴ10)(가례1671/183ㄴ05)(가례1681/259ㄴ05)

白羅【백라】 일 복

쓰개류, 나울, 수사기, 대 등에 쓰인 흰색의 얇은 견직물. 나羅는 사紗와 같이 경사經絲가 익경되어 제직된 옷감으로 경사 4올이 일조가 되어 익경된 것을 말한다.

참조1 남라藍羅, 대홍라大紅羅, 자적라紫的羅

예문 襲五月初四日戌時內侍盥手設襲牀於帷內鋪褥席及枕先置大帶一表裏白羅紅絲緣袞龍袍一郞胸背織圓領紵絲褡一郞半臂衣帖裏一次羅圓領一褡(빈전1659/005ㄴ10~12)

색인 (가례1627/061ㄱ12)(가례1671/135ㄱ01)(가례1696/176ㄴ09)(가례1696/180ㄱ06)(가례1718/190ㄱ09)(가례1819/상219ㄴ04)

白綾【백릉】 일 복

흰색의 얇은 비단. 능綾은 평직과 능직이 조합되어 무늬가 나타나며 아름답고 광택이 은은할 뿐만 아니라 얼음같이 매끈하다. 옥책문玉册文이나 장책粧册의 제목題目감이나 이불 깁, 칙명勅命에 사용하였다.

참조1 남릉藍綾, 화문백릉花紋白綾

예문 單衣三草綠紗三匹內拱白綃三匹因傳敎內下該曹把持三白綾三匹內拱苔竝白苧布三匹因傳敎內下該曹裹肚三有紋匹段六十尺內拱白紬三匹(빈전1649/122ㄱ10~12)

색인 (가례1627/048ㄱ12)(가례1627/052ㄴ06)(가례1671/072ㄱ12)(가례1671/136ㄴ02)(가례1681/031ㄱ10)(가례1681/031ㄴ08)

白綿絲【백면사】 일 복

흰색의 목면실. 가례 때 요여腰輿, 유소流蘇, 홍양산紅陽繖의 속넣기용이나 모절旄節, 은교의銀交椅 등에 사용되었다. 색깔에 따라 청면사靑綿絲, 홍면사紅綿絲 등으로 구분되었다.

참조1 면사綿絲, 청면사靑綿糸, 청면사靑綿絲, 홍면사紅綿絲

예문 鄕絲三兩四戔回繩次白綿絲十二兩五戔以上濟用監造作排設靈座諸具(빈전1701/184ㄱ03~05)

색인 (가례1681/190ㄴ07)(국장1674A三/021ㄴ03)(국장1674A三/021ㄴ09)(국장1674A三/022ㄱ02)(국장1674A三/046ㄱ12)(국장1800四/027ㄱ08)

白綿布【백면포】 일 복

품질이 좋은 무명 베. 액주음[腋注音]을 만들 때 쓰였고, 국장이 있을 때 백면포白綿布로 만들어 선을 둘러 장식한 백문석白紋席을 깔았다.

참조1 면포綿布, 홍면포紅綿布

예문 內侍以帷障大行臥內又設帷於殿中間設牀於帷內縱置之鋪褥用白綿布席(빈전1834/079ㄴ09~10)

색인 (가례1627/046ㄱ02)(가례1627/046ㄱ03)(가례1696/179ㄱ11)(가례1718/197ㄴ01)(가례1802/상182ㄱ03)(가례1802/상201ㄴ11)

白毛氈【백모전】 일 복

흰색의 모전. 모전은 쇠 털로 짜서 만든 자리로 욕석, 장막帳幕 등에 사용되었다. 서양의 펠트felt에 해당한다.

참조1 묵모전黑毛氈, 묵전墨氈, 백전白氈, 우모전牛毛氈, 혜전鞋氈, 홍모전紅毛氈, 홍전紅氈, 황전黃氈

참조2 모방석毛方席, 양모전羊毛氈, 우모전계牛毛氈契, 청색모전靑色毛氈(靑氈)

예문 方亇赤二十介次朴達木一條白木綿一匹白木綿糯袱二浮白毛氈二浮毛邊紙八卷眞墨十五丁大硯三面行子生布赤亇四介(국장1903/106ㄴ08~10)

색인 (국장1659二/093ㄴ10)(국장1659二/106ㄴ09)(국장1659二/115ㄱ10)(국장1674二/073ㄴ02)(국장1674二/073ㄴ07)(국장1674二/087ㄱ02)

白紋席【백문석】 일 의

백면포白綿布로 만들어 선을 둘러 장식한 자리. 백문석白紋席은 국장이 있을 때 깔았다.

참조1 백면포白綿布

예문 紅紬五幅付袱二沙魚皮二丈白紋席二張四付油芚二浮土火爐土烽爐各二桑木乾正次溫堗木二丹式限十日(국장1701/207ㄴ02~04)

색인 (가례1627/088ㄱ02)(가례1627/088ㄱ05)(가례1627/088ㄱ07)(가례1627/088ㄱ09)(가례1627/088ㄱ11)(가례1671/082ㄱ06)

白朴餠【백박병】 일 음

연회에 사용되는 떡의 한 종류. 찹쌀가루, 대추물, 치자물, 생강즙을 재료로 하여 지진 떡으로 오늘날의 부꾸미와 유사하다. 박병朴餠이라고도 한다.

예문 魚饅頭生雉全體燒白朴餠追淸煎銀正果判付(가례1802/상024ㄴ06~10)

색인 (가례1802/상024ㄴ08)(가례1802/상255ㄴ01)

白散子【백산자】 일 음

잔칫상이나 제사상에 쓰이는 찹쌀가루로 만든 유밀과의 하나. 찹쌀가루를 청주로 반죽하여 납작하게 만들어 말린 후 꿀을 바르고 백반가루, 잣, 호두, 깨 등을 묻혔다. 이때 백반가루를 묻히면 흰 빛을 띠는 백산자가 되고, 팥 삶은 물로 지은 찹쌀밥인 홍반가루를 묻히면 붉은 빛을 띠는 홍산자紅散子가 된다. 산자는 재료와 만드는 방법이 강정과 비슷하나 모양이 네모지고 강정보다 크게 만든다.

참조1 홍산자紅散子

예문 五色餠作末時所用鐵公伊二紅白散子取

油所用炙金火著各一等物依例進排事催促於別工作則謂以無前例不爲進排爲臥乎所(빈전1600/052ㄴ10~12)

색인 (가례1671/141ㄱ12)(가례1671/144ㄴ11)(가례1681/211ㄴ05)(가례1696/188ㄴ05)(가례1696/193ㄱ05)(가례1718/206ㄴ11)

白衫【백삼】 일 복

제복祭服의 받침옷인 흰색 포袍. 『탁지준절度支準折』에 따르면 제복은 흑삼黑衫·백삼白衫·상裳·방심곡령方心曲領·대대大帶·폐수蔽垂·말襪·제관祭冠·제화祭靴로 구성되어 있다. 또 백삼은 백저포 바탕에 가장자리[邊兒]에 검은 선을 둘렀으므로 백초중단白綃中單을 의미한다.

참조1 중단中單

참조2 백초중단白綃中單

예문 拜位彩花單席納徵世子宮法服冕服判付鴉青熟綃白衫次裳次赤襪(가례1819/상024ㄱ01~04)

색인 (가례1819/상024ㄱ03)

白細紬【백세주】 일 복

견직물의 하나. 주紬가 굵은 실로 짠 비단이라면 세주細紬는 주紬보다 더 고운 견직물이다.

참조1 남세주藍細紬, 반홍세주磻紅細紬, 자적세주紫的細紬, 초록세주草綠細紬, 홍세주紅細紬, 흑세주黑細紬

예문 所入椴木半條全漆一升每漆五合松煙一升虞主輦內隔襦袱白細紬以全疋長造所入白細紬二疋白眞絲二戔去核二斤(국장1776/021ㄴ05~07)

색인 (가례1718/196ㄱ12)(가례1718/199ㄱ06)(가례1718/199ㄱ12)(가례1718/202ㄴ03)(가례1718/237ㄱ04)(가례1718/240ㄱ12)

白細布【백세포】 일 복

삼을 익혀서 가늘게 짠 포. 심의深衣를 만들어 입거나 진상품으로 사용되었다. 기록에 의하면 고려 말기의 문신文臣으로 당시 문하 평리門下評理였던 이무방李茂方이 우왕 5년(1379) 명明나라에 사신使臣으로 가서 세공歲貢으로 금金, 은銀, 마馬, 백세포白細布 등을 진상하였다.

참조2 백세저포白細苧布, 백저포白苧布, 진헌저포進獻苧布

예문 莚二國葬都監別工作小絞索一白細布連三疋二甲所七絞大絞索一白細布連三疋三甲所五絞以上結裹次濟用監(빈전1600/032ㄴ06~08)

색인 (가례1627/044ㄴ04)(가례1671/124ㄱ02)(가례1671/124ㄱ06)(가례1671/180ㄴ06)(가례1671/183ㄴ04)(가례1696/163ㄱ10)

白水紬【백수주】 일 복

품질이 좋은 비단의 일종. 일명 수화주秀花紬/水禾紬라고 한다.

참조1 남수주藍水紬, 대홍수주大紅水紬, 초록수주草綠水紬, 홍수주紅水紬

예문 一今此靈座排設敎是時所用神帛白綃十尺箱次搗鍊紙一張白水紬二幅甲袱蓋覆次白綃二幅甲袱各一件遺衣裹次紅水紬二幅甲袱二件神帛奉安唐朱漆函一部(빈전1886/124ㄴ08~10)

색인 (가례1671/128ㄱ05)(가례1696/168ㄱ04)(가례1718/202ㄴ03)(가례1802/상201ㄱ12)(가례1819/상180ㄴ08)(가례1819/상225ㄴ06)

白熟綃【백숙초】 일 복

흰 빛깔의 숙초. 숙초는 삶아 익힌 명주실로 짠 견직물이다. 초綃는 생사生絲로 짠 얇은 비단의 총칭으로 조선 시대 문무백관들의 조복朝服·제복祭服의 옷감으로 사용되었다.

참조1 남숙초藍熟綃, 대홍숙초大紅熟綃, 아청숙초鴉青熟綃, 자적숙초紫的熟綃, 훈색숙초纁色熟綃

예문 紫綾十尺六寸及長四尺廣八寸白熟綃十五尺二寸白細布六十九尺(혼전1701/045ㄴ03~05)

색인 (가례1671/068ㄱ01)(가례1671/136ㄴ01)(가례1681/122ㄴ09)(가례1681/194ㄱ01)(가례1718/129ㄴ07)(가례1718/188ㄱ10)

白羊毛【백양모】 일 복

정精을 만들 때 사용된 흰색 양털 모직물. 왕의 흑궤자피화黑麂子皮靴, 흑사피화黑斜皮靴와 함께 신는 목이 긴 버선 형태의 족의足衣인 정精을 만들 때 사용되었다.

참조2 백양모정白羊毛精, 흑양피黑羊皮

예문 黑熊皮毛精壹依前減付標啓下涼精壹白羊毛精壹衣襨匣壹依前減付標啓下黑漆馬尾笠家壹(가례1727/012ㄱ06~08)

색인 (가례1762/상016ㄱ01)(가례1819/상024ㄴ11)(가례1819/상024ㄴ12)(가례1866/상025ㄱ09)(가례1866/상025ㄱ10)(국장1674二/092ㄴ01)

白染紬【백염주】 일 복

꼬임이 없는 중·하등품의 견사絹絲를 사용하여 평직平織으로 제직한 흰색의 평견직물.

참조1 남금사주藍金絲紬, 남주藍紬, 다홍주多紅紬, 대홍주大紅紬, 면주綿紬, 백주白紬, 색주色紬, 자적주紫的紬, 자주紫紬, 초록주草綠紬, 태주남주苔紬藍紬, 홍염주紅染紬, 홍주紅紬, 황염주黃染紬, 황주黃紬, 흑주黑紬

참조2 수주水紬, 생주生紬, 정주鼎紬, 토주吐紬

예문 黃染紬五匹白染紬十匹生猪四口(가례1866/023ㄴ09~11)

색인 (가례1866/상023ㄴ10)

白玉圭【백옥규】 일 복

길례, 가례 등의 의례에 사용되는 예기禮器. 왕이 대례복大禮服을 착용할 때 손에 쥐었다. 규圭의 형태는 12장문의 산에 해당하는 것으로 하늘을 오르는 길을 의미하며, 규圭의 날카로운 형상은 봄에 물건이 새롭게 나오는 것을 상징한다고 하였다. 왕의 규圭는 백옥[白玉圭]으로 만들며, 왕세자의 것은 청옥[青玉圭]으로 만든다.

참조1 규圭, 옥규玉圭

예문 一尙衣院牒呈內今此國恤時服玩冕服段今將製造而前排平天冠一部家具佩玉一雙白玉圭一赤襪赤舃各一件等物依己丑年例仍用爲乎矣(국장1659/0100ㄴ02~04)

색인 (가례1681/201ㄴ03)(가례1802/상236ㄴ11)(가례1866/상261ㄱ04)

白雲文緞【백운문단】 일 복

구름무늬가 놓인 흰 비단. 운문단은 철릭, 저고리, 곤룡포와 같은 의복과 각종 보자기를 만드는 데 두루 쓰였다.

참조1 남운문단藍雲紋緞, 다홍운문단多紅雲紋緞, 대홍운문단大紅雲紋緞, 아청운문단鴉青雲紋緞, 진홍운문단眞紅雲紋緞, 초록운문단草綠雲紋緞, 현색운문단玄色雲紋緞, 홍운문단紅雲紋緞, 훈색운문단纁色雲紋緞

예문 山柚子上向鴉青雲紋緞廣一尺八寸次白雲文緞廣五寸五分下向白雲紋緞廣四寸五分次鴉青雲紋緞(가례1866/121ㄴ10~11)

색인 (가례1802/상135ㄴ09)(가례1802/상135ㄴ10)(가례1802/상189ㄱ12)(가례1802/상201ㄱ08)(가례1819/상128ㄴ12)(가례1819/상175ㄴ06)

白戎糸【백융사】 일 복

섬유의 끝을 끌어내어 털이 일어나게 만든 흰색 실. 주로 주렴을 만드는 데 사용된다. 영조와 정순왕후의 가례 때에는 경經감으로 초록융사草綠絨絲 1근 5냥 3돈, 다홍융사多紅絨絲 3돈을 사용하였다. 의궤 자료에서 융사는 戎糸, 戎絲, 絨絲 등으로 표기하였다.

참조1 다홍융사多紅戎糸

예문 紫的戎糸八戔黃戎糸一兩五戔藍戎糸一兩八戔五分白戎糸一兩金錢紙七占二丈都多落貼金一束四占九丈罟纓子次冒段三尺(가례

1696/206ㄱ09~11)

색인 (가례1696/206ㄱ10)(가례1696/208ㄴ07)(가례1696/211ㄱ03)(가례1696/224ㄴ10)(가례1696/227ㄱ01)(가례1718/217ㄴ01)

白氈【백전】 일 복

쇠털로 짜서 만든 흰색 자리. 전氈은 쇠털로 짜서 만든 자리로 욕석, 장막帳幕 등에 사용되었다. 서양의 펠트felt에 해당한다.

참조1 묵모전黑毛氈, 묵전墨氈, 우모전牛毛氈, 혜전鞋氈, 홍모전紅毛氈, 홍전紅氈, 황전黃氈

참조2 모방석毛方席, 양모전羊毛氈, 우모전계牛毛氈契, 청색모전靑色毛氈(靑氈)

예문 諡寶朱箇內鋪濕朱白氈長廣方三寸一片自前誌文印出時白氈推移行用爲如乎(국장1903/145ㄱ12~ㄴ01)

색인 (가례1627/125ㄴ13)(가례1681/322ㄴ11)(국장1800四/026ㄴ10)(책례1610/089ㄱ03)(책례1610/097ㄴ12)(책례1610/098ㄱ02)

白鼎紬【백정주】 일 복

표백한 정주鼎紬. 정주鼎紬는 고급 명주를 가리킨다. 『조선왕조실록朝鮮王朝實錄』에 연산군과 중종 때 정주를 진상하게 하고 대비전에 사급한 기록이 있다. 장삼아長衫兒, 단삼아短衫兒, 홑바지[單把持] 등을 만들 때 사용된 직물이다. 겹치마[裌赤亇], 핫치마[襦赤亇]에는 안감과 허리끈 감으로, 말군襪裙과 삼아衫兒를 만들 때는 겉감으로 사용되었다. 『가례도감의궤嘉禮都監儀軌』에 보면 왕실의 의대衣襨 중 저고리에 해당하는 상의류인 과두[裹肚]의 재료로 겉감 백토주白吐紬 한 필과 함께 안감으로 백정주白鼎紬 한 필을 기록하고 있다. 가례 때 삼간택 이후 왕비 측에 보내는 별궁 예물에 대홍정주 10필이 남정주, 백정주, 초록정주, 연초록정주, 백토주 각 10필과 함께 포함되었다.

참조1 남정주藍鼎紬, 다홍정주多紅鼎紬, 대홍정주大紅鼎紬, 백협백정주白挾白鼎紬, 선홍정주縇紅鼎紬, 아청정주鴉靑鼎紬, 자적정주紫的鼎紬, 청정주靑鼎紬, 초록정주草綠鼎紬, 홍정주紅鼎紬, 흑정주黑鼎紬

참조2 반홍정주磻紅鼎紬

예문 裹肚三草綠雲紋匹段二疋七尺二寸戶曹內拱白鼎紬三疋尙衣院貼裏二白苧布二疋戶曹大斂行用諸具各該司捧甘進排(빈전1659/197ㄱ03~05)

색인 (가례1627/044ㄱ03)(가례1627/044ㄱ05)(가례1627/044ㄱ06)(가례1627/044ㄱ06)(가례1627/044ㄱ07)(가례1627/044ㄴ02)

白正布【백정포】 일 복

주렴가선의 안감이나 호갑護匣의 배접 감으로 사용되는 품질이 매우 좋은 흰색의 오승 삼베. 정포正布는 조선 시대에 관리의 녹봉으로 주던 품질이 좋은, 표백한 삼베로 오승포라고도 한다. 정조 대왕의 국장에는 누여서 빛깔을 아주 희게 만든 정포正布를 사용하였다. 『만기요람萬機要覽』에는 백정포白正布 한 필의 값은 7냥의 가치를 지닌다고 기록되어 있다.

예문 小欄平牀一朱漆尙衣院別工作造作鑞染圓環捌廣頭釘從實入於乙次白正布貳匹庚子謄錄所無而今番別入素錦楮巾次白綾伍拾參尺尙衣院高廣尺數詳載別工作謄錄(빈전1724/213ㄱ03~05)

색인 (가례1627/045ㄱ14)(가례1627/056ㄴ10)(가례1627/057ㄴ14)(가례1627/069ㄴ14)(가례1627/075ㄴ07)(가례1627/075ㄴ09)

白紬【백주】 일 복

흰색 명주. 꼬임이 없는 중·하품의 견사絹紗를 사용하여 평직으로 제직한 흰색의 평견직물이다.

참조1 남금사주藍金絲紬, 남주藍紬, 다홍주多紅紬, 대홍주大紅紬, 면주綿紬, 색주色紬, 아청주鴉靑紬, 자적주紫的紬, 자주紫紬, 초록주草綠紬, 태주남주苔

紬藍紬, 홍염주紅染紬, 홍주紅紬, 황염주黃染紬, 황주黃紬, 흑주黑紬

예문 後錄諸種見拭梓宮式一取考謄錄則庚申乙亥發引時始興站欑宮入排白紬甲素幄一件白紬甲素帳四件絡纓東道里具藍三升內仰(빈전1921/085ㄱ02~04)

색인 (가례1627/061ㄱ09)(가례1627/061ㄴ05)(가례1627/061ㄴ05)(가례1627/061ㄴ09)(가례1627/062ㄱ07)(가례1627/062ㄱ11)

白紬絲【백주사】 일 복

흰색의 명주실. 각색 옷감의 바느질용으로 사용되었다.

참조1 대홍주사大紅紬絲

예문 榻中排紫紬褥所入紫的紬絲三錢白紬絲二錢五分神榻中排紫紬褥所入紫的紬絲五分白紬絲三分(빈전1886/046ㄴ06~07)

색인 (가례1627/044ㄱ04)(가례1627/044ㄱ08)(가례1627/044ㄴ04)(가례1627/045ㄱ02)(가례1627/045ㄱ10)(가례1627/045ㄴ03)

白眞絲【백진사】 일 복

흰 빛깔의 명주실. 각색 옷감의 바느질용으로 사용되었다. 백진사白眞絲는 대전 법복大殿法服과 중궁전 법복中宮殿法服 의대衣襨에 의복의 바느질용 실로 사용되었다. 계량 단위는 냥, 돈으로 한다. 유과두[襦裹肚], 유철릭[襦天益], 액주음[腋注音], 장삼아長衫兒, 단삼아短衫兒, 홑바지[單把持], 핫바지[襦把持] 등에 광범위하게 사용되었을 뿐 아니라 가례에 필요한 물품인 작선雀扇, 봉선鳳扇, 담편擔鞭 등의 제작에도 사용되었다. 『조선왕조실록朝鮮王朝實錄』에 태종 17년(1417) 양잠을 장려하면서 전라도, 풍해도[황해도]의 채방판관採訪判官이 황진사, 백진사 및 누에고치를 바쳤다는 기록이 있다. 따라서 진사眞絲는 조선 시대 초기 혹은 그 이전부터 사용된 것으로 보인다.

참조1 남진사藍眞糸, 남진사藍眞絲, 남홍황진사藍紅黃眞絲, 다홍진사多紅眞糸, 다홍진사多紅眞絲, 대홍진사大紅眞絲, 아청다홍진사鴉青多紅眞絲, 아청진사鴉青眞絲, 오색진사五色眞絲, 유청진사柳青眞糸, 유청진사柳青眞絲, 자적남진사紫的藍眞絲, 자적남홍진사紫的藍紅眞絲, 자적진사紫的眞絲, 조족백진사鳥足白眞絲, 주홍진사朱紅眞絲, 청진사青眞糸, 청진사青眞絲, 초록진사草綠眞絲, 흑진사黑眞絲

예문 五色纓子所入紫的眞絲二戔五分大紅眞絲二戔五分藍眞絲二戔五分柳青眞絲二戔五分白眞絲二戔五分籤子豆錫二兩白玉軸二介上下橫木椵板半條里(책례1651/017ㄱ10~12)

색인 (부묘1859/122ㄱ02)(국장1849三/038ㄱ05)(국장1849三/039ㄱ06)(국장1849三/047ㄱ07)(국장1849三/048ㄴ09)(국장1849三/049ㄱ05)

白綃【백초】 일 복

생사生絲로 짠 얇은 흰색 비단. 초綃는 생사生絲로 짠 얇은 비단의 총칭으로 조선 시대 문무백관들의 조복朝服·제복祭服의 옷감으로 사용되었다.

참조1 대홍초大紅綃, 아청유문초鴉青有紋綃, 자적초紫的綃, 중층홍초中層紅綃, 중층흑초中層黑綃, 초록초草碌綃, 현색문초玄色紋綃, 홍초紅綃, 훈색초纁色綃, 흑초黑綃

예문 沈香有紋段六尺五色壯段四尺白綾四尺白綃十四尺白絹四尺多紅雲紋大段五十二尺(책례1721/112ㄱ05~07)

색인 (가례1627/043ㄴ06)(가례1627/043ㄴ08)(가례1627/045ㄱ02)(가례1627/045ㄱ10)(가례1627/045ㄴ03)(가례1627/048ㄴ12)

白澤旗【백택기】 일 의

조선 시대 의장기儀仗旗의 하나. 흰색의 사각기四角旗로 만물의 모든 뜻을 알아낸다는 상서로운 짐승인 백택白澤과 청·홍·황·백의 구름무늬가 그려져 있고 화염각火焰脚이 달려 있다. 대가 노부大駕鹵簿,

법가 노부法駕鹵簿에 쓰고, 궁중 노부宮中鹵簿, 어장御葬 등에 사용하였다. 기 바탕은 백주白紬, 화염각火焰脚과 영자纓子는 홍주紅紬를, 깃은 흑주黑紬를 쓴다.

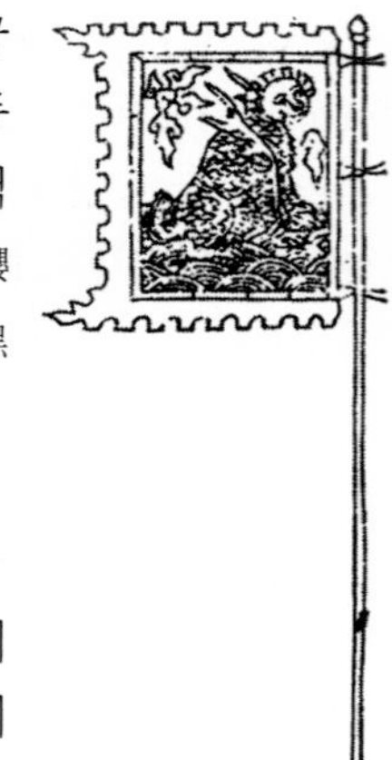

백택기

참조1 가구선인기駕龜仙人旗, 각단기角端旗, 고자기鼓字旗, 군왕천세기君王千歲旗, 금자기金字旗, 벽봉기碧鳳旗, 삼각기三角旗, 천하태평기天下太平旗, 현무기玄武旗, 현학기玄鶴旗, 홍문대기紅門大旗, 황룡기黃龍旗, 후전대기後殿大旗

참조2 백호기白虎旗, 영자기令字旗

예문 磻朱紅一兩二錢二分阿膠一兩明油五合白澤旗二前排改彩仍修補五幅付柄長四尺所入松煙二錢唐朱紅三錢石紫黃二錢(국장1681/040ㄱ03~05)

색인 (가례1627/068ㄱ03)(가례1627/068ㄴ01)(가례1627/092ㄱ04)(가례1627/094ㄴ13)(가례1627/099ㄴ05)(가례1671/012ㄴ06)

白吐紬【백토주】 일 복

실을 굵게 자아서 짠, 바닥이 두껍고 빛깔이 흰 명주. 색깔에 따라 유청토주柳青吐紬·초록토주草綠吐紬·대홍토주大紅吐紬 등으로 구분되며 액주음[腋注音], 유과두[襦裹肚], 겹과두[裌裹肚], 핫바지[襦把持], 요[褥] 등을 만들 때 사용되었다. 가례 때 삼간택 이후 왕비 측에 보내는 별궁 예물別宮禮物과 본방 예물本房禮物로 쓰였다.

참조1 남토주藍吐紬, 대홍토주大紅吐紬, 자적토주紫的吐紬, 선자적토주縇紫的吐紬, 초록토주草綠吐紬, 황토주黃吐紬

참조2 연초록토주軟草綠吐紬, 유청토주柳青吐紬

예문 總護使左議政李時秀白吐紬一疋白鼎紬一疋綿子二斤提調行上護軍金載瓚白吐紬一疋白細木一疋綿子一斤禮曹判書李晩秀白吐紬一疋白細木一疋綿子一斤(빈전1800/174ㄱ10~12)

색인 (가례1627/044ㄱ03)(가례1671/077ㄱ02)(가례1671/077ㄱ08)(가례1671/137ㄱ02)(가례1681/031ㄱ12)(가례1681/031ㄴ11)

白鶴旗【백학기】 일 의

국왕의 대가 의장大駕儀仗, 법가 의장法駕儀仗, 소가 의장小駕儀仗, 왕세자 의장에 쓰이는 깃발. 흰색 바탕에 백학白鶴 및 운문을 그린다. 전기에는 청·적·백·황 네 가지 색의 화염각을, 후기에는 홍색의 화염각을 썼다. 왕세자 의장에서는 백학기 대신 현학기玄鶴旗를 사용하기도 했다. 국장國葬이나 예장禮葬 중의 길의장吉儀狀, 가례, 부묘 의식祔廟儀式 등 노부의장鹵簿儀仗이 쓰이는 의례에 사용되었다.

백학기

예문 磴子四哥舒棒四皷字旗一金字旗一令字旗二熊骨朶二豹骨朶二白鶴旗一玄鶴旗一龍馬旗一角端旗一三角旗一碧鳳旗一玄武(상호1827/148ㄴ01~03)

색인 (가례1627/068ㄱ04)(가례1627/092ㄱ07)(국장1800二/163ㄱ06)(부묘1836A/156ㄱ04)(부묘1836A/159ㄴ10)(상호1827二/023ㄴ02)

白鄕絲【백향사】 일 복

색깔이 흰 향사. 향사는 우리나라에서 생산한 명주실을 가리킨다.

참조1 목홍향사木紅鄕絲

예문 白筆捌柄白細綿紬貳疋厚油紙參張白鄕絲參戔東堂落幅紙壹度紅鄕絲三甲所貳艮衣海長竹壹百伍拾箇(국장1757/089ㄱ10~12)

색인 (가례1627/121ㄴ06)(가례1681/120ㄱ06)

(가례1681/260ㄱ08)(가례1681/264ㄱ06)(가례1696/108ㄴ10)(가례1696/182ㄱ05)

白挾白鼎紬【백협백정주】 일 복

겉감과 안감에 쓰인 고급의 흰색 명주. 백정주白鼎紬는 표백한 정주鼎紬를 말한다. 장삼아長衫兒, 단삼아短衫兒, 홑바지[單把持] 등을 만들 때 사용되었으며 겹치마[袷赤亇], 핫치마[襦赤亇]에는 안감과 허리끈감으로 말군袜裙과 삼아衫兒를 만들 때는 겉감으로 사용되었다.

참조1 남정주藍鼎紬, 다홍정주多紅鼎紬, 대홍정주大紅鼎紬, 백정주白鼎紬, 선홍정주縇紅鼎紬, 아청정주鴉青鼎紬, 자적정주紫的鼎紬, 청정주青鼎紬, 초록정주草綠鼎紬, 흑정주黑鼎紬

참조2 반홍정주磻紅鼎紬

白挾白禾花紬【백협백화화주】 일 복 ☞ 白禾花紬 백화화주

白號衣【백호의】 일 복

백색白色의 호의號衣. 호의는 뒤허리 아래쪽으로 길게 트여 있는 조끼형의 상의上衣이다. 각 군영의 초관哨官 이하 군사들이 많이 착용했으며, 소속 부대를 나타내기 위해 5가지 방색方色으로 제작되었다. 국상國喪 행렬 중 영여靈轝를 맨 군사[挾靈轝軍]는 발인 때 백두건白頭巾에 백호의白號衣를 입었다가 반우返虞 때에는 흑두건黑頭巾에 흑호의黑號衣를 입었다.

참조1 더그레加文剌, 호의號衣, 흑호의黑號衣

예문 訓鍊都監軍兵中抄擇將官率領着白頭巾白號衣分左右侍衛爲白乎矣晝停所宿所陵所近側扈衛爲白乎旀(국장1821/086ㄴ03~05)

색인 (국장1674一/055ㄱ05)(국장1681一/046ㄱ06)(국장1701一/081ㄴ06)(국장1702B一/077ㄱ11)(국장1702B一/080ㄴ05)(국장1724一/067ㄴ10)

白禾花紬【백화화주】 일 복

상등품의 견사를 사용하여 평직으로 제직한 흰색의 견직물. 지질이 치밀하고 촉감이 부드럽다. 주로 솜치마와 전대戰帶에 쓰였다.

참조1 남화화주藍禾花紬

예문 銀二錢三甫一月乃硼砂一錢砒礵一錢草綠禾花紬八尺八寸白禾花紬長八寸廣六寸一片紅禾花紬長八寸廣二寸一片紅染布四十四尺二寸(국장1821/195ㄴ12~196ㄱ02)

색인 (가례1802/상201ㄱ02)(가례1819/상156ㄴ01)(가례1819/상157ㄴ07)(가례1819/상164ㄱ01)(가례1819/상164ㄱ03)(가례1819/상177ㄱ10)

白休紙【백휴지】 일 건

훼손되거나 잘라내어 원래의 용도로 사용할 수 없게 된 흰색의 종이. 백휴지白休紙는 재활용을 하는 종이이므로 물건 주변에 깔거나 하여 주변이 손상되지 않도록 하는 용도로 사용되었다. 도배를 할 때에는 초배용으로 많이 사용하였으나 손상이 적은 것은 마감용으로 사용하기도 하였다.

참조2 내하잡휴지內下雜休紙, 재상휴지灾傷休紙

관련1 하백휴지下白休紙, 합감이백휴지合甘伊白休紙

예문 錄事一人守直軍士四名米布直二名捕盜軍士二名亦爲待令爲旀文書所用楮注紙一卷白紙二卷白休紙二斤黃筆五柄眞墨三丁硯石匣具三面書板三箇剪板一部(국장1834/153ㄴ01~03)

색인 (가례1671/064ㄴ01)(가례1671/179ㄱ04)(가례1681/190ㄱ06)(가례1681/235ㄱ06)(가례1696/052ㄱ11)(가례1696/179ㄱ02)

燔造匠【번조장】 일 건

번조燔造 일을 전문으로 하는 사람. 번조燔造는 질그릇이나 도자기, 기와 등을 불에 구워 만들어 내는 일을 말한다.

예문 大抵嘉禮進宴時若有青畫樽擧行則所入土物及燔造匠役本院擔當擧行是遣(가례1819/084

ㄱ10~11)

색인 (가례1819/상084ㄱ11)(국장1904二/042ㄱ04)

燔朱紅【번주홍】 일 건

적색 분말 안료의 한 가지. 산지나 제조법 등은 알 수 없다.

동 반주홍磻朱紅

예문 公事入盛紙帒次厚油紙一張進排事戶曹長興庫都監堂上都廳印朱所用燔朱紅五兩進排事(국장1903/088ㄴ11~12)

색인 (국장1659一/088ㄴ12)(국장1659一/154ㄴ09)(국장1659一/165ㄴ07)(국장1659一/166ㄱ01)(국장1659一/166ㄱ07)(국장1659一/193ㄴ02)

番紅【번홍】 일 복 ☞ 磻紅細紬반홍세주

예문 一輪臺板內入時所裹紅木八幅甲袱一件楮注紙八張四油芚二番紅三甲所一艮衣依謄錄捧甘爲乎於輪臺板下所排凳二部依補編待令事別工作良中分付何如(국장1776/176ㄱ06~08)

색인 (국장1757A/174ㄴ05)(국장1776一/175ㄱ07)(예장1786一/143ㄱ02)

法駕【법가】 일 의

임금이 거둥할 때 타는 거가車駕의 한 가지. 주로 영희전永禧殿·문묘文廟·단향壇享·전시殿試 등에 친림親臨할 때 탔다.

예문 還怡愉長樂殿忍想昔承顔協贊周王理關雎化已成皇天胡降割陰曜忽淪精法駕移雙闕廞儀指九京傷心齊殿曉誰復報鷄鳴淑愼(국장1681/194ㄴ01~03)

색인 (가례1866/상046ㄴ04)(책례1690/058ㄱ01)(책례1690/058ㄱ01)(책례1690/060ㄴ06)(책례1690/060ㄴ08)(국장1681二/194ㄴ02)

法服【법복】 일 의

왕과 왕비·왕세자·왕세자비가 착용하던 대례복. 고려 공민왕 19년(1370) 명明으로부터 임금과 왕비의 예복인 면복과 적의翟衣를 받으면서 조선 시대에도 사여관복제賜與官服制가 행해졌다. 조선 시대 임금의 면복冕服은 9장면복[구장문이 있는 곤복袞服: 구장문은 용龍·산山·화충華蟲·종이宗彝·조藻·화火·분미粉米·보黼·불黻]이었고, 세자의 경우 2등체강원칙二等遞降原則에 따라 7등면복을 명나라에서 받았다. 고종 34년(1897)에 십이류면 십이장복十二旒冕十二章服으로 개정되었다. 왕비의 예복인 적의翟衣는 대왕대비와 왕세자빈도 착용하였는데, 시대와 직위에 따라 차이가 있었다. 태조 3년(1394)에 왕비의 적의는 심청단深青緞으로, 왕세자빈의 적의는 흑단黑緞으로 규정되었고, 영조 때 『상방정례尙方定例』에서는 대왕대비는 자적향직紫的鄕織으로, 왕비는 대홍향직大紅鄕織으로, 세자빈은 아청향직鴉靑鄕織으로 규정하였다.

참조1 경의景衣, 면복冕服, 면사面紗, 별의別衣, 의대衣襨, 적말赤襪, 적석赤舃, 적의翟衣, 패옥佩玉, 폐슬蔽膝

예문 定奪時所謂衣襨竝指平天冠冕服遠施冠絳紗袍等法服是乎喩定奪時只云衣襨而不爲指名擧論則自本院有難的知乙仍于(국장1720/072ㄴ05~07)

색인 (가례1762/상015ㄱ09)(가례1762/상016ㄱ03)(가례1762/상038ㄱ09)(가례1802/상232ㄱ03)(가례1802/상234ㄱ09)(가례1866/상257ㄱ03)

碧鳳旗【벽봉기】 일 의

조선 시대 의장기儀仗旗의 하나. 노란 사각기四角旗로 벽봉碧鳳과 청·적·백·황의 구름무늬를 그렸고 노란색의 화염각火焰脚과 기각旗脚이 달려 있다. 대가 노부大駕鹵簿·법가 노부法駕鹵簿·소가 노부小駕鹵簿, 어장御葬 등에 사용하였다. 행렬 중에 고자기鼓字旗 한 개가 왼편에 있고, 금자기金字旗 한 개가 오른편에 있으며, 다음은 가서봉哥舒棒 열 개가 좌우로 나누어 서는데, 벽봉기 두 개가 그 중앙에 있어 좌우로 나누어 선다. 기 바탕은 황주黃紬를 화염각火焰脚과 영자纓子는 홍주紅紬를 깃은 흑주黑紬를 쓴다.

벽봉기

참조1 가구선인기駕龜仙人旗, 각단기角端旗, 고자기鼓字旗, 군왕천세기君王千歲旗, 금자기金字旗, 봉기碧鳳旗, 삼각기三角旗, 천하태평기天下太平旗, 현무기玄武旗, 현학기玄鶴旗, 홍문대기紅門大旗, 황룡기黃龍旗, 후전대기後殿大旗

참조2 백호기白虎旗, 영자기令字旗

예문 黃丹三碌各二兩石紫黃一錢五分眞粉四兩碧鳳旗二旗葉改備每件所入黃鼎紬十七尺五寸領次黑鼎紬四尺(국장1834/144ㄱ06~08)

색인 (국장1659二/039ㄴ07)(국장1659二/068ㄱ08)(국장1659二/074ㄱ06)(국장1674二/023ㄱ01)(국장1674二/025ㄱ05)(국장1674二/044ㄴ07)

籩豆床【변두상】 일 의

궁중 제례 때 제기祭器인 변籩과 두豆를 올렸던 상. 변籩은 마른 음식이나 과일같이 물기 없는 제물을 담는 제기이며, 두豆는 물기 있는 음식을 담아 올리는 제기이다.

참조1 변두籩豆, 변두장籩豆匠

예문 床上槓函蓋覆紅鼎紬五幅袱六件濟用監遺衣牀一服玩牀一笥槓牀一磁器牀一籩豆床一樂器床一合六件新造御製自內閣擧行几杖同奉服玩床故不造作行路時床上蓋覆紅木四幅袱六件濟用監路中覆之床上到山陵還下(국장1800/200ㄱ07~09)

변두

색인 (국장1800二/200ㄱ08)

籩豆匠【변두장】 일 건

조선 시대에 제기祭器인 변籩과 두豆를 만드는 장인. 변두籩豆는 제사 때 쓰는 그릇인 변籩과 두豆를 아울러 이르는 말이다.

참조1 변두籩豆, 변두상籩豆床

예문 延日礪石陶罐木賊白布綿紬手巾磨鏡匠延日礪石籩豆匠方文里海長竹柤骨匠方文里屛風匠(국장1898三/025ㄱ01~09)

색인 (국장1898三/025ㄱ05)

籩篚匠【변비장】 일 건

조선 시대에 봉상시奉常寺에 속하여 제기祭器인 변籩과 비篚를 만드는 장인. 변籩과 비篚는 대나무를 가늘게 쪼개어서 만든다.

예문 本房所掌籩篚匠今方付役而所用櫃子剪板等屬依例進排事知委別工作矣以乙丑謄錄無所載錄不爲進排(국장1821/011ㄱ01~02)

색인 (국장1800三/079ㄱ03)(국장1849一/145ㄱ12)(국장1898四/077ㄱ04)(국장1903三/082ㄱ08)(부묘1836/상082ㄱ07)(부묘1836A/212ㄱ01)

邊先寢席【변선침석】 일 의

가장자리를 비단으로 댄 잠자리용 돗자리. 궁중의 혼례 때 임금 처소의 진상품 가운데 하나로 천으로 가장자리 부분을 두른 잠자리용 돗자리이다.

동 변아침석邊兒寢席

예문 邊兒寢席一張所入邊先寢席一張尙方縇次紫的紬五尺內拱紅紬二十六尺紅鄕絲二戔(가례1718/120ㄱ10~12)

색인 (가례1718/120ㄱ11)

邊首【변수】 일 건

장색匠色의 우두머리. 의궤에 차장변수車匠邊首, 죽산마변수竹散馬邊首, 외재궁여변수外梓宮轝邊首, 마정변수磨正邊首, 윤여변수輪輿邊首, 대여변수大輿邊首, 대소여변수大小輿邊首, 견여변수肩轝邊首의 기록이 보인다.

관련1 견여변수肩轝邊首, 대소여변수大小輿邊首, 대여변수大輿邊首, 마정변수磨正邊首, 윤여변수輪輿邊首, 외재궁여변수外梓宮轝邊首, 죽산마변수竹散馬邊首, 차장변수車匠邊首

예문 監造官十一員各胡椒二升白貼扇一把油別扇一把員役五十人邊首匠人十五名油別扇各一把(국장1903/042ㄴ07~09)

색인 (가례1627/128ㄱ14)(국장1674A三/066ㄱ05)(국장1674A三/076ㄴ10)(국장1674A三/108ㄱ12)(국장1674A三/113ㄱ05)(국장1674A三/117ㄴ02)

邊兒寢席【변아침석】 일 의 ☞ 邊先寢席변선침석

예문 蓮花方席陸坐彩花貳張付面席貳浮寢茵貳邊兒寢席貳張別紋踏席三十張付壹浮依前減付標啓下(가례1727/016ㄴ09~11)

색인 (가례1627/069ㄱ14)(가례1627/077ㄴ09)(가례1627/088ㄴ13)(가례1627/089ㄱ01)(가례1671/012ㄱ04)(가례1671/082ㄴ01)

邊將【변장】 일 건

변경을 지키는 장수라는 뜻. 첨사僉使·만호萬戶·권관權管을 통틀어 이르는 말이다.

예문 領議政金在魯所啓今番都監玉印等役無崔天若則難以善成天若方以邊將在外而在前因朝令有上來之例分付該道監水營卽卽上送何如(가례1744/310ㄱ04~06)

색인 (가례1802/상124ㄴ03)(가례1819/상119ㄱ05)(국장1800一/140ㄴ02)(국장1800一/149ㄱ02)(국장1800一/149ㄱ07)(국장1800一/149ㄴ05)

別架子【별가자】 일 의

특별히 제작한 가자架子. 가자는 물건을 지거나 나르는 도구이다. 지거支莒, 지기支機, 지거枝擧 등으로 표기하기도 한다.

참조2 지거支莒, 지거枝擧, 지기支機

관련1 별가자군패장別架子軍牌將, 별가자오부담줄別架子五部擔乼, 별가자우비別架子雨備

예문 右手本爲本所擧行別架子五部架子二十四部造作進排爲有置所入物力從實入上下爲只爲手決內依是矣(국장1890/051ㄱ03~04)

색인 (가례1681/335ㄴ09)(국장1800四/061ㄱ09)(국장1800四/063ㄴ01)(국장1800四/070ㄱ05)(국장1800四/076ㄱ03)(국장1800四/114ㄱ12)

別工作【별공작】 일 의

나라에 큰 일이 있을 때, 선공감繕工監에 임시로 설치한 관서와 직책을 아울러 이르는 말. 일방一房 등에서 담당한 물품의 부속물을 만들어 조달하는 일을 하였다.

참조1 선공감繕工監

관련1 별공작가가別工作假家, 별공작감조관別工作監造官, 별공작군別工作軍, 별공작부장別工作部將

예문 祭牀八擔持軍八名預差八名別工作所掌杻籠四軍四名守僕所掌(빈전1649/029ㄱ07~08)

색인 (가례1627/002ㄴ11)(가례1627/003ㄴ12)(가례1627/023ㄱ10)(가례1627/026ㄴ03)(가례1627/026ㄴ05)(가례1627/054ㄱ09)

別文踏席【별문답석】 일 의

답장踏掌에 깔았던 특별한 문양이 있는 자리. 주로 임금의 의자 앞에 높여 오르내리거나 앉거나 할 때 발을 딛는 용도로 사용되었던 답장踏掌에 깔았다. 특별한 문양이 있어 별문답석別文踏席이라 하였다.

참조1 답장踏掌

참조2 답장踏障

예문 邊兒寢席二張別文踏席三十張付一浮依

前減付標啓下二十五張付一浮依前減付標啓下十五張付一浮依前減付標啓下(가례1718/016ㄴ06~08)

색인 (가례1671/012ㄱ04)

別文登每【별문등매】 일 의

문양이 들어간 등매. 등매는 방석의 일종으로 백문석 아래 부분에 세초석이나 부들자리를 대고 헝겊으로 갓선을 돌려 만든 것이다. 돗자리와 달리 특정한 인물이 앉을 자리에 까는 것으로 안쪽에 푹신한 재료를 넣고 아래위를 막아 만든다.

참조1 등매登每, 방석方席

예문 紅麻絲八錢紅鄕絲八錢一別文登每九件所入別文席九立內拱細草席九立(가례1696/114ㄴ08~10)

색인 (가례1681/020ㄱ05)(가례1681/090ㄱ12)(가례1681/094ㄱ03)(가례1681/102ㄱ02)(가례1681/114ㄴ09)(가례1762/상019ㄱ10)

別紋方席【별문방석】 일 의

문양이 들어간 방석. 방석은 혼례나 연향과 같은 궁중 행사 때 내외빈이 사용했던 일인용 자리이다.

참조1 만화방석滿花方席, 방석方席, 연화방석蓮花方席, 채화방석彩花方席

관련1 별문단방석別紋單方席, 별문석방석別紋席方席, 황별문방석黃別紋方席

예문 丁粉七合眞墨半一丁魚膠二兩膠末五合太末太四合內排別紋方席一坐紅紬縇具蓋兒雨備一件揮帳雨備一件以上三種長興庫造作進排馬木二坐繕工監造作進排(책례1667/081ㄱ02~04)

색인 (상호1841/134ㄱ06)(상호1841/133ㄴ07)(상호1841/133ㄴ11)(상호1841/134ㄱ03)(존호1783/239ㄱ01)(존호1852/129ㄴ07)

別紋席【별문석】 일 의

무늬가 있는 돗자리. 꽃무늬와 같은 무늬가 있는 돗자리를 말한다. 주로 가례 및 진연에서 야외용으로 사용하였다.

참조1 연화석蓮花席

관련1 내배별문석內排別紋席, 내배황별문석內排黃別紋席, 하배별문석下排別紋席, 황별문석黃別紋席

예문 腰輿各一比前加出爲有置同腰輿四部每部內排別紋席及紫的縇見樣從實入進排事手決內依(국장1688/082ㄱ01~03)

색인 (가례1627/069ㄴ01)(가례1627/069ㄴ07)(가례1627/069ㄴ10)(가례1627/075ㄴ03)(가례1627/089ㄱ04)(가례1671/138ㄱ05)

別副使【별부사】 일 의

집사관의 일종. 의례를 행할 때 의식의 원활한 수행을 위하여 임시로 별도의 부사로 임명된 집사관을 말한다. 부사의 경우 사자使者를 도와 실질적으로 의례를 집행하는 역할을 하였기 때문에 별도의 부사를 필요로 하여 별부사를 임명한 것이다.

예문 以承傳色口傳下敎曰別單前例雖依前而予之慰悅之意自別副使特爲加資(가례1802/127ㄱ11~12)

색인 (가례1802/상127ㄱ12)

別三房【별삼방】 일 의

장복章服, 연여輦輿, 의장儀仗에 관한 일을 맡은 유사가 있는데도 불구하고 별도로 설치한 도감. 『정조실록正祖實錄』 정조 2년(1778) 3월 2일조에 도감都監의 별삼방別三房을 설치하지 말도록 명하였다. 그전부터 준례에 3도감 이외에 별삼방이라는 명색名色이 있었는데, 이에 이르러 장차 존숭책례도감尊崇册禮都監을 설치하게 되어 하교하기를, 도감을 설치하는 것은 비록 그전의 준례를 따르는 것이기는 하나, 도감 안에 또 도감이 있는 것은 매우 의의意義가 없는 일이라고 하며, 장복章服에 관하여는 상방尙方이 있고 연여輦輿에 관하여도 태복太僕이 있으며 의장儀仗에 관하여는 호조戶曹가 있어 각각 유사有司가 있으

ㅂ

니, 별삼방이라는 명칭을 없애라고 한 것으로 보아 장복章服, 연여輦輿, 의장儀仗에 관한 일을 맡은 유사가 있는데도 불구하고 별도의 도감을 설치하는 것을 별삼방이라고 불렀음을 알 수 있다.

관련1 별삼방감조관別三房監造官, 별삼방낭청別三房郎廳, 별삼방산원別三房筭員

예문 盝案卓亦令舊件中取用又除別三房今則果無別般擧行之事若此而宂費若如(존숭1784/047ㄱ04~05)

색인 (책례1676/006ㄴ10)(책례1676/007ㄱ03)(책례1676/007ㄱ05)(책례1676/030ㄱ07)(책례1676/030ㄱ10)(책례1676/031ㄱ03)

別衣【별의】 일 복

왕비의 법복法服인 적의翟衣 속에 받쳐 입는 중단中單. 대홍색大紅色 향직鄕職으로 적의와 같은 모양으로 만들고 깃에는 불문黻紋 11개를 금박하였다.

참조1 법복法服, 적의翟衣, 중단中單

예문 翟衣別衣內衣(책례1651/020ㄴ02~04)

색인 (가례1802/상234ㄴ03)(가례1819/상218ㄴ04)(책례1676/075ㄱ08)

別提【별제】 일 의

공조, 형조, 와서, 군기시, 예빈시 등 30개 중앙 관청에 소속된 종6품의 벼슬. 관서에 따라 1~6명의 별제가 있고, 360일 근무 후에 이직이 가능했다. 별제 가운데 와서별제瓦署別提는 와서瓦署에 속하여 기와와 벽돌을 만드는 일을 하였다.

관련1 와서별제瓦署別提

예문 大輿前鍮檢內實果進止差備官掌苑署別提李相堯(국장1674/114ㄴ09)

색인 (가례1627/015ㄱ14)(가례1627/015ㄱ14)(가례1627/015ㄴ03)(가례1627/015ㄴ03)(가례1627/015ㄴ04)(가례1627/015ㄴ05)

餠工【병공】 일 음

조선 시대에 사옹원司饔院에 속한 장인. 수라간에서 떡 만드는 일을 담당하였는데 병모餠母라고도 했다.

예문 坐銅和者一鍮者一鑄東海一一餠工色所用鑄東海一坐鑄甑蓋具一坐鑄大沙用蓋具一坐鑄中沙用蓋具一坐鑄小沙用蓋具一坐(국장1674/138ㄴ05~07)

색인 (국장1674二/138ㄴ06)(국장1681二/151ㄴ08)(국장1684/134ㄱ09)(국장1701二/163ㄴ10)(국장1702B二/168ㄱ12)(국장1724二/168ㄱ01)

餠亇赤【방마치】 채 건 ☞ 方了赤방마치

예문 木光明臺五介餠亇赤一介擔桶一部(혼전1730/245ㄴ03~05)

색인 (국장1864四/074ㄱ05)(빈전1674/148ㄴ12)(빈전1674/197ㄱ11)(빈전1683/156ㄱ06)(빈전1800三/186ㄴ08)(빈전1800三/188ㄱ07)

屛風【병풍】 일 의

그림이나 글씨를 8, 10, 12폭 등의 나무틀에 비단과 함께 발라 장황한 것. 궁중에서는 일월오봉병日月五峰屛을 왕의 자리 뒤에 항상 펼쳐두었고 왕비는 모란병풍牡丹屛風, 십장생병풍十長生屛風 등을 주로 사용하였다. 가례나 책례, 국장 등에 사용된 병풍의 종류로는 중병풍中屛風, 십첩십장생대병풍十貼十長生大屛風, 동뢰청십첩대병풍同牢廳十貼大屛風, 동뢰연청화초십첩대병풍同牢宴廳花草拾貼大屛風, 개복청십첩중병풍改服廳十貼中屛風, 별궁십첩중병풍別宮十貼中屛風, 백저포연화중병풍白苧布蓮花中屛風, 개복청목단십첩중병풍改服廳牧丹拾貼中屛風, 십첩절화령모중병풍拾貼節花翎毛中屛風, 오봉산병풍五峯山屛風, 모단병풍牡丹屛風, 변아흑화난초병풍邊兒黑畵蘭草屛風, 소병풍素屛風, 화병풍畵屛風 등이 있고, 영좌靈座, 영침靈寢, 노제소路祭所, 주정소晝停所, 능소陵所, 영옥전靈幄殿, 길유궁吉帷宮 제주題主 때, 외재궁 보안처外梓宮 奉安處, 지석誌石 보관소 둘러막기[圍排]용으로도 사용되었다.

참조1 목단병풍牧丹屛風, 오봉산병풍五峯山屛風

관련1 개복청목단십첩중병풍改服廳牧丹十貼中屛風, 개복청목단중병풍改服廳牧丹中屛風, 대병풍大屛風, 동뢰연청화초대병풍同牢宴廳花草大屛風, 동뢰청십첩대병풍同牢廳十貼大屛風, 목단병풍牧丹屛風, 목단십첩중병풍牧丹十貼中屛風, 무채병풍無彩屛風, 무채저포병풍無彩苧布屛風, 무채팔첩저포병풍無彩八貼苧布屛風, 백자동도병풍百子童圖屛風, 백자동도십첩왜장병풍百子童圖十貼倭粧屛風, 백자동도중병풍百子童圖中屛風, 백저포연화중병풍白苧布蓮花中屛風, 별궁십첩중병풍別宮十貼中屛風, 병풍결과초석屛風結裹草席, 병풍구좌군屛風九坐軍, 병풍군패장屛風軍牌將, 병풍련접박이적첩屛風連接朴只赤貼, 병풍장屛風匠, 분양행락도백자동도병풍汾陽行樂圖白磁童圖屛風, 분양행락도병풍汾陽行樂圖屛風, 분양행락도팔첩왜장병풍汾陽行樂圖八貼倭粧屛風, 분양행악도대병풍汾陽行樂圖大屛風, 분양행악도팔첩왜장병풍汾陽行樂圖八貼倭粧屛風, 소병素屛, 소병풍素屛風, 십장생대병풍十長生大屛風, 십장생십첩대병풍十長生十貼大屛風, 십첩대병풍十貼大屛風, 십첩련화중병풍十貼蓮花中屛風, 십첩십장생대병풍十貼十長生大屛風 연화병풍蓮花屛風, 연화십첩중병풍蓮花十貼中屛風, 연화중병풍蓮花中屛風, 영모도대병풍翎毛圖大屛風, 영모도병풍翎毛圖屛風, 영모도십첩각장병풍翎毛圖十貼各粧屛風, 오봉산병풍五峯山屛風, 자동도중병풍子童圖中屛風, 중병풍中屛風, 채초병풍彩綃屛風, 행보석병풍行步席屛風, 화초대병풍花草大屛風, 화초십첩대병풍花草十貼大屛風

예문 各處幄次帳幕排設下排褥席屛風等依前例預爲着實擧行事各該司良中捧甘何如手決內依(국장1684/155ㄱ05~07)

색인 (가례1627/067ㄱ02)(가례1627/068ㄴ08)(가례1627/071ㄴ03)(가례1627/071ㄴ10)(가례1627/071ㄴ11)(가례1627/072ㄱ02)

屛風匠【병풍장】 일 건

병풍을 만드는 일을 전문으로 하는 장인. 가례나 책례, 국장 등의 행사 때 의례용 각종 병풍을 만드는 일을 맡았다.

참조1 병풍屛風

예문 朴排匠李次光等二名屛風匠林世萬等三名玉匠金詑山(국장1730/129ㄴ09~11)

색인 (가례1627/072ㄱ11)(가례1627/082ㄱ03)(가례1627/100ㄱ04)(가례1671/064ㄴ07)(가례1671/080ㄱ07)(가례1671/080ㄴ11)

寶劍【보검】 일 의

왕이 사용하는 병기의 하나. 보검은 『국조오례의國朝五禮儀』 「군례서례」 병기도설에 수록되어 있는 것에서 알 수 있듯이 운검雲劍과 함께 왕이 사용하는 병기이다. 왕의 검은 두 종류가 있는데 하나는 운검으로, 칼집은 어피魚皮로 싸고 주홍으로 칠한 후 백은白銀으로 장식하여 홍색 끈목을 달아 말위末韋로 만든 대帶를 사용하였다. 다른 하나는 패검佩劍으로, 환도環刀라고도 하는데 모양은 운검雲劍과 같고 검은 칠을 하여 황동으로 장식하며 녹피鹿皮로 만든 대를 사용하였다. 후자가 보검寶劍이다. 왕이 전좌할 때 보검과 운검을 받든 총관이 항상 가까이에서 시위하도록 하였다.

보검

참조1 운검雲劍

관련1 가보검假寶劍, 가보일假寶釰, 보검차비寶劍差備

예문 故儀仗副輦皆祛之先驅禁軍馬兵先廂進前時大輿前前進駕前侍衛中蛟龍旗寶差備雲寶劍總府堂上五衛將各一員外皆駕後侍衛駕前侍衛者重行侍衛都監(국장1757A/039ㄴ07~09)

색인 (가례1819/하107ㄴ01)(책례1634/014ㄴ12)(국장1757A/039ㄴ08)(존호1783/256ㄱ03)(존호1783/256ㄱ10)(존호1783/259ㄴ10)

保母【보모】 일 의

왕자 및 세자빈 등을 가르치는 여자. 보모는 부모傅姆와 함께 왕자 또는 세자빈 등을 가르치고 공급供給을 맡아 보았다. 오례의 가례 의식을 보면 왕세자빈의 친영親迎 때 부모傅姆가 세자빈을 왼쪽에서 인도하고, 보모는 오른쪽에서 인도한다.

관련1 보모차비保母差備

예문 王世子降自東階出主人不降送司僕寺僉正進輦於內門外傅姆導嬪守閨前引出於母左傅姆左右保母左右執燭及陪從如式父少進西向戒之必有正焉若衣若笄命之曰戒(가례1744/198ㄴ03~05)

색인 (가례1696/155ㄴ05)(가례1802/상224ㄴ11)(가례1819/상211ㄱ04)(책례1875/023ㄱ05)(빈전1600/166ㄴ06)(빈전1600/166ㄴ11)

甫兒【보아】 채 의 음

김치찌개 등 국물이 있는 음식을 담는 반찬 그릇의 하나. 현대어 보시기, 보아에 해당한다. 대부분의 의궤 자료에 甫兒의 형태만 나타난다. 한편, 甫兒는 기둥머리 또는 주두에 끼워 보의 짜임새를 보강하는 짧은 부재를 표기한 甫兒(只, 之)와 음과 표기가 같아 지시하는 기물도 동일한 것으로 혼동하기 쉽다. 그러나 이들이 제시되어 있는 전후 문맥을 살펴보면 부재로서 甫兒只는 안초공[按草工], 보아지[甫兒只], 산미주두[山彌柱頭], 행소로[行小累], 단갈소로[單乫小累] 등 건축 부재들과 나란히 제시되어 있고, 용기명 甫兒는 東海, 沙鉢, 大貼 등 용기류와 함께 제시되어 있어 지시하는 기물을 분명히 구분하고 있다. 뿐만 아니라 甫兒가 용기로 쓰였을 때는 다양한 접두어가 선행해 종류를 구분하는 역할을 한다. 가령 차보아[茶甫兒]는 용도를, 당보아[唐甫兒], 채문보아[綵紋甫兒], 청보아[靑甫兒]는 모양이나 색깔을, 상보아[常甫兒]는 품질을, 사보아[沙甫兒], 사보아[砂甫兒], 죽보아[竹甫兒], 자보아[磁甫兒]는 원료를 밝힌 것이다.

참조1 당보아唐甫兒, 차보아茶甫兒

관련1 사보아砂甫兒, 상보아常甫兒, 자보아磁甫兒, 죽보아竹甫兒, 채문보아綵紋甫兒, 청보아靑甫兒

관련2 대보아大甫兒, 소보아小甫兒

예문 文書入盛柳笥部紫硯二面地排空石十立汲水所用陶東海一介沙鉢甫兒各一介等物上下進排事各該司良中捧甘何如堂上手決內依(국장1903/129ㄴ03~05)

색인 (가례1627/023ㄱ04)(가례1627/058ㄴ05)(가례1627/109ㄱ01)(가례1627/117ㄴ04)(가례1671/047ㄱ07)(가례1671/057ㄴ01)

寶案【보안】 일 의

궁중 의례가 있을 때 왕과 왕비의 도장을 올려놓았던 상. 직사각형의 천판天板에 네 개의 다리가 있다.

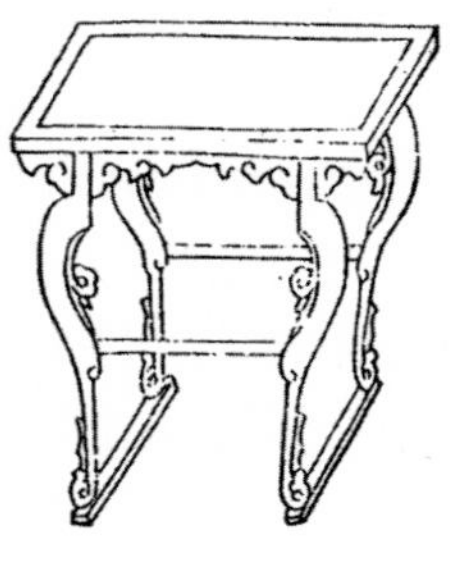
보안

참조1 봉보안자捧寶案者

예문 機一紫的小褥二具上席諡册諡寶案下排雜物實入秩(국장1903/076ㄴ09~11)

색인 (가례1671/112ㄴ03)(가례1671/112ㄴ04)(가례1681/156ㄱ04)(가례1681/156ㄱ08)(가례1681/162ㄴ04)(가례1681/162ㄴ07)

寶匠【보장】 일 건

보寶를 다듬는 일을 하는 장인. 보寶는 국권의 상징으로 국가적 문서에 사용하던 임금의 도장이다.

예문 寶筒匠寶匠寶召伊匠寶鑽穴匠所用白牛皮一張布手巾四件眞油一升(국장1821/078ㄴ10~11)

색인 (가례1681/080ㄱ05)(가례1681/326ㄴ05)(가례1802/상119ㄴ12)(가례1802/상120ㄴ05)(가례1866/상106ㄴ12)(가례1866/하074ㄱ08)

寶筒【보통】 일 의

보인寶印을 보관하는 통. 왕 또는 왕비의 시호諡號나 존호尊號를 새긴 도장을 보인寶印이라고 하는데 보통寶筒은 이러한 보인을 넣어 보관하는 통을 말한다. 보통은 다시 보록寶盝에 넣어 두었다. 그리고 보통과 보록은 인주印朱를 넣은 주통朱筒, 주록朱盝과 짝을 이루어 호갑護匣에 담아 보관하였다.

보통

예문 樻子一部大中小㐦各三介㐦丁一介刀子一介寶筒三立每立所入厚板一尺(예장1786/212ㄱ02~03)

색인 (가례1627/112ㄱ12)(가례1627/112ㄱ13)(가례1627/112ㄴ01)(가례1627/112ㄴ14)(가례1627/113ㄱ02)(가례1627/113ㄱ04)

袱【보/보자기】 참 복

물건을 싸거나 덮기 위하여 만든 천의 총칭. 보의 종류는 겉감과 안감을 붙여 만든 겹보裌袱, 홑으로 만든 단보單袱, 솜을 두어 만든 유보襦袱 등이 있다. 보는 초·목·주·면포·목면·저포·정주·경광주·저포 등의 옷감을 한 폭에서 여덟 폭까지 붙여 만들며, 색상은 홍·청·백·자적 등이 있다. 보는 주로 책보함冊寶函·상건함床巾函·금침함衾枕函·상탁함床卓函·유의함遺衣函 등 함을 싸거나 화靴·입선자笠扇子 등의 물건을 싸는 데 사용되었다.

참조1 겹보/겹보자기裌袱, 홑보자기單袱, 솜(핫)보자기襦袱

관련1 가복假袱, 가책보함복假冊寶函袱, 개복홍목육폭복蓋覆紅木六幅袱, 개복홍목사폭오폭복蓋覆紅木四幅五幅袱, 개복홍주육폭복蓋覆紅紬六幅袱, 과홍목오폭복裹紅木五幅袱, 과홍목이폭복裹紅木二幅袱, 과홍초복裹紅綃袱, 금소과팔폭복衾所裹八幅袱, 금침함복衾寢函袱, 내과복內裹袱, 내도내외과복內塗內外裹袱, 내외과복內外裹袱, 백면포육폭인문복白綿布六幅引紋袱, 백면포인문복白綿布引紋袱, 백면포칠폭인문복白綿布七幅引紋袱, 백면포팔폭인문복白綿布八幅引紋袱, 백목면인문육폭복白木綿引紋六幅袱, 백목면인문복白木綿引紋袱, 백목인문육폭복白木引紋六幅袱, 백목인문칠폭복白木引紋七幅袱, 백저포삼폭복白苧布三幅袱, 복건육폭단복覆巾六幅單袱, 사폭복四幅袱, 사폭부립선자복四幅付笠扇子袱, 사폭부홍주복四幅付紅紬袱, 사폭부화복四幅付靴袱, 삼폭단예물복三幅單禮物袱, 삼폭복三幅袱, 삼폭부경대복三幅付鏡臺袱, 삼폭부단겹납징복三幅付單裌納徵袱, 삼폭부단예물복三幅付單禮物袱, 삼폭부홍주복三幅付紅紬袱, 삼폭홍초복三幅紅綃袱, 상건복床巾袱, 상건함복床巾函袱, 상탁함복床卓函袱, 소과홍정주이폭복所裹紅鼎紬二幅袱, 소과홍주복所裹紅紬袱, 안복按袱, 오폭복五幅袱, 오폭부홍주복五幅付紅紬袱, 외과백목인문육폭복外裹白木引紋六幅袱, 외과백목인문칠폭복外裹白木引紋七幅袱, 외과복外裹袱, 외과홍주복外裹紅紬袱, 유의함가자내외개복주목사폭복遺衣函架子內外盖覆紬木四幅袱, 유의함외과홍유오폭복遺衣函外裹紅油五幅袱, 육폭복六幅袱, 육폭홍주복六幅紅紬袱, 이폭복二幅袱, 자저포삼폭복自苧布三幅袱, 자적정주단팔폭부금욕복紫的鼎紬單八幅付衾褥袱, 자적주칠폭복紫的紬七幅袱, 청목복青木袱, 청목사폭복青木四幅袱, 청목오폭복青木五幅袱, 청목유복青木襦袱, 칠폭복七幅袱, 팔폭부백목면인문복八幅付白木綿引紋袱, 팔폭부홍주복八幅付紅紬袱, 합과홍주삼폭복合裹紅紬三幅袱, 혜소과이폭복鞋所裹二幅袱, 홍경광주삼폭복紅輕光紬三幅袱, 홍경광주이폭복紅輕光紬二幅袱, 홍목육폭복紅木六幅袱, 홍목복紅木袱, 홍목사폭복紅木四幅袱, 홍목오폭복紅木五幅袱, 홍정주육폭紅鼎紬六袱, 홍정주사폭복紅鼎紬四幅袱, 홍정주오폭복紅鼎紬五幅袱, 홍주육폭복紅紬六幅袱, 홍주복紅紬袱, 홍주사폭복紅紬四幅袱, 홍주사폭부가복紅紬四幅付假袱, 홍주삼폭복紅紬三幅袱, 홍주상복紅紬床袱, 홍주오폭복紅朱五幅袱, 홍초사폭복紅綃四幅袱, 홍초일폭복紅綃一幅袱

예문 出草次白休紙膠末筆墨等從實入次書役所用硯石十面前排樻子具鑞鑰二部紅木五幅袱

ㅂ

二件三幅袱三件空石十立尾箒二柄印出所用黃蜜一斤(빈전1921/132ㄱ10~12)

색인 (가례1627/035ㄱ01)(가례1627/035ㄱ04)(가례1627/035ㄱ04)(가례1627/035ㄱ07)(가례1627/037ㄴ14)(가례1627/069ㄴ14)

復【복】 일 의

상례喪禮에서 사망한 사람의 혼을 부르는 의식. 복復은 혼을 되돌린다는 뜻인 복혼復魂의 줄인 말이다. 고복皐復이라고도 하는데 고는 길게 부르는 소리를 가리킨다. 유교에서 사람이 죽으면 혼이 백魄에서 분리된다고 여겼는데 복은 분리된 혼을 되돌려 죽은 자를 소생시키려는 행위이다. 국장에서 복의 절차를 살펴보면 다음과 같다. 국왕이 사망하면 내시가 국왕이 생전에 입던 웃옷을 왼쪽에 메고 동쪽 물받이로 지붕에 올라간다. 용마루 꼭대기에서 내시는 왼손과 오른손에 옷깃과 옷 허리를 각각 잡고 북쪽을 향하여 상위복上位復이라고 세 번 외친다. 복을 마치고 옷을 앞으로 던지면 아래에 대기한 내시가 함으로 이를 받아 시신 위에 덮는다. 복을 마쳐도 소생하지 않으면 본격적인 장례 절차에 들어간다. 복의 의주는 『빈전혼전도감의궤殯殿魂殿都監儀軌』에 실려 있다.

동 고복皐復

예문 非相諒相待之道不得奉施商量處之事關是置有亦始見移文謂出於往復停當之意而其所劃之數以辛巳分劃之數言之則不無太過者故以減數取用之意(혼전1757/030ㄱ09~11)

색인 (혼전1757/030ㄱ10)

覆巾【복건】 일 뵘

제구祭具 중의 하나로 상床이나 신주神主·궤匱 등을 덮어씌우는 천. 복건은 주紬나 정주鼎紬·백방주白方紬로 만들며, 5폭 이상을 붙여 만든다. 고종 43년(1905) 부묘 도감 도제조가 부묘 때 쓰는 여러 제구祭具들을 모두 당일에 옮겨 설치하면 군색하고 다급할 우려가 있으므로 기일에 앞서 만정골滿頂骨, 평상平床, 복건覆巾, 휘장揮帳, 욕석褥席 등을 종묘에 미리 들이자고 하였다.

참조1 상건床巾

관련1 오폭복건五幅覆巾, 욕석복건褥席覆巾, 홍정주육폭복건紅鼎紬六幅覆巾, 홍정주복건紅鼎紬覆巾, 홍주육폭복건紅紬六幅覆巾, 홍주복건紅紬覆巾

예문 眞絲四戔大紅眞絲四戔藍眞絲四戔草綠眞絲四戔覆巾四面落纓次草綠眞絲二戔五分柳靑眞絲四戔白眞絲四戔逢造靑眞絲四戔椽隔藍匹段三寸大紅匹段三寸白匹(책례1651/040ㄴ01~03)

색인 (국장1864四/002ㄴ03)(국장1864四/002ㄴ03)(국장1864一/066ㄴ06)(국장1904四/026ㄱ10)(부묘1851一/011ㄴ01)(부묘1851一/011ㄴ10)

袱巾【복건】 일 뵘

함函 등을 싸거나 상床에 두르는 천. 욕석褥席이나 배석拜席·함 등 비교적 큰 물건을 싸거나 상의 다리가 보이지 않도록 두르는 데 썼다.

참조1 상건床巾

관련1 가복건배석假袱巾拜席, 상복건床袱巾, 욕석복건褥席袱巾, 함상복건函床袱巾

예문 今此上號敎是時大殿親上致詞箋文禮物函所排床卓袱巾依謄錄磨鍊後錄仰稟爲去乎令各該司進排待令事捧甘何如手決內依(상호1853/165ㄱ09~11)

색인 (가례1681/136ㄱ04)(가례1802/상195ㄴ05)(가례1819/상171ㄴ05)(가례1819/상186ㄴ04)(가례1866/상153ㄴ12)(상호1787/100ㄴ05)

復衣【복의】 일 의

장례葬禮 때 쓰는 의복의 하나로 혼을 부를 때[초혼招魂] 시신屍身에 입히는 복장. 전통 유교식 상례喪禮에서는 사람이 죽으면 가장 먼저 사망한 사람의 혼을 부르는 복復을 행한다. 복을 할 때는 혼을 부르는 매개물로 망자亡者가 생전에 입던 옷을 쓰는데, 이 옷을 복의復衣라고 부른다.

예문 尙衣院施幄於大行牀南設牀褥席及屛於幄內以朱漆交倚設於牀上南向內侍疊遺衣復衣盛於小函束白綃一匹(빈전1800/017ㄴ09~10)

색인 (빈전1800一/017ㄴ10)

本房主人【본방주인】 입 의

왕비의 친정아버지를 일컬음. 왕비나 세자빈의 친정아버지를 주인主人이라 하고, 어머니를 주모主母라고 한다.

예문 聘財本房禮物定親禮物妃父母前輸送禮物納徵禮物各日盛架子郞廳以時服陪進本房主人亦以時服四拜後別單則跪傳跪受仍行酒禮別宮禮物則盛於架子郞廳陪進別宮別單(가례1866/136ㄴ01~03)

색인 (가례1866/상136ㄴ02)

捧敎命冊寶擧案者【봉교명책보거안자】 입 의

책봉 의식을 행할 때 교명敎命·옥책·인(금보)·명함을 올려놓은 책상을 드는 집사관. 왕비 또는 왕세자·왕세제·왕세손 및 그 빈을 책봉할 때에 의식을 치른다. 『세종실록世宗實錄』「오례의五禮儀」 가례의 식조에 의하면, 이 의식을 진행할 때 내직별감이 교명안敎命案[책봉에 관한 임금의 교서를 놓은 책상]·책안冊案[왕이나 왕비 등의 존호를 올릴 때 함께 올리던 옥책을 놓은 책상]·인안印案[왕이나 왕비 등의 존호를 올릴 때 함께 올리던 책상]·금보안金寶案[인을 올려놓은 책상]·거안擧案[명함을 올려놓은 책상]을 들고 의식에 따라 진행한다. 이때 매 안案마다 2인이 공복公服을 입고 마주 든다. 따라서 교명·옥책·인·명복를 올려놓아 둔 책상을 든 2인의 내직별감이 거교명책보명복안자이다.

예문 敎命冊寶輿由正門入至幄前捧敎命官捧冊寶官各捧敎命冊寶擧案者先置案於幄內捧敎命官捧冊寶官(가례1802/218ㄴ03~04)

색인 (가례1866/상246ㄱ03)(책례1690/036ㄴ12)(국장1701一/115ㄴ08)

奉几者【봉궤자】 입 의

제향에 쓰는 탁상을 든 집사관. 나라의 제사 때 쓰이는 명기明器의 하나인 탁상을 들었다. 제사 때 사용하는 탁상은 직사각형의 판에 좌우로 굽은 다리가 둘씩 있으며, 두 개의 다리에 세로로 나무를 박았다. 봉궤자奉樻者라고도 표기하였다.

예문 几杖樻奉几者武兼金載澤忠贊衛六人預差二人柳英逵(국장1800/156ㄱ03~05)

색인 (국장1800二/156ㄱ04)(국장1800二/156ㄱ04)

奉樻者【봉궤자】 입 의 ☞ 奉几者봉궤자

예문 笏樻奉樻者敦寧參奉朴榮壽忠贊衛二人預差一人武兼白恒鎭(국장1800/156ㄴ04~06)

색인 (국장1800二/156ㄴ02)(국장1800二/156ㄴ05)(국장1800二/156ㄴ10)(국장1800二/157ㄱ03)(국장1800二/157ㄱ08)

奉禮【봉례】 입 의

조선 시대에 통례원通禮院에 두었던 정4품 벼슬. 세조 12년(1466) 1월 관제 개정 때 전에 있던 부지사副知事를 봉례로 바꾸었다. 대군大君이 있을 때는 대군집사大君執事로 차출差出 되었다. 『대전회통大典會通』에는 삭감하여 기술되지 않았다. 정원은 1명이다.

참조1 통례원通禮院

예문 文武百官入就位奉禮請大院君入就位守陵官侍陵內侍杖入就位內侍導王世子入就位內侍導(국장1890/138ㄴ05~06)

색인 (국장1890一/138ㄴ05)(국장1890一/139ㄱ10)(국장1890一/139ㄴ09)(국장1890一/140ㄴ02)(국장1890一/140ㄴ12)(국장1890一/141ㄴ02)

ㅂ

奉事【봉사】 일 의

조선 시대에 각 시寺, 원院, 감監, 서署, 고庫, 궁宮 등에 속하여 소속 관청의 일을 하는 종8품의 관직. 관서에 따라 1~3명의 봉사가 있었는데 의궤 자료에는 광흥창봉사廣興倉奉事, 군기봉사軍器奉事, 군기부봉사軍器副奉事, 내섬봉사內贍奉事, 내자봉사內資奉事, 봉상봉사奉常奉事, 분장흥고봉사分長興庫奉事, 사옹봉사司饔奉事, 사옹원봉사司饔院奉事, 사도봉사司導奉事, 사도사봉사司導寺奉事, 제용감봉사濟用監奉事가 보인다. 이 중 사옹원봉사는 사옹원에 속해 있으면서 음식에 관한 일을 하였다.

관련1 광흥창봉사廣興倉奉事, 군기봉사軍器奉事, 군기부봉사軍器副奉事,내섬봉사內贍奉事, 내자봉사內資奉事, 봉상봉사奉常奉事, 분장흥고봉사分長興庫奉事, 사도봉사司導奉事, 사도사봉사司導寺奉事, 사옹봉사司饔奉事, 사옹원봉사司饔院奉事, 제용감봉사濟用監奉事

예문 分典設司別提張德河誌石所監造官奉常寺奉事白仁煥虞主所監造官奉常寺副奉事禹禎鳳(예장1762/003ㄱ04~06)

색인 (가례1627/002ㄱ10)(가례1627/015ㄴ01)(가례1627/015ㄴ02)(가례1627/015ㄴ08)(가례1627/015ㄴ08)(가례1627/015ㄴ09)

奉常司【봉상사】 일 의 ☞ 奉常寺봉상시

관련1 봉상사주사奉常司主事

예문 掌禮院卿趙秉弼階上執禮奉常司長金永直階下執禮奎章閣直閣尹夏榮(상호1902/053ㄴ09~11)

색인 (국장1674A三/003ㄱ11)(국장1674A三/004ㄱ04)(국장1674A三/007ㄴ08)(국장1674A三/007ㄴ10)(국장1674A三/027ㄱ10)(국장1674A三/066ㄴ07)

奉常寺【봉상시】 일 의

제사와 시호諡號, 적전籍田의 관장과 권농勸農, 둔전屯田, 기공記功, 교악敎樂 등의 일을 담당한 관서. 정正, 부정副正, 첨정僉正, 판관判官, 주부主簿, 직장直長, 봉사奉事, 참봉參奉 등이 소속되어 있었으며 전사서, 전농사, 봉상사奉常司 등으로 이름이 바뀌기도 했다.

관련1 봉상시정奉常寺正

예문 採取南陽則監造官承文院著作柳俔忠州則奉常寺副奉事李德耈依前例事目啓下從速發送採來何如(국장1903/017ㄴ07~09)

색인 (가례1627/115ㄱ06)(가례1671/189ㄱ04)(가례1671/191ㄴ12)(가례1671/197ㄱ01)(가례1671/199ㄴ11)(가례1681/270ㄱ09)

鳳扇【봉선】 일 의

의장儀仗의 하나. 긴 자루가 달린 부채로 가장자리를 쇠로 두르고 홍색 비단에 금색으로 봉황 문양을 수놓거나 그려 넣었다. 조선 시대에 임금이 거둥하는 노부鹵簿에 따라가는 것으로 소여小輿 뒤에 월부鉞斧가 서고, 그 다음에 봉선 여섯 개가 좌우에서 따른다.

관련1 난봉선鸞鳳扇, 난봉선우비鸞鳳扇雨備, 용봉선龍鳳扇, 용봉선우비龍鳳扇雨備

예문 本房次知鳳扇陸崔扇捌龍扇貳當爲改彩而質綃內外褪色處畵員言內以紅染水改漆(국장

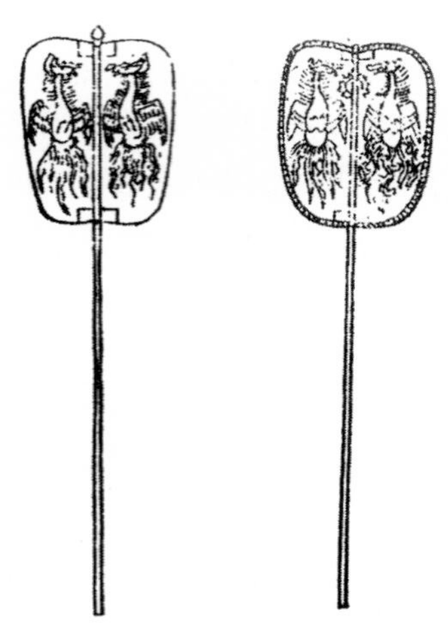

봉선

1903/012ㄱ05~06)

색인 (가례1681/222ㄱ05)(가례1681/224ㄱ01)(가례1681/251ㄴ06)(가례1802/상042ㄱ06)(가례1866/상039ㄱ05)(가례1866/하002ㄱ10)

奉審【봉심】 일 의

단묘壇廟나 능원陵園 등과 같이 중요한 공간의 건물, 의장, 기물 등의 상태를 살피는 일. 국가의 주요 제장祭場이나 건물, 기물 등에 이상이 없는지를 살피는 봉심에는 정기적인 것과 비정기적인 것이 있다. 종묘의 경우 매년 춘추 중월仲月에 종묘서 제조宗廟署 提調 이하 여러 관원이 나아가 봉심하였다. 그리고 종묘, 영희전, 경모궁 등의 주요 전묘殿廟에는 매 5일에 입직관이 전내殿內를 봉심하였다. 비정기적인 것으로 국왕이나 왕세자가 종묘에 알묘謁廟할 때에 거행하는 봉심이 있다. 그리고 신주나 산릉을 조성할 때에도 봉심하였다.

예문 傳曰曾在庚申年看山時敬陵火巢內兩崗有一山二穴此亦最好之敎今無更爲奉審定山之事以甲坐之崗定用而虛右之制一依長陵(국장1701/007ㄱ03~05)

색인 (가례1681/287ㄴ09)(가례1696/053ㄱ03)(가례1802/상092ㄱ02)(가례1802/상092ㄱ07)(가례1802/상093ㄱ08)(가례1802/상094ㄱ11)

奉安【봉안】 일 의

신주神主, 혼백魂魄, 책보冊寶 등을 특정한 장소에 받들어 모심. 선왕의 상징물이나 유물을 특정한 장소에 받들어 모시는 의식을 봉안의奉安儀라고 한다.

참조1 봉안의奉安儀

예문 捧魂帛函安於車仍請車駕進發以此觀之則先以腰輿奉安魂帛虞主至外門外啓請降輿陞車所謂車卽輦也己丑年則以腰輿(국장1903/030ㄴ12~031ㄱ02)

색인 (국장1659一/002ㄱ03)(국장1659一/031ㄱ01)(국장1659一/031ㄱ06)(국장1659一/031ㄱ07)(국장1659一/031ㄱ09)(국장1659一/040ㄴ08)

奉安排案床【봉안배안상】 일 의 ☞ 奉安儀봉안의

예문 上插謹封紙插標紙其上又插標紙書敎命二字奉安排案床上次以紅鼎紬覆巾蓋覆(가례1819/130ㄱ05~06)

색인 (가례1802/상137ㄱ03)(가례1819/상130ㄱ06)(가례1866/상123ㄱ06)

奉安儀【봉안의】 일 의

신주神主, 혼백魂魄, 책보冊寶 등을 특정한 장소에 받들어 모시는 의식. 전례서典禮書에 독립된 의주로 실린 봉안의奉安儀로는 『국조속오례의國朝續五禮儀』에 나오는 「영가지능소봉안의靈駕至陵所奉安儀」가 있다. 이것은 상여가 능소陵所에 도달한 후 영장전靈帳殿에 재궁과 혼백을 봉안하는 의식이다. 봉안의奉安儀는 『국장도감의궤國葬都監儀軌』에 자주 나오는데 이것 역시 주정소晝停所 또는 숙소宿所에 대여가 도착했을 때 재궁과 혼백 등을 영악전靈幄殿에 봉안하는 의식이다.

참조1 봉안奉安

관련1 봉안배안상奉安排案床

예문 引儀分引群官就奉辭位奉辭如儀靈駕自晝停所至陵所奉安儀其日奉辭訖靈駕進發至晝停所帷門內攝左通禮(국장1757A/110ㄱ05~07)

색인 (국장1674一/096ㄴ07)(국장1702B一/124ㄴ12)(국장1724一/113ㄱ07)(국장1757A/110ㄱ06)(국장1757B一/101ㄱ04)(국장1821一/137ㄱ07)

奉案者【봉안자】 일 의

책봉 의식 때 책인冊印 등을 바치고 난 뒤의 남은 책상을 든 집사관. 책봉 의식 때 옥책玉冊과 금보金寶를 올려놓은 책인안冊印案을 받든 사람이 부사 앞에 당도하면 부사副使가 책인을 받고 안을 받든 사람, 즉 봉안자奉案者가 물러나 제 자리로 돌아가므로 봉책인안자奉冊印案者와 동일인이다.

예문 一攝司僕寺正正三品自發引至山陵返虞仍行一捧贈玉官工曹佐郎捧贈帛官尙方官員奉案者二參外以上一立主奠時題主官文臣正三品浴主大祝一文臣五品卓(빈전1724/146ㄱ12~ㄴ02)

색인 (가례1681/073ㄴ05)(가례1718/082ㄱ01)(국장1878四/083ㄴ09)(국장1878四/163ㄱ01)(빈전1724/146ㄴ01)

鳳輿【봉여】 일 의

대한제국 시기 황후의 가마를 지칭하는 말. 1897년 명성황후 국장 때 길의장吉儀仗으로 처음 제작·사용되었다. 나무로 가마의 모양을 만들고 양황洋黃으로 칠하여 전체적으로 황금빛을 띠도록 했다. 가마의 높이는 7자이고 2중으로 된 궁륭형 지붕의 높이는 1자 5치 5푼이다. 궁륭의 팔각의 끝부분에 금봉으로 장식하고 아래 네 귀퉁이도 금봉으로 장식한다. 가마 몸체의 모양은 정조대 혜경궁惠慶宮을 위해 만들었던 가교의 모양과 유사하다. 가마꾼은 16인이다.

관련1 봉여담배군鳳轝擔陪軍, 봉여상개鳳輿上盖, 봉여전제로룡정군鳳輿前提爐龍亭軍, 봉여전제로룡정군鳳轝前提爐龍亭軍, 봉여전제로룡정얼지황鳳轝前提爐龍亭乻只黃, 봉여전향정군鳳輿前香亭軍, 봉여전향합향정군鳳輿前香盒香亭軍, 봉여하배황별문鳳輿下排黃別紋

예문 今此大行皇后鳳輿新造時二年木不得不入用故玆庸仰佈照亮後稟明于貴大臣前貴司所在二年木四箇(국장1898/101ㄴ05~07)

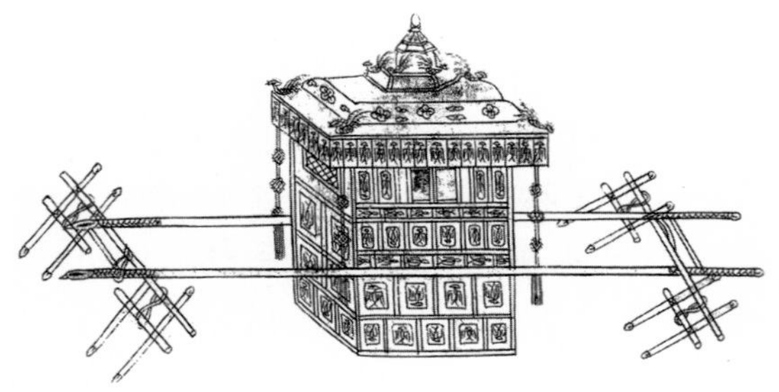

봉여

색인 (국장1898二/094ㄱ02)(국장1898二/094ㄱ03)(국장1898二/094ㄱ07)(국장1898二/094ㄴ07)(국장1898一/211ㄱ11)(국장1904四/013ㄱ11)

鳳雀扇機【봉작선기】 일 의

봉선鳳扇과 작선雀扇을 세워 둘 때 사용하는 틀.

관련1 봉작선鳳雀扇, 봉작선기철鳳雀扇機鐵

예문 庚申八月初八日國葬都監爲相考事魂殿所排青紅蓋鳳雀扇機具各一輸送爲去乎捧上後回移事庚申八月十一日司饔院爲相考事貴都監甘內魂殿所排(빈전1800/066ㄱ07~09)

색인 (가례1819/하097ㄴ06)(가례1819/하105ㄱ10)(가례1866/하082ㄴ10)(국장1681二/005ㄴ10)(국장1702B二/051ㄴ08)(국장1702B二/104ㄱ09)

奉杖者【봉장자】 일 의

70세 이상의 대신에게 내린 구장鳩杖을 받든 자. 70세 이상의 대신에게 왕이 궤장几杖을 내려 은총을 베푸는데 이때 구장鳩杖을 내려 근력筋力을 붙들게 하고, 오궤烏几를 내려 주어 심신心神을 기쁘게 한다.

예문 奉杖者司饔奉事朴昌壽武兼申在恒(국장1800/156ㄱ06~07)

색인 (국장1800二/156ㄱ06)

捧箋函者【봉전함자】 일 의

나라의 길흉사 때 수하壽賀에 올리던 글인 전문箋文을 담은 상자를 든 사람. 나라에 길사·흉사가 있을 때 신하가 임금께, 또는 임금이 그 어버이의 수하壽賀에 써 올리던 사륙체四六體의 글인 전문箋文을 담은 상자를 든 사람을 봉전함자라고 하였다.

예문 主人主入受函進跪授正使正使受以授副使副使進受以授擧案者主人降復位四拜謁者引使者出捧箋函者先行主人(가례1802/210ㄴ01~03)

색인 (가례1681/161ㄱ03)(가례1681/166ㄴ11)(가례1802/상210ㄴ02)(가례1802/상214ㄴ06)(가

례1866/상238ㄱ11)(가례1866/상242ㄱ11)

奉持人【봉지인】 일 의
가례 및 국장 때 백촉롱白燭籠과 향정香亭 등을 들고 따르는 집사관. 봉지인은 자의紫衣와 흑건黑巾을 착용하고 백촉롱白燭籠 2개를 중간에 두고 좌우로 나누어 서고, 향정은 중간에 선다. 봉지인자奉持人者, 봉지자奉持者로도 표기한다.
예문 紅燭籠四十部不在於燒火之中當還爲入來令奉持人各自持來而不必列於儀物之中爲有如可若値日暮則以此明火何如堂上手決內依(국장1903/087ㄱ01~03)
색인 (국장1659一/087ㄱ02)(빈전1821二/043ㄴ12)(빈전1821二/051ㄱ01)(빈전1834二/018ㄴ05)(국장1800二/157ㄴ05)

奉持人者【봉지인자】 일 의 ☞ 奉持人봉지인

奉持筒【봉지통】 채 의 捧持桶
의례 때 깃발이나 만장을 꽂아 놓았던 통. 예기척禮器尺을 사용하여 제작하며 붉은색 칠을 하였다. 捧持桶으로도 표기한다.
예문 常時册寶排案牀雨備十四讀册牀雨備二奉持筒六介㐲具一本房所掌謚哀册所入青玉以該曹所在取來看審(국장1701/150ㄴ05~07)
색인 (국장1684/137ㄴ05)(국장1701二/149ㄴ06)(국장1821二/176ㄱ09)(국장1890二/162ㄱ10)(국장1890二/162ㄴ11)(국장1890二/163ㄱ06)

捧持桶【봉지통】 채 의 ☞ 奉持筒봉지통
예문 玄宮卽時大燭籠四十部及紅苧布家柄竹雨備具行帷帳六浮及柄竹捧持桶具索伐里㐲綱㐲具方相氏四面後手巾珥具熊皮衣四件紅布裙四件黑布衣四件紅布襪四件戈二柄(국장1674/020ㄴ08~10)
색인 (국장1659二/041ㄱ06)(국장1659二/052ㄴ01)(국장1674二/020ㄴ09)(국장1674二/024ㄴ12)(국장1674二/029ㄴ02)(국장1681二/006ㄴ02)

付金匠【부금장】 일 건
금박金箔을 담당하는 장인.
예문 唐家內垂鳳及五峯山屛回粧付金時付金匠所用雜物磨鍊後錄爲去乎依此進排事各該司良中捧甘何如(빈전1659/252ㄱ05~06)
색인 (가례1627/100ㄴ05)(가례1627128ㄴ12)(가례1671/046ㄴ02)(가례1671/186ㄱ08)(가례1671/223ㄱ06)(가례1681/266ㄱ04)

付鑞匠【부랍장】 일 건
쇠붙이 그릇에 백납을 붙이는 일을 전문으로 하는 장인.
예문 鎖鑰匠鄭大厚等三名付鑞匠高敬天磨鏡匠李龍伊等二名(상호1795/107ㄱ03~05)
색인 (가례1718/080ㄱ11)(가례1718/244ㄱ06)(가례1762/상075ㄴ08)(가례1802/상120ㄱ03)(가례1819/하009ㄱ01)(가례1819/하036ㄴ09)

傅姆【부모】 일 의
세자빈을 가르치고 인도하는 여자. 세자빈 책봉 때나 친영 때 오례의 가례의식을 보면 부모가 세자빈의 차비를 갖추고 인도하는 집사관의 역할을 하고 있다.
관련1 부모도빈사傅姆導嬪辭, 부모인빈차비傅姆引嬪差備, 부모차비傅姆差備
예문 王世孫嬪具命服加首飾訖傅姆引王世孫嬪降自西階就受册位掌書跪取敎命册函印綬興(가례1762/068ㄴ03~04)
색인 (가례1671/035ㄱ06)(가례1671/036ㄱ07)(가례1671/115ㄱ05)(가례1681/175ㄴ10)(가례1681/178ㄱ04)(가례1681/178ㄴ08)

祔廟【부묘】 일 의

ㅂ

국장國葬의 모든 절차를 마친 후 신주神主를 종묘에 모시는 일 또는 의식. 죽은 자의 신위를 선조先祖의 신위가 있는 사당에 옮겨 같이 제사하는 것을 부祔라고 한다. 『주자가례朱子家禮』에 의하여 졸곡卒哭 다음날에 부제祔祭를 거행하는 것으로 되어 있다. 국장에서는 졸곡 다음날의 부제가 없으며 담제禫祭를 마친 후 종묘 시향時享 때나 별도의 날을 정하여 부묘祔廟를 거행하였다. 이때에는 혼전魂殿에 모셨던 신주를 종묘 정전의 부알위祔謁位로 옮겨 선왕에게 부묘를 아뢰고 새로운 신실神室에 안치하였다. 종묘 부묘 때에는 사대四代의 대수代數가 다한 선왕의 신주를 영녕전永寧殿으로 옮기는 체천遞遷과 공신功臣의 배향이 함께 이루어진다.

예문 人洪祔廟光宗祏移瀿水叶大同禮羅收鈞築溫紵泣疲癃水旱憂恒軫精誠理(국장1674/168ㄴ10~11)

색인 (국장1674二/168ㄴ10)(국장1674二/185ㄴ01)(국장1724一/196ㄴ05)(국장1730二/225ㄴ10)(국장1757A/036ㄴ08)(국장1776二/137ㄱ12)

祔廟都監【부묘도감】 일 의

삼년상이 지난 뒤 신주를 종묘로 옮기는 일을 위해 마련된 임시 관서. 왕·왕자·비빈들의 장례를 마친 이후 혼전魂殿을 설치하고 3년 동안의 의식 절차를 마친 뒤, 신주를 종묘에 봉안하는 일을 한다.

참조1 부묘祔廟, 혼전도감魂殿都監

참조2 부묘도감의궤祔廟都監儀軌, 혼전魂殿

예문 辛卯五月二十四日都監啓曰祔廟都監之役旣已垂畢尊崇册禮亦在八月之間依前啓稟鱗次設局預造(책례1651/001ㄱ03~05)

색인 (부묘1698/040ㄴ10)(부묘1698/061ㄴ05)(부묘1698/067ㄱ02)(부묘1698/072ㄴ06)(부묘1851一/001ㄱ01)(부묘1851一/047ㄱ01)

副使【부사】 일 의

조선 시대 국왕·왕세자·왕세손 등의 가례[婚禮] 사무를 관장하기 위하여 설치되었던 임시 관서인 가례도감의 집사관 중 하나. 가례도감이 만들어지면 집사관이 구성되는데, 이때 정1품 도제조都提調 1인, 정2품 제조提調 3인, 정3~5품 도청都廳 2인, 5~6품 낭청郎廳 6인, 9품 감조관監造官 6인, 그리고 정1품 정사正使 1인, 정2품 부사副使 1인, 전교관傳敎官 1인, 장축자掌畜者[장원서별제掌苑署別提] 1인, 장차자掌次者[전설사관원典設司官員] 1인 및 산원算員·녹사錄事·서리書吏·서사書寫·고직庫直·사령使令 등이 각각 임명되었다. 정사正使를 도와서 의식을 치렀다.

참조1 정사正使

예문 上曰依此行之似爲便當矣且中宮册禮時有正副使傳册之規今番册禮時亦當差出正副使矣權大運曰該曹參考(책례1690/014ㄱ08~09)

색인 (가례1627/007ㄱ13)(가례1627/007ㄴ02)(가례1627/007ㄴ06)(가례1627/009ㄴ04)(가례1627/015ㄱ04)(가례1627/021ㄱ01)

副輦【부연】 일 의

임금이 거둥[擧動]할 때 임금이 탄 수레[車駕]보다 앞장서서 가는 빈 연輦. 공연空輦이라고도 한다. 부련을 메는 사람을 부연배副輦陪라고 한다. 공연空輦으로 칭할 때는 공연군空輦軍, 공연담배군空輦擔陪軍으로 부른다.

동 공연空輦

참조1 정연正輦

관련1 공연군空輦軍, 공연담배군空輦擔陪軍, 부연배副輦陪

예문 隨駕時五禮儀中不過司禁十六人仗馬吹角大寶小輿御馬而已合儀仗副輦依此擧行而今番除吹角此一節載於補編大旗立於大寶之前前後廂頃年御慶德宮(국장1757A/019ㄱ03~05)

색인 (국장1757A/019ㄱ04)(국장1757A/039ㄴ07)(국장1776一/180ㄴ05)(국장1776一/186ㄱ03)(국장1776一/186ㄱ06)(국장1834一/021ㄴ12)

부연

斧鉞【부월】 일 의

노부 의장鹵簿儀仗에 사용되는 기물. 나무로 부월斧鉞의 모양을 만든 후 도금하여 붉은 칠을 한 자루에 꿴 의장이다. 부월斧鉞과 작자斫子는 최고 통치자의 결단력을 의미하는 상징이다. 부월과 작자는 모두 도끼로, 부월은 한쪽 날을 가진 도끼이고, 작자는 양날을 가진 도끼이다. 조선 시대에는 국왕의 대가 의장大駕儀仗에 4개, 법가 의장法駕儀仗에 2개, 소가 의장小駕儀仗에 1개, 기우제 소가 의장에 1개씩의 금월부金鉞斧와 같은 수의 은월부銀鉞斧가 배치되었다. 국왕의 의장 가운데 수정장水晶杖, 홍양산紅陽傘과 함께 배치되는 금월부가 있는데, 의장물 중의 금월부와 구분하여 소금월부小金鉞斧라고도 한다. 이 금월부는 쇠로 만들고 도금한 진짜 도끼이다. 왕비도 내외명부를 통솔하는 권한을 가지므로 의장에 금월부 2개와 은월부 2개가 사용되었다.

참조1 금월부金鉞斧, 부월수정장차비斧鉞水晶仗差備, 소금월부小金鉞斧, 은월부銀鉞斧

예문 至樂融四十年來洋溢化點雲無跡過虛空艱危忍說上章歲裘冕東朝翊嗣王摧廓陰邪森斧鉞輯寧邦國奠琮璜天高鰲極功無競簾撤鸞司德愈光最是宗祊磐(국장1805/131ㄱ03~05)

색인 (국장1724二/224ㄱ06)(국장1776二/071ㄴ12)(국장1890三/088ㄱ03)(국장1890三/099ㄱ06)(국장1890三/108ㄱ12)(국장1890三/143ㄴ07)

北鞋【북혜】 일 복

왕실에서 신는 흑색의 남자 신. 영조 28년(1752), 왕실과 각 전궁殿宮의 탄일, 명절, 연례 진상의 정례 규정을 기록한 『상방정례尙方定例』에 의하면 북혜의 겉감은 흑녹피로 하고 내공內拱은 백당피로 하였다. 근피跟皮는 자사피紫斜皮를 대고 휘揮감과 회이回伊감은 백당피로 둘렀다.

예문 都廳坐起時所用雨傘一柄北鞋一部用還次進排爲乎旀(가례1727/059ㄴ08~09)

색인 (가례1696/076ㄱ05)(가례1696/184ㄴ10)(가례1696/200ㄴ07)(가례1696/244ㄴ04)(가례1718/064ㄴ07)(가례1718/070ㄱ05)

粉唐紙【분당지】 일 건

매우 얇고 흰 색을 띠는 중국산 종이. 표면이 부드러워서 주로 단청이나 탱화의 밑그림을 그리는 데 쓰였으며 도배지로 쓰이기도 하였다.

예문 表石前後面印出進上簇子所入以誌文作簇雜物推移取用而其中不足爲在粉唐紙十二張藍綾二十尺白綾十二尺五寸紅鄕絲二兩金錢紙四張篆文大字(국장1720/341ㄴ01~03)

색인 (가례1802/상202ㄴ04)(가례1819/상179ㄴ04)(가례1819/상181ㄴ11)(가례1819/하077ㄱ01)(가례1819/하083ㄱ11)(가례1866/상179ㄱ03)

盆子【픈주】 채 의 음 分之

위는 넓고 아래는 좁은 사기그릇. 盆子는 『한한청문감韓漢淸文鑑』에 한글 표기 픈주로 나와 있다. 盆子 앞에 沙-, 砂-, 唐沙-, 鍮- 등이 와서 기물의 종류를 구분한다.

관련1 당사픈주唐沙盆子, 사픈주沙盆子, 사픈주砂盆子, 유픈주鍮分之

예문 木枕次椴木半尺鐵煙爐鐵烽爐各壹磁貼匙磁甫兒盆子莫子各貳木果瓢子各壹雉尾箒壹倭刀壹(국장1776/243ㄴ09~11)

색인 (국장1659一/134ㄱ07)(국장1659一/241

ㅂ

ㄱ06)(국장1659二/012ㄱ01)(국장1659二/120ㄱ02)(국장1674一/129ㄴ08)(국장1674一/137ㄴ01)

分長興庫【분장흥고】 일 의

국상國喪을 당했을 때 장흥고長興庫의 관할 밑에 효율적으로 운영하기 위해 임시로 설치한 장흥고의 분사 기구. 조선 시대에 국상 등이 있을 때 돗자리, 종이, 유지油紙 등의 관리 및 궐내의 여러 관청에 쓰는 물품의 공급에 관한 일을 맡은 관청인 장흥고長興庫의 관할 밑에 임시로 분장흥고를 두어 국상에 소요되는 물품을 효율적으로 조달하도록 하였다.

관련1 분장흥고군分長興庫軍, 분장흥고군패장分長興庫軍牌將, 분장흥고봉사分長興庫奉事, 분장흥고여사군分長興庫輿士軍, 분전선사주사分典膳司主事

예문 以御間所排紅綃帳及平牀下排席段自弊都監分付尙衣院分長興庫使之造作進排爲在果等念發鞫教是時或有未盡之物則生事可慮移設諸具(빈전1724/134ㄴ03~05)

색인 (국장1674A三/060ㄴ09)(국장1674A三/076ㄱ03)(국장1800四/064ㄴ11)(국장1800四/110ㄱ09)(국장1800四/127ㄱ05)(국장1800四/137ㄱ01)

分典膳司【분전선사】 일 의

국상을 당했을 때 전선사典膳司의 일을 분장하기 위해 임시로 설치한 분사 기구. 전선사는 임금의 음식상 및 궐내의 음식상을 담당하는 관아인데, 국상 등이 있을 때 전선사 밑에 임시로 분전선사를 두어 국장을 전담하도록 하였다.

예문 奉常司主事閔泳一光武元年丁酉十月十六日分差二十八日至誌石所監造官分典膳司主事李恒冕開國五百六年丁酉七月初八日任光武元年丁酉十月二十八至都廳雇員安準喆(국장1898/009ㄱ01~03)

색인 (국장1904二/024ㄱ05)(국장1904二/038ㄱ10)(국장1904一/008ㄱ06)(국장1904一/142ㄱ02)

分典設司【분전설사】 일 의

국상을 당했을 때 전설사典設司의 일을 분장하기 위해 임시로 따로 둔 분사 기구. 조선 시대 병조에 속하여 장막帳幕을 치는 따위의 일을 맡아보던 관아이다. 국상을 당했을 때 장막을 효율적으로 치기 위해 임시로 분사 기구인 분전설사를 설치하였다.

관련1 분전설사관원分典設司官員, 분전설사군分典設司軍, 분전설사군패장分典設司軍牌將, 분전설사별검分典設司別檢, 분전설사여사군分典設司輿士軍, 분전설사의궤分典設司儀軌

예문 供上廳假家二間及卓子一部新造分典設司庫間設於舊安香廳西北一間半修補多人飯工入接處一間設於紫極門內(혼전1701/221ㄱ01~03)

색인 (국장1674A三/059ㄱ04)(국장1674A三/060ㄴ09)(국장1674A三/061ㄱ05)(국장1674A三/101ㄱ10)(국장1674A三/135ㄱ01)(국장1800四/064ㄴ11)

分之苔席【푼주태석】 채 의

푼주[分之] 아래에 까는 태석. 푼주는 위는 넓고 아래는 좁은 사기그릇이고, 태석은 궁중 가례 등과 같은 국가적인 행사가 있을 때 배설되었던 기물들의 아래에 깔았던 자리를 말한다. 따라서 푼주태석은 자리의 쓰임에 따른 명명이라 할 수 있다. 의궤에는 이처럼 자리가 쓰이는 곳에 따라 세수태석洗水苔席, 화로태석火爐苔席, 푼주태석分之苔席, 의대태석衣襨笞席, 세족태석洗足苔席 등의 다양한 종류가 보인다. 이밖에 겹으로 만든 등경겹태석燈檠裌苔席, 세수겹태석洗手裌笞席, 화로겹태석火爐裌笞席이 있고, 홑겹인 화로단태석火爐單苔席, 세족단태석洗足單苔席, 의대단태석衣襨單苔席, 무늬가 있는 푼주별문태석分之別紋苔席이 있다. 또 등경백태석燈檠白苔席, 세수백태석洗水白苔席, 화로백태석火爐白苔席과 중태석中笞席은 각각 태석의 색깔과 크기에 따른 구분이다. 『국혼정례國婚定例』에 보면 가례에 쓰이는 기명의 하나로 分之苔席을 기록하고 있다.

참조1 등경태석燈檠苔席, 태석苔席

관련1 등경겹태석燈檠裌苔席, 등경백태석燈檠白苔席, 푼주별문태석分之別紋苔席, 세수겹태석洗手裌笞席, 세수백태석洗水白苔席, 세수태석洗手苔席, 세수태석洗水苔席, 세족단태석洗足單苔席, 세족태석洗足苔席, 의대단태석衣襨單苔席, 의대태석단衣襨苔席單, 중태석中笞席, 화로겹태석火爐裌笞席, 화로단태석火爐單苔席, 화로백태석火爐白苔席, 화로태석火爐苔席

예문 分之苔席裌壹依前減付標啓下嬪宮輦壹坐(가례1727/017ㄱ12)

색인 (가례1762/상018ㄴ04)(가례1762/상019ㄴ02)(가례1802/상032ㄴ10)(가례1802/상035ㄱ05)(가례1802/상055ㄱ01)(가례1802/상062ㄴ04)

分差官【분차관】 일 의

관직을 문관과 무관 등으로 나누어 임명하거나 관직을 나누어 각지에 파견하는 일을 담당한 직책.

관련1 분차관별검分差官別檢, 분차관봉사分差官奉事

예문 五月十四日典設司爲相考事都監分差官別檢鄭元徵是置相考施行爲只爲(국장1903/047ㄱ07~09)

색인 (국장1659一/047ㄱ08)(국장1659一/047ㄱ11)(국장1674二/053ㄱ03)(국장1681二/074ㄱ02)(국장1681二/179ㄴ05)(국장1688/075ㄱ02)

分稱【분칭】 일 건

약이나 금, 은 따위의 무게를 달 때 쓰던 작은 저울. 주로 한약방에서 사용하였기 때문에 약방저울, 약저울, 약형藥衡, 약칭藥秤이라고도 한다. 한 분칭(0.375g)에서 스무 냥(750g)까지 달 수 있다.

예문 謄錄假衣東堂落幅紙柳笥分稱稱子三十斤稱子木斗升網席工匠牌(가례1819/하003ㄱ08~10)

색인 (가례1696/184ㄴ09)(가례1696/270ㄱ11)(가례1718/211ㄴ11)(가례1819/하003ㄱ09)(가례1819/하031ㄱ07)(가례1819/하056ㄴ05)

分稱子【분칭자】 일 건 ☞ 分稱분칭

예문 本房各樣雜物捧上時所用鍮升合各一木斗升合各一三十斤稱子五十斤稱子分稱子五十兩稱子各一布帛尺一等物用還次進排事各該司良中捧甘何如(국장1730/150ㄴ09~11)

색인 (가례1802/상153ㄱ03)(가례1819/상154ㄴ03)(가례1866/하084ㄴ09)(국장1800二/002ㄱ07)(국장1898二/003ㄱ12)(국장1898二/003ㄴ02)

乶朴只鎖鑰【붙박이쇄약】 채 건

따로 자물쇠를 사용하지 않고 사슬과 같은 것으로 고정시켜 놓은 자물쇠. 쇄약은 자물쇠와 열쇠를 의미하고, 乶朴只는 붙박이를 차자 표기한 것이다.

예문 鐵鈴二部內一部懸於內水剌間一部懸於外水剌間紫白鹿皮一條正殿乶朴只鎖鑰纓子開金實入常墨六十七丁半內三十三丁半唐家蓋板及盤子等處實入(빈전1675/224ㄴ02~04)

색인 (가례1866/하087ㄱ11)

飛陋【비누】 채 건

직물의 세탁에 쓰이는 곡물 가루. 대체로 면, 마직물의 세탁에는 잿물을 쓰고, 명주와 같은 귀중한 직물을 빨 때는 콩·팥·녹두 등을 갈아 빨래에 비벼서 썼는데, 이 가루가 비누飛陋이다. 의궤에는 飛陋의 주원료를 밝힌 豆飛陋의 표기도 함께 보인다.

관련1 콩비누豆飛陋

예문 鐵鉤子二箇飛陋一升白牛皮一張及全長廣二寸一片(빈전1800/158ㄴ04~06)

색인 (가례1627/125ㄴ14)(가례1671/175ㄱ07)(가례1671/183ㄱ07)(가례1681/253ㄱ08)(가례1681/260ㄴ05)(가례1819/하085ㄱ11)

非排【비비】 채 건 飛排 飛褙

자루를 손바닥으로 비벼서 구멍을 뚫는 송곳. 자루가 길며 촉이 짧고 네모지다. 의궤에는 大-를 앞세워 비비를 크기에 따라 구분한 표기도 함께 보인다.

ㅂ

비비는 飛排, 飛褙, 非排로도 표기하였다.

예문 小迲六箇大心迲十箇中心迲十箇小心迲十三箇古骨之五箇非排十箇弓非排一箇半月刀一箇引刀三箇溫衣刀子一箇中刀三箇刀子十六箇(국장1821/093ㄴ06~08)

색인 (국장1701二/137ㄴ09)(국장1702B一/262ㄱ03)(국장1702B二/221ㄴ10)(국장1702B二/370ㄴ12)(국장1702B二/371ㄱ09)(국장1702B二/385ㄴ02)

飛排[비비] 채 건 ☞ 非排비비

예문 大鐁二箇小木匠所用涼板一立錐子一箇穿穴匠所用飛排刃十五箇登床二部刻手匠所用刻刀六十箇刻釘三十箇登床六部寫字官所用書案七部硯匣四部(상호1787/110ㄱ02~04)

색인 (국장1674二/097ㄱ04)(국장1681二/125ㄴ09)(국장1684/119ㄱ08)(국장1684/119ㄱ09)(국장1684/120ㄱ12)(국장1701二/149ㄱ07)

飛褙[비비] 채 건 ☞ 非排비비

예문 一高足牀一木賊一兩尾箒二柄炭三斗穿穴次雍尾里一介飛褙二介擔桶水桶各一木去乃注具一以上繕工監(국장1681/170ㄴ04~06)

색인 (국장1681二/170ㄴ05)(국장1701二/207ㄱ09)(국장1702B二/346ㄱ03)(국장1702B二/392ㄱ04)(국장1702B二/392ㄴ03)(국장1724二/308ㄱ11)

非非[비비] 채 건 ☞ 非排비비

관련1 대비비大非非

예문 大中心迲各十箇小心迲十三箇古骨之五箇非非十箇弓非排一箇半月刀一箇引刀三箇溫衣刀子一箇中刀三箇刀子十六箇刻刀二十六箇(국장1821/124ㄴ04~06)

색인 (국장1701一/323ㄱ12)(국장1821四/124ㄴ05)(책례1736/127ㄱ01)

殯所[빈소] 일 의

상례喪禮에서 관을 무덤에 묻기 전까지 안치하고 영좌靈座를 설치한 장소. 국장에서 국왕과 왕비의 빈소를 빈전殯殿이라 부르고 왕세자와 왕세자빈의 빈소를 빈궁殯宮이라 하였다. 궁궐 밖에 빈소가 설치된 경우도 있지만 대개 궁궐 내 전각에 빈소를 설치하였다. 빈전에는 재궁을 넣어 둔 찬궁攢宮과 혼백魂帛을 모신 영좌靈座, 그리고 평소에 사용하던 베개, 옷, 이불, 세숫대야, 빗 등을 놓아두는 영침靈寢 등이 설치된다. 빈소는 시신을 보관할 뿐 아니라 생시의 모습을 재연하고, 상식上食, 전奠, 진향進香, 가칠加漆 등의 의식을 거행하는 장소이다. 발인 후 빈전은 없어지고 대신 신주를 봉안한 혼전魂殿에서 남은 상기喪期를 치렀다.

예문 一長生殿爲相考事內梓宮詣闕權安處則差備門外帳幕排設及殯所所用上下枕木二介預差具持來木乜木方亇赤知入音裹獐皮長尺長板等物殯殿都監三房次知造(빈전1659/022ㄴ08~10)

색인 (빈전1659/022ㄴ09)(예장1989二/010ㄱ01)(예장1989二/010ㄱ05)(예장1989一/040ㄱ09)

儐者[빈자] 일 의

가례 의식에 참여하여 인도하는 역할을 맡은 집사자의 하나.

예문 啓曰取考丙子戊戌兩謄錄則納采納徵等行禮時正副使主人儐者所着公服自都監措備其餘執事及宮官竝令以黑團領行禮今亦依此爲之何如(가례1727/031ㄱ07~09)

색인 (가례1627/007ㄴ01)(가례1627/007ㄴ04)(가례1627/007ㄴ08)(가례1627/007ㄴ10)(가례1627/011ㄱ08)(가례1627/015ㄴ01)

殯殿[빈전] 일 의

국장에서 발인 때까지 왕과 왕비의 재궁을 모시고 혼백을 안치한 전각. 국왕이나 왕비가 승하하면 재궁을 모실 전각을 정하고 새로운 이름을 붙여 빈전

殯殿으로 사용하였다. 빈전은 서쪽 편에 재궁을 안치할 찬궁을 조성하고 그 옆에 명정銘旌을 세웠다. 동쪽 편에는 영좌靈座를 설치하여 혼백을 모셨다. 그리고 영좌의 동쪽에 영침靈寢을 설치하였다. 영좌와 영침의 상부에는 붉은 비단의 장막[幄]을 설치하였다. 빈전에서는 대렴에서부터 시작하여 매일 아침저녁으로 거행하는 전의奠儀와 상식의上食儀를 비롯하여 백관의 진향의進香儀, 재궁에 칠을 하는 재궁가칠의梓宮加漆儀, 시호와 책보를 올리는 상시책보의上諡册寶儀, 계빈의啓殯儀 등 국장의 주요 절차들이 거행되었다. 한편 왕세자 또는 왕세자빈의 경우 빈전 대신에 빈궁殯宮이라 칭하여 등급을 낮추었다.

참조2 빈궁殯宮

관련1 빈전고유전殯殿告由奠, 빈전고유제전殯殿告由祭奠, 빈전도감殯殿都監, 빈전문殯殿門, 빈전문외배설殯殿門外排設, 빈전삼문殯殿三門, 빈전이봉殯殿移奉, 빈전해사제殯殿解謝祭

예문 殯殿同月初九日辰時改銘旌同日巳時推擇巳爲啓下而謚册寶內出(국장1674/020ㄴ04~05)

색인 (국장1659一/019ㄱ03)(국장1659一/058ㄱ07)(국장1659一/058ㄱ08)(국장1659一/065ㄴ08)(국장1659一/066ㄱ01)(국장1659一/070ㄴ03)

殯殿告由奠【빈전고유전】 일 의

빈전殯殿에서 특별한 사건이나 행사가 있을 때 돌아가신 왕 또는 왕비의 혼령에게 아뢰는 의식. 빈전은 국왕과 왕비의 빈소를 가리킨다. 빈전에는 재궁을 넣어 둔 찬궁攢宮과 혼백魂帛을 모신 영좌靈座, 그리고 영침靈寢 등이 있으며, 상식上食, 전奠, 진향進香, 가칠加漆, 상시上謚 등의 의식이 이곳에서 거행된다. 그리고 상시上諡나 계빈啓殯과 같은 중요한 절차나 변고가 있을 때에는 고유전告由奠을 행하여 그 사실을 아뢰었다. 전奠이란 우제虞祭 이전에 고인에게 술과 음식을 준비하여 올리는 의식을 가리킨다. 고유전은 독립되어 거행될 때도 있지만 조석전朝夕奠에 같이 겸하여 드리는 경우도 많았다.

예문 一禮曹爲相考事節啓下教今七月二十日行上謚殯殿告由奠上謚臨時行改銘旌同日改銘旌後別奠事畢後臨時設行事啓下爲有旀上謚殯殿告(빈전1600/100ㄴ09~11)

색인 (국장1800一/102ㄴ08)(빈전1600/100ㄴ10)(빈전1600/101ㄱ01)(빈전1674/162ㄴ06)(빈전1674/163ㄴ05)(빈전1675/040ㄴ04)

殯殿告由祭奠【빈전고유제전】 일 의 ☞ 殯殿告由奠빈전고유전

예문 禮曹請謚上謚殯殿告由祭奠(국장1800一/102ㄴ02)

색인 (국장1800一/102ㄴ02)

殯殿都監【빈전도감】 일 의

빈전殯殿의 일을 담당하기 위해 임시로 마련된 관서. 빈전은 국상 때 왕이나 왕비의 상여가 나가는 인산因山 때까지 관을 모셔 두는 전각으로 빈전도감을 설치하여 일정 기간 동안 관을 모시는 일을 담당하였다.

참조1 빈전殯殿

참조2 빈전도감의궤殯殿都監儀軌

예문 一上謚後來十月二十六日巳時改銘旌時依初喪立銘旌例殯殿都監專掌次知設書寫幄次於殯殿外庭設牀卓加紅袱置改書諸具筆硯泥金(국장1903/107ㄱ04~06)

색인 (국장1659一/015ㄱ02)(국장1659一/039ㄱ11)(국장1659一/061ㄴ08)(국장1659一/107ㄱ05)(국장1659一/122ㄴ05)(국장1659一/131ㄱ08)

殯殿解謝祭【빈전해사제】 일 의

국장國葬에서 발인發靷에 앞서 빈전殯殿에서 지내는 제사. 해사제는 『국조오례의國朝五禮儀』를 비롯한 전례서典禮書에 보이지 않는 의식이다. 전례서와 달리 국장 관련 의궤나 등록에 의하면 발인하는 날

ㅂ

대여大輿가 출발하기 전에 빈전해사제殯殿解謝祭, 교량제橋梁祭, 오십신위제五十神位祭 등을 거행하였다. 이러한 제사의 대상이나 의주儀註에 관해선 아직 알려진 것이 없다. 빈전해사제殯殿解謝祭가 그동안 시신을 안치하였던 빈전에 지내는 제사라면 교량제橋梁祭와 오십신위제五十神位祭는 대여가 통과하는 주요 공간에 제사하여 무사히 능에 도착하기를 기원하는 제향이다.

참조1 오십신위제五十神位祭

예문 別奠同日臨時祖奠同日日晡時遣奠同月初八日子時先行發靷同月初八日丑時殯殿解謝祭同日臨時路祭同日臨時橋樑祭同日臨時各門五十神位(국장1701/098ㄱ08~10)

색인 (국장1659一/077ㄴ02)(국장1659一/121ㄱ05)(국장1659一/122ㄱ09)(국장1674一/072ㄴ06)(국장1681一/069ㄱ05)(국장1701一/098ㄱ09)

嬪朝見【빈조현】 일 의

국혼에서 혼례를 마친 세자빈世子嬪이 국왕과 왕비 등 시댁의 어른에게 인사하는 의식. 국혼의 절차는 크게 본의식本儀式인 육례六禮와 육례 후의 식후 의식式後儀式으로 구분할 수 있다. 육례는 납채, 납징, 고기, 책비책빈, 친영, 동뢰 등을 가리킨다. 동뢰연을 마치면 신부가 시댁의 어른에게 인사하는 의식인 조현례朝見儀가 있다. 왕비의 경우 왕대비나 대왕대비를 알현하며 왕세자빈이면 국왕·왕비를 포함한 왕실의 어른을 알현한다. 후궁으로 빈嬪에 책봉된 경우에도 빈조현의嬪朝見儀를 거행하였다.

참조1 빈조현의嬪朝見儀

예문 王世弟嬪備物典册禮畢四拜傳敎官啓聞使者退王世弟嬪朝見儀註前一日尙寢師其屬設(책례1721/036ㄱ08~10)

색인 (가례1627/011ㄱ14)(가례1671/036ㄱ09)(가례1819/상214ㄴ02)(책례1721/036ㄱ09)(책례1722/059ㄴ06)

嬪朝見儀【빈조현의】 일 의 ☞ 嬪朝見빈조현

예문 嘉禮後嬪朝見儀尙寢御座王妃座(가례1819/상213ㄱ08~09)

색인 (책례1721/036ㄱ09)

聘財【빙재】 일 의

국혼 때 왕비 또는 세자빈世子嬪에 간택된 집에 혼사를 위해 보내는 재물. 빙재예물聘財禮物이라고도 한다. 국혼에서 빙재는 대부분 삼간택三揀擇을 마친 다음 날에 신부 집에 보냈다. 영조 25년(1749)에 편찬된 『국혼정례國婚定例』에 의하면 왕비의 혼례에서는 정포正布 250필, 정목正木 250필, 백미白米 200석, 황두黃豆 200석을 빙재로 보냈고, 왕세자빈의 경우엔 정포正布 200필, 정목正木 200필, 백미白米 70석, 황두黃豆 70석을 보냈다. 그 외 왕자, 공주, 옹주 등의 혼례에서도 신부 집 혹은 신랑 집에 빙재를 보냈다.

참조1 빙재예물聘財禮物

예문 啓曰聘財米豆木布依頃日定奪辛亥謄錄啓下數三揀擇翌日都監一房郎廳親領進排於嬪父母(가례1727/025ㄴ01~02)

색인 (가례1627/026ㄱ07)(가례1627/033ㄱ13)(가례1671/019ㄴ01)(가례1671/060ㄱ11)(가례1671/085ㄴ10)(가례1681/021ㄴ01)

聘財禮物【빙재예물】 일 의 ☞ 聘財빙재

정혼定婚의 증거로 신랑집에서 신부집에 보내는 재물. 흔히 빙재聘財라고 한다.

참조1 빙재聘財

예문 禮物聘財禮物三揀擇翌日嬪父母前衣服諸具三揀擇翌日(가례1727/083ㄱ09~11)

색인 (가례1718/087ㄱ02)

司禁【사금】 일 의

나라에 큰 의식儀式이 있을 때 여러 가지 의장儀仗을 벌여 세우던 관원官員. 전殿의 섬돌 위나 대궐大闕의 틀에 산선繖扇·화개華蓋·수정장水晶杖·금월부金鉞斧 등의 여러 가지 의장儀仗을 벌여 세우는 일을 맡아 보았다.

예문 二十員兼司僕五員羽林衛五員一司禁十六員訓鍊院官員執朱杖分左右待衛爲白齊(국장1674/056ㄱ10~12)

색인 (가례1671/106ㄴ08)(가례1671/107ㄱ05)(가례1671/113ㄱ02)(가례1671/113ㄱ10)(가례1671/116ㄴ10)(가례1681/157ㄱ06)

沙短知【사단지】 채 의 음

목이 짧고 배가 부른 작은 항아리. 沙-가 선행해 용기의 재료에 따라 종류를 구분하였다.

예문 司饔院進排秩沙盤一沙短知三沙所用三(책례1721/125ㄴ10~12)

색인 (가례1627/104ㄱ05)(가례1627/106ㄱ01)(가례1627/108ㄴ14)(가례1671/015ㄱ09)(가례1671/016ㄴ10)(가례1696/016ㄱ02)

司導寺【사도시】 일 의

조선 시대 여러 시寺 중의 하나로 쌀, 장醬, 겨자 등을 궁중에 조달하는 일을 담당한 관서. 고려 시대에는 비용사備用司가 이 일을 담당하였고, 이후 조선 시대 요물고料物庫, 공정고供正庫, 사선서司膳署, 도관서導官署 등이 사도시의 전신이었다. 소속 관원으로는 정正, 부정副正, 첨정僉正, 주부主簿, 직장直長, 봉사奉事 등이 있다. 고종 19년(1882)에 폐지되었다.

참조2 공정고供正庫, 도관서導官署, 비용사備用司, 사선서司膳署, 요물고料物庫

관련1 사도봉사司導奉事, 사도시봉사司導寺奉事, 사도시주부司導寺主簿, 사도주부司導主簿

예문 擧讀册案執事工曹正郎鄭東萬褥席執事司導寺僉正南履愚玉寶官副司果朴容壽(상호1827/063ㄴ11~ㄱ01)

색인 (가례1627/108ㄴ06)(가례1627/110ㄴ02)(가례1627/117ㄴ11)(가례1671/103ㄴ06)(가례1671/105ㄴ11)(가례1671/174ㄴ12)

使令【사령】 일 의

조선 시대 각 관청에서 심부름 등을 하던 사람. 사령은 관리의 호위·수행이나 형刑의 집행, 지방 관청의 군관·포교 밑에서 죄인을 잡아 오는 일, 곤장棍杖을 때리는 일, 죄인에게 칼을 씌우는 일 등 하는 일이 다양하여 그 일에 따라 조례皁隷, 문졸門卒, 일수日守, 나장羅將, 군노軍奴 등 여러 가지로 불렸다.

참조1 가사령假使令

예문 庫直孫福世工曹使令六名戶曹兵曹軍器寺司僕寺衛將所守直軍士二名(상호1772/001ㄱ12~ㄴ02)

색인 (가례1627/003ㄱ14)(가례1627/003ㄴ13)(가례1627/004ㄱ14)(가례1627/020ㄱ14)(가례1627/022ㄴ07)(가례1627/035ㄴ08)

沙龍【새옹】 채 의 음 ☞ 沙用새옹

斜笠匠【사립장】 일 건

사립 만드는 일을 전문으로 하는 장인. 갓은 싸기[갓싸개]의 종류에 따라 나뉘는데, 명주실로 (갓)싸개를 해서 만든 갓을 사립이라 한다.

예문 磨鏡匠李斗賢匙匠金景生銀匠金善明等二名斜笠匠金杜堅擔鞭匠趙廷戒車匠鄭萬誠(국장1674/118ㄴ06~08)

색인 (가례1627/065ㄴ13)(가례1627/128ㄴ05)(가례1671/139ㄴ09)(가례1681/197ㄱ04)(가례1696/065ㄱ03)(가례1696/228ㄴ02)

紗帽【사모】 일 복

문무백관文武百官이 상복常服인 단령을 입을 때 쓰

는 관. 모정이 2층으로 둥그렇게 턱이 지고 뒤 중심에서 양 옆을 향해 각이 달려 있다. 초기에는 양 뿔이 밑으로 처진 연각軟角 형태였으나 명종대 이후로는 점차 경각硬角 형태가 되었다. 모체의 높낮이와 양 뿔의 크기가 시대에 따라 차이를 보인다.

참조1 단령團領, 복두幞頭, 상복常服

관련1 오사모烏紗帽, 포사모布紗帽

예문 尙方堂上手決內依本房大輿侍衛執鐸護軍紗帽布團領(국장1800二/014ㄴ11~12)

색인 (가례1681/100ㄱ01)(국장1800二/014ㄴ12)(국장1898二/035ㄱ08)(국장1903二/040ㄱ03)(국장1903一/104ㄴ02)(예장1989一/042ㄴ10)

沙鉢【사발】 채 의 음

국이나 밥을 담는 사기 그릇. 의궤에는 크기나 원산지, 모양 등에 따른 여러 종류의 사발이 보인다. 大沙鉢, 中沙鉢, 常大沙鉢 등은 사발의 크기에 따라 구분한 것이고, 唐沙鉢은 사발의 원산지를 나타낸다. 또 茶沙鉢은 그릇의 주요 쓰임새 따른 구분이며, 平沙鉢은 사발의 모양이 오목하지 않고 평평한 사발을 가리킨다. 이 밖에 白沙鉢과 綵紋沙鉢 등이 있다. 사발은 여느 용기류와 마찬가지로 우유열여섯사발[牛油十六沙鉢]과 불 피우는 데 소용되는 숙고 스물네사발[火具所用夙膏二十四沙鉢](『수은묘영건도감의궤垂恩廟營建都監儀軌』)에서처럼 그 자체가 단위어로 쓰이기도 한다. 사발의 표기로는 沙鉢이 일반적이나 드물게는 沙發(『창덕궁수리도감의궤昌德宮修理圖監儀軌』), 砂鉢(『증건도감의궤增建都監儀軌』)의 표기도 보인다.

관련1 당사발唐沙鉢, 대사발大沙鉢, 백사발白沙鉢, 상사발常沙鉢, 차사발茶沙鉢, 채문사발綵紋沙鉢

관련2 대중사발大中沙鉢, 상대사발常大沙鉢, 중사발中沙鉢, 평사발平沙鉢

예문 茶甫兒臺具後分土雨傘硯匣等物星火進排爲旀茶母各一名茶母所用陶東海陶所羅大小桶木果瓢沙鉢揮巾手巾鍮沙用各一用還次進排爲旀(국장1757/065ㄱ06~08)

색인 (가례1627/058ㄴ05)(가례1627/109ㄱ01)(가례1627/109ㄴ14)(가례1627/117ㄴ04)(가례1671/051ㄴ09)(가례1671/177ㄴ09)

四方盤【사방반】 일 음

의례에 사용되는 정사각형의 소반. 소반의 기본 형태로 다리가 네 개 있다. 사우반四隅盤, 사각반이라고도 한다. 궁중 의례용으로 주로 쓰였다.

참조1 반盤, 방반方盤, 소반小盤, 왜주홍칠평반倭朱紅漆平盤, 운족반雲足盤, 쟁반錚盤, 흑칠반黑漆盤

참조2 평반平盤

예문 一大小酒亭各一大四方盤三小四方盤四小小四方盤二樽臺二香案二香佐兒三雙饌案床二高足床八等造作所入椴木(가례1817/281ㄱ08~09)

색인 (가례1671/073ㄴ08)(가례1681/131ㄴ09)(가례1681/219ㄴ10)(가례1696/106ㄴ10)(가례1718/138ㄱ06)(가례1802/상254ㄱ02)

沙甫兒【사보아】 채 의 음

사기로 만든 보아. 대부분의 의궤 자료에 甫兒의 형태만 나타난다. 보아[甫兒] 앞에 다양한 요소가 와서 종류를 구분하는데, 沙甫兒는 沙-가 선행해서 후행하는 기물의 재료적 속성을 한정하였다.

참조1 보아甫兒

예문 同牢宴朝見禮初二三度習儀兼行於大內爲有置床卓床巾函袱木圭木假劍假羅照沙盞沙甫兒沙罇各一雙(가례1802/199ㄱ11~ㄴ01)

색인 (가례1681/139ㄴ05)(가례1696/185ㄴ01)(가례1696/241ㄱ09)(가례1696/270ㄴ06)(가례1718/261ㄱ08)(가례1718/295ㄴ03)

砂甫兒【사보아】 채 의 음 ☞ 甫兒보아

예문 沙貼匙五竹砂鉢一竹砂甫兒一竹擔桶一坐小桶一坐竹篩一坐(가례1744/211ㄱ09~11)

색인 (국장1800二/096ㄱ01)(국장1800二/101ㄴ11)(국장1898五/005ㄴ01)(국장1898五/010ㄴ03)(국장1898二/005ㄴ12)(국장1898二/127ㄴ07)

沙乼【사슬】 채 권

쇠나 옥으로 만든 둥근 고리를 여러 개 이어서 만든 줄.

참조1 오경사슬五更沙乼, 옥사슬玉沙乼

예문 本房所掌諡哀册所入玉沙乼及贈玉次碧玉以戶曹所在先爲取來可用與否看審何如手決內依(국장1890/004ㄱ09~10)

색인 (가례1671/228ㄴ09)(가례1671/228ㄴ12)(가례1671/229ㄴ11)(가례1671/229ㄴ12)(가례1671/230ㄱ01)(가례1696/276ㄱ10)

四時大享祭【사시대향제】 입 의

종묘에서 사계절에 맞추어 지내는 큰 제사. 『예기禮記』「왕제王制」에 의하면 종묘에서는 봄·여름·가을·겨울의 각 계절에 약禴, 체禘, 상嘗, 증烝의 제사를 지낸다고 하였다. 이렇게 사계절에 지내는 사시제四時祭는 조상에 대한 대표적인 제향이다. 조선시대 국가 사전祀典에서 종묘의 사시제四時祭는 대사大祀에 속하였다. 사시제四時祭의 날짜는 1월, 4월, 7월, 10월의 상순上旬에서 좋은 날을 택하였으며, 제물의 진설은 12변두籩豆를 사용하였다. 한편 사시제四時祭와 납일에 지내는 납향을 합쳐 오향 대제五享大祭라고도 하였다.

예문 殿號副望孝元敬禮曹虞祭卒哭祭練祥禫祭四時大享臘享大祭尊罍瓚爵事目啓下啓下(국장1800一/080ㄱ01~3)

색인 四時大享(국장1800一/080ㄱ02)(빈전1805一/039ㄱ03)

司饔【사옹】 입 의

조선 시대에 사옹원司饔院에서 음식을 조리하는 직책의 사람. 사옹원은 궁중의 음식에 관한 일을 담당한 관서로 직급에 따라 사옹봉사司饔奉事, 사옹직장司饔直長, 사옹주부司饔主簿 등이 있다.

참조1 사옹방司饔房, 사옹원司饔院

관련1 사옹봉사司饔奉事, 사옹주부司饔主簿, 사옹직장司饔直長

예문 義禁府都事洪恩燮褥席執事司饔僉正李承緯擧讀玉册案執事工曹正郎金永謨(상호1875/050ㄱ01~03)

색인 (가례1718/138ㄱ08)(가례1718/178ㄴ12)(부묘1836A/082ㄴ09)(책례1651/032ㄱ10)(부묘1836B/082ㄴ09)(존숭1739/008ㄴ09)

司饔房【사옹방】 입 의

어선御膳의 공급과 궐내闕內의 공궤供饋를 관장하던 관청. 태조 원년(1392)에 처음 설치하였는데, 세조 13년(1467)에 사옹원司饔院으로 개칭하고, 녹관祿官을 두었다. 그 후 고종 32년(1895) 전선사典膳司로 바뀔 때까지 사옹원으로 불렸다.

참조1 사옹원司饔院

예문 祭物陳設廳抹樓一間半設於郎廳大廳東邊油芚滿頂飯監酒色別司饔房設於注書房一間半窓戶仍修補障子新造塗褙泡匠間設於房直房溫堗一間改堗油芚滿頂西邊遮陽草芚朴排窓戶(혼전1724/042ㄴ04~06)

색인 (가례1671/013ㄱ12)(가례1696/014ㄱ06)(가례1696/017ㄱ05)(가례1718/019ㄱ07)(가례1718/025ㄱ01)(혼전1720/174ㄱ03)

司饔院【사옹원】 입 의

조선 시대에 임금의 수라를 비롯해 궁중의 음식을 준비하는 일을 담당한 관청. 이전의 사옹방司饔房을 고쳐 사옹원이 되었는데 이후 전선사로 바뀌었다. 주원廚院이라 하기도 하는데 주住를 담당한 궁궐, 의복을 담당한 상의원과 함께 궁중의 의식주를 위한 설비 중 음식[食]을 담당하였다. 어선御膳과 왕·

왕비·왕세자의 선수膳羞의 조달과 음식 만드는 일을 하였다. 소속 관원으로는 정正, 제거提擧, 제검提檢, 첨정僉正, 판관判官, 주부主簿, 직장直長, 봉사奉事 참봉參奉 등이 1~3명씩 있었다.

참조1 사옹방司饔房

관련1 사옹원봉사司饔院奉事, 사옹원주부司饔院主簿, 사옹원직장司饔院直長

예문 庚申八月初八日國葬都監爲相考事魂殿所排靑紅蓋鳳雀扇機具各一輸送爲去乎捧上後回移事庚申八月十一日司饔院爲相考事貴都監甘內魂殿所排(빈전1800/066ㄱ07~09)

색인 (가례1627/010ㄴ06)(가례1627/010ㄴ07)(가례1627/015ㄴ08)(가례1627/021ㄱ05)(가례1627/036ㄱ12)(가례1627/042ㄱ03)

沙用【새옹】 채 의 음 沙龍

무쇠나 놋쇠로 만든 작은 솥. 현재 새옹으로 남아 있다. 일반 솥과 모양은 비슷하나 바닥과 배가 대체로 평평한 편이다. 또 크기가 매우 작아 적은 양의 밥이나 음식을 만들 때 사용하였다. 沙用은 옛 문헌 자료에 새용으로 기록이 남아 있어 차자의 표기상의 한 특징인 표기법의 불완전성을 감안하면 [ㅣ]음이 생략된 표기로 볼 수 있다. 새옹의 표기로 沙用이 일반적이나 드물게는 沙龍[鍮沙龍, 大沙龍, 中沙龍] 등이 쓰이기도 한다. 의궤에는 鍮-, 鑄-와 大-, 中-, 小- 등이 선행하여 새옹의 종류를 재료와 크기별로 구분하였다.

관련1 대새옹大沙用, 소새옹小沙用, 유대새옹鍮大沙用, 유새옹鍮沙用, 유소새옹鍮小沙用, 유중새옹鍮中沙用, 주대새옹鑄大沙要, 주대새옹鑄大沙用, 주소새옹鑄小沙要, 주소새옹鑄小沙用, 주중새옹鑄中沙要, 주중새옹鑄中沙用

예문 鈴龍匙一鍮甁一鍮耳只一鍮涼東海一中沙用蓋具一坐小沙用蓋具一坐鍮錚盤二別司饔色大沙用蓋具三坐(국장1684/134ㄱ06~08)

색인 (가례1671/057ㄱ02)(가례1696/051ㄴ07)(가례1718/064ㄴ03)(국장1800三/065ㄱ02)(국장1849一/028ㄴ09)(국장1878一/028ㄱ01)

새옹

四隅圓柱【네모원기둥】 채 건

사우주四隅柱와 원주圓柱를 함께 이르는 말. 기둥은 단면 형상에 따라 방형으로 된 방주方柱, 원형으로 된 원주圓柱, 팔각형을 비롯하여 육각형 등으로 된 각주角柱로 구분한다. 또 그 높이에 따라 평주와 고주로 구분하기도 하며, 위치에 따라 외진주와 내진주 등으로 구분하기도 한다. 이때 四隅柱는 방형으로 된 방주方柱와 같은 것을 가리킨다.

예문 一上裝地臺木肆介內長參尺廣貳寸厚壹寸壹分左右外端作龜頭長肆寸四隅圓柱肆介各長參尺壹寸廣厚壹寸貳分以上二年木(가례1727/220ㄴ04~06)

색인 (가례1718/213ㄴ03)(가례1819/하013ㄱ03)(책례1610/146ㄱ02)(책례1610/155ㄴ05)(책례1721/210ㄱ11)

四油芚【사유둔】 일 건

기름 먹인 두꺼운 종이인 유둔을 4장 이어 붙여 만든 것. 유둔은 낱장의 크기가 작아 여러 장을 잇대어 붙여 사용하는데, 유둔 6장을 붙여 만든 것을 육유둔, 4장을 붙여 만든 것을 사유둔이라 한다. 이렇듯 여러 장을 붙여 만든 유둔은 햇빛이나 비를 가리기 위해 사용하는 차일이나 천막 등에 사용되었다. 『탁지준절度支準折』에는 포백척布帛尺을 이용하여 육유둔은 길이 4.5자, 너비 4자, 사유둔은 길이 4.2자, 너비 3자로 기록되어 있다.

참조1 유둔油芚, 육유둔六油芚

관련1 하사유둔下四油芚, 하사육유둔下四六油芚

예문 本房所掌輪臺板內入時所用紅木八幅中袱一件楮注紙八張四油芚二番紅條所一艮衣去核綿花三兩自內維結次紅綿布二疋內拱白正布二疋(국장1757A/174ㄴ04~06)

색인 (가례1671/216ㄱ10)(가례1819/상190ㄱ04)(가례1819/하032ㄱ10)(가례1819/하032ㄴ06)(가례1819/하083ㄴ01)(가례1866 하022ㄱ06)

槊木【삭목】 일 건

흙벽의 뼈대인 외 엮기를 하기 위해 상하 인방에 의지하여 중깃을 수직으로 설치한 후 중깃에 의지해 수평으로 설치하여 힘살과 설외를 엮을 수 있도록 한 가늘고 긴 부재. 가시새라고도 한다. 흙벽을 치기 위해서는 흙이 무너지지 않도록 뼈대를 만든다. 이 뼈대를 만들기 위해서는 우선 벽에 설치한 인방 사이에 수직으로 중깃을 설치한다. 다음으로는 중깃에 의지해 가늘고 긴 나무를 수평으로 설치하는데, 이를 가시새라 부르며 의궤에는 삭목槊木으로 기록하고 있다. 가시새를 설치한 다음에는 역시 가늘고 긴 나무를 이용해 가시새에 의지하여 중깃 사이에 수직으로 힘살을 설치한다. 마지막으로 싸릿대나 대나무 쪼갠 것을 이용하여 중깃과 가시새, 힘살에 의지하여 수직과 수평으로 외를 엮는데, 수직으로 설치한 외를 설외, 수평으로 설치한 외를 눌외라 부른다.

예문 一本所所掌祭物庫兩邊圍排所入及水剌間外面圍排所入雜物旣已算摘爲有置筌骨及機木槊木等物段自本所推移取用計料爲乎旀他餘雜物段急速進排事(혼전1701/242ㄴ06~08)

색인 (가례1627/054ㄴ07)(가례1671/161ㄴ10)(가례1671/227ㄱ09)(가례1671/230ㄱ05)(가례1681/237ㄴ07)(가례1696/053ㄴ11)

朔膳【삭선】 일 음

매월 첫날 왕실에 바치는 각 지방의 산물. 매월 첫날에 왕실에 바치는 공물로 지방마다 종류가 다르며, 지방의 산물로 음식을 만들어 바치기도 했다.

예문 殯殿每月朔望及俗節祭奠宗親文武百官陪祭入參事啓下爲有旀又單子各道朔膳依前例限卒哭前素膳封進而殯殿以常膳封進事啓下爲有旀(빈전1886/044ㄴ05~07)

색인 (국장1702B二/228ㄱ11)(빈전1730/064ㄱ01)(빈전1730/064ㄱ02)(빈전1730/064ㄱ02)(빈전1800一/072ㄴ11)(빈전1800一/102ㄱ03)

朔奠【삭전】 일 의

상기喪期 중 매달 초하루에 빈소의 고인에게 올리는 전의奠儀. 삭전은 장례를 치르기 전에 음력 초하루를 당하여 빈전殯殿이나 빈궁殯宮에서 거행하는 의식이다. 『국조상례보편國朝喪禮補編』에 의하면 삭전 때 진설은 5줄로 되어 있는데 제1항에 소박계小朴桂 4그릇, 제2항에 홍백산자紅白散子 2그릇, 제3항에 약과 3그릇, 제4항에는 실과實果 5그릇, 제5항에는 잔 3개를 올리고 기타 면麵, 병餠, 잡탕雜湯, 전증煎蒸을 좌우에 나누어 둔다. 삭전의 순서는 곡哭을 한 후 향을 세 번 올린 다음 영좌靈座 앞에 연달아 세 번의 잔을 올리고 다시 곡을 한 후 마친다. 시신을 묘소에 안장한 후에는 혼전에서 삭제朔祭를 거행하였다.

예문 禮曹爲相考事節啓下敎觀象監牒呈內大行王大妃殯殿來三月朔望奠四月朔奠時刻三月朔奠初一日卯初二刻朝奠兼行望奠十五日(빈전1683/109ㄴ08~10)

색인 (국장1800一/083ㄱ07)(빈전1800一/034ㄱ01)(빈전1800一/034ㄱ01)(빈전1800一/060ㄴ11)(빈전1600/011ㄱ07)(빈전1600/092ㄴ05)

山陵欄干平床【산릉난간평상】 일 의

산릉 의식에서 사용되었던 상판을 둘러싸는 난간이

있는 평상. 평상은 왕실의 국장이 있을 때에는 교의交椅를 안치하는 용도로 설치되었다. 주로 주칠朱漆을 한다.

참조1 독평상禿平床

예문 草席雨備大轝前後長杠肩轝前後長杠山陵欄干平床欄干平床(국장1898五/087ㄴ07)

색인 (국장1898五/087ㄴ07)

山陵都監【산릉도감】 일 의

국장 때 왕과 왕비의 능을 만드는 일을 하기 위해 임시로 마련된 관서. 왕이나 왕비가 졸卒한 직후 왕릉이나 왕비릉의 조성을 총괄한 관서로 능이 완성될 때까지만 존속하였다.

예문 以典設司所上受去進排爲白乎矣一路乙良國葬都監山陵則山陵都監專掌檢飭施行爲白齊(빈전1730/102ㄴ02~04)

색인 (국장1659一/007ㄱ07)(국장1659一/021ㄴ01)(국장1659一/025ㄴ05)(국장1659一/028ㄴ04)(국장1659一/028ㄴ11)(국장1659一/040ㄱ05)

山陵丁字閣【산릉정자각】 일 의

능원陵園에 제향을 위해 건립한 丁자 모양의 집. 정자각은 건물 모양이 위에서 바라보면 丁자와 같아서 붙여진 명칭이다. 정자각은 능제를 위해 세워지는 것이 일반적이므로 산릉정자각山陵丁字閣 또는 능소정자각陵所丁字閣이라고도 한다.

참조1 능소정자각陵所丁字閣, 정자각丁字閣

예문 孝敬殿門外序立虞主車將至鞠躬祗迎大駕至亦如儀爲白乎旀自山陵丁字閣上山陵習儀乙良到山陵後諸執事官㐲行禮事知委(국장1674/071ㄱ02~04)

색인 (국장1674一/071ㄱ03)(국장1674一/156ㄱ05)(국장1674一/162ㄴ12)(국장1674一/176ㄴ06)(국장1674一/180ㄴ02)(국장1681一/070ㄴ05)

山蔘餠【산삼병】 일 음

연회에 사용되는 음식인 더덕으로 만든 떡. 생더덕을 짓이겨 찹쌀가루를 묻혀 기름에 지진 후 꿀을 바른 떡이다. 『음식디미방飮食知味方』에는 더덕이 삼蔘, 산삼山蔘, 사삼沙蔘으로 나오는데, 연회에 사용된 산삼으로 감태산삼, 산삼, 연산삼 등이 있다. 산삼병의 주재료는 산삼(더덕), 찹쌀, 황청, 진유, 실백자 등이다.

예문 國恤敎是時晝茶禮所進石茸餠及薪山蔘餠進用事自司饔院微稟定奪爲有置(빈전1730/083ㄱ06~07)

색인 (빈전1600/014ㄴ08)(빈전1659/037ㄴ11)(빈전1674/036ㄴ05)(빈전1680/029ㄱ01)(빈전1683/027ㄱ03)(빈전1701/026ㄴ08)

繖扇【산선】 일 의

의장儀仗의 하나. 임금의 거둥 때에 수행하는 홍양산紅陽繖, 청양산靑陽繖, 작선雀扇, 연화작선蓮花雀扇, 봉선鳳扇, 용선龍扇, 청선靑扇 등을 말한다. 베로 우산같이 만들었는데 임금에 앞서서 간다.

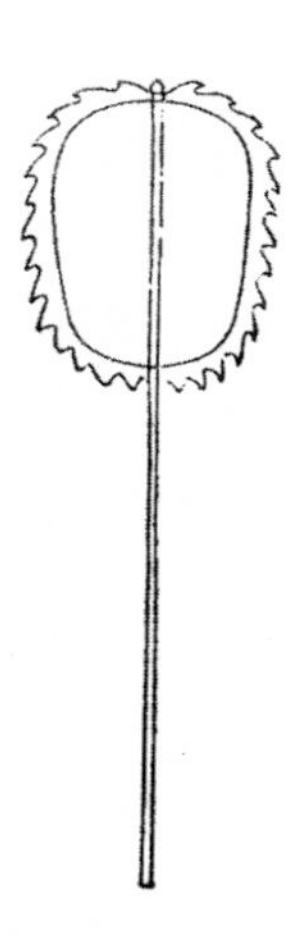
산선

관련1 대전산선大殿繖扇, 산선시위繖扇侍衛, 산선의장繖扇儀仗, 산선자繖扇者, 산선차비繖扇差備

예문 殿下王世子輿輦繖扇寶印馬仗馬諸具裹以白綿布而雖係軍戎侍衛昵近之屬則竝爲白色爲白乎矣(국장1757A/087ㄴ11~088ㄱ01)

색인 (가례1671/106ㄴ10)(가례1671/107ㄱ01)(가례1671/107ㄱ04)(가례1671/107ㄴ06)(가례1671/113ㄱ03)(가례1671/113ㄱ07)

繖扇儀仗【산선의장】 일 의 ☞ 繖扇산선

예문 神輿將入神門繖扇儀仗停止於門外唯執燭籠忠輦衛捧炬燭軍用祧遷時軍數(부묘1610/004ㄱ11~12)

색인 (가례1819/상188ㄴ09)(책례1722/009ㄱ05)(책례1726/008ㄱ11)

散齋【산재】 일 의

제사를 지내기 전에 거행하는 재계齋戒 중 하나. 제사를 지내기 전에 참여자들은 일정 기간 부정한 것을 피하고 금욕을 통해 몸과 마음을 정결하게 하는 재계를 거친다. 재계에는 산재散齋와 치재致齋가 있는데 산재가 일상적인 업무를 수행하면서 마음을 정돈하는 것이라면 치재는 제향에 전념하는 기간이다. 국가 제사에서 대사大祀의 경우 산재 기간은 4일, 치재 기간은 3일이다. 산재 동안에 국왕은 별전別殿에 기거하고, 치재 3일 중 2일은 정전正殿에 1일은 재궁齋宮에 거한다. 산재 기간에는 조상弔喪과 문병問病을 하지 않고, 풍악을 듣지 않고, 유사가 형살刑殺 문서를 올리지 않는다. 반면 치재 기간에는 제사의 일만을 왕에게 올린다. 중사中祀에는 산재가 3일이고 치재가 2일이며 소사小祀에는 산재가 2일, 치재가 1일이다.

예문 請謚宗廟時領議政以下行事執事官依禮文散齋二日宿於正寢致齋一日宿於本司爲白有如可(국장1674/076ㄴ01~02)

색인 (국장1659一/106ㄱ01)(국장1674一/076ㄴ02)(국장1681一/072ㄱ09)(국장1701一/102ㄴ10)(국장1724一/027ㄱ10)(국장1724一/027ㄱ11)

山支【산지】 채 건 散支

겹쳐 댄 두 개의 부재를 결속시키기 위해 두 부재 사이를 한꺼번에 꿰뚫어 꽂아 넣는 가늘고 긴 나무. 목부재를 서로 짜 맞출 때 두 짜 맞춘 부분이 빠져나오는 것을 막기 위해 부재의 옆면에서 두 개의 부재를 한꺼번에 관통시키는 구멍을 뚫은 다음 가늘고 긴 나무를 꽂아 넣는 방법이 사용된다. 이때 구멍에 끼워 넣는 가늘고 긴 나무를 산지[山支]라 한다. 의궤에는 기물 앞에 大-, 中-, 小-, 小小- 등이 결합한 여러 종류의 산지가 보이며, 대산지쇠[大山支鐵], 소산지쇠[小山支鐵]처럼 -鐵이 후행하여 산지의 기능을 강화한 예도 보인다.

관련1 대산지大山支, 대산지쇠大山支鐵, 대중소산지大中小山支, 소산지小山支, 소산지쇠小山支鐵, 소소산지小小山支

예문 黃腸板一立大圓環六介山支六介大巨勿釘八箇褥席朴只廣頭釘三十五箇全漆二升五合(국장1821/009ㄴ05~06)

색인 (국장1659一/028ㄴ10)(국장1659一/194ㄱ02)(국장1659一/194ㄱ04)(국장1659一/197ㄴ04)(국장1659一/197ㄴ04)(국장1659一/197ㄴ08)

散支【산지】 채 건 ☞ 山支산지

山支鐵【산지쇠】 채 건

산지쇠. 산지쇠는 산지의 기능이 못과 유사한 데서 기인한 명명으로 보인다. 즉 산지가 두 개의 부재를 결속시키기 위해 두 부재를 관통시키는 구멍을 뚫은 다음 꽂아 넣는 가늘고 긴 나무를 일컫고, 산지의 역할이 두 부재의 결속임을 감안하여 산지의 역할을 강화한 표기라 할 수 있다.

참조1 산지山支

관련1 대산지쇠大山支鐵, 소산지쇠小山支鐵

예문 支鐵四小山支鐵六廣頭丁二十小廣頭丁二十紅絨絲腰索一艮衣紅綿絲領索三艮衣肩輿龍頭四草葉二十(국장1776/227ㄴ01~02)

색인 (국장1776/227ㄴ01)

三角旗【삼각기】 일 의

조선 시대 의장기儀仗旗의 하나. 뿔이 셋 달린 삼각수三角獸가 그려진 흰색 사각기四角旗로 삼각수 주변에 청·홍·황·백의 구름무늬가 그려져 있고, 노란색의 화염각火焰脚과 기각旗脚이 달려 있다. 대가 노부大駕鹵簿, 법가 노부法駕鹵簿, 소가 노부小駕鹵簿, 어장御葬 등에 사용하였다. 기 바탕은 백주白紬, 화염각火焰脚과 영자纓子는 홍주紅紬로, 깃은 흑주黑紬

를 쓴다.

삼각기

참조1 가구선인기駕龜仙人旗, 각단기角端旗, 고자기鼓字旗, 군왕천세기君王千歲旗, 금자기金字旗, 백택기白澤旗, 벽봉기碧鳳旗, 천하태평기天下太平旗, 현무기玄武旗, 현학기玄鶴旗, 홍문대기紅門大旗, 황룡기黃龍旗, 후전대기後殿大旗

참조2 백호기白虎旗, 영자기令字旗

예문 石紫黃七分眞粉三兩

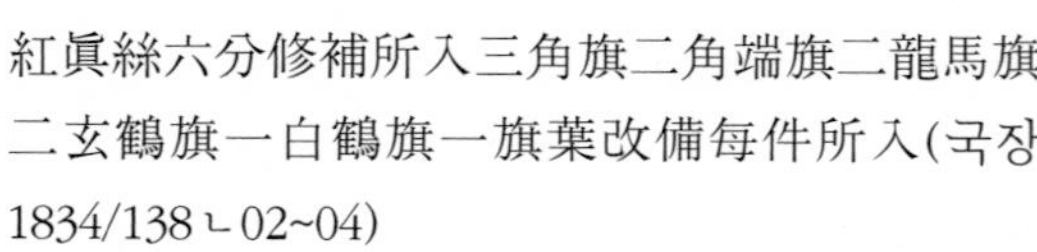

紅眞絲六分修補所入三角旗二角端旗二龍馬旗二玄鶴旗一白鶴旗一旗葉改備每件所入(국장1834/138ㄴ02~04)

색인 (국장1659二/038ㄱ05)(국장1659二/068ㄱ09)(국장1659二/073ㄴ12)(국장1674二/022ㄱ12)(국장1674二/025ㄱ11)(국장1674二/044ㄴ01)

三甲索【세겹색】 채 건 ☞ 三甲所세겹바

예문 屛風一八貼濟用監進排而今番則勿入自內排設三甲索入量繕工監梓宮所用上字書寫次泥金銘旌時用餘仍用不進排(빈전1659/201ㄱ07~09)

색인 (존숭1739/119ㄱ12)(존숭1739/072ㄴ06)(존숭1739/113ㄱ07)(존호1783/121ㄴ07)(국장1674A三/026ㄴ06)(국장1674A三/071ㄴ02)

三甲所【세겹바】 채 건

세 가닥으로 꼬아 만든 밧줄. 의궤에는 여러 종류의 三甲所가 보이는데, 먼저 大, 中, 小가 선행하여 크기별로 三甲所의 종류를 구분하였다. 또 別三甲所, 道里三甲所 등은 쓰임새에 따라 구분한 것이고 白布三甲所는 재료에 따른 구분이다. 세겹색[三甲索], 세겹승[三甲繩]과 같다.

관련1 대세겹바大三甲所, 도리세겹바道里三甲所, 백포세겹바白布三甲所, 별세겹바別三甲所, 세겹바줄三甲所乼, 소세겹바小三甲所

예문 引乼四用熟麻前後各二長八十尺式加橫杠維結乼四用熟麻各長二十把圓徑與大三甲所同以上所入長杠二槊木二小轝案支四長橫杠十七欄干(국장1834/072ㄱ02~04)

색인 (가례1627/055ㄴ09)(가례1671/176ㄴ09)(가례1671/177ㄱ04)(가례1671/216ㄱ01)(가례1671/220ㄴ12)(가례1681/027ㄱ09)

三甲繩【세겹승】 채 건 ☞ 三甲所세겹바

관련1 별이세겹승別伊三甲繩, 연우비얼기세겹승輦雨備乽只三甲繩, 연후얼기세겹승輦後乽只三甲繩

예문 他都監未捉去之前預爲定送事手決內依禮曹圖畵署一正殿所排玉燈一鐵索多紅眞絲三甲繩具今番段置令三房依謄錄次知進排事手決內依三房尙衣院(빈전1683/197ㄴ03~05)

색인 (가례1681/243ㄴ06)(가례1696/206ㄴ01)(가례1718/217ㄴ04)(상호1787/084ㄱ08)(책례1610/149ㄱ07)(책례1610/149ㄱ09)

三碌【삼록】 일 건

희고 약간 푸른빛을 띤 안료顔料. 녹색 안료 중에서 가장 연한 빛을 내는 안료로 이보다 짙은 것을 이록二綠, 또는 양록兩綠이라 한다. 의궤에 등장하는 초록 계열 안료는 하엽, 당하엽, 향하엽, 뇌록, 조뇌록, 삼록, 석록, 대록, 양록, 녹반 등이 있다.

예문 正殿障子下靑板四十八井每一井三碌三兩式九斤都廳減二斤眞粉一兩式三斤都廳減二斤(혼전1730/053ㄴ10~12)

색인 (가례1627/031ㄱ04)(가례1627/081ㄱ06)(가례1627/082ㄱ11)(가례1627/083ㄱ10)(가례1627/092ㄱ11)(가례1627/092ㄴ07)

三房【삼방】 일 의

가례나 국장 때 국가 행사 진행을 위한 각종 업무

를 담당한 부서. 일방一房, 이방二房, 삼방三房이 있는데 각 맡은 업무가 구별되어 있다. 행사에 따라 담당한 업무가 다른데 보통 삼방에서는 시책諡册, 애책哀册, 인문印文, 만장輓章이나 옥책, 갑, 궤, 금보, 보통寶筒, 주통, 각종 그릇과 상탁의 물품에 관한 일을 하였다.

참조1 이방二房, 일방一房

예문 三日不食沐洛三房次知內侍以帷幛大行臥內又設帷於殿中間設牀於帷內(빈전1701/007ㄱ08~10)

색인 (가례1627/011ㄴ08)(가례1627/013ㄱ12)(가례1627/034ㄴ14)(가례1627/101ㄱ01)(가례1627/102ㄱ01)(가례1627/108ㄴ05)

三排目【삼배목】 채 건

배목의 일종. 배목의 한쪽은 두 갈래로 하고, 다른 한쪽은 한 갈래로 하여 그 구멍에 비녀를 채워 사용한다.

참조1 배목排目

예문 大加莫金兩排具五箇加莫金兩排具四十箇加莫金八箇三排目釵釘具二箇帳巨里金十二箇遠山十箇落目兩排具三十箇(빈전1834/195ㄴ11~196ㄱ01)

색인 (가례1681/336ㄴ01)(국장1898二/128ㄴ08)(국장1903二/085ㄴ12)(국장1903二/108ㄴ10)(국장1903二/111ㄱ11)(책봉1901/061ㄴ02)

衫兒【삼아】 일 복

남녀 모두 입었던 백색白色의 상의上衣. 남자는 백정주白鼎紬로 길이가 다른 장삼아長衫兒와 단삼아短衫兒를 착용했으며, 여자는 백색의 주紬, 초綃, 저포苧布로 만들어 입었다. 상궁尙宮 등의 삼아衫兒 혹은 활삼아闊衫兒는 비빈妃嬪과는 달리 옷감의 소요량이 적으므로 완전한 의복이라기보다는 오늘날 손에 끼는 한삼 같은 형태로 보는 견해도 있다.

참조1 삼아록피衫兒鹿皮, 삼아장단衫兒長短

관련1 단삼아短衫兒, 장삼아長衫兒, 활삼아闊衫兒, 활한삼아闊汗衫兒

예문 白紬絲各九分衫兒次白紬各七尺甫乙只次白紬各五尺(책례1721/074ㄴ04~06)

색인 (가례1627/044ㄱ05)(가례1627/044ㄱ05)(가례1627/044ㄱ06)(가례1627/049ㄴ08)(가례1627/061ㄴ05)(가례1627/063ㄱ09)

衫兒長短【삼아장단】 일 복

여자의 백색 상의上衣. 삼아衫兒는 남녀 모두 입었던 백색白色의 상의上衣로서 남자는 백정주白鼎紬로, 여자는 백색의 주紬, 초綃, 저포苧布로 만들어 입었다. 왕의 의대衣帶에는 장삼아長衫兒와 단삼아短衫兒가 기록된 반면 비妃·빈부嬪父의 의대에는 삼아장단衫兒長短으로 기록되어 있고, 삼아장단에는 대[帶子]를 병입幷入하였다. 따라서 장삼아·단삼아와 삼아장단은 착용자와 구성적인 면에서 차이가 있는 것으로 추정된다.

참조1 단삼아短衫兒, 삼아衫兒, 장삼아長衫兒

예문 貼裏二衫兒長短二把持二(가례1744/019ㄱ03~05)

색인 (가례1671/010ㄱ03)(가례1671/077ㄱ04)(가례1681/119ㄱ07)(가례1696/010ㄴ07)(가례1696/108ㄱ02)(가례1718/012ㄴ03)

三隅加羅【세모가래】 채 건 ☞ 加乃가래

參隅加羅【세모가래】 채 건 ☞ 加乃가래

三靑【삼청】 일 건

하늘빛이 나는 푸른색 안료顔料. 그림 그릴 때 쓰는 채색의 한 가지로 단청에 쓰는 안료 가운데 옅은 청색을 내며, 이보다 짙은 색인 양청[兩靑: 이청二靑]에 호분과 토분 등을 혼합하여 만든다.

참조1 이청二靑

예문 一御覽謄錄一件分上四件班次圖及各樣

物件起畵時所用唐朱紅四錢唐荷葉五錢同黃二錢五分二靑三靑各三錢靑花二兩眞粉二兩五錢黃丹五錢片燕脂五片(국장1674/107ㄴ03~05)

색인 (가례1627/081ㄱ10)(가례1627/082ㄴ01)(가례1627/083ㄱ14)(가례1671/062ㄱ08)(가례1671/063ㄱ02)(가례1671/063ㄴ05)

翣【삽】 일 의

발인發靷 때에 상여 앞뒤에 들고 가는 제구祭具. 구름무늬가 그려진 부채널판[雲翣]과 아亞자꼴이 새겨진 널판[黻翣]이 있다.

예문 贈帛函跪奠於哀册之南國葬都監提調帥其屬以黼翣黻翣畵翣樹梓宮兩旁次捧明器服玩入玄宮各以次逐便陳之使有行列其不盡入者於門扉石外別作(국장1720/128ㄴ08~10)

색인 (국장1800三/044ㄴ06)(국장1800一/110ㄱ06)(국장1800一/110ㄴ02)(국장1800一/111ㄴ09)(국장1800一/113ㄱ10)(국장1800一/116ㄴ05)

翣扇【삽선】 일 의 ☞ 翣삽

예문 以正件翣扇六部用於發靷時目安於壙中例也而甲寅國恤時爲始慮有行喪時沾濕之患加造預差翣扇六部用於習儀及發靷時而正件六部則安於彩輿(국장1724/099ㄱ10~12)

색인 (국장1659一/041ㄴ12)(국장1659一/041ㄴ12)(국장1659一/086ㄱ03)(국장1659二/070ㄱ09)(국장1659二/087ㄱ03)(국장1659二/087ㄱ04)

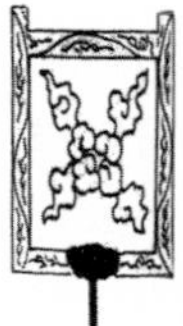

삽선

靸鞋【삽혜】 일 복

앞쪽이 길고 뒤축이 없는 가죽신. 삽혜는 왕의 어이御履로 흑웅피삽혜黑熊皮靸鞋와 흑당피삽혜黑唐皮靸鞋가 있는데, 이들은 각각 흑색의 곰가죽과 검은 당나귀 가죽으로 만들었다. 『영조정순후가례도감의궤英祖貞純后嘉禮都監儀軌』의 대전 법복에 물목物目으로 흑웅피삽혜가 보인다. 실록에 성종 19년(1488) 복식의 사치가 심해 유생들도 삽혜를 신고 거만하여 유풍의 천박함과 사치 풍조에 따른 신분의 혼란을 탓하고 있는 것으로 보아 상류층 남자들도 삽혜를 착용한 것으로 추정된다. 한편 삽혜의 형태에 대하여 『급취편急就篇』에서는 뒤축이 없는 슬리퍼[無跟之鞋 卽拖鞋]와 유사한 것으로 기록하고 있으나, 『상방정례尙方定例』에서는 과피휘감踝皮揮으로 대홍초록필단을 쓰고 있어 재고가 필요하다.

참조1 흑당피삽혜黑唐皮靸鞋

참조2 흑웅피삽혜黑熊皮靸鞋

예문 黑斜皮靴一部白羊毛精具以上所裹紅紬四幅單袱一件黑熊皮靸鞋一部裹紅紬二幅單袱一件世孫嬪宮法服(가례1762/016ㄱ02~04)

색인 (가례1627/046ㄱ13)(가례1671/008ㄱ07)(가례1696/008ㄴ06)(가례1718/008ㄴ11)(가례1802/상167ㄱ03)(국장1821三/081ㄴ12)(존호1873/209ㄴ01)

床【상】 일 의

네모난 천판天板에 다리가 네 개로 구성된 상床. 보통 이동성이 큰 것을 상床이라 하고 이동성이 적고 일정한 위치에 놓아 사용하는 것을 안案이라 하며 부를 때는 구분없이 모두 상床이라고 부르기도 한다. 또한 용도에 따라 왕의 도장을 올려놓았던 것은 보안寶案, 치사문을 올려놓았던 것은 치사안致詞案으로 부른다.

관련1 안상휘건案床揮巾

예문 表紫的細紬內拱紅紬槊去覈綿花裹白正布長廣從床足臺(상호1805/051ㄴ11~12)

색인 (가례1627/065ㄴ02)(가례1671/141ㄱ02)(가례1671/141ㄱ02)(가례1671/145ㄴ12)(가례

1681/054ㄱ09)(가례1681/093ㄱ04)

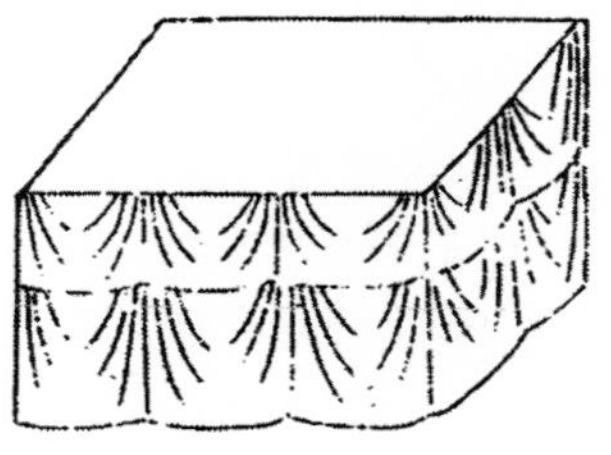

치사안

床巾【상건】 일 복

상床을 덮거나 다리 부분이 보이지 않게 두르는 천을 말한다. 상건床巾은 원래 상 전체를 덮는 것인데, 영조 28년(1752)에 생초生綃로 만든 큰 보袱로 덮으면 낭비이므로 덮지 말고 두르기만 하라고 하여 네 면面을 두르기도 하였다. 상건은 무늬가 있는 비단으로 사용하였으나 영조 28년(1752) 이후에는 향주鄕紬로 대신하였다.

참조1 복건覆巾

관련1 대소선상홍주상건大小膳床紅紬床巾, 욕복상건褥袱床巾, 홍수주구폭상건紅水紬九幅床巾, 홍수주상건紅水紬床巾, 홍수주십폭상건紅水紬十幅床巾, 홍신상건紅紳床巾, 홍정세십폭상건紅鼎細十幅床巾, 홍정주오폭상건紅鼎紬五幅床巾, 홍주육폭상건紅紬六幅床巾, 홍주상건紅紬床巾, 홍주십폭상건紅紬十幅床巾

예문 本房所掌致詞禮物床卓等覆袱床巾等物一依癸酉謄錄磨鍊後錄爲去乎各該司良中照例擧行之意捧甘何(상호1772/087ㄱ08~09)

색인 (가례1627/042ㄱ09)(가례1627/060ㄴ06)(가례1627/072ㄴ02)(가례1627/118ㄱ14)(가례1627/125ㄱ03)(가례1627/127ㄴ01)

常甫兒【상보아】 재 의 음 ☞ 甫兒보아

예문 陶罐一介常甫兒一竹常大貼二竹(혼전1757/080ㄱ05~07)

색인 (가례1802/상152ㄱ09)(가례1802/상205ㄱ01)(가례1819/상144ㄴ02)(국장1849一/172ㄴ09)(국장1849一/175ㄴ01)(국장1898一/246ㄱ07)

常服【상복】 일 복

조선 시대 왕과 백관의 평상 집무복. 왕과 왕세자의 상복은 곤룡포袞龍袍이다. 곤룡포는 익선관翼善冠과 옥대玉帶, 흑피화黑皮靴로 일습一襲을 이루며, 단령[둥근깃]에 가슴과 등 그리고 어깨에 금사로 수놓은 5개의 발톱을 가진 둥근 용무늬 보補가 달려 있다. 왕의 용이 발톱 5개인 데 비해, 세자의 용은 발톱 4개를 수놓아 구분했다. 세종 26년(1446) 명나라로부터 사여 받은 이래 조선 역대 왕의 상복으로 다홍색 곤룡포를 착용하였다가 대한제국 시기 고종과 순종황제는 황제색인 황색의 곤룡포를 착용하였다. 백관의 상복은 사모紗帽와 단령團領, 흉배, 관대, 신으로 구성되었다.

참조1 곤룡포袞龍袍

참조2 흑피화黑皮靴

예문 宗親文武二品以上官常服黑團領以從遂適嬪氏家王世子降輦入次初輦將至主人告于祠堂訖醴女于房中設酒(가례1744/064ㄱ07~08)

색인 (가례1627/009ㄴ14)(가례1627/011ㄱ01)(가례1671/035ㄱ01)(가례1671/036ㄱ04)(가례1681/052ㄴ04)(가례1681/052ㄴ12)

上諡【상시】 일 의

선왕先王 또는 선비先妃에게 시호諡號를 올리는 일. 시호는 죽은 사람의 행적을 평가하여 국가에서 붙여주는 이름이다. 관직에 있었던 사람에게 시호를 내리는 것을 사시賜諡라고 하는 반면 선왕 또는 선비에게 올리는 것을 상시上諡라고 하였다. 상시는 국장國葬 기간에 거행하는 것이 일반적이다. 국왕이나 왕비가 사망하면 의정부에서는 육조, 집현전, 춘추관 등 2품 이상의 관리들이 모여 시호를 정하여 왕에게 보고하면 왕이 최종적으로 결정하였다. 시호가 정해지면 시책과 시보를 제작하였는데 시책諡册은 시책문諡册文을 여러 편의 옥에 새겨 엮은

ㅅ

책이며, 시보諡寶는 시호를 도장에 새긴 것이다. 시책문과 시보는 먼저 종묘에 가지고 가서 선왕에게 아뢴 후 빈전에 가서 올렸다. 한편 국장과 별도로 선왕先王의 시호를 더하거나 새로 올리는 경우도 있는데 이때에는 시호도감諡號都監이 임시로 만들어져 일을 주관하였다.

예문 七月十三日都監啓曰上諡册月日禮曹旣已改啓下故前草本中付標以入之意敢啓(국장1903/027ㄱ10~12)

색인 (국장1659一/066ㄱ01)(국장1659一/097ㄴ02)(국장1659一/102ㄴ04)(국장1659一/102ㄴ12)(국장1659一/103ㄱ11)(국장1659一/105ㄱ08)

上食【상식】 일 의

상기喪期 중 식사 시간에 맞추어 망자에게 음식을 올리는 의식. 상식上食은 망자에게 아침과 저녁 식사 때를 맞추어 음식을 올리는 것이다. 『국조오례의國朝五禮儀』에는 습襲을 마치고 영좌를 마련하면 상식을 올리는 것으로 되어 있었는데 영조대에는 성빈成殯 이후 상식을 올리도록 수정하였다. 발인하여 능소陵所에 시신을 안장한 후에는 혼전魂殿과 산릉山陵 두 군데에서 상식을 올렸다. 혼전과 산릉에서는 재기再忌 때까지 상식을 행하였다. 이렇게 상기 동안 상식을 올리는 것은 살아 있을 때와 같이 부모를 섬기는 것을 보여주는 의식이다.

참조1 조상식朝上食, 조석상식朝夕上食

예문 今方磨鍊而取考前例則庚申年仁敬王后國恤時發靷日朝奠兼行於朝上食發靷及返虞時晝停則只行晝停奠而不設晝茶禮矣今亦依例擧行之意分付何如(국장1701/012ㄱ09~11)

색인 (국장1659一/121ㄱ08)(국장1659一/122ㄴ02)(국장1674一/072ㄴ09)(국장1674一/072ㄴ10)(국장1674一/072ㄴ10)(국장1674一/098ㄱ07)

尙食【상식】 일 음

조선 시대에 궁중의 식사를 비롯한 음식을 공급하는 일의 총책임을 맡은 내명부 정오품의 궁관. 고려 시대에도 있었으며 궁중의 식생활에서 일상의 식사를 비롯해 연회 음식, 제례 음식 등을 마련하는 총책임을 맡았다. 왕과 왕비의 식사를 조달하는 일을 담당한 관직에 일반적으로 상尙자가 붙었다.

예문 王妃坐尙食帥其屬擧饌案入設於殿下及王妃座前尙食二人詣酒亭取盞酌酒一人跪進于殿下前一人跪進于王妃前尙宮俯伏跪啓請釋圭殿下釋圭女官跪(가례1866/254ㄱ06~08)

색인 (가례1671/120ㄱ09)(가례1671/120ㄴ05)(가례1671/120ㄴ05)(가례1671/120ㄴ09)(가례1671/120ㄴ09)(가례1671/120ㄴ11)

床案【상안】 일 의

의례에 사용되는 다양한 기물을 놓았던 상床과 안案. 왕실의 의례에는 의례의 특성에 맞게 다양한 기물이 사용되었는데 상과 안은 그 기물들을 올려놓는 데 쓰였으며, 직사각형 혹은 정사각형의 천판天板과 네 개의 다리가 있는 형태이다. 이러한 형태는 반盤, 안案, 정亭, 탁卓 등 다양한 명칭이 사용되었는데 그 가운데 상과 안은 금보, 치사문, 향로 등과 같은 의례 때 일정한 위치에 놓여 특정한 용도로 사용되는 기물을 놓는 데 쓰였다. 상과 안은 이동성이 적고 한 곳에 놓여 사용되었기 때문에 일반적인 상보다 높이가 높고 튼튼하게 제작되었다.

참조1 상床, 안案

예문 不臨殿勿設樂勿立仗只行讀册寶節次事分付册玉寶王則以曹儲取用而內樻外函寶盝朱筒以至床案巾袱竝依丙子年例亦以曹儲推移取用監造官郎官(상호1787/017ㄴ01~03)

색인 (가례1819/상097ㄱ02)(국장1800一/095ㄱ03)(상호1875/032ㄴ03)(존숭1624A二/016ㄱ02)(존숭1624A一/064ㄱ09)(존숭1686A/021ㄴ01)

上粧【상장】 일 의

흉례 때 재실 가마의 윗부분 장식. 국상이 있을 때

사용하는 상여나 가마의 지붕마루를 꾸민 장식이다.

예문 都監燒火物件大輿上粧諸具注之則勿爲燒火小方牀諸具紅紬索具(국장1903/041ㄱ10~12)

색인 (국장1659一/041ㄱ11)(국장1659一/041ㄴ03)(국장1659一/128ㄱ03)(국장1659一/146ㄱ06)(국장1659一/165ㄴ06)(국장1659一/169ㄱ06)

賞典【상전】 일 의

공로의 크고 작음을 구분하여 상을 주는 규정. 의궤에는 행사나 공사 종사자에 대한 시상施賞 내역이 상세히 기록되어 있다. 국가가 주관하는 행사나 공사가 끝나면 주무 관청이 주관이 되어 행사나 공사와 관련한 문서를 정리·편집하여 의궤를 제작하는데, 이때 좌목座目·도형圖形·이문移文·내관來關·품목稟目·감결甘結·실입實入·공장工匠·의궤 등과 함께 상전賞典이 수록되었다.

예문 員役工匠等幷依丁巳年列施賞傳曰今番賞典中一人雖兼數事毋得疊授(국장1890/204ㄴ11~12)

색인 (가례1802/상001ㄱ10)(가례1802/상006ㄱ01)(가례1802/상006ㄱ01)(가례1802/상112ㄱ01)(가례1802/상127ㄱ09)(가례1802/상127ㄴ05)

尙傳【상전】 일 의

내시부 소속의 정4품 벼슬. 왕명을 전달하는 일을 하였다.

예문 依舊通宵報漏籌更將何語奏龍樓秖悀震域逢玆日忍向离墀記往秋寶樹尙傳天馬繫誕辰曾値渚虹流光前册禮時維協詒後經筵歲再周允矣(예장1786/110ㄴ04~06)

색인 (가례1627/010ㄱ04)(가례1627/120ㄱ05)(가례1671/034ㄴ09)(가례1671/035ㄱ02)(가례1671/035ㄱ05)(가례1671/114ㄴ02)

祥祭【상제】 일 의

국상國喪에서 고인의 두 번째 기일忌日에 지내는 제사. 상제祥祭는 초상에서부터 윤달을 계산하지 않고 25개월째 되는 두 번째 기일에 지내는 제사이다. 다만 내상內喪이 먼저 난 경우에는 윤달을 계산하지 않고 13개월이 되면 첫 번째 기일에 지낸다. 『주자가례朱子家禮』에는 소상小祥과 대상大祥이 있는데 국장에서는 소상小祥을 연제練祭로, 대상大祥을 상제祥祭로 칭하였다. 상제 때에는 연제 때 입었던 연복練服을 담복禫服으로 갈아입고 제사를 지낸다. 국왕의 담복은 참포黲袍에 익선관翼善冠, 오서대烏犀帶, 백피화白皮靴이며, 백관은 짙게 물들인 회색 원령圓領에 오사모烏紗帽를 쓰고 흑각대黑角帶를 착용하고 백피화白皮靴를 신는다.

예문 烏犀帶白皮靴凡于喪事服衰服十三月練祭練冠去首経負板辟領衰二十五月祥祭黲袍翼善冠烏犀帶白皮靴二十七月禫祭玄袍翼善冠(빈전1674/016ㄱ02~04)

색인 (국장1890一/108ㄴ12)(빈전1600/155ㄴ04)(빈전1600/155ㄴ10)(빈전1600/156ㄱ09)(빈전1600/156ㄴ06)(빈전1600/157ㄱ07)

床卓【상탁】 일 의

의례에 사용되는 다양한 기물을 놓았던 상과 탁자. 왕실의 의례에 소용되는 다양한 기물을 올리는 데 쓰였으며, 모양은 직사각형 혹은 정사각형의 천판天板과 네 개의 다리가 있다. 이러한 형태는 반盤, 안案, 정亭, 탁卓 등 다양한 명칭이 사용되었는데 그 가운데 탁자는 다른 기종보다 높은 다리를 가진 것이 특징으로 화병이나 술병 등을 올리는 데 사용되었다.

참조1 가상탁假床卓, 상床, 탁卓

관련1 상탁군床卓軍

예문 前導細仗引路忠贊衛擔陪軍當部官員義禁府郎廳淸道人部捋考喧軍士亦爲待令爲旀殿庭權安廳次床卓排設(상호1787/060ㄱ08~10)

색인 (가례1627/115ㄴ13)(가례1627/117ㄴ10)(가례1627/118ㄱ13)(가례1671/059ㄴ07)(가례

1681/051ㄱ08)(가례1681/093ㄱ01)

常脯【상포】 일 음

품질이 보통인 포. 포는 얇게 저며서 말린 고기를 말한다.

참조1 포脯

예문 魚物稟旨常脯嘉禮中脯冠禮禮曹草記常脯(가례1819A 079ㄱ01~04)

색인 (가례1819/상079ㄱ02)(가례1819/상079ㄱ04)(가례1819/상079ㄱ04)

上號都監【상호도감】 일 의

조선 시대에 왕이나 왕비의 시호諡號를 지어 올리는 일을 하기 위해 마련된 임시 관서. 도제조都提調, 제조提調 등을 두어 이를 담당하게 하였다.

예문 廟號設都監一節依例擧行而不必各設國葬都監旣兼上諡則上號都監合設典禮別無所害上號都監合設於國葬都監事分付該曹(국장1776/015ㄴ03~05)

색인 (상호1827二/001ㄱ02)(상호1827二/039ㄱ02)(상호1827二/079ㄱ02)(상호1827一/014ㄱ02)(상호1827一/015ㄱ07)(상호1827一/015ㄴ09)

索【색】 일 건

각종 밧줄과 새끼 등의 총칭. 의궤에는 다양한 색索이 보이는데, 크기에 따라 대소색大小索이 있고, 물을 들인 홍색紅索, 세 가닥으로 꼬아 만든 세겹색[三甲索]이 있다.

관련1 대소색大小索, 소색小索, 차죽색遮竹索, 현색懸索, 화양결과홍색花羕結裹紅索, 세겹색三甲索

예문 曲尺無齒巨鐵板涼板登床擔桶木把空石方文里土火爐尺釘小索無齒刀汗亇赤等物用還次進排事捧甘何如手決依(상호1787/059ㄱ02~04)

색인 (책례1721/113ㄱ06)(책례1721/243ㄴ09)(책례1759/043ㄱ09)(책례1812/051ㄱ06)(책례1875/050ㄱ03)(책례1875/051ㄱ05)

色紬【색주】 일 복

각색의 명주. 주紬는 경위사經緯絲에 짧은 방적사紡績絲를 썼거나 실이 균질하지 못하고, 짧고 굵은 중품이나 하품의 견사로 제직하여 촉감이 부드러우나 광택이 적고 두껍다. 견사의 품질品質과 밀도密度, 생산지生産地에 따라 명칭을 달리하였다.

참조1 남금사주藍金絲紬, 남주藍紬, 다홍주多紅紬, 대홍주大紅紬, 면주綿紬, 아청주鴉青紬, 자적주紫的紬, 자주紫紬, 초록주草綠紬, 태주남주苔紬藍紬, 홍염주紅染紬, 홍주紅紬, 황염주黃染紬, 황주黃紬, 흑주黑紬

예문 紅紬十七尺白搗錬紬二十尺黃紬方四寸紅色紬方四寸靑紬方四寸紅紬三幅褓一件白正布四疋紅布一疋靑木二十尺(예장1762/021ㄱ08~10)

색인 (가례1718/161ㄱ06)(가례1718/162ㄴ06)(책례1634/069ㄴ06)(책례1634/081ㄱ01)(책례1667/067ㄱ05)(책례1721/172ㄴ07)

笙【생】 일 의

포부匏部에 해당하며, 아악·당악·향악 등에 편성되어 연주된 다관식 아악기. 생황生簧은 화생火生·소생巢笙·우생竽笙 등의 생笙 종류를 총칭하는 이름이다. 대나무 관대가 13관은 화생, 17관은 소생과 우생이다. 생황은 한국 전통 악기 중 유일한 화음 악기이며, 하모니카와 같은 연주법으로 들숨과 날숨을 조절하여 소리를 낸다. 지공은 관대의 하단부에 있다. 따라서 공명통을 두 손으로 감싸서 잡고 손가락으로 지공을 개폐開閉하며 연주한다. 특히 생소 병주笙簫竝奏에서 알 수 있듯이 단소와의 이중주에 주로 사용한다.

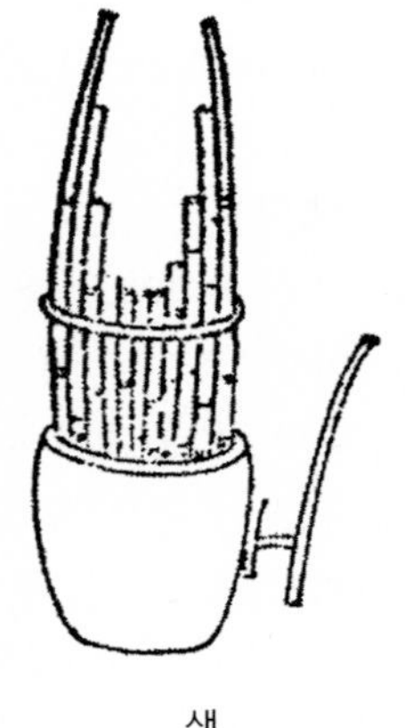

생

예문 山柚子木六片相疊造作長一寸九分廣三分用周尺豆錫錢十四介重二錢有流蘇笙一先施木桶細細烏竹十六介分半相接造作長二寸三分用周尺口施銅鐵舌金着漆竿一先施木桶用細細烏竹十六介分半相接造作長二寸三分(국장1903/057ㄴ12~058ㄱ02)

색인 (국장1800二/158ㄴ02)(국장1800二/186ㄱ10)(국장1800二/195ㄱ08)(국장1898三/013ㄱ12)(국장1898三/095ㄴ01)(국장1903二/170ㄱ09)

書啓【서계】 일 의

조선 시대에 임금의 명을 받은 관리가 일을 마치고 그 결과를 보고한 문서. 주로 암행어사나 사행신使行臣이 임무를 마치고 돌아와 왕에게 보고하는 문서 양식으로 암행어사의 서계는 지방수령의 정사 모습이, 사행신의 서계는 외국 제도와 문물 등 견문 사항이 기록된다.

예문 兵曹爲相考事今此發引教是時大輿擔陪軍替運處外梓宮擔陪軍替運處發遣事知兼司僕看審書啓爲有置後錄牒報爲去乎相考施行爲只爲手決內到付分付一房(국장1890/084ㄱ07~09)

색인 (가례1627/020ㄴ09)(가례1627/033ㄴ10)(가례1718/066ㄱ12)(가례1718/070ㄴ02)(가례1718/070ㄴ06)(가례1762/상001ㄱ09)

西道里【서도리】 채 건 西道伊 舒道里

작은 못을 박을 때 사용하는 크기가 작은 쇠망치의 일종. 西道里를 현대어의 서돌[집짓는 데 중요한 재목인 서까래, 도리, 보, 기둥 등을 통틀어 이르는 말]의 표기로 보기도 하는데, 의궤에서 西道里는 대부분 쌍사날[雙絲刀], 웅미리[雄尾里], 엇미리[乷尾里], 평미리[平尾里], 장혀대패[長舌大波] 등의 연장명과 함께 제시되어 있어 연장의 일종으로 보는 것이 적절하다.

예문 一三房甘據銀匠所用西道里二箇錐子五箇進排爲有置所入物力令分差計士從實入爲只爲堂上手決內考例用還(빈전1800/240ㄱ11~12)

색인 (국장1776二/255ㄴ09)(국장1776二/292ㄴ07)(국장1776二/307ㄴ06)(국장1821四/094ㄱ10)(국장1821四/101ㄴ03)(국장1821四/101ㄴ12)

舒道里【서도리】 채 건 ☞ 西道里서도리

西道伊【서도리】 채 건 ☞ 西道里서도리

예문 箇三隅乼一箇三隅丁五箇中小亇赤各一箇西道伊一箇丁巨伊二箇召伊丁十箇(국장1890/083ㄱ05~06)

색인 (국장1890四/074ㄴ01)(국장1890四/074ㄴ12)(국장1890四/079ㄱ10)(국장1890四/080ㄴ12)(국장1890四/083ㄱ06)(국장1890四/084ㄱ12)

書吏【서리】 일 의

조선 시대 중앙 관청에서 행정 실무를 맡았던 하급 관리. 서울의 각 관청의 실무를 맡아보는 하급 관리층을 서리胥吏라고 하였는데, 그 중 중앙 관청에 소속된 사람들을 경아전京衙前이라 하였다. 경아전은 다시 상급 서리인 녹사錄事와 하급 서리인 서리書吏로 구분되었다. 녹사와 서리는 주로 서책을 보관하고, 글 쓰는 일 등을 담당하였으며 각 관청에 고루 나뉘어 일을 보았다. 서리의 임기는 녹사가 514일인 데 비해서 2,600일이나 되었다. 한 자리에 여러 명이 교대로 근무하면서 녹봉을 받는 체아직遞兒職이었기 때문에, 임기를 채우는 것이 매우 힘들었다. 또 일정 품계가 되면 퇴직하였는데, 당상 관청의 서리는 종7품, 3품 이하 관청의 서리는 종8품에 해당하였다. 퇴직한 사람은 역승驛丞이나 도승渡丞이 되거나, 취재取才에 합격하여 정식 관원이 될 수도 있었다. 그러나 일 년에 퇴직할 수 있는 인원이 100명을 넘을 수 없도록 되어 있었다. 근무 일수를 계산할 때 승정원의 서리는 50%, 홍문관의 책색 서리冊色書吏는 33%를 추가해 특혜를 주었다. 사유가 있을 경우 100일, 무단으로는 30일 이상 결근하면 파직되었고, 상喪을 당한 경우에는 탈상 후에 다시 근무할 수 있었다. 중간에 다른 관청으로 옮기더라도 이전 관청에서 근무한 날짜를 합하여 계산해 주었다. 임기가 너무 길고, 퇴직한 후 충원되지 않는 자리가 많아 각관 교생校生 중에서 세공歲貢으로 충원시키기도 하였다. 영조 때에 만들어진 『속대전續大典』에는 서리의 임기와 퇴직 후 관직 진출에 관한 규정을 모두 없애고, 한양의 백성들 중에서 서리를 뽑아 쓰도록 개정하였다.

예문 一郎廳五員內執義鄭晩淳都廳稱號爲白齊一錄事書吏書員書寫庫直使令等以各衙門員役捉來使役爲白齊(예장1762/004ㄱ09~11)

색인 (가례1627/003ㄱ14)(가례1627/004ㄱ10)(가례1627/013ㄱ06)(가례1627/020ㄱ13)(가례1627/022ㄴ01)(가례1627/022ㄴ03)

鼠目釘【쥐눈(이)못】 채 건

대가리가 둥근 쇠못. 아주 작은 못을 말한다. 의궤에는 용도에 맞춰 분화한 탁의박이쥐눈(이)못[卓衣朴只鼠目釘]과 땜납을 올린 납염쥐눈(이)못[鑞染鼠目釘]이 보인다.

관련1 납염쥐눈(이)못鑞染鼠目釘, 납염쥐눈(이)못鑞染鼠目丁, 탁의박이쥐눈(이)못卓衣朴只鼠目釘

예문 排設時所用鑞染中小圓環鴨項釘廣頭釘小鼠目釘牀卓維結所用紅鄕索等物優數待令爲旀(빈전1921/129ㄴ04~05)

색인 (가례1671/149ㄴ02)(가례1681/109ㄴ05)(가례1681/336ㄴ03)(가례1819/하116ㄱ01)(가례1819/하122ㄴ01)(가례1866/하104ㄱ08)

鼠目丁【쥐눈(이)못】 채 건 ☞ 鼠目釘쥐눈(이)못

예문 一別監手本內今此發靷時路祭所晝停等處祭時所用牀卓及座面紙牀巾鼠目丁獐足掌道里牀足結裹次以紅白索等物依前例躬(빈전1680/109ㄱ02~04)

색인 (국장1702B一/205ㄱ04)(국장1724一/176ㄴ05)(국장1730一/221ㄴ02)(국장1730一/272ㄱ01)(국장1730一/272ㄱ04)(국장1757B一/165ㄴ09)

書寫官【서사관】 일 의

각 관서에서 글씨 쓰는 일을 담당한 직책.

예문 魂殿都監別單初銘旌書寫官成均館大司成李眞儒改銘旌書寫官西平君橈(혼전1724/034ㄱ06~08)

색인 (가례1627/015ㄱ05)(가례1627/015ㄱ06)(가례1627/015ㄱ09)(가례1627/114ㄴ11)(가례1627/114ㄴ12)(가례1627/115ㄴ03)

石磵朱漆高足床【석간주칠고족상】 일 의

붉은 칠[石磵朱]을 한 다리 높은 상. 궁중에서는 사용자의 서열에 따라 주칠朱漆, 흑칠黑漆 등으로 칠의 색상을 달리하였으며 가구의 높이도 차이를 두었다. 궁중 의례에서 의례의 주체가 되는 주빈主賓이나 왕, 왕비 등은 고족高足의 상床을 사용하였고, 왕세자 및 아래 서열은 저족상低足床을 사용하였다.

참조1 고족상高足床, 저족상低足床

관련1 주칠고족상朱漆高足床

예문 發引路祭所陵所祭奠石磵朱漆高足床圖章內依一房據覓丁粉阿膠(국장1898五/047ㄴ04~08)

색인 (국장1800四/070ㄱ03)(국장1898五/047ㄴ05)(국장1898五/054ㄱ12)(국장1904二/049ㄱ05)

石磵朱漆祭床【석간주칠제상】 일 의

석간주를 재료로 하여 붉은 칠을 한 제사상. 석간주칠제상石磵朱漆祭床은 국가 제례가 있을 때 다리를 높고 넓게 제작하여 상 위에 각종 제기들을 올려놓아 제사를 지내는 데 쓰였다. 주칠제상朱漆祭床과 같다.

예문 具三箇中鎖鑰開金具一箇石磵朱漆祭床三十部每部所入名山大川路祭所陵所祭奠中排設所用廣厚板一立半魚膠二兩初漆次黃州朱土

二合(국장1800/074ㄴ06~08)

색인 (국장1800四/074ㄴ07)

石碌【석록】 일 건

선명한 녹색을 띤 안료顔料. 산화된 구리에서 나온다.

예문 儀軌正書時外奎章閣件印札及起畫次唐末紅七錢三青二錢石碌一錢荷葉三錢眞粉青花各七錢同黃二錢黃丹三碌各二錢片臙脂二片白礬一兩畫水筆二柄黃蜜一兩(상호1787/044ㄴ04~06)

색인 (국장1864一/175ㄴ06)(국장1864一/177ㄴ10)(국장1904四/028ㄱ03)(국장1904四/038ㄴ04)(부묘1836B/088ㄴ07)(부묘1836B/107ㄱ05)

舃襪【석말】 일 복

신과 버선. 석은 왕복 중에서 조朝·제복祭服에 착용하는 신이다. 보통의 신은 단층으로 되어있으나 석은 겹으로 되어 있어 상층은 가죽이고, 하층은 목재로 되어 있다. 기록에 의하면 예를 행할 때 오래 서 있으면 발바닥이 축축해지는데 이를 피하기 위해 나무를 댔다고 한다. 『영조정순후가례도감의궤英祖貞純后嘉禮都監儀軌』에 명복함과 석말함의 기록이 있는 것으로 보아 동뢰同牢 때 물목으로 옷과 별도로 보관하였음을 알 수 있다.

참조1 적석赤舃

참조2 명복함命服函, 석말함舃襪函, 청석靑舃

예문 濟用監主簿朴師濂捧舃襪函官平市署奉事李挺相謁者繕工監監役官李恒壽(가례1727/069ㄴ03~05)

색인 (가례1671/073ㄱ01)(가례1671/097ㄱ05)(가례1681/150ㄴ10)(가례1718/153ㄱ07)(가례1802/상029ㄱ05)(가례1802/상137ㄱ05)

繕工監【선공감】 일 의

조선 시대에 각종 토목 공사와 건축에 관한 일을 담당한 관서.

관련1 선공감감역繕工監監役, 선공감관원繕工監官員, 선공감봉사繕工監奉事, 선공감부봉사繕工監副奉事, 선공감부정繕工監副正, 선공부정繕工副正

예문 己亥五月十一日繕工監爲相考事今此國葬都監別工作奉事權德徵分差爲有置相考施行爲只爲(국장1903/042ㄴ10~12)

색인 (가례1627/003ㄴ12)(가례1627/015ㄴ07)(가례1627/015ㄴ09)(가례1627/015ㄴ11)(가례1627/020ㄱ09)(가례1627/027ㄱ13)

宣敎官【선교관】 일 의

나라에 경사가 있을 때 왕이 내린 교서[반교문: 頒敎文]를 읽는 임시 벼슬. 나라에 좋은 일이 있을 때 반포하는 교서를 읽는 일을 담당하였다. 따라서 선교관은 듣는 사람들이 잘 알아들을 수 있도록 목청이 좋고 잘 읽을 수 있는 사람이어야 했다.

예문 承文院藝文館濟用監等各該司照例擧行爲白齊宣箋官展箋官宣敎官展敎官八道兩都齋敎官宣箋目官等令使曹差出爲白齊(상호1787/030ㄱ10~12)

색인 (가례1819/상097ㄱ05)(가례1819/상119ㄴ05)(상호1787/030ㄱ11)(상호1875/032ㄱ09)(존숭1624A一/006ㄴ04)(존숭1686A/021ㄱ05)

膳床【선상】 일 의

왕실의 혼례나 잔치에서 참연자들에게 차려지던 음식을 놓았던 상. 왕실의 혼례나 잔치에 참여했던 대비·왕·왕비·빈·세자·세자빈에게 차려지던 대선大膳이나 소선小膳의 상차림을 놓았던 상이다. 대선의 찬품은 돼지, 오리, 소고기로 차려지며 소선의 찬품은 양, 오리, 소 등으로 구성되어 있다. 선상은 홍색 명주로 만든 상보를 깔아 사용하였다.

참조1 대선상大膳床, 대소선大小膳, 소선상小膳床

참조2 대선大膳, 대소선상大小膳床

관련1 왜주홍칠대선상倭朱紅漆大膳床, 왜주홍칠소선상倭朱紅漆小膳床

예문 同牢宴敎是時倭朱紅漆大膳床二坐倭朱紅漆小膳床二坐(가례1802/252ㄱ10~12)

색인 (가례1819/하042ㄱ08)

宣謚都監【선시도감】 임 의

조선 시대 임금이나 왕비가 죽은 경우 시호諡號를 올리기 위한 임시 기구. 시호는 벼슬한 사람이나 관직에 있던 선비들이 죽은 뒤에 그 행적에 따라 임금으로부터 받은 이름이다. 조선 시대의 경우 임금이나 왕비가 죽은 경우에는 시호를 올리기 위해 임시 기구로서 시호도감諡號都監, 즉 선시도감을 설치하였고, 복위 때에 복위선시도감을 설치하였다. 그렇지만 일반 관리의 경우에는 봉상시奉上寺에서 주관하였다.

예문 唐錠玉沙有處及容入之數問于玉匠則以爲曾前宣謚都監玉役時自戶曺錢二兩上不故貿得五合而用之是如爲臥乎所(가례1718/263ㄱ03~05)

색인 (가례1718/263ㄱ03)

扇椽【선연/선자서까래】 채 건

팔작이나 우진각, 모임 지붕에서 지붕이 꺾이는 부분에 부챗살 모양으로 펼쳐지듯 배열한 서까래. 서까래는 지붕을 만들기 위한 받침이 되는 부재로 도리 위에 설치하는데, 그 평면상의 위치에 따라 평서까래[平椽]와 지붕의 모서리에 사용하는 귀서까래로 구분한다. 평서까래는 지붕의 모서리를 제외한 부분에 사용하는 것으로 도리와 직각 방향으로 설치되며, 단면상의 위치에 따라 장연長椽과 단연短椽, 중연中椽 등으로 구분하기도 한다. 팔작이나 우진각, 모임지붕은 지붕이 꺾이는 부분에 추녀를 사용하며, 추녀를 중심으로 좌우로 가면서 일정 부분에 한하여 도리와 일정한 각도를 이루면서 서까래를 배열하므로 평서까래와 구분하여 귀서까래라 부른다. 귀서까래는 다시 그 설치한 기법에 따라 선자서까래[扇椽]와 말굽서까래[馬足椽]로 구분한다. 선자서까래는 추녀와 중도리가 만나는 점을 꼭지점으로 하여 완전한 부챗살 모양으로 서까래를 배열한 것이며, 말굽서까래는 선자서까래와 비슷하게 서까래를 부챗살 모양으로 배열하였으나 서까래 끝에 하나의 꼭지점에 모이지 않고 추녀 옆에 붙인 것으로 선자서까래에 비하여 기법이 간략화된 것이다. 선자연扇子椽이라고도 한다.

동 선자연/선자서까래扇子椽

참조2 말굽서까래馬足椽

예문 幄制如日傘殺其半如半月形彎衝椽四扇椽九竝唐朱漆冒以紅水紬巾帓長六尺廣三尺(빈전1921/072ㄱ02~04)

색인 (가례1627/055ㄱ09)(가례1671/162ㄴ01)(가례1681/238ㄴ03)(가례1696/203ㄱ08)(가례1718/214ㄱ07)(가례1819/하014ㄱ11)

宣醞【선온】 임 의

국왕이 신하에게 내려주는 술. 국가의 주요 임무나 행사를 마친 후 국왕이 수고한 신하를 위로하기 위해 내리는 술을 선온이라 하였다. 선온의 구체적인 의식은 『국조오례의國朝五禮儀』「사신급외관수선노의使臣及外官受宣勞儀」에 실려 있다. 한편 『국조속오례의國朝續五禮儀』「친경후노주의親耕後勞酒儀」에는 친경親耕 후 선온을 내려주는 절차가 있다. 『춘관통고春官通考』에는 「외선온外宣醞」과 「선온宣醞」의 의주가 있는데 이것은 국혼 때 거행하는 선온의 예이다. 혼례 때에는 왕비 또는 왕세자빈의 집에 사신이 여러 차례 나아가게 되는데 이때 수고한 사신들과 관리를 위해 선온을 내렸다. 그 외 진연이나 진찬, 그리고 실록 세초 등에도 선온이 있었다.

참조1 선온상宣醞床, 선온의宣醞儀

예문 厥滓穢清霄率彼冥行歸我康莊全保世臣喜起明良臺臣宣醞省僚應製花釣禁苑獲覩盛際南嶠煽訛敢試初政殲魁罔脅咸囿好生洋邪潛熾洪水猛獸毅然闢廓痛革註(빈전1834/180ㄴ08~10)

색인 (가례1627/014ㄴ10)(가례1627/036ㄴ09)

(가례1627/041ㄴ04)(가례1627/077ㄱ09)(가례1671/071ㄱ04)(가례1671/072ㄴ05)

宣醞床【선온상】 일 의

임금이 신하에게 내리는 술 또는 음식을 차린 상. 선온은 국가의 중요한 행사나 임무를 마친 신하를 위로하기 위해 내리는 술로 선온을 내릴 때는 절육切肉, 편육片肉, 과실果實 등의 음식을 같이 보냈다. 선온의 구체적인 의식은 『국조오례의國朝五禮儀』「사신급외관수선노의使臣及外官受宣勞儀」에 실려 있다.

참조1 선온宣醞, 선온의宣醞儀

예문 內資寺爲牒報事今此嘉禮敎是時納采納徵告期册妃四度外宣醞床本寺全爲擧行爲有置主人及正副使承旨各差備官都監堂郞應參員四度合一百五十二員(가례1802/087ㄴ10~12)

색인 (가례1696/159ㄱ11)(가례1802/상228ㄱ09)(가례1866/상070ㄱ11)

宣醞儀【선온의】 일 의

선온을 내려주는 절차. 선온의 구체적인 의식은 『국조오례의國朝五禮儀』「사신급외관수선노의使臣及外官受宣勞儀」에 실려 있다. 『국조속오례의國朝續五禮儀』「친경후노주의親耕後勞酒儀」에는 친경親耕 후 선온을 내려주는 절차가 있다. 『춘관통고春官通考』에는 「외선온外宣醞」과 「선온宣醞」의 의주가 있는데 이것은 국혼 때 거행하는 선온의 예이다.

참조1 선온宣醞, 선온상宣醞床

예문 妃降座還內嬪還宮竝如來儀外宣醞儀其日宣醞將至主人第執事通禮院官(가례1727/186ㄴ10~12)

색인 (가례1718/185ㄴ01)

扇子椽【선자연/선자서까래】 채 건

팔작이나 우진각, 모임 지붕에서 지붕이 꺾이는 부분에 부챗살 모양으로 펼쳐지듯 배열한 서까래. 팔작이나 우진각, 모임지붕은 지붕이 꺾이는 부분에 추녀를 사용하며, 추녀를 중심으로 좌우로 가면서 일정 부분에 한하여 도리와 일정한 각도를 이루면서 서까래를 배열하므로 평서까래와 구분하여 귀서까래[지붕의 모서리에 사용하는 서까래]라 부른다. 귀서까래는 다시 그 설치한 기법에 따라 선자서까래[扇椽]와 말굽서까래[馬足椽]로 구분한다. 선자서까래는 추녀와 중도리가 만나는 점을 꼭지점으로 하여 완전한 부채살 모양으로 서까래를 배열한 것이며, 말굽서까래는 선자서까래와 비슷하게 서까래를 부채살 모양으로 배열하였으나 서까래 끝에 하나의 꼭지점에 모이지 않고 추녀 옆에 붙인 것으로 선자서까래에 비하여 기법이 간략화된 것이다. 선연扇椽이라고도 한다.

참조1 선연扇椽

참조2 말굽서까래馬足椽

예문 高柱次扇子大椽平柱次大椽樑栿道里弁文乃木西壴次雜長木扇子大椽(국장1898五/061ㄱ06~07)

색인 (국장1898五/061ㄱ067)(국장1898五/061ㄱ07)(국장1898一/068ㄱ06)(국장1903四/021ㄴ02)(상호1848二/111ㄱ08)(존호1841/157ㄱ12)(존호1841/164ㄴ04)

縇紫的吐紬【선자적토주】 일 복

선을 두르기 위한 용도로 쓰이는 자적색의 토주로 이불감과 의복에 사용된 견직물. 토주는 굵은 실로 자아서 짠 명주로 바닥이 두껍고 빛깔이 누르스름하며, 색깔에 따라 종류를 구분하기도 한다. 『영조정순후가례도감의궤英祖貞純后嘉禮都監儀軌』에 따르면 자적토주는 유철릭[襦帖裏], 유호수襦胡袖, 핫치마[襦赤亇]의 의복과 요[褥]를 만들 때 사용되었고 선자적토주縇紫的吐紬는 친영 시 물품인 채화석, 만화석의 선을 두르기 위한 가선감 자적색 토주로 추정된다.

참조1 남토주藍吐紬, 다홍토주多紅吐紬, 대홍토주大紅吐紬, 백토주白吐紬, 선자적토주縇紫的吐紬, 자적토

주紫的吐紬, 초록토주草綠吐紬, 황토주黃吐紬

참조2 가선감假善感, 연초록토주軟草綠吐紬, 유청토주柳靑吐紬

예문 唐朱紅漆席座子壹件彩花席縇紫的吐紬壹尺座倚子次草綠匹段全長壹尺漆寸廣陸寸(빈전1724/204ㄴ08~10)

색인 (가례1802/상166ㄱ06)(가례1802/상166ㄱ08)(가례1802/상172ㄱ11)(가례1802/상172ㄱ12)(가례1802/상172ㄴ05)(가례1802/상172ㄴ07)

扇子紙【선자지】 일 건

부채를 만들 때 사용하는 단단하고 질긴 흰 종이. 선자지扇子紙는 질이 좋고 질기기 때문에 염색을 하기에 적합하여 각종 색으로 염색을 하여 사용하는 경우가 많다. 염색을 한 선자지는 부채를 비롯하여 연鳶이나 주련柱聯의 제작, 또는 고급 건축의 도배지 등으로 사용하였다.

관련1 남선자지藍扇子紙, 내도홍선자지內塗紅扇子紙, 백선자지白扇子紙, 황선자지黃扇子紙, 후배분홍선자지後褙粉紅扇子紙, 후배홍선자지後褙紅扇子紙

예문 令別工作精造而豆錫粧餙唐鎖子纓子具內塗玉色扇子紙封裹油芚油紙紅木紬紅木袱等物種依謄錄捧甘取用爲旀鑰祭器入盛樻子具鎖子一部(빈전1834/076ㄱ11~ㄴ01)

색인 (국장1702B二/159ㄱ05)(국장1702B二/201ㄴ05)(국장1724二/143ㄱ08)(국장1724二/188ㄴ01)(국장1724二/194ㄴ11)(국장1776二/046ㄴ10)

船匠【선장】 일 건

배를 만드는 목수. 주로 배를 만들지만, 의궤의 기록에 의하면 건축 공사에서 용마루나 추녀처럼 길고 휘어진 부재를 다듬는 일을 하였다. 조선장造船匠이라고도 한다.

예문 假漆匠鄭得厚金重燁金守甲船匠宋興良李遇春金三乫小木匠張翼大李東根(국장1776/308ㄴ05~07)

색인 (가례1819/상116ㄴ06)(가례1819/하139ㄱ12)(가례1866/하133ㄱ03)(국장1800四/098ㄱ02)(국장1800四/117ㄱ11)(국장1800二/105ㄱ11)

宣傳官【선전관】 일 의

조선 시대 선전 관청에 속한 무관. 전명傳命을 담당한 직책이다.

참조2 선전관청宣傳官廳, 승전선전관承傳宣傳官

예문 國葬都監郎廳以總護使意啓曰闕內待令郎廳以入直武臣兼宣傳官輪回察任何如(국장1834/011ㄴ07~08)

색인 (가례1762/상009ㄴ04)(국장1800一/066ㄴ04)(국장1800一/149ㄱ04)(국장1800一/156ㄱ02)(국장1849一/077ㄴ01)(존호1610/143ㄱ06)

縇紅鼎紬【선홍정주】 일 복

선을 두르기 위해 이용되는 홍색의 고급 명주 직물. 정주鼎紬는 고급 명주를 뜻한다. 『조선왕조실록朝鮮王朝實錄』에 연산군과 중종 때 정주를 진상하게 하고 대비전에 사급한 기록이 있다. 반홍정주磻紅鼎紬와 홍정주紅鼎紬는 상궁 및 시녀, 나인들의 초록겹저고리의 안감으로 사용되었고 보자기를 만들 때도 사용되었던 견직물이다. 이 밖에 변아침석邊兒寢席, 만화방석滿花方席, 침요寢褥 등의 안감으로 사용되었다. 의궤에 홍정주紅鼎紬로 선을 두른 백방석이라는 기록이 있는 것으로 보아 선홍정주縇紅鼎紬의 선縇은 가선감으로 쓰이는 홍정주紅鼎紬로 추측된다.

참조1 남정주藍鼎紬, 다홍정주多紅鼎紬, 대홍정주大紅鼎紬, 백정주白鼎紬, 백협백정주白挾白鼎紬, 아청정주鴉靑鼎紬, 자적정주紫的鼎紬, 청정주靑鼎紬, 초록정주草綠鼎紬, 홍정주紅鼎紬, 흑정주黑鼎紬

참조2 반홍정주磻紅鼎紬

예문 草綠水紬內拱燔紅鼎紬尙方席二白兵席縇紅鼎紬一彩花席縇紫吐紬一褥上下所排長興庫(빈전1600/192ㄴ11~12)

색인 (가례1802/상157ㄱ08)(가례1802/상192ㄱ02)(가례1819/상167ㄱ03)(가례1866/상147ㄴ02)(가례1866/상167ㄱ07)(가례1866/상168ㄱ11)

薛里【설리】 일 음

조선 시대에 왕에게 음식을 올리는 내시부의 벼슬.

예문 一都薛里溫堗二間仍前排下褙油芚縇板一坐新造中材木一條前面簷下遮陽蓋覆草芚二番一長番薛里溫堗二間仍前排褙油芚縇板一坐新造(빈전1649/177ㄱ06~08)

색인 (가례1681/081ㄴ06)(가례1681/083ㄱ02)(가례1696/067ㄱ11)(가례1718/082ㄱ09)(가례1762/상046ㄴ09)(가례1762/상046ㄴ10)

鐥煮【석자】 채 음 味者 味煮

익힌 음식을 건져서 물기나 기름을 빼는 데 사용되는 조리 기구. 깊이가 있는 국자 모양으로 바닥은 철사로 그물처럼 촘촘히 엮었다. 음식을 국물에 적셨다가 건져내어 물기를 빼거나, 튀긴 음식을 기름에서 건져내어 기름을 뺄 때 건져낸 음식을 잠시 두는 용도로 사용하였다.

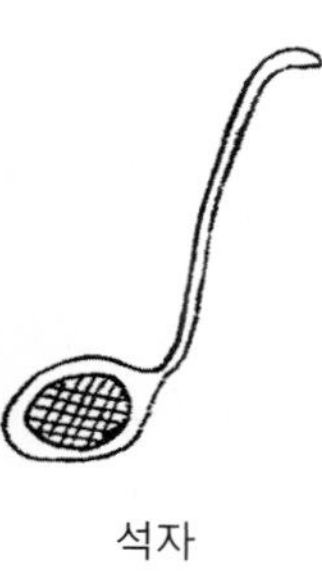
석자

참조1 석자味煮, 석자味者, 유자/놋자鍮煮

예문 本殿前排正鐵重二斤二兩鐥煮貳本殿前排重三兩添正鐵改造重六兩中銅絲四十尺(빈전1600/160ㄱ01~02)

색인 (가례1819/하093ㄱ06)(가례1819/하093ㄴ08)

攝左通禮【섭좌통례】 일 의

의례에서 왕에게 의식 절차를 차례대로 아뢰는 일을 담당한 직책. 통례원 소속 정3품의 관원으로 조하朝賀, 제사祭祀, 찬알贊謁 등의 의례에서 왕이 순조롭게 의식을 행할 수 있도록 의례 순서를 아뢰며 진행하였다. 우통례右通禮는 좌통례左通禮를 거쳐 당상관으로 승진할 수 있었던 반면 좌통례左通禮는 450일의 근무 기일이 지나면 당상관으로 승진할 수 있었다.

참조1 통례원通禮院

참조2 우통례右通禮, 좌통례左通禮

예문 一攸司設靈座於魂殿北壁南向虞主車至城門外祇迎所攝左通禮俯伏跪啓請少駐殿下出次俯伏哭四拜如儀留都群官同攝左通禮俯伏跪(빈전1683/177ㄴ05~07)

색인 (국장1659一/030ㄴ11)(국장1659一/070ㄱ04)(국장1659一/070ㄴ02)(국장1659一/094ㄱ01)(국장1659一/094ㄱ03)(국장1659一/094ㄱ04)

成服【성복】 일 의

국상을 당하여 상복喪服을 입는 의식. 성복은 대렴大斂 다음 날에 하는데 국장에서는 대상大喪이면 6일째 되는 날에 거행하고, 소상小喪이면 4일째 되는 날에 한다. 이때에 왕세자, 왕비, 대군 등과 종친 및 문무백관이 상복을 갖춰 입고 빈전에 나아가 곡을 하고 전奠을 올린다. 상례 때 고인의 죽음을 추모하며 입는 상복은 망자와의 친소親疎 관계에 따라 참쇠斬衰, 제쇠齊衰, 대공大功, 소공小功, 시마緦麻 등의 오복五服으로 구별되었다. 참최복은 가장 굵은 베로 만드는데 밑단을 꿰매지 않는다. 재최복은 밑단을 꿰매어 가지런히 한 옷을 가리킨다. 대공이란 만든 솜씨가 성글고 거칠다는 의미이며, 소공은 대공에 비해 다듬어 곱고 세밀한 상복이다. 시마는 가장 가는 베로 만든 것이다. 상복은 의상衣裳 외에 관冠, 수질首絰, 요질腰絰, 교대絞帶, 장杖, 구屨, 리履, 혜鞋 등 소품과 같이 입는다.

예문 同日禮曹爲相考事節啓下敎曹單子襲後百官擧臨訖自此至成殯每日朝晡哭依禮文輿行爲白乎矣成服後至因山前政院玉堂兵曹都總府堂上禁直人員(빈전1921/085ㄱ12~ㄴ02)

색인 (국장1701一/153ㄱ01)(국장1702B一/027ㄴ

07)(국장1702B一/152ㄴ12)(국장1702B二/231ㄴ12)(국장1724一/139ㄴ07)(국장1730一/062ㄴ01)

筬匠【성장】 일 건

예전에 베틀의 몸체를 만드는 일을 맡아 하던 사람.

예문 裹皮匠涼太匠毛節匠付鑞匠杻骨匠周皮匠印出匠册匠筬匠朱簾匠花皮匠護匣匠除₩刻匠造繩匠造戈匠每四名肉助役一名(국장1821/189ㄴ02~04)

색인 (가례1819/상116ㄱ06)(가례1819/하012ㄱ06)(가례1819/하036ㄱ11)(국장1800二/104ㄴ08)(국장1800一/131ㄴ08)(국장1800一/146ㄴ02)

洗水苔席【세수태석】 일 의 ☞ 苔席태석

관련1 세수겹태석洗手袷箈席, 세수백태석洗水白苔席

예문 洗水苔席一坐燈檠苔席一坐分之苔席一坐(가례1762/018ㄴ01~03)

색인 (가례1671/082ㄱ06)(가례1671/089ㄱ07)(가례1696/102ㄱ05)(가례1718/087ㄴ09)(가례1718/119ㄴ03)(가례1718/128ㄱ07)

洗足苔席【세족태석】 일 의 ☞ 苔席태석

관련1 세족단태석洗足單苔席

예문 燈檠苔席單壹依前減付標啓下洗手苔席袂壹洗足苔席袂壹依前減付標啓下火爐苔席袂壹分之苔席袂壹依前減付標啓下嬪宮輦壹坐(가례1727/017ㄱ10~12)

색인 (가례1727/017ㄱ11)

筲【소】 일 의

국장에서 기장, 콩, 보리 등의 곡식을 담던 명기明器. 소筲는 해죽海竹을 엮어서 만들며 주척周尺을 이용하였다. 입구의 원지름을 4촌 5푼, 허리의 원지름은 7촌 5푼, 높이는 8푼, 바닥의 원지름은 5촌 5푼이었으며 곡식을 3되 담을 수 있었다. 대나무는 흑진칠을 하였다. 죽소竹筲와 같은 말이다.

관련1 소궤차비관筲櫃差備官, 소궤筲櫃, 소장筲匠, 죽소竹筲匠

예문 明器筲八蓋八所入海長竹二十三介都廳上下黑細苧布六寸五分紅細苧布六寸五分每漆三夕(국장1720/034ㄴ11~12)

소

색인 (국장1800二/158ㄴ01)(국장1800二/182ㄱ04)(국장1800二/182ㄱ08)(국장1800二/182ㄱ08)(국장1800二/182ㄱ10)(국장1800二/193ㄴ12)

簫【소】 일 의

죽부竹部에 해당하며, 문묘 제례악에 사용되고, 관대를 일렬로 배열한 다관식多管式 아악기. 소를 배소·봉소라고 지칭한다. 16개의 관대만을 연결한 것은 배소, 관대를 꽂는 나무틀을 봉황새처럼 제작한 것은 봉소라고 한다. 고구려 시대부터 악대에 편성되었으며, 백제의 금동용봉봉래산향로金銅龍鳳蓬萊山香爐에서도 향로의 상단부에 5악사 중 배소를 들고 있는 악사상이 있다. 서양 악기 팬파이프panpipe처럼 양손으로 소의 좌우를 잡고 단소를 불듯이 관대에 입술을 대고 분다. 빠르게 진행하는 음악에서는 연주하기가 어렵다.

예문 盤龍虎旺神接祖宗通玉殿扃山裏金輿度野中眞遊幾日返逮事此生終簫鼓寒飄咽旌旗曉月曨逶迤仙仗遠瞻望哭疲癃(국장1674/160ㄴ

소

03~05)

색인 (국장1800二/158ㄴ02)(국장1800二/186ㄴ08)(국장1800二/195ㄱ08)(국장1898三/013ㄴ05)(국장1898三/095ㄴ05)(국장1903二/170ㄴ02)

小駕【소가】 일 의

국왕의 행차나 전정 의례에서의 노부鹵簿 등급 가운데 하나. 국왕의 노부에는 대가大駕, 법가法駕, 소가小駕의 세 등급이 있다. 『국조오례의國朝五禮儀』에 따르면 소가 노부小駕鹵簿는 능에 참배할 때와 각종 행차 때에 쓰이는 가장 간략한 형식의 노부이다. 소가 노부에 배치되는 의장을 소가 의장小駕儀仗이라 한다.

참조1 가駕, 대가大駕, 법가法駕

관련1 소가 의장小駕儀仗

예문 發靷日殿下還宮時及返虞日出宮時陳小駕導駕侍臣節次令藝文館漢城府擧行爲白齊(국장1720/111ㄱ02~04)

색인 (가례1762/상044ㄴ06)(가례1802/상052ㄱ09)(가례1802/상052ㄴ05)(가례1866/상046ㄴ05)(가례1866/하015ㄱ05)(국장1800一/092ㄴ05)

小斛【소곡】 일 건 ☞ 大斛대곡

所串【바곶】 채 건 朴串

몸이 네모로 된 길쭉한 송곳. 허리 부분을 접었다 폈다 할 수 있다. 所串을 송곳의 표기로 보기도 하는데 이표기 朴串을 통해 所串이 송곳이 아니라 바곶의 표기임을 확인할 수 있다. 또 所串에 비해 朴串이 여러 의궤 자료에 두루 쓰이는 것으로 보아 朴串이 보편화된 표기로 추정되는데, 이는 박거나 뚫는다는 기물의 기능적 유연성이 작용하여 朴이 선택된 것으로 보인다.

참조1 바곶朴串

예문 大乼六箇中乼三箇古骨之三箇召伊介三箇方毛老二箇所串二箇大所串二箇汗亇赤三箇所串二箇大所串二箇汗亇赤三箇大挾刀一箇(국장1834/068ㄴ12~069ㄱ02)

색인 (국장1834四/069ㄱ01)(국장1834四/069ㄱ01)(국장1834四/069ㄱ02)(국장1834四/069ㄱ02)(국장1834四/074ㄴ07)(국장1864四/073ㄱ05)

素錦褚【소금저】 일 의

흉례 때 재궁[梓宮: 임금의 관]을 덮을 때 사용하던 덮개. 소금저素錦褚는 흰 비단을 궁실 모양으로 제작하여 사용하였다. 서까래는 대나무를 사용하고 종이를 바른 다음 흰색 비단[白紡紬巾]으로 씌웠다. 규모는 높이가 2척 8촌 5푼, 너비가 3척 5촌, 길이가 9척 1촌이었다.

참조1 가소금저假素錦褚

예문 殿下入小次左議政帥舁梓宮官等以輪輿捧梓宮內侍覆以素錦褚復從輪輿上進安於退壙散輪上去素錦褚奉審(국장1757A/116ㄱ08~10)

색인 (국장1659一/041ㄴ02)(국장1659一/146ㄱ03)(국장1659一/180ㄴ08)(국장1659一/202ㄴ06)(국장1659一/243ㄱ05)(국장1659一/248ㄴ05)

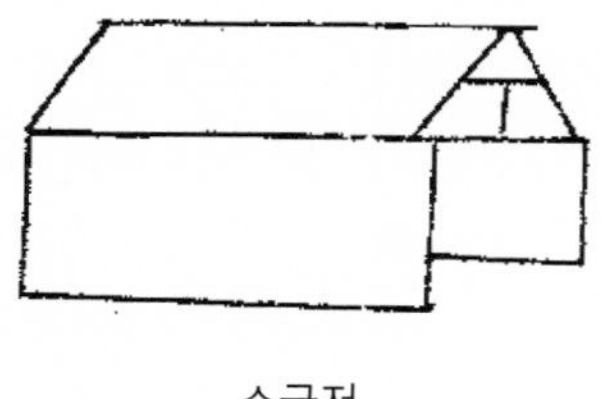

소금저

小凳床【소등상】 일 의

흉례 때 관을 받치는 상床. 국가의 상喪이 있을 때 관을 떠받드는 용도로 사용하였다. 길이는 관의 너비에

준하여 제작하였으며 나무로 만들고 백칠白漆을 한 것이 특징이다. 『국조오례의國朝五禮儀』 및 『국조상례보편國朝喪禮補編』에서는 등凳이라 표기하였으나 의궤에서는 침목枕木이라고도 표기한다.

참조2 등凳, 침목枕木

예문 刑板五部凳牀四十七部小凳床十一部燭臺二坐光明臺七坐槓子一百三十三部(국장1800/070ㄴ10~12)

색인 (국장1800四/070ㄴ11)(국장1800四/100ㄴ10)(국장1800四/114ㄱ08)(국장1864四/086ㄴ06)(부묘1836B/235ㄱ12)(부묘1851一/088ㄴ08)

소라

所羅【소라】 채 의 음 小羅

① 지금의 소래(소래기)로 넓둥글하고 굽 없는 접시와 비슷한 질그릇. ② 취주吹奏 악기樂器의 하나. 소라는 동음이의어로 문맥에 따라 해석을 달리 해야 한다. 기명으로 쓰일 경우 대개 鍮-, 陶-, 鑄가 선행하여 후행하는 기물의 재료적 속성을 밝히면서 동시에 종류를 분화시키는 구실을 한다. 이는 소라[所羅]가 그릇의 한 종류임을 확인할 수 있는 근거가 된다. 그리고 의궤 자료에 기입된 소라[所羅]가 대부분 東海[동이], 方文里[방구리], 貼匙[접시], 鍾子[종지] 등 그릇류와 함께 나타나는 점을 감안하면 그릇의 한 종류임을 알 수 있다. 한편 대부분의 의궤 자료에 所羅의 표기가 일관되게 쓰이고 있으나, 아주 드물게 小羅(『진전중수도감의궤眞殿重修都監儀軌』)의 표기가 보인다.

예문 本都監所用槓子具鎖鑰二尾箒二膠末一升唐沙鉢二延日礪石一硯滴四紫硯四陶東海方文里所羅各一土火爐三紙帒次厚油紙二張儀軌假衣次監落一度(국장1890/163ㄴ10~12)

색인 (가례1627/054ㄱ06)(가례1671/047ㄱ07)(가례1681/066ㄴ08)(가례1762/상064ㄱ07)(가례1802/상152ㄱ10)(가례1802/상155ㄴ02)

小羅【소라】 채 의 음 ☞ 所羅소라

예문 假漆匠所用家猪毛七斤馬尾篩二部擧乃手巾各二件陶東海小羅方文里各三箇水瓮一坐(부묘1778/296ㄱ03~04)

색인 (존숭1802/128ㄱ03)

小爐匠【소로장】 일 건

예전에 작은 가마를 만드는 일을 맡아 하던 장인.

예문 穿穴匠韓莫金金成立以上京居小爐匠玄甲生京居氣乙鉅匠千良李金權已陽以上京居(국장1903/254ㄴ11~ㄱ01)

색인 (가례1627/027ㄱ02)(가례1627/035ㄱ09)(가례1627/058ㄴ11)(가례1627/100ㄴ04)(가례1627/109ㄱ11)(가례1627/127ㄴ12)

小木匠【소목장】 일 건

나무를 다루어 문방구나 목가구, 각종 나무 그릇 따위를 제작하는 기술을 가진 목수. 집이나 절 등 건축을 주로 하는 대목장大木匠에 대칭되는 말이다.

참조2 대목장大木匠

예문 畵員咸太碩等六人木手金福立等十二名冶匠朴永立等三名小木匠白夢赤等七名雕刻匠金明遠等三名磨造匠金天立(국장1674/119ㄱ02~04)

색인 (가례1627/026ㄱ10)(가례1627/059ㄱ07)(가례1627/065ㄴ05)(가례1627/071ㄴ03)(가례1627/100ㄱ05)(가례1627/123ㄱ02)

小盤【소반】 일 음

식기나 음식을 받치는 데 사용하는, 다리가 있는 작은 쟁반. 편평한 반盤과 다리로 이루어진 작은 쟁반으로 간단한 식반이나 주안상 또는 과반으로 활용되었다. 또 음식을 담아 나르는 데 사용되기도 하였다. 식반으로 사용되는 소반은, 왕을 비롯한 특수 신분층에게는 한 사람 앞에 두 세 개의 소반이 진설되기도 하였다. 사용자의 신분에 따라 옻칠을 한 소반과 주칠朱漆을 한 소반이 있는데 옻칠 소반은 서민층에서는 사용하지 않았고 주칠朱漆은 왕실 전용 소반에만 하였다. 왕실 전용 소반은 대궐반이라고 한다. 상다리 모양에 따라 구족반狗足盤, 묘족반猫足盤, 호족반虎足盤, 단각반單脚盤 등이 있다.

관련1 반盤, 방반方盤, 왜주홍칠평반倭朱紅漆平盤, 왼반佐盤, 운족반雲足盤, 쟁반錚盤, 흑칠반黑漆盤

예문 同牢宴所用饌案牀貳高足牀陸樽臺貳黑漆小盤各樣器皿入量進排香案牀貳酒亭貳(가례1727/276ㄴ08~10)

색인 (가례1681/138ㄴ01)(가례1681/280ㄴ10)(가례1802/상105ㄴ10)(가례1802/상162ㄴ12)(가례1819/상171ㄴ06)(가례1819/하081ㄴ02)

네모왜소반

小沙用【소새옹】 채 의 음 ☞ 沙用새옹

예문 鍮榼壹鍮小蓋兒參鑄小沙用蓋具壹黑漆雲足盤貳(가례1727/271ㄴ11~12)

색인 (가례1866/하070ㄴ10)(국장1674A三/091ㄴ08)(국장1674A三/092ㄱ03)(국장1674A三/092ㄱ05)(국장1849一/031ㄴ02)(국장1849一/032ㄱ09)

小床花【소상화】 일 의

궁중 잔치에서 사용하는 장식용 꽃. 진연進宴, 진찬進饌과 같은 궁중 잔치나 가례 등의 의례에서 장식용으로 사용하였다. 주로 종이를 이용하여 제작하는 조화造花이다.

상화

참조2 상화床花

예문 小沙五里一燈燭房依前減付標啓下小床花籠一依前減付標啓下(가례1718/022ㄴ08~10)

색인 (가례1627/104ㄱ04)(가례1671/015ㄱ08)(가례1696/016ㄱ01)(가례1718/022ㄴ09)

小膳【소선】 일 음

왕이나 왕비, 세자, 세자빈을 위한 연회에 진설하는 쇠고기와 양고기로 만든 음식. 무신년 진찬에서는 우육숙편牛肉熟片·양육숙편胖肉熟片을 갑번자기에 담아 목단화와 홍도삼지화를 꽂아서 소원반에 담았다. 이에 반해 대선大膳은 돼지고기와 닭고기로 음식을 마련하였다.

예문 黑漆中圓盤陸丁未八月十五日以存伍啓下黑漆小圓盤陸已上大小膳所用丁未八月十五日以存伍啓下(가례1727/24ㄱ09~11)

색인 (가례1627/108ㄱ06)(가례1627/127ㄴ02)(가례1671/018ㄱ03)(가례1681/025ㄱ03)(가례1681/290ㄴ09)(가례1681/313ㄱ12)

小膳床【소선상】 일 의

왕실의 혼례나 잔치에서 참연자들에게 차려지던 소선小膳의 상차림을 놓았던 상. 소선의 찬품은 양,

오리, 소 등으로 구성되어 있다. 선상膳床은 홍색 명주로 만든 상보를 깔아 사용하였다.

참조1 대선상大膳床, 선상膳床

관련1 왜주홍칠소선상倭朱紅漆小膳床

예문 鴨子一首小膳二床每床羊一首牛前脚塑非弁一隻鴨子一首以上大小膳床四床合高物次牛心半部(가례1802/262ㄴ11~263ㄱ01)

색인 (가례1819/상237ㄱ05)(가례1819/하066ㄱ10)(가례1819/하076ㄴ05)

小小椽【소소연】 일 건

가장 작은 규격의 서까래. 서까래는 규격에 따라 소소연小小椽 외에 장연長椽, 중연中椽, 소연小椽, 대연大椽 등이 있다.

참조1 소연小椽, 중연中椽, 장연長椽

관련1 중소연中小椽, 합주소연合柱小椽

예문 瓢子六箇大針一封中針一封細針一封擔桶二部小小椽二箇木物色眞長木一百二十一箇水靑木三十五箇破帽子二立柳箕四部柳笥一部(국장1821/103ㄱ10~12)

색인 (가례1866/하132ㄴ02)(국장1800四/073ㄴ09)(국장1800二/181ㄱ06)(국장1898三/098ㄴ01)(국장1898五/061ㄴ05)(국장1903二/179ㄴ10)

召兒【초아】 채 의 음 招兒 炒兒

초아

초아의 표기이다. 召兒는 『ᄌᆞ경뎐진쟉정례의궤』와 『행용이문行用吏文』에 각각 초ᄋᆞ, 召兒 죠의 鍮器煮具也로 나와 있어 현재의 초아를 표기한 것으로 보인다. 의궤에는 銀-, 鍮-, 銀柄-, 鑄柄-, 鑄有柄- 등을 앞세워 초아의 종류를 구분한 예가 보인다. 한편 초아에 대하여 『한국한자어사전』에서는 음식물을 볶거나 지지는 데 사용하는 수저처럼 생긴 물건으로 풀이하고 있다. 召兒 외에 招兒 또는 炒兒로도 쓰며 드물게는 招兒[銀有柄招兒盖具壹](『빈전도감殯殿都監』)의 표기도 보인다.

관련1 유초아鍮召兒, 은병초아銀柄召兒, 은초아銀召兒, 주병초아鑄柄召兒, 주유병소아鑄有柄召兒

예문 銀耳鐥一坐重十六兩六戔銀召兒一坐重一兩八戔外上食器皿(빈전1800/151ㄱ10~12)

색인 (가례1627/127ㄴ05)(가례1866/하046ㄱ07)(책례1651/034ㄴ07)(책례1721/134ㄱ10)(책례1721/145ㄴ04)(책례1721/146ㄱ02)

小轝【소여】 일 의

국상 때 재궁梓宮을 안치한 작은 가마. 국상 때 재궁을 안치하는 가마로 대여大轝와 견여肩轝가 있는데, 생전의 연輦과 여輿에 대응되는 가마이다. 발인發靷 의식에서 빈전殯殿에서 재궁梓宮을 견여肩輿에 안치하고 나와서, 다시 대여大輿에 안치하고 궁 밖을 나서며, 능소陵所에 도착해서는 대여에 안치했던 재궁을 견여에 옮겨 능소 위로 올라간다. 견여는 대여에 대비되는 말로 소여小轝라고도 지칭한다. 한편 지붕이 없는 작은 가마를 지칭하는 輿여와 국장 때 대여와 대비되는 소여小轝는 구분되어야 한다. 관련어인 소여수도각小輿隧道閣, 소여신연小輿神輦, 소여안지小轝案支, 소여우비小轝雨備, 소여장강小輿長杠 등은 국장 때 사용하는 소여小轝를 가리킨다.

관련1 소여수도각小輿隧道閣, 소여신연小輿神輦, 소여안지小轝案支, 소여우비小轝雨備, 소여장강小輿長杠

예문 京畿監司了爲相考事一房所掌大小輿腰彩輿及各樣諸具入排假家間數長廣尺數及二房所掌竹散馬(국장1903/050ㄱ03~05)

색인 (가례1696/132ㄱ04)(가례1802/상207ㄴ06)(가례1819/상195ㄴ05)(가례1866/상235ㄴ05)(국장1800四/156ㄱ11)(국장1800二/047ㄴ10)

小椽【소연】 일 건

중연中椽에 비해 작고 소소연小小椽에 비해 큰 서까

래. 서까래는 규격에 따라 소연小椽보다 작은 소소연小小椽을 비롯해 대연大椽, 중연中椽, 장연長椽 등이 있다.

참조1 소소연小小椽, 장연長椽, 중연中椽

관련1 중소연中小椽, 합주소연合柱小椽

예문 假家七間所入柱次中椽木十六箇栿次中椽木八箇道里次中椽木十四箇樑次中椽木七箇大工次小椽木二箇半蓋覆次葉薍七十束式椽次雜長木八巨(국장1681/229ㄴ11~ㄱ01)

색인 (가례1866/하097ㄱ11)(가례1866/하103ㄴ09)(가례1866/하123ㄴ12)(가례1866/하124ㄱ01)(가례1866/하124ㄴ02)(가례1866/하124ㄴ04)

小烏巾【소오건】 일 복

왕세자의 가례 때 사용되는 관모. 소오건小烏巾은 소오관으로 왕세자의 가례 때 사용된 검은색의 비단으로 만든 관모이다. 1627년 『소현세자가례도감의궤昭顯世子嘉禮都監儀軌』에는 소오건으로 기록되어 있고, 1651년 『현종명성후가례도감의궤顯宗明聖后嘉禮都監儀軌』에는 소오관이라고 기록되어 있으며, 1696년 『경종단의후가례도감의궤景宗端懿后嘉禮都監儀軌』에는 다시 소오건으로 기록되어 있어 소오건은 소오관이라고도 하였음을 알 수 있다. 왕세자만 착용한 것으로 보이는 소오건은 1744년 『장조헌경후가례도감의궤莊祖獻敬后嘉禮都監儀軌』까지만 기록이 보이고, 『현종명성후가례도감의궤顯宗明聖后嘉禮都監儀軌』에 의하면 검은색 비단인 조라烏羅 1척 1촌으로 만들었다.

참조1 단령團領

예문 翼善冠壹笠毛羅代馬尾笠壹小烏巾壹網巾貳內壹玉貫子具團領壹袞龍袍次鴉青雲紋匹段諸具(가례1727/011ㄱ05~07)

색인 (가례1627/029ㄴ01)(가례1627/043ㄴ02)(가례1671/007ㄱ11)(가례1671/123ㄱ10)(가례1696/007ㄴ09)(가례1696/162ㄱ12)

小銀匠【소은장】 일 건

소은병小銀甁을 만드는 장인. 소은병은 은으로 만든 것으로 가례에 쓰인다.

참조1 대은장大銀匠, 은장銀匠

예문 尙衣院爲相考事本院小銀匠只有李萬才一名而因本房甘結曾已定送爲有如乎(국장1720/219ㄱ05~06)

색인 (가례1762/상073ㄴ10)(가례1762/상076ㄱ09)(가례1802/상120ㄴ06)(가례1802/상154ㄴ06)(가례1802/상206ㄱ02)(가례1819/상114ㄴ08)

召乙釘【쫄정】 채 건 召釘 召丁 乭乙丁 乭乙釘 乭錠

돌을 쪼아서 다듬는 데 쓰는 연장. 현재 쫄정으로 남아 있다. 쫄정은 쪼다의 활용형 쫄-에 釘, 丁, 錠이 결합한 합성어이다. 召乙釘에서 召乙이 [쫄]음을 표기하는데, 이는 [쫄]음의 표기에 마땅한 차자가 없어 召乙이 쓰인 것일 뿐 당시의 현실음은 [쫄]이었을 것으로 보인다.

참조1 곱정/갈고리못曲釘, 쫄정乭釘, 쫄정乭錠, 쫄정乭乙釘, 쫄정乭乙丁, 오분정五分釘

참조2 각정刻丁, 곱정/갈고리못串釘, 광정廣釘, 번자정番子釘, 변자정邊子釘, 부석정浮石釘, 입정立釘, 장정長釘, 착정鑿釘, 창포정菖蒲釘, 첨지정添志釘, 편자정片子釘, 협정挾釘

예문 生葛乼中束乼各四艮衣地乃木枕木各四箇已上運來用還夢同伊六箇召乙釘四十五箇串釘三十五箇汗亇赤八箇已上治石參半用還(예장1786/169ㄴ09~11)

색인 (가례1627/110ㄴ10)(가례1718/230ㄱ05)(국장1674A三/024ㄴ04)(국장1674A三/025ㄱ09)(국장1674A三/064ㄴ10)(국장1800四/033ㄱ04)

小引鉅匠【소인거장】 일 건

작은 인거로 나무를 켜는 일을 하는 사람. 인거引鉅는 두 사람이 마주 잡고 밀고 당기면서 나무를 켜는 톱을 말한다. 의궤에는 소인거장小引鉅匠 외에

톱을 다루는 장인으로 걸거장, 기거장, 대인거장 등이 보인다. 이들은 조선 초기 『경국대전經國大典』의 공장 항목 등에서는 볼 수 없다. 鉅는 鋸로도 쓴다.

참조1 대인거장大引鉅匠

관련1 소인거군小引鉅軍, 소인거小引鉅, 인거引鉅

예문 安斗萬繕工監方守天小引鉅匠世萬等二牌李斗益俊萬等二牌以上三江李命(국장1701/293ㄴ07~09)

색인 (가례1671/140ㄱ07)(가례1671/231ㄴ10)(가례1681/080ㄴ04)(가례1681/266ㄱ08)(가례1802/상206ㄴ05)(가례1819/상193ㄴ10)

召釘【쫄정】 채 건 召丁 乽乙丁 乽乙釘 乽錠

돌을 쪼아서 다듬는 데 쓰는 연장. 현재 쫄정으로 남아 있다. 쫄정은 쪼다의 활용형 쫄-에 釘, 丁, 錠이 결합한 합성어이다. 召釘에서 召가 [쫄]음을 표기하는데, 이는 [쫄]음의 표기에 마땅한 차자가 없어 召가 쓰인 것일 뿐 당시의 현실음은 [쫄]이었을 것으로 보인다. 召는 전통 한자음이 [소]이나 차자 표기에서는 [조]로 읽히는 것이 일반적이다. 또, 造乙釘(『인정전영건도감의궤仁政殿營建都監儀軌』)의 표기가 있는 것으로 보아 召의 음을 [조]로 확정하는 데 무리가 없을 듯하다. 召釘은 乽-을 볼 때 ㄹ을 생략한 표기이고, 乽乙釘은 ㄹ이 첨가된 표기이다. 釘은 丁으로도 쓴다.

참조1 곱정/갈고리못曲釘, 쫄정乽釘, 쫄정乽錠, 쫄정乽乙釘, 쫄정乽乙丁, 오분정五分釘

관련1 각정刻丁, 곱정/갈고리못串釘, 광정廣釘, 번자정番子釘, 변자정邊子釘, 부석정浮石釘, 입정立釘, 장정長釘, 착정鑿釘, 창포정菖蒲釘, 첨지정添志釘, 편자정片子釘, 협정挾釘

예문 椽次大竹一介二寸召釘三百介打造正鐵二斤八兩圓環排目具五部(빈전1675/158ㄴ01~03)

색인 (국장1674一/137ㄱ07)(국장1681一/164ㄴ05)(국장1681二/234ㄱ09)(국장1681二/234ㄱ12)(국장1681二/235ㄱ05)(국장1681二/235ㄱ07)

召丁【쫄정】 채 건 ☞ 乽釘쫄정

예문 中排設牀坐面紙牀巾改排所入鼠目丁三百介廣頭丁二百五十介二寸召丁五百介帳貼木十介圓環六介鴨項丁六介四寸頭丁十五介從實入(혼전1776/236ㄱ07~09)

색인 (국장1681二/244ㄴ12)(국장1681二/245ㄱ11)(국장1684/007ㄱ06)(국장1684/228ㄱ11)(국장1684/228ㄴ10)(국장1684/228ㄴ10)

小條里匠【소조리장】 일 건

조리거條里鉅 또는 졸음거[條乙音鉅]를 사용하여 가늘고 긴 소각재를 만드는 일을 전문으로 하는 장인. 가례를 비롯한 책례, 국장 등에서 각종 의례용 물품과 가구, 기구 등의 부재감을 만드는 일을 맡았다.

참조1 조리장條里匠

관련1 단목대조리椴木大條里, 단조리短條里, 대조리목大條里木, 육척육촌조리목六尺六寸條里木, 변조리邊條里, 불등변조리목不等邊條里木, 소소조리목小小條里木, 장대조리목長大條里木, 장중조리목長中條里木, 조리목條里木, 중조리목中條里木, 추목소소조리목楸木小小條里木, 추조리목楸條里木, 팔척소조리목八尺小條里木

예문 小條里匠李龍同崔昌輝以上私匠(가례1744/272ㄱ06)

색인 (가례1819/하037ㄱ09)

燒廚房【소주방】 일 음

조선 시대에 궁중의 음식을 만들던 곳. 내소주방과 외소주방으로 나뉘는데 안소주방[內燒廚房]은 왕·왕비의 평상시 조석 수라상을 비롯한 일상식을 장만하고 각종 찬품饌品을 맡아한다. 이에 반해 외소주방外燒廚房은 궁중의 잔치 음식을 장만하였다. 조선 시대 말기에는 평상시의 조석 수라상이나 다과상을 주방 나인들이 소주방에서 직접 만들어 올렸다.

예문 癸亥十二月二十二日一中使分付內殯殿內燒廚房前面懸薦所入從實入次以藘簾條所三

甲所中竹大竹等優數待令亦是置(빈전1683/037ㄱ11~ㄴ01)

색인 (가례1866/하102ㄴ03)(빈전1800一/069ㄴ09)(빈전1800一/074ㄱ12)(빈전1834一/015ㄴ10)

小酒亭【소주정】 일 의

작은 주정酒亭. 주정은 왕실의 혼례나 진연進宴 및 진찬進饌 등에서 왕세자에게 올리던 술병과 술잔 및 술과 관련한 기물을 올려놓았던 탁자이다. 주정酒亭은 직사각형의 천판天板에 마치 정자亭子와 같이 난간을 두르고 호랑이 발[虎足] 모양의 긴 다리로 구성되어 있다. 전면에 흑칠黑漆을 하였다.

참조1 소주정小酒亭, 수주정壽酒亭, 주정상酒亭床

관련1 대소주정大小酒亭, 대주정大酒亭, 소주정小酒亭, 왜주홍칠대주정倭朱紅漆大酒亭, 왜주홍칠소주정倭朱紅漆小酒亭, 왜주홍칠주정倭朱紅漆酒亭, 홍칠주정상紅漆酒亭床

예문 白磁靑畵酒海壹雙花樽壹雙依前減付標啓下黑漆大酒亭壹黑漆小酒亭壹黑漆饌案牀貳部黑漆樽臺壹雙(가례1727/023ㄴ09~11)

색인 (가례1681/023ㄴ12)(가례1681/289ㄴ04)(가례1681/306ㄴ04)(가례1696/259ㄱ08)(가례1819/하054ㄴ10)(가례1866/하044ㄱ06)

小次【소차】 일 의

의례를 행할 때 임시로 설치했던 왕세자의 자리. 궁중 연향과 같은 국가의 의식이 있을 때 왕세자가 임시로 머물던 가건물로 기둥을 세우고 천막을 사용하여 만들었다. 왕과 왕비의 처소는 대차大次라 하여 구분하였다.

참조1 대차大次

예문 大輿至輿仁門內攝左通禮啓請小駐大輿小駐殿下降輦入小次設小次於二橋項東北邊壓地之宜大輿馳擔駐於馬木之上拔長橫杠進短橫杠攝左通禮啓(국장1903/094ㄱ01~03)

색인 (가례1681/154ㄱ12)(가례1681/177ㄱ10)(가례1681/178ㄴ07)(가례1802/상223ㄱ11)(가례1802/상224ㄴ09)(가례1819/상067ㄱ12)

梳次介【빗치개】 잡 복

梳次箇

빗치개로 추정. 주로 빗살 틈의 때를 제거하거나 가리마를 타는 데 쓰였다. 또한 뒤꽂이로도, 머릿기름을 바르는 데도 쓰였다. 재료로는 백동白銅·놋쇠·뿔·뼈·옥석玉石 등이 사용되었고, 화초문花草紋·조문鳥紋·길상어문吉祥語紋·태극문太極紋 등의 문양을 음각陰刻·투각透刻·상감象嵌하였다. 『국혼정례國婚定例』, 『가례도감의궤嘉禮都監儀軌』 등의 기록에 의하면 왕비의 혼례 예물 중 빗접[梳貼] 안에 나무빗[木梳] 3개, 대나무빗[竹梳] 3개, 돼지털로 만든 솔[猪毛省] 1개와 함께 빗치개[梳次介/梳次箇] 1개를 넣어서 보냈다. 의궤에는 梳次箇의 표기도 보인다.

예문 內資寺木梳三箇竹梳三箇猪毛省一箇梳次介一箇以上工曹倭朱紅漆梳貼函一部(가례1866/028ㄱ01~03)

색인 (가례1696/008ㄱ06)(가례1762/상017ㄴ06)(가례1762/상018ㄴ10)(가례1696/070ㄴ01)(가례1696/071ㄴ06)(가례1696/073ㄱ05)

梳次箇【빗치개】 잡 복

☞ 梳次介빗치개

예문 黑漆函一部內裹大紅紬五幅單袱一件外裹紅紬六幅單袱一件梳貼一部木梳三箇竹梳三箇猪毛省一箇梳次箇一箇黑漆梳函一部內裹紅紬一幅半裌袱一件外裹紅紬三幅單袱一件(가례1762/017ㄴ06~08)

색인 (가례1762/017ㄴ07)

蔬菜脯醢楪【소채포해접】 일 의 음

소채포해蔬菜脯醢를 담는 그릇. 사기로 만들었다.

예문 磁匙楪壹磁爵壹磁簠蓋具壹磁簋蓋具壹磁饌楪參磁蔬菜脯醢楪參磁磬壹磁酒樽肆磁酒盞臺具參磁甖參以上司饔院(국장1776/287ㄴ12~288ㄱ02)

색인 (국장1701二/006ㄱ02)(국장1757B二/004ㄱ06)(국장1757B二/008ㄴ04)(국장1776一/254ㄴ04)(국장1776一/257ㄱ10)(국장1776一/288ㄱ01)

梳貼【소첩】 일 복

빗·빗솔·빗치개 등 머리를 손질하는 용구들을 보관하는 화장구. 소첩梳貼은 흔히 기름에 결은 종이 제품을 가리키며, 소갑梳匣은 목木 제품이다. 왕비의 혼례 예물 중 빗접[梳貼] 안에 나무빗[木梳], 대나무빗[竹梳]과 빗치개[梳次介/梳次箇] 등을 넣어서 보낸 기록이 남아 있다.

예문 沙魚皮半半條里骨灰五合松煙五合家猪毛二兩梳貼次咨文紙半張草注紙半張內袱次紅廣的一尺外袱次紅方紬一尺四寸(국장1776/280ㄱ08~10)

색인 (가례1627/045ㄴ09)(가례1627/050ㄴ14)(가례1627/061ㄱ02)(가례1671/007ㄴ06)(가례1671/009ㄱ03)(가례1671/009ㄴ02)

所湯【바탕/바탱이】 채 의 음

물체의 주요 부분, 또는 구체적인 기물이나 용기를 지시하는 말. 바탕[所湯]은 동음이의어로 문맥에 따라 해석을 달리 해야 한다. 所湯은 물체의 틀이나 골격을 이루는 주요 부분으로 보는 견해가 있는가 하면, 풍판 뒤쪽의 헛기둥을 바치는 가로목이라는 새로운 해석도 있다. 의궤에서는 대부분 所湯의 단위어로 개箇가 쓰이고 있는 것으로 보아 所湯이 특정 부분을 지칭하기보다는 셀 수 있는 구체적인 기물을 지시할 가능성을 뒷받침한다. 한편 所湯은 오지그릇의 한 가지인 바탕이[현재 바탱이]를 나타내기도 하는데 이때는 기물이 나타나는 전후 환경을 살피고서야 판단할 수 있다. 뿐만 아니라 所湯이 용기容器를 지시할 때는 대개 재료적 속성을 나타내는 陶가 선행해서 후행하는 기물의 속성을 밝힌다. 따라서 所湯은 첫째, 물체의 주요 부분을 가리키거나 둘째, 구체적인 기물을 지시하거나 셋째, 용기容器를 지시하는 세 가지 의미를 동시에 지니는 동음이의어이다.

참조1 질바탱(이)陶所湯, 질바탱이陶所湯伊

예문 一諸色工匠等赴役時地排空石五立及炊飯所用食鼎一坐木果瓢各二箇平桶二部陶東海二坐法油所盛陶所湯一坐等用還次進排事手決內依戶曹工曹司㯮寺兩倉(빈전1683/238ㄱ05~07)

색인 (가례1681/324ㄴ09)(가례1819/하012ㄴ03)(국장1800四/089ㄴ08)(국장1800四/092ㄱ12)(국장1800四/096ㄴ07)(국장1800四/099ㄴ01)

所湯丁【바탕못】 채 건

바탕쇠를 고정하는 데 박는 못으로 추정. 바탕쇠는 수나사를 채울 때 그 머리 바로 밑에 대어 받치는 쇠로 된 얇은 판으로 나사가 꼭 끼어 잘 빠지지 않도록 하는 데 쓰거나, 문고리 따위를 달 때 그 밑판으로 대는 쇠판으로 흔히 무늬를 넣어 장식을 겸한다.

예문 倭朱紅一兩全漆三合每漆一合內塗紅扇子紙八張粧餙落目兩排所湯丁具一部後赤貼丁具二部甘佐非丁具三十六箇所鎖鎖鑰開金具一部(가례1866/090ㄴ04~06)

색인 (가례1866/090ㄴ05)

束帛【속백】 일 의

비단의 양쪽 끝을 말아서 서로 향하게 한 후 끈으로 묶은 예물. 혼례의 절차 중 하나인 납징納徵 또는 납폐納幣 때에 예물로 검은 비단과 붉은 비단을 보내는데 이를 속백束帛이라 한다. 속백은 비단의 양끝에서부터 감아 서로 맞닿게 한 후 묶었기 때문에 붙여진 이름이다. 왕비의 혼례에서는 검은 비단 여섯 필과 붉은 비단 네 필을 사용한다. 한편 상례에서도 속백束帛을 사용하였는데 이때에는 죽은 이를 상징하는 혼백魂帛을 나타낸다. 상례에서 속백은 고제古制로서 백초白綃 한 필을 말아서 흰 실로 묶어 만들었다.

참조1 거속백안자擧束帛案者

관련1 속백예물束帛禮物, 속백여束帛輿, 속백중함束帛中函, 속백채여束帛彩輿, 속백함束帛函, 속백함차비束帛函差備, 속백함차비관束帛函差備官

예문 掌次者迎入次束帛陳於幕內兩馬陳於幕南北首東上謁者引使者立於大門外之東西向北上擧束帛案者立於使者之南(가례1727/166ㄴ01~03)

색인 (가례1627/008ㄴ05)(가례1627/008ㄴ09)(가례1671/033ㄱ10)(가례1671/033ㄴ12)(가례1671/110ㄱ10)(가례1671/110ㄴ01)

束帛案【속백안】 일 의

의례를 행할 때 속백束帛을 놓았던 상床. 주로 왕세자가 왕세자빈을 맞이하는 납빈의納嬪儀와 같은 왕실 가례에서 임금이 내린 속백束帛을 놓았던 상이다. 검은 비단과 붉은 비단으로 구성된 속백은 함에 담아 안案 위에 놓아두면 의례를 행할 때 집사가 속백안을 들고 나아가 예를 행하였다.

참조1 교서속백안敎書束帛案

관련1 속백안자束帛案者

예문 前一日掖庭署設御座於景賢堂北壁南向設束帛案於座前近東其日典儀設文官二品以上位於堂庭道東宗親及武官二品以上位(가례1762/061ㄴ02~04)

색인 (가례1671/108ㄴ11)(가례1671/109ㄴ03)(가례1671/109ㄴ08)(가례1681/164ㄴ07)(가례1696/135ㄴ08)(가례1696/137ㄱ09)

俗節【속절】 일 의

민간에서 축일로 지내는 명절名節. 조선 시대 속절은 유교의 정통적인 제삿날과 구분되는 시속時俗의 제향일이라는 의미를 함축하고 있다. 종묘 제사에서 가장 중요한 제사는 사계절의 매월 상순에 지내는 사시제四時祭이다. 이외 삭망제朔望祭와 속절제俗節祭가 있다. 『국조오례서례國朝五禮序例』「시일時日」조에서 속절俗節로 규정한 명절은 정조正朝, 한식寒食, 단오端午, 추석秋夕, 동지冬至, 납일臘日이다. 이 중에서 납일의 납향제는 사시제와 더불어 오향대제五享大祭에 들어갔으며 나머지 다섯 절일에 지내는 제사를 속제俗祭로 간주하였다. 속절俗節 때에는 종묘, 진전眞殿, 능원묘陵園墓, 그리고 혼전魂殿에서 제사를 지냈다. 특히 한식 때에는 4대가 지난 모든 능원묘陵園墓에서도 제향을 지내는 가장 큰 제삿날이었다.

예문 魂殿朔望俗節四時臘享凡別祭及山陵朔望俗節四時臘享凡別祭已上奉常寺(국장1903/123ㄱ02~03)

색인 (국장1659一/123ㄱ02)(국장1659一/123ㄱ03)(국장1659二/176ㄴ09)(국장1659二/177ㄴ08)(국장1674二/139ㄴ03)(국장1674二/140ㄴ04)

束乼【뭇줄】 채 건

삼으로 굵게 드린 바. 길이가 긴 것에는 大-를 붙여 구분하였다.

관련1 대속줄大束乼

예문 長生殿外梓宮一時進去山陵是如乎此則以戶曹束乼中擇用而至於首吐(국장1724/212ㄱ05~06)

색인 (가례1866/하129ㄱ03)(가례1866/하131ㄴ06)(국장1800二/150ㄱ05)(국장1800二/211ㄴ01)(국장1898五/018ㄴ09)(국장1898五/053ㄴ04)

乭乙釘【쫄정】 채 건 召釘 召丁 乭乙丁 乭錠 ☞ 乭錠쫄정

참조1 곱못/갈고리못曲釘, 쫄정乭釘, 쫄정乭錠, 오분정五分釘

참조2 각정刻丁, 곱못/갈고리못串釘, 광정廣釘, 번자정番子釘, 변자정邊子釘, 부석정浮石釘, 입정立釘, 장정長釘, 착정鑿釘, 창포정菖蒲釘, 첨지정添志釘, 편자정片子釘, 협정挾釘

乭乙丁【쫄정】 채 건 召釘 召丁 乭乙釘 乭錠 ☞ 乭

錠쫄정

참조1 곱못/갈고리못曲釘, 쫄정乭錠, 쫄정乭釘, 오분정五分釘

참조2 각정刻丁, 곱못/갈고리못串釘, 광정廣釘, 번자정番子釘, 변자정邊子釘, 부석정浮石釘, 입정立釘, 장정長釘, 착정鑿釘, 창포정菖蒲釘, 첨지정添志釘, 편자정片子釘, 협정挾釘

乭錠【쫄정】 채 건 乫釘 乫丁 乭乙丁 乭乙釘

돌을 쪼아서 다듬는 데 쓰는 도구. 쫄정은 쪼다의 활용형 쫄-에 釘, 丁, 錠이 결합한 합성어이다. 쫄정乭錠에서는 乭이 [쫄]음을 표기하는데, 이는 [쫄]음의 표기에 마땅한 차자가 없어 乭이 쓰인 것일 뿐 당시의 현실음은 쫄정이었을 것으로 보인다. 한편 釘, 丁은 의궤에서 주로 못을 나타내지만, 乭錠, 乭乙丁, 乭釘을 浮石時 石手가 쓰는 연장으로 串丁, 蒙同, 立丁, 飛只音金과 함께 제시되어 있어 이들을 못의 일종보다는 연장으로 보는 것이 적당하다.

참조1 곱못/갈고리못曲釘, 쫄정乭釘, 쫄정乭乙丁, 쫄정乭乙釘, 오분정五分釘

참조2 각정刻丁, 곱못/갈고리못串釘, 광정廣釘, 번자정番子釘, 변자정邊子釘, 부석정浮石釘, 입정立釘, 장정長釘, 착정鑿釘, 창포정菖蒲釘, 첨지정添志釘, 편자정片子釘, 협정挾釘

乭釘【쫄정】 채 건 乫釘 乫丁 乭乙丁 乭乙釘 乭錠

정의 일종. 정은 그 머리 부분을 망치로 때려 돌을 쪼아 내거나 돌에 글이나 무늬 등을 새길 때 사용하는 도구로 의궤에서는 釘, 丁, 錠의 세 가지로 표기되어 있다. 의궤에 기록된 정에는 편자정片子釘, 邊子釘, 쫄정[乭釘], 곱못/갈고리못[串釘], 입정立釘, 장정長釘, 넙적정[廣釘], 창포정菖蒲釘, 첨지정添志釘, 번자정番子釘, 오푼정五分釘, 끌정[鑿釘], 부석정浮石釘, 새김정[刻丁], 곱못/갈고리못[曲釘], 협정挾釘 등이 있어 형태와 크기 및 용도에 따라 구분하여 사용하였던 것으로 보인다. 쫄정은 모든 의궤에 대부분 등장하는 것으로 보아 가장 일반적으로 사용하였던 정으로 추정된다. 의궤에는 乭釘, 乭丁, 乫釘, 乫丁, 乫乙丁, 乫乙釘, 乭錠, 乭乙釘, 造乙釘 등의 여러 표기가 다양하게 보인다.

참조1 곡정曲釘, 솔정乭釘, 솔을정乭乙丁, 솔을정乭乙釘, 오분정五分釘

참조2 각정刻丁, 곶정串釘, 광정廣釘, 번자정番子釘, 변자정邊子釘, 부석정浮石釘, 입정立釘, 장정長釘, 착정鑿釘, 창포정菖蒲釘, 첨지정添志釘, 편자정片子釘, 협정挾釘

예문 小釘十介方乷二介乭釘十五介中菖莆乷二介小刀乷二介陶東海二坐(예장1729/158ㄴ06~08)

색인 (가례1681/287ㄴ10)(가례1681/325ㄱ04)(가례1762/상092ㄴ04)(가례1819/하063ㄱ08)(가례1819/하110ㄴ04)(국장1800四/018ㄱ07)

松古【송고】 잉 음

소나무의 흰 껍질을 삶아 익혀 찧은 후에 쌀가루를 섞어서 만든 떡. 소나무 흰 껍질을 벗겨서 삶아 익힌 다음, 절구에다 여러 차례 찧는다. 그 뒤에 찹쌀가루와 섞어 반죽한 다음 동전[錢] 모양으로 잘라 기름에 부쳐 만든다. 즙청汁淸을 입힌 위에 잣가루를 입힌 것은 1906년 가례에서부터 나타난다. 진향進香 등의 종묘제례의 제수祭需로도 올렸다. 『일성록日省錄』에는 정조 10년(1786) 7월 22일에 의정부가 빈궁에 진향할 때에 예찬禮饌으로 송고병松膏餠 1기器를 올렸다는 기록이 있다. 『일성록日省錄』, 『성호사설星湖僿說』 등에서는 松膏로 표기되기도 하였다.

예문 山蔘餠一器松古餠一器敬丹餠一器(빈전1675/025ㄴ10~12)

색인 (빈전1659/039ㄴ06)(빈전1659/040ㄴ11)

松古亇條【송고마조】 채 음

궁중의 혼례 때 동뢰연상同牢宴床에 올렸던 것으로

송고를 넣어 반죽한 막대 모양의 과자. 찹쌀가루나 밀가루를 숙송고熟松古와 함께 꿀[膠淸]에 반죽하여, 막대 모양으로 길게 썰어 참기름에 튀긴다. 뜨거울 때 꿀에 담갔다가 식혀서 사분백미沙粉白米 고물을 묻힌다. 망치와 유사한 막대 모양의 과자라 하여 마조[亇條]라는 이름이 붙여진 것으로 추정된다. 재료로는 숙송고熟松古, 교청膠淸, 교점미膠粘米, 진유眞油, 사분백미沙粉白米가 쓰인다. 의궤에는 송고마조를 松古亇條 외에 松古了條로 표기한 예도 보인다.

참조1 홍마조紅亇條

예문 松古亇條三器式六器每器高六寸紅亇條二器式四器每器高六寸(가례1744/214ㄱ01~02)

색인 (가례1627/042ㄴ14)(가례1718/207ㄴ10)(가례1802/상022ㄱ01)(가례1681/214ㄴ06)(가례1696/192ㄴ01)(가례1671/144ㄱ10)

松古了條【송고마조】 찬 음 ☞ 松古亇條송고마조

예문 油沙了條松古了條染紅了條(가례1819/상017ㄱ10~12)

색인 (가례1819/상017ㄱ11)(가례1866 상018ㄴ11)(가례1866 상281ㄱ08)

松古味子兒【송고미자아】 일 음

궁중 혼례 때 동뢰연상同牢宴床에 올렸던 것으로 송고松古를 넣어 반죽한 작은 도토리 모양의 과자. 숙송고熟松古를 찹쌀가루나 밀가루와 함께 꿀[膠淸]에 반죽한 것을 작은 도토리 모양으로 만들어 참기름에 튀긴다. 뜨거울 때, 꿀[汁淸]이나 백당白糖 녹인 것에 담갔다가 식혀서 사분백미沙粉白米 고물을 묻혀낸다. 자아子兒라는 명칭에서 짐작할 수 있듯이 다산多産, 특히 아들을 많이 낳게 해 달라는 소원이 담겨 있다. 재료로는 숙송고熟松古, 교청膠淸, 교점미膠粘米, 즙청汁淸, 사분백미沙粉白米가 쓰인다.

예문 白味子兒一器式二器每器高四寸松古味子兒一器式二器每器高四寸油沙味子兒一器式二器每器高四寸(가례1744/213ㄴ07~09)

색인 (가례1671/143ㄴ04)(가례1671/145ㄱ12)(가례1681/213ㄴ11)(가례1681/216ㄱ02)(가례1696/191ㄴ04)(가례1696/193ㄴ08)

松古餠【송고병】 일 음

연회에 사용되는 음식으로 소나무 흰 껍질[송백피]을 찧어 꿀과 쌀가루를 섞어 만든 떡. 소나무의 겉껍질을 벗기면 있는 흰 껍질을 삶아 찧은 후 꿀과 쌀가루를 섞어 만든 떡이다. 찧은 소나무 껍질을 송기라 하여 송기병이라고도 한다. 붉은 빛을 띠며 소나무 향이 난다.

예문 甲子二月十六日傳曰今日晝茶禮視膳則松古餠敬丹餠堅硬如石味亦不甘敬丹餠則尤甚無形其前期預造之跡明白無疑(빈전1683/115ㄱ04~06)

색인 (가례1681/220ㄴ10)(가례1802/상024ㄱ11)(가례1802/상255ㄱ06)(가례1819/상019ㄴ03)(가례1819/상240ㄱ07)(가례1866/상021ㄱ09)

鎖鑰【쇄약】 일 건

자물쇠와 열쇠. 조선 시대에 자물쇠는 용도에 따라 매우 다양한 형태의 것을 사용하였다. 의궤에는 대쇄약大鎖鑰, 중쇄약中鎖鑰, 소쇄약小鎖鑰 등 크기에 따라 종류가 나뉜 예가 보이고, 재료에 따라 납염쇄약鑞染鎖鑰과 정철쇄약正鐵鎖鑰도 보인다.

관련1 납염쇄약鑞染鎖鑰, 납염쇄약쇄지鑞染鎖鑰鎖之, 대쇄약大鎖鑰, 소쇄약小鎖鑰, 정철쇄약正鐵鎖鑰, 중쇄약中鎖鑰, 합소쇄약合小鎖鑰

예문 鑰升鑰合各一木斗木升各二料米捧上時所用木斛一炭斛一庫所用鎖鑰具三部陶甕所羅陶東海陶耳鐥各一(국장1903/088ㄴ04~06)

색인 (가례1627/026ㄱ01)(가례1627/053ㄴ10)(가례1627/071ㄱ09)(가례1627/110ㄱ02)(가례1627/115ㄱ10)(가례1627/124ㄱ11)

鎖鑰匠【쇄약장】 일 건

자물쇠와 열쇠를 만드는 장인.

참조1 쇄약鎖鑰, 정철쇄약장正鐵鎖鑰匠

예문 漆匠崔碩珍李同伊成次先李時材鎖鑰匠崔後善護匣匠李昌世金世建徐尚民(국장1720/225ㄴ04~06)

색인 (가례1671/150ㄱ03)(가례1671/224ㄱ04)(가례1671/231ㄴ08)(가례1681/080ㄴ06)(가례1696/063ㄴ03)(가례1696/065ㄴ03)

綬【수】 일 복

조복朝服과 제복祭服을 착용할 때 허리 뒤쪽에 늘어뜨리는 장식품. 왕王의 수는 붉은 비단[紅花錦]에 아래쪽에 술이 달려 대수大綬를 이루고 있으며 바로 위에는 3개의 소수小綬가 있는데 각 소수는 고리 형태의 매듭으로써 횡橫으로 연결되었고 좌우 가장자리의 소수에는 2개의 금환金環이 있다. 문무관文武官의 수는 붉은 비단에 색실로 새를 짜 넣었고, 고리[環] 2개가 달려 있다. 아래에는 푸른색 비단실로 그물 모양의 장식과 술을 늘어뜨렸다. 품계의 구별은 색실의 가지 수와 새의 종류, 고리[環]의 재료로 구별한다.

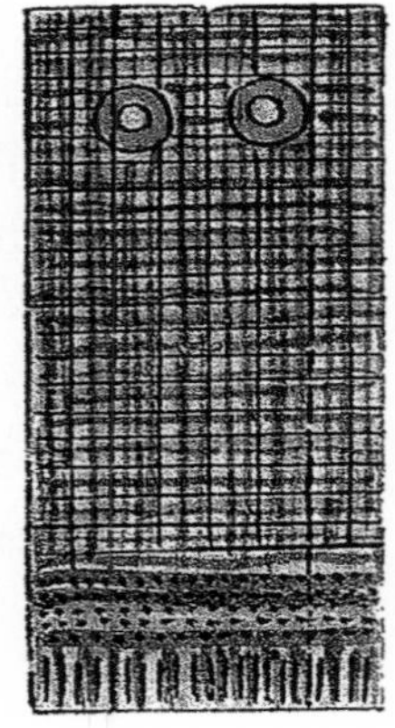

수

참조2 후수後綬

예문 啓請中嚴使者至宮門外掌次者迎入次教命冊函寶綬陳於幕次其命服使者授尚傳先進司僕寺官進輦於幕南(책례1651/014ㄴ05~07)

색인 (가례1627/010ㄱ04)(가례1627/010ㄱ07)(가례1802/상235ㄱ12)(가례1819/상218ㄴ12)(국장1800二/158ㄱ08)(국장1800二/190ㄱ09)

水同黃【수동황】 일 의

건축의 단청이나 그 밖의 기물 등의 채색에 사용되는 황색 빛을 띤 안료. 동황은 주로 동남아에서 자라는 해등海藤(Gamboge)이라는 식물의 나뭇가지를 잘라 흘러내리는 즙을 굳혀 천연 수지 상태로 채취되는 것이다. 여기서는 수동황水同黃이라 하였는데 현재 수동황水同黃에 대한 정확한 의미가 파악되어 있지는 않다. 다만 동황을 사용할 때 원래 수지의 상태인 것을 물에 갈아 쓰거나 기름과 섞어 사용하기도 한다. 따라서 수동황은 수지의 상태가 아니라 물에 녹인 상태의 동황을 지칭하는 것으로 짐작된다.

예문 樽花二朶每朶所入天銀紙二卷半草綠紙二張多紅紙二張水同黃三錢黃灰木一丹半槐花一升六合白苧布一尺(가례1866/282ㄴ05~07)

색인 (가례1802/상260ㄱ11)(가례1802/상260ㄴ11)(가례1802/상261ㄱ08)(가례1819/상244ㄴ10)(가례1819/상245ㄱ10)(가례1866/상282ㄴ06)

修理所【수리소】 일 의

가례의 의식이 치러질 때 장인들이 고장난 물건이나 허름한 데를 고쳐주는 일을 맡은 기구.

예문 眞長木二百五十介以上水剌間醬庫兩處排設作門圍排所入朴達木一條半內修理所造成所別工作等木手及小木匠朴𠂇赤所用半條抹樓諸具所用(빈전1649/224ㄴ12~225ㄱ01)

색인 (가례1627/073ㄴ12)(가례1627/074ㄴ06)(가례1671/049ㄴ10)(가례1671/050ㄱ07)(가례1671/080ㄱ04)(가례1681/067ㄴ08)

手本秩【수본질】 일 의

수본 묶음. 가례嘉禮와 국장國葬, 존숭尊崇, 책례冊禮, 추숭追崇을 치르는 동안에 상급기관이나 관계관청에 보고한 문서인 수본 묶음을 의미한다.

참조1 질秩

예문 今番則程道甚近故從約磨鍊見下手本秩(국장1821/018ㄱ09)

색인 (가례1671/226ㄱ02)(가례1681/285ㄱ03)(가례1696/244ㄱ11)(가례1696/275ㄴ06)(가례

1718/235ㄴ10)(가례1718/266ㄴ03)

首紗只【수사기】 채 복

여자나 무동녀舞童女 등이 사용하는 댕기와 유사한 장식품. 『악학궤범樂學軌範』의 연화대 복식 중에 수사기[首紗只]의 제작법이 있는데 자색의 라羅나 자색 초綃로 여덟 가닥으로 늘어뜨리고 그 위에 금화문을 찍고 끈은 홍색초로 만든다. 영친왕 유물에 보면 수사기는 자주색 긴 끈에 원형 금박을 찍은 것이다. 『영조정순왕후가례도감의궤英祖貞純王后嘉禮都監儀軌』에서는 자주색 비단으로 만든 것으로 단의丹衣 위에 늘어뜨리는 장식품이라 하고, 수사기 한 감은 자적라紫的羅 사 오리[條里] 각 길이 2자 4치 너비 1치가 필요하다고 기록하고 있다.

관련1 자적라수사기紫的羅首紗只

예문 紫的羅首紗只一紫的鄕織串衣一(가례1762/017ㄱ01~02)

색인 (가례1802/상238ㄴ08)(책례1690/010ㄱ01)

首飾【수식】 일 복

머리를 꾸미는 장식. 수식은 머리에 장식하는 모든 것을 통칭하는 것으로 적관, 떠구지, 족두리, 화관, 떨잠, 비녀, 뒤꽂이, 첩지 등 신분이나 사용 용도에 따라 다양한 종류가 있다.

예문 手巾一用白細苧布一尺五寸首飾一內外用黑緞造作長八寸七分廣四寸一分兩(국장1681/049ㄱ09~11)

색인 (가례1627/024ㄱ14)(가례1627/028ㄱ05)(가례1627/034ㄴ03)(가례1671/120ㄱ12)(가례1671/122ㄴ08)(가례1681/052ㄴ11)

水晶仗【수정장】 일 의

거둥 또는 전좌할 때 배치되는 노부 의장鹵簿儀仗의 하나. 수정장은 나무로 자루를 만들고 은으로 감싸고 그 위에 수정 구슬을 붙인 후 도금한 철사를 구부려 수정 구슬의 둘레에 붙여 빛나는 형상을 만든 의장이다. 소금월부小金鉞斧, 홍양산紅陽繖과 함께 국왕이 전좌할 때와 거둥할 때 어좌御座 혹은 가마 가까이에 배치하였다.

수정장

관련1 금부월수정장차비金斧鉞水晶杖差備, 부월수정장차비斧鉞水晶仗差備, 수정장차비水晶杖差備

예문 水晶仗金鉞斧先陳於正階下左右尙傳出就位典儀曰四拜左通禮跪啓請鞠躬四拜興平身(상호1875/045ㄴ10~11)

색인 (가례1802/상199ㄴ02)(부묘1836A/028ㄴ09)(상호1827二/060ㄱ03)(상호1875/045ㄴ10)(존호1888B/036ㄱ06)(존호1888B/039ㄴ04)

壽酒亭【수주정】 일 의

왕에게 술을 올리는 데 사용하던 탁자. 왕실의 혼례나 진연進宴 및 진찬進饌 등에서 왕세자에게 올리던 술병과 술잔 및 술과 관련한 기물을 올려놓았던 탁자인 주정酒亭에 비해 크기가 약간 크고 전면에 주칠朱漆을 한 차이가 있다.

참조1 주정酒亭

수주정

受册【수책】 일 의

책봉을 받는 일 또는 그 의식. 책봉은 임금이 왕비, 왕세자, 왕세손, 세자빈, 세손빈 등을 봉하는 것을 말한다. 책봉 때에 왕비에게는 교명, 옥책, 보인을, 왕세자와 빈에게는 교명과 죽책, 그리고 인수印綬

를 내린다. 책봉 받는 사람이 정전正殿에 나아가 왕에게 직접 받는 경우에는 별도의 수책례受册禮가 없다. 그러나 왕비나 빈의 경우와 같이 수여하는 곳과 받는 곳이 분리될 때에는 정전에서 책봉을 선포하고 교명과 책보册寶를 사신使臣에게 전하는 의식과 사신으로부터 책명과 책보를 받는 수책의受册儀가 분리된다. 그리고 왕비와 빈을 책봉하는 의식은 대개 혼례 때 책례가 함께 행해지기 때문에 수책은 납비의納妃儀 또는 왕세자납빈의王世子納嬪儀에 포함된다.

참조1 수책례의受册禮儀

관련1 수책습의受册習儀, 수책의受册儀, 수책지절작도受册之節作圖, 수책함受册函

예문 妃氏第受納采納徵告期禮及受册禮畢儐使者及使者以下復命(가례1802/095ㄴ10~12)

색인 (국장1674一/086ㄱ06)(국장1674二/152ㄴ02)(국장1702B一/118ㄴ10)(국장1724一/106ㄴ10)(국장1724二/227ㄴ07)(국장1730二/266ㄴ11)

受册禮【수책례】 일 의 ☞ 受册수책

예문 妃氏第受納采納徵告期禮及受册禮畢儐使者及使者以下復命乙良依禮文擧行爲白乎旀(가례1866/086ㄴ05~06)

색인 (가례1671/033ㄴ05)(가례1718/051ㄱ08)(가례1762/상053ㄴ11)(가례1802/상095ㄴ11)(가례1819/상092ㄱ03)(가례1866/상086ㄴ05)

受册禮儀【수책례의】 일 의 ☞ 受册수책

예문 仁政殿傳教官啓受册禮儀命婦典設司使者布幕(책례1726/041ㄴ05~07)

색인 (책례1726/042ㄴ06)

水鐵【무쇠】 채 건

주철.

참조2 무쇠계水鐵契

예문 一本房所掌腰輿一部彩輿二部上下粧餙所入鐵物鑞染時所用炭一石松脂二斤上下爲乎旀水鐵長釜子一坐乙良用還次進排事該司良中捧甘何如堂上手決內依(책례1690/067ㄴ10~12)

색인 (가례1696/234ㄴ10)(가례1696/234ㄴ12)(가례1696/235ㄱ01)(가례1696/235ㄱ03)(가례1696/235ㄱ04)(가례1696/235ㄱ05)

首把【수파】 일 복

여자들이 머리를 동이는 데 사용되는 헝겊으로 만든 수건. 『영조정순후가례도감의궤英祖貞純后嘉禮都監儀軌』에 보면 수파首把[머리 장식 헝겊]감으로 모단 각 길이 1자 3치 너비 1치 5푼이 필요하다고 기록되어 있다.

예문 擧頭尾首把所入毛段二尺(책례1651/026ㄴ12)

색인 (가례1681/015ㄱ12)(가례1718/009ㄱ11)(가례1819/상230ㄱ10)(가례1819/상232ㄱ04)(가례1819/상234ㄱ01)(가례1819/상234ㄱ07)

水波蓮【수파련】 일 의

국가의 의례를 행할 때 사용했던 채화綵花의 한 종류. 비단실과 은실, 구리철사 등을 이용하여 만드는 채화綵花의 한 종류이다. 종이로 연꽃 모양을 만들고 크기에 따라 대수파련大水波蓮, 중수파련中水波

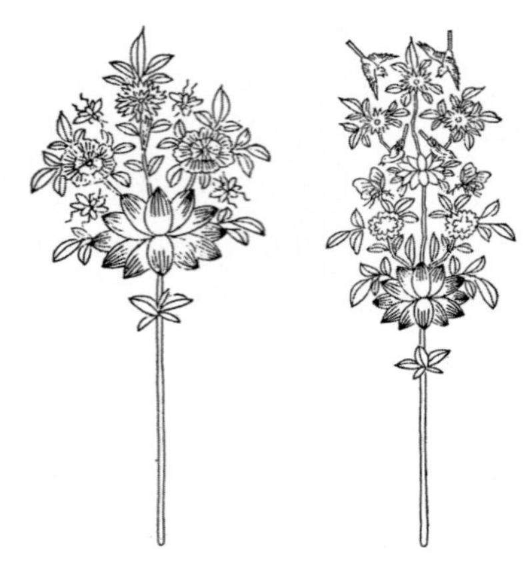

수파련

蓮, 소수파련小水波蓮, 소소수파련小小水波蓮 등으로 나뉜다.

참조2 채화綵花

예문 前後二長六尺六寸厚六分用椴板朱紅漆以石紫黃畵水波蓮雲角四左右二長十二尺廣六寸五分厚六分(국장1720/156ㄱ02~04)

색인 (가례1802/상261ㄴ09)(가례1819/상078ㄴ07)(가례1819/상246ㄱ07)(가례1866/상284ㄱ04)(국장1800三/045ㄱ10)(국장1800二/069ㄱ01)

脩脯所【수포소】 일 음

포를 만드는 곳. 즉 고기를 말리는 곳으로 추정된다.

예문 大殿中宮殿世子宮嬪宮敎是時棗栗暇脩脯所排牀盤案等物例自本房擧行而所入物力磨鍊以稟依此進排事捧甘何(가례1762/110ㄱ01~03)

색인 (가례1819/하066ㄴ12)

水禾紬【수화주】 일 복

품질이 좋은 비단의 일종. 삼팔주三八紬와 같이 평직의 견직물이다. 수주水紬로도 표기하였다.

참조1 남수주藍水紬, 대홍수주大紅水紬, 백수주白水紬

예문 彩花席一縇紫的吐紬牀上所排一縇紫的吐紬褥上所排一滿花方席縇紫的吐紬褥上上排戶曹褥一表草綠水禾紬裏礬紅鼎紬彩花席上所排尙方(빈전1886/083ㄴ02~03)

색인 (빈전1886三/083ㄴ03)

秀花紬【수화주】 일 복 ☞ 水禾紬수화주

참조1 남수주藍水紬, 대홍수주大紅水紬, 백수주白水紬

熟麻匠【숙마장】 일 건

삼을 익혀 벗겨 낸 껍질인 숙마熟麻로 다양한 굵기와 길이의 끈이나 줄을 꼬는 일을 전문으로 하는 장인. 가례나 국장, 책례 등의 행사에 사용되는 의례용 각종 여轝와 기구, 운반용 수레, 물품 등에 필요한 줄을 만들었다.

참조2 대색숙마大索熟麻, 마대줄麻大乼, 숙마담줄熟麻擔乼, 숙마대熟麻帶, 숙마대줄熟麻大乼, 숙마삭熟麻索, 숙마熟麻, 숙마조색熟麻條索, 숙마조소熟麻條所

예문 熟麻匠所用中刀子一箇方亇赤次雜木一箇柱次中椽木一箇(국장1834/077ㄱ09~10)

색인 (국장1800四/090ㄴ06)(국장1821四/109ㄱ01)(국장1834四/077ㄱ09)(국장1890四/071ㄴ05)(국장1864四/075ㄱ05)

熟手【숙수】 일 음

조선 시대에 궁중의 잔치나 제사에 쓰이는 음식을 만드는 전문 요리사. 조선 시대에 이조에 속해 음식을 만드는 일을 전문으로 하는 남자 요리사를 대령숙수라고 하였는데 이들은 대를 이어 궁에서 음식 만드는 일을 하였다. 한말 이후 숙수들이 시중으로 나가 일하게 됨으로써 궁중의 음식이 일반화되는 계기가 되기도 하였다.

예문 朝夕奠及朔望奠別奠造果時該司官員領率熟手直宿監造爲白乎矣應用雜物令該司官員躬親進排爲白齊(빈전1600/006ㄴ07~09)

색인 (가례1802/상089ㄱ07)(가례1819/상082ㄴ11)(가례1819/상083ㄱ03)(가례1819/상119ㄱ10)(가례1819/상119ㄱ10)(가례1866/상068ㄴ06)

順威石【순위석】 일 건

각종 공사에 동원된 여러 장인들이 쇠 연장이나 물품을 연마할 때 사용하는, 순위順威 지방에서 생산되는 숫돌의 일종. 順威礪石, 巡威石, 巡威礪石이라고도 표기한다. 숫돌은 일반적으로 여석礪石이라 표기하고, 숫돌의 거친 정도에 따라 강여석强礪石, 중여석中礪石, 상여석常礪石으로, 크기에 따라 대여석大礪石, 중여석中礪石, 소여석小礪石으로, 산출지에 따라 연일여석延日礪石, 순위여석順威礪石, 泰仁礪石泰仁礪石, 남양여석南陽礪石, 단성여석丹城礪石 등으로 구분하였다.

동 순위여석巡威礪石, 순위여석順威礪石, 순위석巡威石

참조2 강여석强礪石, 남양여석南陽礪石, 단성여석丹城礪石, 대여석大礪石, 상여석常礪石, 소여석小礪石, 여석礪石, 연여석軟礪石, 연일여석延日礪石, 중여석中礪石, 태인여석泰仁礪石

예문 木手所用順威石三塊延日石二塊定紘綿絲一兩松煙二兩雕刻匠所用沙魚皮半令樑板一墨一丁(국장1681/128ㄴ12~129ㄱ01)

색인 (가례1671/177ㄱ03)(가례1671/177ㄴ06)(가례1671/178ㄱ08)(가례1671/181ㄴ07)(가례1681/108ㄴ03)(가례1681/195ㄴ05)

巡威石【순위석】 일 건 ☞ 巡威礪石순위여석

예문 沙魚皮一令及半半令延日礪石二塊羔鬚三兩八錢巡威石一塊半正布三十尺磻朱紅一斤十二兩白眞絲二兩七錢(책례1651/074ㄱ01~03)

색인 (가례1627/085ㄱ03)(가례1627/125ㄴ03)(존호1621/098ㄱ14)(존호1621/103ㄱ02)(존호1621/118ㄴ03)(존호1621/130ㄱ10)

巡威礪石【순위여석】 일 건

순위 지방에서 생산되는 숫돌의 일종. 숫돌을 일반적으로 여석礪石이라 표기한다. 순위석巡威石이라고도 한다.

참조1 순위석順威石

예문 沙魚皮半令巡威礪石半塊太末一升骨灰二升甘執伊三十六介小頭釘七十二介接貼二部頭釘十六介(책례1651/060ㄱ02~04)

색인 (존호1621/123ㄱ13)(책례1610/093ㄱ01)

瑟【슬】 일 의

제례악祭禮樂에 주로 사용된 25현의 현악기. 금琴과 슬瑟은 주로 남성적 악기와 여성적 악기로 각각 비유된다. 전체적으로 검은색의 단아한 모습의 금琴과 달리 슬은 전체적으로 연두색 바탕에 주황색·흰색·검은색 구름과 비상하는 학을 화려하게 그려 넣는다. 문묘 제례악에 사용되지만 음량이 적다. 25현의 구성은 12율이 두 옥타브로 배열되어 24현을 사용하고, 옥타브 사이에는 사용하지 않는 윤현閏絃이 있다.

예문 以梧桐木造作長四寸七分廣二分具絃瑟一以梧桐木造作長六寸五分廣一寸五分具絃大箏一以梧桐木造作長四寸廣一寸一分(국장1724/080ㄴ05~07)

색인 (국장1800二/158ㄴ02)(국장1800二/186ㄱ01)(국장1800二/195ㄱ08)(국장1898三/013ㄱ09)(국장1898三/095ㄱ07)(국장1903二/170ㄱ06)

슬

膝襴赤亇【스란치마】 채 복

치마 아랫부분에 스란[금박金箔 또는 금직金織의 단]을 댄 예복용 치마. 스란 단을 한 층 붙인 것을 스란치마라 하고, 두 층 붙인 것을 대란치마라 한다. 스란치마는 소례복으로 대란치마는 대례복으로 입었다. 신분에 따라 스란단의 무늬가 달랐는데, 왕비는 용무늬를, 공(옹)주는 봉황을 사대부 여자는 글자나, 꽃무늬를 넣었다.

참조1 대란치마大襴赤亇, 치마赤亇

習儀【습의】 일 의

왕실의 의례가 있을 때 원활한 행사 진행을 위하여 의례의 과정을 미리 익히는 것. 습의의 횟수에 따라 초도습의初度習儀, 재도습의再度習儀, 삼도습의三度習儀로 구분해서 부른다.

관련1 삼도습의三度習儀, 재도습의再度習儀, 초도습의初度習儀

예문 書尹蓍東所啓殯宮賜謚時習儀除之事命下矣發引及返虞時習儀則當依例以三度擧行乎敢稟(예장1786/046ㄴ01~02)

색인 (가례1627/016ㄴ04)(가례1627/018ㄱ03)(가례1627/018ㄱ03)(가례1627/018ㄱ06)(가례1627/018ㄱ14)(가례1627/019ㄱ03)

襲衣【습의】 일 의

장례葬禮 때 시신을 씻기고 입히는 수의.

예문 行事知委何如題辭內依謚册謚寶哀册贈玉贈帛內函所襲衣香四封依例捧甘取用何如題辭內依(국장1834/011ㄴ11~12)

색인 (국장1903四/007ㄴ02)(국장1903四/007ㄴ05)(국장1903四/048ㄴ05)(국장1903四/085ㄴ07)(국장1903三/017ㄴ10)(국장1903三/024ㄴ01)

繩【승】 일 건

실이나 종이, 삼 따위를 가늘게 비비거나 꼰 것. 밧줄에 비해 가늘며 굵기에 따라 굵은 노[大繩], 보통 노[中繩], 가는 노[小繩]로 구분한다. 국장을 비롯한 상례喪禮, 예장禮葬, 천봉遷奉 등의 행사 때 행사장 주변에 설치한 임시 시설물이나 물품 보관소에는 햇빛이나 비바람을 막기 위해 각종 장막을 치게 되는데, 비바람을 막기 위한 기름 먹인 기름 차일[油遮日]을 만드는 과정에 들어간다. 또는 담장을 쌓거나 미장을 할 때, 진흙에 짧게 잘라 넣어 벽이 갈라지지 않도록 하는 재료로도 사용된다.

관련1 대승大繩, 소승小繩, 중승中繩

예문 索次紅綿絲三甲所一艮衣見樣造繩用還次進排事幷以該司良中捧甘何如堂上手決內依(책례1690/066ㄱ01~02)

색인 (가례1627/056ㄴ13)(가례1627/056ㄴ13)(가례1627/057ㄱ10)(가례1627/058ㄱ11)(가례1627/058ㄱ13)(책례1676/042ㄱ06)

謚寶床【시보상】 일 의

왕실의 흉례 때 임금의 공덕을 칭송하는 시호諡號를 새긴 도장을 놓았던 상床. 직사각형의 천판天板에 호랑이 발[虎足] 모양의 네 다리가 있으며 다리에는 운각雲角과 운족雲足으로 장식한 것이 특징이다. 보통 시보상은 붉은 칠을 하고 붉은색의 명주로 된 상보를 함께 사용하였다.

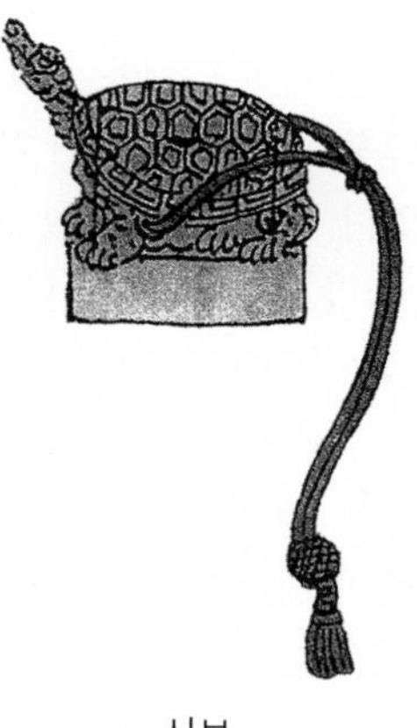
시보

참조1 독보상讀寶床, 보안寶案, 시보안謚寶案

예문 唐朱紅漆排案床一坐因魂殿知委造作而不用故移送二房唐朱紅漆排案床合四坐謚册床一謚寶床一哀册床一又一坐造作不用移送二房每坐所入(국장1800/043ㄱ01~03)

색인 (국장1800三/043ㄱ02)

謚寶案【시보안】 일 의 ☞ 謚寶床시보상

예문 發靷時捧誥命謚册謚寶執事各二文臣參外擧誥命謚册謚寶案者各二參外執事者各二忠贊衛已上自發靷至山陵返虞魂殿仍行(빈전1724/145ㄴ12~146ㄱ02)

색인 (국장1659一/103ㄴ05)(국장1659二/076ㄴ10)(국장1674一/075ㄱ01)(국장1681一/067ㄴ09)(국장1701一/101ㄱ03)(국장1702B一/105ㄴ06)

匙匠【시장】 일 건

숟가락을 만드는 장인.

예문 匙匠所用手巾布二尺鹽三升醬二升眞油五合(국장1730/222ㄱ06~07)

색인 (가례1671/177ㄱ10)(가례1671/185ㄱ09)(가례1671/223ㄱ03)(가례1681/080ㄱ03)(가례1681/255ㄴ07)(가례1681/265ㄴ07)

시

ㅅ

匙楪【시접】 채 의 음 匙貼
제사를 지낼 때에 숟가락과 젓가락을 담아 놓는 놋그릇. 모양이 대접과 비슷하나 꼭지가 달린 뚜껑이 있다. 제수를 진설할 때 수저를 시접에 담아 신위의 앞 중앙에 진설한다. 한글의궤인 『주경뎐진쟉정례의궤』에 匙楪시졉으로 기록하고 있다. 시접의 표기로 匙楪 외에 匙貼이 있는데 의궤 자료에서 이 둘의 쓰임이 고르게 나타난다. 접두어 銀-을 결합하여 기물의 재료적 속성에 따라 종류를 구분하기도 한다.

관련1 은시첩銀匙貼

예문 酒瓶一盞三臺具爵一簠一簋一飯鉢里一匙楪一饌楪三蔬菜脯醢楪三香爐一磬一以上司饔院(국장1821/131ㄴ06~08)

색인 (국장1757B二/008ㄱ07)(국장1757B二/009ㄱ09)(국장1757B二/044ㄴ03)(국장1776一/254ㄴ02)(국장1776一/257ㄱ10)(국장1776一/287ㄴ12)

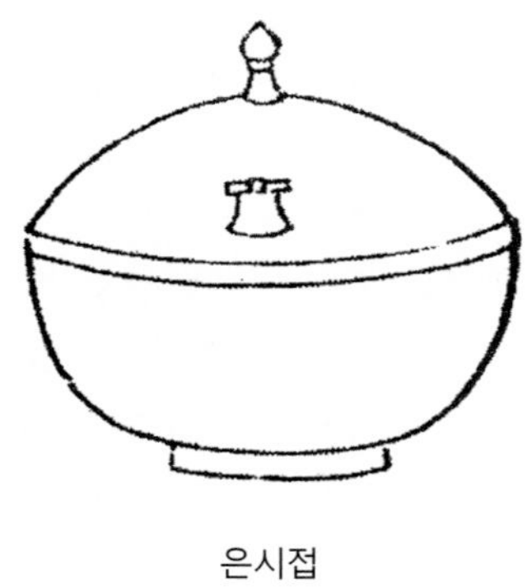
은시접

諡册【시책】 일 의
시책문을 옥玉이나 대나무에 새겨 책의 모양으로 만든 것. 시책문은 시호諡號를 올릴 때나 내릴 때 그와 관련된 업적과 덕행德行을 칭송하며 지은 글이다. 국왕과 왕비가 죽으면 그 공덕을 기리어 시호를 올리고 옥책玉册을 만들었으며, 왕세자와 왕세자빈의 경우에는 죽책竹册을 만들었다. 『상례보편喪禮補編』에 의하면 국왕와 왕비의 옥책은 길이가 9촌 7푼, 너비가 1촌 2푼, 두께가 6푼인 크기로 잘라서 만든 청옥靑玉을 엮어서 만들었다. 한 개의 청옥이 한 간簡으로 12자가 들어간다. 6개의 간을 모아 양 머리 부분을 홍광직紅廣織으로 싸고 박동薄銅을 끼운 후 도금을 하였는데 이것이 1첩이 된다. 첩과 첩을 고리로 연결하였다. 죽책은 대나무를 길이 9촌, 너비 1촌으로 잘라 만들었다.

참조1 죽책竹册

관련1 거독시책안자擧讀諡册案者

예문 恫新縞素三千里帲幪七十春無疆祈紫極不弔奈蒼旻諡册藹模畵乃神貞且因龜筮從烏訣壬原協宅幽周瀿曾幾禩魯祔(국장1890/149ㄴ01~03)

색인 (국장1659一/015ㄴ10)(국장1659一/016ㄱ05)(국장1659一/016ㄴ02)(국장1659一/017ㄴ06)(국장1659一/017ㄴ12)(국장1659一/019ㄴ10)

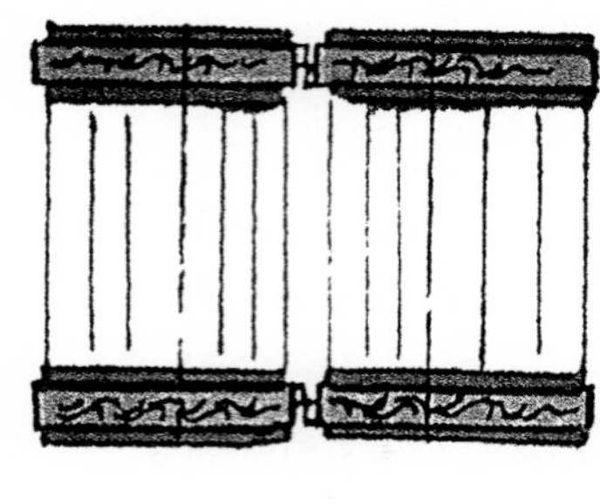
시책

諡册文【시책문】 일 의
시호諡號를 올릴 때나 내릴 때 그와 관련된 덕행德行을 칭송稱誦하며 지은 글. 왕과 왕비가 죽으면 그 공덕을 기리어 시호를 올리고 옥책玉册을 만들었는데, 『상례보편喪禮補編』에 의하면 국왕와 왕비의 옥책은 길이가 9촌 7푼, 너비가 1촌 2푼, 두께가 6푼인 크기로 잘라서 만든 청옥靑玉을 엮어서 만들었다. 한 개의 청옥이 한 간簡으로 12자가 들어간다. 6개의 간을 모아 양 머리 부분을 홍광직紅廣織으로 싸고 박동薄銅을 끼운 후 도금을 하였는데 이것이 1첩이 된다. 첩과 첩을 고리로 연결하였다. 왕세자와 왕세자빈의 경우 죽책竹册을 만들었는데, 대나무를 길이 9촌, 너비 1촌으로 잘라 만들었다.

참조1 시책諡册, 죽책竹册

관련1 거독시책안자擧讀諡册案者

예문 發引時內外門路看審時總護使以下詣闕二十七日諡册文草圖書入啓六月十五日哀册文草圖書入啓(국장1890/004ㄱ11~ㄴ01)

색인 (국장1659一/026ㄴ08)(국장1659一/027ㄴ03)(국장1659一/027ㄴ09)(국장1659一/030ㄱ05)(국장1659一/030ㄱ09)(국장1659一/030ㄱ10)

匙貼【시접】 일 의 음 匙楪

제사 지낼 때에 숟가락과 젓가락을 담아 놓는 그릇. 모양이 대접과 비슷하나 꼭지가 달린 뚜껑이 있다. 제수를 진설할 때 수저를 시접에 담아 신위神位의 앞 중앙에 진설한다. 시접은 匙楪으로도 표기하는데 의궤 자료에서 이 둘의 쓰임이 고르게 나타난다. 『ᄌᆞ경뎐진쟉졍례의궤』에서는 匙楪[시졉]으로 기록하고 있다. 시접의 종류로는 은銀이 앞서 기물의 재료적 속성에 따라 구분한 은시접銀匙楪이 있다.

참조1 시접匙楪

관련1 은시접銀匙楪

예문 銀盞蓋臺具三坐銀之介湯罐蓋鎖具一部銀瓜尖一銀召一銀匙筋一件銀匙貼蓋具一件銀鐥一以上尙衣院造作本房看品後自本院直進排(국장1903/177ㄱ08~10)

색인 (국장1903/177ㄱ09)

信枋【신방】 채 건 信防신방

일각 대문[一角門]의 기둥 밑에 좌우로 받친 짧은 토대[침목枕木]. 대문이 넘어지는 것을 막기 위해 일각 대문 따위에 두 기둥을 세울 수 있게 가로 건너지른 도리 같은 나무를 말한다. 신방목信防木이라고도 하며, 일각문의 지대址臺 위에 기둥을 받친 돌은 신방석信防石이라 한다. 신방은 信枋 외에 信防으로도 표기하는데 의궤 자료에서 이 두 표기가 고르게 나타난다.

참조1 신방信防

예문 弓樑次椴木長一尺五寸廣二寸厚二寸五分二片信枋二次劈錬一介遠音椧次楸木長八尺方二寸二片風穴次薄椴板一立(국장1890/024ㄱ07~09)

색인 (국장1890二/024ㄱ08)(국장1903二/028ㄱ03)

信防【신방】 채 건 ☞ 信枋신방

예문 樑木三介法首三介上防木一介柱木一介滿衝木二介外機木板一介珠簾機信防二介縇柱山之五介(예장1786/118ㄴ08~10)

색인 (국장1821二/177ㄴ02)(국장1821二/182ㄴ10)(국장1834二/185ㄱ08)(국장1834二/190ㄱ05)(국장1890二/193ㄱ08)(국장1890二/196ㄱ06)

神帛輦【신백연】 일 의

신백을 모신 가마. 신백은 왕이나 왕비의 시신을 둔 빈전殯殿에 모시는 베로 만든 신위神位를 말한다.

참조1 신백요여神帛腰輿, 연輦

참조2 신백神帛

예문 國葬都監進輴及神帛腰輿香亭等於中門外當中南向輴在北輿在南進神帛輦大輿於外門外當中南向輿在北輦在南進吉仗於神帛輦前凶仗及明器於大輿前(빈전1800/039ㄴ03~05)

색인 (국장1776一/108ㄱ06)(국장1776一/108ㄱ07)(국장1776一/110ㄱ09)(국장1776一/110ㄱ11)(국장1776一/110ㄴ08)(국장1776一/111ㄱ09)

神帛腰輿【신백요여】 일 의

신백神帛을 모시는 작은 가마. 신백은 왕이나 왕비의 시신을 둔 빈전殯殿에 모시는 베로 만든 신위神位를 말한다.

참조1 교명요여敎命腰輿, 교명죽책옥인요여敎命竹册玉印腰輿, 빈전殯殿, 신백연神帛輦, 요여腰輿

참조2 신백神帛

예문 遣奠儀前一日國葬都監進輴及神帛腰輿香亭等於中門外當中南向輴在北輿在南進神帛輦大輿於外門外當中南(국장1821/133ㄱ12~ㄴ02)

색인 (국장1776一/108ㄱ05)(국장1776一/145ㄱ01)(국장1776一/158ㄴ07)(국장1776一/171ㄴ03)(국장1776一/187ㄱ04)(국장1776一/187ㄴ04)

신백요여

神輿【신여】 일 의 ☞ 神輦신연

예문 今亦依此磨鍊魂殿國葬兩都監堂郞各一員分立於大輿肩輿神輦神輿之後往來檢飭而大輿肩輿陪衛之員雖於神輦神輿之後不改服色從便檢(국장1834/021ㄴ06~08)

색인 (국장1659一/104ㄴ06)(국장1659一/112ㄴ08)(국장1659二/033ㄱ08)(국장1659二/136ㄴ11)(국장1674一/075ㄴ02)(국장1674二/055ㄴ05)

神輦【신연】 일 의

상례 때 임금의 신백神帛을 모시고 가던 연輦. 신여神輿와 같다.

예문 司僕寺爲改送事前頭發靷教是時所用神輦一坐擔㐗五艮衣及平轎子一坐擔㐗二艮衣等所裹外拱紫的木綿極爲褪色所見(국장1903/184ㄴ09~11)

색인 (국장1659一/184ㄴ10)(국장1659一/184ㄴ12)(국장1659二/136ㄴ11)(국장1674一/030ㄱ12)(국장1674一/030ㄴ01)(국장1674一/055ㄱ09)

神位【신위】 일 의

제사 때 신주를 진설하여 혼령이나 신을 모시는 자리. 제사를 지낼 때 고인의 혼령이나 신神이 임하는 자리를 마련하여 신주를 놓아둔다. 국가 제사에서 신위에 신주를 세우지 않고 지내는 경우는 능제陵祭와 진전眞殿의 제사이다. 정자각에서 지내는 능제의 경우 제사상 뒤편에 신좌를 두어 혼령이 임하는 것을 상징하였다. 반면, 진전에서는 어진御眞이 선왕을 표상하였다. 그 외 단묘壇廟에서는 신주를 감실龕室이나 신실神室에 보관하였다가 제사 때 신위에 모시고 의식을 거행하였다. 한편 신위는 신주의 자리라는 의미에서 나아가 신주와 동일한 의미로 사용되기도 하였다.

참조1 오십신위제五十神位祭

예문 宗親文武百官四拜先拜者不拜執禮曰行奠幣禮謁者引領議政詣盥洗位盥帨訖陞自阼階詣第一室神位前北向立贊跪執事者一人捧香合一人捧香爐謁者贊(빈전1921/034ㄱ06~08)

색인 (국장1659一/120ㄱ05)(국장1659一/120ㄱ06)(국장1659一/124ㄱ05)(국장1659一/124ㄱ06)(국장1674一/072ㄱ06)(국장1674一/072ㄱ06)

神主【신주】 일 의

신神이나 고인故人의 지위와 이름을 적은 나무패. 상례喪禮에서 고인을 표상하고 혼령이 의지할 수 있도록 직위와 명호를 적은 나무패를 만드는데 이를 신주라고 하였다. 또한 제사의 대상이 되는 다양한 신들을 위해서도 신주를 만들었다. 신주는 모양에 따라 세 가지로 구분할 수 있다. 첫째 선왕先王과 선비先妃를 위해 만드는 우주虞主와 연주練主이다. 이것들은 뽕나무 또는 밤나무를 밑면이 정사각형인 사각 기둥처럼 자른 다음 윗부분을 사방으로 깎아 둥글게 만들었다. 두 번째는 『주자가례朱子家禮』의 신주 법식에 따라 만든 것으로 서로 다른 두 개의 판을 붙여 신주 받침대에 끼운 것이다. 너비가 3촌이고 두께가 1촌 2푼인 판 모양이다. 이러한 신주는 왕세자와 왕세자빈을 위한 것이다. 셋째는 하나의 밤나무로 만든 판으로 위판位版라고도 불렀다. 이러한 신위는 왕실의 인물 외 국가의 다양한 제사 대상을 위해서 사용되었다.

예문 盥帨訖各就位贊引引廟司大祝宮闈令陞自阼階各室捧出神主設於座如常降復位齋郞詣爵洗位洗爵拭爵訖置於篚捧詣泰階祝史迎取於階上置尊所坫上謁者(빈전1800/032ㄴ12~033ㄱ02)

색인 (국장1674一/088ㄴ06)(국장1674一/090ㄱ09)(국장1702B一/115ㄴ09)(국장1702B一/117ㄴ02)(국장1724一/103ㄴ10)(국장1724一/105ㄴ01)

實果【실과】 일 음

연회상에 차려졌던 과일. 조선 시대 궁중 연회상에 차려진 과일은 배, 대추, 황률, 호두, 송백자, 홍도, 포도, 사과 등 38종류 이상이었는데 실과는 1회 차려졌다. 이 중 배가 가장 많이 차려진 과일이다.

예문 平牀靈座交倚入排時差備內侍各二員着黑團領大輿前面鍮榼內六色實果進止內侍二員着衰服預爲差出本府書員次知擧行是如(국장1681/139ㄱ03~05)

색인 (가례1627/042ㄴ06)(가례1718/208ㄱ07)(가례1819/상078ㄴ01)(가례1819/상242ㄴ01)(가례1866/상067ㄴ11)(가례1866/상070ㄴ04)

十字鳥足鐵【십자새발쇠】 채 건

문짝에 박는 十자 모양의 새발 장식[鳥足鐵]. 새발 장식[鳥足鐵]은 새의 발처럼 만들어서 문짝에 박는 쇠 장식으로 ㄱ자, ㅏ자, 十자형이 있다. 大鳥足粧飾, 中鳥足粧飾은 새발쇠의 크기에 따라 분화되었음을 알 수 있고, 장식粧飾을 통해 새발쇠의 용도가 기능보다는 장식성에 있음을 알 수 있다. 鑞染鳥足鐵은 땜납을 올린 새발 장식을 가리킨다. 새발 장식은 鳥足金, 鳥族鐵, 鳥足釗, 鳥足粧飾釘으로도 표기한다.

참조1 새발쇠鳥足金, 새발쇠鳥足釗, 새발쇠鳥族鐵

관련1 시화새발쇠腮花鳥足鐵, 납염좌새발쇠鑞染坐鳥足鐵, 납염새발쇠鑞染鳥足鐵, 새발장식못鳥足粧飾釘

예문 小頭釘八十箇甘佐非四箇小頭釘三十二箇十字鳥足鐵二箇小頭釘十箇赤貼四箇小頭釘二十四箇十字所湯二箇小頭釘八箇圓環排目具一箇(가례1819/015ㄱ01~03)

색인 (가례1819/하015ㄱ02)

十長生屛風【십장생병풍】 일 의 ☞ 屛風병풍

관련1 십장생대병풍十長生大屛風, 십장생십첩대병풍十長生十貼大屛風, 십첩십장생대병풍十貼十長生大屛風

예문 紅紬五幅袱巾六件十貼十長生屛風一坐十貼節花翎毛大屛風一坐蓮花方席六坐靑箱笠八部(가례1744/169ㄱ05~07)

색인 (가례1671/099ㄴ05)

雙童髻【쌍동계】 일 복

관례를 치르기 전에 하는 쌍상투머리. 그 위에 공정책空頂幘을 쓴다. 『현종실록玄宗實錄』을 보면, 쌍동계雙童髻는 『두씨통전杜氏通典』이나 『대명회전大明會典』에 실려 있기만 하고 그 제도는 말하지 않았기 때문에 고증할 수 없다고 하였다. 쌍동계는 대략 우리나라의 상투 묶는 방법과 같으나 단소건으로 머리카락을 모아 묶고 또 검은 천으로 큰 끈을 만들어서 머리를 두르고 두발의 뒤쪽에서 합하여 묶는다고 하였으며, 쌍자는 양계兩髻를 이르는 말이나 중국에서는 단계를 쓴다고 하였다.

참조1 공정책空頂幘

참조2 쌍옥도雙玉導

예문 鞠躬正副使隨入正使以敎命册印置于案正副使及宣册官就位先是王世孫在小次具雙童髻空頂幘五章服時至翊禮詣小次前跪白出次引王世孫就拜位(책례1751/028ㄱ05~07)

색인 (존숭1739/026ㄱ03)(존숭1739/056ㄱ05)

(책례1751/020ㄴ12)(책례1751/028ㄱ06)(책례1751/053ㄴ09)(책례1751/077ㄱ02)

雙耳蝎虎青玉盞【쌍이갈호청옥잔】 일 의

국혼의 동뢰연同牢宴 때 사용하는 쌍이청옥잔雙耳青玉盞. 쌍이청옥잔은 양쪽에 손잡이가 있는 청옥으로 만든 술잔으로 양쪽 손잡이의 모양에 따라 쌍이운록청옥잔雙耳雲鹿青玉盞, 쌍이갈호청옥잔雙耳蝎虎青玉盞, 쌍이비청옥잔雙耳羆青玉盞으로 구분된다.

참조1 쌍이청옥잔雙耳青玉盞

예문 雙耳單葉金戔代銅鍍金盞臺蓋具壹部依前減付標啓下雙耳蝎虎青玉盞銅鍍金臺具壹部依前減付標啓下雙耳熊考玉盞銅鍍金臺具壹部依前減付標啓下(가례1727/023ㄱ10~12)

색인 (가례1681/024ㄱ06)(가례1681/289ㄴ10)(가례1671/017ㄱ08)(가례1718/027ㄱ09)

雙耳單葉金盞【쌍이단엽금잔】 일 의

국혼의 동뢰연同牢宴 때 사용하는 술잔. 『국조오례서례國朝五禮序例』의 「가례嘉禮·존작도설尊爵圖說」에 보면 쌍이단엽금잔雙耳單葉金盞은 잔의 양 옆에 손잡이가 달려있고 뚜껑과 받침대가 있다. 그러나 조선 후기 『가례도감의궤嘉禮都監儀軌』에 나오는 도금鍍金한 쌍이단엽잔雙耳單葉盞은 길쭉한 잔의 몸체에 뇌문雷文이 그려져 있고 손잡이가 하나만 달려있다. 또한 뚜껑은 없으며 받침대만 있어 『국조오례서례國朝五禮序例』의 것과 많은 차이를 보인다.

참조1 쌍이단엽은도금잔雙耳單葉銀鍍金盞, 쌍이단엽잔雙耳單葉盞, 쌍이단엽황금잔雙耳單葉黃金盞

예문 戊戌因次知中使聽傳教分付雙耳單葉金盞一雙銀鍍金臺具造入(가례1744/032ㄱ05)

색인 (가례1681/024ㄱ07)(가례1681/284ㄱ11)(가례1681/289ㄴ11)(가례1696/018ㄱ12)(가례1696/241ㄴ09)(가례1762/상020ㄴ07)

雙耳單葉銀鍍金盞【쌍이단엽은도금잔】 일 의

가례 때 사용하는 술잔. 은도금을 한 쌍이단엽잔雙耳單葉盞이다.

참조1 쌍이단엽금잔雙耳單葉金盞, 쌍이단엽잔雙耳單葉盞, 쌍이단엽황금잔雙耳單葉黃金盞

예문 裹紅禾花紬二幅襦袱入盛朱漆横鎖鑰雙耳單葉銀鍍金盞銅鍍金臺裹紫的禾花紬二幅襦袱銀鳳瓶蓋鎖具(가례1866/하060ㄱ05~065)

색인 (가례1866/하060ㄱ05)

쌍이단엽은도금잔

雙耳單葉盞【쌍이단엽잔】 일 의

가례嘉禮 때 사용하는 술잔. 국혼國婚의 동뢰연同牢宴 때 사용한다. 『국조오례서례國朝五禮序例』의 「가례嘉禮·존작도설尊爵圖說」에 나오는 쌍이단엽금잔雙耳單葉金盞은 잔의 양 옆에 손잡이가 달려있고 뚜껑과 받침대가 있다. 그러나 조선 후기 『가례도감의궤嘉禮都監儀軌』에 나오는 도금鍍金한 쌍이단엽잔雙耳單葉盞은 『국조오례서례國朝五禮序例』의 것과 많은 차이를 보인다. 길쭉한 잔의 몸체에 뇌문雷文이 그려져 있고 손잡이가 하나만 달려 있다. 또한 뚜껑은 없으며 받침대만 있다.

참조1 쌍이단엽금잔雙耳單葉金盞, 쌍이단엽은도금잔雙耳單葉銀鍍金盞, 쌍이단엽황금잔雙耳單葉黃金盞

예문 同牢宴所用雙耳單葉盞一雙以純金依定例啓下(가례1762/033ㄴ12)

색인 (가례1866/하046ㄱ06)

雙耳單葉黃金盞【쌍이단엽황금잔】 일 의

국혼의 동뢰연同牢宴 때 사용하는 술잔. 황금으로 도금한 쌍이단엽잔雙耳單葉盞이다. 쌍이단엽금잔雙

耳單葉金盞은 문헌에 따라 차이를 보이는데, 『국조오례서례國朝五禮序例』의 「가례嘉禮·존작도설尊爵圖說」에는 잔의 양 옆에 손잡이가 달려있고 뚜껑과 받침대가 있다. 반면에 조선 후기의 『가례도감의궤嘉禮都監儀軌』에는 길쭉한 잔의 몸체에 뇌문雷文이 그려져 있고 손잡이가 하나만 달려있으며, 뚜껑이 없고 받침대만 있다.

참조1 쌍이단엽금잔雙耳單葉金盞, 쌍이단엽은도금잔雙耳單葉銀鍍金盞, 쌍이단엽잔雙耳單葉盞

예문 本房造作器皿中世子宮進排雙耳單葉黃金盞臺具壹雙及銅北甁壹銀鉢里臺壹造作爲不爲稟目題辭(가례1727/262ㄱ09~10)

색인 (가례1696/256ㄱ09)(가례1718/027ㄴ01)(가례1718/251ㄱ09)(가례1718/258ㄴ08)(가례1718/277ㄱ05)(책례1721/015ㄴ07)

雙耳雲鹿靑玉盞【쌍이운록청옥잔】 일 의

국혼의 동뢰연同牢宴 때 사용하는 술잔. 양쪽 손잡이의 모양에 따라 쌍이운록청옥잔雙耳雲鹿靑玉盞, 쌍이갈호청옥잔雙耳蝎虎靑玉盞, 쌍이비청옥잔雙耳羆靑玉盞이라는 이름이 붙는다.

참조1 쌍이갈호청옥잔雙耳蝎虎靑玉盞, 쌍이비청옥잔雙耳羆靑玉盞, 쌍이청옥잔雙耳靑玉盞

예문 雙耳靑玉盞銅鍍金臺具壹部前依減付標啓下雙耳雲鹿靑玉盞銅鍍金臺具壹部依前減付標啓下雙耳單葉金戔代銅鍍金盞臺蓋具壹部依前減付標啓下(가례1727/023ㄱ08~10)

색인 (가례1627/121ㄱ03)(가례1681/024ㄱ05)(가례1681/290ㄱ01)(가례1696/018ㄱ11)(가례1627/106ㄴ11)(가례1718/027ㄱ11)

雙耳熊靑玉盞【쌍이웅청옥잔】 일 의

국혼의 동뢰연同牢宴 때 사용하는 곰 모양의 손잡이가 달린 쌍이청옥잔雙耳靑玉盞. 쌍이청옥잔은 양쪽에 손잡이가 있는 청옥으로 만든 술잔으로 손잡이의 모양에 따라 쌍이갈호청옥잔雙耳蝎虎靑玉盞, 쌍이운록청옥잔雙耳雲鹿靑玉盞, 쌍이청옥잔雙耳靑玉盞으로 구분하여 부른다.

참조1 쌍이갈호청옥잔雙耳蝎虎靑玉盞, 쌍이운록청옥잔雙耳雲鹿靑玉盞, 쌍이청옥잔雙耳靑玉盞

예문 雙耳蝎虎靑玉盞銅鍍金臺具一部依前減付標啓下雙耳熊靑玉盞銅鍍金臺具一部(가례1718/027ㄱ09~11)

색인 (가례1696/018ㄱ10)(가례1718/027ㄱ10)

雙耳靑玉盞【쌍이청옥잔】 일 의

가례嘉禮 때 사용하는 술잔. 쌍이청옥잔雙耳靑玉盞은 양쪽에 손잡이가 있는 청옥으로 만든 잔으로 도금한 대臺와 같이 있다. 국혼國婚의 동뢰연同牢宴 때 사용하였다. 가례에 사용하는 잔은 양쪽 손잡이의 모양에 따라 쌍이운록청옥잔雙耳雲鹿靑玉盞, 쌍이갈호청옥잔雙耳蝎虎靑玉盞, 쌍이비청옥잔雙耳羆靑玉盞이란 이름이 붙어 있지만 이 잔의 손잡이는 별도의 형상을 보이지 않는다. 『국조오례서례國朝五禮序例』, 『가례嘉禮·존작도설尊爵圖說』에 그림이 실려 있다.

참조1 쌍이갈호청옥잔雙耳蝎虎靑玉盞, 쌍이운록청옥잔雙耳雲鹿靑玉盞, 쌍이웅청옥잔雙耳熊靑玉盞

예문 雙耳靑玉盞銅鍍金臺具壹部前依減付標啓下雙耳雲鹿靑玉盞銅鍍金臺具壹部依前減付標啓下(가례1727/023ㄱ08~09)

색인 (가례1627/121ㄱ02)(가례1681/024ㄱ08)(가례1681/290ㄱ03)

雙饌案床【쌍찬안상】 일 의

왕실의 가례 및 진연進宴에서 음식을 올려놓았던 상床. 왕실의 혼례 및 잔치 등의 행사가 있을 때 의례가 행해지는 중심의 자리에 놓여 임금에게 올리는 음식상을 찬안饌案이라고 하는데 2~3개를 연이어 놓아 쌍찬안상雙饌案床이라고도 한다. 찬안饌案은 임금과 대왕대비 및 세자 등이 의자에 앉아서 음식을 들 수 있도록 다리가 높게 제작되었으며 왕실의 서열에 따라 왕은 주칠朱漆, 세자는 흑칠黑漆

을 사용하여 구분을 두었다. 찬안을 배설할 때에는 물결무늬 홍색상보자기를 깔고 사용하였다.

참조1 찬안饌案

예문 一大小酒亭各一大四方盤三小四方盤四小小四方盤二樽臺二香案二香佐兒三雙饌案床二高足床八等造作所入椵木(가례1817/281ㄱ08~09)

색인 (가례1718/281ㄱ09)

兒衫【아삼】 일 복

남녀 모두 입었던 백색白色의 상의上衣. 아삼兒衫은 삼아衫兒의 오기誤記로 보인다. 남자는 백정주白鼎紬로 길이가 다른 장삼아長衫兒와 단삼아短衫兒를 착용했으며, 여자는 백색의 주紬, 초綃, 저포苧布로 만들어 입었다. 상궁尙宮 등의 삼아衫兒 혹은 활삼아闊衫兒는 비빈妃嬪과는 달리 옷감의 소요량이 적으므로 완전한 의복이라기보다는 오늘날 손에 끼는 한삼 같은 형태로 보는 견해도 있다.

동 삼아衫兒

참조1 삼아衫兒

예문 白鼎紬袜裙四白鼎紬兒衫四藍紗帶四(가례1802/044ㄱ06~08)

색인 (가례1802/044ㄱ07)

鴉靑多紅眞絲【아청다홍진사】 일 복

아청색[짙은 청색], 다홍색의 명주실. 각색 옷감의 바느질용으로 사용되었다. 『조선왕조실록朝鮮王朝實錄』에 태종 17년(1417) 양잠을 장려하면서 전라도, 풍해도[황해도]의 채방판관採訪判官이 황진사, 백진사 및 누에고치를 바쳤다는 기록이 있다. 따라서 진사眞絲는 조선 시대 초기 혹은 그 이전부터 사용된 것으로 보인다. 아청색이라는 명칭은 조선 시대의 각종 문헌에 자주 보이며, 주로 궁중용 복색으로 사용되었다. 대표적인 예로 세자의 면복, 흉배, 광다회에 모두 아청색을 사용했고, 빈궁이 가례·존숭尊崇·진연 때 착용하는 적의翟衣에도 아청색을 사용하였다.

예문 白鄕絲二戔縫造草綠鴉靑多紅眞絲各七分付接魚膠四兩(책례1721/188ㄱ03~05)

색인 (책례1690/074ㄴ03)(책례1690/074ㄴ12)(책례1721/188ㄱ04)(책례1721/188ㄴ03)(책례1736/147ㄱ09)(책례1736/147ㄴ05)

鴉靑大段【아청대단】 일 복

검푸른 빛의 두꺼운 비단. 아청색은 짙은 청색으로 대개 청색이 쓰일 곳에 널리 통용되었다. 아청색이라는 명칭은 조선 시대의 각종 문헌에 자주 보이며, 주로 궁중용 복색으로 사용되었다. 대표적인 예로 세자의 면복, 흉배, 광다회에 모두 아청색을 사용했고, 빈궁이 가례嘉禮·존숭尊崇·진연進宴 때 착용하는 적의翟衣에도 아청색을 사용하였다. 대단은 중국산 비단으로 일명 한단漢緞이라 한다.

예문 蓮花席三張白蠟一兩五戔內七戔實入八戔還下鴉靑大段五十一尺五寸及長二尺五寸廣八寸一片衣香二封淸酒半甁(가례1744/207ㄴ09~11)

색인 (가례1696/181ㄱ10)(가례1718/190ㄱ04)

鴉靑冒緞【아청모단】 일 복

아청색[쪽빛]의 모단. 모단은 주자직朱子織으로 제직된 단층의 문단紋緞으로 조선 시대에 중국에서 유입된 단직물 중 하나로 바닥은 경주자 조직으로 짜고 무늬는 위주자 조직으로 짜서 단층으로 무늬를 나타낸다. 중궁전 법복의 하피霞帔에 사용되었다. 아청색이라는 명칭은 조선 시대의 각종 문헌에 자주 보이며, 주로 궁중용 복색으로 사용되었다. 대표적인 예로 세자의 면복, 흉배, 광다회에 모두 아청색을 사용했고, 빈궁이 가례嘉禮·존숭尊崇·진연進宴 때 착용하는 적의翟衣에도 아청색을 사용하였다.

참조1 모단冒緞, 현색모단玄色冒緞

예문 靑陽織二改備每件所入蓋覆及上中下簷次鴉靑冒緞二十一尺七寸內拱黑鼎紬十尺網巾次鴉靑冒緞長七寸廣二寸五分一片(국장1834/140ㄱ10~12)

색인 (가례1866/하017ㄱ05)(국장1834二/140ㄱ11)(국장1834二/140ㄱ12)(국장1834二/145ㄱ04)(국장1834二/145ㄱ04)(국장1890二/154ㄴ10)

鴉靑絲【아청사】 일 복

아청색[짙은 청색] 물을 들인 사絲. 『국조오례의國朝五禮儀』에 의하면 신연神輦의 주위에 아청사鴉靑絲

로 만든 휘장을 드리웠다.

참조1 남사藍絲, 목홍사木紅絲

예문 鴉靑絲二錢尙衣院槊搗鍊紙半張豐儲倉(빈전1675/143ㄱ12~ㄴ01)

색인 (가례1627/057ㄴ04)(가례1802/상246ㄱ08)(가례1819/상228ㄴ08)(가례1627/059ㄴ05)(가례1627/064ㄱ12)(가례1671/123ㄱ04)

鴉靑紗【아청사】 일 복 ☞ 鴉靑絲아청사

예문 法首長二寸四分方八分槊木長同方板方同四柱用周尺漆以石磵朱惟法首漆唐朱紅以紅雲紋紗塗四柱以鴉靑紗塗縇(국장1834/190ㄴ05~06)

색인 (국장1834二/190ㄴ06)(빈전1800一/015ㄴ01)(빈전1834一/080ㄴ02)

鴉靑小雲紋匹緞【아청소운문필단】 일 복

아청색[짙은 청색]의 작은 구름무늬가 있는 수자직繻子織/주자직朱子織 견직물. 아청색이라는 명칭은 조선 시대의 각종 문헌에 자주 보이며, 주로 궁중용 복색으로 사용되었다. 대표적인 예로 세자의 면복, 흉배, 광다회에 모두 아청색을 사용했고, 빈궁이 가례嘉禮·존숭尊崇·진연進宴 때 착용하는 적의翟衣에도 아청색을 사용하였다.

참조1 남홍필단藍紅匹緞, 대홍소운문필단大紅小雲紋匹緞, 유청무문필단柳靑無紋匹緞

예문 龍袍一件鴉靑小雲紋匹緞一匹加文刺一次大紅小雲紋匹緞一匹(가례1819/216ㄱ10~216ㄴ01)

색인 (가례1819/상216ㄱ11)

鴉靑熟綃【아청숙초】 일 복

아청색[짙은 청색] 물을 들인 숙초. 숙초는 삶아 익힌 명주실로 짠 견직물이다. 초綃는 생사生絲로 짠 얇은 비단의 총칭으로 조선 시대 문무백관들의 조복朝服·제복祭服의 옷감으로 사용되었다. 아청색이라는 명칭은 조선 시대의 각종 문헌에 자주 보이며, 주로 궁중용 복색으로 사용되었다. 대표적인 예로 세자의 면복, 흉배, 광다회에 모두 아청색을 사용했고, 빈궁이 가례嘉禮·존숭尊崇·진연進宴 때 착용하는 적의翟衣에도 아청색을 사용하였다.

참조1 남숙초藍熟綃, 대홍숙초大紅熟綃, 백숙초白熟綃, 자적숙초紫的熟綃, 훈색숙초纁色熟綃

예문 唐朱漆竹網半浮蓋兒上冒鴉靑熟綃十八尺五寸內拱次紅綃二十八尺內揮帳紅綃四十九尺五寸纓子次柳靑綃一尺五寸纓(국장1821/086ㄱ08~10)

색인 (가례1718/198ㄱ03)(가례1819/상024ㄱ03)(가례1819/상216ㄱ05)(국장1800二/189ㄱ12)(국장1800二/190ㄱ01)(국장1821二/085ㄱ11)

鴉靑雲紋緞【아청운문단】 일 복

왕의 답호, 곤포 등에 쓰인 구름무늬가 놓인 검푸른 빛의 비단. 정조 24년(1800) 국왕의 습襲 때 아청운문단답호를 다홍운문단多紅雲紋緞 곤룡포 밑에 두었고 그 외에 왕의 곤포, 쾌자, 세자의 철릭 등을 만들 때 사용하였던 겨울용 견직물이다. 아청색은 짙은 흑색으로 대개 청색이 쓰일 곳에도 널리 통용되었다. 아청색이라는 명칭은 조선 시대의 각종 문헌에 자주 보이며, 주로 궁중용 복색으로 사용되었다. 대표적인 예로 세자의 면복, 흉배, 광다회에 모두 아청색을 사용했고, 빈궁이 가례嘉禮·존숭尊崇·진연進宴 때 착용하는 적의翟衣에도 아청색을 사용하였다.

참조1 남운문단藍雲紋緞, 다홍운문단多紅雲紋緞, 대홍운문단大紅雲紋緞, 백운문단白雲文緞, 진홍운문단眞紅雲紋緞, 초록운문단草綠雲紋緞, 현색운문단玄色雲紋緞, 홍운문단紅雲紋緞, 훈색운문단纁色雲紋緞

참조2 아청단령포鴉靑團領袍, 아청색鴉靑色

관련1 아청운문단 곤포鴉靑雲紋緞袞袌, 아청운문단 답호鴉靑雲紋緞綃褡護,아청운문단 철릭鴉靑雲紋緞綴翼

예문 外拱大紅雲紋緞內拱藍雲紋緞同道里鴉靑雲紋緞領紫的鄕織䯻罟具(빈전1800/153ㄱ12)

색인 (가례1802/상135ㄴ09)(가례1802/상135

ㄴ10)(가례1802/상201ㄱ07)(가례1819/상128ㄴ11)(가례1819/상180ㄴ03)(가례1866/상121ㄴ10)

鴉青雲紋大段【아청운문대단】 일 복

구름무늬를 넣어 짠 검푸른 빛의 두꺼운 비단. 아청색은 짙은 청색으로 대개 청색이 쓰일 곳에 널리 통용되었다. 아청색이라는 명칭은 조선 시대의 각종 문헌에 자주 보이며, 주로 궁중용 복색으로 사용되었다. 대표적인 예로 세자의 면복, 흉배, 광다회에 모두 아청색을 사용했고, 빈궁이 가례嘉禮·존숭尊崇·진연進宴 때 착용하는 적의翟衣에도 아청색을 사용하였다.

참조1 남운문대단藍雲紋大緞, 다홍운문대단多紅雲紋大段, 대홍운문대단大紅雲紋大緞, 유록운문대단柳綠雲紋大緞, 유청대단柳青大段, 초록대단草綠大緞, 초록운문대단草綠雲文大段, 초록운문대단草綠雲紋大緞, 침향운문대단沈香雲紋大段, 현색운문대단玄色雲紋大緞, 훈색운문대단纁色雲紋大緞

참조2 남색운문대단藍色雲紋大緞, 다홍운문대단多紅雲紋大緞

예문 一團領貳次所入鴉青雲紋大段貳拾壹尺鴉青眞絲玖分纓子紫的綃長壹尺陸寸廣玖寸(가례1727/095ㄱ01~03)

색인 (가례1671/076ㄱ09)(가례1671/136ㄴ10)(가례1681/118ㄱ08)(가례1696/107ㄱ05)(가례1718/117ㄱ06)

鴉青雲紋匹段【아청운문필단】 일 복

아청색[짙은 청색]의 구름무늬가 있는 수자직繻子織/주자직朱子織 견직물. 아청색이라는 명칭은 조선 시대의 각종 문헌에 자주 보이며, 주로 궁중용 복색으로 사용되었다. 대표적인 예로 세자의 면복, 흉배, 광다회에 모두 아청색을 사용했고, 빈궁이 가례嘉禮·존숭尊崇·진연進宴 때 착용하는 적의翟衣에도 아청색을 사용하였다. 필단은 匹段 외에 匹緞, 疋段으로 표기한다.

참조1 남금선필단藍金線匹段, 남필단藍匹段, 남필단藍匹緞, 남화문필단藍花紋匹段, 다홍운문필단多紅雲紋匹段, 다홍필단多紅匹段, 대홍금선필단大紅金線匹段, 대홍금선필단大紅金線疋段, 대홍무문필단大紅無紋匹段, 대홍소운문필단大紅小雲紋匹緞, 대홍운문필단大紅雲紋匹段, 대홍필단大紅匹段, 대홍화문필단大紅花紋匹段, 무문대홍필단無紋大紅匹段, 유청무문단柳青無紋緞, 유청무문필단柳青無紋匹緞, 자적필단紫的匹段, 초록육화문필단草綠六花紋匹段, 초록운문필단草綠雲紋匹段, 초록필단草綠匹段, 초록화문필단草綠花紋匹段, 필단匹段, 필단匹緞, 화문대홍필단花紋大紅匹段

예문 多紅絲五分殺一鴉青雲紋匹段七尺內下尙衣院造作進排鴉青絲五分(빈전1683/141ㄱ05~07)

색인 (가례1627/051ㄴ13)(가례1696/007ㄴ10)(가례1696/010ㄴ05)(가례1718/007ㄱ07)(빈전1680/196ㄴ09)(빈전1683/141ㄱ06)

鴉青有紋綃【아청유문초】 일 복

조복, 제복, 쓰개류에 쓰인 검푸른 빛으로 짠 무늬 있는 얇은 생사 견직물. 초綃는 생사生絲로 짠 얇은 비단의 총칭이다. 아청유문초鴉青有紋綃는 무늬가 있는 검푸른 색의 얇은 견직물로 의복과 이엄, 관 등의 쓰개류를 만드는 데 사용되었다. 조선 시대 문무백관들의 조복朝服과 제복祭服의 옷감으로 사용되었다. 『조선왕조실록朝鮮王朝實錄』에 의하면 세조, 성종 시기의 중국 사신들에게 아청초로 만든 쓰개를 사여하였다. 아청색이라는 명칭은 조선 시대의 각종 문헌에 자주 보이며, 주로 궁중용 복색으로 사용되었다. 대표적인 예로 세자의 면복, 흉배, 광다회에 모두 아청색을 사용했고, 빈궁이 가례嘉禮·존숭尊崇·진연進宴 때 착용하는 적의翟衣에도 아청색을 사용하였다.

참조1 남초藍綃, 대홍초大紅綃, 백초白綃, 자적초紫的綃, 중층홍초中層紅綃, 중층흑초中層黑綃, 초록초草

碌綃, 현색문초玄色紋綃, 홍초紅綃, 훈색초纁色綃, 흑초黑綃

참조2 증繒

관련1 아청초초피이엄鴉青綃貂皮耳掩, 아청초서피관鴉青綃鼠皮冠, 아청초서피이엄鴉青綃鼠皮耳掩, 아청초서피모관鴉青綃鼠皮毛冠, 아청초청서피관鴉青綃青鼠皮冠 아청초청서피이엄鴉青綃青鼠皮耳掩

예문 尙宮肆阿之壹尙宮壹依前減付標啓下割衣伍次冒段依前減付標啓下單長衫伍鴉青有紋綃(가례1727/014ㄴ06~07)

색인 (가례1671/010ㄱ07)(가례1696/010ㄴ11)

鴉青戎糸【아청융사】 일 복 ☞ 多紅戎糸다홍융사

예문 邊兒裹次黑紬四尺六寸五分流蘇鴉青戎糸四兩二戔翣青綿糸四兩於乙只鴉青戎糸四戔草綠戎糸四戔(가례1696/208ㄴ04~06)

색인 (가례1696/211ㄱ02)(가례1696/224ㄴ08)(가례1696/226ㄴ12)(가례1718/220ㄱ04)(가례1718/223ㄱ10)(가례1718/237ㄴ01)

鴉青鼎紬【아청정주】 일 복

아청색[짙은 청색]으로 물들인 정주. 정주鼎紬는 고급 명주를 뜻한다. 『조선왕조실록朝鮮王朝實錄』에 연산군과 중종 때 정주를 진상하게 하고 대비전에 사급한 기록이 있다. 아청색이라는 명칭은 조선 시대의 각종 문헌에 자주 보이며, 주로 궁중용 복색으로 사용되었다. 대표적인 예로 세자의 면복, 흉배, 광다회에 모두 아청색을 사용했고, 빈궁이 가례嘉禮·존숭尊崇·진연進宴 때 착용하는 적의翟衣에도 아청색을 사용하였다.

참조1 남정주藍鼎紬, 다홍정주多紅鼎紬, 대홍정주大紅鼎紬, 백정주白鼎紬, 백협백정주白挾白鼎紬, 선홍정주縇紅鼎紬, 자적정주紫的鼎紬, 청정주青鼎紬, 초록정주草綠鼎紬, 홍정주紅鼎紬, 흑정주黑鼎紬

참조2 반홍정주礬紅鼎紬

예문 草綠吐紬十三疋黃染三疋黃紬三十一尺五寸白鼎紬十三疋白紬三十四尺五寸鴉青鼎紬二疋紫的鼎紬六疋十九尺九寸青染木一疋二十七尺(가례1762/055ㄱ03~05)

색인 (가례1802/상201ㄴ06)

鴉青紬【아청주】 일 복

아청색[짙은 청색] 물을 들인 명주. 명주는 꼬임이 없는 중·하품의 견사絹紗를 사용하여 평직으로 제직한 짙은 청색의 평견 직물이다. 주紬는 조선 시대 가장 보편적인 견직물로 견사의 품질品質과 밀도密度, 생산지生産地에 따라 명칭을 달리 하였다. 아청색이라는 명칭은 조선 시대의 각종 문헌에 자주 보이며, 주로 궁중용 복색으로 사용되었다. 대표적인 예로 세자의 면복, 흉배, 광다회에 모두 아청색을 사용했고, 빈궁이 가례嘉禮·존숭尊崇·진연進宴 때 착용하는 적의翟衣에도 아청색을 사용하였다.

참조1 남금사주藍金絲紬, 남주藍紬, 다홍주多紅紬, 대홍주大紅紬, 면주綿紬, 백주白紬, 색주色紬, 자적주紫的紬, 자주紫紬, 초록주草綠紬, 태주남주苔紬藍紬, 홍염주紅染紬, 홍주紅紬, 황염주黃染紬, 황주黃紬, 흑주黑紬

예문 褙草注紙回粧草綠禾紬上下邊兒藍廣的紅袂紅禾紬白袂白禾紬褙接楮注紙再褙厚白紙衣鴉青紬布褙接青粱紙乭赤耳搗鍊紙貼金道吐落西挾間所排一坐(빈전1834/028ㄴ11~029ㄱ01)

색인 (가례1627/063ㄱ11)(가례1627/064ㄱ12)(가례1627/087ㄴ11)(가례1627/087ㄴ12)(가례1627/087ㄴ13)(가례1671/092ㄴ02)

鴉青紬絲【아청주사】 일 복 ☞ 大紅紬絲대홍주사

예문 赤亇次鴉青紬各二十七尺鴉青紬絲各九分赤古里次草綠紬各二十尺內拱磻紅紬各二十尺(책례1721/076ㄴ06~08)

색인 (가례1627/063ㄱ11)(가례1627/087ㄴ13)(가례1671/136ㄴ10)(가례1696/182ㄴ01)(가례1718/190ㄱ08)(책례1721/076ㄴ07)

鴉靑眞絲【아청진사】 일 복

아청색[짙은 청색]의 명주실. 각색 옷감의 바느질용으로 사용하였다. 『조선왕조실록朝鮮王朝實錄』에 태종 17년(1417) 양잠을 장려하면서 전라도, 풍해도[황해도]의 채방판관採訪判官이 황진사, 백진사 및 누에고치를 바쳤다는 기록이 있다. 따라서 진사眞絲는 조선 시대 초기 혹은 그 이전부터 사용된 것으로 보인다. 아청색이라는 명칭은 조선 시대의 각종 문헌에 자주 보이며, 주로 궁중용 복색으로 사용되었다. 대표적인 예로 세자의 면복, 흉배, 광다회에 모두 아청색을 사용했고, 빈궁이 가례嘉禮·존숭尊崇·진연進宴 때 착용하는 적의翟衣에도 아청색을 사용하였다.

참조1 남진사藍眞糸, 남진사藍眞絲, 남홍황진사藍紅黃眞絲, 다홍진사多紅眞糸, 다홍진사多紅眞絲, 대홍진사大紅眞絲, 백진사白眞絲, 아청다홍진사鴉靑多紅眞絲, 오색진사五色眞絲, 유청진사柳靑眞糸, 유청진사柳靑眞絲, 자적남진사紫的藍眞絲, 자적남홍진사紫的藍紅眞絲, 자적진사紫的眞絲, 조족백진사鳥足白眞絲, 주홍진사朱紅眞絲, 청진사靑眞糸, 청진사靑眞絲, 초록진사草綠眞絲, 흑진사黑眞絲

예문 纓子次長一尺五寸廣七寸一片縫造次鴉靑眞絲五分紅眞絲五分網巾所(빈전1800/138ㄴ10~12)

색인 (가례1627/043ㄴ04)(가례1627/050ㄱ05)(가례1627/051ㄴ13)(가례1627/052ㄱ12)(가례1627/061ㄱ09)(가례1627/061ㄱ11)

鴉靑亢羅【아청항라】 일 복

의대衣襨에 사용된 검푸른 빛깔의 평직과 사직이 조합된 여조직의 견직물. 검푸른 빛깔의 항라亢羅이다. 항라는 평직의 제직 수에 따라 3족, 5족, 7족 항라로 불리는데 생사 또는 숙사로 제직되어 시원하게 입을 용도로 쓰이는 여름 및 봄·가을용 견직물이다. 색상에 따른 여러 명칭이 있다. 항라는 왕과 조신의 조복, 제복, 바지, 철릭의 겉감과 쾌수의 안감 등의 의복에 사용되었고 일산日傘 제작에도 홍항라紅亢羅가 사용되었다. 사규삼의 선감으로 흑항라黑亢羅가 사용되고 자적항라紫的亢羅는 도포 제작에 사용되었다. 시종의 조복에 항라 사용을 금지하고, 문항라 수입을 금지한 것으로 보아 풍속의 화려함을 금하였음을 알 수 있다.

참조2 남항라藍項羅, 다홍항라多紅項羅, 문항라紋項羅, 사직紗織, 삼족항라三足項羅, 여직絽織, 오족항라五足項羅, 유청항라柳靑項羅, 자적항라紫的亢羅, 진홍항라眞紅項羅, 칠족항라七足項羅, 홍항라紅項羅, 흑항라黑亢羅

예문 羅兀五次鴉靑亢羅各十二尺纓子柳靑無紋匹緞各長二尺廣四寸六分(가례1866/272ㄴ07~08)

색인 (가례1866/상272ㄴ07)

鴉靑花紋大段【아청화문대단】 일 복

화문을 짜 넣은 아청색[짙은 청색] 대단. 대단은 윤이 나고 색실로 무늬를 넣어 짠 비단으로 한단漢緞이라고도 한다. 아청색이라는 명칭은 조선 시대의 각종 문헌에 자주 보이며, 주로 궁중용 복색으로 사용되었다. 대표적인 예로 세자의 면복, 흉배, 광다회에 모두 아청색을 사용했고, 빈궁이 가례嘉禮·존숭尊崇·진연進宴 때 착용하는 적의翟衣에도 아청색을 사용하였다.

동 한단漢緞

참조1 남대단藍大段, 남운문대단藍雲紋大緞, 남화문대단藍花紋大段, 다홍대단多紅大段, 다홍운문대단多紅雲紋大段, 대홍운문대단大紅雲紋大緞, 아청운문대단鴉靑雲紋大段, 유록운문대단柳綠雲紋大緞, 유청대단柳靑大段, 초록대단草綠大緞, 초록운문대단草綠雲紋大緞, 침향운문대단沈香雲紋大段, 현색운문대단玄色雲紋大緞, 황대단黃大緞, 훈색문대단纁色紋大緞, 훈색운문대단纁色雲紋大緞

참조2 대단자大緞子, 진홍대단광대眞紅大緞廣帶

예문 鴉靑花紋大段參拾尺伍寸內拱藍綃參拾尺伍寸苔袖藍綃參尺陸寸同正白綃長壹尺伍寸

廣壹寸伍分(가례1727/096ㄴ04~05)

색인 (가례1671/077ㄴ05)(가례1671/136ㄴ11)(가례1696/108ㄴ03)(가례1718/118ㄴ11)

鴉靑花紋匹段【아청화문필단】 일 복

화문을 짜 넣은 아청색[짙은 청색] 수자직繻子織/주자직朱子織 견직물. 필단은 윤이 나고 색실로 무늬를 넣어 짠 비단으로 한단漢緞이라고도 한다. 아청색이라는 명칭은 조선 시대의 각종 문헌에 자주 보이며, 주로 궁중용 복색으로 사용되었다. 대표적인 예로 세자의 면복, 흉배, 광다회에 모두 아청색을 사용했고, 빈궁이 가례嘉禮·존숭尊崇·진연進宴 때 착용하는 적의翟衣에도 아청색을 사용하였다.

동 한단漢緞

참조1 대홍금선필단大紅金線匹段, 대홍무문필단大紅無紋匹段, 대홍화문필단大紅花紋匹段, 초록육화문필단草綠六花紋匹段, 화문아청필단花紋鴉靑匹段

예문 冒殺上下次多紅花紋匹段八尺鴉靑花紋匹段八尺以上內出用之斧形起畵次泥銀四錢五分泥金八分(빈전1675/148ㄴ04~06)

색인 (가례1671/129ㄱ06)(가례1696/169ㄱ09)(존호1610/074ㄴ03)(책례1610/073ㄴ03)(빈전1675/148ㄴ05)(빈전1724/215ㄱ07)

鴉靑胸背【아청흉배】 일 복

조선 시대 백관들이 상복에 다는 품계 표시 장식. 흉배는 조선 시대 왕복과 백관들의 상복인 단령에 사용할 수 있었다. 단령의 옷감과 같은 비단에 흉배胸背의 문양을 곱게 수놓아 상하의 품계를 표지하였는데, 아청흉배鴉靑胸背는 아청색의 단령에 단 흉배胸背를 말한다. 왕의 보補는 둥근 형으로 양 어깨, 앞, 뒤 모두 네 곳에 가식하는 것과 달리, 백관의 흉배胸背는 네모 형으로 상복의 가슴(앞)과 등(뒤)의 두 곳에 표지하였다. 흉배胸背의 문양은 품계에 따라 기린, 해치, 운안, 호표, 학 등을 사용하였다.

참조1 흉배胸背

예문 加文剌次大紅雲紋匹段一疋帶子次紫的綃一尺鴉靑胸背左右肩龍具四浮(가례1718/197ㄴ12~198ㄱ02)

색인 (가례1718/198ㄱ01)

案【안】 일 의

직사각형의 천판天板에 네 개의 다리가 달린 상床. 조선 시대에는 주칠朱漆을, 대한제국 시기에는 황칠黃漆을 하였다. 보통 이동성이 큰 것을 상床이라 하고 이동성이 적고 일정한 위치에 놓아 사용하는 것을 안案이라 하였으며, 부를 때는 상과 안을 구분하지 않고 모두 상이라고 부르기도 한다. 용도에 따라 교명안敎命案[책봉에 관한 임금의 교서를 놓은 책상]·책안冊案[왕이나 왕비 등의 존호를 올릴 때 함께 올리던 옥책을 놓은 책상]·인안印案[왕이나 왕비 등의 존호를 올릴 때 함께 올리던 인(金寶)을 놓은 책상]으로 색깔과 모양에 따라 왜주홍안倭朱紅案, 왜주홍칠고안倭朱紅漆高案, 왜주홍칠안倭朱紅漆案, 홍칠안紅漆案 등으로 구분해 부르기도 한다.

참조1 가안假案, 교명안敎命案, 당주홍칠안唐朱紅漆案, 상床, 왜주홍안倭朱紅案, 왜주홍칠고안倭朱紅漆高案, 왜주홍칠안倭朱紅漆案, 왜주홍칠안상倭朱紅漆案床, 인안印案, 책안冊案, 홍칠안紅漆案

관련2 안차비案差備, 안차비관案差備官, 왜주홍안倭朱紅案, 왜주홍칠고안倭朱紅漆高案, 왜주홍칠안倭朱紅漆案, 홍칠안紅漆案, 홍칠안우비紅漆案雨備

예문 靑陽繖靑扇等捧陪忠義衛及他餘應入差備乙良令都監分付各該司使之照例差定一各樣冊寶牀案等物各差備忠義衛忠贊衛令兵曹預爲差定事啓下爲有置(국장1720/106ㄱ07~09)

색인 (가례1671/034ㄴ04)(가례1671/035ㄱ05)(가례1671/083ㄱ07)(가례1671/083ㄱ09)(가례1671/105ㄴ01)(가례1671/109ㄱ08)

安器板【안기판】 일 의

왕실의 국장이 있을 때 명기明器를 안치하던 판자. 안기판安器板의 규모는 안기궤安器櫃 안에 넣을 수 있도록 하였으며 판의 전면에 당주홍칠唐朱紅漆을 하고 밑바닥은 엷게 먹을 칠한 것이 특징이다. 명기를 안치하는 곳에는 그릇이 안정되어 흔들리지 않도록 판에 홈을 내어 제작하였다. 명기明器는 죽은 이를 위하여 일부러 만들어 무덤에 넣는 그릇, 악기, 생활 용구 따위의 기물로 무덤에 함께 묻어야 하기 때문에 실물보다 작게 만든다.

참조1 명기明器

관련1 안기궤甕器櫃

예문 眞絲二分紙金二張藍綀絲一戔磁器籩豆樂器安器板三次合薄椴板長五尺全漆一合每漆五夕唐朱紅三戔阿膠二戔(국장1821/146ㄱ10~12)

색인 (국장1800二/194ㄱ12)(국장1800二/195ㄱ04)(국장1800二/195ㄴ02)(국장1903二/177ㄱ05)(국장1821二/146ㄱ11)(국장1821二/183ㄴ07)

鞍籠【안롱】 일 의

비가 올 때 수레나 가마를 덮는 가리개[우구雨具]. 두터운 기름종이[油紙]로 만들며 한 면에 사자獅子를 그려 넣었다. 유지油紙로 만든다고 해서 유안롱油鞍籠이라고도 하며, 안롱을 만드는 장인을 안롱장按籠匠이라 한다.

참조1 안롱군鞍籠軍, 유안롱油鞍籠

관련1 우비안롱雨備鞍籠, 청자수마안롱靑紫繡馬鞍籠, 청자수안마안롱靑紫繡鞍馬鞍籠, 청자수안마안롱군靑紫繡鞍馬鞍籠軍, 청자수안안롱군패장靑紫繡鞍鞍籠軍牌將

관련2 안롱장鞍籠匠

예문 本房次知鞍籠參拾貳部起畵所用眞墨伍丁依謄錄磨鍊稟目爲有如乎手決內(국장1903/016ㄱ07~08)

색인 (가례1627/127ㄱ10)(가례1671/195ㄴ09)(가례1671/198ㄴ09)(가례1671/208ㄱ07)(가례1671/221ㄴ10)(가례1681/280ㄱ04)

鞍籠軍【안롱군】 일 의 ☞ 鞍籠안롱

관련1 청자수안마안롱군靑紫繡鞍馬鞍籠軍, 청자수안안롱군패장靑紫繡鞍鞍籠軍牌將

예문 竹散鞍馬十二匹軍一百九十二名預備軍五十六名以上市民部將四人雨具軍十二名鞍籠軍十二名行帷帳二浮軍九十六名預備軍十八名部將二人(국장1834/173ㄴ02~04)

색인 (국장1674二/046ㄴ07)(국장1674二/046ㄴ08)(국장1674二/047ㄱ04)(국장1681二/071ㄱ08)(국장1681二/071ㄱ09)(국장1684/069ㄴ03)

安陵奠【안릉전】 일 의

국장國葬에서 현궁玄宮에 재궁梓宮을 안치하고 봉분을 조성한 후 체백體魄을 안정시키기 위해 지내는 전의奠儀. 안릉전은 재궁을 능소陵所에 안치하고 봉분을 조성한 후 능에서 처음으로 거행하는 의식이다. 안릉전은 정자각丁字閣 또는 가정자각假丁字閣에서 거행하는데 그 순서는 곡哭, 사배四拜, 상향上香, 헌작獻爵, 독축讀祝, 망료望燎 등으로 되어 있다. 그리고 습전襲奠과 동일하게 중박계中朴桂 4그릇, 홍백 산자紅白散子 4그릇, 약과藥果 5그릇, 각색 실과各色實果 6그릇, 전증煎蒸 1그릇, 잡탕雜湯 1그릇, 잔盞 3개 등의 제수를 준비하였다.

예문 進發同日臨時立主奠同日臨時謝后土祭同日臨時安陵奠封陵事畢後隨時返虞同日臨時初虞祭同日日中路遠則但不出是日行再虞(국장1674/072ㄴ12~073ㄱ02)

색인 (국장1659一/121ㄱ12)(국장1659一/122ㄴ09)(국장1674一/073ㄱ01)(국장1681一/069ㄱ11)(국장1702B一/102ㄴ10)(국장1724一/085ㄴ09)

安席【안석】 일 의

몸을 기댈 수 있는 자리. 안석은 몸을 기댈 수 있는 자리를 가리키기도 하지만, 70세가 되는 공신에게 하사하였던 궤장几杖 가운데 궤几를 가리키기도 한다.

예문 屛風二登每二安席二方席二揮巾手巾各

二腰江二唾口二茶甫兒臺具(국장1674/128ㄱ03~05)

색인 (가례1681/224ㄱ05)(가례1696/051ㄴ03)(가례1696/078ㄱ01)(가례1696/200ㄴ06)(가례1696/201ㄱ08)(가례1718/064ㄱ11)

雁案【안안】 일 의

왕실의 혼례 때 기러기를 올려놓았던 상. 왕실의 혼례가 있을 때 친영親迎의례에서 폐백으로 사용하던 기러기를 올렸던 상으로 왕의 것은 주칠朱漆, 왕세자의 것은 흑칠黑漆을 한다. 기러기는 붉은색 명주로 목을 얽고 붉은 명주 보자기로 싼 다음에 붉은색 명주 열폭으로 만든 상보를 깐 전안상奠雁床에 올려 폐백으로 삼았다. 奠雁床, 奠雁案 등의 표기도 있다.

참조2 전안교락奠雁絞絡

예문 王妃親迎時儀註有奠雁於牀上主母撤雁案之文而世子嘉禮儀則只曰奠雁而元無奠於牀上之語謄錄中有奠雁(가례1744/052ㄴ02~03)

색인 (가례1744/052ㄴ02)

鞍子匠【안자장】 일 건

조선 시대에 공조에 속하여 마구馬具를 만드는 일을 맡아 하던 사람. 『화성성역의궤華城城役儀軌』에 의하면 성역 공사에 총 4명의 안자장이 동원되었는데, 이들은 차장車匠이나 화공畵工과 같은 보수를 받았으며 매일 돈 4전 2푼이 지급되었다.

예문 鞍子匠金天吉李自白車得云兪戒興以上京居(국장1903/253ㄴ05~06)

색인 (가례1627/128ㄱ08)(가례1671/139ㄴ11)(가례1671/154ㄱ05)(가례1671/185ㄱ02)(가례1681/079ㄱ08)(가례1681/223ㄴ04)

謁者【알자】 일 의

의전儀典 행사에서 집전 담당자를 인도하는 역할을 하는 제집사諸執事 중의 하나. 대관전에서 옥책玉册을 올리는 의식에 임금이 대관전에 나올 무렵에 집례관·내급사·내시·내상시·알자·내알자·전알·전의·찬자 등이 먼저 전정으로 들어가 좌우로 갈라선다고 한 기록이 보인다.

예문 洗爵拭爵訖置於篚捧詣泰階祝史迎取於階上置於尊所坫上謁者引領議政贊引引讀册官捧册官捧寶官擧册案者擧寶案者入就位謁者進(국장1720/115ㄴ10~12)

색인 (가례1627/007ㄱ14)(가례1627/007ㄴ04)(가례1627/007ㄴ08)(가례1627/015ㄱ13)(가례1627/019ㄴ07)(가례1627/036ㄴ12)

鴨項釘【오리목못】 채 건 鴨項丁

한 끝은 감아 고리못을 달고 한 끝은 갈고리쇠 모양으로 꺾어 구부려 배목에 걸도록 만든 쇠. 오리목못은 가막쇠와 동의어인데, 이는 가막쇠의 모양이 오리목과 유사한 데 근거하여 붙여진 것으로 보인다. 의궤에는 크기에 따라 小小鴨項釘, 中鴨項釘과 땜납을 올린 鑞染鴨項釘이 보인다. 가막쇠[可莫金], 오리목쇠[鴨項鐵]라고도 한다.

관련1 납염오리목못鑞染鴨項釘, 박이중오리목못朴只中鴨項釘, 소소오리목못小小鴨項釘, 중오리목못中鴨項釘

예문 貴都監段置該掌郎廳眼同擧行毋至疏虞之患爲旀排設時所用鑞染中小圓環鴨項釘略干箇廣頭釘限數百箇小鼠目釘限五六百箇(빈전1800/082ㄱ01~03)

색인 (가례1671/148ㄴ08)(가례1819/하014ㄴ12)(가례1819/하104ㄴ03)(가례1819/하104ㄴ10)(가례1819/하120ㄱ06)(국장1800四/087ㄱ05)

鴨項丁【오리목못】 채 건 ☞ 鴨項釘오리목못

관련1 납염오리목못鑞染鴨項丁, 소소오리목못小小鴨項丁

예문 菊花童朴只廣頭丁五十四介鴨項丁十介龍頭朴只廣頭丁十六介鳥足釗五介鼠目丁一百

七十介以上新備合(국장1890/035ㄱ03~05)

색인 (국장1702B一/197ㄱ05)(국장1702B一/202ㄱ08)(국장1724一/174ㄱ03)(국장1724一/175ㄴ02)(국장1730一/272ㄱ03)(국장1890二/035ㄱ04)

鴨項乼【오리목줄】 채 건

끝이 오리 목처럼 둥글게 휘어진 줄칼.

예문 雄尾伊平尾伊各一箇乷大三箇曲之亇赤一箇鴨項乼一箇中乼一箇小乼一箇乷只金二箇乼丁一箇登子金三箇(국장1890/082ㄴ01~03)

색인 (가례1671/218ㄱ09)(가례1681/324ㄴ07)(가례1696/263ㄴ02)(가례1718/230ㄱ06)(가례1762/상092ㄱ06)(가례1819/하074ㄴ11)

鴨項鐵【오리목쇠】 채 건 ☞ 鴨項釘오리목못

예문 監紅染以來以爲褙接之地何如堂上手決內依一本房所掌鐵燭籠二十部新造所入鴨項鐵二十介鑞染次鑞鐵七斤松指五斤燒木三丹上下爲乎旀(국장1720/049ㄴ08~10)

색인 (국장1702B二/049ㄴ09)(국장1724二/033ㄴ06)(국장1776一/272ㄱ08)(국장1776一/272ㄴ10)(국장1821二/136ㄴ04)(국장1821二/176ㄱ09)

哀冊【애책】 일 의

애책문哀冊文을 옥이나 대나무에 새겨 책冊의 모양으로 만든 것. 국상國喪을 당하여 선왕先王이나 선비先妃의 죽음을 슬퍼하며 지은 글을 애책문이라 한다. 국왕과 왕비를 위한 애책문은 옥책玉冊으로 만들고 왕세자와 왕세자빈의 경우에는 죽책竹冊으로 만들었다. 『상례보편喪禮補編』에 의하면 국왕과 왕비의 옥책은 길이가 9촌 7푼, 너비가 1촌 2푼, 두께가 6푼인 크기로 자른 청옥靑玉을 엮어서 만들었다. 한 개의 청옥이 한 간簡으로 12자가 들어간다. 6개의 간을 모아 양 머리 부분을 홍광직紅廣織으로 싸고 박동薄銅을 끼운 후 도금을 하였는데 이것이 1첩이 된다. 첩과 첩을 고리로 연결하였다. 죽책은 대나무를 길이 9촌, 너비 1촌으로 잘라 만들었다. 애책은 능묘에 부장하였다.

참조1 거독애책안자擧讀哀冊案者, 애책문哀冊文, 애책상哀冊床

예문 懸次大圓環排具二箇諡册哀册外樻二部每部所入後赤貼釵丁及丁六箇式具二部落目兩排具(국장1890/055ㄱ12~ㄴ01)

색인 (국장1659一/015ㄴ10)(국장1659一/016ㄱ07)(국장1659一/016ㄴ04)(국장1659一/017ㄴ06)(국장1659一/017ㄴ12)(국장1659一/027ㄱ02)

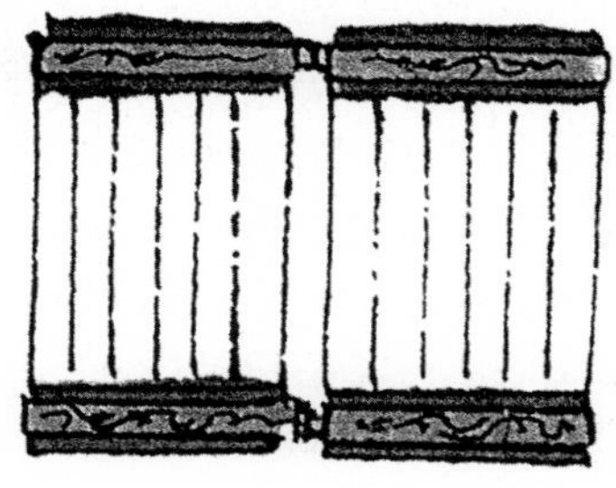

애책

哀冊文【애책문】 일 의

국상國喪을 당하여 선왕先王이나 선비先妃의 죽음을 슬퍼하며 지은 글. 국왕과 왕비를 위한 애책문은 옥책玉冊으로 만들고 왕세자와 왕세자빈의 경우에는 죽책竹冊으로 만들었다. 『상례보편喪禮補編』에 의하면 국왕과 왕비의 옥책은 길이가 9촌 7푼, 너비가 1촌 2푼, 두께가 6푼인 크기로 잘라서 만든 청옥靑玉을 엮어서 만들었다. 한 개의 청옥이 한 간簡으로 12자가 들어간다. 6개의 간을 모아 양 머리 부분을 홍광직紅廣織으로 싸고 박동薄銅을 끼운 후 도금을 하였는데 이것이 1첩이 된다. 첩과 첩을 고리로 연결하였다. 죽책은 대나무를 길이 9촌, 너비 1촌으로 잘라 만들었다. 애책은 능묘에 부장하였다.

참조1 거독애책안자擧讀哀冊案者, 애책哀冊, 애책상哀冊床

예문 六月十五日哀册文草圖書入啓十八日巽

時祭器鑄成始役(국장1890/004ㄴ01~ㄴ02)

색인 (국장1659一/028ㄱ02)(국장1659一/028ㄱ07)(국장1659二/122ㄱ10)(국장1659二/130ㄴ05)(국장1659二/148ㄴ10)(국장1659二/190ㄴ10)

哀冊床【애책상】 일 의

왕실의 국장이 있을 때 애책哀冊을 놓았던 상. 왕실의 국장이 있을 때 애도하는 글을 적은 애책哀冊을 애책함哀冊函에 넣어 직사각형의 천판天板에 호랑이 발[虎足] 모양의 다리가 있는 애책상 위에 올렸다. 애책상은 흑칠黑漆을 하였다.

참조1 거독애책안자擧讀哀冊案者, 애책哀冊

예문 果旣有床卓則似有床下排褥席而此等節次旣無可據之文但謚冊謚寶哀冊床下排褥席之外贈玉贈帛則俱無床下褥席今此竹冊敎(국장1659/017ㄱ09~11)

색인 (국장1800三/043ㄱ02)

罌【앵】 일 의

국장이 있을 때 녹해鹿醢, 해醢, 생강, 계피 가루를 담았던 명기明器. 앵罌은 백토로 구워 만들며 가운데가 넓고 아래는 곧은 형태이다. 주척周尺을 이용하여 입구의 원지름을 3촌, 허리의 원지름은 7촌 5푼, 높이는 7촌, 바닥의 원지름은 4촌 2푼이었으며 용량은 3되 정도 담을 수 있었다. 앵은 사옹원司饔院에서 마련하였다.

참조1 안기판安器板

예문 瓦甒一釜一鼎一爊一以上工曹罌三酒罇四酒甁一盞三臺具爵一簠一簋一匙楪一饌楪三

앵

蔬菜脯醢楪三飯鉢一香(국장1834/169ㄴ06~08)

색인 (국장1800二/158ㄱ11)(국장1800二/182ㄱ09)(국장1800二/193ㄴ12)(국장1898三/012ㄱ06)(국장1898三/092ㄴ07)(국장1903二/169ㄱ03)

也帶【야대】 일 복

대의 한쪽 끝이 아래로 야也자처럼 늘어진 허리띠. 공복公服에 착용한다. 야대는 대를 띠었을 때 한 끝이 아래로 늘어져 야也자처럼 된다고 하여 붙여진 이름으로 야자대也字帶라고도 한다. 영조 33년(1757)에는 상중喪中에 문무과文武科의 합격을 큰 소리로 알리는 때에 베로 싼 복두와 야대를 쓰도록 하였으며, 고종 21년(1884)에는 공복을 입을 때 복두幞頭·야대也帶를 착용하라고 하였다. 금으로 장식한 야자금대也字金帶와 띠돈을 무소뿔로 장식한 야자서대也字犀帶, 검은뿔로 장식한 야자오각대也字烏角帶가 있다.

동 야자대也字帶

참조1 야자금대也字金帶, 야자대也字帶, 야자서대也字犀帶, 야자오각대也字烏角帶

也字金帶【야자금대】 일 복

대의 한쪽 끝이 아래로 늘어져 야也자처럼 보이고, 금을 장식하여 만든 허리띠. 야자금대는 대를 띠었을 때 한 끝이 아래로 늘어져 야也자처럼 된다고 하여 붙여진 이름으로 띠돈을 금으로 장식하였다. 『만기요람萬機要覽』에 의하면, 중국 사절이 올 때 봉칙관奉勅官 4명은 홍포를 입고 야자금대를 착용한다고 하였다.

참조1 야대也帶, 야자대也字帶, 야자서대也字犀帶, 야자오각대也字烏角帶

예문 冒羅幞頭一件也字金帶一件以上帶戶曹貿易出給工曹造作(가례1802/151ㄴ07~08)

색인 (가례1802/상151ㄱ03)(가례1819/상142ㄴ09)

也字帶【야자대】 일 복

공복公服에 착용하는 한 끝이 야也자 모양으로 아래로 늘어진 허리띠. 야대也帶라고도 한다. 영조 33년(1757)에는 상중喪中에 문무과文武科의 합격을 큰 소리로 알리는 때에 베로 싼 복두와 야자대를 쓰도록 하였으며, 고종 21년(1884)에는 공복을 입을 때 복두幞頭·야자대也字帶를 착용하라고 하였다.

동 야대也帶

참조1 야대也帶, 야자금대也字金帶, 야자서대也字犀帶, 야자오각대也字烏角帶

예문 冒羅幞頭三件也字帶三件從品職黑靴子三部以上工曹(가례1762/017ㄴ01~03)

색인 (가례1802/상162ㄴ05)(가례1819/상171ㄱ09)(가례1866/상152ㄴ10)(국장1898一/202ㄴ01)(국장1898一/204ㄱ10)(책례1875/065ㄱ07)

也字犀帶【야자서대】 일 복

정사正使·부사副使·주인主人이 공복公服에 착용하는 야也자 모양의 띠. 띠돈을 무소뿔로 장식하였다. 야자서대也字犀帶는 『영조정순후가례도감의궤英祖貞純后嘉禮都監儀軌』 이후 『고종명성후가례도감의궤高宗明星后嘉禮都監儀軌』에 이르기까지 왕의 가례 때 정사·부사·주인의 공복에 모라복두冒羅幞頭·흑화자黑靴子와 함께 착용하였다.

참조1 야대也帶, 야자금대也字金帶, 야자오각대也字烏角帶

참조2 서대犀帶

예문 冒羅幞頭三部也字犀帶三部從職品黑靴子三部(가례1762/030ㄴ02~04)

색인 (가례1762/상030ㄴ04)(가례1802/상045ㄴ11)(가례1802/상150ㄴ10)(가례1819/상044ㄱ09)(가례1819/상142ㄴ04)(가례1866/상042ㄴ10)

也字烏角帶【야자오각대】 일 복

한쪽 끝이 아래로 늘어져 야자也字자처럼 보이는 검은색의 뿔로 장식하여 만든 허리띠. 띠돈을 검은색 뿔로 장식한 것이다. 오각대는 흑각대라고 한다. 세종 8년(1426) 예조와 의례상정소에서 조사한 조정의 관복제도를 보면 오각대는 8품과 9품의 관리가 띠었으며, 영조 33년(1757) 종친 및 문무백관의 상복喪服으로 오각대를 띠었다.

참조1 야대也帶, 야자금대也字金帶, 야자서대也字犀帶, 흑각대黑角帶

예문 冒羅幞頭也字烏角帶戶曹出給工曹黑靴子(가례1819/상143ㄱ01~03)

색인 (가례1802/상151ㄱ08)(가례1819/상143ㄱ02)(가례1866/상137ㄱ08)

冶匠【야장】 일 건

대장간을 벌이고 시우쇠를 달궈서 온갖 연장 따위를 만드는 일을 업으로 삼는 사람. 대장장이를 가리킨다. 야장이 쓰는 도구로는 불을 조절하는 풀무와 모루, 정, 메, 집게, 대갈마치, 숫돌 등이 있다. 공사에 쓰이는 각종 철제 도구와 건물의 부속 철물들이 필요하고, 공사 중에 망가진 연장들을 수시로 수선해야 했기 때문에 많은 야장들이 동원되었는데, 화성 성역 공사의 경우 83명의 야장이 일하였으며, 야장의 품삯은 세 명으로 구성된 한 패에 돈 8전 9푼을 매일 지급하였다.

관련1 야장가가冶匠假家, 야장별음탄冶匠別音炭, 야장야막冶匠冶幕

예문 無料布者抄出給料布一募軍每各一朔價布三疋米五斗冶匠木手等肉助役每名一朔價布二疋米五斗(국장1903/084ㄱ08~10)

색인 (가례1627/100ㄱ08)(가례1627/114ㄱ02)(가례1627/114ㄱ03)(가례1627/114ㄱ03)(가례1627/114ㄱ04)(가례1627/114ㄱ05)

藥果【약과】 일 음

연회와 제례에 사용된 유밀과. 각종 의례에 사용된 조과류 중 대표적인 것으로 밀가루, 꿀, 기름, 술, 물을 섞어 반죽하여 기름에 지진 유밀과이다. 검은

ㅇ

색이며 과줄이라 하기도 한다. 주재료로 밀가루, 참기름, 청·백당, 계핏가루, 후춧가루, 실백자, 황률, 대추, 조청 등이 쓰였다.

예문 四時及俗節祭所用鑄中朴桂于里臺具四坐鑄散子于里臺具五坐鑄藥果于里臺具五坐鑄實果種子于里臺具六坐鑄中燭臺一雙(국장1903/176ㄴ09~11)

색인 (가례1681/220ㄱ08)(가례1681/220ㄴ04)(가례1681/221ㄱ12)(가례1762/상005ㄴ08)(가례1762/상006ㄴ04)(가례1802/상023ㄴ03)

凉東海【양동이】 채 의 음

함석으로 만든 동이. 동이는 모양이 둥글고 배가 부르며, 아가리가 넓고, 양쪽에 손잡이가 있는 그릇이다. 대개 진흙으로 만들지만 함석으로 만든 경우 양동이라 부른다. 대부분의 의궤 자료에서 東海로 나타나는 것으로 보아 東海의 표기가 일반적으로 쓰였음을 알 수 있다.

양동이

참조1 동이東海

참조2 물동이水瓮

관련1 놋동이鍮東海, 주동이鑄東海, 주소동이鑄小東海, 질동이陶東海

예문 方盤二坐改着黑眞漆入用還下朱漆圓盤六坐以上戶曹所在用後還下鑄凉東海二箇鑄大沙用蓋具一坐鍮錚盤四箇以上戶曹所在(가례1882/080ㄱ02~03)

색인 (국장1849三/006ㄴ01)(국장1849三/058ㄱ05)(국장1864三/007ㄱ07)(국장1864三/067ㄱ05)(국장1864一/034ㄴ11)(국장1904一/036ㄱ01)(국장1904一/038ㄱ11)

椺樑【들보】 채 건

지붕 또는 상층에서 오는 하중을 받는 가로재. 기둥 또는 벽체 위에 수평으로 걸친 구조 부재인 보의 일종이다. 흔히 대들보, 樑木, 大樑, 大梁이라고도 한다. 椺樑는 들보를 차자借字로 표기한 것이다.

예문 帶次雜長木十五介每佐非網兀四番假家九間所入柱道里椺樑大工幷中椽木五十八介(국장1720/365ㄴ12~366ㄱ01)

색인 (국장1702B二/366ㄱ01)(국장1724一/166ㄱ09)(국장1724二/328ㄴ01)(국장1724二/346ㄱ07)(국장1724二/353ㄱ12)(국장1724二/358ㄱ01)

凉盆【양푼】 채 의 음

음식을 담는 데 쓰는 놋그릇. 운두가 낮고 평평하다. 양푼은 쓰임새가 매우 다양하여 죽을 쑤어 담거나 곰을 고아 담기도 하였고, 떡을 반죽하거나 나물을 무칠 때 사용하기도 하였다. 한글본 『ᄌᆞ경뎐진쟉정례의궤』에 凉盆의 한글 표기로 냥푼이 나와 있다. 의궤에는 大-, 沙-, 鍮- 등이 앞서 凉盆의 종류를 구분한 예가 보인다.

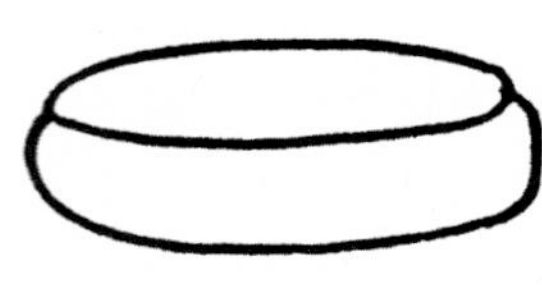
양푼

관련1 대양푼大凉盆, 사양푼沙凉盆, 유양푼鍮凉盆

예문 一蓋具減鍮錚盤三減鍮大筯一面減鍮平者一減鍮凉盆二減鍮大蓋兒一減鍮于斤蓋具二減鍮大匙一減中蓋兒二減(가례1651/030ㄴ05~07)

색인 (가례1866/하070ㄴ11)(국장1864三/007ㄴ09)(혼전1720/129ㄴ08)(혼전1720/123ㄴ09)

陽繖【양산】 일 의

의장儀仗의 하나. 모양이 일산日傘과 비슷하나, 가에 늘어지게 둘러 꾸민 헝겊이 일산은 일 층인 데 비해 양산은 삼 층이고, 긴 자루로 받치도록 되어 있다. 헝겊색에 따라 청양산靑陽繖·홍양산紅陽繖·황양산黃陽繖 등이 있다.

관련1 대전양산차비大殿陽繖差備, 양산군陽繖軍, 양산선차비충의위陽繖扇差備忠義衛, 양산차비陽繖差備, 양산차비충순위陽繖差備忠順衛, 장봉전봉양산掌縫傳

捧陽繖, 청양산青陽繖, 청양산차비青陽繖差備, 청홍양산青紅陽繖, 홍양산우비紅陽繖雨備, 홍양산차비紅陽繖差備, 홍양산紅陽繖

예문 輿後分左右侍衛事武臣兼宣傳官四員雲劍差備守門將陽繖差備內侍府行路則輿士軍內禁衛十員(국장1821/086ㄱ07~09)

색인 (가례1627/010ㄱ07)(가례1671/012ㄴ10)(가례1671/035ㄱ07)(가례1671/115ㄱ07)(가례1671/115ㄴ01)(가례1681/222ㄱ03)

陽繖匠【양산장】 채 건 陽傘匠

양산을 전문적으로 만드는 사람. 양산陽繖은 모양은 일산과 비슷한데 테두리에 넓은 헝겊을 둘러 꾸며서 아래로 늘어뜨린다. 陽傘匠으로도 표기한다.

예문 冶匠池順貴等三名陽繖匠奇次雄玉匠金太徵(책례1721/055ㄱ02~04)

색인 (가례1681/079ㄴ01)(가례1681/265ㄴ03)(가례1696/228ㄴ07)(가례1718/080ㄱ01)(가례1718/244ㄱ01)(가례1802/상121ㄱ03)

陽傘匠【양산장】 채 건 ☞ 陽繖匠양산장

예문 褥綀匠林仁男陽傘匠金孝建鑞匠姜繼賢馬鬣匠具鐵堅等二名筲匠姜益昌(국장1681/113ㄴ02~04)

색인 (가례1696/065ㄱ01)(존숭1747/080ㄴ02)(책례1726/059ㄱ12)(책례1759/038ㄱ11)(국장1681一/113ㄴ03)(국장1701二/067ㄴ11)

凉耳掩【양이엄】 일 복

가례 때 방한용으로 착용한 쓰개. 양이엄凉耳掩은 이엄과는 달리 모피가 아닌 천으로 만든 것이다. 인조장렬후가례仁祖壯烈后嘉禮부터 숙종인원후가례肅宗仁元后嘉禮까지는 상궁, 시녀, 유모가 모피를 댄 모이엄과 초피이엄을 썼으나 이후에는 양이엄凉耳掩으로 통일하여 썼다. 기행나인은 인조장렬후가례仁祖壯烈后嘉禮부터 고종명성후가례高宗明成后嘉禮까지 모두 양이엄凉耳掩을 썼다. 의차衣次로는 모단冒緞이 주로 사용되며 숙종인현후가례肅宗仁顯后嘉禮까지는 2척 내외 분량이 사용되었다가 이후에는 이전에 비해 2배가량 많은 5척이 소요되고 영조정순후가례英祖貞純后嘉禮이후부터 다시 모단 1척 내외가 소요되었다. 양이엄凉耳掩은 가례가 이루어졌던 주로 3월과 10월에 착용되었고 천과 천 사이에 공상지供上紙를 대어 심지 역할을 하도록 하였다.

예문 汝火五乜羅戊戌姑減付標啓下凉耳掩五次冒段戊戌姑減付標啓下(가례1718/014ㄱ01~03)

색인 (가례1627/062ㄴ10)(가례1627/063ㄱ05)(가례1627/063ㄴ07)(가례1681/018ㄴ10)(가례1681/019ㄱ08)(가례1681/089ㄱ06)

樑板【양판】 채 건 ☞ 凉板양판

예문 右手本爲上下事樑板七坐甘莫金七介定絃所入松煙五兩綿絲二兩地排空石十立進排事(국장1659/161ㄱ02~03)

색인 (부묘1851一/086ㄱ09)(존숭1739/088ㄴ03)(존숭1739/126ㄴ09)(존숭1739/129ㄱ03)(존숭1739/129ㄱ08)(존숭1739/129ㄱ12)

凉板【양판】 채 건 樑板

대패질을 할 때 받쳐 놓는 판판하고 길쭉한 나무판자. 주로 소목장小木匠, 천혈장穿穴匠, 두석장豆錫匠 등이 사용한다.

관련1 소량판小樑板

예문 刀子一箇槓子具鎖鑰一部加莫金二箇條所六艮衣松煙一兩凉板二立方文里二箇引鉅匠所用(가례1819/146ㄱ08~10)

색인 (가례1627/071ㄴ03)(가례1696/078ㄴ09)(가례1819/상146ㄱ09)(부묘1836A/230ㄱ07)(책례1722/164ㄴ03)(책례1722/210ㄴ01)

敔【어】 일 의

음악을 마칠 때 연주하는, 서쪽에 위치한 타악기.

ㅇ

나무로 만든 호랑이를 형상화하여 받침대에 올려놓고 대나무로 된 채를 가지고 호랑이 머리를 세 번 치고 호랑이 등에 있는 27개의 톱니를 머리에서 꼬리 쪽으로 긁어 소리 낸다. 악기의 소리에 연유하여 갈楬이라고도 한다. 호랑이의 색은 원래는 황색이었으나 현재는 흰색을 사용한다. 동쪽에 위치한 축柷과 반대 방향인 서쪽에 위치한다.

예문 柷一以椴板造作制形見樂學軌範明器之屬故其體甚少敔一以椴板造作方臺幷高一寸五分廣九分長一寸六分加彩以上風物圖形見樂學軌範典樂來待都監監造用周尺(국장1674/036ㄴ02~03)

색인 (국장1800二/158ㄴ03)(국장1800二/187ㄱ12)(국장1898三/013ㄴ11)(국장1898三/096ㄱ03)(국장1903二/211ㄱ06)(존호1621/076ㄱ12)

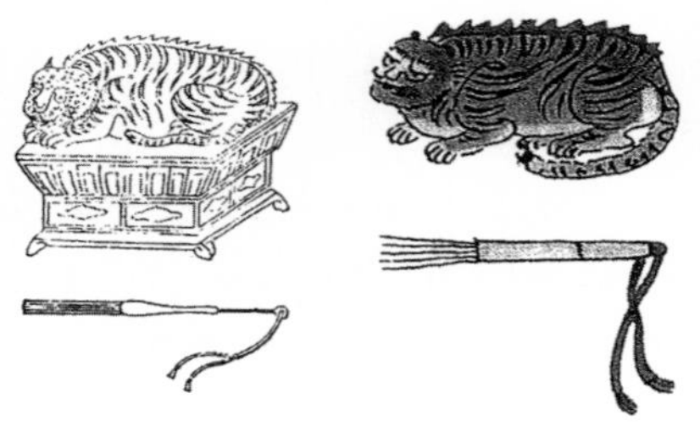

어

御間平床【어간평상】 일 의

왕실의 국장이 있을 때 대여大轝나 견여肩轝에 설치하던 평상. 형태는 일반 평상과 같다. 소나무로 만들고 직사각형의 복판腹板에 좌우에 난간이 있는 형태이다. 평상의 몸통은 안료 중의 하나인 정분丁粉을 칠하고 발은 석간주石磵朱로 칠하는 것이 특징이다.

예문 短橫杠預備橫杠隔板軍牌將金德獜等二人御間平床軍牌將郭大興來往板軍牌將李基恭(국장1800/152ㄴ04~06)

색인 (국장1800四/086ㄱ09)(국장1800二/021ㄱ03)(국장1800二/027ㄱ03)(국장1800二/030ㄱ01)(국장1800二/030ㄱ03)(국장1800二/067ㄱ03)

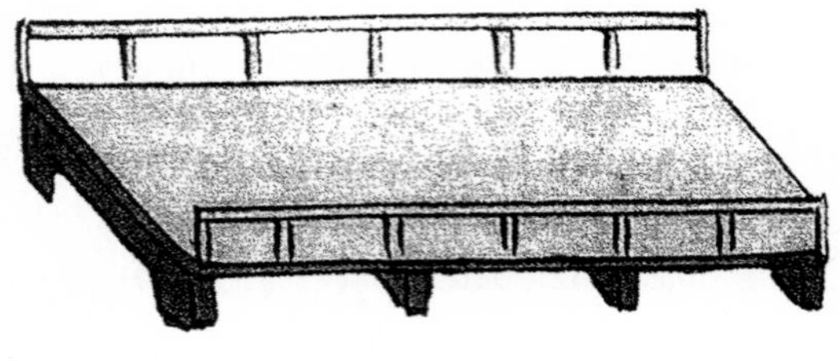

어간평상

御製樻【어제궤】 일 의

임금의 글을 넣어 봉안하였던 궤. 주로 백자판柏子板을 사용한다.

예문 服玩樻几杖樻同載彩輿軍牌將羅慶燁御製樻彩輿軍牌將尹達元笏樻彩輿軍牌將金景哲(국장1834/176ㄱ11~ㄴ01)

색인 (국장1776一/129ㄴ06)(국장1776一/139ㄱ03)(국장1834一/176ㄱ12)(국장1834二/033ㄴ02)(국/장1834二/154ㄱ07)(국장1834二/158ㄴ03)

於叱味里【엇미리】 채 건 䖍味里 焉尾里 彥尾里 乻尾里

모양이 평대패와 동일하나 대패날이 집바닥에 경사각으로 끼워져 있는 대패. 엇결이나 거스름이 생기지 않아 주로 마무리용 대패나 치장대패로 사용된다. 엇미리의 [엇]음을 표기하는 데 於叱이 쓰였다. 의궤 자료에는 엇미리의 표기로 於叱味里, 焉尾里, 彥尾里, 乻尾里 등 다양하게 보이는데 이 중에서 䖍尾里가 가장 정확한 표기라 할 수 있다. 대패를 뜻하는 미리는 대개 尾里로 표기되지만, 味里, 未乃, 米里로도 표기한다.

焉尾里【엇미리】 채 건 於叱味里 彥尾里 乻尾里 䖍尾里 ☞ 於叱味里엇미리

모양이 평대패와 동일하나 대패날이 집바닥에 경사각으로 끼워져 있는 대패. 엇결이나 거스름이 생기지 않아 주로 마무리용 대패나 치장 대패로 사용된다. 焉은 음차로 쓰여 [엇]음을 나타내는데, 이는 엇미리[旕尾里]가 자음동화를 일으킨 현실음을 반영한 표기이다.

예문 同乻四箇廣乻五箇三方乻二箇焉尾里三箇(국장1800四/144ㄱ71)

색인 (국장1800四/071ㄴ12)(국장1800四/144ㄱ71)

彦尾里【엇미리】 채 건 於叱味里 焉尾里 乻尾里 旕尾里 ☞ 於叱味里엇미리

모양이 평대패와 동일하나 대패날이 집바닥에 경사각으로 끼워져 있는 대패. 엇결이나 거스름이 생기지 않아 주로 마무리용 대패나 치장대패로 사용된다. 彦은 焉尾里의 焉과 마찬가지로 음차로 쓰여 [엇]음을 나타내는데, 이는 엇미리[旕尾里]가 자음동화를 일으킨 현실음을 반영한 표기이다.

乻尾里【엇미리】 채 건 於叱味里 焉尾里 彦尾里 旕尾里 ☞ 於叱味里엇미리

모양이 평대패와 동일하나 대패날이 집바닥에 경사각으로 끼워져 있는 대패. 엇결이나 거스름이 생기지 않아 주로 마무리용 대패나 치장대패로 사용된다. 乻尾里에서 乻이 [엇]음을 표기하는데, 이는 乻이 旕과 자형字形이 유사한 데 이끌린 표기로 보인다.

旕尾里【엇미리】 채 건 於叱味里 焉尾里 彦尾里 乻尾里 ☞ 於叱味里엇미리

女官【여관】 일 의

궁중宮中에서 임금, 왕비, 왕세자를 가까이 모시어 시중들던 여자. 조선 시대에 궁궐 안에서 왕과 왕비를 가까이 모시는 내명부內命婦를 통틀어 이르던 말로 나인이라고도 한다. 규칙이 엄격하여 환관宦官 이외의 남자와 절대로 접촉하지 못하며, 평생을 수절해야 했다.

동 나인內人

예문 差定受册時女官執事乙良自內抄定醫女乙良(가례1819/093ㄴ05~06)

색인 (국장1730二/194ㄱ06)(국장1730二/250ㄴ03)(빈전1674/006ㄱ04)(빈전1674/006ㄱ07)(빈전1674/006ㄱ10)(빈전1674/006ㄴ03)

女乭迪耳【암돌쩌귀】 채 건 乭赤耳 道迪歸 石迪耳 道乙的歸 道乙迪歸 道乙迪耳 道狄耳 突迪耳 夫道乙摘歸 夫道乙的歸 女道的歸 乭廸耳 乭廸耳

돌쩌귀의 암짝. 돌쩌귀는 주로 한옥의 여닫이문에 다는 경첩으로 문짝을 문설주에 달아 여닫는 데 쓰는 창호 철물로 철판을 둥글게 감아 구멍을 내고 다른 하나는 구멍에 꽂아 창문을 돌려 연다. 수톨쩌귀와 암톨쩌귀가 한 벌로 되어 있으며, 수짝은 문짝에, 암짝은 문설주에 박아 맞추어 꽂는다.

참조1 돌쩌귀乭迪耳, 돌쩌귀乭赤耳, 돌쩌귀乭廸耳

예문 黑骨女乭迪耳中加莫金菊花童二寸釘一寸釘廣頭釘叉釘帳貼木等還(빈전1800/217ㄱ08~09)

색인 (존호1753二/205ㄴ07)

女伶【여령】 일 의

조선 시대 가례나 진연 때 의장儀仗을 드는 여자를 일컫는 말.

관련1 여령질女伶秩

예문 下典女伶今番則以各宮婢子擧行事分付(상호1873/044ㄱ09)

색인 (가례1819/상102ㄱ03)(가례1819/상102ㄱ08)(가례1819/하034ㄱ11)(가례1866/하023ㄱ02)(가례1866/하023ㄱ09)(존호1841/111ㄴ02)

礪石【여석】 일 건

숫돌. 칼이나 낫 따위의 날을 세우는 데 쓰인다. 돌의 거친 정도에 따라 센숫돌, 강숫돌은 강여석強礪

石, 중간 숫돌은 중여석中礪石, 보통 숫돌은 상여석常礪石으로 구분한다. 또 돌의 생산지에 따라 남양여석南陽礪石, 단성여석丹城礪石, 연일여석延日礪石, 태인여석泰仁礪石으로 구분한다. 숫돌은 쇠로 된 연장을 가는 용도 외에 칠공사에서 안료를 가는 연마석으로도 사용하였다.

참조1 강여석强礪石, 남양여석南陽礪石, 단성여석丹城礪石, 상여석常礪石, 연일여석延日礪石, 중여석中礪石, 태인여석泰仁礪石

예문 延日礪石一塊中礪石二塊强礪石四塊以上礪石磨鏡匠所用破碎磨鏡小小塊三百五十三片用(빈전1659/301ㄱ12~301ㄴ02)

색인 (가례1627/045ㄴ13)(가례1627/085ㄱ03)(가례1718/067ㄱ09)(가례1866/하089ㄱ03)(가례1866/하131ㄴ07)(국장1674A三/129ㄱ10)

汝火【너울】 채 복 羅兀

조선 시대 부녀자들이 외출할 때 얼굴을 가리기 위해 착용하던 대표적인 내외용內外用 쓰개. 고려 시대의 부녀자용 쓰개인 몽수에서 유래하였으며 원립圓笠 위에 검은색 라羅를 드리워 얼굴을 가리는 형태이다. 너울은 초기에는 입모笠帽·개두蓋頭로 통칭되었다가 인조 5년(1627)~영조 20년(1744) 사이의 의궤 10책에는 여화汝火로, 영조 35년(1759)~광무 10년(1906)의 의궤 10책에는 너울[羅兀]로 쓰고 있다. 국상 때의 것은 조선 말기까지 개두蓋頭로 표기되었다. 의궤에는 소재와 형태에 따라 겹너울[袷羅兀], 조라너울[皁羅羅兀]이 보인다.

동 개두蓋頭, 입모笠帽

참조1 너울羅兀

예문 白紬各七尺甫乙只次白紬各五尺汝火次皁羅各六尺纓子次柳靑彭段各長二尺六寸廣九寸每緝次大紅眞絲一兩三戔(가례1721/074ㄴ06~08)

색인 (가례1627/047ㄴ06)(가례1627/061ㄴ13)(가례1627/062ㄴ09)(가례1681/018ㄱ06)(가례1681/088ㄴ03)(가례1718/013ㄱ12)

輦【연】 일 의

왕실에서 사용하는 지붕이 있는 가마. 왕이나 왕비, 세자, 세자빈 등이 사용하였다. 왕실의 가마를 지칭하는 연輦과 함께 쓰인 말로, 연輦이 지붕이 있는데 비해 여輿는 지붕이 없다. 궁궐 안에서는 여를 타지만 정전 바깥으로 나갈 때에는 지붕이 있는 가마인 연輦을 이용했다. 또 행차할 때 연을 타더라도 여輿가 항상 따르며, 목적지에 도착한 후 종묘 안이나 능소 안 등에서 이동할 때에는 다시 여輿를 이용했다.

참조1 대연大輦, 대여大輿

관련1 연개우비輦蓋雨備

예문 三房所掌輿輦諸具儀仗諸具(책례1651/004ㄱ08)

색인 (가례1627/010ㄱ02)(가례1627/010ㄱ03)(가례1627/010ㄴ11)(가례1627/010ㄴ14)(가례1627/010ㄴ14)(가례1627/011ㄱ04)

煙蓋板【연개판】 일 건

굴뚝 위에 덮는 널빤지. 개판蓋板의 일종으로 굴뚝 위에 덮는 지붕널을 말한다. 煙蓋板은 개판에 연煙이 결합된 것으로 연煙은 굴뚝을 일컫는다. 이와 같은 구성을 보이는 용어로 연개판椽蓋板(서까래 위에 덮는 개판)을 비롯하여 선자연개판扇子椽蓋板, 부연개판附椽蓋板, 연개판煙蓋板, 은구개판隱溝蓋板 등이 있다.

예문 小甘佐非釘具十箇樂善齋煙蓋板一浮所入薄松板一立屯太次小條里木一箇朴只三寸頭釘十二箇中圓環排具一箇(가례1819/121ㄱ06~09)

색인 (가례1819/121ㄱ07)

鍊磨匠【연마장】 일 건

돌이나 쇠붙이, 보석, 유리 따위의 고체를 갈고 닦아서 표면을 반질반질하게 하는 일을 전문으로 하는 장인. 가례 등 의례를 행할 때, 쇠로 된 악기에 광을 내는 일과, 국장 등에서 비석碑石, 가첨석加簷石, 표석表石, 옥편玉片, 옥간玉簡, 시책諡册과 애책哀册용 청옥靑玉 등을 연마하는 일을 맡았다.

참조2 연마鍊磨, 연마석鍊磨石, 연석鍊石

관련2 비석련마장碑石鍊磨匠

예문 鑞染匠金六月金鍊磨匠洪成大(가례1802/122ㄴ03~04)

색인 (가례1819/상115ㄴ10)(가례1819/하089ㄴ10)(존숭1739/065ㄴ01)(존숭1739/212ㄴ07)

椽木【연목】 일 건

건축 공사에 사용된 말원경 7치 정도의 서까래감의 재목. 주로 서까래감으로 쓰였지만, 건축 공사가 아닌 다른 공사에도 다양한 용도로 사용되었다. 가령 가례에서 의례용 높은 다리 큰 상[高足大案]의 다리용, 인거引鉅의 톱자루감, 가자架子의 틀감, 영침靈寢의 틀감 등으로 쓰였다. 서까래감으로 통칭할 경우 椽木으로 표기하고, 거기에 크기에 따라 別大-, 大-, 中-, 小-, 小小-, 사용처 또는 용도에 따라 扇子-, 機械-, 조달 방식에 따라 卜定-, 貿-, 산출지에 따라 장산곶長山串-, 안면도安眠島-, 수세소收稅所-, 재질에 따라 진眞-, 다듬기 정도에 따라 벌거伐去- 등의 접두어를 붙여 표기하여 필요에 따라 구분하였다.

참조1 무대연貿大椽

참조2 기계대연機械大椽, 대연大椽, 벌거대연伐去大椽, 별대연別大椽, 복정대연卜定大椽, 선자대연扇子大椽, 소소연목小小椽木, 소연목小椽木, 수세소대연목收稅所大椽木, 안면도복정대연목安眠島卜定大椽木, 장산곶대연長山串大椽, 장산관복정대연목長山串卜定大椽木, 중연목中椽木, 진연목眞椽木

예문 大轝假家新斫椽木兩端所斫之木長短不濟是乎乙喩良置同土宇不至高大可以料理用之是去乎(국장1674/139ㄱ11~ㄴ01)

색인 (국장1659一/044ㄴ08)(국장1659一/047ㄱ02)(국장1659一/136ㄱ08)(국장1659一/220ㄱ12)(국장1659一/221ㄴ02)(국장1659二/014ㄱ06)

練祭【연제】 일 의

사자死者의 사망일로부터 만 일 년이 되는 첫 기일忌日에 지내는 제사. 연제는 초상初喪에서부터 윤달을 계산하지 않고 13개월이 되는 첫 기일에 지낸다. 다만 아버지가 생존해 계신 가운데 어머니의 상이 난 경우에는 윤달을 계산하지 않고 11개월 되면 날을 정하여 연제를 지낸다. 연제 때에는 상복을 벗고 연포練布로 만든 연복練服을 입고 수질首絰과 부판負版, 벽령辟領, 쇠衰 등을 제거하여 애도의 표식을 줄인다. 국상國喪에서는 복식의 변화와 더불어 우주虞主를 연주練主로 바꾸는 의식이 포함되어 있다. 연주는 우주와 모양은 동일하나 뽕나무가 아닌 밤나무로 만든다. 연제가 끝나면 이전의 우주는 종묘 북쪽 계단 사이에 묻는다. 연제 이후에는 아침과 저녁에 정기적으로 하던 곡을 하지 않고 삭망朔望 때에만 한다.

煙窓紙【연창지】 일 건

주로 창호에 바르기 위해 사용하는 종이. 덧문이나 덧창 등의 창호에 바르는 용도, 즉 창호지로 사용하는 종이이다. 그러나 연창지煙窓紙를 만드는 재료나 제작 방법은 알려져 있지 않다. 연창지烟窓紙와 같다.

예문 綿紙三張式再褙白紙六張式印本後褙草注紙三張式再褙草注紙三張式都褙煙窓紙五張式膠末五升式麝香五分式小腦一戔式胡椒五夕式(국장1776/183ㄴ07~09)

색인 (국장1776/183ㄴ08)

烟窓紙【연창지】 일 건 ☞ 煙窓紙연창지

예문 阿膠一兩松煙五合明油一升正鐵一斤翣扇實預差竝十二部有兩角高二尺四寸廣二尺用禮器尺裹以草注紙再裹煙窓紙三裹進獻白苧布兩面畵黼雲邊兒畵雲氣皆用朱砂柄用烏竹長五尺用布帛尺(국장1776/018ㄴ08~10)

색인 (가례1802/상136ㄱ02)(가례1802/상179ㄱ04)(가례1802/상180ㄱ09)(가례1802/상189ㄴ

02)(가례1802/상202ㄴ07)(가례1819/상156ㄱ01)

蓮花單席【연화단석】 일 의

연꽃무늬를 이어서 만든 자리. 단석은 홑겹으로 만든 자리를 말한다. 꽃문양이 들어간 단석을 만화단석, 채화단석이라고 하였다.

참조1 단석單席, 만화단석滿花單席, 용문단석龍紋單席, 채화단석彩花單席, 황화단석黃花單席

관련1 내배별문단석內排別紋單席, 답장별문단석踏掌別紋單席, 면단석面單席, 배위채초단석拜位彩草單席, 별문단석別紋單席, 별문이문부단석別紋二紋付單席, 별문일장부단석別紋一張付單席, 상배룡문단석上排龍紋單席, 상배채화단석上排彩花單席, 상배채화일장부단석上排彩花一張付單席, 상배황화단석上排黃花單席, 소룡문단석小龍紋單席, 소배면단석所排面單席, 욕상배채화반장부단석褥上排彩花半張付單席, 욕하배채화단석褥下排彩花單席, 용문단석龍紋單席, 자주욕욕하배채화단석상紫紬褥褥下排彩花單席床, 전안배위만화단석奠雁拜位滿花單席, 전후배채화삼문부단석前後排彩花三紋付單席, 좌우배채화단석左右排彩花單席, 채화반장부단석彩花半張付單席, 채화삼문부단석彩花三紋付單席, 채화일문부단석彩花一紋付單席, 채화일장부단석彩花一張付單席, 포룡문단석鋪龍紋單席, 황화면단석黃花面單席

예문 蓮花單席貳張排案牀壹部教命命服所盛要輿貳(가례1727/017ㄱ01~02)

색인 (가례1718/016ㄴ11)(가례1718/120ㄴ02)(가례1718/141ㄴ06)(가례1718/088ㄱ01)

蓮花方席【연화방석】 일 의

방석은 혼례나 연향과 같은 궁중 행사 때 내외빈이 사용했던 일인용 자리. 꽃 문양이 들어간 방석을 만화방석滿花方席, 채화방석彩花方席, 연화방석蓮花方席이라고 한다.

참조1 방석方席, 만화방석滿花方席, 별문방석別紋方席, 채화방석彩花方席

예문 龍紋單席一件平牀上之上排蓮花方席一坐龍紋單席上排滿頂骨(빈전1800/046ㄴ11~047ㄱ01)

색인 (가례1627/069ㄱ13)(가례1627/088ㄱ13)(가례1627/090ㄴ06)(가례1627/091ㄱ09)(가례1681/020ㄴ06)(가례1681/091ㄱ02)

蓮花席【연화석】 일 의

연꽃무늬를 이어서 만든 자리. 궁중 혼례나 연향과 같은 큰 잔치에 왕실의 진상품으로 사용되었다.

예문 龍紋席縇紫的紬紅氈上所排方席一蓮花席龍紋席上排地衣一彩花席縇紫的吐紬牀下所排(빈전1834/073ㄱ04~06)

색인 (가례1718/119ㄴ10)(가례1718/188ㄴ05)(가례1802/상147ㄴ06)(가례1802/상244ㄱ05)(가례1866/상267ㄱ07)(빈전1800三/099ㄱ01)

靈駕【영가】 일 의

국장 발인發靷 의식 때의 행렬을 지칭하는 말. 국장 발인發靷 의식을 거행할 때 국왕의 재궁梓宮을 안치한 가마를 중심으로 한 전체 행렬 혹은 재궁을 안치한 가마를 지칭하여 영가라 부른다. 발인 행렬에는 재궁을 안치하는 대여大轝, 능소陵所에 올라갈 때 쓰는 견여肩轝, 혼백함을 안치하는 신연神輦과 신여神輿, 이 밖에 부장품을 실은 가마들이 배치되었다.

참조1 견여肩輿, 대여大輿, 신여神輿

참조2 신연神輦

예문 辛巳十二月初八日狀啓秩靈駕到路祭所到晝停所到山陵已上國葬都監次知擧行同日總護使三提調同御(혼전1701/014ㄱ02~04)

색인 (국장1659一/104ㄱ04)(국장1659一/108ㄴ04)(국장1659一/109ㄴ06)(국장1659一/110ㄴ02)(국장1659一/110ㄴ11)(국장1659一/114ㄴ03)

營建都監【영건도감】 일 의

조선 시대에 궁궐이나 사당 등을 짓는 국가적 건축 사업을 위해 임시로 마련된 관청. 공사의 성격에 따라 영건도감, 중건도감重建都監, 중수도감重修都監 등이 있다. 소속 관원으로는 최고 책임자인 도제조都提調를 비롯해 제조提調·낭청郎廳·감조관監造官·별간역別看役·도패장都牌將 등이 있었다.

참조2 중건도감重建都監, 중수도감重修都監

예문 本所前日使役石手徐老味朴汝草里劉大得等今方使役於營建都監故一兩日起送之意自本所屢次往復則以爲自下勢難起送之路移文往復(국장1776/187ㄴ11~188ㄱ01)

색인 (가례1866/하067ㄴ03)(가례1866/하070ㄱ05)(가례1866/하130ㄱ07)(가례1866/하131ㄴ04)(가례1866/하131ㄴ08)(가례1866/하132ㄱ11)

靈幄殿【영악전】 일 의

국상이 있을 때 산릉에 치던 천막. 임금이나 왕후의 재궁梓宮을 안치하여 모시던 산릉山陵의 천막을 말한다. 영악전은 재궁을 임시로 안치했던 빈전殯殿에서 왕릉으로 옮겨 갈 때 잠시 머물던 곳이었다. 영장전靈葬殿이라고도 한다.

동 영장전靈葬殿

예문 大小輿假家內仰遮油遮日四十張付三浮排設於工曹山陵靈幄殿排設及梓宮奉安處排設依丙申例俱不磨鍊替運處排設依己酉例不爲磨鍊(국장1800/157ㄱ06~08)

색인 (혼전1720/228ㄴ08)

纓子【영자】 일 복

끈. 관모, 치마[裳], 신발, 보자기, 휘건揮巾 등의 물품에 묶기 위해 달린 길고 납작한 끈으로, 직물이나 가죽으로 만든다.

동 영纓

예문 褥上排彩花席一立紫的紬縇具黃鹿皮乼只纓子十八條各長二尺廣一寸香佐兒一雙(상호1827/166ㄴ08~10)

색인 (가례1627/043ㄴ04)(가례1627/045ㄴ08)(가례1627/046ㄱ01)(가례1627/046ㄱ06)(가례1627/048ㄴ06)(가례1627/049ㄱ10)

令字旗【영자기】 일 의

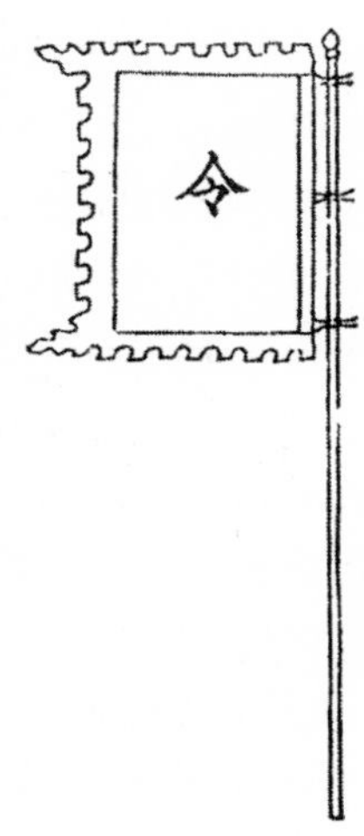

영자기

국왕의 대가 의장大駕儀仗, 법가 의장法駕儀仗, 소가 의장小駕儀仗, 왕세자 의장에 쓰이는 깃발. 청색 또는 홍색 바탕에 상변이 뾰족하고 가운데에 영令자를 쓴다. 『세종실록世宗實錄』「오례의五禮儀」에는 청색 바탕으로, 『국조오례의國朝五禮儀』에는 붉은 바탕, 『춘관통고春官通考』에는 청색 바탕으로 기록되어 있다. 기각이나 화염각은 없다. 일반적으로 20척이 소용되는 의장기에 비해 8척 가량이 소요되는 작은 깃발이다. 국장 기의 길의장吉儀仗, 가례嘉禮, 부묘 의식祔廟儀式 등 노부 의장鹵簿儀仗이 쓰이는 의례에 사용되었다. 군사를 움직이기 위한 형명으로 사용되는 영기令旗와는 구분된다.

참조1 가구선인기駕龜仙人旗, 각단기角端旗, 고자기鼓字旗, 군왕천세기君王千歲旗, 금자기金字旗, 대가大駕, 법가法駕, 벽봉기碧鳳旗, 삼각기三角旗, 소가小駕, 천하태평기天下太平旗, 현무기玄武旗, 현학기玄鶴旗, 홍문대기紅門大旗, 황룡기黃龍旗, 후전대기後殿大旗

참조2 노부의장鹵簿儀仗, 백호기白虎旗

예문 靑蓋一雙皷字旗一件金字旗一件令字旗一雙熊骨朶一雙豹骨朶一雙龍馬旗一件角端旗一件三角旗一件(상호1827/165ㄴ02~04)

색인 (가례1627/068ㄱ13)(가례1627/092ㄴ03)(국장1800二/163ㄴ01)(상호1827二/023ㄴ01)(상호1827二/024ㄱ06)(상호1827二/040ㄴ03)

ㅇ

迎接都監【영접도감】 일 의

조선 시대에 사신 영접을 위해 임시로 마련한 관청. 중국에서 오는 20~30여 명의 사신使臣을 접대하기 위해 임시로 마련하였다. 영접 업무를 총괄하는 도청都廳 밑에 예단과 각종 비용을 담당한 응판색應辦色, 필요한 인원 동원과 그릇, 땔감 등을 담당한 반선색盤膳色, 경호 경비와 안장 따위를 담당한 군색軍色, 각종 연회를 담당하는 연향색宴享色, 곡물과 술 따위를 담당하는 미면색米麵色, 사신의 일상 소용품의 조달을 담당하는 잡물색雜物色, 승하한 선조를 조문하러 온 명나라 사신 접대와 사제賜祭-사부賻賻-사시賜諡의 의식 전반에 관련된 업무를 담당한 사제청 등의 부서가 있다.

예문 本都監都廳書吏金厚鼎書寫魯宗漢移差迎接都監是如乎書吏代朴孝淳書寫代金永壽各其司掌吏領付都監事(국장1821/182ㄱ05~07)

색인 (가례1718/284ㄱ12)(책례1634/010ㄱ02)(책례1634/016ㄱ12)(책례1634/017ㄱ03)(책례1634/017ㄱ10)(책례1634/017ㄴ11)

營造尺【영조척】 일 건

목수가 쓰는 자. 영조척은 건물을 지을 때 사용하는 척도이다. 전통적인 척도 단위는 용도에 따라 크게 음률을 재는 데 사용하는 황종척黃鐘尺, 옷감 등의 재단을 위해 사용하는 포백척布帛尺, 전답과 토목공사 등의 측량에 사용하는 양전척量田尺, 건축과 목공, 조선 등에 사용하는 영조척營造尺으로 구분된다. 영조척을 비롯한 척도의 단위는 시대에 따라 지속적으로 변화해 왔다. 조선 시대에 1영조척은 31cm 내외였으며, 현재 사용하는 1영조척은 30.303cm이다. 목공척木工尺이라고도 한다.

참조1 예기척禮器尺, 주척周尺, 포백척布帛尺

예문 開金井十一月初八日午時穴深九尺用營造尺外梓宮陪進十一月十一日卯時(국장1674/069ㄱ12~ㄴ02)

색인 (가례1671/058ㄴ03)(가례1671/061ㄴ04)(가례1671/064ㄱ04)(가례1671/069ㄴ02)(가례1671/069ㄴ10)(가례1671/203ㄱ12)

瘞坎【예감】 일 의

제사를 마친 후 폐백과 축판을 묻는 구덩이. 『국조오례서례國朝五禮序例』에 의하면 천신天神을 위해서 요단燎壇을 만들고 지기地祇와 인귀人鬼를 위해서는 예감瘞坎을 만들었다. 예감은 묘단이나 정자각의 북쪽 임任 방향의 자리에 만든다. 구덩이의 크기는 너비와 깊이가 3, 4척이며 남쪽 계단을 만들어 오르내릴 수 있게 하였다. 보통 때에는 흙을 채우고 제사 때에 흙을 파내어 청결하게 하였다. 제사가 끝나면 폐백과 축판을 구덩이 속에 넣은 후 흙으로 구덩이를 채웠다. 영조대에 이르러 축폐祝幣를 구덩이에 묻어 두는 것이 불결하다고 하여 태워서 재를 묻는 것으로 고쳤다.

예문 引儀引王子出就次引儀分引陪從百官出攸司撤禮饌祝文瘞於坎丁字閣北瘞坎攝左通禮進當靈座前俯伏跪啓請陞輿俯伏興退內侍捧諡册寶授(국장1720/127ㄴ12~128ㄱ02)

색인 (국장1674一/087ㄱ09)(국장1674一/099ㄱ11)(국장1674一/101ㄴ09)(국장1681一/094ㄱ07)(국장1701一/127ㄴ04)(국장1701一/130ㄱ07)

禮關【예관】 일 의

가례, 존숭도감 의궤 목록 가운데 택일문제, 응행제사절목應行諸事節目 등에 관련된 것을 모은 문서. 각 의궤의 내용은 대개 목록에 이어 좌목座目·시일時日·승전承傳·이문移文·내관來關·예관禮關·의주儀註·감결甘結·재용財用·상전賞典, 그리고 소임에 따라 구분한 일방一房·이방二房·삼방三房·표석소表石所·조주소造主所·별공작別工作 등의 순으로 수록되어 있다. 예관에는 의호일議號日, 습의일習儀日, 상존호 및 진책보일進册寶日 등의 택일 문제, 응행제사절목應行諸事節目 등이 실려 있다.

예문 取考禮關則納采納徵告期册禮等習儀自

議政府工曹至行禮事(가례1727/127ㄱ04~05)

색인 (가례1762/상001ㄱ04)(가례1802/상001ㄱ07)(가례1802/상182ㄴ09)(가례1802/상182ㄴ09)(가례1819/상001ㄱ07)(가례1819/상085ㄱ01)

禮器尺【예기척】 일 건

각종 예기禮器를 제작하는 데 사용하는 자. 조례기척造禮器尺이라고도 한다.

참조1 영조척營造尺, 조례기척造禮器尺, 포백척布帛尺

예문 山陵欑宮褥次慈旨槓內外袱玄纁有辛卯納采時兩色匹段依禮器尺度裁斷用之勿爲新織(빈전1683/019ㄱ01~03)

색인 (가례1627/124ㄱ05)(가례1627/125ㄱ11)(가례1627/125ㄴ09)(가례1627/126ㄱ07)(가례1627/126ㄴ14)(가례1671/201ㄴ12)

禮葬都監【예장도감】 일 의

국장國葬 다음 가는 국가장國家葬으로, 훈친勳親이나 공적이 뛰어난 종1품 이상 문무관 및 공신에게 베풀어 주는 장례를 위해 임시로 마련한 관서. 처음에는 조묘造墓와 예장이라는 2개의 도감都監을 설치해 임시로 업무를 맡겼는데, 세종 6년(1424) 이후 두 기관을 합쳐 상설 기관으로 예장도감禮葬都監을 두어 예장에 관한 일을 전담했다.

참조2 예장禮葬

예문 右手本爲本都監甘結內禮葬都監用餘各樣鋪陳及雨備等物用不用看審區別以稟亦敎是乎所(국장1720/314ㄴ10~11)

색인 (가례1627/005ㄱ04)(가례1627/013ㄱ08)(가례1627/055ㄴ05)(예장1989二/039ㄴ05)(예장1989二/076ㄱ08)(국장1702B二/314ㄴ10)

預差【예차】 일 의

무슨 일이 생겼을 때를 대비하여 차비관差備官을 미리 정하는 일. 조선 시대 종묘 제사, 가례 등의 의전을 행할 때 특별한 임무를 맡아보기 위하여 임시로 임명되던 관원을 차비관이라고 하는데, 예차豫差는 바로 유사시에 쓸 차비관을 미리 정하는 것이고, 실차實差는 나라에 중대한 일이 있을 때 임시로 두는 차비관의 정임자正任者이다.

참조1 실차實差, 차비관差備官

관련1 예차변수預差邊首, 예차사간預差司諫, 예차표석預差表石

예문 誌石實預差四片內實差內二片取用爲有置預差二片段留置司譯院是如乎還下戶曹之意分付爲只爲(국장1720/344ㄱ07~08)

색인 (가례1627/015ㄱ04)(가례1627/015ㄱ06)(가례1627/015ㄱ09)(가례1627/015ㄱ11)(가례1627/015ㄱ12)(가례1627/015ㄱ13)

烏角帶【오각대】 일 복

품대의 한 가지로 국장 때 왕 이하 문무 관리가 띠는 대帶. 조선 시대 정7품으로부터 종9품 사이의 문무관리가 띠는 대帶이나 상중喪中에는 왕 이하 정1품 이하의 벼슬아치에서 9품에 이르기까지 오각대를 띤다. 『오례의五禮儀』에 내상內喪이 먼저인 경우의 조문에 의하면, 졸곡卒哭 후의 복색으로 백의白衣·익선관翼善冠·오각대烏角帶를 하고 대상大喪에서 담제禫祭 때까지는 짙은 옥색 옷을 입는다고 되어 있다. 또한 인선왕후仁宣王后 상례喪禮의 예를 보면 발인할 때에 배종하는 백관이 산릉에 가서 성빈전成殯奠에 참석한 뒤에 천담복淺淡服과 오사모烏紗帽와 오각대烏角帶로 개복改服하고 숭릉崇陵의 홍살문 밖에서 전알례展謁禮를 행했다.

참조2 오각대담복烏角淺淡服

예문 冊寶自內奉下都監時都監堂上以下諸執事以黑團領烏紗帽烏角帶進參殯殿贈謚時命使以下諸執事亦以黑團領進參前頭(국장1757/021ㄱ03~05)

색인 (국장1701二/173ㄴ05)(국장1701二/210ㄱ02)(국장1702B二/352ㄴ01)(국장1724二/310

ㄱ08)(국장1757B一/021ㄱ04)(국장1890二/064ㄴ02)

五禮【오례】 일 의
조선 시대 나라에서 시행하는 다섯 가지 의례儀禮. 종묘宗廟와 사직社稷, 산천山川, 기우祈雨, 선농先農 등 제사에 관한 길례吉禮, 국상國喪이나 국장國葬 등 상례喪禮에 관한 흉례凶禮, 군사 의식인 군례軍禮, 외국 사신을 접대하는 빈례賓禮, 국혼國婚과 책봉冊封, 노부鹵簿 등을 가리키는 가례嘉禮가 있다.

예문 啓曰今十二月初二日大臣備局堂上引見時領議政許積所啓五禮儀所載啓殯發靷下玄宮時左議政之任皆是總護使之事蓋以左相例爲總護使(국장1674/020ㄱ01~03)

색인 (가례1762/상039ㄴ09)(가례1762/상041ㄱ01)(가례1762/상044ㄴ10)(국장1800三/092ㄴ11)(책례1610/008ㄴ02)(책례1610/042ㄴ11)

五峯山屛風【오봉산병풍】 일 의
한국의 다섯 명산名山을 그린 병풍. 병풍은 그림이나 글씨를 8, 10, 12폭 등의 나무틀에 비단과 함께 발라 장황한 것으로 가례나 책례, 국장 등의 행사가 있을 때 의례용으로 쓰였다.

참조1 목단병풍牧丹屛風, 병풍屛風

예문 啓曰今日臣與中使及都監堂上郞廳等奉審文政殿則殿內丹靑及唐家五峯山屛風竝無渝傷處只當修刷改塗戶閤牧蘭屛繪畵如新亦當修補(혼전1724/005ㄱ10~12)

색인 (국장1800一/056ㄱ04)(국장1800一/058ㄱ09)(국장1800一/059ㄱ02)(혼전1720/061ㄱ08)(국장1864一/066ㄱ03)(국장1864一/066ㄱ11)

五分釘【오푼정】 채 건
날의 폭이 5푼인 정. 정은 그 머리 부분을 망치로 때려 돌을 쪼아 내거나 돌에 글이나 무늬 등을 새길 때 사용하는 도구로 의궤에서는 釘, 丁, 錠의 세 가지로 표기되어 있다. 의궤에 기록된 정에는 편자정片子釘, 변자정邊子釘, 쫄정乽釘, 곱못/갈고리못串釘, 입정立釘, 장정長釘, 넙적정廣釘, 창포정菖蒲釘, 첨지정添志釘, 번자정番子釘, 오푼정五分釘, 끌정鑿釘, 부석정浮石釘, 새김정刻丁, 곱못/갈고리못曲釘, 협정挾釘 등이 있어 형태와 크기 및 용도에 따라 구분하여 사용하였던 것으로 보인다. 이 중에서 오푼정은 날의 폭이 5푼인 정을 말한다.

참조1 곱못/갈고리못曲釘, 쫄정乽釘

참조2 각정刻丁, 곱못/갈고리못串釘, 광정廣釘, 번자정番子釘, 변자정邊子釘, 부석정浮石釘, 입정立釘, 장정長釘, 착정鑿釘, 창포정菖蒲釘, 첨지정添志釘, 편자정片子釘, 협정挾釘

예문 薄鬆板八立小條里木十二箇五尺五寸一寸五分釘一百二十三箇沙鐦鎖兩排具一箇小索二十八把三寸頭釘十六箇甘佐非三箇(상호1787/112ㄱ10~12)

색인 (가례1696/217ㄱ06)(가례1696/260ㄴ01)(가례1718/231ㄴ01)(가례1718/281ㄱ11)(가례1819/하010ㄱ11)(국장1898三/102ㄱ01)

五分丁【오푼정】 채 건 ☞ 五分釘오푼정

예문 漆次磻朱紅八錢魚膠二錢五分丁粉三合阿膠五錢黃州朱土二合(빈전1800/207ㄴ06~08)

색인 (가례1671/215ㄱ10)(존숭1713二/083ㄱ03)(존숭1713二/083ㄴ03)(존숭1713二/109ㄱ07)(책례1667/086ㄴ07)(책례1812/118ㄴ08)

烏紗帽【오사모】 일 복
개장改葬 때와 진전眞展 작헌례酌獻禮를 행할 때 백관과 제관이 쓰는 모자. 오사모烏紗帽는 진전의 작헌례와 다례茶禮, 왕릉의 개장 때 문무관이 흉배가 없는 무양흑단령無揚黑團領, 흑각대黑角帶와 함께 사용하는 모자이다. 또한 원·묘를 배알拜謁할 때 배행하는 백관들이 천담복淺淡服에 오사모를 쓴다. 오사모烏紗帽는 고려 시대 왕의 상복으로 상색담황색포

細袍淡黃色袍와 함께 쓰는 모자라고 하였으나, 조선 시대에는 백관들의 제례복으로 무양흑단령이나 천담복과 함께 사용되었다.

참조1 개장改葬

참조2 다례茶禮, 무양흑단령無揚黑團領, 상색담황색포緗袍淡黃色袍, 작헌례酌獻禮, 천담복淺淡服

예문 本房各差備忠贊衛應入數取考謄錄則甲寅年段大輿侍衛二十人衰服魂帛腰輿侍衛十六人烏紗帽黑角帶大輿前香亭子執事忠贊衛預差幷三人衰(국장1720/220ㄴ04~06)

색인 (국장1659一/106ㄱ03)(국장1659一/106ㄱ08)(국장1659一/106ㄴ05)(국장1659一/110ㄱ07)(국장1659一/110ㄱ10)(국장1659一/150ㄴ09)

五色唐帶子【오색당대자】 일 복

대전 가례에 사용되는 연두, 분홍, 남색 등의 꼰 실을 써서 평직으로 넓게 짠 띠. 오색대자五色帶子라고도 한다.

예문 纓子則五色唐帶子長二尺八寸廣一寸下端則衣無而繪粧如上白玉軸粧之如簇子形玉軸丈夫竝長三寸一分圓經一寸三分莫只出頭六分(책례1736/064ㄱ05~06)

색인 (가례1718/129ㄴ09)(가례1718/132ㄱ10)(가례1718/132ㄱ12)(책례1722/182ㄴ11)(책례1722/183ㄱ01)(책례1722/185ㄱ05)

五色帶子【오색대자】 일 복 ☞五色唐帶子오색당대자

예문 或以紫的鹿皮只懸其纓子爲乎乙喩一依內槓開金纓子例以五色帶子不爲織造是在還下次紅唐絲量其容入竝爲織造是乎乙(책례1721/091ㄱ10~11)

색인 (가례1718/186ㄴ01)(가례1802/상136ㄱ05)(가례1819/상129ㄱ08)(가례1866/상122ㄱ07)(책례1690/145ㄱ11)(책례1690/147ㄴ02)

烏犀帶【오서대】 일 복

상중喪中에 대전의 시사복視事服과 태묘의 본궁에 전배展拜할 때 착용한 대帶. 오서대는 무소뿔로 장식한 것으로 『삼국사기三國史記』 색복조에 보면 신라 시대에는 6두품이 띠었던 것이나, 조선 시대에는 상중喪中에 대전의 시사복으로 백포白袍, 익선관翼善冠에 오서대烏犀帶를 띠고 백피화白皮靴를 신었다. 한편 태묘의 본궁에 전배 시에는 흉배[揚]가 없는 흑단령포에 오서대를 착용하였다.

예문 卒哭後殿下視事服布袍布裹翼善冠布裹烏犀帶白皮靴宗親文武百官白布團領帽帶凡干喪事着衰服事(국장1730/088ㄴ02~03)

색인 (국장1681一/077ㄱ04)(국장1701一/108ㄴ12)(국장1730一/088ㄴ02)(국장1757A/092ㄴ05)(국장1757B一/086ㄱ06)(국장1821一/115ㄴ01)

ㅇ

五十神位祭【오십신위제】 일 의

국장 발인發靷 때 대여大輿가 통과하는 궁궐 문과 성문城門에 지내는 제사. 국장에서 발인할 때에는 상여가 능소陵所에 무사히 도착할 수 있도록 상여가 지나갈 문門, 교량, 산천 등의 신에게 미리 제사를 지냈다. 오십신위五十神位는 궁궐이나 도성의 문門에 있는 신을 가리키는데 그 구체적인 신명神名은 알 수 없다. 그 의주 또한 전례서典禮書나 의궤에 실려 있지 않다. 반우返虞 때에도 궁궐문에서 오십신위제五十神位祭를 거행하였다. 한편 『조선왕조실록朝鮮王朝實錄』에 의하면 발인 외 국왕이 행행行幸할 때에도 오십신위제五十神位祭를 거행하였다. 예를 들어 성종이 영릉에 행차할 때에 성문과 영문營門에 오십신위제五十神位祭를 지낸 사례가 있다. 이러한 예를 볼 때 오십신위제五十神位祭는 국왕이나 대여가 이동 할 때 안정을 기원하면서 거행하였던 의식이었다.

예문 發靷同日丑時殯宮解謝祭同日臨時路祭同日臨時橋梁祭同日臨時各門五十神位祭同日臨時名山大川祭同日臨時靈帳宮成殯奠同日臨時晝茶禮(예장1762/033ㄴ07~09)

색인 (국장1800一/081ㄴ02)

烏杖【오장】 일 의

국장에서 사용하던 백칠장白漆杖. 국장 행렬에서 사용하였는데 주로 백저포白苧布로 된 양산陽繖과 함께 사용하였다. 또한 임금이 나라에 공이 많은 노대신老大臣에게 하사하였던 궤장几杖 중에 검은 지팡이를 지칭하기도 한다.

관련1 오장차비烏杖差備, 오장차비내관烏杖差備內官, 오장차비내시烏杖差備內侍, 오장차비내시부烏杖差備內侍府, 오장차비충찬위烏杖差備忠贊衛, 오장충찬위烏杖忠贊衛, 오주장차비烏朱杖差備

예문 生苧二戔正筋二兩魚膠二兩松煙三兩明油二合烏杖十六介軍器寺造作進排(책례1651/044ㄱ05~06)

색인 (가례1627/068ㄱ13)(가례1627/068ㄴ07)(가례1627/076ㄴ05)(가례1627/076ㄴ06)(가례1627/077ㄱ13)(가례1627/079ㄴ13)

五章衣【오장의】 일 복

왕의 면복冕服 일습一襲 중에서 용龍·산山·화火·화충華蟲·종이宗彝의 5가지 장문章紋을 그린 옷. 조선시대 왕의 면복은 명明에 비해 2등급 낮은 친왕親王의 관복인 구류면 구장복을 사여 받았는데, 곤복袞服의 9가지 장문 중 5장문은 의衣에 그렸고[繪] 4장문은 상裳에 수놓았다[繡].

참조1 면복冕服

참조2 곤복袞服, 의衣, 장의章衣

예문 梧桐板玉粱金餙金簪垂旒玉瑱衣一用鴉青熟綃繪龍山火華蟲宗彝五章衣袂皆有緣裳一用紅熟綃前三幅後四幅(국장1834/196ㄱ03~05)

색인 (국장1776一/257ㄴ08)(국장1834二/196ㄱ04)(국장1800二/189ㄱ12)

玉刻手【옥각수】 일 건

옥으로 된 물품에 글자나 조각을 새기는 일을 전문으로 하는 장인. 국장이나 존호尊號, 가례 때 옥책玉冊과 옥보玉寶, 애책哀冊, 옥도장玉印에 글자나 문양을 새기는 일이나 악기를 조성 할 때 옥으로 된 편경編磬에 율명律名 글자를 새기는 일 등을 맡았다. 동 옥인장玉印匠

참조1 각수刻手, 옥장玉匠

참조2 각수장刻手匠, 각자장刻字匠, 옥공玉工

예문 周㐆匠林興喆玉刻手李世豐朴枝春李東根李東顯崔益大李東協李世榮朴春根李致默李仁圭(국장1834/077ㄱ02~04)

색인 (가례1802/상119ㄴ10)(가례1802/상121ㄴ07)(가례1819/하073ㄱ02)(가례1819/하088ㄱ08)(가례1866/상106ㄴ10)(가례1866/상107ㄴ08)

玉塊石【옥괴석】 일 건

가례나 국장, 책례 등에서 옥으로 된 의례용 물품을 만드는 데 사용되던 덩이 원석. 책례冊禮에서는 의례용 물품인 원유관遠遊冠, 평천관平天冠, 벽옥규碧玉圭, 패옥佩玉, 옥책玉冊, 옥보玉寶, 옥도장玉印을 만드는 과정에서, 가례에서는 의례용 옥동자玉童子용으로, 국장에서는 시책諡冊, 애책哀冊, 족자 마개簇子莫只 용으로, 의례용 악기를 만드는 과정에서 석경石磬 등의 재료감으로 사용되었다. 옥괴玉塊, 옥석玉石으로도 표기하며 백옥석白玉石이나 청옥青玉도 그 종류 중의 하나이다. 옥괴玉塊, 옥석玉石과 같은 말이다.

예문 今此國葬教是時諡冊哀冊所入玉片不足是如乎貴院所在玉塊石隨所入移送(국장1805/021ㄱ01~02)

색인 (가례1819/하069ㄴ07)

玉圭【옥규】 일 복

왕, 왕비, 세자비, 세자빈이 대례복을 착용하고 손에 쥐는 것. 옥으로 만든 규圭의 총칭으로, 왕과 왕세자는 청옥으로 하고, 왕비와 왕세자빈은 백옥으로 한다. 신분에 따라 길이와 넓이가 달라 왕과 왕비는 9촌, 왕세자와 빈은 7촌이다. 고려 문종 3년(1059) 중국에서 사여 받은 면복 중에 규圭가 포함되어 있으며 조선 시대까지 사용되었다.

참조1 규圭, 백옥규白玉圭, 청옥규青玉圭

예문 自前國恤時御押內旨臨時內出尙方製造佩玉圭赤舃等物依服玩例盛石函埋安於梓宮之南爲白有昆(국장1903/112ㄴ04~06)

색인 (가례1681/012ㄱ05)(가례1681/012ㄱ07)(가례1681/012ㄱ12)(존호1610/055ㄱ09)(존호1610/055ㄴ03)(존호1610/056ㄱ03)

玉寶【옥보】 일 의

임금이나 왕후 등의 추상 존호追上尊號, 시호謚號 등의 글자를 새긴 도장. 대개 전자篆字로 새겼다. 종묘에 부묘할 때 이러한 옥보를 옥책과 함께 책보요여冊寶腰輿와 책보채여冊寶彩輿 등을 이용하여 옮겼다.

참조1 책보冊寶

관련1 가옥보假玉寶

예문 每日燒木壹丹式上下戶曹司宰監捧甘一因三房稟目竹冊玉寶排案牀下排褥席各一件磨鍊事已爲定奪爲有等以紫的褥二件所入(국장1903/018ㄴ05~07)

옥보

색인 (국장1659二/018ㄴ06)(국장1684/018ㄴ01)(국장1684/077ㄴ09)(국장1684/100ㄴ05)(국장1684/123ㄴ12)(국장1684/125ㄱ04)

玉印【옥인】 일 의

왕세자나 세자빈 등의 추상 존호追上尊號, 시호謚號 등의 글자를 새긴 도장. 대개 전자篆字로 새겼다.

관련2 가옥인假玉印

예문 尊號冊執事十尊號寶執事十擧冊寶者二十依補編受敎勿差竹冊執事二玉印執事二忠贊衛各二自發引至山陵返虞魂殿仍行一銘旌捧陪內侍一(국장1776/095ㄱ07~09)

색인 (가례1627/101ㄱ03)(가례1627/101ㄱ04)(가례1627/110ㄱ04)(가례1627/111ㄱ13)(가례1627/112ㄱ14)(가례1627/112ㄴ09)

玉匠【옥장】 일 건

옥을 다루어 물품 따위를 제작하는 기술을 가진 사람.

예문 木手石手玉匠每二名肉助役一名小木匠漆匠東海匠小爐匠每三名肉助役一名(국장1834/164ㄱ11~12)

색인 (가례1627/110ㄱ04)(가례1627/111ㄱ02)(가례1627/111ㄴ01)(가례1627/112ㄱ10)(가례1627/114ㄱ02)(가례1627/114ㄱ05)

玉冊【옥책】 일 의

죽은 이의 덕을 기리는 내용을 새긴 옥으로 만든 책冊. 옥책玉冊은 옥을 죽간竹簡 모양으로 다듬어 죽은 사람의 덕을 기리는 내용을 새긴 책으로 국왕이나 왕비의 존호尊號를 올리는 의례에 사용되었다.

참조1 책보冊寶

관련1 가옥책假玉冊, 옥인장玉印匠

예문 玉冊內函外樻各二部所盛衣香二封分作八封入用爲有置今亦依此擧行事捧甘何如手決內依稟(상호1827/098ㄱ05~06)

색인 (가례1681/011ㄴ08)(가례1681/039ㄴ12)(가례1681/041ㄴ07)(가례1681/041ㄴ10)(가례1681/068ㄱ10)(가례1681/135ㄱ03)

ㅇ

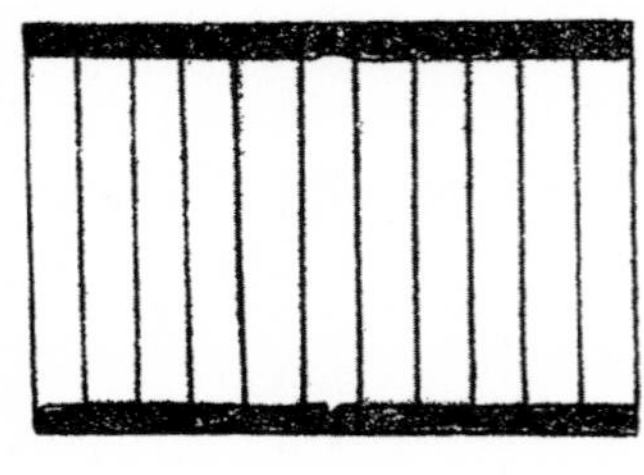

옥책

玉册金寶輦輿【옥책금보연여】 일 의

의례에서 옥책玉册과 금보金寶를 실어 옮기던 가마.

예문 正日及習儀時教命段本房次知擧行而玉册金寶輦輿段二三房待令爲旀命服舃襪段尙方待候而應參內侍段置(가례1802/163ㄱ11~ㄴ01)

색인 (가례1802/상163ㄱ12)

玉册排案床【옥책배안상】 일 의 ☞ 玉册展案床옥책전안상

예문 本房所掌玉册排案床二坐讀册床二坐軍人及褥席軍雨備軍預備軍竝以依例定送於各習儀日及正日爲旀(상호1827/098ㄱ01~02)

색인 (존숭1739/107ㄱ08)(상호1855/071ㄴ10)(존숭1739/097ㄱ01)(존호1753二/031ㄱ07)(존호1753二/031ㄱ11)(존호1852/069ㄴ03)

玉册展案床【옥책전안상】 일 의

의례에서 옥책을 펴 놓았던 상. 왕과 왕비의 시호諡號와 시호에 담긴 내용을 기록한 옥책玉册을 의례를 행할 때 펴 놓았다. 직사각형의 천판天板에 호랑이 발[虎足] 모양의 다리가 달린 형태로 전면에 주칠朱漆을 하였다. 옥책배안상玉册排案床이라고도 한다.

참조1 왜주홍칠옥책전안상倭朱紅漆玉册展案床

예문 同日取考丁酉謄錄則倭朱紅漆玉册展案床一坐覆巾竝自尙衣院造作進排矣今亦依此擧行之意分付何如手決內依(가례1866/049ㄴ04~05)

색인 (가례1866/하049ㄴ04)

溫鞋【온혜】 일 복

왕비 이하 여관女官들이 신는 신. 온혜溫鞋는 여자들이 신는 신의 한 가지로, 앞코에 구름무늬를 수놓았다. 안감은 백당피白唐皮로 하고 과피휘踝皮揮감으로 남색·홍색 필단匹緞을 사용하여 장식하였으며 이를 위해 온혜장溫鞋匠을 두었다. 『영조정순후가례도감의궤英祖貞純后嘉禮都監儀軌』에 보면 중궁전법복中宮殿法服의 의대衣襨로 흑웅피화온혜黑熊皮花溫鞋가 있다. 그 외 상궁과 유모, 시녀, 기행나인騎行內人도 흑웅피온혜黑熊皮溫鞋를 신었다. 『만기요람萬機要覽』에도 중궁전中宮殿 물목에 흑당피결화온혜黑唐皮結花溫鞋가 있다.

참조2 마피온혜馬皮溫鞋, 백피온혜白皮溫鞋, 분홍단자온혜粉紅段子溫鞋, 흑당피결화온혜黑唐皮結花溫鞋, 흑웅피온혜黑熊皮溫鞋, 흑웅피화온혜黑熊皮花溫鞋

예문 同多繪次鴉青絲赤舃次冒段襪次冒段溫鞋貳髢髮陸拾捌丹伍箇丁未八月初二日因傳教以貳拾丹分定(가례1727/014ㄱ06~08)

색인 (가례1627/054ㄱ10)(가례1671/009ㄴ10)(가례1671/134ㄴ05)(가례1696/010ㄴ01)(가례1696/176ㄱ11)(가례1718/012ㄱ05)

溫鞋匠【온혜장】 일 건

온혜溫鞋를 전문으로 만드는 사람.

참조1 온혜溫鞋

예문 溫鞋匠鄭應石等四名鍼線婢㖅貞等五名(가례1727/073ㄱ01~02)

색인 (가례1718/078ㄴ05)(가례1718/194ㄴ04)(가례1802/상122ㄴ12)(가례1802/상206ㄱ05)

甕家【옹가】 일 의

국가의 장례가 있을 때 묘소 앞에 세우는 대나무로 만든 집. 비나 햇볕을 가리는 용도와 함께 옹가甕家 안에 들어가 예를 행하기도 한다.

예문 先破東方作甕家十一月初五日卯時開金井(국장1674/069ㄱ10~12)

색인 (국장1659一/098ㄱ03)(국장1674一/069ㄱ11)(국장1681一/064ㄴ02)(국장1681二/176ㄴ08)(국장1701一/008ㄱ09)(국장1701一/094ㄱ03)

雍尾里【옹미리】 채 건 雄尾里

도래송곳같이 생기고 끝이 구부러진, 새김질에 쓰는 연장. 현재 옥밀이로 남아 있다. 이표기로 雍尾里, 雄尾里, 玉未乃 등이 있는데, 雍은 이표기 玉未乃가 자음동화를 일으킨 현실음을 반영한 표기이고, 雄은 雍의 모음 교체형을 표기한 것이다.

참조1 엇미리焉尾里, 옹미리雄尾里, 평미리平尾里

예문 雜物入盛樻子壹具鎖鑰假廩主所入二尺松木壹高足牀壹木賊漆戔尾箒貳炭參斗飛楷貳雍尾里壹擔桶水桶各壹木擧乃乼具壹結裹次三甲所壹艮衣(국장1730/365ㄱ09~11)

색인 (국장1674二/136ㄴ05)(국장1701二/207ㄱ08)(국장1702B二/346ㄱ03)(국장1724二/308ㄱ10)(국장1724二/322ㄴ06)(국장1724二/365ㄴ12)

臥瓜【와과】 일 의

대한제국 시기 황후 의장에 사용된 의장물. 주홍칠을 한 대나무 장대에 도금한 참외 모양의 조각을 가로로 꽂는다. 이음새는 금으로 조각한 용머리 모양으로 장식한다. 1897년 명성황후明成皇后 국장國葬 때에 처음으로 제작, 사용되었다.

관련1 와과우비臥瓜雨備

예문 儀仗差備一百五十二名各宮婢子紅鐙四引仗二御仗二吾仗二立瓜二臥瓜二星二鉞二出警旗二入(상호1902/234ㄴ09~11)

색인 (국장1898三/043ㄴ12)(국장1898三/080ㄱ08)(국장1898五/084ㄱ11)(국장1904二/080ㄴ11)(책봉1901/029ㄴ09)(책봉1901/047ㄴ01)

瓦甒【와무】 일 의

와토瓦土를 구워서 만든 단지. 와무瓦甒는 현주玄酒를 담는 단지로서 국장國葬 때 능陵에 부장하는 명기明器 중 하나이다. 『국조오례서례國朝五禮序例』, 『국조상례보편國朝喪禮補編』, 『춘관통고春官通考』에 그림이 실려 있다. 그 모양은 중앙이 넓고 아래는 곧으며, 입구의 원지름은 4촌 5푼이고, 허리의 지름은 7촌 5푼이다. 바닥의 원지름은 5촌 5푼이며 높이는 8촌이다.

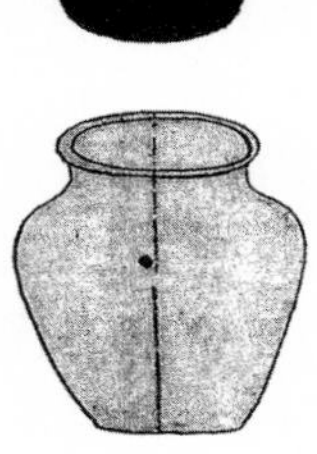

와무

예문 司饔院燔造前期進排看品事前期捧甘瓦甒二中寬下直上銳口圓經三寸四分高七寸腰圓經七寸五分底圓經五寸五分用周尺容三升酒醴各三升有冪裹細苧布玄被纁裹(국장1903/055ㄱ08~09)

색인 (국장1659二/055ㄱ09)(국장1674二/033ㄴ03)(국장1681二/056ㄱ11)(국장1684/053ㄱ05)(국장1688/055ㄱ03)(국장1701二/005ㄴ12)

瓦署【와서】 일 의

조선 시대에 기와와 벽돌 제조를 담당한 공조 소속의 관서. 조선 초기의 동요東窯와 서요西窯를 통합하여 개칭한 이름이며 왕실과 관청의 기와와 벽돌을 만들었다. 소속 관원으로는 종6품의 제조와 별제가 있었으며 기와를 굽는 40명의 와장이 있었다.

관련1 와서별제瓦署別提

예문 戶曹司宰監瓦署繕工監一本房守直軍士謄錄修正間依前例以前定軍士仍定之(국장1724/227ㄴ10~11)

색인 (가례1627/084ㄱ03)(가례1627/109ㄴ14)(가례1627/117ㄴ08)(가례1671/049ㄱ03)(가례1671/057ㄴ02)(가례1671/148ㄴ06)

倭朱紅【왜주홍】 일 의

일본산 주홍색 안료. 선명한 붉은색 물감으로 일본에서 들어온 주홍 안료를 말하는데 중국에서 들어온 당주홍보다 색이 들뜬다.

ㅇ

관련1 왜주홍안倭朱紅案, 왜주홍칠고안倭朱紅漆高案, 왜주홍칠안상倭朱紅漆案床, 왜주홍칠안倭朱紅漆案, 왜주홍준화상倭朱紅樽花床, 왜주홍칠준화상倭朱紅漆罇花床

예문 今亦依此預先造置爲旀御製入盛後以全漆合蓋函面倭朱紅知漆書純齋稿三字其下雙書全函二字爲有矣當爲載錄於內入日省錄是如乎(국장1834/080ㄱ10~12)

색인 (가례1627/051ㄱ04)(가례1627/055ㄴ06)(가례1627/055ㄴ10)(가례1627/056ㄴ09)(가례1627/084ㄱ06)(가례1627/122ㄴ09)

倭朱紅案【왜주홍안】 일 의 ☞ 倭朱紅漆案왜주홍칠안

참조1 가안假案, 교명안敎命案, 당주홍칠안唐朱紅漆案, 상床, 안案, 왜주홍칠고안倭朱紅漆高案, 왜주홍칠안상倭朱紅漆案床, 왜주홍칠안倭朱紅漆案, 인안印案, 책안册案

예문 連梢四十四箇假册十部倭朱紅案一坐通三房工匠假家二百二十一間覓木二坐加乃光伊錏各十三箇(국장1800/070ㄱ07~09)

색인 (국장1800四/070ㄱ08)

倭朱紅樽花床【왜주홍준화상】 일 의

왜주홍 칠을 한 준화상. 왜주홍은 칠漆의 종류가 일본산임을 나타낸다. 선명한 붉은색 물감으로 중국에서 들어온 당주홍보다 색이 들뜬다. 준화상은 궁중 잔치인 진연進宴이나 진찬進饌이 있을 때 항아리에 색색의 종이를 이용하여 만든 조화를 준樽에 꽂아 준화상 위에 올려 사용하였다. 왜주홍칠준화상倭朱紅漆罇花床과 같다.

참조1 왜주홍倭朱紅, 왜주홍칠준화상倭朱紅漆罇花床, 준화상樽花床

예문 同日同牢宴所用倭朱紅樽花床二坐樽臺二坐大小酒亭各一坐令尙衣院依例進排事捧甘何如手決內依(가례1866/052ㄱ02~03)

색인 (가례1866/하052ㄱ02)

倭朱紅漆高案【왜주홍칠고안】 일 의

일본산의 붉은 칠을 한 다리가 긴 안案.

참조1 가안假案, 교명안敎命案, 당주홍칠안唐朱紅漆案, 상床, 안案, 왜주홍안倭朱紅案, 왜주홍칠안倭朱紅漆案, 왜주홍칠안상倭朱紅漆案床, 인안印案, 책안册案

예문 倭朱紅漆平案二坐紅紬卓衣紅紬床巾各二件倭朱紅漆高案一坐紅紬卓衣紅紬床巾各一件(가례1762/013ㄱ07~09)

색인 (가례1762/상013ㄱ08)(가례1819/상021ㄱ07)

倭朱紅漆案【왜주홍칠안】 일 의

일본산의 붉은 칠을 한 안案. 주로 왕실 혼례인 가례嘉禮 때 왕실의 여인으로 채택하여 예물을 드리는 납채納采와 혼인의 증거로 폐백을 받는 예인 납징納徵의 물목物目 가운데 하나로 쓰였다. 왜주홍칠안倭朱紅漆案 위에 홍색 물을 들인 명주를 깔고 사용하였다. 왜주홍칠안상倭朱紅漆案床, 왜주홍칠상倭朱紅漆床과 혼용하여 표기되며, 안료의 원산지에 따라 중국산은 당주홍칠안唐朱紅漆案, 일본산은 왜주홍칠안倭朱紅漆案이라 구분하여 표기한다.

참조1 가안假案, 교명안敎命案, 당주홍칠안唐朱紅漆案, 상床, 안案, 왜주홍안倭朱紅案, 왜주홍칠고안倭朱紅漆高案, 왜주홍칠안상倭朱紅漆案床, 인안印案, 책안册案

예문 虞主奉安倭朱紅漆案一坐所入松板一立魚膠二張全漆八夕每漆三夕(국장1834/064ㄴ03~04)

색인 (국장1800四/061ㄱ01)(국장1800四/075ㄴ02)

倭朱紅漆案床【왜주홍칠안상】 일 의

일본산의 붉은칠을 한 안상案床. 왕실 혼례인 가례嘉禮 때 왕실의 여인으로 채택하여 예물을 드리는 납채納采와 혼인의 증거로 폐백을 받는 예인 납징納徵의 물목物目 가운데 하나이다. 왜주홍칠안상倭朱

紅漆案床 위에는 홍색 물을 들인 명주를 깔고 사용하였다. 왜주홍칠상倭朱紅漆床과 혼용하여 표기되며, 안료의 원산지에 따라 중국산은 당주홍칠상唐朱紅漆床, 일본산은 왜주홍칠안상倭朱紅漆案床이라 구분하여 표기한다.

참조1 가안假案, 교명안敎命案, 당주홍칠안唐朱紅漆案, 상床, 안案, 왜주홍안倭朱紅案, 왜주홍칠고안倭朱紅漆高案, 왜주홍칠안倭朱紅漆案, 인안印案, 책안册案

예문 朴只一寸丁十五箇魚膠二兩炭二斗虞主奉安倭朱紅漆案床一坐新造所入(국장1890/054ㄴ11~12)

색인 (국장1890/054ㄴ12)

倭朱紅漆長床【왜주홍칠장상】 일 의

가례 때 음식을 올려놓았던 붉은 칠을 한 긴 상床. 왕실의 혼례 때 동뢰연同牢宴에서 음식을 올려놓았던 길고 큰 상으로 가로가 긴 직사각형 천판天板에 높은 다리를 가지고 있으며 일본산 붉은 안료인 왜주홍으로 전면을 칠한 것이 특징이다. 의례를 행할 때에는 붉은색 명주로 만든 상보를 덮고 위에 음식을 올려 사용하였다.

예문 紅紬床巾二件倭朱紅漆長床二坐尙方別單判下紅紬床巾二件(가례1866/033ㄱ04~06)

색인 (가례1802/상036ㄱ06)(가례1802/상244ㄴ12)(가례1866/상033ㄱ05)(가례1866/상268ㄱ02)(가례1866/하033ㄴ08)(가례1866/하060ㄱ08)

倭朱紅漆長卓【왜주홍칠장탁】 일 의

일본산 붉은 칠을 한 긴 탁자. 제례 때 사용하는 일본산의 붉은 칠을 한 상이다. 왜주홍칠제상 위에는 상 보자기와 함께 상 위에 까는 유지油紙인 좌면지座面紙를 깔아 사용하였다. 안료의 원산지에 따라 중국산은 당주홍唐朱紅, 일본산은 왜주홍倭朱紅이라 구분하여 표기한다.

예문 銀鳳瓶一雙倭朱紅漆長卓二坐阿架床一雙(가례1866/268ㄴ08~10)

색인 (가례1866/상268ㄴ09)

倭朱紅漆罇花床【왜주홍칠준화상】 일 의

왜주홍 칠을 한 준화상. 왜주홍은 일본산 주홍색 안료로 중국에서 들어온 당주홍보다 색이 들뜬다. 준화상은 궁중 의례 때 꽃을 꽂아 장식한 항아리를 놓았던 상을 말한다. 왜주홍준화상倭朱紅樽花床으로도 쓴다.

참조1 왜주홍倭朱紅, 왜주홍준화상倭朱紅樽花床, 준화상樽花床

예문 倭朱紅漆小酒亭一坐倭朱紅漆罇臺一雙倭朱紅漆罇花床一雙種尙衣院(가례1866/060ㄱ12~ㄴ01)

색인 (가례1866/하034ㄱ07)(가례1866/하060ㄴ01)

倭朱紅漆平盤【왜주홍칠평반】 일 음

선명한 붉은 색을 칠한, 왕실 전용의 다리가 없는 편평한 쟁반. 다리가 있는 소반과 달리 평반平盤은 다리가 없는 편평한 쟁반이다. 왕실 전용의 쟁반에는 주칠朱漆을 하였는데 왜주홍倭朱紅은 선명한 붉은색이다. 산지에 따라 중국산은 당주홍唐朱紅, 일본산은 왜주홍倭朱紅으로 분류한다.

참조1 반盤, 소반小盤, 운족반雲足盤, 쟁반錚盤, 흑칠반黑漆盤

예문 手本內今此國恤敎是時三司備進祭奠內入時倭朱紅漆平盤三司各伍立式依謄錄急速造作進排事尙衣院良中捧甘爲只爲堂上手決內依(빈전1724/101ㄴ07~09)

색인 (가례1866/상270ㄱ07)

倭朱紅漆平案【왜주홍칠평안】 일 의

가례 때 음식을 올려놓았던 붉은 칠을 한 상. 왕실 혼례 때 조현례朝見禮에서 과일 등을 올려놓았던 상이다. 천판天板은 둥글고 다리가 짧은 앉은뱅이 상으로 붉은색 명주로 만든 상보를 씌워 사용한다. 일

ㅇ

본산 붉은 칠인 왜주홍倭朱紅으로 전면을 칠하였다.

예문 倭朱紅漆小小四方盤二立裹紅紬三幅單袱二件倭朱紅漆平案二坐紅紬卓衣二件紅紬牀巾二件倭朱紅漆高足案一坐紅紬卓衣一件紅紬牀巾一件(가례1762/013ㄱ07~09)

색인 (가례1762/상013ㄱ07)(가례1819/상021ㄱ04)

椳木【외목】 일 건

외엮기에 사용하는 목재. 흙벽을 치기 위하여 중방과 상하방 사이에 세운 중깃에 좁은 간격으로 엮어 대는 가는 나무를 말한다. 댓가지나 수수깡을 사용하기도 한다. 외목椳木 중 가로로 대는 외를 눌외[누운외, 가로외]라고 하며, 세로로 세워서 얽은 외를 설외[선외, 세로외, 종외]라고 한다.

예문 神門內土壁次椳木六丹網兀三番實入唐家破鐵修補次豆錫三兩含錫一兩醋三升三甫一月乃實入(빈전1675/259ㄴ06~07)

색인 (가례1671/149ㄴ05)(가례1819/하108ㄴ07)(가례1819/하119ㄱ09)(가례1819/하119ㄴ04)(가례1819/하130ㄱ09)(가례1819/하133ㄴ10)

外宣醞【외선온】 일 의

임금이 신하를 위로하거나 격려하기 위해 승지를 통해 내리는 술. 국가의 중요한 행사나 임무를 마친 신하에게 내린다. 선온을 내릴 때는 절육切肉, 편육片肉, 과실果實 등의 음식을 같이 보내었다. 선온은 이를 전하는 관리에 따라 내선온內宣醞과 외선온外宣醞으로 구별하였는데 내선온內宣醞은 中官[내시]를 통해 전달하였고, 외선온外宣醞은 승지承旨를 통해 전달하였다. 국혼의 경우 납채納采, 납징納徵, 고기告期, 책비冊妃 때마다 정사正使, 부사副使, 가례도감 관원, 차비관, 주인, 승지 등 30여 명에게 외선온상을 내렸다. 『춘관통고春官通考』에는 이러한 외선온의 의주가 실렸다. 한편 『길례요람吉禮要覽』에는 왕자가례 때 거행하는 「내선온의內宣醞儀」가 실려 있다.

참조1 외선온상外宣醞床

예문 各差備官皆以黑團領陪進嬪父母家行禮後內資寺行外宣醞本家又行酒禮而宣醞及酒禮正副使同參生雁掌畜者掌苑署別提持雁先詣嬪父母家以黑團領(가례1727/114ㄱ08~10)

색인 (가례1671/071ㄱ04)(가례1671/072ㄴ06)(가례1671/073ㄱ04)(가례1681/129ㄱ07)(가례1681/146ㄱ03)(가례1681/148ㄱ03)

外宣醞床【외선온상】 일 의

국가의 중요한 행사나 임무를 마친 신하에게 내리는 선온상. 선온을 내릴 때는 절육切肉, 편육片肉, 과실果實 등의 음식을 같이 보냈으며, 선온은 이를 전하는 관리에 따라 내선온內宣醞과 외선온外宣醞으로 구별하였다. 국혼의 경우 납채, 납징, 고기, 책비 때마다 정사正使, 부사副使, 가례도감 관원, 차비관, 주인, 승지 등 30여 명에게 외선온상外宣醞床을 내렸다. 『춘관통고春官通考』에는 이러한 외선온의 의주가 실렸다.

참조1 외선온外宣醞

예문 內資寺爲牒報事今此嘉禮敎是時納采納徵告期冊妃時外宣醞床本寺全爲擧行爲有置(가례1819/상242ㄱ02)

색인 (가례1802/상087ㄴ11)(가례1802/상257ㄱ02)(가례1819/상242ㄱ02)(가례1866/상068ㄱ06)(가례1866/상279ㄱ02)

外梓宮轝【외재궁여】 일 의

외재궁을 모시는 수레. 외재궁은 임금이나 왕비의 장사에 쓰는 외곽外槨을 말한다. 재궁梓宮은 임금이나 왕비의 유해를 안치하는 관으로 왕세자나 왕세자빈의 경우 재실梓室이라 하였다.

참조1 재궁梓宮

예문 習儀假輪臺板松板松煙阿膠捧甘堂上手決內依長生殿甘結摠護使外梓宮轝引𦆬甘結引𦆬

(국장1800二/029ㄱ04~07)

색인 (국장1800二/029ㄱ06)(국장1800二/042ㄱ02)(국장1800二/049ㄱ10)(국장1800二/054ㄴ01)(국장1898五/067ㄱ01)(국장1898二/002ㄱ04)

외재궁여

外辦【외판】 일 의

예전에 임금이 거둥[擧動]할 때, 의장儀仗이나 호종扈從 등을 제자리에 정돈시키는 일.

예문 輿入幕次左通禮詣閤外跪啓中嚴鼓三嚴鼓聲止闕內外門左通禮跪啓外辦殿下具衮服乘輿以出繖扇侍衛如常儀左右通禮前導尙瑞院官捧寶前行待乘輦以寶載馬(국장1821/153ㄴ07~09)

색인 (가례1671/107ㄱ01)(가례1671/113ㄱ06)(가례1671/116ㄴ05)(가례1671/120ㄱ10)(가례1671/122ㄴ08)(가례1681/163ㄱ12)

腰輿【요여】 일 의

① 국상 때 신주神主와 혼백魂帛을 모시고 옮기는 작은 가마. 지역에 따라서는 영여靈輿 또는 영거라 부르기도 한다. ② 왕실에 의식이 있을 때 귀중한 물건을 옮기던 작은 가마. 주로 시책諡册과 시보諡寶, 교명 책보敎命册寶를 실었다.

참조1 교명요여敎命腰輿, 교명죽책옥인요여敎命竹册玉印腰輿, 신백요여神帛腰輿

예문 就位神帛輦至帳殿帷門外攝左通禮進當輦前俯伏跪啓請降輦陞輿俯伏興內侍以腰輿進神帛輦前內侍捧神帛函安於腰輿至帷門內攝左通禮啓請降輿陞(국장1890/150ㄴ07~09)

색인 (가례1627/027ㄴ14)(가례1627/028ㄱ03)(가례1627/028ㄱ08)(가례1627/030ㄴ02)(가례1627/030ㄴ07)(가례1627/030ㄴ10)

褥席【욕석】 일 의

궁중 의례에서 의물을 보호하기 위해 바닥에 까는 깔개. 함 속에 넣거나 상이나 바닥에 깔아 사용하였다. 흉례에서는 유차柳車를 제작할 때 궁실 안에 자주빛의 욕석을 깔아 사용하였다.

관련1 가욕석假褥席, 대여신백여욕석大輿神帛輿褥席, 동뢰욕석同牢褥席, 영좌고란평상욕석靈座高欄平床褥席, 자적주욕석紫的紬褥席, 평상욕석平床褥席, 하배가욕석下排假褥席, 하배욕석下排褥席

예문 大妃殿各於內庭設位哭盡哀內命婦竝爲入參爲白乎矣褥席排設等事各殿司鑰次知擧行爲白齊(국장1834/116ㄴ09~10)

색인 (가례1627/072ㄴ05)(가례1681/148ㄴ03)(가례1681/177ㄱ12)(가례1681/180ㄴ02)(가례1681/180ㄴ02)(가례1718/162ㄴ12)

龍頭【용두】 일 의

대여大轝나 견여肩轝의 용머리 지붕 장식. 국장이 있을 때 소방상小方牀을 안치하는 대여大轝나 재궁梓宮을 받들어 대여大轝를 올리고 내리는 데 사용했던 순轝 혹은 견여肩轝 지붕의 네 모서리를 장식했다. 용두에는 석환錫環을 머금고 유소流蘇를 늘어뜨린다.

관련1 견여소방상肩輿小方牀, 견여소방상내배만화肩輿小方牀內排滿花, 금용두金龍頭, 내용두內龍頭, 대목용두大木龍頭, 도금용두鍍金龍頭, 독용두禿龍頭, 독용두수禿龍頭竪, 목대용두木大龍頭, 목용두木龍頭, 용두간龍頭竿, 용두간수창龍頭竿繡氅, 용두간우비龍頭竿雨備, 용두과차저주지龍頭裹次楮注紙, 합용두合龍頭

예문 燈盞次鍾子一立上下進排事戶曹禮賓寺工曹司宰監別工作一雕刻匠所用龍頭羅額鮒魚石菖蒲等雕刻次椴木一尺蠟槊匠所用洪道介一厚松板二尺剪板一大竹一節(빈전1680/267ㄱ

05~07)

색인 (가례1627/056ㄴ06)(가례1627/058ㄴ12)(가례1627/059ㄱ03)(가례1627/097ㄱ11)(가례1671/159ㄴ07)(가례1671/159ㄴ08)

龍馬旗【용마기】 일 의

국왕의 대가 의장大駕儀仗, 법가 의장法駕儀仗, 소가 의장小駕儀仗에 쓰이는 깃발. 흰색 바탕에 용마龍馬 및 운기를 그리고, 청·적·황·백 네 가지 색의 화염각을 단다. 용마는 몸체는 말과 같고 다리는 용과 같은 모양의 신수神獸이다. 세종대에는 동궁의장에도 포함되었으나 『국조오례의國朝五禮儀』 단계에서는 제외되었다. 국장國葬 중의 길의장吉儀仗, 가례嘉禮, 부묘 의식祔廟儀式 등 노부 의장이 쓰이는 의례에 사용되었다.

예문 黑紬四尺纓子紅紬七寸五分前謄鍊一尺今番減磨鍊龍馬旗二每部五幅付所入質白紬四十尺火焰脚紅紬三十六尺衿(국장1903/038ㄱ10~12)

색인 (국장1659二/038ㄱ11)(국장1659二/068ㄴ03)(국장1659二/074ㄱ02)(국장1674二/022ㄴ02)(국장1674二/044ㄴ03)(국장1674二/059ㄱ07)

龍紋單席【용문단석】 일 의

용 문양이 들어간 홑자리. 단석은 홑겹으로 만든 자리를 말한다.

참조1 단석單席, 만화단석滿花單席, 연화단석蓮花單席, 채화단석彩花單席, 황화단석黃花單席

관련1 내배별문단석內排別紋單席, 답장별문단석踏掌別紋單席, 면단석面單席, 배위채초단석拜位彩草單席, 별문단석別紋單席, 별문이문부단석別紋二紋付單席, 별문일장부단석別紋一張付單席, 상배룡문단석上排龍紋單席, 상배채화단석上排彩花單席, 상배채화일장부단석上排彩花一張付單席, 상배황화단석上排黃花單席, 소룡문단석小龍紋單席, 소배면단석所排面單席, 욕상배채화반장부단석褥上排彩花半張付單席, 욕하배채화단석褥下排彩花單席, 자주욕욕하배채화단석상紫紬褥褥下排彩花單席床, 전안배위만화단석奠雁拜位滿花單席, 전후배채화삼문부단석前後排彩花三紋付單席, 좌우배채화단석左右排彩花單席, 채화반장부단석彩花半張付單席, 채화삼문부단석彩花三紋付單席, 채화일문부단석彩花一紋付單席, 채화일장부단석彩花一張付單席, 포룡문단석鋪龍紋單席, 황화면단석黃花面單席

예문 彩花二張付地衣一件彩花單席一件草綠水紬褥一件龍紋單席一件滿花方席一件(국장1834/097ㄴ05~06)

색인 (국장1800二/033ㄴ11)(국장1800一/034ㄱ07)(국장1800一/035ㄱ07)(국장1800一/035ㄴ05)(국장1800一/056ㄱ01)(국장1800一/058ㄱ06)

龍紋席【용문석】 일 의

용이 그려진 돗자리. 궁중 의례에서 왕이 머물던 자리에 깔았다.

참조1 용문단석龍紋單席

참조2 소용문단석小龍紋單席,

예문 今此魂殿入排牀巾次紅鼎紬藍紬及黃花席彩花席看品次各別抄擇優數待令事濟用監龍紋席子契一魂殿修理今二月十三日推擇啓下矣(빈전1834/045ㄱ03~05)

색인 (국장1800一/056ㄱ02)(국장1849一/064ㄱ04)(국장1898五/090ㄱ05)(국장1903一/054ㄴ09)(국장1903一/068ㄱ07)(국장1903一/083ㄴ09)

龍鳳【용봉】 일 의

가마 지붕을 장식했던 용과 봉황 장식. 국장이 있을 때 재궁梓宮을 싣는 재궁여梓宮轝나 소방상小方牀을 안치했던 대여大轝의 지붕에 부착했던 용과 봉황 장식을 말한다. 용은 대여大輿와 견여肩輿의 지붕을 장식했고, 봉황의 경우에는 재궁을 받들었던 외재궁여外梓宮轝와 각종 명기明器를 담았던 채여彩輿의 지붕을 장식했다.

참조1 용두龍頭, 용봉두龍鳳頭

참조2 봉두鳳頭

관련1 용봉선목龍鳳扇木

예문 兵曹參議崔宗周間世姿龍鳳淵凝仰典刑謳歌同左海聲聞自前星厚德元侔顯宏謨克繼寧沖年處變際至矣足瞻聽代理(국장1724/236ㄱ03~05)

색인 (가례1819/하022ㄱ01)(국장1898三/056ㄴ08)(국장1898三/088ㄱ05)(책례1651/017ㄴ05)(책례1690/060ㄴ06)(국장1674二/088ㄴ10)

龍鳳旗【용봉기】 일 의

대한제국 시기 황후 의장에 쓰이는 깃발. 삼각의 기면에 용과 봉황을 그린다. 흑, 황, 적, 청, 백색 등 각각 2면씩, 10개의 깃발을 사용하였다. 깃대는 주홍칠을 하고 화염모양의 금장식을 씌우고 붉은색의 술을 단다. 1897년 명성황후 국장 때에 길의장吉儀狀으로 처음 제작·사용되었다.

용봉기

관련1 용봉기우비龍鳳旗雨備

예문 紅陽繖厚油紙淸道旗厚油紙龍鳳旗厚油紙龍鳳扇厚油紙(국장1898五/083ㄱ02~05)

색인 (국장1898三/050ㄱ12)(국장1898三/088ㄴ05)(국장1898五/083ㄱ04)

龍鳳頭【용봉두】 일 의 ☞ 龍鳳용봉

예문 九月初二日一右手本爲行下事大小輿及各樣龍鳳頭刻置已久乙仍于人垢及塵埃汚雜爲有置磨正後着漆(국장1903/165ㄱ01~03)

색인 (가례1802/상052ㄱ08)(가례1819/하019ㄴ09)(가례1866/상046ㄴ04)(가례1866/상046ㄴ04)(존호1610/139ㄴ09)(책례1610/138ㄴ09)

龍扇【용선】 일 의

노부 및 정재에 사용되는 기구. 붉은 칠을 한 자루 위에 붉은색 바탕천으로 부채를 만들고 앞뒤로 황룡을 두 마리씩 그린 의장이다. 노부 의장鹵簿儀仗은 국왕의 의장에만 사용되었고, 정재 의장은 인인장引人仗, 봉선鳳扇, 작선雀扇, 정절旌節, 미선尾扇, 황개黃蓋, 청개靑蓋, 홍개紅蓋 등과 함께 공연할 때 좌우에 배치되었다. 정재 의장 중의 용선과 도상은 동일하나 테두리에 저사紵絲로 장식이 더해진 점에서 차이가 난다.

예문 本房次知鳳扇陸崔扇捌龍扇貳當爲改彩而質綃內外褪色處畵員言內以紅染水改漆(국장1903/012ㄱ05~06)

색인 (국장1659二/012ㄱ05)(국장1659二/041ㄱ10)(국장1659二/041ㄴ06)(국장1659二/068ㄱ03)(국장1659二/074ㄴ03)(국장1674二/023ㄱ06)

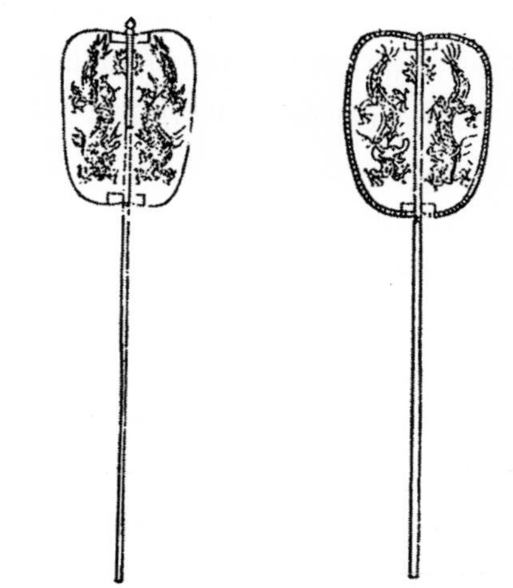

용선

龍支【용지】 차 건 龍枝 龍脂

① 나무에 솜이나 헝겊을 감아 기름을 묻히어 불을 켜는 물건. ② 벽이 무너지지 않도록 문지방 옆에 대는 널빤지 조각. 두껍게 쌓는 돌담이나 화방火防의 옆면을 마무리기 위하여 기둥 옆에 세워 대는 널로 일각문 옆의 돌담, 반화방半火防 벽의 사고 석

담 등에 쓰인다. 용지판龍枝板, 용지판龍脂板 등의 표기로 쓰이는 것이 일반적이다. 용지龍脂의 이표기로도 쓰인다.

관련1 내용지內龍支, 외용지外龍支, 용지판龍脂版, 현주용지懸柱龍支

예문 頭柱又着膠節龍支四長二尺厚一寸下廣七寸上廣一寸五分用椵板鐵斜柱四長三尺三寸(국장1903/196ㄴ12~197ㄱ02)

색인 (국장1800二/057ㄱ12)(국장1800二/059ㄱ08)(국장1800二/065ㄱ04)(국장1800二/065ㄴ03)(국장1898二/099ㄱ12)(국장1898二/101ㄱ08)

龍脂【용지】 채 건 ☞ 龍支용지

예문 每漆一夕眞油二升法油二升黃蜜一戔八兩燭二雙三兩燭三雙龍脂十柄燒木四丹醋二升五合破草席四十立白紋席四立(예장1762/021ㄴ10~12)

색인 (가례1696/234ㄱ09)(가례1718/065ㄱ08)(가례1762/상090ㄴ12)(가례1802/상152ㄱ05)(가례1802/상204ㄴ01)(가례1819/상071ㄴ01)

龍枝【용지】 채 건 ☞ 龍支용지

관련2 용지판龍枝板

龍香亭【용향정】 일 의 ☞ 香龍亭향용정

예문 一依儀注擧行而吏曹當該書吏待令各差備官整齊是遣腰彩輿龍香亭前導細仗皷吹擔陪軍當部官員禁府都事淸道部將引路軍考喧軍士及忠贊衛依差備官數領去部(상호1805/062ㄴ09~11)

색인 (가례1802/상188ㄴ12)(가례1802/상204ㄴ05)(가례1866/상172ㄴ02)(가례1866/상186ㄱ08)(국장1903二/047ㄴ01)(국장1903二/072ㄴ03)

亐里【우리】 채 음 亐里 迂里 于里

내용물을 보호하기 위해 용기의 주위를 감싸는 것. 음식을 담는 그릇 주위를 감싸 음식을 보호하는 데 쓰인 것이 가장 일반적이다. 특히 조과나 유밀과를 괴어서 무너지지 않도록 그릇의 주위를 감싸 보호하는 데 사용된다. 괴는 음식에 따라 중계우리[中桂亐里], 약과우리[藥菓亐里], 다식우리[茶食亐里], 산자우리[散子于里]라고도 한다. 크기는 大, 中, 小로 구분된다. 재료는 나무로부터 주철鑄鐵에 이르기까지 다양하다. 영조와 정순왕후 가례 때는 가자架子에 쓰이는 우리[亐里]를 얇은 송판으로 했으며, 반자斑子의 4면에 둘러지는 우리[亐里]는 작은 조리목으로 했다. 헌종 무신진찬 때는 모판의 우리[亐里]를 두꺼운 널판으로 하였다. 한편 놋쇠나 주철鑄鐵, 수철水鐵로 우리[亐里]를 만들기도 하였다. 음식찬과 관련된 것 이외에 촉롱燭籠, 제등提燈에도 우리[亐里]를 달아 등불을 보호하는 데 사용하기도 하였으며, 특히 인쇄판의 테두리에는 쇠로 만든 우리[亐里]를 대기도 하였다.

참조1 개아우리蓋兒亐里, 대중소우리大中小亐里, 오색초직목단화홍우리五色草織牧丹花紅亐里, 유우리鍮亐里, 종자우리대구鍾子亐里臺具, 주대우리鑄大亐里, 주우리鑄亐里, 주종자우리鑄鍾子亐里, 주중우리鑄中亐里, 죽우리竹亐里, 흑우리黑亐里

예문 長松板二尺小條里木半箇內習儀所用假函八部每部所入亐里薄松板半骨六尺腹板薄松板三尺朴只一寸釘十二箇合漆次磻朱紅三兩(상호1827/1214ㄱ10~12)

색인 (가례1802/상142ㄱ10)(가례1819/하054ㄱ10)(가례1866/하067ㄱ04)(가례1866/하103ㄱ01)(가례1866/하103ㄱ05)(가례1866/하103ㄴ11)

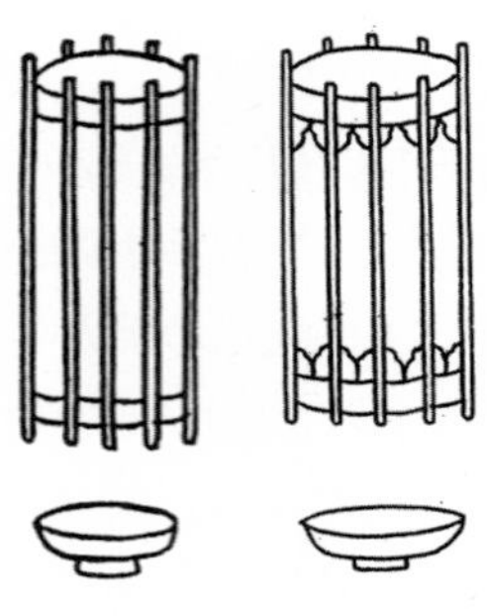

우리

于里【우리】 채 음 ☞ 亐里우리

관련1 개우리蓋于里, 사면우리四面于里, 산자우리대구散子于里臺具, 소박계우리대구小朴桂于里臺具, 실과종자우리대구實果鍾子于里臺具, 약과우리대구藥果于里臺具, 오색초직목단화홍우리五色草織牧丹花紅于里, 주대우리鑄大于里, 주우리鑄于里, 죽우리竹于里, 중박계우리대구中朴桂于里臺具, 철우리鐵于里, 홍색초사직면우리紅色草四織面于里, 홍색초직사면우리紅色織四面于里, 흑색초직사면우리黑色草織四面于里, 흑우리黑于里

예문 五月二十五日一已丑謄錄中香于里二雙取用爲有去乙依此措備之意已爲磨鍊捧甘爲有如乎(국장1659/141ㄴ09~11)

색인 (가례1681/305ㄱ11)(가례1819/상134ㄴ07)(가례1819/하063ㄱ06)(가례1819/하063ㄴ12)(가례1819/하065ㄴ11)(가례1819/하065ㄴ11)

迂里【우리】 채 음 ☞ 亐里우리

관련1 무쇠우리水鐵迂里

예문 鍮香爐二鍮香盒二鍮迂里二雙豆毛四坐內二坐用還二坐初不捧以上工曹用還(국장1730/264ㄱ08~10)

색인 (가례1819/하072ㄱ04)

羽旄【우모】 일 의

임금이 행차하는 의례에서 사용하는 깃발. 새의 털을 깃발의 끝에 장식한다.

예문 昔疾纔瘳慶溢宗祊大德必壽方祝無疆佇羽旄之欣瞻奄宮車之晏駕民如喪乎考妣紛雨泣於四野嗚呼哀哉(국장1903/123ㄴ11~124ㄱ01)

색인 (국장1659二/123ㄴ12)(국장1724二/209ㄱ06)(국장1724二/212ㄴ03)(국장1776二/071ㄴ02)(국장1776二/088ㄱ03)

牛毛氈【우모전】 일 복

욕석, 장막帳幕 등에 사용된 쇠털로 짜서 만든 자리. 담요. 왕대비전의 욕석을 만드는 데 필요한 쇠털자리(담요)로 이를 위한 우모전계牛毛氈契[털자리를 공물로 바치는 계]가 있었다. 전氈은 모직털로 만든 자리로 서양의 펠트(felt)에 해당한다. 영조정순후가례英祖貞純后嘉禮에는 보통寶筒과 주통朱筒에 필요한 물품으로 홍모전紅毛氈이 사방 4치 짜리로 1편, 견마부용 1부라 되어 있다. 수량의 단위인 편은 눌러진 편평한 것으로 펠트로 추정된다. 모전은 볏짚 거적과 함께 겨울철 관을 덮거나, 신발의 깔창[혜전鞋氈]으로도 쓰였다.

참조1 묵전墨氈, 백모전白毛氈, 백전白氈, 혜전鞋氈, 홍모전紅毛氈, 홍전紅氈, 황전黃氈, 흑모전黑毛氈, 흑전黑氈

참조2 모방석毛方席, 양모전羊毛氈, 우모전계牛毛氈契, 청색모전青色毛氈(青氈)

예문 結裹所入白毛氈四浮白木長五尺八幅襦衾三件六油芚四浮牛毛氈十二浮白紬二疋半白木二疋半三甲所八艮衣條所八艮衣(국장1776/183ㄱ09~11)

색인 (가례1681/198ㄴ03)(가례1681/200ㄱ06)(가례1681/205ㄴ05)(가례1681/205ㄴ11)(가례1681/206ㄴ02)(가례1681/206ㄴ08)

雨備【우비】 일 의

비를 가리는 도구道具. 국가 의례 때 각종 기물들의 비를 가리는 용도로 사용하였다.

관련1 가소금저우비假素錦褚雨備, 가유륜평상우비假有輪平床雨備, 각답우비脚踏雨備, 갑로우비甲露雨備, 강인번우비降引旛雨備, 개로우비蓋露雨備, 개상우비盖裳雨備, 개선황목로우비盖扇黃木露雨備, 개아우비상우비蓋兒雨備常雨備, 개우비盖雨備, 개우비상우비蓋雨備裳雨備, 견여상개우비肩轝上盖雨備, 견여우비肩轝雨備, 고지번우비告止旛雨備, 과창우비戈氅雨備, 관분방궤우비盥盆方几雨備, 구봉개우비九鳳盖雨備, 구봉곡개우비九鳳曲盖雨備, 극창우비戟氅雨備, 금각답우비金脚踏雨備, 금월우비金鉞雨備, 금절우비金節雨

ㅇ

備, 독보상우비讀寶床雨備, 독우비纛雨備, 독책상우비讀册床雨備, 등장우비鐙杖雨備, 만장우비輓章雨備, 만정골평상우비滿頂骨平床雨備, 방협상우비傍挾床雨備, 봉여우비鳳轝雨備, 불진우비拂塵雨備, 삼색촉롱우비三色燭籠雨備, 삽선우비翣扇雨備, 삽선우비군翣扇雨備軍, 상우비裳雨備, 선개로우비扇盖露雨備, 선로우비扇露雨備, 선우비扇雨備, 소수병방궤우비小水甁方几雨備, 시책배안상우비諡册排案床雨備, 신백연우비神帛輦雨備, 신번우비信旛雨備, 심등우비魫燈雨備, 연상장개복갑청목로우비輦上裝蓋覆甲靑木露雨備, 연상장개복청염지우비輦上裝蓋覆靑染紙雨備, 연상장유우비輦上裝油雨備, 연전후장강갑청목우비輦前後長杠甲靑木雨備, 오장우비吾杖雨備, 와과우비臥瓜雨備, 외재궁상개우비外梓宮上盖雨備, 외재궁여우비外梓宮轝雨備, 외재궁여휘장우비外梓宮輿揮帳雨備, 요여팔부우비腰轝八部雨備, 요채여십육부우비腰彩轝十六部雨備, 욕석우비褥席雨備, 유우비油雨備, 은금등자우비銀金鐙子雨備, 의굉창우비儀鍠氅雨備, 의도우비儀刀雨備, 의병죽우비衣柄竹雨備, 의장우비儀仗雨備, 작자우비斫子雨備, 장강우비長杠雨備, 장족아이좌우비長足兒二坐雨備, 전교번우비傳敎旛雨備, 전후촉롱우비前後燭籠雨備, 제로룡정우비提爐龍亭雨備, 제로방궤우비提爐方几雨備, 제주탁우비題主卓雨備, 주렴기이좌우비朱簾機二坐雨備, 주렴이부우비朱簾二浮雨備, 죽산죽안마우비竹散竹鞍馬雨備, 책인상우비册印床雨備, 청목로우비靑木露雨備, 청수방선우비靑繡方扇雨備, 청홍개우비靑紅盖雨備, 초석우비草席雨備, 타호방궤우비唾壺方几雨備, 평교자우비平轎子雨備, 향절우비響節雨備, 향정우비香亭雨備, 향좌아이좌우비香佐兒二坐雨備, 향합방궤우비香盒方几雨備, 홍라소원선우비紅羅素圓扇雨備, 홍사등롱우비紅紗燈籠雨備, 홍유지등롱우비紅油紙燈籠雨備, 홍장우비紅杖雨備, 화개우비華盖雨備, 황라소원선우비黃羅素圓扇雨備, 흑칠배안상우비黑漆排案床雨備

예문 戶曹司贍右手本爲分庫所掌各樣鋪陳雨備等物入置庫間守直軍士一名依謄錄定送事各該司良中捧甘爲只爲(예장1786/157ㄱ10~12)

색인 (가례1627/059ㄴ10)(가례1671/101ㄱ10)(가례1681/243ㄴ05)(가례1681/243ㄴ06)(가례1696/085ㄱ11)(가례1718/131ㄴ10)

雨傘【우산】 일 의

의례를 거행할 때 비가 오는 것을 대비한 기물. 의궤에는 비 올 때 향에 씌울 우산을 지칭하는 향우산香雨傘과 대여大輿, 소여小輿에 씌울 대소여우산이 보인다.

관련1 대소여우산大小轝雨傘, 우산군雨傘軍, 중우산中雨傘, 향우산香雨傘

예문 餠簾次中竹二介鐵烽爐一雨傘二柄牀花圍七以上繕工監白苧布二幅付袱五白布二幅付袱五(빈전1675/088ㄱ05~07)

색인 (가례1627/108ㄱ13)(가례1671/048ㄱ12)(가례1681/064ㄴ10)(가례1696/052ㄱ01)(가례1696/075ㄱ11)(가례1696/185ㄴ02)

雨傘匠【우산장】 일 건

우산을 만드는 장인. 우산장雨繖匠과 같은 말이다.

예문 雕刻匠朴世根李命尹有天鄭乭屎雨傘匠奇次雄安時同張天蔑磨造匠李尙一(빈전1724/236ㄴ09~11)

색인 (가례1718/298ㄴ09)(가례1762/상072ㄴ11)(가례1762/상074ㄴ06)(가례1802/상122ㄴ10)(가례1819/상116ㄱ04)(가례1819/상194ㄱ08)

雨繖匠【우산장】 일 건 ☞ 雨傘匠우산장

예문 毛節匠韓不寬訓局一雨繖匠李鳳隆私匠一(가례1718/244ㄴ10~11)

색인 (가례1718/244ㄴ11)

虞主【우주】 일 의

궁중에서 우제虞祭를 지낼 때 쓰던 신주神主. 뽕나무로 만든다[桑主]. 우제는 상례喪禮 때 장사를 지내고 바로 지내는 제사로 초우初虞, 재우再虞, 삼우三虞를 통칭하는 말이다.

참조1 반우返虞, 반우의返虞儀

관련1 우주궤虞主匱, 우주내외궤虞主內外匱, 우주대축虞主大祝, 우주연虞主輦, 우주봉안虞主奉安, 우주봉안악차하배백문虞主奉安幄次下排白紋, 우주상虞主箱, 우주상자虞主箱子, 우주소虞主所, 우주소감조관虞主所監造官, 우주소고훤패장虞主所考喧牌將, 우주소서원虞主所書員, 우주소차지전장虞主所次知專掌, 우주시위虞主侍衛, 우주식虞主式, 우주연虞主輦, 우주탁虞主卓

예문 下玄宮後燒火烏竹柄莡釵丁具移送戶曹虞主奉常寺官員次知內匱一(국장1684/075ㄱ10~12)

색인 (국장1659一/001ㄴ04)(국장1659一/005ㄱ05)(국장1659一/030ㄴ07)(국장1659一/030ㄴ08)(국장1659一/030ㄴ10)(국장1659一/031ㄱ01)

隅板【우판】 일 의

재궁梓宮에 사용하는 판자. 국왕과 왕비의 관인 재궁梓宮에 사용하며, 판자의 위치에 따라 상우판上隅板, 하우판下隅板으로 구분하기도 한다.

관련1 상우판上隅板, 하우판下隅板

예문 內侍出引儀分引陪從百官出山陵都監提調及長生殿提調帥其屬取外梓宮正下隅板合之其合縫處周回以漆塗細布領議政及司憲府執義竝監封標玄(국장1757/106ㄴ03~05)

색인 (가례1627/117ㄴ05)(가례1671/149ㄱ11)(가례1671/149ㄴ03)(가례1671/176ㄱ05)(가례1681/254ㄱ07)(가례1681/336ㄱ04)

雲角【운각】 일 건

구름무늬를 놓아 만든 장식용의 기와. 지붕 용마루 끝에 얹는 망새의 한 가지이다. 더불어 상여喪輿의 맨 위 사방에 구름무늬를 그려서 대어 붙인 좁고 긴 널조각을 지칭하기도 한다. 한편 이는 운각雲閣[구름문이 있는 널빤지를 궁전 따위의 천장 밑에 돌려 붙인 장식]과 유사하나 다른 것으로 보인다. 운각雲閣은 구름무늬로 한 장식 자체를 지칭하는 반면, 운각雲角은 구름무늬로 장식한 사물을 지칭한다는 점에서 그렇다.

예문 腹板次柏子板長三尺三寸廣一尺三寸厚五分一片虛兒雲角竝薄椴板一立于里塑竝楸板一立半全漆五合白休紙一兩魚膠二兩五錢(국장1834/154ㄴ09~11)

색인 (국장1659一/191ㄴ04)(국장1659一/193ㄱ10)(국장1659一/194ㄴ10)(국장1659一/196ㄱ02)(국장1659一/200ㄱ08)(국장1659一/202ㄱ11)

雲劍【운검】 일 의

운검

전좌할 때나 거둥할 때 사용되는 기물. 운검은 『국조오례의國朝五禮儀』「군례서례」병기도설에 수록되어 있는 것에서 알 수 있듯이 보검과 함께 왕이 사용하는 병기이다. 그 설명에 따르면 왕의 검은 두 종류가 있는데 하나는 운검雲劍으로, 칼집은 어피魚皮로 싸고 주홍으로 칠한 후 백은白銀으로 장식하여 홍색 끈목을 달고 말위末韋로 만든 대帶를 사용하였다. 다른 하나는 패검佩劍으로, 환도環刀라고도 하는데 모양은 운검雲劍과 같되 검은 칠을 하고 황동으로 장식하며 녹피鹿皮로 만든 대를 사용하였다. 왕이 전좌할 때 보검과 운검을 받든 총관이 항상 가까이에서 시위하도록 하였다.

참조1 보검寶劍

관련1 가운검假雲劍, 운검차비雲劍差備

예문 平轎子一發靷臨時內出雲劍一雙發靷臨時內出中朱簾二浮內一用於路祭所一用於晝停所(국장1681/118ㄱ05~07)

색인 (국장1681/118ㄱ06)

雲足盤【운족반】 일 음
다리에 구름 문양을 그려 넣은 상이나 반盤. 각종 의례에 사용되었다.
참조1 반盤, 방반方盤, 사방반四方盤, 원반圓盤
참조2 평반平盤
예문 鍮楪壹鍮小蓋兒參鑄小沙用蓋具壹黑漆雲足盤貳(가례1727/271ㄴ11~12)
색인 (가례1681/278ㄴ05)(가례1681/220ㄱ11)(가례1681/220ㄴ06)(가례1681/221ㄱ02)(가례1718/264ㄱ12)(가례1718/264ㄴ07)

雲鞋【운혜】 일 복
① 중인계급의 관원들이 신는 남자의 마른 신. ② 신코와 뒤축에 장식이 있는 여자의 비단 신. 상의원尙衣院의 어복御服을 받드는 사람과 가례에 투입되는 각종 담배군擔陪軍, 부지군負持軍, 정연군正輦軍, 옥교배玉轎陪의 운혜 착용을 비롯하여 귀유치[歸遊赤] 내관이 흑단으로 만든 운혜黑緞雲鞋를 신고 있는 것으로 보아 군병과 하급 관리 남자들의 신으로 추정된다. 실록에는 유구국琉球國 사신 상관인上官人·부관인副官人에 흑사피 운혜를 하사한 기록이 있다. 현재 남아 있는 유물에는 여성의 신이 많다.
참조2 당운혜唐雲鞋, 백운혜白雲鞋, 흑단운혜黑緞雲鞋, 흑사피운혜黑斜皮雲鞋
예문 一本房所掌各樣入把輿士軍所着服色及鶴氅雲鞋行纏等物前日還下各該司爲有等以一依己亥軍人數抄出磨鍊後錄爲去乎改修補(국장1674/137ㄴ05~07)
색인 (가례1627/026ㄴ13)(가례1627/110ㄴ05)(가례1671/079ㄱ10)(가례1671/079ㄴ05)(가례1671/101ㄴ12)(가례1671/138ㄴ11)

亐里【우리】 채 음 ☞ 亐里우리
관련1 사면우리四面亐里, 선기철우리扇機鐵亐里, 소박계우리대구小朴桂亐里臺具, 철우리鐵亐里, 촉롱우리燭籠亐里

예문 讀册床一坐所入腹板及草葉次椵板半半立亐里及足台竝椵板半立魚膠一兩唐朱紅一兩阿膠一兩石磵朱一兩(상호1805/059ㄱ01~03)
색인 (국장1898四/035ㄴ11)(국장1898四/040ㄴ10)(국장1898四/044ㄱ04)(국장1898四/046ㄴ09)(국장1898四/048ㄴ03)(국장1898三/003ㄱ05)

熊骨朶子【웅골타자】 일 의
임금의 거둥 때 사용하는 의장儀仗의 한 가지. 붉은 칠을 한 장대의 둥근 머리에 곰 가죽으로 된 두 자 길이의 주머니를 씌우고, 그 끝을 쇠붙이로 장식하였다. 표범 가죽으로 만든 경우는 표골타자豹骨朶子라고 한다.
참조1 표골타자豹骨朶子
관련1 표웅골타우비豹熊骨朶雨備
예문 倚子一豹骨朶子六熊骨朶子六金粧刀二銀粧刀二(국장1724/091ㄴ09~11)
색인 (가례1627/068ㄱ06)(가례1627/093ㄱ08)(국장1800二/168ㄱ04)(존호1610/125ㄴ11)(존호1610/136ㄱ05)(존호1610/167ㄴ08)

웅골타

雄尾里【옹미리】 채 건 雍尾里
도래송곳같이 생기고 끝이 구부러진, 새김질에 쓰는 연장. 현재 옥밀이로 남아 있다. 雄은 雄尾里의 다른 표기인 玉未乃가 자음동화를 일으킨 현실음을 반영한 표기인 雍尾里에서 雍의 모음 교체형을 표기한 것이다.
참조1 엇미리焉尾里, 평미리平尾里
예문 凳牀一坐次薄松板一立足次小椽木一箇紗帽木枕二箇每箇材木二尺二寸雄尾里平尾里各一箇乫大三箇曲之亇赤一箇鴨項乼一箇中乼一箇(국장1834/087ㄴ11~088ㄱ01)
색인 (가례1802/상153ㄴ01)(가례1819/상146

ㄱ07)(가례1819/하074ㄴ12)(국장1800四/071ㄴ10)(국장1800四/087ㄴ10)(국장1800四/088ㄱ06)

圓盤【원반】 일 음

반면盤面이 둥근 반盤의 총칭. 다리의 모양에 상관없이 반면盤面이 둥근 반盤을 통틀어 원반이라 하는데 주칠대원반朱漆大圓盤은 왕실 전용이다. 수라상을 차릴 때 협반과 함께 쓰이는데 원반에 차려지는 음식의 수가 더 많고, 올려지는 그릇도 원반에는 은기, 협반에는 화기가 사용되었다.

예문 本房所掌畵員起畵所用彩色入盛次二層大櫃一部具鎖鑰大圓盤一立小盤三立用還次依謄錄進排事捧甘何如(국장1730/157ㄴ02~04)

색인 (국장1674一/136ㄱ10)(국장1681一/128ㄴ02)(국장1681一/254ㄱ05)(국장1701一/171ㄴ10)(국장1701一/288ㄴ12)(국장1702B一/188ㄴ09)

주칠대원반

圓衫【원삼】 일 복

조선 시대 널리 착용되었던 여자 예복禮服 포袍. 왕실 비빈妃嬪과 내명부·외명부는 의례용으로, 서민들에게는 혼례복으로 착용되었다. 깃 도련이 둥근 맞깃이 달려 있으며 섶이 없이 앞 중심과 양옆이 터져 있고 넓은 소매와 왕실의 특징인 두 줄의 색동, 태수苔袖라 명명되었던 한삼이 달려있는 포제袍制이다. 앞이 짧고 뒤가 긴 전단 후장前短後長형이며 허리에는 대대大帶를 맨다. 원삼은 신분에 따라 자적색이나 녹색, 흑색 등으로 옷감의 색상을 구분하였다. 또 옷감의 소재나, 직금이나 부금, 문양으로도 신분을 구분하였다. 1848년 무신년 전찬에 경빈 김씨가 자적색 원삼을 입고 참석하였다는 기록이 있다. 대한제국 이후 황후는 황색, 왕비는 홍색, 비나 빈은 자색, 공주나 옹주는 녹색을 입었다. 대대의 금박 문양도 황원삼에는 용문, 홍원삼과 자적원삼에는 봉문, 초록원삼에는 화문이었으며, 신분에 맞게 보補나 흉배胸背를 달았다. 단삼團衫, 원삼元衫과 같다.

예문 大紅無紋匹段參拾玖尺伍寸內拱木紅綃參拾尺圓衫壹次草綠花紋匹段參拾伍尺內拱木紅綃貳拾尺(가례1727/203ㄱ08~10)

색인 (가례1671/129ㄱ02)(가례1696/169ㄱ03)(가례1819/상221ㄴ11)(예장1989一/013ㄴ05)(가례1718/202ㄴ09)

元衫【원삼】 일 복 ☞ 圓衫원삼

圓扇【원선】 일 의

둥근 모양의 부채. 원선이라는 의장은 없고 단지 둥근 모양의 부채라는 일반 명사이다. 대한제국 시기 황후 의장으로 사용된 의장 가운데 어떤 색의 비단과 문양을 썼는가에 따라 홍수화원선, 황라소원선, 홍라소원선 등이 있었다. 용봉선의 경우 모양으로는 원선이지만 의장의 명칭에 원선을 특별히 붙이지 않았고, 난봉선은 원선이 아니라 방선이다.

관련1 난봉방원선鸞鳳方圓扇, 원선장圓扇匠, 용봉원선龍鳳圓扇, 방원선方圓扇, 홍라소원선紅羅素圓扇, 홍수화원선紅繡花圓扇

예문 同日殯殿差備內官分付食扇圓扇拾柄進排事戶曹繕工監工曹豐儲倉(빈전1649/050ㄴ11~12)

색인 (국장1898三/056ㄱ08)(국장1898三/056ㄴ08)(책봉1901/031ㄱ04)(책봉1901/047ㄴ05)(책봉1901/066ㄴ11)(책봉1901/077ㄴ02)

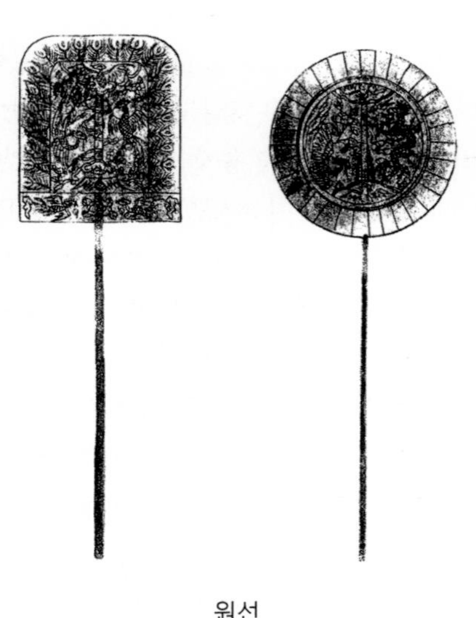
원선

圓扇匠【원선장】 일 건

예전에 원선[둥근 부채]을 만드는 일을 맡아 하던 장인. 조선 시대 경공장으로 공조에 속하였다. 원선은 비단이나 종이 따위로 둥글게 만든 부채로 단선團扇 또는 방구부채로 부르기도 한다. 조선 시대에 원선장이 있었지만, 승려들에게 원선을 바치게 하는 역役을 부담시키기도 하였다.

예문 皮匠朴起得等六名圓扇匠崔龍得節鼓匠金有福(국장1757/125ㄱ06~08)

색인 (가례1718/233ㄱ09)(가례1718/244ㄴ09)(가례1762/상076ㄱ12)(존숭1713二/172ㄱ12)(존숭1747/080ㄱ11)(존숭1747/206ㄴ04)

園所都監【원소도감】 일 의

왕가의 묘소 조성을 위해 임시로 마련된 관서. 왕세자나 세자빈 및 왕의 친척 등의 묘소 조성을 위해 임시로 마련되었으며, 원소 조성의 과정을 기록한 『원소도감의궤園所都監儀軌』를 편찬하였다.

예문 園所都監郞廳以總護使意啓曰園所都監堂上朴宗慶職務相妨與襄禮都監堂上韓用鐸相換差下使之察任何如傳曰允(상례1815/22ㄴ10)

색인 (국장1800二/150ㄴ08)(국장1904二/020ㄱ12)(국장1904四/011ㄱ06)(국장1904四/011ㄱ07)(국장1904四/011ㄱ10)(국장1904四/034ㄱ02)

遠遊冠【원유관】 일 복

정조正朝·동지冬至·삭망朔望·조칙詔勅 등의 의례에 쓰는 관모. 강사포와 함께 착용한다. 『국조오례의서례國朝五禮儀序例』 관복도설을 보면, 왕의 원유관은 검은색의 비단으로 만들었으며, 골梁은 아홉[九梁]에 골마다 18개의 구슬이 있는데, 앞뒤에 각각 9옥씩이다. 구슬은 황黃, 창蒼, 백白, 주朱, 흑黑의 순서로 꿰었다. 금잠金簪을 꽂고 주조朱組 2가닥을 이어 양 옆에서 묶고, 그것을 턱 아래에서 맨 후 나머지는 늘어뜨린다. 양의 수에 따라 신분을 구분하여 왕세자는 8량, 왕세손은 7량의 양관을 착용하였다.

참조2 원유관복遠遊冠服

예문 同月二十九日稟目今此王世子冊禮時遠遊冠平天冠碧玉圭佩玉所入玉石採取上送事該道監司處既已行會(가례1651/020ㄴ10~11)

색인 (가례1627/008ㄱ14)(가례1627/009ㄱ05)(가례1627/029ㄱ14)(가례1671/033ㄱ05)(가례1671/034ㄴ01)(가례1671/113ㄱ03)

圓環【원환/둥근고리】 차 건

철선鐵線을 둥글게 휘어 만든 둥근 형태의 문고리. 배목과 쇠사슬을 이용하여 문울거미에 고정한다. 크기에 따라 大圓環, 中圓環, 小圓環으로, 모양과 쓰임새에 따라 鳳頭圓環, 有輪平床大圓環, 流蘇圓環으로 구분하였다. 이 밖에 기물의 재료적 속성을 밝힌 銀圓環과 땜납을 올린 鑞染中圓環이 있다.

참조2 방환方環

관련1 납염대원환배구鑞染大圓環排具, 납염대원환배목구鑞染大圓環排目具, 납염봉원환鑞染鳳圓環, 납염소원환鑞染小圓環, 납염소원환량배구鑞染小圓環兩排具, 납염소원환배구鑞染小圓環排具, 납염원환鑞染圓環, 납염원환배구鑞染圓環排具, 납염중원환鑞染中圓環, 납염중원환배구鑞染中圓環排具, 납칠원환鑞漆圓

環, 내원환內圓環, 대원환면배구大圓環面排具, 대원환배구大圓環排具, 두석원환국화동량배구豆錫圓環菊花童兩排具, 봉두원환鳳頭圓環, 소원환小圓環, 용두랍량대원환龍頭鑞梁大圓環, 원환배목圓環排目, 유결원환維結圓環, 유륜평상대원환有輪平床大圓環, 유소원환流蘇圓環, 은원환銀圓環, 주렴현이소원환朱簾懸伊小圓環, 중원환배구中圓環排具

예문 甘莫金四介排目八介菊花同具四寸注之釵釘一介鳳頭圓環四介小鐙鐵十/介每佐非圓環四介菊花同具四面鳳頭(국장1903/167ㄱ06~08)

색인 (가례1627/030ㄴ14)(가례1627/055ㄴ14)(가례1627/056ㄱ01)(가례1627/123ㄴ03)(가례1627/123ㄴ06)(가례1627/126ㄱ09)

月乃匠【다래장】 [채] [건]

다래[月乃]를 전문으로 만드는 사람. 다래는 예전에 여자들의 머리숱이 많아 보이라고 덧 넣었던 딴머리를 말한다. 月乃는 다래의 차자 표기이다.

참조1 체발장髢髮匠

예문 周皮匠李夢先姜德元月乃匠李明吉蔡金伊於赤匠李之先(국장1688/074ㄱ10~12)

색인 (가례1696/217ㄴ05)(가례1696/229ㄱ06)(가례1718/232ㄱ08)(가례1718/244ㄴ07)(국장1800二/215ㄱ01)(국장1898三/109ㄱ07)

月亇只【달마기】 [채] [복]

의복에 달린 단추. 천과 실로 만든 매듭단추 뿐 아니라 은銀으로 만든 단추도 포함된다.

예문 紅紬絲壹戔伍分腰線色絲壹兩伍戔伍分中綿子壹斤玖兩月亇只紫的絲伍分草綠眞絲壹戔伍分拾壹升軟草綠吐紬肆拾伍尺(가례1727/095ㄴ03~05)

색인 (가례1627/043ㄴ11)(가례1627/047ㄴ02)(가례1627/048ㄱ05)(가례1819/상222ㄴ09)(가례1819/상223ㄱ01)

熨斗【울두】 [일] [건]

바느질할 때 불에 달구어 천의 구김살을 펴거나 솔기를 누르는 데 쓰는 기구. 쇠로 만들며 바닥이 반반하고 긴 손잡이가 달려 있다.

예문 五十斤稱子一三十斤稱子一分稱一引刀一熨刀一熨斗一剪刀一大硯三銅爐口蓋具三坐假函二部陶所羅十坐陶東海八坐(국장1776/033ㄱ12~ㄴ02)

색인 (가례1718/095ㄱ12)(가례1718/231ㄱ10)(가례1718/242ㄴ05)(가례1718/287ㄴ12)(가례1718/296ㄴ02)(가례1866/하013ㄱ01)

熨刀【울도】 [일] [건] ☞ 熨斗울두

예문 各色匹段入盛次柳笥三手巾布五尺銅爐口一長木槽一熨刀一紫硯二引刀一木瓢子二果瓢子四沙鉢二竹(국장1674/133ㄴ05~07)

색인 (가례1671/177ㄴ11)(가례1671/219ㄱ08)(가례1681/256ㄴ02)(가례1681/318ㄴ05)(가례1681/324ㄱ08)(가례1696/078ㄴ04)

襦裹肚【유과두/솜과두/핫과두】 [채] [복] 襦褁肚

솜을 넣어 만든 과두[裹肚]. 과두는 저고리보다 길이가 긴 백색 상의上衣로 문헌기록에 나타난 명칭과 재료를 볼 때 대부분 겹으로 만들거나 솜을 넣었다. 조선 후기로 오면서 이러한 상의는 장의長衣라는 명칭으로 변화했으며, 반면에 과두[裹肚]는 남녀의 시신 배와 허리 부분에 감싸 묶어주는 염습 용구를 가리키게 되었다.

참조1 과두裹肚, 과두褁肚, 과의裹衣, 유/솜/핫과두襦褁肚

예문 草綠吐紬襦天益白吐紬襦裹肚白吐紬腋注音(가례1819/024ㄱ09~11)

색인 (가례1802/상232ㄴ08)(가례1819/상216ㄴ11)

鍮罐子【유관자/놋관자】 [채] [음]

놋쇠로 만든 것으로 양푼과 같이 속이 깊은 그릇.

예문 鍮東海蓋具一坐鍮梘一坐鍮罐子蓋具一坐長筯一每也鈴龍匙一坐鍮瓶一坐鍮耳只一坐鍮涼東海一坐中沙用蓋具一坐(국장1757/083ㄱ11~12)

색인 (국장1757B二/083ㄱ11)(가례1627/104ㄱ04)(가례1671/014ㄱ07)(가례1671/193ㄴ07)(가례1696/014ㄴ12)(가례1718/020ㄴ05)

柳箕【버들키】 채 음

버들로 만든 키. 키는 곡식 따위를 담고 까불러서 쭉정이, 검부러기 등의 불순물을 제거하는 기구이다. 『친잠친경의궤親蠶親耕儀軌』에는 친잠 작헌례 때에 사용할 제물 가운데 버들키[柳箕] 한 부가 있었다고 기록하고 있다.

예문 空石十立草芚四浮柳笥柳箕各一部木果瓢子各一剪板書板各一紅紬袱四件淨衣淨裳淨袖頭巾襪各二件(국장1776/242ㄱ04~06)

색인 (가례1627/117ㄴ07)(국장1674A三/055ㄴ07)(국장1800四/007ㄱ09)(빈전1895二/042ㄴ02)(빈전1895二/046ㄴ11)(빈전1895二/054ㄱ11)

鍮器匠【유기장】 일 건

관아에 속하여 놋으로 된 기물을 만드는 장인. 유장鍮匠과 같은 말이다.

예문 白筆二柄眞墨二丁進排事捧甘何如稟堂上手決內依一鍮器匠權爐匠所造未盡器皿隨其打造精鍊取色次軍七名限一日赴役事捧甘該司何如稟堂上手決內依(책례1721/140ㄴ03~05)

색인 (가례1696/236ㄱ01)(가례1718/266ㄴ11)(책례1721/140ㄴ04)

鍮大沙用【유대새옹/놋새옹】 채 의 음 ☞ 沙用새옹

예문 鉼工色鍮東海一鍮瓶一鍮大中小沙用蓋具各一坐鍮者一和者一湯水色鍮大沙用蓋具二坐中沙用蓋具四坐(국장1681/151ㄴ08~10)

색인 (가례1866/하066ㄴ08)(가례1866/하072ㄱ04)(가례1866/하078ㄴ08)(국장1674A三/093ㄱ02)(추숭1776/015ㄴ03)(추숭1776/015ㄴ09)

鍮東海【유동이/놋동이】 채 의 음 ☞ 東海동이

예문 以上同饔院多人沙器城上常沙鉢五竹貼匙十竹大貼鍾子甫兒各二竹以上內贍寺內資寺禮賓寺木麥匠鍮東海一鍮大沙用蓋具一水剌間鍮小蓋兒五(국장1681/152ㄴ07~09)

색인 (가례1866/상043ㄴ06)(국장1674A三/091ㄴ06)(국장1674A三/091ㄴ11)(국장1674A三/091ㄴ12)(국장1674A三/092ㄱ03)(국장1674A三/092ㄱ05)

油芚【유둔】 일 건

기름을 먹인 두꺼운 종이. 종이 부스러기를 물에 풀어 두꺼운 종이를 만든 다음 들기름을 먹여 만든다. 비를 막기 위한 천막이나 습기를 방지하기 위해 바닥에 까는 용도로 사용하였다. 특히 천막에 사용하기 위해서는 유둔 한 장의 크기가 작으므로 4장 또는 6장을 이어 붙여 만든 사유둔四油芚이나 육유둔六油芚을 사용하였다.

참조1 사유둔四油芚, 육유둔六油芚

예문 長興庫典設司進排之物不過紙地油芚遮帳草物是如乎(국장1730/046ㄴ06~07)

색인 (가례1627/072ㄱ12)(가례1718/192ㄴ11)(가례1762/상092ㄱ10)(가례1819/상185ㄴ01)(가례1819/하046ㄱ06)(가례1866/하023ㄴ05)

柳綠雲紋大緞【유록운문대단】 일 복

구름무늬를 넣어 짠 녹색의 두꺼운 비단. 대단은 중국산 비단으로 일명 한단漢緞이라 한다.

참조1 남운문대단藍雲紋大緞, 다홍운문대단多紅雲紋大段, 대홍운문대단大紅雲紋大緞, 아청운문대단鴉靑雲紋大段, 유록운문대단 柳綠雲紋大緞, 유청대단柳靑大段, 초록대단草綠大緞, 초록운문대단草綠雲文大段, 초록운문대단草綠雲紋大緞, 침향운문대단沈香雲

紋大段, 현색운문대단玄色雲紋大緞, 훈색운문대단纁色雲紋大緞

참조2 남색운문대단藍色雲紋大緞, 다홍운문대단多紅雲紋大緞

예문 團領一次柳綠雲紋大緞一匹團領一次(가례1802/244ㄱ09~11)

색인 (가례1802/상245ㄱ10)

鍮味鐥【유맛대야/놋맛대야】 [채] [음]

유철鍮鐵로 만든 대야의 일종. 어떤 용도로 어떻게 쓰인 것인지 정확히 알 수 없다. 유鍮는 재료를 나타낸 것이며 맛대야[味鐥]가 기명器皿의 명칭이다.

참조1 동맛대야銅莫大也, 동맛대야銅味鐥

예문 世子宮排設鍮齊音同壹依前減付標啓下鍮味鐥壹代以銅鹿皮家依前減付標啓下(가례1727/017ㄴ09~10)

색인 (가례1627/104ㄴ11)(가례1671/013ㄱ02)(가례1671/015ㄴ05)(가례1696/013ㄴ08)(가례1696/016ㄱ10)(가례1718/018ㄱ11)

鍮伐兒【유바라기/놋바라기】 [채] [음]

유철鍮鐵로 만든 바라기. 크기는 보시기와 비슷한데 아가리가 보시기보다 훨씬 더 벌어졌다. 국물이 없는 쌈김치, 짠지, 깍두기 등을 바라기에 담는다. 반면 국물 있는 배추김치나 동치미, 나박김치 등은 보시기에 담는다.

예문 大圓盤肆立鍮伐兒壹細鐵絲參兩山猪毛參兩家猪毛貳兩(가례1727/235ㄱ02~04)

색인 (가례1671/175ㄱ11)(가례1681/253ㄱ12)(가례1718/227ㄱ12)(가례1718/241ㄴ11)

鍮法音鐥【유법음선/놋법음선】 [채] [음]

유철鍮鐵로 만든 대야의 일종으로 추정. 어떤 용도로 쓰였는지 정확히 알 수 없다.

예문 香爐一蓋具減涼瓶一減小沙用五蓋具減柄招兒一蓋具減鍮味鐥一鹿皮家具付標減鍮法音鐥一蓋具灰(책례1651/030ㄱ13~14)

색인 (가례1627/102ㄱ06)(가례1627/104ㄴ10)(가례1671/013ㄱ06)(가례1671/015ㄴ05)(가례1696/013ㄴ12)(가례1696/016ㄱ10)

襦袱【유보/솜보자기/핫보자기】 [채] [복]

겉감과 안감 사이에 솜을 두어 만든 보자기. 주紬·대단大段·초綃·목면木棉 등에 무문無紋이나 운문雲紋이 있는 옷감을 한 폭에서 다섯 폭까지 붙여 만들며, 색상은 홍·다홍·자적·백·청 등이 있다. 『영조정순후가례도감의궤英祖貞純后嘉禮都監儀軌』에 보면, 옥책玉册이나 금보金寶 등이 상하지 않도록 하기 위하여 유보[솜보자기]를 사용하였다. 또한 『만기요람萬機要覽』에 의하면 대왕대비전에 은바리銀鉢里를 싸는 데 필요한 솜보자기를 들이는데, 이는 음식이 식지 않도록 하기 위한 용도이다.

참조2 격유복隔襦袱

관련1 가격유복假隔襦袱, 격유복隔襦袱, 격홍화주유복隔紅禾紬襦袱, 과다홍대단유복裹多紅大段襦袱, 과홍주일폭유복裹紅紬一幅襦袱, 과홍주팔폭유복裹紅紬八幅襦袱, 과홍화주이폭유복裹紅禾紬二幅襦袱, 과홍화화주삼폭유복裹紅禾花紬三幅襦袱, 과홍화화주이폭유복裹紅禾花紬二幅襦袱, 내백외홍목면삼폭유복內白外紅木綿三幅襦袱, 내백외홍목면오폭유복內白外紅木綿五幅襦袱, 대홍운문단유복大紅雲紋緞襦袱, 대홍운문대단유복大紅雲紋大緞襦袱, 백목이폭유복白木二幅襦袱, 자적일폭유복紫的一幅襦袱, 자적주일폭유복紫的紬一幅襦袱, 자적초유복紫的綃襦袱, 자적화화주이폭유복紫的禾花紬二幅襦袱, 저적초유복苧的綃襦袱, 청목면유복青木綿襦袱, 합과유복合裹襦袱, 홍목면삼폭유복紅木綿三幅襦袱, 홍목면오폭유복紅木綿五幅襦袱

예문 多紅方絲紬隔襦袱三件多紅雲紋段隔襦袱五件多紅廣的單袱二件(국장1681/028ㄱ11~ㄴ01)

색인 (가례1671/218ㄴ12)(가례1681/278ㄱ07)(가례1681/318ㄱ09)(가례1681/325ㄱ04)(가례1696/244ㄴ08)(가례1696/264ㄱ06)

鍮分之【유푼주/놋푼주】 채 의 음 ☞ 盆子푼주

예문 鍮燈盞一重四兩鍮剪子一重十二兩粧餙豆錫一兩和鍮鑞二錢松脂二錢鍮召兒二合重六兩五錢鍮分之一重二斤九兩一名要江鍮飯樣蓋具一重十一斤十四兩鑄東海四合重七十六斤(책례1721/147ㄱ06~08)

색인 (가례1627/105ㄱ03)(가례1671/015ㄴ08)(가례1681/023ㄴ04)(가례1681/289ㄱ07)(가례1696/016ㄴ01)(가례1696/258ㄱ04)

柳笥【유사】 일 의

버들로 만든 상자. 궁중 가례에서 자물쇠를 갖춘 버들고리[柳箕]와 함께 물목物目으로 등장한다.

참조2 유오柳箕

예문 員役地排次空石二十立網石五立文書入盛次柳笥二部堂上大廳所排大地衣一浮都廳大廳所排中地衣一浮(국장1903/089ㄱ08~10)

색인 (국장1864一/137ㄴ04)(상호1784一/308ㄱ05)(존숭1739/151ㄱ02)(존숭1739/156ㄱ06)(존숭1739/186ㄴ02)(존호1753二/134ㄱ02)

油沙亇條【유사마조】 채 의 음 油沙了條

궁중 혼례 때 동뢰연상同牢宴床에 올렸던 것으로 유사상말油沙上末을 고물로 묻힌 막대기 모양의 과자. 밀가루를 꿀[膠淸]에 반죽하여, 네모난 막대 모양으로 만들어 참기름에 튀긴다. 뜨거울 때 꿀에 담갔다가 식혀서 유사상말油沙上末을 고물로 묻힌다. 유사油沙는 고물로 묻히는 유사상말油沙上末을 가리킨 것이며 마조亇條는 과자의 형태가 망치와 유사한 막대 모양이라 하여 붙여진 것으로 추정된다. 재료로는 상말上末, 진유眞油, 교청膠淸, 청淸, 유사상말油沙上末, 도초주지都草注紙, 잔유조진유殘油條眞油가 쓰인다.

참조1 유사상말油沙上末

예문 紅亇條三器式六器每器高六寸油沙亇條二器式四器每器高六寸(가례1744/213ㄱ08~09)

색인 (가례1627/042ㄴ06)(가례1627/042ㄴ13)(가례1671/141ㄴ08)(가례1671/144ㄱ05)(가례1681/212ㄱ02)(가례1681/214ㄴ01)

油沙了條【유사마조】 채 의 음 ☞ 油沙亇條유사마조

예문 紅了條油沙了條松古了條染紅了條(가례1819/상017ㄱ09~12)

색인 (가례1819/상017ㄱ10)(가례1866/상018ㄱ06)(가례1866/상018ㄴ10)(가례1866/상280ㄱ02)(가례1866/상281ㄱ06)

油沙望口消【유사망구소】 일 의 음

궁중 혼례의 동뢰연상同牢宴床에 올렸던 것으로 유사상말油沙上末 고물을 묻힌 보름달 모양의 과자. 밀가루를 교흑당[膠黑糖: 흑당 녹인 것]이나 꿀에 반죽하여 둥글납작한 모양으로 만들어 참기름에 지진다. 뜨거울 때 꿀에 담갔다 식으면 유사상말油沙上末 고물을 묻힌다. 망구望口는 望九[아흔을 바라본대에서 유래된 것으로 보아 망구소望口消를 장수를 기원하는 의미를 가진 것으로 해석하기도 한다. 혹은 과자 모양이 둥글납작하기 때문에 보름달 모양과 관련된 명칭으로 보기도 한다. 재료로는 상말上末, 진유眞油, 교흑당膠黑糖, 유사상말油沙上末, 청淸이 쓰인다.

참조1 유사상말油沙上末

관련1 소홍망구소小紅望口消, 유사소망구소油沙小望口消, 홍망구소紅望口消

예문 紅望口消二器式四器每器高八寸油沙望口消二器式四器每器高八寸(가례1744/213ㄱ11~12)

색인 (가례1671/142ㄴ01)(가례1681/212ㄴ09)(가례1696/190ㄱ05)(가례1718/207ㄱ04)(가례1718/207ㄱ08)(가례1802/상021ㄱ12)

油沙味子兒【유사미자아】 일 의 음

궁중 혼례 때 동뢰연상同牢宴床에 올렸던 것으로 유

사상말油沙上末을 고물로 묻힌 작은 도토리 모양의 과자. 밀가루나 교점미膠粘米[찹쌀가루]를 꿀에 반죽하여 작은 도토리 모양으로 만들어 참기름에 지진다. 뜨거울 때 꿀[汁淸]이나 백당白糖 녹인 것에 담갔다가 꺼내어 식으면 유사상말油沙上末을 고물로 묻힌다. 자아子兒라는 명칭에서 짐작할 수 있듯이 다산多産, 특히 아들을 많이 낳게 해 달라는 소원이 담겨 있다. 재료로는 상말上末, 청淸, 진유眞油, 교점미膠粘米, 유사상말油沙上末, 즙청汁淸, 백당白糖이 쓰인다.

참조1 유사상말油沙上末

예문 赤味子兒一器式二器每器高五寸油沙味子兒一器式二器每器高四寸松古味子兒一器式二器每器高四寸(가례1744/ 214ㄱ05~07)

색인 (가례1671/143ㄴ08)(가례1671/145ㄱ08)(가례1681/214ㄱ03)(가례1681/215ㄴ10)(가례1696/191ㄴ08)(가례1696/93ㄴ04)

油沙上末【유사상말】 일 의 음

궁중 혼례 때 동뢰연상同牢宴床에 올리는 과자의 고물로 쓰인 가루. 밀가루를 꿀에 반죽하여 낮은 온도에서 연한 갈색이 될 때까지 참기름에 볶는다. 유사상말油沙上末이란 명칭은 밀가루를 기름에 볶은 모래 형태의 가루로 만들어내기 때문에 붙여진 이름을 추정된다.

참조1 유사망구소油沙望口消, 유사미자아油沙味子兒

예문 油沙小望口消上末眞油眞油沙上末淸蜜眞油膠黑糖(가례1866A 280ㄴ04~05).

색인 (가례1671/141ㄴ10)(가례1671/142ㄴ03)(가례1671/143ㄱ04)(가례1671/144ㄱ08)(가례1681/212ㄱ05)(가례1681/212ㄴ11)

油沙小望口消【유사소망구소】 일 의 음

궁중 혼례의 동뢰연상에 올렸던 것으로 유사상말油沙上末 고물을 묻힌 작은 크기의 망구소望口消. 밀가루에 교흑당膠黑糖[흑당 녹인 것]을 넣고 반죽하여 둥글납작하게 빚는다. 빚은 반죽을 참기름에 지진 다음, 꿀에 담갔다 꺼내어 유사상말油沙上末을 고물로 묻힌다. 1906년 가례에서는 밀가루에 교흑당膠黑糖 대신 꿀을 넣고 반죽하였다. 망구望口는 망구望九아흔을 바라본다에서 유래된 것으로 보아 망구소望口消를 장수를 기원하는 의미를 가진 것으로 해석하기도 한다. 혹은 과자 모양이 둥글납작하므로 보름달 모양과 관련된 명칭으로 보기도 한다. 재료로는 상말上末, 교흑당膠黑糖, 유사상말油沙上末, 청淸, 진유眞油가 쓰인다.

참조1 유사상말油沙上末

예문 油沙望口消小紅望口消油沙小望口消(가례1819/상016ㄴ10~12)

색인 (가례1671/143ㄱ02)(가례1681/213ㄱ10)(가례1696/190ㄴ10)(가례1802/상021ㄴ02)(가례1819/상016ㄴ12)(가례1866/상018ㄱ12)

鍮沙用【놋새옹】 차 의 음 ☞ 沙用새옹

예문 茶甫兒臺具後分土雨傘硯匣等物星火進排爲旀茶母各一名茶母所用陶東海陶所羅大小桶木果瓢沙鉢揮巾手巾鍮沙用各一用還次進排爲旀(국장1757 065ㄱ06~08)

색인 (가례1671/047ㄱ06)(가례1718/069ㄴ11)(국장1674A三/056ㄱ06)(국장1674A三/086ㄴ04)(국장1674A三/093ㄴ01)(국장1674A三/133ㄱ10)

油衫【유삼】 일 복

비나 눈을 막기 위해 기름을 먹여 만든 옷. 유의油衣라고도 하며 비나 눈이 올 때를 대비하여 종이나 무명으로 만든 옷에 기름을 먹여 만들었다. 『만기요람萬機要覽』, 『장용영대절목壯勇營大節目』에 군사들에게 지급된 유삼油衫에 대한 기록이 있다. 부대와 신분에 따라 지급되는 연한年限이 달랐을 뿐 아니라 몇 년에 한 차례씩 기름을 다시 먹였다.

예문 油衫匠丁道漢私匠毛氈匠朴太光私匠竹冊匠李好得觀象(가례1762/하128ㄱ01~03)

ㅇ

색인 (국장1898二/035ㄱ09)(국장1898二/035ㄴ02)(국장1898二/125ㄴ11)

油上末【유상말】 일 음

기름에 볶은 밀가루. 유사상말油沙上末과 동일한 것으로 추정된다.

예문 上末眞油油上末清蜜眞油膠黑糖(가례1802/상258ㄴ04)

색인 (가례1802/상258ㄴ04)

諭書床【유서상】 일 의

왕실의 흉례 때 유서諭書를 올려놓았던 상. 교서敎書와 주로 함께 배설되며 자주색 상 보자기로 덮어 사용한다.

예문 行路時床上蓋覆紅木四幅袱六件濟用監路中覆之床上到山陵還下唐朱漆排案床下排紫紬褥四教命竹册銀印諭書床各一所排紫紬褥褥下排彩花單席床上排紅紬二幅袱槓上覆紅紬五幅袱各四件因魂殿都監知委本房造作返虞日自三房入排魂殿(국장1800/200ㄱ09~11)

색인 (국장1800二/200ㄱ10)

柔席【유석】 일 의

왕실의 흉례 때 사용하던 자리. 풀로 엮어 만든 초석草席과 함께 사용하였다.

예문 二十兩黑馬鬣十斤三兩茜草十斤白礬六兩一錢醋一升五合蛤灰五升柔席二十二立草席七十三立藁草十九同八丹空石七十九立細繩三斤十三(국장1898/293ㄱ05~07)

색인 (국장1898三/003ㄱ10)(국장1898三/103ㄱ06)

流蘇【유소】 일 의

영정影幀 등에 드리우는 매듭 장식. 임금의 권위와 품격을 높여주는 의장물이다. 유소는 진영 좌우 양옆으로 늘어뜨려 사용하며 진영의 격을 높여주는 역할을 한다.

관련1 유소령流蘇鈴, 유소령차지금流蘇鈴次紙金, 유소환流蘇環

예문 監試落幅紙二度片竹四箇膠末五合流蘇次紅鄉絲一斤(가례1819/165ㄱ06~07)

색인 (가례1627/097ㄴ01)(가례1627/098ㄱ05)(가례1681/232ㄱ09)(가례1696/088ㄱ04)(가례1696/123ㄴ02)(국장1800二/057ㄴ09)

流蘇鈴【유소령】 일 의 ☞ 流蘇유소

예문 金牋紙次紙金二張草綠眞絲二錢流蘇次紅眞絲紅綿絲各一兩五錢流蘇鈴次紙金二張箭漆次松煙四錢明油一合炭五斗付金次大貼金七(국장1834/140ㄴ05~07)

색인 (국장1800二/166ㄱ03)(국장1903二/163ㄴ05)(존호1892/244ㄴ06)(책봉1900/045ㄱ10)(책봉1900/048ㄴ06)(책봉1901/072ㄴ11)

鍮小沙用【유소새옹/놋소새옹】 차 의 음 ☞ 沙用새옹

예문 陶所羅二鍮中沙用一鍮小沙用一鍮東海一鍮煮一以上工曹卓子一別工作(빈전1675/095ㄱ08~10)

색인 (가례1681/253ㄴ11)(가례1866/하066ㄴ09)(추숭1776/015ㄴ09)(추숭1776/153ㄴ10)

流蘇環【유소환】 일 의 ☞ 流蘇유소

예문 箇項釗二箇穴釗二箇擧乙釗具排目四箇散釘三千箇流蘇環四箇以上合豆錫劣竝八十八斤九兩五錢汗音黃銀一兩銅絲一斤硼砂砒礵各一(책봉1901/061ㄴ06~08)

색인 (국장1898三/039ㄱ10)(책봉1901/061ㄴ07)

油鞍籠【유안롱】 일 의 ☞ 鞍籠안롱

예문 一分庫所掌各樣雨備造作時使役次皮匠七名漆匠一名多繪匠一名鋪陳造作時使役茵匠二名油鞍籠造作次鞍匣匠一名各樣雨備見樣出

本次一房使役雕刻匠一(국장1776/148ㄴ03~05)

색인 (국장1701二/071ㄱ04)(국장1730二/339ㄱ01)(국장1757B二/149ㄴ04)(국장1776二/148ㄴ04)(국장1776二/149ㄱ09)(국장1776二/149ㄴ04)

柳箕【유오】 일 의

싸리로 만든 상자. 가례와 같은 궁중 의례에서 사용하던 자물통을 갖춘 버들고리이다. 특히 친잠親蠶, 친경親耕 의례가 있을 때에는 아홉 가지 곡식 종자를 정교하게 만든 버들고리에 담아 사용하였다.

예문 文書所用白休紙一斤筆墨各一硯匣硯石各一面謄錄假衣次落幅紙一張文書所盛柳箕樻子各一部書案書板各一坐依例進排事各該司良中捧甘爲只爲題辭(국장1834/115ㄱ07~09)

색인 (가례1627/117ㄴ06)(가례1671/218ㄱ05)(가례1681/108ㄱ11)(가례1681/195ㄴ02)(가례1681/317ㄱ08)(가례1681/321ㄴ07)

有屋轎【유옥교】 일 의

왕비를 제외한 왕실 여성이 사용하는 지붕 있는 가마의 범칭. 왕실의 공주, 옹주 등 여성이 타는 지붕과 벽체가 있는 가마를 일반적으로 지칭하는 말이다. 공주 및 옹주가 타고 다니는 가마는 덩[德應]이라 칭하기도 했다. 왕비의 혼례 및 책봉 이전에 사용하는 가마도 유옥교有屋轎이다.

관련1 유옥교담배有屋轎擔陪

예문 取考謄錄則嬪自闕內詣別宮時有屋轎軍二十名例以衛將所擧行矣己卯嘉禮時以司僕寺

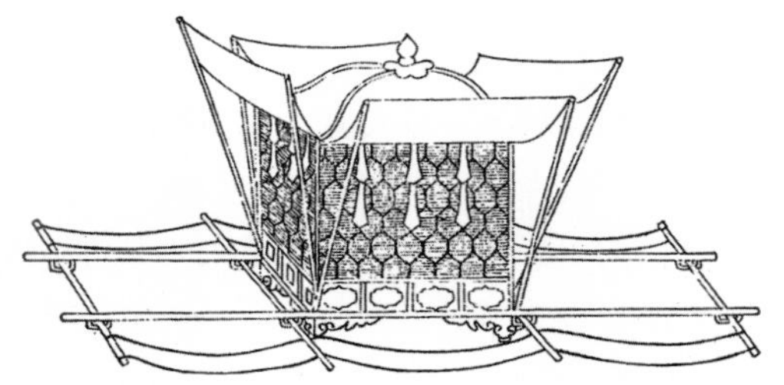

유옥교

軍人靑衣靑(가례1762/094ㄴ01~02)

색인 (가례1802/상048ㄴ02)(가례1802/상048ㄴ02)(가례1802/상176ㄱ01)(가례1802/상253ㄱ06)(가례1819/상168ㄴ08)(가례1819/하002ㄱ07)

鍮要江【유요강/놋요강】 차 의

놋쇠로 만든 요강. 주로 방안에서 소변기로 사용했지만, 여성이 가마로 여행할 때 휴대하기도 했다. 놋쇠나 양은, 사기 따위로 작은 단지처럼 만드는데, 쇠가죽에 기름을 먹여 만들기도 한다. 溺釭, 溺江으로도 적는다.

예문 作進排鍮要江壹裹單袱所入紅紬肆尺銀器入盛黑漆中樻壹具鎖鑰鑞染粧餙見様造作別工作(가례1727/296ㄴ05~07)

색인 (가례1671/191ㄱ08)(가례1671/210ㄴ05)(가례1671/215ㄱ03)(가례1696/260ㄱ08)(가례171/282ㄱ04)(부묘1836A/098ㄱ12)

鍮盂【유대야/놋대야】 차 의 음

놋쇠로 만든 대야. 모양이 둥글넓적하며 주로 액체를 담는 데 사용하였다. 대야는 현대 국어에도 그 형태가 그대로 남아 있다.

예문 金小甁代鑄高毛介蓋鎖具壹部依前減付標啓下金盂代鍮盂臺蓋具壹部依前減付標啓下金爵代銅鍍金爵壹部鑄爵坫壹部(가례1727/023ㄱ05~07)

색인 (가례1696/018ㄱ08)(가례1802/상037ㄱ06)(가례1819/상032ㄴ12)(가례1866/상034ㄱ05)(가례1866/하034ㄱ11)(가례1866/하045ㄱ01)

鍮圓鐥【유원선/놋원선】 일 의 음

놋대야의 일종. 鍮圓鐥은 鍮+圓+鐥의 구조로 이루어진 합성어인데 鍮는 기물의 제작 재료와 관련이 있으며, 圓은 기물의 모양을, 鐥은 기물의 종류를 나타낸다.

예문 一鍮小蓋兒八鍮中蓋兒一榼二蓋具飯柷

ㅇ

一鍮小兒二鍮罐子二蓋具付標減鍮齊音同一減鍮圓鐥一蓋具減鍮錚盤三減鍮大筋一面減鍮平者一減(책례1651/030ㄴ03~05)

색인 (가례1627/102ㄱ07)(가례1627/104ㄴ12)(가례1671/013ㄱ03)(가례1671/015ㄴ06)(가례1696/013ㄴ09)(가례1696/016ㄱ11)

遺衣【유의】 일 복

죽은 사람이 입던 옷. 『정조국장도감의궤正祖國葬都監儀軌』에 의하면 정조의 유의遺衣 8칭稱을 붉은 비단 보자기[紅禾紬袱]로 싸서 유의함遺衣函에 담고 다시 붉은 비단 보자기로 싸서 유의칭가자遺衣稱架子에 담았다. 반차도에서 유의칭가자는 그 배안상排案床인 유의칭상遺衣稱床과 함께 흉의장凶儀仗 행렬의 일부를 이루고 있다.

참조1 유의칭상遺衣稱床, 유의칭가자遺衣稱架子

예문 今九月三十日大臣備局堂上引見入侍時一鏡所啓自前國葬時書册及遺衣例爲藏之樻中埋安於退壙中矣今番則何以爲之敢稟(국장1724/017ㄱ09~11)

색인 (국장1659一/128ㄱ02)(국장1659一/147ㄴ12)(국장1674一/147ㄱ11)(국장1674一/149ㄱ12)(국장1674一/164ㄴ01)(국장1674二/047ㄴ03)

油衣【유의】 일 복 ☞ 油衫유삼

예문 一本房次知樂工所着冠服看審則紅油衣四十二件革帶四十二件等段皆爲渝色改洗踏改漆仍用爲乎旀(국장1701/22ㄴ01~02)

색인 (국장1701二/021ㄴ01)

遺衣稱架子【유의칭가자】 일 의

국장 발인 의식에 사용되는 가마. 국왕이나 왕비의 부장품을 실은 가마는 소궤채여筲樻彩輿, 자기궤채여磁器樻彩輿, 악기궤표신궤채여樂器樻標信樻彩輿, 변두궤연갑함채여籩豆樻硯匣函彩輿, 유의칭가자遺衣稱架子, 복완함궤장궤채여服玩函几杖樻彩輿, 증옥증백구의명정함채여贈玉贈帛柩衣銘旌函彩輿, 애책채여哀册彩輿 등이다. 이 중 유의칭가자遺衣稱架子는 국왕이나 왕비가 평상시 입던 옷을 실은 가마이다.

참조1 유의遺衣

관련1 유의칭가자군遺衣稱架子軍, 유의칭가자군패장遺衣稱架子軍牌將

예문 一房稟目手決粘連甘結內本房所掌腰彩輿十三部香亭子二部遺衣稱架子一部內排別紋單席紫的縇具各一件依謄錄造作進排亦爲有矣(국장1701/073ㄱ11~ㄴ01)

색인 (국장1659一/051ㄴ06)(국장1659一/146ㄱ01)(국장1659一/150ㄴ05)(국장1659一/170ㄴ01)(국장1659一/170ㄴ04)(국장1659一/171ㄱ05)

유의칭가자

遺衣稱床【유의칭상】 일 의

왕실의 흉례 때 유의遺衣를 놓았던 상. 왕실 국장의 초혼招魂 때, 죽은 사람의 옷을 놓았던 상이다. 유의遺衣는 작은 함에 접어서 담고 백초白綃 한 필을 묶어서 유의 위에 놓고 함을 상 위에 놓아 사용한다. 유의는 復衣라고도 한다.

참조1 복의復衣, 유의遺衣, 유의칭가자遺衣稱架子

예문 床褥席秩附上袱覆袱黑漆排案床下排紫紬褥九御製床一遺衣稱床一服玩函床一几杖樻床一筲樻床一磁器樻床一籩豆樻床一樂器樻床一預備床一合九坐所排紫紬褥褥下排彩花單席床上排紅紬二幅袱各九件(빈전1800/199ㄴ03~05)

색인 (국장1800二/199ㄴ04)

鍮耳鐥【유귀대야/놋귀대야】 채 의 음

놋쇠로 만든 귀대야. 귀대야는 귀때가 달린 대야를 말한다. 귀때는 그릇 한쪽에 새의 부리 모양으로 구멍을 내어, 액체를 따르는 데 편리하도록 한 것이다. 현대 국어에 귀때그릇으로 남아 있다. 鍮耳鐥은 鍮+耳+鐥의 구조로 이루어진 합성어로 鍮는 재료와 관련이 있으며, 耳는 기물의 모양을, 鐥은 기물의 종류를 나타낸다. 한글의궤인 『ᄌᆞ경뎐진쟉졍례의궤』에는 耳鐥이 이션으로 나타나는데 이는 전통 한자음으로 읽은 결과이다. 또는 耳鐥을 당시에 한자어로 인식했을 가능성도 배제할 수 없다.

예문 盥洗位所用御盤一坐御匜一坐鍮耳鐥一坐洗罍一坐洗臺一坐以上戶曹前排龍勺一箇新造重一斤五兩鍮大也一坐(국장1776/-23ㄱ02~04)

색인 (가례1627/103ㄴ02)(가례1627/106ㄱ03)(가례1627/121ㄱ13)(가례1671/013ㄴ10)(가례1671/208ㄴ05)(가례1671/210ㄴ01)

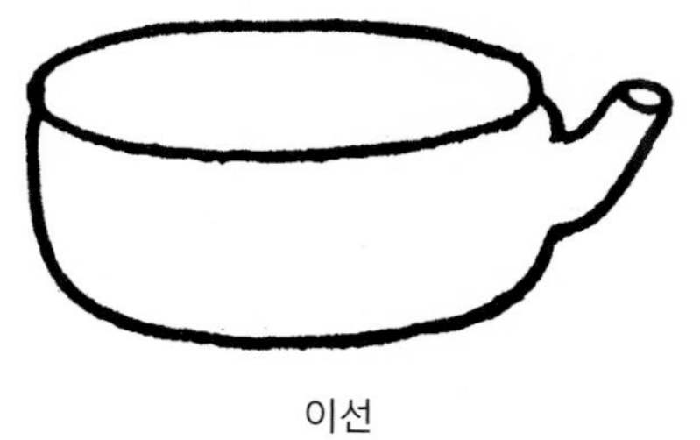
이선

鍮耳只【유구기/놋구기】 채 의 음

놋쇠로 만든 구기. 耳只는 지금의 구기를 표기한 것이다. 구기는 술이나 기름, 죽 등을 풀 때 쓰는 기구를 말하는데, 구기의 선행 요소를 耳로 표기한 것은 기물의 특정 부분이 새 부리와 같이 뾰족하다는 형태적 특징을 감안한 표기로 추정된다. 구기를 만드는 장인을 구기장耳只匠이라고 한다.

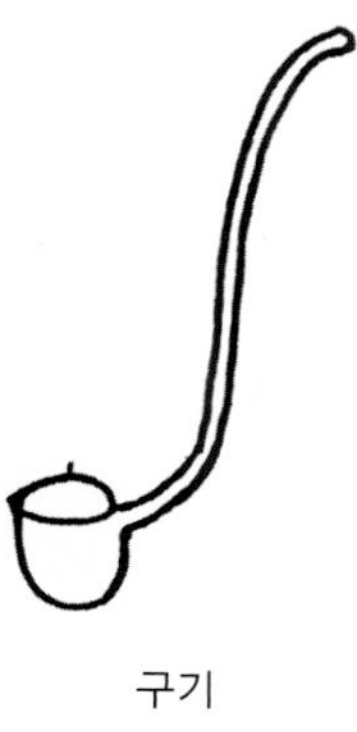
구기

참조1 구기장耳只匠

예문 一飯工色所用鍮東海蓋具一坐鍮柷一銅罐子蓋具一坐鍮長筋一每也鍮玲瓏匙一鍮瓶一鍮耳只一鍮涼東海一坐鍮中沙用蓋具一坐(국장1903/175ㄴ07~09)

색인 (가례1627/103ㄴ03)(가례1671/013ㄴ11)(가례1671/208ㄴ08)(가례1681/023ㄱ03)(가례1681/288ㄴ07)(가례1696/014ㄴ05)

鍮煮【유자/놋자】 채 의 음 鍮者

놋쇠로 만든 조리 기구. 차자표기 鍮煮는 한글의궤인 『ᄌᆞ경뎐진쟉뎡례의궤』에 나오는 유자와 대응한다. 기물의 모양은 『철인왕후국장도감의궤哲仁王后國葬都監儀軌』의 도설에서 확인할 수 있다. 의궤에는 鍮煮의 다른 표기로 鍮者도 보인다.

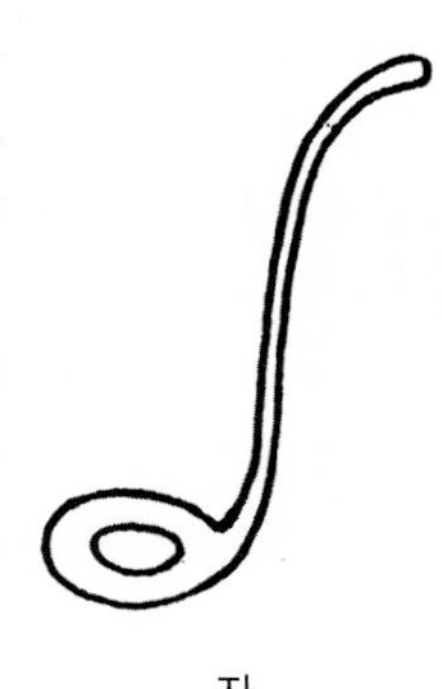
자

참조1 석자味煮, 석자鐥煮, 석자味者

예문 祭器皆用鍮器則一時水剌間所盛獨用此乎若此鼎亦以銀乎今番爲始以鍮盒鍮煮代用事分付都監詳載尙方(예장1762/009ㄱ08~10)

색인 (가례1819/하069ㄱ10)(가례1819/하091ㄴ03)(가례1819/하093ㄱ05)(가례1819/하093ㄴ07)(가례1866/하032ㄴ08)(가례1866/하049ㄱ02)

鍮者【유자/놋자】 채 의 음 ☞ 鍮煮유자/놋자

예문 餠工色鍮東海一鍮瓶一鍮大中小沙用蓋具各一坐鍮者一和者一湯水色鍮大沙用蓋具二坐中沙用蓋具四坐(국장1681/151ㄴ08~10)

색인 (가례1627/117ㄴ02)(가례1681/023ㄱ03)(가례1681/025ㄱ11)(가례1681/288ㄴ06)(가례1681/291ㄱ03)(가례1762/상031ㄱ03)

鍮匠【유장】 일 건 ☞ 鍮器匠유기장

예문 一本房東海匠所用灌洗罍機一坐山罍機一坐小爐匠所用浦土板一坐鍮匠所用毛老臺一冶匠所用毛老臺一權爐匠所用地方木次小材木一介(빈전1675/228ㄱ12~ㄴ02)

색인 (가례1627/111ㄴ11)(가례1627/127ㄴ09)(가례1671/215ㄱ11)(가례1671/222ㄴ06)(가례1681/077ㄴ06)(가례1681/078ㄱ11)

襦赤亇【유치마/솜치마/핫치마】 채 복

솜을 두어 만든 치마. 치마는 저고리와 함께 입는 여자의 하의로 문헌에 쳐마[赤亇], 츄마[裳], 치마 등 다양하게 표기되었다. 조선 시대에는 예복용으로 스란[膝襴]치마·대란大襴치마와 일상복으로 대슘치마와 속에 받쳐 입는 무지기치마 등이 있었다. 한편 치마는 신분에 따라 입는 방법이 달랐는데, 양반은 좌左로, 평민은 우右로 여미어 입었다. 또 출가하여 아이를 낳을 때까지는 다홍치마, 중년이 되면 남치마, 노년이 되면 옥색·회색 계열의 치마를 주로 입었다.

참조1 겹치마裌馳馬, 대란치마大襴赤亇, 스란치마膝襴赤亇, 홑치마單赤亇

예문 大紅廣的裌赤亇一紫的吐紬襦赤亇一白水紬裌裏衣一(가례1762/017ㄱ05~07)

색인 (가례1681/017ㄱ04)(가례1681/017ㄱ05)(가례1681/018ㄱ03)(가례1681/018ㄴ01)(가례1681/087ㄴ01)(가례1681/087ㄴ02)

鍮提燈【유제등/놋제등】 일 음

의식·예식 때 사용하는 의장용 등의 하나로 유철鍮鐵로 골조를 세운 제등提燈. 사면에 유철鍮鐵로 기둥을 세우고, 네 기둥 밑에 짧게 다리를 달았으며 지붕을 올렸는데, 그 전체 모양이 가옥의 모양과 같다. 표면에 종이나 깁을 바르고 위에 손잡이를 하여 이동하기에 편하게 만들었다. 촉롱燭籠과 등롱燈籠, 조족등照足燈과 함께 제등提燈의 일종이다. 영조와 정순왕후 가례 때에도 유제등鍮提燈이 사용되었는데 이때에는 표면을 죽청지竹淸紙로 발랐으며 문끈은 가는 구리 철사로 하였다.

예문 鍮剪子鍮提燈盞具鑄燈檠盞具鑄添油器盞具(가례1866/상035ㄴ05~08)

색인 (가례1866/045ㄱ05)(가례1866/067ㄴ01)(가례1802/038ㄴ07)(가례1802/055ㄱ07)(가례1866/035ㄴ06)(가례1866/048ㄴ11)

유제등

鍮齊音同【유제음동/놋제음동】 채 음

주로 상제가 꽂는 유철鍮鐵로 만든 비녀. 천전의遷奠儀 때 사용하는 명기明器 중 하나이다. 내상內喪일 때에는 제음동齊音同이라 하는 목잠木簪을 명기明器로 사용한다. 목잠木簪은 주로 상제喪制가 꽂는, 나무로 만든 비녀를 말하는데 왕실의 가례와 관련해서는 유철鍮鐵로 만든 것을 사용한 것으로 보인다.

예문 一鍮小蓋兒八鍮中蓋兒一榼二蓋具飯柷一鍮小兒二鍮鑵子二蓋具付標減鍮齊音同一減鍮圓鐥一蓋具減鍮錚盤三減鍮大筋一面減鍮平者一減(책례1651/030ㄴ03~05)

색인 (가례1627/034ㄴ14)(가례1627/102ㄱ03)(가례1627/104ㄴ06)(가례1671/013ㄱ02)(가례1671/015ㄴ04)(가례1696/013ㄴ08)

鍮中沙用【유중새옹/놋중새옹】 채 의 음 ☞ 沙用새옹

예문 炙色所用和金一鍮中沙用一以上工曹大和金一雙案板一(빈전1675/095ㄴ01~03)

색인 (가례1866/066ㄴ09)(국장1674A/092ㄱ07)(국장1674A三/092ㄱ08)

油紙【유지】 일 건
들기름을 먹인 각종 종이의 총칭. 가장 일반적인 유지는 저지楮紙에 기름을 입힌 저유지楮油紙이다. 유지는 그 두께에 따라 두께가 얇은 박유지薄油紙와 두꺼운 후유지厚油紙로 구분한다. 또한 장지壯紙에 기름을 먹여 만든 유지를 장유지壯油紙라 부른다. 유지는 기름을 먹였기 때문에 방수의 기능을 지니고 있으며, 건축에서는 온돌의 정배지로 많이 사용하였다.

참조1 방상씨가면유지方相氏假面油紙

참조2 방상씨가면지方相氏假面紙, 후박이유지後朴只油紙

예문 一發靷教是時狀啓所用草注紙一卷草次白紙二卷狀啓裹次油紙十張御筆墨各一犯夜所用燈油一升籠脂三十柄進排事(국장1681/063ㄱ02~04)

색인 (가례1627/052ㄴ11)(가례1671/067ㄴ09)(가례1671/138ㄱ06)(가례1681/122ㄴ03)(가례1681/322ㄱ03)(가례1696/099ㄴ07)

油遮日【유차일】 일 의
햇빛을 가리기 위해 치는 포장[天布] 중에서 기름을 먹인 것. 궁중에서 행사를 거행할 때 전각 앞에 햇빛을 가리기 위해 차일을 치는 경우가 많다. 이때 차일은 그 내구성을 보강하기 위하여 기름을 먹인 재료가 사용되는데, 이를 유차일이라 부른다.

예문 取考謄錄則各樣儀物入置假家既不造作則油遮日排設是如爲有置今番段置依謄錄假家間數磨鍊後錄爲去乎依此排設事移文山陵都監爲乎矣(국장1724/199ㄱ10~12)

색인 (가례1671/217ㄱ08)(가례1696/262ㄱ11)(가례1696/271ㄱ08)(가례1718/284ㄴ10)(가례1718/296ㄴ04)(가례1819/하027ㄱ09)

鍮尺【유척/놋자】 채 건
놋쇠로 만든 자. 척도의 정밀함을 위하여 놋쇠로 만들었다. 조선 시대에는 궁실과 관아를 중심으로 엄정한 척도의 규정을 지켜 변형이 없도록 하기 위해 놋쇠를 이용한 유척이나 철을 사용한 철척鐵尺을 만들어 사용했다. 현존하는 유척의 사례로는 조선 시대 후기에 제작된 것으로 보이는 창덕궁 소장 유척이 있으며, 국립중앙박물관에는 건륭 6년(1741)에 제작된 철척이 소장되어 있다.

예문 一本房次知欄干平牀所排紫綾褥依見樣以十五尺磨鍊而戶曹所上鍮尺與本房見樣尺五分不及鍮尺所捧十五尺乙以見樣尺尺量則十四尺二寸五分是置不足數七寸五分加(국장1674/012ㄱ08~10)

색인 (가례1802/상257ㄴ06)(가례1819/상242ㄴ06)(가례1866/상060ㄴ07)(가례1866/상279ㄴ06)(국장1674A三/086ㄴ05)(책례1690/157ㄴ06)

襦裹肚【유과두/솜과두/핫과두】 채 복 襦裹肚
솜을 넣은 과두. 과두는 저고리보다 길이가 긴 백색 상의上衣로 대부분 솜을 넣어 만들기 때문에 유과두[襦裹肚]라고도 한다. 『가례도감의궤嘉禮都監儀軌』에 보면 왕실의 의대衣襨 중 저고리에 해당하는 상의류로 과두[裹肚], 장삼아長衫兒, 단삼아短衫兒가 있는데, 삼아류의 재료가 대부분 백정주白鼎紬 한 필로 기록된 것에 비해 과두는 대부분 솜을 넣은 유과두[襦裹肚]이며 겉감은 백토주白吐紬 한 필, 안감은 백정주白鼎紬 한 필로 되어 있다. 조선 후기로 오면서 이러한 상의를 가리키는 말로 장의長衣가 대신하게 된다. 『사례편람四禮便覽』에는 과두를 수의[襚衣]로 입히고 배와 허리를 감싸 묶어주는 염습殮襲 용구로 기록하고 있어 조선 후기에는 과두가 배 싸개[시체의 배를 싸는 데 쓰는 수의]를 의미하기도 한다는 것을 알 수 있다.

참조1 과두裹肚, 과두裹肚, 과의裹衣

예문 紅紬絲二錢襦裹肚一次白吐紬一匹內拱白鼎紬一匹(가례1866/257ㄴ06~08)

색인 (가례1866/257ㄴ07)

襦天益【유철릭/솜철릭/핫철릭】 차 복

솜을 두어 만든 철릭[天益, 帖裡]. 철릭은 저고리 형태의 상의上衣에 주름치마 형태의 하상下裳을 연결시킨 독특한 형태의 포袍이며, 구성에 따라 홑[單], 겹裌, 솜[襦]으로 구분된다. 조선 전기에는 남자들의 대표적인 편복포로 백관이 관복의 밑받침 옷, 혹은 일상적인 겉옷으로 착용하였으며, 서민층 남자들도 외출용 겉옷으로 입었다. 양란 이후 백관의 융복戎服, 무관武官의 예복으로 쓰이면서 직물이 고급화되고 소매나 치마 부분이 점차 확대되었다. 철릭은 상의와 하상의 길이 비례, 소매 모양, 여밈의 정도, 주름의 크기 등으로 시대를 판정할 수 있다. 초기의 철릭은 상의의 길이가 다소 긴 형태이나 임진왜란 직전까지 1:1 정도로 변화되었고 임진왜란 이후부터 점차 상의 길이가 길어지기 시작하여 조선 후기에는 1:3 정도의 비율로 상의가 짧고 하상이 길어진다.

참조1 융복戎服, 철릭天益, 철릭帖裡

예문 衣襨草綠吐紬襦天益一白吐紬腋注音一(가례1762/015ㄴ04~06)

색인 (가례1681/016ㄴ04)(가례1681/087ㄱ01)(가례1802/상232ㄴ01)(가례1819/상216ㄴ04)

柳靑大段【유청대단】 일 복

유청색[짙은 청록색]의 대단. 대단大緞은 중국에서 나는 비단의 하나로 한단漢緞이라고도 한다. 주렴의 가선縇이나 갑주甲冑에 사용되었다.

참조1 남운문대단藍雲紋大緞, 다홍운문대단多紅雲紋大段, 대홍운문대단大紅雲紋大緞, 아청운문대단鴉靑雲紋大段, 유록운문대단柳綠雲紋大緞, 초록대단草綠大緞, 초록운문대단草綠雲紋大緞, 침향운문대단沈香雲紋大段, 현색운문대단玄色雲紋大緞, 훈색운문대단纁色雲紋大緞

참조2 다홍색대단多紅色大緞, 대단자大緞子, 진홍대단광대眞紅大緞廣帶

예문 柳靑眞絲八戔椽造靑眞絲八戔覆巾四面落纓草綠眞絲五戔柳靑大段六寸白大段六寸金錢紙次紙金七張(국장1720/030ㄴ12~ㄱ02)

색인 (가례1696/208ㄴ09)(가례1696/224ㄱ08)(가례1718/220ㄱ08)(가례1718/237ㄱ06)(책례1721/217ㄴ11)(책례1721/238ㄴ12)

柳靑無紋緞【유청무문단】 일 복 ☞ 柳靑無紋匹緞 유청무문필단

예문 羅兀四次冒緞各十二尺纓子柳靑無紋緞各長二尺二寸廣四寸六分每緝次木紅絲各一兩三錢(가례1866/274ㄱ06~08)

색인 (가례1866/274ㄱ06~08)

柳靑無紋匹緞【유청무문필단】 일 복

너울의 끈과 의복에 사용된 직물. 필단은 유청柳靑색의 무늬없는 주자직의 단직물이다. 상궁 나인 4인과 기행나인 4인의 너울 끈감으로 사용[길이 2자 2치, 너비 4치 6푼]되었다. 답호, 철릭, 겹원령 등의 의복 재료로도 사용되었다. 유청무문단柳靑無紋緞과 같다.

참조1 남금선필단藍金線匹段, 남필단藍匹段, 남필단藍匹緞, 남화문필단藍花紋匹段, 다홍운문필단多紅雲紋匹段, 다홍필단多紅匹段, 대홍금선필단大紅金線匹段, 대홍금선필단大紅金線疋段, 대홍무문필단大紅無紋匹段, 대홍소운문필단大紅小雲紋匹緞, 대홍운문필단大紅雲紋匹段, 대홍필단大紅匹段, 대홍화문필단大紅花紋匹段, 무문대홍필단無紋大紅匹段, 아청운문필단鴉靑雲紋匹段, 유청무문단柳靑無紋緞, 자적필단紫的匹段, 초록운문필단草綠雲紋匹段, 초록육화문필단草綠六花紋匹段, 초록필단草綠匹段, 초록화문필단草綠花紋匹段, 필단匹段, 필단匹緞, 화문대홍필단花紋大紅匹段

참조2 아청필단鴉靑匹緞

예문 羅兀四次皁羅各七尺纓子柳靑無紋匹緞各長二尺二寸廣四寸六分 每緝次大紅眞絲各一兩三錢(가례1866/271ㄱ10~12)

색인 (가례1802/251ㄱ08)(가례1866/274ㄱ07)

柳青眞絲【유청진사】 일 복

유청색[짙은 녹색]의 명주실. 각색 옷감의 바느질용으로 사용되었다. 『조선왕조실록朝鮮王朝實錄』에 태종 17년(1417) 양잠을 장려하면서 전라도, 풍해도[황해도]의 채방판관採訪判官이 황진사, 백진사 및 누에고치를 바쳤다는 기록이 있다. 따라서 진사眞絲는 조선 시대 초기 혹은 그 이전부터 사용된 것으로 보인다. 유청진사柳青眞糸와 같다.

참조1 남진사藍眞糸, 남진사藍眞絲, 남홍황진사藍紅黃眞絲, 다홍진사多紅眞糸, 다홍진사多紅眞絲, 대홍진사大紅眞絲, 백진사白眞絲, 아청다홍진사鴉靑多紅眞絲, 아청진사鴉靑眞絲, 오색진사五色眞絲, 유청진사柳青眞糸, 자적남진사紫的藍眞絲, 자적남홍진사紫的藍紅眞絲, 자적진사紫的眞絲, 조족백진사鳥足白眞絲, 주홍진사朱紅眞絲, 청진사靑眞糸, 청진사靑眞絲, 초록진사草綠眞絲, 흑진사黑眞絲

예문 乼只藍眞絲四戔紅眞絲四戔草綠眞絲六戔白眞絲三戔柳靑眞絲三戔柳靑匠段三寸白匠段三寸多紅匠段三(책례1651/057ㄴ07~09)

색인 (가례1627/052ㄴ08)(가례1627/064ㄴ04)(가례1671/067ㄴ12)(가례1671/087ㄱ09)(가례1671/136ㄱ12)(가례1671/147ㄴ08)

柳青眞糸【유청진사】 일 복 ☞ 柳青眞絲유청진사

예문 乼只藍眞糸四戔紅眞糸四戔草綠眞糸六戔白眞糸三戔柳靑眞糸三戔柳靑匠段三寸白匠段三寸(책례1651/057ㄴ07~09)

색인 (가례1696/208ㄴ07)(가례1718/220ㄱ06)(가례1718/237ㄴ07)(가례1718/240ㄴ10)(책례1726/073ㄱ05)(책례1726/073ㄴ09)

柳青彭段【유청팽단】 일 복

별사 사신 이하에게 주는 상사품 중의 하나. 인조 15년(1637) 5월에 예조에서 금제를 정하여 당상관은 단령團領과 융복戎服 이외에 필단과 팽단으로 된 옷을 입지 못하게 금하였다.

참조2 팽단彭段

예문 甫乙只五次白綃汝火纓子次柳靑彭段袜裙五次白紬(가례1817/013ㄴ06~08)

색인 (가례1627/061ㄴ06)(가례1627/062ㄴ02)(가례1627/063ㄱ04)(가례1671/091ㄱ02)(가례1671/091ㄴ11)(가례1671/092ㄱ10)

襦把持【유바지/솜바지/핫바지】 채 복

솜을 두어 만든 바지. 조선 전기에는 남녀가 모두 밑이 막힌 바지[합당고]와 밑이 트인 바지[개당고]를 겹쳐 입는 것이 일반적인 바지 착장법이었다. 임진왜란 후 중국 군인들이 조선에 들어오면서 중국인의 바지, 즉 현재의 사폭바지가 전해지게 됨에 따라 남자들의 바지 문화가 변화된 것이다. 왕의 의대衣襨 중에는 솜을 둔 바지[襦把持]와 홑바지[單把持]가 있고 모두 백색이다.

참조1 바지把持, 홑바지單把持

예문 白鼎紬長衫兒一白吐紬襦把持一白鼎紬單把持一(가례1762/015ㄴ08~10)

색인 (가례1802/상233ㄴ06)(가례1819/상217ㄴ07)

鍮味者【유석자/놋석자】 일 음 味煮 鑍煮

유철鍮鐵로 만든 구기의 일종. 익힌 음식을 건져서 물기나 기름을 빼는 데 사용되는 조리 기구이다. 『역어유해譯語類解』의 섯쟈, 『훈몽자회訓蒙字會』의 석쟈와 같은 기물을 가리킨다. 현대어에 석자로 남아 있다. 모양이 깊이가 있는 국자와 같고 바닥은 철사로 그물처럼 촘촘히 엮여 있다. 음식을 국물에 적셨다가 건져내서 물기를 빼거나 튀긴 음식을 기름에서 건져낼 때 기름을 빼기 위해 건져낸 음식을 잠시 두는 용도로 사용되었다. 한편, 味者를 고유어 석쇠의 표기로 설명하기도 하는데, 석쇠는 鑍金(『탁지준절度支準折』)로 표기될 뿐만 아니라, 석자[味

者, 鑞子(者, 煮)]와는 지시하는 기물이 다르다. 대부분의 의궤 자료에서 吙者, 鑞煮가 鑞金과 함께 제시되어 있어 각각 독립된 기물로 봐야 한다.

참조1 석자鑞煮, 석자吙煮, 유(놋)자鍮煮

예문 鍮耳鐥鍮平者鍮吙者鍮大蓋兒(가례1819A 035ㄱ01~04)

색인 (가례1627/03ㄴ05)(가례1627/106ㄱ07)(가례1627/121ㄴ10)(가례1671/014ㄱ01)(가례1671/016ㄱ12)(가례1671/208ㄴ08)

六禮【육례】 일 의

왕실 혼례의 주요 절차인 납채納采, 납징納徵, 고기告期, 책비册妃, 친영親迎, 동뢰연同牢宴의 여섯 가지 의식. 왕실의 혼례를 납비의納妃儀 또는 납빈의納嬪儀라고 하며 납채, 납징, 고기, 책비, 친영, 동뢰의의 육례로 구성되어 있다. 납채는 국왕이 혼인을 청하는 것이며, 납징은 성혼의 징표로 예물을 보내는 것이고, 고기는 혼인의 날짜를 정하는 것이다. 책비는 왕비로 책봉하는 의식이고, 친영은 국왕이 별궁으로 가서 왕비를 맞이하여 궁궐로 오는 의식이고, 마지막 동뢰는 국왕과 왕비가 술과 음식을 같이 맛보는 의식이다. 납채에서 책비까지가 혼례를 위한 준비 과정이라면 친영과 동뢰는 가례의 중심을 이루는 것이다. 일반인의 혼례와 달리 책례册禮가 포함된 것이 국혼의 특징이다. 동뢰연 이후 시부모에 해당하는 대왕비나 왕대비를 알현하는 조현례朝見禮와 종묘의 조상에게 예를 표하는 묘현례廟見禮가 있었다.

참조1 고기告期, 납징納徵, 납채納采, 동뢰연同牢宴, 책비册妃, 친영親迎

예문 習儀時無都提調擧行雖涉苟簡而此猶有他都監可據之前例若六禮正日考之流來謄錄元無都提調不參之時宜有以速(가례1744/046ㄴ09~11)

색인 (가례1744/046ㄴ09~11)

肉膳所【육선소】 일 음

고기 반찬[肉膳]을 만드는 곳.

예문 樘皮所肉膳所果所水卵所庫間湯所庫間麪所庫間(가례1866/하127ㄱ01~02)

색인 (가례1866/하127ㄱ02)

六油芚【육유둔】 일 건

유둔을 6장 이어 붙여 만든 것. 유둔은 기름 먹인 두꺼운 종이로 낱장의 크기가 작아 여러 장을 잇대어 붙여 사용하는데, 유둔 6장을 붙여 만든 것을 육유둔, 4장을 붙여 만든 것을 사유둔이라 한다. 햇빛이나 비를 가리기 위해 사용하는 차일이나 천막 등에 사용되었다. 『탁지준절度支準折』에는 포백척을 이용하여 육유둔은 길이 4.5자, 너비 4자, 사유둔은 길이 4.2자, 너비 3자로 기록되어 있다.

참조1 사유둔四油芚, 유둔油芚

관련1 하육유둔下六油芚

예문 外梓宮揮帳壹浮彩輿玖部條所拾艮衣紅紬四幅袱拾貳件紅紬五幅袱拾貳件前排六油芚貳拾捌浮輪輿漆拾捌部燭籠巨里貳雙(국장1757A/205ㄴ07~09)

색인 (가례1696/182ㄱ10)(국장1800四/013ㄴ10)(국장1800四/022ㄱ01)(국장1800四/026ㄴ11)(국장1800四/029ㄱ04)(국장1800四/031ㄴ08)

輪臺板【윤대판】 일 의

재궁梓宮을 올려놓았던 판. 윤대판輪臺板은 국장에서 재궁을 묶어 올려놓았던 판이다. 길이와 너비는 재궁의 밑판 4면보다 각각 2촌쯤 크게 하고 대원환大圓環 5개를 왼쪽과 오른쪽의 위, 가운데, 아래에 설치하였다. 윤대판 위에는 요와 자리를 펴고 그 위에 재궁을 올려놓았다.

예문 素錦褚三坐輪臺板二立付一坐提燈十二坐內四坐行路所用(빈전1921/138ㄴ10~12)

색인 (빈전1821三/138ㄴ11)

輪輿【윤여】 일 의

재궁梓宮을 운반 하는 기구. 국상이 있을 때 재궁을 대여大轝에 옮겨 싣거나 내릴 때 재궁을 올려 운반하였다. 두 개의 긴 장대 사이에 가로장을 질러 만들며 가로장 위에는 윤대판輪臺板이라 부르는 널을 깔아 재궁을 올려놓고 끌어당겨 사용한다. 가로장은 기름을 발라 윤전하기 편리하게 하며 모두 백칠白漆을 한다.

예문 監司纂寺工曹兩倉竹契別工作典設司修理契一今此魂殿禁火所用輪輿一坐小時郎二箇小鐵豆毛釜各二熟麻索各一艮衣層梯三部釜子瓢子各二箇(빈전1921/129ㄱ12~ㄴ02)

색인 (국장1659一/019ㄱ01)(국장1659一/020ㄱ04)(국장1659一/020ㄱ07)(국장1659一/042ㄱ05)(국장1659一/051ㄴ07)(국장1659一/128ㄱ05)

戎服【융복】 일 복

융사戎事, 즉 군사軍事에 입는 옷. 일반적으로 철릭[帖裏, 天翼]을 입고 종립騣笠을 쓴다. 전쟁 중에 왕 이하 모든 백관들이 융복을 입었으며, 군軍의 우두머리로서 왕을 뵙거나, 왕이 교외로 행차할 때 문무백관이 수행하며 입었다. 후대로 가면서 융복은 점차 소매통과, 치마 길이가 넓어지고 종립의 차양이 넓어지면서 전투식으로서의 기능을 상실해 갔다. 조선말까지 융복과 함께 구군복이 착용되었다.

참조1 철릭帖裡, 철릭天益

예문 初二三度習儀時承旨史官各二員布團領帽帶兵曹都總府麻布戎服侍衛諸事令兵曹磨鍊擧行爲白乎旀(빈전1834/056ㄱ07~09)

색인 (가례1696/149ㄴ10)(가례1718/177ㄴ01)(국장1849一/096ㄴ02)(국장1849一/098ㄱ06)(빈전1800一/049ㄱ12)(빈전1800一/054ㄴ10)

銀灌子【은관자】 일 의

양푼같이 만든 은그릇. 은반銀盤과 비슷하나 속이 깊다. 물을 부어 씻을 때 쓰는 그릇이다.

예문 中宮殿儀仗差備五十紅蓋二靑蓋二鳳扇八雀扇六銀灌子一銀盂子一旄節四金鐙子四銀鐙子四金粧刀二(상호1827/148ㄴ06~08)

색인 (가례1681/222ㄱ09)(가례1681/250ㄴ07)(가례1802/상042ㄴ03)(가례1866/상039ㄴ02)(가례1866/하003ㄱ03)(가례1866/하010ㄱ12)

銀交椅【은교의】 일 의

노부 의장鹵簿儀仗에 사용되는 기구. 국왕의 노부 중에 은교의와 은각답, 주칠교의와 주칠각답이 차례대로 배치되었다. 왕비 의장 중에도 은교의와 은각답이 있다. 교의는 접이식 의자로, 은교의는 유납鍮鑞으로 도금하여 만들었다. 은교의를 드는 의장군은 2명이고 홍의紅衣에 자건紫巾을 착용했다.

참조1 각답脚踏

예문 取考謄錄則殿內所排禿平床香佐兒炷香臺爐煙床倚子座子銀交椅踏掌等種在於司鑰房故例爲捧甘待其司鑰之知委擧行是如乎今番叚置預先捧甘(상호1827/174ㄴ06~08)

색인 (가례1866/상039ㄴ04)(가례1866/하003ㄱ04)(가례1866/하010ㄴ03)(국장1898三/009ㄴ10)(국장1898三/031ㄱ05)(부묘1836A/157ㄱ02)

隱溝蓋板【은구개판】 일 건

수채를 만들어 그 위에 덮는 개판. 은구隱溝는 한자어로, 땅속에 묻은 수채, 또는 물도랑을 말한다. 은구개판은 은구와 개판이 결합된 용어이다. 이와 같은 구성은 보이는 용어로 연개판椽蓋板[서까래 위에 덮는 개판]을 비롯하여 선자연개판扇子椽蓋板, 부연개판附椽蓋板, 연개판煙蓋板 등이 있다.

예문 中圓環排具一箇漆次磻朱紅阿膠各五錢隱溝蓋板二部每部板次薄松板一立(가례1866/102ㄴ01~02)

색인 (가례1866/하102ㄴ02)

銀立瓜【은립과】 일 의

노부 의장鹵簿儀仗에 쓰인 의장의 하나. 은립과는 나무로 외[瓜]의 모양을 만든 후 유납鍮鑞으로 도금하고 붉은 칠을 한 자루에 세워서 붙인 의장이다. 조선 시대에 들어와 사용된 의장이며 국왕의 대가 의장大駕儀仗, 법가 의장法駕儀仗, 소가 의장小駕儀仗, 기우제 소가 의장 및 왕비 의장, 세자 의장, 세손빈의 의장에 배치되었다.

참조1 금립과金立瓜

예문 金立瓜二厚油紙一張銀立瓜四厚油紙二張金橫瓜二厚油紙一張(국장1903/069ㄴ10~12)

색인 (가례1627/068ㄱ08)(가례1627/068ㄴ04)(가례1627/093ㄱ05)(가례1627/096ㄴ12)(가례1627/099ㄴ07)(가례1671/012ㄴ08)

은립과

銀匙【은시】 일 의 ☞ 銀匙箸은시저

예문 銀盞蓋臺具三坐銀之介湯罐蓋鎖具一部銀瓜尖一銀召一銀匙筋一件銀匙貼蓋具一件銀鐥一以上尙衣院造作本房看品後自本院直進排(국장1903/177ㄱ08~10)

색인 (가례1627/103ㄱ04)(가례1627/105ㄴ10)(가례1627/120ㄴ01)(가례1671/013ㄴ05)(가례1671/016ㄱ07)(가례1671/208ㄱ11)

銀匙箸【은시저】 일 의

은으로 만든 숟가락과 젓가락.

참조1 은시銀匙

예문 銀器入盛大鹿皮囊子二部銀匙箸入盛小鹿皮囊子一部皮筒二馱架子(빈전1921/113ㄱ11~ㄴ01)

색인 (가례1866/하049ㄴ07)(예장1989一/037ㄴ06)(빈전1724/110ㄱ09)(빈전1800二/128ㄱ02)(빈전1821二/113ㄱ12)(빈전1886三/066ㄴ10)

銀椀【은완】 일 의

은주발. 주발은 몸체가 직선형이며 밑바닥이 약간 좁으며 아래가 벌어진 식기로 대개 놋쇠로 만들지만 은銀이나 동銅으로도 만든 예가 보인다.

예문 銀卵盞臺具三坐銀椀蓋具一坐銀有柄炒兒蓋具一坐(빈전1921/101ㄴ11~102ㄱ01)

색인 (가례1627/103ㄱ03)(가례1627/106ㄱ06)(가례1671/013ㄴ05)(가례1671/016ㄱ12)(가례1671/214ㄱ09)(가례1671/214ㄴ09)

銀盂子【은우자】 일 의

노부 의장鹵簿儀仗에 사용된 의장 중 하나인, 은으로 만든 물항아리. 물을 부어 씻을 때 쓰는 그릇인 은관자銀灌子와 짝을 이루는 의장이다. 조선 시대 국왕의 대가 의장大駕儀仗과 법가 의장法駕儀仗, 소가 의장小駕儀仗, 왕비 의장에 쓰였다. 의장군은 1명으로 홍의紅衣에 자건紫巾을 착용했다.

은우자

예문 銀立瓜二金粧刀二銀粧刀二金鐙子四銀鐙子四銀盂子一銀罐子一白澤旗二大殿行禮時內差備二十二(상호1853/135ㄴ07~09)

색인 (가례1681/222ㄱ09)(가례1681/224ㄱ02)(가례1681/250ㄴ11)(가례1802/상042ㄴ04)(가례1866/상039ㄴ03)(가례1866/하003ㄱ02)

銀鉞斧【은월부】 일 의

의장儀仗의 한 가지. 용이 도끼를 물고 있는 모양으로 만든 나무 도끼에 은으로 칠하여 붉은 칠을 한 장대를 꿰었다. 금칠을 한 것은 금월부金鉞斧라 한다.

참조1 금월부金鉞斧

예문 一本房次知前排儀仗各樣油雨

은월부

備及各樣凶儀仗等油雨備竝爲取來看審則青紅蓋各二部銀鉞斧金鉞斧各二部銀金鐙各二部銀金立瓜各二部(국장1684/016ㄱ07~09)

색인 (가례1681/222ㄱ08)(가례1681/223ㄴ12)(가례1866/하002ㄴ04)(가례1866/하009ㄴ07)(국장1800二/169ㄱ07)(국장1898三/008ㄴ12)

銀斫子【은작자】 일 의

대가 노부大駕鹵簿, 법가 노부法駕鹵簿, 소가 노부小駕鹵簿 등에 쓰인 의장의 하나. 나무로 양쪽에 날이 있는 도끼를 만들고, 은으로 칠한 뒤 붉은 칠을 한 자루에 꿰었다.

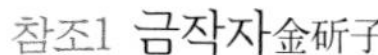

참조1 금작자金斫子

예문 銀斫子四柄朱漆今番前排取用故不爲磨錬庫庫改鑞所入椴板半立鑞鐵十一兩眞末一升(국장1903/046ㄱ11~12)

색인 (국장1659二/046ㄱ11)(국장1659二/075ㄴ05)(국장1674二/024ㄴ02)(국장1674二/046ㄱ05)(국장1702B二/024ㄴ02)(국장1702B二/064ㄱ11)

은작자

銀匠【은장】 일 건

금, 은, 구리 따위의 세공을 전문으로 하는 사람. 보통 관장官匠과 사장私匠으로 나누는데 관장은 국가에 예속되어 국가적인 행사와 하사품, 왕실용 기명器皿이나 장신구를 만들었고, 사장은 일반인들이 쓰는 은기나 비녀, 가락지, 노리개와 같은 장신구를 만들었다. 17세기 후반 이후 의궤의 기록을 보면 대은장과 소은장으로 구별해 불렀음을 알 수 있다.

보통 은물은 음식을 담는 기물과 장신구로 대별되는데, 대은장과 소은장도 이런 분류에 따라 생긴 것으로 보인다. 왜냐하면 외형이 큰 기물에는 대공기술이 필요한 반면, 규모가 작고 잔손질이 많이 가는 패물은 섬세한 기술을 요하기 때문에 전문화되었을 것이다.

예문 赴役次知書員庫子各一人祭器取色軍水銀匠三名今月二十六日以三十日至料布磨練上下事關是置有亦(빈전1674/169ㄴ03~05)

색인 (가례1627/066ㄱ01)(가례1627/110ㄴ13)(가례1627/127ㄴ08)(가례1671/140ㄱ02)(가례1671/154ㄱ06)(가례1671/175ㄱ01)

銀粧刀【은장도】 일 의

의장儀仗의 하나. 나무로 칼 모양을 만들어 은칠을 하고 끈을 달았다. 칼집에 여러 가지 무늬를 아로새겼다. 금장도도 이와 같으나 다만 금으로 색을 칠한다.

은장도

참조1 금장도金粧刀

예문 青衣紫巾哥舒捧十軍十三名金鐙子十軍十三名金粧刀二軍三名銀粧刀二軍三名以上紅衣皮笠白虎幢一軍二名朱雀幢一軍二名青龍幢一軍二名(국장1776/300ㄴ02~04)

색인 (가례1627/068ㄱ10)(가례1627/068ㄴ03)(가례1627/092ㄴ12)(가례1627/096ㄱ10)(가례1627/099ㄴ08)(가례1671/012ㄴ09)

隱釘【은정】 일 의

나무를 깎아 만든 못. 아래와 위를 뾰족하게 나무를 깎아 만든 못이다. 주로 국장에서 재궁 등을 제작할 때 고정시키기 위해 사용한다.

예문 有輪平牀一坐用黃腸板上下長廣一從梓宮底板見樣四面各加二寸付板處有上下隱釘又有大巨勿釘內外各三箇(국장1890/081ㄱ01~02)

색인 (국장1800二/087ㄱ11)(국장1903二/009ㄱ10)(국장1890二/081ㄱ01)

銀橫瓜【은횡과】 일 의

의장儀仗의 하나. 나무로 만든 참외 모양에 은칠을

ㅇ

하여 붉은 칠을 한 장대에 가로로 꿰었다. 금물을 칠한 것은 금횡과金橫瓜이다.

참조1 금횡과金橫瓜

예문 一今此禮葬敎是時吉儀仗中銀文倚一脚踏一坐子一倚子一金橫瓜一銀橫瓜一等物乙酉謄錄及王世子乙巳册禮時不爲造作是乎矣(예장1729/044ㄴ12~045ㄱ02)

색인 (가례1681/222ㄱ08)(가례1681/224ㄱ02)(가례1802/상042ㄱ10)(가례1866/상039ㄱ09)(가례1866/하002ㄴ10)(가례1866/하009ㄱ08)

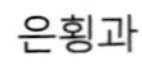
은횡과

陰記書寫官【음기서사관】 일 의

음기陰記를 쓰는 관원. 비석의 뒷면에 당사자의 성명姓名, 세계世系, 출생, 사망 연월일, 관직, 행적 등을 적었다.

참조1 서사관書寫官

예문 啓曰諡狀誌文諡册文哀册文製述官書寫官及改銘旌寶篆文表石大字篆文陰記書寫官實預差職姓名別單開錄以入之意敢啓(국장1724/009ㄱ03~05)

색인 (국장1702B一/043ㄴ03)(국장1702B一/043ㄴ11)(국장1702B一/137ㄴ10)(국장1702B一/149ㄴ07)(국장1724一/009ㄱ04)(국장1724一/032ㄴ01)

儀軌【의궤】 일 의

조선 시대에 국가 행사를 자세한 기록으로 남겨 시행착오를 최소화하려는 목적으로 편찬된 기록문서. 국가나 왕실에서 주관하는 큰 행사가 있을 때마다 임시 기구인 도감都監을 설치하여 이를 주관하게 하고, 행사를 마치면 도감을 해체하고 의궤청儀軌廳을 설치하여 의궤의 편찬을 맡아보게 하였다. 보통 필사하여 제작하였고 이 중 한 부는 어람용御覽用으로 왕에게 올리고 나머지는 관련 기관과 사고史庫에 나누어 보관하였다. 2007년 6월 세계기록유산에 등재되었다.

참조1 가례도감의궤嘉禮都監儀軌

참조2 ᄌᆞ경뎐진쟉뎡니의궤, 고종명성후가례도감의궤高宗明星后嘉禮都監儀軌, 국장도감의궤國葬都監儀軌, 빈전혼전도감의궤殯殿魂殿都監儀軌, 선조재존호도감의궤宣祖再尊號都監儀軌, 소현세자가례도감의궤昭顯世子嘉禮都監禮都監儀軌, 숙종인경후가례도감의궤肅宗仁敬后嘉禮都監儀軌, 순종비가례도감의궤純宗妃嘉禮都監儀軌, 영조정순왕후가례도감의궤英祖貞純后嘉禮都監儀軌, 인조장렬후가례도감의궤仁祖壯烈后嘉禮都監儀軌, 장조헌경후가례도감의궤莊祖獻敬后嘉禮都監儀軌, 정조효의후가례청도청의궤正祖孝懿后嘉禮廳都廳儀軌, 존호도감의궤尊號都監儀軌, 창경궁수리도감의궤昌慶宮修理都監儀軌, 현종명성후가례도감의궤顯宗明聖后嘉禮都監儀軌

예문 順治八年辛卯八月日中宮殿册禮都監都廳儀軌辛卯五月二十四日都監(책례1651/001ㄱ01~03)

색인 (가례1627/001ㄱ02)(가례1627/002ㄱ12)(가례1627/006ㄱ06)(가례1627/019ㄴ09)(가례1627/019ㄴ10)(가례1627/022ㄱ01)

醫女【의녀】 일 의

조선 시대 내의원內醫院과 혜민서惠民署에 소속된 여자 의원. 의례儀禮에 참여하는 의녀는 주로 내의원에 속한 의녀이다. 이들은 주로 궁녀들에게 침을 놓아주거나, 비빈妃嬪들의 해산원에 조산원 노릇 등의 심부름을 하였는데, 때로는 궁중의 크고 작은 잔치에 기녀의 역할을 담당하기도 하고, 의장儀仗을 들기도 하였다.

관련1 내외사의녀內外司醫女, 내외의녀內外醫女, 차비의녀差備醫女, 차비의녀질差備醫女秩

예문 內習儀取稟事草記傳曰醫女等自外累度私習儀慣熟後三度傳習於內人俾無生疏之弊可也事(책례1651/008ㄴ06~08)

색인 (가례1627/011ㄴ02)(가례1627/018ㄴ03)(가례1627/033ㄴ14)(가례1627/041ㄴ08)(가례1627/078ㄱ10)(가례1627/080ㄱ14)

衣襨【의대】 일 복

왕·왕세자·왕비·왕세자빈의 대례복大禮服인 법복法服을 제외한 복식. 의대衣襨란 옷의 궁중어로서 왕족 등 신분이 높은 사람이 입는 옷을 높여 부르는 말이다. 즉 법복 속에 입는 복식이나 법복을 입지 않을 때 입는 복식이다. 예를 들어 가례嘉禮 때 왕은 법복으로 면복冕服[면류관·곤복], 조복朝服[원유관·강사포], 상복常服[익선관·곤룡포]를 착용하였으며, 왕의 의대는 철릭·답호·액주름·과두·삼아·바지·마미망건馬尾網巾·마미두면馬尾頭冕 등이 있다. 왕비는 법복으로 적의翟衣 일습一襲을 착용하였으며, 의대로는 흉배금원문노의·흉배겹장삼·겹장삼·개오·중삼·경의·겹면사·머리사기[首紗只]·고의[串衣]·솜저고리·겹저고리·유호수·겹치마·유치마·겹이의·세수장삼·활한삼·삼아·대요·대·노의대·자초립·겹너울·자적화온혜·흑웅피화온혜를 착용하였다.

참조1 법복法服

예문 方織造進排事曾已入啓蒙允爲有如乎衣襨等物一依謄錄擧行事尙衣院良中分付何如提調手決內依(책례1651/028ㄴ06~08)

색인 (가례1627/003ㄱ03)(가례1627/022ㄱ03)(가례1627/026ㄴ03)(가례1627/028ㄴ06)(가례1627/029ㄴ06)(가례1627/030ㄱ13)

衣襨單苔席【의대단태석】 일 의 ☞ 태석苔席

관련1 의대태석衣襨苔席, 의대태석단衣襨苔席單

예문 紅緞寢帳貳內壹依前減付標啓下鴉青紬滿項貳依前減付標啓下洗手袂苔席貳衣襨單苔席貳燈檠袂苔席貳依前減付標啓下洗足單苔席貳依前減付標啓下(가례1727/016ㄴ05~07)

색인 (가례1627/069ㄱ11)(가례1671/011ㄴ12)(가례1681/016ㄱ03)(가례1696/012ㄴ06)(가례1718/016ㄱ10)

衣襨案【의대안】 일 의

임금의 옷을 놓았던 상. 왕실의 의례 때 왕의 옷을 일컫는 의대衣襨를 놓았다. 의례를 행할 때 의대를 함에 담아 의대안衣襨案에 놓아 의례를 거행하였다.

관련1 의대안자衣襨案者

예문 座香案敎命册寶案寶案敎命案册案寶案命衣襨案(가례1866/상246ㄴ12)

색인 (가례1866/상246ㄴ12)

儀刀【의도】 일 의

대한제국 시기 황후 의장에 쓰인 기물. 의도儀刀는 나무를 깎아 도刀를 만들고 자루 및 칼집에는 은으로 도금한 바탕에 금을 붙여 봉황의 문양을 만들었다. 홍사로 된 장식끈을 늘어뜨렸다. 1897년 명성황후 국장 때에 길의장吉儀狀으로 처음 제작, 사용되었다. 모두 3쌍 6자루가 쓰였다.

관련1 의도우비儀刀雨備

예문 五色花繖二五色九龍繖二黃九龍繖二紫的蓋二戟二殳二弓矢四儀刀六拂塵二黃龍華蓋一黃龍大纛一(상호1902/235ㄱ09~11)

색인 (국장1898三/044ㄱ04)(국장1898三/080ㄱ12)(국장1898五/084ㄴ09)

依幕【의막】 일 의

의례에서 사용하던 임시 막사. 궁중에서 의례가 있을 때 백관들이 대기하거나 머물던 곳이다.

예문 玉印一顆諸具各日習儀及正日腰彩輿權住處及堂上以下依幕排設冠禮次知等事郎廳二員(책례1651/025ㄱ02~04)

색인 (가례1671/103ㄴ04)(가례1671/105ㄴ02)(가례1671/105ㄴ06)(가례1681/049ㄴ10)(가례1681/049ㄴ11)(가례1681/136ㄱ04)

二年木【이년목】 일 건

ㅇ

목재질이 튼튼하고 가벼우면서도 탄력이 있어, 각종 의례용 병장기나 의장儀仗 등 다양한 용도로 쓰였던 가시나무과 수목의 하나. 금월부金鉞斧와 은등銀鐙, 일산日傘, 금립과金立瓜, 장죽仗竹, 의장儀仗 등의 자루감, 교자轎子의 부재감, 윤여輪輿의 연초連梢감, 소방상小方牀의 틀감[機木], 외재궁外梓宮의 상장上粧 등에 사용되었다.

예문 本房所用二年木一條以尙方所儲取用事既已定奪矣載來車子及闕內曳出軍人等依謄錄定送事(국장1903/131ㄴ09~10)

색인 (가례1681/223ㄱ09)(가례1681/223ㄱ10)(가례1681/224ㄱ09)(가례1681/224ㄴ01)(가례1681/229ㄴ09)(가례1681/237ㄴ06)

移文【이문】 일 의

관아와 관아 사이에 주고받은 공문을 보내는 것, 또는 그 공문. 관아와 관아 사이에서 공사에 관계되는 일을 조회하기 위하여 공문을 보내는 것, 또는 그 공문을 가리킨다.

관련1 이문질移文秩

예문 本監以國葬都監關累度推尋樻子雜物段追後會計移文計料爲在果(국장1674/035ㄴ05~06)

색인 (가례1627/032ㄱ12)(가례1627/032ㄴ07)(가례1627/033ㄱ01)(가례1627/072ㄱ05)(가례1627/112ㄱ10)(가례1671/021ㄴ05)

二房【이방】 일 의

조선 시대 가례나 국장 등 국가의 큰 일이 있을 때 임시로 설치하던 도감의 한 부서. 예조에서 아뢴 사신을 맞이하는 의례의 절차에서, 사신이 임금을 뵙고 난 뒤 통사通事가 사신을 인도하여 이방二房으로 나아가면, 제군諸君과 사신이 나와서 돈수재배의 예를 행하고, 그 다음에 재추, 각사의 차례대로 행례를 마친다고 하는 사례가 있다.

예문 二房所掌金寶諸具各處排設檢飭兵曹佐郎李震夏(책례1651/004ㄱ03~05)

색인 (가례1627/037ㄴ06)(가례1627/039ㄱ09)(가례1627/039ㄴ03)(가례1627/041ㄴ13)(가례1627/041ㄴ14)(가례1627/052ㄴ03)

耳掩匠【이엄장】 일 건

이엄 만드는 일을 맡아 하던 사람. 이엄은 관복官服을 입을 때에 사모紗帽 밑에 쓰던, 모피로 된 방한구이다.

예문 繕工監耳掩匠崔碩同朴後弼以上尙方小爐匠鄭太澄內司安愛山內司(국장1730/275ㄱ09~11)

색인 (가례1671/186ㄱ01)(가례1696/229ㄱ03)(가례1718/244ㄱ11)(존숭1686A/100ㄱ12)(존숭1713二/066ㄴ02)(책례1676/096ㄴ05)

耳只匠【구기장】 채 건

구기를 만드는 장인. 구기는 기름, 술 등을 뜰 때에 쓰는 자루가 달린 기구이다.

참조1 유구기/놋구기鍮耳只

예문 小爐匠五名豆錫匠四名銅匠三名大銀匠五名小銀匠三名磨造匠二名耳只匠一名匙匠一名等郎刻內星火定送爲乎矣(빈전1800/163ㄴ01~03)

색인 (가례1627/128ㄱ04)(가례1671/224ㄱ01)(가례1681/078ㄴ04)(가례1681/271ㄴ06)(가례1681/271ㄴ07)(가례1681/271ㄴ09)

二靑【이청】 일 의

검은빛이 나는 군청색 안료顔料. 양청兩靑이라고도 한다. 일반 청색보다 약간 짙은 청색이며 그 심도에 따라 이청二靑, 삼청三靑으로 구분한다.

참조1 삼청三靑

예문 汗音黃銀二錢硼砂砒礵各二錢三甫一月乃二靑三靑各三錢唐粉三錢同黃三錢草注紙二十一卷楮注紙七十九卷畵水筆各十柄靑染紙三張(빈전1834/149ㄴ03~05)

색인 (가례1627/081ㄱ09)(가례1627/082ㄴ01)(가례1627/083ㄱ14)(가례1671/058ㄱ01)(가례1671/062ㄱ07)(가례1671/063ㄱ02)

翼善冠【익선관】 일 복

왕이나 왕세자가 상복常服인 곤룡포를 입을 때 쓰는 관모. 익선관은 왕이나 왕세자가 곤룡포를 입을 때 쓰는 관으로 왕은 시사복視事服, 왕세자는 서연복書筵服, 왕세손은 강서복講書服으로 착용한다. 또한 관례 시 초가初加 때 쓴다. 『국조오례의서례國朝五禮儀序例』 전하시사복도설을 보면, 익선관은 모라毛羅로 양 대각을 싸고 양 소각을 뒤에 붙여 위로 향하게 한다고 하였다. 시대에 따라 양대각과 양소각의 높이에 차이가 있다.

참조1 곤룡포袞龍袍

참조2 강서복講書服, 서연복書筵服, 시사복視事服

예문 烏犀帶白皮靴凡干喪事服衰服十三月練祭練冠去首經負板辟領衰二十五月祥祭黲袍翼善冠烏犀帶白皮靴二十七月禫祭玄袍翼善冠烏犀帶白皮靴禫祭後袞龍袍(빈전1659/014ㄴ01~03)

색인 (가례1627/043ㄱ13)(가례1671/007ㄱ10)(가례1671/123ㄱ03)(가례1671/125ㄴ01)(가례1696/007ㄴ08)(가례1696/070ㄱ03)

印【인】 일 의

의례 때 사용하던 인장. 왕세자에게 존호尊號를 올리거나 책봉례, 흉례 등의 의례에서 사용하였다.

참조1 가인假印

예문 允下王大妃殿册寶儀物及中宮殿册寶儀物王世子册印儀物竝爲製造之意依都監啓辭次第擧行何如(책례1651/005ㄱ12~14)

인

색인 (가례1627/010ㄱ04)(가례1627/010ㄱ07)(가례1681/275ㄱ08)(가례1819/상100ㄴ12)(국장1800一/029ㄱ01)(부묘1836A/036ㄴ03)

引鉅匠【인거장】 일 건

인거로 나무를 켜는 일을 업으로 하는 사람. 인거는 두 사람이 마주 잡고 밀고 당기면서 나무를 켜는 톱이다. 鉅는 鋸로도 표기되었다.

관련1 소인거군小引鉅軍

예문 大引鉅匠金士賢崔太天曹星元金致化李仁甫小引鉅匠李千得金大吉岐鉅匠金賢喆李春化(빈전1886/197ㄱ11~ㄴ01)

색인 (가례1671/186ㄱ09)(가례1681/100ㄴ02)(가례1802/상153ㄴ04)(가례1819/상146ㄱ10)(가례1866/상149ㄴ02)(국장1903四/005ㄴ08)

引紋匠【인문장】 일 건 ☞ 着紋匠착문장

茵席【인석】 일 건

자리의 일종. 다년생 풀인 부들의 잎과 줄기로 만들었다. 부들은 부들과의 다년초로 개울이나 연못가에서 자라며, 제주도를 비롯하여 경상도, 강원도, 황해도 등에 분포한다. 줄기의 높이는 1~1.5m이며, 선형의 잎은 폭이 1cm 정도로 길이는 줄기보다 길다. 이 부들을 이용해 만든 자리를 인석 또는 부들자리라 부른다. 부들자리는 민간에서 상류 계층에 이르기까지 폭넓게 사용되었으며, 상류 계층의 주택과 관아, 궁실 등에서는 포진을 위한 밑깔개로 사용되었다.

참조1 노점蘆簟, 초석草席

예문 居廬廳滲漏處改瓦及水桶茵席等修補所入物力令計士從實入計摘磨鍊後錄爲去乎依此進排事(혼전1776/110ㄱ04~05)

색인 (가례1866/상149ㄱ12)(국장1898三/029

ㅇ

ㄴ02)(국장1898五/010ㄴ02)(국장1898五/090ㄴ06)(국장1898五/094ㄱ03)(국장1898五/116ㄴ06)

印綬【인수】 일 의

인장에 매달던 끈. 인장 손잡이에 매달아 늘어뜨리던 끈이다.

예문 常儀弼善引就仁政門外次陪衛如常禮曹正郞捧敎命冊函印綬各置於案諸護衛之官及司禁各具其服尙瑞院官捧寶(책례1651/008ㄴ07~09)

색인 (가례1671/035ㄱ05)(가례1671/113ㄱ01)(가례1671/113ㄴ10)(가례1696/037ㄴ10)(가례1696/038ㄴ01)(가례1696/038ㄴ03)

印案【인안】 일 의

도장이나 도장을 넣었던 함을 놓았던 상. 궁중에서 사용되었던 도장이나 도장을 담아 보관하였던 인함印函을 놓았다. 네모난 천판天板에 호랑이 발[虎足] 모양의 다리를 가진 형태로 일반적인 상보다 높다.

예문 平時冊寶印置於靈座前稍東平時冊寶印案在北諡冊寶案次之殿司設鳳扇雀扇各一靑紅蓋各一(국장1757/109ㄴ10~11)

색인 (가례1696/144ㄱ05)(가례1696/230ㄱ11)(가례1718/173ㄴ07)(가례1819/상203ㄴ11)(책례1651/007ㄱ06)(책례1651/007ㄱ06)

引儀【인의】 일 의

조선 시대 통례원通禮院에 속한 종6품 벼슬. 조하朝賀·제사祭祀·찬알贊謁 등의 예식에 관한 일을 맡아보던 예조에 속해 있는 통례원에 딸린 종6품의 문관 벼슬로 정원은 6원이다. 겸인의를 서벽이라고 한 데 대하여 인의를 동벽이라고 하였다. 겸인의를 지낸 자 가운데서 여창을 잘 하는 사람 2명을 뽑아서 후보자를 천거·임명하여 어전창에 대비하였다. 여창은 의식 때 식의 절차를 소리 높여 읽는 것을 말한다.

예문 監察位於文武每品班末東西相向階上典儀位於東階上近東西向階下典儀位於東階下近東西向贊儀引儀在南差退又贊儀引儀位於西階下近西東向(상호1827/057ㄱ02~04)

색인 (가례1627/015ㄱ10)(가례1627/017ㄴ05)(가례1671/053ㄱ07)(가례1671/075ㄱ01)(가례1671/075ㄱ01)(가례1671/106ㄱ12)

茵匠【인장】 일 건

조선 시대 장흥고長興庫에 속하여 각종 자리를 만드는 일을 전문으로 하던 장인. 자리는 주로 직사각형으로 되어 있으며, 왕골·부들·갈대 따위를 짜서 만든다.

예문 運自火巢外至忘憂里前坪八運自忘憂里前坪至茵匠坪九運自茵匠坪至碑立隅(국장1903/060ㄴ05~07)

색인 (가례1627/100ㄴ06)(가례1671/150ㄱ05)(가례1681/079ㄱ01)(가례1681/143ㄴ09)(가례1681/153ㄴ12)(가례1681/153ㄴ12)

印札匠【인찰장】 일 건

인찰지印札紙를 만드는 장인. 인찰지는 미농지에 바둑판처럼 정간井間을 친 종이로 흔히 공문서를 작성하는 데 쓴다.

참조2 인찰지印札紙

예문 御覽件正書寫字官一人印札畵員一人分上件正書書寫六人印札匠一名儀軌廳書吏三人庫直一名使令二名等料布限一朔爲先磨鍊上下宜當向事(국장1757A/148ㄴ12~149ㄱ02)

색인 (국장1730一/111ㄴ07)(국장1757A/149ㄱ01)(국장1757B一/133ㄱ01)(예장1762一/047ㄱ04)(혼전1701/029ㄴ06)(국장1800三/079ㄴ08)

印出方亇赤【인출방마치】 채 건 ☞ 方亇赤방마치

예문 長凳牀五部每部長松板一立足槊竝小椽木一箇印出方亇赤三十箇次朴橽木二箇坐板次長松板十二立槓子二部每部所入上同(국장

1800/108ㄱ07~09)

색인 (국장1800四/108ㄱ08)(상호1848二/111ㄴ07)(존호1841/164ㄴ12)(국장1864四/090ㄱ09)(국장1864四/096ㄴ07)(존호1858/150ㄴ08)

印筒匠【인통장】 입 건

도장을 넣어 두는 통을 만드는 일을 전문으로 하는 장인. 국가적인 행사인 국장을 비롯한 가례, 책례, 예장禮葬, 장례葬禮, 존호尊號 등에 필요한 의례용 금보金寶[金寶印]나 옥인玉印[玉寶印]이 신분에 따라 만들어지면, 이를 담을 통을 만드는 일을 맡았다. 도장과 이를 담는 통도 신분에 따라 모든 것에서 차이가 있어서 명칭을 달리 하였다. 왕과 왕후의 경우 도장과 통은 금보金寶[金寶印] 또는 시보諡寶와 보통寶筒이라 하고, 왕세자 이하 비빈妃嬪의 도장과 통은 옥인玉印[玉寶印] 또는 시인諡印과 인통印筒이라 하였다. 이에 따라 그 도장통을 만드는 장인도 보통장寶筒匠과 인통장印筒匠으로 구분하지만, 의궤 기록에서 뒤섞이어 사용되는 경우가 허다하다.

참조1 금보金寶, 보통寶筒, 옥인玉印

참조2 금보인金寶印, 보록寶盝, 보통장寶筒匠, 옥보인玉寶印, 인궤印櫃, 인록印盝, 인롱印籠, 인통印桶, 인통印筒, 인합印盒

예문 獐皮半半令鴨項乼四印筒匠所用乶只乼一巨里寶筒板二(예장1729/159ㄴ03~05)

색인 (가례1671/223ㄴ12)(가례1696/065ㄴ01)(가례1696/272ㄴ06)(가례1762/상072ㄱ05)(가례1819/상115ㄴ08)(가례1819/하089ㄴ04)

一房【일방】 입 의

가례나 국장 때 국가 행사 진행을 위한 각종 업무를 담당한 부서. 일방一房, 이방二房, 삼방三房이 있는데 각 맡은 업무가 구별되어 있다. 가령 국장의 경우 일방一房에서는 상여와 그 부속물을 제작 조달하였고, 이방二房에서는 잡귀를 쫓는 가면인 방상씨方相氏 등 소품들을 담당하였으며, 삼방三房에서는 시책諡冊, 제기祭器 등을 담당하였다. 의궤를 작성할 때는 각 방房이 분담한 업무에 대한 기록이 부록처럼 붙는데 각기 본편과 비슷한 구조로 되어 있고 각각의 표제도 일방의궤一房儀軌, 이방의궤二房儀軌, 삼방의궤三房儀軌로 붙여져 있어 독립된 의궤라 할 수 있다.

참조1 이방二房, 삼방三房

예문 上號都監別單一房郎廳度支部主事李圭白太僕司主事徐相璟(상호1902/021ㄴ09~11)

색인 (가례1627/022ㄱ01)(가례1627/023ㄱ02)(가례1627/026ㄱ04)(가례1627/026ㄱ13)(가례1627/028ㄱ04)(가례1627/028ㄱ08)

日傘【일산】 입 의

전좌할 때나 거둥할 때 사용되던 기구. 조선 전기에 일산은, 전좌할 때에는 배치되지 않고 거둥할 때 해를 가리는 용도로 사용되다가 조선 후기에는 전좌할 때에도 양산陽繖, 청선靑扇과 함께 어좌 가까이 배치된 의장물이다. 영조대 이후로 양산의 경우와 마찬가지로 국왕, 세자, 세손의 지위에 따라 홍색, 청색, 연청색 등으로 색을 달리 하여 사용하였다.

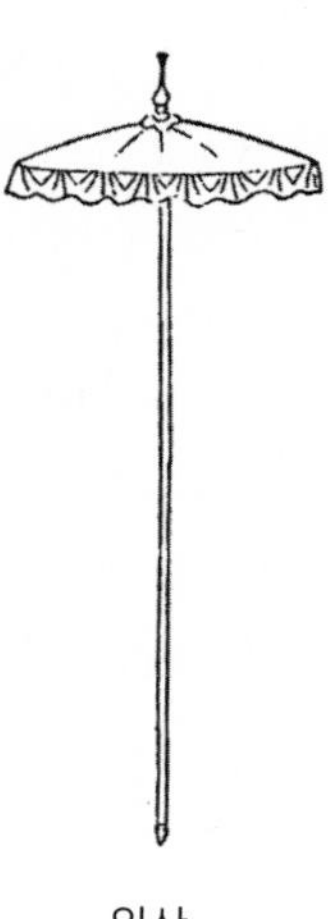
일산

관련1 일산차비日傘差備

예문 日傘一部所入柄二年木一介大小箭十二介次大竹一介正筋一斤四兩魚膠一斤四兩全漆五合每漆一合大(책례1651/044ㄴ02~04)

색인 (가례1802/상196ㄴ02)(가례1802/상199ㄴ02)(가례1819/상185ㄱ10)(가례1819/상186ㄴ03)(가례1819/상188ㄴ09)(가례1866/상185ㄴ04)

日傘匠【일산장】 입 건

일산을 전문으로 만드는 사람. 일산은 왕, 왕세자 등이 행차할 때 받치던 의장 양산으로 자루가 길고 황색, 적색, 흑색의 비단으로 만들었다. 일산은 감사, 유수, 수령 들이 부임할 때도 받쳤는데 이때는 자루가 길고 흰 바탕에 푸른 선을 둘렀다.

예문 畵員李道珉許礫日傘匠李福大安世會小木匠金善昌尹世必(책례1759/111ㄱ02~04)

색인 (국장1800二/105ㄱ08)(부묘1836A/129ㄴ03)(책례1759/111ㄱ03)(부묘1836B/129ㄴ03)

笠毛羅【입모라】 일 복

왕세자의 가례에 사용되는 갓. 갓의 모자와 양태 부분을 비단으로 싼 것을 말한다. 1627년 『소현세자가례도감의궤昭顯世子嘉禮都監儀軌』에는 마미립을 사용하였고, 『현종명성후가례도감의궤顯宗明聖后嘉禮都監儀軌』에는 마미두면을 사용하였다. 그 후 『숙종인경후가례도감의궤肅宗仁敬后嘉禮都監儀軌』부터 『장조헌경후가례도감의궤莊祖獻敬后嘉禮都監儀軌』까지는 입모라 대신 마미립을 사용한다고 기록하고 있다. 따라서 입모라는 실제 사용되지 않았으며, 말총으로 만든 갓을 사용한 것으로 보인다.

참조1 마미두면馬尾頭冕, 마미립馬尾笠

예문 世子宮翼善冠壹笠毛羅代馬尾笠壹小烏巾壹網巾貳內壹玉貫子具(가례1727/011ㄱ04~06)

색인 (가례1671/007ㄱ10)(가례1696/007ㄴ08)(가례1718/007ㄱ04)

入糸匠【입사장】 일 건

입사하는 일을 맡아 하던 장인. 중앙 관아에 속하여 놋그릇이나 쇠그릇에 조각을 새겨 은사銀絲로 꾸미는 일에 종사하였다. 입사는 일정 부분을 파내고 다른 물질로 메우는 것으로 상감象嵌의 다른 말이다.

동 입사장入絲匠

예문 一入絲匠所用黃蜜二十兩眞油一升松脂二斤八兩穀草三束涼板一立中鼎一坐細礪石一塊(책례1651/075ㄴ01~02)

색인 (가례1627/058ㄴ14)(가례1627/065ㄴ13)(가례1627/128ㄴ08)(가례1671/154ㄱ05)(가례1671/177ㄴ02)(가례1671/185ㄱ10)

入染匠【입염장】 일 건

실, 베, 가죽, 털 등에 물을 들이는 일을 전문으로 하는 장인. 가례를 비롯한 관례冠禮 및 책례冊禮, 국장國葬 등에서 의례용 물품을 만드는 데 들어가는 실, 베, 비단, 종이, 사슴 가죽, 바가지, 동물의 털, 나무껍질 등에 물감을 들이는 일을 맡았다. 의궤에는 특정 재료를 물들이는 데 종사한 마렵입염장馬鬣入染匠도 보인다.

참조1 마렵입염장馬鬣入染匠

참조2 입염入染

예문 馬鬣入染匠朴有孫銅匠趙元己(국장1608/044ㄱ01~02)

색인 (가례1696/064ㄴ10)(가례1696/228ㄱ12)(가례1718/244ㄴ08)(책례1690/050ㄱ09)(책례1690/118ㄱ07)

笠匠【입장】 일 건

삿갓 만드는 일을 전문으로 하는 사람.

예문 肉助役一名銀匠徐仁煥尙方朴重蕃尙方肉助役一名斜笠匠姜繼成太常耳只匠元德興私李訓興私劉昌大私募助役一名(혼전1776/164ㄱ03~05)

색인 (가례1671/154ㄱ03)(가례1681/223ㄴ03)(가례1681/264ㄴ12)(가례1681/326ㄴ12)(가례1696/187ㄴ07)(가례1718/078ㄴ08)

立主奠【입주전】 일 의

상례 때 무덤 곁에서 신주神主에 제주題主한 후 찬饌을 올리는 의식. 신주목神主木에 고인의 관직과 이름을 먹으로 적어 신주를 완성하는 것을 입주立主라고 한다. 민간에서와 달리 국장의 대상大喪 때에는 두 번의 신주 제작이 있다. 이 중에서 재궁을 현궁玄宮에 안장한 후 곧바로 입주하는 신주를 우주虞主라고 한다. 길유궁吉帷宮에서 제주한 우주를 영좌에 안치하고 그 앞에 예찬禮饌을 진설한 후 전의奠儀를 거행한다. 『국조상례보편國朝喪禮補編』에 의하면 찬의 구성은 소렴小殮, 대렴大殮 등 여타의 전과 동일한데 중박계中朴桂, 홍백산자紅白散子, 약과藥果, 실과實果, 면병麪餠, 잡탕雜湯, 전증煎蒸 등으로 준비하였다. 능에서 만든 우주는 반우返虞하여 혼전에 봉안하였다가 연제 때에 밤나무로 만든 연주練主로 교체하는데 이때에는 별도의 전奠이 없다.

예문 立主奠時在陵所百官依禮文行禮爲白齊一初虞祭行於山陵香祝詣陵所時陪從百官祗迎於洞(국장1724/098ㄱ10~11)

색인 (국장1659一/031ㄴ10)(국장1659一/093ㄱ10)(국장1659一/104ㄴ02)(국장1659一/111ㄴ10)(국장1659一/117ㄱ03)(국장1659一/121ㄱ10)

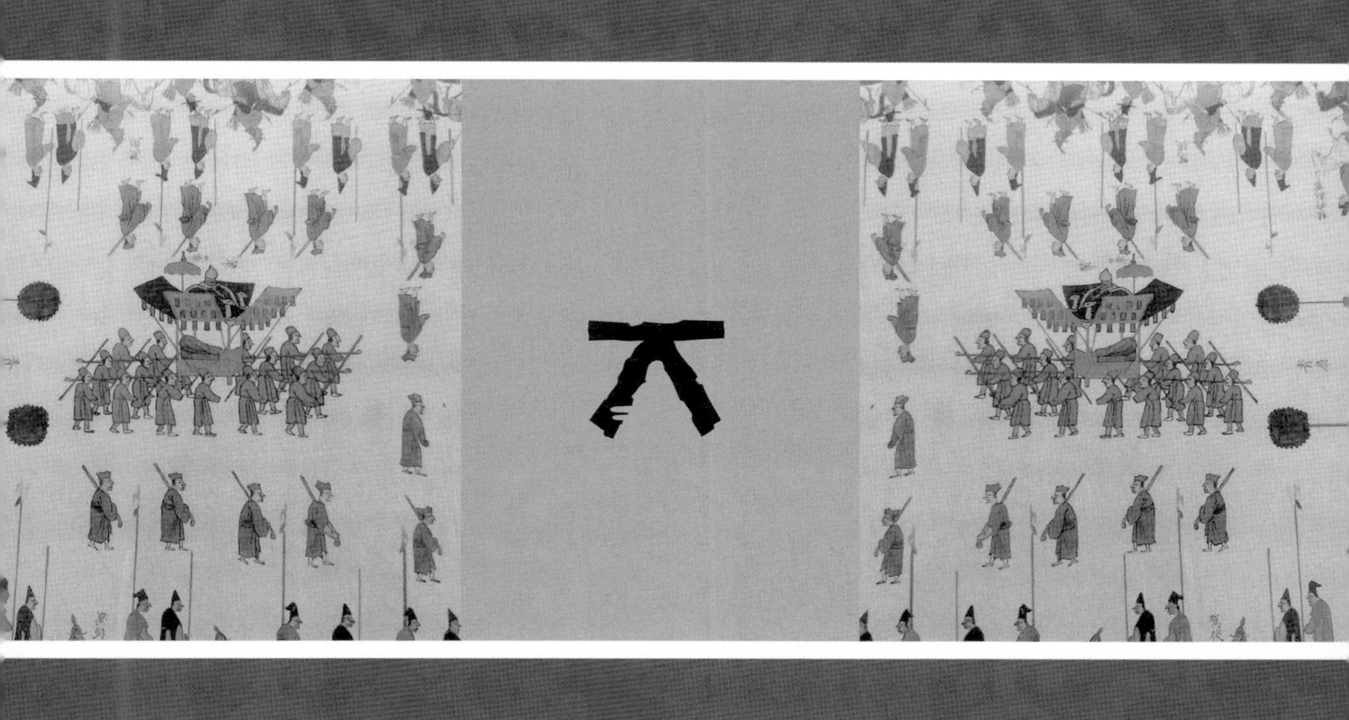

紫羅【자라】 일 복 ☞ 紫的羅자적라

예문 大紅雲紋匹段捌尺纓子次紫羅肆尺盡斧泥銀肆戔伍分(빈전1724/215ㄱ08~10)

색인 (가례1627/047ㄱ14)(가례1671/182ㄴ12)(가례1671/184ㄴ01)(가례1681/262ㄴ10)(가례1681/263ㄱ08)(가례1696/206ㄱ07)

紫木衣【자목의】 일 복 ☞ 紫衣자의

예문 輦陪軍士及儀仗軍幷九十五各所着靑木卒三件紅木衣四十六件紫木衣三十六件黑布巾七件紫木巾三十六件白木帶(책례1651/059ㄱ04~06)

색인 (가례1681/257ㄴ08)(책례1690/079ㄱ03)(국장1659一/144ㄴ01)(국장1659一/240ㄱ02)(국장1659二/049ㄴ07)(국장1674二/026ㄴ09)

自朴餠【자박병】 일 음

떡의 일종. 찹쌀가루에 물을 넣어 반죽하고, 꿀[淸蜜]을 넣은 콩가루를 넣어 단자團子로 만들어 낸 후 기름에 부친다.

예문 生梨一器體大則十箇體小則十五箇自朴餠一器敬丹餠一器(빈전1683/026ㄴ11~027ㄱ01)

색인 (가례1681/221ㄱ05)(가례1819/상019ㄴ11)(가례1866/상021ㄴ06)(가례1866/상278ㄱ02)(빈전1600/014ㄴ09)(빈전1659/037ㄴ04)

者朴只【자배기】 채 음

넙둥글하고 입구가 넓은 질그릇. 소래기보다 운두가 약간 높다. 자배기는 대부분의 의궤 자료에 동일한 형태로 나타나며 陶-, 小- 등이 앞서 자배기를 재료적 속성이나 크기에 따라 세분하기도 한다.

관련1 소자배기小者朴只

예문 苧布手巾一件竹散馬匠所用東海一箇者朴只五箇所羅三箇隅湯三部畵筆一柄水筆三柄大針一封(국장1834/201ㄴ04~06)

색인 (국장1834二/201ㄴ05)(국장1834二/202ㄴ03)(국장1890二/169ㄴ10)(국장1890二/171ㄱ02)(국장1890二/207ㄱ10)(빈전1776/122ㄴ09)

紫方傘【자방산】 일 의

대한제국 때에 의장儀仗으로 쓰던 자줏빛 방산方繖. 방산은 우산과 비슷하게 생겼으며, 헝겊 색에 따라 청방산靑方繖, 청화방산靑華方繖, 홍방산紅方繖, 적방산赤方繖 따위가 있다.

참조1 홍방산紅方傘

관련1 자방산우비紫方傘雨備

예문 匣抹木次小椽半半箇紫方傘紅方傘各二柄每柄新造所入箭次大竹一箇貫箭及回繩次紅綿絲二兩(국장1898/235ㄱ07~09)

색인 (국장1898三/081ㄴ08)(국장1898五/083ㄱ12)

磁甫兒【자보아】 채 의 음 ☞ 甫兒보아

예문 木枕次椵木半尺鐵煙爐鐵烽爐各壹磁貼匙磁甫兒盆子莫子各貳木果瓢子各壹雉尾箒壹倭刀壹(국장1776/243ㄴ09~11)

색인 (국장1674A三/133ㄱ12)(국장1800四/007ㄱ12)(국장1903四/007ㄱ08)(국장1904二/007ㄱ11)(부묘1836A/197ㄴ10)(부묘1836A/200ㄴ03)

磁碗【자완】 의 음

예전에 궁중에서 사발을 달리 이르던 말. 唐-, 白-, 沙大-, 砂-, 沙-, 白沙大-, 唐沙- 등이 선행하며 기물의 종류를 크기와 재료에 따라 구분한다.

참조2 당사자완唐沙磁碗, 당자완唐磁碗, 백사대자완白沙大磁碗, 백자완白磁碗, 사대자완沙大磁碗, 사자완沙磁碗, 사자완砂磁碗

예문 梓宮加漆時華城原營上來生漆去滓時漆匠所用綿紬苧布白布手巾雪綿子唐沙磁碗沙鉢白紋席眞油油紙等從實入進排事捧甘何如堂上手決內依稟捧甘(빈전1800/026ㄱ08~10)

색인 (가례1671/047ㄱ07)(가례1681/066ㄴ08)

ㅈ

(가례1762/상087ㄴ04)(가례1762/상091ㄴ12)(가례1802/상191ㄴ06)(가례1802/상204ㄴ12)

紫衣【자의】 일 복

자색 옷. 의장군儀仗軍이나 여연輿輦 담배군擔陪軍이 착용한 옷으로 옆트임이 있는 소창의小氅衣 형태이다. 역할에 따라 홍의紅衣·청의靑衣 등 다른 색을 입기도 했다. 관모로는 피립皮笠이나 두건頭巾을 쓰고, 허리에 목면으로 만든 대帶를 매고 행전을 치고 운혜雲鞋를 신었다. 자목의紫木衣와 같다.

예문 紫衣巾帶紫鶴氅靑行纏官備松都軍五百名上山陵時使用(국장1674/228ㄱ03~04)

색인 (가례1671/154ㄴ02)(가례1681/226ㄱ08)(가례1681/258ㄴ10)(가례1696/220ㄴ07)(가례1718/212ㄱ09)(가례1866/하014ㄱ07)

紫的輕光紬【자적경광주】 일 복

자줏빛 경광주. 경광주는 주로 진상용 책의 표지나 의복에 쓰였는데 자적경광주는 보자기를 만드는 데 사용되었다.

참조1 경광주輕光紬, 남경광주藍輕光紬, 초록경광주草綠輕光紬, 홍경광주紅輕光紬

참조2 두록경광주豆綠輕光紬, 백경광주白輕光紬, 분홍경광주粉紅輕光紬, 생경광주生輕光紬

예문 尺五寸廣二寸六分八片後褙藍扇子紙二張繪粧次紫的輕光紬長四尺三寸廣一寸二片(가례1819/156ㄱ09~10)

색인 (가례1802/상201ㄱ10)(가례1819/상156ㄱ10)(가례1819/상157ㄴ03)(가례1819/상180ㄴ06)(가례1866/하042ㄴ09)(가례1866/하068ㄴ10)

紫的廣紗【자적광사】 일 복

직물의 폭이 넓은 자적색 견직물. 광사는 인접한 2올의 경사經絲가 서로 꼬이면서 아주 성글게 제직되어 얇게 비쳐 보이는 익조직의 평직물이다.

참조1 남광사藍廣紗, 남사藍紗, 다홍유문사多紅有紋紗, 자적운문사紫的雲紋紗, 황광사黃廣紗

참조2 백광사白廣紗

예문 縫作藍眞絲五分裌面紗一次紫的廣紗十尺 (가례1866/262ㄱ11~12)

색인 (가례1802/상238ㄴ02)(가례1819/상222ㄴ06)(가례1802/상238ㄴ03)(가례1866/상262ㄴ01)

紫的藍眞絲【자적남진사】 일 복

자적색, 남색(쪽빛)의 명주실. 각색 옷감의 바느질용으로 사용되었다. 『조선왕조실록朝鮮王朝實錄』에 태종 17년(1417) 양잠을 장려하면서 전라도, 풍해도[황해도]의 채방판관採訪判官이 황진사, 백진사 및 누에고치를 바쳤다는 기록이 있다. 따라서 진사眞絲는 조선 시대 초기 혹은 그 이전부터 사용된 것으로 보인다.

참조1 남진사藍眞糸, 남진사藍眞絲, 남홍황진사藍紅黃眞絲, 다홍진사多紅眞糸, 다홍진사多紅眞絲, 대홍진사大紅眞絲, 백진사白眞絲, 아청다홍진사鴉靑多紅眞絲, 아청진사鴉靑眞絲, 오색진사五色眞絲, 유청진사柳靑眞糸, 유청진사柳靑眞絲, 자적남홍진사紫的藍紅眞絲, 자적진사紫的眞絲, 조족백진사鳥足白眞絲, 주홍진사朱紅眞絲, 청진사靑眞絲, 청진사靑眞糸, 초록진사草綠眞絲, 흑진사黑眞絲

예문 白紙二張膠末一合汗音銀五分裹三幅袱一件紫的紬六尺三寸紫的藍眞絲各一錢金錢紙二張(예장1762/028ㄴ09~10)

색인 (가례1819/하101ㄴ07)(예장1762二/028ㄴ10)

紫的藍紅眞絲【자적남홍진사】 일 복

자적색, 남색[쪽빛], 홍색의 명주실. 각색 옷감의 바느질용으로 사용되었다. 『조선왕조실록朝鮮王朝實錄』에 태종 17년(1417) 양잠을 장려하면서 전라도, 풍해도[황해도]의 채방판관採訪判官이 황진사, 백진사 및 누에고치를 바쳤다는 기록이 있다. 따라서 진사眞絲는 조선 시대 초기 혹은 그 이전부터 사용된 것으로 보인다.

참조1 남진사藍眞糸, 남진사藍眞絲, 남홍황진사藍紅黃眞絲, 다홍진사多紅眞糸, 다홍진사多紅眞絲, 대홍진사大紅眞絲, 백진사白眞絲, 아청다홍진사鴉青多紅眞絲, 아청진사鴉青眞絲, 오색진사五色眞絲, 유청진사柳青眞糸, 유청진사柳青眞絲, 자적남진사紫的藍眞絲, 자적진사紫的眞絲, 조족백진사鳥足白眞絲, 주홍진사朱紅眞絲, 청진사青眞絲, 청진사青眞糸, 초록진사草綠眞絲, 흑진사黑眞絲

예문 合中竹一箇椵木半半株楮注紙二張魚膠二張紫的藍紅眞絲各三錢朩絲二錢木瓢子三箇(가례1819/154ㄱ09~11)

색인 (가례1819/상154ㄱ10)(가례1866/상152ㄱ02)

紫的頭巾【자적두건】 일 복

가례 때 별감이 쓰는 자적색의 두건. 머리에 쓰는 포백제의 건으로 목면에 자색으로 염색하여 만든다. 영조 정순왕후 가례 때 도청의궤에 별감 16인의 복장에 대해 면주 16필, 백목면 16필과 함께 자적두건 16건이라 기록되어 있다. 2방 의궤에 정차군 40명이 홍의紅衣를 입고 두건을 쓰며, 의장군儀仗正 57명은 청두건을 쓴다고 하였으므로 소속에 따라 두건의 색을 달리 하였음을 알 수 있다. 두건은 본래 고구려 시대부터 널리 쓰던 것이 통일신라 시대에 관원이 단령과 복두를 입고 쓰면서 두건은 하급 관원의 쓰개가 되었다.

참조1 두건頭巾

참조2 청두건青頭巾

관련1 청두건青頭巾, 흑주두건黑紬頭巾

예문 白木綿十六匹紫的頭巾十六件正使一員副使一員(가례1866/042ㄴ03~05)

색인 (가례1681/226ㄴ03)(가례1802/상045ㄴ05)(가례1866/상042ㄴ04)(가례1866/하013ㄴ07)

紫的羅【자적라】 일 복

쓰개류, 나울, 수사기, 대 등에 쓰인 자주색의 얇은 견직물. 라羅는 사紗와 같이 경사經絲가 익경되어 제직된 옷감으로 경사 4올이 일조가 되어 익경된 것을 말한다. 옛사람들이 라羅는 새그물과 같은 것이라고 말할 정도로 오늘날의 레이스 lace과 같은 느낌이다. 자적라는 자주색의 얇은 견직물로 주로 쓰개류인 면사面紗, 단의 위에 늘어뜨리는 장식품인 수사기[首紗只], 노의대露衣帶, 겹너울[裌羅兀]의 끈감 등을 만드는 직물의 재료로 사용되었다.

참조2 남라藍羅, 대홍라大紅羅, 아청라鴉青羅, 유청라柳青羅, 초록라草綠羅

예문 大紅鄉織帶一紫的羅露衣帶一以上二十七種尙方別單置之(가례1866/027ㄱ04~05)

색인 (가례1627/047ㄴ02)(가례1627/047ㄴ06)(가례162/047ㄴ09)(가례1671/125ㄴ09)(가례1671/125ㄴ10)(가례1671/126ㄱ02)

紫的羅露衣帶【자적라노의대】 일 복

조선 시대 비빈妃嬪의 예복인 노의露衣를 착용할 때 띠는 대帶에 사용되는 직물. 노의露衣는 중국 계통 포袍의 일종으로 『국혼정례國婚定例』에 의하면 노의는 대홍색의 향직으로 만들고 원형의 금수金繡한 흉배가 달려 있다. 소매 끝에는 한삼이 붙어 있고 여기에 자적색 라羅로 만든 노의대露衣帶를 띤다.

예문 大紅鄉織帶一紫的羅露衣帶一以上二十七種尙方別單(가례1866/027ㄱ04~05)

색인 (가례1681/204ㄴ06)(가례1802/상030ㄱ07)(가례1866/상027ㄱ05)(책례1690/010ㄴ12)

紫的羅帶腰【자적라대요】 일 복

왕비와 왕세자빈의 예복인 노의와 세수장삼에 두르는 자적색 비단으로 만든 장식용 허리띠. 『국혼정례國婚定例』 빈궁법복嬪宮法服에 초록세수장삼에 자적라대요紫的羅帶腰를 두른다고 나온다. 『정조효의후가례청도청의궤正祖孝懿后嘉禮廳都廳儀軌』에 의하면 백초삼아에도 자적라대요紫的羅帶腰를 두르는 것으로 나온다. 『영조정순왕후가례도감의궤英祖貞純王后嘉禮都監儀軌』의 중궁전법복中宮殿法服의 의대 물목에는 노의대露衣帶 1감에 자적라 6자 7치, 첩금 7첩, 바느질용 자적진사 6푼이 재료로 사용된 것으로 기록되어 있다. 자적라대요는 자적라로 만들고 종이 같이 얇게 만든 금조각인 첩금으로 장식한 허리띠이다. 『인조장렬후가례도감의궤仁祖壯烈后嘉禮都監儀軌』 등에도 자적라노의대가 보인다.

참조1 대홍라대요大紅羅帶腰

참조2 대요大腰, 자적라요대紫的羅腰帶

예문 白綃衫兒一紫的羅帶腰一靑綃笠一部除眞珠黑漆家一部內外裹紅紬四幅裌袱一件單袱一件(가례1762/017ㄱ09~11)

색인 (가례1681/015ㄱ11)(가례1762/상017ㄱ09)(가례1819/상026ㄴ08)

紫的綾【자적릉】 일 복

자적색의 사문직으로 짜여진 얇고 세밀한 비단. 능綾은 평직과 능직의 조합되어 무늬가 나타나는 아름답고 광택이 은은할 뿐만 아니라 얼음같이 매끈하다.

참조1 남릉藍綾, 화문백릉花紋白綾

예문 函外裹紅紬單袱一件紫的綾纓子二件朱紅排案牀一座(국장1701/091ㄱ07~09)

색인 (가례1627/069ㄱ07)(가례1627/069ㄱ07)(가례1671/011ㄴ08)(가례1671/011ㄴ09)(가례1671/135ㄱ05)(가례1696/012ㄴ02)

紫的綿紬縇【자적면주선】 일 복

철릭과 주의周衣의 가선감으로 쓰인 자주색의 명주. 면주는 명주明紬이다. 같은 명주이면서 주포紬布와 구분한 것으로 보아 가늘게 짠 것을 가리킨다는 해석이 있는데 『고려사절요高麗史節要』에 몽고 황태제皇太弟가 가는 명주綿紬를 요구했다는 기록에서도 추정할 수 있다. 자적면주는 유철릭襦帖裏, 겹철릭裌帖裏, 주의 등의 의복을 만드는 데 사용된다. 자적면주선은 자주색의 면주로 된 선縇감으로 추정된다. 면주는 사약과 별감 의복용, 병풍 제작, 수건용으로 사용되기도 하였다.

참조2 남면주藍綿紬, 녹면주綠綿紬, 대홍면주유철릭大紅綿紬襦帖裏, 백면주白綿紬, 세면주細綿紬, 초록면주草綠綿紬, 홍면주紅綿紬

예문 外裹紅鼎紬四幅單袱藍絨絲金箔紙彩花二張付登每紫的綿紬縇內下滿花二張付登每紫的吐紬縇(가례1802/상142ㄴ05~07)

색인 (가례1802/상142ㄴ06)

紫的細紬【자적세주】 일 복

자줏빛 물을 들인 세주細紬. 세주는 주紬보다 곱다.

참조1 남세주藍細紬, 반홍세주磻紅細紬, 백세주白細紬, 초록세주草綠細紬, 홍세주紅細紬, 흑세주黑細紬

예문 床下排褥一件內下表用紫的細紬內拱白擣鍊紬褁入去薍綿花裹白正布長廣從床足台(상호1787/053ㄴ08~10)

색인 (가례1681/137ㄱ01)(가례1718/186ㄴ04)(국장1898四/046ㄱ04)(국장1898二/111ㄴ09)(국장1903三/054ㄱ01)(상호1787/054ㄱ11)

紫的熟綃【자적숙초】 일 복

자적색 물을 들인 숙초. 숙초는 삶아 익힌 명주실로 짠 견직물이다. 초綃는 생사生絲로 짠 얇은 비단의 총칭으로 조선 시대 문무백관들의 조복朝服·제복祭服의 옷감으로 사용되었다.

참조1 남숙초藍熟綃, 대홍숙초大紅熟綃, 백숙초白熟綃, 아청숙초鴉靑熟綃, 훈색숙초纁色熟綃

예문 紅水紬三十五尺紅眞絲五分金箔紙四張藍絨絲三錢紫的熟綃纓子二件每件半骨長四尺五寸黑眞漆外櫃一部用柏子板內塗草注紙鑞染粧餙鎖鑰(국장1834/030ㄱ03~05)

색인 (가례1802/상201ㄱ09)(가례1866/상176ㄴ10)(국장1800三/074ㄱ02)(국장1800一/126ㄱ02)(국장1898四/072ㄱ03)(국장1898一/215ㄱ12)

紫的雲紋紗【자적운문사】 일 복

구름무늬가 놓인 자주색의 가벼운 비단 직물. 사紗는 생사로 발을 살핏하게 짠 비단으로 얇고 가볍다. 여름철의 어의御衣 감으로 운문사雲紋紗가 사용되었다. 두 가닥의 날실 중 한 가닥은 직선상으로 씨실과 교차하나, 다른 한 가닥의 날실은 규칙적으로 씨실을 얽어매면서 짜인다. 운문사의 문양인 구름무늬는 다른 길상무늬와 결합되어 쓰이며 자적운문사는 자주색으로 짜인 익경 견직물이다. 다홍과 남색의 운문사는 향낭, 주렴의 직물로 사용되고, 철촉롱鐵燭籠을 만들 때에는 홍운문사紅雲紋紗와 청운문사靑雲紋紗를 배색하여 사용하였다. 이 밖에 고, 단령, 쾌자 등 의복에 고루 사용되었다.

참조1 남사藍紗, 남운문사藍雲紋紗, 다홍유문사多紅有紋紗, 홍남운문사紅藍雲紋紗, 홍운문사紅雲紋紗

참조2 고동운문사雲紋紗, 대홍운문사大紅雲紋紗, 백운문사白雲紋紗, 아청운문사鴉靑雲紋紗, 청운문사靑雲紋紗, 초록운문사草綠雲紋紗

예문 漆次松煙四錢阿膠四錢明油六夕鐵箭裹次白休紙一兩衣次紫的雲紋紗二尺五寸上下端次藍雲紋紗二尺五寸縫造次紫的藍眞絲(가례1819/101ㄴ05~07)

색인 (가례1819/하108ㄴ09)

紫的戎糸【자적융사】 일 복 ☞ 多紅戎糸다홍융사

예문 金錢紙次紅絨糸一兩五戔草綠戎糸一兩九戔紫的戎糸八戔黃戎糸一兩五戔藍戎糸一兩八戔五分(책례1721/214ㄴ09~11)

색인 (가례1696/206ㄱ09)(가례1718/217ㄱ12)(가례1718/237ㄴ01)(책례1721/214ㄴ10)

紫的鼎紬【자적정주】 일 복

자주색의 고급 명주 직물. 『조선왕조실록朝鮮王朝實錄』에 연산군과 중종 때 정주를 진상하게 하고 대비전에 사급한 기록이 있다.

참조1 남정주藍鼎紬, 다홍정주多紅鼎紬, 대홍정주大紅鼎紬, 백정주白鼎紬, 백협백정주白挾白鼎紬, 선홍정주縇紅鼎紬, 아청정주鴉靑鼎紬, 청정주靑鼎紬, 초록정주草綠鼎紬, 홍정주紅鼎紬, 흑정주黑鼎紬

참조2 반홍정주磻紅鼎紬

예문 白正布六尺去核木花一斤雪綿子一兩紫的鼎紬一尺紅鄕絲五分倚子一新造(국장1688/036ㄴ06~08)

색인 (가례1627/060ㄱ14)(가례1627/061ㄱ01)(가례1671/085ㄴ05)(가례1681/199ㄴ06)(가례1681/199ㄴ10)(가례1696/082ㄱ08)

紫的紬【자적주】 일 복

자줏빛 물을 들인 명주. 꼬임이 없는 중·하등품의 견사絹絲를 사용하여 평직平織으로 제직한 자주빛의 평견직물이다. 주紬는 조선 시대 가장 보편적인 견직물로 견사의 품질品質과 밀도密度, 생산지生産地에 따라 명칭을 달리하였다. 『영조정순후가례도감의궤英祖貞純后嘉禮都監儀軌』에서부터 『고종명성후가례도감의궤高宗明星后嘉禮都監儀軌』에 이르기까지 왕의 가례 때 귀유치와 내관 등이 홍주의紅紬衣, 녹주의綠紬衣와 함께 자적주로 만든 자적주의紫的紬衣를 입고 나온다. 자주紫紬와 같다.

참조1 남금사주藍金絲紬, 남주藍紬, 다홍주多紅紬, 대홍주大紅紬, 면주綿紬, 백주白紬, 색주色紬, 자주紫紬, 초록주草綠紬, 태주남주苔紬藍紬, 홍염주紅染紬, 홍주紅紬, 황염주黃染紬, 황주黃紬, 흑주黑紬

예문 紅細苧布貳尺捌寸伍分槐花壹升伍合紅紬參疋參拾尺伍寸黃灰木壹丹紫的紬肆疋捌尺陸寸伍分三甫壹月乃白苧布肆尺(국장1757/045ㄴ07~09)

색인 (가례1627/051ㄱ07)(가례1627/056ㄴ12)(가례1627/062ㄱ02)(가례1627/062ㄴ12)(가례1627/063ㄱ07)(가례1627/063ㄴ09)

紫的眞絲【자적진사】 일 복

자적색의 명주실. 각색 옷감의 바느질용으로 사용

되었다. 『조선왕조실록朝鮮王朝實錄』에 태종 17년(1417) 양잠을 장려하면서 전라도, 풍해도[황해도]의 채방판관採訪判官이 황진사, 백진사 및 누에고치를 바쳤다는 기록이 있다. 따라서 진사眞絲는 조선 시대 초기 혹은 그 이전부터 사용된 것으로 보인다.

참조1 남진사藍眞糸, 남진사藍眞絲, 남홍황진사藍紅黃眞絲, 다홍진사多紅眞糸, 다홍진사多紅眞絲, 대홍진사大紅眞絲, 백진사白眞絲, 아청다홍진사鴉青多紅眞絲, 아청진사鴉青眞絲, 오색진사五色眞絲, 유청진사柳青眞糸, 유청진사柳青眞絲, 자적남진사紫的藍眞絲, 자적남홍진사紫的藍紅眞絲, 조족백진사鳥足白眞絲, 주홍진사朱紅眞絲, 청진사青眞糸, 청진사青眞絲, 초록진사草綠眞絲, 흑진사黑眞絲

예문 草綠眞絲二兩六戔二分藍絨戔七絲五色眞絲各一戔五分紫的眞絲八分家猪毛一斤二兩倭朱紅六戔柑骨二十一丹山柚子長三寸(국장1776/307ㄱ09~11)

색인 (가례1627/044ㄱ02)(가례1627/046ㄱ05)(가례1627/047ㄴ07)(가례1627/048ㄱ06)(가례1627/049ㄱ05)(가례1627/049ㄱ11)

紫的綃【자적초】 일 복

자적색의 얇은 생사 견직물. 중궁전법복中宮殿法服 밑에 착용하는 겹저고리[裌赤古里] 감으로 사용되었다. 초綃는 생사生絲로 짠 얇은 비단의 총칭으로 조선 시대 문무백관들의 조복朝服·제복祭服의 옷감으로 사용되었다.

참조1 대홍초大紅綃, 백초白綃, 아청유문초鴉青有紋綃, 아청유문초鴉青有紋綃, 중층홍초中層紅綃, 중층흑초中層黑綃, 초록초草碌綃, 현색문초玄色紋綃, 홍초紅綃, 훈색초纁色綃, 흑초黑綃

예문 紫的綃纓子二件代用紬四尺五寸排案牀蓋覆紅細紬五幅單袱一件十七尺五寸(예장1786/023ㄱ12~ㄴ01)

색인 (가례1627/044ㄴ14)(가례1627/045ㄱ08)(가례1627/045ㄴ01)(가례1627/045ㄴ08)(가례1627/046ㄱ01)(가례1627/046ㄱ04)

紫的吐紬【자적토주】 일 복

자적색 토주. 토주는 굵은 실로 자아서 짠 명주로 바닥이 두껍고 빛깔이 누르스름하며 색깔에 따라 종류를 구분한다. 『영조정순후가례도감의궤英祖貞純后嘉禮都監儀軌』에 따르면 자적토주는 유철릭襦帖裏, 유호수襦胡袖, 유/솜/핫치마[襦赤亇]의 의복과 요[褥]를 만들 때 사용되었다.

참조1 남토주藍吐紬, 대홍토주大紅吐紬, 백토주白吐紬, 선자적토주縇紫的吐紬, 초록토주草綠吐紬, 황토주黃吐紬

참조2 연초록토주軟草綠吐紬, 유청토주柳青吐紬

예문 一房稟目內梓宮結裹所用紫的吐紬襦衾內拱藍擣錬紬山獺皮毛衾內拱藍擣錬紬及進獻油芚櫃宮內所排(빈전1659/111ㄴ10~11)

색인 (가례1627/044ㄴ02)(가례1627/047ㄴ08)(가례1671/007ㄴ04)(가례1671/123ㄴ12)(가례1671/136ㄴ06)(가례1671/182ㄴ10)

紫的匹段【자적필단】 일 복

자적색의 수자직繻子織/주자직朱子織 견직물. 匹段은 匹緞, 疋段 등으로 표기한다.

참조1 남금선필단藍金線匹段, 남필단藍匹段, 남필단藍匹緞, 남화문필단藍花紋匹段, 다홍운문필단多紅雲紋匹段, 다홍필단多紅匹段, 대홍금선필단大紅金線匹段, 대홍금선필단大紅金線疋段, 대홍무문필단大紅無紋匹段, 대홍소운문필단大紅小雲紋匹緞, 대홍운문필단大紅雲紋匹段, 대홍필단大紅匹段, 대홍화문필단大紅花紋匹段, 무문대홍필단無紋大紅匹段, 아청운문필단鴉青雲紋匹段, 유청무문단柳青無紋緞, 유청무문필단柳青無紋匹緞, 초록운문필단草綠雲紋匹段, 초록육화문필단草綠六花紋匹段, 초록필단草綠匹段, 초록화문필단草綠花紋匹段, 필단匹段, 필단匹緞, 화문대홍필단花紋大紅匹段

예문 引紋次楮注紙十張長興庫上冒一大紅匹

段十三尺內拱藍沙十三尺纓子次紫的匹段一尺下殺一草綠匹段十三尺內拱大紅紗十三尺纓子次紫的匹段一尺(빈전1649/124ㄴ05~07)

색인 (가례1627/049ㄱ03)(가례1627/049ㄱ12)(가례1627/054ㄱ10)(가례1627/059ㄴ14)(가례1671/124ㄴ05)(가례1671/124ㄴ11)

紫的鄕織【자적향직】 일 복

우리나라에서 짠 자적색 비단. 당직唐織과는 달리 향직鄕織은 우리나라에서 짠 비단으로 가례 때 왕비의 적의 및 폐슬, 대대, 상裳의 끈감纓子, 수綬, 적말赤襪과 별의別衣, 내의內衣, 노의露衣, 겹장삼裌長衫, 겹오裌襖, 겹저고리[裌赤古里], 겹치마[裌赤亇]에 사용된다.

참조1 남향직藍鄕織, 대홍향직大紅鄕織, 초록향직草綠鄕織

예문 漆內塗與假函同內排裌方席壹紫的鄕織匹段長貳尺參寸廣漆寸伍分庚子謄錄所無而今番別入(빈전1724/205ㄱ11~ㄴ01)

색인 (가례1802/상239ㄱ01)(가례1802/상239ㄱ11)(가례1819/상223ㄱ04)(가례1819/상223ㄴ05)(예장1989一/006ㄱ09)(빈전1724/205ㄱ12)

紫的禾花紬【자적화화주】 일 복 ☞ 藍禾花紬남화화주

예문 上排別紋席四張付地衣一浮紫的禾花紬褥一件褥下排別紋席一立紫的紬綃具(상호1827/166ㄴ05~07)

색인 (가례1819/상223ㄱ05)(가례1819/하028ㄴ03)(존호1841/140ㄱ03)(책례1736/092ㄴ05)(책례1751/061ㄴ11)(책례1751/070ㄴ07)

紫紬【자주】 일 복

자주색으로 물들인 명주. 주紬는 경위사에 쬚은 방적사를 썼거나 또는 실이 균질하지 못하고 짧고 굵은 중품이나 하품의 견사로 제직하여 촉감이 부드러우나 광택이 적고 두껍다. 견사의 품질品質과 밀도密度, 생산지生產地에 따라 명칭을 달리하였다. 자적주紫的紬와 같다.

참조1 남금사주藍金絲紬, 남주藍紬, 다홍주多紅紬, 대홍주大紅紬, 면주綿紬, 백주白紬, 색주色紬, 자적주紫的紬, 초록주草綠紬, 태주남주苔紬藍紬, 홍염주紅染紬, 홍주紅紬, 황염주黃染紬, 황주黃紬, 흑주黑紬

예문 今番段紫的綃代以進獻紫紬取用爲有置所入之物急速進排事捧甘何如堂上手決內依(국장1681/158ㄱ04~06)

색인 (가례1627/069ㄱ08)(가례1671/089ㄴ02)(가례1696/012ㄴ04)(가례1718/016ㄱ06)(국장1904二/041ㄱ04)(예장1989一/086ㄱ01)

紫綃笠【자초립】 일 복

왕비의 가례 때 중전 의대中殿衣襨로 사용되는 쓰개. 『인조장렬후가례도감의궤仁祖壯烈后嘉禮都監儀軌』에서부터 『고종명성후가례도감의궤高宗明星后嘉禮都監儀軌』까지 자초립紫綃笠 또는 자적립으로 기록되어 있으며, 황태자비인 『순종비가례도감의궤純宗妃嘉禮都監儀軌』에 자초립이 들어 있다. 자초립은 겉은 자적초로 하고 안은 토주吐紬, 정주鼎紬 또는 주紬로 바른다. 매듭에 쓸 대홍진사大紅眞絲와 월마지감, 금전지金箋紙, 자적진사紫的眞絲 등으로 만든다. 자초립 위에 자적라로 만든 겹너울을 쓰는 것으로 보인다. 확실하게 밝혀진 것은 아니나 왕비는 자초립 위에 자색라로 만든 겹너울을 쓰고, 왕세자빈이나 왕세손빈의 경우는 청초립 위에 자색 겹으로 만든 너울을 쓰는 것으로 보인다.

참조2 자적립紫的笠

관련1 청초립靑綃笠

예문 縫作紫的眞絲六分以上竝置之紫綃笠一次紫的綃一尺五寸內塗紫的鼎紬三尺(가례1866/265ㄴ02~04)

색인 (가례1681/017ㄴ04)(가례1681/088ㄱ01)(가례1681/116ㄴ05)(가례1681/204ㄴ01)(가례

1802/상030ㄱ08)(가례1802/상242ㄱ10)

作門【작문】 일 의

왕릉王陵을 조성할 때 이도羡道 입구에 세우는 문. 대개 집정 대신執政大臣이 일이 끝나면 마지막으로 문을 닫는데, 액운이 따른다고 하여 기피하였다고 한다. 혹은 출입을 단속하기 위에 병사가 지켰던 군영의 문을 작문作門이라고 부르기도 하였다.

예문 後射隊將士乙良敦化門外備邊司前路作門自作門敦化門了分左右結陣爲白有如可靈輿進發敎是時次次侍衛爲白乎矣(국장1674/054ㄴ04~06)

색인 (가례1671/043ㄱ04)(가례1671/43ㄱ04)(가례1671/043ㄱ06)(가례1671/044ㄴ09)(가례1671/044ㄴ09)(가례1671/044ㄴ11)

雀扇【작선】 일 의

노부 의장鹵簿儀仗 및 정재 의장呈才儀仗에 사용되는 기구. 작선은 연화작선蓮花雀扇이라고도 하며 용선龍扇, 봉선鳳扇 등과 함께 노부 의장鹵簿儀仗의 가장 끝부분에 배치되는 의장이다. 국왕에서 세손에 이르기까지 모두 사용하는 의장이지만 국왕이 용선, 봉선, 작선을 모두 사용하는데 비해 왕비는 봉선과 작선만을, 세자와 세자빈, 세손과 세손빈은 작선만을 사용하였다. 정재 의장 중에도 용선龍扇, 봉선鳳扇, 작선雀扇, 미선尾扇 등이 있는데, 용선과 봉선은 거의 유사하고 작선의 모양은 전혀 다르다. 정재 의장은 인인장引人仗, 봉선鳳扇, 용선龍扇, 작선雀扇, 정절旌節, 미선尾扇, 황개黃蓋, 청개靑蓋, 홍개紅蓋 등으로 정재를 공연할 때 좌우에 배치되었다.

관련2 연화작선蓮花雀扇

예문 主匱安於靈座魂帛函置其後執事者捧册寶置於靈座前稍東殿司設鳳扇雀扇各一青紅蓋各一於左右有趺扇在北蓋次之殿下至齋殿降輦入齋殿(국장1724/119ㄱ05~07)

색인 (가례1627/068ㄱ08)(가례1627/068ㄴ05)(가례1627/093ㄴ08)(가례1627/099ㄱ03)(가례1627/099ㄴ06)(가례1671/012ㄴ06)

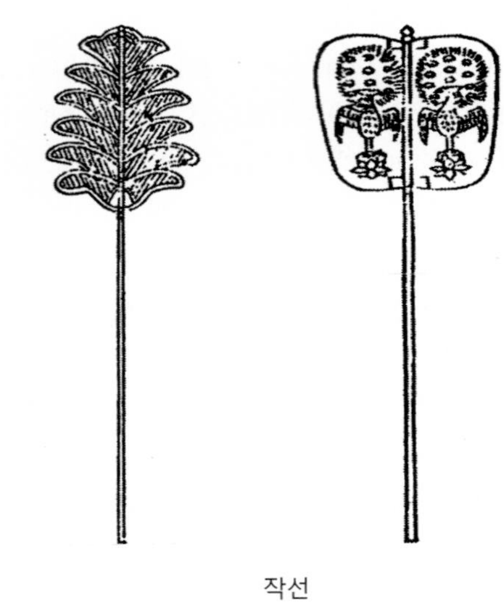

작선

斫耳【자귀】 채 건

나무를 깎아 다듬는 데 쓰는 목수 연장의 하나. 나무 좃대 아래에 넓적한 쇠날이 있는 투겁을 박고, 좃대 중간에 구멍을 뚫어 나무 자루를 가로 박았다. 까뀌와 같은 용도로 쓰이나, 까뀌가 한 손으로 사용하는 데 비해 자귀는 두 손에 쥐고 서서 나무를 다듬는 큰 연장에 속한다.

예문 挾刀三箇大鐦四箇無齒鐦三箇斫耳二箇大椝竹二十箇小椝竹八箇(국장1800/073ㄱ02~04)

색인 (국장1800四/073ㄱ03)(국장1800四/094ㄱ07)(국장1800四/116ㄱ01)

酌獻禮【작헌례】 일 의

사당이나 능원묘에서 간략히 잔을 올리며 예를 표하는 의식. 작헌례酌獻禮는 정기적인 제향보다 격이 낮고 절차가 간소한 예식이다. 국가 제사에서 기고祈告, 위안慰安, 왕세자의 성균관 입학, 국왕의 궁, 묘, 능 행차 등과 같은 비정기적인 행사 때에 작헌례를 행하였다. 일반적인 제향은 상향上香, 초헌初獻, 아헌亞獻, 종헌終獻, 음복飮福 등의 순서로 진행되는데 작헌례는 상향 후 삼헌三獻 대신 단헌單獻으로 끝내고 음복飮福도 생략하였다. 조선 후기에는 국왕의 왕릉이나 궁묘 행차가 잦아지면서 전기보다 작헌례의 거행이 많아졌다.

예문 謁者引領議政出戶降復位執禮曰行酌獻禮謁者引領議政陞詣第一室尊所西向立執尊者擧冪酌酒執事者二人以爵受酒(국장1890/135ㄴ04~06)

색인 (국장1674一/089ㄱ06)(국장1702B一/116ㄱ09)(국장1730一/094ㄱ08)(국장1757A/098ㄴ10)(국장1776一/103ㄱ10)(국장1821一/127ㄴ05)

簪【잠】 일 복

비녀. 머리를 고정하고 장식하는 수식품首飾品의 하나로 꽂는 부분이 한 가닥으로 된 잠簪과 두 가닥으로 갈라진 채釵로 나뉜다. 크기에 따라 대·중·소로 구분되고 재료로는 금, 은, 동, 흑각, 비취, 옥, 산호, 진주, 호박, 마노, 수정, 칠보 등이 사용되었다. 비녀머리[簪頭]의 모양에 따라 봉잠鳳簪, 용잠龍簪, 목련잠木蓮簪, 매죽잠梅竹簪, 매화잠梅花簪, 죽절잠竹節簪, 쌍조잠雙鳥簪, 국화잠菊花簪, 오두잠烏頭簪 등의 종류가 있다.

참조1 독소잠禿小簪, 흑각잠黑角簪

참조2 흑각독소잠黑角禿小簪

관련2 국화잠菊花簪, 매죽잠梅竹簪, 매화잠梅花簪, 목련잠木蓮簪, 봉잠鳳簪, 쌍조잠雙鳥簪, 오두잠烏頭簪, 용잠龍簪, 죽절잠竹節簪, 흑각대잠黑角大簪, 흑각독소잠黑角禿小簪, 흑각소소잠黑角小小簪, 흑각소잠黑角小簪, 흑각장잠黑角長簪, 흑각중잠黑角中簪, 흑각차소잠黑角次小簪

예문 一房郞廳所掌玉册諸具簪首飭翟衣舃襪腰彩輿儀註次知禮曹正郞(책례1651/003ㄴ10~12)

색인 (가례1627/054ㄱ05)(가례1671/088ㄱ02)(가례1696/070ㄴ04)(가례1718/151ㄴ07)(가례1718/151ㄴ08)(존호1610/065ㄴ09)

雜石【잡석】 일 건

건축에 사용하는 막 생긴 돌. 잡석은 크기 5~20cm 정도의 모양이 일정하지 않은 돌을 말한다. 건축 공사에서는 주로 기초 공사와 성곽이나 축대를 쌓을 때 뒤채움돌로 잡석을 사용한다. 건축 공사에 사용되는 잡석은 돌 사이의 마찰력을 높이기 위하여 냇돌[강돌]보다는 산돌을 많이 사용한다.

예문 陶所羅三坐陶東海三坐擔桶水桶各一部大銅絲十尺中銅絲三十尺白牛皮一張雜石貿用一負石六塊(국장1890/011ㄱ12~ㄴ02)

색인 (가례1866/하092ㄴ10)(가례1866/하101ㄱ09)(국장1898四/009ㄱ06)(국장1898四/009ㄴ12)(국장1898四/074ㄱ12)(국장1903三/011ㄴ09)

長杠【장강】 일 건

운반 도구로 물건을 올려놓거나 매달아 사람이 멜 수 있도록 만든 길고 굵은 멜대. 장강 위에 물건을 올려놓기도 하지만 주로 밧줄을 이용해 중간에 물건을 매달아 물건을 운반할 때 사용한다. 인력에 의해 무거운 물건을 운반할 때에는 두 사람 이상이 물건을 매단 장강을 어깨에 짊어지고 함께 운반하는데, 이렇게 운반하는 것을 목도라고 한다.

관련1 장강겹가長杠袂家, 장강우비長杠雨備

예문 靈寢牀一坐陪進別架子三部長杠擔乼具自貴都監別工作造成(빈전1886/079ㄴ07~08)

색인 (가례1627/023ㄱ12)(가례1627/023ㄴ05)(가례1627/023ㄴ07)(가례1627/055ㄱ13)(가례1627/057ㄴ11)(가례1627/057ㄴ13)

長道里【장도리】 채 건 章道里 掌乭伊 掌道里 掌道耳

한 쪽은 못을 박는 데 쓰는 뭉툭하고 둥근 날이 있고, 다른 한쪽은 넓적하고 둘로 갈라져 있어 못을 빼는 데 쓰는 갈구리가 달린 연장. 掌道里(『사직악기社稷樂器』), 掌道耳(『정조건릉산릉正祖健陵山陵』), 長乭伊(『정조건릉산릉正祖健陵山陵』), 掌乭伊(『명성도감국장도감의궤明成皇后國葬都監儀軌』), 章道里(『상호도감의궤上號都監儀軌』) 등 다양하게 표기한다. 대장도리大掌道里, 중장도리中掌道里, 소장도리小長道里는 크기에 따라 구분한 것이다.

관련1 대장도리大掌道里, 소장도리小長道里, 중장도리中掌道里

예문 一今此發靷教是時陵所祭享所用牀卓所排曲水油紙牀巾鼠日釘長道里乫乃布牀足臺牀乽只白紅索等物用還次以各該司(빈전1701/103ㄴ08~10)

색인 (국장1800四/069ㄱ11)(존숭1713二/171ㄴ09)(빈전1701/103ㄴ09)(빈전1701/197ㄱ03)(빈전1701/197ㄱ04)(빈전1701/205ㄴ05)

掌道里【장도리】 채 건 ☞ 長道里장도리

관련1 대장도리大掌道里, 중장도리中掌道里

예문 欑宮諸具燒火時負持軍杻炬龍脂撤毁匠人竹層橋層卓牀掌道里獐足等各樣鍊粧發引前夕各其司官吏領率待令擧行是如乎(빈전1834/072ㄱ03~05)

색인 (국장1757B二/213ㄴ04)(국장1757B二/213ㄴ05)(국장1757B二/244ㄴ10)(국장1776二/254ㄴ12)(국장1776二/282ㄱ09)(국장1776二/283ㄴ08)

章道里【장도리】 채 건 ☞ 長道里장도리

관련1 장도리영자章道里纓子

예문 竹散馬頭編結時所用廣頭釘三十介章道里一介用還次進排事一今此禮葬時習儀只行一度事定奪爲有置今月十六(예장1762/015ㄴ12~016ㄱ02)

색인 (상호1787/095ㄴ11)(존숭1686A/128ㄴ04)(존숭1686A/131ㄱ06)(존숭1686A/132ㄱ03)(존숭1686A/146ㄴ09)(존숭1713二/114ㄴ08)

掌道耳【장도리】 채 건 ☞ 長道里장도리

掌乭伊【장도리】 채 건 ☞ 長道里장도리

예문 涼板次長松板二立加莫金二箇中錯二箇刀子二柄掌乭伊二箇方亇赤次雜木一箇櫕子一部前排(국장1890/075ㄴ11~076ㄱ01)

색인 (부묘1836B/216ㄴ12)(부묘1836B/230ㄴ04)(국장1890四/051ㄱ11)(국장1890四/051ㄴ02)(국장1890四/064ㄴ01)(국장1890四/069ㄴ02)

長乭伊【장도리】 채 건 ☞ 長道里장도리

예문 長乭伊一箇回壺釘一箇(빈전1886/132ㄱ06~07)

색인 (빈전1886三/132ㄱ06)(존호1783/260ㄴ10)

長童子【장동자】 일 건

동자 기둥의 하나. 동자는 들보 위에 세우는 짧은 기둥으로 상량上樑, 오량五樑, 칠량七樑 따위를 받치고 있다. 장동자長童子는 장長과 동자童子[柱]로 분석할 수 있으나, 동자가 들보 위에 세우는 짧은 기둥이라는 점을 감안하면 장長은 동자童子 앞에 올 수 없다. 뿐만 아니라 장동자長童子의 장長이 어른, 크다[大]의 의미로도 쓰이는 점을 감안하면 장동자長童子는 어미 동자[머름의 양쪽 기둥 옆에 붙여 세운 동자 기둥]의 표기일 가능성이 높다.

관련1 후면장동자後面長童子

예문 面上有青板四介竝八介用椵木後面長童子二介各長七寸五分廣一寸厚六分中童子六介各長三寸五分廣厚上同(책례1721/210ㄴ02~04)

색인 (가례1627/054ㄴ09)(가례1696/202ㄴ02)(존호1610/147ㄱ09)(존호1610/157ㄱ02)

掌禮院【장례원】 일 의

제향祭享·조의朝儀·시호諡號·능원陵園·종실宗室 등의 궁중 의식을 담당한 궁내부 소속의 관서. 고종 32년(1895) 종백부宗伯府가 개칭된 이름으로 제향祭享·조의朝儀·시호諡號·능원陵園·종실宗室 등의 궁중 의식을 담당하였다. 소속 관원으로는 경[卿: 勅任官],

소경[少卿: 勅任官] 좌·우장례[掌禮: 奏任官], 찬의贊儀, 상례相禮, 주사[主事: 判任官]가 있다.

관련1 장례원경掌禮院卿, 장례원고원掌禮院雇員

예문 來照掌禮院通牒儀註(국장1898/002ㄱ08~10)

색인 (국장1878四/132ㄴ05)(국장1904四/010ㄴ02)(국장1904四/011ㄴ08)(국장1904四/011ㄴ09)(국장1904四/013ㄱ02)(국장1904四/024ㄱ03)

長衫【장삼】 일 복

노의露衣 다음으로 귀하게 여긴 포 형태의 여자 예복. 흉배겹장삼胸背裌長衫, 겹장삼裌長衫, 홑장삼[單長衫], 세수장삼洗手長衫 등 여러 종류가 있으며, 아청색, 흑색, 홍색, 황색 등 다양한 색상이 사용되었다. 『국혼정례國婚定例』에 기록된 장삼은 대홍색 겹으로 만들고 흉배를 달았으며 소매 끝에는 한삼이 달리고 대홍라大紅羅의 띠를 매었다.

참조2 노의露衣

예문 一本房次知服玩諸具取考甲寅春謄錄則苔衣一手巾一首飾一紅綾裌長衫一粉紅紵絲繡甫老一紅紵絲衣一藍羅裳一白綾裌襪裙一靑羅帶一白襪一靑履一手衣一副同(국장1681/003ㄱ09~11)

색인 (가례1627/062ㄱ03)(가례1627/062ㄴ08)(가례1681/018ㄴ05)(가례1681/089ㄱ01)(빈전1800一/065ㄱ05)(책례1690/009ㄴ12)

長衫兒【장삼아】 일 복

남자의 긴 백색 저고리. 남자의 삼아衫兒는 바지[袴/把持]와 한 벌을 이루는 상의上衣이다. 남자는 포袍 안에 삼아衫兒나 과두[裹肚] 등을 받쳐 입었다. 길이에 따라 장삼아長衫兒와 단삼아短衫兒로 구분된다.

참조1 단삼아短衫兒, 삼아衫兒, 삼아장단衫兒長短

예문 白綿布腋注音一白鼎紬長衫兒一白吐紬襦把持一(가례1762/015ㄴ07~09)

색인 (가례1681/016ㄴ01)(가례1802/상233ㄱ12)(가례1819/상217ㄴ01)

掌食【장식】 일 음

조선 시대에 궁중의 선수膳羞, 주례酒醴, 등촉, 시탄柴炭, 기명器皿 등에 관한 일을 담당한 세자궁 소속 종9품의 궁관. 주로 궁중의 반찬과 음식, 술과 감주, 등촉, 땔나무와 숯, 그릇 등의 일을 담당하였다.

예문 魂殿排設守僕所掌香盛中函一部祝盛中函一部手巾中函一部揮巾中函一部別監所掌食卓高足牀二坐低足牀四坐盤兒四坐木貼二雲足貼匙二立(빈전1600/221ㄱ03~05)

색인 (가례1718/181ㄴ08)(가례1819/상212ㄱ07)(국장1903二/009ㄴ03)(가례1696/130ㄱ01)(가례1718/156ㄴ08)(가례1819/상191ㄴ08)

掌樂院【장악원】 일 의

연향, 제례, 조례, 대사객 등 궁중 의식에 행해지는 음악과 춤에 관한 일을 담당한 예조 소속의 관서. 조선 초기의 전악서와 아악서를 통합한 기관으로 이원梨園, 교방사敎坊司, 연방원聯芳院 등으로도 불렸다. 악학도감樂學都監의 업무를 계승하여 궁중 음악과 무용에 관한 행정과 연주를 도맡아 하였다. 소속 관원으로는 제조提調, 첨정僉正, 주부主簿, 직장直長, 녹관祿官, 전악典樂, 전율典律, 전성典聲, 차비노, 근수노가 있었는데 제조, 첨정, 주부, 직장은 음악 행정을 담당하였고, 녹관, 전악, 전율, 전성은 음악 교육과 연주를 담당하였으며 차비노는 잡무를, 근수노는 행정 관리를 담당하였다.

참조2 이원梨園

관련1 장악원정掌樂院正, 장악원주부掌樂院主簿

예문 掌樂院平市署機器局司䆃寺親軍營各一名軍資監廣興倉各一名一房書吏崔斗吉二房書吏尹泰東(국장1890/163ㄱ05~06)

색인 (가례1627/008ㄱ04)(가례1627/009ㄱ08)(가례1627/010ㄴ05)

ㅈ

長椽【장연】 일 건

처마 서까래. 첨연檐椽이라고도 하나, 장연이 일반적이다. 대부분의 한옥은 두 가지의 서까래를 이용해 지붕틀을 구성하는데 상부의 짧은 서까래를 단연이라고 하며, 하부의 긴 서까래를 장연이라고 한다. 대개 서까래는 단면을 원형으로 가공하지만 협문 같은 소규모 건물에는 각서까래를 사용하기도 한다. 단연과 장연은 도리 위에서 교차하게 되는데 연침聯針이나 못을 박아 서까래가 상하 또는 좌우로 이동하는 것을 방지한다.

참조2 단연短椽

예문 次知中使已爲定奪爲有果長椽二介段不可不改排是置長椽次大椽木二介急速進排事捧甘爲乎旀(혼전1701/163ㄱ07~09)

색인 (국장1659一/210ㄴ10)(국장1659一/246ㄱ09)(국장1674一/201ㄱ01)(국장1681一/222ㄱ05)(국장1701一227ㄱ11)(혼전1701/130ㄴ12)

掌苑署【장원서】 일 의

궁중에 쓰이는 과목과 화초의 재배를 비롯해 원예園藝에 관한 행정 관리를 담당한 관서. 장원서掌苑署는 이전의 동산색東山色, 상림원上林園이며 과목과 화초 재배를 담당한 과원색果園色, 배·밤·은행·석류·유자 등 생과일을 종묘에 올리고 진상하는 일을 담당한 생과색生果色, 곶감·잣·호두·대추 등의 건과를 나라에 바치는 일을 담당한 건과색乾果色, 공납된 미곡의 사용을 담당한 작미색作米色 등으로 업무가 나뉘어 있다. 분원으로 경원京苑과 외원外苑이 지역을 달리하여 있었는데 용산과 한강 유역에 있는 경원의 일은 관노비가 하였고, 강화·남양·과천·개성 등지에 있는 분원의 일은 일반 농민들이 하였다. 소속 관원으로는 제조, 장원, 별제 등이 있었는데 후에 장원이 폐지되고 봉사를 두었다. 이들 외에도 잡직의 신화愼花, 신과愼果, 신금愼禽, 신수愼獸 등이 있고, 이속吏屬으로 서리書吏가 있었다.

참조2 동산색東山色, 상림원上林園

관련1 장원별제掌苑別提, 장원봉사掌苑奉事, 장원서별검掌苑署別檢, 장원서봉사掌苑署奉事

예문 大輿前鍮榼內實果進止差備官掌苑署別提李相堯(국장1674/114ㄴ09)

색인 (가례1627/015ㄱ14)(가례1627/015ㄱ14)(가례1627/019ㄴ06)(가례1627/036ㄱ12)(가례1627/042ㄱ05)(가례1671/032ㄱ10)

壯油紙【장유지】 일 건

들기름을 흠씬 먹인 질이 좋은 한지. 두껍고 질기다.

예문 一誌石正副本今已正燔上來爲有置陪進山陵時封裹所入壯油紙及隔子塡積綿子結裹袱屬等依謄錄磨鍊後錄爲去乎依此進排爲乎矣(국장1776/222ㄱ10~12)

색인 (가례1762/상091ㄱ09)(가례1819/하087ㄴ02)(국장1800四/031ㄴ01)(국장1800四/038ㄱ02)(국장1800四/038ㄱ07)(국장1800四/054ㄱ12)

障子【장지】 채 건 莊子

실室과 실 사이에 설치하는 가벼운 구조로 된 미닫이문으로 문살에 종이를 발라 마감한 것. 가늘게 만든 문울거미 안쪽에 살대를 끼우고 여기에 의지하여 창호지를 발라 마감하며 가벼운 구조로 되어 있는 것이 특징이다. 장지는 살대를 중심으로 한쪽 면에만 창호지를 붙이는 것이 일반적이지만 방풍, 방한, 방음 및 햇빛을 차단하기 위한 목적으로 양쪽 면 모두 창호지를 붙인 경우도 있는데, 이를 맹장지[盲障子]라 부른다. 또한 장지는 살대의 모양을 다양하게 만들어 실내를 장식하는 기능을 하기도 한다.

관련1 간장지間障子, 대장지大障子, 도화장지桃花障子, 만전장지滿箭障子, 맹장지盲障子, 사창장지斜窓障子, 연창장지烟窓障子, 완자추장지完子推障子, 중장지中障子, 지벽장지紙壁障子, 판장지板障子, 협장지俠障子

예문 蓋兒鴉青木十三尺二寸青苧絲二戔青染紙四張障子次搗鍊紙四張內塗楮注紙四張膠末

三合石紫黃四戔唐朱紅一兩五戔阿膠三兩(국장1776/178ㄴ04~06)

색인 (가례1819/상166ㄱ10)(국장1800四/066ㄱ04)(국장1800四/068ㄴ03)(국장1800二/089ㄴ12)(국장1800二/090ㄱ05)(국장1800二/090ㄱ11)

莊子【장지】 채 건 ☞ 障子장지

예문 書板二介每介次薄松板三尺式窓戶修補所入小條里木一介乭迪耳一部莊子修補所入틀鎖二介排目具巨勿乙丁四介大小剪板工匠牌各一介每介所入(국장1724/330ㄱ10~12)

색인 (국장1724/330ㄱ11)

長足兒【장족아】 일 의

궁중 의례에서 향을 피우거나 화병 등을 놓았던 탁자의 일종. 사각형 혹은 육각형의 천판天板에 호랑이 발[虎足] 모양의 긴 다리를 가진 구조이며 전면에 주칠朱漆 혹은 흑칠黑漆을 하였다. 장족아長足兒의 표기에서 장족長足은 긴 다리를 가진 탁자의 형태를, 아兒자는 다리를 견고하게 하고 장식하기 위해 붙여졌던 작은 당초문 조각 장식을 나타낸다.

장족아

예문 肩輿假家四間每高十三尺長十尺廣十八尺素錦褙同入香亭子一遺衣稱架子一香坐兒一長足兒一以上假家二間每間長十五尺高十尺廣九尺(국장1681/034ㄴ11~035ㄱ01)

색인 (국장1659一/051ㄱ05)(국장1659一/051ㄴ03)(국장1659一/127ㄴ03)(국장1659一/139ㄴ07)(국장1659一/141ㄱ03)(국장1659一/146ㄱ03)

掌次者【장차자】 일 의

행사에 필요한 장막과 자리를 치고 까는 것을 담당한 자. 조선 시대 국왕·왕세자·왕세손 등의 가례[혼례] 사무를 관장하기 위하여 가례도감 등이 만들어지면 그 의식을 치르기 위해 필요한 장막과 자리를 치고 까는 것을 담당하는 관리로서 장차자掌次者가 배치되는데 전설사관원典設司官員으로 구성되었다.

예문 外命婦依時刻俱集次各具禮服尙儀跪啓請中嚴使者至宮門外掌次者迎入次敎命册函寶綬陳於幕次其命服使者(가례1651/014ㄴ04~06)

색인 (가례1627/007ㄴ01)(가례1627/007ㄴ04)(가례1627/007ㄴ08)(가례1627/015ㄴ03)(가례1627/017ㄴ08)(가례1627/036ㄴ12)

掌饌【장찬】 일 음

세자궁에 속하여 식찬을 마련해 올리는 일을 담당한 궁관. 세자궁에는 장찬과 장식掌食이 배속되어 있다.

예문 王世子答再拜揖嬪就座掌饌帥其屬擧饌卓入設於王世子及嬪座前掌饌二人詣酒卓取盞酌酒一人跪進于(가례1727/184ㄴ01~03)

색인 (가례1671/119ㄴ03)(가례1671/119ㄴ05)(가례1671/119ㄴ06)(가례1671/119ㄴ07)(가례1671/119ㄴ08)(가례1671/120ㄴ02)

長尺【장척】 일 건

건물의 간 사이 등과 같이 긴 길이를 재기 위해 각재角材에 눈금을 새겨 만든 자. 건물을 지을 때 간 사이를 재거나 보, 도리 등과 같은 긴 부재를 치목할 때 사용하였다. 장척은 긴 각목을 이용해 자의 눈금을 새겨 만드는데, 건축 현장마다 목수가 자체로 제작하여 사용한다. 또한 건물을 다 지은 다음에는 장척을 보관하여 훗날의 보수에 활용할 수 있도록 하기도 하였다.

예문 一爲行下事一二三房誌石所稟目據手決內各房假家及樻子具鎖鑰長牌剪板書板涼板登牀長尺玉板書案硯匣等進排亦爲有等以所入雜物磨鍊後錄爲去乎(국장1701/305ㄱ02~04)

색인 (국장1659一/089ㄴ04)(국장1674一/131

ㅈ

ㄱ11)(국장1681一/126ㄱ01)(국장1681一/135ㄱ02)(국장1681一/255ㄱ02)(국장1681二/103ㄱ09)

掌畜者【장축자】 일 의

국혼國婚 때 신부 집에서 납채納采, 전안奠雁 절차를 행하는 의식에 사용하는 기러기를 든 집사관. 세자빈 등의 국혼의 경우 신부 집에서 납채納采를 받는 의식을 행할 때 국왕의 교서와 기러기를 주고받는 의식을 치르고, 또 친영 때도 전안위奠雁位를 마련하고 기러기를 주고받는 의식인 전안奠雁을 치르므로 집사관의 하나인 집안자執雁者가 필요하였다.

동 집안자執雁者

예문 一禮文內納采正使正一品副使正二品傳敎官承旨典儀通禮院官協律郎掌樂院官謁者參外掌畜者掌苑署官儐者參外掌次者典設司官納徵正使正一品副使正二品傳(가례1727/042ㄱ05~07)

색인 (가례1627/007ㄴ01)(가례1627/007ㄴ05)(가례1627/007ㄴ10)(가례1627/015ㄱ14)(가례1627/019ㄴ06)(가례1627/036ㄴ12)

長洪都介【장홍두깨】 채 건 ☞ 洪道介홍두깨

예문 空卓三木光明臺五木斗升各一長洪都介四餠亇一架子三部(빈전1675/087ㄴ03~05)

색인 (혼전1720/246ㄱ03)

梓宮【재궁】 일 의

국왕 또는 왕비의 시신을 넣은 관. 황제나 황후의 관을 재궁梓宮이라 하였는데 이는 가래나무[梓]로 만들었기 때문이다. 조선 시대에 재궁은 왕과 왕비의 관을 가리키는 용어로 사용되었다. 왕세자나 왕세자빈의 경우는 재실梓室이라 하였다. 재궁은 내재궁內梓宮과 외재궁外梓宮으로 구분되는데 각각 관棺과 곽槨에 해당한다. 재궁의 치수와 크기에 관해서는 『국조오례서례國朝五禮序例』와 『빈전혼전도감의궤殯殿魂殿都監儀軌』의 치비治椑조에 나와 있다. 비椑 역시 관을 가리킨다. 재궁은 황장판黃腸板을 사용하며 모양은 긴 사각형인데 머리 쪽이 발 쪽보다 넓다. 외재궁인 대궁大棺은 내재궁보다 너비를 1촌 5푼 정도 넓게 만들었다.

참조2 재실梓室, 치벽治椑

관련1 내외재궁內外梓宮

예문 一今此發靷敎是時梓宮進駐山陵上山陵敎是時啓殯與遷奠時拭梓宮拭巾白苧布定函具拭梓宮官洗手大也手巾函具等物(국장1684/020ㄴ09~11)

색인 (국장1659一/034ㄱ06)(국장1659一/034ㄴ11)(국장1659一/035ㄱ05)(국장1659一/035ㄱ12)(국장1659一/035ㄴ04)(국장1659一/037ㄱ02)

齋室【재실】 일 의

단묘壇廟 또는 능원陵園에 재관齋官이 재계齋戒하며 제향을 준비하는 곳. 재실은 제사에 참여하는 제관이나 집사자들이 제사 전에 일정 기간 제소祭所에서 머물면서 재계齋戒를 행하기 위해서 마련한 공간이다. 제사의 격에 따라 재전齋殿이나 재궁齋宮으로 불렀으며 왕이 재계하는 공간을 특별히 어재실御齋室이라고 구별하기도 하였다. 재실은 각 제향소마다 설치되는 것이 일반적이지만 동구릉東九陵이나 서오릉西五陵과 같이 여러 제향소가 인접한 곳은 하나의 재실을 공동으로 사용하였다. 재실은 대개 안향청安香廳, 전사청典祀廳, 제기고祭器庫, 참봉청參奉廳 등의 건물들과 인접하여 만들어졌다. 이러한 부속 건물을 모두 갖추지 못하는 경우 재실에서 그 기능을 담당하였는데 예를 들어 안향청이 별도로 없는 경우 재실에 감실龕室을 만들어 향축을 보관하였다.

예문 贈玉贈帛正件翣扇六部等物當爲奉安於齋室香大廳知委各該司預爲排說設事關是置有亦(국장1720/073ㄱ07~09)

색인 (국장1659一/028ㄴ05)(국장1659一/058ㄱ01)(국장1701一/009ㄱ02)(국장1701一/113ㄴ

01)(국장1701二/024ㄱ02)(국장1701二/181ㄱ10)

再虞祭【재우제】 일 의

국장國葬에서 하관下棺 후 두 번째로 지내는 우제虞祭. 상례에서 시신을 무덤에 안장한 후 신주를 만들어 혼령을 안정시키는 제사를 우제虞祭라고 한다. 우제는 신분에 따라 횟수를 달리하였다. 『예기禮器』「雜記」에 의하면 천자天子는 아홉 번 우제를 지내고, 제후諸侯는 일곱 번, 대부大夫는 다섯 번, 선비士는 세 번 우제를 지낸다. 조선 시대 국장에서는 대상大喪에 일곱 번 우제를 지내고, 소상小喪에 다섯 번 우제를 지냈다. 신주神主를 만든 그 날에 초우제를 지내고, 초우제 이후 처음 등장하는 유일柔日[간지(干支)로 날을 계수할 乙 ,丁, 己, 辛, 癸의 글자가 들어간 날]에 재우제再虞祭를 지낸다. 재우제부터는 유일에 지내다가 마지막 우제는 강일(甲, 丙, 戊, 庚, 壬)에 거행하였다.

참조1 초우제初虞祭

참조2 삼우제三虞祭, 사우제四虞祭, 오우제五虞祭, 육우제六虞祭, 칠우제七虞祭, 팔우제八虞祭, 구우제九虞祭

예문 一禮文內虞祭畢大祝捧神帛盛於土籐箱裹以紅綃袱埋於屛處潔地云來四月二十八日孝成殿再虞祭畢大祝捧出神帛依禮文理安於魂殿潔地爲白乎(국장1834/119ㄴ09~11)

색인 (국장1659一/121ㄴ03)(국장1681/069ㄴ01)(국장1701一/098ㄴ05)(국장1702B一/102ㄴ11)(국장1724一/099ㄱ12)(국장1730一/071ㄱ09)

爭機【쟁기】 차 건

쟁기. 토양을 갈아 뒤엎거나 작물의 잔해를 파묻고, 잡초를 제거할 때 사용하는 농기구이다.

예문 條所十二巨里內鉅乙注五巨里五峯山屛及牧丹屛等爭機七巨里海長竹六十介屛風爭機所入以上繕工監眞末一石四斗五升內牧丹屛三坐一斗五升素屛一坐一斗(빈전1659/249ㄴ12~250ㄱ02)

색인 (가례1671/161ㄱ09)(가례1671/177ㄱ08)(가례1681/255ㄴ03)(가례1681/257ㄱ11)(가례1681/264ㄱ08)(가례1696/216ㄱ04)

錚盤【쟁반】 차 의 음

음식 그릇을 담아 나르는 데 쓰는 편평한 그릇. 의궤에는 쟁반의 재료와 쓰임에 따라 鍮-, 望燎- 등으로 구분한다. 또한 쟁반의 모양이 대개 운두가 낮은 것이 일반적이나 유족쟁반有足錚盤처럼 발이 달린 예도 보인다.

관련1 망료쟁반望燎錚盤, 유쟁반鍮錚盤, 유족쟁반有足錚盤

예문 蒸色所用中沙用小沙用東海鍮者各一炙色所用和者中沙用各一銀器城上所用大錚盤十立中錚盤十立東海一泡匠所用鍮者一(빈전1701/121ㄴ04~06)

색인 (가례1627/025ㄱ12)(가례1696/018ㄴ03)(국장1800三/059ㄴ07)(국장1800三/061ㄴ05)(국장1800三/062ㄱ02)(국장1849一/031ㄴ03)

쟁반

苧糸【저사】 일 복

처마나 일산日傘, 선繕, 교명敎命, 백택기白澤旗 등을 만드는 데 사용하는 모시로 짠 실. 저사는 모시로 짠 실이며 이것으로 짠 직물을 모시포라 하는데, 백저포白苧布라고도 한다. 교명 한 부 만드는 데 백저사白苧絲 한 돈이 사용되었고, 백택기白澤旗 두 건을 만드는 데 저사苧絲 한 돈이 사용되었다. 아청저사鴉青苧糸나 홍저사紅苧糸는 중국에서 생산되는 사紗이며 흔히 사모紗帽를 만드는 데 사용되었다.

ㅈ

저사苧絲와 같다.

참조2 마사麻絲, 아청저사鴉靑苧糸, 청저사靑紵絲, 홍저사紅苧絲, 황저사黃苧絲

예문 一首飾二一則大首一則擧頭尾髢髮四十丹眞油三升白糸三兩黃蜜四兩松脂四兩苧糸五錢木梳五介炭一石(책례1651/026ㄴ02~04)

색인 (가례1696/208ㄱ07)

苧絲【저사】 일 복 ☞ 苧糸저사

예문 紅苧絲三兩三錢紫的鄕絲三分紅麻絲四兩一錢自苧絲四錢黃鄕絲二錢白麻絲七兩七錢黑麻絲八錢白絲一錢(국장1903/209ㄱ03~05)

색인 (가례1671/167ㄱ12)(가례1671/181ㄱ01)(가례1681/244ㄴ01)(가례1802/상181ㄱ09)(가례1802/상182ㄱ04)(가례1802/상189ㄴ03)

低足床【저족상】 일 의 ☞ 高足床고족상

예문 司饔房排設黑漆低足床貳依前減付標啓下黑漆高足牀貳鍮鑄盤陸內水剌間伍酒房壹丁未八月十五日以存伍啓下(가례1727/018ㄱ10~12)

색인 (가례1627/127ㄱ14)(가례1681/027ㄴ06)(가례1681/293ㄱ12)(가례1866/하065ㄱ07)(가례1866/하065ㄱ11)

楮注紙【저주지】 일 건

승정원의 승지 또는 주서注書 등이 국왕의 명령을 받아 적거나 계사啓辭 따위를 적을 때에 쓰는 주지注紙의 하나로 닥나무 껍질을 원료로 하여 만든 종이. 가례嘉禮, 책례冊禮, 국장國葬 등에서 다양한 용도로 사용되었다. 뿐만 아니라 귀중품이나 문서를 싸는 포장 용지, 초기草記나 사고史庫에 분상分上하는 등록謄錄, 반차도班次圖 등의 정서正書 용지, 물품의 본을 뜨는 바탕감, 상탁牀卓의 다리를 감아 싸는 배접지, 혼례용 단자單子 용지, 대렴大斂 시 꼬아 만든 당김줄[引絞]용, 전각의 창호나 온돌 도배 용지 등에도 사용되었다. 용도에 따라 初草-, 中草-, 正書- 등을, 제작 과정에 따라 擣鍊-을 앞세워 종류를 구분하였다. 이 중 도련저주지擣鍊楮注紙는 다듬잇돌에서 두드려 평활하게 만든 저주지를 일컫고, 정서도련저주지正書擣鍊楮注紙는 임금에게 정서正書하여 아뢰기 위해 다듬잇돌에서 두드려 평활하게 만든 저주지를 말한다.

참조2 도련저주지擣鍊楮注紙, 정서도련저주지正書擣鍊楮注紙, 정서저주지正書楮注紙, 중초저주지中草楮注紙, 초초저주지初草楮注紙, 출초저주지出草楮注紙

예문 一本房所掌御覽班次圖次擣鍊紙十張草圖次楮注紙十張太染太五升畵筆五柄各種彩色等各該司良中捧甘取用是如爲乎矣(국장1674/134ㄱ11~ㄴ01)

색인 (가례1627/039ㄱ04)(가례1627/043ㄴ14)(가례1627/044ㄱ02)(가례1627/044ㄴ05)(가례1627/044ㄴ09)(가례1627/046ㄱ06)

苧布【저포】 일 복

휘건[행주치마]이나 보자기, 의복을 만드는 데 사용되는 모시. 홍저포紅苧布는 겹휘건裌揮巾을 만드는 데 사용되었고 백저포白苧布/白照布는 보자기를 만드는 데 사용되었다. 홍저포장삼紅苧布長衫은 기행나인騎行內人, 황저포 장삼黃苧布長衫은 상궁이 착용하였다. 정당正堂 이하 여러 곳의 계단을 보수하거나 설치할 때 활 백저포白苧布 되 당 5치를 사용하였고, 수건과 걸레 감으로 백저포白苧布와 생포生布 각 1자를 사용하였다. 거재저포去滓苧布는 찌꺼기 거르는 모시를 뜻한다. 생저포生苧布는 신유한申維翰의 『해유록海遊錄』에 황조포黃照布로 기록되어 있다.

참조2 거재백저포去滓白苧布, 백세저포白細苧布, 생저포生苧布, 저포전苧布廛, 홍저포紅苧布, 황저포黃苧布, 황조포黃照布

예문 雜物亦當折半磨鍊是置去滓所入白布十尺內五尺白苧布四尺內二尺綿子四兩內二兩上下爲於炭段置五石爲先上下何如堂上手決內依(국장1681/131ㄴ04~06)

색인 (가례1627/046ㄴ14)(가례1627/053ㄴ09)(가례1627/122ㄴ02)(가례1627/122ㄴ03)(가례1627/122ㄴ04)(가례1627/122ㄴ05)

赤古里【저고리】 채 복 赤九里

바지나 치마에 대응하는 상의上衣로서 포袍에 비해 길이가 짧은 옷. 저고리[赤古里]의 명칭은 세종 2년(1420) 원경황후 국상 천전의遷奠儀에 처음 나타나며, 저고리[赤古里] 외에도 회장저고리[回粧赤古里], 소저고리[小赤古里], 장저고리[長赤古里] 등이 보인다. 구성 방법에 따라 겹裌, 누비[衲], 솜[糯] 등이 결합되었으며, 형태에 따라 소小, 장長, 당唐, 회장回粧, 민 등의 수식어가 붙어 구성상의 특징을 나타냈다. 저고리는 여자에 한하여 사용되다가 시대가 내려오면서 남자에게까지 사용 범위가 확대되었다.

예문 白羅各長一尺五寸廣二寸赤古里次草綠紬各二十尺內拱犒紅各二十尺(가례1721/074ㄱ05~07)

색인 (가례1627/048ㄴ08)(가례1627/052ㄱ05)(가례1627/061ㄱ13)(가례1627/062ㄱ09)(가례1627/063ㄱ12)(가례1627/063ㄴ13)

翟冠【적관】 일 복

조선 시대 적의翟衣와 함께 착용하는 관冠. 왕비의 예복인 적의와 함께 쓰는 관으로 조선 초기 태종 3년(1403)에 명明으로부터 칠적관七翟冠을 사여 받아 착용하였다. 그 후 인조 23년(1635)에는 적관 대신 다래[月乃]로 수식을 만들어 사용하였다. 인조 23년(1645) 7월 6일 책례도감冊禮都監에 빈궁 책례 때의 적관의 제도에 대해 가례를 치르더라도 모두 적관을 사용하지 않고 체발髢髮로 수식首飾을 만들어 예식을 치렀다는 기록이 있다.

참조2 주취 칠적관珠翠七翟冠

예문 綿布單三幅付分之袱壹依前減付標啓下五幅付亇要袱壹翟冠壹依前減付標啓下孔雀羽伍拾箇依前減付標啓下翟衣壹件(가례1727/013ㄴ09~11)

색인 (가례1627/036ㄱ14)(가례1627/051ㄱ09)(가례1671/009ㄴ03)(가례1696/010ㄱ05)(가례1718/011ㄴ02)

赤九里【저고리】 채 복 ☞ 赤古里저고리

炙金【적쇠】 채 건 炙釗 炙鐵

두 개의 굵고 큰 철사로 만든 쇠젓가락. 화로 위에 걸쳐 놓고, 석쇠나 냄비 따위를 얹어서 음식을 굽거나 데우는 데 쓴다. 현대 국어 사전류에서는 적쇠를 석쇠와 동일한 기물로 설명하나, 대부분의 의궤 자료에 炙色所用味鐵壹鍮中沙用壹大炙金一雙(『빈전도감殯殿都監』)과 같이 적쇠와 석쇠가 연이어 나타나고 있어 어느 특정 시기에는 이 둘의 변별이 뚜렷했던 것으로 보인다. 뿐만 아니라 한글의궤인 『ᄌᆞ경뎐진쟉뎡니의궤』에도 적쇠가 주로 구이용 조리기인 석쇠와 나란히 기록되어 있어 적쇠와 석쇠는 서로 다른 기물임이 분명하다. 다만, 의궤에서 서로 관련성이 큰 기물들이 이어져서 기록되는 경향을 고려하면 적쇠는 주로 화롯불 위에 놓인 석쇠를 아래에서 받치는 기능을 한 것으로 짐작할 수 있다. 크기에 따라 大炙金·中炙金·小炙金로 구분한다. 의궤에는 炙金의 다른 표기로 炙釗, 炙鐵이 보이기도 한다.

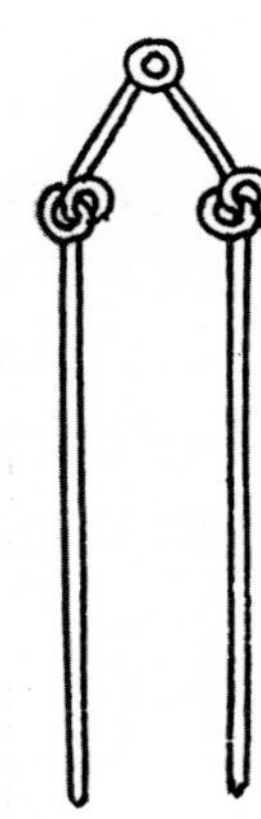

적쇠

관련1 대적쇠大炙金, 소적쇠小炙金, 중적쇠中炙金

예문 中釜二坐辛巳一書下大炙金一部味金一部(가례1819/035ㄴ06~08)

색인 (국장1903四/013ㄴ03)(존호1783/248ㄱ03)(존호1783/252ㄴ04)

赤亇【치마】 채 복

여성의 대표적인 하의下衣. 여러 폭을 이어 만든 직

ㅈ

사각형 자락의 윗부분에 주름을 잡아 허리말기에 고정시키고 끈을 단 구조이다. 조선 전기에는 저고리의 길이가 길어서 치마를 허리에 둘러 착용하였기 때문에 그 길이가 짧았다. 시대가 내려오면서 저고리의 길이는 짧아지고 치마의 길이가 길어지고 가슴 위에서 묶어 입게 되었다. 종류로는 솜치마[糯赤亇], 겹치마[裌馳馬], 홑치마[單赤亇] 등이 있고 예복용으로 치마 아랫부분에 스란단을 댄 대란치마[大襴赤亇]와 스란치마[膝襴赤亇]도 있다.

예문 內衣前三後四霞破翟鷄起畵大帶及赤亇綬及蔽膝面紗胸背赤舃赤襪造作內入事明載謄錄爲有置一依(책례1651/030ㄱ11~13)

색인 (가례1627/049ㄱ09)(가례1627/052ㄱ08)(가례1627/061ㄴ02)(가례1627/062ㄱ12)(가례1627/063ㄱ11)(가례1627/063ㄴ01)

치마

赤襪【적말】 일 복

대전의 법복과 중궁전의 법복에 신는 붉은색의 버선. 대전의 법복大殿法服인 면복冕服과 평천관平天冠 또는 강사포絳紗袍와 원유관遠遊冠을 착용할 때 적석赤舃과 함께 신었으며, 중궁전법복中宮殿法服에도 대홍당직 적의大紅唐織翟衣를 입을 때 적석을 함께 신었다. 국장 때에는 흑석과 함께 사용되기도 하였다. 대홍광직 또는 대홍항직으로 만든다.

참조1 적석赤舃

참조2 백말白襪

예문 服玩諸具依甲寅年例新造而平天寇玉圭佩玉赤襪赤舃段以舊件用之可也事單子中付標踏啓字以下敎是乎等以(국장1724/054ㄴ06~08)

색인 (가례1627/038ㄱ12)(가례1681/201ㄴ03)(가례1718/199ㄱ01)(가례1762/상015ㄱ11)(가례1762/상016ㄴ06)(가례1802/상027ㄴ02)

赤舃【적석】 일 복

적석

임금이 정복正服을 입을 때 신는 붉은색 비단으로 만든 신. 대전의 법복大殿法服인 면복冕服과 평천관平天冠 또는 강사포絳紗袍와 원유관遠遊冠을 착용할 때 적말赤襪과 함께 신는 왕의 신이다. 『국조보감國朝寶鑑』과 『조선왕조실록朝鮮王朝實錄』에 임금은 면류관에 곤룡포 차림으로 인정전仁政殿에 납시고, 왕세자는 칠장관七章冠·공정책空頂幘·적말赤襪·적석赤舃 차림으로 예를 거행하였다고 되어 있어 왕과 왕세자 모두 적석을 함께 착용하였음을 알 수 있다.

참조1 적말赤襪, 흑석黑舃

예문 自前國恤時御押內旨臨時內出尙方製造佩玉圭赤舃等物依服玩例盛石函埋安於梓宮之南爲白有昆(빈전1730/101ㄴ12~102ㄱ02)

색인 (가례1627/038ㄱ12)(가례1627/051ㄴ08)(가례1681/201ㄴ04)(가례1762/상015ㄱ12)(가례1802/상027ㄴ03)(가례1802/상027ㄴ07)

炙釗【적쇠】 채 건 ☞ 炙金적쇠

翟衣【적의】 일 복

왕비, 왕세자빈, 왕세손빈, 황후, 황태자빈의 법복法服. 적의翟衣는 조선 시대 왕비의 예복으로 왕이 면복을 입을 때 함께 착용하였다. 국혼 외에 종묘 제사와 대연회 등 최고의 의식을 치를 때 두루 입었는데, 가령 조하의朝賀儀나 궁중 연회인 진연進宴, 종묘의宗廟儀에서는 제복祭服으로, 흉례凶禮 때에는 대렴 의대大斂衣襨로 다양하게 사용되었다. 조선 시대 초기에는 명나라에서 하사받아 대삼大衫 제도였으나, 임진왜란 후에는 우리나라에서 만든 붉은색의 금적문이 있는 적의로 바뀌었고 대한제국 시기에는 중국 황후의 적의인 심청색 적의를 입었다.

예문 細仗鼓吹前導至大王大妃殿閤外請尙傳以入各置於案進册寶訖大王大妃殿具翟衣加首飾仍御慈慶殿女執事先就位尙傳詣閤外俯伏跪啓(상호1853/050ㄴ05~07)

색인 (가례1627/036ㄱ14)(가례1627/036ㄴ01)(가례1627/036ㄴ03)(가례1627/038ㄱ12)(가례1627/039ㄴ11)(가례1627/051ㄱ10)

炙鐵【적쇠】 채 건 ☞ 炙金적쇠

예문 炙鐵二案盤一(국장1632/155ㄱ01~02)

색인 (국장1632/155ㄱ01)

赤貼【적첩】 채 건 接貼 積貼

① 지붕이 없는 닫집. 보개에서 포살미의 위쪽에 가로댄 여모판廉隅板 밑에 댄 보. 통이층 고주 중층 머름 위에도 앞뒤에 설치한다. ② 여닫이문을 달 때 한쪽은 문틀에, 다른 한쪽은 문짝에 고정하여 문짝이나 창문을 다는 데 쓰는 철물. 적첩은 부재와 기물을 동시에 나타내기 때문에 구체적인 지시물은 이들이 제시된 전후 환경을 고려해서 파악할 수 있다. 뿐만 아니라 부재를 나타낼 경우 적첩덧방[赤貼起方], 감의적첩[歛衣赤貼], 외염우적첩[外簾隅赤貼], 화방적첩[火防赤貼], 염우적첩[簾隅赤貼] 등과 같이 부재화방火防이나 덧방[起防]과 함께 쓰인다. 기물을 나타낼 경우에는 대大나 금金, 동同, 문門, 채정釵釘 등이 함께 쓰여 적첩의 종류를 분화시킨다.

의궤에는 赤貼의 다른 표기로 接貼 積貼이 쓰이기도 한다.

참조1 납염봉적첩鑞染鳳赤貼, 납염적첩정구鑞染赤貼釘具, 납염하적첩鑞染下赤貼, 동도금적첩銅鍍金赤貼, 두석렴우적첩豆錫廉隅赤貼, 봉두적첩정鳳頭赤貼丁, 봉두적첩정鳳頭赤貼釘, 봉두중적첩채정鳳頭中赤貼釵釘, 삼적첩三赤貼, 염우적첩廉隅赤貼, 적첩정구赤貼釘具, 적첩채정정구赤貼釵釘釘具, 중적첩정구中赤貼釘具, 중적첩中赤貼, 중적첩차정中赤貼叉釘, 철적첩鐵赤貼

예문 本房所掌大小輿赤貼起畫時出草次厚油紙二張及香佐兒長足兒靈座交倚弓領本造作次厚油紙三張(국장1730/159ㄴ06~07)

색인 (가례1627/055ㄴ14)(가례1627/056ㄱ06)(가례1671/164ㄱ01)(가례1681/240ㄱ07)(가례1681/300ㄴ10)(가례1696/204ㄴ09)

積貼【적첩】 채 건 ☞ 赤貼적첩

참조1 납량대적첩鑞梁大積貼, 납염적첩鑞染積貼

예문 蓋板次椵木十二條各長七尺五寸末圓徑一尺五寸積貼次椵板四十八立各長九尺廣四寸(국장1903/046ㄴ01~02)

색인 (가례1627/030ㄴ14)(국장1674A三/013ㄱ10)(국장1800二062ㄱ12)(국장1800二/071ㄱ06)(국장1800二/072ㄱ03)(국장1800二/076ㄱ06)

傳敎【전교】 일 의

임금이 명령을 내리는 것. 또는 그 명령. 하교下教라고도 한다. 전교는 의궤의 구성 요소 중 하나로 행사나 공사에 대한 임금의 명령들을 담고 있다.

예문 度勿爲兼各行事傳敎據大妃殿上尊號內習儀初度七月二十一日二度同月二十五日三度同月二十七日(책례1651/008ㄱ08~10)

색인 (가례1627/024ㄴ14)(가례1627/036ㄴ01)(가례1627/036ㄴ03)(가례1627/038ㄴ09)(가례1627/112ㄱ13)(가례1627/113ㄱ01)

傳敎官【전교관】 일 의

조선 시대 국왕·왕세자·왕세손 등의 가례[혼례] 사무를 관장하기 위하여 설치되었던 임시 관서 혹은 관리. 전교관은 도승지가 임명되었다. 태조 6년(1397) 10월 왕세자 방석芳碩의 혼례를 위해 가례도감을 설치한 것이 효시이다. 국혼의 의논이 확정되면 설치되었고 모든 행사가 끝난 뒤에 해체되었다. 주요 업무로는 교명敎命·옥죽책문玉竹册文·금보金寶의 제작과 사자寫字, 혼례의 연습과 시행이었다. 그 밖에도 필요한 물자의 조달, 기록의 작성·보존 등의 업무도 함께 관장하였다. 그 담당하는 업무가 적지 않았으므로, 이의 분담을 위해 1방·2방·3방·별공작·수리소 등으로 나누어 관할하였다. 다만 왕세손의 혼례 때에는 예외적으로 2방으로 조직되었다. 왕실에서 행하는 가례는 일반적으로 2~6개월간의 기간이 소요되었다. 이 기간 동안의 주요 행사로는 간택揀擇·납채納采·납징納徵·고기告期·책비册妃·친영親迎·동뢰연同牢宴·조현례朝見禮 등이 있었다. 관원은 항상 일정한 것이 아니라, 행사에 따라 늘어나거나 줄어들었다. 일반적으로 정1품에 해당하는 도제조都提調가 1명, 정2품에 해당되는 제조提調가 3명, 정사正使(정1품) 1명, 부사副使(정2품) 1명, 도청都廳(정3~5품) 2명, 낭청郎廳(정5~6품) 6명, 감조관監造官(정9품) 6명, 전교관傳敎官(승지) 1명, 장축자掌畜者(掌苑署別提) 1명, 장차자掌次者(典設司官員) 등으로 구성되었다. 이 밖에 산원算員·녹사錄事·서리書吏·서사書寫·고직庫直·사령使令 등이 더 임명되었다. 흔히 도제조는 삼정승 중에서 임명되었고, 제조 중 2명은 예조판서와 호조판서가 당연직으로 선임되었다. 도청의 경우는 홍문관의 응교·교리가 임명되어 문한文翰의 업무를 맡았다. 그러나 왕세손의 가례 때에는 도제조가 없고 제조만 2명으로 구성되었으며, 낭청은 3명으로 줄어들었다. 모든 업무는 의궤儀軌라는 이름으로 기술하여 궁중·의정부·예조·사고史庫 등에 영구히 보존하였다.

예문 使者傳敎官以下各差備官依禮文以黑團領烏紗帽黑角帶進參爲旀引接儀註等事通禮院擧行事捧甘何如(예장1729/145ㄴ02~04)

색인 (가례1627/007ㄱ14)(가례1627/007ㄴ03)(가례1627/007ㄴ07)(가례1627/021ㄱ03)(가례1627/021ㄱ04)(가례1627/034ㄱ11)

全丹餠【전단병】 일 음

궁중 혼례 때 동뢰연상에 올렸던 것으로 난꽃 모양으로 만든 과자. 밀가루에 꿀을 넣고 반죽하여 난꽃 모양으로 빚은 다음 참기름에 지져낸다. 1906년 가례에서는 참기름에 튀겨 내었다. 절개를 상징하는 의미로 해석하기도 하고 난꽃 모양이라는 의미를 갖는 것으로 해석하기도 한다. 재료로는 상말上末, 청淸, 진유眞油가 쓰인다.

예문 白茶食三器式六器每器高六寸全丹餠二器式四器每器高六寸三行小紅望口消二器式四器每器高五寸(가례1744/213ㄴ01~03)

색인 (가례1627/042ㄴ09)(가례1671/142ㄴ07)(가례1681/213ㄱ03)(가례1718/207ㄱ06)(가례1802/상021ㄴ04)(가례1802/상258ㄴ08)

剪刀【가위】 일 건

가위. 주로 종이나 옷감 따위를 자르는 데 쓰이지만 철물 공사에서 철망장鐵網匠이 철망의 철사를 사용할 때 쓰기도 한다. 剪子로도 쓴다.

예문 鑞匠所用鑞釜一明油煮取所用大鼎一坐各樣物件裁折次剪刀二引刀二熨刀一匠人地排空石三十立(국장1688/005ㄴ09~11)

색인 (가례1671/175ㄴ07)(가례1671/177ㄴ11)(가례1671/219ㄱ08)(가례1681/253ㄴ09)(가례1681/256ㄴ01)(가례1681/318ㄴ04)

戰笠【전립】 일 복

무관이 착용하는 벙거지. 모전립毛氈笠을 전립戰笠이라고도 하며 군인들의 제모制帽로 삼았다. 일명 벙거지, 벙테기라고도 하며 짐승의 털을 다져 담毯(felt)을 만들어 그것을 벙거지용 골에 넣어서 형태를 만든다. 특히 모전립毛氈笠은 일상의 전립氈笠위에 돼지털을 덮은 고급품이며, 또한 품계가 높은 무관이 쓰는 전립은 안올림 벙거지라고 했다. 하졸들은 홍전립紅戰笠, 주전립朱戰笠 등을 썼다. 세종원년(1418)에는 상왕과 임금이 사신으로 가는 윤곤과 윤자당을 전송하면서 상왕上王은 활과 화살을, 임금은 전립氈笠을 하사하였으며, 세종 20년(1438)에는 병조에 이르러 성문 밖을 거동할 때 사위四衛 군사는 전립 위에 작은 표기標旗를 꽂도록 하였다. 이후 인조 5년(1618) 호란이 있은 후에는 사대부들도 전립을 쓰기도 하였다.

참조2 벙거지, 벙테기, 전립氈笠

예문 禁軍一百人番將率領依常時例着戰笠戰服神輦前分左右侍衛晝停所作門外分左右札駐宿所(국장1834/092ㄱ05~07)

색인 (가례1819/상080ㄴ04)(가례1819/상081ㄴ02)(국장1800一/066ㄴ08)(국장1903二/216ㄱ04)(책례1721/038ㄴ12)(책례1721/040ㄱ10)

전립

戰服【전복】 일 복

깃과 소매가 없는 긴 조끼 형태의 옷. 무관武官의 군복軍服 혹은 사대부의 평상복으로 착용되었으며, 군복軍服은 전립戰笠/氈笠을 쓰고 협수狹袖를 입고 전복戰服이나 쾌자掛子를 입은 후 그 위에 전대戰帶를 매고 수화자水靴子를 신은 차림이다. 『영조실록營造實錄』에 전복의 명칭이 처음 보이는데, 이때에는 전복과 답호가 구분되었다. 그러나 『문헌비고文獻備考』에는 오늘날의 전복은 옛날의 반비半臂인데, 일명 작자綽子 또는 답호라고 한다고 기록되어 있어 후대로 내려오면서 전복과 답호의 구분이 모호해진 것으로 보인다.

참조1 더그레加文剌

참조2 군복軍服, 협수狹袖

예문 習儀敎是時侍衛以下各差備等一依正日例擧行爲白乎矣禁軍一百人番將率領依常時例着戰笠戰服神輿前分左右侍衛爲白齊(국장1890/096ㄴ10~12)

색인 (가례1819/상080ㄴ05)(가례1819/상081ㄴ02)(국장1834一/092ㄱ06)(국장1890一/096ㄴ11)(국장1890一/097ㄱ05)(국장1890一/097ㄱ08)

典賓【전빈】 일 음

조선 시대에 궁중의 접대나 영빈迎賓, 조현朝見 등의 일을 담당한 내명부의 종칠품 궁관. 사빈司賓이었는데 이후 전빈으로 칭호가 바뀌었다. 빈객, 영빈, 연희, 조현 등의 일을 담당하였다. 내명부의 종칠품 궁인직으로 전의典衣나 전선典膳보다 높은 벼슬이다.

예문 王世子便次寶慶門外王世子嬪便次於寶慶門內司贊典賓位於簾內典言典贊在南差退贊唱女執事位於簾外東階上近東西向設淵德顯道景仁純禧殿下上尊(상호1827/053ㄱ08~10)

색인 (가례1671/120ㄱ03)(가례1671/120ㄱ09)(가례1671/120ㄴ01)(가례1671/120ㄴ03)(가례1671/120ㄴ05)(가례1671/120ㄴ06)

典祀官【전사관】 일 의

전사청에 속하여 국가의 제사祭祀에 관한 일을 맡아 보던 관직. 종묘宗廟나 사직社稷 등의 큰 제사가 있을 때에 시설물 설치, 제사 지내는 장소 청소, 제사 그릇 세척, 제사를 위한 물건 조달 등의 일을 관장하였다. 대한제국 때는 제사의 물건을 관장한 궁내부宮內府에 속하여 나라 제사에 드는 물건을 맡아보았다.

참조1 봉상시奉常寺

관련2 전사청典祀廳

예문 典祀官以下皆四拜訖贊者以次引出廟司大祝宮闈令納神位如常儀執禮帥贊者諷(빈전

1800/034ㄱ12~ㄴ01)

색인 (국장1674一/087ㄱ08)(국장1674一/088ㄱ08)(국장1674一/088ㄴ01)(국장1674一/090ㄱ07)(국장1674一/090ㄱ10)(국장1702B一/114ㄴ03)

典牲署【전생서】 읩 의

조선 시대, 궁중의 제향祭享·빈례賓禮·사여賜與에 쓸 양이나 돼지 따위를 기르는 일을 맡았던 관청. 전구서典廐署라 하던 것을 세조 6년(1460)에 전생서典牲署로 고쳤다. 관원으로 제조提調 1명, 판관判官 1명, 주부主簿 1명, 직장直長 1명, 봉사奉事 1명, 부봉사副奉事 1명, 참봉參奉 1명을 두었다.

관련1 전생부봉사典牲副奉事, 전생서봉사典牲署奉事, 전생서부봉사典牲署副奉事, 전생서판관典牲署判官, 전생판관典牲判官

예문 五月初五日減下典牲署主簿洪祐奭庚寅五月初五日啓下八月三十日至監造官前監役曹有承庚寅四月二十日啓下(빈전1886/065ㄱ03~05)

색인 (가례1696/230ㄴ10)(국장1800二/001ㄴ03)(국장1800一/084ㄴ06)(국장1849一/061ㄱ12)(국장1849一/107ㄴ08)(국장1849一/147ㄴ06)

典膳【전선】 읩 음

조선 시대에 궁중의 요리에 관한 일을 담당한 내명부 소속 정7품의 궁관. 사선司膳으로 설정되었다가 이후 칭호가 변경되었고 정7품의 하계下階로서 전빈典賓·전의典衣보다 낮은 벼슬이다.

예문 常司主事閔泳一光武元年丁酉十月十六日分差二十八日至誌石所監造官分典膳司主事李恒冕開國五百六年丁酉七月初八日任光武元年丁酉十月二十八至都廳雇員安準喆(국장1898/009ㄱ01~03)

색인 (빈전1895二/083ㄱ04)(빈전1895二/083ㄱ05)

典膳司【전선사】 읩 의

어선御膳의 공급과 궐내闕內의 공궤供饋를 관장하던 관청. 대한제국 때 궁내부에 속하여 대궐의 음식·잔치에 관한 일을 맡아보았다. 조선 시대 어선御膳의 공급과 궐내闕內의 공궤供饋를 관장하던 사옹원司饔院이 고종 32년(1895)에 전선사典膳司로 바뀐 것이다.

참조1 분전선사分典膳司, 사옹원司饔院

예문 常司主事閔泳一光武元年丁酉十月十六日分差二十八日至誌石所監造官分典膳司主事李恒冕開國五百六年丁酉七月初八日任光武元年丁酉十月二十八至都廳雇員安準喆(국장1898/009ㄱ01~03)

색인 (국장1898二/042ㄱ05)(국장1903二/048ㄴ02)(국장1903一/151ㄴ05)(빈전1895二/012ㄱ10)(빈전1895二/088ㄴ09)(빈전1895二/092ㄴ02)

典設司【전설사】 읩 의

조선 시대, 병조에 소속되어 식전式典에 사용하는 장막帳幕의 공급과 설치 임무를 맡아 보았던 관청. 조선 초기에 사막司幕이라 하던 것을 태종 3년(1403) 충순호위사忠純扈衛司로 고쳤다가, 태종 14년(1414)에 다시 충호위忠扈衛로 고쳐서 의식儀式을 행할 때 장막 설치의 임무를 맡겨 오다가 세조 12년(1466) 관제官制를 개정할 때 전설사典設司로 고쳤다.

참조1 분전설사分典設司

관련1 전설별제典設別提, 전설사가관典設司假官, 전설사별제典設司別提

예문 各邑如無帷帳則以典設司所上受去進排爲白乎矣一路乙良國葬都監山陵則山陵都監專掌檢飭施行爲(빈전1834/063ㄱ04~06)

색인 (가례1627/007ㄱ09)(가례1627/009ㄴ02)(가례1627/015ㄴ03)(가례1627/015ㄴ03)(가례1627/015ㄴ04)(가례1627/017ㄴ08)

典樂【전악】 읩 의

조선 시대 장악원掌樂院에 속하여 음악에 관한 일을

맡았던 정6품 잡직雜織. 전악은 아래로 종6품 부전악副典樂, 정7품 전율典律, 종7품 부전율副典律, 정8품 전음典音, 종8품 부전음副典音, 정9품 전성典聲, 종9품 부전성副典聲 모두를 거느렸다. 1년에 3개월 근무하고 재임명 또는 교체되는 체아직遞兒職 녹관祿官이다. 정원은 1명이다.

참조1 장악원掌樂院

관련1 전악사典樂師, 전악서典樂署, 전악사공인典樂師工人

예문 請中嚴殿下具冕服御內殿繖扇侍衛如常儀近侍及執事官先行四拜禮如常典樂師工人入就位鼓三嚴鼓聲止闢內外門執事官先就位引儀分引宗親文武百(책례1721/029ㄴ02~04)

색인 (가례1671/106ㄴ11)(가례1671/109ㄱ04)(가례1671/113ㄱ04)(가례1671/116ㄴ02)(가례1681/157ㄱ01)(가례1696/136ㄱ05)

奠雁【전안】 일 의

혼례 때 신랑이 신부집에 기러기를 바치는 의식. 조선 시대 국혼은 납채納采, 납징納徵, 고기告期, 책비冊妃, 책빈冊嬪, 명사봉영命使奉迎[親迎], 동뢰同牢 등의 절차로 진행되었다. 이 중 납채와 명사봉영命使奉迎 또는 친영親迎 때에는 산 기러기 한 마리를 붉은 비단에 싸서 신부 집에 예물로 가져갔다. 특히 친영 때에는 신랑이 신부 집에 기러기를 직접 바쳤는데 이를 전안奠雁이라 하였다. 기러기를 보내어 혼인을 청하는 것은 기러기가 음양에 따라 왕래하는 것처럼 혼인하는 사람들이 음양에 역행하지 않고 순조롭게 살아가기를 기원하는 뜻이다.

참조1 전안례奠雁禮

관련1 전안차비奠雁差備, 전안배위奠雁拜衛

예문 王世子降輦入次初輦將至主人告于祠堂訖醴女于房中設酒饌卓贊者設奠雁位於堂中北向主婦具禮衣傳姆導嬪執燭者前行陪衛如式云應行諸事令各該司擧行都監知委施(가례1727/046ㄴ07~09)

색인 (가례1671/036ㄱ07)(가례1681/177ㄱ11)(가례1718/144ㄴ05)(가례1718/156ㄱ12)(가례1819/하040ㄴ09)(가례1819/하091ㄴ09)

奠雁禮【전안례】 일 의 ☞ 奠雁전안

예문 上曰依爲之閔應洙曰王妃親迎時則至內以後尙宮前導故奠雁禮畢後降階時尙宮亦前導而世子嘉禮時則入門後主人前導揖讓而入奠(가례1744/052ㄴ07~09)

색인 (가례1681/178ㄴ02)(가례1866/상252ㄴ04)(가례1671/026ㄱ10)

奠雁床【전안상】 일 의 ☞ 雁案안안

관련1 왜주홍칠전안상倭朱紅漆奠雁床, 전안상차비奠雁床差備

예문 馬壹匹具鞍雙牽馬陪司僕寺掌畜者黑團領品胸背自備奠雁床尙方紅紬袱巾貳濟用監畵龍燭壹雙義盈庫(가례1727/118ㄴ05~07)

색인 (가례1671/073ㄴ01)(가례1671/131ㄴ09)(가례1681/139ㄱ02)(가례1681/206ㄴ10)(가례1718/137ㄴ06)(가례1718/205ㄱ04)

奠雁案【전안안】 일 의 ☞ 雁案안안

관련1 전안차비奠雁差備

예문 近侍及侍衛官次於中門外贊者前期設奠雁案於正廳北壁南向(가례1866/251ㄴ12~252ㄱ01)

색인 (가례1802/상223ㄱ12)(가례1866/상252ㄱ01)

傳語差使【전어차사】 일 의

전화電話가 가설된 뒤의 전화 교환원. 대한제국 광무 2년인 1898년 1월 28일 궁궐인 덕수궁에 전화가 설치됐다. 고종황제의 명을 정부 부처에 전달하는 것이 주목적이었다. 고종의 전화를 받는 사람들은 면전에서 고종을 대하듯 격식을 갖추었다. 관복, 관모, 관대를 차려입고 네 차례 큰절을 올린 뒤 무릎을 꿇은 채 두 손으로 전화기를 귀에 대고 있어야 했다. 뒷날 순종은 경기도 양주에 있는 부왕인 고종의 홍릉陵에 전화를 설치하고 아침저녁으로 전화를 통해 곡哭을 올렸다고 한다. 그때마다 능지기가 전화기를 능에 갖다 대고 순종의 곡소리를 전달했다. 전화 보급이 늘어나면서 전화 교환소마다 전어감사傳語監使라는 관원을 두어 통화 내용을 살폈다. 전어차사원傳語差使員이라고도 한다.

예문 道路橋梁差使員利川府使韓壽遠傳語差使員龍仁縣令朴世基(국장1659/080ㄱ02~03)

색인 (국장1800一/070ㄴ09)(국장1903一/087ㄱ06)(국장1903一/087ㄴ03)(국장1878四/066ㄴ10)

傳語差使員【전어차사원】 일 의 ☞ 傳語差使전어차사

예문 一路都差使員驪州牧使柳尙載陵所留待傳語差使員安城郡守申處華自弘濟院石橋項至陵所作門外傳語差使員陽城縣監(국장1701/083ㄱ11~ㄴ01)

색인 (국장1800一/065ㄱ04)(국장1800一/065ㄱ04)(국장1800一/070ㄴ07)

煎油魚【전유어】 일 음

연회와 제례에 사용된 음식으로 얇게 저민 고기나 생선에 밀가루를 씌워 기름에 지져 만드는 음식. 조선 후기 궁중 연회상에 차려진 찬물류 중 생선이나 고기를 얇게 저며 밀가루를 입혀 기름에 지진 전이다. 전유어의 주재료로 간, 숭어, 해삼, 천엽, 양, 쇠고기, 돼지고기 등이 사용되었고, 양념에는 참기름, 녹말, 쌀가루, 메밀가루, 밀가루, 후춧가루, 깻가루, 소금 등이 사용되었다.

예문 乾南五器式十器生雁鷄兒鷄卵生雉熟全鰒四行煎油魚五器式十器(가례1744/214ㄴ01~02)

색인 (예장1898B一/063ㄴ03)(예장1989一/063ㄴ03)(가례1802/상023ㄱ10)(가례1802/상024ㄱ10)(가례1802/상254ㄱ10)(가례1802/상255ㄱ05)

典儀【전의】 일 의

나라의 큰 의식이 있을 때 의식의 절차를 주관하는 집사관. 조선 시대 책봉册封이나 조하朝賀 등의 의식이 있을 때 임명하였던 임시직으로서 의식의 진행을 주관하였다. 의식에서 전의典儀가 의식 순서를 적은 홀기笏記를 읽으면 임시 관원인 찬의贊儀가 그를 받아 다시 구체적인 행동을 지시하여 외치는 일을 맡아 도왔다. 대관전에서 옥책玉册을 올리는 의식을 보면 임금이 대관전에 나올 무렵에 집례관·내급사·내시·내상시·알자·내알자·전알·전의·찬자 등이 먼저 전정으로 들어가 좌우로 갈라선다고 한 기록이 보인다.

예문 擧寶案者參外下同位於領議政之後近南異位重行北向東上設典儀位於領議政東北西向贊儀引儀在南差退又贊儀引儀位於領議政西北東向俱北上引儀設領議政以下(국장1834/128ㄴ06~08)

색인 (가례1627/007ㄱ14)(가례1627/007ㄴ03)(가례1627/007ㄴ07)(가례1627/007ㄴ09)(가례1627/015ㄱ10)(가례1627/017ㄴ05)

剪子【전자】 일 의 ☞ 剪刀전도

관련1 개전자蓋剪子, 중유전자中鍮剪子

예문 一今此加漆時每度六兩燭二雙式進排事戶曹義盈庫一殯殿所用剪子剪燭器當刻內進排事一今此祭物退膳藏置庫圍排及鎖鑰一依例進排事(빈전1600/043ㄴ09~11)

색인 (가례1627/102ㄴ01)(가례1627/105ㄱ11)(가례1671/013ㄱ05)(가례1671/015ㄴ12)(가례1696/013ㄴ11)(가례1696/016ㄴ05)

錢牋紙【전전지】 일 복 ☞ 金箋紙금전지

箭竹【살대】 채 의

화살대.

예문 一錢五分盡筆二柄義釘二介纓子次紫的

鹿皮長八寸廣二分二片典之柄木及箭竹前排仍用回繩次紅鄕絲一錢(상호1827/197ㄱ04~06)

색인 (국장1659一/009ㄱ01)(국장1659一/012ㄴ04)(국장1659一/013ㄴ04)(국장1659一/083ㄱ05)(국장1659二/042ㄴ01)(국장1681二/012ㄴ02)

典贊【전찬】 일 의

조선 시대 정8품 궁관宮官의 하나. 세종 때에는 내명부內命婦 정7품이었다가, 뒤에 정8품이 되었다. 빈객賓客의 조현朝見이나 연식宴食 때에 서로 도와서 손님을 돕고, 안내하는 일을 맡았다.

예문 王妃受册位於殿庭階間北向典贊設內命婦陪列位於殿庭道東近東俱每等異位重行西向北上(책례1651/014ㄱ07~09)

색인 (가례1671/120ㄱ02)(가례1671/120ㄱ04)(가례1671/120ㄱ09)(가례1671/120ㄴ03)(가례1671/120ㄴ06)(가례1671/120ㄴ07)

箭平床【살평상】 채 의

재궁梓宮에 설치하였던 평상. 국장이 있을 때 바닥에 가는 나무오리로 살을 만든 평상으로 재궁梓宮 등에 설치되었다. 나무오리로 천판天板을 만들어 살평상이라고 불리기도 하며 좌우에는 대철환大鐵環을 달았다.

관련1 전평상군箭平床軍, 전평상군패장箭平牀軍牌將, 전평상담줄箭平床擔乼, 전평상소배채화석箭平牀所排彩花席, 전평상소성가자箭平床所盛架子, 전평상욕箭平床褥, 전평상우비箭平床雨備

예문 欄干平床一今番則陵所至近無經宿處故不爲行用箭平床一今番則因中使分付用內出日傘平床都監所造則不用(국장1695/127ㄱ11~12)

색인 (국장1800四/061ㄴ01)(국장1800四/076ㄴ05)(국장1800四/114ㄴ01)(국장1800四/119ㄴ12)(국장1800四/122ㄱ10)(국장1800四/123ㄱ11)

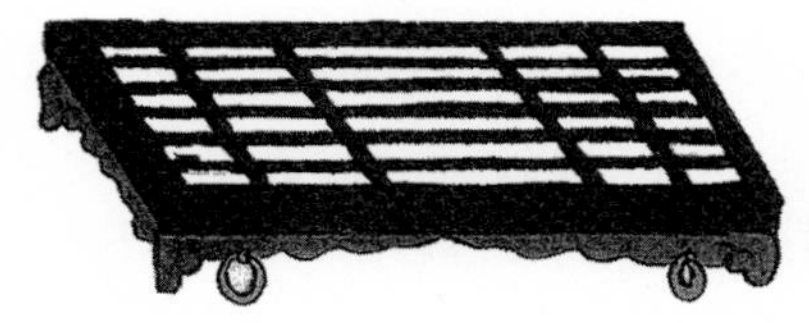

살평상

接匙【접시】 채 의 음 貼是 貼匙 楪匙

반찬이나 과일 등 주로 물기가 없는 반찬류를 담을 때 쓰는 얇고 납작한 그릇. 여러 의궤 자료에서 첩貼과 접楪의 분포가 고르게 나타난다. 접楪의 출현이 비교적 후대 자료에 집중되는 것으로 보아 대접大楪의 경우와 마찬가지로 貼에서 楪으로의 교체가 일어난 것으로 보인다. 唐-, 鍮- 등이 선행해 기물의 성격을 한정해 준다. 貼是, 貼匙, 楪匙로도 표기하였다.

관련1 당접시唐接匙, 유접시鍮接匙

예문 黃紅紬三幅袱各一件黃紅假函各一隻砂莫子一箇唐接匙砂鉢甫兒各二箇唐磁碗一箇破帽子四立大節常墨四丁(상호1902/154ㄴ12~155ㄱ02)

색인 (국장1898三/106ㄱ10)(국장1898二/021ㄴ08)(존호1892/265ㄱ03)

楪匙【접시】 채 의 음 ☞ 接匙접시

관련1 유접시鍮楪匙

예문 畵水筆各八柄唐大楪二竹唐楪匙一竹(빈전1921/047ㄴ02~04)

색인 (가례1819/상151ㄱ05)(가례1819/상178ㄴ07)(가례1819/하012ㄱ09)(가례1819/하031ㄱ10)(가례1866/상162ㄴ08)(가례1866/상233ㄱ09)

接貼【적첩】 채 건 ☞ 赤貼적첩

예문 粧餙接貼二介落目一介排目菊花童三介甘執只二十四介朴排丁頭釘四十八介以上黃銅一斤泥金一錢一里(가례1627/ 085ㄴ05~07)

색인 (가례1627/124ㄱ10)(가례1627/124ㄴ08)

ㅈ

(가례1627/126ㄱ08)(가례1627/127ㄱ02)(가례1671/078ㄴ10)(가례1696/086ㄴ01)

釘【정】 일 건 丁

못의 총칭. 丁으로 표기하기도 한다. 못은 나무끼리 또는 나무에 철물을 박아 고정할 때 사용하는 것으로 머리의 모양에 따라 정丁(釘), 두정頭丁(頭釘), 도내정道乃丁(道乃釘), 광두정廣頭丁(廣頭釘), 압항정(鴨項丁(鴨項釘) 등으로 구분한다. 또한 추녀박이[舂舌朴只], 선자연박이[扇子椽朴只], 개판박이[蓋板朴只], 평교대박이[平交臺朴只] 등과 같이 못이 사용되는 용도에 따라 구분하기도 하였으며 삼척정三尺釘, 일척오촌정一尺五寸釘, 일촌정一寸釘 등과 같이 길이에 따라 구분하기도 하였다.

참조1 도내정道乃釘, 두정頭釘, 압항정鴨項釘, 광두정廣頭釘

예문 尙衣院油煤墨二釘紅氈一浮義盈庫(책례1651/049ㄴ06~08)

색인 (가례1627/110ㄴ09)(가례1627/111ㄱ02)(가례1681/287ㄴ10)(가례1802/상154ㄱ08)(가례1802/상154ㄱ08)(가례1802/상158ㄱ12)

丁【정】 일 건 ☞ 釘정

예문 兵曹正郎沈世鼎宣教官預差丁彦璧試官代弘文館修撰吳挺緯爲等如改付標啓下爲有置(책례1651/011ㄱ11~13)

색인 (가례1866/하011ㄱ06)(가례1866/하114ㄱ06)(부묘1836A/088ㄴ05)(빈전1895二/013ㄱ12)(빈전1895二/013ㄴ04)(빈전1895二/013ㄴ08)

丁卯旗【정묘기】 일 의

국왕의 대가 의장大駕儀仗에 쓰이는 깃발. 정축丁丑, 정사丁巳, 정미丁未, 정유丁酉, 정해丁亥와 함께 육정기六丁旗로 통칭된다. 육정기는 육기六旗로도 불린다. 육정은 도교에서 천군天君의 장수로 양을 상징하는 육갑六甲에 대하여 음을 상징하는 신으로 알려져 있다. 십이간지 중에 축, 묘, 사, 미, 유, 해는 음에 해당한다. 고려 시대 이래 조선 초까지 군사를 움직일 때 육정신이 돕는다는 인식이 존재하였고, 세종대 의장물 대신 의장기를 대폭 보완하는 의장 제도를 마련하면서 군사를 움직일 때 무사를 기원하는 육정 신기를 배치한 것으로 보인다. 정묘기는 청색의 바탕에 위에는 신神의 형상을 그리고, 아래에는 토끼의 머리를 그렸다. 조선 전기에는 청색·적색·황색·백색의 네 가지 색깔의 화염각을 썼고, 조선 후기에는 적색의 화염각을 달았다.

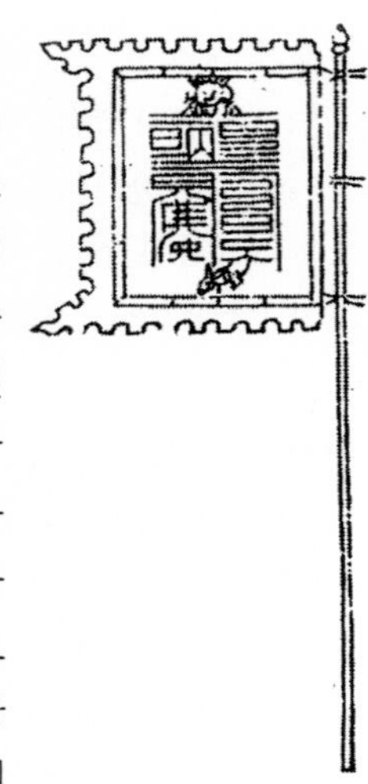
정묘기

참조1 정미기丁未旗, 정사기丁巳旗, 정유기丁酉旗, 정축기丁丑旗, 정해기丁亥旗

참조2 육정기六丁旗

예문 今番減磨錬丁卯旗一五幅付庫庫改彩所入質青紬二十尺火焰脚紅紬十七尺(국장1903/037ㄴ01~03)

색인 (국장1800二/160ㄴ10)(부묘1836A/156ㄱ05)(부묘1836A/160ㄱ12)(존숭1713二/143ㄴ04)(부묘1836B/156ㄱ05)(부묘1836B/160ㄱ12)

丁未旗【정미기】 일 의

조선 시대 의장용으로 사용되던 육정기六丁旗의 하나. 백색 바탕의 사각깃발로 대가大駕의 노부鹵簿와 어장御葬에 사용하였다. 깃발의 위쪽에는 신형神形의 머리를, 중앙에는 적색 부적문符籍紋을, 아래에는 미문未紋의 머리를 그렸으며, 노란색의 화염각火焰脚과 기각旗脚을 달았다. 기 바탕은 백주白紬, 화염각火焰脚과 영자纓子는 홍주紅紬, 깃은 흑주黑紬를 쓴다.

참조1 정사기丁巳旗, 정유기丁酉旗, 정축기丁丑旗,

정해기丁亥旗

참조2 육정기六丁旗

예문 火焰脚次紅鼎紬十一尺五寸丁巳旗一丁未旗一丁酉旗一旗葉改備每件所入質次搗鍊鼎紬二十尺領次黑鼎紬四尺(국장1834/137ㄴ12~138ㄱ02)

색인 (국장1800二/161ㄱ05)(부묘1836A/156ㄱ06)(부묘1836A/160ㄴ05)(부묘1836B/156ㄱ06)(부묘1836B/160ㄴ05)(부묘1851一/005ㄴ03)

丁粉【정분】 [일] [건]

분색粉色 안료顔料. 탄산석회, 유공충 그 외 미생물의 시체가 쌓여서 형성되며, 백토白土, 백악白堊이라고도 한다.

예문 丁粉三斗阿膠二斤無心筆四柄雉尾箒一柄草箒四柄一本房所掌神輦修補時工匠所用磨鍊後錄依此捧甘(국장1757/197ㄱ05~06)

색인 (가례1627/059ㄴ11)(가례1627/064ㄴ06)(가례1627/095ㄴ02)(가례1627/095ㄴ10)(가례1627/096ㄱ03)(가례1627/096ㄱ12)

正使【정사】 [일] [의]

조선 시대 국왕·왕세자·왕세손 등의 가례[婚禮] 사무를 관장하기 위하여 설치되었던 임시직. 가례도감이 만들어지면 집사관이 구성되는데, 이때 정1품 도제조都提調 1인, 정2품 제조提調 3인, 정3~5품 도청都廳 2인, 정5~6품 낭청郎廳 6인, 정9품 감조관監造官 6인, 그리고 정1품 정사正使 1인, 정2품 부사副使 1인, 조선 시대관傳敎官 1인, 장축자掌畜者[장원서별제掌苑署別提] 1인, 장차자掌次者[전설사관원典設司官員] 1인 및 산원算員·녹사錄事·서리書吏·서사書寫·고직庫直·사령使令 등이 각각 임명되었다.

참조1 부사副使

관련1 고기정사告期正使, 책비정사册妃正使

예문 宜無差殊領相筵奏中所引皇朝典禮正合倣用而正使若以議政定式而如今領相獨任之時太無界限但以大臣中充差而東西班大臣宗班顯祿儀賓綏祿通(예장1786/047ㄱ03~05)

색인 (가례1627/007ㄱ13)(가례1627/007ㄴ02)(가례1627/007ㄴ06)(가례1627/010ㄱ03)(가례1627/015ㄱ03)(가례1627/021ㄱ01)

丁巳旗【정사기】 [일] [의]

조선 시대 의장용으로 사용되던 육정기六丁旗의 하나. 청색 바탕의 사각기四角旗로 깃발의 위쪽에는 신형神形의 머리가, 아래에는 뱀의 머리가, 중앙에는 부적문符籍文이 그려져 있고, 노란색의 화염각火焰脚과 기각旗脚이 있다. 대가大駕의 노부鹵簿와 어장御葬에 사용되었다. 기 바탕은 청주青紬, 화염각火焰脚과 영자纓子는 홍주紅紬, 깃은 흑주黑紬를 쓴다.

정사기

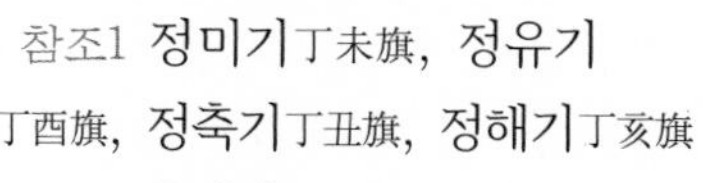

참조1 정미기丁未旗, 정유기丁酉旗, 정축기丁丑旗, 정해기丁亥旗

참조2 육정기六丁旗

예문 今番減磨鍊丁巳旗一五幅付庫庫改彩所入質青紬二十尺火焰脚紅紬十七尺(국장1903/037ㄴ04~06)

색인 (국장1800二/160ㄴ11)(부묘1836A/156ㄱ05)(존숭1713二/143ㄴ06)(부묘1836B/156ㄱ05)

淨裳【정상】 [일] [복]

옷 위에 덧입는 앞치마로 추정. 『국장도감의궤國葬都監儀軌』에 정의淨衣·정상淨裳·정수淨袖·두건頭巾·버선[襪]이 일습一襲으로 기록되어 있는 것으로 보아 일할 때 옷 위에 덧입는 의복과 토시 등으로 보인다. 장인匠人 중 대여大轝·견여肩轝·외재궁여外梓宮轝 편수[邊首]가 착용한 상복喪服인 포단령布團領·포직령布直領 차림에도 토시로 생각되는 정수淨袖가 포함되어 있다.

참조2 정수淨袖, 정의淨衣

예문 木擧乃逜具壹介强礪石延日礪石各壹塊三甲所貳艮衣雉尾箒壹柄淨衣淨袖淨裳頭巾襪各貳件白苧布肆尺行子布參尺紅紬袱陸件(국장1757/207ㄱ01~03)

색인 (국장1757B二/207ㄱ02)(국장1776二/242ㄱ06)(국장1776二/250ㄱ11)(국장1821四/004ㄴ04)(국장1821四/014ㄴ07)(국장1834四/004ㄴ03)

正輦【정연】 일 의

국왕이 거둥할 때 타는 가마. 국왕이 거둥할 때 타는 가마는 가마의 모양에 따라 연輦과 여輿로 구분된다. 지붕과 몸체가 있는 가마인 연은 궁궐 밖으로 나갈 때 사용되며, 이를 정연正輦[대연(大輦)]이라고도 한다. 정연 외에 지붕이 있는 작은 가마를 하나 더 가지고 다니는데 이를 부연副輦 또는 소연小輦이라고 한다. 크기로 대비할 때에는 대연과 소연, 정식과 임시라는 의미로 대비할 때에는 정연과 부연이라는 용어를 사용한다. 이 밖에 가마꾼이 메지 않고 말에 메워 사용하는 가교駕轎가 있는데 가교에도 정가교正駕轎와 부가교副駕轎가 있다. 대연大輦이라고도 한다.

참조1 대연大輦, 연輦

참조2 부연副輦

예문 行司僕正以祭服隨駕攔後禁軍排立板前屛門前路爲之正輦陪常時雲鞋今番用麻鞋輦輿立於政院班列之前路祭所只諸司預備擧行交龍旗國葬都監班隨行(국장1757A/041ㄱ04~06)

색인 (국장1757A/041ㄱ05)(예장1729/048ㄴ11)(국장1800一/019ㄱ01)(부묘1836A/100ㄱ05)(존숭1752二/115ㄱ02)(존숭1752二/115ㄱ03)

丁酉旗【정유기】 일 의

조선 시대 의장용으로 사용되던 육정기六丁旗의 하나. 백색 바탕의 사각기四角旗로, 깃발의 위쪽에는 신형神形의 머리를, 중앙에는 적색의 부적符籍 문양을, 아래에는 닭[酉]의 머리를 그렸으며, 노란색의 화염각火焰脚과 기각旗脚이 있다. 대가大駕의 노부鹵簿와 어장御葬에 사용되었다. 기 바탕은 백주白紬, 화염각火焰脚과 영자纓子는 홍주紅紬, 깃은 흑주黑紬를 쓴다.

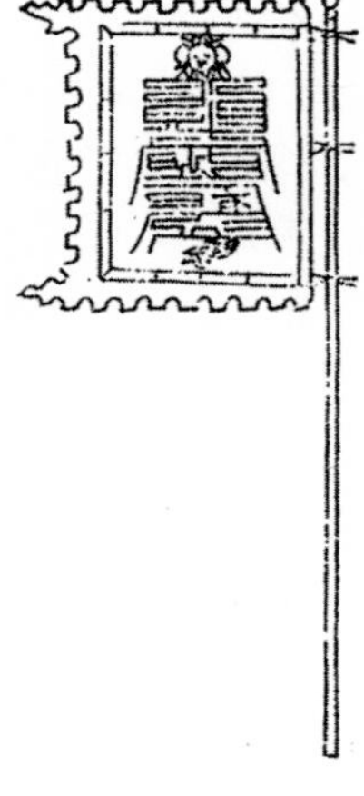

정유기

참조1 정묘기丁卯旗, 정미기丁未旗, 정사기丁巳旗, 정축기丁丑旗, 정해기丁亥旗

참조2 육정기六丁旗

예문 火焰脚次紅鼎紬十一尺五寸丁巳旗一丁未旗一丁酉旗一旗葉改備每件所入質次擣鍊鼎紬二十尺領次黑鼎紬四尺(국장1834/137ㄴ12~138ㄱ02)

색인 (국장1659二/037ㄱ10)(국장1659二/040ㄱ03)(국장1659二/073ㄴ09)(국장1674二/022ㄱ10)(국장1674二/044ㄱ11)(국장1702B二/022ㄱ05)

丁字閣【정자각】 일 의

능원陵園에 제향을 위해 건립한 丁자 모양의 집. 정자각은 건물 모양이 위에서 바라보면 丁자와 같아서 붙여진 명칭이다. 능원에 제향을 위해 세워지는 것이 일반적이므로 산릉정자각, 능원정자각으로도 부른다. 왕릉 정자각은 대개 가로의 3칸 정전正殿과 세로의 2칸 배위청拜位廳이 하나의 기단에 같은 높이의 지붕으로 연결되어 있다. 정전의 정면은 정문과 협문으로 되어 있고, 후면에 별도의 신문神門을 두었다. 제사 때에 신문을 열면 바깥 능원陵園이 보이도록 하였다. 신문 가까이에 신어평상神御平床을 설치하는데 제사 때 혼령이 임하는 곳이다. 그 앞에 제상祭床이 있고, 그 앞쪽에 향안香案이 있으며, 그 양쪽에 촉탁燭卓이 있다. 정자각은 안릉전安陵奠, 조석상식朝夕上食, 삭망제朔望祭, 사시제四時祭, 속절

俗節 등 각종 제사를 거행하는 곳이다.

참조1 능소정자각陵所丁字閣, 산릉정자각山陵丁字閣

관련1 정자각월대丁字閣月臺, 정자각정계丁字閣正階

예문 穆陵例遵故而哀慕之中精神索莫昨日混呼陵號二字議號時陵號勿爲擧行表石當爲新造新丁字閣左傍廣設碑閣新舊表石同安一閣事分付表石前面與陰(국장1757A/008ㄱ12~ㄴ02)

색인 (국장1800四/148ㄴ08)(국장1800四/156ㄱ01)(국장1800四/156ㄱ10)(국장1800四/156ㄱ12)(국장1800四/156ㄴ08)(국장1800二/138ㄱ09)

正鐵【정철】 일 건

잡철이 섞이지 않은 정련한 시우쇠. 시우쇠는 무쇠를 불에 달구어 달련한 쇠붙이를 말한다.

예문 本房各樣鐵物打造之役方張而前捧正鐵四百斤已盡無餘正鐵四百斤更爲取用何如題辭內更以戶曹營建所所在取用(국장1834/015ㄱ11~ㄴ01)

색인 (가례1627/031ㄱ03)(가례1627/056ㄱ14)(가례1627/095ㄱ07)(가례1627/095ㄴ07)(가례1627/095ㄴ14)(가례1627/096ㄴ10)

正鐵鎖鑰匠【정철쇄약장】 일 건

시우쇠로 자물쇠를 만드는 장인. 시우쇠는 무쇠를 불에 달구어 단단하게 만든 쇠붙이를 말한다.

참조1 쇄약장鎖鑰匠

예문 磨鏡匠金一萬李萬孫金興澤趙老味正鐵鎖鑰匠朴俊發小爐匠金仁景趙仁才白善起(국장1776/051ㄱ10~12)

색인 (국장1776二/051ㄱ11)(국장1800三/078ㄴ05)(추숭1776/148ㄴ01)(추숭1776/177ㄱ05)

丁丑旗【정축기】 일 의

조선 시대 의장용으로 사용되던 육정기六丁旗의 하나. 흑색 바탕의 사각기四角旗로 깃발의 위쪽에는 신형神形의 머리 부분이, 중앙에는 노란색의 부적 문양이, 아래쪽에는 소의 머리 부분이 그려져 있고, 노란색의 화염각과 기각旗脚이 달려 있다. 대가大駕의 노부鹵簿와 어장御葬에 사용하였다. 기 바탕은 흑주黑紬, 화염각火焰脚과 영자纓子는 홍주紅紬를 쓴다.

정축기

참조1 정묘기丁卯旗, 정미기丁未旗, 정사기丁巳旗, 정유기丁酉旗, 정해기丁亥旗

참조2 육정기六丁旗

예문 眞粉二兩阿膠五戔丁丑旗一火焰脚次紅鼎紬十二尺纓子紅鼎紬七寸五分唐朱紅二兩(국장1720/021ㄱ08~10)

색인 (국장1800二/160ㄴ09)(부묘1836A/156ㄱ04)(부묘1836A/160ㄱ06)(부묘1836B/156ㄱ04)(부묘1836B/160ㄱ06)(부묘1851一/019ㄴ04)

定親【정친】 일 의

혼인 예식 또는 혼인을 정하는 것을 가리키는 말. 실록의 용례에 의하면 정친례定親禮는 혼가婚家를 정하거나 왕세자의 혼례를 위해 정전正殿에서 거행하는 납채納采 의식을 가리키는 용어로 사용되었다. 의례집이나 의궤에 정친의 의주가 별도로 있지 않다. 다만 혼례 관련 의궤에 정친예물定親禮物이란 용어는 자주 등장한다. 이것은 납채를 거행한 후 사흘째 되는 날에 신부 집에 보내는 예물이다. 『국혼정례國婚定例』에 의하면 왕비 가례의 정친예물은 현색운문대단玄色雲紋大緞, 훈색운문대단纁色雲紋大緞, 현색화단玄色禾緞, 훈색초纁色綃 각각 두 필이었다.

관련1 정친납징별궁본방예물定親納徵別宮本房禮物, 정친라전중함定親螺鈿中函, 정친중함定親中函, 정친함定親函

예문 猪毛省壹揮巾貳內壹依前減付標啓下兩宮中鏡各壹袱紅綃參幅付裌定親玄纁各貳手巾

ㅈ

參三幅付單裌納徵袱各參(가례1727/011ㄴ07~09)
색인 (가례1627/026ㄱ05)(가례1627/037ㄴ07)(가례1627/037ㄴ14)(가례1671/084ㄱ07)(가례1802/상182ㄴ03)(국장1821四/056ㄱ04)

丁亥旗【정해기】 일 의

조선 시대 의장용으로 사용되던 육정기六丁旗의 하나. 흰색 바탕의 사각기四角旗로 대가大駕의 노부鹵簿와 어장御葬에 사용하였다. 깃발의 위쪽에는 신형神形 머리 부분을, 중앙에는 노란 부적 문양을, 아래쪽에는 돼지 머리 문양을 그렸으며, 노란색의 화염각火焰脚과 기각旗脚을 달았다. 기 바탕은 백주白紬, 화염각火焰脚과 영자纓子는 홍주紅紬, 깃은 흑주黑紬를 쓴다.

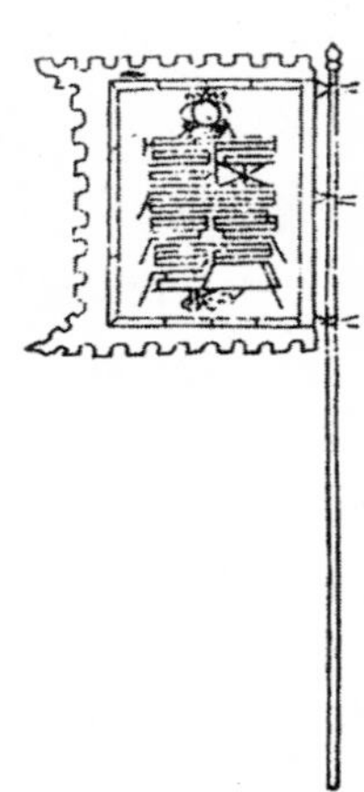
정해기

참조1 정묘기丁卯旗, 정미기丁未旗, 정사기丁巳旗, 정유기丁酉旗
참조2 육정기六丁旗
예문 黑紬四尺纓子紅紬七寸五分前謄錄一尺今番減磨鍊丁亥旗一五幅付所入質白紬二十尺火焰脚紅紬十七尺(국장1903/037ㄴ10~12)
색인 (국장1800二/161ㄱ07)(부묘1836A/156ㄱ06)(부묘1836A/160ㄴ07)(부묘1836B/56ㄱ06)(부묘1836B/160ㄴ07)(부묘1851一/005ㄴ04)

製述官【제술관】 일 의

조선 시대에 전례문典禮文을 전담하여 짓던 임시 벼슬. 승문원承文院의 한 벼슬인 제술관은 2명이었는데 1명은 문관文官, 1명은 음관蔭官으로 임명했다. 주로 문장이 뛰어난 사람을 겸직으로 임명하였다. 승문원은 사대교린에 관한 문서 등 외교 문서를 맡아 보던 관청이다.

예문 挽章式四韻或排律一從製進字數多寡排行書寫末端書製述官長御下書製進製述官九十六員預差四員書寫官十員(국장1903/102ㄴ06~08)
색인 (가례1627/032ㄱ05)(가례1627/114ㄴ11)(가례1627/115ㄴ03)(가례1819/상010ㄴ01)(국장1674A三/022ㄴ11)(국장1674A三/069ㄱ01)

濟用監【제용감】 일 의

조선 시대에 중국에 바치는 옷감, 인삼과 신하에게 하사하는 의복, 비단종류, 포화布貨, 염색, 직조 등의 일을 담당하던 국가 기관. 태종 1년(1392) 새 관제를 정할 때, 고려의 제도에 의거하여 옷감 등을 관장하는 제용고濟用庫를 설치하고, 사·부사·승·주부·녹사 등을 두었다. 이후 태종 9년(1409) 관제 개혁 때 제용감으로 고쳤다. 세종 때부터는 백관에게 내려주는 조복과 공복을 제용감에서 만들어 공급하게 하였으며, 세조 6년(1460)에는 도염서都染署를 제용감에 합쳐서 직조·염색의 일까지 맡도록 하였다. 세조 12년(1466) 관제 개혁 때에 녹사를 없애고 참봉을 늘렸다. 『경국대전經國大典』에는 당상관으로 겸하는 제조 1명 아래에 정3품 정 1명, 종3품 부정 1명, 종4품 첨정 1명, 종5품 판관 1명, 종6품 주부 1명, 종7품 직장 1명, 종8품 봉사 1명, 정9품 부봉사 1명, 종9품 참봉 1명을 두었다. 주부 이상 4명은 장기복무자인 구임관으로 하였다. 『속대전續大典』에서는 정·부정·첨정 등이 혁파되어, 판관이 책임자가 되는 종5품 아문으로 격하되었고, 『대전통편大典通編』에는 인삼·사라능단·직조 등의 업무를 폐지한다고 규정하였다. 이속吏屬으로 서원 20명과 고직庫直 8명이 있었다.

관련1 제용감봉사濟用監奉事, 제용감판관濟用監判官, 제용봉사濟用奉事, 제용판관濟用判官
예문 屛牀諸具段殯殿國葬兩都監與尙衣院濟用監奉常寺分掌擧行爲有置今番段置依此擧行向事堂上手決內(국장1701/068ㄴ06~08)
색인 (가례1627/007ㄱ10)(가례1627/015ㄴ10)

(가례1627/015ㄴ12)(가례1627/020ㄱ09)(가례1627/026ㄴ14)(가례1627/027ㄴ11)

祭奠【제전】 일 의

상기喪期 동안 거행하는 제사祭祀와 전의奠儀를 합쳐 부르는 말. 국상國喪 중에 망자亡者에게 음식을 올리는 의식은 전奠과 제祭로 구분된다. 이 둘의 구분은 매장을 기준으로 이루어진다. 즉, 초종初終부터 시신을 안장安葬할 때까지 올리는 음식을 전奠이라 부르며 그 이후는 제祭라고 부른다. 전에는 매일 올리는 조석전朝夕奠과 습전襲奠, 소렴전小斂奠, 대렴전大斂奠, 견전遣奠 등과 같이 특정한 절차 때에 올리는 전奠으로 구분된다. 제祭의 시작인 우제虞祭는 신주를 모시고 거행하는 제례이다. 제祭의 용어를 사용하는 것은 흉례凶禮에서 길례吉禮로 전환하는 것을 의미한다.

관련1 제전물祭奠物

예문 禮曹爲相考事今此發靷敎時各門道路橋梁山川等祭奠物及燭乙良令奉常寺席子乙良令各該司進排(국장1757/078ㄱ05~07)

색인 (국장1659一/120ㄴ10)(국장1659一/121ㄴ11)(국장1659二/137ㄴ10)(국장1674一/071ㄱ08)(국장1674一/072ㄱ12)(국장1674一/181ㄱ07)

提調【제조】 일 의

조선 시대에 각 사司나 청廳의 관제官制에 따르면 우두머리가 아니면서 각 관아에 배속되어 관아를 실질적으로 통솔하던 직책. 기술 계통의 일을 관장하던 관청이나 기구에는 자체의 수장首長이 아닌 사람을 겸직兼職으로 임명하여 그 관아의 일을 지휘, 감독하게 하였는데, 보통 종1품, 또는 종2품의 품계品階를 가진 사람을 임명하였다.

예문 藥房入診左相禮堂觀象監提調追後入侍時行禮曹判書洪象漢所啓今番(예장1762/006ㄴ07~08)

색인 (가례1627/001ㄴ07)(가례1627/020ㄱ02)(가례1627/020ㄴ09)(가례1627/021ㄱ02)(가례1627/071ㄴ14)(가례1627/074ㄱ02)(가례1627/133ㄴ11)

祭廳【제청】 일 의

국장 등을 치를 때 제사를 지내기 위하여 무덤 옆에 마련한 대청. 제청을 짓는 의도는 망극한 정을 펴기 위한 것이며, 단청을 하기도 하였다. 제청을 지키기 위해 제청직祭廳直을 두었는데, 제물을 익히고 진설하는 일을 관장하였다.

예문 靈座交椅下排白紋六張付地衣二件祭廳下排白紋十六張付地衣一浮外梓宮下排移用朱簾機二坐下排白紋四張付地衣四件(국장1834/109ㄴ12~110ㄱ02)

색인 (국장1659二/064ㄴ11)(국장1659二/065ㄱ03)(국장1659二/065ㄱ10)(국장1659二/065ㄴ02)(국장1674二/055ㄴ07)(국장1674二/056ㄱ07)

雕刻匠【조각장】 일 건

중앙 관아에 속하여 조각하는 일을 맡아 하던 사람. 彫刻匠과 혼용하여 표기하기도 한다.

예문 漆匠高季漢林論先李仁先金山伊雕刻匠朴世根李命尹有天鄭乭屎雨傘匠奇次雄安時同張天蔑(빈전1724/236ㄴ08~10)

색인 (가례1681/078ㄱ02)(가례1696/50ㄱ10)(가례1696/062ㄱ05)(가례1696/063ㄱ02)(가례1696/064ㄱ10)(가례1696/187ㄱ01)

彫刻匠【조각장】 일 건 ☞ 雕刻匠조각장

예문 漆匠金士忠等四名弓人李順立彫刻匠金天龍注匠崔香男等二名豆錫匠申輔吉等二名風物匠文起昌(국장1681/111ㄴ06~08)

색인 (가례1627/065ㄴ12)(가례1627/100ㄴ03)(가례1627/128ㄴ09)(가례1671/139ㄴ07)(가례1671/154ㄱ05)(가례1671/184ㄴ10)

造禮器尺【조례기척】 입 건

왕실의 제사용 그릇을 만들 때 쓰던 자. 예기척禮器尺이라고도 한다. 태종 때에 예기禮器를 규격에 맞게 제조하기 위하여 이 자를 만들어 쓰기 시작하였다. 『경국대전經國大典』에 의하면 예기척 1척의 크기는 황종척으로 8촌 2분 3리이다. 황종척은 악기에 쓰는 자로 그 1척은 주척周尺으로는 1.126척, 영조척으로는 0.899척이다.

참조1 예기척禮器尺

예문 今二十六日改銘旌時所入大紅無紋大段上下軸內九尺造禮器尺泥金五錢蟾頭一貼金豆錫小圓環菊花同玉軸大紅索眞絲大每緝眞墨上下軸所結紅絲帶(빈전1674/196ㄱ02~04)

색인 (국장1659二/090ㄱ02)(국장1659二/090ㄴ10)(국장1659二/091ㄱ12)(국장1659二/092ㄱ02)(국장1659二/092ㄱ09)(국장1659二/092ㄴ12)

條里匠【조리장】 입 건

조리거條里鉅 또는 졸음거[條乙音鉅]를 사용하여 가늘고 긴 나무 각재를 만드는 일을 전문으로 하는 장인. 가례를 비롯한 책례, 국장 등에서 각종 의례용 물품과 가구, 기구 등의 부재감을 만드는 일을 맡았다.

참조2 단조리短條里, 변조리邊條里, 조리條里, 조리목條里木, 조리장역條里匠役, 추조리목楸條里木

관련1 소조리장小條里匠

예문 魚皮付接次椵板一尺小木匠李好得小引鉅一牌條里匠一牌右甘爲牀卓踏掌盤匜輪運輿士十二名(예장1786/193ㄱ11~ㄴ01)

색인 (가례1819/하088ㄴ02)(국장1903二/220ㄴ07)(국장1821三/081ㄴ07)(국장1821二/193ㄱ02)(국장1834三/078ㄱ12)(국장1890二/210ㄴ08)

朝服【조복】 입 복

문무백관들이 대사大祀, 경축일, 원단元旦, 동지 및 칙령을 반포할 때나 진표進表할 때 착용한 예복. 금관조복金冠朝服이라고도 한다. 백관의 조복은 양관梁冠·적초의赤綃衣·적초상赤綃裳·적초폐슬赤綃蔽膝·대대大帶·혁대革帶·패옥佩玉·후수後綬·홀笏·백포말白布襪이 일습一襲을 이루며, 양관과 후수·대·패옥·홀 등의 차이로 품계를 가렸다.

참조2 금관金冠, 금관조복金冠朝服

예문 重行相向北上尙瑞院官陳大寶於其南皆有案宗親文武百官變服朝服就門外位監察典儀贊儀引儀先入就位引儀分引宗親文武百官由東西偏門入就位引儀引領議政左議政由東偏階(빈전1659/012ㄴ02~04)

색인 (가례1627/008ㄱ02)(가례1627/008ㄴ01)(가례1627/009ㄱ06)(가례1627/009ㄴ13)(가례1627/010ㄴ02)(가례1627/016ㄱ04)

朝上食【조상식】 입 의 ☞ 上食상식

예문 今方磨鍊而取考前例則庚申年仁敬王后國恤時發靷日朝奠兼行於朝上食發靷及返虞時晝停則只行晝停奠而不設晝茶禮矣今亦依例擧行之意分付(국장1701/012ㄱ09~11)

색인 (국장1659一/121ㄱ09)(국장1659一/122ㄴ03)(국장1674一/020ㄴ06)(국장1674一/020ㄴ07)(국장1674一/021ㄴ07)(국장1674一072ㄴ11)

朝夕哭【조석곡】 입 의

국상國喪에서 연제練祭 때까지 아침저녁으로 빈소에 나아가 곡을 하며 애도하는 의식. 발인 전에는 빈소에서 조석전朝夕奠과 같이 조석곡朝夕哭을 행하지만 반우返虞한 이후에는 전의奠儀 없이 조석곡을 행하다 연제練祭 때에 그만둔다. 『국조오례의國朝五禮儀』에 「조석곡전급상식의朝夕哭奠及上食儀」가 있다. 조선 중기까지는 조석곡이 조석전朝夕奠과 구분되지 않았기 때문에 우제虞祭 이후 전奠이 없어지면서 조석곡도 생략하였다. 그러나 영조대 『국조상례보편國朝喪禮補編』에는 「혼전조석곡급상식魂殿朝夕哭及上食」의 의주를 별도로 두어 혼전에서도 연제練祭 때까지 조석곡을 거행하였다.

참조1 조석곡전朝夕哭奠, 조석전朝夕奠

예문 立虞主輦將至鞠躬祗迎以次侍衛至坡州牧宿所奉安後陪從百官朝夕哭參班竝如儀爲白乎旀翌日進發時至陪從百官出就祗迎位分東西序立虞主輦(빈전1834/062ㄱ03~05)

색인 (국장1800一/118ㄴ08)(국장1800一/118ㄴ08)(국장1821一/115ㄱ04)(국장1821一/144ㄴ12)(국장1821一/152ㄱ08)(국장1821一/152ㄱ09)

朝夕哭奠【조석곡전】 일 의

국상國喪 중 빈소에 나아가 아침저녁으로 곡을 하며 음식을 올리는 의식. 부모의 상을 당하여 빈소가 마련되면 아침저녁으로 혼백을 모시고 조석으로 곡을 하였는데 이때에 올리는 전을 조석곡전이라 하였다. 『국조오례의國朝五禮儀』「조석곡전급상식의朝夕哭奠及上食儀」라는 의주에 조석곡의 절차가 실려 있다. 이에 의하면 새벽이 되면 빈전에 나아가 먼저 세숫대야와 빗을 영침 곁에 두었다. 그리고 영침에 있는 신백함을 영좌에 모셔와 곡을 한 다음에 세 번 향을 올리고 영좌에 석 잔의 술을 바쳤다. 저녁 때가 되면 역시 빈전에서 곡을 하고 전奠을 올린 다음 혼백함을 영침으로 모셨다. 조석으로 곡하는 것은 연제練祭 때까지 계속되지만 전奠은 우제虞祭 때부터 그만 두었다.

참조1 조석곡朝夕哭, 조석전朝夕奠

예문 分引宗親文武百官出朝夕哭奠及上食儀每日未明時至攸司進禮饌見序例尙食傳捧入(빈전1680/012ㄴ10~12)

색인 (국장1800一/116ㄱ11)(국장1800一/116ㄱ11)(빈전1800一/075ㄱ06)(국장1834一/144ㄱ07)(빈전1600/159ㄴ04)(빈전1680/012ㄴ11)

朝夕上食【조석상식】 일 의 ☞ 上食상식

예문 盡俟曉承訃來會必欲使之先爲成服便爲未滿六日之限臣實未知禮意果如此否也五禮儀襲後設奠朝夕上食如常儀則成殯之後因群臣未及成服廢閣殷奠云(빈전1680/019ㄱ06~08)

색인 (국장1659一/122ㄴ12)(국장1659一/123ㄱ01)(국장1681一/069ㄱ08)(국장1730一/077ㄱ10)(국장1730一/077ㄱ11)(국장1821一/122ㄱ02)

朝夕奠【조석전】 일 의

국상國喪 중 빈전殯殿에 아침저녁으로 음식과 술을 올리는 의식. 전奠은 상을 당하여 시신을 매장할 때까지 망자에게 올리는 제사이다. 전에는 매일 아침과 저녁에 올리는 조석전 외에도 습전襲奠, 소렴전小斂奠, 대렴전大斂奠 등과 같이 상례 절차 때에 거행하는 별전別奠이 있다. 조선 시대 초에는 국상國喪에서 조석전朝夕奠을 행하지 않고 주전晝奠만을 올리다가 정종定宗 국장부터 조석전을 행하였다. 『국조오례서례國朝五禮序例』에 실린 조석전 찬품饌品을 보면 약과藥果 세 그릇, 각색실과各色實果 네 그릇, 소과蔬果 두 그릇, 병餠 2기, 면麵과 탕湯 각 한 그릇, 잔盞 세 개로 진설하였다. 『국조상례보편國朝喪禮補編』에는 실과 한 그릇을 줄인 반면 전증煎蒸 한 그릇을 추가했다.

참조1 조석곡전朝夕哭奠, 조석곡朝夕哭

예문 禮曹堂上該寺提調竝皆進參爲白齊一朝夕奠及朔望奠別奠造果時該寺官員領率熟手直宿監造爲白乎矣應用雜物令該司躬親進排爲白齊(빈전1921/011ㄴ07~09)

색인 (국장1659一/118ㄱ07)(국장1659二/137ㄴ10)(국장1674一/097ㄱ02)(국장1674一/098ㄱ07)(국장1674一/102ㄴ09)(국장1681一/069ㄱ08)

條所【줄바】 채 건

짚이나 삼 따위로 꼬아 만든 바. 의궤 자료에는 재료와 굵기의 정도에 따라 白木條所, 熟麻條所, 細條所로 구분한 예가 보이고, 세 겹으로 꼬아 만든 세겹줄바[三甲條所]의 쓰임도 보인다.

관련1 결과줄바結裹條所, 백목줄바白木條所, 세겹줄바三甲條所, 가는줄바細條所, 숙마줄바熟麻條所

ㅈ

예문 道乃板二三破槽二部一弓人所用陶罐二二年木剪板六條所二巨里一穿穴匠所用穴鐵二涼板一立眞油二合(책례1651/074ㄱ12~14)

색인 (가례1627/125ㄴ03)(가례1671/082ㄴ07)(가례1671/082ㄴ09)(가례1671/084ㄱ10)(가례1671/139ㄱ01)(가례1671/161ㄱ07)

造繩匠【조승장】 일 건

실이나 삼, 종이 따위를 가늘게 비비거나 꼬아 끈을 만드는 일을 전문으로 하는 장인. 국장을 비롯한 상례喪禮, 예장禮葬, 천봉遷奉 등의 행사를 할 때 행사장 주변에 설치한 임시 시설물이나 물품 보관소에는 햇빛이나 비바람을 막기 위해 각종 장막을 치게 되는데, 비바람을 막기 위한 기름 먹인 기름차일[油遮日]을 만드는 과정에 들어가는 노끈을 꼬는 일을 맡았다.

참조1 승繩

예문 奉常寺內贍寺內資寺禮賓寺左右巡廳軍職廳一分司油遮日造作次皮匠八名造繩匠二名漆匠二名自今日付役爲只爲題辭內(국장1821/150ㄴ06~08)

색인 (국장1702B一/148ㄴ07)(국장1724一/134ㄴ07)(국장1757A/139ㄱ12)(국장1757B一/123ㄱ12)(국장1757B二/163ㄱ12)(국장1757B二/171ㄱ01)

助伊匠【조이장】 채 건

예문 銀匠徐光奎朴枝興禹錫仁助伊匠金仁喆(가례1819/089ㄴ05~06)

색인 (가례1802/상123ㄱ09)(가례1819/상116ㄴ05)(가례1819/하089ㄴ06)(존호1858/048ㄴ09)(존호1858/049ㄴ01)(존호1890/049ㄴ09)

朝祖【조조】 일 의

상례喪禮에서 죽은 자의 시신을 사당에 옮겨 조상을 알현하고 하직 인사를 올리도록 하는 의식. 조조는 발인에 앞서 사당에 모셔진 조상에게 하직 인사를 올리는 의식이다. 『주자가례朱子家禮』의 상례 절차에 의하면 발인 하루 전에 빈소에 있던 영구靈柩를 사당으로 옮겨 조상을 뵙는 조조의朝祖儀를 거행한 후 청사廳事로 옮겨 조전祖奠을 행하였다. 그러나 『국조오례의國朝五禮儀』에는 조조례朝祖禮가 보이지 않으며 실제 국장에서도 생략되었다. 영조대 편찬된 『국조상례보편國朝喪禮補編』에 이 의식이 실리지만 재궁梓宮을 대신하여 혼백만이 종묘에 알현하는 방식으로 축소되었다. 그러나 이후에도 국장 때 실행 여부가 매번 논의되었지만 조조의는 거행되지 않고 생략되었다.

예문 甲午十一月日禮曹爲相考事節啓下敎曹啓辭朝祖儀節五禮儀則無所載錄喪禮補編則以神帛行禮載錄而丙申年博(국장1834/108ㄱ02~04)

색인 (국장1776一/038ㄴ09)(국장1776一/039ㄱ12)(국장1776一/039ㄴ02)(국장1776一/107ㄱ01)(국장1776一/213ㄱ10)(국장1821一/034ㄱ04)

鳥足甘佐非【새발감자비】 채 건 鳥足甘執伊

새발[鳥足] 장식 모양으로 만든 감자비. 감자비는 띠쇠를 ㄷ자형으로 꺾어 만든 보강 철물로 판문을 달아매는 등의 용도로 사용한다. 감자비쇠의 끝을 여러 모양으로 장식하여 사용하기도 하는데, 그 형태에 따라 네모감자비[隅甘佐非], 십자감자비[十字甘佐非], 곱감자비[曲甘佐非] 등으로 구분한다. 鳥足甘執伊로도 표기한다.

참조1 감자비甘佐非

관련1 곱감자비曲甘佐非, 십자감자비十字甘佐非, 네모감자비隅甘佐非

예문 召丁二百二十介鳥足甘佐非丁具七十四介長甘佐非丁具十七介十字甘佐非丁具八介廣頭丁五十介(혼전1776/219ㄱ05~07)

색인 (가례1671/163ㄴ04)(가례1671/164ㄱ08)(가례1681/239ㄴ10)(가례1681/240ㄴ02)(가례1696/204ㄴ02)(가례1696/205ㄱ02)

鳥足甘執伊【새발감자비】 찬 건 ☞ 鳥足甘佐非새발감자비

예문 珠簾纓子圓環八介內甘莫金四介大釘八介鳳頭圓環四介鳥足甘執伊一百八十介小釘六百介奉持郞環子排目(가례1627/056ㄱ01~03)

색인 (가례1627/056ㄱ02)

鳥足金【새발쇠】 찬 건 鳥足鐵 鳥足釗

창호나 가구 등의 울거미가 짜이는 곳에 설치하여 결구를 보강하고 장식의 역할을 겸하는 철물. 새발장식이라고도 한다. 새발쇠는 가늘게 생긴 ㅏ자형이나 ㄱ자형으로 그 끝을 국화정菊花釘 모양으로 장식하는데, 그 모습이 새의 발과 같이 생겼기에 붙여진 명칭이다. 의궤에는 새발쇠를 鳥足金 외에 鳥足鐵, 鳥足釗로도 표기한 예가 보인다.

예문 四箇每箇朴只一寸廣頭釘五箇式都合四十四箇鳥足金十二箇式每箇朴只五分廣頭釘三箇式十字閣四隅七寸(국장1681/221ㄴ06~08)

색인 (국장1659一/210ㄱ03)(국장1757B一/155ㄴ07)(국장1681一/221ㄴ07)(국장1701一/227ㄱ01)(국장1730一/167ㄴ08)(국장1898二/025ㄱ11)

鳥足白眞絲【조족백진사】 입 복

바느질에 사용된 반듯하지 않고 꼬불꼬불한 흰 빛깔의 명주실로 추정된다. 백진사는 대전 법복大殿法服과 중궁전법복中宮殿法服 의대衣襨에 의복의 바느질용 실로 사용되었다. 계량 단위는 냥, 돈으로 한다. 유과두[糯裹肚], 유철릭[糯天益], 액주음[腋注音], 장삼아長衫兒, 단삼아短衫兒, 홑바지[單把持], 핫바지[糯把持] 등에 광범위하게 사용되었을 뿐 아니라 가례에 필요한 물품인 작선雀扇, 봉선鳳扇, 담편擔鞭 등의 제작에도 사용되었다.

참조1 남진사藍眞糸, 남진사藍眞絲, 남홍황진사藍紅黃眞絲, 다홍진사多紅眞糸, 다홍진사多紅眞絲, 대홍진사大紅眞絲, 백진사白眞絲, 아청다홍진사鴉青多紅眞絲, 아청진사鴉青眞絲, 오색진사五色眞絲, 유청진사柳青眞糸, 유청진사柳青眞絲, 자적남진사紫的藍眞絲, 자적남홍진사紫的藍紅眞絲, 자적진사紫的眞絲, 주홍진사朱紅眞絲, 청진사青眞糸, 청진사青眞絲, 초록진사草綠眞絲, 흑진사黑眞絲

鳥足釗【새발쇠】 찬 건 ☞ 鳥足金새발쇠

예문 朴只廣頭丁五十四介鴨項丁十介龍頭朴只廣頭丁十六介鳥足釗五介鼠目丁一百七十介以上新備合豆錫二斤含錫八兩黃銀四分長杠二介(국장1890/035ㄱ04~06)

색인 (국장1890二/035ㄱ05)

鳥足鐵【새발쇠】 찬 건 ☞ 鳥足金새발쇠

참조1 십자새발쇠十字鳥足鐵

관련1 납염새발쇠鑞染鳥足鐵, 납염좌새발쇠鑞染坐鳥足鐵, 시화새발쇠腮花鳥足鐵,

예문 甘佐非釘具六十箇中甘佐非釘具四十箇鳥足甘佐非釘具一百二十箇鳥足鐵釘具四十箇乭迪耳二十部遠山十箇流蘇圓環四十箇圓環兩排具五箇(상호1902/264ㄱ07~09)

색인 (국장1701一/290ㄴ10)(국장1898二/023ㄴ04)(국장1898二/023ㄴ12)(국장1898二/129ㄱ11)(국장1903二/018ㄱ06)(국장1903二/109ㄱ01)

朝見【조현】 입 의 ☞ 朝見禮조현례

朝見禮【조현례】 입 의

왕비 또는 왕세자빈이 혼례를 마친 후 처음으로 부왕父王, 모비母妃 등 왕실의 어른을 뵙는 의식. 국혼은 납채納采, 납징納徵, 고기告期, 책비册妃, 친영親迎, 동뢰연同牢宴으로 구성되어 있는데 마지막 절차인 동뢰연를 마친 후 조현례를 거행하였다. 헌종의 계비인 효정왕후 홍씨孝定王后洪氏(1831-1903)의 가례를 보면 동뢰연을 마친 다음 날에 왕대비전王大妃殿을 조현하였고, 그 다음 날에는 대왕대비전을 조현하였다. 반면 후궁 가례의 경우 입궐하여 국왕에게

ㅈ

사배례를 행하는 것도 조현례라 불렀다.

참조1 빈조현嬪朝見, 조현朝見

예문 褥席差備一王世弟嬪朝見禮儀尙寢設殿內三殿排設差備一(책례1721/107ㄴ09~11)

색인 (가례1627/108ㄱ09)(가례1671/021ㄱ06)(가례1671/022ㄴ08)(가례1671/026ㄴ04)(가례1671/037ㄱ05)(가례1671/037ㄱ12)

尊號都監【존호도감】 일 의

조선 시대 왕·왕후·대비 또는 선왕·선왕후 등에게 시호諡號·휘호徽號 등을 높이기 위해 임시로 설치한 의례 담당 관청. 왕이나 왕후, 대비 또는 선왕, 선왕후 등에 대하여 추상追上 또는 가상加上하는 일에 대한 일체의 업무를 관장하였다. 상호도감上號都監, 존숭도감尊崇都監, 가상존호도감加上尊號都監, 추상존호도감追上尊號都監이라고도 하였다. 생존한 왕·왕후의 경우는 존숭尊崇 또는 가상加上으로 칭했고, 작고한 선왕·선왕후의 경우는 추상追上으로 불렀기 때문에 상호도감上號都監으로 통칭하기도 한다. 존호를 추상 또는 가상하는 과정을 상세하게 기록한 것을 『존호도감의궤尊號都監儀軌』라고 하는데, 대개 1책, 필사본이며 때로는 채색도彩色圖도 있다. 현존하는 의궤 가운데 가장 오래된 기록은 선조 37년(1604)에 선조와 선조비인 의인왕후懿仁王后·인목왕후仁穆王后에 대해 존호를 추상·가상한 『선조재존호도감의궤宣祖再尊號都監儀軌』이다.

참조1 도감都監, 의궤儀軌, 추상존호도감追上尊號都監

예문 尊號都監堂郞使之郞爲差出何如(상호1805/007ㄴ07)

색인 (상호1827一/034ㄱ10)(존호1892/039ㄱ05)(존호1892/041ㄴ12)

卒哭【졸곡】 일 의

상례에서 곡을 마친다는 의미로 지내는 제사. 졸곡제는 우제를 마친 후 지내는 제사인데 이 제사 이후로는 수시로 하던 곡을 멈추고 아침과 저녁에만 한다. 왕과 왕비의 경우 일곱 번의 우제虞祭를 마치고 거행하며, 왕세자와 왕세자빈의 경우 다섯 번의 우제를 마치고 졸곡제를 지냈는데 모두 강일剛日에 거행하였다. 졸곡은 상례에서 성사成事라고도 하는데 이때부터 상례喪禮에서 길례吉禮로 넘어가기 때문이다. 국상이 발생하면 졸곡 때까지 대사大祀, 중사中祀, 소사小祀의 제사를 정지하고 도살을 금지하였으며 사리士吏와 군민軍民의 혼례를 금하였다. 이와 같이 졸곡은 상례의 주요 절차가 마무리되는 기점이었다.

참조1 졸곡일卒哭日, 졸곡제卒哭祭

예문 帶白皮鞋文武三品以下妻白布大袖長裙蓋頭頭及帶白皮鞋卒哭(빈전1659/015ㄴ01~02)

색인 (국장1659一/122ㄴ11)(국장1681一/013ㄴ04)(국장1701一/012ㄱ08)(국장1701一/020ㄱ03)(국장1701一/096ㄱ05)(국장1701一/106ㄴ07)

卒哭日【졸곡일】 일 의 ☞ 卒哭졸곡

예문 卒哭日外官亦當有望哭之禮來七月二十四日質明大小奉命使臣及外官其衰服各於正廳設香(국장1757A/092ㄴ09~10)

색인 (국장1701一/113ㄴ07)(국장1702B一/110ㄴ06)(국장1724一/096ㄴ01)(국장1757A/092ㄴ09)(국장1757B一/086ㄱ10)(국장1776一/099ㄱ09)

卒哭祭【졸곡제】 일 의 ☞ 卒哭졸곡

예문 一卒哭後殿下視事服布裹翼善冠布袍布裹烏犀帶白皮靴事已爲啓下爲白有昆來五月初十日卒哭祭畢殿下就齋殿依禮文改服敎是白齊(국장1834/120ㄱ01~03)

색인 (국장1659一/002ㄱ03)(국장1659一/121ㄴ06)(국장1659一/121ㄴ10)(국장1674一/073ㄱ05)(국장1681一/069ㄴ03)(국장1701一/098ㄴ08)

鍾子【종재기/종지】 채 의 음

상차림을 할 때 주로 장醬류를 담아내는 용도로 쓰는 아주 작은 그릇. 현대 국어에 종지 또는 종재기로 남아 있다. 종지[鍾子]는 박공이나 대문짝에 박는 장식쇠인 鍾子金(鐵)[종지쇠]와 동음이의어이다. 그러나 종지쇠의 모양이 국화동 모양과 마름모꼴로 만든 것이 있는 것으로 보아 용기류容器類인 종지[鍾子]와 모양이 유사한 데 기인한 표기는 아닌 것으로 보이지만, 두 기물 사이에 다른 의미적 연관성이 있는지는 분명하지 않다. 沙-, 鍮-, 唐- 등은 종지의 재료에 따라 구분한 것이고, 實果-는 종지의 쓰임새에 따라 나눈 것이다. 또한 종지[鍾子]는 豆泡匠一鍾子(『탁지준절度支準折』)처럼 단위어로도 쓰인다.

관련1 당종지唐鍾子, 등잔종지燈盞鍾子, 백사종白沙鍾, 사발종지砂鉢鍾子, 사종지沙種子, 사종지沙鍾子, 사종지砂鍾子, 상종지常鍾子, 채문종지綵紋鍾子, 청종지靑鍾子

예문 一守僕四名事知守僕一名宣板所用沙鉢貼匙鍾子小盤等物依前依進排事手決內依(빈전1683/067ㄴ08~09)

색인 (가례1627/058ㄴ05)(가례1681/139ㄱ09)(가례1681/139ㄴ07)(가례1681/256ㄱ11)(가례1696/216ㄴ10)(가례1718/066ㄴ08)

鍾匠【종장】 일 건

종을 만드는 일을 전문으로 하는 장인. 국장國葬, 예장禮葬, 천봉遷奉 때 의례용 악기 중의 하나인 종鍾을 만드는 일을 맡았다.

예문 金福祿許成鄭萬玉李壽東池德九鍾匠吳成大小銀匠金殷石(국장1834/211ㄱ06~08)

색인 (국장1834二/211ㄱ07)(국장1890一/201ㄴ09)(국장1890二/210ㄴ03)(국장1864一/168ㄱ03)(국장1904一/162ㄴ12)(국장1898三/109ㄴ04)

座目【좌목】 일 의

차례나 서열 자체, 또는 차례를 적은 목록. 대개 차례나 서열 자체를 뜻하지만, 관리들의 서열序列이나 관리들이 회좌會坐하였을 때의 앉는 차례 또는 그것을 적은 목록을 가리키기도 한다. 의궤에서 좌목은 의궤의 구성 항목 중 하나로 대개 도감 담당자의 성명과 직책을 밝히고 있다.

예문 禮葬都監儀軌目錄座目啓辭(예장1762/001ㄱ01~03)

색인 (가례1681/009ㄱ12)(가례1762/상001ㄱ02)(가례1802/상001ㄱ02)(가례1802/상002ㄱ03)(가례1802/상132ㄱ02)(가례1819/상001ㄱ02)

紬緞【주단】 일 복

좋은 비단의 일반 명칭. 주紬와 단緞을 포함하는 비단의 포괄적 명칭으로 추정된다. 『영조정순후가례도감의궤英祖貞純后嘉禮都監儀軌』의 주단紬緞을 담아 두도록 자물쇠를 갖춘 궤 하나를 올리라는 기록과 『동사록東槎錄』에서 주단의 수량을 뭉뚱그려 나타내고 있는 것을 보면 주단이 비단의 포괄적 명칭으로 쓰였음을 추정할 수 있다.

예문 同日國葬都監堂上洪象漢入侍時洪象漢所啓大小輿蓋帷揮帳等紬緞之屬例皆燒火上粧木物或有燒火者或有不燒火者其規不一而木物異於紬緞燒火殊(국장1757/022ㄱ04~06)

색인 (가례1819/하076ㄱ02)(국장1757A/014ㄱ04)(국장1757A/014ㄱ05)(국장1757B一/022ㄱ05)(국장1757B一/022ㄱ06)

鑄大沙要【주대새옹】 채 의 음 ☞ 沙用새옹

예문 鑄丹甁蓋具一坐鑄涼甁蓋具一坐鑄東海蓋具七坐鑄中所羅一坐鑄剪燭器剪子具一坐鑄大沙要蓋具一坐鑄中沙要蓋具一坐鑄小沙要蓋具二坐鑄有柄召兒一坐鍮召兒二坐鍮飯衹一箇鍮飯榼蓋具三坐(가례1762/44ㄴ21)

색인 (가례1627/104ㄴ03)(가례1762/상021ㄴ06)(가례1802/상039ㄱ02)(가례1802/상055ㄴ01)(가례1819/상034ㄴ04)(가례1866/상036ㄱ01)

ㅈ

鑄大沙用【주대새옹】 채 의 음 ☞ 沙用새옹

예문 坐銅和者一鍮者一鑄東海一一餠工色所用鑄東海一坐鑄甑蓋具一坐鑄大沙用蓋具一坐鑄中沙用蓋具一坐鑄小沙用蓋具一坐(국장1674/138ㄴ05~07)

색인 (국장1674/138ㄴ06)

柱道里【주도리】 채 건 柱心道里

서까래를 받치기 위해 사용하는 도리 중에서 평주의 중심선상에 위치한 도리. 주심도리라고도 한다. 도리는 서까래를 받치기 위해 보 위에 얹어놓은 부재로 종단면상 위치에 따라 주심도리와 종도리, 중도리 등으로 구분한다. 주심도리는 건물 외곽에 위치하는 기둥, 즉 평주 중심선 위에 위치한 도리다. 종도리는 삼각형을 이루는 가구의 가장 높은 곳에 위치하는 도리이며, 중도리는 주심도리와 종도리 사이에 위치한 도리이다. 이 밖에 공포를 사용한 건물에서는 공포의 외출목과 내출목에도 도리를 사용하는데, 외출목에 위치한 것을 외목도리, 내출목에 위치한 것을 내목도리라 부른다.

예문 入接假家十間每間所入柱道里樑桴幷中椽木九介椽次眞長木九巨里西芚雜長木十巨里大工次小椽木半介(예장1762/070ㄱ08~10)

색인 (가례1819/하133ㄱ10)(국장1800四/091ㄱ03)(부묘1836A/223ㄱ04)(부묘1836A/224ㄱ10)(부묘1836A/226ㄴ11)(존숭1747/211ㄱ07)

鑄東海【주동이】 채 의 음 ☞ 東海동이

예문 一飯工色所用鑄東海蓋具一坐鍮柷一銅罐子蓋具一坐鍮長筋一每也鍮玲瓏匙一鍮甁一鍮耳只一鑄涼東海一坐鑄中沙用蓋具一坐(국장1903/175ㄴ07~09)

색인 (가례1627/102ㄱ08)(가례1627/103ㄴ13)(가례1627/105ㄱ01)(가례1627/106ㄱ10)(가례1627/121ㄴ14)(가례1671/013ㄱ06)

珠簾匠【주렴장】 채 건 朱簾匠

조선 시대, 공조서供造署에 속하여 주렴 만드는 일을 맡아보던 장인. 주렴은 구슬이나 구슬 모양의 물건을 꿰어 만든 발을 말한다.

예문 今此因山敎是時魂帛腰輿所用朱簾編結時使設珠簾匠安二萬等六名初八日及良知委上送宜當向事(국장1757A/198ㄴ10~12)

색인 (가례1627/065ㄴ06)(가례1696/201ㄴ12)(가례1696/217ㄴ10)(가례1696/223ㄱ03)(가례1718/210ㄴ07)(가례1718/232ㄴ03)

朱簾匠【주렴장】 채 건 ☞ 珠簾匠주렴장

예문 裹皮匠涼太匠旄節匠付鑞匠柤骨匠周皮匠印出匠册匠筬匠朱簾匠花皮匠護匣匠除刻匠造繩匠造戈匠每四名肉助役一名(국장1834/164ㄴ09~11)

색인 (가례1671/153ㄱ10)(가례1671/154ㄱ07)(가례1671/178ㄱ10)(가례1671/180ㄱ03)(가례1671/186ㄱ05)(가례1681/079ㄴ04)

朱盝【주록】 일 의

당주唐朱를 담았던 두석豆錫으로 만든 주통朱筒을 넣었던 함. 나무로 만들며 서피로 싸고 주칠朱漆을 하였다. 왕세자나 왕세자빈의 장례에서는 흑진칠黑進漆을 하였다.

주록

예문 寶筒朱筒寶盝朱盝及各樣內函內塗補編則以紅紡紬載錄而謄錄則皆以紅禾紬入用是遣(국장1821/015ㄴ06~08)

색인 (가례1627/126ㄱ01)(가례1671/205ㄱ10)(가례1681/301ㄴ11)(가례1681/302ㄱ02)(가례1681/302ㄴ09)(가례1696/252ㄴ01)

主母【주모】 일 의

세자와 정혼한 세자빈의 어머니. 가례와 관련하여 볼 때, 세자와 세자빈이 정혼定婚하면 세자빈의 아버지를 주인主人이라 하고 어머니를 주모主母라고 한다. 이때의 의식을 보면, 기일 전 1일에 중매인仲媒人의 막차幕次를 문 밖에 남향南向하여 설치하고, 예물안禮物案을 정당正堂 가운데 설치한다. 그날 중매인이 예물禮物을 가지고 빈씨嬪氏 집에 이르면 주인主人이 문門에 나와 국궁鞠躬한다. 집사자執事者가 [빈씨 집의 족친(族親) 2인] 예물을 받들고 정당正堂에 들어가 안案에 둔다. 주인主人이 배위拜位에 나아가서 사배례四拜禮를 행하고, 당堂 위에 올라가서 꿇어앉는다. 중매인이 예물을 받들어 주인主人에게 주면 주인이 받아서 집사執事에게 주며, 부복俯伏하였다가 고두叩頭하고 배위拜位로 돌아와서 사배례四拜禮를 행한다. 중매인이 막차로 나가면 주인이 주찬례酒饌禮를 행하는데, 주모主母는 명부命婦와 더불어 주찬례酒饌禮를 안에서 행한다. 중매인이 대궐에 나아가서 복명復命하고, 명부命婦는 중궁中宮에 나아가서 복명復命한다(『세조실록世祖實錄』권20, 세조 6년 4월 임자).

관련1 주모차비主母差備

예문 上曰然矣閔應洙曰王妃親迎時儀註有奠雁於牀上主母撤雁案之文而世子嘉禮儀則只曰奠雁而元無奠於牀上之語謄錄中有奠雁(가례1744/052ㄴ01~03)

색인 (가례1681/054ㄱ06)(가례1681/054ㄱ09)(가례1681/178ㄴ09)(가례1802/상224ㄱ12)(가례1802/상224ㄴ07)(가례1802/상224ㄴ11)

周鉢【주발】 채 의 음 朱鉢 周鐙

놋쇠로 만든 식기의 하나. 모양이 여자 밥그릇인 바리와 비슷하다. 바리는 아가리가 조금 좁고 뚜껑에 꼭지가 있는 반면 주발은 몸체가 직선형이며 밑바닥이 약간 좁고 아래가 벌어져 바리와 구별된다. 현대 국어사전류에서는 주발의 재료를 놋쇠로 한정하고 있지만 은주발銀周鉢(銀朱鉢, 銀周鉢), 동주발銅周鉢(『상방정례尙方定例3』), 유주발鍮朱鉢(『도산서원장기陶山書院掌記 萬曆 30年 2月』), 유주발鍮周鉢(『남전영건도감의궤南殿營建都監儀軌』)이 있는 것으로 보아 주발이 특정 재료와는 관계가 없음을 알 수 있다. 즉 후대에 와서 놋쇠로 만든 식기食器로 그 의미가 한정된 듯하다. 의궤에는 周鉢 외에 朱鉢, 周鐙의 표기도 보인다.

관련1 동주발銅周鉢, 두탕주발豆湯周鉢, 은주발銀周鉢, 은주발銀朱鉢

예문 楪蓋具匙一箸一雙釵匙一尖一盒一蓋具鼎匙別兒甁酒煎子鈔兒各一盞蓋具三部則魂殿所用周鉢蓋具莽椀蓋具匙楪蓋具匙一箸一雙釵匙酒煎子鼎匙盒蓋(국장1776/008ㄴ12~009ㄱ02)

색인 (국장1776一/009ㄱ01)(빈전1776/005ㄴ05)(빈전1834一/133ㄱ03)(예장1989一/072ㄱ04)

周鐙【주발】 채 의 음 ☞ 周鉢주발

朱鉢【주발】 채 의 음 ☞ 周鉢주발

鑄小沙要【주소새옹】 채 의 음 ☞ 沙用새옹

예문 鑄中沙要蓋具一坐鑄小沙要蓋具二坐鑄有柄召兒一坐(가례1762/021ㄴ07~09)

색인 (가례1627/103ㄱ05)(가례1627/105ㄴ08)

鑄小沙用【주소새옹】 채 의 음 ☞ 沙用새옹

예문 鍮榼壹鍮小蓋兒參鑄小沙用蓋具壹黑漆雲足盤貳(가례1727/271ㄴ11~12)

색인 (가례1671/014ㄴ03)(가례1671/016ㄴ07)(가례1671/210ㄴ11)(가례1696/015ㄱ08)(가례1696/017ㄴ09)(가례1718/026ㄱ08)

柱心道里【주심도리】 채 건 ☞ 柱道里주도리

朱雀旗【주작기】 일 의

조선 시대에 군기軍旗인 대오방기大五方旗의 하나.

진영陣營의 앞에 세워 전군前軍, 전영前營 또는 전위前衛를 지키는 사각기四角旗이다. 붉은 바탕에 머리가 셋인 주작朱雀과 청靑·적赤·황黃·백白 등 4가지 채색彩色으로 구름무늬가 그려져 있으며, 화염각火焰脚과 기각旗脚이 달려 있다. 기 바탕과 화염각火焰脚 및 영자纓子는 홍주紅紬, 깃은 흑주黑紬를 쓴다.

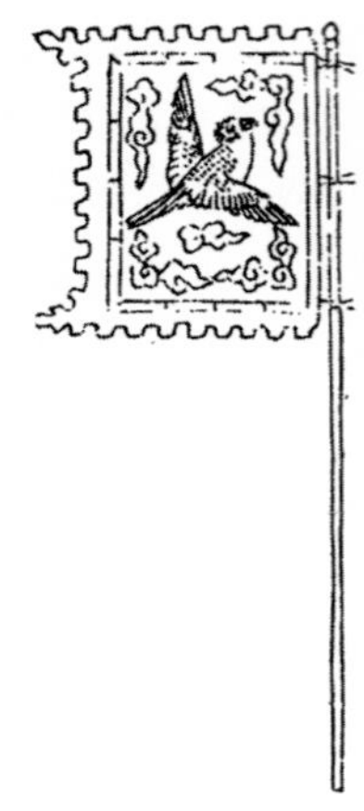

주작기

참조1 청룡기靑龍旗, 현무기玄武旗

예문 黑紬四尺纓子紅紬七寸五分前謄錄一尺今番減磨鍊朱雀旗二每部五幅付所入質紅紬四十尺火焰脚紅紬三十六尺(국장1903/038ㄴ04~06)

색인 (국장1659二/038ㄴ05)(국장1659二/068ㄱ11)(국장1659二/073ㄱ11)(국장1674二/022ㄴ04)(국장1674二/044ㄱ01)(국장1674二/059ㄱ03)

鑄匠【주장】 입 건

① 예전에 군기감軍器監의 주성색鑄成色에서 일하던 공장工匠. ② 놋그릇을 만드는 일을 전문으로 하는 사람.

예문 權爐匠所用地方木次小材木一介豆錫匠鑄匠匙匠和匠穿穴匠磨鏡匠等所用登牀各一造作進排事捧甘何如(혼전1724/098ㄱ11~ㄴ01)

색인 (가례1671/177ㄱ05)(가례1671/231ㄴ07)(가례1681/255ㄱ11)(가례1696/215ㄴ11)(가례1718/229ㄴ04)(책례1721/185ㄱ12)

朱杖【주장】 입 의

국왕이나 왕비의 노부에 사용되는 기구. 국왕이나 왕비가 거둥할 때 의장군 내에 시위를 위해 붉은색 몽둥이를 든 사금司禁 혹은 내시가 배치되었다. 국왕의 행렬에서는 주장사금 16원이 상복을 입고 말을 타고 받들었고, 왕비의 행렬에서는 내시 4인이 주장을 들었다. 왕세자의 행렬에서는 주장 대신 오장烏仗을 들었다.

주장

참조2 오장烏仗

관련1 주장차비朱杖差備

예문 禮文內發引時司禁十六各具器服執朱杖分左右云而所謂器服依近例以黑團領烏紗帽黑角帶執朱杖侍(빈전1834/062ㄴ07~08)

색인 (가례1681/061ㄴ02)(가례1681/222ㄱ10)(가례1681/252ㄱ12)(가례1802/상042ㄴ10)(가례1802/상176ㄴ01)(가례1802/상196ㄱ10)

紬苧【주저】 입 복

채단綵緞이나 예물에 사용되는 희고 고운 모시. 채단綵緞은 중국에서 제직한 화려하고 광택이 있는 주자직朱子織 견직물로 의복을 만드는 데 사용되었다. 또 결혼 전에 신부 집으로 보내는 비단 예물을 뜻한다. 『용재총화慵齋叢話』 제1 권에 옛날에는 혼가의 납채納采에는 옷 몇 가지만을 썼고 요즘은 납채에 모두 채단綵緞을 사용하는데 많은 것은 수십 필, 적어도 수필에 이르며 납채를 싸는 보도 명주나 비단을 쓴다고 기록되어 있다.

예문 椴板三立魚膠三兩裹白紬苧布十七尺炭末八升太末八升骨灰七升(책례1721/081ㄱ02~04)

색인 (국장1701二/018ㄱ10)(국장1834四/004ㄴ04)(국장1890四/006ㄴ09)(빈전1800一/100ㄱ10)(빈전1800三/115ㄱ03)(빈전1800三/147ㄱ06)

鑄錢所【주전소】 입 의

조선 시대, 호조에 속하여 주전鑄錢을 맡아 보던 임시 관청. 처음에는 사섬서司贍署의 주관으로 중앙에서 주조하도록 하였으나, 다량의 동전을 빠른 시일 안에 주조할 수 없기 때문에 세종 6년(1424)에 경기도, 경상 좌우도, 전라도의 각 지방에 주전소를 설치하고, 동전을 주조하였다.

예문 今亦依此例禁御兩營及戶曹鑄錢所(가례1819/069ㄴ12~070ㄱ01)

색인 (가례1696/238ㄱ05)(가례1696/238ㄱ06)(가례1696/238ㄱ09)(가례1696/238ㄱ10)(가례1696/238ㄱ11)(가례1696/242ㄱ10)

鑄錢廳【주전청】 일 의

17세기 초 중엽에 동전 주조를 맡았던 관청. 17세기 초부터 1650년대 말까지는 별도로 주전청鑄錢廳을 설치하여 동전을 주조하고, 중앙 관서 및 군영軍營은 물론 개성·수원·안동 등 각 지방 관청에서도 화폐를 주조하게 하였다.

예문 庚申十二月二十一日一行下事本所所掌安香廳築墻時備邊司鑄錢廳雜石取用事旣已稟定於總護使教是前爲有如乎(빈전1680/321ㄴ10~12)

색인 (가례1627/109ㄴ10)(빈전1680/321ㄴ11)

酒亭【주정】 일 의

왕실의 의례에서 술과 관련한 기물을 올려놓았던 탁자. 왕실의 혼례나 진연 및 진찬 등에서 왕세자에게 올리던 술병과 술잔 및 술과 관련한 기물을 올려놓았던 탁자이다. 주정酒亭은 직사각형의 천판天板에 마치 정자亭子와 같이 난간을 두르고 호랑이 발[虎足] 모양의 긴 다리로 구성되어 있다. 전면에 흑칠黑漆을 하였다. 주정과 비교하여 왕에게 술을 올리는 데 사용하던 것은 수주정壽酒亭이라 하고 주정에 비해 크기가 약간 크고 전면에 주칠朱漆을 한 차이가 있다.

참조1 소주정小酒亭, 수주정壽酒亭, 주정상酒亭床

관련1 대소주정大小酒亭, 대주정大酒亭, 소주정小酒亭, 왜주홍칠대주정倭朱紅漆大酒亭, 왜주홍칠소주정倭朱紅漆小酒亭, 왜주홍칠주정倭朱紅漆酒亭, 홍칠주정상紅漆酒亭床

예문 王妃坐尙食帥其屬擧饌案入設於殿下及王妃座前尙食二人詣酒亭取盞酌酒一人跪進于殿下前一人跪進于王妃前尙宮俯伏跪啓請釋圭殿下釋圭女官跪(가례1866/254ㄱ06~08)

색인 (가례1671/194ㄴ08)(가례1671/196ㄴ01)(가례1671/215ㄱ06)(가례1681/278ㄴ02)(가례1681/280ㄴ12)(가례1681/283ㄱ02)

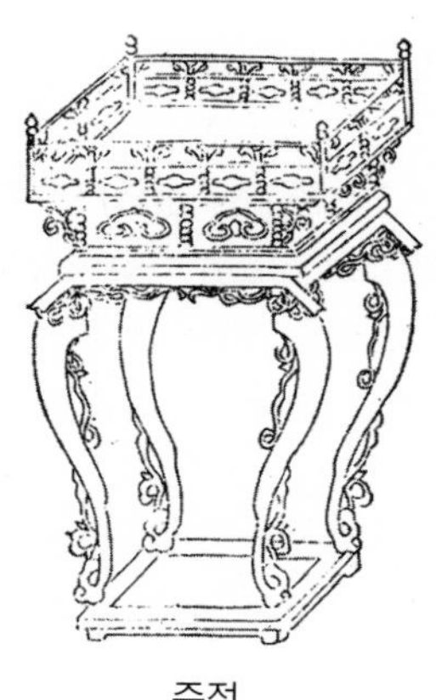

주정

酒亭床【주정상】 일 의 ☞ 酒亭주정

예문 香佐兒二黑漆小盤入量進排樽臺二香案床二酒亭床二各項習儀日進排事捧甘爲有等以(가례1744/074ㄴ03~04)

색인 (가례1819/상237ㄴ04)(가례1819/하082ㄱ03)(가례1819/하082ㄱ04)

晝停所【주정소】 일 음

조선 시대에 임금이 거둥하다가 휴식을 취하는 곳. 주로 왕이 능행陵行을 할 때 낮에 잠시 어가御駕를 쉬기 위하여 머물렀는데, 이때 차나 죽을 먹으면 소주정소, 수라水剌를 들면 대주정소라 했다. 정조는 현륭원顯隆園에 거동하면서 용양봉저정龍驤鳳翥亭 주정소에 잠시 머물기도 하였다. 용양봉저정은 현재 서울시 동작구에 남아 있다.

예문 昨日到付長生殿關內外梓宮陪進時晝停所及陵所排設等事令本道擧行亦爲有臥乎所(국장1659/058ㄴ05~07)

색인 (국장1659一/009ㄴ11)(국장1659一/058ㄴ06)(국장1659一/058ㄴ10)(국장1659一/071ㄱ05)(국장1659一/072ㄱ09)(국장1659一/072ㄱ10)

鑄中沙要【주중새옹】 채 의 음 ☞ 沙用새옹

예문 鑄大沙要蓋具一坐鑄中沙要蓋具一坐鑄小沙要蓋具二坐(가례1762/021ㄴ06~08)

색인 (가례1627/102ㄴ09)(가례1627/105ㄴ07)

鑄中沙用【주중새옹】 채 의 음 ☞ 沙用새옹

예문 坐銅和者一鍮者一鑄東海一一餅工色所用鑄東海一坐鑄甑蓋具一坐鑄大沙用蓋具一坐鑄中沙用蓋具一坐鑄小沙用蓋具一坐(국장1674/138ㄴ05~07)

색인 (가례1671/016ㄴ06)(가례1696/015ㄱ07)(가례1696/017ㄴ08)(가례1718/026ㄱ07)(혼전1720/125ㄴ01)(혼전1720/130ㄱ08)

注紙【주지】 일 건

주문奏文에 쓰이는 고급의 종이. 주지注紙라는 말은 주지奏紙에서 비롯되었다. 15세기 이전에는 주지奏紙로 기록되어 있으며, 16세기 이후에 주지注紙라고 기록하고 있다. 주지에는 초주지草注紙와 저주지楮注紙, 하품저주지下品楮注紙, 이래저주지移來楮注紙 등이 있다. 초주지는 초배만으로 도배를 끝내는 데 사용한 것으로 보이며, 저주지는 격식이 있는 곳의 재배지로 활용하였다. 박주지朴注紙는 주지 중에서 얇게 만든 것을 의미하는 것으로 보인다.

참조1 저주지楮注紙, 초주지草注紙

참조2 이래저주지移來楮注紙, 하품저주지下品楮注紙

예문 一堂上都廳印信各一顆仍用爲白齊一正書次上品草注紙及(책례1651/017ㄱ13~14)

색인 (국장1659二/181ㄴ02)(국장1674二/086ㄴ06)(국장1681二/106ㄱ12)(국장1684/096ㄱ09)(국장1701二/115ㄱ06)(국장1702B二/136ㄱ06)

周尺【주척】 일 건

주례周禮에 규정된 주周나라 때 사용하던 척도. 주척은 영조척의 0.66배에 해당하는 척도로 남자의 손바닥 길이를 기준으로 한 19.19cm를 1척으로 하여 만들어진 것이라 하며, 청나라 때에는 주척 1척이 19.7cm와 19.8557cm로 고증되기도 하였다. 우리나라에서 주척은 전답이나 도로의 거리 등을 측량하는 양전척量田尺과 이정척里程尺으로 주로 사용하였다. 『화성성역의궤』「권수도설」에는 用周尺六尺爲步, 營造尺則 三尺八寸 一步라 기록되어 있어 주척 6척을 1보로 삼았고, 영조척 3.8척이 1보에 해당하는 길이로 사용되었음을 알 수 있다.

예문 匙一以山柚子木爲之長二寸八分用周尺黑漆盥盤一用椵木磨造圓經四寸三分高一寸二分用周尺黑漆盥匜一以椵木磨造圓經二寸五分高七分用周尺黑漆(국장1681/057ㄱ04~06)

색인 (국장1659一/007ㄴ01)(국장1659一/007ㄴ01)(국장1659一/007ㄴ05)(국장1659一/011ㄱ09)(국장1659一/011ㄴ08)(국장1659一/012ㄴ09)

鑄漆【주칠】 일 건

옻칠에는 채취한 옻을 잘 정제하여 투명하게 바르는 생칠, 검게 바르는 흑칠, 여러 안료를 섞어 바르는 채칠 등이 있다. 그러나 주칠에 대해서는 알려진 바 없다. 따라서 현재로서는 주칠鑄漆의 안료로서의 성격이나 그 밖의 특성 등을 알기는 어렵다.

예문 鑄小燭臺一隻重四斤六兩鑄剪燭器蓋具一重二斤十兩五戔戊戌姑減鑄漆油器蓋具一重二斤三兩五戔鑄大火爐一重六十四斤八兩鑄中火爐一重三十八斤鑄中沙用蓋具一重十二斤八兩(가례1718/279ㄱ08~10)

색인 (책례1721/147ㄱ10)

柱漆色【주칠색】 일 건

기둥 위쪽에 칠한 옻칠. 주칠색은 단청에서 기둥

위쪽에 옻칠한 색을 말한다. 단청을 올릴 때 도채 외에 부분적으로 금분이나 금박을 이용하였다. 금단청은 주로 황색이 도채되는 부분에 눌러 붙이는데 그 접착제는 전통적으로 옻칠을 사용한다.

예문 長杠橫杠及柱漆色則依壬申册禮時例以黑色奉行何如手決內依(가례1819/023ㄱ08~09)

색인 (가례1819/하023ㄱ08)

朱漆祭床【주칠제상】 일 의 ☞ 石磵朱漆祭床석간주칠제상

예문 具三箇中鎖鑰開金具一箇石磵朱漆祭牀三十部每部所入名山大川路祭所陵所祭奠中排設所用廣厚板一立半魚膠二兩初漆次黃州朱土二合(국장1800/074ㄴ06~08)

색인 (국장1878一/054ㄱ06)

朱筒【주통】 일 의

인주印朱를 담아두는 통. 국왕과 왕비의 보인寶印이나 왕세자와 빈嬪의 옥인玉印은 인주印朱와 같이 보관하였는데 인주를 담은 통을 주통朱筒이라 하였다. 당주홍唐朱紅이라는 인주를 담은 주통은 짝이 되는 보통寶筒 또는 옥인통玉印筒과 같은 모양과 크기로 만들었다. 주통은 다시 주록朱盝이라는 통에 넣어 보통寶筒을 넣은 보록寶盝과 함께 호갑護匣에 보관하였다.

예문 三甫二月乃燒木一丹朱筒二部所盛唐朱紅一兩二錢(가례1802/119ㄴ04~06)

색인 (가례1627/125ㄴ05)(가례1627/112ㄱ12)(가례1627/112ㄱ14)(가례1627/112ㄴ01)(가례1627/112ㄴ06)(가례1627/112ㄴ14)

酒海【주해】 일 의 음

큰 술잔.

관련1 청주해靑酒海

예문 命除果載補編否雖不載焉今番勿造事分付且有畵龍樽排案牀而頃者雖嘉禮以白酒海代用事下敎今番亦爲勿設事分付(예장1762/007ㄴ06~08)

색인 (가례1718/062ㄴ10)(가례1819/상083ㄱ11)(가례1819/상083ㄴ04)(가례1819/상084ㄱ06)(가례1819/하082ㄱ03)(예장1762一/007ㄴ07)

朱紅【주홍】 일 건

붉은 빛의 안료. 황화수은(HgS)이 주성분인 주홍은 다른 말로 은주銀朱, 주朱라고도 하는 화학제 유기안료이다. 오늘날 단청의 안료로 사용되는 주홍은 서양에서 들어온 양홍, 양주로서 19세기 말경에 사용된 기록이 보인다. 그전에 주홍은 중국에서 수입된 당홍唐紅과 당주唐朱를 사용했는데 그것은 천연물질인 진사辰沙/辰砂에서 얻은 것이다. 주홍색은 만드는 방법에 따라 등적橙赤에서 농적濃赤까지 다양하며 산과 알칼리에 용해되지 않는다. 주홍을 갤 때는 물에는 잘 풀어지지 않고 알코올을 사용하면 쉽게 풀어진다. 햇볕에 어둡게 변색될 수 있으며 납, 동성분의 안료와 혼합하여 사용하면 변질된다.

예문 大殿時同殿內排設箋案諸具紅紬袱及朱紅漆函紅紬袱靑龍亭香亭香爐香榼前導細仗鼓吹指路赤具巾服令各該司預先(책례1651/013ㄴ04~06)

색인 (가례1627/048ㄱ02)(가례1627/081ㄱ05)(가례1627/082ㄱ10)(가례1627/083ㄱ09)(가례1627/092ㄱ11)(가례1627/092ㄴ08)

朱紅眞絲【주홍진사】 일 복

주홍색의 명주실. 각색 옷감의 바느질용으로 사용되었다. 『조선왕조실록朝鮮王朝實錄』에 태종 17년(1417) 양잠을 장려하면서 전라도, 풍해도[황해도]의 채방판관採訪判官이 황진사, 백진사 및 누에고치를 바쳤다는 기록이 있다. 따라서 진사眞絲는 조선 시대 초기 혹은 그 이전부터 사용된 것으로 보인다.

참조1 남진사藍眞糸, 남진사藍眞絲, 남홍황진사藍紅黃眞絲, 다홍진사多紅眞糸, 다홍진사多紅眞絲, 대홍진사大紅眞絲, 백진사白眞絲, 아청다홍진사鴉青多紅眞絲, 아청진사鴉靑眞絲, 오색진사五色眞絲, 유청진사柳靑眞糸, 유청진사柳靑眞絲, 자적남진사紫的藍眞絲, 자적남홍진사紫的藍紅眞絲, 자적진사紫的眞絲, 조족백진사鳥足白眞絲, 청진사靑眞糸, 청진사靑眞絲, 초록진사草綠眞絲, 흑진사黑眞絲

예문 甘佐非丁具三十六箇所鎖鎖鑰開金具一部合豆錫十四兩開金纓子次朱紅眞絲一錢白紙八張膠末二合(가례1866/090ㄴ06~08)

색인 (가례1866/하096ㄱ10)

竹網匠【죽망장】 일 건

죽망 만드는 일을 맡아 하던 장인. 죽망竹網은 대오리로 결어 만든 망을 말한다.

예문 鄭善海善檢松以上高陽居竹網匠沈獻男居綾州金德生潭陽金立光州崔所乙每南平(국장1903/253ㄴ09~11)

색인 (가례1627/066ㄱ02)(가례1718/078ㄴ11)(국장1674A三/107ㄴ06)(국장1674A三/144ㄴ10)(국장1800三/003ㄱ01)(국장1800三/010ㄱ03)

竹甫兒【죽보아】 차 의 음 ☞ 보아甫兒

예문 本房次知畵員起畵時所用六張付地衣壹浮沙莫子壹木莫子拾沙鉢壹竹沙大貼拾伍立沙貼是貳竹甫兒壹竹大中剪板各壹(국장1659 006ㄴ12)

색인 (가례1718/095ㄱ01)

竹笥匠【죽사장】 일 건

대오리체를 만드는 일을 전문으로 하는 장인. 의궤기록에 보이는 죽사竹笥와 죽사장竹笥匠은 각각 죽사竹篩와 죽사장竹篩匠에 대한 오기이다. 따라서 죽사장竹笥匠은 대오리 상자를 만드는 장인을 일컫는 것이 아니라, 대오리체[竹篩, 어레미]를 만드는 죽사장竹篩匠을 지칭한다. 국장을 비롯한 가례, 책례, 예장, 상례 등에서 소로장을 비롯한 각종 장인들이 다소 입자가 굵은 재료나, 그 가루를 물에 갠 것을 크기에 따라 선별하여 다른 도구나 물품을 만들 때 필요한 대오리체를 만드는 일을 맡았다.

참조1 죽사장竹篩匠

참조2 죽사竹笥, 죽사竹篩

예문 甲胄匠鄭大鵬竹笥匠文應起屛風匠姜德柱金守甲(국장1800/215ㄴ09~11)

색인 (국장1800二/215ㄴ10)

竹篩匠【죽사장】 일 건 ☞ 竹笥匠죽사장

竹散馬【죽산마】 일 의

임금이나 왕비의 장례에 쓰던 장의기구葬儀器具. 두꺼운 널빤지로 정井자 모양으로 길게 틀을 만든 다음, 굵은 대[竹]로 말의 몸체를 만들어 종이로 발라 잿빛 칠을 하고, 말총으로 갈기와 꼬리를 만들고 두 눈알을 만들어 박아 말의 모양을 완성한다. 완성된 말 모양을 두 바퀴가 달린 수레 위에 실어 백의白衣와 백건白巾을 착용한 다섯 명의 여사군輿士軍이 끌고 간다.

관련1 죽산마가가竹散馬假家, 죽산마대가가竹散馬大假家, 죽산마안롱竹散馬鞍籠, 죽산마장竹散馬匠, 죽산마차자竹散馬車子

예문 仁穆王后國恤時謄錄以竹散馬二匹竹鞍馬四匹載錄其下註以庚子謄錄減數云則庚子壬申只用二匹四匹似出(국장1681/010ㄴ04~05)

색인 (국장1659一/035ㄴ02)(국장1659一/041ㄴ05)(국장1659一/050ㄱ05)(국장1659一/051ㄴ10)(국장1659二/002ㄱ02)(국장1659二/013ㄱ02)

죽산마

竹梳【죽소】 일 복

대나무로 만든 참빗. 『세종실록世宗實錄』「오례의五禮儀」 흉례 의식의 천전의遷奠儀에 대나무로 만든 빗과 나무로 만든 빗을 사용한 것을 확인할 수 있다. 여러 의궤의 기록에서도 소첩일부梳貼一部에 목소와 죽소가 명시되어 생활품으로 사용되었던 것으로 보인다. 또한 성종 8년(1477)에 고국의 토산물로 죽소와 목소를 부탁하는 기록과 성종 9년(1478) 황제가 요구하는 물목에 갖가지 의복衣服, 갖가지 저고리·치마, 돼지털 참빗[篦刷], 대빗[竹梳], 나무빗[木梳], 다리빗[髢篦] 등이 있어 당시 죽소의 품질이 양호했던 것으로 보인다.

참조1 목소木梳

예문 圭靑玉衣裳大帶中單方心珮玉綬蔽膝紅襪赤舃以上自尙方進排鏡一具匣梳函竹梳二衣裳以木梳二下幷持下(예장1786/038ㄴ08~09)

색인 (가례1627/045ㄴ09)(가례1627/050ㄴ14)(가례1671/007ㄴ07)(가례1671/009ㄱ05)(가례1681/017ㄴ07)(가례1681/019ㄴ12)

竹筲【죽소】 일 의 ☞ 筲소

예문 竹筲八箇比前減七則一筲所盛八穀發靷前期當該官員躬親看品爲有如可到墓所卽時微炒進排爲旀(예장1786/194ㄴ11~12)

색인 (예장1786一/194ㄴ11)(예장1786一/211ㄱ10)

竹筲匠【죽소장】 일 건

죽소竹筲 만드는 일을 전문으로 하는 사람. 소筲는 국장에서 기장, 콩, 보리 등의 곡식을 담던 명기明器로 해죽海竹을 엮어서 만들며 주척周尺을 이용하였다. 입구의 원지름을 4촌 5푼, 허리의 원지름은 7촌 5푼, 높이는 8푼, 바닥의 원지름은 5촌 5푼이었으며 곡식을 3되 담을 수 있었다. 대나무는 흑진칠을 하였다. 소장筲匠이라고도 한다.

동 소장筲匠

참조1 소筲

관련1 소궤筲櫃, 소궤차비관筲櫃差備官, 소장筲匠

예문 錫匠假家三間付鑞匠假家二間方相氏匠假家二間雕刻匠假家二間竹筲匠螺鈿匠假家合二間杻骨匠假家二間假漆匠假家三間眞漆匠假家一間木手假家三間(국장1776/278ㄴ07~09)

색인 (국장1776二/278ㄴ08)(국장1776二/284ㄱ02)(예장1786二/208ㄱ10)(국장1800四/096ㄱ07)

竹鞍馬【죽안마】 일 의

왕이나 왕비의 장례에 쓰던 장의 기구葬儀器具. 만드는 방법은 죽산마竹散馬와 같으나, 네 필의 말 가운데 두 필은 붉은빛, 두 필은 흰빛으로 하여 모두 안장이 있으며, 싸리로 만들었다. 행렬에서는 죽산마 바로 뒤에 가며, 붉은 말이 앞서고 흰 말이 뒤에 간다.

예문 雜物當載於數車國葬都監亦有輸運之物而竹散馬竹鞍馬皆是引車之役今此市民不分名目通融磨鍊以市民之類引車而以坊民中(국장1903/035ㄴ01~03)

색인 (국장1659一/035ㄴ02)(국장1659一/041ㄴ06)(국장1659二/050ㄴ05)(국장1659二/051ㄴ01)(국장1674二/027ㄴ06)(국장1681一/010ㄴ04)

죽안마

竹册【죽책】 일 의

여러 개의 대쪽에 글을 새겨 엮은 문서. 죽책은 왕세자와 왕세자빈의 책문册文, 시책문諡册文, 애책문哀册文 등을 내릴 때 사용하는 문서이다. 국왕이나

ㅈ

왕비에게 바치는 옥책玉册보다 격을 낮추어 제작한 것이다. 죽책은 대나무를 길이 9촌, 너비 1촌으로 잘라 만든 여러 개의 대[竹]를 다섯 개씩 도금판으로 묶어 한 첩貼으로 만들고, 다시 이들을 고리나 경첩으로 연결하였다. 한쪽의 대에는 평행平行 10자, 극행 12자의 글자를 새겼다. 완성된 죽책은 갑匣에 싸서 흑칠黑漆한 내궤內櫃와 외궤外櫃에 넣어 보관하였다.

참조1 죽책문竹册文

관련1 죽책가궤竹册假樻, 죽책갑竹册匣, 죽책기등자금구竹册機鐙子金具, 죽책기竹册機, 죽책문竹册文, 죽책배안상竹册排案床, 죽책봉과식竹册封裹式

예문 啓曰中宮殿册禮時敎命文製述官書寫官樂章文製述官王世子册禮時竹册文文製述官書寫官(책례1651/004ㄴ05~07)

색인 (가례1627/101ㄱ03)(가례1627/101ㄱ04)(가례1627/104ㄴ07)(가례1627/116ㄱ14)(가례1627/123ㄱ10)(가례1627/123ㄴ09)

竹册文【죽책문】 일 의 ☞ 竹册죽책

예문 啓曰竹册文製述官書寫官及樂章文製述官玉印篆文書寫官實預差別單書入之意敢啓(상호1795/016ㄴ12~017ㄱ02)

색인 (가례1627/015ㄱ05)(가례1627/114ㄴ11)(가례1627/115ㄴ03)(가례1627/115ㄴ07)(가례1627/119ㄱ13)(가례1627/119ㄴ01)

竹册封裹式【죽책봉과식】 일 의

죽책竹册을 보자기에 싸서 궤에 넣은 후 봉하는 법식. 죽책은 왕세자와 왕세자빈을 책봉할 때에 내리는 교명문을 대나무에 새겨 책 모양으로 만든 것이다. 죽책은 제작 후 갑匣, 내궤內櫃, 외궤外櫃에 넣어 봉封하는데 그 절차는 다음과 같다. 먼저 죽책의 제작이 끝나면 책례도감의 도제조가 봉심한 후 죽책의 첩 사이에 격유보隔襦袱를 끼우고 갑匣에 넣어 잠근다. 그 갑을 의향衣香과 같이 싸서 내궤內櫃에 넣고 자물쇠로 잠근다. 그 다음 죽책이 든 내궤를 홍수주 단보紅水紬 單袱로 싸서 외궤外櫃에 넣어 자물쇠로 잠근 후 초주지草注紙로 한겹 봉하고 근봉謹封라는 글자를 책임자의 직함 및 성姓과 함께 쓴다.

참조1 죽책竹册

관련1 죽책문竹册文

예문 嘉慶二十四年己卯十月日三房儀軌竹册封裹式完役後都提調提調都廳郞廳監造官同爲開坐都提調捧竹册(가례1819/051ㄱ08~09)

색인 (가례1819/하051ㄱ08)(책례1875/062ㄴ02)

竹册展案床【죽책전안상】 일 의

왕세자를 책봉할 때 죽책竹册을 펴 놓았던 상. 왕세자나 왕세손을 책봉할 때 내린 죽책을 의례를 행할 때 펴 놓았던 상이다. 직사각형의 천판天板에 호랑이 발[虎足] 모양의 다리가 달린 형태로 전면에 흑칠黑漆을 하였다. 죽책배안상竹册排案床이라고도 한다.

동 죽책배안상竹册排案床

예문 同日取考謄錄則黑眞漆竹册展案床一坐竝覆巾尙方造作進排矣今亦依此捧甘何如手決內依(가례1819/237ㄱ11~ㄴ01)

색인 (가례1819/상237ㄱ12)

樽花【준화】 일 의

색색의 종이를 이용하여 만든 조화. 준화樽花는 궁중 잔치인 진연進宴이나 진찬進饌에서 항아리에 꽂아 장식했던 색색의 종이를 이용하여 만든 조화를 말한다. 준樽에 꽂아 준화상 위에 올려 사용하였다.

참조1 준화상樽花床

예문 孔雀八朶大鳳十六朶小鳳三十朶白鶴三十朶羅花草虫二十四朶實果草虫十二朶樽花二朶(가례1718/208ㄱ11~12)

색인 (가례1627/042ㄴ02)(가례1671/147ㄴ05)(가례1681/218ㄱ08)(가례1696/196ㄴ01)(가례1718/208ㄱ11)(가례1762/상005ㄱ10)

준화

樽花床【준화상】 일 의

궁중에서 의례를 행할 때 꽃을 꽂아 장식한 항아리를 놓았던 상. 특히 궁중 잔치인 진연進宴이나 진찬進饌이 있을 때 항아리에 색색의 종이를 이용하여 만든 조화를 준樽에 꽂아 준화상 위에 올려 사용하였다. 채화상菜花床, 준화기樽花機라고도 한다.

동 준화기樽花機, 채화상菜花床

참조1 준화樽花

관련1 왜주홍준화상倭朱紅樽花床, 왜주홍칠준화상倭朱紅漆罇花床

예문 具黑眞漆高足床八坐別工作紅紬床巾八件座面紙具黑眞漆樽臺一雙黑眞漆樽花床二坐內下件修補改着漆入用黑眞漆大膳床二坐尙方(가례1819/041ㄴ06~08)

색인 (가례1819/하080ㄱ06)

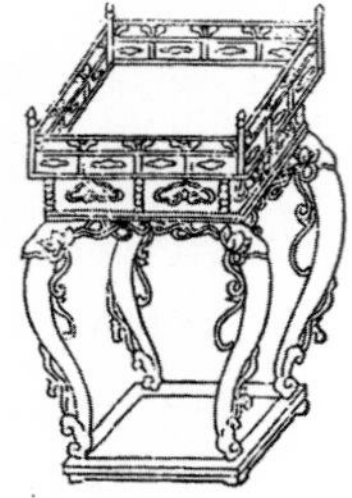

준화상

中果器【중과기】 일 음

제례祭禮에 사용되는 것으로 과일을 담는 중간 크기의 그릇. 제기祭器의 하나로 제수祭需 중 과일을 담는다. 과기에 올려지는 제수祭需에는 밤[乾栗], 대추, 호두, 잣, 비자榧子 또는 연자蓮子 등 다섯 가지가 있다. 순조 기축 진찬 때에는 유철鍮鐵로 만든 과기를 사용하였으며, 영조 갑자 진연 때에는 나무로 만든 과기를 사용하였다. 크기는 大, 中, 小로 구분된다.

관련1 흑칠대과기黑漆大果器, 흑칠소과기黑漆小果器, 흑칠중과기黑漆中果器

예문 黑漆中果器肆拾依前減付標啓下果漆小果器貳拾依前減付標啓下黑漆鍾子參拾陸依前減付標啓下燭籠拾部(가례1727/024ㄱ05~06)

색인 (가례1819/하085ㄱ06)(가례1696/019ㄱ03)(가례1627/107ㄴ11)(가례1627/123ㄱ04)(가례1671/017ㄴ12)(가례1718/028ㄴ06)

中單【중단】 일 복

왕의 면복冕服·조복朝服, 백관의 조복朝服·제복祭服, 왕비 면복冕服의 받침옷. 『국조오례의서례國朝五禮儀序例』에 의하면 중단은 백색의 증繒으로 만들어 청색으로 깃[領]·수구[褾]·옷자락[襈]·도련[裾] 등에 두르며 깃에는 아자亞字 모양과 유사한 불문黻紋 11개를 그려주었다. 그런데 영조의 『국장도감의궤國葬都監儀軌』에는 중단을 백숙초로 하고 소매 끝, 깃, 도련에 선을 대고 깃은 아청숙초에 니금으로 불문 11개를 그리도록 기록되어 있다. 즉 정조대를 시점으로 백색 중단이 청색 중단으로 변화한 것으로 보인다.

참조1 면복冕服, 조복朝服

참조2 제복祭服

예문 一本房次知服玩諸具取考謄錄則苔衣一手巾一冕一圭一衣一紅襪一裳一中單一蔽膝一佩玉一綬一大帶一赤舃一內外衹等物乙自尙衣院造作進排是遣(국장1903/003ㄴ03~05)

ㅈ

색인 (국장1659二/003ㄴ04)(국장1659二/053ㄴ05)(국장1674二/004ㄱ05)(국장1674二/031ㄱ01)(국장1702B二/008ㄱ02)(국장1702B二/088ㄱ12)

중단

中同串【중동곶】 차 건

① 밖에서 열 수 없게 빗장에 새로 끼우는 꽂이쇠 또는 꽂이 나무. ② 상투를 튼 뒤에 그것이 다시 풀어지지 않도록 꽂는 물건. ③ 대패의 덧날막이.

예문 木手大中錯錐子刀子加莫鐵邊湯刃西道里中同串方亇赤眞椽木(국장1800四/081ㄱ02~04)

색인 (국장1800四/081ㄱ04)

中衫【중삼】 일 복

노의露衣 속에 받쳐 입었던 옷. 중삼은 흰 동정이 달린 홑옷으로 여기에 달린 흰 동정이 노의를 입었을 때 지금의 원삼처럼 밖으로 보였을 것으로 추정된다.

참조2 노의露衣

예문 十貼十長生大屛風壹坐中衫壹黃紗露衣裌壹金圓紋大紅匹段胸褙裌長衫具(가례1727/012ㄴ04~05)

색인 (가례1627/048ㄴ02)(가례1671/008ㄴ06)(가례1671/126ㄴ02)(가례1696/009ㄱ03)(가례1696/166ㄱ07)(가례1718/009ㄴ04)

中椽【중연】 일 건

7량가 이상의 건물에서 종단면상 세 개 이상의 서까래를 사용하는 경우 중앙에 위치한 서까래. 하나의 건물에서 종단면상 사용되는 서까래의 수는 가구의 양수樑數와 관계가 있다. 3량가인 경우에는 앞쪽과 뒤쪽에 각 1개씩의 서까래를 대칭으로 배열한다. 5량가인 경우에는 중도리를 기점으로 건물 앞뒤에 각 2개씩의 서까래를 대칭으로 배열한다. 이때 주심도리와 중도리 사이에 위치한 서까래는 처마를 만들기 위해 중도리와 종도리 사이에 위치한 서까래보다 길어진다. 따라서 주심도리와 중도리 사이에 위치한 서까래를 장연長椽, 중도리와 종도리 사이에 위치한 서까래를 단연短椽이라 부른다. 7량가 이상의 건물에서는 사용된 도리의 수에 관계없이 건물 앞뒤에 각 2개씩의 서까래를 배열하기도 하지만 각 3개씩의 서까래를 배열하는 경우도 있다. 이 경우 가운데 위치한 서까래를 중연中椽 또는 중단연中短椽이라 부른다.

동 중단연中短椽

참조1 장연長椽

참조2 단연短椽, 상단연上短椽, 중단연中短椽

예문 一右手本爲上下事本房引鉅所入葛大索二十把地乃木二介梗木中椽二介支木大椽一介等物用還次以進排事捧甘爲只爲堂上手決內依別工作捧甘(국장1903/022ㄴ04~06)

색인 (가례1866/하097ㄱ10)(가례1866/하114ㄴ05)(가례1866/하127ㄴ07)(가례1866/하130ㄱ09)(가례1866/하131ㄴ09)(국장1898三/098ㄴ01)

中層多紅貢緞【중층다홍공단】 일 복

의대衣襨의 겉감과 보로 사용된 진한 홍색의 주자직朱子織 견직물. 공단은 직문 되지 않은[천의 겉면이 날실로 덮인 수자(繻子) 조직] 경주자 조직으로 광택이 좋고 화려하다. 문양과 색상에 따라 이름이 다양하다. 다홍 공단은 진한 홍색으로 도포道袍, 단도포單道袍, 습도포襲道袍, 배자背子의 겉감으로 사용하였고, 유록대설문향단 답호柳綠大楪紋鄕緞褡護

에는 안감으로 사용하였다. 이 외에도 안상案床을 덮는 보褓감으로도 사용하였다. 단색의 문양이 있는 단색문단單色紋緞과 경사經絲[날실]와 위사緯絲[씨실]의 색을 다르게 쓰는 이색문단異色紋緞은 있으나 중층中層은 중직문단重織紋緞을 의미하는 것으로 추정할 뿐이다.

참조1 다홍공단多紅貢緞, 진홍공단眞紅貢緞, 홍공단紅貢緞

참조2 남공단藍貢緞, 흑공단黑貢緞

예문 上層多紅貢緞長八尺九寸廣七寸一片中層多紅貢緞長八尺九寸廣九寸五分一片下層多紅貢緞長八尺九寸(가례1866/005ㄱ08~10)

색인 (가례1866/하005ㄱ09)(가례1866/하016ㄱ12)

中層冒緞【중층모단】 일 복

주자직朱子織으로 제직된 단층의 문단으로 조선 시대에 중국에서 유입된 단직물 중 하나. 바닥은 경주자 조직으로 짜고 무늬는 위주자 조직으로 짜서 단층으로 무늬를 나타낸다. 가례 때 납징納徵에 현색 모단玄色冒緞 6필, 훈색 모단 4필이 배정되며, 적의 하피 1감에 모단 6자가 소용된다. 습례 때 조모早帽, 익선관翼善冠, 화靴 등을 흑모단黑冒緞으로 싼다. 이외에 모단冒緞은 각 궁방의 무수리·의녀·침선비針線婢와 각 영읍營邑의 기녀들은 제 머리를 머리 위에 얹는 가리마를 만드는 데 사용하였다.

참조1 현색모단玄色冒緞

예문 上層冒緞長八尺九寸廣七寸中層冒緞長八尺九寸廣九寸五分下層冒緞長八尺九寸廣一尺六寸(가례1819/004ㄱ06~08)

색인 (가례1819/하004ㄱ07)(책례1812/114ㄴ01)(책례1875/121ㄴ08)(상호1784一/331ㄴ04)

中層鴉靑冒緞【중층아청모단】 일 복

검푸른 빛[아청색]의 두꺼운 비단. 모단은 주자직朱子織으로 제직된 단층의 문단으로 조선 시대에 중국에서 유입된 단직물 중 하나이다. 바닥은 경주자 조직으로 짜고 무늬는 위주자 조직으로 짜서 단층으로 무늬를 나타낸다.

참조1 모단冒緞, 현색모단玄色冒緞

예문 上層鴉靑冒緞長八尺九寸廣七寸一片中層鴉靑冒緞長八尺九寸廣九寸五分一片(가례1866/017ㄱ03~05)

색인 (가례1866/하017ㄱ04)

中層紅綃【중층홍초】 일 복

붉은색의 얇은 생사 견직물. 홍초紅綃는 흑칠중함黑漆中函의 안 싸개용으로 사용되었다. 초綃는 생사生絲로 짠 얇은 비단의 총칭으로 조선 시대 문무백관들의 조복朝服·제복祭服의 옷감으로 사용되었다.

참조1 대홍초大紅綃, 백초白綃, 아청유문초鴉靑有紋綃, 자적초紫的綃, 중층흑초中層黑綃, 초록초草碌綃, 현색문초玄色紋綃, 홍초紅綃, 훈색초纁色綃, 흑초黑綃

예문 回繩次紅鄕絲二錢松煙一錢阿膠一錢上層紅綃三幅各長三尺一寸中層紅綃四幅各長四尺五寸下層紅綃五幅各長六尺三寸(상호1827/183ㄱ05~07)

색인 (가례1866/하005ㄴ12)(상호1827二/058ㄱ07)(상호1827二/061ㄱ06)(상호1827二/072ㄱ01)(상호1848二/059ㄱ05)(상호1875/138ㄱ09)

中層黑綃【중층흑초】 일 복

흑색의 얇은 생사 견직물. 초綃는 생사生絲로 짠 얇은 비단의 총칭으로 조선 시대 문무백관들의 조복朝服·제복祭服의 옷감으로 사용되었다.

참조1 대홍초大紅綃, 백초白綃, 아청유문초鴉靑有紋綃, 자적초紫的綃, 중층홍초中層紅綃, 초록초草碌綃, 현색문초玄色紋綃, 홍초紅綃, 훈색초纁色綃, 흑초黑綃

예문 金箋紙次紙金二張紅絨絲一錢上層黑綃三幅各長三尺一寸中層黑綃四幅各長四尺五寸下層黑綃五幅各長六尺三寸覆巾次黑綃方七寸二片(상호1827/185ㄴ08~10)

색인 (가례1866/하006ㄴ01)(상호1827二/060ㄴ10)(상호1827二/072ㄴ01)(상호1848二/059ㄴ03)(상호1875/138ㄴ06)

篪【지】 일 의

문묘 제례악文廟祭禮樂에서 사용하는 높고 맑은 음역과 음색을 가진 관악기. 죽부竹部에 속하며, 의취義嘴가 있다. 가로로 잡고 부는 악기 중 길이가 가장 짧다. 취구 부분에 의취를 사용하며, 지공이 4개, 악기의 끝부분에 +모양의 십자공을 뚫는다. 형제간의 돈독한 우애를 의미하는 훈지상화壎篪相和는 흙을 구워 만든 훈壎과 대나무로 만든 지篪를 의미한다. 현재는 문묘 제례악 연주에 사용된다.

지

예문 禮器尺所盛則瓦鍾十六瓦磬十六瓦特鍾一瓦特磬一瓦方響一瓦壎一篪一管一唐笛一洞簫一唐觱栗一鄕觱栗一大琴一唐琵琶一鄕琵琶一玄琴一伽倻(국장1730/085ㄱ12~ㄴ02)

색인 (국장1898三/094ㄱ11)(국장1659二/057ㄱ11)(국장1730二/085ㄴ01)(국장1730二/088ㄴ08)(국장1890二/160ㄱ12)

支架【지게】 채 건 地架 之介 支擧

짐을 올려놓고 등짐을 지어 운반할 수 있도록 만든 도구. 가지가 위로 뻗은 소나무나 삼나무, 박달나무, 참나무, 밤나무 등을 반쪽으로 잘라 양쪽에 놓고 그 사이에 나무를 건너질러 새끼나 밧줄로 묶어 움직이지 않도록 고정하여 등에 짊어질 수 있도록 만들었다.

참조2 지가부지군支架負持軍, 지개함之介函, 함부지지가函負持支架

예문 黑漆揮巾函壹部支架肆部支架函所裹陸幅袱袱陸件次(가례1727/198ㄱ06~08)

색인 (가례1718/163ㄴ09)(가례1762/상019ㄴ04)(가례1802/상035ㄱ07)(가례1802/상144ㄱ11)(가례1802/상162ㄱ10)(가례1802/상162ㄱ10)

地架【지게】 채 건 ☞ 支架지게

之介【지게】 채 건 ☞ 支架지게

관련1 지개함之介函

예문 手巾參漆手巾貼壹外裹紅紬袱壹依前減付標啓下之介函拾貳紅鼎紬裌袱六幅付各壹依前半減付標啓下四幅付笠扇子袱各壹旣減珠笠袱亦減事依前減付標啓下(가례1727 013ㄴ01~03)

색인 (국장1659二/177ㄱ08)(국장1674二/140ㄱ03)(국장1681二/151ㄱ11)(국장1684/134ㄱ03)(국장1701二/163ㄱ10)(국장1702B二/170ㄴ07)

枝擧【지거】 일 의 ☞ 架子가자

예문 一本房所掌兩宮進排甲揮巾手巾支擧函床等物造作物力依謄錄抄出後錄爲去乎斯速進排事各該司良中捧甘何(가례1718/019ㄴ11~12)

색인 (가례1671/011ㄴ08)(가례1671/070ㄱ07)(가례1696/012ㄴ02)

地防【지방】 채 건 地方 支防

문의 아래에 수평으로 설치하는 긴 부재, 즉 문지방. 문은 인접한 기둥 사이를 수평으로 연결하는 인방에 의지하여 만드는데, 인방은 그 높이에 따라 기둥 아래 부분에 설치한 것을 하인방(또는 하방), 위쪽에 설치한 것을 상인방(또는 상방)이라 한다. 기둥 사이를 연결하는 상하의 인방을 설치한 후에는 문의 폭에 맞추어 문선(문설주)을 설치한다. 따라서 문은 아래의 하인방, 위의 상인방, 그리고 양 옆을 막아대는 문선으로 만들어지는 울거미 안에 설치하게 되는데, 문턱 역할을 하는 하인방을 지방이라 부르기도 한다. 지방은 의궤에서 地防 외에 地方, 支防으로 표기한 예가 보인다.

참조2 인방引方, 인방引防

관련1 가지방假地防, 상하지방上下地防

예문 窓二隻分合二隻之開一隻乼骨具引防三介壁縇六介地防二介盤子長大欄十二介童子大欄十二介煙桶一坐虛家連接次椽木二十介以上新造(빈전1649/175ㄴ07~09)

색인 (국장1821三/094ㄴ10)(국장1821四/093ㄴ03)(국장1821四/115ㄱ04)(국장1821四/115ㄴ09)(국장1821四/124ㄱ10)(빈전1600/154ㄱ07)

地方【지방】 채 건 ☞ 地防지방

예문 梓宮四面各加二尺以石灰塗其隙先排地方木于基上四方次立四柱於其上柱高五尺加樑施椽爲屋次以椵繩細木作壁虛其東以蘆簟及油芚貼其內三面及上用片竹(빈전1675/012ㄱ07~09)

색인 (빈전1675/012ㄱ08)

支防【지방】 채 건 ☞ 地防지방

誌石文【지석문】 일 의

피장자의 신원을 알리기 위해 무덤에 묻는 지석誌石에 기록한 글. 지석은 죽은 사람의 인적 사항과 행적, 무덤의 위치 및 좌향 등을 적어서 무덤에 묻는 판석板石 또는 도판陶板이다. 지석을 무덤에 묻는 까닭은 피장자의 신원을 밝히고 그의 행적을 후세에 알리기 위한 것이다. 그러므로 지석문은 피장자의 성명, 생몰 연대, 가계, 무덤의 소재 및 좌향 등에 대한 기본 정보와 더불어 그 사람의 주요 행적을 기록하였다. 이러한 지석문은 지문誌文이라고 하였다. 왕과 왕비의 지석문은 지석을 만든 후 탁본하여 별도의 첩으로 만들어 보관하기도 하였다. 그리고 『열성지장통기列聖誌狀通紀』에는 역대 왕과 왕비의 지문이 실려 있다.

참조1 지석소誌石所

관련1 지석가가誌石假家, 지석각역誌石刻役, 지석견양판誌石見樣板, 지석소표석소감조관誌石所表石所監造官, 지석장誌石匠, 지석채여誌石彩轝

예문 東邊墻底埋置爲有置以此分付戶曹爲只爲堂上手決內依一爲誌石文入刻時所用刻刀五十介刻釘三十介依謄錄以好品强鐵打造進排事別工作良中分付爲只爲(국장1730/356ㄱ10~12)

색인 (국장1659二/145ㄴ10)(국장1659二/165ㄴ08)(국장1730二/356ㄱ11)(국장1730二/356ㄴ07)(예장1762一/005ㄴ07)(예장1762二/056ㄱ01)(국장1800三/013ㄴ09)

誌石所【지석소】 일 의

국장을 수행하는 국장도감國葬都監에서 지석의 제작을 담당하였던 부서. 조선 시대에 국상이 일어나면 국장의 업무를 총괄하기 위해 국장도감을 임시로 만들었다. 국장도감은 일방一方, 이방二方, 삼방三房 등으로 구분하여 국장의 일을 분장하였는데 지석소는 시책謚册, 시보謚寶, 애책哀册, 증옥贈玉, 증백贈帛 등을 만드는 삼방三房에 속하였다. 지석소의 감조관監造官은 봉상시奉常寺 관원이 맡았다. 지석소는 지석에 소용되는 돌을 구하여 다듬고 지문을 새기는 작업, 지석을 묻는 일 등을 담당하였다.

참조1 지석문誌石文

관련1 소감조관所監造官, 지석가가誌石假家, 지석각역誌石刻役, 지석견양판誌石見樣板, 지석문誌石文, 지석소표석誌石所表石, 지석장誌石匠, 지석채여誌石彩轝

예문 傳曰虞主造成不必以本寺參下官別差監造官正及判官中以郎廳稱號啓下原單子付標表石誌石所監造官以奉常寺啓下(예장1786/009ㄱ02~04)

색인 (국장1659一/001ㄴ03)(국장1659一/005ㄱ03)(국장1659一/074ㄱ04)(국장1659一/091ㄱ05)(국장1659一/093ㄴ02)(국장1659二/089ㄱ10)

誌石匠【지석장】 일 건

지석을 일정 규격으로 갈고 다듬은 다음, 지석에 글자를 새겨 깎아내는 일을 전문으로 하는 장인. 국장 등 장례 때 혼유석 아래 묻을 지석에 지석소誌石

所의 서사書寫가 지문誌文을 쓰면, 이를 연장으로 새겨 깎는 일을 맡았다. 영조 이전의 지석은 오석烏石을 사용하였으나, 『국조상례보편國朝喪禮補編』의 명시 이후 새로운 규정으로 자기 재질의 자지磁誌를 쓰게 되었다.

참조1 지석문誌石文, 지석소誌石所

참조2 자지磁誌, 지문誌文, 지석誌石

예문 工匠秩誌石匠金義成曹漢大刻手崔漢益朴春根李仁奎(국장1834/046ㄱ02~04)

색인 (국장1800四/057ㄴ07)(국장1800一/146ㄱ06)(국장1821四/081ㄱ02)(국장1834四/046ㄱ03)

地衣【지의】 일 건

넓은 면적에 깔기 위해 여러 개의 자리를 이어 붙여 만든 자리. 지의는 자리 한 장으로는 깔 수 없는 넓은 면적에 깔기 위해 여러 장의 자리를 붙여 만든 것으로 방과 대청뿐 아니라 툇마루, 전돌[甎石]을 깐 바닥이나 마당과 같은 외부 공간에 깔기도 한다. 격이 낮은 건물에서는 지의를 깔지 않고 인석이나 노점, 초석만을 깔기도 하지만 격이 높은 건물이나 장소에는 인석이나 노점, 초석 등의 위에 지의를 까는 것이 일반적이다. 지의는 백문석이 주로 사용되며, 흰색, 황색, 청색, 남색, 붉은색 등의 천으로 테두리를 마감하여 만든다.

관련1 대소지의大小地衣, 대지의大地衣, 배설지의排設地衣, 지배파대지의地排破大地衣, 지의방석地衣方席, 파대지의破大地衣, 파장파지의破帳破地衣, 파지의破地衣, 화로태도질지의火爐苔度秩地衣, 화로태석겹지의火爐苔席裌地衣

예문 總護使教是生起時所用大地衣大屛風登每草方席各壹提調三員都廳二員登每草方席各壹地衣四張付各壹揮巾手巾各壹件案席各壹黃筆陸柄眞墨壹丁(빈전1649/016ㄱ05~07)

색인 (가례1627/023ㄱ02)(가례1627/023ㄱ02)(가례1627/091ㄱ14)(가례1627/108ㄱ11)(가례1671/047ㄱ05)(가례1671/057ㄱ03)

指環匠【지환장】 일 건

가락지를 만드는 일을 전문으로 하는 장인. 국장이나 장례 때 명기 석함明器石函 속에 넣어 죽은 이와 함께 묻는 각종 가락지를 만드는 일을 맡았다.

예문 前排槓子具鎖鑰一部指環匠所用隅迲二箇曲㐀只金一箇㐀只金一箇圓刀一箇(상호1875/122ㄱ07~09)

색인 (가례1819/상116ㄱ12)(가례1819/하012ㄱ02)(가례1819/하036ㄴ05)(가례1866/상109ㄴ03)(가례1866/하074ㄴ12)(부묘1836A/081ㄴ06)

直光耳【곡괭이】 채 건 ☞ 串光屎곡괭이

眞木【참나무】 채 건

참나무를 이르는 말. 참나무는 상수리나무, 졸참나무, 굴참나무, 떡갈나무 등을 통칭해서 부르는 말로 건축물이나 기구 따위를 만드는 데 쓰였다.

예문 白狗皮一張法油一合五夕生苧一兩五錢黃蜜五錢回繩次紅綿絲三兩馬木次眞木二箇橫杠次眞木長六尺三寸廣一寸五分厚一寸四片石磵朱(상호1902/258ㄴ07~09)

색인 (가례1681/190ㄱ08)(가례1718/113ㄱ09)(가례1718/186ㄴ12)(국장1800二/005ㄱ08)(국장1800二/042ㄴ07)(국장1800二/043ㄱ08)

進宴【진연】 일 의

나라에 큰 경사가 있을 때 대궐 안에서 베푸는 잔치. 조선 시대에 왕·대왕대비의 50회 생일이나 기로소耆老所에 들어가는 것을 기념하기 위해 거행하는 궁중 잔치이다. 궁중 잔치는 규모에 따라 진작進爵·진찬進饌·진연進宴·진풍정進豊呈 등으로 구별되는데, 이중에서 진풍정이 가장 규모가 크고 의식儀式이 장중하였고, 진찬進饌은 진연進宴보다 규모가 작고 의식이 간단했다. 진연은 성종대에 들어 등장한 용어로 단순히 연향을 올린다는 일반적인 뜻으로 쓰이다가 효종 8년(1657) 이후 진풍정보다는 작은 규모의 연향이라는 특수한 의미로 쓰이기 시작했다. 진연進宴의 일정을 잡은 과정과 연회, 진연進宴에 참여한 인물들에 대한 포상 등의 내용을 기록한 진연의궤가 남아 있다.

참조1 진찬進饌

참조2 진작進爵, 진풍정進豊呈

관련1 진연의궤進宴儀軌

예문 大抵嘉禮進宴時若有靑畫樽擧行則所入土物及燔造匠役本院擔當擧行是遣(가례1819/084ㄱ10~11)

색인 (가례1819/상083ㄱ08)(가례1819/상084ㄱ10)(가례1819/상204ㄱ03)(국장1702B二/229ㄴ11)(국장1730二/234ㄱ04)(국장1730二/263ㄴ05)

眞長木【참나무 장목】 채 건

참나무 장목. 장목은 물건을 괴거나 받치는 굵고 긴 나무를 일컫는다.

예문 別工作良中眞長木雜長木乙良勿爲進排爲遣所覆誌具孯進排事更爲捧甘何如(국장1674/139ㄴ02~03)

색인 (가례1627/030ㄴ10)(가례1627/059ㄱ14)(가례1671/149ㄴ06)(가례1671/215ㄴ04)(가례1671/216ㄱ06)(가례1671/221ㄴ09)

進饌【진찬】 일 의

진연進宴보다 규모가 작은 궁중 잔치. 격식과 규모를 갖춘 예연禮宴이 아니고, 조촐한 연향을 말한다. 진찬한 내용을 기록한 진찬의궤가 있다.

참조1 진연進宴

참조2 진작進爵, 진풍정進豊呈

관련1 진연의궤進宴儀軌

관련2 진찬도進饌圖, 진찬악進饌樂

예문 上曰醮戒重矣此後則嘉禮醮戒時進饌官依冠禮時尙衣院正例司饔院正差出事定式可也(가례1744/055ㄴ03~04)

색인 (국장1659一/115ㄱ10)(국장1674一/097ㄱ02)(국장1681一/075ㄴ10)(국장1681一/079ㄴ05)(국장1701一/107ㄴ09)(국장1701一/111ㄱ11)

眞漆匠【진칠장】 일 건

진칠眞漆에 종사하는 장인. 참나무는 아주 진한 옻을 말한다.

예문 鍮鑞一斤松脂一斤一一房甘據梓宮着漆時眞漆匠所用來往板二部高音踏几四坐褁塗造作進排爲有置令分差計士從實入爲只爲(빈전1800/182ㄱ03~05)

색인 (가례1681/196ㄱ05)(가례1696/186ㄱ07)(가례1802/상205ㄴ05)(가례1819/상193ㄴ09)(가례1866/상148ㄱ12)(가례1866/상189ㄱ09)

進表裏【진표리】 일 의

옷의 겉감과 안찝을 진상하는 일. 표리表裏는 옷의 겉감과 안찝을 말한다. 조선 시대에는 정조, 동지, 탄신 때나 존호를 올린 후에는 경하의 뜻으로 국왕에게 표리를 올렸다. 대부분의 진표리는 왕세자 이하 백관이 국왕에게 올리는 것이지만 왕이 대왕대비 등에게 올릴 경우도 있다. 『국조속오례의國朝續五禮儀』에 실린 「대왕대비정조진하친전치사표리의大王大妃正朝陳賀親傳致詞表裏儀」나 『춘관통고春官通考』의 「왕대비상존호책보후자내진치사전문표리의王大妃上尊號册寶後自內進致詞箋文表裏儀」, 「혜경궁진호책인후자내진치사표리의惠慶宮進號册印後自內進致詞表裏儀」, 「왕세자진전표리중궁전의王世子進箋表裏中宮殿儀」 등은 왕이나 왕세자가 대왕대비, 생모, 중궁 등에게 진하하며 표리를 올릴 때의 의주儀註이다.

예문 大殿於殯殿所進表裏及百官表裏依例封進事分付該曹而表裏封進時百官有哭臨之例今亦依此擧行何如(빈전1800/104ㄴ02~04)

색인 (빈전1800一/104ㄴ03)(상호1875/007ㄴ06)(존숭1624A一/007ㄱ04)(존숭1624A一/065ㄱ05)(존숭1624A一/065ㄱ05)(존숭1624A一/065ㄱ07)

陳賀【진하】 일 의

나라에 경사가 있을 때 하례를 올리는 일. 진하는 정조와 동지 때에 세자와 백관이 국왕에게 하례를 올리는 의식을 가리킨다. 중국 황제의 생일 때 사신을 보내 축하하는 일도 진하라고 하였다. 정조와 동지 때 궁궐에 모여 진하하는 것을 조하朝賀라고 하였는데 그 의식은 백관이 치사致詞를 올리면 이에 국왕이 교지를 반포하는 것으로 이루어져 있다. 반면 궁궐에 직접 나아가지 못하는 사신이나 외관外官들이 멀리서 하례賀禮하는 것을 요하遙賀라고 하였다. 탄신이나 즉위 등을 기념하거나 책례, 상존호 등의 경사가 있을 때에 거행하는 하례를 칭경진하稱慶陳賀라고도 하였는데 이때에는 치사致詞 외에도 전문箋文과 표리表裏 등을 올렸다.

관련1 진하습의陳賀習儀

예문 啓曰上册寶後卽日親臨頒敎陳賀處所以何殿爲之乎(상호1787/019ㄴ10~11)

색인 (가례1671/037ㄴ11)(가례1671/037ㄴ12)(가례1681/047ㄴ08)(가례1681/048ㄴ07)(가례1681/048ㄴ09)(가례1696/044ㄴ06)

眞紅貢緞【진홍공단】 일 복

의대衣襨의 겉감과 보로 사용된 진홍색의 주자직朱子織 견직물. 공단은 직문 되지 않은[천의 겉면이 날실로 덮인 수자繻子 조직] 경주자 조직으로 광택이 좋고 화려하다. 문양과 색상에 따라 이름이 다양하다. 도포道袍, 단도포單道袍, 습도포襲道袍, 배자背子의 겉감이나 답호의 안감에 쓰였고, 안상案床을 덮는 보袱감으로도 사용되었다.

참조1 중층다홍공단中層多紅貢緞, 홍공단紅貢緞

예문 草綠漢府緞四十四尺七寸又方七寸一片眞紅貢緞長二尺六寸廣一尺一寸十六片鴉青槾文毛綃緞二十二尺三寸(국장1834/090ㄴ05~07)

색인 (가례1819/하023ㄱ06)(상호1848二/080ㄱ01)(상호1875/089ㄴ04)(존숭1859/072ㄱ08)(존호1841/058ㄴ12)(존호1841/076ㄴ04)

眞紅雲紋緞【진홍운문단】 일 복

구름무늬가 놓인 진홍색 비단. 운문단은 철릭, 저고리, 곤룡포와 같은 의복과 각종 보자기를 만드는 데 두루 쓰였다.

참조1 남운문단藍雲紋緞, 다홍운문단多紅雲紋緞, 대홍운문단大紅雲紋緞, 백운문단白雲文緞, 아청운문단鴉青雲紋緞, 초록운문단草綠雲紋緞, 현색운문단玄色雲紋緞, 홍운문단紅雲紋緞, 훈색운문단纁色雲紋緞

예문 倚子草綠水紬下排二紋彩花席紫紬縇尙方揮巾外拱眞紅雲紋緞內拱藍雲紋緞纓草綠雲紋緞覆巾紫的禾花紬幷依見樣造製內下(빈전1921/029ㄱ05~07)

색인 (가례1819/하028ㄱ03)(빈전1821三/029ㄱ06)(상호1902/115ㄱ02)(상호1902/115ㄱ05)(상호1902/115ㄱ07)(상호1902/115ㄴ12)

眞紅絨絲【진홍융사】 일 복

붉은색 융사. 융사는 섬유의 끝을 꼬지 않아 털이 일어나게 만든 실을 말한다. 주로 주렴걷이용으로 쓰인다.

참조1 남융사藍戎糸, 다홍융사多紅戎糸, 다홍융사多紅絨絲, 초록융사草綠絨絲, 융모사紅絨冒絲, 홍융모사紅絨帽絲, 홍융사紅戎糸, 홍융사紅絨絲, 황융사黃絨絲, 흑융사黑絨絲

예문 大環一豆錫螭口所含流蘇眞紅絨絲螭頭所垂以上尙衣院趺一白漆銘旌杠別工作(빈전1834/065ㄴ10~12)

색인 (가례1819/하017ㄱ05)(빈전1800三/091ㄴ11)(빈전1834三/065ㄴ11)

秩【질】 일 의

의궤에서는 주로 묶음 또는 철이라는 의미로 쓰임. 의궤에는 인력 동원이나 물자 조달 등 업무 협조를 위하여 관련 관서들 간에 오간 문건들을 수록한 이문질移文秩, 품목질稟目秩, 감결질甘結秩을 비롯하여, 의식을 준비하기 위해 마련된 공문을 모은 계사질

啓辭秩, 행사의 여러 의식에 대한 자세한 절차를 담은 의주질儀註秩, 장인들의 명단을 모은 장인질[諸色匠人秩], 각종 가가假家를 모은 가가질假家秩, 예조에서 의식의 제반 절차와 관련하여 왕에게 재가를 받은 내용을 수록한 예관질禮關秩 등 다양한 질秩이 기록되어 있다.

관련1 가가질假家秩, 공장질工匠秩, 궤함질樻函秩, 기명질器皿秩, 길의장질吉儀仗秩, 내배조작질內排造作秩, 내시차비질內侍差備秩, 내하물종질內下物種秩, 동뢰연물목질同牢宴物目秩, 마련질磨鍊秩, 만장질輓章秩, 명기질明器秩, 복완질服玩秩, 복질袱秩, 봉과질封裹秩, 산릉참이용질山陵站移用秩, 상배안상질上排案床秩, 상욕석질床褥席秩, 상전질賞典秩, 소화질燒火秩, 수본질手本秩, 수원참이용질水原站移用秩, 숙소가가질宿所假家秩, 시흥참이용질始興站移用秩, 실입질實入秩, 예관질禮關秩, 예조첩정질禮曹牒呈秩, 용여질用餘秩, 용여환하질用餘還下秩, 용환질用還秩, 우비조작雨備造作秩, 우비질雨備秩, 위배질圍排秩, 의장질儀仗秩, 의주질儀註秩, 이관질移關秩, 이송호조질移送戶曹秩, 이용질移用秩, 장인소용질匠人所用秩, 전배용환질前排用還秩, 제기질祭器秩, 제색공장질諸色工匠秩, 제색장인질諸色匠人秩, 조작질造作秩, 차비관질差備官秩, 첩정질牒呈秩, 초기질草記秩, 포연질鋪筵秩, 포진질鋪陳秩, 호조질戶曹秩, 혼전소배질魂殿所排秩, 환하질還下秩, 흉의장질凶儀仗秩

예문 用還秩(빈전1921/084ㄴ01)

색인 (가례1802/상195ㄱ01)(가례1627/058ㄴ01)

執介【집개】 채 건 執箇

철물 공사에서 야장이나 두석장, 철망장, 대로장 등이 사용하는, 물건을 집을 때 사용하는 도구. 집개는 크기에 따라 대·중·소로 구분한다. 또한 집는 물건의 형태에 따라 집개의 집는 부분의 형상이 달라지는데, 이에 따라 평집개[平執介], 방원집개[方苑執介], 영집개[鈴執介] 등으로 구분한다.

관련1 대중소집개大中小執介, 대중집개大中執介, 대집개大執介, 두석화집개豆錫火執介, 소집개小執介, 장집개長執介, 중소집개中小執介, 중집개中執介, 철집개鐵執箇

예문 浦土四馱刀竹鐵四中執介一槐木長三尺圓廣一尺一寸自戶曹價錢二兩上下貿用眞油三合鹽四斗五升(책례1721/151ㄴ02~04)

색인 (가례1671/175ㄴ05)(가례1681/253ㄴ05)(가례1696/214ㄴ05)(가례1718/227ㄴ06)(가례1762/상092ㄱ08)(가례1819/하009ㄱ06)

執箇【집개】 채 건 ☞ 執介집개

예문 鑾金兩排具八箇後鑾鎖兩排具十四箇鐵板釘具四箇食刀十六箇刀子十箇執箇五箇錐子五箇大長刀七箇刃釘二箇乭釘五箇串釘五箇(빈전1921/221ㄱ11~ㄴ01)

색인 (국장1821四/101ㄴ11)(국장1821四/107ㄴ07)(빈전1800三/157ㄴ03)(빈전1800三/157ㄴ04)(빈전1886三/161ㄴ07)(상호1875/081ㄱ02)

執禮【집례】 일 의

제향祭享할 때 의식을 진행시키는 임시 벼슬. 가례, 국장 등의 제향祭享 의식에서 홀기笏記를 읽어 절차를 집행하는 일을 맡아보았다.

예문 北東向俱北上引儀設領議政以下門外位於中門外道東異位重行西向北上執禮設權置册寶案於宗廟西階下東向設領議政位於阼階東南西向讀册官(국장1674/087ㄱ03~05)

색인 (가례1627/120ㄱ04)(국장1800一/104ㄴ09)(국장1800一/104ㄴ12)(국장1800一/105ㄴ12)(국장1800一/106ㄱ04)(국장1800一/106ㄱ05)

執事官【집사관】 일 의

나라의 여러 의식 때에 정해진 절차에 따라 식을 진행시키는 임시 관원. 제향祭享이나 책봉册封 및 사신 접대 등과 같이 나라의 큰 의식이 있을 때 실제로 일을 맡아 주관하였다. 의궤에는 맡은 일의

ㅈ

성격에 따라 복완집사服玩執事, 교명집사敎命執事, 대여향정자집사大輿香亭子執事, 옥인집사玉印執事, 외집사外執事, 욕석집사褥席執事, 유서집사諭書執事, 은인집사銀印執事, 전정집사殿庭執事, 죽책집사竹册執事 등이 보인다.

관련1 교명집사敎命執事, 대여향정자집사大輿香亭子執事, 복완집사服玩執事, 옥인집사玉印執事, 외집사外執事, 욕석집사褥席執事, 유서집사諭書執事, 은인집사銀印執事, 전정집사殿庭執事, 죽책집사竹册執事, 집사교생執事校生, 집사내시執事內侍, 집사의녀執事醫女, 집사충찬위執事忠贊衛

예문 贈謚前二日都監堂上郎廳以白衣烏紗帽黑角帶執事官則黑團領黑角帶捧謚册寶(국장1757/074ㄱ07~09)

색인 (가례1671/031ㄴ04)(가례1671/103ㄴ02)(가례1671/106ㄴ10)(가례1671/106ㄴ11)(가례1671/113ㄱ04)(가례1671/113ㄱ05)

執雁者【집안자】 일 의

국혼 때 신부 집에서 납채, 전안奠雁 절차를 행하는 의식에 사용하는 기러기를 든 집사관. 세자빈 등의 국혼의 경우 신부 집에서 납채納采를 받는 의식을 행할 때 국왕의 교서와 기러기를 주고받는 의식을 치르고, 또 친영 때도 전안위奠雁位를 마련하고 기러기를 주고받는 의식인 전안奠雁을 치르므로 집사관의 하나인 집안자執雁者가 필요하였다. 집안자를 장축자掌畜者라고도 한다.

관련1 집안차비執雁差備

예문 右執雁者從之主人入門而左使者陞自東階至堂中正使南向立副使立於正使東南執雁者在副使東南俱西向主人就庭中北向四拜(가례1727/162ㄱ10~12)

색인 (가례1671/108ㄱ05)(가례1671/108ㄱ07)(가례1671/108ㄱ09)(가례1671/108ㄱ09)(가례1671/117ㄴ11)(가례1681/159ㄱ03)

執義【집의】 일 의

조선 시대 사헌부司憲府에 딸린 종3품從三品의 관직. 정사의 옳고 그름을 밝히고, 관리들의 비행을 따지고, 풍속을 바로 잡고, 지위의 오용과 남용을 막는 등 국정 전반에 걸쳐 힘이 미치지 않는 분야가 없을 정도로 하는 일이 다양하였다. 주로 승문원承文院, 성균관成均館, 홍문관弘文館 등을 거친 젊고 기개가 있는 인재들이 임명되었다. 한 번 이 벼슬을 지낸 사람은 아래 벼슬을 제수 받지 못하였다. 정원은 1명이다.

예문 吏曹爲相考事虞主題主官西平君橈預差行副司直李聖肇誌文草圖書寫官前執義尹錫來預差正言申晳啓下爲有置相考施行向事堂上手決內到付(국장1720/063ㄱ06~08)

색인 (가례1718/081ㄱ01)(가례1718/081ㄴ05)(가례1762/상002ㄴ01)(가례1762/상034ㄴ03)(국장1800四/011ㄴ03)(국장1800三/203ㄴ01)

執燭者【집촉자】 일 의

왕세자 납빈 절차의 친영 및 동뢰同牢를 행할 때 촛불을 든 사람. 조선 시대의 왕세자납빈의 절차를 보면, 납채納采·납징納徵·고기告期·초례醮禮·친영親迎·전안奠雁·동뢰同牢 등으로 되어 있다. 친영 때 왕세자 연輦 앞에서 촛불을 든 사람이 인도하고, 동뢰[부부가 음식을 같이 먹는 일] 때 왕세자와 세자빈이 방안에 들어올 때 촛불을 잡은 자가 동계東階와 서계 안에 들어서서 맞이한다.

관련1 집촉차비執燭差備

예문 闕門外近東西向翊衛司勒所部陳仗衛如常王世子出闕門外乘輦小駐宮官改具公服都監措備輦動執燭者前行陪衛如式宗親文武百官二品以上官常服黑團領(가례1727/046ㄴ03~05)

색인 (가례1627/010ㄴ14)(가례1671/036ㄱ03)(가례1671/036ㄱ07)(가례1671/119ㄴ01)(가례1681/053ㄴ05)(가례1681/054ㄱ03)

執鐸者【집탁자】 일 의

국장國葬에서 상여가 나갈 때 방울을 흔드는 사람.

예문 攝左通禮進當大輿前俯伏跪啓請靈駕進發俯伏興退儀衛導從如式執鐸者振鐸靈駕進止皆振鐸靈駕動承旨二人隨行宮人(국장1681/088ㄴ10~12)

색인 (국장1659一/103ㄴ10)(국장1674一/075ㄱ03)(국장1681一/067ㄴ12)(국장1681一/088ㄴ11)(국장1701一/101ㄱ06)(국장1701一/123ㄴ11)

執鐸護軍【집탁호군】 일 의

영가靈駕가 가고 머물 적에 요령을 흔들어 울리는 호군. 국장의 발인發靷 의식 때 영가靈駕가 출발하면 집탁호군, 즉 요령鐸을 잡은 호군護軍이 모두 요령을 흔들어 울린다.

예문 兵曹吏曹一大輿侍衛執鐸護軍十六人以布紗帽布團領自初度習儀日爲始待令之意兵曹良中捧甘何如堂上手決內依(국장1776/200ㄱ07~09)

색인 (국장1898二/092ㄱ11)(국장1898二/092ㄴ11)(국장1898一/092ㄱ01)(국장1898一/093ㄱ09)(국장1898一/093ㄴ04)(국장1898一/094ㄱ05)

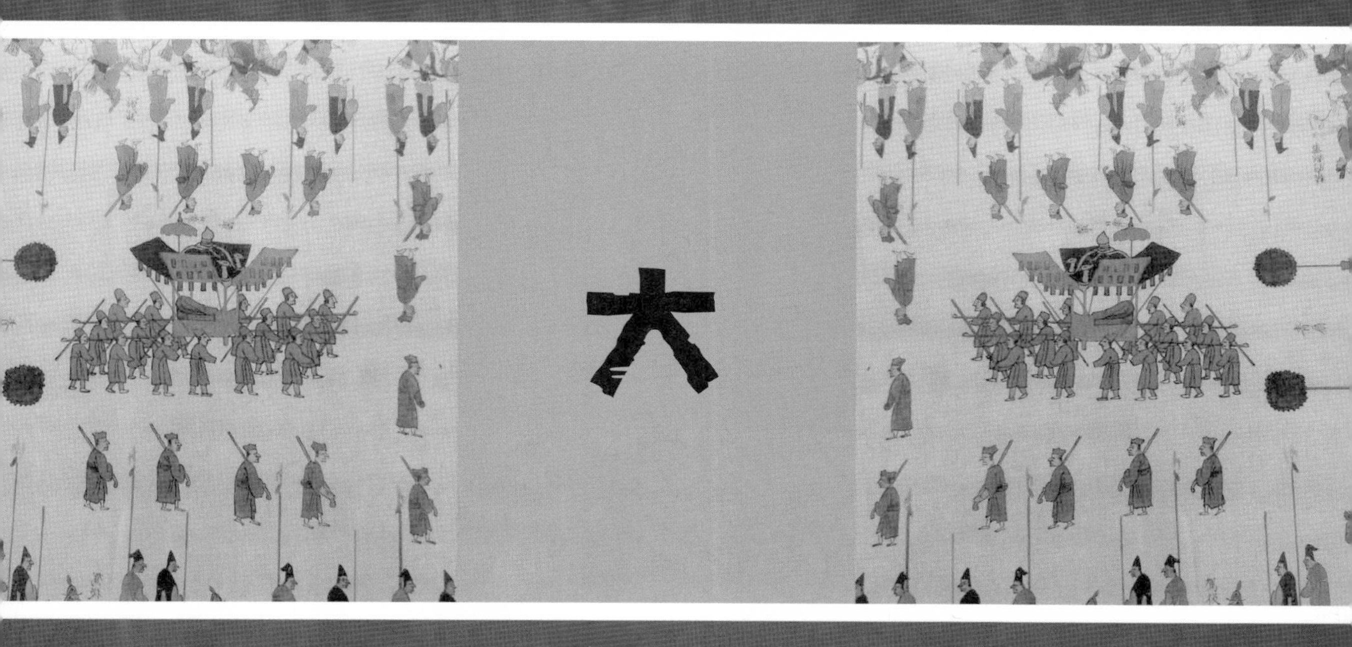
大

差備官【차비관】 [일] [의]

의례 등의 특별한 일을 맡기기 위하여 임시로 임명하는 벼슬. 조선 시대 종묘 제사, 가례 등의 의전을 행할 때 특별한 임무를 맡아보기 위하여 임시로 임명되던 관원인데, 유사시에 쓸 목적으로 미리 정해 둔다. 예차豫差는 유사시에 쓸 차비관을 미리 정하는 것이고, 실차實差는 나라에 중대한 일이 있을 때 임시로 두는 차비관의 정임자正任者이다.

참조1 예차豫差

참조2 실차實差

관련1 개차비盖差備, 거독보상차비擧讀寶床差備, 거독책상차비擧讀册床差備, 거찬탁진탕식재효차비擧饌卓進湯食再餚差備, 경렴궤차비鏡匳樻差備, 경렴궤차비관鏡匳樻差備官, 경렴궤채여군鏡匳樻彩轝軍, 교명안차비내관敎命案差備內官, 교명차비敎命差備, 구의함급명정함차비관柩衣函及銘旌函差備官, 궁인배종차비宮人陪從差備, 궁인차비宮人差備, 궁인행유장차비宮人行帷帳差備, 권렴차비捲簾差備, 궤궤차비관几樻差備官, 궤대차비几臺差備, 궤차비관机差備官, 궤차비관几差備官, 궤차비机差備, 궤함차비충찬위樻函差備忠贊衛, 금보차비金寶差備, 기화명복차비起畫命服差備, 내시차비內侍差備, 내지궤차비관內旨樻差備官, 내지궤차비內旨樻差備, 답장차비踏掌差備, 대비전차비大妃殿差備, 대여실과진상차비大輿實果進上差備, 대여전목합내실과진지차비관大輿前木榼內實果進止差備官, 대왕대비전상궁차비大王大妃殿尙宮差備, 대왕대비전차비大王大妃殿差備, 대전상궁차비大殿尙宮差備, 대전의장차비大殿儀仗差備, 명복차비命服差備, 봉전문차비捧箋文差備, 부모인빈차비傅姆引嬪差備, 양산선운검차비陽繖扇雲劍差備, 유의칭함차비遺衣稱函差備, 유의함차비관遺衣函差備官, 이함궤차비관匜函樻差備官, 이함궤차비匜函樻差備, 장식설주탁차비掌食設酒卓差備, 장식차비掌食差備, 장정설빈좌차비掌正設嬪座差備, 장찬봉조률하수반차비掌饌捧棗栗腶脩盤差備, 장찬차비掌饌差備, 적석차비赤舃差備, 전빈인빈차비典嬪引嬪差備, 전빈차비典賓差備, 전언차비典言差備, 전찬설빈배위승사찬창설빈석차비典贊設嬪拜位承司贊唱設嬪席差備, 전찬차비典贊差備, 전안상차비奠雁床差備, 주대비전차비主大妃殿差備, 주장관注長官, 주장차비내시朱杖差備內侍, 주장차비朱杖差備, 중원차비中元差備, 집주장차비내시執朱杖差備內侍, 창차비窓差備, 청선차비靑扇差備, 청유장차비靑帷障差備, 촉차비燭差備, 취개차비取蓋差備, 취잔차비取盞差備, 탁차비卓差備, 탁차비관卓差備官, 폐백상차비幣帛床差備, 향관지차비香串之差備, 향동자차비香童子差備, 향룡정차비香龍亭差備

예문 差備官應參之員各其司掌吏同擧案四更頭書呈待開門請坐于殯宮門外爲旀(예장1762/096ㄴ06~07)

색인 (가례1627/015ㄱ01)(가례1627/019ㄱ11)(가례1627/034ㄱ12)(가례1671/034ㄱ08)(가례1671/036ㄴ08)(가례1671/036ㄴ10)

差備輿士軍【차비여사군】 [일] [의]

국상國喪 때 특별히 임명되어 대여大輿와 소여小輿 등을 메는 사람. 差備轝士軍과 혼용하여 표기한다.

예문 庚申十月二十日輿土廳了爲相考事今此發靷返虞敎是時本都監各差備輿士軍應入實數參考丙申己酉年例磨鍊關後錄是在果(빈전1800/087ㄱ02~04)

색인 (국장1659一/061ㄱ04)(국장1674一/029ㄱ10)(국장1674二/013ㄱ01)(국장1674二/111ㄱ12)(국장1681二/164ㄴ07)(국장1684/150ㄴ05)

差備忠義衛【차비충의위】 [일] [의]

가례 등의 의례 행사 때 충의위에서 의장을 위해 차출된 군인. 조선 시대 가례 및 향사 등의 의례 행사 때 임시로 도감이 만들어지거나 할 때 의장, 의례 행사에 동원할 관원을 차비하였다. 이때에 중앙 군인 오위의 충의위에서 많이 차출되었다.

예문 丑年前例相考磨鍊啓目後錄爲白去乎依後錄施行何如後一魂殿差備忠義衛依前例差定爲白

齊一自初虞祭依前例進肉膳獐鹿雉鮮令司饔院磨鍊施行爲白齊(빈전1659/226ㄴ12~227ㄱ02)

색인 (국장1674一/056ㄱ09)(국장1674一/075ㄴ09)(국장1681一/068ㄴ04)(국장1701一/101ㄴ12)(국장1702B一/077ㄱ03)(국장1702B二/196ㄱ03)

差備忠贊衛【차비충찬위】 일 의

가례 등의 의례 행사 때 충찬위에서 의장을 위해 차출된 군인. 조선 시대 가례 및 향사 등의 의례 행사 때 임시로 도감이 만들어지면 의장, 의례 행사에 동원할 관원을 차비하였다. 이때에 중앙 군인 오위의 충찬위에서 많이 차출되었다. 그들은 주로 원종공신原從功臣의 자손들로 충당되었다. 差備忠讚衛와 혼용하여 쓴다.

예문 兵曹了爲相考事節到付關內節該今此發引時及返虞敎是時各差備忠贊衛名數及所着服色區別回移事關是置有亦(빈전1834/088ㄴ12~089ㄱ02)

색인 (가례1671/093ㄴ06)(가례1671/093ㄴ10)(가례1671/100ㄴ05)(가례1671/105ㄱ11)(가례1671/188ㄱ04)(가례1671/188ㄱ05)

遮陽【차양】 일 건

지붕 처마 끝에 덧달아서 햇빛이나 비가 들이치는 것을 막기 위한 시설. 한국 건축은 처마 깊이가 깊은 편에 속하지만, 경우에 따라서는 처마 끝에 다시 차양을 덧달아서 햇빛이나 비가 들이치는 것을 막기도 한다. 운현궁의 노안당 등에서 그 구조를 볼 수 있는데, 차양은 목재를 이용하여 처마 끝에 매달아 고정시킨 다음, 그 위를 나무널이나 함석 등으로 마감하기도 한다. 특히 서향을 한 건물에서는 처마 바깥으로 별도의 기둥을 세워 차양칸을 덧달기도 하는데, 창덕궁 후원의 연경당 선향재, 해남 녹우당과 추원당 등에서 그 예를 볼 수 있다.

예문 一都薛里溫堗二間仍前排下褙油芚縇板一坐新造中材木一條前面簷下遮陽蓋覆草芚二番一長番薛里溫堗二間仍前排褙油芚縇板一坐新造(빈전1649/177ㄱ06~08)

색인 (가례1819/하123ㄱ04)(가례1866/하102ㄴ06)(국장1898五/053ㄱ11)(국장1898五/054ㄱ01)(국장1903四/051ㄱ11)(국장1903四/052ㄱ01)

遮日【차일】 일 건

햇빛과 비를 가리기 위해 일시적으로 세우는 천막 형식의 시설. 궁중宮中이나 관아 등에서 큰 의식을 거행할 때 햇빛과 비를 가리기 위해 임시로 마당에 설치하였다. 차일은 대개 나무 기둥을 세운 위에 천막을 덮고, 천막 여러 곳에 끈을 매달아 마당이나 건물에 고정된 고리에 연결하여 설치하였다. 천포天布라고도 한다.

예문 遮日油遮日帳典設司守直軍士二名兵曹衛將所礪石一塊軍器寺(빈전1680/039ㄴ01~02)

색인 (가례1627/091ㄱ03)(가례1627/091ㄴ01)(가례1671/176ㄱ08)(가례1681/254ㄱ10)(가례1696/215ㄱ04)(가례1696/271ㄱ09)

叉釘【차정/비녀못】 채 건 叉丁

못의 머리 부분을 꺾어 비녀 모양으로 만든 못. 차정이라고도 한다. 조선 시대에는 용도에 따라 다양한 형태의 못을 만들어 사용하였는데, 머리 모양에 따라 정丁, 두정頭丁, 도내두정道乃頭釘, 광두정廣頭丁, 압항정鴨項丁 등이 사용되었다. 차정은 도내두정과 비슷하나 머리 부분을 꺾어 만든 모습이 비녀 모양으로 생겨서 붙은 명칭이다. 釘은 丁과 통용한다.

관련1 납염연봉차정鑞染蓮峯叉釘, 장차정長叉釘, 중차정中叉釘

예문 小釘十五介亇赤三介儀仗所入廣頭釘五十六介叉釘八十五介頭匣金十二介中叉釘十五介(국장1776/285ㄱ06~08)

색인 (국장1776一/276ㄱ05)(국장1776二/278ㄱ01)(국장1776二/285ㄱ07)(국장1776二/285ㄱ08)(국장1776二/286ㄱ05)(국장1776二/286ㄱ11)

叉丁【차정/비녀못】 채 건 ☞ 叉釘차정

관련1 장자청長叉丁

예문 今方修補是如乎赤貼二十四片與各樣物及鑞染廣頭丁參拾貳介蓋兒鑞染叉丁捌介所入令分計士從實入爲只爲手決內依(상호1875/154ㄱ02~04)

색인 (국장1702B一/201ㄴ04)(국장1702B一/202ㄱ03)(국장1702B一/202ㄱ04)(국장1702B一/202ㄱ05)(국장1702B一/202ㄱ06)(국장1702B一/202ㄱ07)

錯亇赤【착마치】 채 건 ☞ 方了赤방마치

着紋匠【착문장】 일 건

자리에 여러 색깔의 무늬로 물을 들이는 일을 전문으로 하는 장인. 국장, 가례, 예장禮葬, 상례 등에서 의례용으로 사용하는 각종 자리인 교배석交拜席, 만화석滿花席, 백문석白紋席, 독대방석櫝臺方席, 백문태석白紋苔席을 만드는 과정에서 무늬를 들이는 일[着紋]을 맡았다. 착문장은 여러 문헌에서 착문장着文匠(『주량의례舟梁儀禮』), 인문장引文匠(『주량의례舟梁儀禮』), 문장文匠(『주량의례舟梁儀禮』), 인문장引紋匠(『의화군가례등록義和君嘉禮謄錄』), 문장紋匠(『진종효순후가례도감의궤眞宗孝純后嘉禮都監儀軌』, 『경종빈전도감의궤景宗殯殿都監儀軌』) 등으로 표기되기도 하였다.

참조2 인문引紋, 착문着紋, 착색着色

예문 白休紙二兩着紋匠所用布手巾一件燈心五兩破帳布六尺今此嘉禮敎是時(가례1802/155ㄴ10~12)

색인 (가례1802/상123ㄱ06)(가례1802/상155ㄴ11)(가례1802/상206ㄱ06)(가례1866/상062ㄱ05)(가례1866/상069ㄱ04)(가례1866/상069ㄱ05)

錯方亇赤【착방마치】 채 건 ☞ 方亇赤방마치

攢宮【찬궁】 일 의

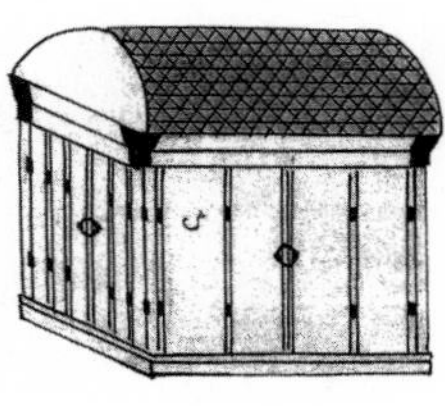
찬궁

국장國葬 중 빈전殯殿 혹은 정자각丁字閣에 재궁梓宮을 모셔 두기 위해 설치하는 구조물. 국장에서 시신을 넣은 재궁을 능에 묻기 전까지 보관하는 곳을 찬궁이라 한다. 발인 전까지는 빈전殯殿에 찬궁을 만들고 산릉에 도착한 후 현궁玄宮에 내릴 때까지는 영악전靈幄殿 또는 정자각에 찬궁을 만들었다. 왕세자 또는 왕세자빈의 상에서는 찬궁 대신 찬실攢室이라는 용어를 쓴다. 『국조상례보편國朝喪禮補編』에 의하면 찬궁을 만들기 위해서는 먼저 세울 바닥에 지방목地防木을 재궁의 크기보다 2척 정도 넓게 설치한 후 네 기둥을 세우고 들보와 서까래를 걸어 지붕 모양으로 만든다. 전후와 좌우에 판을 대어 벽을 만들고 안팎으로 종이를 바르는데 이때 동쪽 면은 열고 닫을 수 있게 한다. 그리고 안쪽 벽에 청룡靑龍, 백호白虎, 주작朱雀, 현무玄武를 그린 종이를 붙였다.

참조2 찬실攢室

예문 傳曰腰彩輿次序旣下敎而自殯殿至山陵奉往者神座交倚靈寢諸具靈座紅綃帳尙方所在者攢宮素帳月於丁字閣下玄宮後山陵都監郞廳與陵(국장1757A/033ㄱ11~ㄴ01)

색인 (국장1674A三/139ㄱ05)(국장1674A三/142ㄱ07)(국장1800四/058ㄱ10)(국장1800四/065ㄱ11)(국장1800四/065ㄴ03)(국장1800四/065ㄴ08)

饌案【찬안】 일 의

왕실의 가례 및 진연에서 음식을 올려놓았던 상. 왕실의 혼례 및 잔치 등의 행사가 있을 때 의례가 행해지는 중심의 자리에 놓여 임금에게 올리는 음식상이다. 찬안은 임금과 대왕대비 및 세자 등이 의자에 앉아서 음식을 들 수 있도록 다리가 높게 제작되었으며 왕실의 서열에 따라 왕은 주칠朱漆,

세자는 흑칠黑漆을 사용하여 구분을 두었다. 찬안을 배설할 때에는 물결무늬 홍색 상보자기를 깔고 사용하였다.

관련1 쌍찬안상雙饌案床, 왜주홍칠찬안상倭朱紅漆饌案床, 주원찬안廚院饌案, 주칠고족찬안朱漆高足饌案, 주칠저족찬안朱漆低足饌案, 찬안상饌案床, 찬안상차비饌案床差備, 찬안차비饌案差備

예문 黑漆大酒亭壹黑漆小酒亭壹黑漆饌案牀貳部黑漆樽臺壹雙黑漆香佐兒壹雙黑漆香案貳部(가례1727/023ㄴ10~12)

색인 (가례1627/127ㄱ14)(가례1696/240ㄱ12)(가례1718/257ㄱ09)(가례1802/상099ㄱ10)(가례1802/상256ㄱ09)(가례1819/상241ㄴ09)

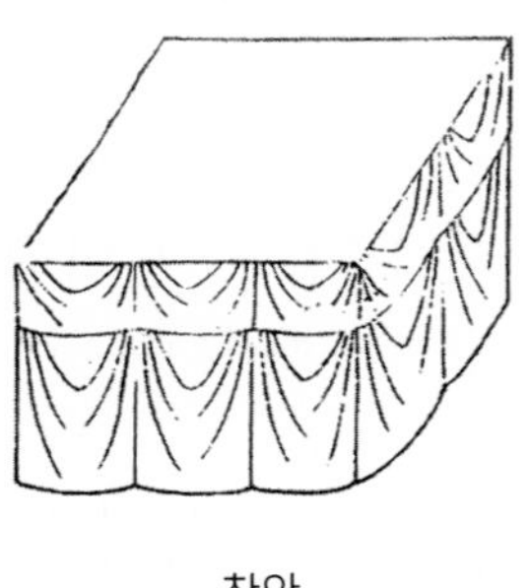

찬안

贊儀【찬의】 일 의

조선 시대 국가 의식을 맡아보던 관청인 통례원通禮院에 딸린 정5품 벼슬아치. 각종 의식에서 전의典儀가 의식 순서를 적은 홀기笏記를 읽으면 그것을 받아 다시 구체적인 행동을 지시하여 외치는 일을 맡은 임시 관원이다. 세조 12년(1466)에 통례문을 통례원으로 고치고 그 관원인 판관을 찬의로 고쳤다.

예문 東西向左右通禮階下典儀位於東階下近東西向贊儀引儀在南差退又贊儀引儀位於西階下近西東向俱北上引儀設門外位(책례1651/008ㄱ09~11)

색인 (가례1627/015ㄱ11)(가례1627/018ㄴ11)(가례1671/104ㄱ03)(가례1671/106ㄱ12)(가례1671/106ㄱ12)(가례1671/107ㄱ06)

瓚爵【찬작】 일 의

종묘의 제사에 쓰인 제기인 찬瓚과 작爵. 창주鬯酒를 올리는 술잔으로 썼으며, 자루를 옥玉으로 만들었다.

예문 入番宗室盥洗位手巾二瓚爵洗位白苧布鑾乃二尺以上濟用監瓢子一司䆃寺(빈전1675/249ㄴ05~07)

색인 (국장1800一/080ㄱ03)(빈전1649/150ㄴ04)(빈전1649/213ㄱ01)(빈전1659/314ㄴ11)(빈전1675/249ㄴ06)(빈전1680/287ㄴ09)

采緞【채단】 일 복

중국에서 제직한 화려한 채색의 주자직朱子織 견직물의 총칭. 국왕전 사여 물목의 채단에 대한 기록을 보면 채단이 선물이나 상으로 내리는 비단의 의미로 주로 쓰였음을 알 수 있다. 또 『성호사설星湖僿說』에 손수 짠 채단이 1백 필이었는데 수繡의 무늬는 모두 보은단報恩緞 세 글자로 되었다라는 기록으로 보아 수가 있는 화려하고 사치스러운 채색 비단으로 추정된다. 신분에 맞지 않는 채단 착용을 금하며 탄핵에 이르게 하기도 하였다. 綵段으로도 표기한다.

참조1 채단채색綵緞彩色

참조2 아청채단鴉青綵段, 채견綵絹, 채단초綵段綃

예문 取考謄錄則本房所掌各色采緞雜物入置庫間極爲虛疏堅固朴貼庭中廣闊處亦以把子圍排爲旀(가례1762/019ㄴ08~10)

색인 (가례1762/019ㄴ09)

綵緞彩色【채단채색】 일 복

채단으로 꾸미는 일. 화려하고 사치스러운 견직물로 꾸미거나 여러 빛깔의 채단綵段을 써서 의복을 짓는 일로 추정된다. 신분을 어지럽히는 채단의 선호에 대하여 금지하고 있으며 중국에서 수입하는 만큼 그 채택을 규제하였다. 노을빛보다 찬란했던 채단의 아름다움으로 인해 의금부에 채단을 절도하는 기록이 있을 만큼 채단의 소유를 탐냈다.

참조1 채단采緞

예문 別工作依例朴排把子圍排爲旀綵緞彩色入盛樻子三部具鎖鑰大斗之一部及庫間鎖鑰(가례1819/145ㄱ06~07)

색인 (가례1819/상145ㄱ06)

綵紋甫兒【채문보아】 채 의 음 ☞ 甫兒보아

예문 綵紋沙鉢酒房啓下綵紋甫兒酒房啓下綵紋大貼酒房啓下(가례1718/023ㄱ01~03)

색인 (가례1671/015ㄱ11)(가례1696/016ㄱ04)(가례1718/023ㄱ02)

彩輿【채여】 일 의

왕실에 의식이 있을 때 귀중품을 실어 옮기던 기구. 주로 증옥백贈玉帛, 지석誌石, 명기明器, 복완服玩 등을 실었다. 보통 사면이 꽃무늬로 채색되어 있고 앞뒤에 들채가 있어 두 사람이 메고 운반하였다. 『고려사절요高麗史節要』의 채여에 대한 기록을 보면 요여腰輿와 채여彩輿를 분간하여 사용하는 일은 예전에는 일정한 규례가 없어 의주儀註와 등록에 서로 다른 곳이 많지만, 옥책玉冊은 요여에 싣고 금보金寶는 채여에 싣는 것이 근래의 관례가 되어 왔다고 쓰여 있는 것으로 보아 주로 채여에 금보를 싣고 옥책은 요여에 실었음을 알 수 있다. 또한 『고려도경高麗圖經』에 의하면, 채여는 고려 이전부터 사용하였다고 한다.

예문 本曹堂上郎廳各一員各差備官俱以朝服陪追爲白乎矣册寶所盛腰彩轝都監措備前導細伏鼓吹當部官員義禁府郎廳淸道人部將考喧軍士(상호1827/048ㄱ05~07)

색인 (가례1671/033ㄱ10)(가례1671/034ㄴ03)(가례1671/034ㄴ03)(가례1671/034ㄴ05)(가례1671/110ㄱ02)(가례1671/112ㄴ09)

채여

釵釘【차정/비녀못】 채 건 ☞ 叉釘차정/비녀못

관련1 곡지대차정曲之大釵釘, 납염중차정鑞染中釵釘, 납염차정鑞染釵釘, 대차정大釵釘, 소차정小釵釘

예문 木維結圓環四介前排修補引㐆大圓環四介前排修補大菊花童八介斜目鐙鐵十二介釵釘二十介服色巨里曲釘二十八介三寸道乃釘十八介道乃釵釘十六介(국장1821/079ㄴ01~03)

색인 (가례1627/056ㄴ13)(가례1819/하015ㄱ04)(가례1819/하018ㄱ08)(가례1866/하005ㄴ07)(가례1866/하017ㄴ01)(국장1674A三/003ㄱ10)

大

釵丁【차정/비녀못】 채 건 ☞ 叉釘차정/비녀못

관련1 곡지대차정曲之大釵丁, 소차정小釵丁, 주지차정注之釵丁

예문 自山陵還下雜物秩挽章烏竹九十六箇注之釵丁橫木具翣扇烏竹六箇達葉釵丁具哀册黑漆排案牀一雨備具外裹紅紬六幅(국장1684/120ㄴ03~05)

색인 (가례1671/149ㄴ07)(가례1866/하006ㄱ08)(가례1866/하006ㄴ08)(가례1866/하016ㄴ09)(국장1800二/211ㄴ11)(존숭1713二/129ㄴ09)

彩花單席【채화단석】 일 의

꽃 문양이 들어간 단석. 단석은 홑겹으로 만든 자리를 말한다. 꽃문양이 들어간 단석을 연화단석, 만화단석이라고 하였다. 만화단석은 가례가 있을 때 주로 사용하였다.

참조1 단석單席, 만화단석滿花單席, 연화단석蓮花單席, 용문단석龍紋單席

관련1 내배별문단석內排別紋單席, 답장별문단석踏掌別紋單席, 면단석面單席, 배위채초단석拜位彩草單席, 별문단석別紋單席, 별문이문부단석別紋二紋付單席, 별문일장부단석別紋一張付單席, 상배룡문단석上排龍紋單席, 상배채화단석上排彩花單席, 상배채화일장부단석上排彩花一張付單席, 상배황화단석上排黃花單席, 소룡문단석小龍紋單席, 소배면단석所排面單席, 욕상배채화반장부단석褥上排彩花半張付單席, 욕하배채화단석褥下排彩花單席, 용문단석龍紋單席, 자주욕욕하배채화단석상紫紬褥褥下排彩花單席床, 전안배위만화단석奠雁拜位滿花單席, 전후배채화삼문부단석前後排彩花三紋付單席, 좌우배채화단석左右排彩花單席, 채화반장부단석彩花半張付單席, 채화삼문부단석彩花三紋付單席, 채화일문부단석彩花一紋付單席, 채화일장부단석彩花一張付單席, 포룡문단석鋪龍紋單席, 황화면단석黃花面單席

예문 青木縇平牀下排別紋六張付地衣二浮青木縇褥上排彩花單席二張紫的縇是如載錄爲有置今番段置依此擧行爲乎乙喩指揮行下爲乎旀(국장1724/279ㄱ03~05)

색인 (가례1627/069ㄴ09)(가례1627/075ㄴ02)(가례1627/091ㄱ01)(가례1627/091ㄱ02)(가례1671/089ㄱ11)(가례1681/020ㄴ05)

彩花方席【채화방석】 일 의

여러 가지 색깔로 꽃을 수놓아 꾸민 방석. 방석은 혼례나 연향과 같은 궁중 행사 때 내외빈이 사용했던 일인용 자리이다. 꽃 문양이 들어간 방석을 만화방석滿花方席, 채화방석彩花方席, 연화방석蓮花方席이라고 한다.

참조1 방석方席, 연화방석蓮花方席, 별문방석別紋方席

관련1 만화방석滿花方席, 영좌교의상배채화단방석靈座交倚上排彩花單方席, 채화사문부단방석彩花四紋付單方席, 혼백요여내배무질교의상배채화방석魂帛腰輿內排無跌交倚上排彩花方席

예문 一分庫所掌神輦內排無趺交倚上排彩花方席一坐魂帛腰輿內排彩花方席一坐靈座交倚上排彩花方席一坐合三坐新造所入縇麻席子從實入次進排事捧甘(예장1762/048ㄴ12~049ㄱ02)

색인 (국장1674二/056ㄴ09)(국장1701二/081ㄱ03)(국장1701二/081ㄱ07)(국장1702B二/326ㄱ05)(국장1702B二/326ㄱ09)(국장1724二/286ㄱ12)

彩花席【채화석】 일 의

여러 가지 색깔로 꽃을 수놓아 꾸민 자리.

관련1 난간내배채화석欄干內排彩花席, 내배채화석內排彩花席, 상배채화석上排彩花席, 소방상내배채화석小方牀內排彩花席, 욕상채화석褥上彩花席, 욕채화석褥彩花席, 채화단석자적선구彩花單席紫的縇具, 홍전채화석紅氈彩花席

예문 彩花席四張付地衣二件畵鞴時移用彩花單席二立以上長興庫紫的紬則濟用監(빈전1921/044ㄱ07~08)

색인 (가례1627/069ㄱ13)(가례1627/069ㄴ08)(가례1627/075ㄴ01)(가례1627/088ㄴ04)(가례1627/088ㄴ05)(가례1627/088ㄴ08)

册禮【책례】 일 의

조선 시대 왕세자·왕세손·왕세제·빈궁 및 왕비 등을 책봉하던 의식. 책례도감册禮都監이라는 임시 기구를 설치하여 책봉과 관련한 업무를 주관하도록 하였고, 관계 기록 일체를 자세히 정리한 책례도감의궤를 작성하였다.

참조1 책례도감册禮都監

예문 長杠橫杠及柱漆色則依壬申册禮時例以黑色奉行何如手決內依(가례1819/023ㄱ08~09)

색인 (가례1627/024ㄱ05)(가례1627/025ㄱ02)(가례1627/039ㄴ13)(가례1627/112ㄱ13)(가례

1627/113ㄱ01)(가례1627/118ㄴ10)

冊禮都監【책례도감】 일 의

조선 시대 왕세자·왕세손·왕세제·빈궁 및 왕비 등의 책봉에 관한 의식·절차를 맡은 임시 기구. 관원으로는 도제조 1인, 제조 3인, 도청都廳 및 낭청郎廳 6~7인으로 구성되었다. 책례도감은 의궤를 작성하였는데, 광해군 2년(1610) 이후 조선 말기까지 저궁책례儲宮冊禮에 관한 의궤 17종과 후비책례后妃冊禮에 관한 의궤 11종이 전한다.

참조1 책례冊禮

예문 王世子冠禮時應行節目所當自冊禮都監句管擧行函袱牀卓等物措備當就三房(책례1651/026ㄱ01~02)

색인 (가례1627/125ㄱ04)(가례1696/055ㄱ12)(존숭1624A二/063ㄱ06)(존숭1624A一/041ㄱ07)(존호1610/014ㄱ04)(존호1610/021ㄴ09)

冊寶【책보】 일 의

왕과 왕비의 옥책玉冊과 보인寶印을 일컫는 말. 왕이나 왕비에게 존호 또는 시호를 올릴 때나 왕비를 책봉할 때에는 옥책玉冊과 보인寶印을 만들어 올렸다. 옥책은 존호와 시호를 올릴 때 그 업적을 칭송하는 글을 옥에 새겨 만든 책문이다. 보인은 시호나 존호를 새긴 도장인데 금보金寶 또는 시보諡寶라고 하였다. 옥책은 갑에 넣어 내궤와 외궤에 보관하였으며, 보인은 보통寶筒과 보록寶盝에 인주를 담은 주통朱筒과 함께 호갑護匣에 보관하였다. 왕세자와 왕세자빈의 경우 옥책과 보인 대신 죽책竹冊과 은인銀印을 제작하였다. 책보는 협의로 옥책과 금보만을 가리키지만 광의로 죽책과 은인까지도 포괄하여 사용되기도 하였다.

참조1 거책보안자擧冊寶案者, 책보상冊寶床

관련1 봉책보관奉冊寶官

예문 內侍說權置冊寶案於殯殿外近限又設權置冊寶褥位於殯殿西階下東向行禮時至引儀分引宗親及文武百官入就位(상호1805/025ㄱ02~04)

색인 (가례1627/003ㄱ03)(가례1627/040ㄱ11)(가례1627/118ㄴ10)(가례1681/040ㄱ09)(가례1681/051ㄴ03)(가례1681/051ㄴ06)

冊寶床【책보상】 일 의

궁중에서 의례를 행할 때 책보冊寶를 놓았던 상床. 직사각형의 천판天板에 네 개의 호랑이 발[虎足] 모양의 다리가 달려 있으며 사용자의 위계에 따라 왕과 왕비의 것은 주칠朱漆을 세자와 세자빈의 것은 흑칠黑漆을 하였다. 옥책玉冊이나 죽책竹冊, 왕과 왕비의 도장들인 금보金寶, 옥보玉寶 등을 놓아 사용하였다. 국왕·왕비·세자 및 세자빈의 책례冊禮나 국왕·왕비·대비·왕대비·대왕대비에게 존호를 올리는 의례 등에서 쓰였다. 보통 이동성이 큰 것을 상床이라 하고 이동성이 적고 일정한 위치에 놓아 사용하는 것을 안案이라 하며 부를 때는 상床, 안案의 구분 없이 모두 상이라고 부르기도 한다.

참조1 책보상안冊寶床案, 책보冊寶

예문 一各件冊寶床案等物外執事不得出入陳設(국장1659/104ㄴ12)

색인 (국장1800三/040ㄱ11)(국장1849一/091ㄱ08)(국장1849一/092ㄴ08)(국장1898四/019ㄱ05)(국장1898四/019ㄴ07)(존숭1686A/089ㄱ05)

冊寶床案【책보상안】 일 의

궁중에서 의례를 행할 때 책보冊寶를 놓았던 상床과 안案. 직사각형의 천판天板에 네 개의 호랑이 발[虎足] 모양의 다리가 달려 있으며 사용자의 위계에 따라 왕과 왕비의 것은 주칠朱漆을 세자와 세자빈의 것은 흑칠黑漆을 하였다. 옥책玉冊이나 죽책竹冊, 왕과 왕비의 도장들인 금보金寶, 옥보玉寶 등을 놓아 사용하였다. 국왕·왕비·세자 및 세자빈의 책례冊禮나 국왕·왕비·대비·왕대비·대왕대비에게 존호를 올리는 의례 등에서 쓰였다. 보통 이동성이 큰 것을 상床이라 하고 이동성이 적고 일정한 위치에 놓아 사용하는 것을 안案이라 하며, 부를 때는 상床, 안案의 구분 없이 모두 상이라고 부르기도 한다.

예문 一各件册寶床案等物外執事不得出入陳設(국장1659/104ㄴ12)

색인 (국장1800一/096ㄴ05)(국장1903一/107ㄴ03)(국장1903一/109ㄱ06)(국장1864一/106ㄱ10)(국장1864一/107ㄴ11)(국장1878四/084ㄱ07)

册寶案【책보안】 일 의 ☞ 册寶床案책보상안

참조1 책보册寶

예문 安幄次於勤政殿階上及大殿廬次門外殯殿大門外爲白乎旀宗廟及殯殿竝設册寶案於西階下爲白乎矣各處排設鋪陳褥席等物乙良令各該司進(국장1890/117ㄴ02~04)

색인 (가례1681/171ㄱ10)(가례1681/171ㄱ11)(국장1800一/104ㄴ10)(국장1800一/105ㄴ07)(국장1800一/105ㄴ09)(국장1800一/107ㄱ03)

册封都監【책봉도감】 일 의

왕세자, 왕세손, 왕후, 비妃, 빈嬪, 부마 등의 봉작封爵을 맡아 본 임시기구. 왕세자, 왕세손, 왕후, 비妃, 빈嬪, 부마 등을 책봉할 때 책봉도감을 설치하여 책봉과 관련한 업무를 주관하도록 하였고, 관계 기록 일체를 정리하여 책봉의궤册封儀軌를 작성하였다.

참조1 책례도감册禮都監

예문 廟月日旣已進定則册禮以何間擧行乎上曰册封都監祔(책례1759/002ㄴ10~12)

색인 (책례1812/009ㄱ03)(책례1812/009ㄴ09)(책례1812/019ㄱ02)

册妃【책비】 일 의

국혼國婚에서 왕비를 책봉하는 의례. 왕비의 혼례는 납채納采, 납징納徵, 고기告期, 책비册妃, 친영親迎, 동뢰연同牢宴으로 구성되어 있는데 일반인의 혼례와 달리 책봉 의식이 포함된 것이 특징이다. 왕비의 혼례는 국가에서 볼 때 사대부가의 여자를 왕비로 삼는 의식이기 때문이다. 책비 의식은 세부적으로 교명책보내입의敎命册寶內入儀, 교명책보출입의敎命册寶出入儀, 책비의册妃儀, 비수책의妃受册儀 등으로 구성되어 있다. 책례 때 주요 상징물은 교명문敎命文, 책문册文, 보인寶印, 명복命服 등이다. 이 네 가지를 모두 함에 넣어 교명문과 책문은 요여腰輿에, 보인과 명복은 채여彩輿에 싣고 사신이 왕비가에 도착하면 왕비가 명복을 입고 나와서 교명, 책, 보인을 순서대로 받았다.

참조1 교명敎命, 명복命服, 요여腰輿, 육례六禮

참조2 보인寶印, 채여彩輿, 책册

관련1 책비례册妃禮, 책비습의册妃習儀, 책비의册妃儀, 책비정사册妃正使

예문 辛卯八月二十八日備忘記册妃世子册禮都監都提調以下諸執事竝書啓事(책례1651/017ㄴ12~14)

색인 (가례1681/006ㄴ02)(가례1681/011ㄱ03)(가례1681/020ㄴ10)(가례1681/032ㄴ04)(가례1681/038ㄴ12)(가례1681/040ㄴ07)

册妃禮【책비례】 일 의 ☞ 册妃책비

예문 納采納徵告期等禮則依禮文行於本家册妃禮則當行於別宮依此擧行事知委何如傳曰(가례1802/182ㄱ05~07)

색인 (가례1681/022ㄱ03)(가례1681/048ㄱ09)(가례1681/092ㄴ01)(가례1681/103ㄱ12)(가례1681/104ㄱ10)(가례1802/상014ㄱ03)

册妃儀【책비의】 일 의 ☞ 册妃책비

예문 寶綬則副使受之事依辛丑年例磨鍊矣更考五禮儀册妃儀則册及寶綬竝授正使云今此上尊號册寶依此例正使竝爲受之原節目中付標以入而內入(존숭1784/047ㄴ08~10)

색인 (가례1681/040ㄴ03)(가례1681/171ㄱ04)(가례1802/상219ㄱ10)(가례1866/상246ㄴ09)(존

숭1624A一/047ㄴ09)(책례1676/015ㄱ01)

冊嬪【책빈】 일 의

빈嬪으로 책봉하는 의식. 빈은 임금의 후궁後宮과 세자世子의 적실嫡室을 가리키며, 책빈은 빈으로 삼는 의식을 나타낸다. 의궤에 나오는 책빈은 왕세자王世子와 왕세자빈王世子嬪의 혼례 때 나오는 의식이다. 국혼은 사대부가士大夫家의 여자를 왕비 또는 왕세자빈으로 삼는 것이기 때문에 사가私家의 혼례와 달리 책비冊妃 또는 책빈冊嬪의 절차가 있었다. 책빈의冊嬪儀는 정전에서 왕세자빈을 봉하는 교명敎命을 반포하고 죽책竹冊과 인수印綬, 그리고 명복命服을 내리는 의식이다. 이를 마치면 교명문과 책문, 인수, 명복을 가마에 싣고 왕세자빈의 집에 가서 전하는 의식을 수행하였다.

참조1 명복命服, 육례六禮, 죽책竹冊

참조2 보인寶印, 인수印綬, 책명敎命

관련1 책빈례冊嬪禮, 책빈욕冊嬪褥, 책빈의冊嬪儀, 책빈의주冊嬪儀註, 책빈자冊儐者, 책빈정사冊嬪正使, 책빈조冊嬪條

예문 黑團領自議政府至工曹行禮事及今此王世子嘉禮時冊嬪醮戒親迎等一度習儀吉日令日官推擇(가례1727/049ㄱ11~12)

색인 (가례1627/005ㄱ12)(가례1627/007ㄴ06)(가례1627/009ㄱ05)(가례1627/010ㄴ05)(가례1627/016ㄱ03)(가례1627/016ㄱ07)

冊嬪禮【책빈례】 일 의 ☞ 冊嬪책빈

예문 宗廟展謁時告期禮權停禮詣昌德宮後卽爲擧行事及明日冊嬪禮以午初初刻爲之事榻前下敎(가례1762/044ㄱ05~07)

색인 (가례1671/039ㄴ08)(가례1762/상044ㄱ08)(가례1762/상044ㄱ10)(가례1819/상059ㄴ08)(가례1819/상095ㄱ09)

冊嬪褥【책빈욕】 일 의 ☞ 冊嬪책빈

예문 同牢廳褥貳內漳州紬壹紫的綾壹親迎廳褥貳內漳州紬壹紫的綾壹冊嬪褥壹紫的紬親迎幕次褥貳內紅紬壹紫紬壹依前減付標啓下(가례1727/016ㄴ02~04)

색인 (가례1627/069ㄱ08)(가례1627/087ㄱ07)(가례1671/011ㄴ09)(가례1671/095ㄴ09)(가례1671/135ㄱ09)(가례1696/012ㄴ03)

冊嬪儀【책빈의】 일 의 ☞ 冊嬪책빈

예문 王世子次於仁政門外道東近北西向展軒懸陳鹵簿半仗輿輦等事如冊嬪儀爲白乎旀(가례1727/046ㄱ07~08)

색인 (가례1671/035ㄴ08)(가례1671/112ㄴ02)(가례1696/039ㄱ07)(가례1696/144ㄱ01)(가례1718/053ㄴ11)(가례1718/173ㄴ04)

冊案【책안】 일 의

궁중의 의례에서 옥책玉冊이나 죽책竹冊을 놓던 상. 옥책과 죽책을 옆으로 길게 펴 사용할 수 있도록 세로보다 가로가 긴 천판天板이 특징이다. 책상冊床이라고도 한다.

관련1 책안자冊案者

예문 向設寶案於座前近東香案二於殿外左右設敎命冊印案各一於寶案之南敎命案在北冊案次之印案又次之命服案於(책례1721/031ㄱ11~12)

색인 (가례1671/112ㄴ05)(가례1696/144ㄱ05)(가례1696/146ㄱ09)(가례1718/173ㄴ07)(가례1802/상219ㄴ01)(가례1819/상203ㄴ11)

冊印案【책인안】 일 의

왕세자의 책봉례를 거행할 때 책冊과 인印을 놓던 상. 책봉 의례에서 교명을 올려놓았던 교명안敎命案과 더불어 책인안冊印案이 어좌御座 앞에 설치되어 예를 행하는 데 사용되었다.

참조1 죽책竹冊

참조2 인印, 책冊

예문 設寶案於座前近東香案二於殿外左右設敎命册印案各一於寶案之南敎命案在北册案次之印案(책례1721/028ㄴ06~07)

색인 (가례1718/174ㄱ11)(책례1812/027ㄱ01)(책례1812/030ㄱ10)(책례1812/031ㄱ03)(책례1812/032ㄴ08)(책례1812/033ㄴ09)

册匠【책장】 일 건

책을 꾸며 만드는 일을 전문으로 하는 장인.

예문 錢白筆一柄白休紙三張册匠所用褙板一立油紙一張延日礪石一塊綿紬手巾一(상호1787/066ㄱ10~12)

색인 (가례1681/084ㄴ06)(가례1696/064ㄱ11)(가례1696/187ㄱ04)(가례1762/상073ㄱ01)(가례1762/상074ㄴ10)(가례1802/상122ㄴ05)

遷園都監【천원도감】 일 의

정조가 사도세자의 묘소인 영우원을 수원 화산으로 옮기고 원소를 조성하기 위해 만든 임시 기구. 1789년 정조가 양주 배봉산에 있는 사도세자의 묘소인 영우원을 수원 읍치의 명당인 화산花山으로 옮기게 된다. 이때 정조는 천원도감遷園都監을 만들어 원소를 조성하였다. 정조는 원園을 옮기는 한 가지 일에 대하여 오랫동안 경영하고 조처하기도 했는데, 이때는 비용을 줄여 백성들의 고달픔을 덜어 주려 하였다.

예문 爲相考事節到付關內節該丁字閣所排紅紗方燭籠四坐己酉謄錄中自遷園都監造成出送事關是置有亦詳考弊都監謄錄則紅紗燭籠造送事因(국장1800/150ㄴ06~08)

색인 (국장1800二/150ㄴ07)(국장1800二/154ㄴ07)

天益【철릭】 채 복 帖裏 帖裡 貼里 添里 貼裡 帖裹

저고리 형태의 상의上衣에 주름치마 형태의 하상下裳을 연결시킨 형태의 포袍. 조선 전기에는 남자들의 대표적인 편복포로 백관이 관복의 밑받침 옷, 혹은 일상적인 겉옷으로 착용하였으며, 서민층 남자들도 외출용 겉옷으로 입었다. 양란 이후 백관의 융복戎服, 무관武官의 예복으로 입혀지면서 직물이 고급화되고 소매나 치마 부분이 점차 확대되었다. 철릭은 구성에 따라 홑[單], 겹袷, 솜[襦]으로 구분된다. 상의上衣와 하상下裳의 길이 비례, 소매 모양, 여밈의 정도, 주름의 크기 등으로 시대를 가늠할 수 있다. 초기의 철릭은 상의의 길이가 다소 긴 형태이나 임란직전까지 1:1 정도로 변화되었고 임진왜란 이후부터 점차 상의 길이가 길어지기 시작하여 조선 후기에는 1:3 정도의 비율로 상의가 짧고 하상이 길어진다.

참조1 융복戎服

예문 一靈輿侍衛諸將及大駕侍衛諸將乙良皆着白笠白天益佩劍弓矢爲白乎矣返虞敎是時神輦侍衛諸將乙良着黑笠黑天益去笠餙爲白齊(국장1674/055ㄱ07~09)

색인 (국장1674一/055ㄱ08)(국장1674一/055ㄱ09)(국장1674一/056ㄴ09)(국장1674一/056ㄴ11)(국장1674一/061ㄱ07)(국장1674一/061ㄱ08)

遷奠【천전】 일 의

국장國葬에서 산릉山陵 찬궁攢宮에 있는 재궁梓宮을 옮겨 현궁玄宮에 내릴 때 거행하는 전의奠儀. 국장에서 발인發靷 후 대여大輿가 능소陵所에 도착하면 곧바로 하관下官을 하는 것이 아니라 재궁을 영악전靈幄殿의 찬궁에 안치하였다. 천전의遷奠儀는 영악전에 모신 재궁을 현궁으로 옮길 때 거행하는 전의를 가리킨다. 찬궁 앞에 설치한 영좌 앞에서 천전 의식을 행한 후 찬궁을 열어 재궁을 능상각陵上閣 아래로 옮겨 현궁에 안치하였다. 조선 후기에는 영악전을 설치하지 않고 정자각丁字閣 또는 가정자각假丁字閣에서 재궁을 안치하였으므로 천전의는 정자각에서 거행하였다.

참조1 천전의遷奠儀

예문 一今此發靷敎是時梓宮進駐山陵上山陵

教是時啓殯與遷奠時拭梓宮拭巾白苧布一疋函具拭梓宮官洗手大也手巾函具等物工曹濟用監尙衣(국장1730/057ㄱ04~06)

색인 (국장1659一/103ㄴ02)(국장1659一/104ㄱ06)(국장1659一/104ㄱ11)(국장1659一/111ㄴ07)(국장1659一/116ㄱ04)(국장1659一/121ㄱ09)

遷奠儀【천전의】 일 의 ☞ 遷奠천전

예문 遷奠儀執巾者以巾進右議政捧巾進拭梓宮幷拂棺衣亦爲白有置(국장1903/111ㄴ03~04)

색인 (국장1898一/167ㄴ05)(국장1800一/092ㄱ05)(국장1849一/109ㄱ10)(국장1898一/185ㄱ03)(국장1903一/138ㄱ03)(국장1659一/111ㄴ03)

薦饌官【천찬관】 일 음

가례 등의 왕실 행사에 쓰인 찬품饌品을 천거하는 관리. 영조는 가례嘉禮 때의 노고를 치하하기 위하여 천찬관薦饌官 사옹원직장司饔院直長 이형중李衡中에게 처음에는 준직準職에 제수하라고 명하였다가 전례에 따라 6품으로 승진시켰다.

예문 司饔院副提調平原都正杓竝加資薦饌官直長宋徵泰準職除授郎廳佐郎柳運副司果林世謙都事金九衍(가례1727/75ㄱ06~08)

색인 (가례1696/066ㄴ11)(가례1718/081ㄱ03)(가례1819/상118ㄱ11)

天下太平旗【천하태평기】 일 의

조선 시대 의장기儀仗旗의 하나. 흰색 사각기四角旗로 중앙에 천하태평天下太平이라 쓰고 청·적·황·백 4가지 채색彩色으로 구름무늬를 그렸고, 화염각火焰脚을 달았다. 기 바탕은 백주白紬, 화염각火焰脚과 영자纓子는 홍주紅紬, 깃은 흑주黑紬를 쓴다.

참조1 가구선인기駕龜仙人旗, 각단기角端旗, 고자기鼓字旗, 군왕천세기君王千歲旗, 금자기金字旗, 백택기白澤旗, 벽봉기碧鳳旗, 삼각기三角旗, 영자기令字旗, 영자기令字旗, 현무기玄武旗, 현학기玄鶴旗, 홍문대기紅門大旗, 황룡기黃龍旗, 후전대기後殿大旗

참조2 백호기白虎旗

예문 同黃一錢靑花三錢三碌四錢天下太平旗一旗葉改備所入搗鍊鼎紬二十尺領次黑鼎紬四尺(국장1834/144ㄱ11~ㄴ01)

색인 (국장1800二/162ㄴ10)(존숭1713二/163ㄴ03)(추숭1776/019ㄱ01)(추숭1776/084ㄱ09)(부묘1836B/156ㄱ08)(부묘1851一/005ㄴ05)

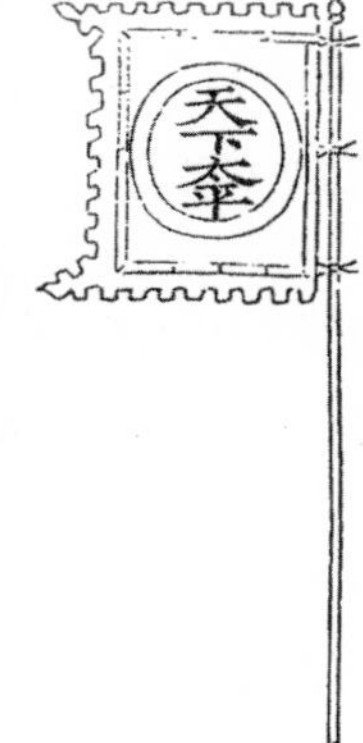

천하태평기

穿穴匠【천혈장】 일 건

구멍을 뚫는 일에 종사하는 장인.

예문 磨造匠羅萬貴禁衛營穿穴匠李永萬韓明弼尙方柤骨匠李愛昌金金伊居衿川(국장1720/107ㄴ09~11)

색인 (가례1671/139ㄴ11)(가례1671/154ㄱ04)(가례1671/175ㄴ03)(가례1671/185ㄱ06)(가례1671/222ㄴ12)(가례1671/231ㄴ11)

鐵箭【쇠살】 채 건

무쇠로 만든 화살. 鐵箭은 고유어 쇠살의 차자 표기로 쇠로 만든 촉을 꽂은 화살을 말한다. 이는 무쇠로 만든 화살을 통틀어 이르는 말로, 육량전, 아량전, 장전長箭 따위가 있다. 의궤류에 표기된 쇠살은 주로 쇠살문을 만들 때 이용된 부재를 일컫는다. 즉 성곽의 수구水口 등에 막아 놓는 쇠창살로 만든 철문이나 쇠창살을 댄 대문을 만들 때 이용된 부재를 말한다.

예문 本所是在鐵燭籠五雙造成擧行是如乎取見排設房所在燈籠則元體鐵箭燈籠是白遣取考謄錄所載則燭籠上下木貼匙鐵箭造成是如乎燭籠依謄錄造成擧行是乎喩燈(책례1784/189ㄴ10~12)

색인 (가례1696/236ㄴ01)(가례1718/254ㄱ09)(책례1667/097ㄴ07)(책례1721/253ㄴ04)(책례1721/254ㄱ11)(책례1736/183ㄱ05)

鐵乼釘【쇠쫄정】 채 건

돌을 다듬을 데 쓰는 쇠로 된 연장. 현재 쫄정을 가리킨다. 鐵이 앞서 기물의 재료적 성격을 분명히 하고 있다.

참조1 곱못/갈고리못曲釘, 쫄정乼釘, 쫄정乼錠, 쫄정乼乙釘, 쫄정乼乙丁, 오푼정五分釘

참조2 각정刻丁, 곱못/갈고리못串釘, 광정廣釘, 번자정番子釘, 변자정邊子釘, 부석정浮石釘, 입정立釘, 장정長釘, 착정鑿釘, 창포정菖蒲釘, 첨지정添志釘, 편자정片子釘, 협정挾釘

예문 釘巨里一箇鐵乼釘一箇牛角二箇甘醬一升空石三立樻子具鎖鑰一部(가례1819/074ㄴ01~03)

색인 (가례1819/074ㄴ02)

撤饌案【철찬안】 일 의

제례나 가례 때 음식을 물리는 데 사용하던 안案. 제례에서 예식을 마친 후 제물을 거두어 들일 때 사용하였다. 일반적으로 제례에서 주로 사용하였으나 가례에서 신랑과 신부가 교배交拜한 다음 음식을 먹고 남은 음식을 치울 때에도 사용하였다. 철찬탁撤饌卓이라고도 한다.

참조1 철찬탁撤饌卓

예문 尙宮俯伏跪啓請執圭女官跪進圭殿下執圭尙食帥其屬撤饌案尙宮進俯伏跪啓請興殿下及王妃俱興(가례1802/227ㄴ05~06)

색인 (가례1802/상227ㄴ06)

撤饌卓【철찬탁】 일 의 ☞ 撤饌案철찬안

예문 盧爵退王世子出圭俯伏興四拜興平身司饔院正撤饌卓相禮引王世子進當座前東向跪(가례1744/194ㄴ08~10)

색인 (가례1802/상229ㄴ08)

添里【철릭】 채 복 ☞ 天益철릭

帖裏【철릭】 채 복 ☞ 天益철릭

예문 褡穫帖裏圓領(빈전1776/190ㄱ08~10)

색인 (가례1671/076ㄴ06)(가례1696/107ㄴ03)(빈전1600/187ㄱ09)

帖裏【철릭】 채 복 ☞ 天益철릭

예문 單衣三草綠匹段三匹內拱花絲紬六匹帖裏二白苧布二匹因傳敎內下該曹帖裏二大紅紗二匹內拱白綃二匹因傳敎內下該曹(빈전1649/123ㄱ07~09)

색인 (가례1718/117ㄴ05)(가례1802/상245ㄴ03)(가례1681/210ㄱ04)(가례1627/043ㄴ10)(빈전1600/145ㄴ05)(빈전1600/145ㄴ06)

貼里【철릭】 채 복 ☞ 天益철릭

帖裡【철릭】 채 복 ☞ 天益철릭

예문 紅鄉絲四分以上尙衣院同正白綃長一尺五寸廣二寸五分帖裡二次草綠雲紋匹段(가례1691/118ㄴ06~08)

색인 (가례1681/118ㄴ07)

貼裡【철릭】 채 복 ☞ 天益철릭

예문 加文剌貼裡衫兒長短把持(가례1718/012ㄴ01~04)

색인 (가례1696/010ㄴ06)(가례1718/012ㄴ02)

貼匙【접시】 채 의 음 ☞ 接匙접시

예문 木枕次椵木半尺鐵煙爐鐵烽爐各壹磁貼匙磁甫兒盆子莫子各貳木果瓢子各壹雉尾箒壹倭刀壹(국장1776/243ㄴ09~11)

색인 (가례1681/096ㄴ12)(가례1681/139ㄱ09)

(가례1681/139ㄴ09)(가례1681/195ㄱ04)(가례1696/075ㄱ01)(가례1718/091ㄱ06)

貼是【접시】 [채][의][음] ☞ 接匙접시

예문 本房次知畵員起畵時所用六張付地衣壹浮沙莫子壹木莫子拾沙鉢壹竹沙大貼拾伍立沙貼是貳竹甫兒壹竹大中剪板各壹(국장1659/006ㄴ10~12)

색인 (국장1659/006ㄴ11)

青蓋【청개】 [일][의]

좁게 편 양산 모양의 의물儀物. 나무통에 대나무로 살[竹欕]을 만들고, 푸른색 비단을 덮은 뒤에 그 아래에 첨䡘수레휘장을 세 개 만들어 용을 그린다.

관련1 청홍개靑紅蓋

예문 白澤旗二靑陽繖一靑蓋二合五件擔桶五介所入椴木半骨半半條鑞足鐵二十介(책례1721/222ㄴ03~05)

색인 (가례1627/068ㄱ11)(가례1627/068ㄴ06)(가례1627/093ㄴ09)(가례1627/098ㄴ06)(가례1627/099ㄴ10)(가례1671/012ㄴ11)

청개

青巾【청건】 [일][복]

상례喪禮 때 하급 군졸이 쓰는 건. 청건은 자적두건紫的頭巾, 흑건黑巾 등과 같이 청색 목면으로 만들어 하급 군졸이 썼던 간단한 형태의 건의 일종이다. 가례 때 삼간택을 한 뒤 별궁으로 나아갈 적에 사복시司僕寺 군인은 청의靑衣와 청건靑巾 차림으로 담배擔陪한다. 상례 때에는 졸곡卒哭 전에 거둥할 때 연배근장輦陪近仗은 청건靑巾·백의·흑대를 착용하며, 여輿·연輦의 배근장陪近仗 및 내차비內差備는 백의白衣에 청건靑巾을 쓰고 흑대黑帶를 한다.

참조1 두건頭巾

예문 本房所掌彩輿軍所着靑衣靑巾紅帶靑行纏鶴氅(책례1690/096ㄴ12)

색인 (가례1718/161ㄴ01)(가례1802/상048ㄱ09)(가례1802/상176ㄱ01)(가례1802/상176ㄱ08)(가례1802/상176ㄱ10)(가례1802/상176ㄴ02)

清道旗【청도기】 [일][의]

대한제국 시기 황후 의장으로 사용된 깃발. 황후 의장 중 청도기는 청색 바탕에 홍색의 화염각火炎脚을 달았다. 홍주칠을 한 대나무 자루에 납염한 정철로 창모양의 머리 장식을 만들어 달고, 그 아래에 상모를 늘어뜨린다. 길이는 1장 2자 5치이다. 1897년 명성황후 국장 때 길의장吉儀仗으로 한 쌍이 사용되었다.

청도기

관련1 청도기우비清道旗雨備

예문 明油一合上下莫古里次豆錫三兩清道旗一雙新造所入(국장1898/230ㄱ09~10)

색인 (국장1898三/040ㄱ10)(국장1898三/077ㄱ07)(국장1898五/083ㄱ03)

清醴酒【청례주】 [일][음] ☞ 淸酒청주

청주淸酒와 예주醴酒를 합쳐 부르는 말. 청주는 탁주로 빚어 농익은 술독에서 떠낸 웃국의 술을 일컫는다.

예문 本房次知服玩明器各樣櫃函到山陵後八穀及醯醢淸醴酒等入盛於各其櫃函內器皿中是如乎(국장1776/291ㄱ04~05)

색인 (국장1776一/291ㄱ05)(국장1776一/303ㄴ06)(국장1834二/180ㄱ01)(국장1890二/178ㄴ04)(국장1800二/151ㄴ10)(국장1898三/068ㄴ01)

青龍旗【청룡기】 [일][의]

조선 시대에 군기인 대오방기大五方旗의 하나. 진영陣營의 왼편에 세워 좌군左軍, 좌영左營 또는 좌위左

衛를 지휘하는 데 사용한 사각기四角旗이다. 푸른 바탕에 청룡과 청·홍·황·백의 구름무늬가 그려져 있고 화염각火炎脚이 달려 있다. 깃대에 영두纓頭·주락朱駱·장목이 달려 있는데, 재료는 비단[綃]을 사용하였다. 깃대의 길이는 15자[尺]이다. 대가大駕·법가法駕의 노부鹵簿와 어장御葬 때에도 청룡기를 사용하였다.

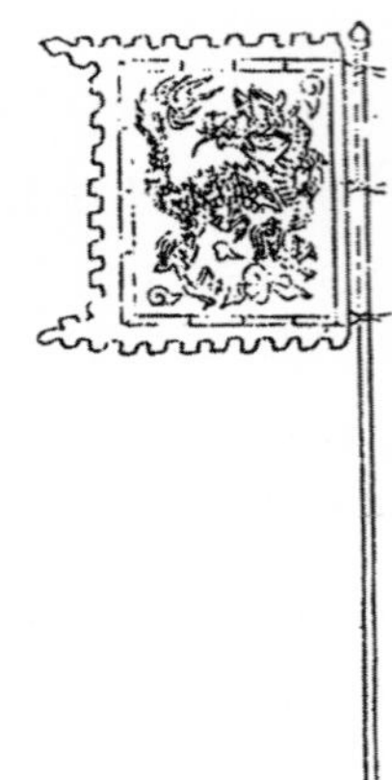

청룡기

참조1 주작기朱雀旗, 현무기玄武旗

예문 黑紬八尺纓子紅紬一尺五寸青龍旗一五幅付所入質青紬二十尺火焰脚紅紬十七尺(국장1903/039ㄴ09~11)

색인 (국장1659二/039ㄴ10)(국장1659二/068ㄴ01)(국장1659二/073ㄴ01)(국장1674二/023ㄱ02)(국장1674二/044ㄱ03)(국장1674二/059ㄱ05)

青麻糸【청마사】 일 뫼

베를 짜는 데 사용되는 푸른색 삼실[麻絲]. 조선 시대에는 홍개紅盖를 만들 때 청세포青細布 석 자와 청마사青麻絲 두 돈이 사용되었고, 세수태석洗手苔席 한 좌, 등경태석燈檠苔席 한 좌, 화로태석火爐苔席 한 좌를 만들 때 매 좌당 청세포青細布 석 자, 청마사青麻絲 두 돈이 사용되었다. 또한 푼주태석[分之苔席] 한 좌를 만들 때에도 청세포 석 자, 청마사 두 돈이 사용되었다. 青麻絲와 통용한다.

참조2 마사麻絲

예문 雨備厚油紙四張生苧二戔裌家青木綿十五尺縫造青麻糸三戔一金立瓜銀立瓜各一所入(가례1696/210ㄱ05~07)

색인 (가례1696/207ㄱ10)(가례1696/209ㄴ06)(가례1696/210ㄱ10)(가례1696/210ㄴ10)(가례1696/211ㄱ04)

青綿糸【청면사】 일 뫼

푸른색 면사綿絲. 면사는 가례 때 요여腰輿, 유소流蘇, 홍양산紅陽繖의 속넣기용이나 모절, 은교의 등에 사용되는 목면실을 말한다. 糸는 絲와 같이 쓰인다.

참조1 면사綿絲, 백면사白綿絲, 청면사青綿絲, 홍면사紅綿絲

예문 縫造黑麻糸二分式付綿花六分式纓子青綿糸三分式(가례1696/212ㄱ12~ㄴ02)

색인 (가례1696/225ㄱ01)(가례1696/227ㄱ02)

青綿絲【청면사】 일 뫼 ☞ 青綿糸청면사

참조1 면사綿絲, 백면사白綿絲, 청면사青綿糸, 홍면사紅綿絲

예문 青陽傘二件新造所入冒段二疋內拱黑紬一疋槊次青綿絲八兩流蘇次鴉青戎絲八兩四戔草綠戎絲八戔(국장1720/030ㄴ07~09)

색인 (가례1671/181ㄱ04)(가례1671/184ㄴ02)(가례1681/261ㄱ01)(가례1681/323ㄴ05)(가례1819/상181ㄴ06)(가례1866/하104ㄴ03)

青木衣【청목의】 일 뫼

목면으로 만든 푸른 빛깔의 웃옷. 의장군儀仗軍이나 여연輿輦 담배군擔陪軍이 착용한 옷으로 옆트임이 있는 소창의小氅衣 형태이다. 역할에 따라 홍의紅衣·자의紫衣처럼 다른 색을 입기도 했다. 관모로는 피립皮笠이나 두건頭巾을 쓰고, 허리에 목면으로 만든 대帶를 매고 행전行纏을 치고 운혜雲鞋를 신었다. 청의青衣라고도 한다.

동 청의青衣

참조1 청의青衣

예문 紫木衣八十件紫木巾八十件青木行纏一百四十件雲鞋一百五十件青木衣五十件紅木帶二百件黑木衣七十件黑鶴氅六十四件青木巾二十件黑木巾六(책례1651/071ㄱ05~07)

색인 (국장1684/017ㄴ01)(국장1684/017ㄴ07)

(국장1684/040ㄱ07)(국장1702B二/032ㄴ06)(국장1724二/039ㄱ09)(국장1757B二/049ㄱ05)

靑木行纏【청목행전】 일 복

푸른색 무명으로 만든 행전. 행전은 소맷부리와 비슷하게 만들어 위쪽에 끈을 달아 발목에서 장딴지 위에까지 바짓가랑이 위에 눌러 싸매는 물건이다. 귀유치 내관[歸遊赤內官]은 홍주의紅紬衣와 자적주의紫的紬衣, 감투甘頭, 다회多繪, 두석 토환豆錫吐環, 흑단 운혜黑緞雲鞋와 함께 청목행전을 착용하였고, 연배군輦陪軍은 홍목의紅木衣·건巾·띠[帶]와 청목행전靑木行纏을 착용하였다.

참조1 행전行纏

예문 紫木衣八十件紫木巾八十件靑木行纏一百四十件雲鞋一百五十件靑木衣五十件紅木帶二百件黑木衣(책례1651/071ㄱ04~05)

색인 (가례1718/166ㄱ05)(가례1762/상029ㄴ11)(가례1802/상045ㄱ09)(가례1802/상189ㄱ03)(가례1802/상204ㄴ08)(가례1819/상043ㄴ04)

靑甫兒【청보아】 채 의 음 ☞ 甫兒보아

靑箱笠【청상립】 일 복

대오리로 결어 만들어 푸른색으로 칠을 한 사각형의 갓. 『영조정순후가례도감의궤英祖貞純后嘉禮都監儀軌』에 보면 청상립靑箱笠은 상궁이나 나인들이 착용하였다.

예문 雕刻匠金宗靑箱笠匠高末先等二名風牧丹匠孫尙益以上三等(책례1721/057ㄱ08~10)

색인 (가례1627/064ㄴ01)(가례1671/011ㄱ08)(가례1671/055ㄴ07)(가례1671/086ㄱ10)(가례1671/087ㄱ04)(가례1671/096ㄴ01)

靑箱笠匠【청상립장】 일 건

청상립靑箱笠을 전문으로 만드는 사람. 청상립靑箱笠은 상궁이나 나인들이 착용하는 사각형의 갓으로, 대오리로 결어 만든 후 푸른 칠을 하였다.

예문 雕刻匠金宗靑箱笠匠高末先等二名風牧丹匠孫尙益以上三等(책례1721/057ㄱ08~10)

색인 (가례1671/139ㄴ03)(가례1681/197ㄱ10)(가례1696/062ㄴ05)(가례1696/064ㄱ06)(가례1696/186ㄱ10)(가례1718/078ㄱ03)

靑扇【청선】 일 의

노부 의장鹵簿儀仗 중 하나. 청선은 붉은색으로 칠한 자루에 푸른색 천으로 부채 모양을 만든 후 아무 그림도 그리지 않고 청저사靑紵絲로 부채 테두리를 장식한다. 국왕, 왕비, 세자, 세손의 노부 의장鹵簿儀仗에 모두 사용되었고, 그 수효도 2자루로 차이가 없었다. 거둥할 때에는 가마의 바로 뒤를 따르며, 전좌할 때에도 어좌의 바로 뒤쪽에 배치되는 의장이다. 전례서 의주에서 산선시위繖扇侍衛라고 할 때 산은 양산陽繖[국왕과 왕비는 홍양산(紅陽繖), 세자와 세손은 청양산(靑陽繖)]을, 선扇은 바로 이 청선靑扇을 일컫는다.

관련1 청선군靑扇軍, 청선차비靑扇差備

예문 奉陪銘旌內侍一忠義衛擎執奉翣靑陽傘靑扇等奉陪忠義衛等他餘應入差備乙良令都監指揮各該司照例差定擧爲(국장1903/104ㄴ08~10)

색인 (가례1627/068ㄱ12)(가례1627/068ㄴ05)(가례1627/094ㄱ03)(가례1627/097ㄴ07)(가례1627/099ㄴ10)(가례1627/120ㄱ04)

靑繡鞍馬【청수안마】 일 의

국장國葬의 발인發靷 때 사용하는 의장용儀仗用 말. 국장 발인 때에는 흉의장凶儀仗으로 죽산마竹散馬, 죽안마竹鞍馬, 청수안마靑繡鞍馬, 자수안마紫繡鞍馬 등의 의장용 말을 사용하였다. 청수안마는 청색으로 수놓은 안장을 사용하여 붙여진 이름이다. 만드는 방법은 먼저 마른 풀을 엮어 길이 8척 7촌, 높이 4척 3촌의 형체를 만들고 생포와 자리로 싼 다음에 종이로 재차 바른다. 말총과 갈기를 만들고 푸른색

ㅊ

으로 수놓은 안장을 덮은 다음 수레의 틀에 다리를 고정시킨다. 대상大喪인 경우 발인 때 죽산마 두 필, 죽안마 열 필, 청수안마 열 필, 자수안마 열 필이 좌우로 나뉘어 서서 행렬하였다.

참조1 죽산마竹散馬, 죽안마竹鞍馬

참조2 자수안마紫繡鞍馬

예문 吉儀仗假家二間靑繡鞍馬紫繡鞍馬假家三間鋪筵假家誌石假家遮帳假家合三間(국장1701/057ㄴ07~09)

색인 (국장1659二/051ㄱ08)(국장1659二/051ㄱ10)(국장1681二/007ㄴ09)(국장1681二/007ㄴ12)(국장1681二/047ㄴ10)(국장1681二/062ㄱ12)

靑染布【청염포】 일 복 ☞ 紅染布홍염포

예문 厚白紙八張楮注紙八張搗鍊紙四張草注紙四張靑染布二十四尺白眞絲二錢靑麻絲一錢大靑四兩二靑一兩(빈전1600/203ㄴ12~240ㄱ02)

색인 (가례1718/189ㄱ06)(책례1651/070ㄴ05)(책례1759/068ㄴ06)(국장1701二/040ㄱ05)(국장1701二/058ㄱ12)(국장1701二/061ㄴ10)

靑玉圭【청옥규】 일 복

왕과 왕세자가 대례복大禮服을 착용할 때 손에 쥐는 물건. 위는 뾰족하고 아래는 네모지게 만들며 왕은 너비 3촌과 길이 9촌, 두께 5푼의 청옥으로, 왕세자는 길이 7촌의 규를 오른손으로 아래를 쥐고 왼손으로 위를 쥔다. 국장國葬과 관련해서는 오례의五禮儀에 규정된 청옥규를 대신하여 백옥규를 사용하기도 하였다.

참조1 규圭, 백옥규白玉圭, 옥규玉圭

예문 銀鉤子貳介貫纓子次大紅眞絲伍戔靑玉圭壹部用內上甲家次甘伊次幷大紅廣的半骨捌寸(가례1727/205ㄱ06~08)

색인 (가례1671/134ㄱ08)(가례1696/175ㄴ09)(가례1718/204ㄱ05)(가례1762/상016ㄴ02)(가례1819/상221ㄱ02)(예장1729/067ㄱ02)

靑雲鞋【청운혜】 일 복

① 청행등靑行縢과 운혜雲鞋를 함께 이르는 말. 봉담捧擔인들이 청행등靑行縢·운혜雲鞋를 착용한 것을 청운혜로 표기한 것이 아닌가 추정된다. ② 중인 계급이 신는 청색의 운혜. 견마배牽馬陪·정궐달배正闕達陪·보마배寶馬陪·의대배衣帶陪의 여러 남자 관원들이 신는 청색의 마른 신을 말한다.

참조1 운혜雲鞋

참조2 백운혜白雲鞋, 흑사피 운혜黑斜皮雲鞋, 흑운혜黑雲鞋

예문 靑木行纏三百一件靑雲鞋三百一件內三十六件前排仍用六十七件前排修補仍用一百九十八件新造(국장1834/019ㄴ06~07)

색인 (가례1866/상181ㄱ05)(국장1898二/034ㄴ12)(국장1903二/036ㄴ12)(부묘1836A/126ㄴ06)(국장1834二/019ㄴ07)(국장1834二/094ㄱ04)

靑衣【청의】 일 복

목면으로 만든 청색 옷. 의장군儀仗軍이나 여연輿輦담배군擔陪軍이 착용한 옷으로 옆트임이 있는 소창의小氅衣 형태이다. 역할에 따라 홍의紅衣·자의紫衣처럼 다른 색을 입기도 했다. 관모로는 피립皮笠이나 두건頭巾을 쓰고, 허리에 목면으로 만든 대帶를 매고 행전行纏을 치고 운혜雲鞋를 신었다. 청목의靑木衣라고도 한다.

동 靑木衣청목의

참조1 청목의靑木衣

예문 祇迎後以次侍衛至宗廟入齋殿宗親璿派人文蔭武四品以上朝服五品以下黑團領儒生黑巾靑衣武各服其服璿派人文蔭武時無職名人(상호1875/034ㄱ04~06)

색인 (가례1671/079ㄴ02)(가례1671/079ㄴ03)(가례1671/079ㄴ04)(가례1671/138ㄴ12)(가례1671/195ㄴ10)(가례1671/198ㄴ09)

靑鼎紬【청정주】 일 복

푸른 빛으로 물들인 고급 명주 직물. 『조선왕조실록朝鮮王朝實錄』에 연산군과 중종 때 정주를 진상하게 하고 대비전에 사급한 기록이 있다.

참조1 남정주藍鼎紬, 다홍정주多紅鼎紬, 대홍정주大紅鼎紬, 백정주白鼎紬, 백협백정주白挾白鼎紬, 선홍정주縇紅鼎紬, 아청정주鴉靑鼎紬, 자적정주紫的鼎紬, 초록정주草綠鼎紬, 홍정주紅鼎紬, 흑정주黑鼎紬

참조2 반홍정주磻紅鼎紬

예문 眞粉八兩阿膠四兩靑龍旗一五幅付所入質次靑鼎紬二十尺衿次黑鼎紬四尺火焰脚次紅鼎紬十一尺五寸(국장1720/019ㄱ08~10)

색인 (국장1702B二/019ㄱ09)(국장1702B二/097ㄱ04)(국장1702B二/100ㄱ04)(국장1776一/266ㄴ05)(국장1776一/309ㄴ06)(가례1819/상184ㄱ02)

淸酒【청주】 일 음

탁주로 빚어 농익은 술독에서 떠낸 웃국의 술. 납징納徵 하루 전에 빈嬪의 부모 앞으로 보내는 혼수 예물이다. 1627년 가례 때는 청주 40병을 보냈으며 1749년 『어제국혼정례御製國婚定例』에는 청주 30병을 보낸 것으로 나온다. 청주는 겨울에 빚으면 여름이 되어야만 다 만들어져 쓸 수 있다.

예문 同日退壙埋安明器所用八穀及鹿醢醓醢淸酒醴酒薑桂屑等諸種詳考謄錄與補編後後錄仰稟爲去乎(국장1890/172ㄱ11~ㄴ01)

색인 (가례1627/052ㄴ09)(가례1671/067ㄴ05)(가례1671/071ㄴ12)(가례1671/138ㄴ03)(가례1681/021ㄱ08)(가례1681/091ㄴ05)

靑眞糸【청진사】 일 복 ☞ 靑眞絲청진사

예문 一靑扇二所入冒段九尺三寸鴉靑戎糸三兩縫造靑眞糸五分白戎糸二兩四戔生苧二戔(가례1696/211ㄱ01~03)

색인 (가례1696/208ㄴ08)(추숭1776/183ㄱ01)

靑眞絲【청진사】 일 복

푸른빛의 명주실. 각색 옷감의 바느질용으로 사용되었다. 『조선왕조실록朝鮮王朝實錄』에 태종 17년(1417) 양잠을 장려하면서 전라도, 풍해도[황해도]의 채방판관採訪判官이 황진사, 백진사 및 누에고치를 바쳤다는 기록이 있다. 따라서 진사眞絲는 조선 시대 초기 혹은 그 이전부터 사용된 것으로 보인다. 靑眞糸와 통용한다.

참조1 남진사藍眞糸, 남진사藍眞絲, 남홍황진사藍紅黃眞絲, 다홍진사多紅眞糸, 다홍진사多紅眞絲, 대홍진사大紅眞絲, 백진사白眞絲, 아청다홍진사鴉靑多紅眞絲, 아청진사鴉靑眞絲, 오색진사五色眞絲, 유청진사柳靑眞糸, 유청진사柳靑眞絲, 자적남진사紫的藍眞絲, 자적남홍진사紫的藍紅眞絲, 자적진사紫的眞絲, 조족백진사鳥足白眞絲, 주홍진사朱紅眞絲, 청진사靑眞糸, 초록진사草綠眞絲, 흑진사黑眞絲

예문 紅綃一尺白紬一尺一寸白綾八寸白正布四尺五寸厚紙一張靑眞絲八錢紅眞絲一兩五錢綠眞絲二兩(국장1903/054ㄴ02)

색인 (가례1627/093ㄴ03)(가례1627/094ㄱ09)(가례1627/094ㄴ01)(가례1627/098ㄱ10)(가례1671/181ㄱ06)(가례1681/260ㄴ12)

靑綃笠【청초립】 일 복

왕세자빈과 왕세손빈의 가례 때 사용되는 쓰개. 왕세자빈의 가례를 기록한 『순조순명후가례도감의궤純祖純明后嘉禮都監儀軌』와 왕세손빈의 가례를 기록한 『정조효의후가례도감의궤正祖孝懿后嘉禮都監儀軌』에 의대衣襨 물목物目으로 기록되어 있다. 청초립靑綃笠은 청초 1척 5촌으로 겉을 바르고, 안은 남주 3척으로 바른다. 매듭에 쓸 대홍진사 1량 5전, 월마기감으로 자적초가 들어가는데 길이는 2척, 너비는 5촌 5푼이다. 금전지 3장 반과 이를 꿰맬 자적진사紫的眞絲 5푼이 더 들어간다. 확실하게 밝혀진 것은 아니나 왕세자빈이나 왕세손빈의 경우는 청초립 위에 자색 겹으로 만든 너울을 쓰고, 왕비는 자초립

ㅊ

위에 자색라로 만든 겹너울을 쓰는 것으로 보인다.

참조1 자초립紫綃笠, 청상립靑箱笠

관련1 황초립黃草笠

예문 紫的羅帶腰一靑綃笠一部除眞珠黑漆家一部內外裹紅紬四幅裌袱一件單袱一件紫的羅裌羅兀一次紅眞絲每緝具(가례1762/017ㄱ10~12)

색인 (가례1681/015ㄴ08)(가례1762/상017ㄱ10)(가례1819/상026ㄴ11)(가례1819/상058ㄱ02)(가례1819/상226ㄴ04)

靑板【청널/마루청】 채 건 ☞ 廳板청판

예문 正殿障子下靑板四十八井每一井三碌三兩式九斤都廳減二斤眞粉一兩式三斤都廳減二斤(혼전1730/053ㄴ10~12)

색인 (가례1627/054ㄴ13)(가례1671/161ㄴ10)(가례1681/237ㄴ08)(가례1681/238ㄱ01)(가례1696/086ㄴ07)(가례1696/202ㄴ01)

廳板【청널/청판/마루청】 채 건 靑板

마루에 까는 널, 또는 널의 총칭. 청판은 좁은 의미로는 마루에 까는 널, 즉 마루널을 의미하지만, 넓은 의미의 청판, 즉 문의 아래 궁창부나 우물 천장의 반자틀 사이를 막아대는 널, 또는 머름대의 머름동자 사이를 막아대는 널 등을 총칭한다. 靑板으로도 표기한다.

참조1 청판우리廳板亐里

관련1 하배청판下排廳板

예문 前柱次楸條里木長三尺二片後柱次楸條里木長四尺二片上下廳板次薄椵板長二尺廣一尺七寸二片四面于里次楸條里木長二尺四片又楸條里木長一尺(빈전1800/177ㄱ10~12)

색인 (국장1701一/260ㄱ10)(국장1730二/302ㄱ10)(국장1730二/302ㄴ04)(국장1730二/354ㄱ01)(국장1757A/155ㄴ04)(국장1757A/159ㄱ04)

廳板亐里【청판우리】 채 건

마룻널[청판]을 깔 때 마룻널끼리 연결할 수 있도록 끼우는 나무로 된 테. 청판우리는 청판廳板[청널, 마루청]과 우리[亐里]로 분석된다. 청판은 마룻바닥에 깔아 놓은 널조각을 말하며, 우리는 그릇이나 물건 따위의 테두리에 둘러매거나 끼우는 테를 말한다. 따라서 청판우리는 마룻널을 깔 때 마룻널끼리 연결할 수 있도록 끼우는 테를 말하며 제재는 나무이다. 의궤에는 우리의 다른 표기로 于里, 圍里가 쓰이기도 한다.

예문 曲之次楸木長五寸圓徑四寸片下楸木方六寸一片廳板亐里次椵板半立蓋兒亐里次椵板(가례1819/165ㄱ02~04)

색인 (가례1819/상165ㄱ03)(가례1819/상166ㄱ08)

靑布衣【청포의】 일 복

푸른색 베[布]로 만든 옷. 청포의는 착용자에 따라 형태와 구조가 다르다. 요여腰輿·채여彩輿의 마목군馬木軍이 착용한 청포의는 의장군儀仗軍·우비군雨備軍이 착용한 청목의靑木衣처럼 옆트임이 있는 청색 소창의小氅衣나 호의號衣를 말한다. 그러나 흉의장凶儀仗에서의 청포의는 방상씨方相氏가 홍포紅布 또는 청포靑布로 만든 의衣·치마[裙]·버선[襪]·허리띠[帶]·행전行纏 뒤에 늘어뜨리는 천[後垂巾] 일습一襲 중의 하나를 의미한다.

참조1 청목의靑木衣

참조2 방상씨方相氏

예문 紅布襪貳件紅布帶肆件靑布衣貳件靑布裙貳件紅布行纏貳件紅布後垂巾貳件靑布行纏貳件靑布後垂巾貳件(국장1757/049ㄱ01~03)

색인 (가례1819/하110ㄴ07)(국장1757B二/049ㄱ02)(예장1762二/008ㄱ10)(예장1762二/023ㄱ02)

靑行纏【청행전】 일 복

남자의 바지에 두르는 푸른색의 행전. 『영조정순후가례도감의궤英祖貞純后嘉禮都監儀軌』를 비롯한 조선 시대 여러 의궤의 기록과 『동문선東文選』, 『목은 집牧隱集』, 『조선왕조실록朝鮮王朝實錄』에 나오는 여사轝士들, 발인 반차發引班次의 담배군擔陪軍을 비롯하여 궁중 의식 행사의 의장군儀仗軍 등이 흑의黑衣, 청의靑衣, 홍의紅衣 등에 청행전靑行纏를 착용한 것으로 보아 하급 인원의 바지에 일반적으로 청행전을 두른 것으로 보인다.

참조1 행전行纏

예문 本房所管排案床讀寶床褥席軍及引路軍雨備軍餘軍合十六名所著紅木衣巾帶靑行纏各十六件以戶曹所在取來出給濟用監改染修補而所入物力從實入會減何如(상호1827/145ㄱ07~09)

색인 (가례1627/110ㄴ05)(가례1671/101ㄴ12)(가례1671/154ㄴ02)(가례1681/097ㄴ06)(가례1681/143ㄱ06)(가례1681/258ㄱ04)

靑鄕絲【청향사】 일 복

푸른색으로 염색한 향사. 향사는 우리나라에서 생산한 명주실을 가리킨다.

참조1 목홍향사木紅鄕絲

예문 靑鄕絲一錢柳靑眞絲一錢(국장1659/116ㄴ01~02)

색인 (가례1681/194ㄱ06)(가례1696/180ㄱ12)(가례1718/187ㄴ09)(가례1819/하029ㄱ03)(가례1866/하020ㄱ08)(국장1800二/207ㄴ07)

靑花【청화】 일 건

풀이나 나뭇잎을 그릴 때 사용하는 푸른 물감. 사기의 그림에 흔히 쓰이며 중국에서 난다. 당청화唐靑華, 청대靑黛라고도 한다.

예문 軸衣紅質靑花紋匠段內面沈香有紋段豆錫籤子長一寸三分五(책례1651/023ㄱ01~02)

색인 (가례1627/031ㄱ04)(가례1627/059ㄴ06)(가례1627/081ㄱ07)(가례1627/082ㄱ12)(가례1627/083ㄱ11)(가례1627/092ㄱ12)

髢髮【체발】 일 복

머리 위에 덧 드리는 다래[月乃], 또는 그것으로 틀어 만든 큰 머리. 『영조정순왕후가례도감의궤英祖貞純王后嘉禮都監儀軌』에 보면 체발髢髮은 머리털에 덧 드리는 다래, 또는 그것으로 틀어 만든 큰 머리로 나와 있으며, 髢髻·月子라고도 한다. 또한 『경세유표經世遺表』 「비국요람備局要覽」에 체발을 다리[髢髮]라고 기록하고 있다.

예문 外裹紅鼎紬四幅單袱一件藍綃絲金箋紙具髢髮十丹盛架子監造官陪進于差備黑漆函一部長二尺九寸廣一尺八寸(가례1866/132ㄴ05~07)

색인 (가례1627/023ㄴ11)(가례1627/024ㄱ14)(가례1627/024ㄴ06)(가례1627/024ㄴ14)(가례1627/051ㄴ11)(가례1671/009ㄴ11)

髢髮匠【체발장】 일 건

체발 만드는 일을 맡아 하던 장인. 체발은 머리털에 덧드리는 다래, 또는 그것으로 틀어 만든 큰 머리이다.

참조1 다래장月乃匠

예문 簪匠高俊甲芮夫希柳永好金忠立髢髮匠李得龍崔德必金繼宗綾羅匠鄭應龍(책례1651/038ㄱ05~07)

색인 (가례1696/127ㄱ11)(가례1718/079ㄱ02)(가례1718/139ㄴ10)(가례1718/195ㄴ04)(가례1762/상075ㄱ09)(책례1676/084ㄴ04)

醮戒【초계】 일 의

혼례 때 신랑과 신부가 초례를 거행하고 부모로부터 경계의 말을 듣는 의식. 혼례 때 친영親迎의 의식을 앞두고 신랑과 신부는 각자의 집에서 부모가 내려준 술을 받아 마시고 경계의 말을 들었는데 이를 초계醮戒라고 하였다. 국혼에서는 왕세자나 왕세손이 빈嬪을 들일 때 거행하였다. 『국조오례의國朝五禮儀』에는 신랑인 왕세자가 친영을 떠나기 전에 거행하는 임헌초계의臨軒醮戒儀가 실려 있다. 이에 의하면 초계의醮戒儀는 정전에서 거행하는데 왕세자가 제주祭酒하고 술을 마시고 꿇어앉으면 임금이 배필을 맞이하여 종사를 이을 것을 명하였다. 반면 신부인 왕세자빈王世子嬪의 경우 별도의 초계가 보이지 않으며 친영 때 부모가 경계의 말만 전하였다.

참조1 초계의醮戒儀

예문 教官承旨典儀通禮院官協律郎掌樂院官擧案者八參外執事者八忠贊衛謁者參外儐者參外掌次者典設司官臨軒醮戒典儀通禮院官協律郎(가례1727/042ㄱ11~12)

색인 (가례1627/120ㄴ13)(가례1671/031ㄴ03)(가례1671/031ㄴ11)(가례1671/033ㄴ09)(가례1671/074ㄱ10)(가례1671/104ㄴ03)

醮戒儀【초계의】 일 의 ☞ 醮戒초계

예문 告期儀唯復命辭云奉教授王世子嬪備物典册禮畢臨軒醮戒儀(가례1727/176ㄴ11~12)

색인 (가례1727/176ㄴ12)

草綠輕光紬【초록경광주】 일 복

초록빛을 띤 경광주. 어람용 의궤의 장황용, 옥책문의 장책용, 어간의 휘장용으로 사용되었다.

참조1 경광주輕光紬, 남경광주藍輕光紬, 자적경광주紫的輕光紬, 홍경광주紅輕光紬

참조2 두록경광주豆綠輕光紬, 백경광주白輕光紬, 분홍경광주粉紅輕光紬, 생경광주生輕光紬

예문 一本都監御覽謄錄一件二丹衣次草綠輕光紬題目次白輕光紬面紙次草注紙後褙次白休紙豆錫召伊菊花童朴鐵具分上(국장1757A/148ㄴ04~06)

색인 (국장1757A/148ㄴ05)(국장1757B一/132ㄴ05)(국장1821二/029ㄴ09)(국장1821二/100ㄴ05)(국장1834二/012ㄴ04)(국장1834二/091ㄱ02)

草綠廣的【초록광적】 일 복

초록색의 폭이 넓은 견직물. 『정조효의후가례도감의궤正祖孝懿后嘉禮都監儀軌』에 초록색 광적으로 초록 원삼을 만들었다는 기록이 있다.

참조1 다홍광적多紅廣的, 대홍광적大紅廣的, 홍광적紅廣的, 훈색광적纁色廣的

예문 同日本都監郎廳以總護使意啓曰取考謄錄則乙丑年國恤時梓宮內塗多紅廣的四角塗草綠廣的七星板內外塗多紅廣的棺衣多紅廣的粉彩畫黼矣(빈전1921/063ㄴ07~09)

색인 (국장1757A/159ㄱ07)(국장1757A/162ㄴ07)(국장1757A/177ㄱ10)(국장1757A/177ㄴ01)(국장1776一/159ㄱ11)(국장1776一/159ㄴ09)

草綠廣織【초록광직】 일 복

직물의 폭이 넓은 초록색의 견직물.

참조1 다홍광직多紅廣織, 훈색광직纁色廣織

참조2 남광직藍廣織, 대홍광직大紅廣織, 분홍광직粉紅廣織, 유록광직黝綠廣織

예문 白廣席縇白綿布長興庫枕一草綠廣織苔白綃翼善冠一表冒羅內拱黑熟綃(빈전1600/187ㄱ03~05)

색인 (국장1757A/169ㄴ03)(국장1757B一/140ㄱ12)(국장1757B一/143ㄱ03)(국장1757B一/143ㄱ04)(국장1757B一/146ㄱ12)(국장1757B一/154ㄱ10)

草綠段【초록단】 일 복

경사와 위사의 조직점을 될 수 있는 대로 줄이고 분산시켜 표면이 많이 나타나게 하는 수자직繻子織/주자직朱子織으로 제직된 초록색의 견직물.

참조1 다홍단多紅段, 홍금단紅錦段

참조2 대홍단자大紅段子, 홍단자紅段子

예문 多紅匹段牀巾亦爲新造內入而衿則以草綠段爲之亦是乎等以一依分付急速造入爲乎矣(빈전1701/061ㄴ03~05)

색인 (국장1659二/042ㄴ12)(국장1688/038ㄱ06)(국장1688/063ㄴ02)(국장1702B二/043ㄱ09)(국장1702B二/097ㄱ05)(빈전1701/061ㄴ04)

草綠大緞【초록대단】 입 복

중국에서 생산된 초록색의 대단大緞. 대단은 중국에서 나는 비단의 하나로 한단漢緞이라고도 한다. 영·정조 때에는 주렴의 가선[縇]감으로 초록대단草綠大緞을 사용하였다.

참조1 남운문대단藍雲紋大緞, 다홍운문대단多紅雲紋大段, 대홍운문대단大紅雲紋大緞, 아청운문대단鴉青雲紋大段, 유록운문대단 柳綠雲紋大緞, 유청대단柳青大段, 초록운문대단草綠雲紋大緞, 침향운문대단沈香雲紋大段, 현색운문대단玄色雲紋大緞, 훈색운문대단纁色雲紋大緞

참조2 다홍색대단多紅色大緞, 대단자大緞子, 진홍대단광대眞紅大緞廣帶

예문 大冒緞九尺草綠大緞八尺五寸落纓大冒緞三尺六寸(예장1786/022ㄴ12~023ㄱ02)

색인 (빈전1776/068ㄴ12)(빈전1776/069ㄱ11)(예장1786一/023ㄱ01)(혼전1730/059ㄱ08)(혼전1730/066ㄱ11)(혼전1730/089ㄱ09)

草綠潞洲紬【초록로주주】 입 복

상등품의 초록색 견사를 사용하여 평직으로 제직한 직물. 지질이 치밀하고 촉감이 부드럽다. 노주주에는 화문, 운문, 유문 등의 무늬가 있는 것도 있으며, 장의長衣·저고리·치마 등의 겉감으로 사용되었다.

관련1 다홍로주주多紅潞洲紬

예문 冒段十五尺七寸五分內塗青染搗鍊紙八張兩簷草綠潞洲紬二十四尺纓子草絲潞洲油三尺五寸二分五里紅眞絲二兩縫造黑鄉絲二錢(국장1903/152ㄴ01~03)

색인 (국장1659一/152ㄴ02)(국장1659一/204ㄴ04)(국장1659一/204ㄴ05)(국장1659一/232ㄱ02)(국장1674一/195ㄱ06)(국장1674一/195ㄱ07)

草綠細紬【초록세주】 입 복

초록 물을 들인 세주細紬. 주紬가 굵은 실로 짠 비단이라면 세주細紬는 주紬보다 더 곱다.

참조1 남세주藍細紬, 반홍세주磻紅細紬, 백세주白細紬, 홍세주紅細紬, 흑세주黑細紬

예문 細紬四幅單袱參件床巾參件紅紬拾貳幅式每幅各長貳尺式領次草綠細紬半骨捌尺肆寸式回繩次紅綿絲伍錢式(상호1787/100ㄴ09~11)

색인 (상호1787/100ㄴ10)

草綠水紬【초록수주】 입 복

초록색 수주水紬. 수주는 품질이 좋은 비단의 일종으로 秀花紬, 水禾紬라고도 한다.

참조1 남수주藍水紬, 대홍수주大紅水紬, 백수주白水紬, 홍수주紅水紬

예문 靈座諸具高欄平牀一坐彩花二張付地衣一件彩花單席一件草綠水紬褥一件龍紋單席一件滿花方席一件半月滿頂骨及紅水紬覆巾三面揮帳前面揮帳具五峯山(국장1834/097ㄴ05~07)

색인 (국장1821一/095ㄱ02)(국장1821一/095ㄴ02)(국장1821二/049ㄴ07)(국장1821二/078ㄱ05)(국장1821二/100ㄴ08)(국장1834一/097ㄴ06)

草綠冉紬【초록염주】 입 복

초록으로 염색한 명주.

참조1 홍염주紅染紬, 황염주黃染紬

관련1 녹염주綠冉紬

예문 常綿子三十斤細玉珠一兩玄色紋大段三百九尺二寸草綠冉紬十疋白吐紬三十二疋(가례1718/189ㄴ05~07)

색인 (가례1718/189ㄴ06)

草綠雲紋緞【초록운문단】 입 복

구름무늬가 놓인 초록색 비단. 운문단은 철릭, 저고리, 곤룡포와 같은 의복과 각종 보자기를 만드는 데 두루 쓰였다.

참조1 남운문단藍雲紋緞, 다홍운문단多紅雲紋緞, 대홍운문단大紅雲紋緞, 백운문단白雲文緞, 아청운문단鴉青雲紋緞, 진홍운문단眞紅雲紋緞, 현색운문단玄色雲

ㅊ

紋緞, 홍운문단紅雲紋緞, 훈색운문단纁色雲紋緞

예문 縇內拱白正布半骨長七尺八寸式外拱草綠雲紋緞廣五寸長七尺八寸式縫造草綠鴉青眞絲各一戔(책례1784/150ㄱㄴ05~07)

색인 (국장1776一/259ㄴ08)(국장1776一/281ㄴ09)(국장1776一/307ㄴ06)(국장1834二/040ㄱ07)(국장1834二/040ㄴ04)(국장1834二/044ㄱ09)

草綠雲紋大段【초록운문대단】 일 복

주렴의 가선縇, 배자褙子, 장복章服 등에 사용된 구름무늬를 넣어 짠 초록색의 비단. 구름무늬를 넣어 짠 중국 비단인 초록색의 한단漢緞을 말한다. 가례에 사용될 주렴朱簾을 만들 때 선을 두르기 위해 초록운문대단을 사용하였고, 정사·부사의 관대冠帶인 장복에 사용하였다. 『조선왕조실록朝鮮王朝實錄』에 의하면 정조 24년(1800), 소렴 의대로 광수廣袖와 배자를 만들 때 초록운문대단을 사용하였다. 친왕손인 상계군常溪君 이담李湛의 염습 의대 필단으로도 사용되었다. 草綠雲文大段, 草綠雲紋大緞으로도 표기한다.

참조1 남운문대단藍雲紋大緞, 다홍운문대단多紅雲紋大段, 대홍운문대단大紅雲紋大緞, 아청운문대단鴉青雲紋大段, 유록운문대단 柳綠雲紋大緞, 유청대단柳青大段, 초록대단草綠大緞, 초록운문대단草綠雲文大段, 침향운문대단沈香雲紋大段, 현색운문대단玄色雲紋大緞, 훈색운문대단纁色雲紋大緞

참조2 남색운문대단藍色雲紋大緞, 다홍운문대단多紅雲紋大緞

예문 三碌二錢五分阿膠四兩上下進排事戶曹濟用監繕工監一御覽謄錄一件分作二冊衣次草綠雲紋大段題目次白綾隔次草注紙後褙次白休紙豆錫朴鐵(국장1674/107ㄴ06~08)

색인 (국장1674/107ㄴ07)

草綠雲紋大緞【초록운문대단】 일 복 ☞ 草綠雲紋大段초록운문대단

참조1 남운문대단藍雲紋大緞, 다홍운문대단多紅雲紋大段, 대홍운문대단大紅雲紋大緞, 아청운문대단鴉青雲紋大段, 유록운문대단柳綠雲紋大緞, 유청대단柳青大段, 초록대단草綠大緞, 초록운문대단草綠雲文大段, 침향운문대단沈香雲紋大段, 현색운문대단玄色雲紋大緞, 훈색운문대단纁色雲紋大緞

참조2 남색운문대단藍色雲紋大緞, 다홍운문대단多紅雲紋大緞

예문 朱簾四浮縇次草綠雲紋大緞長二尺一寸廣五寸八片又長一尺四寸廣五(국장1757/194ㄱ11~12)

색인 (국장1757/194ㄱ11)

草綠雲文大段【초록운문대단】 일 복 ☞ 草綠雲紋大段초록운문대단

참조1 남운문대단藍雲紋大緞, 다홍운문대단多紅雲紋大段, 대홍운문대단大紅雲紋大緞, 아청운문대단鴉青雲紋大段, 유록운문대단柳綠雲紋大緞, 유청대단柳青大段, 초록대단草綠大緞, 초록운문대단草綠雲紋大緞, 침향운문대단沈香雲紋大段, 현색운문대단玄色雲紋大緞, 훈색운문대단纁色雲紋大緞

참조2 남색운문대단藍色雲紋大緞, 다홍운문대단多紅雲紋大緞

예문 御覽謄錄一件粧衣次草綠雲文大段長二尺二寸廣八寸題月次白綾長七寸廣二寸後褙楮注紙二張(책례1736/047ㄱ10~11)

색인 (존숭1739/070ㄴ08)(존숭1739/165ㄱ04)(존숭1739/165ㄱ10)(존숭1739/172ㄱ11)

草綠雲紋匹段【초록운문필단】 일 복

초록색의 구름무늬가 있는 수자직繻子織/주자직朱子織 견직물. 『현종명성후가례도감의궤顯宗明聖后嘉禮都監儀軌』 세자빈 의대 단자에 들어 있는 원삼의 의차(옷감)로 초록운문필단 35자가 들어간다. 이는 역대 왕세자빈 의대와 전부 같다. 필단은 匹段 외에 匹緞, 疋段으로 표기한다.

참조1 남금선필단藍金線匹段, 남필단藍匹段, 남필단藍匹緞, 남화문필단藍花紋匹段, 다홍운문필단多紅雲紋匹段, 다홍필단多紅匹段, 대홍금선필단大紅金線匹段, 대홍금선필단大紅金線疋段, 대홍무문필단大紅無紋匹段, 대홍소운문필단大紅小雲紋匹緞, 대홍운문필단大紅雲紋匹段, 대홍필단大紅匹段, 대홍화문필단大紅花紋匹段, 무문대홍필단無紋大紅匹段, 아청운문필단鴉青雲紋匹段, 유청무문단柳青無紋緞, 유청무문필단柳青無紋匹緞, 자적필단紫的匹段, 초록육화문필단草綠六花紋匹段, 초록필단草綠匹段, 초록화문필단草綠花紋匹段, 필단匹段, 필단匹緞, 화문대홍필단花紋大紅匹段

예문 白紋席褥上所設長興庫白木縇濟用監枕一草綠雲紋匹段一尺六寸尙衣院槊綿花十三兩濟用監苫一白綃一尺五寸(빈전1680/186ㄱ05~07)

색인 (빈전1649/117ㄴ02)(빈전1649/118ㄴ08)(빈전1649/118ㄴ10)(빈전1649/124ㄴ11)(빈전1649/130ㄴ12)(빈전1649/131ㄱ12)

草綠六花紋段【초록육화문단】 일 복

육화문六花紋이 있는 초록색 필로 된 비단. 육화는 눈 또는 치자꽃을 가리키므로 눈송이의 여섯 모 결정이나 치자꽃의 여섯 개 화판이 달린 꽃송이 문양이 있는 초록색의 필로 된 비단을 말한다. 단段은 경사와 위사의 조직점을 될 수 있는 대로 줄이고 분산시켜 표면이 많이 나타나게 하는 수자직繻子織/주자직朱子織으로 제직된 견직물이다.

참조1 다홍단多紅段, 홍금단紅錦段

예문 內拱紅多有紋寸落纓子八箇所入草綠六花紋段六十尺釵丁纓子四介(가례1718/217ㄱ02~04)

색인 (가례1718/217ㄱ03)

草綠六花紋匹段【초록육화문필단】 일 복

육화문六花紋이 있는 초록색 필로 된 비단. 육화는 눈 또는 치자꽃을 가리키므로 눈송이의 여섯 모 결정이나 치자꽃의 여섯 개 화판이 달린 꽃송이 문양이 있는 초록색의 필로 된 비단을 말한다. 필단은 너울[羅兀]에 사용할 끈감으로 유청무문필단柳青無紋匹緞을 사용했으며 궁중 여인들의 흑웅피온혜黑熊皮溫鞋에 쓰는 장식용 과피휘踝皮揮감에 남색·홍색 필단匹緞과 금선필단金線匹緞을 사용하였다. 필단은 匹段 외에 匹緞, 疋段으로 표기한다.

참조1 남금선필단藍金線匹段, 남필단藍匹段, 남필단藍匹緞, 남화문필단藍花紋匹段, 다홍운문필단多紅雲紋匹段, 다홍필단多紅匹段, 대홍금선필단大紅金線匹段, 대홍금선필단大紅金線疋段, 대홍무문필단大紅無紋匹段, 대홍소운문필단大紅小雲紋匹緞, 대홍운문필단大紅雲紋匹段, 대홍필단大紅匹段, 대홍화문필단大紅花紋匹段, 무문대홍필단無紋大紅匹段, 아청운문필단鴉青雲紋匹段, 유청무문단柳青無紋緞, 유청무문필단柳青無紋匹緞, 유초록화문필단糯草綠花紋匹段, 자적필단紫的匹段, 초록운문필단草綠雲紋匹段, 초록필단草綠匹段, 초록화문필단草綠花紋匹段, 필단匹段, 필단匹緞, 화문대홍필단花紋大紅匹段

참조2 잡색필단雜色匹段, 백필단白匹緞, 유청무문필단柳青無紋匹緞, 홍필단紅匹緞

예문 赤古里三次一次草綠六花紋匹段十一尺三寸內拱大紅熟綃十一尺三寸(가례1718/200ㄴ09~11)

색인 (존숭1739/165ㄴ05)

草綠戎糸【초록융사】 일 복

초록색 융사. 융사는 섬유의 끝을 꼬지 않아 털이 일어나게 만든 실을 말한다. 영조와 정순왕후의 가례에는 경經감으로 초록융사草綠絨絲 1근 5냥 3돈, 다홍융사多紅絨絲 3돈을 사용하였다. 의궤 자료에서 융사는 戎糸, 戎絲, 絨絲 등의 여러 표기가 보인다.

참조1 남융사藍戎糸, 다홍융사多紅戎糸, 다홍융사多紅絨絲, 진홍융사眞紅絨絲, 초록융사草綠絨絲, 융모사絨冒絲, 홍융모사紅絨帽絲, 홍융사紅戎糸, 홍융사紅絨絲, 황융사黃絨絲, 흑융사黑絨絲

예문 豆錫半斤鉛鐵二十斤貼金七張鴉青戎糸一兩四戔草綠戎糸二兩五戔白戎糸九戔紅戎糸六戔(가례1696/226ㄴ11~ㄱ01)

색인 (가례1696/226ㄴ12)

草綠戎絲【초록융사】 일 복 ☞ 草綠戎糸초록융사

참조1 남융사藍戎糸, 다홍융사多紅戎糸, 다홍융사多紅絨絲, 진홍융사眞紅絨絲, 융모사紅絨冒絲, 홍융모사紅絨帽絲, 홍융사紅戎糸, 홍융사紅絨絲, 황융사黃絨絲, 흑융사黑絨絲

예문 內拱黑紬一疋槊次青綿絲八兩流蘇次鴉青戎絲八兩四戔草綠戎絲八戔於乙只次鴉青戎絲八戔白戎絲八戔(국장1720/030ㄴ08~10)

색인 (국장1702B二/030ㄴ09)(국장1702B二/096ㄱ07)

草綠絨絲【초록융사】 일 복 ☞ 草綠戎糸초록융사

참조1 남융사藍戎糸, 다홍융사多紅戎糸, 다홍융사多紅絨絲, 진홍융사眞紅絨絲, 융모사紅絨冒絲, 홍융모사紅絨帽絲, 홍융사紅戎糸, 홍융사紅絨絲, 황융사黃絨絲, 흑융사黑絨絲

예문 紙次紙金九張藍絨絲四戔紅絨絲四戔領索紅絨絲二兩草綠絨絲四戔擔迲裹次紅布二十八尺上下粧修補所入魚膠二兩碚朱紅二兩(국장1776/172ㄱ10~12)

색인 (국장1757B一/212ㄱ12)(국장1776一/172ㄱ11)(국장1834二/044ㄱ10)(국장1834二/091ㄴ02)(국장1890二/022ㄴ01)(국장1890二/096ㄴ03)

草綠鼎紬【초록정주】 일 복

초록색의 고급 명주 직물. 『조선왕조실록朝鮮王朝實錄』에 연산군과 중종 때 정주를 진상하게 하고 대비전에 사급한 기록이 있다. 가례 때 삼간택 이후 왕비 측에 보내는 별궁 예물에 대홍정주 10필이 남정주, 백정주, 초록정주, 연초록정주, 백토주 각 10필과 함께 포함되었다.

참조1 남정주藍鼎紬, 다홍정주多紅鼎紬, 대홍정주大紅鼎紬, 백정주白鼎紬, 백협백정주白挾白鼎紬, 선홍정주縇紅鼎紬, 아청정주鴉靑鼎紬, 자적정주紫的鼎紬, 청정주靑鼎紬, 홍정주紅鼎紬, 흑정주黑鼎紬

예문 草綠水紬八尺六寸白鼎紬一疋紅鼎三尺草綠鼎紬六尺五寸紫的鼎紬四疋一尺四分又長一尺廣一寸七片又長八寸廣一寸八片(국장1834/091ㄱ03~05)

색인 (국장1821二/100ㄴ05)(국장1834二/091ㄱ04)(국장1890二/035ㄴ10)(국장1890二/036ㄱ07)(국장1890二/036ㄱ09)(국장1890二/037ㄴ07)

草綠紬【초록주】 일 복

초록색으로 물을 들인 명주. 주紬는 경위사에 짧은 방적사를 썼거나 또는 실이 균질하지 못하고 짧고 굵은 중품이나 하품의 견사로 제직하여 촉감이 부드러우나 광택이 적고 두껍다. 견사의 품질品質과 밀도密度, 생산지生産地에 따라 명칭을 달리하였다. 가례 때 대홍주 16필과 함께 초록주 16필을 납징하는 날 납징 예물納徵禮物로 보냈다.

참조1 남금사주藍金絲紬, 남주藍紬, 다홍주多紅紬, 대홍주大紅紬, 면주綿紬, 백주白紬, 색주色紬, 자적주紫的紬, 자주紫紬, 태주남주苔紬藍紬, 홍염주紅染紬, 홍주紅紬, 황염주黃染紬, 황주黃紬, 흑주黑紬

예문 赤古里次草綠紬各二十尺內拱燔紅各二十尺朔綿花各十兩綿子各一兩(책례1721/074ㄱ06~08)

색인 (국장1757B一/143ㄱ12)(국장1757B一/167ㄴ11)(국장1757B一/167ㄴ12)(국장1757B一/212ㄱ11)(국장1757B一/212ㄴ09)(국장1776一/222ㄱ09)

草綠紬絲【초록주사】 일 복 ☞ 大紅紬絲대홍주사

예문 赤古里次草綠紬各二十尺紅紬絲各一戔內拱碚紅各二十尺草綠紬絲各一戔槊綿花各十兩綿子各一兩同正次白紬各長一尺五寸五分廣

二寸赤亇次藍紬各三十尺(책례1721/075ㄱ09~11)

색인 (책례1721/075ㄱ10)

草綠眞絲【초록진사】 일 복

초록색의 명주실. 각색 옷감의 바느질용으로 사용되었다. 『조선왕조실록朝鮮王朝實錄』에 태종 17년(1417) 양잠을 장려하면서 전라도, 풍해도[황해도]의 채방판관採訪判官이 황진사, 백진사 및 누에고치를 바쳤다는 기록이 있다. 따라서 진사眞絲는 조선 시대 초기 혹은 그 이전부터 사용된 것으로 보인다.

참조1 남진사藍眞糸, 남진사藍眞絲, 남홍황진사藍紅黃眞絲, 다홍진사多紅眞糸, 다홍진사多紅眞絲, 대홍진사大紅眞絲, 백진사白眞絲, 아청다홍진사鴉靑多紅眞絲, 아청진사鴉靑眞絲, 오색진사五色眞絲, 유청진사柳靑眞糸, 유청진사柳靑眞絲, 자적남진사紫的藍眞絲, 자적남홍진사紫的藍紅眞絲, 자적진사紫的眞絲, 조족백진사鳥足白眞絲, 주홍진사朱紅眞絲, 청진사靑眞絲, 청진사靑眞糸, 흑진사黑眞絲

예문 丁粉五合燔朱紅四兩三錢唐朱紅五兩明油一升朱土三升編結草綠眞絲一斤縇草綠大段九尺五分內拱白正布十七尺(국장1903/203ㄴ10~12)

색인 (국장1659一/176ㄱ12)(국장1659一/203ㄴ11)(국장1659一/237ㄱ04)(국장1659二/028ㄴ07)(국장1659二/041ㄴ04)(국장1659二/042ㄱ02)

草碌綃【초록초】 일 복

초록색으로 물들인 명주. 초綃는 생사生絲로 짠 얇은 비단의 총칭으로 조선 시대 문무백관들의 조복朝服·제복祭服의 옷감으로 사용되었다.

참조1 대홍초大紅綃, 백초白綃, 아청유문초鴉靑有紋綃, 자적초紫的綃, 중층홍초中層紅綃, 중층흑초中層黑綃, 현색문초玄色紋綃, 현색문초玄色紋綃, 홍초紅綃, 훈색초纁色綃, 흑초黑綃

예문 潘水次魚膠三兩三靑七戔繪粧次紅綃五尺草碌綃七尺白綃三尺五寸砒礵三戔(가례1718/106ㄱ12~ㄴ02)

색인 (가례1718/106ㄴ01)(부묘1836B/103ㄴ09)(존호1753二/033ㄱ01)(존호1753二/033ㄱ02)(존호1753二/062ㄴ06)

草綠吐紬【초록토주】 일 복

초록색으로 물들인 토주. 토주는 실을 굵게 자아서 짠 바닥이 두꺼운 명주로 색깔에 따라 종류가 다양하다. 액주음[腋注音], 유과두[襦裹肚], 겹과두[裌裹肚], 핫바지[襦把持], 요[褥] 등을 만들 때 쓰였다. 또 철릭의 겉감으로도 쓰였으며, 가례 때 현색운문대단玄色雲紋大緞 2필을 훈색운문대단纁色雲紋大緞, 현색화단玄色禾緞, 훈색초纁色綃 각 2필과 대홍토주, 황토주, 초록토주, 남토주 각 5필, 백토주 20필, 홍염주 2필, 황염주 5필, 백면주 10필을 본방 예물本房禮物로 보냈다.

참조1 남토주藍吐紬, 대홍토주大紅吐紬, 백토주白吐紬, 자적토주紫的吐紬, 선자적토주縇紫的吐紬, 황토주黃吐紬

참조2 연초록토주軟草綠吐紬, 유청토주柳靑吐紬

예문 紅熟綃十一尺三寸草綠吐紬二十一尺內拱大紅鼎紬二十二尺(가례1627/048ㄴ09~10)

색인 (국장1776一/161ㄱ01)(국장1821二/024ㄴ06)(국장1834二/017ㄱ10)(국장1890二/023ㄴ10)(국장1890二/095ㄱ05)

草綠匹段【초록필단】 일 복

초록색 수자직繻子織/주자직朱子織 견직물. 당의唐衣를 만드는 데 쓰였다. 『인목왕후빈전혼전도감의궤仁穆王后殯殿魂殿都監儀軌』에 초록필단草綠匹段으로 만든 당의에 대한 기록이 있다. 필단은 匹段 외에 匹緞, 疋段으로 표기한다.

참조1 남금선필단藍金線匹段, 남필단藍匹段, 남필단藍匹緞, 남화문필단藍花紋匹段, 다홍운문필단多紅雲紋匹段, 다홍필단多紅匹段, 대홍금선필단大紅金線匹段, 대홍금선필단大紅金線疋段, 대홍무문필단大紅無

紋匹段, 대홍소운문필단大紅小雲紋匹緞, 대홍운문필단大紅雲紋匹段, 대홍필단大紅匹段, 대홍화문필단大紅花紋匹段, 무문대홍필단無紋大紅匹段, 아청운문필단鴉青雲紋匹段, 유청무문단柳青無紋緞, 유청무문필단柳青無紋匹緞, 자적필단紫的匹段, 초록운문필단草綠雲紋匹段, 초록육화문필단草綠六花紋匹段, 초록화문필단草綠花紋匹段, 필단匹段, 필단匹緞, 화문대홍필단花紋大紅匹段

예문 中朱簾二浮藍厚氏綃具小朱簾四浮多紅紗內拱草綠匹段綃具朱簾機二前排(국장1701/286ㄴ09~11)

색인 (국장1659一/185ㄱ01)(국장1659一/219ㄴ02)(국장1674一/208ㄱ06)(국장1674一/220ㄱ11)(국장1674一/220ㄱ12)(국장1674一/230ㄴ01)

草綠鄕絲【초록향사】 일 복

초록색으로 물들인 향사. 향사는 우리나라에서 생산한 명주실을 가리킨다.

참조1 목홍향사木紅鄕絲

예문 柳青合絲壹兩鴉青合絲壹兩白合絲壹錢紅絨絲伍斤貳兩肆錢草綠鄕絲捌錢青苧布伍錢紅綿絲捌斤紅苧絲壹兩捌錢青苧絲貳兩肆錢(국장1757A/202ㄱ02~04)

색인 (국장1674一/136ㄴ08)(국장1674一/220ㄴ07)(국장1681一/251ㄱ09)(국장1757/상202ㄱ03)(국장1757B一/163ㄱ10)(국장1757B一/168ㄱ01)

草綠鄕織【초록향직】 일 복

우리나라에서 짠 초록색 비단. 당직唐織과는 달리 향직鄕織은 우리나라에서 짠 비단으로 가례 때 왕비의 적의翟衣 및 폐슬蔽膝, 대대, 상裳의 끈감纓子, 수綬, 적말赤襪과 별의別衣, 내의內衣, 노의露衣, 겹장삼裌長衫, 겹오裌襖, 겹저고리[裌赤古里], 겹치마[裌赤亇] 등에 쓰였다.

참조1 남향직藍鄕織, 대홍향직大紅鄕織, 자적향직紫的鄕織

예문 紫的匹段小串衣一草綠鄕織裌長衣一白綃裌小串衣一(국장1632/038ㄴ10~12)

색인 (국장1632/038ㄴ11)

草綠鄕織大帶【초록향직대대】 일 복

우리나라에서 짠 옷감으로 만든 초록색의 허리띠. 법복法服인 적의翟衣에 두르는 국내산 비단의 초록색의 큰 띠이다. 『국혼정례國婚定例』에는 중궁전 법복인 대홍향직적의大紅鄕織翟衣, 대홍향직별의大紅鄕職別衣, 대홍향직내의大紅鄕職內衣에 대홍향직폐슬大紅鄕職蔽膝과 초록향직대대草綠鄕織大帶를 명시하고 있다. 빈궁 법복嬪宮法服에도 아청향직적의鴉青鄕織翟衣, 대홍향직별의大紅鄕織別衣, 대홍향직내의大紅鄕織內衣에 대홍광적폐슬大紅廣的蔽膝과 초록향직대대草綠鄕織大帶를 두르도록 하였다. 또 『정조효의후가례청도청의궤正祖孝懿后嘉禮廳都廳儀軌』에 의하면 세손빈궁법복世孫嬪宮法服에도 아청향직적의鴉青鄕織翟衣에 초록향직대대草綠鄕織大帶를 두른다고 되어 있다.

참조1 대대大帶, 초록향직草綠鄕織

예문 大紅廣的蔽膝一草綠鄕織大帶一錦衣鄕織綬一(가례1762/016ㄱ07~09)

색인 (가례1762/016ㄱ08)

草綠花紋匹段【초록화문필단】 일 복

초록색 꽃문양이 들어간 수자직繻子織/주자직朱子織 견직물. 필단은 匹段 외에 匹緞, 疋段 등으로도 표기한다.

참조1 남금선필단藍金線匹段, 남필단藍匹段, 남필단藍匹緞, 남화문필단藍花紋匹段, 다홍운문필단多紅雲紋匹段, 다홍필단多紅匹段, 대홍금선필단大紅金線匹段, 대홍금선필단大紅金線疋段, 대홍무문필단大紅無紋匹段, 대홍소운문필단大紅小雲紋匹緞, 대홍운문필단大紅雲紋匹段, 대홍필단大紅匹段, 대홍화문필단大紅花紋匹段, 무문대홍필단無紋大紅匹段, 아청운문필단鴉靑雲紋匹段, 유청무문단柳靑無紋緞, 유청무문필단柳靑無紋匹緞, 자적필단紫的匹段, 초록운문필단草綠雲紋匹段, 초록육화문필단草綠六花紋匹段, 초록필단草綠匹段, 필단匹段, 필단匹緞, 화문대홍필단花紋大紅匹段

예문 席一白紋席一丈長興庫白木縇濟用監枕一草綠花紋匹段一尺六寸槊綿花十三兩六戔苔一白綃一尺二寸(빈전1649/121ㄴ06~08)

색인 (빈전1649/121ㄴ07)(빈전1649/125ㄱ11)(빈전1659/192ㄴ07)(빈전1659/194ㄱ10)(빈전1674/199ㄴ03)(빈전1674/199ㄴ06)

草綠禾花紬【초록화화주】일복 ☞ 藍禾花紬남화화주

예문 辛酉二月初十日本都監儀軌奎章閣件一件三冊粧䌙所入草綠禾花紬一尺二寸六片題目次白輕光紬長八寸廣二寸三片紅挾次紅輕光紬長九寸廣五分三片豆錫編鐵(빈전1800/179ㄱ05~07)

색인 (국장1821一/194ㄱ09)(국장1834一/193ㄱ01)(국장1890一/208ㄱ02)(국장1890一/209ㄴ12)(빈전1776/069ㄱ09)(빈전1776/076ㄱ11)

草笠【초립】일복

관례冠禮를 치른 후 흑립黑笠을 쓰기 전까지 착용하는 쓰개, 혹은 별감, 세악수, 취타수 등이 쓴 쓰개. 삿갓, 방갓, 패랭이에서 후세의 흑립으로 이행되는 과정에 생겨난 쓰개이다. 고려 시대 우왕 32년에는 백초립을 쓰는 것이 유행하였으며, 조선 시대에는 관례를 치른 후 흑립을 쓰기 전까지 소년이 썼다하여 초립동草笠童이라고도 하였다. 조선 시대『경국대전經國大典』에 사족은 초립의 대가치 수를 50죽竹, 서인은 30죽竹으로 제한하여 양반은 고운 것을 쓰라 규정하였다. 또한 별감의 초립은 주황초립으로 하라는 규정이 있었다. 형태는 양태 부분이 다른 갓에 비해 좁고 가장자리가 약간 휘어져 올라간 것이 특징이다. 왕의 강무講武나 행행行幸 도중 주악을 베풀 때 가동歌童도 초립을 썼다.

참조1 황초립黃草笠

예문 尊號敎是時輦輿儀仗及仗馬排立爲有置依例待令事分付爲旀仗馬鞍勒具二部·牽馬夫所着黃草笠四立·靑衣四件帶具依謄錄待令事捧甘何如手決內依甘(상호1772/081ㄱ05~07)

색인 (국장1724二/041ㄱ04)(국장1724二/067ㄱ03)(국장1730一/254ㄱ08)(국장1834二/168ㄴ05)(국장1834二/188ㄱ06)(국장1800二/171ㄱ08)

草席【초석】일건

보리 짚이나 볏짚을 엮어 만든 자리의 일종. 짚자리라고도 부른다. 넓은 바닥에 깔기 위해 만든 자리는 짚이나 갈대, 부들, 골풀 등을 이용하여 만든다. 자리는 일반 백성에서 상류 계층에 이르기까지 널리 사용되었으며, 고급 건축에서는 도배를 한 온돌이나 마루, 전바닥에 자리를 포진하기 전 밑깔개로 사용하였다. 자리는 만드는 재료에 따라 짚으로 만든 것을 초석草席, 부들로 만든 것을 인석[부들자리], 갈대로 만든 것을 노점[삿자리] 등으로 구분한다.

관련1 세초석細草席, 우비초석雨備草席

예문 牙鐵四介條所一巨里三甲所一巨里鹽一斗生麻四兩草席二立松明五十斤一冶匠所用風爐板二立(책례1651/075ㄱ09~11)

색인 (가례1627/073ㄴ02)(가례1671/217ㄴ10)(가례1681/316ㄱ01)(가례1681/325ㄱ08)(가례1696/263ㄱ01)(가례1696/271ㄱ12)

招兒【초아】채의음 ☞ 召兒초아

예문 鑄燈盞一重四兩五錢鑄小燭臺一重四斤七兩鑄柄招兒蓋具一重二斤八兩銅ケ要一重十二斤銅北鐥一重二斤十三兩銅末飛介代銅北甁一重二斤九兩(책례1721/146ㄱ09~11)

색인 (책례1721/146ㄱ10)

ㅊ

炒兒【초아】 차 의 음 ☞ 召兒초아

예문 銀甁蓋鎖具一坐銀炒兒一坐銀匙一部以上今番則內在取用(빈전1805/031ㄴ05~07)

색인 (예장1989一/071ㄴ01)(예장1989一/073ㄱ07)

草案席【초안석】 일 의

서안書案, 연상硯箱 등의 뒤에 놓이는 풀로 엮어 만든 자리. 궁중 의례에서 의례의 종류에 상관없이 바닥에 놓이는 자리로 사용되었다.

예문 要紅大也各一沙唾口一茶甫兒臺具一揮手巾各一草案席書案硯匣各一用還次進排爲乎旀黃筆眞墨各一茶母一名幷以定送進排事該司良中捧甘何如(책례1690/068ㄱ06~08)

색인 (책례1690/068ㄱ07)

初虞祭【초우제】 일 의

장례를 지낸 후 신주를 모시고 처음으로 지내는 제사. 시신을 무덤에 묻은 후 새로 만든 신주에 의탁한 혼령을 위로하는 제사를 우제虞祭라고 한다. 우虞란 위안慰安한다는 뜻으로 우제란 체백體魄을 잃은 혼령을 위로하고 신주에 의지하도록 하는 제사이다. 우제는 장례를 행한 날을 넘기지 않고 그 날에 지내는 것으로 되어 있기 때문에 집으로 돌아오기 전에 해가 저물면 길에서 지내기도 한다. 『예기禮器』「잡기雜記」에 의하면 사士는 세 번의 우제를 지내고, 대부는 다섯 번, 제후諸侯는 일곱 번, 천자天子는 아홉 번의 우제를 지낸다고 하였다. 조선 시대 국장의 경우 왕과 왕비는 일곱 번의 우제를, 왕세자와 왕세자빈은 다섯 번의 우제를 지냈다. 초우제는 첫 번째 거행하는 우제이다.

참조1 재우제再虞祭

관련2 삼우제三虞祭, 사우제四虞祭, 오우제五虞祭, 육우제六虞祭, 칠우제七虞祭, 팔우제八虞祭, 구우제九虞祭

예문 臨時安陵奠封陵事畢後隨時返虞同日臨時初虞祭同日日中路遠則但不出是日行再虞祭同月十四日柔日三虞祭同月十六日柔日四虞祭(국장1674/073ㄱ01~03)

색인 (국장1659一/002ㄱ03)(국장1659一/031ㄴ11)(국장1659一/121ㄴ02)(국장1659一/122ㄴ11)(국장1674一/073ㄱ02)(국장1674一/073ㄴ08)

草注紙【초주지】 일 건

주문奏文을 쓰는 데 사용하는 고급 종이의 한 종류. 닥나무로 만든 저주지楮注紙와 함께 주문奏文을 쓰는 데 사용하였다. 초주지를 만드는 데 들어가는 재료는 알 수 없으나 저주지에 비해 가격이 비싼 것으로 보아 매우 고급의 종이였음을 알 수 있다. 초주지는 초벌만으로 도배를 끝내는 데 사용하거나 각종 염색을 하고 무늬를 찍어 능화지菱花紙 등으로 만들어 고급 건축의 정벌 도배[정벌칠]로 사용하기도 하였다.

참조1 저주지楮注紙

참조2 이래저주지移來楮注紙, 하품저주지下品楮注紙

관련1 청염초주지靑染草注紙

예문 一成貼草厚白紙御覽正書草注紙分上正書楮注紙公事下紙筆墨等物乙良令各該司量宜進排爲白齊(국장1730/109ㄴ01~03)

색인 (가례1627/028ㄴ07)(가례1627/039ㄱ03)(가례1627/052ㄴ09)(가례1627/054ㄱ02)(가례1627/057ㄴ05)(가례1627/064ㄴ05)

摠護使【총호사】 일 의

국상國喪 때 국상이 난 때부터 졸곡까지 모든 의식을 총괄하여 맡아 보던 임시 벼슬. 조선 시대에 왕이 승하하면 3일에서 5일 안에 새로운 왕이 선정된다. 새 왕은 국장을 치를 장례위원회를 조직하는데 장례위원장을 총호사라 한다. 총호사는 일반적으로 3정승이 맡는다. 총호사 밑에는 선왕의 시신을 안치하고 예를 갖추는 빈전도감殯殿都監, 국장의 의식과 절차를 담당하는 국장도감國葬都監, 능원의 자리

잡기와 능역을 조성하는 산릉도감山陵都監의 조직을 둔다.

예문 山陵題主時摠護使及本曹堂上魂殿都監提調各一員承旨依前例以黑團領烏紗帽黑角帶入侍奉審爲白齊(빈전1600/098ㄱ07~08)

색인 (국장1800二/009ㄴ06)(국장1800二/017ㄴ12)(국장1800二/025ㄴ01)(국장1800二/025ㄴ08)(국장1800二/029ㄱ06)(국장1800二/032ㄴ09)

追上尊號都監【추상존호도감】 일 의

돌아가신 왕이나 왕후에게 존호 올리는 일을 맡은 임시 관아. 조선 시대에 돌아가신 왕이나 왕비 등의 시호諡號를 짓기 위하여 설치하였다.

참조1 존호도감尊號都監

예문 初四日子時追上尊號册寶親上同日追上尊號都監都提調以下別單書入初七日加上尊號册寶內出都提調以下及各差備官俱以(상호1853/003ㄴ11~004ㄱ01)

색인 (상호1848一/017ㄴ03)(상호1875/007ㄱ07)(상호1875/012ㄱ11)(상호1875/013ㄴ09)(상호1875/014ㄱ05)(상호1875/014ㄱ09)

柷【축】 일 의

음악의 시작을 알리는 사각 나무 절구통 모양의 아악기雅樂器. 악기 소리에 연유하여 축을 강椌이라고도 한다. 아악을 연주할 때 음악의 시작을 알려주는 역할을 한다. 초록색 사각형 틀에 절구공과 같은 나무 채를 이용하여 수직 방향으로 아래위로 반복하며 나무통을 울려 소리를 낸다. 축은 항상 동쪽에 위치한다.

예문 南座前俯伏跪啓禮畢俯伏興降復位協律郎俯伏擧麾興工鼓柷樂作殿下降座左通禮跪啓請釋圭殿下釋圭近侍受圭左通禮(책례1651/010ㄱ10~12)

색인 (국장1800二/158ㄴ02)(국장1800二/187ㄱ09)(국장1800二/195ㄱ08)(국장1898三/095ㄴ12)(국장1903二/170ㄴ08)(국장1903二/211ㄱ03)

축

忠贊衛【충찬위】 일 의

조선 시대 중앙군인 오위五衛 가운데 전위前衛 충좌위忠佐衛 소속에 딸린 부대. 세조 2년(1456)에 처음 설치되었으며, 주로 원종공신原從功臣과 그 자손으로 편성되었다. 『경국대전經國大典』에 따르면, 충찬위의 인원은 정해지지 않았다.

예문 一房差備忠贊衛應入數大輿侍衛忠贊衛二十人衰服魂帛腰輿侍衛忠贊衛十六人烏紗帽黑角帶(국장1674/047ㄱ01~03)

색인 (가례1627/007ㄴ08)(가례1627/008ㄴ05)(가례1627/035ㄴ11)(가례1627/035ㄴ12)(가례1627/077ㄱ13)(가례1627/080ㄱ12)

致齊【치제】 일 의

제사를 올리기 전에 재궁齋宮이나 향소享所에서 행하던 재계齋戒. 재계는 제사를 지내기 전에 목욕을 하고 마음을 가다듬는 것으로, 제사를 받들기 열흘 전부터 시작하며, 산재散齋와 치재로 구분된다. 처음 7일 동안은 산재라 해서 마음을 가다듬고, 나머지 3일 동안은 매일 목욕하고, 술과 고기를 먹지 않고, 향이 강한 음식을 피하며, 정결한 곳에서 조용히 기거한다. 산재가 행동을 근신하는 것인 반면 치재는 제관이나 집사관들이 모두 제소祭所에서 제향에 관한 일만을 맡아보는 것을 의미한다. 그 기간은 대체로 대사大祀일 때에는 3일, 중사中祀일 때에는 2일, 소사小祀일 때에는 1일 동안이었다.

예문 一贈謚殯殿領議政以下行事執事官依禮

文散齊二日於正寢致齊一日於本司爲白有如可十一月二十八日待闕門詣闕同日辰時謚册寶內出(빈전1701/130ㄱ07~09)

색인 (국장1864一/104ㄴ07)(빈전1701/130ㄱ08)

親迎【친영】 일 의

국혼國婚에서 국왕이나 왕세자가 왕비 또는 왕세자빈이 될 신부를 맞이하여 궁궐에 데려오는 의식. 유교 혼례는 신랑 집에서 예식을 거행하는 것으로 되어 있는데 신랑이 신부 집에 나아가 신부를 데려오는 의식을 친영이라 하였다. 그러나 조선 시대에는 처가살이의 유풍으로 친영례親迎禮가 제대로 정착되지 못하였다. 왕실의 혼례는 국왕이 민가에서 혼례식을 거행하는 것이 불편하였기 때문에 왕비나 왕세자빈을 궁궐에 모셔온 후 혼례를 치렀다. 단지 이때에 국왕이 직접 가서 맞이해온 것이 아니라 사신을 보내어 모셔왔는데 이를 명사봉영命使奉迎이라 하였다. 그러나 조선 후기에는 국왕이 직접 왕비의 집에 나아가 신부를 데려오는 친영례가 정착되었다. 친영례親迎禮, 친영의親迎儀라고도 한다.

참조1 친영례親迎禮, 친영의親迎儀, 친영일親迎日

관련1 친영막親迎幕, 친영욕親迎褥, 친영청욕親迎廳褥, 친영초이도내습의親迎初二度內習儀

예문 枝擧拾部同牢廳褥貳內漳州絹壹紫的綾壹親迎廳褥貳內漳州絹壹紫的綾壹册嬪褥壹紫的紬親迎幕次褥貳內紅紬壹紫紬壹依前減付標啓下(가례1727/016ㄴ02~04)

색인 (가례1627/005ㄱ12)(가례1627/007ㄴ10)(가례1627/010ㄴ09)(가례1627/016ㄱ09)(가례1627/016ㄱ12)(가례1627/016ㄴ08)

親迎禮【친영례】 일 의 ☞ 親迎친영

참조1 친영일親迎日

예문 親迎禮畢王世子出次乘輦還宮時宗親文武二品以上官仍以黑團領(가례1727/046ㄴ10~12)

색인 (가례1671/026ㄱ08)(가례1696/039ㄴ09)(가례1718/150ㄱ09)(가례1819/상094ㄴ01)(가례1819/상102ㄴ01)(가례1819/상209ㄱ07)

親迎儀【친영의】 일 의 ☞ 親迎친영

참조1 친영일親迎日

예문 王世子降輦以入行親迎之禮竝如儀訖還宮陪衛亦如來儀親迎儀(가례1727/181ㄴ11~12)

색인 (가례1627/037ㄱ11)(가례1627/078ㄴ11)(가례1671/117ㄴ04)(가례1681/042ㄴ08)(가례1681/042ㄴ10)(가례1681/043ㄱ04)

親迎日【친영일】 일 의

친영 의식을 치르는 날. 친영은 혼례 때 신랑이 신부 집에 나아가 신부를 데려오는 의식을 말한다. 왕실의 혼례는 신부를 궁궐에 모셔온 후에 치렀는데, 이때 국왕이 직접 가서 신부를 맞이해 온 것이 아니라 사신을 보내어 모셔 왔다.

참조1 친영親迎

예문 雨備軍一名函床擔陪軍六名雨備軍三名以上兵曹衛將所待令親迎日詣闕時支架負持軍各具服色司僕寺待令(가례1802/182ㄴ02~03)

색인 (가례1681/054ㄴ08)(가례1681/055ㄴ01)(가례1681/055ㄴ05)(가례1762/상007ㄱ11)(가례1762/상056ㄱ05)(가례1762/상057ㄱ01)

漆匠【칠장】 일 건

칠하는 일을 업으로 삼는 사람. 칠장이, 칠공을 말한다.

관련1 칠장가가漆匠假家, 칠장토우漆匠土宇

예문 毫緩急而至於今番各都監方張之時豆錫匠假漆匠小木匠等憑籍都監徵索錢兩非一非再而今日以此都監徵索(혼전1776/050ㄱ09~11)

색인 (가례1627/023ㄱ09)(가례1627/100ㄴ02)(가례1627/115ㄴ12)(가례1627/128ㄱ14)(가례1671/066ㄴ05)(가례1671/066ㄴ12)

針尺【침척】 ⓘ 권

바느질에 사용하는 자. 옷감의 재단과 재봉 등에 사용하는 자로 포백척布帛尺이라고도 한다. 포백척 1척의 길이는 시대에 따라 많은 차이가 있는데, 세종 때에는 46.73cm, 영조 때에는 49.08~51.41cm였던 것으로 추정된다

예문 書吏所排空石五立網石一立强礪石加外二柄針尺二介針線婢所排空石一百立祭服裁作入盛網具空石五十立祭服入盛柳笥用還次從實入(빈전1724/198ㄴ03~05)

색인 (국장1730二/064ㄴ11)(국장1757B一/153ㄱ04)(빈전1724/198ㄴ04)(빈전1821二/043ㄱ04)(예장1762一/071ㄱ10)(국장1800二/129ㄱ01)

沈香色絲【침향색사】 ⓘ 복

답호와 갑匣 등을 만들 때 사용되는 황색과 흑색이 섞여 나는 어두운 빛깔의 비단 실. 침향색에 대하여 『기측체의氣測體義』에서는 밀실에 틈을 내 일광이 비치는 곳에 하나는 황색 하나는 흑색 유리를 겹치면 침향색沈香色이 나타나고, 물감을 서로 섞어 사용하는 것도 이와 같은 종류이며, 사람들의 문견이 습염習染되는 것도 이와 같은 종류라고 적고 있다. 손 때 묻은 깊고 오랜 느낌을 주는 검고 누런 빛깔의 비단실로 추정된다.

참조1 침향운문대단沈香雲紋大段

관련1 침향색궁초답호沈香色宮綃褡護

예문 柳青絲一兩鴉青絲一兩藍絲一兩沈香色絲一兩五色絲一兩粉紅絲一兩(가례1718/203ㄴ12~204ㄱ02)

색인 (가례1671/129ㄴ04)(가례1718/204ㄱ01)

沈香雲紋大段【침향운문대단】 ⓘ 복

구름무늬를 넣어 짠 황색과 흑색이 섞여 나는 어두운 빛깔의 두꺼운 비단. 침향색에 대하여 『기측체의氣測體義』에서는 밀실에 틈을 내 일광이 비치는 곳에 황색과 흑색 유리를 겹치면 침향색沈香色이 나타나고, 물감을 서로 섞어 사용하는 것도 이와 같은 유이며, 사람들의 문견聞見이 습염習染되는 것도 이와 같은 유라고 적고 있다. 주로 답호와 같은 의복이나 대·의복을 두는 갑匣 등을 만들 때 사용되는 색상이다.

참조1 남운문대단藍雲紋大緞, 다홍운문대단多紅雲紋大段, 대홍운문대단大紅雲紋大緞, 아청운문대단鴉青雲紋大段, 유록운문대단柳綠雲紋大緞, 유청대단柳青大段, 초록대단草綠大緞, 초록운문대단草綠雲文大段, 초록운문대단草綠雲紋大緞, 현색운문대단玄色雲紋大緞, 훈색운문대단纁色雲紋大緞

참조2 남색운문대단藍色雲紋大緞, 다홍운문대단多紅雲紋大緞

예문 沈香潞洲紬不喩沈香雲紋大段是置前日所捧線段二尺沈香潞洲紬三尺乙良還下爲遣其代多紅五色狀段二尺(책례1667/029ㄱ01~02)

색인 (가례1671/067ㄴ03)(가례1671/068ㄱ02)(가례1671/136ㄴ01)(가례1681/122ㄱ07)(가례1681/193ㄴ09)(가례1718/129ㄱ06)

稱子【저울】 ⓘ 권

물건의 무게를 다는 데 쓰는 기구. 예전에 저울을 이르던 말로 의궤에는 백근칭자百斤稱子, 백자칭자百子稱子, 분수칭자分數稱子, 분칭分稱, 분칭자分稱子, 삼십근칭자三十斤稱子, 오십근칭자五十斤稱子, 오십량칭자五十兩稱子, 칠근칭자七斤稱子 등이 보인다.

관련1 백근칭자百斤稱子, 백자칭자百子稱子, 분수칭자分數稱子, 분칭分稱, 분칭자分稱子, 삼십근칭자三十斤稱子, 오십근칭자五十斤稱子, 오십량칭자五十兩稱子, 칠근칭자七斤稱子

예문 本房所用三斤枰子分數稱子五十兩稱子各一介用後還下次以各該司良中捧甘何如堂上手決內依(책례1667/022ㄴ03~04)

색인 (가례1671/065ㄱ01)(가례1671/156ㄱ01)(가례1681/236ㄱ04)(가례1681/236ㄱ05)(가례1681/236ㄱ05)(가례1819/상154ㄴ03)

E

醓醢【탐해】 일 음

고기를 잘게 썰어 간장에 조린 반찬. 고기를 포로 떠서 말리고, 잘게 썬 것을 수수로 만든 누룩과 소금에 섞고, 좋은 술에 담가 항아리 속에 100일 동안 둔다. 이전에는 건어乾魚를 포로 떠서 만들었으나 숙종 때 이미 돼지고기로 담그고 도미稻米로 밥을 지어 그 위에 발랐다. 제상에도 탐해醓醢를 올렸다. 오른쪽에 올렸으며 변籩과 두豆에 담는다.

예문 退壙埋安明器所盛八穀及鹿醢醓醢清酒醴酒及薑桂屑諸種詳考謄錄與補編後錄以稟爲去乎(국장1834/165ㄱ09~10)

색인 (국장1776一/253ㄴ11)(국장1776一/288ㄱ03)(국장1776一/291ㄱ04)(국장1776一/311ㄱ12)(국장1821二/151ㄱ03)(국장1821二/151ㄱ10)

湯罐【탕관】 일 음

찻물을 끓이는 데 쓰는 주전자. 찻물을 끓이는 데 쓰는 차솥, 차주전자, 철병 등을 모두 탕관이라 한다. 재료로는 석제, 철제, 은제, 동제 등이 있는데 녹이 나지 않는 석제나, 자기류, 은제류가 좋다. 차솥은 다리가 있는 다정茶鼎과 다리가 없는 다부茶釜가 있다. 약을 달이는 데 쓰는 탕관湯罐은 탕약관湯藥罐이라 한다.

예문 家猪毛一兩山猪毛一兩毛狗皮一張細銅絲十尺正鐵中絲十尺正鐵細絲五尺陶湯罐二坐陶所羅二坐五味子二升飛陋二升(국장1834/069ㄱ02~04)

색인 (국장1659二/177ㄱ08)(국장1674二/140ㄱ03)(국장1681二/151ㄱ11)(국장1684/134ㄱ03)(국장1702B二/170ㄴ07)(국장1724二/170ㄱ08)

湯器【탕기】 일 의 음

제사상에 올리는 탕이나 찌개를 담는 제기祭器. 모양이 주발과 비슷하다.

예문 匠人所用秩畵員所用湯器大楪各十箇沙鉢楪匙各二十五箇白磁盌四立沙莫子六箇方文里十箇丁粉一斗(국장1834/200ㄴ10~12)

색인 (가례1802/상106ㄱ02)(가례1802/상106ㄱ08)(국장1898三/023ㄱ09)(국장1898三/106ㄱ09)(국장1903二/027ㄱ10)(국장1903二/174ㄱ07)

湯藥罐【탕약관】 일 음

약을 달이는 데 쓰는 손잡이와 주둥이가 있는 주전자 모양의 조리 기구. 약을 달이는 데 쓰는 손잡이와 주둥이가 있는 주전자 모양의 그릇으로 조선 시대에는 오지, 백자, 곱돌 등으로 만든 것이 주로 쓰였다. 약을 달이는 것이 주요 쓰임새이므로 약의 성분과 만났을 때 독성분을 만들 수 있는 청동과 철은 약탕기나 식기류로는 흔하게 사용되지 않았다.

예문 登每屛風地衣方席沙唾口硯滴揮巾尾箒茶母陶東海陶所羅湯藥罐果瓢子用還次黃筆(가례1718/211ㄴ05~06)

색인 (가례1718/211ㄴ06)

苔席【태석】 일 의

탁자, 화분 등 기물 아래 깔았던 자리. 궁중 가례 등과 같은 국가적인 행사가 있을 때 배설되었던 기물들의 아래에 깔았던 자리이다. 자리가 쓰이는 곳에 따라 세수태석洗水苔席, 화로태석火爐苔席, 푼주태석分之苔席, 의대태석衣襨笞席 등으로 구분하였다.

참조1 등경태석燈檠苔席, 푼주태석分之苔席

관련1 등경겹태석燈檠裌苔席, 등경백태석燈檠白苔席, 등경태석燈檠苔席, 푼주별문태석分之別紋苔席, 푼주태석分之苔席, 세수겹태석洗手裌笞席, 세수백태석洗水白苔席, 세수태석洗手苔席, 세수태석洗水苔席, 세족단태석洗足單苔席, 세족태석洗足苔席, 의대단태석衣襨單苔席, 의대태석단衣襨苔席單, 중태석中笞席, 화로겹태석火爐裌笞席, 화로단태석火爐單苔席, 화로백태석火爐白苔席, 화로태석火爐苔席

예문 黃漆亇要都亇三用椵板一立着漆梔子一兩粧餙次正鐵一斤鑞染鑞一斤松脂八兩火爐苔席裌地衣二白廣席八立熟麻二兩青木縇見樣裁

作豆錫香串之臺具一隻重九兩含錫三兩硼砂五分(책례1721/147ㄴ03~05)

색인 (가례1627/069ㄴ14)(가례1627/075ㄴ09)(가례1681/305ㄴ04)(가례1866/상146ㄴ04)(국장1821四/130ㄴ08)

苔紬藍紬【태주남주】 일 복

① 겹장삼의 태수[끝동]감으로 쓰이는 남색의 평조직 비단. 남주藍紬는 『영조정순후가례도감의궤英祖貞純后嘉禮都監儀軌』에 의하면 중궁전법복中宮殿法服의대衣襨에 겹장삼의 끝동(태수)감과 상궁의 태수감으로 사용되었다. 또 가례도감 의물인 당주홍칠대함唐朱紅漆大函의 안에 바를 감, 상궁의 청상립靑箱笠, 나인의 겹저고리, 치마, 보자기감 등으로도 사용되었다. ② 중국에서 들여 온 수입 견직물. 중국의 생산 지방에 따라 명명되었다. 『소현세자가례도감의궤昭顯世子嘉禮都監儀軌』에서는 태주苔紬를 중국의 특정 지역에서 생산되는 견직물의 명칭으로 기록하고 있다.

참조1 남금사주藍金絲紬, 남주藍紬, 다홍주多紅紬, 대홍주大紅紬, 면주綿紬, 백주白紬, 색주色紬, 자적주紫的紬, 자주紫紬, 초록주草綠紬, 홍염주紅染紬, 홍주紅紬, 황염주黃染紬, 황주黃紬, 흑주黑紬

참조2 수주水紬, 생주生紬, 정주鼎紬, 토주吐紬

예문 鴉靑紗各二十三尺五寸苔紬藍紬各六尺同正白羅各長一尺五寸(가례1819/228ㄴ08~10)

색인 (가례1819/상228ㄴ09)

苔紬白無紋綾【태주백무문능】 일 복

장삼의 태수[끝동]감으로 쓰이는 무늬 없는 흰색의 비단. 능綾은 평직과 능직이 조합되어 무늬가 나타나는 아름답고 광택이 은은한 비단이다. 경사와 위사의 색을 다르게 써서 짠 이색릉과 무늬가 놓인 문릉의 기록이 있다. 태수백무문릉은 겹장삼과 장삼의 태수[끝동]감으로 쓰이는 무늬가 없이 능직으로 짠 흰색의 비단이다. 백무문릉白無紋綾은 동정감, 안감으로 많이 사용되었다.

관련1 무문릉자無紋綾子

예문 內供藍綃二十一尺苔紬白無紋綾三尺六寸同正白無紋綾長一尺五寸(가례1819/221ㄴ04~06)

색인 (가례1819/221ㄴ05)

苔紬圓紋藍鄕職【태주원문남향직】 일 복

우리나라에서 짠 둥근 문양이 있는 남색 명주. 우리나라에서 짠 피륙을 향직鄕織이라고 하며, 이 향직으로 은사恩賜하는 안팎의 옷감을 향표리鄕表裏라고 한다. 영·정조 때의 기록에 보면 용포나 법복, 중치막, 장의의 겉감으로 사용되기도 하고 소렴小殮이나 대렴大殮을 할 때 요[褥] 등을 만드는 데 사용되었다. 주紬는 삼국 시대부터 사용되어 온 견직물이다.

참조1 명주明紬, 수화주水禾紬

참조2 생명주生明紬, 삼팔주三八紬, 토주吐紬, 향표리鄕表裏

通禮【통례】 일 의

조선 시대 통례원通禮院에 소속된 정3품의 벼슬. 좌통례와 우통례가 있었다. 좌통례가 당상관으로 승진하여 자리가 비면 우통례를 그 근무 일수를 따지지 않고 임명한다.

참조1 통례원通禮院

관련1 우통례右通禮, 좌통례左通禮

예문 大輿馳擔駐於馬木之上拔長橫杠進短橫杠攝左通禮啓請進發大輿進發至興仁門外攝左通禮啓請小駐復進長橫杠進發如上儀殿下出(국장1903/094ㄱ03~05)

색인 (가례1681/178ㄱ01)(가례1802/상223ㄴ09)(가례1866/상251ㄱ01)(가례1866/상252ㄱ07)(국장1800一/120ㄱ10)(부묘1836A/064ㄱ11)

通禮院【통례원】 일 의

조선 시대 국가의 의례에 관한 일을 담당하던 관청. 정3품 아문正三品衙門으로 조회朝會의 의례를 관장하였다. 원래 합문閤門이라 하던 것을 통례문으로 부르다가, 세조 때 통례원으로 바뀌면서 직제도 개편되어 좌통례(정3품) 1명, 우통례(정3품) 1명, 상례(종3품) 1명, 봉례(정4품) 1명, 찬의(정5품) 1명, 인의(종6품) 8명을 두었다. 뒤에 익례(종3품) 1명, 겸인의(종9품) 6명, 가인의(종9품) 6명이 각각 더 설치되었고, 고종 1년(1864)에는 봉례가 폐지되었다. 국가의 의례를 관장하는 관청이었기 때문에 그 직원은 홀기笏記의식의 순서를 적은 글를 잘 부르는 목청 좋은 자들을 택하여 그 품계에 따라 임용하였다. 1895년에 장례원掌禮院으로 개칭되었다.

예문 此外各處應行攝左通禮乙良令通禮院直報吏曹差出一舁梓宮官武臣四品執鐸者十六護軍自發靷至山陵仍行一(국장1720/105ㄴ08~09)

색인 (가례1627/009ㄱ12)(가례1627/011ㄴ02)(가례1627/015ㄱ10)(가례1627/015ㄱ11)(가례1627/040ㄱ13)(가례1627/079ㄴ05)

桶匠【통장】 채 건 筒匠

나무통을 메우는 것을 전문으로 하는 장인. 국장國葬 등에서 주로 인산因山 교시敎是 시 소금저素錦楮를 만드는 일을 소목장과 분담하였다. 장군이나 물통, 직조용 바디[筬]를 만드는 장인도 통장이라 불렀다.

참조2 소금저素錦楮

예문 毛衣匠匙匠桶匠小條里匠(가례1819/하037ㄱ06~09)

색인 (국장1681二/240ㄴ06)(국장1701一/310ㄱ11)(빈전1821一/127ㄱ08)(빈전1821二/038ㄴ09)(빈전1834一/143ㄱ07)(빈전1834二/039ㄱ04)

筒匠【통장】 채 건 ☞ 桶匠통장

예문 毛衣匠筒匠鑞染匠金鍊磨匠(가례1802/상122ㄴ01~04)

색인 (가례1802/상122ㄴ02)(가례1819/하037ㄱ08)(빈전1895二/040ㄴ06)(책례1721/089ㄴ08)(책례1721/252ㄴ01)(책례1736/179ㄱ02)

ㅌ

II

把持【바지】 [차] [복]

대표적인 하의下衣인 바지. 조선 전기에는 남녀가 모두 밑이 막힌 바지[합당고]와 밑이 트인 바지[개당고]를 겹쳐 입는 것이 일반적인 바지 착장법이었다. 그런데 임진왜란 후 중국 군인들이 조선에 들어오면서 중국인의 바지 즉 현재의 4폭 바지가 전해지면서 남자들의 바지 문화가 변하였다. 왕의 의대衣襨 중에는 솜을 둔 바지[襦把持]와 홑바지[單把持]가 있고 모두 백색이다.

참조1 핫바지襦把持, 홑바지單把持

예문 白綃壹疋把持貳白綃貳疋以上尙衣院氷丁行用諸具捧甘各該司進排(빈전1724/208ㄴ07~09)

색인 (가례1627/044ㄱ07)(가례1671/010ㄱ03)(가례1671/077ㄱ07)(가례1681/119ㄱ11)(가례1681/210ㄴ07)(가례1696/010ㄴ07)

判官【판관】 [일] [의]

조선 시대 종5품從五品 경관직. 돈령부敦寧府, 한성부漢城府, 수원부水原府, 광주부廣州府, 상서원尙瑞院, 봉상시奉常寺, 사옹원司饔院, 내의원內醫院, 상의원尙衣院, 사복시司僕寺, 군기시軍器寺, 군자감軍資監, 관상감觀象監, 전의감典醫監, 사역원司譯院, 선공감繕工監, 제용감濟用監, 전생서典牲署, 내자시內資寺, 내섬시內贍寺, 예빈시禮賓寺 등에 각 1명씩 두었다.

예문 擧案者二司贍寺奉事李益昌平市署奉事趙亨耘諸執事都預差奉常寺判官金汝亮典籍李會源宗簿寺主簿崔恒長興庫(책례1651/006ㄴ04~06)

색인 (가례1696/066ㄱ11)(가례1718/081ㄱ04)(상호1827一/020ㄱ11)(상호1827一/022ㄴ10)(상호1827一/043ㄴ04)(책례1651/006ㄱ04)

板門【판문】 [일] [건]

판자를 이용해 만든 문. 문과 호로 사용한다. 판문에는 문울거미 없이 띠장을 이용해 두꺼운 널판을 고정시켜 만든 문과, 문울거미를 만든 속에 비교적 가는 널판을 이용해 만든 문이 있다. 전자는 일반적으로 판문, 판장문板障門/板墻門으로 부르는 문으로 널판문이라고도 한다. 후자는 문울거미를 돌렸다는 의미에서 우리판문亐里板門으로 표기되기도 하며 당판문唐板門으로 부르기도 하는데, 오늘날에는 골판문으로 부르기도 한다.

참조2 당판문唐板門, 우리판문亐里板門, 판장문板墻門, 판장문板障門

예문 庫間修補所入屯太次小椽木三十箇松板八立朴只四寸召丁八十箇板門二隻所入松板四立屯太朴只三寸召丁十六箇鎖鑰二部所入鐵炭依橫看上下次吹接次(국장1684/228ㄴ09~11)

색인 (가례1671/149ㄴ09)(가례1819/하130ㄱ10)(국장1903四/056ㄱ06)(국장1903四/057ㄱ05)(국장1903四/058ㄱ05)(국장1684/228ㄴ10)

佩玉【패옥】 [일] [복]

왕과 왕비의 법복[法服: 면복(冕服), 조복(朝服), 적의(翟衣)]이나 백관의 제복과 조복의 허리 양옆에 늘어뜨리는 옥장식품. 고려 시대 사여관복賜與冠服 이후 조선조 태종, 세종대에 명으로부터 사여 받은 면복에는 패옥이 빠져 있었으나, 『국조오례의서례國朝五禮儀序例』 제복도설祭服圖說 중 패옥의 제도를 보면 위에 형衡이 있고, 가운데 거琚와 우瑀가 있고, 맨 밑에 충아衝兒가 있고, 충아 좌우 양쪽에 황璜과 적滴이 있는데 모두 민옥珉玉으로 만들었다. 사이를 연결하는 구슬은 약옥藥玉으로 만들었다. 백관百官의 유물을 보면 패옥은 백옥으로 만들고 패옥주머니는 청색 비단[紗]으로 만들었다. 패佩 또는 패옥珮玉이라고도 한다.

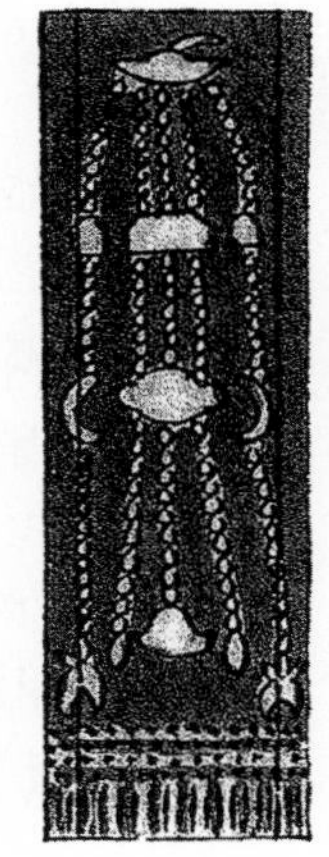

패옥

참조1 제복祭服

참조2 면복冕服, 조복朝服

예문 大行大王遺衣襨全數內入則傳敎內遺衣襨依庚子年例勿用服玩諸具依甲寅年例新造而平天寇玉圭佩玉赤襪赤舃段以舊件用之可也事單子中付標踏啓字(국장1724/054ㄴ05~07)

색인 (국장1659一/112ㄴ05)(국장1659二/003ㄴ04)(국장1659二/010ㄴ03)(국장1659二/010ㄴ06)(국장1659二/029ㄴ05)(국장1659二/029ㄴ08)

牌將【패장】 일 건

나라에서 거행하는 의식 때 여령女伶을 거느리는 사람 또는 역사 때 공장工匠을 거느리는 사람 혹은 현장에서 직접 장인들에게 작업을 지시하는 관리. 18세기 초반까지 없었던 새로운 직책으로 1787년 문희묘 영건공사에서 처음 등장하였다. 패장은 단순한 관리가 아니라 기술적 측면의 경험을 가지고 있거나 직접 기술자로 일한 경험이 있는 자들로, 현장에서 기술적 경험이 축적된 패장이 장인들을 독려함으로써 시공의 정밀도를 높이는 데 중요한 역할을 하였다.

예문 聚會整待者事之罔措莫此爲甚云而雖以都監事情言之堂郎多有病故末由如數進參至於牌將員役之屬亦多死亡方痛之類目今貌樣萬無如例肄習之望明日習儀姑爲(국장1821/041ㄴ10~12)

색인 (국장1821一/041ㄴ11)(국장1821一/166ㄱ08)(국장1821一/166ㄱ09)(국장1821一/166ㄱ10)(국장1821一/166ㄱ11)(국장1821一/166ㄱ12)

片臙脂【편연지】 일 건

탱화용 색료. 잇꽃의 꽃잎으로 만든 붉은 물감을 솜에 먹여서 말린 물감의 한 가지로 끓는 물에 담갔다가 그 물을 짜서 쓴다. 중국에서 들어 왔다.

예문 白鄕絲三錢生黃絲一錢眞末五斗九升靑苧布三十九尺黑染布三百二十尺片臙脂二十一張唐荷葉六兩七錢鄕荷葉六錢(국장1681/063ㄱ12~ㄴ02)

색인 (가례1718/190ㄴ08)(가례1718/192ㄴ06)(가례1762/상079ㄴ08)(가례1762/상086ㄴ07)(가례1762/상091ㄱ06)(가례1802/상130ㄴ05)

平交臺【평고대】 채 건 平古代 平交代 平交坮

서까래나 부연을 설치하기 위하여 그 끝 상부에 설치하는 긴 장방형 단면의 부재. 처마 곡선을 만드는 역할을 한다. 평고대는 서까래나 부연을 걸어, 한국 건축의 특성인 완연한 처마 곡선을 만들기 위해 서까래나 부연 끝 상부에 길게 결쳐대는 장방형 단면의 부재이다. 서까래나 부연을 설치하기 전에 처마 양쪽 끝의 추녀와 미리 설치한 몇 개의 서까래나 부연에 의지하여 설치한다. 서까래 위에 설치한 평고대와 부연 위에 설치한 평고대를 구분하기 위하여 전자를 초매기, 후자를 이매기 또는 부연평고대로 구분하여 부르기도 한다. 평고대는 의궤에서 平交臺 외에 平古代, 平交代, 平交坮로도 표기하였다.

참조2 구로대久老代, 구로대仇老代, 구로대求路代, 구로대九累臺, 구로대仇累臺

관련1 부연평고대婦椽平交臺, 영로대永老代, 재평고대再平交臺, 초재평고대初再平交臺, 초평고대初平交臺

예문 椽木三介道里次大椽木四介樑次大椽木二介椽次小椽木二十巨里平交臺次中椽木一介初排蓋覆次草苮五番再覆次每間葉薍一百五十束式(빈전1680/297ㄴ03~05)

색인 (국장1681一/222ㄱ01)(빈전1680/297ㄴ04)(빈전1680/297ㄴ08)(빈전1776/108ㄴ04)(빈전1776/112ㄴ04)(빈전1776/114ㄱ03)

平古代【평고대】 채 건 ☞ 平交臺평고대

예문 一崇化門外新造行閣七間大材木十四條舍方大材木十一條樓柱十條袱次樓柱九條大材木三條朴工平古代椽含豉樓柱二條椽木六十巨里左右簷內鋪方甎(빈전1649/176ㄱ04~06)

색인 (빈전1649/176ㄱ05)(빈전1649/177ㄴ03)(빈전1649/177ㄴ06)(빈전1659/278ㄴ09)(빈전1659/280ㄱ04)

平交代【평고대】 채 건 ☞ 平交臺평고대

예문 平交代朴只三分釘每部五百介式合一千介椽加板朴只四分釘每部一百五十介式(국장1903/210ㄴ02~03)

색인 (국장1659一/210ㄴ02)(국장1674一/200ㄴ05)(혼전1701/160ㄱ02)

平交坮【평고대】 채 건 ☞ 平交臺평고대

平尾乃【평미리】 채 건 ☞ 平尾里평미리

平尾里【평미리】 채 건 平味里 平尾乃 平未里

① 평면지게 미는 대패, 평대패, 지금의 평밀이. ② 평목平木의 다른 말인 평미레. 평미리平尾里는 평대패 외에 평목平木[槩, 平斗斛木 平木『사성통해四聲通解』]의 다른 말인 평미레[됫박이나 말에 곡식을 담고, 그 위를 평평하게 미는 데 쓰이는 기구]로 읽힐 가능성이 있다. 그런데 대부분의 의궤 자료에는 평미리[平尾里]가 웅미리[雄尾里], 엇미리[乽尾里], 장혀대패[長舌大波] 등의 연장과 함께 제시되어 있어 농기구 평미레보다는 대패의 한 종류인 평미리의 표기로 보인다. 한편『한국한자사전』에는 평미리[平尾里]와 평미리[平未里]를 구분하여 전자는 대패의 일종인 평미리를, 후자는 평미레[평목]를 표기한 것으로 풀이하였다. 하지만 미리[尾里]와 미리[未里]의 교체는 연장명을 표기한 엇미리[旕尾里](『창덕궁영건도감의궤昌德宮營建都監儀軌』), 엇미리[乽未里](『경모궁개건도감의궤景慕宮改健都監儀軌』)에서도 찾을 수 있을 뿐만 아니라 의궤의 차자 표기가 동일한 자로 다른 의미의 어휘를 표기하는 경우가 더러 있음을 고려한다면 平尾里와 平未里는 이표기로 보는 것이 적절하다. 다만 평미리와 평미레의 표기를 구분해서 표기하지 않고 平尾里, 平未里를 혼용했다면 그 구분은 문맥 상황을 고려해서 가능하다.

참조1 엇미리焉尾里, 엇미리雄尾里

예문 橋板三十四立雍瓦里三介鍊刀一介平尾里二介磨刀一介鐵板十一立內八立新造三立前排修補(국장1720/362ㄱ12~ㄴ02)

색인 (가례1819/하074ㄴ11)(국장1800四/071ㄴ04)(국장1800四/080ㄴ12)(국장1800四/088ㄱ06)(국장1800四/096ㄴ01)(국장1800四/102ㄴ12)(국장1800四/116ㄴ02)

平味里【평미리】 채 건 ☞ 平尾里평미리

예문 雄味里刀一箇平味里刀一箇臺具順威礪石一塊(책례1751/140ㄱ05~07)

색인 (책례1751/140ㄱ06)

平未里【평미리】 채 건 ☞ 平尾里평미리

예문 耳只匠所用鴨項乼一箇雄末里刀一箇平未里刀一箇臺具順威礪石一塊白牛皮一領(책례1759/079ㄴ09~11)

색인 (존숭1739/151ㄴ10)(존호1783/187ㄴ08)(존숭1752二/060ㄴ02)(존숭1686A/107ㄱ02)(존숭1686A/125ㄴ01)(존숭1713二/082ㄴ10)

平床【평상】 일 의

넓은 널로 된 천판天板을 가진 상. 국장國葬과 같은 국가적인 행사가 있을 때 야외에서 사용되었던 상으로 넓은 널로 된 천판天板을 가지고 있으며 난간은 없는 형태이다. 국장이 있을 때 사용되었던 평상은 영조척營造尺을 사용하여 제작하였으며 상의 길이가 8척, 넓이는 4척이었다. 높이는 족부까지 포함한 높이가 7촌이고 백칠白漆을 하여 사용하였다. 욕상浴床이라고도 한다.

동 욕상浴床

관련1 가유륜평상假有輪平床, 가유륜평상군假有輪平床軍, 가유륜평상우비假有輪平床雨備, 내연평상內

ㅍ

蓮平床, 당주홍칠평상唐朱紅漆平床, 만정골평상滿頂骨平床, 만정골평상우비滿頂骨平床雨備, 반월평상半月平床, 산륜평상散輪平床, 산릉난간평상山陵欄干平床, 양평상兩平床, 어간평상군御間平床軍, 어간평상御間平床, 연평상蓮平床, 영좌퇴평상靈座退平床, 영침평상靈寢平床, 영침평상상개靈寢平床上盖, 영침평상우비靈寢平床雨備, 유륜평상有輪平床, 윤평상輪平床, 전곡평상轉曲平床, 퇴평상退平床, 평상욕석平床褥席, 평상하배별문平床下排別紋, 회남수평상回南首平床

예문 參判李崇祜所啓今此上號都監所用之物幾皆以前排取用而至於禿平床香佐兒爐煙床則見無前在此則不可不新備矣上曰平床及香佐兒爐煙床以排設房書房(상호1787/019ㄱ08~10)

색인 (국장1864一/066ㄱ01)(국장1864一/066ㄱ01)(국장1864一/066ㄱ02)(국장1864一/066ㄱ02)(국장1864一/066ㄱ08)(국장1864一/066ㄱ09)

平牀【평상】 일 의

천판天板이 넓은 상. 평상은 왕실의 국장이 있을 때 교의를 안치하는 용도로 설치하였다. 주로 주칠朱漆을 한다. 평상平床과 같다.

관련1 고란평상高欄平牀, 무족평상無足平牀, 상평상上平牀, 어간래왕란간평상둔태박이사촌두정御間來往欄干平牀屯太朴只四寸頭釘, 어간평상군패장御間平牀軍牌將, 영좌평상靈座平牀, 영침평상제구군靈寢平牀諸具軍, 하평상下平牀, 회남수평상回南首平牀

예문 排白紋二十五張付地衣四浮白木縇神輦下排白紋十六張付地衣一浮靑木縇平牀下排別紋六張付地衣二浮靑木縇褥上排彩花單席二張紫的縇是如(국장1724/279ㄱ02~04)

색인 (국장1659一/127ㄱ11)(국장1659一/127ㄱ12)(국장1659一/127ㄱ12)(국장1659一/146ㄱ02)(국장1659一/146ㄱ02)(국장1659一/148ㄱ04)

平天冠【평천관】 일 복

왕이나 왕세자의 길례吉禮, 가례嘉禮 등의 대례大禮에 사용하는 관. 관례冠禮를 치르기 전에는 사용할 수 없다. 면판은 넓이가 8촌, 길이가 1척 6촌이며, 앞이 둥글고 뒤가 네모지다. 겉은 검은색, 안은 훈색 비단纁으로 덮었다. 앞 높이가 8촌 5푼, 뒤 높이가 9촌 5푼으로 금으로 장식하였다. 9류마다 9옥을 주·백·창·황·흑의 다섯 색깔의 옥을 차례로 꿴다. 유의 길이는 9촌인데 앞뒤에 18류가 있다. 금잠金簪을 꽂는다. 면의 양옆에는 현담을 늘어뜨리고 옥진으로 귀를 채운다. 자조紫組 2개가 있는데 양 옆에서 묶고 턱 아래에 맺고 나머지는 늘어뜨린다. 또 주조 한조는 왼쪽의 비녀에 걸고 턱 아래에서 오른쪽으로 올라가 비녀에 속하게 하여 구부려서 매고 그 나머지는 늘어뜨려 장식한다.

참조1 면복冕服

참조2 8류면관, 9류면관, 12류면관, 제복祭服

예문 冕服一襲珮用畵圭因下令笛待退壙平日所御平天冠表冒羅內拱冒緞板裹冒緞內拱紅廣織琉五色紬以上尙方斂衣九十稱內備(빈전1600/193ㄴ05~07)

색인 (가례1627/029ㄱ13)(가례1802/상027ㄴ01)(가례1802/상232ㄱ05)(가례1866/상024ㄱ11)(가례1866/상257ㄱ05)(책례1651/022ㄱ08)

幣帛【폐백】 일 의

제사祭祀나 알현謁見 때 예물로 드리는 비단이나 물건. 폐백은 신, 조상, 또는 윗사람이나 손님을 만날 때 예물로 드리는 비단을 가리킨다. 그러나 비단 외에도 예물로 사용되는 물건을 통칭하여 폐백이라고도 하였다. 국가 제사에서 폐백은 길이 1장 8척의 저포苧布를 사용하였는데 사직社稷에는 흑색, 종묘宗廟에는 백색, 선농先農에는 청색, 선잠에는 흑색, 악嶽이나 바다에는 그 방위색을 올렸다. 그러나 소사小祀에는 고제告祭 때에만 사용하고 속제俗祭에는 폐백을 올리지 않았다. 혼례에서는 신부댁에서 시댁의 어른에게 보내는 예물을 폐백이라고 하였다.

관련1 폐백상차비幣帛床差備

예문 束幣帛所盛之器亦是竹篚也以常時所用竹篚觀之則束幣帛各十匹(책례1651/027ㄴ03~04)

색인 (가례1819/상241ㄴ05)(책례1610/044ㄱ07)(책례1610/045ㄴ02)(가례1696/130ㄴ12)(가례1718/157ㄴ08)(책례1651/031ㄴ03)

蔽膝【폐슬】 일 복

왕과 왕비의 법복[法服: 면복(冕服), 조복(朝服), 적의(翟衣)]이나 백관百官의 제복祭服과 조복朝服의 허리 앞쪽에 늘어뜨리는 부속품. 의례용 예복에 쓰이는 무릎가리개로 색과 직물은 대부분 옷과 일치한다. 왕·왕세자의 면복 폐슬은 장문章紋을 수놓았고 왕비의 적의와 백관의 폐슬에는 무늬가 없다. 직사각형이나 사다리꼴 모양의 위쪽 양 끝에 끈을 달아 혁대에 걸었으며, 조선 말기에는 옷에 직접 부착하였다.

폐슬

참조1 면복冕服, 조복朝服

참조2 제복祭服

관련1 대홍당직폐슬大紅唐織蔽膝

예문 錦衣匹段繡次一大紅熟綃前三後四大紅熟綃蔽膝一鉤組二介(빈전1720/026ㄱ12~ㄴ02)

색인 (가례1802/상234ㄴ11)(가례1819/상219ㄱ08)(국장1800二/158ㄱ08)(국장1800二/190ㄴ04)(책례1610/064ㄴ12)(책례1610/074ㄱ05)

脯【포】 일 음

연회와 제례에 사용된 찬물로 얇게 저민 고기를 양념하여 말린 음식. 포로 사용된 주재료는 황대구, 백대구, 홍어, 광어, 문어, 전복, 건치 등이다.

참조1 단수포腶修脯

예문 今則閭閻不爲屠肆乙仍于奉常寺造脯始役後取用事更爲定奪是乎等以言于奉常寺則雖爲屠牛骨灰則非本寺所納之物是如爲乎旀(빈전1895/295ㄱ02~04)

색인 (예장1989一/063ㄴ05)(국장1800二/194ㄱ06)

布團領【포단령】 일 복

생베[生布]로 만든 단령. 단령은 문무백관文武百官의 대표적인 관복冠服으로 깃을 둥글게 만든 포袍이다. 포단령은 국상國喪 중에 관리들이 입었던 옷으로, 베로 만든 사모[布紗帽]·행전[布行纏]·각대[布角帶]와 목면으로 만든 버선[木襪], 흰 가죽으로 만든 신발[白皮靴子]과 함께 착용했다. 상을 마치면 평상시의 관복인 흑단령黑團領·오사모烏紗帽·흑각대黑角帶 차림으로 돌아갔다.

참조1 단령團領, 흑단령黑團領

관련2 사모단령紗帽團領

예문 尙方堂上手決內依本房大輿侍衛執鐸護軍紗帽布團領(국장1800二/014ㄴ11~12)

색인 (국장1659一/196ㄱ11)(국장1659一/233ㄱ07)(국장1674一/148ㄱ09)(국장1674一/187ㄱ08)(국장1674一/217ㄱ05)(국장1681一/149ㄴ05)

布帛尺【포백척】 일 건

바느질에 사용하는 자. 옷감의 재단과 재봉 등에 사용하였으며, 침척針尺이라고도 한다. 포백척 1척의 길이는 시대에 따라 많은 차이가 있는데, 세종 때에는 46.73cm, 영조 때에는 49.08~51.41cm였던 것으로 추정된다.

동 침척針尺

예문 每一炬以布帛尺長六尺圓經一尺三寸者捧上事定式是去乎以此申明知委使之依此上納爲乎(국장1724/065ㄴ06~07)

색인 (가례1627/071ㄱ13)(가례1627/082ㄱ08)(가례1627/125ㄱ13)(가례1671/057ㄴ09)(가례1671/062ㄱ04)(가례1671/063ㄴ01)

ㅍ

布紗帽【포사모】 일 복

상사喪事에 백관들이 쓰는 관모. 조선 시대 관원들이 상복常服에 착용하였던 흑색 사모紗帽는 국상을 당하면 연포단령練布團領에 포사모布紗帽를 쓰고 숙마대熟麻帶 차림으로 예를 행한다. 청국의 초상이 있을 때에도 4품 이상은 포사모·마대麻帶·포단령布團領 차림을 하고, 5품 이하는 오사모烏紗帽·오각대烏角帶·백단령白團領 차림으로 명정전明政殿의 뜰에 모여 거애擧哀하였다. 고종 27년 12월 1일 종묘에 옥책玉册과 금보金寶를 올리러 왕세자가 출궁할 때 시위의 복색은 포사모, 포단령, 포과대布裹帶를 착용하고, 악차幄次로 들어간 뒤에는 오사모烏紗帽, 무문흑단령無紋黑團領, 흑각대黑角帶를 띠고 환궁 시 다시 포사모, 포단령, 포과대를 띠도록 하였다.

참조2 백사모白紗帽

예문 工曹其人繕工監大輿邊首所着布團領二件布紗帽二布角帶二白靴子二小輿邊首外梓室輿輪輿邊首合五人布直領生布帶(예장1786/155ㄱ09~11)

색인 (국장1659一/233ㄱ09)(국장1681一/127ㄱ07)(국장1681一/149ㄴ05)(국장1681一/208ㄱ01)(국장1701一/191ㄴ04)(국장1701一/275ㄴ07)

鋪陳【포진】 일 건

바닥에 자리나 방석 등을 까는 것. 방이나 대청, 툇마루, 전돌 깐 바닥이나 마당 등의 바닥에 자리나 방석을 까는 것을 총칭하여 포진이라 부른다. 포진은 크게 자리[席]와 지의地衣, 방석方席으로 구분한다. 일반적으로 백성들은 짚이나 갈대, 부들, 골풀 등을 이용해 만든 자리만을 깔고 생활하였다. 반면에 좀 더 격이 높은 장소에는 자리 위에 여러 개의 자리를 이어 붙여 만든 지의를 사용한다. 방석은 지의 또는 자리 위에 개별 인물이 앉을 수 있도록 마련한 자리로 속에 푹신한 재료를 넣어 만든다.

예문 一今此發靷教是時陵所及晝停兩處都監堂上都廳以下員役等炊飯所用柴木及食鼎水甕茶母鋪陳溫堗燒木(빈전1683/175ㄴ05~07)

색인 (가례1627/003ㄱ02)(가례1627/003ㄴ05)(가례1627/005ㄱ12)(가례1627/005ㄱ13)(가례1627/067ㄱ02)(가례1627/072ㄱ07)

豹骨朶子【표골타자】 일 의

임금의 거둥 때 쓰는 의장儀仗의 한 가지. 붉은 칠을 한 장대의 둥근 머리에 표범 가죽으로 된 두 자[尺] 길이의 주머니를 씌우고 그 끝을 쇠붙이로 장식하였다. 곰가죽으로 만든 경우는 웅골타자熊骨朶子라고 한다.

참조1 웅골타자熊骨朶子

예문 今番前排取用豹骨朶子六有注之以椵木磨造今番前排取用所入中鹿皮二令小小豹皮三令半生苧二錢(국장1903/044ㄱ09~11)

색인 (가례1627/068ㄱ05)(가례1627/093ㄱ07)(국장1800二/168ㄱ08)(존호1610/125ㄴ10)(존호1610/136ㄱ04)(존호1610/167ㄴ06)

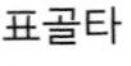

표골타

表石所【표석소】 일 의

표석을 만드는 곳. 표석은 무덤 앞에 세우는 푯돌로 죽은 사람의 성명, 생년월일, 사망 연월일 등을 적는다.

참조1 표석음기서사관表石陰記書寫官

예문 本房五丁實入表石所泥金二戔一分實入(예장1729/150ㄱ07~08)

표석

색인 (국장1702B一/059ㄴ04)(국장1702B二/150ㄴ03)(국장1702B二/150ㄴ07)(국장1702B二/150ㄴ11)(국장1702B二/151ㄱ03)(국장1702B二/151ㄱ06)

表石陰記書寫官【표석음기서사관】 일 의

표석의 음기陰記를 쓰는 관원. 표석은 무덤 앞에 세우는 푯돌이고, 음기서사관은 표석의 비석 뒷면에 당사자의 성명姓名, 세계世系, 출생, 사망 연월일, 관직, 행적을 적는 일을 맡은 잡직의 벼슬아치를 말한다.

참조1 표석소表石所

예문 篆文書寫官光恩副尉金箕性熟馬一匹面給表石陰記書寫官議政府右議政徐龍輔寶篆文書寫官議政府左議政李時秀各熟馬一匹賜給(빈전1800/171ㄱ07~09)

색인 (국장1724一/136ㄴ02)(국장1724二/180ㄴ02)(국장1724二/185ㄴ07)(국장1724二/356ㄱ04)(국장1730一/040ㄱ08)(국장1821一/016ㄱ04)

表石陰記製述官【표석음기제술관】 일 의

국장 때 능의 묘표석의 음기를 제술하는 관리. 국장 때 도감에 임시로 소속되어 능의 묘표석의 음기를 제술하는 직임을 겸직하였다. 순조 5년(1805) 때 영돈녕 김조순, 서사관 판부사 서용보 등이 임명된 것으로 보아 고위직에 표석음기를 제술하였음을 알 수 있다.

예문 預差議政府右參贊金箕殷表石陰記製述官議政府領議政沈象奎預差知中樞府事李勉昇(국장1834/013ㄱ04~06)

색인 (국장1800一/012ㄱ03)(국장1800一/133ㄴ07)(국장1800一/147ㄴ05)(국장1849一/013ㄴ05)(국장1849一/149ㄱ08)(국장1878一/013ㄱ03)

標信樻【표신궤】 일 의

표신을 넣어 봉안했던 궤. 궤는 주로 백자판柏子板을 사용하여 만든다.

관련1 표신궤차비관標信樻差備官

예문 甲辰年則標信樻一內出見樣造作而所盛則摘奸牌十三問安牌七開門牌五閉門牌五宣傳官牌三十一大(예장1729/025ㄱ07~08)

색인 (국장1659一/070ㄱ01)(국장1659二/061ㄱ06)(국장1659二/071ㄱ09)(국장1659二/072ㄱ03)(국장1659二/195ㄴ06)(국장1674一/047ㄴ02)

瓢子【표자】 일 의 음

바가지. 의궤에서 표자는 재료에 따라서 목표자木瓢子, 과표자果瓢子, 피표자皮瓢子, 동표자銅瓢子 등이 있고, 용도에 따라 수표水瓢, 급수표汲水瓢 등의 예가 보인다. 이 밖에 연표자軟瓢子, 후표자厚瓢子는 박의 두께에 따른 구분이고, 대표자大瓢子, 대원표자大圓瓢子는 크기와 모양에 따라, 근배표자巹杯瓢子는 쓰임새에 따라 구분한 예이다.

참조1 과표자果瓢子, 목표자木瓢子, 후표자厚瓢子

관련1 대원표자大圓瓢子, 대표자大瓢子, 목표木瓢, 목표자木瓢子

예문 落幅紙一張陶東海五雜物入盛小甕二大所湯伊二馬尾入染時所用大釜一瓢子馬尾篩各一陶所羅二漆匠所用綃篩一漉漆機一土宇所用破油芚二浮破地衣一(국장1681/003ㄴ10~12)

색인 (가례1627/054ㄱ08)(가례1627/108ㄴ05)(가례1671/174ㄴ11)(가례1671/176ㄱ09)(가례1671/176ㄴ12)(가례1671/218ㄱ06)

稟目秩【품목질】 일 의

품목을 적은 항목을 묶어 놓은 것. 품목은 위에 여쭙는 글이고, 질秩은 묶음이라는 뜻이다. 의례儀禮와 관련하여 일방一房의 낭청이 가례도감嘉禮都監이나 국장도감國葬都監의 당상堂上에게 여쭌 글을 모은 것이다.

참조1 질秩

예문 稟目秩都監草謄錄次白紙四卷白休紙二斤白筆四柄眞墨二丁(국장1724/121ㄱ01~02)

색인 (가례1671/056ㄴ06)(가례1671/152ㄱ04)(가례1681/064ㄱ04)(가례1681/189ㄱ06)(가례1681/189ㄱ08)(가례1681/189ㄱ10)

風席【풍석】 의

ㅍ

부들 풀[香蒲]로 짠 자리. 부들 풀로 짠 자리를 풍석이라고 하지만 배를 제작할 때 돛을 만드는 데 사용하는 돗자리를 뜻하기도 한다.

예문 簷補假家造作次以大竹十二介空石六十四立草芚二十浮風席四浮長席六浮等物入納亦爲有置分付該司何如提調手決內依甘(빈전1659/106ㄴ04~06)

색인 (국장1890一/076ㄴ06)(빈전1649/050ㄴ02)(빈전1649/072ㄱ02)(빈전1649/072ㄱ03)(빈전1659/106ㄴ05)(빈전1674/056ㄴ03)

風板【풍판】 일 건

지붕의 측면 벽을 이루는 합각이나 박공 부분을 막아대는 널. 지붕의 측면에 생기는 벽, 즉 맞배지붕의 박공부나 팔작지붕의 합각부에 비가 들이치는 것을 막기 위해 긴 널을 이용하여 막아대는데, 이를 풍판이라 부른다. 풍판은 박공널이나 합각널 아래에 설치하며, 띠장에 못을 박아 긴 널을 수직으로 세워 옆으로 이어 붙여 만든다. 널과 널 사이는 졸대를 못으로 박아 고정하여 널 사이의 틈이 보이지 않도록 한다.

동 풍차판風遮板

예문 小木匠所用魚皮一令木賊五兩冶匠所用風板一立毛老臺一坐等物用還次依謄錄進排事捧甘何如手決內依(혼전1701/050ㄴ04~06)

색인 (가례1681/100ㄴ05)(가례1681/195ㄱ11)(가례1681/257ㄱ08)(가례1696/218ㄱ02)(가례1718/232ㄴ07)(가례1762/상092ㄱ12)

皮笠【피립】 일 복

가례 때 의장군이 쓰는 입자笠子. 영조와 정순왕후의 가례 때 의장군 57명은 홍의紅衣와 청의靑衣를 입고 피립皮笠을 쓰거나 청두건靑頭巾과 홍목대紅木帶를 하였다. 『영조정순후가례도감의궤英祖貞純后嘉禮都監儀軌』를 보면 의장군 중 피립을 쓰지 않고 청두건을 쓰는 사람만 홍목대를 띠는 것을 알 수 있다. 피립을 만드는 피립장皮笠匠이 있고, 그에게 주어지는 물품은 얇은 송판 두 닢, 3치짜리 못[三寸釘] 60개, 인두 2개, 궤 1부, 자물쇠 등이다.

참조1 대립장皮笠匠

예문 儀仗庫所上常時行用儀仗及捧持軍所着衣巾皮笠等物取來看品破落無形者外可以修補改染者則仍爲修補用之爲有置(국장1903/002ㄴ03~05)

색인 (가례1627/070ㄱ04)(가례1627/070ㄱ07)(가례1627/094ㄴ08)(가례1671/160ㄴ07)(가례1671/174ㄱ09)(가례1681/236ㄱ08)

皮笠匠【피립장】 일 건

짐승의 가죽으로 벙거지 모양의 모자를 만드는 일을 전문으로 하는 장인. 책례冊禮나 가례嘉禮, 국장國葬 때 연배군[輦陪軍], 교자군[轎子軍], 각종 의장군[儀仗軍], 기린기봉지군[麒麟旗捧持軍], 세의장군[細儀仗軍] 등이 쓸 가죽 모자를 만드는 일을 맡았다.

참조1 피립皮笠, 피색장皮色匠, 피장皮匠

참조2 피모자皮帽子

예문 入絲匠刻手匠鍍金匠假家各二間擔鞭匠假家一間皮笠匠假家二間儀仗庫接朴只邊板十二立朴只五寸釘二十四介大鎖鑰四介圍排五間沙立門一(국장1776/278ㄴ11~279ㄱ01)

색인 (가례1696/064ㄴ04)(가례1696/217ㄴ02)(가례1696/228ㄴ01)(가례1718/211ㄱ12)(가례1718/232ㄱ05)(가례1718/243ㄴ12)

皮色匠【피색장】 일 건

짐승의 가죽으로 여러 가지 물건을 만드는 사람. 공조工曹와 상의원尙衣院에 소속되어 모피를 다루는 사피장, 상의원과 군기시軍器寺에 소속되어 생가죽을 다루는 생피장生皮匠, 제용감濟用監에 속하여 털과 기름을 뽑아 생피生皮를 숙피로 만드는 숙피장熟皮匠, 가죽신을 만드는 주피장周皮匠[갖바치] 등이 있다. 피장皮匠이라고도 한다.

동 피장皮匠

皮匠【피장】 일 건 ☞ 皮色匠피색장

예문 皮匠金貴同等九名付金匠高國信等四名周皮匠李夢善等二名毛節匠白一龍甲胄匠姜承立柤骨匠徐㐎立等二名(국장1674/120ㄴ02~04)

색인 (가례1671/081ㄱ04)(가례1671/139ㄴ01)(가례1671/154ㄱ06)(가례1671/185ㄴ11)(가례1671/223ㄴ11)(가례1681/080ㄴ02)

畢【필】 일 의

국왕의 의장 가운데 하나. 한罕과 필畢은 한 쌍을 이루는 의장으로 국왕의 대가 의장大駕儀仗과 법가 의장法駕儀仗에 사용되었다. 필은 검은색으로 칠한 자루 위에 둥근 모양의 얇은 판자를 붙이고 그 위를 청색 보자기로 덮은 후 같은 색의 끈으로 묶고 양쪽으로 늘어뜨린다.

필

관련1 한필우비罕畢雨備

예문 進發同日臨時立主奠同日臨時謝后土祭同日臨時安陵奠封陵事畢後隨時返虞同日臨時初虞祭同日日中路遠則但不出是日行再虞(국장1674/072ㄴ12~073ㄱ02)

색인 (국장1800二/168ㄱ01)(부묘1836A/163ㄱ06)(국장1800二/203ㄱ08)(부묘1836B/156ㄴ07)(부묘1836B/186ㄱ05)

匹緞【필단】 일 복

수자직繻子織/주자직朱子織의 견직물. 匹緞은 원래 疋段, 匹段이던 것이 피륙이라는 뜻을 분명히 나타내기 위해 緞으로 바꿔 표기한 것이다. 필단은 匹段 외에 匹緞, 疋段으로도 표기한다.

참조1 남금선필단藍金線匹段, 남필단藍匹段, 남필단藍匹緞, 남화문필단藍花紋匹段, 다홍운문필단多紅雲紋匹段, 다홍필단多紅匹段, 대홍금선필단大紅金線匹段, 대홍금선필단大紅金線疋段, 대홍무문필단大紅無紋匹段, 대홍소운문필단大紅小雲紋匹緞, 대홍운문필단大紅雲紋匹段, 대홍필단大紅匹段, 대홍화문필단大紅花紋匹段, 무문대홍필단無紋大紅匹段, 아청운문필단鴉靑雲紋匹段, 유청무문단柳靑無紋緞, 유청무문필단柳靑無紋匹緞, 자적필단紫的匹段, 초록운문필단草綠雲紋匹段, 초록육화문필단草綠六花紋匹段, 초록필단草綠匹段, 초록화문필단草綠花紋匹段, 필단匹段, 화문대홍필단花紋大紅匹段

예문 下皆以此用之天銀五百兩丁銀一千兩爲民弊備留者下戶曹補於貢價以除民弊其外匹緞紗綃等物書下都監物件亦仍下分付都監亦除市民之弊噫望七之年(국장1757A/007ㄴ01~03)

색인 (국장1701二/144ㄱ12)(국장1757A/007ㄴ02)(국장1757A/013ㄱ08)(국장1757A/169ㄱ11)(국장1757A/172ㄱ11)(국장1776一/163ㄴ08)

匹段【필단】 일 복 ☞ 匹緞필단

참조1 대홍금선필단大紅金線匹段, 대홍무문필단大紅無紋匹段, 대홍화문필단大紅花紋匹段, 초록육화문필단草綠六花紋匹段, 화문아청필단花紋鴉靑匹段

예문 下排二張付彩花席一紫的綃匹段褥一褥上彩花席一紅油內拱多紅匹段(빈전1730/066ㄱ11~ㄴ01)

색인 (가례1627/028ㄴ11)(가례1627/029ㄴ06)(가례1627/030ㄱ13)(가례1627/037ㄴ06)(가례1627/037ㄴ07)(가례1627/054ㄱ10)

弼善【필선】 일 의

조선 시대 세자시강원世子侍講院의 정4품 관직. 세자시강원은 조선 시대 왕세자의 교육을 담당한 관청이다. 세자의 교육을 담당한 기구는 고려 시대부터 있었으나, 필선이라는 관직은 공양왕 때 처음 만들었고 좌, 우 2명을 두었다. 이후 조선 태조 때의 관제에도 좌·우필선을 두었으나, 세조 7년(1461)에 1명으로 줄여 필선으로 했고, 이것이 『경국대전經

ㅍ

國大典』에서 법제화되었다. 정원은 1명이다.

예문 辛巳十月初九日都監郎廳以總護使意啓曰都廳郎廳李敏英陞遷代以侍講院弼善鄭維漸差下使之察任何如(국장1701/026ㄴ02~04)

색인 (가례1627/021ㄱ04)(가례1671/053ㄴ01)(가례1671/116ㄱ10)(가례1671/117ㄴ10)(가례1671/118ㄱ01)(가례1671/118ㄱ06)

ㅎ

荷葉【하엽】 일 긘
연잎 빛깔이 나는 안료顏料의 한 가지. 하엽록荷葉綠을 말한다.

예문 御覽謄錄一件分上謄錄四件合五件班次圖及各樣儀物起畵時所用唐朱紅四戔唐荷葉五戔同黃二戔五分二靑三靑各二戔靑花眞粉各二兩燕脂三片三碌二戔五分(국장1701/136ㄱ02~04)

색인 (가례1627/031ㄱ05)(가례1627/059ㄴ08)(가례1627/081ㄱ08)(가례1627/082ㄱ13)(가례1627/083ㄱ13)(가례1627/092ㄱ12)

賀禮【하례】 일 의
나라에 큰 경사가 있을 때 축하하는 의식. 대표적인 하례로 정월 초하룻날 백관이 임금에게 새해를 축하하는 정조 하례正朝賀禮를 들 수 있으며, 정조 하례가 끝나면 궁중에서 잔치를 베풀었다.

참조1 진하陳賀

관련2 정조하례正朝賀禮

예문 最恨瞻光罕猶聞養德精仁天還有憾瑕不祐純明保姆裁添縷宮臣講待筵幸同英考月纔過懿昭年賀禮空消日哀班欲籲天民心何所係宗社更茫然乖氣勞(예장1786二/107ㄴ02~04)

색인 (국장1684/200ㄴ07)(국장1684/214ㄴ11)(국장1821四/061ㄱ11)(예장1786二/076ㄴ04)(예장1786二/107ㄴ03)(예장1786二/136ㄴ09)

霞帔【하피】 일 복
적의翟衣를 착용할 때 어깨에 드리우는 것. 조선 시대 사여賜與 왕비복 중의 하피는 청색라靑色羅에 적계문翟鷄文이 있는 청선라채수권금적계하피靑線羅綵繡圈金翟鷄霞帔였다. 조선 시대 『국조속오례의보國朝續五禮儀補』의 하피 제도를 보면 겉감으로는 흑색 모단冒緞을 쓰고 홍초紅綃로 안을 하여, 겉에다 금으로 운하雲霞 28개와 적문翟文 26개를 그린다.

참조1 모단하피冒緞霞帔

예문 錦衣鄕織緞一冒緞霞帔一藍鄕織裳一(가례1762/016ㄱ09~11)

색인 (가례1802/상235ㄴ08)(가례1819/상219ㄴ09)(존호1610/074ㄴ04)(책례1610/073ㄴ04)(책례1610/073ㄴ06)(책례1676/075ㄱ08)

下玄宮【하현궁】 일 의
국장에서 국왕 또는 왕비의 재궁을 현궁에 내리는 의식. 임금 또는 왕비의 관을 묻는 광중壙中을 현궁玄宮이라 한다. 하현궁은 광중에 재궁을 안치하는 것을 가리킨다. 국장에서 대여가 능소陵所에 도착하면 재궁을 영악전靈幄殿 또는 정자각에 먼저 모셔 둔다. 천전의遷奠儀를 거행한 후 찬궁을 열고 재궁을 순輴에 실어 수도각隧道閣으로 옮긴 다음 윤여에 실어 광중에 내린다. 이때 머리를 북쪽으로 두게 한다. 재궁을 내린 다음 외재궁의 상판을 덮고 합봉한 곳에 옻을 입힌 세포細布를 바르고 봉폐한다. 외재궁의 외부는 석회, 황토, 세사를 섞은 삼물三物로 다진다. 그리고 퇴광에 명기明器와 복완服玩을 넣은 함을 안치하고 자지磁誌를 능 남쪽 가까운 곳에 묻고 난 후 후토제后土祭를 지낸다.

예문 啓曰今十二月初二日大臣備局堂上引見時領議政許積所啓五禮儀所載啓殯發靷下玄宮時左議政之任皆是總護使之事蓋以左相例爲總護使(국장1674/020ㄱ01~03)

색인 (국장1659一/002ㄱ03)(국장1659一/015ㄴ04)(국장1659一/031ㄴ09)(국장1659一/041ㄱ01)(국장1659一/041ㄱ06)(국장1659一/041ㄱ08)

鶴駕【학가】 일 의
세자의 가마를 일반적으로 지칭하는 말. 국왕이 거둥할 때 왕이 타는 가마 또는 그 행렬 전체를 어가御駕라고 지칭하는 것처럼 세자의 가마 또는 그 행렬 전체를 학가鶴駕라고 칭한다.

예문 夜豫四齡還嗇七旬籌龍顏淚濕聞鷄枕鶴駕哀纏問寢樓庚歲侍湯靡逮痛也(국장1757/107ㄱ04~06)

색인 (국장1701二/263ㄴ12)(국장1724二/211ㄴ10)(국장1724二/253ㄱ04)(국장1757B二/107ㄱ05)(국장1757B二/130ㄴ08)(국장1776二/129ㄴ02)

鶴氅【학창】 일 복

여연輿輦 담배군擔陪軍이 착용한 복식의 한 품목. 이들은 의衣·건巾·대帶·행전行纏·운혜雲鞋와 함께 학창을 착용했는데, 학창이 어떤 옷인지는 정확하지 않다. 백색白色·자색紫色·흑색黑色 등의 학창鶴氅 기록이 남아 있다.

예문 白鶴氅次知部將二員替運二處每運衛將一員式二員部將二員式四員(예장1762/086ㄱ10~11)

색인 (가례1627/110ㄴ05)(가례1671/079ㄱ10)(가례1671/079ㄴ02)(가례1671/101ㄴ12)(가례1671/138ㄴ12)(가례1671/173ㄴ07)

罕【한】 일 의

국왕 의장 가운데 하나. 한罕과 필畢은 한 쌍을 이루는 의장으로 국왕의 대가 의장大駕儀仗과 법가 의장法駕儀仗에 사용되었다. 한罕은 붉은색으로 칠한 자루 위에 네모난 얇은 판자를 붙이고 그 위를 녹색 보자기로 덮은 후 같은 색의 끈으로 묶고 양쪽으로 늘어뜨린다.

관련1 한필우비罕畢雨備

예문 麻罕百王嚴廬攀器六時長躬陪寶翣流金節淚濕天題刻琬章新寢尊罍仍昔薦內頒銀綺値年荒傷心坤御應先導彷彿晨昏響珮璜(국장1757/075ㄴ09~11)

한

색인 (부묘1836A/156ㄴ06)(존숭1713二/160ㄱ01)(존숭1713二/164ㄱ11)(부묘1836A/163ㄱ06)(부묘1836A/163ㄱ06)(국장1800二/168ㄱ01)

割衣【할의/활옷】 채 복 華衣

여자 예복禮服 포袍의 한 종류. 『가례도감의궤嘉禮都監儀軌』에 상궁의 모단할의冒段割衣, 유모乳母의 둔초할의屯綃割衣의 기록이 보이며, 특히 비모妃母의 할의割衣는 남색藍色 비단으로 소매부리에 남색 태수苔袖가 달리고 깃에는 백색 동정同正을 단 복식이었음을 알 수 있다. 割衣는 활의 또는 華衣로 표기하는 활옷과 같은 종류의 여자의 예복으로 보는 견해가 있다.

참조1 활옷/활의華衣

예문 尙宮肆阿之壹尙宮壹依前減付標啓下割衣伍次冒段依前減付標啓下單長衫伍鴉靑有紋綃(가례1727/014ㄴ06~07)

색인 (가례1627/052ㄱ11)(가례1627/061ㄱ08)(가례1627/062ㄱ06)(가례1671/010ㄱ05)(가례1671/077ㄴ04)(가례1671/091ㄱ12)

榼【합】 일 의 음

음식을 담는 뚜껑 있는 그릇. 주로 여자 밥그릇으로 많이 사용하며, 국수나 떡국, 약식 등을 담는 데에도 사용한다. 큰 것은 밥통으로도 쓴다. 모양은 운두가 낮고 둥글넓적하다. 재료가 대개 목재이므로 물기 있는 반찬을 담기 위해 옻칠로 마무리되었으며, 의궤 자료에는 은으로 만든 은합銀榼도 보인다.

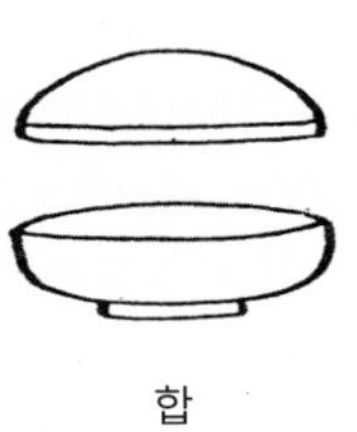
합

관련1 목합木榼, 은합銀榼

예문 銀甁一重二十七兩銀榼蓋具一重六十九兩銀祝一重十兩以上尙衣院打造進排(빈전1659/031ㄱ01~03)

색인 (빈전1659/031ㄱ02)

合唐朱紅【합당주홍】 일 건

건물의 단청이나 각종 기물 등의 채색에 사용되는 붉은색을 띤 안료. 현재 전통 안료의 재료나 수법

중 합당주홍이라는 명칭이나 제조 방법은 찾기 어렵다. 단지 당주홍이라는 부분에서 붉은 색을 띤 안료일 것으로 짐작될 뿐이다.

예문 葫蘆次五箇每箇所入楸條里木長五寸廣厚各一寸五分一片合唐朱紅三戔明油六合所入(빈전1886/141ㄱ09~11)

색인 (가례1866/하057ㄴ04)(상호1855/074ㄴ09)

缸【항】 일 의 음

음식이나 물건을 담아 두는 데 쓰는 질그릇. 모양은 입구가 좁고 배가 부르며, 운두가 높은 원통형이다. 의궤 자료에는 크기와 색깔에 따라 백항白缸, 백준항白罇缸, 중도항中陶缸이 보인다.

관련1 백준항白罇缸, 백항白缸, 중도항中陶缸

예문 祭器段簋簠各一香爐一香合一尊缸一龍句只一爵一白紋席二張鍮東海一大也一式是置相考施行爲只爲堂上手決內到付(국장1903/073ㄴ01~03)

색인 (가례1681/278ㄴ07)(가례1681/313ㄱ04)(존호1783/148ㄱ10)(빈전1649/056ㄱ06)(빈전1674/088ㄴ09)(빈전1674/184ㄴ07)

解嚴【해엄】 일 의

경계를 해제함. 나라의 큰 의식이나 행사에 임금이 거둥할 때 이에 참여하는 관원이나 시위侍衛 군사에게 북을 쳐 엄嚴과 해엄解嚴을 알렸다.

예문 扈衛軍二百名將官率領行宮墻外扈衛而十二日靈輿進發敎是後姑令解嚴爲白有如可十三日返虞晝停所敎是時及良如前扈衛爲白乎旀(국장1821/087ㄴ02~04)

색인 (가례1671/107ㄴ07)(가례1671/114ㄱ08)(가례1671/117ㄴ03)(가례1681/159ㄴ06)(가례1681/165ㄴ04)(가례1681/170ㄱ10)

行步席【행보석】 일 의

큰 손님이나 신랑, 신부를 맞이할 때 마당에 까는 좁고 긴 돗자리. 임금의 거둥할 때 어도御道에 깔았다. 또 전통혼례에서 전안례奠雁禮 때 다리가 높은 탁자에 붉은 보를 깔고 곡물과 과일 등을 차린 후, 탁자 앞에는 돗자리를 깔고, 대문에서 탁자 앞까지 행보석行步席을 깔았다.

예문 大廳所排地衣案息硯匣硯石書案要江大也唾口地排行步席等物預爲待令進排事各房別工作三寺戶曹工曹長興庫繕工監濟用監司贍寺司䆃寺廣興倉(빈전1600/010ㄱ06~08)

색인 (가례1627/091ㄴ01)(가례1671/048ㄱ08)(가례1681/064ㄴ07)(가례1681/147ㄴ06)(가례1696/053ㄱ08)(가례1696/121ㄱ01)

行纏【행전】 일 복

소매부리와 비슷하게 만들어 위쪽에 끈을 달아 발목에서 장딴지 위까지 바짓가랑이 위에 눌러 싸매는 것. 행전은 옛날의 사폭斜幅 따위로 발에서 무릎까지 감아올리는 물건인 행등行縢의 속명이다. 각반脚絆, 행등行縢과 같다.

참조2 각반脚絆, 죽등竹縢

관련1 청목행전靑木行纏

예문 制服次生布三十三尺式頭巾次生布一尺三寸式深衣次生布四十三尺式行纏次生布二尺式襪次生布四尺式褁入綿花四兩式大帶次生布五尺式(빈전1683/118ㄴ04~06)

색인 (가례1627/070ㄱ07)(가례1671/079ㄱ10)(가례1671/079ㄴ06)(가례1671/173ㄱ12)(가례1681/097ㄱ11)(가례1696/083ㄴ08)

香串之【향꽂이】 채 의 ☞ 香童子향동자

예문 黃漆ケ要都ケ三用椴板一立着漆梔子一兩粧餙次正鐵一斤鑞染鑞一斤松脂八兩火爐苫席裌地衣二白廣席八立熟麻二兩靑木縇見樣裁作豆錫香串之臺具一隻重九兩含錫三兩硼砂五分(책례1721/147ㄴ03~05)

색인 (부묘1836B/093ㄴ02)(국장1904四/012ㄴ

ㅎ

01)(국장1904四/037ㄱ11)(부묘1836B/093ㄴ08)(존숭1739/116ㄴ10)(존숭1739/117ㄱ08)

香囊【향낭】 일 의

향을 넣은 주머니. 향을 넣어 만든 주머니로 예로부터 몸과 마음을 맑게 해 준다는 의미에서 종교 의식이나 국가적인 행사 때 사용되었다. 궁중에서 사용된 향낭은 다양한 모양으로 만들어 여러 무늬를 수놓고 매듭과 술로 장식된 유소流蘇를 드리웠다.

예문 一常時所御輦以魂帛輦移用次陪來本房爲有在果輦內所掛香囊八部入盛次衣香二封依前例進排事內醫院良中捧甘何如(국장1681/159ㄴ09~11)

색인 (가례1671/166ㄱ02)(가례1681/242ㄴ08)(가례1696/207ㄱ04)(가례1718/218ㄱ09)(가례1819/하017ㄱ07)(가례1819/하023ㄱ02)

香童子【향동자】 일 의

향을 꽂는 도구. 궁중 행사가 있을 때 향을 꽂는 데 사용하던 도구로 香串之로도 표기하였다.

동 향꽂이香串之

관련1 향동자차비香童子差備

예문 日傘差備陽繖差備繖扇差備水晶杖差備金鉞斧差備受圭尙宮差備香童子差備褥席差備(가례1866/175ㄱ09~11)

색인 (가례1696/130ㄱ07)(가례1802/상161ㄱ08)(가례1866/상175ㄱ10)

향꽂이

香床【향상】 일 의

향을 피울 때 사용했던 상. 의례에서 향香을 놓았던 상으로 직사각형이나 정사각형 때로는 육각형의 천판天板에 4개 혹은 6개의 다리가 달려 있다. 향을 놓았던 용도는 동일했으나 이동이 용이하도록 다리가 짧은 것은 향상香床, 다리가 긴 것은 향탁香卓으로 구분하기도 하였으며, 진연進宴, 진찬進饌과 같은 궁중 연향에서는 육각형 천판天板에 호랑이 발[虎足] 모양의 다리를 지녀 조형미가 뛰어난 향좌아香座兒의 형태도 보인다.

동 향안香案

예문 假排案床五坐假香床五坐假寶簡五部(상호1772/136ㄴ10~12)

색인 (국장1674A三/093ㄴ10)(국장1674A三/094ㄱ04)(국장1674A三/094ㄱ05)(국장1800四/119ㄱ12)(국장1800一/084ㄴ07)(국장1898五/081ㄱ05)

香案【향안】 일 의 ☞ 香床향상

예문 設寶案於座前近東香案二於階上左右掌樂院展軒懸於庭近南北向陳而不作設協律郎擧麾位於西階下近西東向司僕寺陳輿輦於中道陳御馬(빈전1659/013ㄱ11~ㄴ01)

색인 (가례1671/106ㄱ08)(가례1671/112ㄴ04)(가례1671/115ㄴ08)(가례1671/120ㄱ02)(가례1671/122ㄴ04)(가례1671/190ㄱ12)

香醞【향온】 일 음

연회에 사용된 술. 찐 찹쌀과 멥쌀에 보리와 녹두가루로 만든 누룩가루를 섞어 만들었다. 내국법온이라고도 하며 멥쌀 10말, 찹쌀 1말, 더운물, 보리와 녹두로 만든 누룩가루 1말 5되, 엿기름 1되를 재료로 하여 만든 술이다. 찐 찹쌀과 멥쌀에 더운물을 부어 오래 식힌 후 누룩가루와 엿기름을 섞어 만든다.

예문 一房稟目內來八月初一日梓宮上字書寫處先磨後乃書必塗用香醞云香醞一升待候進排事分付何如提調手決內依甘(빈전1659/112ㄱ11~ㄴ01)

색인 (가례1802/상255ㄴ11)(가례1802/상256ㄱ10)(가례1819/상241ㄱ06)(가례1819/상241ㄴ10)(가례1866/상278ㄴ02)(가례1866/상278ㄴ11)

香龍亭【향용정】 일 의

책보冊寶, 옥보玉寶 등을 실어 옮기는 작은 가마. 황제 및 임금과 관련한 조칙詔勅, 시고諡誥, 고명誥命, 칙서勅書, 조서詔書, 책보冊寶, 옥보玉寶, 금보金寶, 제문祭文 등을 옮기는 데 쓰이는 작은 가마를 가리킨다. 누런 지붕을 한 정자와 같은 형태를 하고 있으며, 대개 8명의 가마꾼이 지도록 되어 있다. 향용정은 용향정龍香亭이라고도 한다.

동 용향정龍香亭

예문 百官箋文致詞表裏及諸道箋文所盛函袱香龍亭前導細仗香爐香盒各差備人儀仗輿輦陳列(상호1787/030ㄴ01~02)

색인 (가례1696/161ㄱ02)(가례1718/160ㄴ10)(가례1718/162ㄱ10)(가례1802/상138ㄴ11)(가례1802/상139ㄱ06)(가례1802/상139ㄱ11)

響節【향절】 일 의

대한제국 시기 황후 의장에 사용되는 기구. 향절은 동황同黃으로 칠한 자루 위에 철우리를 달고 두석철로 만든 편전片錢 12개를 그 위에 두어 소리가 울리도록 한다. 편전에는 천하태평天下太平이라는 글귀가 있다. 황색 비단으로 그 위를 감싸고 운봉 문양을 그린다. 향절의 정頂은 나무로 만들고 금으로 장식한다. 1897년 명성황후 국장 때에 길의장吉儀狀으로 처음 제작·사용되었고 모두 6쌍, 12자루가 배치되었다.

관련1 향절우비響節雨備

예문 膠一錢炭一升柄次中竹一箇四寸釘二箇響節十二柄每柄新造所入(국장1898/234ㄴ06~07)

색인 (국장1898三/044ㄴ07)(국장1898三/081ㄱ08)(국장1898五/084ㄱ06)(국장1898三/061ㄱ09)

香亭子【향정자】 일 의

향합과 향로를 실은 가마. 국장, 추숭, 어진 관련 행사에서 국왕이나 왕비, 세자 등 왕실의 다양한 상징물이 행차할 때 사용하는 가마이다. 왕실의 상징물은 신주神主, 금책金冊, 옥책玉冊, 죽책竹冊, 금보金寶, 옥보玉寶, 어진御眞 등을 말한다. 이를 실은 가마 앞에 향합과 향로를 실은 가마를 세우게 되는데 이를 향정자라 한다.

관련1 향정자군香亭子軍, 향정자군패장香亭子軍牌將, 향정자상개香亭子上蓋, 향정자이부내배별문반장부단방석香亭子二部內排別紋半張付單方席, 향정자이부우비香亭子二部雨備, 향정자집사香亭子執事, 향정자차비관香亭子差備官

예문 一都監爲相考事貴都監關內節該所造大小輿腰彩輿香亭子輪輿等功役極爲浩大而木手老殘通(빈전1649/160ㄱ01)

색인 (가례1819/상164ㄱ11)(국장1800四/008ㄴ11)(국장1800四/120ㄴ12)(국장1800四/122ㄱ02)(국장1800四/123ㄱ03)(국장1800四/124ㄱ04)

향정자

香佐兒【향좌아】 채 의 香左兒 香座兒

향로香爐나 향합香盒을 올려놓는 데 쓰는 받침대. 사각형의 작은 탁자 모양으로 생겼으며 가래나무로 만들어 왜주칠倭朱漆을 하였다. 香左兒, 香座兒로도 표기하였다.

예문 靈座交倚一入置丁字閣香亭子一香佐兒

ㅎ

一長足兒一假家一間長十二尺高廣八尺(국장1674/164ㄴ12~165ㄱ02)

색인 (가례1696/260ㄱ11)(가례1718/253ㄱ06)(가례1718/257ㄱ10)(가례1718/281ㄱ09)(가례1802/상162ㄴ12)(가례1802/상195ㄴ05)

향좌아

香左兒【향좌아】 채 의 ☞ 香佐兒향좌아

예문 蓋雨備二浮前排揮帳雨備二浮前排以上還下長興庫長足兒一雙前排改着漆香左兒一雙前排改着漆以上還下戶曹雨具四浮新造還下長興庫靈座交倚一新備(국장1724/262ㄴ10~12)

색인 (국장1724一/262ㄴ11)(국장1724二/317ㄱ03)(국장1730二/371ㄱ04)(국장1757B一/168ㄱ03)

香座兒【향좌아】 채 의 ☞ 香佐兒향좌아

예문 箭平牀雨備一部前排仍用香座兒雨備二部厚油紙二張半及半半張長足兒雨備二部厚油紙二張半及半半張以上一房所管(국장1724/287ㄴ08~10)

색인 (가례1671/190ㄱ11)(가례1671/190ㄱ12)(가례1671/190ㄴ04)(가례1671/194ㄴ03)(가례1671/194ㄴ08)(가례1671/196ㄴ01)

香卓【향탁】 일 의 ☞ 香案향안

예문 卯時下玄宮時諸道大小奉使臣及外官各於正廳設香卓使臣在東外官在西異位重行北向跪執事者上香使臣外官俯伏哭(국장1681/078ㄴ03~05)

색인 (가례1819/상241ㄴ09)(국장1800一/094ㄴ05)(국장1800一/098ㄴ06)(국장1659一/112ㄱ12)(국장1674一/082ㄱ06)(국장1681一/078ㄴ04)

虛兒【허아】 채 건

나무판의 한 가운데를 도려낸 구멍. 건물을 장식하거나 통풍을 위한 목적으로 나무판의 가운데를 도려내 구멍을 만들기도 하는데, 이를 허아, 풍혈風穴, 또는 허혈虛穴이라 하며, 그 중에서 풍혈이라는 말이 가장 일반적으로 사용된다. 풍혈은 머름이나 평난간의 궁창부 널에 주로 만들어지며, 집을 아름답게 꾸미는 동시에 바람구멍의 역할을 한다.

관련1 허아삭虛兒槊

예문 長足兒二坐修補所入板次椵板一片裁餘木取用虛兒次薄椵板四片裁餘木取用全漆二合每漆一合五夕倭朱紅六錢魚膠一兩(국장1821/016ㄴ06~08)

색인 (가례1671/162ㄱ11)(가례1681/238ㄱ10)(가례1681/238ㄱ11)(가례1696/202ㄱ12)(가례1696/203ㄱ04)(가례1718/214ㄱ05)

獻官【헌관】 일 의

제사祭祀 때에 잔을 신위神位에 올리는 제관祭官. 초헌初獻·아헌亞獻·종헌終獻 등 3헌관三獻官이 있다. 큰 제사에서는 임금이 초헌初獻을, 왕세자가 아헌亞獻을, 영의정이 종헌終獻을 하는데, 일반 제사에서는 문무 당상관이 이를 맡아 하였다. 이때 대체로 2품 이상이 임명되었으나, 2품 이상으로 적당한 사람이 없으면 3품관도 임명되었다.

참조2 아헌관亞獻官, 종헌관終獻官, 초헌관初獻官

관련2 망예望瘞, 망예위望瘞位, 수작授爵, 집작執爵

예문 香炭一斗乙良十里內則令繕工監十里外則京畿獻官一員乙良令國葬都監郎廳預差并二員(국장1681/066ㄴ01~03)

색인 (국장1659一/065ㄱ01)(국장1659一/077

ㄴ06)(국장1659一/077ㄴ08)(국장1659一/099ㄱ04)(국장1659一/120ㄱ02)(국장1674一/063ㄴ06)

玄宮【현궁】 일 의

재궁梓宮을 안치하는 능 내부의 광중壙中. 재궁을 안치하기 위한 구덩이를 광중 또는 현궁이라 한다. 현궁을 팔 때에는 바닥에 금정기를 설치하고 능상각 안쪽 정중앙에 끈을 매달고 현철을 달아서 중심을 맞추고 판다. 광의 깊이는 10척으로 규정되어 있으나 상황에 따라 변하였다. 너비는 대관大棺[외재궁]보다 3자 정도 더 크게 하였다. 조선 시대 능제陵制는 초기에는 고려 시대의 유풍을 이어받아 석곽묘石槨墓를 사용하였지만 세조대 이후 회격묘灰隔墓로 바뀌었다. 회격묘는 지면 아래에 광壙을 파고 목곽을 안치한 다음에 석회石灰, 세사細沙, 황토黃土를 섞은 삼물三物로 관곽 주위를 다진 후 흙으로 봉토한 무덤을 가리킨다.

예문 大行王初虞祭返虞後設行於魂殿事已爲啓下矣玄宮封鎖後題虞主於吉帷宮立主奠畢仍爲隨時返虞而路由弘化門之意知委擧行何如(국장1757/022ㄴ08~10)

색인 (국장1659一/041ㄴ12)(국장1659一/093ㄱ10)(국장1659一/116ㄴ03)(국장1659一/116ㄴ11)(국장1659二/035ㄱ02)(국장1674一/006ㄱ12)

玄冕【현면】 일 복

고대 중국의 예복禮服. 중국에서 간략한 제사[小祀] 때 천자天子는 면복冕服을 입고 제사를 돕는 대부大夫는 현면玄冕을 입었다. 현면은 면관冕冠을 쓰고 중단中單, 현의玄衣, 훈상纁裳을 입는 차림으로, 의衣에는 장문章紋이 없고 상裳에는 불문黻紋 한 가지만 했다.

예문 熙運東方大啓辰肇開鴻業又壬申珠衡玉斗惟天縱玄冕黃收儼聖眞元氣養成承往哲斯文永賴惠來人皇王千古云誰似湯敬文純在檢身三朝未洎百牢養廿載悲(국장1800/100ㄱ10~12)

색인 (추숭1776/029ㄴ10)

玄武旗【현무기】 일 의

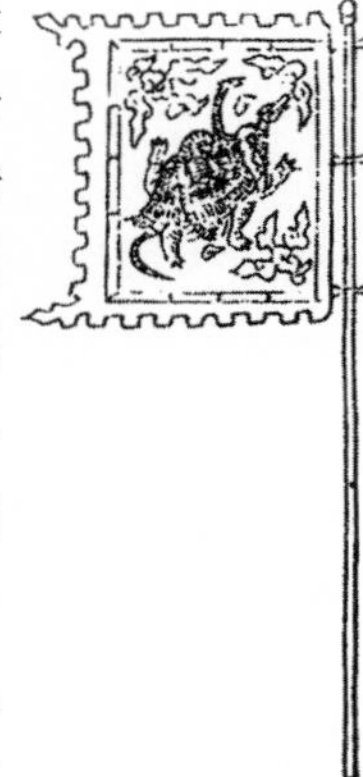
현무기

조선 시대에 군기인 대오방기大五方旗의 하나. 진영陣營의 뒷문에 세워 후군·후영後營·후위後衛를 지휘한 사각기四角旗이다. 검정 바탕에 뱀이 거북을 감고 있는 모양과 청·홍·황·백의 구름무늬가 그려져 있고, 백색 화염각火炎脚이 달려 있다. 영두纓頭·주락朱駱·장목이 달려 있는데, 기폭은 견絹을 사용하였다. 대가大駕·법가法駕의 노부鹵簿 등에도 현무기를 사용하였다.

참조1 주작기朱雀旗, 청룡기靑龍旗

예문 金鐙子二雙哥舒捧二雙白鶴旗一件玄鶴旗一件碧鳳旗一件玄武旗一件青龍旗一件白虎旗一件朱雀旗一件銀馬機一件以上修補紅蓋一雙(상호1827/165ㄱ11~ㄴ01)

색인 (국장1659二/039ㄴ04)(국장1659二/068ㄴ05)(국장1659二/073ㄱ12)(국장1674二/022ㄴ12)(국장1674二/025ㄱ08)(국장1674二/044ㄱ02)

玄色冒緞【현색모단】 일 복

검붉은 빛의 견직물. 모단은 중궁전 법복의 하피霞帔에 사용되는 직물로 주자직朱子織으로 제직된 단층의 문단이며 조선 시대에 중국에서 유입된 단직물 중 하나이다. 바닥은 경주자 조직으로 짜고 무늬는 위주자 조직으로 짜서 단층으로 무늬를 나타낸다. 『국혼정례國婚定例』에 의하면 납징 때 속백과 관련하여 왜주홍칠속백함에 현색모단玄色冒緞 세 필과 훈색광적 두 필을 넣었다.

참조1 모단冒緞, 아청모단鴉青冒緞

예문 手巾綿紬三尺五寸紫的廣織四尺內二尺五寸實入一尺五寸初不捧藍廣織一尺內七寸實

ㅎ

入三寸初不捧玄色冒緞三疋纁色廣織二疋白細苧布七十三尺六寸(예장1762/038ㄴ05~06)

색인 (가례1762/상011ㄱ08)(가례1802/상017ㄱ05)(가례1802/상139ㄴ01)(가례1802/상170ㄱ08)(가례1819/상013ㄱ04)(가례1819/상132ㄱ04)

玄色紋大段【현색문대단】 일 복

중국에서 생산된 문양이 있는 검붉은 색 비단. 영·정조 때에 검붉은 색의 구름무늬를 수놓은 중국산 비단인 현색운문대단玄色雲紋大緞을 가례 품목으로 사용하였다. 대단은 한단漢緞이라고도 한다.

참조1 남대단藍大段, 남운문대단藍雲紋大緞, 남화문대단藍花紋大段, 다홍대단多紅大段, 다홍운문대단多紅雲紋大段, 대홍운문대단大紅雲紋大緞, 아청운문대단鴉青雲紋大段, 아청화문대단鴉青花紋大段, 유록운문대단柳綠雲紋大緞, 유청대단柳青大段, 초록대단草綠大緞, 초록운문대단草綠雲紋大緞, 침향운문대단沈香雲紋大段, 현색운문대단玄色雲紋大緞, 황대단黃大緞, 훈색문대단纁色紋大緞, 훈색운문대단纁色雲紋大緞

참조2 대단자大緞子, 진홍대단광대眞紅大緞廣帶

예문 常綿子三十斤細玉珠一兩玄色紋大段三百九尺二寸草綠冉紬十疋白吐紬三十二疋(가례1718/189ㄴ05~07)

색인 (가례1671/071ㄴ03)(가례1671/072ㄱ08)(가례1671/136ㄴ03)(가례1681/031ㄴ05)(가례1681/032ㄱ03)(가례1681/120ㄴ03)

玄色紋綃【현색문초】 일 복

조선 시대 문무백관들의 조복朝服·제복祭服에 사용되는 생사生絲로 짠 문양이 있는 얇고 검붉은 색 비단. 초綃는 생사生絲로 짠 얇은 비단의 총칭으로 조선 시대 문무백관들의 조복朝服·제복祭服의 옷감으로 사용되었다. 현색초玄色綃와 훈색초纁色綃는 가례 때 정친 예물定親禮物로 사용하였다. 홍초紅綃는 흑칠중함黑漆中函의 안 싸개용으로 사용되었다. 자적초紫的綃는 중궁전 법복中宮殿法服 밑에 착용하는 겹저고리[裌赤古里] 감으로 사용되었다.

참조1 남초藍綃, 대홍초大紅綃, 백초白綃, 아청유문초鴉青有紋綃, 자적초紫的綃, 중층홍초中層紅綃, 중층흑초中層黑綃, 초록초草碌綃, 홍초紅綃, 훈색초纁色綃, 흑초黑綃

참조2 백초白綃, 쌍문초雙紋綃, 훈초纁綃

예문 一定親禮物本房郎廳親領進排于嬪父母家玄色紋大段貳疋玄色紋綃代黑禾段貳疋眞粉拾兩纁色綃貳疋(가례1727/114ㄴ05~07)

색인 (가례1696/104ㄴ07)(가례1718/115ㄴ05)

玄色雲紋緞【현색운문단】 일 복

구름무늬가 놓인 검붉은 색 비단. 운문단은 철릭, 저고리, 곤룡포와 같은 의복과 각종 보자기를 만드는 데 두루 쓰였다.

참조1 아청운문단鴉青雲紋緞, 남운문단藍雲紋緞, 다홍운문단多紅雲紋緞, 대홍운문단大紅雲紋緞, 백운문단白雲文緞, 진홍운문단眞紅雲紋緞, 초록운문단草綠雲紋緞, 홍운문단紅雲紋緞, 훈색운문단纁色雲紋緞

예문 本房禮物玄色雲紋緞纁色雲紋緞(가례1866/상269ㄱ07~09)

색인 (가례1819/상236ㄱ01)(가례1866/상269ㄱ08)

玄色雲紋大緞【현색운문대단】 일 복

구름무늬를 넣어 짠 검붉은 색의 두꺼운 비단. 영·정조 때에 검붉은 색의 구름무늬를 수놓은 중국산 비단인 현색운문대단玄色雲紋大緞을 가례 품목로 사용하였다. 대단은 한단漢緞이라고도 한다.

참조1 남운문대단藍雲紋大緞, 다홍운문대단多紅雲紋大段, 대홍운문대단大紅雲紋大緞, 아청운문대단鴉青雲紋大段, 유록운문대단柳綠雲紋大緞, 유청대단柳青大段, 초록대단草綠大緞, 초록운문대단草綠雲文大段, 초록운문대단草綠雲紋大緞, 침향운문대단沈香雲紋大段, 훈색운문대단纁色雲紋大緞

참조2 남색운문대단藍色雲紋大緞, 다홍운문대단多

紅雲紋大緞

예문 玄色雲紋大緞一匹纁色雲紋大緞一匹(가례1762/014ㄱ01~02)

색인 (가례1762/상013ㄴ12)(가례1762/상014ㄴ01)(가례1802/상025ㄴ06)(가례1802/상026ㄱ11)(가례1802/상064ㄱ12)(가례1802/상065ㄴ06)

玄色禾緞【현색화단】 일 복

곡식 문양을 그린 검붉은색 비단. 가례 때 정친 예물定親禮物로 쓰였는데 『영조정순왕후가례도감의궤英祖貞純后嘉禮都監儀軌』에 현색운문대단 대신 현색초玄色綃 2필, 훈색운문대단 2필 대신 훈색초纁色綃 2필, 현색화단玄色禾緞이라는 기록이 있다.

예문 玄色禾緞二匹纁色綃二匹大紅吐紬五匹草綠吐紬五匹黃吐紬五匹(가례1802/065ㄴ09~11)

색인 (가례1762/상014ㄱ02)(가례1762/상014ㄴ03)(가례1802/상025ㄴ08)(가례1802/상026ㄴ01)(가례1802/상064ㄴ02)(가례1802/상065ㄴ08)

懸柱【현주】 일 건

현동자懸童子의 다른 표기로 추정. 들보 위에 세우는 짧은 기둥을 동자 기둥이라 하는데 이는 동자주童子柱로 표기되기도 하고, 끝의 주柱가 생략된 채 동자童子로 표기되기도 한다. 동자주童子柱가 동자童子로도 쓰이듯이 현주懸柱는 현동자懸童子의 동자가 생략된 표기로 추정된다. 단, 현주박철철사주구懸柱朴鐵鐵斜柱具, 현주상박철懸柱上朴鐵 등의 기록에, 주기둥[主柱]에 연결할 때 쓰이는 것으로 추정되는 박철[쇠]이 있음을 주목하면 현주懸柱를 동자가 생략된 현동자懸童子의 표기로 단정짓기는 어려울 듯하다.

관련1 현주박철철사주구懸柱朴鐵鐵斜柱具, 현주상박철懸柱上朴鐵

예문 大甘佐非四箇每一箇朴只一寸廣頭釘十八箇式合七十二箇懸柱圍圓四尺二寸大甘佐非二箇每一箇朴只一寸五分廣頭釘二十八箇式合五十六箇懸柱二尺(국장1674/188ㄱ08~10)

색인 (가례1718/251ㄱ11)(국장1800二/057ㄴ02)(국장1800二/059ㄱ12)(국장1800二/065ㄱ02)(국장1800二/065ㄱ08)(국장1800二/065ㄴ01)

玄酒【현주】 일 의

제사에 사용하는 맑은 물. 『국조오례서례國朝五禮序例』에 의하면 제사 때 술독을 얹어두는 존상尊床에는 술 외에도 현주와 명수明水를 준비하였다. 현주와 명수는 인간이 술을 알기 전 아득한 옛날에 신에게 바치던 맑은 물을 가리킨다. 『예기禮器』에서는 술을 사용한 이후에도 이렇게 현주를 두는 이유를 애초의 근본을 망각하지 않기 위해서라고 하였다. 『국조오례서례國朝五禮序例』에는 명수明水는 이彝 또는 존尊이라 이름하는 그릇에 담아 울창주鬱鬯酒, 예제醴齊, 앙제盎齊 등의 술과 짝하여 진설하고, 현주는 뇌罍라는 그릇에 담아 청주淸酒와 짝하여 진설하도록 되어 있다.

예문 國恤教是時酒三升醴三升亦爲埋安矣今番則醴仍舊淸酒代以玄酒事定奪教是如乎進排衙門知此擧行爲乎(국장1757/007ㄴ11~12)

색인 (국장1724二/228ㄴ12)(국장1757B一/017ㄴ12)(국장1757B一/018ㄴ10)(국장1757B二/009ㄱ01)(국장1776一/020ㄱ03)(국장1821二/152ㄱ01)

玄鶴旗【현학기】 일 의

조선 시대 의장기儀仗旗의 하나. 흰색 바탕의 사각기四角旗로 검은 학과 청·적·황·백의 구름무늬가 그려져 있고, 백색의 화염각火炎脚이 달려 있다. 대가 노부大駕鹵簿·법가 노부法駕鹵簿·소가 노부小駕鹵簿, 어장御葬 등에 사용하였다. 천하태평기天下太平旗가 중앙에 서고, 다음으로 현학기 한 개가 왼편에 서고, 백학기白鶴旗 한 개가 오른편에 선다. 기 바탕은 백주白紬, 화염각火焰脚과 영자纓子는 홍주紅紬, 깃은 흑주黑紬를 쓴다.

참조1 가구선인기駕龜仙人旗, 각단기角端旗, 고자기

鼓字旗, 군왕천세기君王千歲旗, 금자기金字旗, 백택기白澤旗, 벽봉기碧鳳旗, 삼각기三角旗, 영자기令字旗, 현무기玄武旗, 홍문대기紅門大旗, 황룡기黃龍旗, 후전대기後殿大旗

현학기

참조2 백호기白虎旗

예문 石紫黃七分眞粉三兩紅眞絲六分修補所入三角旗二角端旗二龍馬旗二玄鶴旗一白鶴旗一旗葉改備每件所入(국장1834/138ㄴ02~04)

색인 (가례1627/068ㄱ04)(가례1627/092ㄱ06)(국장1800二/163ㄱ05)(상호1827二/023ㄴ02)(상호1827二/024ㄱ07)(상호1827二/040ㄱ11)

夾裙【겹군】 채 복 裌裙

겹으로 만든 치마. 조선 전기 왕비·왕세자빈의 법복法服인 적의翟衣 차림을 구성하는 복식 품목의 하나로 『인조장렬후가례도감의궤仁祖壯烈后嘉禮都監儀軌』에 보면 적의는 대삼·배자·단삼·말·군·하피·옥대·패옥·대대·규·적말·적석으로 구성되어 있다. 이 중 군裙은 꽃무늬의 검푸른색 비단[花紋鴉青匹段]을 가지고 겹으로 만들었다. 겹군[裌裙]으로도 표기하였다.

夾大衫【겹대삼】 채 복 裌大衫

예복 포袍. 조선 전기 왕비·왕세자빈의 법복法服인 적의翟衣 차림을 구성하는 복식 품목의 하나이다. 『인조장렬후가례도감의궤仁祖壯烈后嘉禮都監儀軌』에 보면 적의는 대삼·배자·단삼·말·군·하피·옥대·패옥·대대·규·적말·적석으로 구성되어 있다. 이 중 대삼의 재료가 대홍색의 필단 1필에 안감은 대홍색 필단 5척 5촌으로 기록된 것으로 보아 홑옷에 안감용 옷감으로 단처리만 마무리한 것으로 보인다. 대삼은 중국 명明의 친왕비나 군왕비의 예복禮服이었으며, 황후나 황태자비의 상복常服이었다. 중국에 비해 두 등급을 낮춘 이등체강원칙二等遞降原則에 따라 명의 군왕비복을 조선 왕비의 예복으로 사여받아 입었다.

協律郎【협률랑】 일 의

나라의 제향祭享이나 진연進宴 때에 음악의 진행을 맡았던 벼슬. 종묘·제향을 담당하는 봉상시奉尙寺의 정7품의 협률랑은 음악을 연주하는 일을 담당한 관원이고, 2명이 정원이었다. 종묘 배알을 할 때의 의식 절차에 의하면 통례문이 협률랑의 자리를 전계殿階 위 서쪽 가까이 동향하여 설치하였다.

예문 政門當中南向設寶案於座前近東香案二於階上左右掌樂院展軒懸於庭近南北向陳而不作設協律郎擧麾位於西階下近西東向(빈전1659/013ㄱ11~ㄴ01)

색인 (빈전1659/013ㄱ12)(빈전1659/013ㄴ03)(빈전1834一/092ㄴ03)(빈전1834一/092ㄴ06)(존숭1739/050ㄴ11)(존숭1866/033ㄱ07)

鞋【혜】 일 복

가죽이나 풀, 삼베, 포백, 종이, 나무 등으로 만드는 운두가 낮은 신. 우리나라는 화靴와 혜鞋의 만듦새가 각기 다르지만 화라 부르기도 하고 혜라 부르기도 한다. 신을 만드는 재료에 따라 흑피혜黑皮鞋, 분투혜分套鞋, 사피혜, 피초혜皮草鞋, 태사혜太史鞋, 당혜唐鞋, 운혜雲鞋, 마혜麻鞋 등으로 구분되는데, 남녀신분에 따라 달리 신었다.

참조1 운혜雲鞋

참조2 궁혜弓鞋, 당혜唐鞋, 마혜麻鞋, 분투혜分套鞋, 사피혜, 태사혜太史鞋, 피초혜皮草鞋, 흑피혜黑皮鞋,

예문 行司僕正以祭服隨駕攔後禁軍排立板前屛門前路爲之正輦陪常時雲鞋今番用麻鞋輦輿立於政院班列之前路祭所只諸司預備擧行交龍旗國葬都監班隨行(국장1757A/041ㄱ04~06)

색인 (가례1627/060ㄱ13)(가례1627/060ㄴ14)

(가례1696/088ㄴ11)(예장1989一/051ㄱ10)(부묘1859/120ㄱ12)(국장1834二/168ㄴ05)

鞋兒【혜아】 일 복

궁궐의 잔치[禮宴正殿]에서 기녀들이 신는 붉은색 비단으로 만든 신. 혜자鞋子라고도 한다. 『조선왕조실록朝鮮王朝實錄』 세종 31년(1449)에 양반 부녀자와 여기女技는 사라능단紗羅綾緞으로 만든 혜鞋를 사용하게 한 기록이 있다. 『다산시문집茶山詩文集』에 공복公服에는 수혜자水鞋子를 신고 비가 올 때에는 유혜자油鞋子를 신는다는 구절도 있다.

동 혜자鞋子

참조2 수혜자水鞋子, 유혜자油鞋子

예문 一本房所掌尙宮侍女所着靑箱笠鞋兒黑角簪函等所入物力依謄錄後錄爲去乎依此進排事各該司良中捧甘何如堂上手決內依(가례1727/104ㄱ04~06)

색인 (가례1718/152ㄱ05)(가례1718/152ㄴ12)(가례1802/상167ㄱ04)(가례1819/상154ㄴ09)

鞋氈【혜전】 일 복

혜鞋의 밑바닥에 대는 모직물. 혜鞋는 앞뒤가 뾰족하고 활처럼 휘어져서 발가락과 발꿈치가 들어가지 않으면 땅에 닿지 않으니, 이른바 궁혜弓鞋이며 우리나라는 화靴라 부르기도 하고 혜鞋라 부르기도 한다. 모두 베나 비단으로 만든다. 모전毛氈은 어저귀의 털을 풀에 섞어 길이와 너비가 반 발쯤 되게 만들어 벽에 걸어 놓았다가 신발이 떨어지면, 베어서 신발 밑바닥에 대어 신는다.

동 궁혜弓鞋

참조1 묵전墨氈, 백모전白毛氈, 백전白氈, 삽혜靸鞋, 우모전牛毛氈, 홍모전紅毛氈, 홍전紅氈, 황전黃氈, 흑모전黑毛氈, 흑전黑氈

참조2 당혜唐鞋

예문 表石內入件十件烏榻所入毛面紙三卷白紙五卷眞墨二同鞋氈一浮半白蠟半斤白木兩尺上下爲只爲手決內依同日(국장1890/023ㄱ05~07)

색인 (국장1890四/023ㄱ02)(국장1890四/023ㄱ06)(국장1890四/027ㄴ05)(국장1898五/017ㄱ03)(국장1898五/017ㄱ07)

護匣【호갑】 일 의

보록寶盝을 담았던 갑. 시호諡號를 새긴 시보諡寶를 넣어 보관하는 통을 보통寶筒이라고 하는데, 보통은 다시 보록寶盝에 넣어 두었다. 이 보통과 보록을 인주印朱를 넣은 주통朱筒, 주록朱盝과 짝을 이루어 호갑護匣에 담아 보관하였다. 갑의 겉은 검정색 웅피熊皮를 사용하고 안에는 백마피白馬皮를 사용하였다. 장식은 금은으로 번갈아 입사入絲하여 사용하였다.

참조1 보통寶筒, 호갑장護匣匠

예문 取考謄錄則諡寶護匣自前必以宗廟上前排奉審見樣後造作爲如乎(국장1684/128ㄱ03~04)

색인 (가례1627/112ㄴ03)(가례1627/113ㄱ05)(가례1627/113ㄱ11)(가례1627/113ㄱ13)(가례1627/113ㄴ02)(가례1671/207ㄴ03)

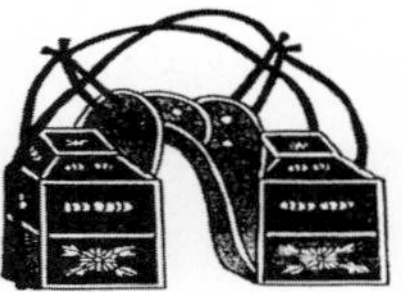

호갑

護匣匠【호갑장】 일 건

호갑을 만드는 장인. 호갑은 인주합印朱盒을 넣는 갑인데 쇠붙이나 가죽으로 거죽을 장식하여 만든다.

참조1 호갑護匣

예문 穿穴匠朴一龍入絲匠安善一磨造匠李大云李得立伊川護匣匠孫孝吉丁貴善金承李趙己善鞍子匠兪戒興漆匠柳㖓山兪順吉柳㖓卜(국장1903/178ㄱ08~10)

색인 (가례1671/218ㄱ12)(가례1671/223ㄱ05)

(가례1681/285ㄴ10)(가례1681/317ㄴ05)(가례1696/065ㄱ11)(가례1696/263ㄴ06)

號衣【호의】 일 복

뒤허리 아래쪽으로 길게 트인 조끼형의 상의上衣. 각 군영의 초관哨官 이하 군사들에게 많이 착용되었던 복식이다. 호의號衣는 방색方色으로 제작되어 소속을 구분하였다. 즉 길, 깃, 동정의 색色을 달리하여 각자의 소속을 나타내었는데 동정의 색은 소속된 부部를, 깃의 색은 사司를, 길의 색은 초哨를 표시하였다. 더그레[加文刺]와 같은 말이다.

참조1 더그레加文刺

예문 一扶靈輿砲殺手一百名令訓鍊都監將官率領扶靈輿將眼同以白號衣頭巾分左右侍衛爲白乎矣返虞敎是時乙良紅色號衣爲白齊(국장1720/077ㄱ10~12)

색인 (국장1674一/055ㄱ06)(국장1674一/056ㄴ06)(국장1674一/056ㄴ08)(국장1681一/045ㄱ01)(국장1681一/046ㄱ08)(국장1701一/077ㄴ12)

魂殿【혼전】 일 의

왕과 왕비의 국장에서 시신을 산릉에 안치한 후 부묘 때까지 신주를 모시는 전각. 왕릉에 시신을 안치한 이후 왕 또는 왕비의 신주를 봉안하고 제향을 베푸는 곳을 혼전이라 한다. 발인 전에 혼전으로 사용할 곳과 전호殿號를 정하여 준비한다. 혼전의 구성을 살펴보면 다음과 같다. 먼저 어탑御榻을 설치하고 그 위에 당가唐家를 설치한다. 어탑 위에 교의交椅를 설치하여 신주를 함에 넣어 보관한다. 당가 앞 쪽에 대제상大祭床을 설치하고 그 앞에 향안香案을 둔다. 향안 앞에 울창주를 뿌리는 관지통灌地筒을 만들고, 당가 좌우에 청개靑蓋와 홍개紅蓋, 봉선鳳扇과 작선雀扇을 설치한다. 혼전에는 아침저녁으로 곡哭을 하고 음식을 올리며 우제虞祭, 졸곡卒哭, 연제練祭, 상제喪祭, 담제禫祭, 삭망전朔望奠, 사시제四時祭, 납향臘享 등의 제향을 올린다. 담제 후 신주를 종묘에 부묘한 이후에 혼전은 폐지한다.

참조1 납향臘享, 담제禫祭, 연제練祭, 졸곡卒哭

참조2 당가唐家, 사시제四時祭, 삭망전朔望奠, 상제喪祭, 우제虞祭

관련1 혼전도감魂殿都監, 혼전소魂殿所

예문 設於丁字閣是遣返虞敎是時自丁字閣受出排設於晝停所後卽爲入排於魂殿之意分付何如手決內依(국장1890/058ㄱ10~11)

색인 (국장1659一/028ㄴ07)(국장1659一/031ㄴ10)(국장1659一/071ㄱ11)(국장1659一/071ㄱ11)(국장1659一/072ㄱ11)(국장1659一/094ㄴ01)

魂殿都監【혼전도감】 일 의

국상을 마치고 종묘에 입향할 때까지 신위를 모시는 혼전魂殿을 관리하는 임시 기구. 혼전魂殿을 만들 때는 혼전도감이라는 특별 기구를 설치하여 혼전에 관한 업무를 맡도록 하였다. 여기서는 혼전을 상대로 내린 임금의 교지, 각 부처 간의 공문 조회, 의식 절차의 협의, 경비의 수지, 물품의 수출, 상벌, 의궤 등을 처리하였다. 그러나 대부분은 빈전도감이 혼전에 관한 업무까지 함께 담당하였다.

참조1 도감都監, 의궤儀軌

관련1 혼전도감의궤魂殿都監儀軌

예문 丁丑四月日魂殿都監爲相考事梓宮結裹時所用輪臺板等物自貴都監造作待令是如乎今亦依此擧行向事(국장1757/208ㄱ02~04)

색인 (국장1659一/030ㄱ01)(국장1659一/126ㄱ09)(국장1659一/177ㄱ02)(국장1659一/177ㄱ04)(국장1659一/179ㄴ03)(국장1659一/182ㄴ02)

笏【홀】 일 복

문무백관들이 제복祭服이나, 조복朝服, 공복公服을 착용할 때 손에 쥐는 것. 원래 왕 앞에서 교명敎命이나 계백啓白을 적기 위한 용도였으나 점차 의례적인 것이 되었다. 고려 시대는 성종成宗 원년에 백관의 홀제笏制가 성립되었고, 조선 시대는 태조 원년에 문무백관들이 제복, 조복, 공복 착용 시 품계에 따른 홀 사용에 대한 규정이 있었는데 1품에서 4품까지는 상아홀[牙笏]을 들고, 5품에서 9품까지는 목홀木笏을 든다.

예문 世子宮入達笏記五十件每件衣次藍禾花紬長六寸廣二寸(가례1819/164ㄱ02~03)

색인 (가례1866/상246ㄱ08)(가례1866/상246ㄱ08)(존숭1624A二/034ㄱ08)(존숭1624A二/034ㄱ08)(존숭1624A二/034ㄴ02)(존숭1624A二/037ㄱ08)

紅輕光紬【홍경광주】 일 복

붉은색 경광주. 경광주는 주로 진상용 책의 표지나 의복에 사용한 평직平織으로 제직한 견직물로 영·정조 때부터 보이기 시작하였다.

참조1 경광주輕光紬, 남경광주藍輕光紬, 자적경광주紫的輕光紬, 초록경광주草綠輕光紬

참조2 두록경광주豆綠輕光紬, 백경광주白輕光紬, 분홍경광주粉紅輕光紬, 생경광주生輕光紬

예문 紫的綃二十五尺白熟綃八尺六寸四分紅輕光紬一百五十二尺用還秩(국장1776/049ㄱ07~09)

색인 (가례1802/상061ㄴ02)(가례1802/상061ㄴ05)(가례1802/상064ㄴ05)(가례1802/상065ㄱ08)(가례1802/상066ㄱ06)(가례1802/상066ㄴ12)

紅貢緞【홍공단】 일 복

의대衣襨의 겉감과 보로 쓰인 붉은색의 주자직朱子織 견직물. 공단은 직문 되지 않은[천의 겉면이 날실로 덮인 수자繻子 조직] 경주자 조직으로 광택이 좋고 화려하다. 문양과 색상에 따라 이름이 다양하다.

참조1 중층다홍공단中層多紅貢緞, 진홍공단眞紅貢緞

예문 紅紬袱二件四幅一內裹五幅一外裹以上尙衣院壙中棺衣三重初綠貢緞次藍貢緞三紅貢緞內造函一部紅眞漆竝內外紅袱尙衣院(빈전1921/031ㄴ06~08)

색인 (가례1866/하019ㄱ08)(국장1800三/044ㄴ06)(국장1800三/045ㄱ08)(국장1800三/073ㄴ12)(국장1878一/016ㄱ11)(국장1878一/016ㄱ12)

紅廣的【홍광적】 일 복

홍색의 폭이 넓은 견직물. 홍광적은 보록寶盝[보통(寶筒)을 담은 통]의 안[內]을 바르는 데 주로 쓰였다.

참조1 다홍광적多紅廣的, 대홍광적大紅廣的, 초록광적草綠廣的, 훈색광적纁色廣的

예문 上曰依前安徐可也又所啓册寶內袱例以紅廣的爲之而旣有禁令當以雲紋緞代用故敢達(상호1772/014ㄴ11~015ㄱ01)

색인 (가례1866/하019ㄴ07)(국장1800四/029ㄴ06)(국장1800三/028ㄴ09)(국장1800三/028ㄴ10)(국장1800三/029ㄱ09)(국장1800三/029ㄱ12)

紅錦緞【홍금단】 일 복

옷이나 이불을 만드는 데 쓰는 붉은색 고급 비단. 홍금단紅錦緞은 황제의 친척 부녀가 착용하는 색상이 선명하고 화려한 붉은 비단을 말하며 옷이나 이불을 만드는 데 쓰였다. 숙종 때에는 수보관의繡黼棺衣[도끼 모양을 수놓은 관의, 구의(柩衣), 출관(出棺)할 때 관 위에 덮는 베]를 만드는 데 금단錦緞을 사용하였다. 금단은 붉은 바탕[赤地]으로 된 품질이 좋은 비단을 뜻한다. 금단안식錦緞案息은 금단으로 만들고 앉을 때 몸을 기대는 방석을 말한다. 錦緞은 錦綿으로도 표기하였다.

참조1 구의柩衣

관련1 금단안식錦緞案息

紅藍雲紋紗【홍남운문사】 일 복

구름무늬가 놓인 홍색과 쪽빛의 가벼운 비단. 사紗는 생사로 발을 살핏하게 짠 비단으로 얇고 가볍다. 운문사의 문양인 구름무늬는 다른 길상무늬와 결합되어 쓰이며 자적운문사는 자주색으로 짜인 익경 견직물이다. 두 가닥의 날실 중 한 가닥은 직선상으로 씨실과 교차하나, 다른 한 가닥의 날실은 규칙적으로 씨실을 얽어매면서 짜인다. 여름철의 어의御衣 감으로 운문사雲紋紗가 쓰였다.

참조1 남사藍紗, 남운문사藍雲紋紗, 다홍유문사多紅有紋紗, 자적운문사紫的雲紋紗, 홍운문사紅雲紋紗

예문 明油橫看庭試落幅紙紅扇子紙紅藍雲紋紗藍眞絲朱紅眞絲紅麻絲豆錫(가례1866/하096ㄱ10)

색인 (가례1866/하096ㄱ09)

紅藍眞絲【홍남진사】 일 복

홍색, 남색[쪽빛]의 명주실. 각색 옷감의 바느질용으로 쓰였다. 『조선왕조실록朝鮮王朝實錄』에 태종 17년(1417) 양잠을 장려하면서 전라도, 풍해도[황해도]의 채방판관採訪判官이 황진사, 백진사 및 누에고치를 바쳤다는 기록이 있다. 따라서 진사眞絲는 조선시대 초기 혹은 그 이전부터 사용된 것으로 보인다.

참조1 남진사藍眞糸, 남진사藍眞絲, 남홍황진사藍紅黃眞絲, 다홍진사多紅眞糸, 다홍진사多紅眞絲, 대홍진사大紅眞絲, 백진사白眞絲, 아청다홍진사鴉靑多紅眞絲, 아청진사鴉靑眞絲, 오색진사五色眞絲, 유청진사柳靑眞糸, 유청진사柳靑眞絲, 자적남진사紫的藍眞絲, 자적남홍진사紫的藍紅眞絲, 자적진사紫的眞絲, 조족백진사鳥足白眞絲, 주홍진사朱紅眞絲, 청진사靑眞絲, 청진사靑眞糸, 초록진사草綠眞絲, 흑진사黑眞絲

예문 蓋兒之次五色雲緞各二寸同三之次三色雲緞各一寸紅藍眞絲各三分大貼金二貼回繩裏次紅鼎紬二尺回繩次紅鄕絲一兩金牋紙次紙金四(국장1834/146ㄴ07~09)

색인 (국장1800三/029ㄴ12)(국장1800三/037ㄱ09)(국장1800二/077ㄱ12)(국장1898四/034ㄱ03)(국장1898四/042ㄴ08)(국장1898三/011ㄱ04)

紅藍禾紬【홍남화주】 일 복

홍람화紅藍花[잇꽃]로 붉게 염색하여 침구나 옷을 만드는 데 쓰인 품질이 좋은 비단. 홍남은 잇꽃을 뜻하는데, 잇꽃은 붉은색 물감인 연지를 만드는 원료로 쓰인다. 화주禾紬는 상등품의 견사絹紗를 사용하여 평직平織으로 제직하였으며, 침구나 옷을 만드는 데 사용하는 지질이 치밀하고 촉감이 부드러운 품질이 좋은 비단이다. 화화주禾花紬는 각실各室 외면外面의 장帳을 사용使用하였고, 화주禾紬는 각실各室의 면장面帳을 수개修改할 때에 사용하였다.

참조2 반화주班禾紬, 수주水紬, 수화주水禾紬, 초록화주草綠禾紬

洪道介【홍두깨】 채 건 紅道介 紅都叱介 弘道介 橫搗介 長洪都介 橫道介

빨래한 옷감을 감아서 다듬이질할 때 쓰는, 단단한 나무로 만든 도구. 종류로는 장홍두깨長洪都介가 보인다. 홍두깨는 의궤에서 洪道介 외에 紅道介 紅都叱介 弘道介 橫搗介 長洪都介 橫道介 등 다양하게 표기되었다. 지붕기와 잇기를 할 때 수키와 밑에 까는 진흙을 홍두깨흙이라고도 하는데, 대부분의 의궤 자료에서 橫道介次朴橽木으로 제시하고 있어 도구 홍두깨임을 확인할 수 있다.

참조2 장홍두깨長洪都介

예문 斜木鐙鐵十二赤貼四草葉又丁二十曲丁十九道乃又丁三十六洪道介中山支七欄干機頭排目菊花童具二機木圓環排目菊花童具四(국장1776/225ㄴ09~11)

색인 (가례1671/015ㄱ07)(가례1681/328ㄴ03)(가례1681/333ㄴ03)(가례1696/015ㄴ12)(가례1718/022ㄴ06)(가례1866/하122ㄱ02)

弘道介【홍두깨】 채 건 ☞ 洪道介홍두깨

예문 表石運入大廳時所用弘道介十介內五介前排仍用五介所入每介中條里木三尺竹散馬假家加造三間所入(국장1757/191ㄴ07~09)

색인 (국장1757/191ㄴ08)

紅道介【홍두깨】 채 건 ☞ 洪道介홍두깨

예문 大自作板紅道介仇彔之板小朴橽木厚正

板足次小條里木朴只四寸頭丁(가례1866/하086ㄴ05~08)

색인 (가례1866/하086ㄴ06)

紅都叱介【홍두깨】 찬 건 ☞ 洪道介홍두깨

예문 茶食板紅都叱介仇彔之板竝大斗之鎖鑰(가례1819/상039ㄱ07~09)

색인 (가례1681/292ㄱ11)(가례1866/상037ㄱ10)(가례1866/하030ㄴ11)(가례1866/하048ㄱ05)(가례1866/하082ㄱ01)(가례1802/상056ㄴ09)

紅綾【홍릉】 일 복

붉은색의 얇은 비단. 능綾은 평직과 능직이 조합되어 무늬가 나타나며 아름답고 광택이 은은할 뿐만 아니라 얼음같이 매끈하다. 주로 옥책문玉册文이나 장책粧册에 들어가는 물품으로 쓰였다.

참조1 남릉藍綾, 화문백릉花紋白綾

예문 梓宮長生殿紅綾二十五尺褙貼次草綠三尺褙貼次已上濟用監長生殿次知(빈전1649/122ㄴ04~06)

색인 (가례1681/296ㄴ01)(가례1681/296ㄴ12)(가례1681/300ㄱ02)(가례1681/300ㄴ10)(가례1681/301ㄴ03)(가례1681/302ㄱ11)

紅亇條【홍마조】 찬 의 음

궁중 혼례 때 동뢰연상에 올렸던 것으로 붉은색을 띠는 막대 모양의 과자. 밀가루에 꿀[膠淸]과 지초芝草를 우려낸 기름을 식혀서 넣고 반죽한 다음, 네모지고 긴 막대 모양으로 썰어 지초芝草를 우려낸 참기름에 지진다. 지져 낸 것을 꿀에 담갔다가 꺼내어 완전히 식으면 사분백미沙粉白米 고물에 묻힌다. 1906년 가례에서는 교청膠淸 대신 청淸으로 하였다. 홍紅은 지초芝草를 우려내어 띠게 된 과자의 색깔을 가리키며 마조亇條는 과자의 형태가 망치와 유사한 막대 모양이라 하여 붙여진 것으로 추정된다. 재료로는 상말上末, 진유眞油, 교청膠淸, 지초芝草, 출유出油, 청淸, 사분백미沙粉白米가 쓰인다.

예문 紅亇條三器式六器每器高六寸油沙亇條二器式四器每器高六寸(가례1744/213ㄱ06~07)

색인 (가례1627/042ㄴ05)(가례1627/042ㄴ13)(가례1671/144ㄴ01)(가례1696/192ㄴ05)(가례1718/206ㄴ12)(가례1718/207ㄴ08)

紅襪【홍말】 일 복

홍말

홍색의 버선. 『세종실록世宗實錄』 「오례의五禮儀」 흉례凶禮 천전의薦奠儀에 보면 홍말紅襪은 홍초紅綃로 만든다고 되어 있다. 홍말은 홍색의 비단으로 만든 버선이다. 『순조왕세자관례책저도감의궤純祖王世子冠禮册儲都監儀軌』, 『효종국장도감도청의궤孝宗國葬都監都廳儀軌』, 『현종국장도감도청의궤顯宗國葬都監都廳儀軌』, 『숙종국장도감도청의궤肅宗國葬都監都廳儀軌』, 『인원왕후국장도감이방의궤仁元王后國葬都監二房儀軌』, 『경종국장도감도청의궤景宗國葬都監都廳儀軌』, 『선의왕후국장도감의궤宣懿王后國葬都監儀軌』, 『영조국장도감도청의궤英祖國葬都監都廳儀軌』, 『정조국장도감의궤正祖國葬都監儀軌』, 『정조건릉천봉도감의궤正祖健陵遷奉都監儀軌』, 『순조국장도감의궤純祖國葬都監儀軌』, 『순조인릉천봉도감의궤純祖仁陵遷奉都監儀軌』, 『효명세자예장도감의궤孝明世子禮葬都監儀軌』 등에 기록된 홍말은 겉감은 숙홍초 2자 또는 홍저사紅紵絲로 만들었다.

참조1 흑말黑襪

참조2 말襪

예문 一本房次知服玩諸具取考謄錄則苔衣一手巾一冕一圭一衣一紅襪一裳一中單一蔽膝一佩玉一綬一大帶一方心一赤舃一內外袱等物自尙衣院造作進(국장1674/004ㄱ04~06)

색인 (국장1659二/003ㄴ04)(국장1659二/053ㄱ

10)(국장1674二/004ㄱ05)(국장1674二/032ㄱ04)(국장1702B二/008ㄱ02)(국장1702B二/089ㄱ09)

紅綿絲【홍면사】 일 복

붉은색 면사綿絲. 면사는 가례 때 요여腰輿, 유소流蘇, 홍양산紅陽繖의 속넣기용 목면실로 쓰였고 모절, 은교의銀交椅 등에도 쓰였다. 홍면사紅綿絲로 짠 직물을 홍염포라고 하고 염색 색상이나 처리 방법에 따라 청색무명青木, 남색무명藍木, 백정포白正布, 생포生布로 구분하여 썼다.

참조1 면사綿絲, 백면사白綿絲, 청면사青綿糸, 청면사青綿絲

관련1 회승홍면사回繩紅綿絲

예문 大輿雉帳領索次紅綿綠四兩三簷領索次紅綿絲四兩揮帳領索次紅綿絲四兩落纓領索次紅綿絲四兩肩輿三簷領索決紅綿絲二兩外揮帳領索次紅綿絲二兩(국장1757A/171ㄴ01~03)

색인 (가례1627/059ㄴ04)(가례1627/096ㄱ07)(가례1627/096ㄴ01)(가례1627/097ㄴ01)(가례1671/137ㄱ04)(가례1671/170ㄴ09)

紅綿布【홍면포】 일 복

붉은색 무명[木]. 재궁결과의梓宮結裹儀 때 홍면포 한 필로 대帶를 만들어 가로로 윤대판을 묶었다.

참조1 면포綿布, 백면포白綿布

예문 青染紙十張纓子次青綿布二尺縫造次青苧絲五戔大帶次紅綿布十二尺五寸燭籠衣次紅苧布二十五尺(국장1821/091ㄱ10~12)

색인 (가례1627/045ㄴ14)(가례1627/051ㄱ06)(가례1627/075ㄴ07)(가례1802/상174ㄴ02)(가례1802/상193ㄱ04)(가례1802/상201ㄴ09)

紅毛氈【홍모전】 일 복

붉은색 물을 들인 모전毛氈. 모전은 쇠 털로 짜서 만든 자리로 욕석, 장막帳幕 등에 쓰였다. 『영조정순후가례도감의궤英祖貞純后嘉禮都監儀軌』에 보통寶筒과 주통朱筒에 필요한 물품으로 홍모전이 사방 4치짜리로 1편, 견마부용 1부라는 기록이 있다. 모전은 볏집, 거적과 함께 겨울철 관을 덮거나 신발의 깔창으로도 쓰였다.

참조1 묵모전黑毛氈, 묵전墨氈, 백전白氈, 우모전牛毛氈, 혜전鞋氈, 홍전紅氈, 황전黃氈

참조2 모방석毛方席, 양모전羊毛氈, 우모전계牛毛氈契, 청색모전青色毛氈(青氈)

예문 裹大紅雲紋緞襦袱一件金箋紙紅眞絲三甲所二件具寶筒一坐內塗紅禾紬紅毛氈方四寸二片裹大紅雲紋緞襦袱一件金箋紙紫的輕光紬纓子二件(가례1866/027ㄴ10~12)

색인 (가례1819/하060ㄴ02)(가례1819/하060ㄴ12)(가례1819/하084ㄴ06)(가례1819/하087ㄱ09)(가례1866/하028ㄱ01)(가례1866/하041ㄱ02)

紅木【홍목】 일 복

의복이나 두건, 보자기를 만드는 데 사용하는 붉은색 무명[木]. 선조 때는 목홍木紅으로 조복朝服을 입었다. 영·정조 때에는 요여腰輿와 채여彩輿를 멜 군인이 착용할 옷과 건巾, 띠를 홍색 무명으로 만들어 썼다. 홍목은 다목을 끓여서 우려낸 붉은 물로 염색한 무명으로 보자기용으로도 쓰였다.

참조1 홍목의紅木衣

관련1 홍목두건紅木頭巾, 홍목대紅木帶

예문 楮注紙八張油紙八張紅條所一艮衣三甲所一艮衣蓋覆紅木八幅袱一件每幅長八尺縫造紅綿絲一錢五分(국장1834/011ㄱ02~04)

색인 (가례1671/047ㄱ05)(가례1671/079ㄱ10)(가례1671/137ㄱ06)(가례1671/160ㄴ09)(가례1671/173ㄱ11)(가례1671/173ㄴ12)

紅木衣【홍목의】 일 복

목면으로 만든 붉은색 옷. 의장군儀仗軍이나 여연輿輦 담배군擔陪軍이 착용한 옷으로 옆트임이 있는 소창의小氅衣 형태이다. 역할에 따라 청의靑衣나 자의

紫衣처럼 다른 색을 입기도 했다. 관모冠帽로는 피립皮笠이나 두건頭巾을 쓰고, 허리에 목면으로 만든 대帶를 매고 행전行纏을 치고 운혜雲鞋를 신었다. 홍의紅衣라고도 한다.

동 홍의紅衣

예문 明日未明時來待崇政門外事軍器寺繕工監紫門監別工作一今此發引敎是時各樣儀物陪奉軍所着紅木衣靑行纏紅木帶白鶴氅紫鶴氅雲鞋等(국장1720/271ㄱ04~06)

색인 (가례1627/070ㄱ02)(가례1627/070ㄱ05)(가례1627/072ㄴ08)(가례1627/075ㄱ05)(가례1671/160ㄴ07)(가례1671/160ㄴ08)

紅門大旗【홍문대기】 일 의

조선 시대 의장기儀仗旗의 하나. 적색 바탕에 청룡과 청·적·황·백색의 네 가지 채색彩色으로 구름무늬를 그렸고 화염각火焰脚과 기각旗脚을 달았으며, 대가노부大駕鹵簿·법가 노부法駕鹵簿 때 맨 앞에 섰다. 기 바탕과 화염각火焰脚 및 영자纓子는 홍주紅紬로, 깃은 흑주黑紬, 자루는 중죽中竹을 쓴다.

홍문대기

참조1 현무기玄武旗, 가구선인기駕龜仙人旗, 각단기角端旗, 고자기鼓字旗, 군왕천세기君王千歲旗, 금자기金字旗, 백택기白澤旗, 벽봉기碧鳳旗, 삼각기三角旗, 영자기令字旗, 현학기玄鶴旗, 황룡기黃龍旗, 후전대기後殿大旗

참조2 백호기白虎旗

예문 新造秩紅門大旗二每部六幅付所入質次紅鼎紬五十六尺火燔脚吹紅鼎紬二十四尺衿次黑鼎紬十一尺(국장1720/016ㄴ01~03)

색인 (국장1659二/036ㄴ10)(국장1659二/068ㄱ04)(국장1659二/073ㄱ08)(국장1674二/022ㄱ02)(국장1674二/043ㄴ09)(국장1674二/058ㄴ08)

紅方傘【홍방산】 일 의

대한제국 때에 쓰던 의장의 한 가지. 붉은 우산 모양의 방산方繖을 말한다.

참조1 자방산紫方繖

관련1 홍방산우비紅方傘雨備

예문 匣抹木次小椽半半箇紫方傘紅方傘各二柄每柄新造所入(국장1898/235ㄱ07~08)

색인 (국장1898三/082ㄱ01)(국장1898五/083ㄴ01)(국장1898三/061ㄱ12)

紅散子【홍산자】 일 음

연회와 제례에 사용된 찬물로 찹쌀가루를 반죽하여 튀긴 후 꿀과 홍반가루를 묻혀 붉은색을 띠는 산자. 산자는 반죽한 찹쌀가루를 사각형으로 잘라 기름에 튀긴 후 꿀을 발라 쌀튀밥이나 깨를 묻혀 만든 유밀과이다. 백반가루를 묻히면 흰색의 백산자이고 팥물로 지은 밥인 홍반가루를 묻힌 것은 붉은색의 홍산자紅散子이다. 오늘날의 강정과 같은 것으로 지방에 따라서 크기는 차이가 있다.

참조1 백산자白散子

예문 一行中朴桂四器式八器每器高一尺二行紅散子二器式四器每器高八寸白散子三器式六器每器高八寸(가례1744/213ㄱ05~07)

색인 (가례1627/042ㄴ05)(가례1718/206ㄴ10)(가례1802/상021ㄱ05)(가례1802/상257ㄴ08)(가례1819/상016ㄴ03)(가례1819/상242ㄴ08)

紅細紬【홍세주】 일 복

붉은 물을 들인 세주細紬. 주紬가 굵은 실로 짠 비단이라면 세주細紬는 주紬보다 더 곱다.

참조1 남세주藍細紬, 반홍세주磻紅細紬, 백세주白細紬, 초록세주草綠細紬, 흑세주黑細紬

예문 外裹單袱二件今番依補編用紅細紬四幅付袱用布帛尺紅細紬三十三尺紅眞絲一戔藍眞絲二戔金錢紙二張黑漆外槓一部用松板今番則因傳敎量其容入長一尺(국장1757/057ㄴ02~04)

색인 (가례1718/191ㄱ05)(가례1718/240ㄴ01)(국장1800四/056ㄱ12)(국장1800四/057ㄱ03)(국장1800三/031ㄴ01)(국장1800三/034ㄱ04)

紅素羅扇【홍소라선】 일 의

대한제국 시기 황후 의장으로 쓰인 붉은 비단으로 만든 부채. 『명성황후국장도감의궤明成皇后國葬都監儀軌』 2방 의궤 도설에는 홍라소원선紅羅素圓扇으로 칭하였다. 붉은 민무늬 비단으로 만든 둥근 모양의 부채로, 부채 및 자루의 길이는 1장 1자 2촌이고 지름은 3자 3치 5푼이다. 전면의 뒤쪽에 풍의가 있다. 모두 홍화화주를 쓴다. 1897년 명성황후 국장 때 길의장吉儀仗으로 처음 쓰였다. 홍라소원선紅羅素圓扇이라고도 한다.

예문 紅繡花圓扇紅禾花紬四季花紅禾花紬銷金團鳳文風衣紅素羅扇(국장1898三/083ㄴ01~02)

색인 (국장1898三/083ㄴ02)

紅素圓傘【홍소원산】 일 의

대한제국 시기 황후 의장으로 사용된 우산. 제도는 일산日傘과 같은데, 홍화화주로 3개의 처마를 만든다. 덮개의 길이는 일산에 비해서 짧은 편이며, 유소流蘇는 드리우지 않는다. 산의 총 길이는 4자 2치 5푼이다. 자루 및 호로를 합한 길이는 1장 1자 2촌 9푼이다. 1897년 명성황후 국장 때 길의장吉儀仗으로 처음 쓰였다.

관련1 홍소원산우비紅素圓傘雨備

예문 紅素圓傘二柄每柄新造所入箭次大竹一箇貫箭及回繩次紅綿絲二兩(국장1898/236ㄴ04~05)

색인 (국장1898三/046ㄴ04)(국장1898三/083ㄱ01)(국장1898/083ㄴ05)(국장1898三/061ㄴ04)

紅繡傘【홍수산】 일 의

대한제국 시기 황후 의장으로 쓰인 기물. 제도는 일산日傘과 같은데, 운문의 홍화화주로 3개의 처마를 만든다. 맨 윗 처마에는 운봉문을, 아래 두 처마에는 서초문瑞草文을 그린다. 덮개의 길이는 일산에 비해서 짧은 편이며, 유소流蘇는 드리우지 않는다. 산의 총 길이는 4자 2치 5푼이다. 자루 및 호로를 합한 길이는 1장 1자 2촌 9푼이다. 1897년 명성황후 국장 때 길의장吉儀仗으로 처음 쓰였다.

관련1 홍수산우비紅繡傘雨備

예문 頭匣抹木次小椽半半箇紅繡傘一柄新造所入(국장1898/236ㄱ07~08)

색인 (국장1898三/046ㄱ08)(국장1898三/082ㄴ07)(국장1898五/083ㄴ04)

紅水紬【홍수주】 일 복

붉은색 수주水紬. 수주는 품질이 좋은 비단의 일종으로 평직의 견직물을 말한다. 일명 수화주水禾紬, 秀花紬라 한다. 홍수주는 죽책봉과식을 할 때, 죽책을 싸는 보자기로 쓰였다.

참조1 남수주藍水紬, 대홍수주大紅水紬, 초록수주草綠水紬

관련1 홍수주구폭상건紅水紬九幅床巾, 홍수주상건紅水紬床巾, 홍수주십폭상건紅水紬十幅床巾, 홍신상건紅紳床巾

예문 靈座諸具高欄平牀一坐彩花二張付地衣一件彩花單席一件大紅水紬褥一件紅氈一件龍紋單席一件蓮花方席一件滿頂骨及大紅水紬覆巾五峯山屛風一坐(국장1834/099ㄱ03~05)

색인 (가례1819/하083ㄴ05)(가례1866/하069ㄱ01)(국장1800四/068ㄴ08)(국장1800三/030ㄴ11)(국장1800三/033ㄱ10)(국장1800三/034ㄴ06)

紅繡雉方扇【홍수치방선】 일 의

대한제국 시기 황후 의장으로 사용된 기물. 붉은 민무늬 비단 위에 꿩 문양을 수놓아 만든 위가 둥근 장방형의 부채. 부채 및 자루의 길이는 1장 1자 2촌이다. 전면에는 중앙에 난봉화문을 그리고, 뒤쪽에는 청화화주에 금으로 꽃 문양을 그린다. 전면의 풍의는 백화화주로 치미雉尾를 그리고, 뒷면 풍의는 청화화주를 바르고 금으로 구름 문양을 수놓는다. 선우리[扇亐里]의 높이는 3치 5푼이다. 1897년 명성황후 국장 때 길의장吉儀仗으로 처음 사용되었다.

관련1 홍수치방선우비紅繡雉方扇雨備

예문 紅繡雉方扇六柄每柄新造所入機次鐵于里一箇初褙次三貼紙四張(국장1898/237ㄱ08~09)

색인 (국장1898三/047ㄱ08)(국장1898三/083ㄱ07)(국장1898五/083ㄴ07)(국장1898三/061ㄴ05)

紅案床【홍안상】 일 의

붉은 칠을 한 상. 붉은 칠을 한 상이다. 보통 이동성이 큰 것을 상床이라 하고 이동성이 적고 일정한 위치에 놓아 사용하는 것을 안案이라 하며 부를 때는 상床, 안案의 구분 없이 모두 상이라고 부르기도 한다.

관련1 황칠안黃漆案

예문 滿漆朱紅函三磻子朱紅案床三彩輿四(책례1610/065ㄱ03~05)

색인 (가례1802/상139ㄱ07)(가례1802/상189ㄱ02)(가례1802/상199ㄴ06)(가례1802/상204ㄴ03)(가례1819/상130ㄴ07)(가례1866/상125ㄱ10)

紅陽繖【홍양산】 일 의

의장儀仗의 하나. 모양은 일산日傘과 비슷하다. 홍저사紅紵絲를 사용하여 세 개의 처마檐를 만드는데, 일산에 비하여 짧고, 안에 유소流蘇를 드리운다.

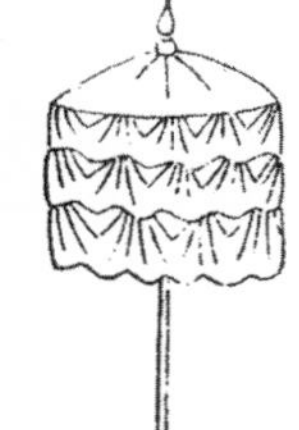
홍양산

참조1 양산陽繖, 일산日傘

관련1 대전양상차비大殿陽繖差備, 양산군陽繖軍, 양산선차비충의위陽繖扇差備忠義衛, 양산차비陽繖差備, 양산차비충순위陽繖差備忠順衛, 장봉전봉양산掌縫傳捧陽繖, 청양산차비靑陽繖差備, 청양산靑陽繖, 청홍양산靑紅陽繖, 홍양산우비紅陽繖雨備, 홍양산차비紅陽繖差備

예문 紅眞絲二錢皮金五張紅綿絲二錢紅陽繖一注之椵木磨造付金今番前排取用故不爲磨鍊造作所入多紅潞洲紬三十五尺四寸內拱紅紬十一尺(국장1903/042ㄴ04~06)

색인 (가례1671/157ㄱ04)(가례1671/157ㄱ04)(가례1681/224ㄱ01)(가례1681/234ㄱ10)(가례1681/244ㄴ07)(가례1681/252ㄱ08)

紅染紬【홍염주】 일 복

붉은색으로 물을 들인 명주. 꼬임이 없는 중·하등품의 견사絹絲를 사용하여 평직平織으로 제직한 홍색의 평견직물이다. 주紬는 조선 시대 가장 보편적인 견직물로 견사의 품질品質과 밀도密度, 생산지生產地에 따라 명칭을 달리 하였다. 가례 때 현색운문대단玄色雲紋大緞 2필을 훈색운문대단纁色雲紋大緞, 현색화단玄色禾緞, 훈색초纁色綃 각 2필과 대홍토주, 황토주, 초록토주, 남토주 각 5필, 백토주 20필, 홍염주 2필, 황염주 5필, 백면주 10필을 본방 예물本房禮物로 보냈다.

참조1 남금사주藍金絲紬, 남주藍紬, 다홍주多紅紬, 대홍주大紅紬, 면주綿紬, 백주白紬, 색주色紬, 자적주紫的紬, 자주紫紬, 초록주草綠紬, 태주남주苔紬藍紬, 홍주紅紬, 황염주黃染紬, 황주黃紬, 흑주黑紬

예문 菊花童具二箇廣頭釘菊花童具八箇分上件十二卷每卷衣次紅染紬布三尺式褙接次合白休紙一斤隔張次楮注紙十二張正鐵編鐵二十四箇各長一尺二寸圓環(상호1772/082ㄱ02~04)

색인 (가례1681/021ㄱ09)(가례1681/091ㄴ06)(가례1681/099ㄱ02)(가례1681/146ㄴ06)(가례1681/190ㄱ12)(가례1762/상014ㄴ12)

紅染布【홍염포】 일 복

의복이나 봉상捧上용으로 사용하는 붉은색으로 염색한 베. 목포木布는 무명과 베를 뜻한다. 영·정조 때에는 홍염포紅染布, 홍세저포紅細苧布를 가례의 실입질實入秩 품목으로 사용하였다. 홍면사紅綿絲로 짠 직물을 홍염포라고 하고 염색 색상이나 처리 방법에 따라 청색무명[靑木], 남색무명[藍木], 백정포白正布, 생포生布로 구분하여 사용한다.

예문 黑熊皮四令衣次黑染布五十四尺裙次紅染布四十五尺後手巾次紅染布八尺三寸白休紙五斤眞末五升襪次紅染布十六尺(국장1681/044ㄴ12~045ㄱ02)

색인 (가례1627/095ㄱ05)(가례1802/상130ㄴ08)(가례1819/상122ㄴ09)(가례1819/상122ㄴ10)(가례1819/상123ㄴ11)(가례1866/상115ㄴ12)

紅雲紋緞【홍운문단】 일 복

구름무늬가 놓인 홍색 비단. 운문단은 철릭, 저고리, 곤룡포와 같은 의복과 각종 보자기를 만드는 데 두루 쓰였다.

참조1 남운문단藍雲紋緞, 다홍운문단多紅雲紋緞, 대홍운문단大紅雲紋緞, 백운문단白雲文緞, 아청운문단鴉靑雲紋緞, 진홍운문단眞紅雲紋緞, 초록운문단草綠雲紋緞, 현색운문단玄色雲紋緞, 훈색운문단纁色雲紋緞

예문 倭朱紅二戔草綠雲紋緞長八寸廣四寸五分一片紅雲紋緞長八寸廣四寸五分一片去核綿花五兩雪綿子二兩草綠眞絲四分豆錫一兩(국장1776/281ㄴ09~11)

색인 (가례1802/상136ㄱ09)(가례1819/상048ㄴ03)(가례1866/상122ㄱ11)(가례1866/하039ㄱ03)(가례1866/하054ㄱ03)(가례1866/하068ㄱ12)

紅雲紋紗【홍운문사】 일 복

구름무늬가 놓인 홍색의 가벼운 비단. 사紗는 생사로 발을 살핏하게 짠 비단으로 얇고 가볍다. 운문사의 문양인 구름무늬는 다른 길상무늬와 결합되어 쓰이며 자적운문사는 자주색으로 짜인 익경 견직물이다. 주로 향낭, 주렴의 직물로 사용되고, 철촉롱鐵燭籠을 만들 때에는 청운문사靑雲紋紗를 배색하여 사용하였다.

참조1 남사藍紗, 남운문사藍雲紋紗, 다홍유문사多紅有紋紗, 자적운문사紫的雲紋紗, 홍남운문사紅藍雲紋紗

예문 白浪綾三尺六寸紫的浪綾七尺五寸二分紅雲紋紗八尺藍方紬四尺四寸紅細苧布二尺二寸黑細苧布二尺二寸眞紅九升苧布四疋二尺(국장1834/204ㄱ11~ㄴ01)

색인 (가례1819/하016ㄱ06)(가례1819/하028ㄱ11)(국장1800二/077ㄱ11)(국장1800二/081ㄱ10)(국장1800二/098ㄱ10)(국장1800二/181ㄴ09)

紅絨冒絲【홍융모사】 일 복 ☞ 紅絨帽絲홍융모사

참조1 남융사藍戎糸, 다홍융사多紅戎糸, 다홍융사多紅絨絲, 진홍융사眞紅絨絲, 초록융사草綠絨絲, 융모사紅絨冒絲, 홍융모사紅絨帽絲, 홍융사紅戎糸, 홍융사紅絨絲, 황융사黃絨絲, 흑융사黑絨絲

예문 汗音銀一錢硼砂一錢砒礵三分綬兒次紅絨冒絲二兩槊次紅鄕絲八分金箋紙一張黃蜜一斤八兩草圖書次竹淸紙六張(국장1821/040ㄴ07~09)

색인 (국장1800三/032ㄱ05)(국장1800三/032ㄴ02)(국장1800三/074ㄱ09)(국장1898四/037ㄱ04)(국장1898四/072ㄴ03)(국장1903三/045ㄱ08)

紅絨帽絲【홍융모사】 일 복

주렴걷이용이나 조복 모자에 사용하는 붉은색 털실. 조복의 모자에 사용하는 홍융사紅絨絲는 대단히 두껍고 길다. 영조정순왕후가례英祖貞純王后嘉禮 때에는 경經감으로 초록융사草綠絨絲 1근 5냥 3돈, 다홍융사多紅絨絲 3돈을 사용하였다. 帽絲는 冒絲로도 표기하였다. 홍융모사紅絨冒絲와 같다.

참조1 다홍융사多紅絨絲, 초록융사草綠絨絲

예문 白紬二疋藍眞絲九錢草絲眞絲一兩六錢白眞絲四兩一錢紫的眞絲六錢紅絨帽絲二兩藍絨絲五兩七錢六分紅鄕絲六斤八分紅苧絲二錢(국장1821/085ㄱ01~03)

색인 (상호1827二/005ㄱ02)(국장1821三/085ㄱ02)

紅戎糸【홍융사】 일 복

붉은색 융사. 융사는 섬유의 끝을 꼬지 않아 털이 일어나게 만든 실을 말한다. 주로 주렴걷이용으로 쓰이며, 조선 시대 궁녀들의 장신구 중 하나인 방한구에 딸린 장식용으로 늘어뜨리는 비단 끈을 홍융사紅絨絲로 만들었다.

동 홍융사紅絨絲

참조1 남융사藍戎糸, 다홍융사多紅戎糸, 다홍융사多紅絨絲, 진홍융사眞紅絨絲, 초록융사草綠絨絲, 융모사紅絨冒絲, 홍융모사紅絨帽絲, 황융사黃絨絲, 흑융사黑絨絲

예문 紅戎絲十四兩槊次紅鄕絲十二兩金錢紙八尺(책례1721/432ㄴ215)

색인 (가례1696/206ㄱ05)(가례1696/206ㄴ02)(가례1696/207ㄱ01)(가례1696/207ㄱ03)(가례1696/208ㄴ06)(가례1696/224ㄴ10)(가례1696/227ㄱ01)

紅絨絲【홍융사】 일 복 ☞ 紅戎糸홍융사

참조1 남융사藍戎糸, 다홍융사多紅戎糸, 다홍융사多紅絨絲, 진홍융사眞紅絨絲, 초록융사草綠絨絲, 융모사紅絨冒絲, 홍융모사紅絨帽絲, 홍융사紅戎糸, 흑융사黑絨絲

예문 鐵圓環四虞主箱魂帛箱以紅紬維結時用之擔乼三艮衣紅布裹横杠所抵處以白皮冒之流蘇四介用紅絨絲槊則以紅綿絲入之結繩大如條所三層結每緝每端有分合腰輿十二部內前排六部新造六部(국장1757A/159ㄱ10~12)

색인 (가례1802/상167ㄴ01)(가례1802/상202ㄱ08)(가례1819/상155ㄱ06)(가례1819/상181ㄴ01)(가례1819/하016ㄱ08)(가례1819/하028ㄴ08)

紅衣【홍의】 일 복

목면으로 만든 붉은색의 웃옷. 의장군儀仗軍이나 여연輿輦 담배군擔陪軍, 능원의 수복 등이 착용한 옷으로 옆트임이 있는 소창의小氅衣 형태이다. 역할에 따라 청의靑衣나 자의紫衣처럼 다른 색을 입기도 했다. 관모冠帽로는 피립皮笠이나 두건頭巾을 쓰고, 허리에 목면으로 만든 대帶를 매고 행전行纏을 치고 운혜雲鞋를 신었다. 홍목의紅木衣라고도 한다.

동 홍목의紅木衣

예문 輿前木榼內實果進止差備內侍二員以上衰服返虞敎是時侍衛內侍十員着紅衣十員着紫衣紫巾是如爲乎旀(국장1821/021ㄱ08~09)

색인 (가례1627/034ㄱ13)(가례1671/154ㄴ01)(가례1681/097ㄴ03)(가례1681/097ㄴ04)(가례1681/097ㄴ04)(가례1681/226ㄱ08)

紅氈【홍전】 일 복

붉은색 모직 털로 만든 자리. 조선 시대에 털자리를 공물로 바치는 우모전계牛毛氈契가 있었다.

참조1 묵모전黑毛氈, 묵전墨氈, 백전白氈, 우모전牛毛氈, 혜전鞋氈, 홍모전紅毛氈, 황전黃氈

참조2 모방석毛方席, 양모전羊毛氈, 우모전계牛毛氈契, 청색모전靑色毛氈(靑氈)

예문 靈座諸具高欄平牀一坐彩花二張付地衣一件彩花單席一件大紅水紬褥一件紅氈一件龍紋單席一件蓮花方席一件滿頂骨及大紅水紬覆巾五峯山屛風一坐(국장1834/099ㄱ03~05)

색인 (가례1671/205ㄱ01)(가례1671/220ㄴ01)(가례1681/280ㄱ03)(가례1681/300ㄱ05)(가례1681/301ㄴ06)(가례1681/303ㄴ11)

紅鼎紬【홍정주】 일 복

붉은색의 고급 명주 직물. 상궁 및 시녀, 나인들의 초록겹저고리의 안감으로 쓰였고, 보자기를 만들 때도 쓰였던 견직물이다. 이 밖에 변아침석邊兒寢席, 만화방석滿花方席, 침요[寢褥] 등의 안감으로 쓰였다. 『조선왕조실록朝鮮王朝實錄』에 연산군과 중종 때 정주를 진상하게 하고 대비전에 사급한 기록이 있다.

참조1 남정주藍鼎紬, 다홍정주多紅鼎紬, 대홍정주大紅鼎紬, 백정주白鼎紬, 백협백정주白挾白鼎紬, 선홍정주縇紅鼎紬, 아청정주鴉青鼎紬, 자적정주紫的鼎紬, 청정주青鼎紬, 초록정주草綠鼎紬, 흑정주黑鼎紬

참조2 반홍정주磻紅鼎紬

예문 紅鼎紬袱二件三四幅各一覆諸具者紅木袱二件四幅袱架子所覆以上濟用監(빈전1921/045ㄱ09~10)

색인 (가례1627/039ㄴ01)(가례1627/060ㄱ09)(가례1627/060ㄱ10)(가례1627/060ㄱ11)(가례1627/060ㄱ12)(가례1627/060ㄱ13)

紅紬【홍주】 일 복

홍색 물을 들인 명주. 수주水紬 또는 수화주水禾紬라고 하며 품질이 좋은 비단의 일종이다. 조선 시대에는 남화화주장의藍禾花紬長衣, 다홍화화주습도포多紅禾花紬襲道袍, 초록화화주답호草綠禾花紬褡護, 옥색화화주장의玉色禾花紬長衣, 남화화주중치막藍禾花紬中赤莫, 옥색화화주중치막玉色禾花紬中赤莫 등 남녀의 의복을 만드는 데 사용되었다. 『영조정순후가례도감의궤英祖貞純后嘉禮都監儀軌』에서부터 『고종명성후가례도감의궤高宗明星后嘉禮都監儀軌』에 이르기까지 왕의 가례 때 귀유치내관 등이 자적주의紫的紬衣, 녹주의綠紬衣와 함께 홍주로 만든 홍주의紅紬衣를 입고 나온다.

동 황염주黃染紬

참조1 남금사주藍金絲紬, 남주藍紬, 다홍주多紅紬, 대홍주大紅紬, 면주綿紬, 백주白紬, 색주色紬, 자적주紫的紬, 자주紫紬, 초록주草綠紬, 초록주草綠紬, 태주남주苔紬藍紬, 홍염주紅染紬, 황주黃紬, 흑주黑紬

예문 黑紬四尺纓子紅紬七寸五分君王千歲旗一五幅付所入質白紬三十五尺火焰脚紅紬三十尺衿(국장1903/039ㄱ01~03)

색인 (가례1627/028ㄴ08)(가례1627/032ㄱ09)(가례1627/041ㄴ13)(가례1627/041ㄴ14)(가례1627/057ㄴ03)(가례1627/060ㄴ09)

紅紬衣【홍주의】 일 복

붉은색 비단으로 만든 단령團領. 일반적으로 홍주의는 악공樂工이 착용했던 붉은 단령團領을 의미한다. 악공은 화화복두畵花幞頭를 쓰고 모란 그림 흉배胸背가 달린 홍주의紅紬衣를 입으며 오정대烏呈帶를 띠고 흑화黑靴를 신는다. 악공 외에 귀유치[歸遊赤] 내관도 홍주의를 착용했다. 『가례도감의궤嘉禮都監儀軌』에 의하면 귀유치 내관은 붉은색[紅色]이나 자적색紫的色 단령에 감투[甘頭]를 쓰고, 매듭띠인 다회多繪를 매고, 두석토환을 달고, 푸른 목면 행전[青木行纏]을 치고, 검정 비단 운혜[黑緞雲鞋]를 신었다. 한편 『영조왕세제수책시책례도감의궤英祖王世弟受冊時冊禮都監儀軌』 1책 357장 178 앞면을 보면 홍주의를 홍의紅衣로, 자적주의를 자의紫衣로 기록하고 있다. 즉 홍의紅衣는 홍주의紅紬衣를 의미하는 경우도 있고 홍목의紅木衣를 의미하는 경우도 있으므로 구분이 어렵다.

참조1 홍의紅衣

예문 漢城府興士大將所良中捧甘何如堂上手決內依一掌樂院牒呈據樂工所着冠服看品則紅紬衣四十件幞頭角具四十二件段皆爲渝色是置改染改漆仍修補以用是乎旀(국장1681/026ㄴ02~04)

색인 (가례1762/상029ㄴ06)(가례1802/상045ㄱ04)(가례1802/상252ㄴ10)(가례1819/상043ㄱ11)(가례1819/하025ㄴ01)(가례1866/상042ㄱ03)

紅朱紬【홍주주】 일 복

겹보자기나 반차도班次圖 등의 겉싸개용으로 사용되는 붉은색으로 염색한 명주. 홍주주紅朱紬는 황화수은黃化水銀이라는 안료를 사용하여 붉은색으로 염색한 명주이며 겹보자기나 겉싸개용으로 사용한다.

예문 都監別單啓下冊禮印裹襦袱紅朱紬印盝外裹裌袱朱紬輿裌袱(가례1819/상048ㄴ04~06)

색인 (국장1800二/083ㄴ09)(가례1819/상048ㄴ05)

紅眞絲【홍진사】 일 복

붉은색의 명주실. 각색 옷감의 바느질용으로 사용되었다. 『조선왕조실록朝鮮王朝實錄』에 태종 17년(1417) 양잠을 장려하면서 전라도, 풍해도[황해도]의 채방판관採訪判官이 황진사, 백진사 및 누에고치를 바쳤다는 기록이 있다. 따라서 진사眞絲는 조선 시대 초기 혹은 그 이전부터 사용된 것으로 보인다.

참조1 남진사藍眞糸, 남진사藍眞絲, 남홍황진사藍紅黃眞絲, 다홍진사多紅眞糸, 다홍진사多紅眞絲, 대홍진사大紅眞絲, 백진사白眞絲, 아청다홍진사鴉靑多紅眞絲, 아청진사鴉靑眞絲, 오색진사五色眞絲, 유청진사柳靑眞糸, 유청진사柳靑眞絲, 자적남진사紫的藍眞絲, 자적남홍진사紫的藍紅眞絲, 자적진사紫的眞絲, 조족백진사鳥足白眞絲, 주홍진사朱紅眞絲, 청진사靑眞絲, 청진사靑眞糸, 초록진사草綠眞絲, 흑진사黑眞絲

예문 領索紅綿絲四兩內揮帳紅綃四十八尺十六幅每幅各長三尺式腰索紅眞絲四兩槊入紅綿絲四兩石紫黃二兩五錢(국장1903/201ㄱ02~04)

색인 (가례1627/043ㄴ06)(가례1627/043ㄴ09)(가례1627/052ㄴ07)(가례1627/057ㄱ04)(가례1627/057ㄱ05)(가례1627/057ㄱ10)

紅綃【홍초】 일 복

조선 시대 문무백관들의 조복朝服이나 제복祭服·홍개紅盖·명정銘旌을 만들 때 쓰이는 홍색 생사生絲 비단. 초綃는 생사로 짠 얇은 비단의 총칭으로 조선 시대 문무백관들의 조복朝服·제복祭服의 옷감으로 쓰였다. 조선 시대의 국상國喪에서는 폭이 넓은 붉은색 비단 즉, 홍초紅綃를 명정銘旌감으로 사용하였다. 홍초紅綃는 1품에서 9품의 개[蓋: 수레 위에 씌우는 것]를 만들 때 안감으로 사용하였다.

예문 倭朱紅漆束帛函內裹紅綃三幅袂袱外裹紅紬六幅單袱(가례1819/상013ㄱ06~08)

색인 (가례1627/035ㄱ02)(가례1627/037ㄴ14)(가례1627/045ㄴ05)(가례1627/046ㄴ14)(가례1627/049ㄱ04)(가례1627/050ㄱ01)(가례1627/052ㄱ02)

紅漆案【홍칠안】 일 의

붉은 칠을 한 안案. 안案은 직사각형의 천판天板에 네 개의 다리가 달린 형태로 조선 시대에는 주칠朱漆을, 대한제국 시기에는 황칠黃漆을 하였다. 보통 이동성이 큰 것을 상床이라 하고 이동성이 적고 일정한 위치에 놓아 사용하는 것을 안案이라 하였으며, 부를 때는 상과 안을 구분하지 않고 모두 상이라고 부르기도 한다. 용도에 따라 교명안敎命案, 책안册案, 인안印案으로 색깔과 모양에 따라 왜주홍안倭朱紅案, 왜주홍칠고안倭朱紅漆高案, 왜주홍칠안倭朱紅漆案, 홍칠안紅漆案 등으로 구분하였다.

참조1 가안假案, 교명안敎命案, 당주홍칠안唐朱紅漆案, 상床, 안案, 왜주홍안倭朱紅案, 왜주홍칠고안倭朱紅漆高案, 왜주홍칠안상倭朱紅漆案床, 왜주홍칠안倭朱紅漆案, 인안印案, 책안册案

관련1 안차비관案差備官, 안차비案差備, 왜주홍안倭朱紅案, 왜주홍칠고안倭朱紅漆高案, 왜주홍칠안倭朱紅漆案, 홍칠안우비紅漆案雨備

예문 紅水紬袱二一案上再排一題主卓再排靑木袱一紅漆案行路所覆輦內隔襦袱二塡空所入(국장1776/240ㄱ07~09)

색인 (국장1659二/087ㄱ11)(국장1659二/104ㄱ02)(국장1659二/104ㄱ07)(국장1659二/172ㄴ03)(국장1674二/058ㄴ03)(국장1674二/066ㄱ02)

紅鄕絲【홍향사】 일 복

홍색으로 물들인 향사. 향사는 우리나라에서 생산한 명주실을 가리킨다.

참조1 목홍향사木紅鄕絲

예문 肩輿流蘇四巨里前排改染仍用腰彩輿十四部流蘇五十六巨里內四十六巨里前排改染仍用十巨里每巨里所入紅鄕絲四兩辛巳四月初五日(국장1821/013ㄴ10~12)

색인 (가례1627/030ㄴ03)(가례1627/030ㄴ04)

ㅎ

(가례1627/053ㄴ03)(가례1627/053ㄴ05)(가례1627/057ㄱ04)(가례1627/057ㄱ13)

紅禾紬【홍화주】 일 복 ☞ 紅藍禾紬홍남화주

예문 紫的菱六寸藍禾紬六尺二寸紅禾紬二尺紅紡紬三十五尺白綃九尺紅水紬五幅袱五件三幅袱六件紫的紬紬三幅袱一件(국장1821/084ㄴ07~09)

색인 (가례1819/하039ㄱ06)(가례1819/하039ㄴ10)(가례1819/하040ㄱ02)(가례1819/하083ㄴ02)(가례1866/하041ㄴ10)(가례1866/하042ㄱ05)

紅禾紬紅毛氈【홍화주홍모전】 일 복

붉은색 비단 모자를 만드는 데 쓰이는 붉은색 전氈.

예문 裹大紅雲紋緞糯袱一件金箋紙紅眞絲三甲所二件具寶筒一坐內塗紅禾紬紅毛氈方四寸二片裹大紅雲紋緞糯袱一件金箋紙紫的輕光紬纓子二件(가례1866/027ㄴ10~12)

색인 (가례1819/하039ㄴ12)(가례1866/하028ㄱ01)(가례1819/하039ㄴ08)(가례1866/하027ㄴ11)

紅禾花紬【홍화화주】 일 복 ☞ 藍禾花紬남화화주

예문 六疊五峯屛風次廣厚松板一立白輕光紬二十四尺白禾花紬半骨長三尺二寸草綠綾六尺紅禾花紬半骨長三尺二寸毛面紙八張落幅紙十二度厚白紙八張(빈전1600/203ㄴ10~12)

색인 (가례1802/상130ㄴ03)(가례1802/상201ㄱ03)(가례1819/상122ㄴ06)(가례1819/상123ㄴ05)(가례1819/상130ㄱ02)(가례1819/상149ㄱ08)

吙金【석쇠】 채 음 吙鐵

고기를 굽는 데 사용되는 조리 기구. 철사를 그물처럼 엮어 만든 조리 용구로 숯불 화로에 올려 고기나 생선을 굽는 데 사용하였다. 석쇠, 적쇠, 적철이라고도 하며 둥근 모양과 네모난 모양이 있다. 잔치 때에는 많은 양의 고기를 구워야 하므로 크기가 큰 석쇠가 사용되었다.

예문 傳都提調鄭太和鞍具馬一匹提調判書朴長遠熟馬一匹判書李浣鄭致吙金壽興各半熟馬一匹賜給都廳修撰李程加資舍人李敏敍熟馬一匹賜給(책례1667/100ㄱ01~03)

색인 (혼전1720/217ㄴ05)(혼전1720/235ㄴ09)(가례1627/108ㄴ13)(가례1671/014ㄱ06)(가례1671/016ㄴ02)(가례1681/026ㄴ06)

火爐【화로】 일 음

숯을 넣어 숯불을 피우고 그 위에 적쇠를 올려 고기 굽는 데 사용하는 조리 기구.

숯을 넣어 숯불을 피우고 그 위에 삼발이와 적쇠를 올려 고기를 굽는 데 사용하였다. 무쇠화로가 주로 사용되었다.

화로

참조1 화로장火爐匠

예문 鍮沙用一坐三十斤稱子一部以上工曹進排土火爐四坐瓦署進排陶罐一介軍器寺進排無齒鉅十五介刃則本房打造樑及𨱿具別工作進排(국장1659/120ㄴ07~09)

색인 (가례1627/023ㄱ04)(가례1866/하066ㄱ09)(가례1866/하070ㄴ12)(국장1800四/028ㄴ08)(국장1800三/005ㄴ07)(국장1800三/054ㄱ12)

火爐匠【화로장】 일 건

흙으로 화로를 만드는 일을 전문으로 하는 장인. 각종 의례용 행사에서 여러 장인이 쓸 화로를 만들었다.

참조1 화로火爐

관련1 토화로土火爐

예문 破油芚二浮牛角三箇火爐匠所用火爐一坐艮水一瓶毛狗皮一令網席一立陶東海二立(국장1757/071ㄱ12~ㄴ02)

색인 (가례1696/272ㄱ01)(가례1718/285ㄴ03)(국장1757B二/071ㄴ01)(국장1757B二/091ㄱ

12)(국장1821一/172ㄴ02)

火爐苔席【화로태석】 일 의 ☞ 苔席태석

관련1 화로겹태석火爐裌笤席, 화로단태석火爐單苔席, 화로백태석火爐白苔席

예문 燈檠苔席單壹依前減付標啓下洗手苔席裌壹洗足苔席裌壹依前減付標啓下火爐苔席裌壹分之苔席裌壹依前減付標啓下嬪宮輦壹坐(가례1727/017ㄱ10~12)

색인 (가례1627/069ㄱ12)(가례1762/상018ㄴ05)(가례1762/상019ㄴ03)(가례1802/상032ㄴ11)(가례1802/상035ㄱ06)(가례1802/상055ㄱ02)

花紋大紅匹段【화문대홍필단】 일 복

대홍색의 바탕에 꽃무늬를 넣은 수자직繻子織/주자직朱子織 견직물. 옷감의 이름은 색깔을 기록하고 문양을 기록하고 마지막으로 재료를 표시하는 것이 일반적이나 화문대홍필단花紋大紅匹段에서는 문양이 제일 앞섰다. 대홍화문필단大紅花紋匹段과 같다. 필단은 匹段 외에 匹緞, 疋段으로도 표기한다.

참조1 남금선필단藍金線匹段, 남필단藍匹段, 남필단藍匹緞, 남화문필단藍花紋匹段, 다홍운문필단多紅雲紋匹段, 다홍필단多紅匹段, 대홍금선필단大紅金線匹段, 대홍금선필단大紅金線疋段, 대홍무문필단大紅無紋匹段, 대홍소운문필단大紅小雲紋匹緞, 대홍운문필단大紅雲紋匹段, 대홍필단大紅匹段, 대홍화문필단大紅花紋匹段, 무문대홍필단無紋大紅匹段, 아청운문필단鴉靑雲紋匹段, 유청무문단柳靑無紋緞, 유청무문필단柳靑無紋匹緞, 자적필단紫的匹段, 초록운문필단草綠雲紋匹段, 초록육화문필단草綠六花紋匹段, 초록필단草綠匹段, 초록화문필단草綠花紋匹段, 필단匹段, 필단匹緞

예문 裌大衫壹無紋大紅匹段單衫壹雲紋草綠匹段裌襖壹花紋大紅匹段裌裙壹花紋鴉靑匹段依前代以藍段付標啓下(가례1727/014ㄱ01~02)

색인 (가례1627/051ㄴ02)(가례1671/009ㄴ06)(가례1671/128ㄴ12)(가례1696/010ㄱ08)(가례1696/169ㄱ04)(가례1718/011ㄴ08)

花紋白綾【화문백릉】 일 복

옥책문玉册文이나 장책粧册의 제목題目감이나 이불깁, 칙명勅命에 사용하는 꽃무늬가 있는 흰색의 얇은 비단. 능綾은 평직과 능직의 조합되어 무늬가 나타나는 아름답고 광택이 은은할 뿐만 아니라 얼음같이 매끈하다. 옥책문玉册文이나 장책粧册에 들어가는 물품으로 쓰이는데 책 가위감으로는 남릉藍綾, 제목題目감으로는 백릉白綾, 홍겹紅裌감으로는 다홍릉多紅綾을 쓴다. 청릉靑綾은 숙직할 때 덮는 푸른 비단으로 만든 이불로, 한漢나라 때 상서랑尙書郞이 입직하면 청릉피靑綾被, 백릉피白綾被, 또는 금피錦被를 주었던 데서 유래했다.

참조1 백릉白綾

참조2 남릉藍綾, 다홍릉多紅綾, 백릉피白綾被, 청릉피靑綾被

예문 沈香有紋段豆錫籤子長一寸三分五色眞絲多繪纓子長一尺六寸第二花紋白綾(책례1651/023ㄱ02~04)

색인 (가례1627/053ㄱ02)(가례1671/067ㄴ12)(가례1681/122ㄴ08)(가례1696/099ㄴ11)(가례1696/100ㄱ05)(가례1718/129ㄴ04)

花紋席【화문석】 일 의

꽃무늬 등을 놓아 짠 돗자리. 화문석은 중국으로 세폐歲幣[공물]를 보낼 때 물목 가운데 하나였으며, 국상이 있을 때에는 재실齋室의 윤여판 위에 화문석을 깔았다.

예문 晝停所陵所大輿肩輿神帛輦腰彩輿各樣架子幕次內地排及草排席自畿邑擧行滿花紋席例自長興庫鋪陳地衣例自席子契等待事載在謄錄矣(국장1890/094ㄴ03~05)

색인 (가례1681/298ㄴ11)(국장1800四/068ㄴ07)(책례1736/119ㄴ09)(국장1890一/094ㄴ04)

(빈전1674/199ㄴ03)(빈전1674/199ㄴ06)

花紋鴉靑匹緞【화문아청필단】 일 복

이엄이나 단령, 답호, 철릭 등을 만드는 데 쓰이는 검푸른 색상의 필로 된 비단. 『조선왕조실록朝鮮王朝實錄』(성종 5년)에 아청필단초피로 이엄[鴉靑匹緞貂皮耳掩]을 만들거나 아청필단으로 만든 겹원령[鴉靑匹緞裌圓領]에 대한 기록이 있다.

참조2 아청필단겹원령鴉靑匹緞裌圓領, 아청필단초피이엄鴉靑匹緞貂皮耳掩

예문 裌襖花紋大紅匹段裌裙花紋鴉靑匹段啓下前後胸褙波蕩草綠羅 啓下(가례1718/011ㄴ08~09)

색인 (가례1627/051ㄴ03)(가례1671/009ㄴ06)(가례1671/129ㄱ03)(가례1696/010ㄱ09)(가례1696/169ㄱ05)(가례1718/011ㄴ09)

畫玉帶【화옥대】 일 복

구칭九稱의 하나. 구칭은 아홉 겹으로 갖추어 입는 것을 말한다. 습례習禮 때 습상襲床 위에 침枕을 바치고, 그 다음에 화옥대畵玉帶를 깔고, 그 다음에 곤룡포袞龍袍다홍 운문 대단多紅雲紋大緞를 깔고, 그 다음에 초록 금문 대단 답호草綠金紋大緞褡護[대개 소매가 없다]를 깔고, 그 다음에 옥색 공단 장의玉色貢緞長衣·보라 공단 장의甫羅貢緞長衣를 깔고, 그 다음에 운문 유청 대단 중치막雲紋柳靑大緞中赤莫·남공단 중치막藍貢緞中赤莫·자적 향직 중치막紫的鄕織中赤莫·초록 공단 중치막을 깔고, 그 다음에 유문 백사 단삼有紋白紗單衫을 깔았는데 모두 구칭九稱이다. 또 운문 백사 단고雲紋白紗單袴·백공단 대고白貢緞大袴를 바치고, 그 다음에 백공단 말襪을 바치고, 그 다음에 남광직藍廣織 요대腰帶를 바치고, 그 다음에 남광직藍廣織 각대자脚帶子를 바치고, 그 다음에 흑초黑綃 망건網巾을 바치고, 그 다음에 모단毛緞 조모皁帽를 바치고, 이어서 모단毛緞 익선관翼善冠을 씌우고, 그 다음에 흑모단黑毛緞 화靴를 바치고, 그 다음에 남광직 토수吐手를 바치고, 그 다음에 모단毛緞 악수握手를 깔았다.

예문 分之苔席火爐苔席畫玉帶黑漆家(가례1802/상032ㄴ10~12)

색인 (가례1802/상032ㄴ12)(가례1802/상236ㄴ12)(가례1866/상029ㄴ11)(가례1866/상261ㄱ05)

花溫鞋【화온혜】 일 복

앞코와 뒤축에 구름무늬가 장식되어 있는 온혜에 꽃을 단 조선 시대 상류 계급 여성의 비단신. 온혜溫鞋는 운혜雲鞋라고 하는데 운혜는 앞코와 뒤축에 운문을 장식한 조선 시대 상류 계급여성들의 신발로, 겉은 색상이 있는 비단으로 만들고 안은 융을 댔다. 조선 시대에는 화靴와 혜鞋의 만듦새가 각기 다르지만, 화靴와 혜鞋를 구분하지 않고 부르기도 한다. 모두 베나 비단으로 만들었다. 조선 시대에는 중궁의 생신에 검은 당나귀 가죽으로 만든 온혜에 꽃을 단 흑당피화온혜黑唐皮花溫鞋를 선물하였다.

동 운혜雲鞋

참조2 백당피초혜白唐皮草鞋, 흑당피결화온혜黑唐皮結花溫鞋, 흑웅피화온혜黑熊皮花溫鞋

예문 黑熊皮花溫鞋一部裹紅紬二幅單袱一件紫的鄕織花溫鞋一部裹紅紬二幅單袱一件各樣衣襨所裹袱次大紅紬二匹(가례1762/017ㄴ01~03)

색인 (가례1802/상167ㄱ10)(가례1819/상155ㄱ03)(가례1819/상170ㄱ05)(가례1866/상152ㄴ01)(가례1866/상163ㄱ11)

華衣【화의/활옷】 채 복 割衣

여자의 예복禮服인 포袍의 한 종류. 『가례도감의궤嘉禮都監儀軌』에 상궁의 모단할의冒段割衣, 유모乳母의 둔초할의屯綃割衣에 대한 기록이 보인다. 특히 비모妃母의 할옷/할의[割衣]는 남색藍色 비단으로 소매부리에 남색 태수苔袖가 달리고 깃에는 백색 동정同正을 단 것으로 기록하고 있다. 割衣는 활의 또는 華衣로 표기하는 활옷과 같은 종류의 여자 예복으로 보는 견해가 있다.

참조1 활옷/활의制衣

예문 溫陵與肇廟先事盡揄揚節省躬行儉始終志不違殿楹仍舊制宸御少華衣禹膳廚常淡燕紋市亦稀存心恒抑抑昭德化宮闈(국장1776/126ㄴ02~04)

색인 (국장1776二/126ㄴ03)

味煮【석자】 채 음 ☞ 味者석자

참조1 석자鑍煮, 유(놋)자鍮煮

예문 大鼎一味煮一以上工曹柳箕一長興庫(빈전1674/039ㄴ06~08)

색인 (국장1849三/004ㄴ01)(국장1864三/068ㄱ04)(국장1864三/068ㄴ07)(국장1903三/006ㄱ10)(국장1903三/009ㄴ08)(국장1903三/009ㄴ11)(혼전1720/217ㄴ05)

味者【석자】 채 음 味煮 鑍煮

익힌 음식을 건져서 물기나 기름을 빼는 데 사용되는 조리기구. 『역어유해譯語類解』의 섯쟈, 『훈몽자회訓蒙字會』의 석쟈와 같은 기물을 가리킨다. 현대어에 석자로 남아 있다. 모양이 깊이가 있는 국자와 같고 바닥은 철사로 그물처럼 촘촘히 엮여 있다. 음식을 국물에 적셨다가 건져내서 물기를 빼거나 튀긴 음식을 기름에서 건져낼 때 기름을 빼기 위해 건져낸 음식을 잠시 두는 용도로 쓰였다. 한편, 味煮를 고유어 석쇠의 표기로 설명하기도 하는데, 석쇠는 鑍金(『탁지준절度支準折』)으로 표기될 뿐만 아니라, 석자[味煮, 鑍子(鑍者, 鑍煮)]와는 지시하는 기물이 다르다. 대부분의 의궤 자료에서 味煮, 鑍煮가 鑍金과 함께 제시되어 있어 각각 독립된 기물로 봐야 한다. 의궤에는 석자를 味者 외에 味煮, 鑍煮로도 표기한 예가 보인다.

참조1 석자鑍煮, 유/놋자鍮煮

예문 鍮耳鐥鍮平者鍮味者鍮大蓋兒(가례1819/상035ㄱ01~04)

색인 (가례1627/104ㄱ03)(가례1627/106ㄱ11)(가례1627/117ㄴ02)(국장1674A三/091ㄴ10)(국장1674A三/092ㄱ01)(국장1800三/060ㄴ07)

靴子【화자】 일 복

관복과 함께 착용하는 가죽으로 만든 목이 긴 신. 목화木靴라고도 하며 왕 이하 문무백관들이 관복을 입을 때 신는 목이 긴 마른신으로 겉은 검은 녹피鹿皮나 아청공단, 융으로 만들고 안은 백공단으로 만든다. 가장자리에 붉은색 선을 두른다. 조선 시대 문무백관들이 흑단령黑團領에는 흑화黑靴를 신었고, 시복時服에는 백화白靴를 신었는데 화자는 순전히 가죽을 가지고 만들었다. 그러나 뒤로 오면서 속에 털을 장식하고 겉에 비단 천을 둘렀다. 목화木靴와 같다.

예문 本房所掌大輿邊首二名預差邊首二名所着布團領布紗帽布角帶布淨袖布行纏木襪白皮靴子各一件肩輿邊首二名外梓宮輿邊首二名輪輿邊首一名所着布直(국장1834/046ㄴ08~10)

색인 (가례1671/008ㄱ06)(가례1671/089ㄴ04)(가례1681/100ㄱ01)(가례1681/134ㄴ11)(가례1696/008ㄴ05)(가례1718/008ㄴ09)

味匠【석장】 채 건 和匠

금은으로 장식한 띠를 전문으로 만드는 사람. 和匠으로도 표기하였다.

예문 磨鏡匠元金伊自男承大和匠嚴禮龍林成律高天京匙匠金承善鄭㐘金(책례1651/037ㄱ09~11)

색인 (가례1627/059ㄱ03)(가례1627/128ㄱ13)(가례1671/216ㄴ02)(가례1671/223ㄱ07)(가례1681/077ㄴ08)(가례1681/078ㄱ12)

和匠【석장】 채 건 ☞ 味匠석장

예문 槊匠所用松板一立權爐匠所用木加羅二豆錫匠磨鏡匠和匠匙匠所用登几牀各一用還次

ㅎ

進排事別工作(빈전1680/266ㄴ11~12)

색인 (가례1718/077ㄴ01)(가례1718/079ㄱ10)(책례1725/043ㄱ09)(책례1725/060ㄴ06)(혼전1720/101ㄱ12)(혼전1720/134ㄱ08)(존호1610/087ㄱ03)

花匠【화장】 채 건

가화假花를 만드는 일을 맡아 하던 사람. 조화공과 같다.

예문 三司手本內朝夕奠造果熟手八名式餠匠二名麪匠一名牀花匠一名大祭則熟手十三名餠匠二名麪匠一名牀花匠一名等赴役日數相考逐朔三時料布(빈전1649/090ㄴ02~04)

색인 (가례1671/046ㄴ01)(가례1696/050ㄱ09)(가례1802/상089ㄱ04)(가례1802/상089ㄱ08)(가례1819/상082ㄴ11)(가례1819/상083ㄱ03)

闊衫兒【활삼아】 채 복 ☞ 濶汗衫활한삼

예문 長赤亇次紅紬各二十七尺紅紬絲各九分闊衫兒次白綃各九尺白紬絲各七分帶次有紋藍紗半骨各長八尺槊搗鍊紙各一張(책례1721/075ㄴ08~10)

색인 (가례1681/017ㄱ06)(가례1681/018ㄴ04)(가례1681/087ㄴ04)(가례1681/088ㄴ12)(가례1681/116ㄱ09)(가례1671/010ㄴ06)

濶汗衫【활한삼】 채 복 闊衫兒 闊汗衫 闊汗衫兒

왕실 여자의 기본적인 백색白色 상의上衣류. 왕비, 상궁, 시녀에 이르기까지 여자들이 착용했다. 옷감의 색과 분량에 비추어 볼 때 동정이 달리지 않은 간단한 형태의 흰색 기본 복식으로 보인다. 저고리 안에 입은 소매가 긴 속옷이거나 오늘날의 한삼처럼 손에 끼는 형태로 보는 견해도 있다.

참조1 삼아衫兒, 활삼아闊衫兒, 활한삼아闊汗衫兒

예문 每緝次大紅眞絲一兩三戔闊汗衫次白綃各九尺白紬絲七分袜裙次白紬各三十五尺白紬絲一戔(책례1721/074ㄴ08~10)

색인 (가례1696/011ㄱ03)(가례1718/009ㄴ07)(가례1718/013ㄱ07)(가례1718/122ㄱ01)

闊汗衫【활한삼】 채 복 ☞ 濶汗衫활한삼

예문 汝火纓子五次柳靑彭段每緝五次大紅眞絲闊汗衫白綃汝火纓子大紅紬絲袜裙五次白紬長赤亇五次紅紬(가례1671/010ㄱ10~12)

색인 (가례1696/111ㄱ03)(가례1671/008ㄴ06)(가례1671/010ㄱ11)(가례1681/018ㄱ09)(가례1681/088ㄴ05)(가례1681/204ㄱ01)

闊汗衫兒【활한삼아】 채 복 ☞ 闊汗衫활한삼

예문 縫作白紬絲闊汗衫兒白苧布(가례1802/상247ㄱ07~09)

색인 (가례1802/상247ㄱ08)(가례1819/상229ㄴ08)(가례1866/상271ㄱ05)(가례1866/상272ㄴ02)(가례1866/상265ㄱ04)

黃廣紗【황광사】 일 복

직물의 폭이 넓은 노란색 견직물. 광사는 인접한 2올의 경사經絲가 서로 꼬이면서 아주 성글게 제직되어 얇게 비쳐 보이는 익조직의 평직물이다.

참조1 남광사藍廣紗, 남사藍紗, 다홍유문사多紅有紋紗, 자적운문사紫的雲紋紗

참조2 백광사白廣紗

예문 大紅廣的裌襖黃廣紗中衫藍廣紗景衣大紅鄕織金圖紋露衣(가례1819/상026ㄱ02~04)

색인 (가례1802/상238ㄱ07)(가례1819/상222ㄱ10)(가례1802/상029ㄱ12)(가례1819/상026ㄱ03)(가례1866/상026ㄱ10)

黃丹【황단】 일 건

주황색의 도료. 납과 석류황을 섞어서 만들며, 성질은 차고 독이 조금 있다.

예문 眞粉一斤二兩眞三靑一斤二兩二靑十兩

青花三兩荷葉三斤三碌十兩同黃四兩唐黃丹十兩倭朱紅五兩洋靑三斤洋碌四斤石雌黃三(빈전1886/049ㄴ10~12)

색인 (가례1627/031ㄱ05)(가례1627/059ㄱ09)(가례1627/059ㄴ07)(가례1627/064ㄴ04)(가례1627/081ㄱ05)(가례1627/082ㄱ10)

黃大緞【황대단】 일 복

주렴의 가선[縇]이나 갑주甲胄에 사용되는, 중국에서 생산된 노란 색상의 비단. 한단漢緞이라고도 한다. 영·정조 때에는 주렴의 가선[縇]감으로 초록대단草綠大緞을 썼다.

참조1 남운문대단藍雲紋大緞, 다홍운문대단多紅雲紋大段, 대홍운문대단大紅雲紋大緞, 아청운문대단鴉靑雲紋大段, 유록운문대단柳綠雲紋大緞, 유청대단柳靑大段, 초록대단草綠大緞, 초록운문대단草綠雲紋大緞, 침향운문대단沈香雲紋大段, 현색운문대단玄色雲紋大緞, 훈색운문대단纁色雲紋大緞

참조2 다홍색대단多紅色大緞, 대단자大緞子, 진홍대단광대眞紅大緞廣帶

예문 生布柳靑大段藍大段黃大段紅木草綠大段(가례1718/237ㄱ06~08)

색인 (가례1696/224ㄱ06)(가례1718/237ㄱ07)

黃龍旗【황룡기】 일 의

조선 시대에, 군대를 친열親閱할 때 각 영營에 명령을 내리던 사각기四角旗. 황색 바탕에 두 마리의 용과 청·적·황·백색의 구름을 그리고 가장자리에 화염각火炎脚을 달았다. 깃대의 꼭대기에 삼지창三枝槍이, 그 아래에 삭모槊毛가 달려 있다. 용기龍旗·용대기龍大旗·화룡대기火龍大旗·교룡기蛟龍旗·황룡대기黃龍大旗라고도 한다.

참조1 가구선인기駕龜仙人旗, 각단기角端旗, 고자기鼓字旗, 군왕천세기君王千歲旗, 금자기金字旗, 백택기白澤旗, 벽봉기碧鳳旗, 삼각기三角旗, 영자기令字旗, 현무기玄武旗, 현학기玄鶴旗, 홍문대기紅門大旗, 후전대기後殿大旗

참조2 백호기白虎旗

예문 眞粉八兩阿膠十兩黃龍旗一火焰脚次紅鼎紬十五尺衿次黑鼎紬三尺五寸纓子紅鼎紬七寸五分(국장1720/020ㄴ07~09)

색인 (국장1659二/039ㄴ01)(국장1659二/068ㄴ07)(국장1659二/073ㄴ02)(국장1674二/022ㄴ11)(국장1674二/044ㄱ04)(국장1674二/059ㄱ11)

黃紋席【황문석】 일 의

제단 위에 깔던 황색의 돗자리. 국가의 상喪이 있을 때 제단祭壇 위에 깔던 황색의 자리로 꽃무늬가 그려진 것은 황화문석黃花紋席이라고도 한다.

동 황화석黃花席

참조2 황화문석黃花紋席

예문 來爲乎矣禮賓寺則膠末入量進排爲旀長興庫則同夾室六間下排黃紋席地衣段置色官員(부묘1610/77ㄱ38)

색인 (국장1800三/074ㄴ02)

黃銷金傘【황소금산】 일 의

대한제국 시기 황후 의장으로 사용된 기물. 산傘의 몸체는 4자 2치 5푼이고, 자루 및 호로는 1장 1자 2촌 9푼이다. 뼈대에 황화화주를 씌우고 금가루로 운문을 그린다. 누런 비단을 3층으로 늘어뜨리고 금가루로 운봉문을 그린다. 1897년 명성황후 국장 때 길의장吉儀仗으로 처음 쓰였다.

관련1 황소금산우비黃銷金傘雨備

예문 柄頭匣抹木次小椽半半箇項子朴只二寸釘二箇黃銷金傘一柄新造所入(국장1898/235ㄴ03~04)

색인 (국장1898三/045ㄴ04)(국장1898三/082ㄱ07)(국장1898五/083ㄴ02)(국장1898三/061ㄴ01)

黃繡曲柄傘【황수곡병산】 일 의

대한제국 시기 황후 의장으로 쓰인 기물. 산傘의 몸

ㅎ

체는 4자 2치 5푼이고, 자루 및 호로는 1장 1자 2촌 9푼이다. 뼈대에 황화화주黃禾花紬를 씌우고 운문을 그린다. 누런 비단을 3층으로 늘어뜨리고 금가루로 운봉문을 그린다. 자루는 구부러진 것을 쓰는데, 구부러진 곳에 철심을 사용하여 금용두金龍頭를 붙여 산傘을 받치도록 한다. 1897년 명성황후 국장 때 길의장吉儀仗으로 처음 쓰였다.

관련1 황수곡병산우비黃繡曲柄傘雨備

예문 項子朴只二寸釘二箇黃繡曲柄傘二柄每柄新造所入(국장1898/235ㄴ11~12)

색인 (국장1898三/045ㄴ12)(국장1898三/082ㄴ01)(국장1898五/083ㄴ03)(국장1898三/061ㄴ02)

黃水紬【황수주】 일 복

황색으로 물들인 수주水紬. 수주는 품질이 좋은 비단의 일종으로 일명 수화주水禾紬라 한다. 삼팔주三八紬와 같이 평직의 견직물이다.

참조1 남수주藍水紬, 대홍수주大紅水紬

예문 上下空張次毛面紙半半張褙接次白紙四張油紙一張合衣次黃水紬長八寸廣六寸十四片紅水紬長八寸廣六寸十二片後袂次黃水紬長八寸廣一寸(상호1902/156ㄱ06~08)

색인 (가례1802/상201ㄴ06)(가례1866/상177ㄱ05)(국장1898四/052ㄱ05)(국장1898四/052ㄴ04)(국장1898四/072ㄱ10)(책봉1901/057ㄱ06)

黃染紬【황염주】 일 복

황색 물을 들인 명주. 꼬임이 없는 중·하등품의 견사絹絲를 사용하여 평직平織으로 제직한 황색의 평견 직물이다. 주紬는 조선 시대 가장 보편적인 견직물로 견사의 품질品質과 밀도密度, 생산지生產地에 따라 명칭을 달리 하였다. 가례 때 현색운문대단玄色雲紋大緞 2필을 훈색운문대단纁色雲紋大緞, 현색화단玄色禾緞, 훈색초纁色綃 각 2필과 대홍토주, 황토주, 초록토주, 남토주 각 5필, 백토주 20필, 홍염주 2필, 황염주 5필, 백면주 10필을 본방 예물本房禮物로 보냈다. 황주黃紬와 같다.

참조1 남금사주藍金絲紬, 남주藍紬, 다홍주多紅紬, 대홍주大紅紬, 면주綿紬, 백주白紬, 색주色紬, 자적주紫的紬, 자주紫紬, 초록주草綠紬, 태주남주苔紬藍紬, 홍염주紅染紬, 홍주紅紬, 황주黃紬, 흑주黑紬

예문 黃染紬五匹白染紬十四生猪四口(가례1866/023ㄴ09~11)

색인 (가례1671/126ㄴ12)(가례1671/127ㄱ05)(가례1696/166ㄴ06)(가례1696/167ㄱ01)(가례1718/201ㄱ01)(가례1718/201ㄱ08)

黃絨絲【황융사】 일 복

노란색 융사. 융사는 섬유의 끝을 꼬지 않아 털이 일어나게 만든 실로 주로 주렴걷이용으로 사용한다.

참조1 남융사藍戎糸, 다홍융사多紅戎糸, 다홍융사多紅絨絲, 진홍융사眞紅絨絲, 초록융사草綠絨絲, 융모사絨冒絲, 홍융모사紅絨帽絲, 홍융사紅戎糸, 홍융사紅絨絲, 흑융사黑絨絲

예문 生布十五疋二十四尺紅絨絲二斤四兩七錢藍四兩二錢黃絨絲三兩二錢白絨絲三兩二錢黑絨絲三兩二錢草綠絨絲一兩紅眞絲八兩三錢五分(국장1834/091ㄱ12~ㄴ02)

색인 (가례1819/하029ㄴ02)(국장1898四/014ㄱ04)(국장1898四/036ㄱ10)(국장1898四/037ㄱ02)(국장1898四/041ㄱ09)(국장1898四/041ㄴ10)

黃氈【황전】 일 복

노란색 물을 들인 모직 털로 만든 자리. 전氈은 모직 털로 만든 자리로 서양의 펠트felt에 해당한다.

참조1 묵모전黑毛氈, 묵전墨氈, 백전白氈, 우모전牛毛氈, 혜전鞋氈, 홍모전紅毛氈, 홍전紅氈

참조2 모방석毛方席, 양모전羊毛氈, 우모전계牛毛氈契, 청색모전靑色毛氈(靑氈)

예문 後面窓內塗靑網絲長一尺二寸廣八寸一片穹蓋塗黃氈五尺三寸(국장1898/226ㄴ08~10)

색인 (국장1898三/076ㄱ01)(국장1898三/104

ㄴ06)(국장1898三/036ㄴ08)

黃紬【황주】 일 복

황색을 물들인 주紬. 주는 경위사에 짧은 방적사를 썼거나 또는 실이 균질하지 못하고 짧고 굵은 중품이나 하품의 견사로 제직하여 촉감이 부드러우나 광택이 적고 두껍다. 견사의 품질品質과 밀도密度, 생산지生産地에 따라 명칭을 달리하였다.

참조1 남금사주藍金絲紬, 남주藍紬, 다홍주多紅紬, 대홍주大紅紬, 면주綿紬, 백주白紬, 색주色紬, 자적주紫的紬, 자주紫紬, 초록주草綠紬, 초록주草綠紬, 태주남주苔紬藍紬, 홍염주紅染紬, 홍주紅紬, 황염주黃染紬, 흑주黑紬

예문 草綠吐紬十三疋黃染三疋黃紬三十一尺五寸白鼎紬十三疋白紬三十四尺五寸鴉青鼎紬二疋紫的鼎紬六疋十九尺九寸青染木一疋二十七尺(가례1762/055ㄱ03~05)

색인 (가례1627/063ㄴ11)(가례1627/095ㄱ01)(가례1671/071ㄴ09)(가례1671/092ㄴ12)(가례1696/105ㄱ01)(가례1696/113ㄴ03)

黃紬絲【황주사】 일 복 ☞ 大紅紬絲대홍주사

예문 紅長衫二次紅綃各二十三尺五寸紅紬絲各八分同正次白紬各長一尺五寸廣二寸黃長衫二次黃綃及黃紬絲同正次竝上同汝火纓子次柳青彭段各長二尺二寸廣九尺(책례1721/076ㄱ07~09)

색인 (가례1627/049ㄱ02)(가례1627/063ㄱ02)(가례1627/063ㄴ11)(가례1671/127ㄱ02)(가례1671/136ㄴ07)(가례1696/166ㄴ09)

黃眞絲【황진사】 일 복

노란색의 명주실. 각색 옷감의 바느질용으로 쓰였다. 『조선왕조실록朝鮮王朝實錄』에 태종 17년(1417) 양잠을 장려하면서 전라도, 풍해도[황해도]의 채방판관採訪判官이 황진사, 백진사 및 누에고치를 바쳤다는 기록이 있다. 따라서 진사眞絲는 조선 시대 초기 혹은 그 이전부터 쓰인 것으로 보인다. 대전 가례 때 교명敎命에 쓰이는 실로 제1 홍색 바탕에 용이 올라가고 내려가는 문양 사이에 교명敎命 2자를 황진사로 짰다.

참조1 남진사藍眞糸, 남진사藍眞絲, 남홍황진사藍紅黃眞絲, 다홍진사多紅眞糸, 다홍진사多紅眞絲, 대홍진사大紅眞絲, 백진사白眞絲, 아청다홍진사鴉青多紅眞絲, 아청진사鴉青眞絲, 오색진사五色眞絲, 유청진사柳青眞糸, 유청진사柳青眞絲, 자적남진사紫的藍眞絲, 자적남홍진사紫的藍紅眞絲, 자적진사紫的眞絲, 조족백진사鳥足白眞絲, 주홍진사朱紅眞絲, 청진사青眞絲, 청진사青眞糸, 초록진사草綠眞絲, 흑진사黑眞絲

예문 松脂相雜用還正鐵九百二十斤三甫七月乃五味子二升紅絨絲三斤黃眞絲一兩五戔五色絨絲十五兩紅眞絲四兩藍眞絲四兩(국장1776/221ㄱ07~09)

색인 (가례1627/048ㄴ03)(가례1627/050ㄱ05)(가례1627/094ㄴ01)(가례1627/098ㄱ10)(가례1671/126ㄴ04)(가례1671/127ㄱ06)

黃草笠【황초립】 일 복

각 전殿·궁宮의 별감과 사복내외시 거달巨達, 내취內吹 등이 행행行幸 할 때 쓰는 갓. 누런 빛깔의 가는 대[竹]로 만들며, 위는 좁고 아래가 넓은 원통형의 모옥帽屋과 원형의 양태로 되어 있다. 모정이 평평하다. 『영조정순후가례도감의궤英祖貞純后嘉禮都監儀軌』에서는 견마배牽馬陪가 청의를 입고 황초립을 썼다.

참조1 초립草笠

참조2 흑립黑笠

예문 依例待令事分付爲旀仗馬鞍勒具二部·牽馬夫所着黃草笠四立·青衣四件帶具依謄錄待令事捧甘何如手決內依甘(상호1772/081ㄱ05~07)

색인 (가례1671/198ㄴ09)(가례1671/208ㄱ07)(가례1671/220ㄴ12)(가례1681/235ㄱ12)(가례

1681/304ㄱ02)(가례1681/321ㄴ03)

黃漆亇要【황칠매화/매화】 채 건

황색칠을 한 매화. 매화는 궁중에서 사용하는 이동식 변기를 가리키면서, 동시에 궁중에서 변을 일컫는 말이기도 한데, 매화 앞에 黃漆이 온 것으로 보아 변기로 쓰였음을 알 수 있다. 의궤에 매화는 馬要, 馬腰로도 표기하였다.

참조1 매화亇腰

예문 黃漆亇要都亇三用椵板一立着漆梔子一兩粧餚次正鐵一斤鑞染鑞一斤松脂八兩火爐苔席裌地衣二白廣席八立熟麻二兩青木綃見樣裁作豆錫香串之臺具一隻重九兩含錫三兩硼砂五分(책례1721/147ㄴ03~05)

색인 (책례1721/146ㄴ07)(책례1721/147ㄴ03)

黃吐紬【황토주】 일 복

황색을 물들인 토주. 토주는 실을 굵게 자아서 짠 바닥이 두꺼운 명주로 색깔에 따라 종류가 다양하다. 액주음[腋注音], 유과두[襦裹肚], 겹과두[裌裹肚], 핫바지[襦把持], 요[褥] 등을 만들 때 쓰였다. 가례 때 현색운문대단玄色雲紋大緞 2필을 훈색운문대단纁色雲紋大緞, 현색화단玄色禾緞, 훈색초纁色綃 각 2필과 대홍토주, 황토주, 초록토주, 남토주 각 5필, 백토주 20필, 홍염주 2필, 황염주 5필, 백면주 10필을 본방 예물本房禮物로 보냈다.

참조1 남토주藍吐紬, 대홍토주大紅吐紬, 백토주白吐紬, 선자적토주縇紫的吐紬, 자적토주紫的吐紬, 초록토주草綠吐紬

참조2 연초록토주軟草綠吐紬, 유청토주柳青吐紬

예문 玄色禾緞二匹纁色綃二匹大紅吐紬五匹草綠吐紬五匹黃吐紬五匹(가례1802/065ㄴ09~11)

색인 (가례1681/031ㄴ09)(가례1681/120ㄴ06)(가례1681/193ㄴ05)(가례1696/104ㄱ05)(가례1696/181ㄴ03)(가례1718/115ㄱ07)

黃花單席【황화단석】 일 의

꽃 무늬를 이어서 만든 홑자리. 단석은 홑겹으로 만든 자리를 말한다. 꽃문양이 들어간 단석을 만화단석, 채화단석이라고 하였다.

참조1 단석單席, 만화단석滿花單席, 연화단석蓮花單席, 용문단석龍紋單席, 채화단석彩花單席

관련1 내배별문단석內排別紋單席, 답장별문단석踏掌別紋單席, 면단석面單席, 배위채초단석拜位彩草單席, 별문단석別紋單席, 별문이문부단석別紋二紋付單席, 별문일장부단석別紋一張付單席, 상배룡문단석上排龍紋單席, 상배채화단석上排彩花單席, 상배채화일장부단석上排彩花一張付單席, 상배황화단석上排黃花單席, 소룡문단석小龍紋單席, 소배면단석所排面單席, 욕상배채화반장부단석褥上排彩花半張付單席, 욕하배채화단석褥下排彩花單席, 용문단석龍紋單席, 자주욕욕하배채화단석상紫紬褥褥下排彩花單席床, 전안배위만화단석奠雁拜位滿花單席, 전후배채화삼문부단석前後排彩花三紋付單席, 좌우배채화단석左右排彩花單席, 채화반장부단석彩花半張付單席, 채화삼문부단석彩花三紋付單席, 채화일문부단석彩花一紋付單席, 채화일장부단석彩花一張付單席, 포룡문단석鋪龍紋單席, 황화면단석黃花面單席

예문 假梓宮一方相氏交倚四魂帛交倚一諸具草綠匹段座倚子黃花單席覆巾具譯馬入把秩(국장1674/230ㄱ12~ㄴ02)

색인 (국장1674一/230ㄴ01)(국장1681一/260ㄱ08)(국장1701一/242ㄴ01)(국장1701二/081ㄴ06)(국장1702B一/239ㄴ12)(국장1702B二/326ㄴ03)

黃花方席【황화방석】 일 의 ☞ 方席방석

관련1 황화단방석黃花單方席

예문 內樻一坐外匱一坐臺一坐倚几一坐襦座子二件黃花方席二立帕一坐裌覆巾一件竹皮方箱子一坐覆袱一件外結紅紬十七尺槃一立(국장1757/055ㄱ01~03)

색인 (국장1757B二/055ㄱ02)(국장1776二/239

ㄴ10)(국장1821四/002ㄱ01)(국장1834四/002ㄱ12)(국장1890四/002ㄴ02)(빈전1886三/038ㄱ05)

黃花席【황화석】 일 의 ☞ 黃紋席황문석

예문 一坐題主卓三坐踏掌三坐紅漆案一坐盤一坐匜一坐紫綾枕一件襦座子二件黃花席二紋青苧布帕一件藍紬五幅單袱二件(국장1890/031ㄱ07~09)

색인 (국장1659二/065ㄴ12)(국장1659二/066ㄱ01)(국장1659二/066ㄱ03)(국장1659二/076ㄱ10)(국장1659二/082ㄴ05)(국장1659二/103ㄴ01)

回繩【회승】 일 건

동다회와 같은 끈목을 만들 때 쓰이는 실. 동다회는 둥글게 짠 끈목으로 노리개나 주머니 끈, 각종 유소流蘇 따위를 만드는 데 쓰인다. 끈목은 여러 올의 실로 짠 끈을 통틀어 이르는 말이다.

관련1 초록동도리회승草綠同道里回繩, 합익장회승合翼帳回繩, 회승홍면사回繩紅綿絲

예문 內面東道里次大紅雲紋匹段八尺絡纓六箇次大紅雲紋匹段四尺五寸回繩三甲所次大紅眞絲六兩縫造次大紅絲五錢以上尙衣院(빈전1680/196ㄱ09~10)

색인 (가례1627/057ㄱ04)(가례1627/057ㄱ13)(가례1627/057ㄱ13)(가례1627/059ㄴ03)(가례1671/165ㄱ04)(가례1681/241ㄴ06)

回靑【회청】 일 건

도자기에 푸른 채색을 올리는 코발트계 청화안료靑花顔料의 한 가지. 우리나라에서는 채취하지 못하고 회회족이라 불리는 페르시아에서 중국을 거쳐 수입한 것이라 하여 회회청回回靑이라고 불렀다. 세조 3년(1457) 중국에서 회청回靑이 수입됨으로써 청화백자가 번조燔造되기 시작한다.

예문 文惟天分悟孝乃本心良樂意繞慈膝婉容扶御牀愛屛渝字黑提卷弊衣黃吉日回靑閤祥雲覆晝堂册宣當寶甲書講屬重陽奕葉承熙運沖齡(예장1786/063ㄱ10~12)

색인 (가례1819/상084ㄱ08)(가례1819/상084ㄴ05)(국장1757B二/185ㄱ05)(국장1821三/089ㄴ04)(예장1786二/063ㄱ11)

回回靑【회회청】 일 건 ☞ 回靑회청

예문 一沙誌石正書時書寫官所用書案一坐紫硯一面硯匣一坐書板剪板各一箇硯滴一箇回回靑二兩三戔北黃毛無心筆三十柄唐貼匙三立唐磁盌莫子甫兒各二箇(국장1776/220ㄱ01~03)

색인 (가례1819/상070ㄱ07)(가례1819/상070ㄱ09)(가례1819/상083ㄱ08)(가례1819/상083ㄱ11)(가례1819/상083ㄴ05)(가례1819/상083ㄴ07)

橫杠【횡강】 일 건

거중기나 수레 등의 기기器機를 만들기 위해 가로로 놓는 막대. 거중기, 수레, 연여輦輿, 채여彩輿, 교자轎子, 요여腰輿, 옥교玉轎, 견여肩轝 등에서 사람이나 물건이 놓일 틀을 만드는 과정에서 긴 세로 강목의 사이에 가로로 대는 짧은 막대로서, 대개는 목재로 만드나 쇠로 된 것도 있었다. 가례나 책례册禮, 국장 등 의례용 기기器機를 만드는 과정에서 사용되었다. 만드는 재질에 따라 楸木-, 크기에 따라 長-, 短-, 재질과 크기를 동시에 고려하여 楸木長-, 사용처에 따라 輦-, 輿輦-, 모양에 따라 四隅-, 소요 위치에 따라 左右- 등의 접두어를 붙여 표기하고 구분하였다.

참조1 장강長杠

참조2 강목杠木, 단횡강短橫杠, 사우횡강四隅橫杠, 연횡강輦橫杠, 장횡강長橫杠, 좌우횡강左右橫杠, 추목횡강楸木橫杠, 횡강목橫杠木

예문 啓曰今日習儀時輿仁門廣挾高下依例尺量比準於大輿則其廣可容短橫杠之出入而其高之不足幾至二尺五寸必須掘去門下礴石(국장1674/019ㄱ10~12)

ㅎ

색인 (가례1671/101ㄴ07)(가례1681/143ㄱ03)(가례1696/128ㄱ11)(가례1696/201ㄴ07)(가례1718/166ㄱ02)(가례1718/210ㄴ04)

橫搗介【홍두깨】 채 건 ☞ 洪道介홍두깨

橫道介【홍두깨】 채 건 ☞ 洪道介홍두깨

예문 隅板四立橫道介二箇長橫道介二箇(빈전1805/015ㄴ01~03)

색인 (빈전1805/015ㄴ02)

厚白紙【후백지】 일 건

닥나무 껍질로 만든 두꺼운 흰 색 종이. 백지는 우리나라에서 생산하는 닥나무 껍질을 이용하여 얇게 만든 흰 색의 종이로 후백지는 그 중에서 두께가 비교적 두꺼운 것을 말한다. 백지는 두께가 얇아 도배를 할 때 초배지로 많이 쓰였으며, 후백지는 얇은 백지 중에서 비교적 두께가 두꺼워 간단한 문서를 작성하는 용도로 썼다.

참조2 도련백지擣鍊白紙, 도침백지搗砧白紙, 백지白紙

예문 白銀二錢砒礵三錢硼砂二錢二分紅綾七寸厚白紙一張半膠末五合裹襦袱一件用有紋紅緞長廣方一尺四寸(국장1903/093ㄱ04~06)

색인 (가례1671/179ㄱ06)(가례1681/124ㄱ02)(가례1681/322ㄴ09)(가례1718/240ㄱ03)(가례1762/상091ㄱ08)(가례1802/상077ㄴ08)

後殿大旗【후전대기】 일 의

조선 시대 의장기儀仗旗의 하나. 대가大駕·법가法駕의 노부鹵簿와 어장御葬 때 사용한 흑색 바탕의 사각기四角旗로, 검은 바탕에 청룡과 청靑·적赤·황黃·백白의 구름무늬가 그려져 있다. 붉은색 화염각火焰脚이 달려 있으며, 재료는 견絹을 사용하였다.

참조1 가구선인기駕龜仙人旗, 각단기角端旗, 고자기鼓字旗, 군왕천세기君王千歲旗, 금자기金字旗, 백택기白澤旗, 벽봉기碧鳳旗, 삼각기三角旗, 영자기令字旗, 현무기玄武旗, 현학기玄鶴旗, 홍문대기紅門大旗, 황룡기黃龍旗

후전대기

참조2 백호기白虎旗

예문 修補改畵秩後殿大旗二火焰脚紅鼎紬三十二尺唐朱紅六兩荷葉六兩(국장1720/020ㄱ01~03)

색인 (국장1659二/037ㄱ04)(국장1659二/068ㄱ05)(국장1659二/073ㄱ09)(국장1674二/022ㄱ03)(국장1674二/043ㄴ10)(국장1674二/058ㄴ09)

厚瓢【후표】 일 의 음 ☞ 厚瓢子후표자

예문 合椴木楮注紙魚膠紫的藍紅眞絲麻絲厚瓢正筋起畫次唐朱紅眞粉(가례1866/상152ㄱ02~04)

색인 (가례1866/상152ㄱ03)

厚瓢子【후표자】 일 의 음

박으로 만든 두꺼운 바가지. 바가지는 재료와 쓰임새에 따라 목표자木瓢子, 과표자果瓢子, 피표자皮瓢子, 동표자銅瓢子와 수표水瓢, 급수표汲水瓢, 근배표자巹杯瓢子 등 종류가 다양하다. 후표자는 박의 두께에 따른 구분이고, 연표자는 얇은 바가지를 말한다. 이 밖에 크기와 모양에 따라 대표자大瓢子, 대원표자大圓瓢子가 있다.

참조1 표자瓢子

관련1 후표厚瓢

예문 休紙三斤四兩阿膠七兩一戔厚瓢子三介石紫黃七戔一分楮注紙一卷四張藍紬二十七尺五寸(책례1721/077ㄴ04~06)

색인 (가례1627/064ㄴ02)(가례1671/087ㄱ07)(가례1671/138ㄴ02)(가례1681/107ㄴ07)(가례

1681/192ㄱ03)(가례1802/상168ㄴ01)(책례1721/077ㄴ05)

壎【훈】 입 의

토부土部에 속하며 흙을 구워 만든 관악기. 전체적으로 검은색의 원추형의 모양으로 상단부에 취구, 앞면에 지공 3개 뒷면에 지공 2개가 있다. 어둡고 부드러운 음색을 가지고 있으며, 문묘제례악에 사용한다. 음은 12음을 내며 연주가 자유로운 편은 아니다. 우리나라에는 고려 예종 11년 송나라로부터 유입되어 소개되었다.

예문 膠五錢丁粉一升五合椵木裁餘用之瓦壎一以上瓦器風物工曹燔造進排篪一以細細烏竹爲之長三寸一分用周尺(국장1903/057ㄱ09~11)

색인 (국장1864三/003ㄱ02)(국장1903二/169ㄱ03)(국장1903二/209ㄴ12)(국장1800二/158ㄴ02)(국장1800二/185ㄱ06)(국장1800二/195ㄱ08)

훈

纁色廣的【훈색광적】 입 복

검붉은 빛의 폭이 넓은 견직물. 『국혼정례國婚定例』에 의하면 납징 때 속백과 관련하여 왜주홍칠속백함에 현색모단玄色冒緞 세 필과 훈색광적 두 필을 넣었다.

참조1 다홍광적多紅廣的, 대홍광적大紅廣的, 초록광적草綠廣的, 홍광적紅廣的

예문 玄色冒緞三匹纁色廣的二匹倭朱紅漆束帛函一部內裹紅紬三幅裌袱一件外裹紅紬六幅單袱一件(가례1762/011ㄱ09~11)

색인 (가례1762/상011ㄱ09)(가례1802/상017ㄱ06)(가례1819/상013ㄱ05)(가례1819/상132ㄱ05)(가례1866/상014ㄱ04)

纁色廣織【훈색광직】 입 복

폭이 넓은 붉은색의 견직물.

참조1 다홍광직多紅廣織, 초록광직草綠廣織

참조2 남광직藍廣織, 대홍광직大紅廣織, 분홍광직粉紅廣織, 유록광직黝綠廣織

예문 手巾綿紬三尺五寸紫的廣織四尺內二尺五寸實入一尺五寸初不捧藍廣織一尺內七寸實入三寸初不捧玄色冒緞三疋纁色廣織二疋白細苧布七十三尺六寸(예장1762/038ㄴ05~06)

색인 (가례1802/상139ㄴ02)(가례1802/상170ㄱ08)(가례1802/상201ㄱ04)(가례1819/상160ㄴ03)(가례1819/상180ㄱ12)(가례1866/상125ㄴ05)

纁色大段【훈색대단】 입 복

주렴의 가선[縇]이나 갑주甲冑에 사용되는 중국에서 생산된 붉은색 비단. 대단은 윤이 나고 색실로 무늬를 넣어 짠 비단으로 한단漢緞이라고도 한다.

동 한단漢緞

참조1 남대단藍大段, 남운문대단藍雲紋大緞, 남화문대단藍花紋大段, 다홍대단多紅大段, 다홍운문대단多紅雲紋大段, 대홍운문대단大紅雲紋大緞, 아청운문대단鴉靑雲紋大段, 아청화문대단鴉靑花紋大段, 유록운문대단柳綠雲紋大緞, 유청대단柳靑大段, 초록대단草綠大緞, 초록운문대단草綠雲紋大緞, 침향운문대단沈香雲紋大段, 현색운문대단玄色雲紋大緞, 황대단黃大緞, 훈색문대단纁色紋大緞, 훈색운문대단纁色雲紋大緞

참조2 대단자大緞子, 진홍대단광대眞紅大緞廣帶

예문 眞粉十兩纁色綃二疋纁色大段二疋臙脂五十片以上濟用監(가례1718/115ㄴ06~08)

색인 (가례1671/071ㄴ04)(가례1681/032ㄱ05)

ㅎ

(가례1696/104ㄴ09)(가례1718/115ㄴ07)

纁色綾【훈색릉】 일 복

붉은색의 얇고 세밀한 비단. 능綾은 평직과 능직으로 조합되어 무늬가 나타난다. 아름답고 광택이 은은할 뿐만 아니라 얼음같이 매끈하다.

참조1 남릉藍綾, 화문백릉花紋白綾

예문 磻朱紅五兩六錢青木八匹三十二尺紅木十匹三十尺藍綾二匹三尺草綠綾二匹纁色綾二匹金線匹段長廣各七寸生苧七兩鴉青眞絲一錢七分大紅吐紬五匹(가례1671/137ㄱ06~08)

색인 (가례1671/137ㄱ07)(가례1681/031ㄴ07)(가례1681/120ㄴ05)(가례1696/104ㄱ03)(가례1696/181ㄱ07)(가례1718/115ㄱ05)

纁色紋大緞【훈색문대단】 일 복

주렴의 가선[縇]이나 갑주甲冑에 쓰이는 중국에서 생산된 문양이 있는 붉은색 비단. 영·정조 때에 검붉은 색의 구름무늬를 수놓은 중국산 비단인 현색운문대단玄色雲紋大緞을 가례 품목로 썼다. 대단은 중국산 비단으로 한단漢緞이라고도 한다.

참조1 남대단藍大段, 남운문대단藍雲紋大緞, 남화문대단藍花紋大段, 다홍대단多紅大段, 다홍운문대단多紅雲紋大段, 대홍운문대단大紅雲紋大緞, 아청운문대단鴉青雲紋大段, 아청화문대단鴉青花紋大段, 유록운문대단柳綠雲紋大緞, 유청대단柳青大段, 초록대단草綠大緞, 초록운문대단草綠雲紋大緞, 침향운문대단沈香雲紋大段, 현색운문대단玄色雲紋大緞, 황대단黃大緞, 훈색대단纁色大段, 훈색운문대단纁色雲紋大緞

참조2 대단자大緞子, 진홍대단광대眞紅大緞廣帶

예문 玄色紋大段黑禾段纁色紋大段纁色綃纁色綾草綠綾(가례1681/031ㄴ05~07)

색인 (가례1671/072ㄱ08)(가례1671/136ㄱ09)(가례1681/031ㄴ06)(가례1681/120ㄴ04)(가례1681/191ㄱ04)(가례1696/104ㄱ02)

纁色熟綃【훈색숙초】 일 복

검붉은 숙초. 숙초는 삶아 익힌 명주실로 짠 견직물이다. 초綃는 생사生絲로 짠 얇은 비단의 총칭으로 조선 시대 문무백관들의 조복朝服·제복祭服의 옷감으로 쓰였다.

참조1 남숙초藍熟綃, 대홍숙초大紅熟綃, 백숙초白熟綃, 아청숙초鴉青熟綃, 자적숙초紫的熟綃

예문 玄色雲紋大緞纁色雲紋大緞白禾花紬纁色熟綃白綾早羅紅禾花紬冒緞(가례1802/상201ㄱ01~03)

색인 (가례1802/상201ㄱ02)(가례1819/상180ㄱ11)

纁色雲紋緞【훈색운문단】 일 복

구름무늬가 놓인 붉은색 비단. 운문단은 철릭, 저고리, 곤룡포와 같은 의복과 각종 보자기를 만드는 데 두루 쓰였다.

참조1 남운문단藍雲紋緞, 다홍운문단多紅雲紋緞, 대홍운문단大紅雲紋緞, 백운문단白雲文緞, 아청운문단鴉青雲紋緞, 진홍운문단眞紅雲紋緞, 초록운문단草綠雲紋緞, 현색운문단玄色雲紋緞, 홍운문단紅雲紋緞

예문 本房禮物玄色雲紋緞纁色雲紋緞(가례1866/상269ㄱ07~09)

색인 (가례1819/상236ㄱ02)(가례1866/상269ㄱ09)

纁色雲紋大緞【훈색운문대단】 일 복

구름무늬를 넣어 짠 붉은색의 두꺼운 비단. 대단은 중국산 비단으로 일명 한단漢緞이라 한다. 가례 때 현색운문대단玄色雲紋大緞 2필을 훈색운문대단纁色雲紋大緞, 현색화단玄色禾緞, 훈색초纁色綃 각 2필과 대홍토주, 황토주, 초록토주, 남토주 각 5필, 백토주 20필, 홍염주 2필, 황염주 5필, 백면주 10필을 본방 예물本房禮物로 보냈다.

참조1 남운문대단藍雲紋大緞, 다홍운문대단多紅雲紋大段, 대홍운문대단大紅雲紋大緞, 아청운문대단鴉

靑雲紋大段, 유록운문대단 柳綠雲紋大緞, 유청대단柳靑大段, 초록대단草綠大緞, 초록운문대단草綠雲文大段, 초록운문대단草綠雲紋大緞, 침향운문대단沈香雲紋大段, 현색운문대단玄色雲紋大緞

참조2 남색운문대단藍色雲紋大緞, 다홍운문대단多紅雲紋大緞

예문 玄色雲紋大緞一匹纁色雲紋大緞一匹玄色禾緞一匹(가례1762/014ㄱ01~03)

색인 (가례1762/상014ㄱ01)(가례1762/상014ㄴ02)(가례1802/상025ㄴ07)(가례1802/상026ㄱ12)(가례1802/상064ㄴ01)(가례1802/상065ㄴ07)

纁色綃【훈색초】 일 복

검붉은 빛의 얇은 생사 견직물. 초綃는 생사生絲로 짠 얇은 비단의 총칭으로 조선 시대 문무백관들의 조복朝服·제복祭服의 옷감으로 사용되었다. 훈색초는 가례 때 정친 예물定親禮物과 본방 예물本房禮物로 사용되었다.

참조1 대홍초大紅綃, 백초白綃, 아청유문초鴉靑有紋綃, 자적초紫的綃, 중층홍초中層紅綃, 중층흑초中層黑綃, 초록초草碌綃, 현색문초玄色紋綃, 홍초紅綃, 흑초黑綃

예문 玄色禾緞二匹纁色綃二匹大紅吐紬五匹草綠吐紬五匹黃吐紬五匹(가례1802/065ㄴ09~11)

색인 (가례1671/071ㄴ04)(가례1671/135ㄴ12)(가례1681/031ㄴ06)(가례1681/032ㄱ04)(가례1681/120ㄴ04)(가례1681/120ㄴ12)

麾【휘】 일 의

아악雅樂을 연주할 때 협률랑協律郞이 그 시작과 끝을 지휘하던 누런 바탕에 용을 그린 기旗. 이 기를 들면 음악이 시작되고 내리면 그친다.

예문 政門當中南向設寶案於座前近東香案二於階上左右掌樂院展軒懸於庭近南北向陳而不作設協律郞擧麾位於西階下近西東向司僕寺陳輿輦於中道陳御馬於中道左右仗(빈전1659/013ㄱ11~ㄴ02)

색인 (가례1671/106ㄱ09)(가례1671/106ㄴ11)(가례1671/112ㄴ06)(가례1671/113ㄱ05)(가례1671/115ㄴ09)(가례1671/116ㄴ03)

揮巾【휘건】 일 복

음식을 먹거나 차를 마실 때 앞에 두르는 앞치마. 숙종 45년(1719) 경현당에서 기로신耆老臣들에게 잔치를 내려줄 때 내시가 꿇어 앉아 휘건을 바쳤으며, 영조 41년(1765) 진연 시 사옹원 제조司饔院提調가 어좌御座 앞에 나아가 휘건을 받들어 어선御膳을 드렸다. 고종 3년(1866)에는 칙사를 맞이하여 휘건을 올려 차를 마시고 과를 들었다. 주로 왕이나 칙사, 또는 비빈 등 신분이 높은 사람이 두르는 앞치마를 휘건이라 칭하는 것으로 생각된다. 『영조정순후가례도감의궤英祖貞純后嘉禮都監儀軌』에 보면, 겹휘건은 홍세저포 3폭을 붙여 만들었는데, 길이는 2자 7치이며, 깃은 초록광직草綠廣織으로 길이 5치 너비 9치이다. 끈은 자적토주紫的吐紬 반 골로 만들며 길이는 각각 2자 1치이다. 의궤 자료에는 여러 폭을 이어 붙인 겹휘건裌揮巾과 직물의 종류에 따라 구분한 백목휘건白木揮巾, 홍저포협휘건紅苧布挾揮巾이 기록되어 있다. 그 밖에 휘건의 쓰임새를 밝힌 안상휘건案床揮巾도 보인다.

참조1 휘건첩揮巾貼

관련1 겹휘건裌揮巾, 백목휘건白木揮巾, 안상휘건案床揮巾, 홍저포협휘건紅苧布挾揮巾

예문 大貼一竹小貼匙一竹陶罐一屛風三坐揮巾三件登每三坐四張付地衣三浮沙唾口三茶甫兒三臺具(국장1684/065ㄴ03~05)

색인 (가례1627/023ㄱ05)(가례1627/045ㄴ14)(가례1627/051ㄱ06)(가례1627/060ㄱ07)(가례1627/060ㄴ11)(가례1627/108ㄱ13)

揮巾貼【휘건첩】 일 음

휘건을 담아 두는 함. 영조와 정순왕후 가례의 동

뢰연에는 홍칠紅漆을 한 휘건첩이 쓰였다. 이때의 휘건첩揮巾貼은 단판 반 닢, 당주홍 1냥, 주토 5홉, 부레 1장, 숯 2되, 안에 바를 대홍주 7자 3치, 배접용 저주지 4장, 풀가루 4홉, 속새 5돈, 수건용 면주綿紬 1자로 만들어졌다.

참조1 휘건揮巾

관련1 흑칠휘건첩黑柒揮巾貼

예문 黑苧布袂揮巾一件黑漆揮巾貼一部裹紅紬四幅單袱一件邊兒寢席二件(가례1762/018ㄱ07~09)

색인 (가례1681/128ㄱ02)(가례1802/상168ㄴ08)(가례1802/상169ㄱ01)(가례1802/상169ㄱ08)(가례1762/상018ㄱ07)(가례1762/상019ㄱ01)

休紙【휴지】 일 건

훼손되어 사용할 수 없게 된 종이. 잘리거나 부분적으로 불에 타는 등 여러 가지 이유로 훼손되어 원래의 용도로 사용할 수 없게 된 종이를 총칭하여 휴지라 부른다. 휴지에는 쓸모없이 된 백지인 백휴지白休紙, 부분적으로 불에 탄 재상휴지灾傷休紙, 왕실 등에서 내려 보낸 내하잡휴지內下雜休紙 등이 있다. 휴지는 재활용 용도로 활용하는 것이므로 어떤 일을 할 때 깔거나 덮는 용도로 쓰거나 도배를 할 때 초배지로 썼다.

참조1 백휴지白休紙

관련1 내하잡휴지內下雜休紙, 재상휴지灾傷休紙

예문 衣次紅染布五十四尺裙次黑染布四十五尺襪次紅染布十六尺行纏紅染布六尺休紙五斤眞末五升(국장1720/033ㄴ04~06)

색인 (가례1627/030ㄱ13)(가례1627/035ㄱ11)(가례1627/058ㄴ10)(가례1627/058ㄴ12)(가례1627/059ㄱ06)(가례1627/064ㄴ02)

胸褙【흉배】 일 복

조선 시대 문무백관의 상복常服인 단령團領의 가슴과 등에 부착하여 품계를 나타냈던 사각형의 장식품. 흉배 제도는 단종 2년(1454)에 제정되었으며 중국의 제도를 참조하되 중국보다 2품계씩 낮추어 사용하는 이등체강원칙二等遞降原則을 적용하여 문양을 정하였다. 이후 시대에 따라 흉배의 크기, 제작법, 문양의 종류와 배치가 변화했다. 예를 들어 고종 2년(1866) 『대전회통大典會通』에 문관 당상관은 쌍학, 문관 당하관은 단학, 무관 당상관은 쌍호, 무관 당하관은 단호로 제정하여 조선 말까지 이 제도가 지속되었다. 흉배胸背와 같다.

참조1 상복常服

관련1 아청흉배鴉青胸背

예문 鋪黃土等節一依禮曹節目擧行俾無違繕之弊爲旀神輦以下腰輿香亭子差備官服色則去胸褙黑團領進參是遣大輿以下彩輿香亭子差備官服色則以布團領進(국장1834/065ㄱ07~09)

색인 (가례1681/017ㄴ05)(가례1681/088ㄱ02)(가례1681/116ㄴ06)(책례1676/075ㄱ08)(가례1718/200ㄱ10)(책례1726/135ㄱ01)

胸背【흉배】 일 복 ☞ 胸褙흉배

예문 內侍設襲牀於帷內宗戚之臣盥手鋪褥席及枕先置玉帶一袞龍袍一郎胸背織龍圓領紵絲褡一卽半臂衣帖裏一次羅圓領一褡一帖裏一以上鋪襲次紅紵絲圓領一褡(빈전1600/145ㄴ04~06)

색인 (빈전1600/145ㄴ05)(빈전1649/004ㄱ11)(빈전1659/005ㄴ12)(빈전1675/007ㄴ05)(빈전1724/010ㄴ01)(빈전1800一/015ㄱ10)

胸背金圓紋露衣【흉배금원문로의】 일 복

금원쌍운봉문金圓雙雲鳳紋 315개를 부금付金하고 흉배 1쌍을 부착한 노의露衣. 노의는 4품 이상 정처正妻의 예복禮服으로, 장삼長衫보다는 상복上服이었다. 앞보다 뒤가 더 길어서 땅에 끌린다. 안겉감 모두 대홍색으로 포를 만들고 소매 끝에 남색藍色 태수苔袖를 달았으며, 노의의 전후좌우에 금원쌍봉문 315개를 부금하고 흉배 1쌍을 가했다. 자색紫色 비단으로 된 대帶를 맨다.

참조1 장삼長衫

예문 衣襨胸背金圓紋露衣一次大紅鄕織一匹內拱大紅水紬一匹(가례1866/261ㄱ09~11)

색인 (가례1681/202ㄱ07)(가례1802/상237ㄱ05)(가례1866/상261ㄱ10)

黑角帶【흑각대】 일 복

문무관의 품대 및 상중에 착용하던 대. 흑각대는 검은색의 무소뿔로 장식한 대帶로 고려 시대에는 민장民長이 문라건文羅巾을 쓰고 검은 명주[紬] 옷에 흑각대를 띠었다. 『국조오례의國朝五禮儀』에 따르면 조선 시대에는 종3품과 4품의 공복公服을 착용할 때 5품 이하 9품의 조복, 제복, 공복, 상복과 향리 공복에 착용하였다. 국상國喪 중에는 졸곡卒哭 이후 조정 신하들이 공회公會때 백의白衣에 오사모烏紗帽·흑각대黑角帶를 착용하였다.

예문 帶白皮靴燕居服白衣白笠白帶二十五月祥祭深染灰色圓領衣烏紗帽笠亦黑黑角帶白皮靴二十七月禫祭黑圓領衣烏紗帽黑角帶白皮靴禫後吉服社稷署宗廟署(빈전1800/025ㄱ03~05)

색인 (국장1659一/102ㄴ06)(국장1659一/106ㄱ03)(국장1659一/106ㄱ08)(국장1659一/106ㄱ12)(국장1659一/106ㄴ06)(국장1659一/110ㄱ07)

黑角簪【흑각잠】 일 복

흑각黑角으로 만든 단순한 형태의 비녀. 머리의 형태를 만드는 고정용 비녀이며 상중喪中에도 사용하였다. 길이와 크기에 따라 흑각장잠黑角長簪·흑각대잠黑角大簪·흑각중잠黑角中簪·흑각소잠黑角小簪·흑각독소잠黑角禿小簪·흑각차소잠黑角次小簪·흑각소소잠黑角小小簪으로 분류된다. 이 비녀들을 합쳐 흑각잠 7종이라고도 하였다. 재료에 따라 무소뿔인 서각犀角과 나무로 만든 후 흑칠을 한 목각木角의 두 종류가 있는데 목각보다는 서각이 상품이다. 상중에는 품위를 논하지 않으며 목각이나 서각이나 어느 편도 무방하다. 상류층에서는 비녀머리[簪頭]에 여러 가지 문양을 조각하였고 민간에서는 대부분 흑각민잠을 사용하였다.

참조1 독소잠禿小簪, 잠簪

예문 外裹紅鼎紬四幅單袱一件藍綀紙金箋紙具以上八種別單判下置之黑角簪七種長簪二箇大簪五箇中簪五箇小簪三箇次小簪三箇禿小簪四箇小小簪五箇倭朱紅漆黑角簪函一部(가례1866/132ㄴ01~03)

색인 (가례1627/045ㄴ09)(가례1627/051ㄱ01)(가례1671/007ㄴ08)(가례1671/009ㄱ06)(가례1671/088ㄱ01)(가례1671/096ㄱ02)

黑麂子皮靴【흑궤자피화】 일 복

검은색 고라니 가죽으로 만든 신. 화靴는 남자들이 신는 운두가 높은 가죽신으로, 재료와 색깔에 따라 흑피화黑皮靴, 백피화白皮靴 등으로 구분한다.

참조1 흑당피삽혜黑唐皮靸鞋, 흑사피화黑斜皮靴

참조2 백피화白皮靴, 흑피화黑皮靴

예문 裹紅紬二幅單袱一件黑麂子皮靴一部白羊毛精具黑斜皮靴一部(가례1819/024ㄴ10~12)

색인 (가례1762/상015ㄴ12)(가례1802/상028ㄱ11)(가례1819/상024ㄴ11)(가례1819/상025ㄱ03)(가례1866/상025ㄱ09)(가례1866/상258ㄴ10)

黑團領【흑단령】 일 복

검은 빛깔의 단령團領으로 5품 이하의 문무백관이 입는 관복. 깃이 둥근 것이 특징이며 대소大小 조의朝儀에 입는 옷으로 흉배胸背를 달았다. 머리에는 사모紗帽를 쓰고 흑화자黑靴子를 신는다. 조복과는 달리 홀笏을 들지 않는다. 흑단령은 시대에 따라 색상의 차이가 있는데, 전기의 흑단령은 아청색鴉靑色의 단령을 말하지만 후기의 흑단령은 현록색 또는 유록색 등 짙은 초록색의 단령을 말한다.

참조1 단령團領

예문 十月二十六日卯時上諡殯殿時領議政以

下黑團領烏紗帽黑角帶詣殯殿行禮如儀爲白乎矣(국장1903/106ㄱ07~09)

색인 (가례1627/009ㄴ14)(가례1627/011ㄱ01)(가례1627/014ㄱ04)(가례1627/014ㄴ12)(가례1627/016ㄱ12)(가례1627/016ㄴ03)

黑緞溫鞋【흑단온혜】 일 복

흑색 비단으로 만든 왕실 여자들이 신는 신. 온혜는 안창에 융이나 담을 대어 주어 따듯하게 만든 신으로 알려져 있다. 왕비 이하 여관들이 신는 왕실의 여자신의 한 가지이다. 『홍재전서弘齋全書』와 『조선왕조실록朝鮮王朝實錄』에도 내외명부의 품계에 따라 제도를 다르게 하였는데 신발에 흑단혜, 홍단혜, 흑웅피혜의 차등을 두어 신분을 표시하였다.

참조1 온혜溫鞋

참조2 분홍단자온혜粉紅段子溫鞋, 홍단혜紅緞鞋, 흑단운혜黑緞雲鞋, 흑단혜黑緞鞋

예문 豆錫吐環尙方別單判下靑木行纏黑緞溫鞋尙方別單判下(가례1866/상042ㄱ07~09)

색인 (가례1866/상042ㄱ09)

黑唐皮靸鞋【흑당피삽혜】 일 복

검은 당나귀 가죽으로 만든 임금 이하 왕실 남자들의 신. 『경국대전經國大典』에 보면 삽혜는 남혜로 어이御履를 말한다. 삽혜는 왕실을 비롯하여 사대부 상류 계급에서 착용하였던 것으로 보인다. 『만기요람萬機要覽』에 흑당피 삽혜의 값은 4냥 5전 9푼으로 여자의 흑당피온혜보다 값이 낮다. 『승정원일기承政院日記』에는 고종 1년(1864) 각전과 각궁에 진상하는 삽혜의 봉진에 흑당피삽혜 대신 백피로 만든 신발을 하기도 하였다.

참조1 삽혜靸鞋

예문 黑麂子皮靴黑斜皮靴黑唐皮靸鞋(가례1866/상258ㄴ10~12)

색인 (가례1802/상234ㄱ08)(가례1819/상218ㄱ09)(가례1866/상258ㄴ12)

黑唐皮溫鞋【흑당피온혜】 일 복

검은색 당나귀 가죽으로 만든 왕실 여자의 신. 『만기요람萬機要覽』에 왕대비전과 혜경궁, 가순궁의 탄일誕日과 절일節日에 흑당피온혜를 진상했다고 하였으며, 『일성록日省錄』에 빈궁공상물殯宮供上物에도 흑당피온혜를 올린다는 기록이 있다. 흑당피온혜의 값은 5냥 2전 3푼으로 5냥 3전 5푼인 신코에 꽃장식이 있는 흑당피결화온혜보다 값이 낮다. 『승정원일기承政院日記』에는 고종 1년(1864) 각 전殿과 각 궁宮에 진상하는 온혜의 봉진에 흑당피온혜 대신 백피白皮로 만든 신발을 하기도 하였다. 궁중발기宮中撥記에도 명성황후의 흑당피온혜의 기록이 있다.

참조1 온혜溫鞋, 흑당피삽혜黑唐皮靸鞋

참조2 백당피초혜白唐皮草鞋, 흑당피결화온혜黑唐皮結花溫鞋, 흑웅피온혜黑熊皮溫鞋

예문 侍女騎行內人步行內人本宮內人黑唐皮溫鞋謄錄都監工曹匠料分差計士(가례1866/상152ㄱ08~10)

색인 (가례1802/상167ㄱ02)(가례1866/상152ㄱ09)

黑唐皮花溫鞋【흑당피화온혜】 일 복

검은 당나귀 가죽에 꽃장식이 올려 진 왕실 여자의 신. 『만기요람萬機要覽』에 보면 대전의 탄일과 절일 표리에 흑당피 삽혜를 진상하고 중궁전에도 탄일과 절일에 검은 당나귀 가죽으로 만든 온혜에 꽃을 단 흑당피결화온혜를 올렸다. 왕대비전과 혜경궁惠慶宮, 가순궁嘉順宮에는 꽃 장식이 없는 흑당피온혜를 진상하였다. 화온혜는 결화온혜를 뜻하는 것으로 보이며 온혜에 꽃장식을 더한 것으로 추측된다. 흑당피화온혜黑唐皮花轀鞋와 같다. 溫鞋는 轀鞋와 통용한다.

참조1 온혜溫鞋, 화온혜花溫鞋, 흑당피삽혜黑唐皮靸鞋

참조2 백당피초혜白唐皮草鞋, 흑당피결화온혜黑唐

皮結花溫鞋, 흑당피온혜黑唐皮溫鞋, 흑웅피화온혜黑熊皮花溫鞋

예문 唐朱紅漆平床別工作上排彩花席都監別單判下青箱笠黑唐皮花溫鞋(가례1866/상134ㄱ03~05)

색인 (가례1802/상243ㄱ02)(가례1819/상154ㄴ07)(가례1819/상227ㄱ08)(가례1866/상134ㄱ05)(가례1866/상266ㄱ05)

黑唐皮花轀鞋【흑당피화온혜】 일 복

☞ 黑唐皮花溫鞋흑당피화온혜

색인 (가례1802/상148ㄱ03)

黑綾【흑릉】 일 복

검은 빛깔의 얇고 섬세한 비단. 능綾은 평직과 능직으로 조합되어 무늬가 나타난다. 아름답고 광택이 은은할 뿐만 아니라 얼음같이 매끈한 비단이다.

참조1 남릉藍綾, 화문백릉花紋白綾

예문 黑綾褥上彩花席縇廣二寸長十二尺六寸實入(혼궁1718/152ㄴ75)

색인 (가례1866/하019ㄴ07)

黑襪【흑말】 일 복

제복祭服을 입을 때 신는 석舃을 신을 때 착용하는 검은색 버선.

참조1 적말赤襪, 적석赤舃, 흑석黑舃

예문 冒緞黑襪一佩玉一件(가례1762/016ㄴ01~02)

색인 (가례1819/상220ㄴ06)(예장1989一/007ㄴ07)(예장1989一/037ㄱ03)(책례1610/065ㄱ02)(책례1610/074ㄱ10)

黑襪冒緞【흑말모단】 일 복

검은색 버선을 만드는 데 쓰이는 중국에서 생산된 비단. 모단冒緞은 각 궁방의 무수리·의녀·침선비針線婢와 각 영읍營邑의 기녀들이 머리 위에 얹는 가리마를 만드는 데 사용하였다. 모단은 毛緞, 冒段으로도 적는다.

참조1 모단毛緞(冒段), 적말赤襪, 흑모단黑毛緞

예문 草綠絲藍絲黑襪次冒段內拱藍羅衣襴裹內袂次大紅花紋匹段(가례1718/204ㄴ05~07)

색인 (가례1718/204ㄴ06)

黑毛氈【흑모전】 일 복

검은색 물을 들인 모전. 모전은 쇠털로 짜서 만든 자리로 욕석, 장막 등에 쓰였다.

참조1 묵모전黑毛氈, 묵전墨氈, 백전白氈, 우모전牛毛氈, 혜전鞋氈, 홍모전紅毛氈, 홍전紅氈, 황전黃氈

참조2 모방석毛方席, 양모전羊毛氈, 우모전계牛毛氈契, 청색모전靑色毛氈(靑氈)

예문 紅木二十七尺白紙二張紅紬四幅袱二件黑毛氈一浮匠人所用追磨錬雜物實入秩(책례1667/059ㄴ06~07)

색인 (가례1819/하079ㄱ04)(가례1819/하081ㄱ04)(가례1819/하084ㄴ06)(책례1667/059ㄴ06)(책례1759/089ㄱ08)

黑木頭巾【흑목두건】 일 복

졸곡卒哭 후 생원, 진사가 학교에 들어 갈 때 쓰는 두건. 검은색 목면으로 만든 간단한 형태의 건이다. 발인반차의發引班次儀에 봉담捧擔 30인은 자의紫衣와 흑색 두건[黑巾], 학창鶴氅·홍대紅帶·청행등青行縢·운혜雲鞋를 착용着用 하였다. 영조 33년의 기록을 보면 별감과 각 차비인은 25개월의 상제 뒤에는 천담복을 입고, 흑건黑巾을 쓰고, 흑대를 띤다고 하여 포사모布紗帽, 백사모白紗帽에 대해 하급 관원들이 상제에 쓰던 것임을 알 수 있다. 이외에 졸곡卒哭 후 생원, 진사가 학교에 들어 갈 때에는 흑두건을 쓴다고 하였는데, 순조 30년(1830) 경인년의 기록에는 생원生員·진사進士·생도生徒는 포복 기년이며, 학교學校에 들어갈 때에는 백건白巾을, 전내殿內에 들어갈 때에는 흑건黑巾을 구분하여 쓴 것으로

ㅎ

되어 있다.

참조1 두건頭巾, 자적두건紫的頭巾

참조2 흑건黑巾

관련1 자적두건紫的頭巾, 흑주두건黑紬頭巾

관련2 청두건靑頭巾

예문 輦陪軍及轎子陪軍所着黑木衣八十件黑木頭巾八十件紅木帶八十件靑木行纏八十件已上濟用監進排鶴氅八十件雲鞋八十件已上工曹造作進秩(책례1667/088ㄱ01~03)

색인 (가례1671/173ㄱ08)(가례1671/174ㄱ04)(가례1696/212ㄱ11)(가례1696/213ㄴ01)(가례1718/225ㄱ04)(가례1718/226ㄱ06)

黑木衣【흑목의】 일 복

검은색 옷. 착용자에 따라 형태와 구조가 다르다. 예를 들어 의장군儀仗軍 중 삼색초롱군이 입은 흑의는 옆이 트인 소창의 형태의 흑목의黑木衣로서 흑목두건黑木頭巾·홍목대紅木帶와 함께 착용했다.

참조1 흑의黑衣

예문 紅木衣七十件新備黑木衣巾帶各一百七件新備靑木衣六件新備紅木巾帶各七十六件新備靑木行纏六件新備(국장1890/172ㄱ01~02)

색인 (가례1671/173ㄱ06)(가례1671/174ㄱ02)(가례1696/212ㄱ09)(가례1696/213ㄱ11)(가례1696/219ㄴ02)(가례1718/225ㄱ02)

黑斜皮套鞋【흑사피투혜】 일 복

검은색 담비 모피로 만든 목이 긴 가죽신으로 신 위에 덧신는 방한화. 투혜套鞋, 분투혜分套鞋는 방한용 및 방습용 덧신의 일종으로 추위를 막거나 신을 보호하기 위해 신 위에 덧신었다. 추운 겨울날 전정殿庭의 조회朝會 때나 행행行幸의 영송迎送 때 털로 만든 모이엄毛耳掩과 분투혜分套鞋를 착용하였다. 이 밖에 궐문闕門 밖에서 조회를 기다릴 때나 행행 시의 노차路次에서 시위侍衛할 때, 그리고 각 아문衙門에 좌기坐起할 때 착용하도록 하였다.

참조2 면포분투綿布分套, 분투혜分套鞋

예문 靴子參內白鹿皮壹依前減付標啓下黑斜皮壹黑鹿皮壹黑斜皮套鞋參內貳依前減付標啓下靸鞋壹黑熊皮毛精壹依前減付標啓下(가례1727/012ㄱ05~06)

색인 (가례1671/008ㄱ07)(가례1681/016ㄱ05)(가례1718/008ㄴ10)

黑斜皮靴【흑사피화】 일 복

검은 담비 모피로 만든 목이 긴 가죽신. 화靴는 남자들이 신는 운두가 높은 가죽신으로 재료와 색깔에 따라 흑피화黑皮靴, 백피화白皮靴 등으로 구분한다. 조선 시대 왕은 검은색 고라니 가죽으로 만든 흑궤자피화黑麂子皮靴나 검은색 당나귀 가죽으로 만든 흑당피삽혜黑唐皮靸鞋를 신었다.

예문 裹紅紬二幅單袱一件黑麂子皮靴一部白羊毛精具黑斜皮靴一部(가례1819/024ㄴ10~12)

색인 (가례1681/016ㄱ05)(가례1762/상016ㄱ01)(가례1802/상028ㄱ12)(가례1819/상024ㄴ12)(가례1866/상025ㄱ10)(가례1866/상258ㄴ11)

黑舃【흑석】 일 복

제복과 함께 착용하는 신발 바닥이 겹으로 된 검은색 신. 강사포絳紗袍(신하들에게 조하朝賀를 받을 때 입는 옷)를 착용할 때 신는 바닥이 겹으로 된 검은 신으로, 백말白襪을 함께 착용한다. 석舃은 나무를 이履의 아래에 대어서 신발이 젖지 않아 진흙탕을 가는 데 편하게 한 것이고, 이履는 구屨에 띠를 붙이지 않은 것이다. 대개 제복祭服을 입을 때 신는 신발은 석舃이라고 하고, 조복朝服을 입을 때 신는 신발은 이履라고 하며, 연복燕服을 입을 때 신는 신발은 구屨라고 한다.

참조2 구屨, 이履, 적석赤舃, 청석靑舃

예문 中殿册禮時翟衣及襪舃以紅色旣已啓下爲有置黑舃襪所入冒段代赤色所入多紅廣的四尺五寸極擇進排移送尙方使之精(책례1651/030ㄱ

04~06)

색인 (가례1671/134ㄴ12)(가례1762/상016ㄴ05)(가례1819/상025ㄴ07)(가례1819/상057ㄴ09)(가례1819/상221ㄱ03)(예장1989一/007ㄴ08)

黑細紬【흑세주】 일 복

흑색 물을 들인 세주細紬. 주紬가 굵은 실로 짠 비단이라면 세주細紬는 주紬보다 더 곱다.

참조1 남세주藍細紬, 반홍세주磻紅細紬, 백세주白細紬, 초록세주草綠細紬, 홍세주紅細紬

예문 黑綃一百六十四尺三寸白細紬一疋六寸五分黑細紬二十七尺六寸五分紅布十六尺七寸生布四疋五尺三寸柳靑大段三寸(가례1718/237ㄱ04~06)

색인 (가례1718/237ㄱ05)(가례1718/240ㄴ01)(책례1721/239ㄱ01)(책례1721/241ㄱ07)

黑熊皮鞋【흑웅피혜】 일 복

검은색의 곰가죽으로 만든 여자의 신. 『상방정례尙方定例』에 보면 대전·대왕대비전·중궁전·세자궁·세자빈궁·현빈궁 등의 왕실의 여자들이 탄일誕日, 절일節日의 진상으로, 정조正朝, 중삼重三, 단오, 추석, 동지 등에 흑웅피로 만든 삽혜, 온혜, 결화온혜 등을 신분에 맞추어 신는다고 하였다. 특히 흑웅피삽혜의 재료를 보면 겉은 검은색의 곰가죽, 안은 백색 사슴가죽, 뒤꿈치 안쪽으로 자색의 사피근을 대고 백색 개가죽으로 도리를 두르고, 대홍색과 초록색 비단으로 휘를 돌려 화려하게 꾸민 것을 알 수 있다. 『홍재전서弘齋全書』와 『조선왕조실록朝鮮王朝實錄』에도 내외명부의 품계에 따라 제도를 다르게 하였는데 신발에 흑단혜, 홍단혜, 흑웅피혜의 차등을 두어 신분을 표시하였다. 『영조정순왕후가례도감의궤英祖貞純王后嘉禮都監儀軌』, 『진종효순후가례도감의궤眞宗孝純后嘉禮都監儀軌』, 『장조헌경후가례도감의궤莊祖獻敬后嘉禮都監儀軌』 등에도 상궁·유모· 시녀·기행나인·보행나인·본궁나인의 흑웅피온혜의 기록이 있다.

참조2 홍단혜紅緞鞋, 흑단혜黑緞鞋, 흑웅피결화온혜黑熊皮結花溫鞋, 흑웅피삽혜黑熊皮靸鞋, 흑웅피온혜黑熊皮溫鞋

예문 尙宮二侍女四乳母一騎行內人四步行內入四黑熊皮鞋十五部所入熊皮長六寸五分廣四寸五分內拱白唐皮長六寸五分廣八寸(책례1721/078ㄱ04~06)

색인 (가례1627/054ㄴ02)(가례1627/064ㄴ09)(가례1671/055ㄴ07)(가례1671/087ㄴ02)(가례1671/096ㄴ06)(가례1671/099ㄴ11)

黑絨絲【흑융사】 일 복

흑색 융사. 융사는 섬유의 끝을 꼬지 않아 털이 일어나게 만든 실로 주로 주렴걷이용으로 쓴다.

참조1 남융사藍戎糸, 다홍융사多紅戎糸, 다홍융사多紅絨絲, 진홍융사眞紅絨絲, 초록융사草綠絨絲, 융모사紅絨冒絲, 홍융모사紅絨帽絲, 홍융사紅戎糸, 홍융사紅絨絲, 황융사黃絨絲

예문 草綠絨絲一斤八兩藍紬十二尺片臙脂七片黑絨絲三兩白絨絲三兩紅眞絲一兩四錢二分草綠眞絲四兩八錢(가례1819/하028ㄴ09~11)

색인 (가례1819/하028ㄴ10)

黑衣【흑의】 일 복

검은색 옷. 착용자에 따라 형태와 구조가 다르다. 예를 들어 의장군儀仗軍 중 삼색초롱군이 입은 흑의는 옆이 트인 소창의 형태의 흑목의黑木衣로서 흑목두건黑木頭巾·홍목대紅木帶와 함께 착용했다. 한편 국상國喪 행렬 중 영여를 맨 군사[挾靈轝軍]는 발인 때 백두건白頭巾에 백호의白號衣를 입었다가 반우 때에는 흑두건黑頭巾에 흑호의黑號衣를 입었다. 이때의 흑의는 흑호의로서 긴 조끼 형태이다.

참조1 흑목의黑木衣, 흑호의黑號衣

예문 排案牀七坐捧持軍十四名以上白衣白巾自備部將一員雨傘二柄捧持軍二名黑衣黑巾自

ㅎ

備部將一員羽葆一軍三名奉持繕工監官員此軍三名則扶引索執持(국장1903/072ㄴ12~073ㄱ02)

색인 (가례1627/026ㄴ07)(가례1627/026ㄴ13)(가례1627/028ㄱ09)(가례1627/034ㄱ13)(가례1627/110ㄴ05)(가례1819/하002ㄱ08)

黑鼎紬【흑정주】 일 복

고급의 흑색 명주 직물. 『조선왕조실록朝鮮王朝實錄』에 연산군과 중종 때 정주를 진상하게 하고 대비전에 사급한 기록이 있다.

참조1 남정주藍鼎紬, 다홍정주多紅鼎紬, 대홍정주大紅鼎紬, 백정주白鼎紬, 백협백정주白挾白鼎紬, 선홍정주縇紅鼎紬, 아청정주鴉青鼎紬, 자적정주紫的鼎紬, 청정주青鼎紬, 초록정주草綠鼎紬, 홍정주紅鼎紬

참조2 반홍정주磻紅鼎紬

예문 紅門大旗二每部六幅付所入質次紅鼎紬五十六尺火燔脚吹紅鼎紬二十四尺衿次黑鼎紬十一尺纓子紅鼎紬一尺五寸唐朱紅八兩(국장1720/016ㄴ02~04)

색인 (가례1866/하019ㄴ12)(국장1800二/159ㄱ08)(국장1800二/159ㄴ03)(국장1800二/159ㄴ10)(국장1800二/160ㄱ05)(국장1800二/160ㄱ12)

黑紬【흑주】 일 복

흑색으로 물을 들인 명주. 꼬임이 없는 중·하등품의 견사絹絲를 사용하여 평직平織으로 제직한 흑색의 평견직물이다. 주紬는 조선 시대 가장 보편적인 견직물로 견사의 품질品質과 밀도密度, 생산지生産地에 따라 명칭을 달리 하였다.

참조1 남금사주藍金絲紬, 남주藍紬, 다홍주多紅紬, 대홍주大紅紬, 면주綿紬, 백주白紬, 색주色紬, 자적주紫的紬, 자주紫紬, 초록주草綠紬, 태주남주苔紬藍紬, 홍염주紅染紬, 홍주紅紬, 황염주黃染紬, 황주黃紬

예문 邊兒裵次黑紬四尺六寸五分流蘇鴉青戎糸四兩二戔槊青綿糸四兩於乙只鴉青戎糸四戔草綠戎糸四戔(가례1696/208ㄴ04~06)

색인 (가례1627/095ㄱ01)(가례1671/180ㄴ11)(가례1671/183ㄴ06)(가례1681/194ㄱ07)(가례1681/194ㄱ08)(가례1681/259ㄴ08)

黑眞絲【흑진사】 일 복

흑색의 명주실. 각색 옷감의 바느질용으로 쓰였다. 『조선왕조실록朝鮮王朝實錄』에 태종 17년(1417) 양잠을 장려하면서 전라도, 풍해도[황해도]의 채방판관採訪判官이 황진사, 백진사 및 누에고치를 바쳤다는 기록이 있다. 따라서 진사眞絲는 조선 시대 초기 혹은 그 이전부터 쓰인 것으로 보인다.

참조1 남진사藍眞糸, 남진사藍眞絲, 남홍황진사藍紅黃眞絲, 다홍진사多紅眞糸, 다홍진사多紅眞絲, 대홍진사大紅眞絲, 백진사白眞絲, 아청다홍진사鴉青多紅眞絲, 아청진사鴉青眞絲, 오색진사五色眞絲, 유청진사柳青眞糸, 유청진사柳青眞絲, 자적남진사紫的藍眞絲, 자적남홍진사紫的藍紅眞絲, 자적진사紫的眞絲, 조족백진사鳥足白眞絲, 주홍진사朱紅眞絲, 청진사青眞絲, 청진사青眞糸, 초록진사草綠眞絲

예문 一錢六分藍眞絲二兩九錢三分白眞絲十五兩七分黃眞絲三錢黑眞絲四錢紫的眞絲一兩六錢一分青厤絲二兩七錢黑厤絲六錢紅厤絲一兩六錢五分(국장1834/206ㄴ07~09)

색인 (가례1819/상181ㄴ04)(가례1866/하004ㄴ10)(가례1866/하020ㄱ06)(국장1800二/099ㄱ04)(국장1898三/105ㄴ06)(국장1903三/059ㄱ09)

黑眞漆【흑진칠】 일 복

진한 검은색의 옻칠로 가칠한 것.

예문 椵板黑眞漆豆錫粧飾染三甫水內塗藍菱花內函所盛尺量從內函容入(상호1875/068ㄱ01~02)

색인 (가례1762/상081ㄱ12)(가례1819/상129ㄴ04)(가례1819/하052ㄴ02)(가례1819/하053ㄴ10)(가례1819/하054ㄱ05)(가례1819/하054ㄱ11)

黑綃【흑초】 일 복

망건網巾을 만드는 데 쓰이는 검은색 생사 비단. 『영조정순왕후가례도감의궤英祖貞純王后嘉禮都監儀軌』에 보면 청개靑盖에 들어가는 물품 바탕 및 부건감 흑초黑綃 120자가 사용되었다고 하고, 『조선왕조실록朝鮮王朝實錄』에는 국왕國王이 한가롭게 거居할 때에는 홍백초紅白綃를 사용하거나 혹은 흑초黑綃를 사용하여 머리를 싸매었다는 기록이 있다.

참조1 남초藍綃, 백초白綃, 홍초紅綃

참조2 유청초柳靑綃, 초록초草綠綃

예문 一靑蓋二仍修補所入質及覆巾次黑綃二百尺貼金一貼五張金箋紙七張(책례1651/057ㄱ09~10)

색인 (가례1627/062ㄴ08)(가례1627/110ㄱ09)(가례1671/182ㄴ07)(가례1671/184ㄱ11)(가례1681/262ㄴ11)(가례1681/263ㄴ08)

黑漆【흑칠】 일 건

검은색을 띤 옻칠. 빛깔이 검은 색만으로 도채하여 가칠한 것으로 옻칠을 말한다. 정제된 투명한 칠액漆液에 목탄木炭, 수골獸骨, 회灰를 넣고 유화철硫化鐵을 배합하면 흑칠이 된다.

예문 紅綃一尺柄細細烏竹一尺香盒一用楸木磨造圓經二寸高蓋幷一寸五分用周尺黑漆几一倚几見五禮儀虞主圖用楸木磨造長三寸廣一寸(국장1903/055ㄴ02~04)

색인 (가례1627/035ㄱ03)(가례1627/053ㄴ08)(가례1627/065ㄱ09)(가례1627/065ㄴ01)(가례1627/068ㄴ12)(가례1627/068ㄴ12)

黑漆盤【흑칠반】 일 음

검은 옻칠을 한 반盤. 그릇의 부식을 막고 견고하게 하기 위해 그릇 표면에 동식물의 기름이나 옻칠을 해서 사용했는데 옻칠은 검은색의 흑칠과 붉은색의 주칠이 있다. 서민층에서는 옻칠 한 그릇을 사용하지 않았고 주칠은 왕실 전용의 그릇에만 하였다. 흑칠반黑漆盤은 검은 옻칠을 한 반盤이다.

참조1 반盤, 방반方盤, 사방반四方盤, 소반小盤, 운족반雲足盤, 원반圓盤, 쟁반錚盤

참조2 평반平盤

예문 木果瓢各一箇柳笥柳箕各一部進上黑漆盤四立陶東海所羅各二坐(국장1776/250ㄴ03~04)

색인 (국장1898五/010ㄴ04)(국장1903四/007ㄱ10)(국장1903四/013ㄱ06)(국장1898五/005ㄴ03)(가례1819/상188ㄱ05)

黑鄕絲【흑향사】 일 복

흑색으로 물들인 향사. 향사는 우리나라에서 생산한 명주실을 가리킨다.

관련1 목홍향사木紅鄕絲

예문 靑蓋一紅蓋一新造所入黑綃七十五尺五寸紅綃七十五尺五寸黑鄕絲三分紅鄕絲三分石紫黃一兩(국장1720/052ㄱ01~03)

색인 (가례1671/171ㄴ02)(가례1671/181ㄱ08)(가례1681/192ㄱ12)(가례1681/248ㄴ02)(가례1681/262ㄴ12)(가례1696/087ㄴ01)

黑號衣【흑호의】 일 복

흑색黑色 호의號衣. 호의는 뒤허리 아래쪽으로 길게 트여 있는 조끼형의 상의上衣이다. 각 군영의 초관哨官 이하 군사들이 많이 착용했으며 소속 부대를 나타내기 위해 5가지 방색方色으로 제작되었다. 국상國喪 행렬 중 영여를 맨 군사[挾靈轝軍]는 발인 때 백두건白頭巾에 백호의白號衣를 입었다가 반우 때에는 흑두건黑頭巾에 흑호의黑號衣를 입었다.

참조1 더그레加文刺, 백호의白號衣, 호의號衣, 흑의黑衣

예문 靈輿砲殺手二十名令訓鍊都監將官率領分左右陪衛而着黑頭巾黑號衣爲白乎矣返虞時挾神輿砲殺手乙良置亦爲黑頭巾黑號衣爲白齊(예장1762/020ㄱ06~08)

색인 (국장1800一/067ㄱ01)(예장1762一/020

ㅎ

ㄱ07)(예장1762一/020ㄱ08)(예장1762一/021ㄱ10)(예장1762一/021ㄱ11)(예장1786一/059ㄱ10)

黑靴子【흑화자】 일 복

검은 가죽으로 만든 목이 긴 신. 목화木靴 또는 화자라고도 하며 왕 이하 문무백관들이 관복을 입을 때 신는 목이 긴 마른신으로 겉은 검은 녹피鹿皮나 아청공단, 융으로 만들고 안은 백공단으로 만든다. 가장자리에 붉은색 선을 두른다. 조선 시대에는 왕세손의 관례 때 연건軟巾을 뒤로 드리우고 청금포靑衿袍·세조대細條帶·흑화자黑靴子를 착용하였다. 사使와 부사副使가 승선할 때와 관館에 머무를 때에는 와룡관臥龍冠, 패영貝纓, 학창의鶴氅衣, 진홍대단광대眞紅大緞廣帶, 백우선白羽扇, 검은 신[黑靴子]을 신는다. 목화木靴, 화자靴子라고도 한다.

참조2 수화자水靴子

예문 白絲肆兩黑靴子壹部次冒段貳尺肆才槊擣鍊紙壹張半(빈전1724/207ㄱ10~12)

색인 (가례1671/102ㄱ01)(가례1671/139ㄱ03)(가례1681/143ㄱ07)(가례1681/195ㄴ06)(가례1696/128ㄴ06)(가례1718/166ㄱ05)

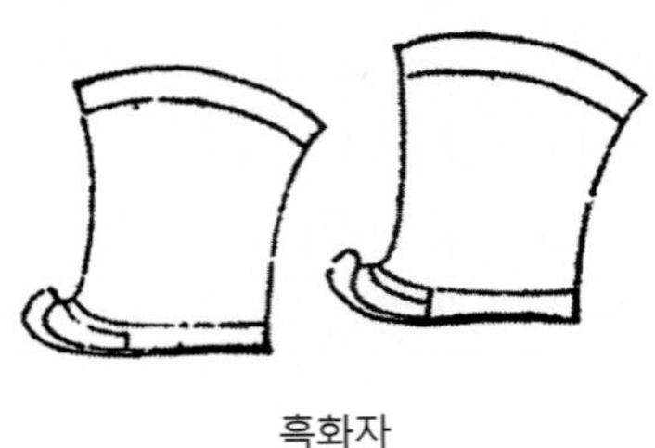

흑화자

참고 문헌

차자 표기 색인

그림 목록

참고 문헌

강문식, 「규장각 소장 의궤(儀軌)의 현황과 특징」『규장각』37, 서울대 규장각 한국학연구원, 2010.

강신항, 『朝鮮館譯語硏究』, 성균관대 출판부, 1995.

건설용어편찬위원회, 『건설용어대사전』, 건설연구사, 1996.

경기문화재단 편, 『화성성역의궤의 건축용어집』, 경기문화재단, 2007.

교학사, 『대한한사전』, 교학사, 2001.

국립국어연구원, 『표준국어대사전』, 두산동아, 1999.

국립문화재연구소, 『국역 국조상례보편』, 민속원, 2008.

국학진흥연구사업추진위원회, 『장서각 소장 의궤 해제』, 한국정신문화연구원, 2002.

김 호, 「조선 왕실의 藏胎 儀式과 관련 儀軌」『한국학보』29, 일지사, 2003.

김경실, 「朝鮮王朝 宮中進宴儀軌에 나타난 服飾의 造形美」, 성균관대 박사학위 논문, 1999.

김경희, 「조선후기 궁중진연을 통해 본 다문화 고찰 – 19세기 진연의궤를 중심으로」, 성신여대 석사학위 논문, 2006.

김광언, 『한국 농기구고』, 백산출판, 1986.

_____, 『한국의 집지킴이』, 다락방, 2000.

김기숙·백승희·구선희·조양주, 「『음식디미방』에 수록된 채소 및 과일류의 저장법과 조리법에 관한 고찰」『생활과학논집』 12, 중앙대 생활문화산업연구소, 1999.

김기숙·이미정·강은아·최애진, 「『음식디미방』에 수록된 면병류와 한과류의 조리법에 관한 고찰」『생활과학논집』 12, 중앙대 생활문화산업연구소, 1999.

김도경·주남철, 「화성성역의궤를 통한 공포부재 적용에 관한 연구」『대한건축학회논문집』 10(1), 대한건축학회, 1994.

___________, 「영조의궤를 통한 공포부재 적용에 관한 연구」『대한건축학회논문집』 10(7), 대한건축학회, 1994.

김동소, 『한국어의 역사』, 정림사, 2007.

김동욱, 「17세기 영건 의궤서에 기록된 건축 용어」『대한건축학회논문집』 8(1), 대한건축학회, 1988.

_____, 「조선 후기 다포식 공포부재 명칭에 대한 비교 고찰」『대한건축학회논문집』 9(1), 대한건축학회, 1989.

_____, 「조선 후기 건축공사에 있어서의 工匠道具에 관한 연구」『대한건축학회논문집』 6(2), 대한건축학회, 1990.

_____, 「조선시대 건축용어 연구」『대한건축학회논문집』 6(3), 대한건축학회, 1990.
_____, 『한국 건축의 역사』, 기문당, 1997.
_____, 『조선시대 건축의 이해』, 서울대 출판부, 1999.
_____, 「화성성역의궤의 건축사적 의의」『진단학보』 93, 진단학회, 2002.
김명숙, 「조선후기 冕服의 변천」『복식』 7, 한국복식학회, 1983.
_____, 「조선시대 비빈 長衫 및 繡甫老의 일고찰」『한국의류학회지』 8(3), 한국의류학회, 1984.
_____, 「한국과 중국의 袞冕制度와 實際」『복식』 31, 한국복식학회, 1997.
김문식, 「서평: 의궤로 보는 조선시대의 기록문화 – 한영우, 『조선왕조 의궤 – 국가의례와 그 기록』」『歷史學報』 188, 역사학회, 2005.
_____, 「『儀軌事目』에 나타나는 의궤의 제작 과정」『규장각』 37, 서울대 규장각 한국학연구원, 2010.
김문자, 『한국복식문화사전』, 민족문화사, 1994.
김민수, 『우리말 어원사전』, 태학사, 1997.
김상보, 『조선왕조 궁중의궤 음식문화사』, 수학사, 1995.
_____, 『조선왕조 궁중 과자와 음료』, 수학사, 2006.
_____, 『조선왕조 혼례연향 음식 문화』, 신광출판사, 2006.
_____, 『다시 보는 조선왕조 궁중음식 – 원행을묘정리의궤를 중심으로』, 수학사, 2011.
김상보·이성우, 「가례도감의궤에 나타난 동뢰연 소용 기용고」『한국식생활문화』 6(1), 한국식생활문화학회, 1991.
김업식, 「조선시대 부식류의 조리법에 관한 문헌적 고찰 – 『음식디미방』, 『閨閤叢書』, 『朝鮮無雙新式料理製法』을 중심으로」, 경희대 박사학위 논문, 2008.
김업식·한명주, 「『음식디미방』, 『규합총서(閨閤叢書)』, 『조선무쌍신식요리제법(朝鮮無雙新式料理製法)』에 수록된 시대적 흐름에 따른 부식류의 변화」『한국식생활문화학회지』 24(4), 한국식생활문화학회, 2009.
김연주, 「영건의궤류의 차자 표기 어휘 연구」, 대구가톨릭대 박사학위 논문, 2003.
_____, 『영건의궤류의 차자 표기 연구』, 아세아문화사, 2009.
_____, 「번역에 있어서 차자 표기 해독」『민족문화』 33, 한국고전번역원, 2009.
김영봉, 「조선조 의궤(儀軌)에 나타난 연례악(宴禮樂)의 변천」『민족음악』 14(1), 민족음악회, 1992.
김영숙, 『한국복식사 사전』, 민문고, 1988.
_____, 「조선시대 왕세자 면복」『복식』 18, 한국복식학회, 1992.
_____, 『한국 복식 문화 사전』, 미술문화, 1998.
_____, 『朝鮮朝後期宮中服飾 – 英王服飾中心』, 명원문화재단, 1999.
김왕직, 『그림으로 보는 한국 건축 용어』, 발언, 2004.
_____, 『알기 쉬운 한국 건축 용어 사전』, 동녘, 2007.
김응화, 「朝鮮時代 嘉禮都監儀軌에 나타난 包裝形態에 關한 考察(Ⅱ)」『한국패키지디자인학회 논문집』 4, 한국패키지디자인학회, 1997.

김인자, 「朝鮮後期 宮中進宴 儀禮 硏究 – 儀軌를 中心으로」, 성균관대 석사학위 논문, 2006.
김정옥, 「朝鮮王朝 英·正祖時代의 服飾硏究 – 『한중록』을 中心으로」, 이화여대 석사학위 논문, 1980.
_____, 「朝鮮王朝 後期 嘉禮服飾 硏究」 『기초과학연구』 1, 대구대 기초과학연구소, 1984.
김정진·이선재, 「조선시대 국장도감의궤의 반차도 연구(Ⅱ)」 『복식』 28, 한국복식학회, 1996.
김종수, 『朝鮮時代 宮中宴享과 女樂 硏究』, 민속원, 2003.
_____, 「존호(尊號), 존숭(尊崇), 상호도감의궤(上號都監儀軌) 명칭에 대한 소고」 『온지논총』 12, 온지학회, 2005.
_____, 「儀軌에 기록된 건축용어 연구」 『화성학연구』 4, 경기대 화성학연구소, 2006.
김지영, 「18세기 후반 國家典禮의 정비와 <春官通考>」 『한국학보』 30, 일지사, 2004.
_____, 「朝鮮時代 進宴儀軌類 呈才服飾에 나타난 織物 硏究」, 단국대 석사학위 논문, 2005.
_____, 「朝鮮後期 국왕 行次에 대한 연구 – 儀軌班次圖와 擧動記錄을 중심으로」, 서울대 박사학위 논문, 2005.
_____, 「조선후기 의궤(儀軌) 반차도(班次圖)의 기초적 연구」 『한국학보』 31, 일지사, 2005.
김춘연, 「宮中盤果床 構成의 分析的 硏究」 『동아시아식생활학회지』 1(2), 동아시아식생활학회, 1991.
김태공, 「조선조 궁중연회용의 餠考」 『가정문화연구』 4, 상명대 가정문화연구소, 1986.
김평탁, 『건축용어대사전』, 기문당, 1982.
김현정, 「高宗 辛丑進饌·進宴儀軌에 나타난 服飾 比較 硏究」, 성균관대 석사학위 논문, 2006.
김호동, 「신라말 고려초 유교정치이념 확대 과정」 『한국중세사연구』 18, 한국중세사학회, 2005.
김희종, 「화성성역의궤」 『대한토목학회지』 21(4), 대한토목학회, 1973.
남경란, 『국어사 연구를 위한 국어 정보 처리법』, 경인문화사, 2003.
_____, 「『사서언해』의 국어학적 고찰」 『민족문화논총』 34, 영남대 민족문화연구소, 2006.
남권희, 『고려시대 기록문화 연구』, 청주고인쇄박물관, 2002.
남광우, 『교학 고어사전』, 교학사, 2011.
남길임·송현주, 「조선시대 필사본 음식조리서의 음식 용어 의미 주석을 위한 연구 – 『음식디미방』을 중심으로」 『한국어 의미학』 26, 2008.
남영신, 『우리말 분류대사전』, 성안당, 2002.
남풍현, 『차자표기법 연구』, 단국대 출판부, 1981.
단국대 동양학연구소, 『한국한자어사전』, 단국대 출판부, 1992.
도보선, 「朝鮮時代 品帶에 關한 硏究」, 단국대 석사학위 논문, 2006.
류송옥, 「儀軌圖의 繪畫史的 特徵과 그에 나타난 宮中服飾」 『복식』 10, 한국복식학회, 1986.
_____, 「조선왕조시대 가례도감의궤와 그에 나타난 복식」 『대동문화』 20, 성균관대 대동문화연구원, 1986.
류풍연, 『역주 주자가례』, 태을문화사, 2010.
문주석, 「가곡원류 연구」, 영남대 박사학위 논문, 2005.
문화재단, 『한국의 고건축』, 세신문화, 1985.

문화재청, 『문화재대관 – 국보 금속공예』, 그라픽네트, 2009.
민속원 편집부, 『국역 정조국장도감의궤 1, 2, 3, 4』, 민속원, 2005.
민승기, 『조선의 무기와 갑옷 – 조선사회사 총서 22』, 가람기획, 2004.
민족건축미학연구회, 『한국건축사문헌목록』, 발언, 1999.
민족문화추진회, 『국역 친잠친경의궤』, 한국학술정보, 2006.
박가영, 「조선시대의 갑주」, 서울대 박사학위 논문, 2003.
_____, 「정조시대의 군사복식과 제도 개선에 대한 논의」 『한복문화』 7, 한복문화학회, 2004.
_____, 「순조대 궁중무용복식 고증과 디지털콘텐츠화」 『한복문화』 11, 한복문화학회, 2008.
_____, 「의궤 번역이 복식사 연구에 끼친 영향」 『민족문화』 33, 한국고전번역원, 2009.
_____, 「한국 궁중복식의 문화콘텐츠화 현황 분석」 『한국의류학회지』 33, 한국의류학회, 2009.
_____, 「『순조무자진작의궤』에 나타난 궁중무용복식의 고증 및 디지털콘텐츠화」 『한복문화』 13, 한복문화학회, 2010.
박가영·이은주, 「정조시대의 군사복식과 제도 개선에 대한 논의」 『한복문화』 7(3), 한복문화학회, 2004.
___________, 「순조대 궁중무용복식 고증과 디지털콘텐츠화 – 춘앵전 정재 복식을 중심으로」 『한복문화』 11, 한복문화학회, 2008.
박병선, 『조선조의 의궤』, 한국정신문화연구원, 1985.
박부자, 「『뎡미가례시일긔』의 어휘(2)」 『장서각』 19, 한국학중앙연구원, 2008.
박선영, 「嘉禮都監儀軌의 記錄을 중심으로 한 敎命樻 재현 제작」, 용인대 석사학위 논문, 2010.
박성실, 「빈전도감의궤에 나타난 복식연구(1)」 『복식』 17, 한국복식학회, 1991.
_____, 「조선전기 출토 복식 연구」 『복식』 18, 한국복식학회, 1992.
박성종, 「朝鮮時代 吏讀 資料와 그 國語學的 硏究」, 서울대 박사학위 논문, 1996.
박성종, 『조선초기 고문서 이두문 역주』, 서울대 출판부, 2006.
박언곤·신동철, 「조선후기 도감의궤의 건축도설 명칭에 관한 연구」 『대한건축학회논문집』 14(11), 대한건축학회, 1998.
박용수, 『우리말 갈래사전 – 새로 다듬은』, 서울대출판부, 2002.
박은향, 「조선시대 한글조리서 주방문의 음운 연구」, 경북대 석사학위논문, 2005.
박익수, 「朝鮮時代 營建儀軌의 建築圖 硏究」, 전남대 박사학위 논문, 1994
박정혜, 『조선시대 책례도감의궤의 회화사적 연구』, 서울대 한국문화연구소, 1993.
_____, 「의궤를 통해 본 조선시대의 畵員」 『미술사연구』 9, 미술사학회, 1995.
_____, 「화성성역의궤의 회화사적 고찰」 『진단학보』 93, 진단학회, 2002.
백두현, 「『음식디미방』의 표기법과 자음변화 고찰」 『국어사연구』 4, 2004.
_____, 「『음식디미방』[규곤시의방]의 내용과 구성에 대한 연구」 『영남학』 20, 경북대 영남문화연구원, 2011.
백영자·김정진, 「조선시대 가례도감의궤의 반차도에 나타난 복식 연구」 『한국의류학회지』 14(2), 한국의류학회, 1990.

사회과학원 언어연구소, 『조선말대사전』, 동광출판사, 1998.

서수백, 「『字類註釋』의 사전적 체재 연구」, 대구가톨릭대 박사학위 논문, 2009.

서울대규장각, 『원행을묘정리의궤』, 민창문화사, 1994.

서울대도서관, 『규장각 도서 한국본 도서 해제(史部1)』, 서울대 출판부, 1981.

__________, 『규장각 도서 한국본 종합 목록 上, 下』, 서울대 출판부, 1983.

선종순 옮김, 『종묘의궤 1, 2』(한국고전번역원), 김영사, 2009.

세종대왕기념사업회, 『국역 증보문헌비고』, 세종대왕기념사업회, 1980.

손계영, 「敎命의 형태 연구 – 藏書閣 所藏 『懿昭世孫琔世孫册封敎命』과 『慶嬪金氏揀嬪册封敎命』을 중심으로」 『장서각』 11, 한국학중앙연구원, 2004.

손선숙, 『궁중 정재용어 사전』, 민속원, 2005.

손신영, 「동궐도를 통해 본 창덕궁 연구」, 동국대 석사학위 논문, 1995.

손희하, 「새김 어휘 연구」, 전남대 박사학위 논문, 1991.

송방송, 「기축년 『진찬의궤』의 공연사료적 성격」 『한국문화』 16, 서울대 한국문화연구소, 1995.

_____, 「大韓帝國 시절의 進宴과 官妓들의 呈才公演 – 『高宗辛丑進宴儀軌』의 呈才女伶을 중심으로」 『한국무용사학』 1, 한국무용사학회, 2003.

_____, 『국역 순조기축진찬의궤 1, 2』, 민속원, 2007.

송혜림, 「朝鮮朝 嘉禮都監儀軌의 書誌學的 硏究」, 이화여대 석사학위 논문, 2004.

신기철·신용철, 『새우리말 큰사전』, 삼성출판사, 1989.

신명호, 『조선 왕실의 의례와 생활, 궁중 문화』, 돌베개, 2002.

신병주, 「『英祖貞純后嘉禮都監儀軌』의 구성과 자료적 가치」 『서지학보』 24, 한국서지학회, 2000.

_____, 『66세의 영조, 15세 신부를 맞이하다』, 효형출판사, 2001.

_____, 「『朝鮮王朝實錄』의 奉安儀式과 관리」 『한국사연구』 115, 한국사연구회, 2001.

_____, 「광해군 시기 의궤의 편찬과 그 성격」 『남명학연구』 22, 경상대 남명학연구소, 2006.

_____, 「1762년 世孫 正祖의 혼례식과 『正祖孝懿后嘉禮都監儀軌』」 『규장각』 30, 서울대 규장각 한국학연구원, 2007.

_____, 「조선시대 의궤(儀軌) 편찬의 역사」 『조선시대사학보』 54, 조선시대사학회, 2010.

신영훈, 『한국 고건축 단장 上(한국건축사대계 Ⅱ)』, 동상문화사, 1975.

_____, 『조선의 궁궐』, 조선일보사, 1998.

_____, 『우리가 정말 알아야 할 우리 한옥』, 현암사, 2000.

신한나, 「조선왕실 凶禮의 儀仗用 屛風의 기능과 의미」, 홍익대 석사학위 논문, 2009.

신현식 외, 『건축대사전』, 대우출판사, 1991.

신현옥, 「조선시대 彩色材料에 관한 연구 – 의궤에 기록된 회화의 채색재료를 중심으로」, 용인대 석사학위 논문, 2008.

심대섭·주남철, 「인정전 의궤에 기록된 공포 용어에 관한 연구」『대한건축학회논문집』 5(6), 대한건축학회, 1989.

안애영, 「임오(1882)년 가례 왕세자·왕세자빈 복식 연구」, 단국대 박사학위 논문, 2010.

여찬영, 「우리말 명칭어의 색채표지 연구」『한국전통문화연구』 10, 대구가톨릭대 한국전통문화연구소, 1995.

_____, 「우리말 식물 명칭어의 짜임새 연구」『대구어문논총』 15, 대구어문학회, 1997.

_____, 「말 명칭어 한자 자석의 연구」『어문학』 70, 한국어문학회, 2000.

_____, 「『자전석요』의 한자 자석 '고을일흠' 연구」『언어과학연구』 25, 언어과학회, 2003.

연규동, 「근대국어 어휘집 연구」, 서울대 박사학위 논문, 1996.

오창명, 「의궤(儀軌)에 나타나는 고유 복식(服飾) 어휘 – 17세기 의궤를 중심으로」『한국언어문학』 73, 한국언어문학회, 2010.

오창명·손희하, 「『儀軌』류의 고건축 어휘 해독과 건축 용어 선정」『호남문화연구』 42, 전남대 호남학연구원, 2008.

옥영정, 「한글본 『뎡니의궤』에 나타난 기록물의 轉寫와 註釋에 관한 연구」『서지학보』 33, 한국서지학회, 2009.

_____, 「『화성성역의궤(華城城役儀軌)』의 한글자료에 관한 연구 – 한글본 「뎡니의궤」에 수록된 "화성성역"의 분석과 비교」『서지학연구』 42, 한국서지학회, 2009.

외교통상부, 『파리국립도서관소장 외규장각 의궤 조사 연구』, 극동디앤씨, 2003.

유송옥, 「조선시대 의궤도의 복식 연구」, 홍익대 박사학위 논문, 1986.

_____, 「朝鮮王朝時代 嘉禮都監 儀軌와 그에 나타난 服飾」『대동문화연구』 20, 성균관대 대동문화연구원, 1986.

_____, 『한국복식사』, 수학사, 1998.

유창돈, 『이조어사전』, 연세대 출판부, 1985.

유희경, 『한국복식문화사』, 교문사, 1998.

윤덕인, 「전통 음식 調理器機의 이해와 변화」『한국식품조리과학회지』 18(3), 한국조리과학회, 2002.

윤양노, 「『景慕宮儀軌』 복식자료 연구」『한복문화학회 학술대회』, 한복문화학회, 2005.

_____, 「朝鮮時代 宮中 儀禮服飾 硏究 – 正祖朝 『景慕宮儀軌』를 중심으로」『한복문화』 8(2), 한복문화학회, 2005.

_____, 「조선시대 의복구성 용어에 관한 연구 – 『才物譜』를 중심으로」『한복문화』 8(3), 한복문화학회, 2005.

윤혜신, 『살림살이 – 겨레 전통 도감 1』, 보리, 2008.

이강근, 『한국의 궁궐』, 대원사, 1999.

이경자, 「가례도감의궤의 복식 연구」『복식』 1, 한국복식학회, 1977.

_____, 「朝鮮朝 中後期 宮中服飾 硏究」『한국문화연구원 논총』 32, 이화여대 한국문화연구원, 1978.

이광호, 「『음식디미방』의 분류 체계와 어휘 특성」『문학과 언어』 22(1), 문학과언어학회, 2000.

이권영, 「조선후기 관영건축의 목재와 목공사에 관한 연구」, 부산대 박사학위 논문, 2000.

_____, 「조선후기 관영건축공사의 목부재 생산과 물량산정에 관한 연구」『건축역사연구』10, 한국건축역사학회, 2001.

_____, 「조선후기 營建儀軌에 기록된 건축연장의 다양성에 관한 연구 – 官給 건축연장의 종류와 용도」『건축역사연구』14, 한국건축역사학회, 2005.

_____, 「조선 후기 관영건축의 미장공사 재료와 기법에 관한 연구」『대한건축학회논문집』24, 대한건축학회, 2008.

_____, 「산릉, 영건의궤 분석을 통한 조선시대 건축에서 회벽의 존재 여부 고찰」『건축역사연구』19(3), 한국건축역사학회, 2010.

이권영·서치상·김순일, 「경운궁 중건 목공사의 예산과 실입에 관한 연구」『건축역사연구』7, 한국건축역사학회, 1998.

이권영·김순일, 「조선후기 궁궐공사의 목재치련에 관한 연구」『건축역사연구』8(1), 한국건축역사학회, 1999.

이권영·김왕직, 「조선후기 관영건축공사에 있어서 철물과 철제 연장의 공급체계에 관한 연구」『건축역사연구』16(3), 한국건축역사학회, 2007.

이민주, 「朝鮮時代 王族冠帽에 關한 研究」『복식』17, 한국복식학회, 1991.

_____, 「상장례문화의 변화에 따른 수의 연구」『복식문화연구』8(6), 복식문화학회, 2000.

_____, 「朝鮮時代 冊禮儀에 나타난 儀式節次와 服飾 研究」, 성균관대 박사학위 논문, 2005.

이민주·유송옥, 「冊禮都監儀軌와 冊禮圖屛에 나타난 服飾에 관한 研究」『복식』35, 한국복식학회, 1997.

이선영, 「『음식디미방』과 『주방문』의 어휘 연구」『어문학』84, 한국어문학회, 2004.

이성우, 「조선왕조 궁중식에 관한 문헌학적 연구」『한국식생활문화학회지』1(1), 한국식생활문화학회, 1986.

이양혜, 『한국어 파생명사사전』, 국학자료원, 2002.

이영미, 「儀軌에 나타난 呈才服飾 研究」, 명지대 박사학위 논문, 2003.

이영주, 「조선시대 國喪 服制 연구」, 동덕여대 박사학위 논문, 2009.

이영춘, 「朝鮮時代의 王室 典禮와 儀軌 – 藏書閣 所藏本 儀軌類 文獻을 중심으로」『장서각』1, 한국학중앙연구원, 1999.

이왕기, 「한국의 건축도구(1–6)」, 꾸밈45～50, 1983.

이 욱, 「朝鮮後期 祈穀祭 設行의 의미」『장서각』4, 한국학중앙연구원, 2000.

_____, 「제사의 종교적 의미에 대한 고찰」『유교사상연구』17, 한국유교학회, 2002.

_____, 「조선시대 왕실 제사와 제물의 상징 – 혈식(血食)·소식(素食)·상식(常食)의 이념」『종교연구』59, 한국종교학회, 2009.

_____, 「조선후기 후궁 가례(嘉禮)의 절차와 변천 – 경빈 김씨 가례를 중심으로」『장서각』19, 2009.

_____, 「조선시대 왕실 원조(遠祖)의 무덤 찾기 – 준경묘(濬慶墓)와 영경묘(永慶墓)를 중심으로」『종교연구』60, 한국종교학회, 2010.

이은규, 『고대 한국어 차자표기 용자 사전』, 제이앤씨, 2006.

이은욱, 「朝鮮後期 食器 및 飮食의 特色과 變化」, 이화여대 석사학위 논문, 2002.

이은주·박가영, 「조선시대 궁중의례 재현행사를 위한 고증복식의 현황과 과제」 『한복문화』 10, 한복문화학회, 2007.

이은주·박가영, 「英祖代 大射禮儀 참여자의 복식 유형 고증」 『복식』 57(2), 한국복식학회, 2007.

이장희, 「'干支'系 신라 관명의 변화」 『언어과학연구』 18, 언어과학회, 2000.

이정희, 「조선후기 宗廟樂懸 고찰」 『한국음악사학보』 29, 한국음악사학회, 2002.

이태열·이상해, 「데이터베이스 시스템을 통한 화성성역의궤의 분석에 관한 연구」 『춘계학술발표대회 논문집 – 계획계/구조계』 21(1), 대한건축학회, 2001.

이화숙, 「조선시대 한글 의궤의 국어학적 연구 – 『ᄌᆞ경뎐진쟉졍례의궤』와 『뎡니의궤』를 중심으로」, 대구가톨릭대 박사학위 논문, 2009.

이효지, 『朝鮮王朝 宮中宴會飮食의 分析的 硏究』, 수학사, 1985.

_____, 「조선시대의 궁중연회에 차려졌던 麵飯類의 분석적 고찰」 『한국생활과학연구』 4, 한양대 한국생활과학연구소, 1986.

이효지·윤서석, 「조선시대 궁중음식 중 찬물류의 분석적 연구」 『한국식문화학회지』 1(2), 한국식생활문화학회, 1986.

__________, 「조선시대 궁중연회음식 중 과정류의 분석적 연구」 『한국식생활문화학회지』 1(3), 한국식생활문화학회, 1986.

임명미, 「景·景衣에 관한 연구」 『복식』 52(1), 2002.

_____, 「景·景衣에 관한 연구(2)」 『복식』 52(5), 2002.

임영배·박익수, 「화성성역의궤의 건축도 연구」 『대한건축학회논문집』 9(3), 대한건축학회, 1993.

장경호, 『한국의 전통건축』, 문예출판, 1996.

장기인, 『한국 건축 사전(한국건축대계4)』, 보성각, 1998.

장삼식, 『대한한사전』, 교육서관, 1987.

_____, 『한한대사전』, 교육출판공사, 2010.

장세경, 「고대 복수인명 표기의 음성·음운론적 고찰」, 동국대 박사학위 논문, 1990.

_____, 『이두자료읽기사전』, 한양대 출판부, 2001.

장순용, 「조선시대 의궤의 유회에 관한 고찰」 『건축역사연구』 10, 한국건축역사학회, 2001.

장영기, 「조선시대 궁궐 장식기와 雜像의 기원과 의미」, 국민대 석사학위 논문, 2004.

장충덕, 「『음식디미방』의 표기와 음운현상」 『개신어문연구』 20, 개신어문학회, 2003.

전경목, 「이두가 포함되어 있는 고문서 번역상의 몇 가지 문제점」, 『고전번역』 1, 한국고전번역학회, 2010.

전경목·김건우·김동석 옮김, 『유서필지 – 고문서 이해의 첫걸음』, 사계절, 2006.

전통예술원, 『국역 헌종무신진찬의궤 1, 2, 3』, 민속원, 2004.

정영호, 『그림과 명칭으로 보는 한국의 문화유산』, 시공테크, 1999.

정유나, 「조선시대 궁궐건축 의궤(儀軌)의 사용색 분석」『한국색채학회 논문집』 4, 한국색채학회, 1995.
정정남·이혜원, 「儀軌에 기록된 건축용어 연구」『화성학연구』 4, 경기대 화성학연구소, 2006.
조남호, 「한자어의 고유어화」, 『국어사자료와 국어학의 연구』, 문학과지성사, 1993.
조미라, 「조선후기 순조대 궁중연향 복식에 관한 연구」, 성균관대 석사학위 논문, 2005.
조선희, 「한국의 전통 혼례복식에 관한 고찰」『유교사상연구』 17, 한국유교학회, 2002.
_____, 「전통신의 조형미와 제작 실태에 관한 연구(Ⅰ) – 운혜를 중심으로」『한복문화』 8(3), 한복문화학회, 2005.
_____, 「조선시대 역관 복식 연구」『한국니트디자인학회 학술대회』 5, 한국니트디자인학회, 2010.
조시내, 「大韓帝國期 宮中 宴享用 家具 硏究」, 홍익대 석사학위 논문, 2007.
조정희, 「기녀복식고」『동대논총』 8(1), 동덕여대, 1978.
조효순, 「정조의 顯隆園 행차시의 궁중의례복식고」『복식』 5, 한국복식학회, 1981.
_____, 『한국복식풍속사 연구』, 일지사, 1988.
주남철, 『한국 건축 의장』, 일지사, 1979.
_____, 『한국의 문과 창호』, 대원사, 2001.
지두환, 「朝鮮前期 文廟從祀 論議」『역사와 세계』 9, 부산대 사학회, 1985.
_____, 「朝鮮前期 國家儀禮 硏究 – 朱子學 수용과정과 관련하여」, 서울대 박사학위 논문, 1990.
_____, 「朝鮮前期 文廟儀禮의 整備過程」『한국사연구』 75, 한국사연구회, 1991.
_____, 「朝鮮時代 儀禮 槪念의 變遷」『동양예학』 1, 동양예학회, 1998.
_____, 「조선시대 연회 의례의 변천」『한국사상과 문화』 19, 한국사상문화학회, 2003.
_____, 「朝鮮後期 宗廟制度 變遷」『한국학논총』 26, 국민대 한국학연구소, 2004.
_____, 「조선후기 국상의례(國喪儀禮) 변천 – 졸곡(卒哭) 연제(練祭) 전후 상복의 변화를 중심으로」『한국학논총』 27, 국민대 한국학연구소, 2005.
천소영, 『차자 표기』, 일조각, 1992.
최경순, 「가례도감의궤에 나타나는 가례복식의 실태에 관한 연구」『한국의류학회지』 15(1), 한국의류학회, 1991.
최범훈, 『漢字借用表記體系硏究』, 동국대 한국학연구소, 1977.
_____, 「한자 차용 표기 방식의 단계적 발전에 대하여」『꼭 읽어야 할 국어학논문집』, 집문당, 1988.
최은영, 「『英祖貞純后嘉禮都監儀軌』의 편찬 과정과 기록학적 가치」, 충남대 석사학위 논문, 2009.
최학근, 『한국방언사전』, 명문당, 1987.
한국고전용어사전편찬위원회, 『한국고전용어사전』, 세종대왕기념사업회, 2001.
한국궁중복식연구원 편, 『소명세자와 함께 한 옷들』, 한국궁중복식연구원, 2005.
한국문화재보호재단, 『한국음식대관 2, 3, 4, 5, 6』, 한림출판사, 1999~2002.
한국문화재보호협회, 『문화재대관 5』, 대학당, 1986.
_______________, 『문화재대관 6』, 대학당, 1989.

한국역대제도용어사전 편찬위원회, 『한국역대제도용어사전』, 여강출판사, 2002.
한국정신문화연구원, 『한국민족문화대백과사전』, 2001.
________________, 『조선후기 궁중연향문화 1, 2, 3』, 민속원, 2003~2005.
한국학술정보 편집부, 『국역 영조 정순왕후 가례도감의궤』, 한국학중앙연구원, 2006.
한글학회, 『우리말 큰사전』, 어문각, 1997.
한복진, 『조선시대 궁중의 식생활문화』, 서울대 출판부, 2005.
한영우, 「乙未之變, 대한제국 성립과 『明成皇后 國葬都監儀軌』」 『한국학보』 26(3), 일지사, 2000.
_____, 「조선시대 『儀軌』 편찬과 現存 儀軌 조사 연구」 『한국사론』 48, 서울대 국사학과, 2002.
_____, 「조선시대 儀軌 편찬 始末」 『한국학보』 28(2), 일지사, 2002.
_____, 『반차도로 따라가는 정조의 화성행차』, 효형출판사, 2007.
홍나영·류희경, 「조선왕조의 왕비법복에 관한 연구」 『복식』 7, 한국복식학회, 1983.
홍순민, 『우리 궁궐 이야기』, 청년사, 1999.
홍윤표, 『근대국어연구(1)』, 태학사, 1994.
홍윤표 외, 『17세기 국어사전』, 태학사, 1995.
홍정실, 『장석과 자물쇠』, 대원사, 1993.
홍종선, 『근대국어 문법의 이해』, 박이정, 1998.
황금연, 「행용이문의 차자 표기 고찰」 『한국어문학』 33, 한국어문학회, 1994.
_____, 「『의궤』류의 한자 차명 표기 연구」, 전남대 박사학위 논문, 1996.
황의숙, 「한국여성 전통복식의 양식변화에 관한 연구」 『복식』 26, 한국복식학회, 1995.
황혜성, 『황혜성의 조선왕조 궁중 음식』, 궁중음식연구원, 2001.

고유복식 통합버전, 이화여대 패션디자인연구소.
궁중음식연구원 〈http://www.food.co.kr〉
네이버 용어사전 〈http://terms.naver.com〉
네이트 민족문화백과사전 〈http://100.nate.com/minbaek〉
문화원형백과사전, daum사전, 2006. 〈http://culturedic.daum.net/dictionary〉
서울대 규장각 한국학연구원 〈http://e-kyujanggak.snu.ac.kr〉
세종대왕 기념사업회 〈http://www.sejongkorea.org〉
왕실도서관 장서각 디지털 아카이브 〈http://yoksa.aks.ac.kr〉
조선왕조실록 〈http://sillok.history.go.kr〉
한국고전번역원 〈http://www.itkc.or.kr〉
한국궁중복식연구원 〈http://www.royalcostume.net〉
한국민족문화대백과사전 〈http://www.encykorea.com〉
한국역사정보통합시스템 〈http://yoksa.aks.ac.kr〉

차자 표기 색인

이 색인은 표제어 가운데 차자 표기 어휘만 가려서 만든 것임

한자음 가나다순

가

加乃【가래】 22
加羅【가래】 23
加樑【덧보】 23
架樑【덧보】 24
加利麻【가리마】 26
加里麻【가리마】 26
家羸馬【가리마】 26
駕離馬【가리마】 26
加莫金【가막쇠】 26
可莫金【가막쇠】 27
加文剌【더그레】 27
加枋【덧방】 27
假保【덧보】 28
假樑【덧보】 28
加樑【덧보】 28
架子【가자】 31
家豬毛【집돼지털】 32
假地防【가지방/덧지방】 32
加地枋【가지방/덧지방】 32
켸乃【가래】 35
鹽頭【감투】 35
甘莫金【가막쇠】 36
甘伊白休紙【감이백휴지】 37
甘伊厚白紙【감이후백지】 37
甘佐非【감자비】 38
甘佐伊【감자비】 38
甘執非【감자비】 38
甘執伊【감자비】 39
甘執只【감자비】 39
甘土【감투】 39
甲裹肚【겹과두】 40
䢝樑【덧보】 41
䢝方【덧방】 41
開金【열쇠】 42
箇兒匠【개아장】 42
蓋兒匠【개아장】 42
蓋襖【개오】 42
盖襖【개오】 43
蓋瓦【개와/기와】 43
蓋瓦匠【개와장(이)/기와장(이)】 43
蓋匠【개와장(이)/기와장(이)】 43
蓋板【개판】 43
盖板【개판】 44
箇板【개판】 44
巨勿釘【거물못】 46
去勿釘【거물못】 47
巨勿丁【거물못】 47
巨物丁【거물못】 47
巨物釘【거물못】 47
擧鐵【걸쇠】 49
乬金【꺾쇠】 49

巪釗【꺾쇠】 49
乬鉅匠【걸거장】 50
乬金【걸쇠】 50
乬沙【걸쇠】 50
乬沙【걸쇠】 50
乬鎖【걸쇠】 51
乬鎖【걸쇠】 51
乬鑰【걸쇠】 51
乬音金【걸쇠】 51
裌裙【겹군】 53
裌大衫【겹대삼】 53
裌褙子【겹배자】 53
裌袱【겹보/겹보자기】 53
裌馳馬【겹치마】 54
古衣【고의】 59
曲光耳【곡괭이】 60
曲廣耳【곡괭이】 60
曲丁【곱정/갈고리못】 60
曲釘【곱정/갈고리못】 60
曲尺【곡척/곱자】 60
空石【빈섬】 62
串光屎【곡괭이】 64
串光伊【곡괭이】 64
串光耳【곡괭이】 64
串廣伊【곡괭이】 64
串衣【고의】 65
串鈋伊【곡괭이】 64
串錁伊【곡괭이】 64
廣頭釘【광두정/대갈못】 65
廣頭丁【광두정/대갈못】 66
菊花童【국화동】 71
菊花同【국화동】 72
弓非排刃【활비비날】 73
弓飛排刃【활비비날】 73
弓非非刃【활비비날】 73
歸也【귀얄】 74
金井機【금정틀】 79

나

羅兀【너울】 85

다

茶甫兒【차보아】 105
單衫【단삼】 113
團衫【단삼】 113
單衫兒【단삼아】 113
短衫兒【단삼아】 113
單赤亇【홑치마】 114
單把持【홑바지】 115
單袱【홑보/홑보자기】 112
橽皮所【달피바】 116
擔乼匠【멜줄장】 116
擔桶【멜통】 116
唐大接【당대접】 117
唐甫兒【당보아】 117
大工【대공】 120
臺工【대공】 120
大襴赤亇【대란치마】 121
大樑【대량/대들보】 121
大椺【대보】 122
大沙用【대새옹】 122
大接【대접】 124
大楪【대접】 124
帶鐵【띠쇠/띠철】 125
大貼【대접】 125
陶灌【도관/도가니】 134
陶罐【도관/도가니】 134
陶罐伊【도가니】 134

道乃頭釘【도내두정】 134
道乃釘【도내정】 134
道乃叉釘【도내차정】 135
道乃釵釘【도내차정】 134
都多益【도투락】 135
陶東海【도동이/질동이】 135
道里【도리】 136
刀磨【도마】 136
刀馬【도마】 136
刀亇【도마】 136
陶所湯【질바탕】 136
陶所湯伊【도바탕이/질바탕이】 136
乭赤耳【돌쩌귀】 140
乭迪耳【돌쩌귀】 140
乭廸耳【돌쩌귀】 140
同道里【동달이/동도리】 141
東道里【동달이/동도리】 141
銅亇飛介【동마날개/구리마날개】 143
銅亇飛箇【동마날개/구리마날개】 143
銅亇要【동매화/구리매화】 144
銅馬腰【동매화/구리매화】 144
同磨只刀【동마기도/동마기칼】 144
銅莫大也【동맛대야/구리맛대야】 144
銅末飛介【동마날개/구리마날개】 144
銅味鐥【동맛대야/구리맛대야】 144
銅北鐥【동뒷대야/구리뒷대야】 145
童子柱【동자주】 145
東海【동이】 145
東海匠【동이장】 146
斗栱【두공】 147
豆毛【두멍】 147
頭丁【두정/머리못】 148
頭釘【두정/머리못】 148
頭錠【두정/머리못】 148
斗之【두지】 148
燈子金【등자쇠】 149
登子金【등자쇠】 149
鐙子金【등자쇠】 149

마

馬尾篩【마미체】 153
亇飛箇【마날개】 153
亇飛介【마날개】 154
了飛介【마날개】 154
亇腰【매화】 154
亇腰機【매화틀】 154
亇赤【마치】 154
馬腰【매화】 154
馬要【매화】 154
莫子【막자】 155
襪裙【말군】 157
袜裙【말군】 157
抹木【말목】 157
末木【말목】 157
末飛介【마날개】 158
末乙木【말목】 158
末乙飛介【마날개】 158
每緝匠【매듭장】 159
冒段【모단】 162
冒緞【모단】 162
毛緞【모단】 163
毛羅【모라】 163
冒羅【모라】 164
冒羅帽頭【모라모두】 164
冒羅幞頭【모라복두】 164
毛節【모절】 165
旄節【모절】 165
毛節匠【모절장】 165

旄節匠【모절장】 165
毛湯【모탕】 165
毛湯板【모탕판】 166
木【목】 166
木加羅【나무가래】 166
蒙同【몽둥】 169
夢同伊【몽둥이】 170
蒙同伊【몽둥이】 170
蒙同耳【몽둥이】 170

바

朴串【바곳】 175
朴橽木【박달목/박달나무】 175
朴達木【박달목/박달나무】 175
朴亇赤【방마치】 175
朴排【박배】 175
朴排匠【박배장】 175
鉢里【바리】 179
方古里【방구리】 180
方器里【방구리】 180
方了赤【방마치】 180
方馬赤【방마치】 181
方亇赤【방마치】 181
方麻赤【방마치】 181
方文里【방구리】 181
方椽【방연/네모서까래】 184
方兀【방울】 184
排目【배목】 185
餅亇赤【방마치】 198
甫兒【보아】 200
袱【보/보자기】 201
奉持筒【봉지통】 207
捧持桶【봉지통】 207
盆子【푼주】 209
分之苔席【푼주태석】 210
乶朴只鎖鑰【볼박이쇄약】 211
飛陋【비누】 211
非排【비비】 211
飛排【비비】 212
飛篺【비비】 212
非非【비비】 212

사

沙短知【사단지】 217
沙龍【새옹】 217
沙鉢【사발】 218
沙甫兒【사보아】 218
砂甫兒【사보아】 218
沙㐇【사슬】 219
沙用【새옹】 220
四隅圓柱【네모원기둥】 220
山支【산지】 223
散支【산지】 223
山支鐵【산지쇠】 223
三甲索【세겹색】 224
三甲所【세겹바】 224
三甲繩【세겹승】 224
三排目【삼배목】 225
三隅加羅【세모가래】 225
參隅加羅【세모가래】 225
常甫兒【상보아】 227
舒道里【서도리】 231
西道里【서도리】 231
西道伊【서도리】 231
鼠目丁【쥐눈(이)못】 232
鼠目釘【쥐눈(이)못】 232
扇椽【선연/선자서까래】 234
扇子椽【선자연/선자서까래】 235

[illegible]煮【석자】 237
所串【바곶】 239
小羅【소라】 240
所羅【소라】 240
小沙用【소새옹】 241
召兒【초아】 242
召乙釘【쫄정】 243
召丁【쫄정】 244
召釘【쫄정】 244
梳次介【빗치개】 245
梳次箇【빗치개】 245
所湯【바탕/바탱이】 246
所湯丁【바탕못】 246
束乼【뭇줄】 247
乭乙丁【쫄정】 247
乭乙釘【쫄정】 247
乭釘【쫄정】 248
乭錠【쫄정】 248
松古了條【송고마조】 249
松古亇條【송고마조】 248
首紗只【수사기】 251
水鐵【무쇠】 252
膝襴赤亇【스란치마】 254
匙楪【시접】 256
信枋【신방】 257
信防【신방】 257
十字鳥足鐵【십자새발쇠】 259

아

鴨項丁【오리목못】 272
鴨項釘【오리목못】 272
鴨項乼【오리목줄】 273
鴨項鐵【오리목쇠】 273
陽傘匠【양산장】 277
陽繖匠【양산장】 277
涼東海【양동이】 276
樑栿【들보】 276
涼盆【양푼】 276
樑板【양판】 277
涼板【양판】 277
於叱味里【엇미리】 278
焉尾里【엇미리】 278
彥尾里【엇미리】 279
乻尾里【엇미리】 279
旕尾里【엇미리】 279
女乭迪耳【암돌쩌귀】 279
汝火【너울】 280
五分丁【오푼정】 286
五分釘【오푼정】 286
雍尾里【옹미리】 291
龍支【용지】 297
龍枝【용지】 298
龍脂【용지】 298
亏里【우리】 298
于里【우리】 299
迂里【우리】 299
亐里【우리】 302
雄尾里【옹미리】 302
圓環【원환/둥근고리】 304
月乃匠【다래장】 305
月亇只【달마기】 305
襦裹肚【유과두/솜과두/핫과두】 305
鍮罐子【유관자/놋관자】 305
柳箕【버들키】 306
鍮大沙用【유대새옹/놋새옹】 306
鍮東海【유동이/놋동이】 306
鍮味鐥【유맛대야/놋맛대야】 307
鍮伐兒【유바라기/놋바라기】 307

鍮法音鐥【유법음선/놋법음선】 307
糯袱【유보/솜보자기/핫보자기】 307
鍮分之【유푼주/놋푼주】 308
油沙了條【유사마조】 308
鍮沙用【놋새옹】 309
油沙亇條【유사마조】 308
鍮小沙用【유소새옹/놋소새옹】 310
鍮要江【유요강/놋요강】 311
鍮盂【유대야/놋대야】 311
鍮耳鐥【유귀대야/놋귀대야】 313
鍮耳只【유구기/놋구기】 313
鍮煮【유자/놋자】 313
鍮者【유자/놋자】 313
糯赤亇【유치마/솜치마/핫치마】 314
鍮齊音同【유제음동/놋제음동】 314
鍮中沙用【유중새옹/놋중새옹】 314
鍮尺【유척/놋자】 315
糯裹肚【유과두/솜과두/핫과두】 315
糯天益【유철릭/솜철릭/핫철릭】 316
糯把持【유바지/솜바지/핫바지】 317
耳只匠【구기장】 324
印出方亇赤【인출방마치】 326

자

者朴只【자배기】 333
磁甫兒【자보아】 333
斫耳【자귀】 340
長道里【장도리】 341
掌道里【장도리】 342
章道里【장도리】 342
掌道耳【장도리】 342
掌乭伊【장도리】 342
長乭伊【장도리】 342
障子【장지】 344
莊子【장지】 345
長洪都介【장홍두깨】 346
爭機【쟁기】 347
錚盤【쟁반】 347
赤古里【저고리】 349
赤九里【저고리】 349
炙金【적쇠】 349
炙釗【적쇠】 350
赤亇【치마】 349
炙鐵【적쇠】 351
積貼【적첩】 351
赤貼【적첩】 351
箭竹【살대】 356
箭平床【살평상】 357
接匙【접시】 357
楪匙【접시】 357
接貼【적첩】 357
條所【줄바】 365
助伊匠【조이장】 366
鳥足甘佐非【새발감자비】 366
鳥足甘執伊【새발감자비】 367
鳥足金【새발쇠】 367
鳥足釗【새발쇠】 367
鳥足鐵【새발쇠】 367
鍾子【종재기/종지】 368
鑄大沙要【주대새옹】 369
鑄大沙用【주대새옹】 370
柱道里【주도리】 370
鑄東海【주동이】 370
朱簾匠【주렴장】 370
珠簾匠【주렴장】 370
周鉢【주발】 371
朱鉢【주발】 371
鑄小沙要【주소새옹】 371

鑄小沙用【주소새옹】 371
柱心道里【주심도리】 371
鑄中沙要【주중새옹】 374
鑄中沙用【주중새옹】 374
周鏺【주발】 371
竹甫兒【죽보아】 376
中同串【중동곶】 380
地架【지게】 382
支架【지게】 382
之介【지게】 382
地防【지방】 382
地方【지방】 383
支防【지방】 383
直光耳【곡괭이】 384
眞木【참나무】 384
眞長木【참나무 장목】 385
執介【집개】 387
執箇【집개】 387

차

叉釘【차정/비녀못】 394
叉丁【차정/비녀못】 395
釵丁【차정/비녀못】 397
釵釘【차정/비녀못】 397
錯亇赤【착마치】 395
錯方亇赤【착방마치】 395
綵紋甫兒【채문보아】 397
天益【철릭】 402
鐵箭【쇠살】 403
鐵迲釘【쇠졸정】 404
添里【철릭】 404
帖裹【철릭】 404
帖裏【철릭】 404
貼里【철릭】 404
貼匙【접시】 404
貼是【접시】 405
帖裡【철릭】 404
貼裡【철릭】 404
青甫兒【청보아】 407
青板【청널/마루청】 410
廳板【청널/청판/마루청】 410
廳板亏里【청판우리】 410
招兒【초아】 419
炒兒【초아】 420

타

桶匠【통장】 429
筒匠【통장】 429

파

把持【바지】 433
平古代【평고대】 434
平交臺【평고대】 434
平交代【평고대】 435
平交始【평고대】 435
平尾乃【평미리】 435
平味里【평미리】 435
平尾里【평미리】 435
平未里【평미리】 435

하

割衣【할의/활옷】 446
香串之【향꽂이】 447
香佐兒【향좌아】 449
香左兒【향좌아】 450
香座兒【향좌아】 450
虛兒【허아】 450
夾裙【겹군】 454

夾大衫【겹대삼】 454
弘道介【홍두깨】 458
洪道介【홍두깨】 458
紅道介【홍두깨】 458
紅都叱介【홍두깨】 459
紅亇條【홍마조】 459
吙金【석쇠】 468
華衣【화의/활옷】 470
吙煮【석자】 471
吙者【석자】 471
吙匠【석장】 471
和匠【석장】 471
花匠【화장】 472
闊衫兒【활삼아】 472
濶汗衫【활한삼】 472
闊汗衫【활한삼】 472
闊汗衫兒【활한삼아】 472
黃漆亇要【황칠매화/매화】 476
橫搗介【홍두깨】 478
橫道介【홍두깨】 478

우리말 가나다순

가

【가래】加羅 23
【가래】加乃 22
【가래】哿乃 35
【가리마】加利麻 26
【가리마】加里麻 26
【가리마】家羸馬 26
【가리마】駕離馬 26
【가막쇠】加莫金 26
【가막쇠】可莫金 27
【가막쇠】甘莫金 36
【가자】架子 31
【가지방/덧지방】假地防 32
【가지방/덧지방】加地枋 32
【감이백휴지】甘伊白休紙 37
【감이후백지】甘伊厚白紙 37
【감자비】甘佐非 38
【감자비】甘佐伊 38
【감자비】甘執非 38
【감자비】甘執伊 39
【감자비】甘執只 39
【감투】甘土 39
【감투】鹽頭 35
【개아장】箇兒匠 42
【개아장】蓋兒匠 42
【개오】蓋襖 42
【개와/기와】蓋瓦 43
【개와장(이)/기와장(이)】蓋瓦匠 43
【개와장(이)/기와장(이)】蓋匠 43
【개판】蓋板 43
【개판】盖板 44
【개판】箇板 44
【거물못】巨勿釘 46
【거물못】去勿釘 47
【거물못】巨勿丁 47
【거물못】巨物丁 47
【거물못】巨物釘 47
【걸거장】乬鉅匠 50
【걸쇠】擧鐵 49
【걸쇠】乬金 50
【걸쇠】乬沙 50
【걸쇠】乬鎖 51
【걸쇠】乬鑰 51
【걸쇠】乬音金 51

【결쇠】乬沙　50
【결쇠】乬鎖　51
【겹과두】甲裹肚　40
【겹군】夾裙　454
【겹군】裌裙　53
【겹대삼】夾大衫　454
【겹대삼】裌大衫　53
【겹배자】裌褙子　53
【겹보/겹보자기】裌袱　53
【겹치마】裌䶓馬　54
【고의】古衣　59
【고의】串衣　65
【곡괭이】曲光耳　60
【곡괭이】曲廣耳　60
【곡괭이】串光屎　64
【곡괭이】串光伊　64
【곡괭이】串光耳　64
【곡괭이】串廣伊　64
【곡괭이】串銧伊　64
【곡괭이】串錁伊　64
【곡괭이】直光耳　384
【곡척/곱자】曲尺　60
【곱정/갈고리못】曲丁　60
【곱정/갈고리못】曲釘　60
【광두정/대갈못】廣頭釘　65
【광두정/대갈못】廣頭丁　66
【구기장】耳只匠　324
【국화동】菊花童　71
【국화동】菊花同　72
【귀얄】歸也　74
【금정틀】金井機　79
【꺾쇠】乬金　49
【꺾쇠】乬釗　49

나

【나무가래】木加羅　166
【너울】羅兀　85
【너울】汝火　280
【네모원기둥】四隅圓柱　220
【놋새옹】鍮沙用　309

다

【다래장】月乃匠　305
【단삼】單衫　113
【단삼】團衫　113
【단삼아】單衫兒　113
【단삼아】短衫兒　113
【달마기】月亇只　305
【달피바】㺚皮所　116
【당대접】唐大接　117
【당보아】唐甫兒　117
【대공】大工　120
【대공】臺工　120
【대란치마】大襴赤亇　121
【대량/대들보】大樑　121
【대보】大椺　122
【대새옹】大沙用　122
【대접】大接　124
【대접】大楪　124
【대접】大貼　125
【더그레】加文刺　27
【덧방】加枋　27
【덧방】㐓方　41
【덧보】加樑　23
【덧보】架樑　24
【덧보】假保　28
【덧보】假椺　28
【덧보】加椺　28

【덧보】䢋樑 41
【덧보】䢋樑 43
【도가니】陶罐伊 134
【도관/도가니】陶灌 134
【도관/도가니】陶罐 134
【도내두정】道乃頭釘 134
【도내정】道乃釘 134
【도내차정】道乃叉釘 135
【도내차정】道乃釵釘 134
【도동이/질동이】陶東海 135
【도리】道里 136
【도마】刀磨 136
【도마】刀馬 136
【도마】刀ケ 136
【도바탕이/질바탕이】陶所湯伊 136
【도투락】都多益 135
【돌쩌귀】乭赤耳 140
【돌쩌귀】乭迪耳 140
【돌쩌귀】乭廸耳 140
【동달이/동도리】同道里 141
【동달이/동도리】東道里 141
【동뒷대야/구리뒷대야】銅北鐥 145
【동마기도/동마기칼】同磨只刀 144
【동마날개/구리마날개】銅ケ飛介 143
【동마날개/구리마날개】銅ケ飛箇 143
【동마날개/구리마날개】銅末飛介 144
【동맛대야/구리맛대야】銅莫大也 144
【동맛대야/구리맛대야】銅味鐥 144
【동매화/구리매화】銅馬腰 144
【동매화/구리매화】銅ケ要 144
【동이】東海 145
【동이장】東海匠 146
【동자주】童子柱 145
【두공】斗栱 147
【두멍】豆毛 147
【두정/머리못】頭丁 148
【두정/머리못】頭釘 148
【두정/머리못】頭錠 148
【두지】斗之 148
【들보】樑椺 276
【등자쇠】燈子金 149
【등자쇠】登子金 149
【등자쇠】鐙子金 149
【띠쇠/띠철】帶鐵 125

마

【마날개】了飛介 154
【마날개】末飛介 158
【마날개】末乙飛介 158
【마날개】ケ飛箇 153
【마날개】ケ飛介 154
【마미체】馬尾篩 153
【마치】ケ赤 154
【막자】莫子 155
【말군】襪裙 157
【말군】袜裙 157
【말목】抹木 157
【말목】末木 157
【말목】末乙木 158
【매듭장】每緝匠 159
【매화】馬腰 154
【매화】馬要 154
【매화】ケ腰 154
【매화틀】ケ腰機 154
【멜줄장】擔乼匠 116
【멜통】擔桶 116
【모단】冒段 162
【모단】冒緞 162

【모단】毛緞　163
【모라】毛羅　163
【모라】冒羅　164
【모라모두】冒羅帽頭　164
【모라복두】冒羅幞頭　164
【모절】毛節　165
【모절】旄節　165
【모절장】毛節匠　165
【모절장】旄節匠　165
【모탕】毛湯　165
【모탕판】毛湯板　166
【목】木　166
【몽둥】蒙同　169
【몽둥이】夢同伊　170
【몽둥이】蒙同伊　170
【몽둥이】蒙同耳　170
【무쇠】水鐵　252
【뭇줄】束乼　247

바

【바곳】朴串　175
【바곳】所串　239
【바리】鉢里　179
【바지】把持　433
【바탕/바탱이】所湯　246
【바탕못】所湯丁　246
【박달목/박달나무】朴達木　175
【박달목/박달나무】朴橽木　175
【박배】朴排　175
【박배장】朴排匠　175
【방구리】方古里　180
【방구리】方器里　180
【방구리】方文里　181
【방마치】朴亇赤　175
【방마치】方了赤　180
【방마치】方馬赤　181
【방마치】方麻赤　181
【방마치】方亇赤　181
【방마치】鉼亇赤　198
【방연/네모서까래】方椽　184
【방울】方兀　184
【배목】排目　185
【버들키】柳箕　306
【보/보자기】袱　201
【보아】甫兒　200
【봉지통】奉持筒　207
【봉지통】捧持桶　207
【붙박이쇄약】乶朴只鎖鑰　211
【비누】飛陋　211
【비비】非排　211
【비비】飛排　212
【비비】飛褙　212
【비비】非非　212
【빈섬】空石　62
【빗치개】梳次介　245
【빗치개】梳次箇　245

사

【사단지】沙短知　217
【사발】沙鉢　218
【사보아】沙甫兒　218
【사보아】砂甫兒　218
【사슬】沙乬　219
【산지】山支　223
【산지】散支　223
【산지쇠】山支鐵　223
【살대】箭竹　356
【살평상】箭平床　357

【삼배목】三排目 225
【상보아】常甫兒 227
【새발감자비】鳥足甘佐非 366
【새발감자비】鳥足甘執伊 367
【새발쇠】鳥足金 367
【새발쇠】鳥足釗 367
【새발쇠】鳥足鐵 367
【새옹】沙龍 217
【새옹】沙用 220
【서도리】舒道里 231
【서도리】西道里 231
【서도리】西道伊 231
【석쇠】吙金 468
【석자】吙煮 471
【석자】吙者 471
【석자】㸆煮 237
【석장】吙匠 471
【석장】和匠 471
【선연/선자서까래】扇椽 234
【선자연/선자서까래】扇子椽 235
【세겹바】三甲所 224
【세겹색】三甲索 224
【세겹승】三甲繩 224
【세모가래】三隅加羅 225
【세모가래】參隅加羅 225
【소라】小羅 240
【소라】所羅 240
【소새옹】小沙用 241
【송고마조】松古了條 249
【송고마조】松古亇條 248
【쇠살】鐵箭 403
【쇠쫄정】鐵乼釘 404
【수사기】首紗只 251
【스란치마】膝襴赤亇 254
【시접】匙楪 256
【신방】信枋 257
【신방】信防 257
【십자새발쇠】十字鳥足鐵 259

아

【암돌쩌귀】女乭迪耳 279
【양동이】凉東海 276
【양산장】陽傘匠 277
【양산장】陽繖匠 277
【양판】樑板 277
【양판】凉板 277
【양푼】凉盆 276
【엇미리】於叱味里 278
【엇미리】焉尾里 278
【엇미리】彥尾里 279
【엇미리】乻尾里 279
【엇미리】㐴尾里 279
【열쇠】開金 42
【오리목못】鴨項丁 272
【오리목못】鴨項釘 272
【오리목쇠】鴨項鐵 273
【오리목줄】鴨項乼 273
【오푼정】五分丁 286
【오푼정】五分釘 286
【옹미리】雍尾里 291
【옹미리】雄尾里 302
【용지】龍支 297
【용지】龍枝 298
【용지】龍脂 298
【우리】亐里 298
【우리】于里 299
【우리】迂里 299
【우리】亐里 302

【원환/둥근고리】圓環 304
【유과두/솜과두/핫과두】糯裹肚 305
【유과두/솜과두/핫과두】糯褁肚 315
【유관자/놋관자】鍮罐子 305
【유구기/놋구기】鍮耳只 313
【유귀대야/놋귀대야】鍮耳鐥 313
【유대새옹/놋새옹】鍮大沙用 306
【유대야/놋대야】鍮盂 311
【유동이/놋동이】鍮東海 306
【유맛대야/놋맛대야】鍮味鐥 307
【유바라기/놋바라기】鍮伐兒 307
【유바지/솜바지/핫바지】糯把持 317
【유법음선/놋법음선】鍮法音鐥 307
【유보/솜보자기/핫보자기】糯袱 307
【유사마조】油沙了條 308
【유사마조】油沙亇條 308
【유소새옹/놋소새옹】鍮小沙用 310
【유요강/놋요강】鍮要江 311
【유자/놋자】鍮煮 313
【유자/놋자】鍮者 313
【유제음동/놋제음동】鍮齊音同 314
【유중새옹/놋중새옹】鍮中沙用 314
【유척/놋자】鍮尺 315
【유철릭/솜철릭/핫철릭】糯天益 316
【유치마/솜치마/핫치마】糯赤亇 314
【유푼주/놋푼주】鍮分之 308
【인출방마치】印出方亇赤 326

자

【자귀】斫耳 340
【자배기】者朴只 333
【자보아】磁甫兒 333
【장도리】長道里 341
【장도리】掌道里 342
【장도리】章道里 342
【장도리】掌道耳 342
【장도리】掌乭伊 342
【장도리】長乭伊 342
【장지】障子 344
【장지】莊子 345
【장홍두깨】長洪都介 346
【쟁기】爭機 347
【쟁반】錚盤 347
【저고리】赤古里 349
【저고리】赤九里 349
【적쇠】炙金 349
【적쇠】炙釗 350
【적쇠】炙鐵 351
【적첩】積貼 351
【적첩】赤貼 351
【적첩】接貼 357
【접시】接匙 357
【접시】楪匙 357
【접시】貼匙 404
【접시】貼是 405
【조이장】助伊匠 366
【종재기/종지】鍾子 368
【주대새옹】鑄大沙要 369
【주대새옹】鑄大沙用 370
【주도리】柱道里 370
【주동이】鑄東海 370
【주렴장】朱簾匠 370
【주렴장】珠簾匠 370
【주발】周鉢 371
【주발】朱鉢 371
【주발】周鏺 371
【주소새옹】鑄小沙要 371
【주소새옹】鑄小沙用 371

【주심도리】柱心道里　371
【주중새옹】鑄中沙要　374
【주중새옹】鑄中沙用　374
【죽보아】竹甫兒　376
【줄바】條所　365
【중동곶】中同串　380
【쥐눈(이)못】鼠目丁　232
【쥐눈(이)못】鼠目釘　232
【지게】地架　382
【지게】支架　382
【지게】之介　382
【지방】地防　382
【지방】地方　383
【지방】支防　383
【질바탕】陶所湯　136
【집개】執介　387
【집개】執箇　387
【집돼지털】家豬毛　32
【쫄정】召乙釘　243
【쫄정】召丁　244
【쫄정】召釘　244
【쫄정】乭乙丁　247
【쫄정】乭乙釘　247
【쫄정】乭釘　248
【쫄정】乭錠　248

차

【차보아】茶甫兒　105
【차정/비녀못】叉釘　394
【차정/비녀못】叉丁　395
【차정/비녀못】釵丁　397
【차정/비녀못】釵釘　397
【착마치】錯亇赤　395
【착방마치】錯方亇赤　395
【참나무 장목】眞長木　385
【참나무】眞木　384
【채문보아】綵紋甫兒　397
【철릭】天益　402
【철릭】添里　404
【철릭】帖裹　404
【철릭】帖裏　404
【철릭】貼里　404
【철릭】帖裡　404
【철릭】貼裡　404
【청널/마루청】靑板　410
【청널/청판/마루청】廳板　410
【청보아】靑甫兒　407
【청판우리】廳板亐里　410
【초아】召兒　242
【초아】招兒　419
【초아】炒兒　420
【치마】赤亇　349

타

【통장】桶匠　429
【통장】筒匠　429

파

【평고대】平古代　434
【평고대】平交臺　434
【평고대】平交代　435
【평고대】平交坮　435
【평미리】平尾乃　435
【평미리】平味里　435
【평미리】平尾里　435
【평미리】平未里　435
【푼주】盆子　209
【푼주태석】分之苔席　210

하

【할의/활옷】割衣　446
【향꽂이】香串之　447
【향좌아】香佐兒　449
【향좌아】香左兒　450
【향좌아】香座兒　450
【허아】虛兒　450
【홍두깨】弘道介　458
【홍두깨】洪道介　458
【홍두깨】紅道介　458
【홍두깨】紅都叱介　459
【홍두깨】橫搗介　478
【홍두깨】橫道介　478
【홍마조】紅亇條　459
【홑바지】單把持　115
【홑보/홑보자기】單袱　112
【홑치마】單赤亇　114
【화의/활옷】華衣　470
【화장】花匠　472
【활비비날】弓非排刃　73
【활비비날】弓飛排刃　73
【활비비날】弓非非刃　73
【활삼아】闊衫兒　472
【활한삼】闊汗衫　472
【활한삼】濶汗衫　472
【활한삼아】闊汗衫兒　472
【황칠매화/매화】黃漆亇要　476

그림 목록

일련번호	그림 이름	그림	수록페이지/표제어	출전
1	가구선인기		22 / 駕龜仙人旗【가구선인기】	『순조기축진찬의궤』
2	가서봉		29 / 哥舒棒【가서봉】	『순조기축진찬의궤』
3	각단기		33 / 角端旗【각단기】	『순조기축진찬의궤』
4	간		34 / 干【간】	『정조국장도감의궤』
5	갑(匣)		40 / 匣【갑】	『영조사존호상호도감의궤』
6	갑(甲)		40 / 甲【갑】	『정조국장도감의궤』
7	개아		42 / 箇兒匠【개아장】	『명성황후국장도감의궤』

일련번호	그림 이름	그림	수록페이지/표제어	출전
8	견여		52 / 肩輿【견여】	『정조국장도감의궤』
9	계이		56 / 鷄彝【계이】	『명성황후국장도감의궤』
10	고		57 / 鼓【고】	『정조국장도감의궤』
11	고자기		59 / 鼓字旗【고자기】	『순조기축진찬의궤』
12	교명요여		68 / 敎命腰輿【교명요여】	『영조정순후가례도감의궤』
13	교의		70 / 交椅【교의】	『명성황후국장도감의궤』
14	구기		313 / 鍮耳只 【유구기/놋구기】	『명성황후국장도감의궤』
15	구봉개		70 / 九鳳盖【구봉개】	『명성황후국장도감의궤』
16	군왕천세기		73 / 君王千歲旗 【군왕천세기】	『순조기축진찬의궤』

일련 번호	그림 이름	그림	수록페이지/표제어	출전
17	궤		74 / 簋【궤】	『현종부묘의궤』
18	규		74 / 圭【규】	『정조국장도감의궤』
19	근배		75 / 巹杯【근배】	『영조정순후가례도감의궤』
20	금		75 / 琴【금】	『정조국장도감의궤』
21	금등자		75 / 金鐙子【금등자】	『순조기축진찬의궤』
22	금립과		76 / 金立瓜【금립과】	『순조기축진찬의궤』
23	금보		76 / 金寶【금보】	『영조정순후가례도감의궤』
24	금월부		77 / 金鉞斧【금월부】	『순조기축진찬의궤』
25	금자기		77 / 金字旗【금자기】	『순조기축진찬의궤』

일련번호	그림 이름	그림	수록페이지/표제어	출전
26	금작자		78 / 金斫子【금작자】	『순조기축진찬의궤』
27	금장도		78 / 金粧刀【금장도】	『순조기축진찬의궤』
28	금횡과		79 / 金橫瓜【금횡과】	『순조기축진찬의궤』
29	난간평상		85 / 欄干平床【난간평상】	『정조국장도감의궤』
30	네모왜소반		241 / 小盤【소반】	『순조기축진찬의궤』
31	답장	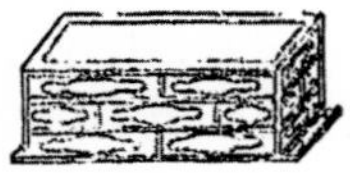	117 / 踏掌【답장】	『순조기축진찬의궤』
32	대대		121 / 大帶【대대】	『정조국장도감의궤』
33	대여		123 / 大輿【대여】	『정조국장도감의궤』
34	대연		123 / 大輦【대연】	『명성황후국장도감의궤』

일련번호	그림 이름	그림	수록페이지/표제어	출전
35	독보상		138 / 讀寶床【독보상】	『추상존호도감의궤』
36	독책상		139 / 讀冊床【독책상】	『영조정순후가례도감의궤』
37	동궁		141 / 彤弓【동궁】	『정조국장도감의궤』
38	동시		145 / 彤矢【동시】	『정조국장도감의궤』
39	동이		146 / 東海【동이】	『명성황후국장도감의궤』
40	마날개	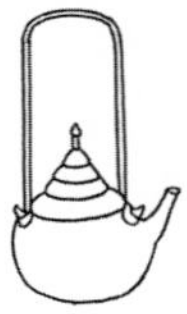	143 / 銅亇飛箇 【동마날개/구리마날개】	『명성황후국장도감의궤』
41	만장		155 / 輓章【만장】	『명성황후국장도감의궤』
42	말군		157 / 襪裙【말군】	『원행을묘정리의궤』

일련번호	그림 이름	그림	수록페이지/표제어	출전
43	면		159 / 冕【면】	『정조국장도감의궤』
44	반차도		179 / 班次圖【반차도】	『영조정순후가례도감의궤』
45	방반		182 / 方盤【방반】	『영조정순후가례도감의궤』
46	방상씨		182 / 方相氏【방상씨】	『정조국장도감의궤』
47	방심곡령		184 / 方心曲領【방심곡령】	『정조국장도감의궤』
48	배안상		186 / 排案床【배안상】	『영조사존호상호도감의궤』
49	백택기		192 / 白澤旗【백택기】	『순조기축진찬의궤』
50	백학기		192 / 白鶴旗【백학기】	『순조기축진찬의궤』

일련 번호	그림 이름	그림	수록페이지/표제어	출전
51	벽봉기		195 / 碧鳳旗【벽봉기】	『순조기축진찬의궤』
52	변, 두		195 / 籩豆床【변두상】	『정조국장도감의궤』
53	보검		199 / 寶劍【보검】	『순조기축진찬의궤』
54	보안	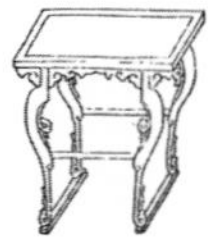	200 / 寶案【보안】	『순조기축진찬의궤』
55	보통	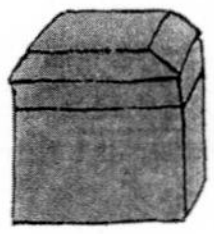	201 / 寶筒【보통】	『정조국장도감의궤』
56	봉선		204 / 鳳扇【봉선】	『순조기축진찬의궤』
57	봉여	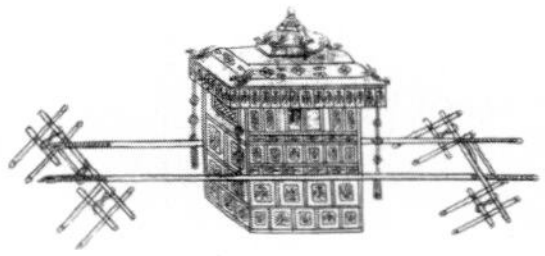	206 / 鳳輿【봉여】	『명성황후국장도감의궤』
58	부연		209 / 副輦【부연】	『정조국장도감의궤』
59	산선		222 / 繖扇【산선】	『순조기축진찬의궤』

일련 번호	그림 이름	그림	수록페이지/표제어	출전
60	살평상		357 / 箭平床【살평상】	『정조국장도감의궤』
61	삼각기		224 / 三角旗【삼각기】	『순조기축진찬의궤』
62	삽선		226 / 翣扇【삽선】	『명성황후국장도감의궤』
63	상화		241 / 小床花【소상화】	『원행을묘정리의궤』
64	새옹		220 / 沙用【새옹】	『정조국장도감의궤』
65	생		230 / 笙【생】	『순조기축진찬의궤』
66	석자		237 / 鍐煮【석자】	『신정왕후국장도감도청의궤』
67	소(筲)		238/ 筲【소】	『정조국장도감의궤』
68	소(簫)		238 / 簫【소】	『정조국장도감의궤』

일련번호	그림 이름	그림	수록페이지/표제어	출전
69	소금저		239 / 素錦褚【소금저】	『신정왕후국장도감도청의궤』
70	소라		240 / 所羅【소라】	『명성황후국장도감의궤』
71	소방상		52 / 肩輿小方牀【견여소방상】	『정조국장도감의궤』
72	수		250 / 綬【수】	『정조국장도감의궤』
73	수정장		251 / 水晶仗【수정장】	『순조기축진찬의궤』
74	수주정		251 / 壽酒亭【수주정】	『순조기축진찬의궤』
75	수파련		252 / 水波蓮【수파련】	『원행을묘정리의궤』
76	슬		254 / 瑟【슬】	『정조국장도감의궤』
77	시		255 / 匙匠【시장】	『명성황후국장도감의궤』

일련번호	그림 이름	그림	수록페이지/표제어	출전
78	시보		255 / 諡寶床【시보상】	『정조국장도감의궤』
79	시책	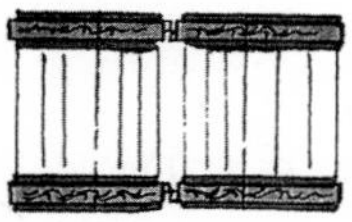	256 / 諡册【시책】	『정조국장도감의궤』
80	신백요여		258 / 神帛腰輿【신백요여】	『정조국장도감의궤』
81	쌍이단엽은도금잔		260 / 雙耳單葉銀鍍金盞【쌍이단엽은도금잔】	『정조효의후가례도감의궤』
82	애책	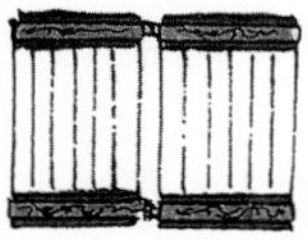	273 / 哀册【애책】	『정조국장도감의궤』
83	앵		274 / 罌【앵】	『정조국장도감의궤』
84	양동이		276 / 凉東海【양동이】	『명성황후국장도감의궤』
85	양푼	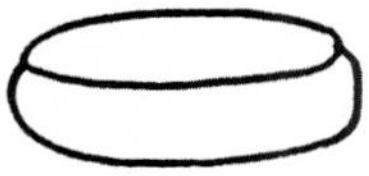	276 / 凉盆【양푼】	『명성황후국장도감의궤』
86	어		278 / 敔【어】	『순조기축진찬의궤』

일련번호	그림 이름	그림	수록페이지/표제어	출전
87	어간평상		278 / 御間平床【어간평상】	『정조국장도감의궤』
88	영자기		283 / 令字旗【영자기】	『순조기축진찬의궤』
89	옥보		289 / 玉寶【옥보】	『추상존호도감의궤』
90	옥책		290 / 玉册【옥책】	『영조사존호상호도감의궤』
91	와무		291 / 瓦甒【와무】	『정조국장도감의궤』
92	외재궁여		295 / 外梓宮轝【외재궁여】	『정조국장도감의궤』
93	용봉기		297 / 龍鳳旗【용봉기】	『명성황후국장도감의궤』
94	용선		297 / 龍扇【용선】	『순조기축진찬의궤』

일련번호	그림 이름	그림	수록페이지/표제어	출전
95	우리	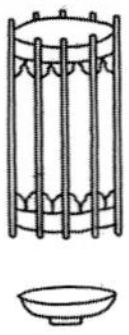	298 / 亐里【우리】	『명성황후국장도감의궤』
96	운검		301 / 雲劍【운검】	『순조기축진찬의궤』
97	웅골타		302 / 熊骨朶子【웅골타자】	『순조기축진찬의궤』
98	원선		304 / 圓扇【원선】	『명성황후국장도감의궤』
99	유륜평상	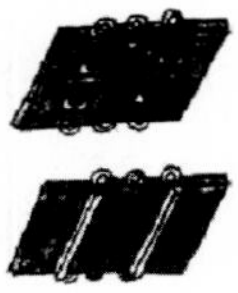	30 / 假有輪平床【가유륜평상】	『신정왕후국장도감도청의궤』
100	유옥교	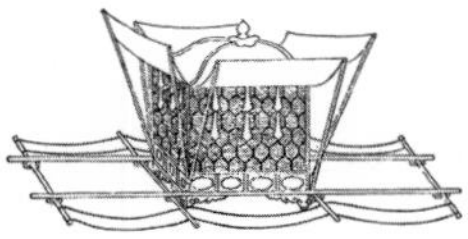	311 / 有屋轎【유옥교】	『원행을묘정리의궤』
101	유의칭가자		312 / 遺衣稱架子【유의칭가자】	『정조국장도감의궤』
102	유제등		314 / 鍮提燈【유제등/놋제등】	『영조정순후가례도감의궤』

일련 번호	그림 이름	그림	수록페이지/표제어	출전
103	은립과		320 / 銀立瓜【은립과】	『순조기축진찬의궤』
104	은시접		256 / 匙貼【시접】	『순조기축진찬의궤』
105	은우자		320 / 銀盂子【은우자】	『순조기축진찬의궤』
106	은월부		320 / 銀鉞斧【은월부】	『순조기축진찬의궤』
107	은작자		321 / 銀斫子【은작자】	『순조기축진찬의궤』
108	은장도		321 / 銀粧刀【은장도】	『순조기축진찬의궤』
109	은횡과		322 / 銀橫瓜【은횡과】	『순조기축진찬의궤』
110	이선	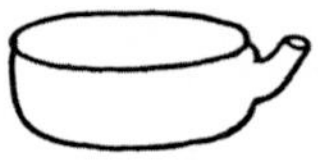	313 / 鍮耳鐥 【유귀대야/놋귀대야】	『명성황후국장도감의궤』

일련번호	그림 이름	그림	수록페이지/표제어	출전
111	인		325 / 印【인】	『의왕영왕책봉의궤』
112	일산		327 / 日傘【일산】	『순조기축진찬의궤』
113	자		313 / 鍮煮【유자/놋자】	『명성황후국장도감의궤』
114	작선		340 / 雀扇【작선】	『순조기축진찬의궤』
115	장족아		345 / 長足兒【장족아】	『정조국장도감의궤』
116	쟁반	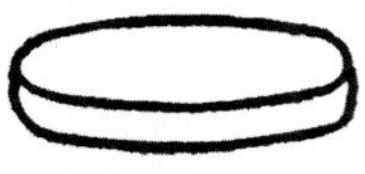	347 / 錚盤【쟁반】	『정조국장도감의궤』
117	적석		350 / 赤舃【적석】	『정조국장도감의궤』
118	적쇠	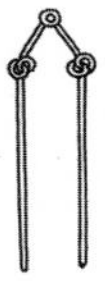	349 / 炙金【적쇠】	『명성황후국장도감의궤』

일련번호	그림 이름	그림	수록페이지/표제어	출전
119	전립		353 / 戰笠【전립】	『순조기축진찬의궤』
120	정묘기		358 / 丁卯旗【정묘기】	『순조기축진찬의궤』
121	정사기	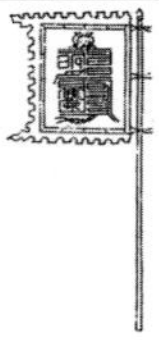	359 / 丁巳旗【정사기】	『순조기축진찬의궤』
122	정유기		360 / 丁酉旗【정유기】	『순조기축진찬의궤』
123	정축기		361 / 丁丑旗【정축기】	『순조기축진찬의궤』
124	정해기		362 / 丁亥旗【정해기】	『순조기축진찬의궤』
125	주		40 / 甲冑【갑주】	『정조국장도감의궤』
126	주록		370 / 朱盝【주록】	『정조국장도감의궤』

일련번호	그림 이름	그림	수록페이지/표제어	출전
127	주작기		372 / 朱雀旗【주작기】	『순조기축진찬의궤』
128	주장		372 / 鑄匠【주장】	『명성황후국장도감의궤』
129	주정		373 / 酒亭【주정】	『순조기축진찬의궤』
130	주칠대원반		303 / 圓盤【원반】	『순조기축진찬의궤』
131	죽산마		376 / 竹散馬【죽산마】	『정조국장도감의궤』
132	죽안마		377 / 竹鞍馬【죽안마】	『정조국장도감의궤』
133	준화		379 / 樽花【준화】	『순조기축진찬의궤』
134	준화상		379 / 樽花床【준화상】	『순조기축진찬의궤』
135	중단		380 / 中單【중단】	『정조국장도감의궤』

일련번호	그림 이름	그림	수록페이지/표제어	출전
136	지		382 / 篪【지】	『정조국장도감의궤』
137	찬궁		395 / 攢宮【찬궁】	『정조국장도감의궤』
138	찬안		396 / 饌案【찬안】	『순조기축진찬의궤』
139	채여		397 / 彩轝【채여】	『정조국장도감의궤』
140	천하태평기		403 / 天下太平旗【천하태평기】	『순조기축진찬의궤』
141	청개		405 / 青蓋【청개】	『순조기축진찬의궤』
142	청도기		405 / 淸道旗【청도기】	『명성황후국장도감의궤』
143	청룡기		406 / 青龍旗【청룡기】	『순조기축진찬의궤』

일련번호	그림 이름	그림	수록페이지/표제어	출전
144	초아		242 / 召兒【초아】	『순조기축진찬의궤』
145	축	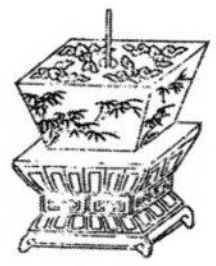	421 / 柷【축】	『순조기축진찬의궤』
146	치마	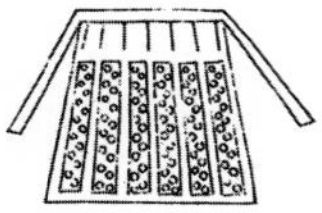	350 / 赤亇【치마】	『명성황후국장도감의궤』
147	치사안	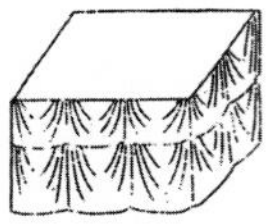	227 / 床【상】	『순조기축진찬의궤』
148	패옥	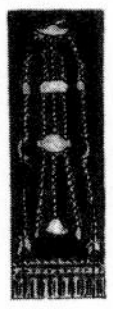	433 / 佩玉【패옥】	『정조국장도감의궤』
149	폐슬	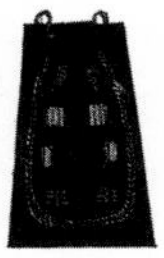	437 / 蔽膝【폐슬】	『정조국장도감의궤』
150	표골타		438 / 豹骨朶子【표골타자】	『순조기축진찬의궤』
151	표석	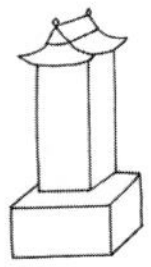	438 / 表石所【표석소】	『명성황후국장도감의궤』

일련번호	그림 이름	그림	수록페이지/표제어	출전
152	필		441 / 畢【필】	『순조기축진찬의궤』
153	한		446 / 罕【한】	『순조기축진찬의궤』
154	합	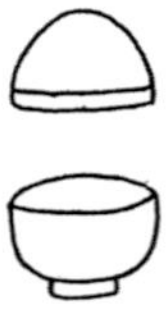	446 / 榼【합】	『명성황후국장도감의궤』
155	향꽂이		448 / 香童子【향동자】	『순조기축진찬의궤』
156	향정자		449 / 香亭子【향정자】	『정조국장도감의궤』
157	향좌아		450 / 香佐兒【향좌아】	『순조기축진찬의궤』
158	현무기		451 / 玄武旗【현무기】	『순조기축진찬의궤』
159	현학기		454 / 玄鶴旗【현학기】	『순조기축진찬의궤』

일련번호	그림 이름	그림	수록페이지/표제어	출전
160	호갑		455 / 護匣【호갑】	『명성황후국장도감의궤』
161	홍말		459 / 紅襪【홍말】	『정조국장도감의궤』
162	홍문대기		461 / 紅門大旗【홍문대기】	『순조기축진찬의궤』
163	홍양산		463 / 紅陽繖【홍양산】	『순조기축진찬의궤』
164	화로		468 / 火爐【화로】	『명성황후국장도감의궤』
165	후전대기		478 / 後殿大旗【후전대기】	『순조기축진찬의궤』
166	훈		479 / 壎【훈】	『정조국장도감의궤』
167	흑화자		490 / 黑靴子【흑화자】	『순조기축진찬의궤』

집필진

연구책임자 : 여찬영(대구가톨릭대학교 한국어문학부 교수)
공동연구원 : 김동소(대구가톨릭대학교 한국어문학부 명예교수)
남권희(경북대학교 문헌정보학과 교수)
이은규(대구가톨릭대학교 국어교육과 교수)
전임연구원 : 김연주(대구가톨릭대학교 한국전통문화연구소)
연구보조원 : 서수백(대구가톨릭대학교 한국전통문화연구소)
이화숙(대구가톨릭대학교 한국전통문화연구소)
외부집필진 : 김도경(강원대학교 건축학과 교수)
김지영(서울대학교 규장각한국학연구원 선임연구원)
김호동(영남대학교 독도연구소 연구교수)
문주석(국립국악원)
박가영(숭의여자대학 패션디자인전공 조교수)
박부자(한국기술교육대 연구교수)
윤양노(중부대학교 패션디자인과 교수)
이권영(동명대학교 실내건축학과 교수)
이민주(한국학중앙연구원 장서각 선임연구원)
이 욱(한국학중앙연구원 장서각 선임연구원)
조선희(한서대학교 의상디자인과 교수)
조시내(홍익대학교 미술사학과 박사과정)
황금연(전남대학교 국어국문학과 외래교수)
황의숙(배화여자대학교 전통의상과 교수)

조선 시대 의궤 용어 사전 I -왕실 전례 편- 값 45,000원

초판 인쇄	2012년 10월 23일
초판 발행	2012년 10월 30일
엮 은 이	여찬영 외
펴 낸 이	한정희
펴 낸 곳	경인문화사
편 집	신학태 김지선 문영주 송인선 조연경
주 소	서울특별시 마포구 마포동 324-3
전 화	02)718 - 4831~2
팩 스	02)703 - 9711
홈페이지	http://www.kyunginp.co.kr ǀ 한국학서적.kr
E-mail	kyunginp@chol.com
등록번호	제10-18호(1973. 11. 8)

ISBN : 978-89-499-0915-8 (93900)

※ 이 사전은 2007년도 정부재원(교육인적자원부 학술연구조성사업비)으로 한국학중앙연구원의 지원에 의하여 연구되었습니다(AKS-2007-HZ-2003).